一本手册

管卖场

丁艳丽◎编著

北京工业大学出版社

图书在版编目（CIP）数据

一本手册管卖场 / 丁艳丽编著 . —北京：北京工业
大学出版社，2013.1

ISBN 978-7-5639-3290-0

Ⅰ.①一… Ⅱ.①丁… Ⅲ.①零售业—商业管理
Ⅳ.①F713.32

中国版本图书馆 CIP 数据核字（2012）第 243955 号

一本手册管卖场

编　　著：丁艳丽
责任编辑：杨　青
封面设计：元明设计工作室
出版发行：北京工业大学出版社
　　　　　（北京市朝阳区平乐园 100 号　　100124）
　　　　　010-67391722（传真）　　bgdcbs@sina.com
出 版 人：郝　勇
经销单位：全国各地新华书店
承印单位：北京高岭印刷有限公司
开　　本：787 mm×1092 mm　　1/16
印　　张：58.25
字　　数：1160 千字
版　　次：2013 年 1 月第 1 版
印　　次：2013 年 1 月第 1 次印刷
标准书号：ISBN 978-7-5639-3290-0
定　　价：98.00 元

前　言

　　竞争是一个残酷而又真实的生存法则。对于卖场经营者而言，要想在激烈的竞争中立于不败之地，不仅要使自己的企业管理理念符合外界客观发展的规律，而且要注重企业自身的管理，运用新的企业管理理念、思路来推动企业的发展。

　　近年来，我国零售业面临越来越激烈的竞争局面，不断出现的新的零售业态形式一次次打破原有的零售格局。大卖场这一新生零售业态形式也在商品流通渠道中迅速崛起，进而成为零售业的主战场。随着经济的发展，消费者的消费观念和生活方式均发生了巨大变化，这对消费环境、消费途径、消费场所、消费方式、消费手段等都有了新的要求。同时，技术手段的进步使得零售业的管理和运营进入科学化、标准化的阶段，使得零售业的经营方式、服务质量及顾客管理得到不断的创新和提升，再加之同行业者的不断崛起，竞争对手越来越多，所有这些都对卖场的经营管理提出了更高、更严的要求。

　　企业要想在激烈的竞争中立于不败之地，则必须做大做强，这就要求企业必须获取更多的利润。虽然影响企业赢利的因素有很多，但内部管理依然是一个重要的因素。可以说，卖场的内部管理是获取利润的重要手段之一。管理者可以通过内部管理来洞察市场的变化、采取相应的策略、扩大自己的利润源、减少企业的成本等，从而使自己的卖场立于不败之地。

　　无数事实证明，零售业卖场管理是一项科学性、实用性很强的管理工作。如今，消费者的眼光越来越高，生活模式越来越多样化，所知道的商品知识、专业化信息也越来越丰富，因此零售业者的经营方式、服务质量及顾客管理等各方面均需要不断创新和提升，这也就使得卖场的经营越来越难。那么，在如此严峻而残酷的现实

面前，以传统低成本优势获利的零售卖场如何迎接新竞争环境下的挑战？如何通过更好的服务运营获得持久的竞争优势和持续赢利？在以消费者为主导的市场环境下，如何使卖场的业绩得到进一步的提高？如何提升卖场的竞争力？这一系列问题皆成为令众多商家苦恼的现实问题。

本书参照了沃尔玛、家乐福等世界五百强企业先进的管理经验和管理模式，分别从卖场综述、卖场设计、卖场商品管理、卖场促销管理、卖场人员管理、卖场服务管理、卖场安全与防损管理、卖场投诉管理、卖场总务管理、企业对卖场管理重点及卖场管理制度等诸多方面，以具有逻辑性的论述，配合实务精要和图解形式，系统而详尽地向有志于经营管理好卖场的人员传达卖场管理的精华，解读现代卖场管理的方法与技巧，从而使他们更好地管理卖场。

本书既可作为普通高等院校的教学用书，也可供从事相关工作的企业管理人员自学、提高之用。由于编者水平有限，难免有疏漏之处，还请广大读者指正。

目　　录

第一篇　大卖场综述

第二篇　卖场的设计

第三篇　卖场商品管理

第四篇　卖场促销管理

第五篇　卖场人员管理

第六篇 卖场服务管理

第七篇 卖场安全与防损管理

第八篇　卖场投诉与处置技巧

第九篇　卖场总务管理

第十篇 企业对大卖场管理重点

第一篇

大卖场综述

卖场是指比较大的出售商品的场所。卖场不同于一般意义上的商店，多数情况下是指商品（服务）专卖、专售商店。本篇讲述了大卖场的定义、组织结构以及大卖场的发展历程等内容。

第一章 | 大卖场概述

第一节 大卖场定义

一、什么是大卖场

所谓大卖场，简单地说即万种商品，低价销售。大卖场店的经营有别于日用杂货店、便利店、超市（含生鲜超市）、集贸批发市场或百货商场及仓储型商场。大卖场店是流通业的另一种零售体系，应具备以量制价、物美价廉的最高经营准则。现在也有越来越多的大型超市将卖场建成购物中心，在传统的销售日用品、生鲜等的基础上，引入联销租赁形式，腾出一整层楼面租给品牌服饰店、快餐店、手机连锁店等，使得消费者不出卖场，即可享受到传统的超大规模购物中心的一站式服务，俗称"超商"。

二、大卖场的提出

大卖场是由家乐福首先提出的零售业态，也是家乐福在全球地理分布最为普遍的业态，而且家乐福目前在亚洲地区只设立大卖场。到目前为止，家乐福已经在中国成功开了89家门店，全部为大卖场的经营模式，这是家乐福在中国最主要、最成功的业态形式。

超级市场和大卖场（大型超市）的区别并不明显。"大型超市"这个词最早由LSA的创刊人雅克·皮科特先生于1969年引用。LSA是指自助式零售的商业出版物，它定义的"大型超市"主要指销售区域大于2500平方米，即是那时的典型家乐福连锁店的面积。大卖场一般应当具备这样的特征：拥有至少2500平方米的店铺面积；卖场内的商品种类要齐全，满足大多数人的购物需求；一般采取自助式付款程序，中央集中式付款；卖场的设施中要包括超大型免费停车场。

大卖场这种业态发展很快，但是在1969年后的25年里，它的定义一直保持不变，即使有些大型的连锁超市已修建了超过10000平方米甚至15000平方米的超大型超市。北欧家乐福（包括法国）的首席执行官瑞恩·布里特先生曾说，一个大型超市应当满足80％顾客的需求。要满足如此多顾客的需求，这在5000平方米以下的超市是不可能实现的，5000平方米以下的超市只能提供一些基本的生活用品和有限的服装用品，食品也只可能是干燥和冷冻的才可以保存。考虑到商业界的变化，LSA决定改变大卖场的定义：要保留原有的"大型超市"的名称，销售面积应当在5000平方米。目前在中国市场上，家乐福的大卖场的面积已经至少在7000平方米。

根据实际经营的需要，大卖场的理想面积在 7000～12000 平方米之间。7000 平方米左右的营业面积是大卖场的下限，太小就无法进行综合化经营；12000 平方米是大卖场的上限，超过这个上限，顾客购物时会感到太累。大卖场对超过 10000 平方米的大店一般会采取分设两个楼面的方法，使消费者不至于太累并在心理上产生逛了两个商店的乐趣。

除了面积上的规定之外，在经营品种方面大卖场也有其自身特点。家乐福的大卖场主要是以极有竞争力的价格提供广泛的食品和非食品，平均约有 7 万种商品，能较好地涵盖标准食品超市和百货商店的经营内容。大卖场的商品组合采取将销售额向少数品种高度集中的方法，以达到大量销售的目标，这一商品组合方法在总体上能够满足消费者一次性购足的要求。

在价格定位上，大卖场采取了严格按商品的品种分别定价的方法，包括：10％的商品高毛利销售，这些商品一般是自己加工、自有品牌或消费者对其价格不敏感的商品；20％的商品薄利多销，这些商品一般是与消费者日常生活密切相关的民用生活品，消费者对其价格特别敏感；对一些占到了 70％市场份额的商品，则按无毛利销售，最多加 2％～3％的卖场费用；大卖场一般的价格政策和价格形象是：最优的品质、最优的价格。以自己加工的商品为第二利润源；合理组织供应商的商品配送以获取第三利润源；出租场地给商品品项相关联和互补的供应商，以降低经营成本。

大卖场这种大型超市模式是目前在中国发展速度最快的零售业态。

第二节　大卖场的组织构成

一、卖场的组织架构

一般来说，大卖场的组织结构包括管理部门和营运部门。具体如图 1-1 所示。

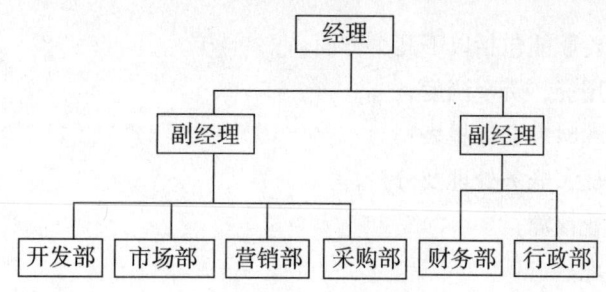

图 1-1　卖场的组织结构

二、部门职能

1. 开发部

开发部的主要职能包括以下几个方面：

（1）负责商圈调查；

（2）卖场设施、设备标准、作业流程安排控制；

（3）设施设备的维修保养。

2. 市场部

市场部的主要职能包括以下几个方面：

（1）负责卖场营业目标的拟订及督促执行；

（2）对卖场经营进行监督和指导；

（3）编制营业手册并监督、检查其执行情况；

（4）卖场服务人员调配及工作分派；

（5）跟踪卖场经营情况及合理化建议的反馈与处理。

3. 营销部

营销部的主要职能包括以下几个方面：

（1）卖场商品配置、陈列设计及改进；

（2）促销策略的制定与执行；

（3）企业广告、竞争者调查分析；

（4）企业形象的策划及推出；

（5）公共关系的建立与维护；

（6）新市场开拓方案及计划的拟订。

4. 采购部

采购部的主要职能包括以下几个方面：

（1）负责商品组合策略的拟订及执行；

（2）商品价格策略的拟订及执行；

（3）商品货源的把握、新产品开发与滞销商品淘汰；

（4）配送中心的经营与管理。

5. 财务部

财务部的主要职能包括以下几个方面：

（1）融资、用资、资金调度；

（2）编制各种财务会计报表；

（3）审核凭证、账务处理及分析；

（4）每日营业核算；

（5）发票管理；

（6）税金申报、缴纳，年度预决算；

（7）会计电算化及网络管理。

6. 行政部

行政部的主要职能包括以下几个方面：

（1）零售企业组织制度的确定，人事制度的制定及执行；

（2）员工福利制度的制定与执行；

（3）人力资源规划、人员招聘、培训；

（4）奖惩办法的拟订及执行；

（5）企业合同管理及权益的维护；

（6）其他有关业务的组织与安排。

第三节 大卖场赢利模式

企业经营的直接目的就是赢利，只有实现利润的增长和积累才有企业的发展与扩张。不同企业围绕怎样实现赢利而展开自己的所有活动，并不断完善，由此形成了不同的竞争优势。可以这样说，企业之间差别的核心也就是赢利模式差别的外在表象。

零售企业，其利润来源主要有两方面，即传统的商品毛利（顺差毛利）和后台毛利（其他收入）。商品毛利又称顺差毛利，也就是以获取商品批零之间的差价为主，这种单一的利润结构模式以沃尔玛为典型代表；而后台毛利则是各类营业费用和非营业费用的总和，包括了年底退佣、上架费用、促销费用等。后台毛利由家乐福首创，但在国内的响应和拥护者可谓众多，可以这样说，以家乐福为代表的复合型利润结构中的很大一部分来自于后台毛利。

一、商品毛利

商品毛利的实现是通过采购部门和营销部门相互配合而实现的，简单点说就是采购部门负责买进，营销部门负责卖出，两个部门在流程上相互独立但又紧密协作，共同为实现商品毛利负责。虽然后台毛利需要营销部门的巨大销售能力支持，大多数情况下其利润的直接体现者是采购部门，由采购部门全权负责各项费用的收取，但是在营采合一的零售企业里，营销部门在费用收取上也有一定的权利，这种模式实质上增加了供应商被剥两层皮的可能。可以说后台毛利比商品毛利具有更多的独立性。

二、后台毛利

收取进场费、促销费、陈列费等后台毛利是由家乐福创造并带动形成的中国超市的新赢利之源（影响了国内零售企业的利润来源结构，原本没有收费概念的国内零售企业也学会了收各种名目的费用），这种收费模式被业内同行称为"家乐福模式"。一家企业想进入家乐福，大致需要包括特色促销活动、店内旺销位置优先进入权、进入商店的特权、良好营销环境的优先进入权、节假日赞助、开发市场份额六大门类的名目繁多的费用，各项进场费用一般都可达供货商在家乐福卖场实现的营业额的 20％～30％，比这高的还有，甚至还有赔本的。而沃尔玛就简单得多，沃尔玛的毛利基本上全部来自于商品毛利（沃尔玛也有费用，只不过是用商品的形式来

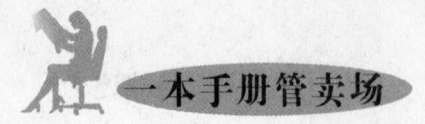

体现而已，比如其进场费用就是第一张订单的货物免费送，要收 5000 元的店庆费。沃尔玛不会要求厂商缴现金或支票，而是在货款中扣掉，即减少厂商的商品价值，但是无论如何沃尔玛对供应商的费用要求从来都是在其货物价值的可控范围之内的）。

三、后台毛利收费明细

以某家电卖场为例来说明后台毛利收费明细，详见表1—1。

表 1—1　某家电卖场后台毛利收费明细

序号	毛利收费名目	序号	毛利收费名目
1	新开张店铺折扣费	28	促销陈列费（货架）
2	新开张店铺赞助费	29	商品资料更改费
3	新开张店铺免费样板费	30	水费
4	彩电节赞助费	31	电费
5	水洗节赞助费	32	品牌推广费
6	碟机音响节赞助费	33	条码费
7	手机节赞助费	34	宣传牌及促销用品制作费
8	电脑节赞助费	35	物流费
9	厨卫小家电节赞助费	36	信息服务费
10	店铺重装修赞助费	37	新供应商培训费
11	现有门店重开张开业赞助费	38	年度合同续签费
12	节庆活动赞助费	39	开户费
13	新公司开业彩排赞助费	40	转场费
14	总部周年纪念活动赞助费	41	仓储费
15	家电节赞助费	42	印花费
16	店铺周年纪念活动赞助费	43	刷卡手续费
17	空调节赞助费	44	贵宾卡费
18	广告物料赞助费	45	损耗补偿费
19	供应商促销人员管理费	46	样品处理补偿费
20	货品管理费	47	毛利率保证费
21	新货入场管理费	48	购货折扣
22	3.15 促销费	49	烂货折扣
23	广告促销费（电视/报纸）	50	集中付货折扣
24	广告促销费（传单/海报）	51	退佣
25	新货促销费	52	目标退佣
26	灯柱及灯箱陈列费	53	铺底金
27	促销陈列费（堆头/尾架）	54	缺货/未送货/少送货罚款

四、其他赢利方式

现代大卖场是个高度科学化的商业机构，对利润的赚取方式各有不同。除了商品毛利和后台毛利这两种赢利方式外，还包括以下形式：

（1）利用众多供应商的结算账期，赚取现金流，为集团的其他产业提供资金周转服务。

（2）将商品的零售利润作为卖场的运行成本费用，重点以供应商所交纳的各项销售费用作为赢利来源。

（3）利用零售业分析研究某些类别的高利润商品，然后以代工的形式进行委托生产，发展到一定程度时，直接进入生产领域，实现由商品的零售商进军到生产商。

第二章│大卖场发展历程

第一节 国内主要连锁业态比较

国内主要连锁业态包括便利店、超市、大卖场、仓储式商店，它们的各项比较详见表1－2。

表1－2 国内主要连锁业态比较表

业态项目	便利店	超市	大卖场	仓储式商店
营业面积	100～300平方米	400～2000平方米	3000～15000平方米	100000平方米左右
商店位置	居民住宅区	居民住宅区	居民住宅区	城乡结合部
	干线公路边	交通要道边	交通要道边	高速公路旁
	商业区	商业区	商业区	交通便利处
营业时间	16～24小时/天	10～12小时/天	10～12小时/天	10～12小时/天
会员制	否	否	不一定	是
品种数	2000种左右	4000～7000种	10000～20000种	6000种左右
商品结构	低温食品	低温食品	生鲜及低温食品	生鲜及低温食品
	小食品、小包装商品	食品干货	食品干货	食品干货
	文具、杂志	少量日用百货	各类百货商品	各类百货商品
	商品广度：窄	商品广度：一般	商品广度：丰富	商品广度：够
客单价	￥10	￥20～30	￥50～100	￥100～400
主要客层	学生、年轻人及上班族	家庭主妇	中等收入家庭及团购顾客	中高收入家庭及团购顾客
价格	100％～105％	90％～100％	80％～90％	80％～90％
经营形态	零售	零售	批零兼营	批零兼营
毛利率	25％以上	15％左右	8％～15％	10％以下
主要商圈	步行10分钟以内（约500米半径）	步行20分钟以内（约1千米半径）	步行30分钟（约3千米半径）	行车30分钟以内（5～10千米半径）
停车场	无	无	有	较大
店内装修	较好、明亮	一般、明亮	简朴、明亮	简朴、较暗
促销方式	便利性	偶尔出快讯或报纸广告	主要为快讯，偶尔上报纸广告	时段快讯

续表

业态项目	便利店	超市	大卖场	仓储式商店
损耗率	2%～4%	1%～2%	0.5%～1%	0.5%以下
单店员工数	10人左右	50～70人	150～350人	250人左右
商品包装大小	小	中	中～大	大

第二节　中国大卖场与国际大卖场的差别

一、资讯系统上的差异

全面、真实、及时的信息支撑，是现代商业企业发展的一个强有力的支点。零售巨头沃尔玛称霸全球的一个条件是它有覆盖全球的卫星系统，及时反映真实的营业数据，为供应链的管理、促销的决策、商品的管理提供依据。在沃尔玛的全球总部，只需轻击鼠标，就可以知道全球任何一个国家、任何一个城市、任何一家店铺、任何一个商品的数据。这是多么先进的力量，它让我们看到的是一个真实的国际化经营，完全没有国界和地域的阻隔。

我们不奢求本土零售企业有这样的实力，但是在零售市场放开的今天，要求本土零售企业对先进的电脑资讯系统进行开发和推广使用，这将是一个重要的发展方向。目前，本土零售企业的资讯现状是不容乐观的，主要体现在以下几方面。

1. 电脑的普及使用率低

外资卖场的各个部门都配备电脑，在采购等核心部门是人均一台，以便及时查询和传递交流信息。可是国内很多卖场却还是人工为主，几人甚至一个部门才配备一台电脑，可想而知会是什么效率。节约成本有很多方法，在资讯设备上节省有时是得不偿失的。

2. 电脑管理程序功能的薄弱和单一

外资零售企业的电脑程序功能囊括了营业活动需要的一切数据和对比资料。像××卖场的电脑资讯系统按类别分就包括：基本商品档案资料、价格异动资料、进/销/存资料、收银数据、财务数据、合同资料、会员资料、市调资料、广告资料、行销资料、专柜资料、开店资料等。这些数据和资料按人员级别划分权限开放使用，可以做到及时准确地抓取任何一个数据，列印对比报表，作为提供决策的依据。目前很多本土零售企业在这方面非常薄弱，一方面是系统程序开发引进的速度和质量不够，另一方面是对系统数据的重要性认识不够。简单的营业数据不足以多方位、多角度地呈现问题，对经营决策依据的分析参考意义也是不够的。

3. 网络功能的开发与厂商资讯的对接不成熟

现在，成熟的外资零售商已经利用网络更快捷更紧密地与供应商联系，实现资

源的互动，比如网上对账、网上支付、网上订单、网上经营数据查询等，每个供应商凭借自己的专署密码登录零售商的网络平台，即可了解自己在该卖场的经营情况，作出相应的配合反应，将信息的断层影响及时消除，使合作良性化。但是本土的很多零售企业却还做不到这样。

4. 常规人工作业导致信息不及时

缺货是零售业的大忌。有调查证实商品缺货是中国零售运营当中存在的一个严重问题，缺货率高达 9.9%，即在 10 个人当中就有一个人无法买到想要的东西。以一家面积 8000 平方米的商店举例，如果年销售额为 1.5 亿元时就会因缺货而损失 1480 万元人民币的业绩，实在是触目惊心。而国际先进的零售巨头，它们的缺货比例大都控制在 5% 以下。当单一商品库存低于设定的最小安全值时，电脑就提供建议订单，从而保证商品的不中断补货，这是目前外资零售商普遍采用的方法。而国内零售商的订货大都还停留在手工补货的阶段，需要人工凭借经验逐一查询手工下单，因为效率低、工作量大，极易出现漏订、少订和晚订，导致库存不合理，出现缺货和高库存。

现在是资讯的时代，未来这种态势会越来越明显，这也将是激烈决战的一个重要方面。这一点要引起本土零售企业领导者足够的重视。

二、商品管理差异

商品管理差异是最大的差异点，也是最急迫要提升的地方，因为商品的管理质量直接决定营运的绩效。商品是零售企业利润的源泉，所谓源头活水来，商品就像活水，是动态的，只有灵活的、动态的管理才能带给其良好的生命力。

从以下几方面来分析商品管理上的差异点。

1. 商品引进管理

商品引进是经营活动的开始，良好的商品引进是零售业发展的基础，而商品的引进要有科学的方法来指导，这就需要商品组织表，如表 1—3 所示。

表 1—3　商品组织表

类别			规划值			异动		参考价格
大分类	中分类	小分类	假设数量	实际数量	差异值	引进	淘汰	

在商品组织表的控制下，不会出现品项、数量、价格偏差的情况，科学的方法消除了随意的行为，这是外资和本土零售商对待商品引进大不相同的做法。

2. 商品档案管理

没有正确完整的商品档案就不能生成准确的数据来源。比如商品编码（货号），外资零售商的做法是按商品的大、中、小分类来设置编码，这样做的好处是可以抓取某个具体分类的数据,现在很多外资零售商在全国范围内统一编码,将规模效应和数据共享范围最大化。而很多本土企业的传统做法是按输入先后产生流水号,就完全没有可能查询到分类的资料,无法进行细化分析,更谈不上资讯共享。

3. 商品陈列管理

商品陈列更是一门科学,正确的陈列使销售和利润最大化。外资卖场有专门的部门依据商品属性、价格带、季节性等指标研究制定陈列原则,制作标准陈列图指导门店陈列,目的就是提高销售和毛利。而本土零售商在这一方面更多的是采购说了算,他觉得该怎么陈列就怎么陈列,没有真正意义上的标准指导,错误、偏差的概率非常高。

4. 商品价格管理

价格战是商业竞争的一个手段,商品的定价也是非常讲究的。外资零售商有严密的价格政策,设定不同商品的价格指数,在价格形象和利润之间把握平衡,不会因为打价格战而毛利失守;本土零售商对价格还远谈不上监控,也没有细致科学的分析,因此在毛利的把握上也不能做到精准。

5. 商品促销管理

商品促销是吸引顾客创造业绩的重要手段,怎样选对促销品、怎样确定促销形式、怎样传播促销信息,这都对促销结果产生影响,有没有规范的促销管理办法来指导选品、传播就成为关键,这也是本土零售商做得很不足的一个地方。

三、门店管理差异

不管有怎样先进的系统和良好的商品管理,门店才是大卖场决战的现场,它直接面对顾客实现销售。门店是执行部门,因此其执行力和效果是关键。下面来看外资零售商和本土零售商在门店执行方面的差异。

1. 技术标准和员工基本训练

卖场工作因岗位不同有不同的技术要求。以生鲜部门为例,在现代大卖场中,生鲜部门的定位是吸引顾客和赚钱,这是一个非常专业的部门,按商品分类其专业度各不相同,对员工技术要求也是很严格的,因鲜度和品质的要求,生鲜的毛利控制是最难的,稍有不慎,可能就会报废增加成本。外资零售商对生鲜有严格的操作标准和流程,对员工进行严格培训。因为存在技术和管理难度,本土零售商对生鲜更多的是引进专柜,这样就削弱了对生鲜部门的掌控度,很难实现生鲜部门的真正意义。

2. 基本执行动作培训

门店的基本动作包括很多方面,最常规的就是补货,保证不缺货才能有业绩,很简单的补货也是有管理要求的。有的外资零售商将这些制作成教材——《营业员的一天》,告诉员工每天该做什么,该怎么做,在每天的工作中训练员工正确的工作习惯,保证基础动作的质量,这一点非常重要;本土零售业大都不重视培训或是敷衍培训质量,员工更多的是自学成材,当然招式也是五花八门,结果自然是不专业

不科学，效果也不好。

3. 仓库、库存管理

在整个进、销、存的销售链中，库存这一环节的意义非比寻常。没有科学的库存管理，前期的努力就会打折扣，因为混乱错误的库存会增加成本吃掉利润。本土零售商大多的库存管理现状是，没有按分类商品的编码原则存放库存，没有按回转速度决定仓库大小，也没有对每样商品做库存卡进出管理，基本上来讲，仓库里随意堆放，进出账无登记。这就导致连员工自己都搞不清楚真实的库存是多少，所谓库存管理几乎是形同虚设。

4. 盘点损耗管理

盘点是了解真实库存和毛利收益的唯一方法，外资零售商非常重视盘点，会制订严格的盘点流程和分工，月盘或每天盘一个分类（一月循环一次的方法），确保库存在一个月内清理一次，对损耗或错误及时采取补救方法，保证库存和利润的正确性。而很多本土零售商的做法是三个月或半年盘一次。

5. 员工纪律性和执行力

事情是人来做的，员工的纪律性和执行力直接关系营运政策的落实效果。普遍的反映是外资卖场的员工比内资企业的累。为什么累？因为有做不完的事，有上不完的课，有很多的制度和标准。这在根本上使员工保持着紧张和持续的工作状态。上班懒散晃悠的员工在本土零售企业中真的还不少见，为什么？因为纪律和执行力的考核还不够。没有考核监督就不可能有高效率工作的员工。

第三章 | 大卖场专业介绍

第一节　大卖场营运要素

大卖场的营运要素包括选店原则、定价策略、商品选择、商品陈列的基本要求、大卖场动线设计这五大要素。

一、选店原则

卖场门店分为优质店、可选店、普通店和不良店。优质店的选店标准是风险低、报酬高；相反，不良店是风险高，报酬低的店，详见图1-2。

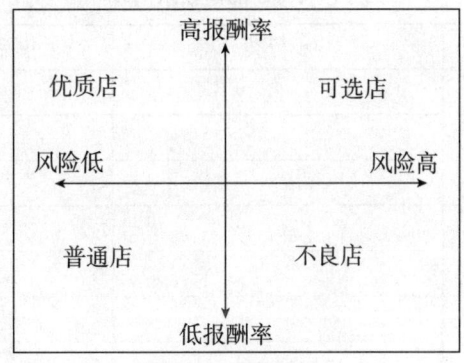

图1-2　选店原则

二、定价策略

定价策略是以本店与竞争店的距离及竞争形式为依据来制定的，详见图1-3。

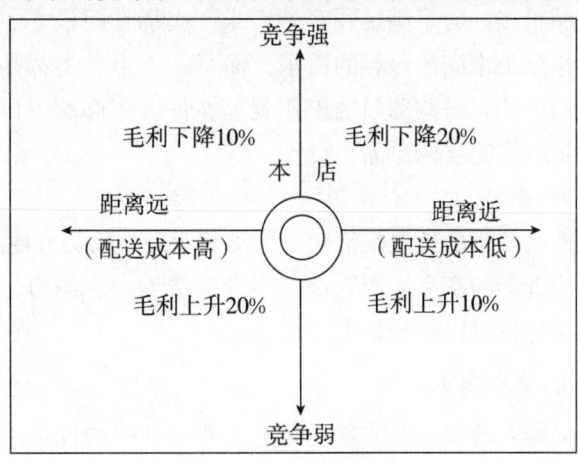

图1-3　定价策略

三、商品选择

在选择商品的时候，主要考虑以下一些要素。

1. 品质的要求

（1）符合国家品质标准。

（2）符合当地顾客的需求。

2. 价格的了解

（1）低价格——在同类中是市场上最低的价格，而且品质必须是合理的。

（2）中价格——在同类中是属一般价格。

（3）高价格——在同类中是市场上最贵的价格，当然品质是最好的或必须是知名品牌。

3. 了解价格带

在价格带中，必须设定有多少个单品，单品数量必须编制成商品组织表，并遵守。表1-4为一组商品组织示例表。

表1-4　商品组织示例表

	小分类	单品数量（假设数量）
杂货		
生鲜		
家电		

4. 顾客的需求

顾客的一种需求＝一个小分类＝数个单品

顾客所需的商品很多，为了满足顾客的需求，卖场专门设立了商品组织表。在商品组织表中，以小分类来满足顾客的需求。而每一个小分类都是由许多个厂商提供不同的单品组合而成的，采购部门的工作就是在许多厂商所提供的商品中，依照组织表来挑选能满足顾客需求的单品。

5. 商品选择的限制

（1）顾客希望商品摆设的位置很清楚；分类很明确；购买方便。

（2）大卖场希望选择的商品易于管理，不会浪费人力、物力、时间；可以增加单品销售量；对商品进价可以得到较大的优惠。

四、商品陈列的基本要求

通过视觉来打动顾客的效果是非常显著的。商品陈列的优劣决定着顾客对店铺的第一印象好坏。使卖场的整体看上去整齐、美观是卖场陈列的基本思想。陈列还要富于变化，不同陈列方式相互对照效果的好与坏，在一定程度上左右着商品的销售数量。要充分地将这些基本思想融入货架、端头平台等各种陈列用具的商品陈列中去。

1. 丰富

顾客来到商场最关心的就是商品，所以一进门就会把目光投向柜台货架。这时候，如果柜台货架上商品琳琅满目，非常丰富，他的精神就会为之一振，产生较大的热情，无形中他会产生一种意识：这儿的商品这么多，一定有适合我买的，因而购物信心大增，购物兴趣高涨。相反，如果货架上商品稀稀拉拉，营业大厅空空荡荡，顾客就容易泄气，他会觉得商品这么少，难有好货，一旦产生这种心理，便会对解囊消费造成极大阻力。因此，商品陈列的第一条基本要求就是商品摆放要丰满。商品陈列不等于样品陈列，样品陈列只是商品陈列工作诸多职能中的一种，商品陈列最重要的职能是广告作用。商品本身就是广告。我们说，商品陈列也是一种广告。中国有一句经商谚语"货卖堆山"。为什么要堆山？就是要通过商品的极大丰富、极大丰满招徕顾客、吸引顾客、刺激顾客的购买欲。所以，要把商品陈列看做是招徕顾客的一种方式。为了有效地招徕顾客，商品摆放一定要丰满。当然，丰满不等于拥塞，不同品类的商品对丰满有不同的要求。

2. 展示商品的美

丰满的商品吸引了顾客的目光，他不由自主地来到柜台前，这时他最想知道的是什么？最想知道的是"这东西如何"，即商品的质量好不好，外观美不美，适不适合他穿，适不适合他用。因而，聪明的商家这时在商品陈列上总是尽可能充分地展示商品的美，包括内在美与外在美——这就是商品陈列的第二个基本要求。

3. 营造特有气氛

商品陈列的第三个基本要求是通过对商品颇具匠心的组合排列，营造出一种或温馨、或明快、或浪漫的特有气氛，消除顾客与商品的心理距离，使顾客对商品生发出可亲、可近、可爱之感。

柜台内的商品也有语言，通过别具匠心的陈列传达出一种无声的语言，它同样具有调动人的情绪、激发人的感情、催生人的欲望的作用。销售心理学告诉我们：许多消费者购买某种商品是在想象心理的支配下采取购买行动的。想象什么？想象买到这种商品后的种种情景——亲人的反应、旁人的评价、消费后给生活带来的变化等。

五、大卖场动线设计

所谓动线，就是顾客在卖场里走动的路线，分为主动线和次动线。主动线就是客人在卖场里最经常或最重要的走动路线，这也是关系到卖场的销售额和客人的舒适度的关键路线。因此，动线设计的两个关键考量指标就是：客人的舒适度和营业额的提升保障。举个例子，西方人的习惯是进门左转，但是中国人的传统习惯是进门后朝右转，所以，卖场的入口设计一定要考虑到这个因素，不然客人就会觉得别

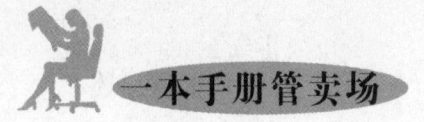

扭不舒服。

卖场在做动线设计的时候，其实是很灵活的一个事情，要考虑的因素是特别多的，很难有什么固定的标准。例如，建筑物的结构和空间大小、售卖的商品分类、周边顾客的消费习性等因素，这些都会对动线设计起到不同程度的影响。所以，基本上，每家卖场特别是大卖场的动线设计是根据实际情况做个案设计的，几乎看不到两个卖场完全一样的动线设计，哪怕是连锁店也一样。

下面从灵活的设计要素中抓取一些比较有共性的点来做分析。

在做卖场动线设计的时候，首先要根据建筑物的情况和电梯等设备安放情况来决定卖场的出入口，只有出入口位置定下来了，才能接下来做后面的其他设计。基本上来说，出入口定下来之后，就可以考虑主动线是做单折线设计还是多折线设计或是环行设计了，这个要根据商品的属性来考虑。

定下出入口位置以后，就要划分营业区、公共区和服务区了。公共区是为专柜商品或特殊商品而设计的销售，主要是为了弥补卖场营业区的贩卖结构，因为有些商品是不适合在卖场里贩卖的，还有些配套的服务项目也可以设计在公共区，例如订票的、干洗的，都是为了丰富卖场的服务功能。服务区包括洗手间、顾客休息区、吧台等，是客人休闲的空间，如果没有这一块或这一块设计不合理，都会让顾客很不满意，毕竟，卖场是个服务场所，客人满意是最重要的。

再有就是进入卖场内部的营业区设计了。

先是要把收银区规划出来，这样才能预知通道和销售区的面积。同时，收银区是对动线设计一个极大的影响因素，因为，所有的客人最终会集中在收银台付款，如何利用收银台的拉力来消除卖场的动线设计不足也是设计时要充分考虑的。

在对销售区做划分的时候，首先要有详细的商圈调查资料，了解商圈客人的购买习惯和消费能力，决定了商品结构才能决定营业部门的大小、位置，要是不匹配周边客人的需求，卖场设计也是有问题的。基本上，决定营业部门的大小、位置要有这样几个依据：商圈资料、竞争环境、业绩占比、采购优势和可培养性等几个指标，如果是特殊部门，关系到硬件设备的，还要考虑地面承重、管道和水电安装的因素。所以，销售区划分是很灵活的。

在卖场动线设计中，决定了主动线之后，沿线的商品要做到分类明确，连带性强，合乎顾客购买习惯，使得客人沿着路线走下来觉得自然流畅。沿线的货架应该跟主动线垂直，而且货架纵深不能太长，最好五节货架一个隔断，形成副通道，便于客人穿梭来回。光有动线还不行，还要辅助以明确的标志牌，引导客人的方向，最好是空中悬挂和地面标贴结合，这样的立体指示才够完整。

动线设计的目的就是要让客人知道什么东西在哪里买，如何到达该区域，并且是很舒服很流畅地到达，没有任何迷糊或别扭的感觉。动线设计出来后，建议卖场人员先模拟一下顾客的感受，这样才能保证设计和实际相结合。

第二节 大卖场行销活动分析

一、行销活动介绍

到底什么是行销活动呢，行销活动也称为行销企划。行销和企划是递进式管理手段，二者相辅相成。行销简单地说是"做什么"，即通过一系列的分析方法和调查手段，找出顾客的需求，是企业的重要功能之一，凡是企业与顾客接触与交易都属于行销所关心的范围。企划即是解决"怎么做"的问题，根据行销得出的客观数据，采取具有针对性的活动来吸引顾客，满足顾客的需求。

分清楚什么是行销，什么是企划，才能更好地将二者有机地结合起来，达成企业的目标。

二、大卖场行销策略

1. 选址市场调查

不断地市场扩张，是大卖场核心竞争的内容之一。所以市场扩张的速度和质量是有效扩张的关键指标。怎么保证关键指标则成为大卖场关注和研究的重要课题。现代的很多卖场就不惜成本地在做这项工作，每个新店的选址都会进行专业的市场调查。从宏观上包括预设项目地区宏观的经济状况、地方政策、地区特性等。从微观上包括项目所在地的有效商圈调查，即该区域内的人口状况、居住状况、消费习惯、竞争对手状况、商品资源状况等。仅仅一本小小的调查报告，所花的成本费用就在10多万元，值还是不值，我们用事实来说话。大卖场的经营方式通俗来讲就是卖各类商品给顾客。所以我们必须要清楚目标顾客群本身的特性，比如大多都是多大年纪，平均收入是多少，他们的消费习惯是怎样的，是否喜欢在晚上消费，是习惯在卖场买菜还是在农贸市场买等一系列的问题，并且使之量化，成为指标。前期的市场调查是任何大卖场开新店的必备功课。

2. 顾客满意度调查

任何企业在经营的过程中都需要不断地改进和完善，只有不断地更新才不会被市场所淘汰。顾客是大卖场的衣食父母，必须随时关注他们的动态。顾客满意度调查是个好工具，通过平均取样、面对面的沟通调查，了解顾客对卖场的综合印象。

综合调查通常分为四类：

（1）商圈调查。即卖场商圈内小区状况，如是否有拆迁，是否有新的小区入住，居民本身是否发生改变，是否有新的竞争对手加入等。

（2）大卖场商品调查。顾客对分类商品的满意程度，居民对分类商品的关注程度是否改变，商品的陈列等。

（3）大卖场的硬件满意度调查。包括卖场设施是否完善，如购物车、购物篮满

意程度；卖场购物氛围的满意度，如店内音乐是否舒适等。

（4）大卖场的软件满意度调查。软件服务指的则是员工服务情况、卖场营销方法的被认可程度，如促销活动是否吸引顾客、海报宣传是否有效等。

顾客满意度给大卖场提供了改进的方向和指标，是大卖场向前发展的指路灯。

3．市场价格跟踪调查

市场价格跟踪调查是大卖场与竞争对手抗衡不可或缺的行销策略。每日卖场会派出价格调查员，到竞争卖场调查分类商品的价格，以此为标准，调整自身卖场商品的价格情况。选取部分商品较竞争对手调低价格，保证商品价格的竞争力度；也需选取部分商品调高价格保持与竞争对手一致，保证卖场的毛利率。市场调查是大卖场需要潜心研究的经营手段。

以上的种种行销方法，都是在解决"做什么"的问题，为卖场指明经营的方向。有了方向，就要行动起来，企划来帮我们解决"怎么做"的问题。

第三节　大卖场品类管理

品类管理是实施"高效率消费者回应（ECR）"最重要的工具。品类管理对ECR的四大策略（高效率促销、高效率补货、高效率的新品推介和高效率的商品结构）具有决定性的影响。

品类管理在中国的实践表明：商品结构优化后，没有生产力的品种被淘汰，若干新品种被引进，总的品类减少了，但整个品类的销量、销售额及利润都有所增长（15％～30％），而库存却能减少（20％～30％），企业的经营绩效大为提升。所以本公司的全体员工应重视品类管理。

一、品类的定义

按照美国食品营销协会的定义，"品类"是"易于区分、能够管理的一组产品或服务，消费者在满足自身需要时，认为该组产品或服务是相关的和（或）可以相互替代的"。

按此定义来看，"品类"在本公司的商品结构中，可以是"商品大组"，也可以是"商品小组"，也有可能是"商品群"。

二、品类管理的定义

品类管理是零售商和供应商把经营的商品分成不同类别，并把每类商品作为企业经营战略的"基本活动单位"进行管理的一系列相关的活动。它通过强调向消费者提供超值的产品和服务，以提高企业的运营绩效。

三、品类管理的要点

（1）品类管理是一个过程，为完成ECR的诸多工作提供了一套方法，包括一系列相关联的活动。

（2）品类管理是由一些截然不同的零售商、供应商及支持因素组成的，因此管理的过程不应由某一方单独完成。

（3）品类管理的结果既能提高经营效果（例如，消费者获得更多的价值，供应商和零售商的经营成果得到提高），又能够改进合作伙伴之间的关系。

（4）取得这些成果的基本条件是把握消费需求，更有效地向消费者提供他们所需要的产品和服务。

（5）21世纪的企业要获得成功还取决于能否针对消费者不断变化的复杂需求，开展产品和服务的营销，这个机会不是品类管理的核心。

（6）在中国的实践证明：以商品的品类管理为基础，直接把采购和销售活动结合起来，与供应商联手共同制订市场营销计划和商品供应方案将利大于弊。未来的趋势是：零售商与供应商共享经营目标，而聚焦在消费者。零售商与供应商的关系由对抗或矛盾变为合作或配合。

四、品类管理的要素

品类管理包括六个互相作用的要素，其中：品类策略和业务流程为"基本要素"，品类指标、组织效能、信息技术、伙伴关系为"保障性要素"。图1—4说明了这些要素的相互关系。

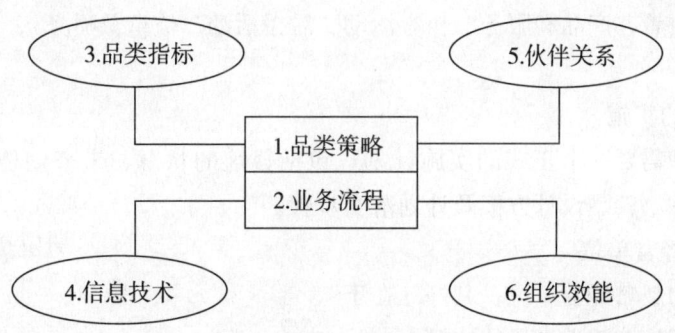

图1—4　各要素的相互关系

1. 品类策略

品类策略是根据商品结构对运营组织、指导原则和管理方法进行总体规划，形成指导品类管理经营决策的基本框架。

2. 业务流程

业务流程是实现品类管理策略目标的日常活动，包括品类管理执行过程中的步骤、方法和责任的落实。

3. 品类指标

品类指标是监督执行情况、提高品类管理的决策水平、判断运行结果，为进行奖惩提供依据的监测工具。

4. 信息技术

信息技术是利用数据和信息系统，使品类管理的各项决策符合实际，并提高业务流程的运行效率。

5. 伙伴关系

为了更有效地向消费者提供超值的产品和服务，零售商与供应商共同努力，形成伙伴关系，以实现其经营资源利用成果的最大化。

6. 组织效能

通过优化组织，设置明确任务责任、改善知识技能、完善奖惩制度、提高组织效能。

零售商与供应商有各自不同的品类管理活动，但在实践中，业务流程与伙伴关系由于需要双方共同参与，因而有明显的定义重叠，其余要素则存在较大的差异。

五、品类策略

1. 共识与领导

零售商与供应商双方高层领导需要对品类管理有一个良好的共识与领导，双方需围绕"品类"而非"品牌"进行组织机构职能的组合。

2. 企业战略

双方应考虑企业战略的开发与集成，包括公司目标（宗旨）、财务目标、公司市场目标、消费者、产品和服务、核心活动、后援活动（信息及财务）、人力资源及合作关系等。

3. 计划的实施

品类管理需要一个正式的实施计划，包括目前的状态、未来期望达到的状态、新的组织架构、转型设计方案及计划落实步骤。

4. 战略经营单位

以品类为战略经营单位，其好处在于：

（1）更好地与消费者保持协调；

（2）更好地决策；

（3）提高可计量性。

5. 一个不断完善的过程

品类管理是一个持续不断的、战略性的过程，它将给零售商与供应商的组织体系带来重大变化。

实践表明，零售商在实现总体目标的过程中，每个品类都是重要的组成部分，不应仅仅关注目标性品类。

六、业务流程

品类管理的业务流程是先从品类设定开始，然后有品类角色、品类评估、品类指标、品类经营策略、品类营销技巧、计划实施，最后有品类检查，使该流程完备。

1. 品类设定

设定的目的是确定构成品类及其各组成部分的产品。

2. 品类角色

根据对消费者、零售商、供应商和市场的跨品类分析，设定品类的角色（目标）。品类角色的特点如表1-5所示。

表1-5 品类角色的特点

品类角色名称	品类角色的特点
目标性品类	(1) 成为向目标顾客提供该品类新产品的"首选"企业； (2) 不断向目标顾客提供超值服务； (3) 带动零售商所有品类的销售、市场份额、消费者满意度、服务水平，改善营运成本的管理； (4) 为连接零售商及供应商的战略伙伴关系服务； (5) 带动零售商的员工、系统和技术开发，以实现企业的经营任务、目标和战略。
常规性品类 （优先品类）	(1) 成为目标购买该品类商品的"优先"选择对象； (2) 帮助确立目标顾客对零售商的印象； (3) 向目标顾客提供持续不断的、有竞争性的商品； (4) 保证经营指标的总体平衡； (5) 成为零售商与供应商的合作伙伴关系的纽带； (6) 在创造利润、现金流量和投资回报方面扮演着重要角色。
偶然性和季节性品类	(1) 成为向目标顾客提供该品类商品的"主要"供应者； (2) 帮助深化零售商在目标顾客中的形象； (3) 向目标顾客提供经常性的、具有竞争性的商品； (4) 在实现利润、现金、流量和资产回报方面属于次要。
便利性品类	(1) 强化零售商在目标顾客中"一次购足"的印象； (2) 向目标顾客提供满意的、持续的价值； (3) 在创造利润和提高实际贡献方面发挥作用。

3. 品类评估

根据消费者、零售商、供应商和市场信息对品类（商品大组）、商品小组、商品群、品牌和单品进行分析的过程。

4. 品类指标

为品类经营目标（如消费者、市场份额、销售、利润、自有品牌、产品供应等）或增长比率设定"定性和定量"的品类考核指标。

5. 品类经营策略

确定品类的市场营销（如强化集客力、提高交易量、增加现金流量、利润贡献、

强化企业形象、市场维护、创造购买欲等)、产品供应（如货源组织、配送、订送、收货、库存、结算等）和店内服务策略。

6. 品类营销技巧

确立有效的品种组合、价格、货架陈列、促销和产品供应技巧，保证零售商和供应商实现品类角色、策略和指标。

7. 计划实施

制订和实施书面的经营计划，以实现双方的品类角色、策略、技巧和指标。

8. 品类检查

对整个计划的预期结果进行日常管理，包括对品类指标体系的对照检查，使业务流程具有可操作性，成为日常决策的主要手段。

第四节　大卖场专业术语

一、条形码

正确的条形码是供应商与卖场合作的商品基本条件之一，如果在条形码的使用上存在这样或那样的问题，会对销售产生直接的影响，例如，实物与价格不符、商品条码无法辨认、A 商品对应 B 条码等，严重的还会导致无法销售、商品下架。供应商了解条形码知识对生意合作也是十分必要的。

1. 条形码的定义

条形码又叫条码，是由一组宽窄不同，黑白（或彩色）相间的平等线条代表相应的字符，并依据一定的规则排列组合而成的图像。商品的条形码对于商品而言，就像人的身份证号码，是商品身份辨别的依据。

2. 使用条形码的优点

（1）实现商品销售、仓储、运输、结账等自动化管理。

（2）通过产、供、销信息系统可以准确及时地获得所需要的商品信息。

（3）能避免销售过程中常见差错的出现。

3. 条形码的种类

（1）UPC 条形码：美国所采用的条形码系统。

（2）EAN 条形码：国际商品编码，即欧洲商品编码主要用于超级市场里或一些自动销售系统的单件商品。

① 版本分为如下两种：

EAN-13 条码：表示 13 位数字的标准版。

EAN-8 条码：表示 8 位数字的缩短版。不能直接表示生产厂家，只有在 EAN-13 条码所占面积超过总印刷面积的 25％时才使用。

② EAN-13 条码数字结构如图 1-5 所示。

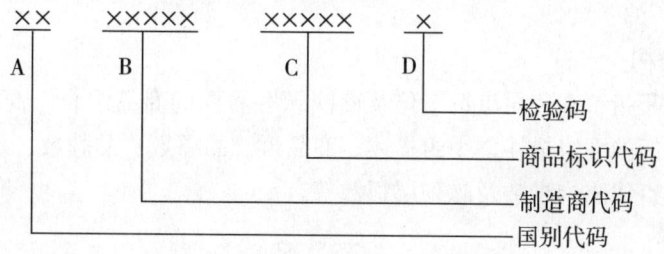

图1-5　EAN-13条码数字结构说明

国际代码（或前缀码）：条码前3位数字，用于标识商品来源的国家或地区，由国际物品编码协会分配管理。

生产商代码：国际代码后的4位数字，用于标识生产企业或批发公司，由国际物品编码协会在各国（地区）的分支机构分配管理。

商品标识代码：制造商代码后的5位数字，用于标识商品的特征或属性，由制造商依据EAN的规则自行编制。

检验码：最后一码，用于检验代码输入的正确性，根据一定的运算规则由以上三部分数字计算得出。

目前在国际市场上较通用的是EAN-13条码，我国商品条码采用的也是EAN-13条码。

4. 店内码

零售商在进货后，对商品进行分装和包装时，对商品进行自动编码和制成条码，然后粘贴或悬挂在商品上，称为店内条码。店内条码只能用于商店内部自动化管理系统，不能对外流通。

（1）店内码是一般根据EAN-8条码的原理编制的，即店内码只有8位数。

（2）店内码数字结构如图1-6所示。

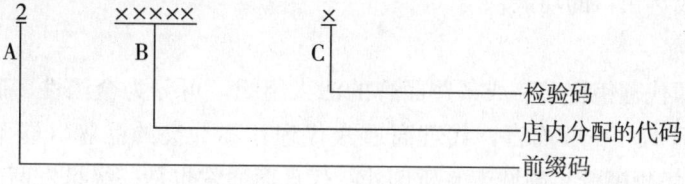

图1-6　店内码数字结构说明

前缀码：统一规定为2。

店内分配代码：为该商品的货号。

检验码：电脑根据前两部分计算出来，自动产生。

二、商品术语

1. 商品

卖场销售的产品，经过商品化的陈列过程成为顾客可以选购的形式，称为商品，亦可称为存货管理单位，每个商品应有一个相对应的店内码或国际码，以便

于管理。

2. 商品结构

商品结构是指符合公司市场定位及商圈顾客需要的商品组合。商品结构应明确定义各采购部门的大组描述、小组描述、商品群、品项数、品牌数、最小规格包装、畅销价格带、直线陈列米数及陈列层板数等。

3. 商品群

商品群或称为品类，这是商品结构第三阶的分类方式，亦可称为小分类，它比商品小组分得更为细致。为了简化管理，商品群在电脑系统是不存在的，但在商品结构表中它是采购人员在构建商品结构时非常重要的依据。每个商品小组里的商品群都是完全可以互相替代的商品，例如，个人清洁用品里的洗面乳、洗面皂、香皂、沐浴露等。门店陈列时应集合同一商品群集中陈列，方便顾客选购。

4. 货号

每一个商品都应有一个货号，电脑可辨认的货号是卖场根据编号原则给予每一个商品的销售代码。

5. 供应商

供应商也称为厂商，即供应商品的个人或法人。一个门店的供应商以 500～700 家为宜。供应商过少则供应链受垄断，容易产生弊端；供应商过多则采购量分散，采购价格没有优势，且订单处理程序复杂，流通费用过高。供应商可以是农民、生产基地、制造商、代理商、批发商（限一级）、进口商等，应避免太多中间环节的供应商。

6. 制造商

制造商也称为生产厂商，它是主要包装食品及轻工制品的供应商。它以原料或零组件（自制或外购）经过较为自动化的机器设备及生产工序，制成一系列的日常消费用品。较有规模或品牌信誉的供应商除了具有制造的功能外，通常还从事营销及商品流通或进出口的功能。

7. 代理商

代理商即代理销售某一或某些品牌的法人组织，可分为全国性、区域性、省别或市别的代理商。一般而言，代理商通常代理互不冲突的品牌（即不同品类的商品），但在市场规模较小的城市有所例外。代理商通常也是一级批发商。一个制造商或进口商不需要很多代理商。但在国内规模较大的制造商可能会有 500～700 家的代理商。

8. 经销商

经销商可代理销售单一品牌或同时销售多种同类的品牌，一个制造商或进口商可能需要数百个或数千个经销商。经销商通常是二级批发商，负责将经销的商品销售给最终的渠道网点或专业客户。

9. 分销商

"分销商"这一名词通常与"经销商"混用。分销商通常也是二级或三级批发商，销售给较小的零售网点。对制造商而言，零售商也是它们的分销商。

10. 批发商

批发商是指专门将其代理或非代理的商品转卖给零售商、次级批发商或专业客户的法人组织。在国内，按资本可分为国营与私营两大类别。

三、会计术语

1. 报价单

报价单是指供应商在销售时，提供给买方的报价文件，应至少包括销售单位、含税售价、折扣、包装方式、交货所需天数、交货工具及地点、最低订购量、退换货条件、报价有效期、进货奖励及其他事项，此一文件应盖有供应商的公章原件及授权报价者的签字。

2. 交易条件

交易条件是指卖场与供应商的年度合同里的交易条款，包括价格、价格调整机制、质量标准、折扣、各种赞助金、退换货、促销、订货条件、品项数、新品导入、账期、付款日、交易方式（购销、代销或联营）、商誉损失赔偿等。

3. 销售量

销售量或简称销量，即销售的数量，真正意义的"销售量"应扣除"顾客退货"的数量。

4. 售价

售价通常是指含税售价（注：电脑系统实际是以"未税售价"来计算毛利的），采购人员对 A 类及 B 类商品的售价应极为敏感，经常做市场调查，有助于培养采购人员对价格的敏感度。

5. 营业额

营业额也称为销售额或业绩，是指所有单品的销售量乘以当时售价的总和。营业额是判断一个单品、部门、门店或公司绩效好坏的重要指标。"净营业额"是指"营业额"减去"顾客退货额"的净数值。

6. 进价

进价通常是指含税进价（注：电脑系统实际是以"未税进价"来计算毛利的），进价决定的因素包括采购及销售人员的素质与谈判技巧、买卖双方的实力、供需的状况、付款条件、其他交易的条件与要求、供应商的地区性营销策略、供应商的获利状况及买方的市场定位或进货数量等。"含税进价"在电脑系统上是指扣除"折扣"后的进货价格。

7. 成本

电脑系统上的成本（即"净进价"等于"进价"减去"折扣"加上"运输费"，通常运输费已含在进价里面）是指：

（1）已进货商品：最后一批的到货价。

（2）未进货商品：商品第一次销售时所对应电脑建档时的进价，实务上要让成

本更精确，应办理"空进空退"手续，例如，白条猪进价有变动时，部位肉的进价应同步变更，并办理空进空退手续，系统的成本随之更改。但此种做法未免太费事，信息技术部应研究开发联结系统，即相对应的商品成本变动时，与其相关联的其他商品的成本应同时变动。换句话说"联结商品"互相存在着一定的成本比例关系。

8. 毛利

单品的毛利是指收银台的售价减去成本的数值的总和，部门的毛利则是该部门单品的毛利总和，公司的毛利则为所有部门毛利的总和。"净毛利额"则为"总毛利"减去"顾客退货商品的毛利"。

9. 毛利率

"净毛利额"除以"净营业额"的数值就是"毛利率"。卖场的毛利率不宜太高（例如不宜超过30％），否则容易被竞争对手跟价，影响价格形象。但对于切货或一次性买断的商品，毛利率可以大幅提升，以提高利润。

10. 综合毛利率

综合毛利率是指各部门的"净毛利额"总和除以"净销售额"总和的数值。另一说法是以"营业额占比"乘以"部门毛利率"的"毛利率贡献率"数值的总和，如表1—6所示。

表1—6　毛利率计算示例

部门	营业额占比（％）	乘号	毛利率（％）	等号	毛利率贡献率（％）	毛利额贡献度（％）
生鲜	20.0	×	15.0	=	3.0	25.4
食品	40.0	×	10.0	=	4.0	33.9
非食品	40.0	×	12.0	=	4.8	40.7
总计	100.0	×	11.8	=	11.8	100.0

四、进货术语

1. 账期

账期是指货款到期的天数，亦即供应商愿意对卖场放账的天数。电脑系统是以"货到后"开始起算，到了账期后，在卖场最近的付款日（通常一个月一次）付款。一般而言，生鲜供应商由于财力薄弱，且利润较低，账期相对较短，为5～30天；食品干货供应商为30～60天；非食品供应商（除家电商品外）由于商品回转慢，且其利润较高，账期为45～90天。

2. 经营方式

经营方式是指零售商销售商品的采购方式或经营模式。卖场常见的经营方式主要有两种：

（1）购销：也称为经销，即由零售商正式下订单采购，货款到账期时，由卖场支付给供应商。零售商的大部分商品是以购销形式进货，库存损耗由零售商全额负担，但在某些情况下，可要求供应商补一些损耗，或做一些退换货的安排，以降低风险。

（2）联营：也称为提成销售，即零售商提供一定的销售空间，在一定的提成扣率的协议下，实施联营销售。零售商对商品不拥有所有权，所以没有库存损耗风险。但零售商相对而言，失去购销或代销的价格主控权，因此联营只适用在需要较多人力销售或产品市场变化太快、品种繁多、风险极大的品种或采购人员完全没把握的商品。采取联营经营应对供应商有保底提成、营业额占比、销售成长率及服务规范的要求，否则极易失控。

3. 库存量

库存量也称为存货量，是指"电脑的库存量"或"实际盘点的库存量"，两者的差额（后者减去前者）即为损耗。例如，电脑账上有 10 个销售单位，而实际盘点仅有 7 个，损耗为 7－10＝－3（个）。销售商对于高单价或损耗率较高的商品应经常盘点，并作库存更正，以确保电脑库存量自动建议订单系统的正确。低效率的人工订单耗费大量的人力及物力，供应商亦需对频繁的小量订单疲于奔命。

4. 库存天数

（1）单品：电脑库存量÷DMS（日均销量）。

（2）其他：库存成本÷日均销售成本（指商品小组、大组、部门、门店等）。

门店或采购实际运作时，应事先制订各商品大组的库存天数指标，公司以此为考核依据，实施奖罚。商品由门店下单较多的组别，库存应由门店负责；采购部下单较多的组别，则库存应由采购人员负责；平分下单的商品，则双方共同负责。无论如何，营运、采购双方均应确认合理的库存天数是公司永续经营的基础。库存天数太高所产生的资金、损耗、过期、滞销、仓储空间、搬运等费用与风险不可等闲视之；库存太低则丧失销售机会，顾客对零售商的信心也会降低，更需要全面高度地重视。

5. 可运用天数

可运用天数是指"账期"减去"库存天数"的净额。可运用天数若为"正数"，代表公司可由供应商获得一定的流动资金，作为展店或其他金融用途；反之则公司资金需由金融机构或第三者取得，不利于公司运营。在例行的付款匹配审核时，可运用天数是最重要的指标之一。

6. 订单

订单是指零售商的门店或采购部向供应商订货的文件，此文件一般不显示进货价格，以确保购销双方对价格的机密性。

7. 最低订购量

卖场采购部向供应商订货之前，应在电脑里设定最低订购量，此订购量可以"金额"或"最小销售单位"的数值来表示，通常"金额"较为实用。采购部应在每一个"供应商档"定义一个"最低订购金额"，以利于电脑建议订单的作业，否则订货量极小的订单会自动生成。

8. 交货天数

交货天数是指供应商接到订单后，所需要的交货准备天数，包含运输时间。实务上本埠的供应商设定在 2～3 天即已足够，除非供应商还另需加工。外埠的供应商宜设定在 7～10 天，视其所使用的运输工具的效率而定。

9. 交货

交货是指供应商接到订单后的运送行为。针对较大型的供应商，卖场的门店收货部可依经验设定专门的收货日期及时间，以错开尖峰的收货时间，如此对所有的收货作业人员及供应商均可提高效益。

10. 缺货

缺货是指货架上或存货区无货可卖的情况，造成缺货的原因不外乎：销售超过预期，补货不及时；存货区的货暂时找不到；供应商暂时或长期缺货；供应商送货延迟。

采购人员应与供应商建立起一个较为畅通的沟通渠道，当供应商能预知或已知库存不足的情况，主动通知采购人员，采取补救措施，例如，向店面发出警讯，并紧急寻找替代商品。

11. 短交

短交是指一张订单的其中一个或若干个单品的订货数量无法全部交货。卖场不允许供应商分批交货，所以短交的商品数量若有需要时，应另下一张订单。

五、营销术语

1. 退货

退货是指卖场将商品退回给原供应商的情况。退货的原因有：

（1）商品质量或包装有问题，顾客退回后，门店收货部再转退给供应商；

（2）存货量太大或商品滞销，门店消化不了，退还给供应商；

（3）商品未到保质期，即已变质，门店退还给供应商。

2. 促销

促销是现代商业营销的重要手段之一。顾名思义，促销是促进销售的意思，是一种"推"的行为。促销的方式五花八门，主要可分为价格促销与非价格促销。

3. 店内促销商品

店内促销商品是指不在卖场快讯上做广告，仅在门店内做广告与促销的商品。店内促销的原因有：

（1）门店库存太高，而供应商不愿接受退货；

（2）门店要冲业绩时；

（3）供应商未来得及上快讯；

（4）供应商怕价格曝光后，引起其他顾客的反弹，而不愿上快讯等。

4. 赠品

顾名思义，赠品就是赠送给顾客的商品，这是一种重要的非价格促销，零售业广为应用。赠品的来源有二：①零售业自行提供（可能库存太多或已做费用预算）；②供应商提供。赠品的赠送方式有四种：①与促销商品绑赠在一起（注：这是最好的选择，但陈列较为困难）；②由供应商派促销员在现场赠送（注：收银员有时候不知道，因而执行上问题多）；③在赠品处发放（注：有时顾客不爱排队，效果较差）；④由供应商促销员在门店场外发放（注：效果也不太好）。赠品最好避免选择店内有卖的商品，这容易引起问题。

5. 快讯

英文翻译为"直接邮寄品"，一般每两周直接发行促销海报，目的是：①扩大商圈；②增加客流量；③增加客单价；④提升顾客忠诚度；⑤为供应商提供新品促销、提升品牌知名度或增加销售的机会；⑥增加公司的其他收入。

6. 其他收入

这是卖场最重要的利润来源。如果采购工作到位，其他收入可占营业额的3%~8%，其他收入包括每月账扣、节庆赞助金、开店赞助费、新品上架费、各种广告费、促销陈列费及年度进货奖励等。

7. 赞助金

赞助金指供应商在从事销售行为中，对卖场的赞助费用，包括年节（如元旦、五一、端午、中秋、十一、春节等）、开店、周年庆及新品上架等。有些地区公司采购部在开店时能由供应商处获得数百万元的赞助金（含广告费）。

8. 增值税

这是我国参考发达国家经验在1979年开始引进的一个重要的税种，目前它已成为国内最重要的税收之一。其理论是环环相扣的，以进项税额抵扣销项税额后，增值的部分，即需交给国家税收的增值税，作为政府运作之用，现举一例如表1-7所示。

表1-7　增值税举例说明

项目	未税价	增值税	含税价
销售	100.0	17.0	117.0
进货	80.0	13.6	93.6
差额	20.0 （零售商真正的利润）	3.4 （"进项"抵扣"销项"的增值税差额需交给政府）	23.4 （零售商表面上的利润）
毛利率	20.0%		20.0%

目前增值税率有三种：

（1）13%适用于未加工的农产品，但包含大米、面粉及食用油脂；

（2）17%适用于其他大部分的商品；

（3）10%适用于外销商品。

例如卖场直接向农民或生产基地采购的农产品，可以按进价的10％抵扣"销项增值税"。但此种商品的"销项税额"是以未税价加13％，因此实际上的毛利率不如电脑计算的毛利率，减少1.2％～1.5％。

9. 增值税发票

国家对年营业额超过180万元的企业核发增值税发票，使用增值税发票所缴的税实际上比普通发票（注：6％营业税）的税额还小，例如，毛利率20％的商品，其增值税仅为3.4％（即20％×17％）。

10. 普通发票

国家对年营业额低于180万元的企业核发普通发票，其营业税率为6％，例如10000元的发票需交600元的营业税。若供应商仅能提供普通发票，财务部在付款时必须将其增值税额扣除。例如，供应商开出93.6元的普通发票，卖场仅能付80元（即93.6÷1.17×0.17）给供应商。

六、其他术语

1. ALC

ALC是指"行政、后勤及控制"。这是门店的一个重要部门，它实际负责门店订单的订货与跟催、印制每日变价的价签、门店变价的录入、按过去的趋势预测每日销售、做一些销售分析、每日对低毛利率的单品或大组实行监控，并对门店库存控制提出建议等工作。

2. 高货架

高货架指卖场超过5米的高空重型货架，系用来存放包装食品，适用于仓储式商店（不论是否为会员制）。

3. 低货架

低货架指卖场高度在1.2～2.3米的层板货架，适用于百货商品及较轻的包装食品的销售。

4. 层板

层板指低货架的横向钢板，作为陈列货物之用。通常一个层板就等于一个货架格的宽度。

5. 栈板

栈板也称为卡板，系用来运输高货架陈列之用或地堆陈列之用，必须以油压拖板车来运输。

6. 折叠笼

折叠笼又称为仓库笼，是指一种由粗铁丝焊接后镀锌或镍，并可折叠的地笼，是一个陈列及搬运设备。

7. 斜口笼

斜口笼是一种由细铁丝焊接后包树脂而前端为斜面的小铁笼，用做难以叠放的商品的陈列设备。斜口笼本身亦可层层叠放。

8. 端架

这指高货架或低货架两端面向走道的陈列设备。由于面向走道，端架成为重要的促销区，适合摆放促销商品。一个端架不宜摆放超过三个以上的商品，否则会失去促销的聚焦。

9. 主走道

这指门店内 4～7 米宽，供客人大量流动的走道，一个门店通常各有两条纵向及横向的主走道，以疏散人流。

10. 次走道

这指门店内 2.5～3.5 米宽的走道，供较少量客流走动。

11. 落地陈列

这是指在客流多的主走道或促销区将商品以成箱的方式堆放陈列，让顾客有一种冲动性的购买欲，如能有促销员、演示、试吃、卖点广告及特价搭配效果更好。

12. 端架陈列

这是指以门店卖场走道两旁的端架作为促销区来陈列的方式，称为端架陈列。

第二篇
卖场的设计

大多数顾客是在卖场做出购物决定的。顾客通过在卖场的所见、所闻、所感，来决定是否购买商品。顾客对企业最直接的印象和感受来自于卖场整体的购物环境。因此，卖场设计十分重要。卖场设计主要包括卖场外观及内貌设计两个要素。其目的主要有两个：一是有效地吸引顾客走进卖场；二是创造舒适的购物环境。

第一章 | 卖场设计概述

卖场设计，已经成为每一位经营者所要面临的一项意义非凡的工作。在商品经济日益发达，零售市场竞争日趋激烈的今天，商家需要越来越多地考虑如何吸引消费者，为他们提供舒适良好的购物环境，然后通过适当有效的方式推销店内的商品，并尽可能地提高"回头客"的比例。卖场设计作为一种新型的店内营销方式，将发挥巨大的作用。

第一节 卖场设计及其意义

一、卖场设计的构成

从总体上说，卖场设计包括商店选址与外观设计、内部装饰与气氛设计、商品陈列与店内促销等三个相互支持的方面，是涉及心理、艺术、管理等多学科的综合性实践领域。

1. 卖场选址

卖场选址即确定开业的位置，主要包括商业圈的大选址和局部区域的小选址，前者关注人气客流，后者注重周边环境。

2. 外观设计

外观设计涵盖卖场的诸多要素，包括门面的样式、出入口的位置、标志与招牌的图文以及卖场名称的确定等，这是一系列需要着眼大局、考虑细节、兼顾艺术的设计项目。

3. 内境设计

内境设计与顾客的购物行动体验密切相关，包括卖场中销售区域的布局、行走通道的设计、各种卖场界面的装饰和内部照明的灯光等，需要特别注意从顾客的角度感受整体效果。

4. 气氛营造

烘托卖场购物气氛的元素包括色彩、音乐、温度、气味等，并需要与卖场中的促销活动结合起来。这是用具体的实物来营造抽象的气氛，富有技巧性和艺术性。

5. 商品陈列

商品陈列关乎三个问题：一是商品的展示是否充分；二是顾客的取拿是否轻松；三是店员的补货是否便利。上述三个问题产生了卖场陈列的各种要求，需要通过不同的陈列方法，选用合适的陈列用具，并以恰当的表现手法来达到。

6. 店内促销

店内促销是具体活动事件的设计，包括促销场地、人员、物料、经费等多方面资源的调度和安排。

此外，卖场橱窗作为卖场内部环境的延伸，既能美化外观环境，也关系到卖场中的整体购物氛围，同样值得引起注意。

二、不可轻视的卖场设计

店主自身都会有各种购物的经历，相信以经营者的眼光去审视各类商店的设计与经营，会发现许多一般顾客不易察觉的问题。这些问题虽小，但总会给消费者的购买活动造成影响——哪怕 10 位顾客里有 1 位顾客在意了，也是卖场的损失。还有一些问题本身不会直接影响到顾客，但会增加店员的工作；如果这些工作不能及时完成，最终流失的还将是销售。

我们可以来看这样几个例子。

案例 1：楼梯在哪里？

许多卖场中的店员都会遇到顾客询问诸如"电梯在哪里"、"洗手间在哪里"的问题。而事实上，已经有专门的标志来引导顾客，甚至提问的顾客其实就在这些地方的旁边。这时店主就应当考虑了：指示牌是不是和卖场中的导购牌太相像了？是不是这些地方周边的照明太暗？或者界面处理上没有和其他（销售）区域区分开来？处理好这些细节问题，能够为卖场省下许多人工。

案例 2：误进员工区。

卖场中总需要有专门的员工区域，主要用来办公、存放工具、控制设备等。一些超市总是遇到顾客靠近或走进员工区的情况。即便顾客是被门上"非请莫入"的提醒挡在了门外，实际上也耽误了原本可以选购商品的时间。事实上，这些消费者并不是有意的，但确实会是某些因素使然，例如：去往员工区的通道是不是没有和其他通路区分开？员工区前部的照明是不是过亮了？员工区附近是不是都陈列了具有吸引力的商品？卖场的各种设计疏漏都会给实际运营带来影响，因而需要通过细致、认真的考虑来加以避免。

案例 3：翻乱的货架。

整理货架是卖场店员的基本工作。有时店员们会发现，一些货架总是会被顾客翻乱，这就需要去考虑其中的原因了。例如将几种带有色彩的纺织品（如毛巾）垂直叠放在一起时，消费者可能为了取拿底部的颜色而将整沓毛巾抽乱；又如食品区的顾客总是希望拿到生产日期比较近的商品，他们会有意识地去翻看放置在内侧的商品。这些问题，都是商品陈列中的典型问题，需要通过合理设计来为顾客、店员两方面提供便利。

三、重视卖场设计的意义

卖场设计不可轻视。重视卖场设计，对于经营者来说具有重要的意义。

1. 形成核心竞争力

重视卖场设计，能够为零售商带来属于自己的核心竞争力。所谓核心竞争力，是指某一个商家所独有的，且难以为其他商家所模仿的优势所在。对于零售商来说，有许多影响其经营效益的关键要素：地段选址、供货商、顾客群、服务水平、管理水平、店内装饰、店面设计……不难发现，其中有些因素是行业性的，几乎同一地区里的所有零售商都会面临相似的情况，它们只能被动接受；还有一些则是某些商店所独具的内部因素，如地段、购物环境、店面设计等，就属于零售商可以自己把握的内容，是大有文章可做的。

2. 创立品牌形象

在经销商品种类日益趋同的背景下，卖场设计将是商家树立自身形象，谋求差异化经营的重要策略。我们可以明显地感觉到，在进入 21 世纪以后，各种业态的零售形式都得到了充分的发展。在一些热闹繁华的商业地段，竞争还不仅发生在商场、超市、精品店、专业店等不同业态之间，还发生在集中于同一地区的不同商场之间，不同超市之间，甚至同一品牌的不同专营店之间。在这么多店家之中，顾客该怎样选择呢？在多数情况下，这种选择是带有方向性的。知名的零售品牌、明亮的店堂装修会给人正规与可靠的感觉；便捷的出入口、明了的导购牌会吸引繁忙人士进店购买；优雅的环境、轻松的音乐、鲜艳的颜色，则会吸引追求休闲与时尚的人前来。正是店主基于经营定位的精心设计，形成了它们与众不同的特色，进而为其招徕了顾客。

3. 促成冲动购买

通过卖场设计来促进顾客的"非计划性购买"已经成为零售商的必然选择。我们经常会有这样的经历：在等待结账的时候，看到一旁的口香糖、饮料，单品价格不高，就随手拿起一同买下了。这便是非计划性购买的实例——因为购买这些商品或许并不是我们预先打算的，而只是一时"冲动"的结果。实际上这样的例子还会更加普遍，尤其是在逛商店的过程中，因为经过某些货架时看到促销广告，或者仅仅是因为商品的摆放吸引注意力而引发了兴趣，最后决定购买。有研究表明，美国消费者在专业店、百货店、折扣店中的非计划性购买大约占 35％；日本消费者在大型超市的非计划购买能占到 80％左右，即使在便利店也有 60％的份额。作为店主，就需要更多地通过类似的方式来"挖掘"消费者本身没有意识的需求，从而带来销售的提升。

4. 优化购物体验

优秀的卖场设计，能够带给客户良好的购物体验，提高其满意度。在当代城市社会，商品的丰富性和多样性已经让消费者产生了一种"无所适从"的感觉。人们普遍认识到，购物不仅是简简单单地为了买到生活必需的物品，同时也成为一种生活、休闲乃至情感发泄的方式。作为店主，就应当在这两种购物需求一同存在的情况下，尽可能地为顾客带来良好的消费体验。事实上，有许多不经意的设计都会让顾客感到烦恼：狭窄的过道，不合理的分类，强迫式的行走路径，过于刺耳的音乐……这些问题，都会直接关系到商店的顾客满意度和回头客的比例，并且都需要通过优化卖场设计来予以改善。

第二节　卖场的设计策略

零售卖场的设计策略主要是指零售卖场的外观与内貌设计策略。

一、零售卖场的外观设计策略

零售卖场的外观组成部分可细分为如图2—1所示的要素。下面详细介绍这些要素的设计策略。

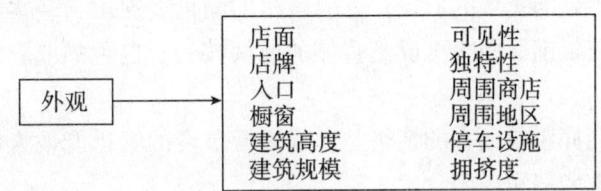

图2—1　零售卖场外观组成要素

店面是指卖场本身所有的实体外观，它包括店牌、入口、橱窗、灯光和所使用的建筑料。店牌是指用来展示商店名称的标记。

入口是引导顾客出入的实施购买行为的卖场内外连接口。

橱窗是以商品为主体，以装饰画面及布景道具为陪衬背景，在特定的空间里巧妙运用商品、道具、灯光、色彩、文字说明、画面以介绍宣传商品的综合陈列舞台。

建筑高度是指卖场建筑物立面的高度，这种高度可以是隐蔽式的或非隐蔽式的，隐蔽式的高度是指建筑物的一部分位于地面以下，而非隐蔽式的高度则是指行为能看到建筑物的全部。建筑规模是卖场建筑物平面的大小。不同大小的建筑规模对顾客的影响不同。

卖场的可见性是通过卖场的外观特征的组合获得，其目标是使商店外表独特突出，并吸引顾客的注意力。

卖场的独特性是指卖场的与众不同的引人注目之处。

周围商店的形象与周围地区的情况对卖场的外观氛围有比较大的影响，卖场外观起码不能与这些整体形象相背离。

停车设施可以加强或减弱卖场的氛围。充足的、免费的、邻近的停车位比稀少的、收费的、较远的停车位置更能创造氛围。同时拥挤度也将影响氛围，如果卖场的停车场、人行道、出入口堵塞，其良好的氛围将减弱。

二、零售卖场的内貌设计策略

零售卖场的内貌组成要素如图2—2所示。下面详细介绍这些要素的设计策略。

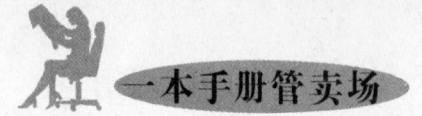

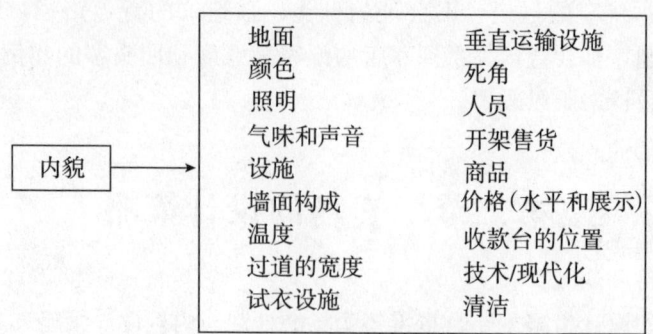

图 2－2　零售卖场内貌组成要素

地面可以是水泥的、木质的、油地毡的、地毯的，等等。漂亮的厚地毯创造一种氛围，而水泥地面又创造另一种氛围。因为人们利用多种线索形成对卖场的认知。

颜色和照明也影响卖场的形象。亮丽鲜明的颜色表现出与轻柔的颜色或平淡的白墙壁完全不同的氛围。照明可以是直接的或间接的、白色的或彩色的、持续的或闪烁的。

气味和声音同样影响顾客的情绪。卖场中慢节奏的音乐能使人们走得更慢。餐厅利用食品气味来增加顾客的食欲。

商店建筑设施的设计不仅要基于它们的实用性，而且要从美学角度审视它们。管道、通风、柱子、门、储藏间以及货架和桌子，在内部装修时都应统一考虑。

墙面构造可以提高或损害卖场形象。例如，有声誉的零售企业经常使用漂亮的、花纹凸出的墙纸；百货商店更可能采用平面墙纸，而折扣商店可能是裸墙。高档次商店很可能有精致的枝形吊灯，而折扣商店可能只是些简单照明。

顾客的情绪受店内温度及获得该温度方式的影响。如果冬天不够热，夏天不够凉快，一个人会感到很不舒服，这只能缩短他的购物时间；另一方面，卖场的形象也会受使用何种降温设施（如中央空调、分体空调、风扇或敞开窗户）的影响。

过道的宽度影响零售形象。宽敞的、不拥挤的过道要比较狭窄的、拥挤的过道创造更好的氛围。如果闲逛和观看商品时不用推挤，人们会逗留更长的时间、花更多钱。

试衣间可以是精心设计的或普通的，或根本就没有。有声誉的零售卖场使用铺着地毯的私人试衣间；中等质量的零售卖场使用油毡地面、半私人间；折扣商店使用小隔间或根本没有试衣间。一些购买服装的顾客认为试衣间设施（及其保持）是他们选择去哪一家商店购物的主要因素，对他们而言，氛围和试衣间设施紧密地连在一起。

商店员工的数量、举止及外表影响商店的氛围。礼貌、修饰好、有知识的店员产生积极的氛围；而举止不雅、修饰不佳、无知识的店员则造成消极的影响。卖场利用自助服务减少店员，但产生了低质、冷漠的形象。如果卖场采用自助服务，那么它就不可能形成有声誉的形象。商店销售的商品和服务影响其形象。优质商品产生一种形象，低质商品则产生另一种形象。顾客的情绪随之变化。

商店价格影响形象有两种方式。首先，价格水平在顾客心目中产生对商店形象的认知；其次，展示价格的方式是氛围的关键部分。有声誉的商店很少或没有价格展示，而是依靠独立的价格标签，不强调销售量；折扣商店重视价格展示，并且用较大印刷体显示商品价格。

卖场使用的技术及建筑和设施的现代化也影响其形象。具有先进技术的零售企业，如计算机收款和自动补货程序，以其运营效率和速度给顾客留下印象，而使用低级的、过时的技术的商店可能出现顾客长时间排队的情况。具有现代建筑（新的店面和标牌）和新设施（照明、地板和墙）的商店比使用过时设施的商店产生更为友好的氛围。

最后，也是必不可少的是必须为保证零售卖场的清洁制订工作计划。不管零售卖场的外观和内貌多么吸引人，不整洁的零售卖场让顾客感觉不好。

第三节　做好卖场设计

现在，有两大关键性的因素促使我们做好卖场设计。一是顾客的要求越来越细致，各种显性的、隐性的意见促使卖场采用更加合理的设计；二是当前的零售竞争越来越激烈，尤其是国外零售巨头的进入挤占了有限的市场空间。对于前者，我们需要了解顾客具体的感知特点，并分类加以考虑；对于后者，则应直面竞争，从竞争对手那里学习设计的方法和技巧，学会"狼"的舞步，进而"与狼共舞"。

一、顾客感受与关注细节

如果说"细节决定成败"，那么卖场设计就是零售店主所需要特别关注的"细节"了。可以说，几乎每一个方面都需要"设计"；而一旦需要"设计"，就会涉及"细节"这一层次。在店内购物的消费者或许不会直接体会到店主在选址、橱窗、灯光、通道等方面所花费的心思，但他们会产生对这些设计元素的感知，并且常常是在细节上。

从顾客感知的角度出发，细节层次的设计要素可以分为两种。

1. 默认接受式

默认接受式的感知，往往是基础性的，如灯光明暗、通道宽窄等。店主应当确保设计效果让顾客满意，否则就会令其产生反感情绪；同时，这些要素也很难引起顾客强烈的好感。顾客不会因为灯光合适而对卖场加以特殊的赞誉，也不会特别地注意通道的设计能让其方便地穿梭选购；但这些要素的设计若没有做好，顾客就会发生抱怨。

2. 主动强化式

主动强化式的要素并不在所有卖场中体现，而一旦出现，其目的就是要让顾客

产生格外的体验。明亮的落地窗，精致的展示台，造型特别的卖点广告等，都是为了给顾客以额外的感官冲击。这些设计要素的选择具有更高的要求，因为它们属于一个卖场的特别之处，同时也往往意味着较高的成本。如果这些设计因素没能给顾客留下深刻的印象，或者反而起到了负面作用，则会给卖场带来较大的损失。所谓从细节入手，就要求店主在这些不同的设计要素上细致考虑了。

二、零售开放与竞争学习

零售业的开放早已成为国内店家需要面对的实际情况。虽然各种本土性的优势仍然在发挥作用，但外资零售巨头们先进的管理方式与技术手段仍然使其具有相当的竞争力。向对手学习、直面竞争与挑战成为卖场设计的另一大推动力量。

1. 外资零售值得学习

不得不承认，外资零售企业有许多地方值得我们学习。规模化的采购、高质量的客服、国际化的装修……他们给国内消费者带来了低价、便利、舒适的购物经历。作为国内的零售店主，一方面应当发挥自己本土经营的社会网络资源，另一方面也要上好国际零售巨头带给我们的现场课程。同样是卖场、超市乃至便利店，为什么总有顾客喜欢外资经营的呢？除了价格、质量等基本因素以外，品牌、管理、形象等也是不容忽视的要素。这些要素正是本土经营者需要潜心学习的。

2. 国外的卖场设计

在国外，卖场设计已经在市场营销、零售管理等学科中占据了重要的一席。日本在卖场设计方面的研究十分深入，并已形成了基于实践的理论总结；同时，各种操作性强、通俗易懂的"口袋书"也为店主们所青睐。美国以大工业化社会为特点，作为连接消费者的渠道终端，卖场内的营销、货架上的营销成为厂商重要的竞争领域，而商圈选址、商场布局、商品陈列、环境布置等也都是商科教育中零售管理课程的重要内容，是优秀店主的必备知识。不论是零售商还是生产商，其卖场营销都是以消费者的心理与行为为依据，并致力于推动和实现商品销售。其中的经验做法与实践总结都能让国内的零售商受益匪浅。

知识链接

关注卖场中的细节

卖场是一个公共空间，每天有成百上千乃至上万的人进进出出，但他们在其中所关注到的内容是不一样的。作为店主，我们应当比顾客更具有关注细节的能力。只有这样，才能以更加敏锐的目光发现别人的优点和自身的问题，博采众长、改进设计。

在一家品牌服装店，我们可以观察到其中的各种细节：门口的卡通造型活泼可爱、栩栩如生；其底座使用了红、黄两种"诱目色"，会吸引许多顾客。通过进一步观察，店内的商品摆设是沿墙式的，左、右两条主通路将顾客引向空间的最深处。店内的模特朝向顺应了门口及位于主通路上顾客的视角要求，其着装的颜色也以红、黄为主。在空间界面上，地砖采用暗色，顶部天花采用亮色，这样的设计使整个空间显得比较稳重，同时能够增加高度感。灯光处理上，嵌入天花的荧光灯形成基础照明，能够使商品的色彩较好地体现；而店铺最里处的照度较亮，吸引顾客近前选购。商品陈列上，纵向的悬挂陈列以黑色系的休闲裤和红色系的羽绒服为主，横向的开架陈列包括各种色彩的休闲服；商品色彩纵横交错，形成接连相继的"磁石点"……

这些卖场设计与布置中的细节，是他人在实践中总结、摸索的结果，包含着许多原理与技巧。在阅读后文有关介绍的过程中，读者可以留意身边的卖场是怎样处理这些细节的，达到了怎样的效果。时尚与流行的元素会发生变化，不同人的美感和要求也会不同，但关注细节的习惯一旦养成，就将是店主追赶、超越竞争对手的不竭动力。

第二章 | 卖场的选址

有句话叫做"选址，选址，还是选址"。卖场的经营能否成功，地理位置的选择起到了至关重要的作用。除了少数能够利用品牌优势吸引消费者远道而来的"名店"以外，大多数中小型卖场的选址都会对客流量、销售额产生重要的影响。

第一节　经营地段的选择策略

卖场的选址能够在很大程度上影响客流量和每位顾客的平均消费额，进而是决定商场营业收入的重要因素。作为店主，应当如何选址呢？总体来说，可以分为两步：第一，通过选择商业圈和商圈评估的办法确定开店的地段；第二，在选定的区域中确定具体位置。在这一过程中，需要查阅地图并实地观察。

一、"商业圈"与商店选址

"商业圈"，可以直观地理解为各种商店集中汇聚的地方。这些商户云集之处往往客流量大，经营品种繁多，具有浓厚的商业气氛。传统意义上的商业圈一旦形成，就会吸引越来越多的商店进驻，从而进一步扩大商业圈的规模，但同时也会加剧其中商店之间的竞争。当商业圈内所有商店提供的商品销售与其辐射范围内居民的消费能力相当时，商业圈的规模扩大将会遇到阻力。

一般而言，商店选址首先是不同商业圈之间的选择。由于城市地理沿革、区域文化、居民分布等因素的影响，不同的商业圈会在经营商品的种类、档次上存在差别，并且商业圈内的竞争激烈程度也有所不同。因而，店主需要根据本商店的经营定位与计划，在充分研究不同商业圈及其周边情况的基础上作出选择。

有一些实力雄厚的国际品牌零售商选择将大型超市、商场或者购物中心开设在靠近城市的高速公路旁，城市中心商业圈的出口位，甚至城乡结合部。这样的做法，在很大程度上是为了谋求较低的地价而降低店面租金。凭借其特有的品牌优势与"一站式购物"的服务，这些零售商能够在这些地段立足，甚至带动起周边商业的发展。但对于普通的中小型商店来说，主要的做法应当是跟随与"借势"了。

二、"商圈"与目标客源

"商圈"也被称作"商势圈"，是指一家店铺能够覆盖到的顾客群体分布范围。近年来，国外对于商圈的研究发展迅速，甚至有公司专门开发了评估商圈的应用软件。我们可以把商圈进一步细分为核心商圈、中间商圈和外围商圈，其中的顾客数量逐层递减，如图2—3所示。一般而言，在核心商圈里的顾客能够为商店带来

60%～80%的销售额，而中间和外围商圈所能提供的客源总和往往不到40%了。可见，核心商圈是店主所应关注的重心，是需要重点考察的区域。

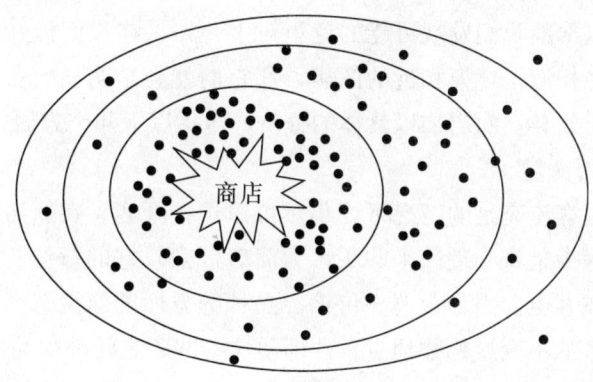

图2—3　商圈

在实际中，"商圈"和"商业圈"两种称法经常被混同使用，我们只要能理解其代表的真实含义就可以了。

三、了解潜在顾客的信息

我们可以根据拟开设商店的规模，初步估计能够覆盖的地理范围，再了解该区域内潜在顾客的信息。不同规模的商店，商圈的范围也有所差异。一般而言，面积在100平方米左右的便利店可以辐射500米以内的商圈范围，而面积在3万～4万平方米的大型超市的辐射半径则可以在20千米以上。如果商店处于商业圈中，则其辐射范围是由整个商业圈决定的了，这也正是商家往往集聚在一起的原因。

店主在选址的过程中，可以粗略框算出商店未来商圈范围内的居民数量，并根据估计的人均消费额（与店内商品定价相关）计算出商店每天的营业额，进而与商铺经营过程中的店面租金、人工费用进货成本等运营成本加以比较，从而形成对未来商店开业是否可行的初步判断。对于一般的便利店而言，目标人口通常在2600～3000人之间，或大约800户左右家庭。如果目标顾客群过小，商店未来的经营就有可能受到影响。

有两种情况是非常值得考虑的：一是凭借大型商业圈的客流量，为本商店带来充足的客流。许多商店在繁华路段开设，就属于这种情况。但这些地段往往租金昂贵，同时竞争也会比较激烈，店主需要加以权衡。二是背靠居民区、学校、大型单位等人员聚集地，形成天然的顾客群体。

了解商圈内的顾客构成，还可以分析居民的其他信息，从而得出更加全面综合的结论。例如消费能力的大小可以通过住宅房的档次（面积、价格）、停车位数量来判断，这将对商店的经营定位、商品定价起到指导作用。通过实地观察，可以了解周边居民的年龄构成。消费者的年龄一方面影响着他们当前的购物需求，另一方面也决定了其收入增长的潜力。如果附近居民的年龄大多在30～40岁，就意味着较好的市场前景。对于想要开设便利店的店主来说，还应当注意观察居民的出入时间，

尤其是傍晚的客流量大小。

四、发现可能的竞争对手

商圈分析可以帮助我们发现可能的竞争对手。如果在我们拟开设商店的商圈范围内存在经营品种相似，规模相近的商店，那它们就会是明显的竞争者。存在竞争对手，并不必然要放弃，而需加以具体的分析，包括以下几个方面。

1. 客流量是否充足

在商圈范围内客流充足的情况下，仍然可以选择开店。在新店开设的初期，周围的人们往往会因为猎奇心理前来购买，为商店带来较好的营业收入。在持续经营一段时间之后，顾客也会因为距离、价格、品种等方面的原因选择不同的商店。毕竟，很少有消费者从不变换购物地点——即便这些商店之间都很类似。

2. 产品可否细分

对于经营商品可以进一步细分的情况，竞争往往不会过于激烈。就服装、食品、礼品等商品而言，其品种繁多，差异性很容易体现。因此，店主会有充足的机会来选择销售与竞争对手不尽相同的商品，从而吸引顾客前来。开店之后，顾客会通过比较，逐渐了解几家商店之间的差别，并根据自身的偏好加以选择。

3. 商店规模如何

如果商店的经营品种类似，但规模不同，则也会存在进入的机会。通常，在大型商场或超市购物需要花费较多的时间，尤其是商品挑选与结账等待环节，而在小型商店中，商品种类少，选购目的性强；同时顾客们购买的商品数量都比较少，结算时间也会缩短。由此形成的差别会给中小型店铺以生存的空间。在现实中，我们经常看到大型商场周边有大量的精品店、专业店，大型超市附近也有便利店、杂货店，正是规模与业态上的差异使其赢得了不同的客户群体，满足了不同的消费需求。更加值得注意的是，在这些大型商店周边经营，有时还会产生"借势"效应，凭借其带来的商业氛围提高客流量。

4. 竞争对手与顾客群的关系如何

还应注意的是，一些现有的经营者会与周边的顾客之间存在良好的关系，尤其是一些以居民区为主要客户来源的便利店。作为新进入的店主，应当对这种社区内的地缘、人缘因素有足够的了解，如果最终选择在该地段开业，则还应注意经营初期与顾客关系的处理，从而得到他们的接受。

五、掌握周边的交通环境

在城市中，道路交通是联系顾客和零售网点的纽带，也直接影响着店铺的集聚和商业圈的形成。商店在选址过程中，应当使目标顾客到达商店的时间尽可能地短。

在分析商圈时，我们应当借助地图勾画商店的辐射范围，并观察周边的交通情况。便利的交通能够为商店带来充足的客流量，同时也能给卖场的进货、出货带来便利。家乐福的选址策略可以概括为三条：交通方便；人口集中；两条马路交叉口。

其法文名"Carrefour"的含义本身即为"十字路口",突出了选址的特点。

分析交通环境时,需要注意到许多细节问题。例如现在有许多居民小区已经采取了封闭式管理,因而商店应尽量开设在出入口附近。否则即便距离很近,但由于离出入口较远,顾客还是难以到达商店购物。又比如在道路两旁开设小型店铺时,应当注意选择距离人行横道、过街天桥、停车场以及公交车站距离较近的位置,这些地段的客流量往往要稍大一些。

不同宽窄的街道两侧会呈现不同的商业氛围。宽阔的道路往往是交通工具快速通过的地段,路旁主要是便利店和大型单位;而狭窄的街道则会有较多的自行车、行人通过,行进速度缓慢,在这样的地方人们更容易被路旁的事物所吸引,从而也就更适合开设商店。

六、资金实力与运营成本

商店选址的过程中,店主自身的资金实力同样需要考虑。较好的地段往往会有较高的租金,而租金较低的区域通常存在着一些缺憾,因而选址是一个比较权衡的过程。除了租金数额的大小以外,付款条件、租期长短等也是需要注意的内容。一般而言,如果认为未来租金会上涨,就应在当前比较低的价格上选择比较长的租期,反之则应将租期定得比较短。

不同的商业圈中,水电、物业费用也是不同的。对于大多数店面,租金是不含物业费用的。在租用店面之前,应对这些方面加以询问。在实地察看的时候,也可以向周边的商户了解。从他们的谈论中还有可能得到意想不到的收获。此外,应当注意店面租赁合约中的附注条件,如提前终止、租赁延期、拆迁等事项。

七、对商业圈发生变化的提醒

需要提醒店主的是,某一地段当前的情况并不能代表其将来的发展。从城市地理演变的角度看,随着经济的发展和地产的开发,中心地段也会发生调整。就北京而言,几十年前的中心城区位于南城区,这里云集了大量"老字号"店铺;随着现代服务业、金融业的发展,朝阳CBD(中央商务区)也逐渐成为商业中心,而海淀区则因为众多的学校和科研单位而成为高新技术密集区。在选址的过程中,应当注意类似的区域功能变化。

更为具体的是,商店原先依托的学校、大型单位、居民区等客源会因为拆迁、搬移等发生变化。这就需要店主多管齐下收集信息,并根据这些机构存在的时间、房屋年限等加以综合判断了。

知识链接

确定地段应当考虑的要点

我们已经看到,不论是通过选择商业圈来确定地段,还是用商圈分析的办法来作出相应的评价,都需要考虑顾客群体、竞争对手、交通条件等方面的因素。同时,店主在决策过程中还应当以自身的资金实力与成本控制要求为基础。表2—1和

表2—2对这些应当考虑的要点和应当遵循的规律加以了总结。

表2—1　中小卖场确定地段时应考虑的要点

地段环境 （当前状况与发展潜力）	(1) 商业圈中商户主营的商品类型、定位 (2) 商业圈的影响力，包括商圈范围、知名度、客流量 (3) 政府商业发展规划
顾客群体 （与商店经营品种的匹配）	(1) 附近居民群体规模 (2) 附近居民的人均年消费能力 (3) 附近居民的生活作息习惯 (4) 附近居民的年龄结构
竞争对手 （竞争强度与回避的可能）	(1) 商圈范围内同经营品种、同规模商店的数量 (2) 经营品种上差异化的可能性 (3) 经营规模上差异化的程度 (4) 竞争对手之间的关系 (5) 竞争对手与其客户之间的关系
交通环境 （道路与客流情况）	(1) 周边道路设施（十字路口、公交车站、人行道、天桥） (2) 道路客流量 (3) 道路客流速度

表2—2　中小店铺选址的一般规律

业态	通常的选址
便利店	居民住宅区、公路主辅路口附近，医院、车站、大型单位门口附近
超市（中型）	中小型商业区，距离居民区约10分钟路程
超市（小型）	居民区或小型商业区，顾客5～10分钟即可到达
卖场店、精品店	大中型商业区，商业街，购物中心，商场

第二节　选择具体位置时的注意点

俗话说"一步差三市"，即便是在同一个地段，不同具体位置的商铺所面临经营情境也会有所差异。在对商店的经营地段作出选择之后，我们就要考虑具体的开店位置了，即"小选址"。在这一环节，有许多细节性的内容需要关注。

一、选择朝向合适的店面

店面的朝向是比较关键的。一般而言，较好的店铺应当位于中心街道，因为中心街道具有汇集性，客流量要大得多。按照我国大部分地区的房屋布局习惯，大型商场、超市一般位于东西走向街道，且以坐北朝南居多。如果是南北走向的街道，则坐西朝东的位置要略优一些。倘若在十字路口，则应尽量选择面朝东南方向的西北拐角。丁字路口也会是选址的好地方。但这不是一概而论的，店主应当在选址时根据实地调查的结果作出判断。

二、选择行人清晰可见的位置

对于大多数中小型商店来说，顾客很少会有目的性地去寻找它们并进店购物。选择一个令路人清晰可见的位置，可以有效增加顾客数量。在具体选址的过程中，有许多因素会影响行人注意到商店的存在，例如附近大型商场的广告牌影响了路人的注意力，繁茂的行道树遮蔽了商店的门面，高大建筑物的拐角也会阻挡人的视线。在选择具体位置的过程中，就要求店主尽量回避这些情况了。

通常而言，平坦、开阔的地方拥有较好的能见度。许多具有较大规模的商场都选择在门前开辟出一片汽车或者自行车的停车场，也有出于这一原因的考虑。但对于中小型卖场而言，这样的做法往往会因为投入过大而不切实际。如果开设的地点只能选择在支路或大型商场的侧面，店主可以考虑在附近的主要道路上设置明显、规范的引导标志，这样的做法是可以起到一定弥补作用的。

三、考虑行人流动的通常线路

商店选址与行人流动的线路之间应相互匹配。从路人行走的方向中经常可以看出其目的，从而能够决定他们是否会产生进店购物的想法。例如在小区入口两侧的店铺，通常右侧是出小区的线路，因而可以考虑开设便利店、小型超市等购物速度较快的商店，为上班一族提供快速食品等；左侧往往是进入小区的线路，可以考虑销售水果、蔬菜、鲜花等商品给下班的人们，如图2—4所示。

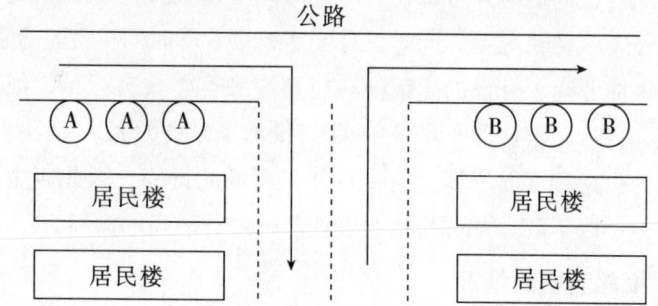

A位置的店铺可以向下班的人销售商品，B位置的店铺主要向上班的人销售商品

图2—4　考虑行人线路的选址1

又比如在大型商场或超市附近开设店铺时，需要考虑行人通常的走向。在逛这些大型商店之前，顾客的兴致都会比较高，对周围的店面也有较高的关注度。因此，可以根据其一般走向，让顾客在进商场之前先经过我们的店面。而当顾客逛完商场

以后，往往会比较疲倦，因而可以在其返回的线路上开设带有休息设施的食品店、鞋店等，如图2-5所示。

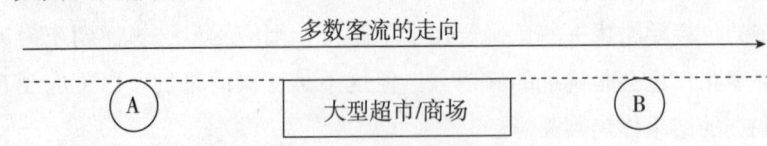

多数客流的走向

| A | 大型超市/商场 | B |

A位置的店铺可以在顾客进入大型超市或商场之前吸引其进入；

B位置的商店通常会迎来逛完大型超市或商场，想暂歇一下的顾客

图2-5　考虑行人线路的选址2

四、选择有展示位置的店面

店铺的展示能够带给消费者感官上的刺激，从而产生极大的吸引作用。拥有良好的展示位置，能够为商店进一步实施外观设计奠定基础。展示位置可以有许多种，但大多都需要依靠建筑物的外立面来实现。

也有一些商店位于高楼层建筑的1～2层，它们利用高楼的优势放置醒目的招牌，从而能够让人在很远的地方就看到这些店铺，极大地提升了展示效果。当然，展示位的利用，尤其是高楼广告牌的安置需要经得物业、城市管理等部门的同意。店主在租赁商铺之前，如果看好了放置展示牌或招牌的位置，还应与这些部门进行事先的沟通。

五、选择便于停车的位置

随着城市车辆的增多，停车越来越成为困扰"有车一族"的难题。拥有较多停车位的商场能够给顾客带来更多的便利，从而吸引他们前来。但在繁华的商业区，寸土寸金的地价往往迫使大型购物中心将停车场移到地下。对于中小型商铺来说，通常都会因为资金的限制而难以设置停车场。作为店主，尤其在依托大型商场或超市形成的商业圈开设商店时，可以在选址的时候了解周围的停车情况，主要包括停车位的数量、停车收费情况等。同时，也要实地察看平时的车位是否紧张。

一般而言，商业街上开设的商铺门口应允许顾客停放自行车。细心的商家还可以设置"地龙（自行车架，停车场设备）"等设施来方便顾客。在一些城市，自行车停车收费经常会引起顾客的不满。但收费并非商场的行为，因此店主可以在选址之前的实地察看中予以了解，并可与物业管理部门进行适当的沟通。

六、重视相邻店面的情况

我们总是用"孟母三迁"的故事来说明邻居的重要性，对于商店选址同样如此。相邻店面能够产生的影响，不仅在于竞争，还包括经营定位等多个方面。一般而言，我们应当尽量选择与经营品种不同，但档次相近的店面毗邻。

相邻店面可能采取的促销措施也是在选址过程中需要考虑的。有些店铺会经常性地打出"甩卖"、"折扣"等广告以吸引顾客，与这些店铺相邻的经营者通常会难

以销售价位较高的商品。也有些店铺时常通过大音量的广播促销来招徕顾客，其相邻的店面也就无法使用雅致的音乐来营造购物气氛。

表2—3总结了中小卖场确定具体位置时应考虑的因素。

表2—3　中小卖场确定具体位置时应考虑的因素

店面朝向	(1) 地理方位的朝向 (2) 与周边交通设施的位置关系
店面视野	(1) 店面前的遮蔽物 (2) 门店前其他吸引人注意力的事物 (3) 设置醒目引导标志的可行性
行人方向	(1) 行人路线方向与目的地 (2) 与大型超市或商场之间的位置关系
展示位置	(1) 设置醒目招牌、广告牌的可行性 (2) 建筑物外立面的情况
停车位置	(1) 汽车停车场的规模、费用、拥挤程度 (2) 自行车停车的便利程度及收费情况
相邻店面	(1) 经营定位 (2) 促销手段

相关链接

看准商圈巧选址，小店从"麻雀"变"凤凰"

这则案例记述的是石小姐两次为店面选址的故事，体现了店主在分析顾客类型与年龄，周边环境与定位等方面的苦心。不盲目追求黄金地段，恰当选择符合潜在顾客需求的商品，通过有效手段吸引回头客等做法都是店主们值得学习的。

2005年10月，天津的石小姐决定自己开家服装店。初入服装行业的石小姐认为，自己刚刚进入一个陌生的领域，若投下血本在繁华地带挤出个不起眼的小店，背负高昂租金的同时还要摸索经营方式，"白手起家"加上"摸着石头过河"的双重压力之下，很可能一步走错"元气大伤"。

经过仔细斟酌，石小姐决定，与其在商铺林立的繁华地段当"凤尾"，不如在竞争环境更为宽松的地方做"鸡头"。石小姐在位于"八里台"商圈内的一幢开业时间较久、客流相对稳定的服饰商厦里租下了一家店面。这里临近天津大学、南开大学，是年轻学生的聚集地，客流虽不能与"金街"相比，但已经形成固定的购物群体与消费氛围。这里经营的服装以中低档为主，同时也有一小部分经营"精品外贸"的商家。

石小姐选择了一个靠近侧门的位置。她想自己"初来乍到"还没有"回头客"确保经营，若位置太偏更不能引起人们的注意。所以，即便租金每月高出了200元，但她仍然觉得物有所值。

　　货品选择方面，石小姐从大众货色干起，这样的货品虽卖不上高价，但受众范围更广，相较新奇或高档的服装样式，大众化的货品更易出手，进价也更便宜，即便"砸"在手里，以后"清仓甩卖"也不至于造成太大损失。

　　事实证明，石小姐的决定是正确的。经过了开业后的适应期，她店里的客源逐步增加。1年后，石小姐适度提高了货品的档次。这时最初的学生客源也度过了初入大学校园的青涩期，还有的逐渐步入社会，购买能力有所加强，再加上时间、人气和口口相传的积累，货品单价提高了，出货量却并未减少，利润自然上升。

　　2007年5月，石小姐决定开第二家店，地点依然不是"黄金地段"，而是在一家离老店不远更不具知名度，以"时尚服饰馆"定位的新兴商厦内。这次，石小姐走的是精品店路线。和周围商户相比，她的货品价格平均高出20％左右，同时在装修上下工夫，货物摆放也经过精心设计，在清一色的"大路货"里，她橱窗里的服饰给人与众不同的感觉，成了商厦里不折不扣的"凤首"。

　　其实，早在第二家店开业前3个月，石小姐就开始在老店内做前期准备：摆放印有新店地址的店卡，提前给有消费能力的老顾客打电话，向进店的每一位客人宣传新店。遇到久不光顾，但一来就买走一批货的"大客户"，石小姐还自己开车带她们去新店"认门"，在新店的试营业期，关起门来让"大户们"试个够，体验"VIP客户"专属开放日的特权。

　　待到新店开业，适应期几乎只用了第一家店的一半时间，新客户加上老顾客，生意自不用说。

　　现在石小姐的两家店风格不同，精彩各异。老店面向18～25岁的年轻女孩，货品价格较低，进货注重款式，对于面料和做工等细节不过于挑剔。新店走精致路线，以25～35岁的白领女性为主，商品质地精良，价格较高。在并非热门的"商圈"内细分店面档次，突出卖点。

　　从石小姐的经营中我们不难发觉，整体商圈的"大气候"很重要，重要到几乎可以决定商家的存亡。这里所说的商圈概念并非让经营者都去"扎堆"凑热闹，而是要综合周边购买力和市场饱和程度整体考量。近年来在"寸土寸金"的地段新建的高档次商厦，因经营不善"短命"的现象屡见不鲜，租户付着高昂的租金苦苦支持最终不堪重负的例子不胜枚举。在看似冷门的地方，只要找准定位，一样能走出通途。

第三章 | 卖场的外观设计

有了好的选址，店主接下来要考虑的就是如何把顾客吸引到店内来购物了，外观设计的目的就在于此。好的外观，能够给人以良好的视觉感受，让人对商店经营的商品、档次、服务产生正面的联想。

第一节 门面设计

门面是顾客对商店的第一认识。研究表明，见面的最初 20 秒能够决定 80％的印象。顾客第一眼看到的是商店外观，此时他们就会形成对该店铺的印象，并在这一基础上联想店内商品的价格、质量和品种等。如果顾客进入店中，他们还会带着这种印象来感受商品，就像我们常说人会"戴着有色眼镜看人"一样。门面对于商店的重要性可见一斑。在这一节当中，我们将先从整体上对门面的一般结构、设计要求和创意来源予以介绍。

一、零售店门面的基本构成

门面是店家展示自己的天然广告牌，凡是经过商店的顾客所能看到的一切，都可以看做是门面的构成。具体而言，门面可以由以下几部分组成。

1. 横幅招牌

横幅招牌是临街中小型商铺最常使用的一种店面标志，它们位于门面上部，主要突出的是商店名称。横幅招牌的设计形式多样，材料使用丰富。但在一些地方，城市或商业街（区）的管理部门会对部分街道的横幅招牌做出统一的样式规定。

2. 门楣牌匾

门楣牌匾紧贴商店入口，经常被应用于传统风格的店面设计中，尤其是"老字号"店铺。门楣牌匾讲究题字、落款，并与整个门面造型相适应，有时，它们会与横幅招牌同时使用。

3. 竖幅招牌

竖幅招牌也是比较常见的门面构成元素。其突出好处在于明显、醒目，不易被遮挡，可以让顾客在较远的地方就注意到。一些在临街拐角处的店面尤其会利用建筑物的高度来设置这些招牌。有些竖幅招牌甚至会安装在楼房顶部，其招徕顾客的效果就会更加突出了。

4. 墙面图形（造型）

墙面图形（或造型）是一种比横幅招牌更加多样的设计，在比较新潮的双层、

多层店铺中较为多见，通常是卖场特色的展现。由于空间更大，其展示内容更富创意，也更能引起远处行人的注意。

5. 突出式标志

突出式标志通常是安装在建筑物墙面上的小型指示性灯箱，且视觉方向与其他招牌相错开。位于拐角处的突出式标志还可以让背向店铺正门行走的来客注意到正在营业中的商店。在晚上黑暗的环境中，这些标志的作用将尤其明显。

6. 临街橱窗

临街橱窗是兼具商品陈列和店面形象于一体的展示设计形式。现在，橱窗已经不仅仅是百货公司、商场等大型零售业态的专属，中小型零售店铺也纷纷遵循通透、明亮的风格，将橱窗纳入门面设计的内容之中。

7. 立柱标志

立柱标志以落地灯箱、立牌或者"易拉宝"的形式立于店面之前，最常见于打折、促销等活动宣传之中，通常是一种临时性的店面设计。

8. 入口区域

入口区域的作用在于引导顾客进店消费，其敞口大小、方向的各种选择都会产生不同的效果。

这些店面构成元素都是中小型商店可以采用的，但应当注意其组合方式与综合效果，避免过于繁复、累赘。

二、从顾客的视角观察门面效果

依据建筑学原理，人们通常是从门面高度 3 倍的距离开始识别一家店铺的。最常见的横幅招牌的高度一般在 3～4 米，因此在 10～15 米处观察门面效果是比较合适的。对于墙面造型、突出标志，则可以在 30～50 米的地方察看。如果店铺与城市公路（辅路）相邻，或者门前有行道树遮挡，则最好再从道路相对侧及行动车辆的视角予以观察。

除此以外，店主还应注意从店面附近的一些特征位置观察门面设计效果。这些特征位置包括地铁站出口，公交车站，大型商场或超市的出口，停车场出口等。因为在这些地方经过或停留的顾客数量往往巨大，若在这些位置的视野中能够对店面形成良好的观察效果，则将为吸引消费者进店购物起到更加突出的作用。

三、门面设计要符合经营要求

门面设计需要做到内容与形式的统一，并考虑消费者心理要求。例如，服装店选择开敞的入口形式是比较合适的。尤其可以在入口两侧分别设置斜向的橱窗，使经过的人们方便地看清店内的商品陈设。并且，店内正在挑选商品的顾客也能够对店外的潜在顾客起到一定的吸引作用。又如经营首饰、手表等较贵重商品的店面，入口处本身通常应具有较大的封闭性，因而可采用醒目、大方的墙面广告或橱窗展示来吸引顾客。这样的设计可以让人感觉到商店经营品位的高档，同时不至于让店内人员流动过大而显嘈杂。

四、门面设计的简繁应与环境相辅

对于大多数中小卖场而言，店面设计应力求简洁、干练。现代社会越来越讲求速度，顾客心理上不会希望在一家店铺中花费太多的时间，即便是在休闲的时候也会挑选留下良好瞬间印象的店铺进入。门面设计虽然构成元素较多，但其目的都是为了用最简单的方式给顾客传递最重要的信息。

而在以商业街为代表的地方，店铺接连开设，消费者容易因为反复观看类似的事物而产生视觉疲劳，此时就可以适当地采用"异质性"刺激的方式。在操作上，这种刺激并不一定要求采用花哨、古怪的颜色搭配，而可以是一些简单的变化。例如使用不同的材料纹理制作横幅招牌，使用与周围不同的色彩作为装饰基色，在平面上创造立体效果等。应当注意的是，采用"异质性"刺激的店面自身应当保持风格上的一致，而不能随便拼凑，否则将会让顾客难以忍受。

五、夜间营业店铺的门面照明设计

同样的店面在白天和夜间会有完全不同的表现，店主在设计门面时就应考虑营业时间的因素。在许多大城市，商业街上店铺的晚间营业时间虽然只有 6 点以后的约 3 个小时时间，但客流量却与整个下午相当，而早晨光顾的顾客数量则相对较少。同时，白天由于自然光的照明，顾客容易观察并注意到店铺，但晚上就不那么容易了。可见，同时在白天、晚上营业的店面，夜景效果更加值得重视。

在晚上营业的店面尤其应注意店面的照明要求。人总是喜欢到光亮的场所，门面照明对于顾客的吸引作用也在于此。照明效果的实现可以有许多办法。例如，在横幅招牌的设计中加入灯光或灯箱，从而在晚间起到亮化突出的效果；又如在门面本身多使用落地式玻璃窗的设计，当外部环境较为黑暗时，店内的灯光会把整个门面照亮。

夜间会是灯光色彩效果更佳的时段。对于在繁华商业区开设的店铺来说，霓虹、灯箱的使用将突出商店的高档定位，引起顾客的注意力。大多数中小型店铺的色彩使用应当是在较弱的基础照明上加以局部强化和点缀。可以采用静态灯光，以白、橙色灯光为主，对招牌或文字轮廓进行镶边式照明，同时用少量有色灯光从不同方向来照射主体部分。

六、门面的个性化风格设计

个性化设计是许多店面所追求的。大型商场由于本身可利用的元素比较多，门面的个性化容易实现，而中小店面则着重于横幅招牌以及入口展示的设计。个性化的门面具有较强的艺术性，并且会对选材、装修施工提出较高的要求。

门面风格个性化的目的也是为了突出商店的经营特色或理念，因而也就以此为基础。一些具有地域风情的饰品店、食品店、餐馆，通常都会在设计门面时采用当地较有特色的建筑风格。经营商品具有复古或新潮特征的店面也会在门面上突出这

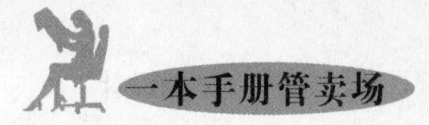
一特点。除了建筑风格上的表现以外，还可以采取多种形式，如门头文字的字体，横幅招牌上的主体形状，外侧墙面的用料材质等。对称与不对称，邻近色与互补色，丰富与空白，直线与曲线……经过组合与搭配，都能形成美观而富于个性的设计。

七、门面设计的材料选择

门面装修的常用材料包括木材、金属、玻璃、石材、塑料、复合材料及各种涂料。木材、金属、石材是比较传统的装修材料。钢化玻璃可被用于门窗、橱窗、幕墙等。复合材料的应用正越来越广泛。塑铝复合板作为轻质材料，表面平整、色泽柔美，且具有金属质感，还可以仿天然大理石、花岗石的纹理，已经被广泛应用于室外幕墙、广告招牌等的制作中。

门面设计的效果最终要通过选材及装修施工来实现。在节约成本的基础上合理选材，追求最佳的表现，是门面设计过程中必须遵循的原则。

人的视觉、触觉在感受不同材料的材质之后，会产生一种综合的印象，这被称为材料的"质感"，包括材料的色彩、形态、质地和肌理等几个方面。其中，色彩、形态的可加工性较强，而质地、肌理与材料本身的关系更为密切。

质地是质感的内容，包括石材、木材、竹材等自然质地以及金属、玻璃、塑料等人工质地。一般而言，石材给人以庄重、坚固、厚实的感觉，而木材、竹材则让人感到自然、柔和、质朴。金属材质会给人以光彩、高贵的感受，富有时代感；而玻璃会传达明亮、洁净以及通透的感受。

肌理是质感的形式，主要是指材料表面所给人的不同感受，包括光泽、纹理、透明、软硬、干湿等。材料的肌理可以来自其自然构造，如木材表面的粗糙、竹材表面的光滑和石材表面的粗犷；也可以来自加工所形成的效果，如大理石、花岗岩表面刨光后的亮泽，砖墙外侧的凹凸等。利用这些材料质感上的差异性，并加以适当的组合，可以创造出各种符合需要的个性化门面。

知识链接

文化内涵与门面设计的创意

创意是文化取向上的思维限定。对于商业门面设计的创意思索，决不是天马行空，胡思乱想；或者放不开思维，不敢自由想象。创意也需要有个节制，艺术想象应当有个范围，我们也可以用"限定"这个词来描述。"限定"并不是一种束缚，而是让设计师在特定要求的范围内，发挥自我最大的创作自由。那么实践中如何合理地运用这一"限定"原则呢？

优秀的设计师应当首先认知商业门面与文化内涵的必然联系性，将思维集中限定在文化内涵的挖掘上，以此作为创意设计的切入口。在创意构思枯竭或者无从开始时，应当以商业背后的文化内涵为依托，从中外不同的历史背景、不同的地域特色、不同的风俗习惯等方向考虑。

创意在文化取向上，其实范围极其广阔，人们习惯于把不同的生活行为都归为文化之中，如服饰文化、饮食文化、礼仪文化、休闲文化等，文化内涵是创意设计取之不尽的灵感源泉，深入的挖掘将使创意构思无限宽广。

第二节　出入口设计

作为顾客进出商店的必经通道，出入口的作用举足轻重。入口是吸引消费者注意力，引导他们进入店铺的门户。出口与入口的相对位置与店内布局共同影响着顾客的行走路线，关系到商品的展示效果。在这一节当中，我们将专门考虑出入口设计的问题。

一、卖场的入口与出口

依据经营要求的不同，卖场入口与出口的设置存在许多种不同的情况，两者有时并不区分，有时则各有分工。

分设入口与出口的做法主要包括以下情况：一是卖场采取自选销售的方式，且客流量较大，需要对其行动路线加以限制；二是卖场规模较大，或设有停车场，分设入口、出口能够有效分流，并对其流动方向加以引导；三是多楼层的卖场因为商品布局的需要，希望通过出入口分设影响顾客的行走线路，从而促进非意愿性购买。第二、三种情况多见于经营面积较大的卖场，且这些卖场的建筑是相对独立的。

入口与出口合并的情况也十分常见，其商店通常有以下特点：一是商店临街，各方向客流均比较多，难以设置不允许顾客进入的出口；二是店内采取柜台销售，或者有促销员向顾客推介商品，从而不需要通过出入口分设来限制流动方向；三是卖场具有一定规模，有较大的内部空间，因而可以在店堂内部区分入口与出口。

入口与出口究竟是否应当分开，并不是绝对的，关键是要在满足经营需要的前提下，尽可能地为顾客考虑。例如有些超市、卖场附近的建筑格局较为复杂，就应尽量不区分出口与入口，或者将两者设置在距离较为接近的位置，以免让顾客购物以后一走出卖场便有"找不着北"的感觉。

二、卖场入口的类型及特点

在这里，我们先把眼光放在顾客进入商店的入口。在前面的讨论中我们已经知道，这些入口也可以是兼具出口作用的出入口。

依据经营要求和周围环境的不同，卖场的入口各式各样，我们可以从开放程度、引导深度和透视度等方面对其予以分类。

1. 不同开放程度的入口

开放程度是指店门与店面的相对宽度，据此可以把入口分为开放型、半开放型和封闭性三类。开放型入口的店面基本为敞开式，不设推拉门，也较少使用橱窗，顾客可以清楚地看到店内的商品。这样的入口设计显得"平易近人"，顾客可以毫无

顾忌地进出，因而适合以较低价位销售水果、食品、烟酒、日杂等生活品的商店。

封闭型店面通常以墙壁、橱窗等遮蔽物占据店面的大部分空间，然后以1~2扇推拉门作为进入口。采用这类入口的店面通常会出于以下几种原因：一是店内销售的商品较为高档，因而通过封闭感来体现其经营定位；二是需要比较私密的消费空间，而封闭式门面与推拉门能够有效实现这一目的；三是需要比较大的空间来向路人展示、突出商品，因而将橱窗作为店面的主要部分。进入这些商店的顾客一般有明确的购买动机，入店以后选择时间比较长。高级的专卖店、品牌店会选择这样的入口设计。

半封闭型店面介于上述两者之间，其入口宽度一般占到店内宽幅的30%~50%，而其余空间通常并不完全遮挡，而采取较为通透的玻璃墙来加以隔断。这类店面往往销售的是服装、鞋类等商品。它们需要一定的店外橱窗空间，同时店内的商品陈列也有着良好的展示效果。顾客在进店以前可以基本看到店内的商品销售情况，同时客流量会少于完全开放式的店面，便于促销员向顾客仔细介绍、推介商品。

2. 不同引导深度的入口

引导深度是指入口进入商店内部的程度。销售商品较为低端、普通的店面一般会采用较浅的引导深度。其好处在于能充分利用店内空间，以商品的量大来推动销售。而商品定位较高，或者希望通过橱窗展示来吸引顾客的店面则会采用较深的引导。其橱窗有时会伸向店内较多，让顾客在注意所展示商品的同时不知不觉地就进入了店中。也有一些经营面积很小的"微型"店铺，索性将弧形玻璃橱窗同时作为店内的展示"柜台"，其入口引导顾客一览整个小店的商品，这对于饰物店或精品店来说是比较适合的。

3. 不同透视度的入口

透视度即顾客在店外能够看清店内情况的程度。除定位低端的商店会采用较高透视度以外，高端的店铺也会用玻璃材料来塑造通透、明亮的效果。这些店铺往往面积较大，同时在店内商品陈列的过程中也考虑了店外观察的效果，从而对行人产生更大的吸引力。透视度较低的店铺大部分都显得比较高雅。

三、出入口数量的确定

出入口数量的设计也颇有学问。出入口数量过少，会造成店内顾客流动不畅，既影响了客流量，也影响了在店顾客的购物心情；而出入口过多，则会大大减少顾客在店内的停留时间，也将造成销售的减少。

一般而言，卖场经营的商品品种、面积与出入口的数量具有密切关系。综合型卖场、食品店等经营商品具有大众性，且定位较低的商店不宜设置过多的出入口，例如经营日用品、普通服装、药品的商店等可以采取每8~9米开间设置一个出入口的方式。经营商品细分种类较多，需要一定挑选时间，且定位较低、客量较大的商店应当多设置一些出入口，方便顾客流动，如西式糕饼店、鲜花店等可以按照开间每5~6米设置一个出入口的方式。经营商品高档，单价较高，顾客购买率较低的商店可以减少出入口的数量，如钟表、珠宝店等可以采取开间每20米设置一个出入口的办法。

出入口的数量还与其所处的建筑格局有关。上述根据开间大小确定出入口数量方法更加适合单面朝向商业街的店铺，而位于路口处的店铺则拥有不止一面的开放空间。这样，店主就可以根据实际情况，选择在多个面开设出入口，或是只将一面设置出口，而将其他面作为展示橱窗等。所在建筑物有停车场时，则应根据停车场出口的数量相应设置店铺的出入口，以方便顾客在停车以后直接进入卖场购物。

四、店前空间的优化设计

店前空间与出入口紧密相连。我们常常发现，中型或大型的卖场门口往往会有较大的空间，这实际上是商家有计划预留的空间；临街的小型商铺也很少会将店开在紧挨人行道路内沿的地方，这也是为了在店前形成空间。这样的做法虽然会减少商店内部的空间，但会起到突出店铺外观、引导顾客进店购物的作用。

最常见的店前空间是长方形的，通常适用于一些面积较小，且临街开设的商店，如图2—6所示。一些花店的店主会将一些花篮、盆景放置在店前的空间上，吸引顾客前来选购。

也有不少店铺采取阶梯状的店前空间设计。这样的做法往往是与橱窗展示相结合的，如图2—7所示。空出的位置可以为顾客提供观看橱窗中商品时站立的空间，同时随着其前进的过程将其引导入店内。

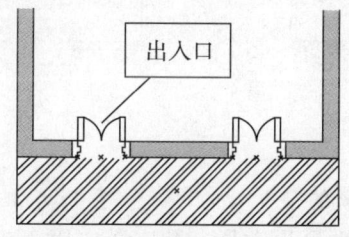
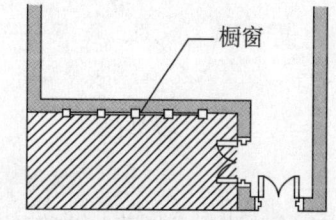

图2—6　长方形的店前空间设计　　　　图2—7　阶梯状的引导式店前空间设计

也有一些商家采用了"凸"字形的店前空间设计，突出了入口的豪华，如图2—8所示。在入口处两侧，往往配以橱窗、盆栽等装饰设计，给人以空旷、大气的感觉。显然，这样的空间设计适合于较大型的奢侈品店或品牌店。

图2—8　突出入口的"凸"字形店前空间设计

在一些位于路口处地段的商家，可以通过多边形的店前空间设计，尤其将入口

方向朝向路口中心。这样的方式不仅显出了卖场的档次，还能够增加店面展示的方向，给各个行走方向的顾客都留下比较深刻的印象。

店前空间的样式各种各样，设计的关键在于根据店铺经营的品种及档次，用适当的空间来为展示商品与引导顾客提供服务，烘托设计主题，起到艺术创作中"留白"的作用。

五、出入口的"门"

门的种类之多，令人目不暇接；门的形式可繁可简，样式多变。如今，许多大型卖场的"门"已经只是一个概念了，沃尔玛、家乐福等国际零售巨头，往往在地面上设置一个小的入口，让自动电梯直接将顾客带入到卖场；高档的商场、购物中心仍然会用旋转门来将顾客一一纳入店中；而许多中小型的卖场则是以敞开的普通式双门迎接顾客的。

在卖场中，常见的"门"主要包括旋转门、单门、双门，如图2—9所示。旋转门本身占用空间较大，多见于定位较为高端的商场，一般不单独使用，而是会在两侧同时设置双门或单门。单门和双门是最为常用的，可以根据出入口的宽度要求加以选择，也可以将两者予以组合。一般而言，单门和双门的开启方向应尽量采用双向型的，而当玻璃门外侧有挂帘等遮挡物或者店内、店前空间有特殊要求时，才限制其开启方向。

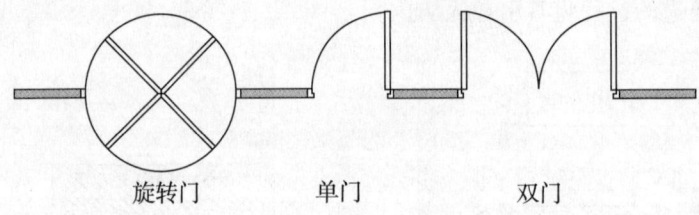

旋转门   单门   双门

图2—9 不同种类的门

门的选材也是各式各样。玻璃通透性强，也最为常见，被广泛应用于超市、便利店、药店等日常购物场所。使用玻璃门时，商家往往会在上面张贴如"推"、"拉"等宣传标志以及彩印的宣传页等。如果没有这些东西，则应当喷涂带颜色的提示性标线，防止顾客进店时发生碰撞。在一些设计别致，个性化特色较浓的店铺中，木材也被作为门的材料，更显自然、淳朴，与店内风格也就更为符合。

六、出入口设计时的注意点

出入口设计是一项十分需要注重细节的内容，一些小小的失误，很可能就会在开店经营以后给顾客或者店主自身带来麻烦。下面总结了一些设计入口中的注意点。

1. 入口设计要综合考虑选址条件

选址条件既包括店铺是否临街，还包括其朝向、方位等因素。临街的店铺通常会有较大的尘土，如果是经营食品类的超市，就应当在出入口处设置合适的门或挂帘，同时在店内陈列器具上也要注意遮罩和防尘。店铺的朝向与日照关系密切。若向西开设，则会在夏季面临较长时间日晒，这样的店铺就应当选择较小的出入口，并以颜色较深的玻璃作为门的材料。同时商品摆放应当与出入口有一定的距离，从而避免暴晒对商品质量造成的损坏。

2. 在出入口处应尽量使用斜面而非阶梯

斜面和阶梯的区别虽然比较细微，但从吸引顾客的角度来看，前者还是占有较大的优势，尤其是对临街店铺而言。现在，许多卖场也要求采用无障碍设计，斜面便能够达到这样的要求。同时，斜面更容易排水。在雨量较多的地区，出入口处都会有斜坡来阻挡外面的水进入卖场。此外，许多推着婴儿车的妇女也经常会上街购物，如果因为阶梯的设计给她们带来不便，那就是出入口设计上的失误了。但是在使用斜面时，顾客可能会将超市中的小推车推出门外。对于这种情况，店主就需要安排人员加以回收，或采取设置明显的"手推车到此为止"标志等措施了。

3. 出入口处的地面材料不能过于光滑

目前，有许多抛光材料被用于制作地砖，它们在室内装饰中被广泛应用，但在出入口处并不合适。室外的地面情况会与室内相差很多，尤其在雨雪天气时，地面更容易发生打滑的情况。一般来讲，中小型卖场的出入口外的地面并不需要特别处理，在与出入口相接的交界处可以使用磨砂、地板等材料。在入口处铺上地毯或者防滑垫是比较可行的做法，既具有安全的意义，又能够有效减少顾客鞋底的尘土进入店内。

4. 出入口处应有良好的照明

在晚间，如果仅仅是横幅招牌亮着灯，远处的顾客有可能会觉得商店已经关闭；只有将门口的区域照亮，让顾客看到"门"是开放的，才能够将其吸引过来。而已经在与店铺同侧的道路行走的顾客，并不会十分注意横幅招牌的情况，他们更会向着门前比较明亮的卖场而去。对于吸引这一部分顾客而言，晚间门口的照明就跟招牌的效果相似了。

5. 消防安全要求不容忽视

在卖场发生火情意外时，出入口是主要的逃生之处。其完全开放宽度应当满足大量人员快速通过的要求。一些多楼层的大型卖场为减少突发事件时顾客携商品逃生而造成的损失，可以在出口外的空旷区预先设置专门的隔离区域，一旦出现危险，便将顾客引至该区域等待，从而兼顾双方利益，同时又为消防队员赢得扑救的时间。

6. 卖场出入口应当考虑空调的相关因素

较小的入口附近不宜有空调室外机，以免顾客绕行，让寒风或热风把他们"吹走"。存在热、冷等极端天气的地区，卖场可以考虑设置两道门，并交错开启，这样既能减少内外空气对流而节约制冷、制热成本，又能够给顾客以"缓冲"的区域，一举两得。

总之，出入口设计中有许多应当关注的细节，需要我们在设计过程中结合实地考察，多设想经营时的情境，多以顾客的角度出发，做好这迎接客户的关键一步。

一本手册管卖场

超市入口为何爱"绕弯"

在出入口的设计中，位置的选择也是至关重要的。但对于卖场来说，这一点更多地需要与内部布局结合起来。在这里，我们先来阅读一则有关卖场出入口位置的短文。

在江西南昌，有记者发现，许多超市将入口处与收银台的位置进行巧妙的安排，以增加顾客在卖场中的逗留时间。

如果超市在地上有两层以上，它的入口一定会在最高的一层；如果超市在地下也有两层以上，它的入口一定是在最低的一层。结果都是一样的，消费者从进入卖场到付款离开，基本上都得在超市内"绕场一周"。

有位顾客深有感触地对记者说："每次去沃尔玛，我一般只需要在二楼买一些食品，但得先上三楼百货、服装卖场，然后再从三楼绕到二楼，真是麻烦。"沃尔玛购物广场南昌店的一位部门负责人告诉记者，商场做这样的布局是经过缜密考虑的，以顾客的移动路线为参照。整个卖场从入口到出口，每一处商品的排列摆放都很讲究。比如入口处通常陈列一些大批量的特价商品，三楼下二楼的自动扶梯两侧则摆放着小百货、袋装零食等价格略低的货物，收银台处有餐巾纸、钥匙扣、口香糖等小件商品，有利于超市在不经意间提醒顾客，让顾客在休闲购物的过程中多买点来时未曾想到的商品。

对于超市如此布局，消费者的感受也大不相同。有的消费者觉得超市这样做给消费者增加了不必要的麻烦，应该有所改变，也有的消费者觉得应该区别看待。消费者姜小姐表示，她通常一个星期才出来一趟，喜欢逛遍超市的每一个商品区，集中购买一些家用物品，并不觉得超市这样做有什么不好。姜小姐建议，对于那些时间紧张、有明确购物目的的消费者来说，完全可以选择到居家附近的小超市去购买商品，这样就可以避免在大型超市里转来转去耗费时间了。

第三节　商店的名称

一个店名，在消费者心目中代表了商店的形象，甚至可以成为无形资产。经营者可以通过不断吸引顾客前来而实现价值。

一、尽量采用寓意美好的词语

卖场的名称是要让顾客产生联想，因而需要有美好的寓意。例如"鼎好"电子商场，能让人联想到谐音"顶好"，"物美"大卖场让人联想到"价廉物美"。对于外来词的翻译，也应注意其中文含义。例如"家乐福"的法语原意是"十字路口"，但是采用了音译，寓意"家家快乐幸福"，很好地迎合了中国消费者的接受习惯。

现在，也有一些追求个性与时尚的商店热衷于使用另类的店名。独特个性虽然能给人留下较深的印象，但是消费者在好奇心被激起之后，能否光临商店并接受其经营理念，仍然是个未知数。

二、名称要与经营特点相适应

起一个与经营特点相适应的名字，能够让顾客感到名副其实，从而强化对商店的印象。商品的主要品种、经营形式、客户群等都是在选词过程中应当考虑的。

从经营品种上看，现在服装类的卖场越来越讲求时尚与个性，店铺的命名往往别具一格，并且不再强调文字的本身含义。很多外来的音译词、仿外来词等较多成为服装店铺的名称，也有一些则以其主要经营的品牌命名。另一些服装店铺则使用一些名词来表现其经营特色，如店名"动感部落"中用"部落"一词来代表一个群体。

卖场的经营方式同样会在一些名字中得到表现，许多商店的名称中本身就含有"商城"、"超市"、"卖场"等词。将经营定位与方式巧妙融合，会有很好的起名效果。如"上品折扣"的名称中，"上品"表明其经营的是高档的著名品牌商品，是正品、行货；而"折扣"体现了其折扣店的特点，即价格优惠，为顾客提供较低的折扣。又如便利店"7－ELEVEN"，其最初含义是营业时间从早上7点到晚上11点。当然，现在的"7－ELEVEN"基本已是全天24小时经营了。

三、考虑名称含义的文化背景

现在，跨地区经营的连锁卖场越来越多，这就需要考虑不同地区的文化背景。"华联"、"华润"、"物美"、"国美"等名称在我国南北方都是能够普遍接受的。但是在不同文化、地域中，由于语言文字、风俗习惯和宗教信仰等方面的不同，人们对同一名称的联想会有所差异，甚至大相径庭。卖场在取名和形象选择上就应当加以注意。

四、店名应与周围环境相统一

对于中小型卖场来说，可以根据其周围的环境特点来起名。例如在高教园区内开设的商店起名"汇贤商店"，是在尊称顾客为"贤人"；又如一些地方的道路名中常常带有"昌"、"望"等字，它们也可以用在沿街开设的商店名字中。根据附近的大型标志性建筑、机构单位等，加以延伸、变化，都可以取出比较适宜的名字。

如果卖场开设在特色商业区，与周围环境的统一就显得更为重要了。在比较传统的老城商业街区，即便是新开的商店，字号中也可以带有比较文言化的词语；而若商店位于较为时尚的中心街区，则名字可以比较洋气，可以用"佐"、"西"、"威"、"丹"等经常用于音译的汉字，并同时配以英文名字。

五、店名的字数与发音

商店名称的字数长短及发音，能够在很大程度上决定顾客能否记住这一名字。在这些似乎随意的店名中，实际上也有不少学问。

一般而言，3～4个字能够表达一定的含义，同时也最为好记，因而这样长度的店名是最常见的。四个字的店名，可以采取"名称＋经营范围"或"名称＋商店业态"形式，如"华联超市"、"大洋百货"、"双安商场"等；四字店名中也有少数不涉及经营范围或内容的。

字数多于4个字的商店名称，一般也遵循4个字店名的构成方式，但会有更多的附加修饰成分，如地区、大小等。

有少量店名只用了1～2个字，如一些强调个性的服装店、精品店。其名称可以是有一定形象的名词，像"骆驼"、"妞妞"；也可以代表一种意象，如"鹤缘"、"街景"。名称字数较少的店铺通常规模也比较小，留给顾客的印象不会很深，主要适合于选址在繁华商业街上的店铺。

所用汉字的发音也是起名时值得留意的一方面。汉语音调的变化，能够产生独特的韵律。平仄相间的名称，往往读起来抑扬顿挫、朗朗上口。在普通话中，第一、第二声为平声，读起来比较舒缓、平稳；第三、第四声为仄声，读起来曲折多变。在老字号的店名中，"平仄平"、"仄平平"的取名都比较常见。有少数均为平声的。但均为仄声的三字店名读起来比较拗口，所以不大多见。

六、店名中的用词选择

在给商店起名的时候，用词的选择是最主要的内容。通常来讲，可以有以下几种基本的考虑方向。

（1）从地名、道路名或者当地有特色的事物中取字组名。例如靠近河道的商场可以取名为"观河商厦"，在农业大学附近的超市起名为"农达超市"。

（2）在店主的姓名中取字，或加以变化得到店名，如"晓阳便利店"。

（3）诗句、成语、俗语的变形。这样起名需要费一番心思，但可以取得较好的效果。如"缺衣不可"、"浪漫一身"等，能起到让顾客眼前一亮的效果。直接使用一些俗语，也能产生风趣、幽默的表现，如"唧唧歪歪"、"小鬼当家"等。

（4）从一些人们熟识的电影、流行歌曲中取出语素，加以组合变化来起名。如"卢旺大超市"等。

（5）与外语词汇一起构成店名，如"时新の衣"、"E妹儿"等，这些店名就会显得比较新潮，容易吸引年轻人的眼球。

（6）使用汉字组合创造具有一定含义的名称。如"京客隆"，表达了地域在北京，同时祝福顾客财运亨达的含义。

（7）根据时代特征起名，如在世纪之交的"世纪金源"，纪念北京举办奥运会的"北奥"等。

（8）许多大型超市或卖场直接用外国名字或音译作为名称，如"欧尚"、"麦德龙"等，这是国际化连锁商超的通行做法。

七、店名应符合有关法律规定

卖场的名称符合法律规定，是起名时应当遵循的基本要求。下面就给出一些我国法律当中的禁止性条款，店主应对这些情况予以回避。

1.《企业名称登记管理规定》第九条中要求企业名称不得含有下列内容和文字

（1）有损于国家、社会公共利益的；

（2）可能对公众造成欺骗或者误解的；

（3）外国国家（地区）名称、国际组织名称；

（4）政党名称、党政军机关名称、群众组织名称、社会团体名称及部队番号；

（5）汉语拼音字母（外文名称中使用的除外）、数字；

（6）其他法律、行政法规规定禁止的。

2. 2001年修正的《中华人民共和国商标法》第十条规定下列标志不得作为商标使用

（1）同中华人民共和国的国家名称、国旗、国徽、军旗、勋章相同或者近似的，以及同中央国家机关所在地特定地点的名称或者标志性建筑物的名称、图形相同的；

（2）同外国的国家名称、国旗、国徽、军旗相同或者近似的，但该国政府同意的除外；

（3）同政府间国际组织的名称、旗帜、徽记相同或者近似的，但经该组织同意或者不易误导公众的除外；

（4）与表明实施控制、予以保证的官方标志、检验印记相同或者近似的，但经授权的除外；

（5）同"红十字"、"红新月"的名称、标志相同或者近似的；

（6）带有民族歧视性的；

（7）夸大宣传并带有欺骗性的；

（8）有害于社会主义道德风尚或者有其他不良影响的。

县级以上行政区划的地名或者公众知晓的外国地名，不得作为商标。但是，地名具有其他含义或者作为集体商标、证明商标组成部分的除外；已经注册的使用地名的商标继续有效。

如果违反了这些规定，将有可能面临起诉、赔偿等，既会带来损失，也会损害商店形象。而遵守规定的命名，将会得到法律的保护，可以在受到他人侵犯时采取有效措施加以应对。

知识链接

世界著名品牌的名称来源

对于当代消费者而言，著名品牌的身影可谓无处不在。然而这些品牌的名称是如何得来的，恐怕没有多少人能说出个究竟，下面让我们一起来了解一下。

家乐福：这家著名超市的前身是位于法国一个十字路口的小店，Carrefour 意为"十字路口"。

思科：该词并非首字母缩写，而是取自 San Francisco（圣弗朗西斯科，即旧金山）一词的最后5个字母。思科的广告标志便是闻名世界的圣弗朗西斯科，即旧金

山金门大桥。

可口可乐：得名于主要原料中的古柯叶（Coca leaves）和可乐果（Kola）。发明人约翰·彭伯顿把 kola 中的 k 变成 c，目的是让名字更好看一些。

达能：伊萨克·卡拉索在巴塞罗那生产他的第一批酸奶时，给产品冠以自己儿子的昵称——达能。

哈根达斯：与一般人的理解相反，这个冰激凌品牌并非源自欧洲，而是地道的美国货。Häagen 与 Dazs 是编造出来的两个单词，目的是让美国人觉得它像是欧洲舶来品。

柯达：这个名称是公司创始人乔治·伊士曼的发明。K 是伊士曼最喜欢的字母，他觉得字母 K 给人感觉强劲有力而且直截了当。有些人以为 Kodak 源于按照相机快门时发出的"咔嗒"声，但那是误解。

微软：公司创办人比尔·盖茨取 Microcomputer software（微型电脑软件）两个单词的词头，起初定名为 Micro-Soft，后来中间的"-"被去掉了。

摩托罗拉：公司前身是一家产品颇受欢迎的收音机工厂，唱机品牌为 Victrola（维克多）。而当创始人保罗-加尔文开始生产汽车收音机之后，公司名字便改为 Motorola，motor 意为"汽车"，rola 则是原名 Victrola 的词尾。

百事可乐：因配方中含有可乐果成分，以及宣称能治疗消化不良（dyspepsia）而得名。

施乐：静电复印机发明人切斯特·卡尔森如此命名公司，是为强调其复印方法是干法复印，区别于当时广泛采用的湿法复印。在希腊语中，Xer 这个字根表示"干燥"。

阿迪达斯：创始人阿迪·达斯勒（Adi Dassler）的姓名词头合并而成。

乐高：丹麦文"leggodt"组合而成，意思是"玩得好"，而这也正是这家世界著名塑料玩具厂商所追求的目标。

梅塞德斯—奔驰："梅塞德斯"是戴姆勒汽车公司主要经销商埃米尔·耶利内克的小女儿的名字。1926 年戴姆勒公司与奔驰公司合并，组成戴姆勒—奔驰公司，翌年将 Mercedes 和 Benz 两个品牌统一为 Mercedes-Benz。

耐克：公司名称源自希腊胜利女神奈基（Nike）。

沃尔玛：由创始人萨姆·沃尔顿（Sam Walton）姓氏中的 Wal 与"市场"的英文 mart 组合而成。

第四节　标志与招牌设计

标志与招牌是卖场外观中向顾客传递信息的关键部分。顾客或多或少地都会注意到商店的招牌，并对其产生一定的形象记忆。好的标志与招牌，能给顾客留下深刻的印象，它们与门面、店内布置、促销员着装等诸多要素一起构成了卖场的视觉识别系统。

一、卖场标志的设计要求

标志是一种视觉符号，是卖场形象、经营理念、企业文化的浓缩与展现，需要以最精炼的形式表达最丰富的含义。标志不仅被用于店面招牌，还会在店内卖点广告、价签等标志物上，促销员服装上以及购物袋等许多物品上印制，是使用较为广泛的元素。考虑这样的特点，标志设计需要遵循以下要求。

1. 清晰易懂

标志中的图案应当具有清晰的含义，形象鲜明、易于理解，这是卖场通过标志与顾客进行沟通的前提。标志可以非常直观，如直接用汉字、英语字母、动物图形等，也可以采取一定的抽象。但无论采取何种形式，都应当能让顾客理解其中的含义。

例如"世纪联华"的标志图案，由两个"L"相互围绕，中间形成"H"字样，代表"联华"二字的拼音字头。这样的设计虽然需要让人稍加考虑，但总体上不失为一种清晰的表达。同时，近似矩形的整体形象也会给制作使用带来便利。

2. 简洁易用

前面已经提到，卖场的标志会被应用在各种不同的地方，因而需要尽量地采用简洁的设计，"以少胜多"。有许多我国传统"老字号"的标志，设计花纹非常精细。这虽然在牌匾制作和商标印刷上是可以实现的，但也带来了不少麻烦，增加了制作成本。

事实上，大多数国际品牌的标志都随着时间的推进不断简化、凝练。其形象构成越来越简单抽象，但表达的核心含义越来越明确，也更加直观。

易用的要求除了体现在构图上以外，还表现在颜色的使用上。在购物袋、价签等物品的制作中，往往不会涉及太多的颜色。因而在设计时需要考虑标志的单色或双色印制效果，使用不同单色制作该标志以及在不同底色上使用标志时的情况。

3. 新颖易记

标志既要对内容含义有准确的表达，还要有属于自身的特征元素。现在，越来越多的标志开始有趋同的现象，这不仅给顾客的品牌识别造成了影响，也带来了商标侵权的潜在风险。实际上，线条、图形的组合，可以形成丰富的视觉效果，让人产生各种不同的联想。

作为店主，我们在设计自己的卖场标志时，应当将设计要点与卖场的经营理念结合起来，形成独特的创意。例如"农工商"超市的标志，虽然只是三角形与圆形的组合，但能很快使人联想到一个戴草帽的农民形象，设计朴实而达意，同时也不乏个性，表达了超市的经营定位和诉求。

4. 醒目易见

标志的一个重要应用场合是招牌，这就要求招牌上的标志具有醒目易见的特征，

能够引起较远处的顾客注意。因此，标志在设计时既要使用简洁明了的构图，又要采用醒目明快的颜色。

5. 可供延伸

标志在设计完成之后，很有可能要采取进一步的延伸。例如以动物形象等为基础设计的标志，很有可能需要在促销活动中使用立体形象来予以展示。因此，好的标志设计应当考虑延伸的可能。

二、标志的主要表现形式

我们所看到的标志多种多样，形式丰富。但总体来说，不难发现它们都是在一定的基础上通过演变、组合而构成的。在这一部分中，我们就将对标志的主要表现形式进行归纳，希望能够给正在设计标志的店主带来一定的方向性提示。

1. 字形变体

字形变体是卖场标志设计中最常使用的表现形式，它是指将汉字、英语或拼音字母加以一定的艺术变形，融入设计元素之后形成标志图案的手法。这种表现形式的好处比较明显，即标志便于理解与识别，能够让顾客迅速联想起卖场的名字。前面提到的"世纪联华"所用的标志就是 L、H 字形的变体。

使用字形变体方式的设计时，应当首先考虑基础字体的选择。究竟是浑厚还是纤细，是粗犷还是细腻，都应在基础字体上得到确定。其次，应当进行恰当的变形，主要的变形方式有连体、延伸、裁切、重叠等。对于三个英文字母以上组成的标志，连体、延伸的使用比较常见；而两个英文字母的组合，往往可以采用重叠等方式来加以设计。

便利店"7-ELEVEN"的标志就采用了重叠的设计方法，整体上给人以均衡、稳重的感觉。值得注意的是，其中的"n"为小写，而"ELEVE"为大写。这虽然在起初是由于注册的需要（单纯的数字不能注册商标），但改变以后的小写"n"更加圆润，成为一种富有个性化的设计方式。

2. 象形图案

使用象形图案是标志设计的另一种方式，它是指使用人物、动物等图案形象，经过抽象处理之后作为标志的方法。这样的标志表达更加形象具体，但会有更高的个性化要求，因为一般的形象很难让顾客直接联想到特定的经销商。为了弥补这一缺陷，象形图案常常与文字标志同时使用，由字、图结合构成具有特征性的标志。

现在有不少商超使用的是包含象形图案的标志。例如"易初莲花"使用的标志中就包含有莲花的形象，但对其进行了适当的抽象，图像实际只是由简单的图形构成。"苏果"社区店的标志带有苹果的形象，虽然比较具象，但构成也并不复杂，主要由线条组成。

3. 图字融合

除了将文字、图形分别设计并组合以外，还有一些卖场的标志将两者较好地融合起来，在字形中表达了图形，形成了两者兼具的效果。这样的设计，既是更高要求的字形变体，同时又应用了象形设计的形式。

4. 几何图形

单纯地使用几何图形，也是许多商超在设计标志时所采用的办法，这样的设计具有较高的抽象性要求。几何图形构成的标志可以是文字内容的进一步抽象，可以是图形符号的组合，也可以仅仅是一种意象的传达。但无论使用如何抽象的图案，都应当具有一定的内容含义。例如，"超市发"的标志图案由红、绿两种颜色交错的四个直角构成，也可以被理解为两个"F"；"京客隆"的标志是四个不同方向的箭头所构成的，顾客可能会联想到是吸引各方来客的意思；而"人人乐"圆弧加箭头的标志则会让路人觉得是在指示前往这里购物。

这类标志的好处在于简洁明了，但有时也会让人难以理解，甚至产生歧义，因而在设计时应比较谨慎。

三、标志设计的主要手法

标志的艺术设计是一个过程。我们需要在不断修改的过程中，推敲各组成元素、图案之间的关系，使之达到统一、美观的效果，从而给人留下深刻明了的印象。在设计过程中，有许多表现手法可以采用。使用这些手法，能使我们较好地把握图形的表现效果。

连续、渐变、对称、对比、比例、平衡、调和、律动、统一和完整被称为美的十大原则。在标志的设计中，可以适当地采用这些法则或其组合。

1. 节奏与动感

节奏是一种常见的艺术表现形式。音乐节奏之所以能产生美感，在于按照一定间隔连续出现的各种高低音符能够符合人们的预想，或者比预想的更加动听。如果一个出现的音符并不是欣赏者所期望的，则有可能是"走调"；如果它出现的时间不协调，则会被认为是"不合拍"。

在标志设计中，图案的疏密、大小与颜色的变化也能够给人以节奏感。这些图案虽然是一起呈现在人眼前的，但人们同样会对其安排的合理与否加以审视。有所不同的是，标志总是以静态的方式展现给人们，设计者可以采用一定的设计手段使其富有动感。

产生节奏与动感的方式有许多。一般而言，曲线本身能够带给人以动感，"三江"超市的标志中就直接使用了曲线的元素。基本图形之间不同大小的组合、排布也是节奏的体现，而其中穿插的颜色组合也能让标志更显活跃，"华润万家"的标志就采用了这样的设计。

2. 对比与映衬

适当地在标志设计中使用对比与映衬的手法，可以起到突出主题的效果。在设计中采用两种风格的图形，使用差异较大的图形疏密安排以及阴阳文字的嵌套变化等，都是对比与映衬的常见做法。使用这种手法，可以在标志这一较小的表达空间中体现出主与次，传递更加丰富的内涵。

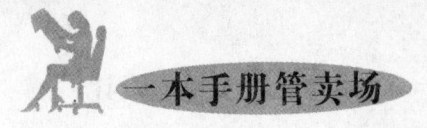

例如，"银座购物"的标志中，采用了直线与曲线的对比，突出了主体上半部分高耸的形象，让人联想到商场的高端定位。"大润发"标志中使用了椭圆形作为主体，其中的白色图案从不同的方向看分别是"R"和"T"，代表"润泰"的拼音字头。值得注意的是，这一图案只占据了椭圆形图案的一小部分，而大部分都留成主色。这样的做法使图形与文字中的"R"和"T"形象巧妙区分，标志给人的感觉不仅不显呆板，还颇有活力。

3. 调和与平衡

调和与平衡的设计手法给人以稳重、值得信赖的感觉，也是许多商家所采用的。从人的感官上讲，本身比较容易接受的是具有对称感的事物。在设计图案时应注意重心的稳定，使用同一基础图形的重复排列或镜面反射往往能达到这样的效果。例如，"心连心"超市采用的是完全对称的构图；"人本超市"使用的是红橙黄绿青蓝紫七种扇形色条的重复叠加，并在底端用黑色加以汇聚。

可以看出，设计手法的采用可以让我们增强标志的表现力。当然，这种表现力的增强仍然要与卖场的经营风格相适应。例如将十分动感的标志应用于现代、时尚的卖场是合适的，而应用于经营一般生活用品的廉价超市之中，就有可能使顾客产生错觉而不愿进入。总之，标志设计是一个需要反复推敲的过程，需要在图像构思、拟画草图、元素提炼、修改定稿等环节中一步步寻找可行的方案，并在不断修改中加以优化。

四、招牌设计的考虑要点

在设计完卖场的标志以后，就可以进行招牌的设计了。在设计招牌的过程中，同样有许多细节问题需要考虑，下面我们就按照招牌设计的一般步骤予以说明。

1. 确定招牌的类型

这里，我们主要考虑的是横幅招牌和竖幅招牌。这两种招牌的主要作用都在于向顾客传递醒目的店铺形象，并应在晚间具有一定的照明效果。除此以外，还有一些用在两侧墙面的招牌画以及专门在夜间招徕顾客的霓虹灯，其设计原理也是基本一样的。

在招牌横竖幅确定的过程中，应当考虑文字编排。在一些情况中，文字的横竖编排需要特别的注意。如"十一"竖排会让远处的顾客认为是"土"，这就需要将招牌设计得宽一些，以实现文字的横向编排要求。

2. 编排文字及图案

确定招牌的横、竖形式之后，就可以编排文字图案了。招牌中用到的文字除了卖场的主体标志以外，还可以包括地址、电话、经营内容等。辅助文字与标志文字的字体风格通常应相互统一，包括英文字体也是如此。

一般而言，横幅招牌中的文字均可横向排列，主标志比附加文字更大。如果文字内容有相对应的英汉翻译，可以将两者并排放置，也可以分置于标志的两侧。

竖式招牌的文字与图案排列就不能一概而论了。在展示面积比较大的时候，可以将标志放大突出,将文字竖式排列于标志之下。如果宽幅足够,文字还可以横向排列。"好又多"的竖式编排就采用了标志与文字上下组合的方式,而辅助文字"购物中心"以较小的字体放置在标志与文字之间。值得注意的是,英文字母在竖式招牌中应使用旋转排列。

3. 选择招牌的底色

招牌的底色是对文字及标志内容的衬托。如果设计的标志包含底色,那么招牌的底色一般就可以采用标志的底色。对于大多数卖场而言,还可以是红、橙、绿等比较温馨的生活颜色。倘若标志的形式较为独立,那就可以在招牌上选择黄、蓝等比较醒目的整体颜色,起到更加突出的效果。选择底色时还应考虑经营内容的需要。

在选择招牌底色时,应当十分注意色彩之间的搭配。通常而言,黑色、白色与其他颜色均能形成良好的搭配效果,而在搭配蓝、红、黄等颜色的时候就要留意了。使用红色、蓝色、绿色作为底色,招牌整体会比较显眼,这些色彩上适合搭配的标志颜色主要为白色。采用黑色作为底色的招牌也比较常见,可以搭配黄色、白色的标志;而黄色为底的招牌可以搭配黑色、绿色、蓝色等多种色彩。一些情况下,也可以在局部使用白色的圆形或方形作为过渡,然后在其上放置标志。

4. 招牌选材与制作

招牌的制作已经成为一个专门的行业。但作为店主,仍然有必要了解招牌制作的基本材料常识,这对于招牌设计和制作实现都是不无裨益的。

招牌的分类方式繁多。从文字部分看,主要包括亚克力字、钛金字、铜字、吸塑字等;从灯箱上看,主要包括吸塑灯箱、LED(发光二极管)灯箱、亚克力灯箱、滚动灯箱等;也有采用 LED(发光二极管)显示屏,喷绘等整体式招牌的。近年来,亚克力广告招牌的应用越来越广泛,这种材料具有夜视效果好的优点,且价格相对低廉。

招牌制作的工艺可以分为传统和现代两大类。其中,传统工艺通常是指图文雕刻,喷绘制作等;现代工艺主要包括吸塑灯箱的制作,LED(发光二极管)广告牌的制作等。例如传统上采用腐蚀法制作金属招牌(包括铜牌、不锈钢牌、钛金牌等),需要经过腐蚀、抛光、填漆、喷膜等步骤。

招牌制作完成以后,就要进行安装了。在此过程中,要注意固定、黏合材料的使用,保证招牌获得足够的支撑力。同时,应尽量观察实际效果,如招牌表面是否有褶皱,整体是否有被环境物体遮挡等。

知识链接

"家乐福"标志的含义

"家乐福"是世界排名第二的大型零售集团,但它的标志却令许多中国顾客疑惑。这个标志到底有什么含义,又在设计过程中经历了哪些变化呢。我们可以阅读下面的这则短文,从中体会其中的"玄机"。

Carrefour 跨洋过海,把店开在了中国。于是,我们看到了家乐福的商标随着塑

料袋走进了千家万户。人们纳闷，为什么家乐福标志这样怪异：左边是一个尖端向左的红色箭头，右边像一个指向右边的蓝色箭头？请教店里的中国雇员有说是表示矛盾的意思，有说是法国图案的，各有各的不同理解。按一般的商标设计要求，应力求简洁明快，通俗易懂，难道这个商标是个例外？

仔细推敲，原来法国人在这里妙藏玄机。实际上，这个商标表示的就是 Carrefour 的第一个大写字母 C，衬在法国国旗的红蓝两色上。字母 C 上下边缘呈极力扩张态势，使其融入背景之中。这是一个设计者最具匠心的举动，也是该设计的最成功之处。同时也把许多不注意商标的人带入理解的误区，使人看到的是支离破碎的图像和色块。

家乐福的标志其实是个菱形，但这个菱形的上下两个角被省去了，如果沿着左右两边的角分别向上向下延长，你就会得到一个菱形，这个时候一个大大的"C"就会显现出来，也就是家乐福 Carrefour 第一个字母。这个商标，一个具有代表性的法国文化符号，就这样蔓延开来。

另外一个细节就是这个标志的颜色。最初时，标志左边一半是红色，右边一半是蓝色，可是这种颜色的组合并不能突出一个整体画面，垂直平分颜色明显不是一个解决方案，但这种方法也有它的简洁性和可读性。为了连接这两种颜色，最好的方案就是沿着"C"的弧度划分颜色，也就是我们今天看到的家乐福标志。

第四章│卖场的内境设计

如果说卖场的选址与外观设计是想把更多的顾客吸引过来，那么内境设计就是要让顾客在卖场中充分地获知各种商品的信息，调动起购买的欲望，并得到愉快的购物体验。内境设计包括卖场布局与通道的整体设计，地面、墙壁、天花板的装饰设计，内部照明设计等方面，同样涉及许多细节和技巧。

第一节　卖场布局与通道设计

对于一个卖场来说，布局与通道是相辅相成、不可分割的，在设计过程中也应同时加以考虑。这两者是构成卖场内部环境的基础，它们通过引导人的行走路线，影响各种商品在顾客面前出现的机会，从而带来不同的销售效果。在本节当中，我们就将说明区域布局、空间分隔、风格选择与通道设计中的基本方法，并对磁石卖场这一布置技巧予以专门介绍。

一、布局与通道设计的要求

布局与通道设计直接影响到顾客的购买活动以及卖场的各种日常工作。在设计布局与通道时，应当尽量兼顾管理与促销两方面的要求。具体而言，包括以下几个方面。

1. 体现商店形象

设计效果应当能够体现商店的形象与定位。空间的宽敞与狭窄，视线的直透与曲折，货架的集中或零散，会对消费者在卖场中的体验带来明显的影响。可见，在进行布局与通道设计时要将卖场的定位放在首要考虑的位置，这样才能让顾客在走进卖场的瞬间体会到与期望相符的环境氛围。

2. 高效利用空间

布局与通道设计应最大限度地利用空间。商业地产寸土寸金，要在有限的空间内创造最大的销售额，就需要提高利用效率，挖掘每一个可以发挥展示、引导、促销作用的建筑元素的价值。这就要求我们在进行布局与通道设计时，充分考虑墙面、柱子、楼梯等各种建筑物的构成要素，并将它们与卖场的商品展示、顾客路线的引导结合起来。

3. 吸引顾客选购

设计时应考虑能让顾客尽可能地接触商品，延长在卖场的停留时间。通道设计

与卖场布局相结合，尤其是卖场"磁石"的设置，能够吸引消费者步步深入，尽可能地遍历卖场的每一个销售区域。在顾客眼前得到展现的商品才有可能实现销售，卖场中的卖点广告、展台、堆头就像无声的导游，引领顾客在其中徜徉。

4. 考虑管理工作

选择设计方案时应当兼顾卖场补货、防盗等日常管理工作的要求。及时补充商品、防止商品被盗是卖场管理的重要内容，而恰当的布局与通道设计能够让今后的工作起到事半功倍的效果。通道宽度对于商品搬运，货架布局对于营业员视线，都是在设计过程中需要仔细考虑的内容。

5. 兼顾便利要求

布局与通道设计应尽量让消费者感觉到方便。卖场既是一个满足购物需要的场所，又是一个休闲生活的去处。就像在旅游景点观光一样，合理的布局能够让消费者感觉到便利。电梯、收银台、洗手间等功能设施的位置、朝向等布置细节都会影响顾客的购物体验。如果设计不合理，就常常会因为视线受阻、相隔距离较远、指示不明确等原因给消费者带来麻烦，同时也会增加导购员的指示工作。因而这也是在设计过程中需要斟酌的一个方面。

二、卖场各功能区域的分配

1. 卖场的功能区划分

通常情况下，一个中型卖场包括三个区域。

（1）销售区，该区域是卖场的主体，陈列各种商品，并有试衣间、收银台、洗手间等各种功能性设施。部分卖场的销售区中还有一部分食品加工区。

（2）仓储物流区，具有卸货、储存、分拣与初步加工的作用。

（3）辅助区，主要是卖场管理与后勤工作的场所，如用于消防、安保、空调、配电等功能的面积。

这三部分区域中，销售区通常占到70%左右，而辅助区一般不超过10%。对于小型超市而言，其组成还可以更加简单，主要分为两个区域：一是销售区，主要由货架、过道和收银台构成；二是辅助仓储区，用于存放待售商品和其他杂物。这两部分的面积之比在8∶2左右。

2. 卖场的功能区布局

就中小型商超而言，较为理想的功能区布局模式应当是销售区与仓储区相连但各有出口。仓储区可以位于销售区的后部、侧面等位置，从而既便于货物进仓，又能直接向销售区补充。如果存在辅助区，通常可以将电梯、配电、通风、洗手间、设备间等集中在一个区域，而给销售区、仓库区留出较为规整的空间，便于这些关键区域的布置，如图2—10所示。

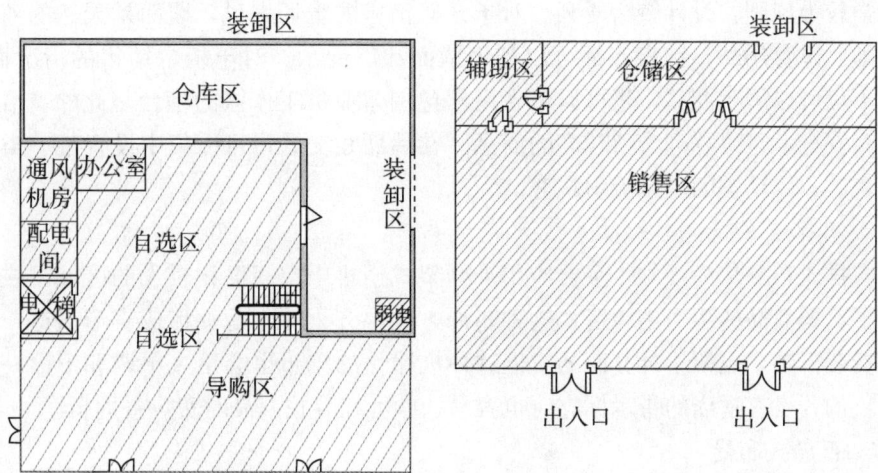

图 2-10 中小型卖场的功能区布局示例

对于存在一定加工制作要求的卖场，例如有现场烘烤或制作的食品、服装扦边熨烫服务等工作区的，可以根据相应商品区域的布局就近设置这些加工区域。一般而言，它们应当靠墙或与仓储区等相邻，从而起到节约空间的效果，如图 2-11所示。

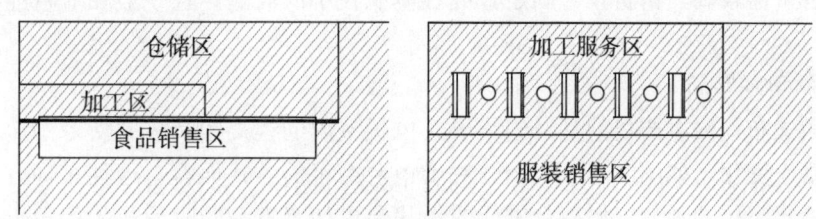

图 2-11 专场加工功能区布局示例

卖场的功能区设置往往与建筑结构有着比较大的关系。店主在租用或改装建筑物的时候，就需要将这些布局方面的要求加以考虑。大中型商超的功能区布局一旦确定，通常不会再做大的调整。对于中小型超市来说，也可以考虑使用单面货架等将仓储区与销售区之间设置为软隔断，进而在存货减少时灵活调整经营面积，但这种变动通常也不会很大。

三、销售设施的布局方式

销售设施是一个卖场中的主体，用于陈列、展示各种商品，与消费者接触最为密切。设计销售设施的布局时，应当以充分利用空间、引导顾客行走为目的，考虑墙面、柱网、电梯楼梯等建筑设施的位置，对卖场销售区域进行整体规划。

在一个卖场中，销售设施的布局形式主要包括沿墙式、齐排式、孤岛式、斜角式等。对于具有一定营业面积的中型卖场而言，需要将这些布局形式加以组合。

1. 沿墙式布局

顾名思义，沿墙式布局即利用墙面作为展示面或者阻挡路线的隔离面。墙面形

状通常较为规则，设计较为便利。对于开架销售的卖场来说，墙面是天然的商品陈列之处。体育用品、钟表等都可以利用墙面加以展示。对于柜台销售的情况而言，墙面不仅可以展示商品，还可以节省用于包围营业员工作区的柜台。此外，沿墙布局相对安全，可以陈列价值较高的商品。在墙面相交处，可以集中设置某一类商品的销售区，以精美的展示吸引顾客。

2. 齐排式布局

齐排式布局较为规则，主要应用于开架式销售中空间面积较大的区域，往往也构成了卖场商品的主力销售区。这种布局方式整齐划一，能够形成直形通道，既便于消费者行走，也便于补充商品。但这种规律性的排布也会给人单调和千篇一律的感觉，倘若没有适当的指示标志，也容易让顾客在寻找商品时费一番周折。

3. 孤岛式布局

孤岛式布局主要适用于柜台式销售的情况。这种方式将合围形的柜台布置在卖场的主销售区域，营业员活动区和货架区位于柜台围成的空间之中。如图2-12所示，孤岛式布局的好处在于能够最大限度地安排出营业员与顾客的面对面销售现场，且便于营业员之间的合作与商品的管理。但这种布局也存在缺点，例如货架区存放的商品数量有限，同时进入中间区域补货通常会比较麻烦。因而，孤岛式布局往往用于销售价值较高、销量较为固定，或者体积较小的商品，且一般在非营业期间进行补货。

4. 斜角式布局

斜角式布局的主要目的是以斜线形式拉长室内的视线距离，并使原本比较有限的空间富于变化，如图2-13所示。对于柜台销售的方式而言，这种布局方式实际上是孤岛式布局的延伸，但柜台围成的形状会更加丰富，同时形成的拐角也可以作为促销展示的依托。开架式销售的斜角式布局则是将货架排面与墙面斜向排列，其目的也是为了延长排面宽度。

图2-12　孤岛式布局的示例

图2-13　斜角式布局的示例

四、销售空间的风格设计

在对卖场销售区域加以规划以后，应当继续对销售空间的风格加以设计。这里的设计就要考虑到局部与整体的关系了。开敞、共享的设计风格会涉及整个卖场，而封闭、静雅、虚拟等风格的设计可能只是针对卖场的一个局部。下面我们就来了解各种主要的空间风格类型。

1. 开敞型风格

开敞型风格是中高档卖场常用的设计风格，其特点是视野开阔，环境明亮，陈列的商品之间空间较大，重视展示效果。开敞型风格的卖场适合销售具有一定体积或需要较大展示空间的商品，如模特展示的服装、各种家用电器等。

2. 共享空间

共享空间将几个楼层的布局设计结合了起来，为所有楼层留出共同的中空，尤其适合于大型卖场或大型建筑。使用共享空间设计的卖场，通常在每一层当中会采用较为封闭或独立的销售区域风格，两者相互结合，富于变化。

3. 封闭型风格

封闭型风格与开敞型风格相反，它强调空间的独立性和私密性，主要目的是为消费者创造特殊的购物体验。这样的布局风格适应于饰品、化妆品、手表、首饰和服装的销售。较小的空间可以减少打扰，让顾客更加专注于这些需要花费时间挑选的商品。封闭空间还可以用于家具、厨卫等商品的展示中，即通过构建独立的"样板间"，让顾客产生身临其境的体验，从而产生购买欲望。

恰当地使用封闭型的空间，还可以营造出静雅的气氛，这是许多商品销售过程中所要追求的环境风格。在茶具、手工艺品等商品的销售空间中，摆放盆栽、楹联、字画等富有传统气息的装饰物，能够带来引人入胜的效果。

4. 动感风格

富有动感的空间风格体现着现代与活力，正越来越多地被卖场所采用。构造动感效果的方式有许多，但应当与所经营的产品本身相结合。例如电视、音响等本身富有动感的商品，就适合搭配灵活多样、规格各异的陈列台柜，并可通过实际播放时产生的光影效果让人感受到动感。又如新潮的服装、鞋帽，可以利用楼梯等斜面构成的空间加以展示，从而给顾客带来意想不到的发现。

5. 虚拟与虚幻风格

虚拟乃至虚幻的空间设计风格，已经被许多人所接受甚至追求。在卖场中，不拘一格地使用窗格、镜面、绿化、水体等元素，可以产生与众不同的视觉效果。虚幻风格中陈列的商品会得到格外的烘托，同时也有很强的展示效果。但在进行虚幻风格的设计时，有时也需要将现实与虚拟区分开来，以免让顾客觉得这是一种装饰而不去挑选其中的商品。

五、分隔空间的常用办法

在卖场的各个部分之间，需要通过适当的方法加以分隔，这是对消费者的一种提示。分隔空间的办法因情况而异，主要应考虑空间的风格和分隔应达到的效果。

1. 通道和列柱分隔

通道和列柱是天然的销售区分隔带。通道的视线上方可以设置指示牌，标注两侧区域所销售的商品种类。如图2—14所示，列柱的出现也中断了货架的延续，在另一侧销售其他种类的商品就不会让消费者感到异样。列柱的分

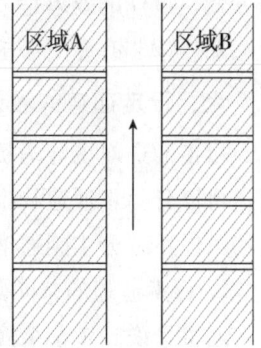

图2—14 利用通道分隔

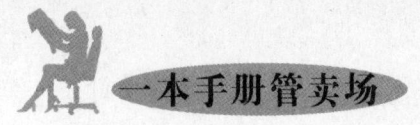

隔作用在圆形建筑中尤其突出，许多卖场利用这一点将内部空间加以划分，体现出了较好的层次感，如图2—15所示。

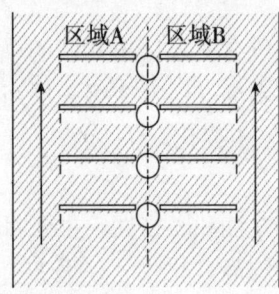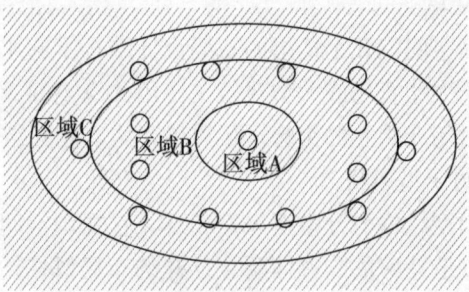

图2—15　利用列柱分隔

2. 封闭式或半封闭式分隔

为了实现独立空间的效果，有时需要使用墙壁、落地玻璃等进行封闭式或半封闭式分隔。这种分隔方法能够对声音、视线、温度等加以阻隔，将顾客的注意力集中在较小的范围之中。一般而言，若卖场中某一区域销售的商品有较强的独立性或特殊性，如收款独立、需要声光演示、温度与其他区域不同等，则可以使用这种封闭或半封闭式的分隔。

3. 软隔断

软隔断过渡自然、方式灵活，现在正被越来越多的卖场所采用。盆栽、长椅、幔帘等都可以作为软隔断的材料，其好处在于产生分隔效果的同时能保证空间之间的贯通性，让顾客从视觉等感官上认为这些区域事实上都从属于一个空间，从而减少阻拦感。

4. 地面效果分隔

地面的色差或高低也是实现隔断的有效方法。地面瓷砖的颜色或线条能够直接让顾客产生分隔的感觉；而高低落差和封闭、半封闭形式的结合能够产生显著的独立效果，从而营造出专属式的空间。

需要指出的是，卖场作为一个开放式的购物环境，应当尽量使用过渡自然的分隔方式，最佳的效果是"隔而不断"，既划分出销售区域，又不影响顾客对卖场整体的感知。除非有专门需求，一般不使用封闭隔断方式。

六、行走通道的设计方法

行走通道对诱导消费者路线起着举足轻重的作用。一般来说，大中型卖场中的通道可以分为主通道和副通道，其宽度条件、两侧商品布局有着不同的特点。小型卖场可以不划分主副通道，但应通过方向上的设计来规划顾客的主要行走路线。

1. 行走通道的共同要求

通常来说，中小型卖场的行走通道应当满足下面的要求。第一，通路要尽量呈直形，即便有柱子等障碍物，也不能完全阻挡视线。第二，通路的拐角处应尽量使用直角。第三，通路应当尽可能长，最好能一直延伸到卖场最里面的区域。第四，通路的宽度至少能满足两人并排通过。当然，也有一些设计风格独特的卖场会使用圆形通路、不规则通路等方式来适应区域布局的要求，这些应属于特殊情况了。

2. 主通路的设计

卖场中的主通路，是指 80％以上的进店顾客都会经过的通路。在这条通路两侧，通常会布局卖场的主力商品或商品促销区，其带来的销售额一般会占到 70％以上。可见，在设计时应当对主通路予以重点考虑。一般而言，大中型卖场中主通路的宽度应当在 3～5 米，小型、微型超市中的主通路宽度可以在 1～2 米，它是卖场中最宽的道路。主通路应与入口处相接，并不间断地延续到卖场的最深处。主通路上可以有 3～4 个直角，但应尽量避免大量拐角的出现。主通路的两侧应当布局具有较大吸引力的商品。

主通路的设计应当与顾客行走路线的规划结合起来。在规则（方形）的中型卖场中，主通路可以采用回形设计，即顾客的主路线应当大致在卖场内绕行一周。最为复杂的是不规则型和小型卖场的主通路，可以采用 R 形、L 形、U 形等设计办法。在这些情况下，主要应把握这些原则：主通道沿最长的墙面延伸；通路尽头必须使用直角，并可以安排醒目的促销品或主力商品来吸引顾客，如图 2—16 所示。

需注意的是，不规则卖场中，主通路的长短还会和出入口的位置相关，一般应将入口设置在进深较长的一侧，从而起到延长主通路的作用。如果设计不当，就会产生顾客极少到达的死角，这是需要避免的，如图 2—17 所示。

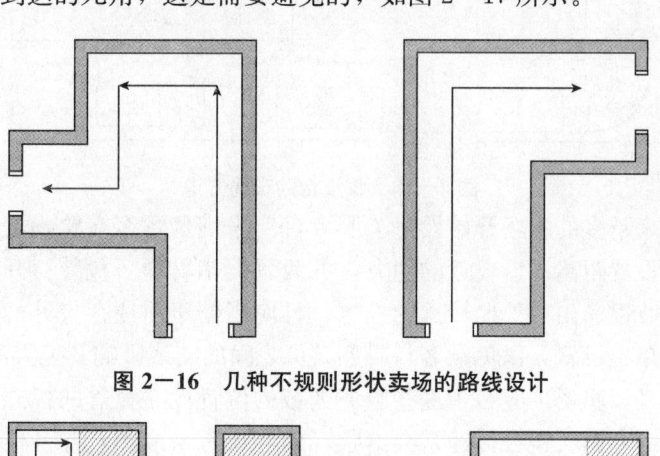

图 2—16　几种不规则形状卖场的路线设计

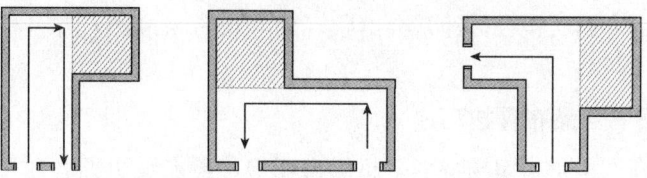

图 2—17　不合理设计导致的"死角"

3. 副通路的设计

副通路是卖场中由主通路延伸，引导顾客在各个销售区行走的道路。副通路一般比主通路窄 1/4～1/3，可容许 2～3 个人同时（侧身）通过。设置具体宽度时的

灵活性较大，小型、微型超市的副通路可以只有 0.7 米左右的宽幅；而大中型卖场的副通路也会有 1～1.5 米宽，甚至可以达到 2 米，允许两个推车和 1 名顾客并排通过。

副通路可以细分为不同的类型，与主通路平行的副通路主要用于分流顾客，而与主通路垂直的副通路常常由陈列商品的货架自然隔成。分流式的副通路之间不宜有高出视线的遮蔽物，而应让顾客自由浏览而走动。货架之间的副通路随商品陈列的排面宽度而定，在使用推车的超市中排面宽度不应超过 10 米，否则就应加宽通路，以免出现拥堵的情况。

七、功能设施的布局方法

在卖场的销售区域中，除了陈列商品的主区域以外，还有收银、包装、开票服务等区域，这些功能设施的位置也会对卖场中顾客的行走路线产生较大的影响。

收银台的数量和位置并不容易确定。一般而言，为避免顾客等待时间过长，小型或微型卖场应设置 2～3 个收银台，在顾客较少时可以关闭其中的 1～2 个。而大中型卖场的收银台数量可以达到 10～20 个，并且可以根据需要在某些商品的销售区中设置专门的收银台。收银台的位置一般应当离出入口较为接近，方便顾客在付款后离开。收银台附近应当留有较大的等待空间，否则会使等待结账的消费者产生较大的反感情绪。收银台之间的布局可以有许多方式，中小型卖场可以采用并排式，而大中型卖场则可以采用多排式以加快队列移动，如图 2—18 所示。

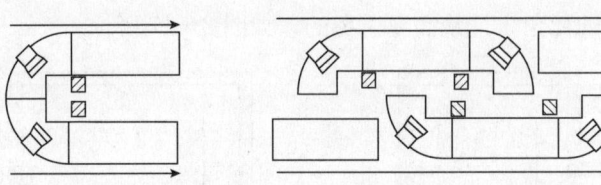

图 2—18　收银台的布局方法

现在，越来越多的卖场开始设置"服务台"来满足顾客在购物之后的需求。会员服务台可以设置距离入口较近的地方，并放置促销材料。包装、开票服务台等一般应设置在离收银、出口处比较近的地方，且应当位于前往存包处的路线上。退换货服务台可以单独设置，以免顾客与服务人员之间的交谈影响其他人的注意力。

需注意的是，卖场中应当为这些服务区域的位置设立显著的标志和指示牌。尤其是销售区中的专属收银台，经常会给顾客的寻找带来麻烦，并且极大地影响人们的购物心情。

八、"磁石"商品布置技巧

"磁石"，在这里是指卖场特别是超级市场中，最能吸引顾客注意力的地方。磁石点就是顾客的注意点，它们能像磁铁一样把顾客吸引过去。接连排列的磁石能起到连续的吸引作用，从而引导顾客"步步深入"，走遍整个卖场，最大限度地增加商品的购买率。运用磁石效应，就是要在商品配置时，于各个吸引消费者眼光的地方，配置适宜的商品。

要构建磁石卖场，我们可以先利用店铺人口的主要展示位置引起顾客的兴趣，并按照每150～180厘米的间隔设置一个磁石点，吸引顾客进入店内深处。一般来说，特价品、低利润的商品、季节商品、购买频率较高的商品、促销商品、新商品都可能会成为磁石商品。但需要提醒店主们注意的是，在实际卖场经营中一定要认真分析本卖场的顾客，观察顾客进店以后以怎样的路线行走，顾客想要或希望看到的东西才能成为磁石商品。如同围棋当中"金角银边草肚皮"的定律一样，卖场中的边、角，货架的端头等都是重要的磁石区域。根据磁石商品对消费者吸引力的大小，可以进一步地加以细分，包括第一磁石、第二磁石……直到第四乃至第五磁石，如图2—19所示。

第一磁石是卖场中最重要的磁石区，主要布局在主通道的两侧。第一磁石商品应当是卖场的主力销售商品。如果是便利店，则应当是日供的面包、牛奶以及饮料；如果是生鲜产品超市，则应当是水果、蔬菜、加工食品等每日必备的食品。

第二磁石点应当具有较强的吸引力，通常布局在主通道外侧靠近卖场底部的位置，直接将顾客引向卖场深处。这些商品应当十分畅销，有较强的品牌效应或广告促销手段，易于采用卖点广告加以醒目标志，有时还可以安排卖场促销员。作为第二磁石的商品可以具有一定的季节性，有时也是颜色鲜艳或散发香味的商品。

第三磁石点通常位于货架端头，吸引顾客进入副通路。在这一区域中销售商品主要有三种类型：一是特价商品，可以是低毛利甚至负毛利商品，并可安排促销时的试用、品尝。二是高毛利商品，主要是利用端架区域客流量大、商品销售率高的特点提高收益。三是厂家促销商品，往往是新产品、应季商品等，可以吸引顾客的注意力。在这一区域中陈列的商品应当种类集中且数量较大，从而对顾客产生较强的视觉冲击效果。

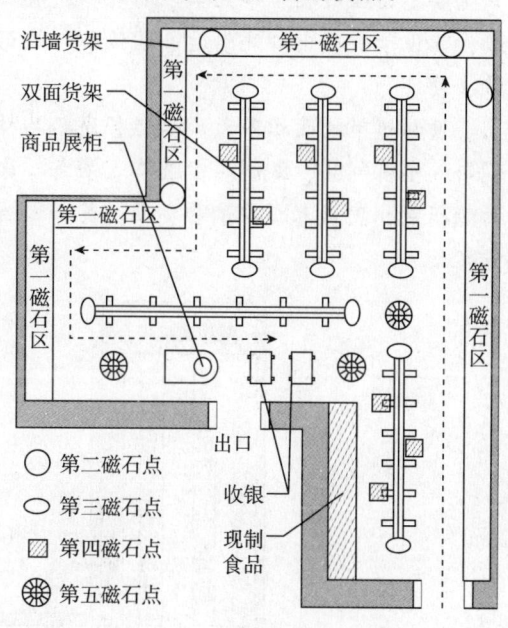

图2—19 磁石卖场的设计

第四磁石点位于副通道两侧的排面货架上，通常每隔1～2个品类设置，可以是热销商品、促销商品或者广告力度较大的商品。第四磁石的商品可以用不同颜色的价签加以醒目标志，从而引导顾客在货架前行走。

第五磁石点的布置具有一定的随意性，主要是公司促销品、特卖品，可以位于卖场中间的不同位置，通常应根据实际的路线需要加以设置。在不规则形状的卖场或超市中，磁石区、磁石点的设计尤为重要，它们与通道设计紧密结合，引导着消费者在其中的行走线路。

可以看到，磁石卖场的布置实际上是将商品销售区域的布局与通路设计联系了起来，模拟实际顾客在卖场或超市中被商品吸引、行走、购买的过程，是一种物理诱导与心理诱导相结合的设计技巧。

相关链接

"晨光"便利超市的布局

在本节当中，我们介绍了卖场布局与通道设计的基本方法和磁石卖场的布置技巧。这些设计手段基本都围绕一个出发点：让顾客在卖场中停留更多的时间，从而实现最大的商品销售。但也有一些开设在小区、办公楼区附近的便利超市，它们的顾客希望在最短的时间里完成商品购买并离开，这时就需要采用不同的布局设计思路了。

"晨光"便利超市位于北京某小区当中。小区的住房均价处中等偏上水平，其住户主要是企业白领、事业单位职员和政府机关公务员。"晨光"便利超市背靠物业行政楼，位于小区出口处附近，区位条件较好，是许多居民进出小区时购买商品的经常去处。

便利超市的面积不大，其经营商品品种涉及水果、饮料、面包、奶肉、副食品、调料、塑料制品、纸制品、服饰（手套、袜子、帽子）和文具等类别，并且有现制的糖葫芦、煮玉米、粽子等食品。其布局方式如图2—20所示，有以下几点值得注意之处。

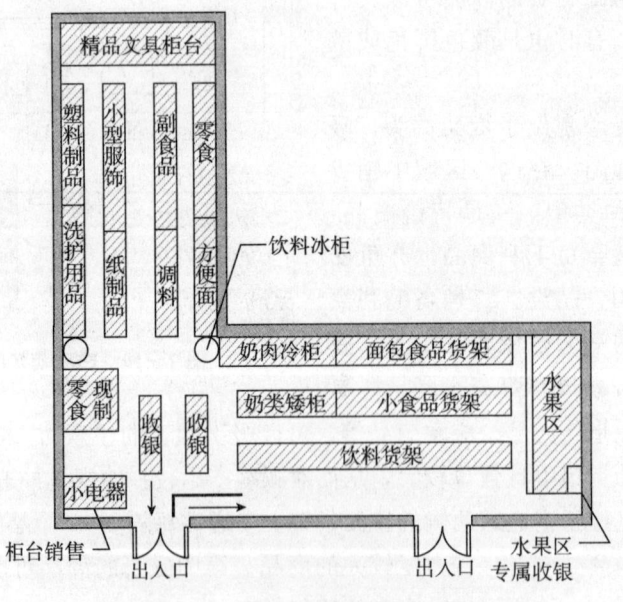

图2—20 "晨光"便利超市的布局设计

1. 出入口合并设计

该便利超市有两个出、入口合并的开口，顾客可以由此进出。起初，超市将右侧开口作为入口，左侧作为出口；但经过一段时间的经营之后发现，有许多逆方向行走的顾客会从左口进入。后来超市就把两个口都改为出入合并的形式，并且在右侧设置了水果销售区，顾客购买后可以直接离开。

但这样的设计也给超市的防盗带来了较高要求，尤其靠近右侧出入口的导购员增加了防止顾客直接携物离店的任务。好在顾客自身的公民素质优良，这样的改动没有带来较大的偷窃损失。

2. 周转率高的商品集中在超市前部

在该便利超市中，面包、奶类、饮料和现制零食的销售量最大，其次是方便面、调料、副食品和零食，其余的洗护用品、纸制品、文具的销量都比较少。超市现在的布局显然是将主卖商品都集中在了距离出入口比较近的位置，这样的布局使大部分顾客的活动范围都集中在了这一区域，从而节省了行走的时间。

超市经营者表示，前来购买塑料制品、文具或纸制品的顾客，一般都属于急需这些商品的情况，无论摆放位置如何都会去寻找、购买；而如果不急需这些商品，顾客一般都会去大的商超选购，便利店即便把这些摆在显眼的位置也无济于事，还不如腾出好的空间给销量大的商品。那些小销量商品的区域较少有顾客经过，也就减少了整理货架的工作。

3. 收银处的空间设置

在人多的时候，往往会有5～6个人在等候收银。便利超市在收银台附近设置了较大的空间，同时也布局了饮料冰柜、奶类柜台等方便顾客自取的商品陈列，可以让顾客在等候付款时产生冲动型购买。

4. 水果销售区独立收款

水果属于称量之后销售的产品，如果顾客将未经称重的水果带至收银台，也无法进行付款。针对这一点，超市将水果区划开，采用单独收银的方式。这样的设计还分散了等待付款的人群，方便了专购水果的顾客。

5. 柜台销售的小电器

"晨光"便利超市销售耳机、手电和各种电池，也能够维修一些小型电器。这些小电器及相关产品虽然量不大，但却是店中单品价值较高，且顾客咨询问题最多的商品。将这一部分独立出来，放置在距离出入口较近的位置，既节约了销售区的空间，又有利于集中导购，是小型超市可以借鉴的做法。

"晨光"便利超市的布局设计凸显了对顾客快速购物需求的满足，布局结构简单，各区域商品特点明确。这样的布局虽然没有形成固定的顾客引导路线，也没有试图将消费者带入超市的最深处，但依靠前部区域中商品的快速流转提高了销售额，充分体现了小型便利超市的布局特点。可见，卖场的布局并没有固定的程序和标准，关键是要符合经营的特点和客户群的要求，并在不断摸索中得到改进。

第二节 地面、墙壁与天花板的设计

地面、墙壁和天花板围合了卖场的内部空间。虽然这些不易直接引起顾客的注意，但通过合理的设计，可以对烘托购物气氛、美化卖场环境起到重要的作用。选择合适的材质，并在设计时注意一定的技巧和方法，则还有可能在一定程度上弥补卖场空间本身的缺陷。在这一节当中，我们将主要关注卖场地面、墙面和天花板的设计要求、常用材料以及其中的实用技巧。

一、卖场界面设计的共同要求

不同卖场之间，不同界面之间的设计方式各异，材料样式多变，但都应满足其共同的要求，主要包括安全合理、经济耐用、易于安装与风格协调。

1. 安全合规要求

安全合规要求，是指在设计卖场界面及选材的过程中，应当考虑到顾客行动时的安全保障，适应环境条件，并能抵御一般灾害。例如在材料使用时应考虑其防火阻燃、无有害化学物质等要求，并具备必需的防潮、隔热性能；地面的粗糙或光滑程度应当不给顾客行走造成影响；在柱子、墙壁等障碍物表面材料的色彩搭配和对比上不给人造成错觉。

2. 经济耐用要求

经济耐用要求，是从卖场投资经营的经济性角度考虑，尽量选择性价比高、使用期较长的产品。提倡通过设计优化材料使用效果，高价材料要"精用"，一般材料应"新用"。对于大多数卖场而言，应当以使用通用型、标准型材料为主，以特制、订制材料为辅，并将主要资金用于地面、墙面等消费者视线停留时间较长的界面上。小型、微型店铺还可以自制具有个性化特色的材料，如用手工制品来装饰店内空间等。

3. 易于安装要求

易于安装要求，是指界面设计要为装修施工的便利性考虑，并与其他建筑要素相配合。例如在顶面设计时，应考虑荷载承重和供排气设备安装要求；在地面与墙面设计时，要考虑电线、水管布置要求，并给维护修理留下余地。

4. 风格协调要求

风格协调是卖场界面设计中的较高要求。材料的价位、档次选择应尽量与卖场定位相统一，并应充分考虑其质地、色彩与空间面积、光线明暗的搭配。同时，随着时代的发展人们的审美情趣会发生变化，流行的设计风格也在不断更新。卖场作为生活休闲的场所，设计时应在成本允许的条件下尽量选用符合时代潮流的方案和新型无害、质地优良的装饰材料。

二、地面的设计要求与材料选择

地面是顾客进入卖场后必然接触的元素，但并不应特别引起的顾客关注，其设计要求是简洁明了。地面材料选择应注意其档次形象，而硬度、光滑程度也会影响顾客在卖场中的行动是否安全。近年来，大部分卖场以地砖铺设地面为主，在少量专门商品展示区域使用地板等其他材质加以突出。

表 2—4 对主要地面材质的特点和使用情况进行了归纳。

表 2—4　各种地面材料的特点和使用

材料	优点	缺点	适用情况
木地板	淳朴自然，质感优良，优雅清新，且具有一定的保温性能	表面漆易磨损而失去光泽，打蜡后容易发滑，铺设费用较高，保养费用较高，且容易脏	适应于高档卖场、精品店或卖场中需要突出的部分高档商品销售区，或鞋类等顾客会关注到地面的商品销售区
地砖	品种选择空间大，色彩形状丰富，搭配具有一定的自由性，价格相对较低，且具有耐热、耐火、耐磨等优良属性	部分地砖表面过于光滑，尤其在遇水以后极易打滑；硬度较高，质感一般	大部分卖场使用地砖作为主要的地面铺设材料
石材	纹理色彩丰富、自然高雅，耐水、耐火、耐磨损	部分石材铺设价格较高；易受酸性物质腐蚀；易给人寒冷的感觉	有一部分中高端卖场使用石材作为地面铺设材料
地毯	色彩纹理选择丰富，具有良好的保温和防滑效果	部分地毯价格较高，且容易显脏，易破损	较好材质的地毯可以用于部分突出展示商品销售区域的，而低价的地毯可在超市出入口处使用
磨石子	材料及制作成本均比较低，表面不易打滑，易于维护和清扫	颜色灰淡，表现单调，遇水后颜色发生变化，易显脏	目前仍有一定数量的中低端卖场和商店将磨石子作为主要的地面铺设材料

卖场地面一般以浅色为主，如米色、白色等，并与墙壁、陈列用具等色调保持统一。这些颜色能够给人以明亮、整洁的感觉，同时便于清洁。地面材料可以有一定的花纹，但一般只有在较为宽敞的主通道或商场中的环形过道上才会使用完整的图案，而商品销售区的地面图形会因为货架分割等原因显得支离破碎，且顾客通常

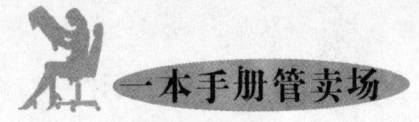

也不会注意到。

三、墙面设计的要求与材料使用

卖场的墙面处于顾客的正常视线高度之内，属于观察区域。事实上，现在顾客在卖场中能够看到的墙面已经十分有限了，因为它们基本都被货架、橱柜所遮蔽，甚至柱子也经常被用来作为商品展示的空间。因此，墙面的设计的要求是与卖场中的商品陈列与布置结合起来，并注意与地面、天花板的主题风格保持一致。

未被货架等遮蔽的墙面可以充分利用，发挥其商业价值。第一，卖场的墙面上可以张贴大型广告和促销信息，也可以安装代表卖场经营理念的宣传板，这主要是在卖场入口处的电梯两侧；第二，墙面上可以张贴路线引导标志或销售区域指示，引导顾客购物；第三，可以在壁面上悬挂装饰性物品，如在精品店中悬挂具有民族特色的饰品、手工制品等，烘托购物气氛；第四，高出货架区域的墙面可以粉刷卖场标志及代表企业愿景的词句，起到品牌形象宣传作用。

除上述可以利用的墙面以外，卖场中总会有一些裸露的墙面，因此墙面装饰方式的选择也是在设计中不可忽视的一部分。卖场常用的墙面装饰方法有贴面式、原质式和涂抹式。

1. 贴面式

贴面式是目前卖场墙面装饰中使用较为广泛的一种方式，是指在墙面上使用玻璃镜面、金属或塑料面板、面砖等材料用于装饰。其优点在于材料选择面广，应用范围多样，可以灵活地实现各种不同装饰效果。一般而言，较小的空间中可以使用玻璃镜面装饰；精品店、专卖店中可以根据需要采用木质、竹质贴面材料产生自然效果；一般卖场的墙面可以使用金属或塑料面板；卖场中洗手间、更衣室等小范围空间内还可以使用面砖来加以装饰。

2. 原质式

原质式墙面装饰的艺术性较强，是指使用石块、砖块等原始建筑材料或模仿其样式作为墙面装饰。这种装饰方式的特点在于风格自然复古，朴素简单，粗犷大气。但原始材料表面粗糙，易造成伤害。原质式墙面应用于内部装修时，主要适用于较小的空间范围，在小型的精品店和卖场中独立销售区域中可以使用这种方式来突出经营风格。

3. 涂抹式

涂抹式包括抹灰和涂刷两种形式，是指使用石膏、白水泥、油漆、大白浆等材料涂抹覆盖墙面的处理办法。使用该方法处理的墙面颜色一致，易实现风格的统一，但大面积使用也会给人单调的感觉。卖场中较小区域的墙面，或者在货架以上部分的墙面可以使用抹灰或涂刷的方式来加以处理。小型卖场也可采用这种涂刷墙面的简单装修办法。

四、天花板布置方法和常用材料

天花板属于顾客不直接关注的区域，因此许多卖场在进行设计时都考虑从这一方面节约成本；而在一些高档的商场，天花板的设计样式却越来越丰富，并与商场布局融合为一体。对于中小卖场而言，天花板设计应当遵循最优性价比的原则。

天花板的布置方式主要有平面式、垂吊式和全面通风式等。

1. 平面式天花板

这种样式的设计效果与一般住宅用房相似，即使用龙骨架固定、贴敷各种板材来作为外表面，制作较为复杂，成本较高，适合有一定高度且空间较大的卖场，这种方式能较好地配合换气、空调、照明、消防等设施的安装。

使用平面式布置时，需要选择合适的材料。目前天花板的常用材料包括胶合板、石膏板等。

2. 垂吊式天花板

垂吊式天花板又称悬空式天花板、假天花板，制作简单，成本较低，空间较小的店中可以使用木质假天花板。将裁剪好的装饰木条钉装在离天花顶一定距离的墙壁上，再在屋顶与墙壁的凹槽内安装灯饰，凸出的地方加装上槽线或涂上乳胶漆，假天花板就制作完成了。

3. 全面通风式天花板

全面通风式天花板是最为简便的做法，它将通风道完全裸露在空间当中，有时也会安装较为宽疏的条格，形成隔栅天花以达到动感、美观的效果，同时这种做法还能为悬挂卖点广告等促销材料提供便利。

4. 胶合板

胶合板也称"夹板"，是由原木经蒸煮软化后，沿年轮切片，并经一系列处理而成。天花板用的胶合板一般为5厘米厚的夹板。这种材料质地较轻，但强度高、韧性好，具有易加工造型、涂饰、绝缘等优点，但防火、隔声性能较差。

5. 石膏板

石膏板是以石膏为主料，加入各种辅料后压制干燥而成的传统装修材料，具有价格便宜、加工方便、隔声隔热、质地轻巧、防火耐压等特点，天花板常用的是轻钢龙骨石膏板。

6. PVC（聚氯乙烯）板

PVC板是目前使用较为普遍的装饰材料，颜色品种多样，质地较轻，韧性好、强度高，具有隔热效果，不易老化，且加工方便，属于新兴的轻质防火环保型材料。

五、卖场空间与商品展示的关系

天花板、墙壁、地面三者围成了卖场的销售空间，主要的经营活动就在其中开展。卖场的空间与商品展示的布置之间存在密切的关系。

天花板的高度与顾客对卖场空间的感觉直接相关。对于营业面积在300平方米左右的小型超市或卖场，天花板高度应当不低于3米；如果营业面积在1000平方米或者更大，则天花板高度可以在3.5~4米。另外，根据心理因素，天花板高度如果增加30厘米，就会让人觉得空间大小发生了明显的变化。

天花板高度与地面之间的空间内需要完成商品展示、促销等一系列活动，这就要考虑人的视线所决定的空间关系了。通常而言，可以根据视平线的高度（通常为1.5米左右）将空间划分为上下两个部分，显然观察上半部分时需要仰视，下半部分则需要俯视。进一步地，可以根据视线经常活动的范围将空间划分出主次（实虚）。相比仰视而言，人更加习惯于俯视，因而视平线下的主（实）空间略大于视平线上的主空间，为距地面0.7～2米的部分。其余空间为次（虚）空间，如图2—21所示。

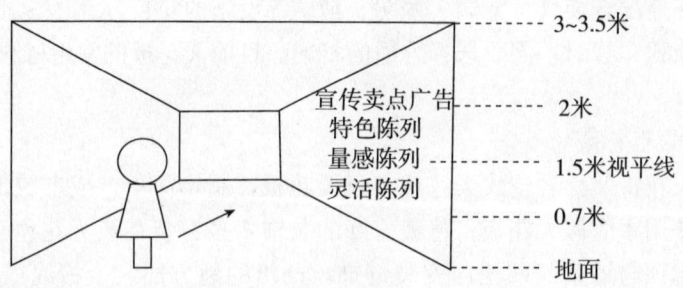

图2—21 卖场空间和商品展示的关系

在不同的空间范围内，应当采取不同的商品展示策略。在地面到0.7米左右高度的次空间当中，可以采取灵活多样的陈列用具和方式，例如柜台、矮柜、岛式陈列等。在视平线以下的主空间当中，可以采用量感陈列的方式，利用货架、橱柜、墙面展示等集中化的方式将主力商品展示给顾客。在视平线以上的主区域，商品展示应当突出其特色，配合使用颜色、光照等效果，引起顾客的注意。2米以上次空间布置一般不会对顾客的行走造成任何影响，因此可以悬挂卖点广告、区域指示牌等卖场标志，引导顾客消费。

六、卖场界面设计中的常用技巧

界面设计的效果涉及卖场经营的许多方面。它能够从物理、心理等许多方面增大卖场的空间，烘托购物气氛，甚至对商品促销产生一定的作用，其中的技巧是值得店主们注意的。

镜子的使用是卖场设计中的一大技巧。镜子可以让人觉得空间比实际的大，因而在通道尽头、侧边墙面和柱面可以设计为镜面，有些货架内侧也会安装镜子来增加商品的量感。镜子还能起到促销的作用。例如在化妆品区域，除了要摆放让顾客试用试照的小镜子以外，还可以在货架中间安装镜子，提醒顾客对自己形象的关注。镜子的样式也可以多种多样，矩形、椭圆、菱形等形状都可以根据布置的要求来使用。

壁橱式的设计也是增大空间感的有效方式，且往往和镜面的使用结合起来。在壁面设计带有灯光和镜面的凹陷，在其中展示手表、珠宝等商品，或者放置一些高档的工艺品，可以形成"内部橱窗"的效果。这种做法不仅能够让顾客感觉到空间的延伸，还能起到良好的装饰作用，提高卖场的档次。

地面与天花板的协同性可以加强设计效果。两者可以采用相同的构图，并通过材质、色彩、升降等形式加以表现。天花板和地面中可以有一个不进行造型设计，即采用一般的方形构图；但通常不能将两者设计为不同的构图形式，因为这样会使卖场中的空间感趋于混乱，反而对顾客造成不良印象。

知识链接

四种不同墙面设计的效果与用途

在设计卖场界面的过程中，店主虽然不需要掌握施工过程中的具体技术和细节要求，但应当了解基本的处理办法及其能达到的效果。下面就简单介绍几种不同的墙面处理办法和效果用途。

1. 壁纸与涂料相结合的墙面

壁纸与乳胶漆这两种材料有机地结合，既解决了拐角处容易开裂的问题，也在空间视觉上产生了一定的冲击力，是两种墙面材料混用的一个好例子。

2. 人造板饰面的空心墙

在玄关处或需要分割的大空间里，如果要让墙面能悬挂物品，不能使用石膏板做衬底，而要用人造板。用人造板也能做出装饰墙面。

3. 木框架围合纸面石膏板墙

用木框架有效地解决了石膏板接缝容易开裂的问题，木框架本身也起到了装饰墙面的效果。即便在装修前没有考虑充分也能利用它进行后期的弥补，将现有的墙面进行分割。

4. 黑板画效果的水泥板墙

这种板墙用在个性化餐厅、阳台等空间的局部墙面，体现轻松活跃气氛，而且可以随时创意，变化图案。

第三节　卖场内部照明设计

照明是建筑设计中的必备因素，在卖场中的重要性更是不言而喻。它既关系到顾客进入卖场之后的整体感受，也会涉及具体商品的展示效果，甚至会对消费者在卖场中的行走路线产生一定的影响。照明设计是一个较为专业的过程，作为店主应当了解其基本类型、方式和功能，并能将其与商品展示联系起来。

一、照明设计的基本要求

卖场照明涉及的功能比较广泛，其效果有时会直接让消费者产生对商品的美感，有时则仅在设计不当时才会被人注意到。总体而言，卖场中的照明设计应当注意以下几点要求。

1. 适应卖场的风格

适应经营定位和整体氛围是卖场设计各部分的共同要求，而照明设计对于气氛营造、整体感官有着非常重要的影响，因而显得特别突出。不同卖场为适应其风格

要求，在处理光线的明暗、颜色，选择照明用具，甚至确定光源数量等方面都会存在一定的差异。

2. 保证必要的亮度

亮度是照明的基本要求。在卖场中，不论是采用整体照明的方式营造明亮的购物空间，还是在黯淡优雅的背景中突出照射的展示中心，都要保证顾客能够很好地观察商品，了解商品的细节信息和必要的文字性说明。如果照明缺乏必要的亮度，顾客有可能产生不信任的情绪，认为商家在试图掩盖商品的瑕疵。可见，在设计卖场照明，尤其是使用各种艺术表现手法时，不能忽视照明的基本亮度要求。

3. 避免眩光影响视觉

眩光是由视野中不适宜的亮度分布或极端的亮度对比所造成的，会让人眼无法适应而感到视觉不适，甚至引起厌恶、反感，并降低物体的可见度。在设计卖场照明时应当尽量避免眩光的产生，主要包括三种情况：一是避免顾客直视光源而感到刺目的眩光；二是镜面、商品包装的光滑表面等反射照明光线而引起的眩光；三是因为某些空间中背景与局部商品展示区的明暗对比过于强烈而引起的不适。这些就会涉及光源类型、亮度以及布局方式的选择与设计了。

4. 契合商品固有色彩

在卖场中，通常都使用自然光光色来进行基本照明，在对工艺品、首饰、手表等商品进行展示照明时，也要尽量选择不影响顾客观察商品固有色彩的光色。许多消费者都有这样的感觉："放在店里看着挺好，买回家一看就不那么回事了。"这一方面说明了照明色彩对于展示效果的重要性；另一方面也提醒我们店主不能过于夸大地使用有色灯光效果来装饰商品，尤其是对一般的日常用品。

5. 照明不能损害商品

光线照明所产生的热量以及紫外线等都有可能会对商品的品质造成影响。在设计展示功能的照明时，既需要注意灯源本身的功率和照射方向，也要考虑其与货架、商品之间的距离等细节问题。事实上，许多商超当中都发生过照明灯光把商品"烤坏"的情况，例如服装饰品局部褪色，变形，食品因温度过高变质等，这种得不偿失的事件是要尽量避免的。

6. 整体与局部并重

这是照明设计中的一项较高要求。因为照明是既涉及整体，也关系到局部的特殊设计内容，因而需要注意两者之间的匹配与协同效果。由于店主或设计者本身关注角度的原因，会出现有些卖场注重商品细节布置的效果，而有些卖场关心整体风格形象的情况。正如我们有时会听到顾客们评论："刚走进这家商场的时候感觉档次挺高，但挑东西的时候就很不舒服"，或者"一进门感觉不怎么样，但买东西还是不错的"。事实上，不管消费者持何种评价，其购物体验都已经被打了折扣。

7. 照明设计的安全性

安全要求也是照明设计中不可忽视的，光源散热、用电负荷等都有可能造成安全隐患，一些卖场使用的灯具还发生过爆炸事故。因而在设计照明布局时应当考虑防火灾、防触电、防爆炸等安全要求，保证通风散热，并选用有质量保证的灯具。

二、卖场照明的功能类型

卖场中的照明涉及许多不同的功能和目的，有的关乎整体环境与风格，有的则专注于局部空间和商品的突出展示。下面我们就先来了解一下卖场照明的功能类型。

1. 基本照明

基本照明（也称整体照明），是指卖场整个空间范围的照明，即把整个购物空间照亮。基本照明的明暗、色彩也会给空间带来一定的风格效果。普通的卖场都是用白色作为基本照明的光色，少数空间范围中也会采用橙黄色的灯光来营造温馨的气氛。

照明亮度的选择要根据卖场的风格来决定。大部分卖场的基本照明都比较明亮，且做到了尽量减少阴影区域的存在。也有许多卖场选择较暗的基本照明亮度，而突出商品照明的效果。

在一个卖场中，基本照明的亮度可以随商品区域的不同有一定的变化。例如在销售蔬菜水果、图书、日用百货、白色家电等商品的区域，应当选择比较明亮的照明，让顾客能够看清商品的细节；但在销售工艺品、珠宝首饰，或者电视机等带有自源光的商品时，可以减少基本照明的用灯亮度或数量，以便于突出商品的展示效果。

2. 商品照明

商品照明是对某些重点展示商品的局部照明，通常有明显的焦点或展示中心。在卖场当中，商品照明是局部照明的主要形式，其布置方式各不相同。可以是照亮商品的所有细节，以展现其完整的全貌；也可以是构造光影效果，或营造层次感，以此突出商品的艺术性。由于商品照明效果的需要，所采用的灯具需要能提供光束较窄、方向性较强的照明，从而使商品的形状、色彩、质地都有良好的表现。

商品照明的应用场合主要包括封闭式柜台照明、展台照明和部分货架的照明。封闭式柜台照明主要用于珠宝首饰、手表等小件金属物品的展示，一般光源位于柜台的上部和下部，也可采用前后组合的形式。展台照明是指对放置于展台上的商品或展示品加以照明，通常针对模特等立体感较强、有一定体积的物体，可以使用逆光效果，并对重点部位有所突出。货架照明主要针对的是悬挂陈列的商品，是对基本照明的补充，一般光线自上而下照射。

3. 导向照明

导向照明在商业空间中有着特别的功能，是指根据人们趋向光亮的特点，通过光线明暗的设计来引导顾客的走向。在卖场中，导向照明的设计相当灵活。例如较暗的照明可以用在员工区、仓库区等的前部，以此来减少顾客误入的情况；有时也会用在精品区等高档消费品的销售区，无形中也就减少了这些区域中顾客的数量。明暗对比越鲜明，给顾客的行走路线造成的引导性也就越强。需注意的是，商品销

售区的照明灯光不宜过暗，且需要用局部灯光加以弥补，否则会使得前往选购的消费者数量过少。

4. 气氛照明

气氛照明也被称为装饰照明，主要目的就在于丰富卖场空间中的层次和色彩，刺激顾客的感官，烘托热烈的购买气氛。气氛照明可以看做卖场照明中的点缀，可以使用各种不同的色彩、亮度，所用的灯具也十分丰富。需要注意的是，气氛照明可以用在某些商品区域，但"用量"较为有限。它不是针对具体商品的照明，如果用来替代商品照明，反倒会使顾客眼花缭乱而看不清商品本身。

三、灯光照明的实现方式

从前面有关照明设计的要求和功能当中，我们已经可以体会到照明布置的不同要求。有的情况要求光线集中而明亮，有的要求分散而柔和。这些效果是通过不同的实现方式来产生的，店主应当对这些方式有一定的了解，这样才能在选择灯具和利用灯具进行照明布置时更加得心应手。

1. 照亮区域空间的直接照明

直接照明是指使用光源的直射光照亮一定区域的办法，尤其适用于对某些需要仔细挑选的商品进行照明。这类照明的灯具通常会有不透明的灯罩覆盖在光源上部，或采用其他方式产生聚光效果。这种方式在卖场中的应用相当广泛，我们经常看到在水果区、蔬菜区上部有大型的灯罩，这就是直接照明的实例。直接照明虽然能把一定的区域空间照得很亮，但对背部和周边物体基本没有照明作用。

直接照明的面积可大可小。如果仅使用较大面积的直接照明，其下的商品可以获得类似于台球桌的照明效果。一般而言，直接照明经常和漫反射所形成的基本照明相结合来使用，也可以将直接照明的灯具安装在空间顶部来产生明亮的基本照明。较为集中的直接照明可以产生窄光束的效果，方向性强，适用于橱柜和悬挂陈列商品的照明。

2. 产生柔和光线的漫射照明

漫射照明的光线是向光源四周散漫照射的，因而能有效地避免眩光的产生。在许多卖场中，漫射照明被用作基本照明。在顶部安装的光源下方安置半透明的灯罩，射出的光线就呈漫射状了；也有一些灯具使用栅格状的分隔来使光线发生多次折射，从而产生漫射效果。

由于灯罩的遮挡或栅格的折射，漫射照明灯源的亮度会相应减弱。漫射光源的排布密度是影响光照亮度的主要因素。通常在采用漫射照明的区域中能够毫不费劲地看清商品的外观做工与颜色，并阅读少量文字。这种方式适应了需要适当亮度，但不必非常明亮的卖场整体照明效果。在销售家具、服装、塑料制品的区域，可以直接使用漫射照明。

3. 增高空间感的半直接照明

半直接照明方式是将大部分光线直接射向被照射物体，而将小部分光线射向其他方向并产生漫射效果。简单地区分直接照明和半直接照明，可以通过光源上部的灯罩是否透明来判断。如果灯罩是半透明的，则会有一部分光线射向天花板，这些光可以照亮灯具的上部，并且被更加柔和地反射回来。由于明亮的天花板会让人感到空间开阔，因而这种照明方式可以被用在建筑物高度较小的卖场。

4. 富于艺术效果的间接照明

间接照明在一般的卖场中比较少见。它和直接照明相反，是在光源和目标商品之间设置不透明的遮挡物，而让光线射向周围和顶部，利用反射回来的光线照亮商品。这样的光源可以用在床上用品的展示照明，因为这种方式能够模拟卧室的效果。从床上观察灯具，中间的隔板完全消除了直射产生眩光的可能，同时会在床上留下灯影，富于艺术效果。

四、常见的商业用灯具

现在的灯具可谓琳琅满目，许多店主在挑选时都会感到无所适从。事实上，我们在理解灯光照明的实现方式之后，就可以对灯具的照明效果和使用场合有良好的把握了。店主只需要事先了解灯具中的几种基本种类，然后在实际挑选灯具时结合光照效果和灯具本身的装饰样式做出选择。

灯具的名称各异，总体而言有三种定名方式：一是根据安装的位置，例如吸顶灯、吊灯、壁灯、落地灯和嵌入灯等；二是根据发光原理，如白炽灯、LED（发光二极管）灯、荧光灯、碘钨灯、高压汞灯、高压钠灯等；三是根据灯光的效果，如投光灯、射灯、霓虹灯等。

下面，我们就来简单了解一下商业场合中常用的灯具。

1. 格栅荧光灯

格栅荧光灯是目前超市、卖场中最为常见的基本照明工具，照明方式主要为漫射照明，部分也具有直接照明的效果。这种灯具适合安装在有吊顶的天花板上，可以分为吸顶式和嵌入式，其金属质的外观高档而简洁。其光源为一般荧光灯管，具有较大的发光亮度和较高的发光效率。

2. 射灯

射灯是一种类似于手电的聚光型灯具，照明方式主要为直接照明。按照发光源的不同，射灯可以分为白炽射灯、节能射灯等类型。射灯的照射方向各异，根据实际需要可以采用下照式、壁式、路轨式等。其使用范围也相当广泛，常被用于橱柜、货架、展示牌等处。由于反光罩具有良好的折射能力，射灯通常都具有较强的节能效果。

3. 卤钨灯

卤钨灯的特点是亮度高、显色性好，可以迅速点亮、调光。在商场中，低压卤钨灯常被用作商品重点照明。但是卤钨灯工作时温度较高，且会有较强的紫外线射出，容易对商品本身产生影响，这是在使用时需要注意的。

4. LED（发光二极管）柜台用灯

LED（发光二极管）柜台专用灯是现在新兴的节能环保型灯具，照明方式为直

接照明，已经被许多商场、超市广泛使用。这种灯具具有省电、寿命长、无频闪、光色均匀、色彩表现力强的特点，可以作为珠宝首饰、手表、工艺品等商品的展示柜台用灯。

5. 投光灯

投光灯的主要作用是使被照射物体表面的亮度高于周围环境，从而起到突出强化的作用。显然，这是一种实现直接照明的灯具。卖场中一般将投光灯安放在白色家电等具有较大体积商品的销售区域，并可将其作为亮度较高的基本照明。使用投光灯时也要注意其产生的温度变化效果，避免造成商品的损害。

6. 高压汞灯

高压汞灯寿命长、光效好，被广泛应用于室内外基本照明。但这种灯具发出的光中不含红色，它照射下的物体会显出青色。在商场各独立空间或销售区域间的过道上，经常使用高压汞灯来进行照明。

7. 大型吊灯

大型吊灯造型豪华高雅，是商场高端定位的表现，通常被用在大型商场或卖场中较大的空间上，也有一些共享空间的上庭顶面会悬挂大型吊灯来加以装饰。这种灯具耗电量大，且难以维护，一般的超市较少使用。

五、照明度与灯光设计

照明设计的一项重要原则是适应经营定位和商品销售的要求。根据不同的照明要求，灯光设计会存在一定的差异。专业的设计人员可以根据不同的照度要求计算出区域内所需的照明容量及不同功率灯具的数量。对于店主来说，应当大致能对不同商店类型之间，不同空间或商品区域之间的照明要求作出比较。

我们使用照度来作为衡量照明要求的标准，它的单位是勒克斯。照度越大，被照物体表面就越明亮。在同样的环境下，如果使用同种型号的灯源，灯具的数量与所能达到的照度成正比。

1. 照明要求与商店类型

总的来说，购物节奏越快的商店需要的照明亮度越大。根据不同类型商店的经营要求和定位，可以将它们的基本照明亮度需求大致排列为"便利店＞大型超市＞商场＞精品店"。

在便利店中，人们主要购买标准化的生活必需品，其基本照明亮度要求最高。但除冰柜等自带照明的情况以外，通常不再对局部商品采用重点照明。便利店常用的照明器材是双管荧光灯，照度一般应为1000勒克斯或更高。

大型超市是目前城市居民购物的主要场所，经营商品种类繁多，照明需求差别较大。对于该类型的商店，需要较高的基本照明亮度和不同的局部照明相互补充。超市通常也使用荧光灯作为基本照明器材，照度一般应达到500～1000勒克斯。

商场的主要经营定位是休闲购物，布置陈列风格具有一定的观赏性。为了适应不同区域的经营要求，重点展示某些特定商品，商场一般都采用较低照度的基本照明，并突出局部照明的设计。其基本照明的照度一般在 300～500 勒克斯，通常高档的商场照度较高；而局部照明的照度可以根据需要为 800～1500 勒克斯。

精品店的购物节奏较慢，同时商品重点展示要求较高。在这种类型的商店中，通常采用较低的基本照度（300 勒克斯左右）。这样，采用 600 勒克斯左右的局部照明就能产生较为明显的对比效果了。

2. 照明要求与空间位置

在同一个卖场中，不同空间位置的照明要求也不尽相同。总的来说，墙壁、柱子、陈列架所需要的照度应大于店内整体的照度。如果将店内整体的基本照明亮度用"1"来表示，则其他空间区域的照度需求如表 2—5 所示。

表 2—5　店内各空间区域的照度需求

	店内整体	墙面（陈列）	柱子（陈列）	货架（陈列）	橱窗展示
基本照明	1	1.2	1.2	1.5	1.5～2
商品照明	1～1.5	1.5～2	1.2～1.5	1.5～4	3～5

图 2—22 是一个小型地下便利超市中各区域照明亮度的比较情况。中间区域的货架比基本照明稍亮，而入口处、沿墙货架、堆头、蔬果框等处则加强照明，奶肉制品冷柜、卧式冰柜、饮料冰柜自带较强的照明，收银处照明亮度也较大。在这样的小型店铺中，不同照明亮度可以通过空间顶部荧光灯的数量或密度的差异来实现。

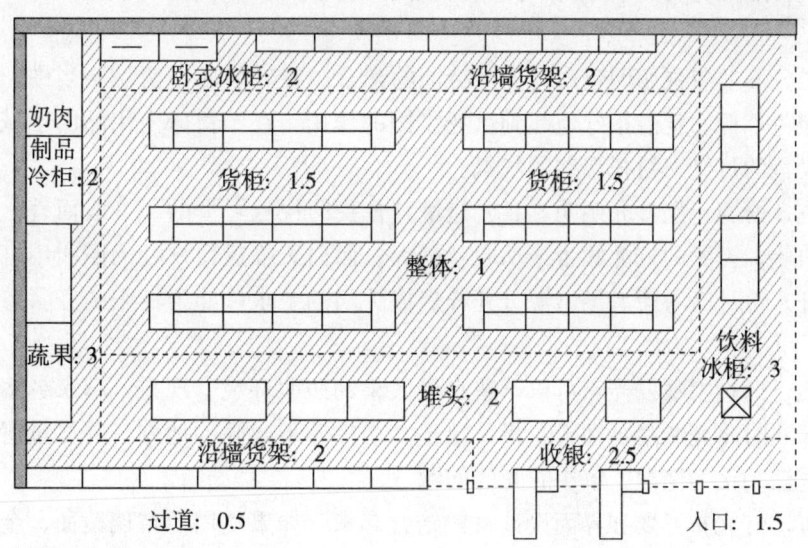

图 2—22　某小型地下便利超市的各区域照度比较

3. 照明要求与商品类型

由于各种商品的展示表现要求不同，顾客在挑选时所需要的环境亮度也会有所差别。一般而言，小件商品的照明亮度高于大件商品，有文字阅读需要的商品照明亮于其他普通商品。表 2—6 是主要大类商品的基本照明和重点照明的亮度比较。

表2—6　主要大类商品基本照明和重点照明的亮度比较

	基本照明	重点照明
包装食品	200～400 勒克斯	1000～1500 勒克斯
药品	300～500 勒克斯	1000～2000 勒克斯
鞋类	300～500 勒克斯	1500～3000 勒克斯
蔬果	200～500 勒克斯	1500～2000 勒克斯
皮具	200～1000 勒克斯	1000～3000 勒克斯
服装	200～1000 勒克斯	1500～3000 勒克斯
图书	500～1000 勒克斯	2500～3000 勒克斯
钟表	200～1000 勒克斯	3000～4000 勒克斯
首饰	200～1000 勒克斯	3000～5000 勒克斯

六、卖场空间照明的技巧

灯光照明本身是一项比较专业的设计内容，但对于中小卖场、尤其是小型便利店的店主而言，可以变得相对简单。下面就是一些常用的空间照明技巧。

第一，小型卖场可以主要采用安装于天花板上的格栅荧光灯来完成照明需要。在安装时，要和货架摆放布局设计联系起来，一般顶部光源可位于稍偏离货架正上方的位置。照明亮度要求越高，并列的荧光灯数量越多，视空间高度情况可以有2～6个。

第二，不要忽视照明色彩与商品特征的配合。在时装店、精品店当中，使用白炽灯等橙色灯源，就能很好地起到烘托氛围的作用。在销售床上用品的区域，也可以使用柔色的灯光来衬托温馨的气氛。

第三，恰当运用日光照明，日光是最符合我们视觉习惯的。一般而言，越靠近建筑物内侧，需要的灯源数量或功率就越大；而白天临近窗户处的照明用灯不一定都要打开。设计时考虑满足灯源分开开启或关闭的要求，能为将来的经营节约不少成本。

第四，通过隐藏发光点可以营造自然效果的照明环境。现在，越来越多的卖场在设计照明时将光源隐藏在天花板、墙壁、楼梯等不起眼的地方，并尽量避免强光直射购物活动区的情况，解决眩光的问题。

第五，灯光布置要和界面设计材料结合起来。如果使用了玻璃镜面、金属等比较光滑的材料，空间中就会因为反射作用较强而显得明亮。这时就应当适当减少照明灯光，避免反射眩光或照明过量给顾客带来不适。

知识链接

绿色照明

照明设计与日后卖场的能源使用成本密切相关。自20世纪90年代起，一种新型的照明理念——绿色照明正在兴起。它是指通过科学的照明设计，采用高效的节电照明产品，运用合理的照明控制方法，来达到节电、保护照明环境和提高照明质量的目的。本节中提到的 LED（发光二极管）柜台用灯就是符合绿色照明理念的灯具。

下面，我们就来阅读这则有关绿色照明的资料，希望能够为店主设计照明、选择器材提供一定的启发。

绿色照明是美国国家环保局于 20 世纪 90 年代初提出的概念。完整的绿色照明内涵包含高效节能、环保、安全、舒适等四项指标，不可或缺。高效节能意味着以消耗较少的电能获得足够的照明，从而明显减少电厂大气污染物的排放，达到环保的目的。安全、舒适指的是光照清晰、柔和及不产生紫外线、眩光等有害光照，不产生光污染。

推广绿色照明工程就是逐步普及绿色高效照明灯具，以替代传统的低效照明光源。

我国的绿色照明策略包括：

（1）使用紧凑型荧光灯替代白炽灯，可以节电约 70%。

（2）用细管三基色荧光灯替代普通粗管荧光灯，可以节电约 15%。用 T8、T5细管荧光灯替代 T12 粗管荧光灯可以节电约 10%、30%，投资成本一年之内可以回收。

（3）用新型高效的高压钠灯、金属卤化物灯替代高压汞灯、低效钠灯、卤钨灯。新型高效的高压钠灯适合于高照度和长寿命的室内场所、金属卤化物灯适合于高屋顶工业建筑、商场、展示厅。

（4）半导体 LED（发光二极管）灯适用于交通信号指示灯、汽车尾灯、转向灯、广告牌、夜景照明等。电能消耗仅为白炽灯的 1/10，节能灯的 1/4，寿命是白炽灯的 100 倍。

（5）用电子镇流器、低耗能电感镇流器替代普通高耗能电感镇流器。

第五章 │ 购物气氛设计

购物气氛，可以被理解为卖场中的"软环境"，它是指由色调、气味、声音、温度、促销员等共同营造的，并能对顾客购物的心情、节奏、欲望产生影响的环境因素。购物气氛的设计也能够给商品销售带来促进作用，是店主在卖场设计与经营时必须考虑的。气氛设计需要店主充分理解各种元素的使用效果及特点，并将其与销售商品的要求、目标客户群的偏好联系起来，是艺术与科学的结合。

第一节 设计卖场色彩

色彩存在于卖场当中的任何一个角落，所有顾客的购物行为都会有意识或无意识地受到环境颜色的影响。颜色本身的选择可以营造各种购物气氛，其搭配则能产生不同的心理作用。卖场的色彩设计同样要与经营定位和风格结合起来，同时也应考虑商品陈列的具体细节。在本节当中，我们将了解各种色彩的属性和可能给人带来的感觉，并在此基础上讨论卖场中应当怎样使用色彩来契合顾客群体的喜好和产品销售的需要。

一、色彩的分类与属性

色彩主要可以分为两大类，即无色彩系和有色彩系。无色彩系包括黑、白及其间各种"深浅"的灰色；有色彩系是指红、橙、黄、绿、青、蓝、紫等颜色，其间又可以有不同的明度和纯度。明度、纯度和色相共同构成了色彩的属性。了解这些属性的基本含义，有助于我们理解在选择和搭配颜色时的要求。

1. 色相

色相是我们用于表达某些特定颜色的名称，是由三原色红、绿、蓝，三间色黄、蓝、紫以及六种中间色橙红、黄橙、黄绿、绿蓝、蓝绿、蓝紫、红紫构成。这些颜色都可以在色环上表示出来，对应各种商品或背景的颜色。每一种色相所代表的都是一定的颜色范围，我们将这一范围内的颜色称为该种颜色。在色相环上相对的颜色互为补色，两种补色相搭配，会起到互相衬托的效果，使颜色显得更加鲜艳。

2. 纯度

纯度又称彩度、饱和度，是指颜色的纯净程度，掺入黑、白两种颜色的量越少，色彩的纯度就越高。对于商品来说，不同的纯度很有可能是包装表面的粗糙程度所引起的。同样是蓝色的外包装，如果表面比较光滑，则反射的效果好，颜色的纯度高；如果表面粗糙，则会由于漫反射的作用给人掺入黑色的感觉，颜色的纯度就相应降低了。

3. 明度

明度是指色彩的明亮强度。色彩的明度体现在两个方面：一是同一色相的颜色会有不同的明度，这种区别来自于光照的强弱或者掺入黑、白两种颜色的多少；二是不同颜色所表现的明度，这是与每一种纯色相对应的，例如黄色明度最高，蓝紫色明度最低，红、绿色居于中间等。

二、色彩的印象与选用

在给卖场布置选择色彩时，应首先了解不同色彩本身所具有的印象特征。

1. 红色

红色能够对人的交感神经产生刺激，让人感到兴奋和充满活力。在明亮的环境下，红色有良好的视觉效果，引人注目。在我国，红色还象征着喜庆、热闹，因而经常被用在大型节日的促销卖点广告、旗帜、标志和宣传品当中。但在一定的空间范围内，红色不宜过多使用，否则会让顾客产生焦躁感，同时眼睛也会感到不适。

2. 橙色

橙色也具有醒目突出的特点，能够让人感觉到温暖、明亮。橙色能够让人联想到果实，进而刺激食欲，所以也是许多食品的包装色。橙色还能让人感觉到充实、富足，因而在卖场中经常使用橙色与白色混合而成的米黄色来作为界面的主色。但橙色本身明度较高，过多地使用会让人产生轻浮的感觉，不宜在销售高档商品的卖场中采用。

3. 黄色

黄色与金色接近，显示出财富与权力。在卖场中，黄色经常用于促销制品、堆头、篮筐之上，主要是因为其具有较高的明度，容易引起人们的注意。而金色可以被用在散装食品的展柜、服装饰品销售区的墙面以及一些柜台的内部。在招牌、字体等处使用黄色，则能够产生较好的远观视觉效果。

4. 绿色

绿色代表自然与植物，是生命之色，能够给人带来清爽、舒适的感觉。同时，绿色较为鲜艳，和其他颜色搭配在一起，能够产生对比效果引起人们的注意。在卖场中，绿色可以被使用在水果、蔬菜销售区的引导指示牌上，也往往是玩具、塑料制品等商品的固有色。在一些便利店、药店当中，门面招牌、柜台也使用绿色条纹的装饰元素，与白色相配合而营造自然明亮、快捷方便的购物气氛。

5. 蓝色

蓝色首先具有开阔、豁达的意义；其次，它代表着天与地、理想与现实的分界，象征着警醒与智慧。蓝色是许多人最喜欢的颜色，也被许多企业、卖场选作标志中的主色。蓝色可以用在电脑、智能家电等科技产品的促销区域中，也可以在夏季作为清凉促销的主题色。蓝色作为冷色调，具有抑制食欲的作用，因此在食品销售区中使用蓝色时，主要针对的是冷饮、饮料，而较少用于肉类等生鲜食品。

6. 紫色

紫色富于魅力，高贵典雅。现在，这种颜色常常被用于女性服装饰物的销售区域，同时由于其明度较低、色彩稳重，可以作为高档化妆品、珠宝、香水等商品的包装色或销售区域中的背景色。但紫色在商业设计中有许多禁忌，除女性相关产品以外，通常很少在其他场合使用。尤其是食品销售区的大型展牌不宜使用紫色，因为这种颜色会减退人的食欲。

7. 白色

白色是明度最高的颜色，也是商场中使用范围最广的颜色，代表着明快、清洁与朴素，但纯净的白色也会让人感觉到肃杀、哀怨和冷峻。同时，白色几乎能够和其他各种颜色形成良好的搭配效果。正因为此，它在卖场中也很少单独使用。我们经常看到的白色实际上掺和了少量的黄色、红色或蓝色。

8. 灰色

灰色是黑色与白色的中间色，本身是中性的，可以与其他许多颜色相搭配。灰色能够被不同性格、年龄的人所接受，因而常常是服装中的流行色。近年来，银灰色又与数码产品的形象联系起来，经常被用做手机、相机、MP3等电子产品销售区域中的背景色。灰色一般较少单独使用，而与金色、橙色等暖色调一起显示出层次的变化与情调。

9. 黑色

黑色给人以稳重、高贵、肃穆的形象，也有超脱尘世的含义。在卖场中，黑色的使用并不少见。许多电视、音响等家用电器的外观本身即为黑色，而一些休闲购物的商场中也喜欢在部分柱面、墙面使用黑色来衬托其高雅的定位。黑色也可以和其他各种颜色相搭配，是一种经久不衰的流行色。

三、色彩带给人的感觉

色彩本身除了能给人带来不同的印象以外，还会产生空间、重量等其他感官上的效果，这是一件很有意思的事情。不少案例和研究都证实，人们在看到各种色彩时，会产生相应的心理反应。许多卖场正是利用这一点来安排色彩的使用，以起到展示和促销的作用。

1. 温度感

颜色能够带给人温度感，这一点已经是众所周知的了。据此，可以将色相中的颜色分为暖色系和冷色系。卖场布置中的主色可以根据季节的变化加以调整，例如在夏天时多使用白色、蓝色等明快、清凉的颜色，而在冬季的新年、圣诞可以使用红色、金色等温暖、喜庆的颜色来调动人们购物的热情。

2. 时间感

红、橙、黄等暖色调的颜色会让人觉得时间过得太慢，而青、蓝等冷色调的颜色可以让人更加耐心。红、黄等颜色会让人感觉到兴奋、热烈，而蓝、紫等颜色让人感到寒冷、平静。利用这一点，卖场可以在需要调动顾客购物热情的地方使用暖色调，如促销牌、卖点广告以及促销员的服装等；而在收银、试衣间等可能出现等待情况的地方使用冷色调。

3. 空间感

不同的色彩能够让人产生空间上的进退、远近或凹凸的感觉。对于离入口比较远的货架，可以使用暖色调的颜色来使顾客感到距离缩短；在需要吸引顾客走近的地方，也可以使用明度较高的色彩，利用其产生的轻松感招徕顾客。对于空间比较小的卖场，可以使用冷色调的颜色来产生后退感以"增大"空间，并可在货架顶层放置冷色调或明度较高的商品，以减少天花板给人带来的压抑感。

4. 重量感

色彩会影响到人们对物体轻重的感觉。白色、浅黄等明度较高的颜色可以让人联想到棉花、纱布等材质而感觉到轻松，而黑色、紫色等颜色则往往和金属、水泥墙等厚重的实物联系在一起，因而会带给人沉重感。根据这一点，在一些本身比较笨重的商品销售区域可以使用明度较高的颜色，如家电销售区中的白色、蓝色；同时，对于一些需要显示出高贵、稳重的商品销售区，可以采用明度较暗的深色来作为基色。在这一点上，还可以与色彩的空间感结合起来，通过在卖场的下部空间采用暗色，上部空间采用亮色来使整个环境重心稳定，同时让气氛变得轻松。

5. 胀缩感

不同的色彩，还会产生膨胀与收缩的效果。一方面，颜色的明度越高，膨胀感越强；明度越低，则收缩感越强。另一方面，暖色调的色彩具有膨胀感，而冷色调的色彩具有收缩感。一些国家在国旗上使用有色条纹时并不设计成一样宽，就是考虑了颜色所具有的膨胀感或收缩感，而使其给人在视觉上的效果是等宽的。在卖场当中，采用暖色来布置陈列环境，可以让人产生商品数量多、品种丰富的感觉；而使用冷色来作为购物的环境色时，会给人以清高、脱俗的感觉。此外，在处于通道尽头的区域使用具有膨胀感的暖色，可以让顾客觉得那里的商品更加接近自己而前往选购。

四、卖场中的色彩构成

在卖场当中，涉及的色彩主要分为四个层次，即背景色彩、展具色彩、商品色彩和促销色彩。店主需要对这些色彩加以灵活搭配，共同营造引人入胜的购物氛围。

1. 背景色彩

卖场空间中的背景色彩是指由墙面、地面、天花及其间的商品、展具、促销用品等构成的综合性环境色彩。可见，背景色是由卖场中各种界面所营造的主色调，色彩面积大，具有传递卖场定位和文化主题的作用。在本书有关内境设计的章节中，我们已经谈到过界面设计的一些内容。一般比较常用的界面材料都采用近似白色的明亮色调，这也符合大部分卖场的色彩需求，但在一些时候，也应当根据经营需要来使用更加丰富的色彩。

在定位复古、经典的服装卖场中，可以采用黑色、深色来装饰部分墙面，以体

现厚重感；在面向年轻、女性顾客的精品店中，也可使用明快的淡粉色来营造青春的气息。在寻求提高购物效率的便利店中，一般都使用白色作为背景色，并且配以明亮的灯光、镜面等来衬托快捷的主题；而在精品店、专卖店、饰品店中，一般可以使用深色的背景来让人放慢脚步，仔细品味、选购商品。

2. 展具色彩

卖场中的展具色彩是指货架、立橱、柜台、篮筐等多种陈列用具的颜色。这些展具可以将环境分隔为各个局部空间，把顾客的视线范围引导到其中陈列的商品上。展具的色彩选用应当侧重于过渡作用，即由环境色过渡到商品色，其本身不必特别地加以突出。

在一般的超市中，主要的货架都采用白色、乳白色等与环境比较接近的颜色，且这种无色彩系的颜色通常不会与商品包装的颜色产生搭配上的冲突。而在堆头、岛式陈列中使用的陈列用具可以使用包括红色、绿色在内的较为鲜艳、醒目的色彩，其主要的目的是吸引顾客的视线。

3. 商品色彩

商品色彩即是商品包装或其本身所固有的色彩。"远看色彩近看花"，现在产品包装的颜色越来越丰富，远观效果也越来越明显。虽然有些商品本身的体积较小，但是在货架上陈列开以后，也会有比较突出的整体效果。一般而言，临街开设的店铺可以在入口处摆放暖色调包装的商品，利用其膨胀感和诱惑力吸引顾客。在卖场的中间或靠里的区域，可以按排面陈列绿色、蓝色等包装颜色比较轻快的商品，缓解顾客在购物过程中的视觉疲劳；而对于具有黑色、褐色等外包装的商品，应当尽量摆放在较低的位置，从而保证空间的平衡。

4. 促销色彩

促销色彩是指卖场中通过卖点广告、促销道具、促销员着装等形式所形成的色彩氛围。在不同的季节，可以使用不同冷暖色调的促销色彩，这一点已不用再赘述了。针对不同的商品采取促销活动时，也需要选择适当的促销色彩。通常来讲，促销色一般应采用暖色调，如红色、橙色、金色等，但也应当与商品本身的属性和包装色彩统一。

在生态产品、食品的促销过程中，可以使用绿色、橙色等颜色来突出自然与柔和；在手机、相机等产品的展示促销中，可以选用银白、灰色等数码意象的代表色；而在家电、厨具等用品的促销中，既可以使用蓝、白等明快的色调来衬托产品的易用、清洁，也可以使用粉色、肉色来表达家庭的温馨。

五、顾客群的色彩偏好

顾客的年龄、性别不同，对于色彩的理解、联想和喜好程度也会不同。在设计卖场色彩的时候，就要考虑顾客群之间的差异。

1. 色彩的联想

日本有学者经过调查研究，形成了不同年龄、性别人群对各种色彩的具象、抽象联想结果，如表2－7、表2－8所示。

表2－7　色彩的具象联想

	小学生		青年	
	男	女	男	女
白色	雪、白纸	雪、白兔	雪、白雪	雪、砂糖
灰色	鼠、灰尘	鼠、阴天	灰尘、混凝土	阴天、冬季天空
黑色	煤、夜	头发、煤	夜、洋伞	墨、一套西装
红色	苹果、太阳	郁金香、西服	红旗、血	口红、红鞋
橙色	橘子、柿子	橘子、人参	橙子、肉汁	橘子、砖头
茶色	土地、树干	土地、巧克力	皮箱、土地	栗子、靴子
黄色	香蕉、向日葵	菜花、蒲公英	月亮、雏鸟	柠檬、月亮
黄绿色	草、竹子	草、叶子	嫩草、春天	嫩叶、和服里子
绿色	树叶、山	草、草坪	树叶、蚊帐	草、毛衣
蓝色	天空、海洋	天空、水	海洋、秋季天空	海洋、湖泊
紫色	葡萄	葡萄、桔梗	裙子、礼服	茄子、紫藤

表2－8　色彩的抽象联想

	青年		老年	
	男	女	男	女
白色	清洁、神圣	清楚、纯洁	洁白、纯真	洁白、神秘
灰色	阴郁、绝望	阴郁、忧郁	荒废、平凡	沉默、冷淡
黑色	死亡、刚健	悲哀、坚实	生命、严肃	阴郁、冷淡
红色	热情、革命	热情、危险	热烈、卑俗	热烈、幼稚
橙色	焦躁、可怜	卑俗、温情	甘美、明朗	欢喜、华美
茶色	雅致、古朴	雅致、沉静	雅致、坚实	古朴、素雅
黄色	明快、泼辣	明快、希望	光明、明快	光明、明朗
黄绿色	青春、和平	青春、新鲜	新鲜、跃动	新鲜、希望
绿色	永恒、新鲜	和平、理想	深远、和平	希望、公平
蓝色	无限、理想	永恒、理智	冷淡、薄情	平静、悠久
紫色	高尚、古朴	优雅、高贵	古朴、优美	高贵、消极

　　从表中的结果可以看到，随着年龄的增长，人们对色彩的联想越来越成熟，同时也越来越鲜明。年龄越大的人，想象会更趋于悲观和集中；而年龄小的人，联想会更加活泼和积极。因此，在面对年轻顾客群的卖场中，可以尝试多样化的色彩和具有丰富性的组合，而在面向中年、老年客户群的卖场中，应当尽量选用正式、通用的颜色。

2. 色彩的偏好

人们对色彩的喜好同样会因为年龄和性别的不同而有所差异。女性对于色彩的敏感度要高于男性，也会更加挑剔；年龄大的人对色彩的敏感度要低于年轻人，但会比年轻人更加在意周围的色彩。

性别之间对颜色的偏好也是不同的。通常而言，女性一般喜欢红色、粉色等暖色系的颜色，而男性一般喜欢蓝色、绿色等冷色调的颜色。在颜色属性方面，女性比男性更加喜欢明度较高的色彩，即接近于白色的淡色；而男性更偏爱纯色，即掺入黑、白较少，而比较鲜艳的颜色。在明暗方面，男性更加喜欢深沉、偏暗的颜色，而女性比较喜欢明亮、艳丽的颜色。这一点在男装与女装专卖店的装饰用色中可以明显地体现出来。

六、商品的色彩与陈列

色彩会带给人们视觉上的冲击和心理上的感受，环境色彩如此、展具色彩如此、促销色彩如此，商品本身的色彩也是如此。但商品本身或其包装的颜色是固有的，对于卖场来说需要通过合理的搭配与陈列来优化色彩组合。

1. 在卖场中使用诱目色

前面已经提到，黄色、橙色等颜色具有膨胀感，容易引起人的视觉注意，因而可以被称为"诱目色"。具有诱目色包装或外观的商品可以陈列在入口处，招徕顾客进店选购；货架区域中不容易引起注意的底层也可摆放天生具有优势的诱目色包装产品。而在货架中部等容易引起注意的位置，可以使用诱目色的对比色来加以衬托。

2. 色彩渐变的商品排布

在服装、毛巾、鞋帽等色彩比较丰富的商品卖场中，可采用色彩渐变式的排布。对于不同的色相，按照色相环上的顺序陈列商品，能够带来韵律感。如果相近色彩的商品数量较大，也可以将其集中放置在一个区域中，其中又可从两侧向中间渐变，从而带给人色彩的视觉冲击。需注意的是，应尽量避免"一顺式"的渐变陈列，如果店内一侧的颜色均比较明快，而另一侧都相对沉暗，则会给人以一种极不平衡的感觉。

3. 不同色彩商品的搭配

将颜色区分较大的商品放在一起陈列，就需要特别考虑色彩之间的关系了。在前述相近色彩的渐变排列中，也可以穿插陈列具有互补色的商品，从而使色彩显得更加艳丽、突出，增强整个陈列面的活力。这种组合在蓝色与橙色这对互补色间最为常用。在蔬菜、水果的陈列中，常常将绿色的叶类蔬菜与胡萝卜、黄椒放在一起，橙子、橘子则带上一小片绿叶，这也是在利用其之间的颜色互补关系。

第二节　营造销售气氛

在卖场中，除了色彩以外，气味、音乐、温度等许多因素也都能对销售气氛产生影响。在本节当中，我们就来了解一下应当如何通过设计这些元素来营造良好的购物环境。

一、卖场气味设计

气味之于嗅觉，正如色彩之于视觉，同样会作用于人的心理，影响其购物的情绪。在卖场当中，可以根据销售区域的需要适当散发商品本身的气味，并尽量消除令人不快的气味。

1. 适当散发商品本身的气味

在卖场中，熟食、水果、蔬菜、糕点等食品的气味能够让顾客联想到具体的商品，具有引导和诱惑的作用，可以适当地散发。但应当注意的是，气味散发的范围不宜过大。通常对大型超市而言，特定食品销售区域以外3～5米的地方气味应明显减淡。因此，对于烧烤等容易产生气味的工序，应当在独立的空间内完成。同时，气味不应过浓，例如一些香水的气味并不是所有人都能接受和喜爱的，过于强烈的刺激也会让人觉得反感。而对于榴莲等味道特殊的热带水果，则不应切开，必要时还应通过加罩等办法避免气味的散布。

在大型的商场中，面包烘焙坊也会散发出浓郁的香味来招徕顾客，但应注意顾客的流动方向。例如当商场的购物区位于1～5层，6层为就餐区时，就应当尽量将气味控制在上行的电梯附近，因为这里的顾客正要前往就餐，气味可以引起他们强烈的食欲。而在下行的电梯附近，经过的顾客已经享受过美食，对于食物的需求强度已经大大减弱了。

2. 尽量消除令人不快的气味

卖场中可能让人不愉快的气味主要来自以下几个途径：一是建筑外道路上的尘土及汽车尾气所造成的气味；二是卖场中顾客汗液蒸发产生的气味；三是卖场中销售的鱼、虾等所散发的腥味；四是洗手间、清洁间等散发的异味。

这些气味会让顾客反感甚至觉得恶心，进而大大减少商品销售的成功率，应当尽量予以消除。主要的办法包括增加隔断装置，如入口处的风幕或垂幕、洗手间的拉门等，在特定销售区域可以加装通风换气设备，也可适量使用空气清新剂。

二、卖场中的音乐

卖场中的音乐是点缀销售气氛，为顾客带来购物享受的重要元素。富有个性化特点的卖场音乐还能够让消费者留下深刻的印象，起到代言的作用。在设计卖场音乐时，同样有许多值得注意的地方。

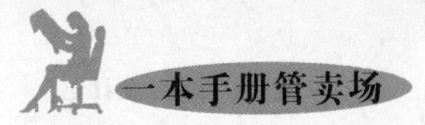

1. 音乐的选择

播放曲目的选择是音乐气氛塑造的基础，通常有三个选择方向：一是根据不同销售区域的商品和客户群特点，播放相适应的背景音乐，例如在儿童玩具销售区播放动画片的主题曲，在时尚服装销售区播放流行音乐、摇滚乐等，在休闲服销售区播放乡村音乐等；二是根据节日促销的需要，播放特定的代表曲目，例如在新年、春节时播放《春节序曲》、《金蛇狂舞》等，在圣诞节播放《铃儿响叮当》、《欢乐圣诞》等；三是播放通用型性的背景音乐，如一些流行歌曲等。

卖场中播放的音乐应当时换时新，可以选定一周中的某一天，由专门的部门或人员负责音乐的筛选和更换，力求精益求精。总的来说，卖场中的背景音乐应当轻快而富有节奏感。在促销时节，还可以选用现场演唱版等较为热烈的音乐来烘托购物气氛。在销售时尚品牌或进口品牌的商店中，富于异域情调的歌曲也值得播放。

在同一天中的不同时刻，音乐的节奏快慢也应有所区别。一般来说，客流量越大的时候，节奏应当越快，以此让顾客们更快地"动"起来。而客流较少的时候，可以选择节拍较慢的背景音乐，让顾客在卖场中多留一会儿，多看一会儿。

2. 循环的方式

卖场中的音乐曲目应当随机变化。对于中小型超市而言，顾客每个月前往购物的次数很多，并且很可能会在固定的时间。如果每次都听到相同的音乐，难免会觉得有些单调。除了增加、更换播放曲目，还有的办法就是变化播放顺序。

在播放的两曲音乐之间，应当有20~30秒的间隔，或者插播卖场的介绍、欢迎致辞、促销提醒、特卖商品介绍等语言类广播。这些广播的时间可以在2~4分钟，相当于一首歌曲的长度，并且可以再配上背景音乐。

此外，卖场开店、打烊时的音乐可以有所固定，让消费者对相应的音乐产生记忆。如每当打烊的音乐响起时，配合提醒顾客"商场即将结束一天的经营"，从而起到提示消费者注意购物时间的作用。

3. 音量的控制

卖场中音乐的音量控制具有较强的技巧性。总的来说，音乐的音量应当高于噪声，又低于2米内的正常说话声。这样的音量，既可以掩盖住令人烦恼的杂音，又不影响人们之间的语言交流。卖场中，噪声水平应尽量控制在55分贝以下，而背景音乐一般在60分贝左右。

需要注意的是，不同歌曲的音量、同一歌曲不同部分的音量是有所差别的。使用电脑刻录CD的功能，可以实现将不同曲目的音量调整到同一水平的功能；而对于一首歌中高潮部分与序曲部分音量差别过大的情况，则只能通过更换曲目来解决了。

三、卖场温度控制

卖场中的温度会对顾客的购物过程产生明显的影响。一般来说，不同季节的温度控制应当遵循以下原则。

冬季温度宁凉不宜热。卖场作为一个相对封闭的空间，由于人员流动、室内灯光照明等多种原因，室内温度不至于过低。而且冬季进入卖场的顾客往往穿着较厚，过高的温度反而会令其感到不适。相较而言，北方冬季室内有暖气供应，人们习惯于穿着较厚的外套，卖场中的温度可以设定在 15 摄氏度左右，与普通供暖相近；而南方的人们则会穿着厚实的保暖内衣、棉衣等，温度过高就十分不便了，室内温度可以设定在 10 摄氏度左右，加上"人气"带来的热度，足以让顾客活动自在了。

夏季的室内温度应尽量保持在 23 摄氏度左右。对食品、蔬菜等商品，可以在相应区域增强冷风，或将其置于冷柜中。此外，如果室内外温差大于 7 摄氏度，应尽量设置两道隔门来形成过渡区域。

在春秋季，室外温度本身比较适宜，卖场中可以适当开窗通风或使用换气设备，以此保证室内空气清新，同时也可节约能源。

卖场中的湿度也会影响到人们对温度的感觉，一般控制在 40％～50％ 比较适宜。

四、营造促销氛围

购物气氛的设计应当与具体的促销活动结合起来，形成促销环境。现在，许多大型的商场、超市都选择让供货商全权组织承办节日促销，这样的做法容易造成供货商同场竞争的局面，带来同类产品销售区域的不当分隔，给顾客留下混乱、无序的不良印象。事实上，作为卖场或超市，应当致力于营造整体的促销环境，将火爆的气氛、节日的活动融合到一起，形成统一的人气、商气。

促销环境中可以有许多构成要素，它们都是商家可以利用起来烘托购物气氛的"道具"。

1. 横幅

大红横幅是传统的宣传制品，直到今日仍在大型商场、百货大楼中屡见不鲜。在卖场建筑外部、入口处上部、沿墙式促销处悬挂醒目的横幅，将特别能吸引人们的眼球。

2. 展板或背板

展板、背板面积较大，能够有充足的空间展示品牌标志语形象，商品的全貌、促销的口号和理念及相关承诺，是大型促销活动中经常使用的展具。大型背板可以用于露天展销的空间之中，也可以挂幅的形式用于室内空间。

3. 挂旗

促销挂旗也是卖点广告的一种，悬挂于卖场或超市空间的顶部。挂旗多采用醒目的颜色，其上印有促销的主题、折扣等内容。宣传促销过程中，可以在卖场中大范围地悬挂统一样式的挂旗，产生视觉冲击效果。在某些特定的商品销售区域，也可以悬挂按照一定模板制作的专门挂旗，用于指示该区域的折扣促销。

4. 海报

海报是十分常用的商业促销工具。它以醒目、简洁的设计，突出卖场的销售主

题，且使用灵活，可以制作粘贴在宣传区域，也可以用于玻璃橱窗，甚至作为宣传单、折页的封面。海报中的字体有大有小，面向远近两处的读者。

5. 宣传单

在卖场散发促销宣传单是近年来商家经常采取的手段。宣传单上可以比较详细地说明促销活动的时间、商品销售的折扣、具体活动的日程以及其他的说明事项等。有的宣传单同时也是优惠券，顾客可以凭此享受折扣。但顾客若在领取宣传单之后随意丢弃，也会给购物环境造成影响。这一点在室外促销中尤其突出，需要通过加强保洁工作来予以解决。

知识链接

各式卖点广告的布置及作用

在本书当中的许多地方都曾提到过"POP"。卖点广告即购买现场广告，它一般出现在超市、商场、百货店、摊铺等零售现场，所以又称"零售广告"。在零售店的里里外外，一切旨在促进顾客购买的广告形式，都属于卖点广告的范畴。有效的卖点广告，能激发顾客的冲动购买，也能有效地促使计划性购买的顾客果断决策，实现即时即地的购买。卖点广告的基本类型如下。

1. 店头卖点广告

这是店铺的面部表情，包括招牌、橱窗、标志物等。它常常以商品实物或象征物传达零售店的个性特色，如看板、招牌、站式广告牌、实物大样本、高空气球、橱窗展示、广告伞、指示性标志等。

2. 垂吊卖点广告

垂吊卖点广告是从天花板垂吊下来的展示，高度适中，如商品标志旗、服务承诺语、吉祥物、吊旗等。微风拂动，造成各种动感，从各个角度，都能直接引起人们的注意。

3. 地面卖点广告

这是从店头到店内的地面上放置的卖点广告，利用店内有效视觉空间，设置的商品陈列台、展示架、立体形象板、商品资料台等。大致与顾客视线水平，是吸引顾客注意力的焦点，如电子显示屏、电动造型卖点广告等。

4. 壁面卖点广告

这是利用墙壁、玻璃门窗、柜台等可应用的立面，粘贴商品海报、招贴传单等。以美化壁面、商品告知为主要功能，重视装饰效果和渲染气氛，如海报板、告示牌、装饰等。

5. 陈列架卖点广告

这是利用商品货架的有效空隙，设置小巧的卖点广告，如价目卡、商品宣传册、精致传单、小吉祥物等。近距离阅读，"强制"顾客接收商品信息。

6. 指示卖点广告

指示卖点广告中的箭形标志是含有引发注意、指示方向、诱导等含义的视觉传达要素，如区隔商品销售域的指示牌，还有服务咨询台、导购图示等，以方便顾客购买为主要目的。

7. 视听卖点广告

视听卖点广告是在店内视野较为开阔领域放置电视录像或大型彩色屏幕，播放商品广告、店面形象广告、本店商品介绍等，或利用店内广播系统传达商品信息，以动态画面和听觉抓住顾客的注意力。

第六章 | 卖场的橱窗设计

橱窗是现代卖场常用的展示形式，它的地位十分特殊，既涉及店面外观形象的整体表现，又着眼于销售商品的陈列展示，是一种兼顾灯光、色彩、空间等要素的综合性设计内容。橱窗有其自身特别的功能与特点，包含多种构造与展示类型，同时也有区别于外观或内境设计的要求和表现手法。

第一节 橱窗设计概述

如今，商业橱窗已经成为城市一道亮丽的风景线，商家竞相用华美、精致的橱窗来吸引路人的眼球。随着现代装饰艺术和科学技术的发展，橱窗的展现手法越来越多，功能也越来越丰富，逐渐成为商家之间为争夺顾客展开竞争的一大焦点。在本节当中，我们将了解橱窗的基本知识，包括其功能、特点和常见的展示用具。

一、橱窗的功能

虽然橱窗是我们经常接触的展示方式，但是其功能却比我们通常想象的要丰富得多。作为店主，就不仅要从一个普通顾客的视角去理解橱窗，更要从商家的角度去挖掘橱窗能够为店铺经营所发挥的作用。

1. 广告功能

广告是橱窗最突出的一项功能。橱窗是一种立体式的展现，比平面广告更加真实，也就更能带来视觉冲击效果。广告的最终目的是激发消费者的购买欲望，当顾客看到橱窗展示的时候，他们就已经站在了销售场所的门前，一旦对其中的商品感兴趣，就可以直接进店选购，这是其他广告形式难以匹敌的。

作为一种广告，布置、更新橱窗展示的成本通常要低于其他发布途径，且店主所拥有的自主性更大。橱窗广告利用的是卖场自有的空间，其面积大小、展示时间完全可以自由控制，且橱窗中陈列的商品可以根据季节变化、促销主题等要求时换时新，为消费者带来丰富的、契合销售时机的视觉体验。

2. 展示功能

橱窗是商品突出陈列的空间，具有很强的展示功能。橱窗的展示需要经过特别细致的设计，从灯光、色彩、布局等多方面入手，力求将最完美的一面展示给顾客。此外，橱窗还具有极强的标志功能，品牌的代言形象、吉祥物、标志色等都将集中地在橱窗中体现。

对于大中型商场来说，橱窗中陈列的商品，是代表卖场经营定位和形象，从诸多销售商品中挑选出来的精品。橱窗展示的商品及其布置是要起到吸引路人视线的作用，通过精心设计的展示让消费者停下脚步。对于小型的专卖店、精品店而言，橱窗展示可以更加精致、诱人，让人们从其中的几件精品联想到店内更加丰富的商品种类，萌发进店购买的欲望。

3. 装饰功能

装饰美化是橱窗所具有的另一个功能。商业街上店面的橱窗往往是临街设置，商场中店面的橱窗也紧邻过道，橱窗展示所面向的观众总是位于商业空间中的公共区域。这里人来人往，客流量大，是商家向顾客传递店铺信息的极好场所。店内的陈设和装饰只有在消费者进店以后才能留意到，而橱窗的设计则是店内装修向外的延伸与升华，意在将店内的美感带给行人。

值得一提的是，橱窗还起着装饰商业街和卖场的作用。在夜晚华灯初放的时候，正是这些明亮、美观的橱窗烘托出购物的气氛，展现出商场的高贵。而橱窗中所展示的形象、品牌，会成为标志性的符号，给人们留下极其深刻的印象。

4. 引导功能

橱窗的另一个重要功能就是引导顾客行进的路线。首先，明亮的橱窗能够照亮较大的空间范围，在晚上人们总是趋向于前往光亮的地方。橱窗的亮度背后显现的是卖场，人们会从橱窗中联想到卖场中热烈的购物气氛，从而被吸引过去。其次，橱窗的位置设计也会影响人们的行走路线。卖场与入口的位置关系常常要设计成引导型，即通过橱窗引导顾客走向卖场的入口。

同时，在拥有路口或过道拐角等有利地形的商店，则可以通过在直角处布置连续的橱窗，让顾客自然地停止向前的步伐而走到店铺的另一面，从而增大其进店的可能性。此外，连续布置的橱窗会大大减慢顾客行走的速度，让他们更多地关注其中展示的商品，更多地留意橱窗背后的卖场，还没有走入店中，就已经被卖场中的气氛所熏陶。

二、橱窗的特点

橱窗作为一种广泛使用的商业展示形式，在应用手段、表现方式、信息传递等方面有其自身的特点。这些特点使橱窗具有其他卖场广告或组成部分所无法替代的价值。在进行橱窗设计的时候，可以充分发挥这些橱窗所特具的优势，从而达到其应有的展示效果。

1. 真实性

卖场的橱窗具有真实性，是指其中所展示的是真实销售的商品。不论橱窗中使用了怎样的装饰布局方式，采用了何种背景与道具，其突出的都是商家主推的商品本身。顾客希望在橱窗中看到的是与展示环境相融合的商品，并且这其中的商品就应当是店内所销售的。橱窗展示可以强调突出，但切忌过于夸大。作为与卖场销售紧密相连的展示内容，只有真实感才能让顾客产生信任感。

2. 艺术性

橱窗是真实商品的艺术化展示。与店内陈设展示商品的方式有所差异的是，橱窗商品展示考虑顾客的观察视角，但不需要便于取拿；橱窗的空间利用讲求的是视觉效果而不是陈列密度。橱窗的光影搭配关注突出表现的部分，并且更加注重色彩、构图等多种表现形式的综合使用。橱窗并不是要把所有商品或商品的所有细节都展现出来，但其中展现的应当是精华所组成的精品。总之，橱窗设计重在其展示功能，并希望通过这种展示带来销售。

3. 立体性

橱窗是一种立体性的展示。一方面，它不是平面广告、电视媒体式的图像信号传递；另一方面，橱窗往往也不同于店内商品陈列中通过排面、堆头所产生的立体效果。橱窗的立体性是通过道具、商品、背景等展示元素的层次感来体现的，并由光影、色彩等辅助手段加以突出表现。橱窗展示可以有多个视觉中心，尤其是大型沿墙式的橱窗，需要有接连的展示中心来不断吸引路人的注意力。

4. 个性化

橱窗的展示是个性化的，具有极强的针对性。一个橱窗，针对的就是其所处的环境，就是这一时点的促销主题。在这种意义上讲，"世界上没有两个完全相同的橱窗"。不同的卖场，其展示的商品主题、基调、形象都存在着明显的差异。即便是连锁店，也应考虑选址地点和周边小环境的不同，包括相邻店铺经营主题、周围光线明暗、过道线路走向等，对不同门店的橱窗展示作出适当的调整。

5. 灵活性

橱窗展示具有较大的灵活性。"好钢用在刃上"，橱窗需要比店内更大的照度，需要更加精致的画面和道具，而卖场往往对此不遗余力。少了货架空间的约束，多了可以选用的表现手段，设计者可以尽情展现促销主题。根据季节的变换，时尚流行趋势的变化，店主需要及时更换橱窗中所展示的主推商品。但灵活不是随意，橱窗不是杂乱无章的储物间，哪怕是其中的一些微小细节，都会被无数的路人所发现并放大。

第二节　橱窗的构造形式

在设计橱窗时，我们应当将其与周围的空间与环境要求密切联系起来，选择适当的构造形式。这些类型各有其适用场合与展示效果。

一、橱窗与店内空间的关系

我们可以发现，不论是沿街开设的大小卖场，还是商场中的精品店、专卖店，其橱窗与店内空间的位置关系会因道路（通路）、建筑等因素而有所不同。一般来说，可以将其分为以下几类。

1. 普通式

普通式橱窗是利用店铺正面本身的落地玻璃外墙构建的，一般商场内的店铺和中小型超市、精品店使用较多。这种构造类型能够将橱窗与店内的空间较好地融合起来，同时也可以让门面显得更加美观、大气和明亮。

2. 内陷式

内陷式橱窗渗入商店内部，使橱窗在空间上具有一定的独立感，且通常不采取落地的形式。这样的构造可以使用在临街专卖店、商场店铺等不同类型的商店中，一般以用在侧面居多。内陷式的橱窗能够给人以一种距离感，提升所展示商品的档次，因而通常适合于一些体积较小的精品展示，也可以用做大型专卖店的侧面橱窗。

3. 外凸式

外凸式橱窗的主体凸出于店铺的建筑之外，也具有较强的独立性。这种构造类型的橱窗通常用在临街的店铺上，更加具有广告效应，能够起到吸引眼球和招徕顾客的作用。户外的外凸式橱窗应当考虑远处顾客的视觉感知，协调突出部分中心与橱窗展示中心间的位置关系，从而吸引视线。但外凸式的橱窗构造使用的也是卖场的空间面积，且为了实现凸出效果，而未凸出部分可能成为闲置空间，因而这种橱窗常常被用在建筑面积较大的卖场。

4. 拐角式

拐角式橱窗是为了起到连续的引导作用，而在店铺正面、侧面设置的连接式橱窗。拐角的出现，使这类橱窗的布置更加灵活、丰富。使用富有立体感的模特、道具来完成拐角的转换，是通常的做法。但拐角式橱窗毕竟占据了店铺边、角的有利位置，在使用时可以采用开放空间等分隔方式，与店内陈列结合起来，提高空间利用率。

二、橱窗与店内空间的分隔

橱窗空间与店内空间之间可以有三种分隔方式，即全封闭式、半封闭式和开敞式。这三种方式都不难理解，但有着不同的表现特点，适用于不同的场合。

1. 全封闭式分隔

全封闭式分隔使用板材将橱窗空间与店面空间完全隔开，形成一个独立、封闭的展示区域。这种式样的橱窗风格大气、引人注意，易于突出展示的主题，适用于店前空间较为开阔的情况。同时，可以在橱窗前上方设置装饰性的灯光照明，用于烘托橱窗的展示色彩。封闭式橱窗的后壁可以充分利用起来，如悬挂装饰物、张贴广告海报等。

这种分隔方式会使得橱窗区域相对密封，阻挡了灰尘的进入，易于打扫和保养，也具有一定的防盗功能，但也会带来内部通风不畅等问题，可能因长期光照造成橱窗内温度过高而损坏展示商品，因此需要根据周围环境的要求适当加装通风设备。

2. 半封闭式分隔

半封闭式分隔的橱窗可以有许多细分形式。有的采用半透明材料或网格将橱窗

与卖场内部空间作形式上的分隔，但保持空间的贯通。这种方式能够在一定程度上突出橱窗展示的空间，同时也能让顾客隐约看到店内的情景。有的将橱窗的 2/3 或 3/4 区域用背板挡隔，而其余部分与卖场内的销售空间相连。这种分隔形式的橱窗能够让人在不同的视角观察到不同的效果，即在有些位置看到的只是橱窗，有些位置则能透过橱窗展示看到店内的商品。

这种分隔方式既可以使顾客感受到橱窗与卖场的融通性、一致性，也能够让店主较为方便地更换展品。但由于空间上不完全封闭，展示的商品容易沾染灰尘；同时防盗功能不强，促销员在忙时也难于顾及橱窗内的展品，因此不宜放置过于贵重的商品。半封闭式橱窗的背板、挂链等分隔材料可以采取艺术化的处理。

3. 开敞式橱窗

开敞式橱窗与店内空间没有明显的分隔，唯一的区别只是展品的观察角度应当是适应店外顾客的。这种分隔方式能够让顾客对店内的情景一览无余，同时也可以借助店内的光线来承担一部分基础照明。开敞式橱窗的摆饰可以方便地调整，但防盗作用差，顾客直接触碰展品也容易造成其损坏，因此通常适用于展品价值不高且经常更换的情况。

4. 共用式橱窗

共用式橱窗，是指展示用具与店内陈列用具共用的橱窗，即利用紧靠玻璃墙面放置的货架实现橱窗展柜的功能。在货架的最里侧，也就是店外顾客能够见到的一侧摆放商品时，应按照与店内相反的展示角度。这种设计方式充分利用了货架空间，甚至将存货变成了展品，一举多得。共用式橱窗尤其适用于店铺面积较小，而商品比较精致的店铺，如精品店、饰品店、小型专卖店等。

第三节　橱窗的展示类型

橱窗设计是为了更好地展示商品，根据陈列的特点、商品的组合以及布置的风格等要素，可以将橱窗分为不同的展示类型。作为店主，我们需要对其中的一些主要类型加以了解，从而获得启发并将设计思路应用于自己的橱窗中。

一、自然休闲的综合式橱窗

综合式橱窗最大的特点在于陈列的商品组合内容丰富、不拘一格。可以围绕商店经营的品种范围，将相关、不相关的商品按照一定的方式陈列展示在一个空间当中。这种类型的橱窗包含多个展示焦点，顾客目光所至，或许就在不经意间发现自己感兴趣的商品。

综合式橱窗适用于经营范围较广，且希望展示多种商品的卖场或商店。例如，一家时尚品牌服装专卖店的橱窗，通过错落有致的专用展架，将女装、靴子、挎包等多种商品陈列在一起，形成了自然典雅的综合式橱窗。这种展示形式也与其变幻莫测、超凡脱俗的品牌设计风格相适应。

二、烘托主旨的专题式橱窗

专题式橱窗围绕一个促销主旨来陈列商品。这个主旨可以是节日，如端午、中秋、春节等；可以是某些具有商业效应的事件，如奥运会、世博会；也可以是卖场自身营造的促销季、店庆返利等活动。专题式橱窗中展示的商品可以与展示主题密切相关，也可以是希望在橱窗所营造的气氛中促销的其他商品。

专题式橱窗的主旨可以通过多种方式来体现。在圣诞、端午等节日，可以重点展示具有象征意味的特色商品，并配以道具、展贴画来烘托主题；有时，也可以使用文字性的内容来揭示抽象的展示内涵。比如一个圣诞专题橱窗，长筒靴、礼物、小圣诞树和上方大大的"SALE"文字将促销的主题表现得淋漓尽致。

三、突出商品的特写式橱窗

特写式橱窗的展示核心是商品本身。这种展示类型往往使用较少的道具，而将促销商品作为刺激顾客视觉的展品。在小型的橱窗中，特写式展示使用较为广泛，实现也较为方便。而在较大面积的橱窗中，可以用商品的批量陈列来产生相应的效果，引起顾客注意。

比如，有的店家将各式各样的相框集中起来作为特写式橱窗的陈列品，于大气的布置中显出精致，于统一的风格中显出丰富，产生了较强的视觉冲击效果。

四、引人联想的意境式橱窗

意境式橱窗是一种艺术表现力较强的展示类型，它通过各种元素营造契合商品特色的环境，让人产生联想。如果商品及展示的风格与顾客的理想追求和审美标准相吻合，将能起到极佳的促销效果。在意境式橱窗当中，展示的不仅是商品本身，而是处于"特定环境"中的"特定风格"的商品，力图展现品牌的个性效果。

比如，有的店家的橱窗通过原质式的墙面、葡萄、手提箱等元素，形成英伦风和苏格兰情调的意境，让人联想起自信而充满梦想，喜欢冒险与活力四射的品牌形象。整个橱窗与服装设计的风格基本统一，简洁而现代，鲜亮而不失稳重。

五、应季展示的季节式橱窗

季节性陈列是商品展示的常用手段，在橱窗设计中也经常被采用。根据不同的季节特点，使用相应的道具、贴画，并以此为背景突出应季商品，可以刺激消费者的购买需求。季节性展示的橱窗需要时换时新，且通常应早于季节的变化。例如当人们期待热烈奔放的夏季时，橱窗中就已经将这样的画面展现给顾客了。

比如，一家冬季服装的展示橱窗。银白色的挂饰、雪松的造型、皮毡帽等背景元素烘托出了冬季的主题，纯白色的顶部照明营造了寒冷清肃的气氛。在这种让顾客渴求温暖的环境中展示风衣、毛领等冬装，产生了良好的促销效果。

六、围绕品牌的系列式橱窗

有许多知名品牌的厂商会生产一系列的产品，对于其品牌专卖店来说，就可以

采用系列式商品展示橱窗来烘托品牌效应。系列式橱窗往往需要较大的空间，将品牌的标志、代言形象、主要类别的商品一一展示给顾客。这样的展示豪华、大气，能够传递给顾客高档与值得信赖的形象。

比如，有的店家的橱窗即为品牌商品的系列式橱窗。在空间充足的长形落地橱窗中，运动装、书包、鞋帽等各种商品都得到了展示，中间大大的形象标志与左上角的品牌名称独占醒目位置。背景装饰富于动感且具有活力，契合品牌特色。

第四节　橱窗的布置方法

虽然橱窗有许多种不同的构造形式和展示类型，但在布置的过程中都需要遵循一定的要求，使用基本的展示用具。本节中，我们将要了解这些内容，并在此基础上有针对性地学习一些橱窗布置中的表现手法。

一、橱窗的内容设计

橱窗设计要达到良好的展示效果、烘托购物气氛，就应当遵循商业经营活动和顾客消费行为所决定的基本要求，主要包括以下几个方面。

1. 有具体化的视觉中心

橱窗的核心功能在于展示，而这种展示需要有突出的主体。商业橱窗展示主要围绕两大类内容：一是商品，二是品牌。在上一节中，我们看到了不同展示类型的橱窗，有的包含丰富的背景，有的突出商品本身。但无论是背景、道具，还是主题、气氛，最终总需要一个具体的落脚点作为展示的视觉中心，即整个橱窗中汇集顾客视线的核心部分。对于小型橱窗来说，在各种小道具烘托下的商品本身就可以成为视觉中心，而大型橱窗则需要背景广告、灯光等效果来形成视线的凝聚点。

例如，有的卖场将品牌形象作为视觉中心的大型户外橱窗。在这个长约 7 米，高约 5 米的展示空间中，有将近 2/3 的空间为中间的广告图案所占据，并用裱框来加以凸显。在广告画面上，又在中下方采用高亮区域与周围色调形成对比，吸引眼球，进而将视线用向上延伸的线条引向整个橱窗的中心。在这样的橱窗中，实体商品本身相对体积较小，不可能成为凝聚行人目光的核心，因而被放置于两侧的立柜上，与品牌展示相比占据的空间较少。

2. 有多样化的表现形式

"文似看山不喜平"，对于橱窗展示而言也是如此。如今的卖场橱窗，已不像过去那样可以由几个模特的造型来完全实现，而是需要广告画面、商品主体、灯影明暗、色彩层次等多种表现形式综合运用来构成。店主在设计橱窗时，不能忽视背景、点缀和道具的作用，但要力求用简单的方式烘托商品主体，避免喧宾夺主。

3. 顺应时尚潮流的变化

商业活动是一个造势和顺势接连推动的过程。橱窗展示作为卖场的宣传手段，应当顺应时尚潮流的变化。橱窗设计中，可以运用许多时尚元素来体现潮流。例如在背景画面中使用流行的主色系，在展架、展柜布置时设计格子、条纹等构图形式等。时尚可以是并行的，店主还应根据自己的经营风格来选择。

二、橱窗的展示用具

在橱窗的展示布置中，需要用到许多道具来为商品陈列、气氛烘托服务，店主应当对这些展具的基本特点和使用有所了解。

1. 支架

支架的作用在于支撑或悬挂商品，将商品的形状和结构展示给顾客。在服装服饰的展示橱窗中，支架的使用较为普遍，主要包括吊架、托架、支架等。现在的支架大多采用金属或合成材料制成，并且采用伸缩结构。

2. 模特

模特是专用于服装鞋帽的展示用具，主要包括具象型、雕塑型和抽象型三种。

具象型模特制作逼真，尤其将面部的细节都展示了出来，甚至可以起到以假乱真的效果。比如，有些具象型模特造型完整，用于展示帽子、衬衣、外套、休闲裤、皮带、运动鞋等一整套服装搭配。

雕塑型模特主要展现的是形体而不是细节，可以是局部，也可以是整体。比如，有些雕塑型模特不展现面部特征，而通过站姿、坐姿等多种形态重点表现衣物穿着之后的效果。近年来，"化妆模特"被越来越多的卖场所使用，其发型、发色和神态夸张，具有丰富的表现力。

抽象型模特更接近于支架，但将人体的基本形状纳入了支架之中。

3. 台座

台座是展示商品的底部支撑，其形状、大小各异，灵活多变，可以根据商品的大小和展示高度的要求选用。台座的组合可以产生阶梯状的效果，增强展示的层次感。

4. 隔断

在橱窗空间之中，也需要使用一些道具来对空间进行分隔。常用的隔断包括栅栏、篱笆、垂帘等，它们对于意境式的橱窗风格表现具有重要的意义。

5. 家具

在富于生活情调的橱窗中，经常使用桌椅等家具来配合商品的展示。既可以在上面直接摆放商品，也可以用它们托住各种姿势的模特，使展示场景更加逼真。

6. 板格

板格能够将较小的展示空间分隔开来，形成窗格式的橱窗陈列。使用板格陈列的商品一般体积较小，但照明要求较高。

7. 饰物

为了烘托橱窗展示的气氛，突出展示主题，许多小饰物、小挂件也经常被用来作为橱窗中的道具。在节日型的主题式橱窗中，可以放置气球、小礼盒等来表达喜

庆与祝福；在季节式橱窗中，可以摆放自然或仿制的枝叶、果实等来体现环境的变化。现在，有许多卖场的橱窗中出现了园艺装饰，以此来突出自然气息。

8. 标牌

在橱窗中，时常需要用各种类型的标牌来展现图案、文字等表达元素。大型背景广告牌醒目明亮，适用于在户外橱窗；中小型的说明标牌可以起到介绍商品和营造局部气氛的作用，配合商品的展示。

三、橱窗的陈列布置

橱窗中的商品、道具、广告需要有合理的搭配布局，可以在基本陈列方法的基础上，通过艺术手段的处理来达到所追求的效果。

1. 商品道具的基本陈列

橱窗中的商品和道具可以采用多样化的摆放方法。对于小件的饰品或装饰道具，可以采取悬挂的方式来增强动感；对于轻型的服饰、挂件，可以吊靠在橱窗内侧；橱窗展示的主体商品应采用支架或托架在最佳观察高度陈列，以吸引顾客的视线；对于一般的辅助性道具或次要陈列的商品，可以倚靠橱窗侧壁或直接摆放在台基上。

2. 橱窗陈列的立体布局

立体布局对于橱窗来说至关重要，其要求是体现空间的层次感，兼顾不同方向的视觉效果，同时又不显呆板。一般来说，超过两个以上的展示品时，应当通过前后、朝向、高低等方面区别来形成不同观察角度的视觉中心。

3. 虚实相融的表现手法

橱窗设计中，虚实对比的手法可以产生意想不到的展示效果。图案商品的组合展示、忽明忽暗的光线搭配，能够把顾客带入一个幻境之中。比如，有的酒品橱窗采用了圆形的光格，将真实的商品与精致的照片组合在一起，产生虚实相融的展示效果。

4. 橱窗与文字内容展现

在橱窗展示中，经常需要有文字内容的展现。标牌是处理文字表达的重要方式，方便直接，为许多店家所采用。有一些橱窗利用正面展示玻璃上的贴字或喷字来实现图文信息的传递，也能达到较好的展示效果。

5. 直观的橱窗促销手法

利用橱窗，可以实现直观化的促销。如，有的橱窗通过长椅上"新到商品"的立牌和样品，提醒顾客有新的款式可供挑选。这种促销方式直观、简明，布置方便，但同样能将核心的广告信息传递给消费者。

6. 生活化橱窗场景布置

生活化的橱窗风格贴近生活，自然清新，富于浪漫情调，具有良好的展示效果。要在橱窗这样狭窄的空间内实现这种生活化场景，需要采用具有代表性的道具和布置手法。通常来说，长椅、秋千、落叶、藤蔓、栅栏等田园式的生活元素具有较强的表现力。如，有的橱窗将草地、木椅、小秋千等道具组合起来，在较小的空间里营造出了轻松、休闲、富于生活气息的展示环境。

四、橱窗的照明表现

照明是橱窗商品表现中的重要方式，不同角度、亮度、颜色的照明，可以营造完全不同的展示效果。

1. 橱窗照明的基本要求

前面在卖场内境设计的有关章节中已经讲述过照明的基本要求和实现方法，对于橱窗来说，其最大的不同在于：橱窗要求更加明亮的照明，从而突出展示商品；橱窗在白天也应当使用人工照明，避免内部过暗而反光。此外，在橱窗中，具有聚光性的灯源使用更加普遍，通过光线的方向控制，能够集中照射需要突出展示的商品表面，达到需要的光影效果。

2. 照明方向与展示效果

在封闭式橱窗空间中，照明的方向可以达到明暗对比的效果，实现不同局部的展现要求。大中型的橱窗中，顶灯和底灯一般用于基本照明，较少单独使用；而前照灯、背照灯的方向性照明可以产生多样、丰富的层次感。

前照式的灯光主要用于照亮商品的正面和背板上的图案标志。背照式灯光容易产生眩光，但在较大亮度的顶部灯光配合下，可以把商品的整体照亮，将其细节展现得十分饱满。

3. 橱窗照明与背景搭配

橱窗的背景颜色与色差对比也会对光影的表现造成影响，因此在照明设计中应当考虑与背景的搭配。

知识链接

橱窗中的园艺装饰

园艺能够给橱窗增添生命气息，带来大自然的艺术，中和商业感强烈的陈列布局，获得商业与艺术之间的自然平衡。在橱窗陈列中，可以将园艺小品与商品展示相结合，与品牌特色相结合，把园艺装饰融入展示环境，提高设计感。

1. 植物品种的合理选择

（1）根据空间的大小选择恰当的种类。较大而开阔的空间可以摆放大型观叶植物，如散尾葵、苏铁、罗汉松、发财树。中等空间可以放置中型观叶植物，如龟背竹、绿萝、袖珍椰子、南天竹、巴西木。小型的空间就可以放小型观叶植物，如文竹、吊兰等细叶类植物。

（2）根据植物放置点的采光和通风条件选择植物。在强光区可摆设喜光植物，如发财树等。次光区宜放置文竹、吊兰、变叶木等。弱光区可放置棕竹、绿萝等植物。有些橱窗通风比较差又是空调环境的话，可选择巴西木、发财树、龟背竹、绿萝、万年青等植物。

2. 植物含义与商业经营的契合

（1）植物的花语。植物的花语早已融入人们的日常生活中了，在橱窗中更是被商家运用自如。但是在植物的使用上还是要看消费者不同层次的不同喜好。

（2）植物的色彩。园艺资材的色彩要根据商店自身风格来选择。成熟经典品牌的商店一般选择高雅色系，园艺装饰宜使用比较高档次的鲜花材料做的有设计感的插花作品。而年轻时尚品牌选择醒目闪亮的活泼色系，讲求的是张扬醒目的特质，宜用富有色彩变化的插花小品。

（3）植物的季节特征。在用园艺小品来装饰橱窗时要注意到植物的季节性对人心理的影响。在季节更替时要考虑资材的更换，如在种类上有春兰，夏荷，秋菊，冬梅。在色彩上，夏天多用清新凉爽的淡色调，多点水生植物和玻璃器皿给人的眼睛"降温"；秋天就要通过色叶植物来体现季节的变化了，果实成熟的色泽也可以用来诠释秋天的丰收；冬天可用多重的色彩、热闹的插花作品丰富冬季素色的感觉。

第三篇
卖场商品管理

　　对于商品的管理，主要是从前期的如何组合商品，到确定商品后的商品陈列、商品保鲜和对商品的整理。商品是卖场的重要组成部分，要对商品进行有效管理，保持商品的新鲜、丰富。

第一章 卖场商品配置规划

第一节 商品分类及结构

卖场在组织商品的过程中，之所以要对商品进行分类，主要是因为消费者对商品的购买和使用态度上发生了很大的变化。这种变化集中反映在两个方面。

首先，商品用途的细分化。商品的用途是指消费者的购买动机，任何顾客都是怀有明确的购买动机和对某种商品的使用目的而进入卖场的，并且为了寻求自己所需的目标商品而在店内游动行走。现在的人们在家居、洗涤、餐具、清洁、服装、服饰等日常生活用品上，甚至在电冰箱、电视机等耐用消费品的使用上，更习惯于按用途和使用目的将商品进行细分化，追求商品的专用。人们在家庭生活中，通常是根据每个房间的使用目的不同而组织不同的商品。例如：即使同样是厨房的洗涤用品，又分为蔬菜、餐具、水果、水池、地面等多种洗剂区别使用；再如在着装上，人们更习惯于根据场合的不同来考虑自己的穿戴。消费者在购买服装时会根据服装的用途和使用目的不同，去计算购物的成本，并最终决定购物场所。

其次，商品的替代性和互换性。目前，由于市场中可替代的、互换的商品的大量销售，以及性能更优、使用更方便、价格更便宜的新商品不断涌现，为消费者提供了更多的选择。但是由于消费者不了解一些新商品的存在和价值，所以经常会导致商家机会的损失。对于新商品来说，不管其性能多么优良，使用多么方便，如果在卖场中不能引起顾客的注意，不能让顾客触摸、挑选，就不可能激发起顾客的购买欲望。如果一种新商品不能诱发顾客去使用，那么这种新商品性能的优越性和便利性就永远不能被顾客所理解。因此，卖场在商品组织过程中，按照商品的用途和使用目的对商品进行分类和陈列有助于顾客对新商品的了解，诱发顾客使用，并促使顾客产生关联购买。

一、卖场商品分类

（一）卖场商品的分类原则

商品分类可以根据不同的目的，按不同的分类标准进行。如后面提到的商品群分类，就是按不同类别商品在卖场销售中的比重与作用来划分的，其目的是通过经营单位或经营区域的组合，促进卖场整体销售业绩。而在卖场的实际商品管理中，商品分类一般采用综合分类标准，将所有商品划分成大分类、中分类、小分类和单品四个层次，目的是便于管理，提高管理效率。

1. 大分类的分类原则

对于卖场里的商品，大分类的划分最好不要超过 10 个，这样比较容易管理。不过，这仍需视卖场的经营理念而定。管理者若想把事业范围扩增到很广的领域，可能就要使用比较多的大分类。大分类通常依商品的特性来划分，如生产方式、生产来源、处理方式、保存方式等。

2. 中分类的分类原则

（1）根据商品的产地划分。在经营策略中，卖场有时候会希望突出某些商品的特性，但又必须特别加以管理，这时就会以商品的产地来源作为分类的依据。这样做既有利于进货或销售的统计，也有利于卖场的陈列推销。

（2）根据商品的功能和用途划分。根据商品在消费使用时的功能或用途来分类。比如说在"糖果饼干"这个大分类中，划分出一个"早餐关联"的中分类。早餐关联是一种功能及用途的概念，提供这些商品的目的在于使消费者有一顿丰富的早餐，因此就可以集合面包、果酱、花生酱、麦片等商品来构成这个中分类。

（3）根据商品的制造方法划分。有时某些商品的用途并非完全相同，按用途、功能来划分就很困难，这个时候可以就商品制造的方法来加以划分。例如：在"畜产"这一大分类中，有一个称为"加工肉"的中分类，这个中分类包括了香肠、火腿、热狗、炸鸡块、熏肉、腊肉等商品。它们的功能和用途不尽相同，但在制造方法上却近似，因此这种经过加工再制的肉品就成了一个中分类。

3. 小分类的分类原则

（1）根据规模和包装形态来分类。分类时，规格、包装形态可作为分类的原则。

（2）根据功能用途分类。这种分类与中分类原理相同，也是以功能用途来进行更细的分类。

（3）根据商品的成分来分类。例如：按口味来进行商品的分类，如"牛肉面"也可以作为一个小分类，凡是牛肉口味的面都可归到这一分类来。

（二）卖场商品的分类

商品分类是商品计划展开过程中最基本的工作。商品分类要充分考虑到卖场的性质及销售方式的特点，力求确实做到全面考虑消费者立场，充分满足其需求，以便于顾客选择商品、刺激消费者的购买欲。卖场经营的商品结构根据不同的分类标准，可以分成不同的类型。

1. 根据顾客的购买习惯不同分类

根据顾客的购习惯不同，可以将商品划分为日用品、流行品、专用品。

（1）日用品。日用品是指家庭中经常消费的商品。顾客购买次数较多，因此购买时并不过多考虑，对日用品的价格要求便宜，选择标准一般为坚固、美观、方便。

（2）流行品。流行品是由于受某些因素影响，在短期内出现大量需求的商品。流行品的消费在一定时期表现为一种时尚。流行品具有较强的时间性，顾客大体只购买一次，对自己的购买非常努力，因此，流行品经营的重点是款式新颖、漂亮。

（3）专用品。专用品是指对顾客具有特定用途的商品。专用品一般价值较高，如体育用品、金银饰品及测绘仪器等。专用品的购买次数少，顾客购买时考虑较多，因此，专用品的质量要求必须好，价格高一些无所谓。由于购买次数少，顾客可以去较远的地方购买。

2. 根据顾客对商品的选择分类

根据顾客对商品的选择进行分类，可以将其分为便利品、选购品、特殊品。

（1）便利品。便利品是指顾客经常购买，而且不愿意花时间进行过多比较选择的商品。便利品又可分为三种：

①应急品。它是顾客紧急需要时所购买的物品，如突降大雨时的雨具等。在应急品的经营中，商品布置的可见度对销售影响较大。

②日用品。在超市中 70％以上的商品都是日用品，它是指单位价格较低，消费者经常使用和购买的商品。顾客购买日用品的突出要求是随时可以买到，所以愿意接受任何性质相同或相似的代替品，并不坚持特定的品牌和商标。对品牌众多的日用品，顾客常常选择自己熟悉的牌子，因此超市经营者应利用各种媒体，广泛宣传本店销售的各种品牌的商品，并在保证质量的前提下，力求商品陈列新颖别致，使之更富有吸引力。

③冲动性购买品。冲动购买品是顾客事先并无购买计划，因视觉、嗅觉或其他感官直接受到刺激而临时决定购买的商品。如风味食品、部分水果、糖果等。利用冲动购买品对感官的刺激是商品促销的重要手段，如玩具的示范表演、风味食品的现场制作等。

（2）选购品。选购品是指顾客在购买过程中，愿意花费较多的时间观察、比较、询问、选择的商品。这类商品的特点是：使用期长，多数属中高档、价格较高的商品，如家具、服装、家用电器等。购买者一般愿意到商店集中地区或有声望的大商场去买。经营选购品的网点设置应相对集中一些。选购品的销售特点是：最大限度地配齐商品，在顾客进行比较选择时，当好参谋。

（3）特殊品。特殊品是指具有特殊用途、特殊效用、特定性能和特定品牌的商品，如花、鸟、集邮品等。由于特殊品有特定的消费对象，从而排除了其他商品的竞争。经营特殊品会使经营者获得较大收益。经营特殊品，宜开设专柜，并适宜集中经营。

3. 根据商品的耐久性和有形性分类

根据商品的耐久性和有形性分类，可以将其分为服务、消耗品和耐用品。

（1）服务。服务是非物质实体商品，服务的核心内容是向顾客提供效用，而非转移所有权。服务与有形商品比较具有以下特点：第一，服务基本上是无形的；第二，服务内容不易标准化；第三，提供服务是与其消费过程同时进行的，服务的交易必须在适当的时间和地点进行才能有效地满足需要。超市为顾客提供的服务具体包括：存取包服务、购物咨询服务、装袋服务、收银服务以及卖场中的各项服务等。

在为顾客提供服务的过程中，应该加强服务质量的管理，提高服务的专业化水平，以充分、高效地满足顾客的需要，为超市赢得顾客的好感。

（2）消耗品。消耗品又称非耐用品，它是指在正常情况下，一次或几次使用就被消费掉的有形物品，如文具、牙膏、食品、洗衣粉等。这类商品会很快被消费掉，因而顾客购买频繁。一般来说，这类商品的价格较低，商品经营利润较小。经营消耗品，必须便于顾客的购买，网点接近居民区，这也正是超市选择店址的基本原则。

（3）耐用品。耐用品是指在正常情况下，能多次使用的有形物品，如电冰箱、电视机等。因为耐用品使用周期长，所以顾客购买时很慎重。另外，这类商品价格一般较高。经营耐用品，需要更多的销售服务和销售保证，如保退、保换、维修、运送等。企业销售耐用品的重点是形成促使顾客购买的气氛，并进行耐心细致的商品介绍，使用方法指导，还应建立完善的售后服务体系。

二、卖场商品结构

（一）商品结构体系

商品结构是指符合商场市场定位及商圈顾客需要的"商品组合"，如图3-1所示。

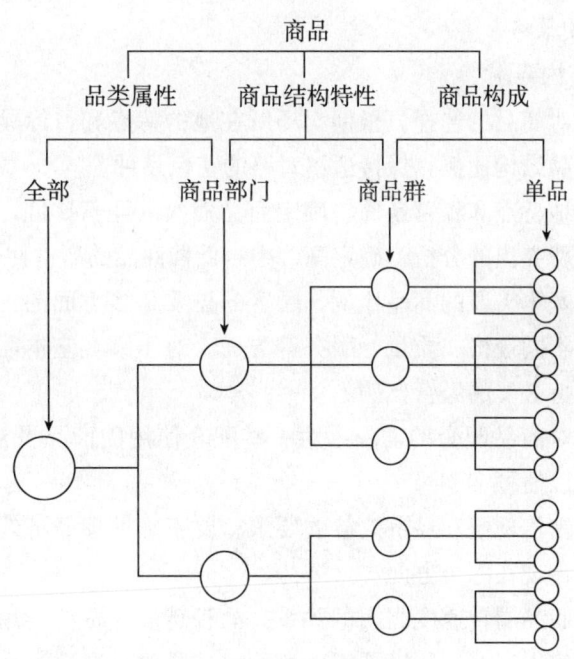

图3-1 商品结构体系

卖场要根据市场及顾客需要，不断调整优化商品结构，设计适应市场需要的卖场特色商品结构。图3-2是某卖场生鲜食品结构。

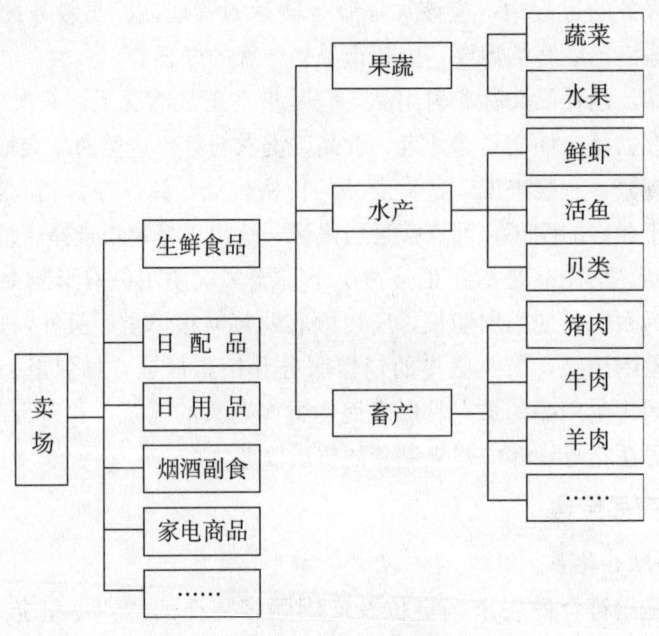

图 3—2 某卖场生鲜食品的结构体系

（二）商品结构策略

1. 确定商品结构要求

（1）适应顾客对商品的选择。根据卖场所在地的特点和目标顾客对各类商品的选择要求，确定商品结构比例，保持适销对路的花色品种。

（2）适应所在地特点和经营条件。确定商品档次的经营比例，根据对商圈内居民的消费习惯、消费支出的分析，确定高、中、低档商品的所占比例。

（3）保持顾客基本需要的商品比例。顾客的需要是多方面的，包括商品的品种构成及同种商品的不同规格、质量、服务等方面。对于顾客基本需要的品种、规格和质量要求，要保持必要的经营比例。

（4）保证顾客对商品配套的需求。对一些配套使用的商品及连带消费的商品，应列入商品规划，以便顾客购买。

（5）适应商品销售规模和经济效益的要求。要正确处理经济效益与商品构成之间的关系，这主要表现在两个方面：

①商品构成与商品周转速度之间的关系。品种越多，资金占用就越分散，但并非所有品种都能销售得很好，所以既不能片面增加品种，影响资金周转速度，也不能片面压缩品种，不便顾客选购。

②商品构成与商品利润率之间的关系。既要处理好不同利润率商品之间的比例关系，保证经济效益，又要避免"有利大干，微利不干"，以保证满足顾客的需要。

（三）影响商品结构的因素

影响商品结构的因素，如表 3—1 所示。

表 3—1　影响商品结构的因素

因素	具体内容	备注
商品生产发展	零售业商品结构的变化主要是受商品生产发展的影响，商品生产发展得越快，新旧商品的交替就越频繁	卖场应时刻注意这种变化对商品结构的影响，扩大新商品的经营比重，减少、淘汰不适合市场需要的老商品，使商品结构不断更新
消费结构与消费习惯变化	随着顾客购买力的提高，顾客的需求在不断变化，这种变化既反映在顾客对商品数量需求的增长上，同时也更多地表现在消费结构和爱好习惯的变化上	卖场要随时预测这种变化趋势，有预见地引导消费，及时调整商品结构
商品的季节性	季节性商品在不同时期有不同的经营比重，卖场应适应生产季节或消费季节的需要，调整各个时期的比重	既要保证满足顾客的需要，又要防止季节商品的积压
经济条件的变化	当卖场经营规模扩大或缩小，员工增加或减少时，都应对商品结构进行相应的调整（增加或减少经营的商品种类）	社会风气、生活习惯的改变以及政府某项政策的实施都会直接或间接地影响商品结构的变动

（四）商品结构

卖场经营的商品结构，根据不同的分类标准可以有不同的分类方法。按经营商品的构成划分，可以分为主力商品、辅助商品和关联商品等。

1. 主力商品

主力商品，是指在卖场经营中，无论是数量还是销售额均占主要部分的商品。可以说，主力商品经营效果的好坏直接决定着企业经营的成败。企业应首先将注意力放在主力商品的经营上，因为一个企业的主力商品体现着企业的性质、经营方针以及经营特点，如果主力商品周转快，就可以保证企业取得较好的经营成果；反之，就很难完成企业的销售目标。

卖场选择的主力商品应该是市场上的畅销商品和具有竞争力的名牌商品。这就要求经营者不但要掌握主力商品的发展趋势和增长状况，同时还必须掌握顾客的需求动向和购买习惯的变化。如果企业掌握了主力商品的变化情况，也就代表着掌握了经营的主动权。如果企业在经营中发现主力商品的某些品种滞销，就必须及时采取措施加以调整，防止由于某些品种影响而使企业销售额下降。

2. 辅助商品

辅助商品，是对主力商品的补充。超市经营的商品必须有辅助商品与主力商品搭配，否则会显得过分单调。辅助商品不要求与主力商品有关联性，只要是超市企

业能够经营，而且又是顾客需要的商品就可以。辅助商品的作用是可以陪衬出主力商品的优点，成为顾客选购商品时的比较对象；辅助商品不但能够刺激顾客的购买欲望，而且可以使商品更加丰富，克服顾客对商品产生的单调感，提高顾客光顾频率，促进主力商品的销售。

卖场在进行辅助商品的配备时，必须考虑它的季节性和流行性，不要将过时、过季的商品作为辅助商品，否则不但不能辅助主力商品的销售，而且会造成商品积压，影响企业资金周转。因此，辅助商品的配备，应随季节变化和流行性变化而调整，做到勤进、少进、快销。当然，对于销路好的辅助商品，可以适当增加经营比例，但不应超过主力商品，否则会影响企业的经营性质和特点，对已形成的企业形象造成破坏。

3. 关联商品

关联商品，是在用途上与主力商品有密切联系的商品。配备关联商品，可以方便顾客的购买，同时可以增加主力商品的销售，扩大商品销售量。配备必要关联商品的目的是适应顾客购买中图便利的消费倾向，这也是现代企业经营中的重要原则。

在确定卖场商品的结构时，要求要符合顾客对商品的选择，卖场经营者要根据所在地区的特点和目标顾客对各类商品的选择要求，确定卖场的商品构成比例，保持适销对路的花色品种。另外，还要满足顾客的基本要求。顾客需要既包括商品品种构成，也包括同种商品不同规格、质量等方面的构成。对于顾客基本需要的质量、品种、规格，应保持必要的经营比例，保证销售。还需要注意的是，卖场在确定其商品结构时要保证顾客对商品配套的需求，对于一些配套使用的商品及连带销售的商品，应该列入商品规划，以便于顾客购买。

第二节　卖场商品配置表

一、商品配置表的含义

商品配置表的英语名称是"facing"，意思是指对商品货架陈列排面作恰当的管理；日文名称是"棚割表"，在日文中"棚"意指货架，"割"则是适当的分割位置，也就是商品在货架上获得适当配置的意思。

商品配置表就是指标示经营设备（尤其指陈列柜和陈列架）在卖场的平面位置，以及各类商品在货架上的陈列范围和陈列位置的图表。它是商品管理的基本标准，运用商品配置表能使卖场商品配置与陈列标准化。目前，商品配置表是卖场经营标准化管理的重要工具。在当今信息时代，商品配置表可以通过计算机来制作管理。

二、商品配置表的功能

1. 经营标准化管理

商品配置表是连锁超市经营重要的标准化管理工具。超市连锁分店遍及各地，甚至全国各个角落，达到单个门店的商品陈列的一致，促进工作的高效化，是连锁超市公司标准化管理的重要内容。有一套标准商品配置表来进行陈列一致的管理，整个连锁体系内的陈列管理就比较容易开展，同时，对于季节变动修正及新产品的增列，滞销品的删除等工作，执行效率也较高。

2. 商品陈列定位管理

商品定位是卖场管理非常重要的一项工作，是指要确定商品在卖场中的陈列方位，在货架上的陈列位置以及所占的陈列空间。无规则地进行商品陈列，就无法保证商品的有序、有效的定位陈列，陈列定位管理就是为了达到陈列面积的有效利用。商品配置表是商品定位的管理工具，有了商品配置表，可以极大地帮助卖场做好商品的陈列定位管理，不仅可以加强陈列的规范性，防止盲目陈列而造成的混乱，还可以通过事前规划给卖场中毛利高、周转快的主力商品留有较好的陈列位置、较多的排面数，进而提高卖场的销售效率。

3. 商品销售目标管理

一般而言，对于卖场来说其商品销售的目标通常有两个：一是为了追求利润的最大化；二是追求市场占有率的最大化，即尽量扩大销售额。成功的经营是在追求销售额增长的前提下追求利润增长的。无论是属于哪一种情况，卖场都必须通过商品的合理配置来实现，如某个卖场的销售额已经很高了，但是利润不高，这时就应该把利润高的商品更多地放在好的陈列位置上来销售，利润高的商品销售量提高了，卖场的整体利润水平也会随之提高；反之如果卖场的毛利率较高，但销售额较小，这时应该把周转快的商品放在好的陈列位置上来进行销售，以提高其市场占有率。这种陈列位置随着销售目标的不同而进行经常的调整，就需要依靠商品配置表给予商品适当的配置位置。

4. 畅销商品保护管理

畅销商品是指销售速度较快的商品，任何一个卖场都必须对其予以保护，而实施保护的手段之一就是使用商品配置表。对于卖场来说，如果没有商品配置表对畅销商品排面的保护管理，常常会发生这种现象：当畅销商品卖完了，又得不到及时的补充时，就易导致较不畅销商品甚至滞销品占据畅销商品的排面，形成了滞销品驱逐畅销品的状况。这种状况一方面会降低卖场对顾客的吸引力；另一方面会使卖场失去销售机会，同时降低其竞争力。而当卖场进行了商品配置表管理，畅销商品的排面就会得到保护，滞销品驱逐畅销品的现象会得到有效控制和避免。同时，畅销商品排面的空缺和不足也是检查卖场商品补货与商品陈列质量的"重点"，以及成为发现和分析畅销商品断档原因并加以改进的"关注点"。

5. 卖场利润的控制管理

商品配置表可以把卖场的利益控制在一定的水准，卖场销售的商品中，有高利润商品和低利润商品之分，对于每一个经营者来说，总是希望把利润高的商品放在好的陈列位置进行销售，而把利润低的商品配置在差一点的位置销售，这样可以利

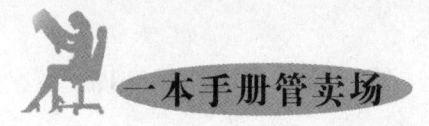

于提高高利润商品的销售量，进而增加卖场的整体盈利，而这种商品利润控制的管理法，就需要依靠商品配置表来给予各种商品妥当贴切的配置陈列，以求得整个卖场实现较高的利润。

6. 商品陈列排面管理

商品的陈列排面管理，即提出商品配备和陈列的方案，从而规划好商品陈列的有效货架空间范围。一般而言，卖场陈列的品项数往往多达万种以上，而所陈列的商品中，有些商品非常畅销，一天能卖出数十个，甚至数百个，但有些商品则可能一天只卖出几个，甚至连一个也没卖出。因此，卖场经营者在安排商品的排面时，就须根据商品销售数量的多寡，给予适当的排面数，亦即畅销的商品给予的排面数多、占的陈列空间大，而不畅销的商品给予较少的排面数、较小的陈列空间，甚至只给单一的排面数，这样可以极大地提高卖场经营的效率，促进卖场销售。

7. 有效地控制商品品种

实际经营中，卖场的营业面积都是有限的，因此所能陈列的商品品种也是有限的，为此就要有效地控制商品的品种数。使用商品配置表，就能取得有效控制商品品种的效果，使卖场的经营达到最高的效率。

三、商品配置表的制作程序

对于尚未制作商品配置表的卖场来说，商品配置表的制作始于市场调查研究，忠于卖场销售效果评估，其制作程序基本如下。

1. 消费需求调查

新店设立之初，经营者要对消费者需求和购买情况进行细致的调查。消费者调查的内容具体包括：消费者职业、收入水平、家庭结构、购物习惯、希望卖场提供何种商品和服务等。根据这些调查所得的资料，最终确定卖场经营哪些品种或品类的商品。在经营过程中，确定商品配置要根据历史销售资料和市场调查分析，确定商品配置比例和进货结构。

2. 品种资料收集

卖场经营者详细收集每一类商品中可能出售的品种资料，包括商品的价格、成分、规格、尺寸以及包装材料等。这些资料应尽可能收集齐全，最好能分品种建立在计算机档案内，这样可以便于经营者比较分析及随时调阅。

3. 品种挑选及决定

卖场经营者将品种资料搜集齐全后，应该把所有分类里的商品价格、包装规格及设计，依商品的品质及用途分别做一个详细的比较，将最符合潜在市场顾客需求及卖场经营优势的商品，按其优先顺序挑出来，依次排列，挑出拟引进的商品品项。

4. 商品构成决策

卖场经营的商品品种决定后，把商品的陈列面依分析判定的畅销程度做一个适当的安排，并把这些商品与附近竞争店的商品结构作比较，判断在商品品项数、陈列面、优势商品、价格等方面相对于竞争对手是否有优势，并据此对商品构成进行调整。

5. 商品的陈列位置与陈列排面数的安排

卖场经营者在决定单品项商品具体陈列位置和在货架上的排面数时必须遵循有关商品陈列的基本原则,运用好商品陈列的多种技术。如商品配置在货架的上段、黄金段、中段还是下段等,同时还需考虑到企业的采购能力、配送能力、供应厂商的合作以及卖场自我形象的塑造等诸多因素,只有这样才能实现卖场内商品的合理配置。除此之外,第一排的商品数目要适当,要根据每种商品销售数量来确定面朝顾客一排商品的数量。一般来说,第一排的商品数量不宜过多,如数量过多,一个商品所占用的陈列面积就会过大,相应的商品陈列品种就会下降,在客观上也会使顾客对卖场极力推销该商品产生心理压力,造成顾客对该商品的销售抵抗,但促销商品除外。

6. 商品配置表的设计

对于卖场来说,商品配置图表的制作是一项艰苦的工作,同时也是一项实践性和操作性很强的工作。一般来说,商品配置图表是以一座货架为基础制作的,有一个货架就应有一张商品配置表。经营者在制作卖场的商品配置表时,先作货架的实验配置,达到满意效果后才制作商品配置表。商品配置表的设计,只要确定货架的标准,再把商品的品名、规格、排面数、编码、售价表现在表格上即可;也有的把商品的形状画到图表上,但这些必须借助于计算机来设计,这样就对货架管理人员提出了更高的技术要求。

7. 适时调整商品品种配置比例

根据消费者购买比例制订的商品品种配置,其比例并不是固定不变的,而是会随着消费者消费习惯的变化和市场供求状况的变化而改变。因此,卖场经营者需要将每日销售情况进行统计分类,定期分析商品销售情况的变化,适时调整卖场的商品配置。

第三节 卖场商品组合

一、卖场商品组合的内容

(一)商品组合的形式

1. 以目标市场为基础进行组合

商品组合的中心内容是确定经营商品的种类及各类商品的式样、花色、规格、质量、等级、价格等。商品种类的多少就是商品的宽度,花色品种的多少就是商品的深度。根据商品的宽度和深度的不同组合,卖场可结合自身的情况进行选择。

2. 差异化策略

(1)经营自有商品,以示区别于其他竞争卖场。

（2）以率先推出最新产品为特色，用新产品吸引顾客，从而带动整个卖场的商品销售。

（3）以新奇、不断变化的商品为特色，定期对商品、货位进行调整，给顾客以新鲜感。

（4）以竞争对手没有的独特品项为特色，针对高收入的顾客。

（5）以经营处于成长期的商品为特色，这类商品往往价格高、销量大。

（二）商品组合类型

1. 商品系列专门型

专注于某一类商品的销售，尽最大努力将其推销给各类顾客。

2. 市场专业型

市场专业型这种策略是将各种商品提供给某个专业市场或某类特定的顾客群，这种商品组合方式不考虑商品系列之间的关联程度。

3. 有限商品系列专业型

这种策略是卖场根据自身的专长，集中经营有限的、单一的商品系列，从而适应有限的、单一的市场需要。

4. 多系列全面型

多系列全面型策略着眼于向任何顾客提供所需的一切商品，采用这种策略的基础是卖场有能力照顾整个市场的需要。

5. 特殊商品专业型

根据自身的专长，销售某些具有优势销路的特殊商品项目。由于这些特殊商品所能开拓的市场是有限的，所以这种策略的优势在于竞争威胁很小。

6. 特殊专业型

卖场采用这种商品组合要凭借其所拥有的特殊销售条件，提供能满足某些特殊需要的商品。

二、卖场商品组合的原则

为了确保卖场的采购工作成功进行，除了要提高价格的竞争力外，最重要的就是商品的组织，要确定适当的商品组织必须以客户群的需要为出发点。一般来说，应该遵循以下原则。

1. 商品化原则

商品化是指将生产制造商和供货商所提供的产品转化为经营商品的过程。需要注意的是，商品化过程必须满足消费需求和商品销售的要求。

2. 保证商品的质量

质量优良的商品是买卖的基础，必须是物有所值，绝对不可采购不合格率高的商品，绝对不允许因追求低价位的要求而直接采购质量低劣的商品。

3. 卖场商品种类齐全

目前，消费者日益强调节约时间和一站式购物，因此卖场在确定商品组合时要尽可能地扩大其经营商品的品种，做到商品种类力求齐全，品项力求宽广。应选择80％的客户群需要的商品，避免选择冷门的商品，尽量以回转快、销售量大的商品为主力，使顾客能一次买齐日常必需品，同时要密切关注消费潮流，不断调整品种结构，而且要注重新品的导入。如果卖场面积较大，对于边际效益的追求，应该做出更多的努力。

4. 商品群原则

商品群是指卖场经营商品的战略单位，无论什么种类的商品，都存在着一个组织结构，通常卖场中的商品群，主要由大众认同的、畅销的主力商品，还有知名度较低，但价格有优势或者有个性的辅助商品以及强调款式及品位的诱导商品三部分构成。一般而言，大型卖场的畅销品约占30％，辅助性商品约占60％，而诱导性商品约占10％。做好商品群的策划工作，能提升卖场的形象、稳定客源。商品群可按商品属性划分，但这种划分很难树立企业的经营特色，所以商品群主要应根据消费者的需求划分，用一些新概念、新组合来引导消费者，带动销售。

5. 明确利润导向

利润导向指商品经营应考虑增加利润的途径，可以从以下几个方面来考虑增加卖场利润：

(1) 按薄利多销的原则销售商品；

(2) 适当减少单一品种数量，以减轻库存压力；

(3) 以零售价决定采购价；

(4) 要求厂家将有些商品作为特价品；

(5) 新品上市可适当收取上架费。

6. 重点商品原则

卖场的营业面积是有限的，面对产品不断开发、品种无限增加的情况，就要求对经营商品的品种必须优中选优，把销售额大、顾客必需的商品作为重点商品，进行重点管理。

7. 商品档次

商品档次在卖场中通常是指价格档次，虽然商品档次包含复杂的内容，但价格是其代表，是卖方真实的追求，是限制顾客购买行为的决定因素。

三、卖场商品组合的优化方法

对于经营商品项目众多的卖场，要确定一个最佳的商品组合决策是一个十分复杂的问题。现实中许多卖场在实践中创造了不少有效的方法。以下是几种经过实践证明行之有效的商品组合的优化方法。

1. 商品环境分析法

商品环境分析法是把卖场的商品分为 6 个层次，然后分析研究每一个层次的商

品在未来的市场环境中的销售潜力和发展前景。其具体内容有：

（1）对于目前卖场中的主力商品，应该根据市场环境来分析其是否继续发展；

（2）在市场竞争中，对于能使卖场获得较大利润的商品，应适当增加其经营比例；

（3）卖场应该努力开发、培养未来的主力商品，一般是指新商品投入市场后能打开市场销路的商品；

（4）过去是主力商品，而现在销路已日趋萎缩的商品，卖场应该根据市场情况做出缩小或淘汰的决策；

（5）对于尚未完全失去销路的商品，卖场可以采取维持或保留的经营决策；

（6）对于完全失去销路的商品或经营失败的新商品，应该将其淘汰，撤出陈列货架。

2. 商品系列平衡法

商品系列平衡法是国外比较流行的一种商品优化的方法。它是把卖场的经营活动作为一个整体，围绕实现卖场的经营目标，从卖场的竞争力和市场引力两个方面，对卖场经营的商品进行综合平衡，从而做出最佳的商品优化决策。商品系列平衡法可分为以下 4 个步骤。

（1）评定商品的市场引力，具体包括商品的利润率、市场容量、增长率等；

（2）评定卖场的实力，具体包括卖场的形象、市场占有率、销售能力、卖场陈列能力等；

（3）制作商品系列平衡象限图；

（4）分析与决策。

3. 资金利润率法

资金利润率法是以商品的资金利润率为标准，对商品进行评价的一种方法。资金利润率是一个表示商品经济效益的综合性指标。它既是一个表示盈利能力的指标。又是一个表示投资回收能力的指标，它把采购一个商品的劳动耗费、劳动占用和超市的经营管理成果结合在一起，是卖场经营管理方面经济效益的综合反映。

应用资金利润率法，可将商品的资金利润率分别与银行贷款利率、行业的资金利润率水平、优秀企业的商品资金利润率、经营目标及利润目标进行对比，达不到目标水平的说明其赢利能力不高；也可以把卖场各种商品（或系列商品）的资金利润率资料按卖场经营目标及标准进行分类，结合商品的市场发展情况，预测资金利润率的发展趋势，从而最终做出商品决策。

四、淘汰疲软商品

疲软商品，通常是指销售困难，不能为卖场创造利润的商品。疲软商品可能是曾经为卖场创造过可观的利润，或者是卖场得以成长的基本商品。随着市场技术的发展和市场需求的变化，获利商品最终将变成疲软商品，在商品生命周期理论中这种现象是必然发生的。

（一）疲软商品产生的原因

由于具体情况不同，疲软商品出现的方式，可能是逐步缓慢的，也可能是迅速的，商品疲软是可以预测和应付的。在国外，许多具有多种商品的卖场，常常通过建立疲软商品的检查制度（即商情制度）来及时发现疲软商品并做出适当的决策。一般来说，疲软商品产生的原因主要有以下6个方面。

（1）顾客喜好的变化；

（2）卖场促销的计划不当；

（3）多种竞争商品大量涌入同一市场；

（4）更好的替代商品的出现；

（5）商品改革的进展不大或受到忽视；

（6）其他具体原因。

（二）疲软商品的淘汰方法

如果疲软商品在市场上再也不能满足消费者的需要，而且又不能为卖场带来经济利益的时候，就必须将其淘汰。经营者必须具备这种将其淘汰的魄力和决心，否则就会丧失市场机会，从而导致更大的损失。但是，一定要清楚，对于那些属于市场经营决策不当，而不是确实进入衰退期的商品，不能简单地加以放弃，而要慎重地改变市场经营策略。对于确实已无可挽回地进入衰退期的疲软商品，卖场经营者也需采取妥当的策略，有计划地予以淘汰。无条件地淘汰，可能会给卖场带来更大的经济损失。具体来说，卖场经营者可根据实际情况，对淘汰商品采取以下策略。

1. 逐步放弃策略

当采取逐步放弃策略时，卖场应该安排一个日程表，按计划逐步减少疲软商品，使有关资源有秩序地转移，同时，卖场还应该逐步扩大其替代的新商品的上货量，并且扩大其排面，使顾客的使用习惯有秩序地改变，避免让顾客产生商品突然被抛弃的感觉。

2. 立刻放弃策略

一般来说，当卖场遇到以下情况时，应采取立刻放弃策略：

（1）疲软商品所占用的资金必须迅速转移；

（2）疲软商品的市场售价过低，不能补偿成本；

（3）卖场在预测的基础上，准备了该疲软商品的替代品，即新商品；

（4）疲软商品的继续存在会严重影响到其他有发展前途的商品。

3. 自然淘汰策略

自然淘汰策略是指卖场不主动放弃某商品，而是将其留在市场上直至其完全衰竭为止。卖场采取这种策略，主要是着眼于对竞争形式的分析。商品进入衰退期总有一些处于竞争劣势的卖场使疲软商品提前退出市场，而继续留存的卖场就可以获得这些退出者留下的利益。采取这种策略的卖场必须具有很好的竞争能力，同时也会面临较大的风险。卖场在采取自然淘汰策略时，还要做以下三步的策略选择。

（1）集中策略。卖场将其促销活动集中于最好的市场面和销售渠道上，对维持该商品的销售作最后的努力。

（2）连续策略。卖场继续保持其过去的经营策略，对原有的市场定位、促销措施、陈列空间、定价维持不变，使该商品继续自然衰退直至结束市场生命。

（3）强制策略。卖场不顾一切地大幅度降低销售费用，强制地降低成本。这种策略会加速商品的衰退，但由于在一定期间内销售量的下降滞后于推销费用的下降，所以在一个较短时期内，销售量可能会维持不变，或者较慢地下降，卖场将有可能增加其利润。

总而言之，如何淘汰疲软商品是卖场需要慎重考虑的问题之一。首先，如果疲软商品在市场上确实已不能满足需要，同时又不能为卖场带来经济效益，那么被淘汰将是难以避免的；其次，如果疲软商品是由市场经营策略不当所造成的，而不是商品本身的确已进入衰退期的话，卖场则应改变其市场经营策略，而不能简单地加以放弃。如果商品确实已无可挽回地进入衰退期而成为疲软商品，卖场可采取适当的策略，有计划地予以淘汰。总之，要解决好这些问题，就要求卖场要具备健全的商情分析制度和确切的市场信息资料。

第四节　卖场磁石理论的应用

商品布局是关系到卖场经营成败的关键环节，如果商品布局不当，会造成顾客想要的商品没有，不想要的商品却太多，不仅空占了陈列货架，也积压了资金，导致经营失利。卖场的布局设计与卖场所经营的商品品种紧密相关。因此，在对卖场的布局进行规划与设计的同时，应该时刻考虑到商品价值的实现，即设定卖场中每一个区位应达到的销售值，甚至可将经营指标深化到每一个单品。事实上，卖场货架上配置的商品就是要考虑如何适应相应的区域面积销售额。

一、磁石理论

磁石就是指卖场中最能吸引顾客注意力的地方，磁石点就是顾客的注意点，要创造这种吸引力必须依靠商品的配置技巧来完成。

在卖场商品布局中运用磁石理论的意义是在卖场中将最能吸引顾客注意力的地方配置最合适的商品，从而达到引导顾客逛完整个卖场，进而增加顾客冲动性购买的比率的目的。卖场应按不同的磁石点来配置相应的商品。

二、磁石理论与商品布局

在卖场经营中，磁石点共分为以下5个点。

1. 第一磁石点

第一磁石点位于卖场中主通道的两侧，是顾客必经之地，也是商品销售最主要的地方。此处配置的商品主要是主力商品、购买频率高的商品、采购力强的商品。这类商品大多是消费者随时需要，又时常要购买的。如蔬菜、肉类、日配品（牛奶、面包、豆制品等），应放在第一磁石点内，可以增加销售量。

2. 第二磁石点

第二磁石点穿插在第一磁石点中间，一段一段地引导顾客向前走，第二磁石点在第一磁石点的基础上摆放，主要配置流行商品，色泽鲜艳、引人注目的商品，季节性强的商品。第二磁石点需要超乎一般的照度和陈列装饰，以最显眼的方式突出表现，让顾客一眼就能辨别出其与众不同的特点。同时，第二磁石点上的商品应根据需要每隔一段时间即进行调整，保持其基本特征。

3. 第三磁石点

第三磁石点指的是卖场中央陈列货架两头的端架位置。端架是卖场中顾客接触频率最高的地方，其中一头的端架又对着入口，因此配置在第三磁石点的商品，就要刺激顾客，留住顾客，所以可配置特价商品、高利润商品、季节性商品、供应商促销商品。目前很多卖场根本不重视端架商品的配置。另外，有的卖场所用货架两头是半圆形的，根本无法进行端架商品的重点配置。殊不知，这些都让他们丧失很多赢利的机会。

4. 第四磁石点

第四磁石点通常指的是卖场中副通道的两侧，是充实卖场各个有效空间的摆设。这是个要让顾客在长长的陈列线中投入注意力的位置，因此在商品的配置上必须以单项商品来规划，即以商品的单个类别来配置。为了使这些商品能引起顾客的注意，应在商品的陈列方法和促销方法上对顾客作刻意表达诉求，主要有热门商品、有意大量陈列的商品、广告宣传的商品等。

5. 第五磁石点

第五磁石点是指位于收银处前的中间卖场。可根据各种节日组织大型展销、特卖活动的非固定卖场。其目的在于通过采取单独一处多品种大量陈列的方式，造成一定程度的顾客集中，从而烘托卖场气氛。同时通过促销主题的不断变化，也能给消费者带来新鲜感，从而达到促进销售的目的。

第二章 | 卖场商品陈列

第一节　商品陈列基础知识

商品陈列是指把具有促进销售机能的商品摆放到适当的地方，其目的是创造更多的销售机会，从而提高卖场的销售业绩。陈列是一种综合性艺术，是广告性、艺术性、思想性、真实性的集合，是消费者最能直接感受到的时尚艺术。在陈列展示的过程中，陈列设计师不仅仅要展示商品，更需要陈列生活的方式。陈列设计师是整个品牌的形象塑造师，更是营造视觉生活享受的专家。

科学的商品陈列可以起到如下作用：增加销售利润；陈列美观、突出企业形象；改善商品库存；促进消费者的购买欲望；尽量充分利用卖场空间。在商品的经营中，陈列是一项重要的技术，借助陈列的手法，可将商品的魅力展现在顾客面前，激发顾客的购买欲望。作为商品的现场广告，商品陈列的促销作用要比电视广告、报纸广告更有效。商品陈列能将商品的外观、性能、特征和价格迅速地传递给顾客，使消费者能够自主进行比较和选择，可减少询问，缩短挑选时间，加速交易过程。

规则性的陈列可以使顾客获得轻松、便捷的购买过程，而通过色彩搭配、灯光照明和创意思维则使购物成为一种享受。这不仅将品牌的商业诉求传达给了忠实或潜在的客户，也为人们的生活创造出一道美丽风景。另外，陈列设计过程中还需要考虑到文化的影响，陈列设计师是连接品牌文化和销售区域文化之间的桥梁。在陈列展示过程中，无论橱窗、卖场，都需要密切地结合起当地人的生活，将品牌与那些潜在客户融合在一起。

卖场设计与商品陈列直接影响着顾客的购买行为，影响着卖场的销售业绩。好的卖场环境设计与商品陈列不仅体现了一定的艺术美，也反映了卖场独特的经营理念与风格。它们同属于卖场形象设计中视觉形象范畴，不仅要求方便顾客购物消费，而且要求独特新颖，在众多的竞争者中能够卓然出众，给消费者留下深刻的印象，使消费者产生重复购买行为。

一、商品陈列的原则

在竞争越来越激烈的今天，各大卖场均最大限度地利用各种促销手段，同时在卖场里各尽所能地采用各种技术手段来烘托卖场气氛，以达到促进销售的目的。商品陈列更是成为考核卖场经营者素质的一个重要指标，因此卖场在进行商品陈列时要遵循以下基本原则。

既然商品陈列是超市销售的开始，商品陈列如此重要，那么在商品陈列中应注意的原则有哪些呢？比较普遍的商品陈列的原则有如下几点。

（一）分区定位原则

所谓分区定位，就是指要求每一类、每一品项商品都必须有一个相对固定的陈列位置，商品一经配置后，就很少变动。这是为了使商品陈列标准化，便于顾客选购。为了很好地贯彻分区定位原则，卖场还应该注意以下几个问题。

（1）卖场应该向顾客公布货位分布图，并根据商品大类或商品群设置商品指示牌，使顾客一进入卖场就能初步了解自己所要买的商品所在的大概位置。另外，商品标示牌的形式可以灵活多样，根据商品类别与陈列位置的不同而变化。

（2）使同类商品纵向排列，即从上而下垂直陈列，使同类商品能够平均享受到货架上各位段的销售利益。卖场采用同类商品垂直陈列可以使商品呈直线式的陈列，体现出商品的丰富感，从而极大地吸引消费者的注意力，同时也不会出现由于同类商品的横向陈列造成其他类别商品所应享受的货架位段平均销售利益降低的现象。

（3）要将相关商品的货位布置在邻近或对面的位置，这样可以方便顾客进行比较，促进连带购买，例如胶卷与相机、蔬菜与肉禽蛋以及调味品与鲜肉制品等。

（4）适当地隔开相互之间影响较大的商品货位，例如熟食制品与生鲜食品、化妆品与烟草、茶叶、饼干等商品。

（5）卖场应该根据时间、商品流行期的变化，随时调整卖场的商品货位，但是要注意调整幅度不宜过大，除了根据季节以及重大的促销活动而进行整体布局调整外，大多数情况下不进行过大的变动，这样可以方便老顾客凭之前的经验找到商品的位置。

（二）易见易取原则

所谓易见就是要使商品陈列容易让顾客看见。所谓易取就是要使商品陈列容易让顾客触摸、拿取和挑选。卖场出售的绝大部分商品都是包装商品，包装物上都附有产品说明，包括商品的品名、价格、质量、成分等。商品在货架上是销售达成的首要条件，如果商品陈列使顾客稍微看不清楚，就不会引起顾客的注意，这样商品就无法销售出去。因此，顾客看不清楚什么商品在什么位置是陈列的大忌。卖场不应该有顾客看不到的地方或商品被其他东西遮挡的情形出现。要让卖场内所有的商品便于顾客看清楚的同时，还必须让顾客对所有看清楚的商品做出购买与否的判断，尽可能激发消费者购买的欲望。

1. 常用的货架分段方法

（1）上段。上段为手不易拿到的高度，即货架的最上层，与顾客的视线高度相平的地方，其高度离地一般为120～160厘米，卖场通常在该段位陈列一些推荐商品，或有意栽培的商品，该商品到一定时间可移至下一层即黄金线，另外，上段还可以有一些色彩调节和装饰陈列。

（2）黄金线。黄金线的高度离地一般在85～120厘米之间，它是货架的第二层，

是人眼最容易看到的,并且手最容易拿取商品的陈列位置,因此黄金线是卖场中的最佳陈列位置。这个位置一般用来陈列一些高利润商品、独家代理或经销商品以及自由品牌商品。需要注意的是,卖场不能在这个位置陈列一些无毛利或低毛利的商品,那样将会对卖场的经济效益造成重大的损失。

(3)中段。它位于货架的第三层,其高度离地为50～85厘米,这个位置一般用来陈列一些低利润商品或因顾客需要而不得不卖的商品以及为了保证卖场齐全性而进行销售的商品,同时,也可以陈列原来放在上段或黄金线上的已进入衰退期的商品。

(4)下段。下段即货架的最下层,高度一般在离地10～50厘米,这个位置通常陈列一些体积较大、易碎、补充性、体现量感、毛利较低但周转相对较快的商品,也可陈列一些消费者认定的品牌商品或消费弹性低的商品。

2. 商品陈列对顾客显而易见

(1)商品贴有价格标签的一面要面向顾客。目前许多卖场均使用了POS(销售终端)系统,即销售点实时管理系统,一般来说都不直接在商品上打贴价格标签,所以卖场必须要保证该商品价格牌的准确制作和位置的合理摆放,而且要使每一种商品不能被其他商品挡住视线。

(2)位于货架下层不易看清的陈列商品,可以使之倾斜陈列。要使顾客伸手可取到商品,最重要的是要注意商品陈列的高度。商品陈列伸手可取的原则还包含商品放回原处也方便的要求,如果拿一个商品可能会打坏或不容易再放回去,顾客就不愿意去拿,即使拿到了也会影响其挑选观看的兴趣,使商品的销售由于陈列不当而受阻,所以要特别重视商品伸手可取又要很容易地放回原处的陈列原则。另外,要符合伸手可取原则,还要做到陈列的商品与上隔板保持一定的距离。货架上的商品陈列要放满,但不是说不留一点空隙,如不留一点空隙,就会给消费者在挑选商品时带来很多不便,因此,卖场应该在陈列商品时与上隔板之间留有适当空隙,以便于顾客自如地取放商品。

(三)变化性陈列原则

卖场中的变化性陈列,通常用来做特卖商品的陈列或某种活动的陈列,其时间一般只有3～5天。常见的变化性陈列主要有以下3种形式。

1. 端架陈列

端架即货架的两端,这是销售力极强的位置。端架陈列可以是单一品项,也可以是组合项,以后者效果为佳。卖场在进行端架组合陈列的时候应该注意:品项不宜太多,一般以5个为限,而且品项间要有关联性,绝对不可把无关联的商品陈列在同一个端架内,另外在几个组合品项中可选择1个品项低价出售,从而带动其他品项的销售。

2. 比较性陈列

比较性陈列是指把相同商品,按不同规格、不同数量予以分类,然后陈列在一起。这种方法就是要促使顾客更多地购买商品，以达到促销的目的。值得注意的是，在进行比较陈列的作业时，要多陈列包装量大的该商品，而包装量小的该商品就相应的少一些，以明确为顾客指出购买的方向。一般来说，比较陈列必须事先计划好商品的价格、包装量和商品的投放量，这样才能既保证达到促销的目的，又保证连锁超市的整体盈利水平。

3. 凸出陈列

凸出陈列是指将商品放在篮子、箱子、车子或凸出板内，陈列在相关商品的旁边销售，其主要目的是诱导和招揽顾客。卖场在使用凸出陈列的时候应该注意以下几个方面：

（1）凸出陈列不宜太多，以免影响顾客正常的行走路线；

（2）凸出陈列的高度要适宜，既要能引起顾客的注意，又不能太高，以免影响货架上商品的销售效果；

（3）不宜在窄小的通道内做凸出陈列，即使比较宽敞的通道，也不要配置占地面积较大的突出陈列商品，以免影响通道顺畅。

（四）先进先出原则

卖场商品在货架上陈列的先进先出，是保持商品品质和提高商品周转率的重要控制手段，对于运用敞开式销售方式的卖场应该尤为重视这一原则。当商品上架后，随着不断销售，就要进行商品的陈列补充，陈列补充要依照商品先进先出的原则进行，其方法是先把原有的商品取出来，然后放入补充的新商品，再在该商品前面陈列原有的商品。也就是说，商品的补充陈列是从后面而不是前面开始的。这种陈列法就叫做先进先出法。因为顾客总是购买前排商品，如果不是按照先进先出的原则来进行商品的补充陈列，那么陈列在后排的商品就会永远地卖不出去。卖场中的很多商品，尤其是食品都有保质期限，消费者往往会很重视商品的出厂日期，因此，卖场采用先进先出法来进行商品的补充陈列，可以在一定程度上保证顾客买到商品的新鲜性，从而很好地保护了消费者的利益。需要指出的是，排在后面的商品比较容易积灰尘，所以要特别重视后排商品的清洁，随时进行清扫，另外，当某一商品即将销售完毕时，暂未补充新商品，这时就将后面的商品移至前排陈列销售，总之，绝不允许出现前排空缺的现象。

（五）满货架陈列原则

卖场货架上的商品必须经常、充分地放满陈列，如果货架常常空缺，说明卖场售货区有效的陈列空间被白白地浪费了。卖场进行满货架陈列的意义主要有以下几点：首先，货架不是满陈列，商品表现力降低，在售货区陈列着成千上万种商品的情况下，不是满陈列的商品，其销售效果往往是不佳的，而且也会使顾客形成这是卖剩下来的商品的不良印象。有些商品在数量上是放满的，但由于陈列方法不对，没有将包装最佳的一面对着顾客，销售效果也会不理想。其次，货架上的商品都放满，既可以给顾客一个商品丰富的好印象，吸引顾客注意力，也可以提高商品周转。

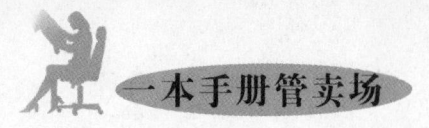

需要注意的是，由于许多商品从订单到进货这一阶段，存在着一个时间差，在这个阶段里会出现某些商品补充不足。这时可用销售率高的其他商品来填补空缺的货架空间，而决不能用相邻的商品来填补，除非该商品也是销售率高的商品。但要注意的是，用来临时填补空缺的商品，要和相邻的商品有一个品种和结构之间的配合。

（六）关联性原则

卖场中的商品陈列，非常强调商品之间的关联性，这就要求把分类不同但有互补作用的商品陈列在一起，从而促进关联商品的销售。但是现实中，人们常常看到许多关联性商品往往是按照商品的类别来进行陈列的，即在一个中央双面陈列货架的两侧来陈列相关联的商品，这种陈列法往往是错误的，因为顾客常常是依货架的陈列方向行走并挑选商品，很少再回头选购商品。所以关联性商品，应陈列在通道的两侧，或陈列在同一通道、同一方向、同一侧的不同组货架上，而不应陈列在同一组双面货架的两侧。

关联陈列法可以使得卖场的整体陈列活性化，同时也增加了顾客购买商品的卖点数。掌握关联陈列法的原则是，商品之间必须有很强的关联性和互补性，要充分体现商品在消费者使用或消费时的连带性，打破商品分类之间的区别，因为这正是消费者生活的原型。另外，凡是临近的商品区域或商品货架，一定要彼此密切相关联。顾客在卖场中由一个商品区域到另一个商品区域时，其感觉应该是在关联中逐渐过渡。关联感能诱导顾客延长采购时间，走过尽可能多的商品区域，经过尽可能多的货架，从而增加其购买量。

（七）同类商品垂直陈列原则

在实际运作中，卖场货架上同类的不同品种商品要做到垂直陈列，而避免横式陈列。因为同类商品垂直陈列的好处是：首先，同类商品如果不垂直陈列，顾客在挑选同类商品的不同品种时会感到很不方便，因为人的视线是上下移动方便，而横向移动其方便程度要比上下移动差一些，横向陈列会使陈列系统较乱，而垂直陈列会使同类商品呈一个直线式的系列，体现商品的丰富感，会起到很强的促销效果；其次，同类商品垂直陈列会使得同类商品平均享受到货架上各个不同段位的销售利益，而不至于产生由于同类商品的横向陈列，而使同一商品或同一品牌商品都处于一个段位上，因而带来销售或好或差的现象。同时，也不会由于同类商品的横向陈列，所造成的降低其他类别的商品所应享受的货架段位的平均销售利益。

（八）前进陈列和立体陈列原则

前进陈列和立体陈列是商品陈列的两种形式。所谓前进陈列，就是指要按照先进先出的原则来补货。营业高峰过后，货架陈列的前层商品被买走，会使货架前排空缺，这时卖场管理人员就必须把里层的商品往外移，从后面开始补充陈列商品，这个动作叫做前进陈列。如果暂无补充货源，也应进行前进陈列，以保持陈列的丰满。在做前进陈列动作时应注意做好商品的收集、整理与清洁工作，商品要干干净净地呈现在顾客的面前；而所谓立体陈列就是要求陈列商品的排列应前低后高，成阶梯状，使商品陈列既有立体感和丰富感，又不会使顾客有被商品压迫的感觉。一般来说，过分强调满陈列和连续性，就会使顾客增加被商品压迫的感觉，不利于卖场商品的销售。

总而言之，卖场要在遵循以上原则的基础上，努力使顾客在进入卖场后能拥有愉快的购物心情，因为良好的心情能使顾客有兴趣多看、多比较，进而使顾客不自觉地多购买商品。所以，卖场应该通过对商品巧妙科学的排列组合，营造出一种温馨、轻松、舒适的购物氛围，消除顾客与商品的心理距离，使顾客感到一种可近、可亲、可爱之感，从而激发消费者的购买欲望，提高卖场的销售利润。

二、商品陈列的要求

商品陈列对于卖场的经营具有十分重要的作用，好的陈列让消费者对商品一见钟情，卖场在进行商品陈列时要注意研究消费者的购买心理，既要能美化店容店貌，又能扩大商品销售。在商品陈列方面，卖场必须做到易为消费者所感知，要最大限度地吸引消费者，使消费者产生兴趣并引起注意，从而刺激消费者的购买欲望，促其做出购买决定，形成购买行为。商品陈列是通过对商品颇具匠心的组合排列，营造出一种温馨、明快的特有气氛，消除顾客与商品的心理距离，使顾客对商品产生浓厚的兴趣。卖场在进行商品陈列时，要求做到以下几点。

1. 便于顾客看到和寻找

卖场经营的商品种类繁多，如何给顾客带来方便，使得顾客很容易地判断什么商品在什么部位，是商品陈列时首先要解决的问题。卖场在进行商品陈列时应该根据商品的大小、色彩、形状等决定商品陈列的位置和高度。对于体积较小、形状不突出、色彩不易引人注目的商品来说，要尽可能调整到货架前顾客较容易看到的高度。相反，对于体积较大的商品来说，陈列在货架下段较为合理。如果是面向儿童的商品，一定要陈列在与儿童身高相符的位置，以便于孩子们看到。便于顾客寻找的商品陈列，是指应根据商品分类和卖场布局的要求来决定商品的陈列位置。这就要求商店必须站在顾客的立场，不仅要确定某个商品的空间陈列位置，而且要确定品种内的品项组合以及品种之间的关系。

一般来说，对于规模较大的卖场应设置货位布置图。若有多层卖场，还应设置各楼层商品指示牌。一般来说，商品的货位分布图设置在商店主要入口处的显要位置，而每一楼层的商品指示牌多设在每一楼层的楼梯处或自动滚梯入口处。标牌设置要美观、简洁、明了。

总之，不管什么性质的商品，卖场在进行陈列时一定要站在便于顾客购买的角度加以认真考虑。

2. 便于顾客挑选

顾客对商品的挑选往往是在使用目的相同的商品间的比较中完成的。所谓便于顾客挑选，是指在陈列中应合理地组织能相互比较的品项。为此，在商品陈列中，要尽量按用途和使用目的对商品进行合理的分类，并保持一定幅度的陈列面以便于

顾客进行挑选。

3. 便于顾客拿取

方便顾客拿取是卖场进行商品陈列时一定要考虑的问题。商品陈列必须摆在消费者容易拿取的位置（考虑是大人或小孩购买），要保证在货架上至少有80％的商品，可以让消费者很方便地自行取购，同时卖场要争取好的陈列点，让消费者能从不同的方向取得商品，不要把不同类型的商品混放，不要把助销宣传品贴在商品上。另外，陈列的商品要稳定和安全。因为不稳定的商品陈列形状不仅不安全，而且会给顾客的挑选和行走带来很大的心理障碍。

4. 价格标示清晰

在卖场中，价格标示往往能唤起顾客心中的购买欲望，商品价格本身就具有销售力，价格是决定消费者购买的重要因素。如果没有清楚的价格，即使消费者有兴趣，也会影响其决心，因此价格要标示清楚，同时还需要注意的是，数字的大小、多少会影响价格的吸引力，价格标示必须陈列在醒目的位置上，直接写出特价的数字比告诉消费者折扣数具有更大的吸引力。

5. 要注重季节性

卖场进行商品陈列时应该充分考虑一年四季的循环往复，随着季节的变化，人们需求的商品也相应变化。卖场在出售商品时，也应按季节的变化随时调整商品的陈列。季节性商品的陈列应在季前开始，商店应了解顾客的潜在需要，根据天气的变化来改变商品的陈列，否则将丧失适时销售的良机。

6. 保持丰满、整齐，有量感

在同一个柜台上中心焦点不宜过多，便于顾客在瞬间很快了解并接受商品陈列形式。商品丰满本身可以刺激顾客的购买欲，即使是同一质量的商品，顾客也愿意从丰富的商品中选择。所以，商品陈列要尽量丰富多彩。但是，商品摆列多而杂也不好，给人一种紊乱的感觉。有时，某些商品的摆放采取不对称的方法给消费者造成该商品抢手的感觉，但不对称的摆放方法要适度，否则商品摆放不丰满反而会给人留下不良印象。

7. 充分利用营业场所

卖场应做到在不影响顾客顺利流动的前提下，凡是顾客能接触到的部位尽量利用各种陈列设施和方法陈列商品，以便顾客随时随地都可以看到商品，这样也可以提高营业场所的利用效率。同时，还要注意陈列场地的合理使用，要将最好的位置用于冲动性购买商品、重点推销商品的陈列，以充分发挥陈列场地的潜力。要保留一定的宽度和超市通道，满足消费者能从容地欣赏与选购商品的欲望。如果商品陈列不注意保留起码的走道空间，顾客稍多就会影响购买活动，严重影响顾客的情绪。

8. 稳固性

卖场进行商品陈列的目的在于帮助销售，因此，在做堆码展示时，既要考虑一个可以保持吸引力的高度，也要考虑到商品堆放的稳固性。

三、商品陈列的区域安排

在卖场中，商品陈列的主要区域有货位区、端架区、中性区和通道区。

1. 货位区

卖场通常将大多数商品都陈列在其正常的货位区，摆放在整洁、美观的货架上，以方便顾客浏览和选购商品。

2. 端架区

端架区是指整排货架的最前端和最后端，即顾客流动线转弯处所设置的货架，它常被称为最佳陈列点。端架区所处位置优越，人们一抬头就能看到它，因此很容易引起顾客的注意。卖场通常在端架区陈列一些促销商品、季节性商品、新上市商品或包装精美的商品。

3. 中性区

中性区是指卖场过道与货位的临界区，一般进行突出性商品陈列。例如，在收款台附近摆放一些小商品或自由品牌商品。

4. 通道区

卖场通常为了吸引顾客的注意力，突出一些商品独特的个性以及售点促销的效果，而在卖场的大通道中央常常摆放一些平台或筐篮，陈列一些价格优惠的商品。

四、商品陈列设备和用具

商品陈列设备和用具主要是指卖场内用于摆放、陈列商品的货架、柜台、模型、辅助道具以及灯光的使用和色彩搭配等。卖场使用各种陈列设备和用具，其目的在于美化商品，使商品得到充分协调的展示，从而吸引顾客的注意。另外，在一定程度上，陈列设备和用具的使用能保护商品的使用价值或延长其销售周期，如冷藏柜对需要低温存放商品的保护等。陈列柜、陈列台、柜台等陈列小道具和其他陈列用品，不仅突出了商品，而且对顾客具有吸引力，便于商品的管理和整理场地。因此，很好地利用陈列设备是非常重要的。

（一）商品陈列设备

1. 柜台

卖场中常用的陈列设备就是柜台，柜台里可以陈列没有包装的商品，使顾客很容易就可以看见自己喜爱的商品。在封闭型售货形式中，柜台是顾客与营业员之间的交易工作现场。它既是营业员的工作台，又是向顾客展示陈列商品的展示台。在敞开售货形式中，柜台一般只作为营业员的工作台，较少用于陈列和销售商品。需要注意的是，在实际运用中，切忌裸露陈列过多，把商店全部做成平面陈列，这样会产生一种全部商品都是廉价商品的假象。通常卖场的柜台分两种式样：一种是标准的长方体；另一种前面是坡形的坡面柜台，它的优点主要是方便顾客观看柜台中下层的商品，而不需要过多地弯腰或低头。

2. 陈列柜

陈列柜是指卖场中用于陈列、销售食品和其他商品的存放设备。陈列柜不仅可以保证零售商品的质量，而且可以全方位陈列展示商品，既美化了卖场的购物环境，提高了卖场的档次，又方便了顾客挑选商品，刺激了顾客的购买欲望，最终提高卖场的利润。

一般来说，陈列柜的形式很多，按柜体陈列部位结构划分可以分为闭式陈列柜和开放式陈列柜两种，其中，闭式陈列柜的四周是全封闭的，但是有多层玻璃做成门或盖，供展示食品或顾客拿取食品之用。在使用闭式陈列柜时，其中的物品与外界隔离，冷藏条件好，非常适合于陈列一些对储藏温度条件要求高以及对存放环境的卫生要求较为严格的商品。对于客流量较小的卖场来说，由于闭式陈列柜的能耗较低，因此可以起到陈列和储藏的双重作用；而开放式陈列柜由于其取货部位敞开，能使顾客自由地接触或拿取商品，因此，可以为顾客提供一个随意、轻松的购物环境，通常开放式陈列柜特别适合于客流量较大、顾客频繁取用商品的大型卖场。另外，陈列柜按陈列商品的方式不同可以分为平式陈列柜、多段式陈列柜以及多岛式陈列柜。

3. 货架

货架又称为货柜。通常货架有不同的构造形式和规格，其设计既要讲究灵便、牢固、实用，便于营业员操作和消费者参观，又要适应各类商品的不同要求。通常在卖场封闭式售货方式中，货架一般只作陈列展示和储存商品之用，而在敞开式售货中，货架还兼具销售柜的作用。一般来说，卖场使用的货架应尽量都达到标准化，各种业态模式的店面应使用符合各自标准的货架。

通常卖场的货架分为两种：一种是靠墙货架，沿卖场四周墙壁摆放，根据使用条件的不同可以把靠墙货架分为上、下两部分和上、中、下三部分，其中，在三部分货架中，上部一般专用陈列商品，中部用于展示销售，而下部用于储存；另一种货架称为中心货架，它设置在卖场中间不同的位置上。这种货架一般适用于大型卖场。

货架的制造材料有很多种，如塑料、金属、木材、玻璃等形式。一般卖场使用的是金属货架，因为其坚固耐用，不会变形。陈列水果和蔬菜的货架，最好选用木制的展示台，下面还可放置干冰，以达到保鲜的目的。货架最好可拆卸组装，每层隔板能上下调节，能适应不同形状大小的商品需要。货架的构造一般采用通用的长方形，因为通用货架制作成本低，互换性好，使用方便。但是，在布置商品陈列时，总使人感到呆板、单调、缺少变化。为了使商品陈列布置得更美观，卖场经营者可以根据实际情况设计不同形状的货架，如三角形、梯形等。

4. 壁面柜

在卖场的商品陈列中，由于顾客进店首先看到的是壁面柜上的陈列，因此，壁面陈列对于卖场来说十分重要。近年来，很多卖场对于存货不再采用隐藏式的做法，而是使其视觉化，以创作出量感的销售空间。另外，在考虑照明设计时，应使壁面整体明亮，对于视觉焦点可用更强的亮度来强调，应使壁面柜的展示空间与销售空间在视觉化中加以协调设计，将整体表现成一种品位。

卖场在使用壁面柜时，为了突出壁面柜陈列的效果，必须选择合适的壁面柜高度，要做到便于顾客触摸商品。壁面柜不宜太高，否则身材矮小的人就要踮起脚才能拿到，通常这种情况不利于顾客的购买。同时，壁面柜的管理十分重要，防止失窃的有效措施就是让壁面柜处于营业员的视线范围内，要避免由于前方有障碍物的存在，致使营业员看不到柜架，从而导致失窃的发生。

5. 专业化设备

一般来说，卖场中易腐食品的销售量在卖场的总销售量中占有很大的比重，因此，这就对卖场温度控制设备的配备提出了较高的要求。卖场经营者在进行设计时必须考虑使用什么样的设备，每一种设备的具体位置以及如何与冷凝器和压缩机相连接等问题。由于在冷却过程中，排出的热量会使店内温度升高，因而要加强空气调节等。

（1）食品陈列设备。卖场的鲜肉陈列柜一般都比较低，前高约37厘米，后高约39厘米，其高低差为2厘米，这样不但可用以显示插签槽的价目，还可以避免单调的外形，并可以由后面进行补货。同时，货架可以上下调整，无论货多货少，都可由工作人员用悬挂架将冷肉片由后方装入气幕陈列柜。目前许多卖场用同一种箱柜陈列所有的肉食品，陈列长度可用三架器来延长，以便陈列肉食品。香肠、罐装火腿和数量大的品种可放在底层，切割好的冷藏食品则需要放在上面第二层货架上，最顶端则用于陈列非冷藏项目的肉食品。

（2）乳制品陈列设备。目前卖场常用的乳制品陈列柜主要有三层或四层式、气幕式和启门式这几种类型。其中，三层或四层式陈列柜比较普遍，最底层通常放蛋、牛奶、奶油及其他大宗项目，中层放各种干食品等，而顶层则放非冷藏的乳制品；启门式陈列柜将乳制品冷库作为陈列的一部分，而且置于过道的货架上和门边，通常将奶油、牛奶等放在冷库内，并可从后面装入货架；而气幕式陈列柜则以气幕门代替手开门，而且由前面装货，其中较大的下层陈列牛奶和蛋，上层陈列小食品之类的项目，大部分的奶制品陈列柜都靠墙放置，并从前面装货。

（3）果蔬陈列设备。卖场在使用用于陈列容易腐烂的果蔬的冷藏果蔬陈列柜时，通常使用后镜柜，这样可以借着后镜，使陈列食品的色泽更醒目，而且看起来比实际更大些。如果配置适当，确实能给顾客带来深刻印象，但是如果缺货或处理不当，镜子的作用就适得其反，所以应注意随时随地保持后镜柜台商品的充实无缺。有的在陈列时加用冰块，以保持果蔬所需要的温度和水分，使商品更有新鲜感。一般来说，卖场的果蔬陈列柜包括三层：底层陈列需求量大的或包装好的项目，中层放小件或包装好的项目，上层则放已经包装好的特别项目，同时还要注意各层间的颜色应适当调节，以增强顾客观赏的乐趣。

（4）冷冻食品陈列设备。一般来说，标准的冷冻食品陈列柜由前面装货，靠内侧有一层或两层的货架，以陈列相关项目或冲动性购买项目，而且可以从柜旁两端拿取食品。冷冻食品柜从最高装货线到底深度为12～17厘米，大部分的项目都只放置一行，其宽度为25～35厘米。容量是十分有限的。改进后的陈列柜为较大的岛型冷冻柜，在其中央有一对T形货架，通常顶层比下层要宽，而且占地较多，但却可以相对地使用两面陈列。

6. 特价台

卖场设置特价台是为了刺激顾客的需求欲望，因此，应该把最能刺激顾客购买欲望的商品陈列在特价台上，从而达到诱导顾客进店买东西的目的。例如，诱人的商品放置一个地方；根据销售方针，廉价甩卖商品要单设一个地方，季节性商品和时兴商品放在另一个地方，这样做可以使整个卖场活跃起来，从而引起顾客购买的冲动。在使用特价台时要注意，因为特价台是占卖场最重要地方的陈列台，所以如果特价台很旧，例如用薄木板制作，或者做得比较粗糙的柜台，即使其他陈列柜橱都是上等的，也会使顾客把卖场看成是很简陋的。特价台的大小宽度要按照通路的宽窄来决定，最好是能够自由移动，不妨碍营业。另外，为了更好地把顾客引进店内，一定要保持店前和通路不被堵塞。

（二）商品陈列的基本工具

卖场中使用的陈列工具不单纯是陈列商品的载体，更重要的是通过陈列工具能够使人们将各种商品加以区别，对顾客产生更强的吸引力。因此，任何一个卖场都必须认真研究、选择并使用好陈列工具。这些陈列工具的使用一般没有特定的规范，主要视商品的具体情况、卖场的营业环境以及顾客对该类商品的购物习惯而定，总之，应以突出商品为主，合理搭配，以取得满意的陈列效果。

陈列工具的制作材料有木料、塑料、金属、玻璃等，这些材料也用于商店的柜台、货架和橱窗的制作，这些设备使用时间较长，而陈列工具则是附属于这些设备的，是为了某一特定商品类型而短期设置的。陈列工具在商品陈列中起着不可替代的作用。一个现代化的卖场要想有效地陈列和展示商品，必须正确地选择和利用一些基本的陈列工具。

卖场中的陈列工具可以分为若干类。在实际应用中，要依靠卖场陈列人员的经验和知识来进行妥善的安排和处理。

1. 隔物板

卖场为了区隔两种不相同的商品，避免出现混淆不清的状况，通常采用隔物板将商品隔开。常用的隔物板有两种：一种为不锈钢隔物板；另一种为塑料隔物板。一般来说，在长度的选择上，货架上段多采用较低且短的隔物板，货架下段则多采用较高的隔物板。

2. 头饰架

在卖场中，头饰架主要用来陈列帽子、围巾或珠宝项链等。头饰架的使用可以使商品陈列更加活泼。头饰架有很多形状，有的做成人头形，并带有各种面部表情；有的制作成椭圆形，无人头特征；有的则用金属线编织而成。

3. 体形衣架

体形衣架在卖场中的形式有很多种，例如全身型或半身型，一般都是用橡胶、塑料、石膏或有机玻璃等材料制成的。这类衣架实际上就是模型人，造型十分逼真。在实际运用中，卖场陈列人员把陈列的服装套上体形衣架时必须十分小心，特别是全身型的体形衣架更容易发生损坏。

全身型体形衣架分为女性、男性和儿童三种，为了方便将服装套上，一般都设计成可拆卸的，通常是手脚可以活动或拆离。同时，由于手臂是活动的，所以可以将其摆放在某一位置，做出一个姿势，使之看上去栩栩如生。而陈列男女外衣的半身型架仅为人体的躯干部分，没有头和手，造价较全身型的低，也能陈列外衣，与全身型的效果差不多。另外，有的陈列女性罩衣的体形衣架，只有前面部分作体形雕塑，后面是平的，即只表现女性身体前面和后颈部到臀部的部分。

另外，肢体架也属于这类架子，这种架子是独立的，它们是人体的一部分，通常是手、臂或脚，在陈列中主要用来陈列手套和袜子。手形架用来陈列手套，也可以挂手链，还可以套上袜子，表现袜子质地薄而透明；脚形架用来陈列袜子和鞋等。

4. 价格卡

卖场中的价格卡用来标示商品的售价并进行定位管理，通常放置于货架或冷藏柜棚板前缘或沟槽内。如果卖场使用电子订货系统订货，则应用价格卡比较方便。价格卡一般皆以计算机打印，内容包括商品的条码、售价、号码、排面数，常贴于该项商品陈列的货价凹槽内，可供顾客购物时进行参考，同时也可以方便商品陈列位置的管理。除非商品配置改变，否则价格卡不需要移动。价格卡也可采用不同颜色，以区分存货，使订货、盘点更迅速。

5. 方形深篮、挂钩

方形深篮通常用来陈列体积小、耗量大的商品，例如袋装食品、袜子、洗衣粉等；或者体积较大、重量轻的商品，例如棉被等。

挂钩用来吊挂商品，通常用来陈列服装、文具、雨伞、袜子、牙刷、球拍、袋装小食品、五金、箱包等需要吊挂的商品。它有很多种类，如带珠挂钩、单线挂钩、双线挂钩、承重挂钩等。

6. 斜立架

与其他陈列用具相比，斜立架要小一些，通常用来陈列化妆品、书籍、玻璃器皿、家庭日用器皿和其他小型物品等。斜立架造价较低，可由木料、金属、橡胶、塑料等材料制成，而且可以用其放置货价卡片，或者作为小型板的支撑架。

7. 护栏

卖场通常会在栅板的前缘加上护栏，以避免顾客在选购某些易碎物品时失手将其打破造成伤害或损失。其实从严格意义上来说，护栏并非绝对必需品，但对于高

单价或易碎商品，一般可加上护栏，来确保商品的安全。

8. 内外衣装置

内衣和外衣装置是按照人的肩部形状特点模仿制作的，所以通常呈曲线形。内衣装置主要用来悬挂女性无袖衫衣，它与外衣装置的差别在于横杆的两端向上，以免肩带滑落，偶尔也可以悬挂跨肩手袋，这时一般加挂围巾衬托。而外衣装置通常用来陈列运动衣、一般衫衣和外套。将架子调整到适当的高度，悬挂服装后，可以表现出人的大致外形，两袖下垂，肩部圆滑。

9. 放鞋装置

卖场中的放鞋装置可以使陈列的鞋看上去整洁有序。由于鞋跟通常扣有铁针，即使陈列的鞋有较大的倾斜度，也不至于滑落。另外，还可以通过调节其高度和倾斜度，以达到方便向顾客展示鞋的面貌特征的目的。

第二节 商品陈列的方法

一、商品陈列的常用方法

商品陈列是展示产品形象、吸引消费者的重要手段，有效的商品陈列是影响顾客购买决策的重要因素之一。在卖场中，商品陈列的常用方法主要有以下几种。

（一）端头陈列法

端头即货架两端，是指双面的中央陈列架的两个端头，这是顾客通过流量最大、往返频率最高的地方。端头陈列可以是单一品项，也可以是组合品项，以后者效果为最佳，它可以将更多的顾客注意力引向更多的商品。端头陈列做得好可以极大刺激顾客的购买冲动，可以引导顾客购物，打消顾客对特价商品的怀疑和抵触感，同时起着控制卖场内顾客流动路线的作用。

1. 端头陈列的具体方法

（1）单品大量陈列。体现出量感，给人以物美价廉之感。

（2）交叉陈列。错落有致地搭配，给人以新鲜、丰富的感觉。

（3）横向分段陈列。在为了突出某一主力商品时使用。

（4）纵向分段陈列。每类商品占一纵列以体现色彩的调节作用。

（5）平台式陈列。将商品放在平台上，一般为配合某一主题进行促销。

（6）变化式陈列。经常保持商品陈列的变化。

（7）侧面陈列。体积较小的商品悬挂在货架侧面，刺激随机购买。

（8）关联相配陈列。突出主力推荐的商品，配以相关商品，使其巧妙搭配，以突出紧凑性和平衡性，从而扩大视觉效果。

（9）拍卖式陈列。提供不同类别、价格一致的商品，让顾客随意挑选。

2. 端头陈列的注意事项

（1）端头的特殊位置可以用来专门陈列新商品、特卖商品、重点推荐商品、高利润商品或热卖中的商品。

（2）品项之间要有关联性，绝不可以将无关联的商品陈列在同一端架内。

（3）端头商品组合陈列时商品种类不宜过多，一般以 5 个为限。

（4）端头陈列应不断推陈出新，每次端架陈列时间以 3～7 天为最好，最长不要超过 10 天。

（5）在几个品项的组合中可选择一个品项作为牺牲品，以低廉的价格出售，目的是带动其他商品的销售。

（6）可以将同一个商品在不同的端头上进行陈列，也就是同一商品可在不同的货架上重复出现，但这种重复陈列必须是关联商品组合陈列在一起。

（7）端架周围有充分宽敞的通道。

（二）墙面陈列法

墙面陈列法是指用墙壁或墙壁状陈列台进行陈列的方法。这种陈列方法可以使商品的露出度提高，从而有效地突出商品。这种方法通常适用于一些价格高，希望突出其高级感的商品，例如，可以悬挂陈列的商品、中小型商品以及葡萄酒等瓶装商品等。

（三）岛式陈列法

岛式陈列法是指在卖场的入口处等地方设置特殊形状的陈列台，在陈列台上陈列商品的方式。一般岛式陈列法的陈列设备主要有冰柜、直径较大的网状货筐、柜台和平台。除此之外还有一些在空间不大的通道中进行随机的、活动式的岛式陈列所需的活动台以及配上轮子的散装筐陈列用具等，这种活动式的货架可以在卖场内自由活动，以便根据需要而调整，所以能简单方便地配置在各种通道里的任何地方，只要是需要的均可。需要注意的是，由于岛式陈列的位置一般在卖场的入口处，因此用于岛式陈列的用具不能过高，如果太高的话，就会影响整个卖场的视野，也会影响顾客从四个方向对岛式陈列商品的透视度。为了使顾客能够环绕岛式陈列台（架、柜、筐）选购商品，应给予岛式陈列以较大的空间。另外，卖场可根据商品销售的需要，确定岛式陈列的陈列台是否设置售货员居中服务。

岛式陈列的商品应该是色彩鲜艳、包装精美的特价品、新产品，这样才能发挥岛式陈列对顾客的吸引作用。岛式陈列的商品量虽然有限，但可被广泛地用来促进销售。采用活动式的货架作随机型的岛式陈列，其促销效果是相当明显的，尤其是在卖场没有竞争商品的时候，效果更显著，它会带动卖场整体的销售额上扬，即使撤下了活动货架，其促销的效果还会有一个滞后的效应。

（四）关联陈列法

关联陈列法是指将种类不同但在效用方面互相补充的产品陈列在一起的陈列方法。例如：将皮鞋与鞋油、香皂与香皂盒等商品放在一起，运用商品之间的互补性，

可以使顾客在购买了一种产品后，顺便会购买旁边的相关联的产品。关联陈列法使得卖场的整体陈列多样化，增加了卖场商品陈列的灵活性，提高了顾客购买商品的概率，也加大了商品销售的机会。但运用关联陈列法时要注意：陈列商品的类别应该按照消费者的需要进行划分，相邻产品必须是互补产品，才能确保顾客产生连带购买行为。

关联陈列商品的露出度高，商品出现在顾客视野中的频率高，可以突出商品的廉价性、丰富性，给顾客一种非常兴盛的感觉。需要注意的是采用关联陈列的方法，一定要考虑顾客在卖场中的移动习惯，最好将关联商品陈列在通道的两侧，或陈列在同一通道、同一方向、同一侧的不同货架上。因为关联陈列可以促使顾客购物时顺便追加购买其他商品，提高顾客购买商品的数量和金额，同时也能增加卖场的经营气氛，因此这种陈列方法在卖场经营中应用得非常普遍。

（五）悬挂陈列法

悬挂陈列法是指将无立体感、细长或扁平型的商品悬挂在固定的或可以转动的装有挂钩的陈列架上的方法。悬挂式陈列能使这些无立体感的商品产生很好的立体效果，并且能增添其他陈列法所没有的效果，使顾客从不同角度来欣赏商品，具有十分重要的促销作用。

卖场中适用于悬挂陈列法的商品主要有中小型轻量商品，多尺寸、多形状、多颜色的商品以及常规货架上很难实施立体陈列的商品等。

（六）定位陈列法

定位陈列法是指在卖场中，某些商品一经确定了位置陈列后，在一段时间内不会发生变化的一种陈列方法。在实际经营活动中，需要定位陈列的商品通常是一些知名度高的名牌商品，因为这些产品具有较高的品牌知名度，顾客购买这些商品频率高、购买量大，所以需要对这些商品给予固定的位置来陈列，以方便顾客，尤其是老顾客，他们常常是认牌购物，只要知道这些产品的陈列位置就会直接奔目的地，无须再花费时间与其他品牌进行比较。在超市陈列架上，名牌产品的占用空间不用太大，只要品牌标志醒目即可。这类产品流转比较快，并且占用陈列空间小，货架上的储量少，因此需要理货员勤上货。定位陈列中，商品一经配置，所陈列的位置及陈列排面就相对固定，形成日常性陈列状态。

（七）堆箱陈列法

卖场在进行堆箱陈列时，陈列位要选择顾客最常走的路线，应尽量将所堆的商品全面开箱，并将商品正面对着顾客。应维持大量库存，堆箱部分应保持满货的状态。在进行堆箱时，要注意垫底的稳固性，可以使用交叉堆法，或使用垫箱陈列板，卖点广告及产品包装正面均应面对消费者，不可过高或过低，要方便进行拿取。

（八）整齐陈列法

整齐陈列法是指按照货架的尺寸，确定单个商品的长、宽、高的排面数，将商品整齐地堆积起来以突出商品量感的方法。整齐陈列的货架一般配置在中央陈列货架的尾端,陈列的商品通常是卖场欲大量推销给顾客的商品及折扣率高的商品,或者因季节性需要顾客购买率高、购买量大的商品,如夏季的冰镇饮料等。

(九)随机陈列法

随机陈列法是指在确定的货架上将商品随机堆积的方法,旨在给顾客营造一种特卖品极为便宜的感觉。与整齐陈列法不同,该陈列法只要在确定的货架上随意地将商品堆积上去即可。采用随机陈列法所使用的陈列用具,一般是一种圆形或四角形的网状筐(也有的下面有轮子),另外还要带有表示特价销售的牌子。随机陈列的网状筐的配置位置基本上与整齐陈列一样,但是可配置在中央陈列架的走道内,紧贴在其中一侧的货架旁,也可以根据需要配置在其需要吸引顾客的地方,其目的是带动这些地方陈列商品的销售。

(十)窄缝陈列法

卖场运用窄缝陈列法是为了打破中央陈列架定位陈列的单调感,在中央陈列架上撤去几层隔板,只留下底部的隔板形成一个窄长的空间,进行特殊陈列。

商品陈列的方法多种多样,卖场在实际经营过程中,应该根据顾客的需求和竞争对手的策略变化,灵活地选用商品陈列的方法,使得卖场变得更有生命力。

二、卖场商品配列

商品配列是指根据顾客购物时视线扫描的规律,将货架中不同的商品陈列进行组合配列,以提高顾客对商品的注目率和购买率。在实际卖场经营中,即使是相同的商品、同样的价格,由于陈列方式的不同,往往导致其销售数量发生非常大的变化。

在卖场经营中,通常采用横向水平配列、纵向垂直配列以及组合配列这几种商品配列形式。

1. 横向水平配列形式

横向水平配列形式是指在货架上将同一品牌或关联商品从左至右横向组合陈列。这种配列方式可根据商品的定位、商品的特性、商品陈列面的大小以及商品营销的需要进行组合配置。卖场进行商品陈列时如果采用横向水平配列形式,可以陈列更多的品项,同时也更便于关联商品的组合。但是,横向水平配列也存在着很大的缺点,这种方式会让顾客在挑选同类商品的不同品种时感到不方便,因为人的视线上下垂直移动方便,横向陈列会使得陈列系统较乱,容易造成顾客的停留率和购买率降低,使销售效率受到很大的影响。

2. 纵向垂直配列形式

纵向垂直配列形式是指同一商品群的商品从货架最上段至最下段进行纵向的陈列,它是自选购物环境下最基本的商品配列方式。垂直的商品配列的优点主要体现在以下几方面:

（1）垂直陈列会使同类商品成一个直线式的系列，体现商品的丰富感，会起到很强的促销效果；

（2）同类商品垂直陈列，会使得同类商品平均享受到货架上各个不同段位（为上段、中段、下段）的销售利益，而不至于产生由于同类商品的横向陈列使商品都处于一个段位，以致带来销售要么很好，要么很差的现象；

（3）同时也不会出现由于同类商品的横向陈列所造成的降低其他类别的商品所应享受的货架段位的平均销售利益；

（4）纵向垂直配列形式可以方便顾客挑选商品，诱发顾客的非计划性购买和冲动购买。

但是，纵向垂直商品配列也存在着缺少变化、使卖场显得单调的缺点，因此卖场经营者要根据商品的特性和卖场的需要，适当增加一些陈列方式的变化。

3. 组合配列形式

组合配列形式是指卖场在货架的上半段以纵向垂直陈列为主，下半段为横向水平陈列，这种做法可以结合两种不同配列形式的优点，既方便顾客的购买，又可以凸显卖场商品的低价感和丰富感，从而大大提高卖场的效率。

三、卖场陈列商品的补充

卖场商品陈列作业中最重要而又最基本的工作之一就是陈列商品的补充。因为在实际操作中，货架中商品的陈列数量会随着时间的推移而逐渐减少，当商品的陈列数量接近其必要陈列量的下限时，顾客就会终止其购买行为，从而形成商品的断货。卖场中如果经常出现货架中商品的断货现象，不仅会造成卖场购买机会的损失，引发顾客的不满，同时会给卖场的形象造成很大的负面影响，从而降低卖场的利润。

在具体经营中，卖场的补充作业不仅是为货架补齐商品，同时还包括对货架中的商品进行整理和整顿。卖场在进行补充作业之前，首先应对货架和商品的灰尘及污渍进行打扫，保持货架和商品的清洁以及商品的前进立体状态，同时，还要检查是否有其他品种的商品混入，对由于顾客挑选而散乱的陈列状态进行整理，对陈列用具进行检查，当发现陈列状态不稳定，或陈列用具出现破损、污损时，要及时处理。另外，卖场进行补充作业时，要遵循先入先出的原则，对商品的生产日期或消费日期进行确认，把旧的商品推到最前陈列。

卖场进行商品补充时首先应注意的问题是补充作业的工作顺序，卖场经营者应该在补充商品的作业动线的设计上，充分考虑到卖场的环境和工作的效率，以此来提高补充商品的效率，减少在补充商品时给顾客购物带来的不必要干扰。

实际中，卖场有时要用一辆台车补充几种不同的商品，这时就需要根据不同商品的陈列位置，决定台车中商品堆放的先后次序。另外，为了避免商品堆放得不稳定，应该把较轻的商品放在最上面，而把较重的商品放在最下面。总而言之，在卖场中最先补充的商品应该放在台车的最前面或最上面，而最后补充的商品放在最后面或最下面。

第三节 商品陈列的技巧

我们已经清楚了卖场设计中商品陈列的基本原则和陈列方法，在实际经营卖场时，还有一些实用的技巧值得关注。本节就对陈列实践中的技巧加以说明，希望可以启发店主们对卖场陈列设计的灵感。

一、充分利用黄金销售区

正如前面所提到的，顾客自然站立于货架前的位置时，手臂上下挥动的幅度在60～180厘米之间，这一范围是商品的有效陈列范围。一般来说，与顾客视线相平、直视可见的位置是最佳的，随着视线的上升或下移，销售效果会递减。最好位置是位于上段和中段之间，也就是一般货架的第二和第三层，这一区域是眼睛容易看到、手容易拿到的，被称为"黄金带"。

二、系列商品纵向陈列

系列商品要尽量采用垂直陈列的方式，避免横式陈列。人的视觉上下垂直移动方便，而横向移动时就要差得多。如果将一个系列的商品横向陈列，顾客在挑选某个商品时就会感到非常不便。

垂直陈列能使同类商品呈一个直线式的系列，体现商品的丰富感。一般来讲，可以在同一种产品的不同型号或品种上应用垂直陈列，例如同种品牌饮料的不同口味、不同包装规格。有研究表明，系列商品纵向陈列会使大多数商品销售量提高，有很强的促销效果。

垂直陈列能使同类商品平均享受到货架上各个不同段位的销售利益，有助于给每一品牌的商品一个公平合理的竞争机会，从而避免因横式陈列而使同一商品或同一品牌商品都处于一个段位上，带来销售"一荣俱荣，一损俱损"的现象。

三、将最想卖的商品摆放在右侧

顾客在站着浏览商品时，通常会从左向右环视。也就是说，看左边时往往是"无心"，而看右边时往往是"有意"。同时，大多数人习惯于用右手，所以总喜欢从右边开始拿东西。国外有研究表明，如果把同种商品分别放置在货架左端、货架中间进行销售实验，放在中间的会比左面的多卖12%左右。左右结合的陈列，就是为了满足人们从左到右的偏好性，既不给顾客造成本店商品价位高的印象，又能有效销售利润高的产品，可谓一举两得。

卖场经营者在陈列时应注意，货架靠近通道的两侧区域应尽量陈列低价位但能吸引顾客注意的商品，从而避免给顾客造成商品价格较高的误解，提高顾客走入通道的可能。在货架排面上，左侧一般摆放顾客原本就有较强购买意愿的商品，如小规格商品、必需品、畅销品；而右侧则摆放需要重点推销的商品，如新进商品、高

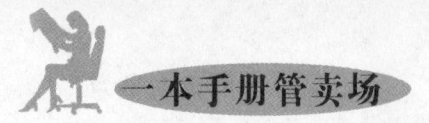

利润率商品、冲动购买的商品。商品间两两相较，小规格的商品一般放在大规格商品的左侧，周转快的商品一般放在周转慢的商品左侧。

四、用整体陈列来全面展示商品

在实际经营中可能会遇到这样的现象：将整套商品完整地向顾客展示，往往能带动一系列商品的销售。整体陈列能够较好地将商品的使用价值展现给顾客，让顾客联想到使用这些商品的情境。美观而富有艺术性的整体陈列还会增加顾客的视觉美，提升商品的层次、增加购物乐趣、激发消费者的购买欲望，便利顾客一站式的选购。比如可以将茶具作为一个整体，用展台摆设包括茶壶、杯子、茶叶罐等一整套的用具。这样的搭配美观大方，极具生活艺术感，能够为前来购物的顾客形成完美的整体搭配与展示，同时也从侧面体现了卖场自身的审美及为消费者提供全面服务的能力。

关于这一点，在服装饰品等商品类别中表现得也较为明显。如一些服装品牌专卖店将全套服饰作为一个整体，用人体模型从头至脚完整地进行展示。这不仅突出了衣服本身，而且全面地诠释了如何将整件衣服与腰带、围巾及其他配饰搭配得恰到好处，使之从"货架上的一件衣服"变成"能为顾客增添魅力的流行服饰"。这种整体陈列形式在为顾客从整体设想的同时，也完整地呈现了品牌的定位和审美，具有很好的展示宣传效果，是非常值得广大店主们学习和借鉴的。

五、设计陈列颜色的统一或差异

进行商品陈列时，为了实现整体上的统一，可以将不同色彩加以有机结合，从而使具有反差或不够协调的颜色统一在一个基本的色调中，达到和谐一致的目的。应当尽量将同种色系、尺寸相近的商品分类摆放，避免顾客对卖场产生杂乱无章的印象。

合理运用商品的尺寸和颜色进行陈列，使卖场内的色调与卖场的性质、风格相一致，对于塑造卖场鲜明的形象与个性也有着举足轻重的作用。店主需要充分考虑目标顾客对色彩的偏好和敏感程度，使顾客进店之后产生一见如故的感觉，从而带着轻松、愉快的心情来购物。

还要注意的一个问题是利用层次渐变来演绎卖场格调的流畅之感。这里所说的层次渐变除了常见的色彩渐变和形状渐变外，还包括数量渐变、位置渐变和方向渐变等。层次渐变是在整体稳定的基础上突出某一元素的变化，从而给顾客以方向性的视线规律，演绎出卖场整体格调的流畅之感。

以常见的色彩渐变为例，可以运用同一色系不同深浅的产品组合陈列，由浅至深或是由深至浅渐变。"白色—米色—咖啡色—黑色"就是由浅到深的产品组合，这种有层次、分阶段性的色调自然推进变化给顾客带来协调和层次感，并使他们在繁多的商品中认准目标商品。

还有一些卖场采用的是异色搭配，用这一方法来突出商品，引人注目。这种方法对色彩敏感的商品，如服装、鞋帽、装饰用品等来说，将会起到格外的效果。

六、出口处设置冲动购买陈列区

在卖场购物，绝大多数人都有这样的亲身体会：出口的收银处总是排着长长的队，漫长的等候让所有营造良好购物气氛的努力大打折扣。虽然有一些卖场设立了快速通道，专门方便那些购物品种少的消费者，但还是不能够解决问题。如果我们仔细观察，就会发现在顾客抱怨、收银员繁忙之外还有一个有价值的现象：靠近卖场出口的通道上人流要比卖场内密集，店主们是不是可以好好利用这个规律进行出口处的陈列呢？

许多情况下，顾客并不是在进入卖场前就预想好了所有要购买的东西，而是在购物过程中因卖场促销、陈列摆放等原因产生了"冲动"，从而选购了计划外的商品。许多卖场已经利用消费者这种排队等待的焦急心态设立了专门的等待购物区，或者成为"冲动品区"。作为一般的卖场经营者，也可以效仿这种做法，将口香糖、小零食、低值促销品等靠近收银台陈列。

出口处的陈列促销对报纸杂志有着突出的作用。在这些地方放置一些当地畅销的市民报，这样消费者在等待结账的时候，可顺手拿起翻阅，也可能顺势将这些低价品买下。只要换一个产品陈列位置，就可以达到既缓解消费者的焦急心理，又为那些原本在卖场并不是很好卖的商品提供销售空间的目的，值得店主们一试。

七、把握特殊时机选择陈列风格

对于卖场经营者来说，特殊时机之势值得一借。这些时机可以是中国的传统节日，如春节、端午节、中秋节等；也可以是西方传入的，并在年轻人中流行的节日，如情人节、圣诞节；还有一些特殊事件也足以激起消费者或部分关注者的兴奋而产生销售机会，如奥运会、世博会等。根据时机的不同进行商品陈列调整，努力挖掘其中的商机，并在陈列上予以充分显示，会收到意外的效果。

一个成功的商品陈列形态，不仅能成为卖场的现场广告，同时也能营造一定的销售氛围，达到吸引消费者眼球，增加商品销售的目的。针对不同节日的气氛，选择不同的陈列方案，体现节日文化特色，并适当进行店堂环境的改变，能够让消费者产生共鸣和好感，甚至感觉到前往卖场购物是一种庆祝节日的方式，从而刺激他们的购买欲望。

除了营造特定节日的氛围，在把握节日销售黄金期时也要注意主打商品的醒目陈列。在此期间，有许多特定商品的销售会非常火爆。店家就要主打这些商品，通过在进场处设置堆头等方式将其摆放于醒目的位置。例如情人节时的巧克力，端午节时的粽子，元宵节时的汤圆等。

对于计划持续时间较长的促销活动，可以在主打产品醒目促销的基础上采用全场式的主题销售。在各个不同的商品类别中选择一部分商品作为促销品，通过带有特征图案，如圣诞老人、南瓜灯的卖场广告和价签将这些促销品标示出来，让顾客

在卖场中更加深刻地感受到节日的气氛，这样其促销效果将会更好。

八、商品奇数摆放给人以紧凑感

在卖场设计中，大到整个营业大厅的整体格调和布局，小到每样商品如何摆放，都要切合顾客购物心理。中国人一般更喜欢偶数，但相对于偶数的稳定感和对称性，使用奇数陈列的日常用品更能让顾客引起注意。如果我们能在卖场的设计中恰当运用这个规律，将一些商品呈奇数摆放，则能给人带来紧凑感。

九、畅销商品与促销商品间隔陈列

促销的一个关键途径是要吸引顾客的眼球。有一些商品已经具有这种效果，如名牌商品、畅销商品，那么店主就可以应用这些商品的高关注率，通过合理的陈列来带动其周围商品的销售。在具体操作时，如果货架排面较窄，则可以采用前述的左右陈列，将畅销商品放置在左侧；或者采用竖式陈列，将促销品摆放在畅销品稍下方的位置。如果排面足够宽，则可以采用在两种畅销品中间陈列促销商品的办法。这样，顾客在视线移动的过程中，可以更多地扫过需要促销的商品，从而增加其售出的可能性。

相关链接

屈臣氏——只为提供优质服务

走进屈臣氏能充分感觉到宽松的环境中温馨的氛围，店铺的粉色、红色以及蓝色的巧妙组合，给人心情释放的美好感受，宽松的环境让人们感觉到心情愉悦。对顾客充分的尊重，没有人打扰，只有专业的星级服务，这就是顾客喜欢屈臣氏的主要原因吧！下面就一起来看看屈臣氏是怎样运用小技巧为顾客着想，提供优质服务的。

商品分类：不同的商品各自归位方便顾客挑选，走进店铺映入眼帘的是各种各样的提示与引导，皮肤护理专区，沐浴专区以及头发护理专区，细分到美容用品，唇部护理专区以及女士护理专区，纸制品专区以及家庭用品专区，还有专为男士准备的男士专区，端头以及端头两侧的特别促销商品，热卖精选。

出口收银台处：陈列店家主推的促销品和美容健身杂志，给顾客从理论到实践的实实在在的指导。

商品选择：大众知名品牌满足顾客求名的消费心理，独家特有品牌满足顾客的个性化需求，药妆品牌解决问题性皮肤的问题，新产品推荐满足顾客求新的消费心理，热卖精选满足顾客求廉的消费心理。在屈臣氏购物可随心所欲，在屈臣氏"选其他店铺所有，卖其他店铺所无"成了其一大特色。

板块式布局：左边化妆品区域，右边健康产品系列，走进店铺不用找不用问就非常容易发现自己喜欢的产品，如此细致的营销工作是传统店铺难以做到的，因为传统店铺只注重品牌宣传，忽略了方便顾客的指导思想。

错落陈列：屈臣氏的商品陈列不是最整齐的，却是科学、专业的，更是最讲究的。在屈臣氏，产品规格配置适合的货架，货架因商品而变，经营模式绝对超前。商品陈列高矮相间错落有致，红黄粉蓝色彩巧妙组合，格调清新高雅堪称一流，商品摆放横看成排侧看成线，艺术标准赏心悦目，看到商品就使人产生购买的欲望，就像看到美味有垂涎的感觉一样，这在传统店铺绝对不可能做到，但是屈臣氏做到了。

第四节　卖场各类商品陈列

在卖场经营中，不同类别的商品有不同的陈列方法与技巧，甚至相同的商品在不同的季节以及不同的时间也有不同的陈列方法与技巧，这就要求卖场经营者要针对每类不同的商品实施不同的并且适宜的陈列方法，这样才能营造出良好的促销效果。

一、生鲜陈列

由于生鲜食品与居民的日常生活密切相关，因此在卖场经营中占有极为重要的地位。生鲜食品通常属于不易保存的商品，在卖场的实际经营中，生鲜食品的市场潜力很大，而且销售毛利最高，但是其管理的难度也相对较大，因为生鲜食品管理涉及的加工环节较多，且产品的保质期较短。在卖场中，生鲜食品通常分为生鲜三品和生鲜五品，其中，生鲜三品是指肉类、水产、果蔬三类食品；而生鲜五品是指在生鲜三品的基础上加上熟食产品和面包。这里主要介绍生鲜三品的陈列。

（一）肉品类陈列

卖场中的肉类品种很多，主要有猪肉、牛肉及鸡肉等。卖场在进行肉类的陈列时要遵守系列化原则，将体积大且重的肉类置于下层，以方便顾客。

1. 加工、分割、包装要求

卖场进行肉品类陈列时，对于新鲜屠体需要按照类别、等级标准进行分割加工，经分割的各类肉品应该符合该类的等级标准，如排骨的骨与肉比例要适中，比例不适当必将影响销售或收益，对于即称即售的肉类须用消毒卫生袋包装，另外，对于上柜陈列的肉品要用保鲜膜包装。

2. 保鲜要求

对于需要冷藏的肉品，应该将其存放在温度为$-2℃\sim2℃$的冷藏柜内，现场切割并销售的肉品包装区温度应保持在15℃左右，对于已包装新鲜肉品应当存放在$-3℃$左右的冷藏柜内，熏肉、加工肉食品以$1℃\sim8℃$为宜。至于各种肉品在不同温度下储藏期分别为：猪肉在$-1.5℃\sim0℃$下可储藏$7\sim14$天；羊肉在$-1℃\sim0℃$下可储藏$7\sim14$天；鸡肉在0℃下可储藏$7\sim11$天；牛肉在$-1.5℃\sim0℃$下可储藏$28\sim35$天。

3. 肉品类陈列中的注意事项

（1）营业前肉品陈列的准备。卖场应该认真检查陈列台或陈列柜中的肉品，要检查肉品是否已变质，肉色是否有变化，包装是否完好，是否有肉汁（或血水）渗出，是否有标签，标签的内容是否完整、清楚，具体包括名称、分量、价格、出产日期、保质期限、厂家名称、卫生检疫批号等项目。卖场进行陈列时，冷藏肉品的单品，以"单层"、"纵向"为陈列原则，避免重叠挤压造成变形。每种肉品的上货量要达到最低标准，并使其排列整齐，给人整洁之感。棚板要衬红色，且要经常擦拭干净，陈列面不应超过最大装载线，以免影响冷柜冷气的对流，冷柜的灯光以及货架上的灯光要正常工作，不能影响肉品的视觉效果。牛、羊、猪、鸡、鸭等商品要单独陈列于一个区域，系列产品要陈列在一起。各类肉品应根据不同部位，分割开来，按不同的价格进行销售，以满足顾客的不同要求。商品的标示要面向顾客，使顾客容易了解其包装日期、单价、总价及重量；关联性的肉品要陈列在相连接的位置中，方便顾客连带购买，如烤肉酱、黑胡椒等。

（2）营业中肉品陈列的注意事项主要有以下几点：

①定时检查肉品的颜色，及时剔出变质的肉品；

②定时检查冷柜的温度，以确保其制冷效果；

③包装不良品，如保鲜膜脱落，血水过多，应立即送往后场再包装；

④及时上货，保证展台上肉品的供应；

⑤检查肉品卖场的气味，有异味要立即根除；

⑥经常整理排面，使之整齐，随时向前移动避免前排有空隙，并及时补充货源；

⑦肉品陈列都应该小块件，以适应消费者家庭消费的需要；

⑧冷冻、冷藏库的温度每天须巡视 3 次。

（3）营业后肉品陈列的注意事项主要有以下几点：

①展示柜上肉品收回，放在冷藏库或冷冻库中储存，以免变质；

②清洗卖台、展柜以及有关器具，并对其进行消毒；

③关掉冷柜上的灯光，将敞开的冷柜关上；

④擦拭展示箱的棚板，使其清洁。

（二）水产品陈列

随着经济的高速发展，居民的收入水平得到不断提高，众所周知，水产品由于其富含营养和不饱和脂肪酸的特点，正日益受到消费者的青睐。目前，这类产品已成为卖场中最具市场潜力的产品之一。

一般而言，卖场中的水产品可以分为三大类：新鲜的水产品、盐干类水产品及冷冻的水产品。新鲜的水产品又可以分为活的水产品和非活的水产品。不同类型的水产品陈列方式各不相同。

1. 盐干类水产品的陈列

盐干类水产品是指用食盐腌制过，短期内不会变质的产品。例如盐干贝类、壳类等。为突出其新鲜感，这类水产品通常应使用平台陈列。由于地域的差异，我国北方许多消费者不习惯食用贝壳类水产品。因此，针对这种情况，卖场应提供调味作料，提供烹饪谱，必要时还可以提供烹制好的实物照片，以促进产品的销售。

2. 冷冻水产品的陈列

卖场中，冷冻水产品一般被陈列在冷柜中，食用时需要先进行解冻。产品的外包装应该留有窗口，或者用透明的塑料纸包装，使消费者能够透过包装清楚地看到水产品的实体。冷柜一般应是敞口的，并连续制冷，这样可以确保冷柜内必要的温度水平。

3. 新鲜的活的水产品的陈列

在卖场中，新鲜的活的水产品如活蟹、活虾、活鱼等，要以无色的玻璃水箱进行陈列，以满足顾客求新鲜的需要。在日常生活中，水中的鱼虾常常备受消费者的喜爱，因此它们的价格明显高于非活水产品。

目前有很多卖场为了展现商品的活泼性与新鲜感，还经常采用现捞鱼展示法。将部分现捞近海鱼或鲈鱼类置于平面柜中，以面对面的方式来贩卖。其陈列则是在平面柜的棚板上铺上碎冰，柜子周边以假草铺置或以生菜衬托。以中间较高，左右略为下倾的方式铺冰，然后将现捞鱼的单品呈鱼腹朝下、鱼头朝里、稍为斜倾的方式置于碎冰中，鱼植入的深度以不超过 1/2 为度，依序排列，显示出鱼在水中游走的新鲜感及立体美感。

4. 新鲜的非活水产品的陈列

卖场中，新鲜的非活水产品是指出水时间较短、新鲜度比较高的水产品。这种水产品一般用白色托盘或平面木板进行陈列。陈列时在水产品的周围撒上一些碎冰，以确保其质量和新鲜度。

5. 分段、块、片鱼的陈列

分段、块、片适用于一些形体较大，无法以整鱼的形式来陈列的鱼，以符合消费者一餐的消费量。对这种鱼，应该用白色深底托盘来陈列，盘底铺上 3～5 厘米厚的碎冰，冰上摆鱼，顶层鱼段少，底层鱼段多，要有一定的层次感，以体现其品质的优良。

（三）果蔬陈列

果蔬是指水果与蔬菜，尽管在卖场中，它们所带来的利润不多，但却是居民日常生活的必需品，能够吸引大量的顾客，同时，果蔬还能使消费者产生连带购买的行为。基于果蔬在卖场经营中的重要性，卖场在进行果蔬陈列时，一定要保证果蔬的新鲜与干净，尽最大努力满足顾客的需求。

1. 果蔬陈列的基本方式

（1）放置陈列。放置陈列是指将商品散开来放进箱子或笼子等容器里。容器一般是敞口的，由于边面或前面有了隔物板的支撑，因此里面的商品不容易杂乱或松散。

（2）堆积陈列。堆积陈列是指将商品由下往上按顺序地堆砌。堆积时要使顶层商品数量较少，底层商品数量最多，这样可以体现一定的量感。

（3）交叠陈列。交叠陈列是指将形状各异、大小不一的商品交错地组合，或将这些商品放入包装过的袋子里组合堆积起来等。交叠的目的就是为了美观，使商品看起来整齐一些。

（4）排列陈列。排列陈列是指将商品有规则地组合在一起进行陈列。卖场进行排列陈列时要注意将边面与前面排列整齐，绝不可杂乱、松散，要努力给人留下美观整齐的印象。

（5）装饰陈列。将一些商品放在另一些商品之上，起到一定的陪衬作用，这种做法称为装饰陈列。通常有两种情形：一种是装饰的商品身兼贩卖与装饰的作用；另一种是以装饰为主，真正要贩卖的商品则摆在别处。卖场进行装饰陈列的目的是为了产生良好的视觉效果，从而达到促销的目的。

2. 果蔬陈列的形态与顺序

由于卖场中果蔬的种类繁多，想要做到随其形态展现出商品的美感及价值感，往往很难有一个标准化的陈列方式，但在卖场的实际经营中，基本的陈列形态主要有以下6种。

（1）圆排型陈列。圆排型陈列通常用来陈列体积较大的果蔬，如冬瓜、椰子等。在具体操作时，首先应该用隔物板等来支撑邻接的商品，使商品不易松垮，然后放置底层商品，每层商品重心相对，层层向上，给人一种整齐有序的感觉。

（2）圆积型陈列。圆积型陈列主要用来陈列圆形的水果和蔬菜，如苹果、柚子、西红柿等。进行圆积型陈列时，首先要决定底面最下层的前面部分，接下来排边面，而后才排中央面的部分；第二层要排在第一层商品与商品的中心点；最后再排第三层和第四层。

（3）茎排型陈列。茎排型陈列是将长形蔬菜（如葱、茭白、芹菜等）朝一定方向排列的一种陈列形式。陈列时，在决定了果蔬的根或叶子的排列方向之后，接下来就可以整整齐齐紧密地堆起来；堆的时候要注意让商品互相重叠边面的部分。如果摆放得整齐，商品就可保持一定的长度。

（4）格子型陈列。格子型陈列用于陈列尖形果蔬，如白萝卜、葱、胡萝卜等，之所以称为"格子型"，是因为将果蔬彼此交错组叠成像格子的陈列。实际操作时，要先决定好第一层商品的排列方向，然后陈列底面的部分，接着排前面和边面的部分；排第二层的商品时，要与第一层的商品保持垂直，做成格子状；胡萝卜或萝卜，要将根或叶子部分保持一定的方向，交互堆积成格子状或井字状。

（5）投入型陈列。投入型陈列通常适用于比较小的商品或形状不一致的商品，利用容器或隔物板将前面及边面固定后，就可将此类果蔬任意地投入。实际操作中，当以隔物板来固定周围时，可将商品放入不会掉出的高度为止，如四季豆等比较长的变形商品，多装入一些也不容易松散。

（6）交错型陈列。交错型陈列常用来陈列那种长度较长但厚度不同的果蔬，如山芹或葱等。摆放时要将果蔬交错陈列，做到一层根（较粗的部分）、一层叶（较细的部分）地交互堆积，如果每一层中的两列都以相同的方向来排列，所陈列出来的效果将会很好。

3. 果蔬陈列的要求

新鲜果蔬进入卖场之前必须经过冲洗，不得带有泥土、枯叶等杂物，并且无腐烂等症状。上柜前要按果蔬的种类进行分存，并标注等级，对于散装果蔬中不符合要求的部分，在包装上柜前须进行修剪，从而保证上柜商品的质量。另外，新鲜果蔬的包装要在包装袋上打少量透气孔，须冷藏保藏的果蔬在包装材料上要选用耐低温材料，且外包装上必须注明商品的生产日期、保质日期、保存条件等，同时，为了保证果蔬鲜度，包装后应尽快销售，还需要注意的是，果蔬等级与价格必须保持一致，标价必须符合公司的规定。

二、食品陈列

对于卖场来说，食品是其主力商品，且种类繁多，这里所说的食品，主要是指干果、膨化类食品等零食类食品，常见的类型就是包装好的食品，例如方便面、饼干、巧克力、薯片等。一般来说，这类食品销售频率较高，周转快，因而在陈列时，应该注意经常补货，且多以一层一层的形式陈列在货架上，这样可以充分利用货架的分段原理，按食品的类别、受欢迎程度和流行趋势，合理分配其在货架上的位置和数量，并适时做出变化陈列。

相对而言，食品比别的商品更注重保质期，因而在给食品进行补货时，更要注意运用先进先出原则，不要把快过期的食品摆放在货架上，要将生产日期早的食品陈列在最前面。另外，对于促销食品、应季食品和保质期不长的食品，可进行堆头陈列。

卖场在陈列食品时应该将其陈列在卖场主通道两侧或卖场的主要位置，并且这些位置通常是顾客必须经过的地方。

三、洗涤品陈列

卖场中，洗涤用品通常包括清洁用品、日化用品、个人卫生用品等。例如洗发水、香皂、洗涤剂等。其中化妆品属高价值体积小的商品，应以专柜形式陈列并单独收银结算。由于洗涤用品多呈液态，因此要特别注意防止液体外流。卖场在进行洗涤品陈列时要遵循先进先出的原则，同时还要注意商品保质期。

由于洗涤用品是顾客的必需品，即使将其陈列在卖场通道的末端，顾客也愿意前往。因此，这种做法在一定程度上也可以吸引顾客进入到卖场的最里面。

需要指出的是，卖场在陈列洗涤用品时要特别注意运用关联陈列的原则。例如在牙膏旁边陈列牙刷，在沐浴露旁陈列搓澡巾和沐浴海绵等，这种陈列方法既便于顾客购买，又能带动关联消费。

四、日配品陈列

卖场中的日配品是指蔬菜、鱼、肉、调味品以外的副食品，例如豆腐、乌冬面等半生商品以及饮料、乳制品、果汁、简便的冷冻食品等皆属此类。由于这些副食品为消费者每日生活的必需品，应以每日供应为原则，故又称为日配品，每日需有供应商直接进行配送，以确保其鲜度。

卖场中日配品的陈列方式，可分成量贩廉价陈列、与其他卖场差别化的陈列、使店内销量提高的陈列和配合全店促销主题的陈列。

(1) 量贩廉价陈列。这种陈列方式的目的是让顾客有丰富感，可从多种商品中选择，使其具有满足感、季节感、新鲜感。以日配品而言，要尽量做到突出陈列或二层次陈列。

(2) 与其他卖场差别化的陈列。卖场进行差别化陈列的目的是为了避免商品在价格上的竞争。

(3) 使店内销量提高的陈列。采取商品关联性陈列是极好的方法，例如比萨饼和奶酪、辣椒酱、芝士粉放在一起陈列。

(4) 配合全店促销主题的陈列。由各部门提供专区的做法。

日配品管理除了必须着重鲜度管理与陈列方法以外，价格的合理制订也是其非常重要的因素，因为人们购买日配品的频率很高，此时如何在顾客心中缔造物美价廉的形象，又同时达成一定毛利率，是极为重要的课题。

总而言之，对卖场中的日配品进行管理时应该恪守先进先出、定期检查和客观清理的原则，然后再按工作时间表依序进行工作，大致均可以将日配品的品质控制在良好的状态。

五、电器陈列

卖场中的电器一般分为大电器和小电器，其中，大电器主要包括冰箱、电视机、空调、洗衣机等，而小电器主要包括电饭煲、电风扇、吹风机等商品。相对于别的商品来说，电器的价格通常都较高，因而消费者在选购电器时，都会比较谨慎。因此，在陈列电器时一定要保证商品包装完好无瑕且干净。卖场在陈列电器时，对于大电器，不能只是简单地将其摆放在一起，而是要特别小心将其平稳地陈列，电器不比别的产品，一旦有碰撞，很可能就失去其使用价值了；而对于小电器来说，由于其体积较小，需轻拿轻放，严防碰撞，因此宜设专柜陈列和收银，清洁商品样品时应用干毛巾，同时遵循先进先出的原则，经常清洁商品。总之，无论是大电器还是小电器，都应按品牌归类陈列，将一个品牌的不同型号的同类电器摆放陈列到一起，这样可以形成一种规模感，使人觉得生产这些电器的厂家规模较大，而且种类齐全。

现在很多消费者在购买电器时，都很注意产品的售后服务，如保换时间，免费保修时间以及售后上门服务等。所以应妥善保管电器配件、说明书和维修卡。另外，电器的标价签一定要准确到位，电器一般价格都较高，标价不明会造成不必要的纠纷。电器的标价签一般都是用胶带完全粘到电器上的。比如电视机，顾客在选购电视机时，一般都会打开来看，如果不是固定在电视机上的标签，很有可能就被弄掉。

目前，卖场在陈列电器时通常采用以下五种模式。

1. 环岛式

环岛式即柜台呈岛状分布，用柜台围成闭合式"岛屿"，中央设置货架。它可以充分利用营业面积，同时，其布置的柜台周边较长，陈列电器商品较多，便于顾客观赏、选购，顾客流动较灵活，视觉开阔。在保证顾客流动占用面积的条件下，布置更多的售货工作现场，卖场经营者可采取不同的岛屿形状，装饰和美化卖场环境。

2. 沿边式

沿边式是目前卖场中比较普遍的设计形式，它又称沿墙式，即柜台、货架等设备沿墙布置，由于墙面大多为直线，所以柜架也呈直线布置。采取这种布置方式，其售货柜台较长，能够陈列储备较多的电器商品，有利于减少店员、节省人力，便于店员互相协作，并有利于卖场的安全管理。

3. 陈列式

陈列式即把工作场所敞开布置，形成一个电器商品展览陈列出售的营业场所，店员与顾客之间没有严格的界限，在同一区域内活动。它利用不同造型的陈列设备，分类分组，随着客流走向、人流密度的变化而灵活布置，使卖场内气氛活泼。陈列式是一种比较先进的设计形式，它便于顾客选购家用电器商品，充分利用营业面积，疏散流量，也有利于提高服务质量，因此也正被越来越多的经营者所采用。

4. 斜角式

斜角式即将柜台、货架等设备与营业场所的支撑柱子成斜角布置，这种做法能使室内视距拉长，从而造成更为深远的效果，使室内既有变化又有明显的规律性，从而使营业场所获得良好的视觉效果，促进商品的销售。

六、图书陈列

（一）图书陈列的原则

1. 引人注目

卖场在进行图书陈列时，必须首先考虑图书音像制品的购买频率。对于想要售出的图书音像制品，尽量选择能引人注目的陈列场所。即使在同样的场所，那些被称为黄金线上的图书音像制品，在有效陈列范围中也要集中展示于最显眼的高度上，并在陈列方式上多下工夫。引人注目是将图书音像制品安置于专业场所中，成为强调重点的陈列场所。那是与全面陈列不同的，它借助一些设备及用具，使得某个部分特别显眼，以招揽顾客来店浏览店内的图书音像制品，这种店面被称作磁石店面。这种陈列方式，具有诉求力的主题是必要的，借着这种主题可有效地发挥其作用。引人注目的陈列方式，可因行业的不同及定位目标的不同而有所差异。

2. 方便顾客观看与挑选

让顾客方便地观看和触摸到陈列的图书，是卖场图书陈列的一个十分重要的原则。顾客看不到陈列的图书，图书便失去了销售的机会，即使顾客注意到了书架上陈列的图书，并且对该图书产生了兴趣，如果触摸不到，也很难进一步产生联想和购买欲望。为了方便顾客观看与挑选，在对图书进行陈列时，要注意将图书摆放在有效的陈列范围内。一般而言，顾客自然站立于书架前面，手臂上下挥动的幅度在高度60～180厘米之间，这个范围就叫有效陈列范围。在这个范围内陈列重点图书，是一种增大营业额的有效方法。相反，在60厘米以下或180厘米以上的地方，顾客很难触摸到商品，因而放在这些区域的商品，其日常销售会受到陈列高度的影响，一般不会销售得太好。

3. 提高价值

提高价值是指即使是同样的图书音像制品，在运用陈列方法之后，其感观价值也得到提升。所以在进行陈列之前，必须首先选择能表现图书音像制品最佳效果的陈列。陈列设备及器具对其影响很大，甚至也为陈列背景的颜色、材料、小型道具以及照明的表现效果所左右。

4. 提高新鲜度

提高新鲜度就是使顾客感觉到图书音像制品的丰富性及活泼的陈列。任何人在选择喜爱的图书音像制品时，当然都喜欢从多种类、多数量中选择，以得到购买的满足感。因此，即使是少量的图书音像制品，只要能好好运用陈列方法也会给人以"置身书海"的感觉。书店将其陈列起来，借助装饰物使商品生动化，活用热卖时的海报、传单。这些方法都可以强调商品的新鲜度，从而促进销售。

（二）图书陈列的方式

目前，同类甚至同质图书种类日趋多样化，读者的购买冲动及动机更加复杂，读者消费的一种反叛心理和防御心理使得他们对品牌消费的忠实度大大减少，因此由于陈列诱惑而冲动购买的人数就不断增加了。绝大部分读者是在事先毫无计划的情形下临时决定购买与否，但是要注意的是，卖场内所能发挥的空间总是非常有限的，因此，要在有限的空间和诸多卖场特定的限制中寻求到非一般化的、有视觉冲击力的陈列效果以吸引读者的注意，是否具备与读者直接接触的售点就显得非常重要。

好的图书陈列容易吸引读者的目光，方便读者购买，刺激读者的购买欲，防止读者流失。生动化的陈列可以增进读者选择图书的气氛和兴趣，节省店员向读者推荐的说明时间，从而提高销售效率。从这个角度讲，陈列弥补了其他广告的欠缺。良好的陈列可以增强书店和经销者的信心，鼓舞经销士气，吸引更多的经销商，进而扩大产品的销售，提升产品和企业的形象。目前卖场中的图书陈列主要采用以下几种方式。

1. 主题陈列

主题陈列就是在卖场中的适当位置设置主题区域、主题书架。将相同主题的图书集中陈列，以促进和扩大该主题图书的销售。主题陈列方式改变了书店的图书分类体系，依某一主题锁定目标顾客群，可以有效地增加销售。主题陈列一般对该主题陈列区和书架用不同的颜色进行识别，以引起顾客的注意、认知和选购。

2. 关联陈列

关联陈列是一种已被卖场经营者广泛接受和利用的方式。关联陈列是指将不同种类但相互补充、互有关联的图书陈列在一起，以达到促进和扩大图书销售的目的。关联陈列要将关联图书陈列在同一通道、同一方向、同一侧的不同书架上，而不应陈列在同一组双面书架的两侧。关联陈列适用于图书之间具有某种互补性与关联性的情形，顾客只要对其中某一本图书感兴趣，很可能会对关联图书也感兴趣，然后购买关联的图书。

3. 岛式陈列

岛式陈列是指在卖场设置的书台上陈列图书的陈列方式。岛式陈列一般采用封面陈列，能使顾客从各个方向观看到图书的封面。需要注意的是，岛式陈列所用的书台不能过高，不能影响整个卖场的空间视野或者遮挡其他书架。

4. 定位陈列

定位陈列是指某些图书一经确定陈列位置后，一般不再变动位置。定位陈列适用于顾客购买频率高、购买量大的图书。这些图书需要有固定位置来陈列，以方便顾客选购。

5. 码堆陈列

码堆陈列是指将丛书或套书从地面码放起来的一种陈列方式。码堆陈列一般选在人流较多而又空旷的空间，或者码放在柱子四周。通常码堆需要将丛书或套书码放到1米以上的高度，这意味着需要较多的复本。

6. 随机陈列

随机陈列主要用于陈列特价图书，它是指没有任何顺序，将图书随机堆积陈列在书架或书台上。随机陈列的书架或书台一般设在卖场的门口，这样既能吸引过往行人，也可以避免顾客破坏店内陈列的其他图书。一般随机陈列都要有标示特价销售的提示牌。

7. 出版社专架

通常，卖场经营者不会主动设置出版社专架，出版社专架也不是读者的普遍需求。卖场设置出版社设专架的目的一般是出于出版社的需要，出版社这个概念对于读者不是关键的，也不是必需的。读者感兴趣的，其实只有图书本身。

8. 推荐书台

推荐书台一般都有明显的标志和提示，它是一种卖场经营者结合对目标顾客阅读兴趣的分析研究和调查，将某些重点图书或者畅销书在特设的书台上陈列出来，供读者选购的陈列方式。

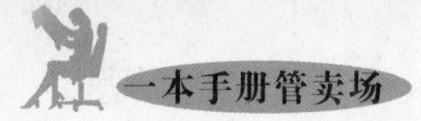

七、饰品陈列

对于卖场来说，饰品陈列是其最有效的现场广告。大量种类繁多的饰品在卖场内的摆设陈列需要经营者认真分析。

（一）饰品陈列的原则

1. 醒目

应该把最流行、最想卖的商品放置在卖场内惹眼的位置及高度，利于顾客在第一时间内获得该饰品的信息，从而产生购买欲望。

2. 保持新鲜度

顾客大多喜欢从多种类、多数量的饰品中选择心爱的饰物，反复试戴、挑选，这样势必会对商品造成污损，甚至造成饰品的丢失。针对这种情况，卖场管理者就要运用各种手段把少量的代表饰品陈列出立体感，借助装饰使之更生动，不但使少量饰品显得充盈，更增添了魅力。另外，因居显眼位置，可以避免饰品的丢失。

3. 展示适量

货架上的商品必须经常充分地放满陈列，给顾客一个商品丰富的好感觉，从而吸引顾客购买。经营者也可以有意拿掉几件商品，既方便顾客取货，又可显示产品的良好销售，并且保证每个商品的价格标签准确无误、清楚明白，方便消费者衡量是否购买商品。随着新品的推出或促销方式的改变，饰品的陈列位置应定期调换，以增加顾客的新鲜感并延长滞留在店面的时间，增加选购的概率；当商品暂缺货时，采用销售频率高的商品来临时填补空缺商品位置，但应注意商品的品种和结构之间关联性的配合，当然货架也不可空位过多。

4. 方便顾客选取

顾客在选购饰品的过程中总要反复挑选、比较，因此饰品（除小型贵重饰品除外）的陈列要考虑到顾客拿取是否方便。尽量把有关联的饰品相邻摆放，也是基于方便顾客的考虑。可以先将饰品大致分类，然后根据其用途不同归类，再按照价格、大小等细分类。明确分类之后，结合展示的手法，不仅给顾客带来了便利，也提高了卖场管理商品的效率。

（二）饰品陈列的方法

1. 定位陈列

定位陈列是指某商品一经确定了陈列位置后，就不再变动。一般把常用品和知名品牌的商品以这种方式陈列，以方便顾客购买。顾客购买这些商品频率高、量大，尤其是老顾客。

2. 墙面陈列

墙面陈列是把立体摆放视觉效果较好的饰物，如项链、耳坠、手机饰物等装饰在墙面上。这种方法不仅有效地突出饰品的真实效果，还方便了顾客挑选。

3. 情景式陈列

情景式陈列是一种目前颇为流行的陈列方式，它是指在某些特定场景饰品，如家具、室内装饰品，可以用模型布置成逼真的室内环境，通过设置真实的场景来展示其效果，让顾客体验如临其境的生动感，再加上饰物本身良好的质量，一定会让顾客爱不释手。

4. 专题陈列

专题陈列是指给饰品陈列设计一个主题，主题可依据不同的节日或特殊事件而设定。这种陈列方式能使店铺创造一种独特的气氛，吸引顾客的注意力，达到促销饰品的效果。专题的选择有很多种，如母亲节、父亲节、情人节等。把节日的文化融入饰品陈列中，运用艺术的手法、宣传手段，借助灯光色彩突出某一系列或某款饰品，使之达到生动、炫目的真实效果，从而大大激发顾客的购买欲望。

5. 关联陈列

关联陈列是指把不同种类但恰好互相补充的饰品陈列在一起。运用饰品之间的互补性，促使顾客在购买某一饰品后，也顺便购买旁边的饰品，从而达到促销的目的。这种陈列方式可以有效地提高顾客的购买率。

6. 突出式陈列

突出式陈列是指把某种饰品超出正常的陈列线，迎向顾客的直接视野范围。可以在规则的摆放行列中延伸出支架，起到突出的作用。这种方法尤其适合玩具、家具装饰品等，足以吸引顾客的脚步。

八、服装的陈列

有一句话叫做"展示是服装的第二次设计"，款式新颖、美观的服装需要通过良好的展示来吸引消费者的注意。同时，服装的展示陈列是最富于变化的，陈列组合多种多样，色彩搭配纷繁复杂。

（一）服装的陈列方式

1. 模特展示

模特展示即人体模特穿套服装进行展示，这种陈列方法可以表现服装的立体感和整体感，是一种具象型的陈列方式。模特陈列展示的不仅仅是一种服装，还可以是帽子、衬衫、外套、裤子等一整套的搭配。特别地，在泳装的展示陈列中，一般都会使用具象型的模特，至少是半身模特。

2. 衣架吊挂

衣架吊挂是用衣架型的各种支撑用具将服装悬垂。这样的陈列方法也可以表现出一定的立体感，同时方便取拿，是卖场中比较常用的服装展示陈列方式。吊挂可以分为正面吊挂和侧面吊挂两种。正面吊挂可以展示服装的全貌，但占用空间较大，除了沿墙的情况以外，很少将其单独使用；侧面吊挂适用于比较平整、规则的服装，陈列效果整齐紧凑。需要说明的是，侧面与正面总是相对而言的，即相对于其他陈

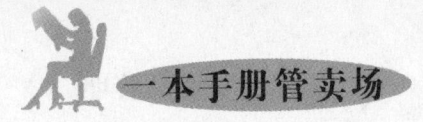

列方式的观察角度加以选择。

3. 水平摆放

水平摆放是将展开或部分折叠的服装摆放在展具的水平面上来加以展示的方法。这里的展具包括架、柜、桌、椅、层板等。水平摆放可以是单层的，也可以是叠放，这样可以达到大量陈列的效果。水平摆放服装时需要特别注意色彩的组合，如果服装的外包装已经除去，则每一叠中的陈列颜色应当尽量相同；同时叠与叠之间应留有足够的空间，这样既便于顾客取拿与店员补货，同时也不显小气。

4. 展开铺陈

将服装完全展开，以样品的形式铺陈固定在展具上，也是一种颇具效果的展示方式。有时，还可以用大头针、别针等将样品固定起来。这样的展示方式同样需要较大的空间，但十分美观、大方，还能够根据展示的需要摆出特定的造型。在一些专卖店、直营店和展销店中，这样的陈列方式十分多见。

在服装陈列的过程中，需要将模特展示、衣架吊挂、水平摆放或叠放、展开铺陈等方式结合起来，增加展示空间的动感，突出商品陈列的主次。这种配合的方式不仅限于店内，在橱窗中也完全可以采用。

（二）展示空间的层次

空间中的层次感可以让展示变得灵动、丰富。使用叠放展示的方式，可以达到大量陈列的视觉冲击。在沿墙的位置，可以采用叠放展示的方式，与入口处和通路旁的摆放陈列、吊挂陈列结合起来，在展示空间中产生良好的层次感。这样的陈列既能达到远观的效果，又能给近前的顾客以精致的选购环境。

（三）背景饰物的采用

在服装陈列的同时，配以一定的背景饰物，会起到衬托展品、增强展示效果的作用。可以用比较耀眼的颜色吸引顾客的眼球。

（四）注重多视角的效果

服装展示空间是立体化的，顾客会从不同的方向经过、观察。因此，在展示陈列的过程中应当十分注意多角度的视觉效果。

（五）展具的选择与使用

服装陈列的展具不仅能够将商品展示给顾客，其本身还能与空间环境相互配合，烘托出空间气氛，表达品牌形象。灵动、典雅的展具是服装展示陈列中不可或缺的重要组成部分。

（六）服装陈列色彩的组合

服装款式多样、色彩丰富，同时也给陈列组合提出了更高的要求。在卖场的服装陈列中，应充分利用不同颜色的特征，将其置于陈列空间的整体中。例如有些休闲款式的服装中，红色较少，而以淡蓝、白色居多，这时就可以将少量的红色摆放在显眼或较高的位置上，起到吸引眼球的作用，而以侧面吊挂陈列蓝、白的主色调服装。

在同一种陈列方式中，应当注意颜色之间的搭配与组合，尽量避免同种色调或明度的服装大量重复，而可使用少量的深浅相间或冷暖相间来增加陈列的动感。尤其在侧面悬挂陈列中，色彩的渐变应尽量均衡。白色、黑色等无色彩系的服装可以用在不同的位置，起到间隔效果，艳色的服装可以在大量的灰、蓝色服装中起到点缀作用。

在摆放陈列中，由于空间中的方向感不一，既有横向的排列，又有纵向的组合，色彩陈列也可以更加丰富。

九、鞋帽的展示陈列

鞋帽也是卖场中销售的一大类商品。总的来说，鞋帽的陈列方法与其他品类是相近的，但和服装相比，这些服饰的颜色更加丰富，款式、外观更加多样，陈列方式的组合也要更加灵活多变，自由发挥的余地会更大。

（一）陈列方式

在陈列过程中，由于空间和搭配等原因，会使鞋子失去了应有的灵气。在展示设计的过程中，可以通过一些手法和技巧，将这种灵动通过其他方式表现出来。

（1）与背景图案的组合。可以采用半封闭的橱窗，在样品摆放时，注意不同方向的构图，相邻的样品之间用不同底色的彩纸衬托，避免单调和呆板。

（2）使用圆形活动展架。直线与方往往会在空间布局中反复出现，而圆形与曲线的出现可以打破这种单调，增加展示空间的变化。

（3）非对称式的构图。鞋子本身是镜面对称的，但在大量鞋类陈列摆放时，需要适当打破这种对称，使得总有一个侧面或正面面对顾客，适应了不同角度观察的要求。

（二）综合摆放的组合陈列

在鞋类的陈列中，组合陈列的使用十分广泛。恰当的搭配，可以让商品之间相互促进的作用得到发挥，同时也使陈列空间更加丰富。一般而言，在一个鞋类商品的板格陈列架上，最高层往往展示的是价值最高的主题产品，或者高值的提包、挎包等配套商品。由于高度的原因，减少了顾客取拿的可能，起到了保护商品的作用。在中层的黄金陈列区，通常摆放的是应季的主推款式，这里的产品销售可能性最大，也是顾客注意最多的。在格架的最底层，通常陈列较为廉价的应季产品，这类产品的款式也比较多样，但附加值较低，不占据主要的展示位置。

（三）突出量感的陈列方式

在鞋类的销售中，有时也需要通过一定的陈列方式来突出量感，造成对顾客的视觉冲击。但是鞋类本身所具有的形状决定着杂乱无章的堆头陈列会大大降低商品的质量感，同时也容易造成鞋面的损坏。通常来说，鞋类的量感陈列主要采用沿墙支架配以下部的存货堆放区来实现。此外，陈列架的交错也能够达到让量感展示面

产生变化效果的作用。

液体食品的陈列原则

在卖场中，液体食品的包装形式丰富，规格不一。在这些商品的陈列上，有一些原则可以参考。

1. 碳酸饮料

先依据口味再根据品牌陈列。货架最高两层陈列听装，中间一层陈列听装六连包，下层陈列瓶装及家庭装。此陈列是依据商品的规格大小，同时基于安全因素的考虑。

2. 果汁

依据口味再根据品牌陈列。果汁陈列重点突出颜色搭配，同口味商品陈列在一起，色调上会更协调，更能吸引顾客眼球。纸包果汁系列应单独陈列一组货架。

3. 牛奶

在陈列时按小分类陈列（依据纯牛奶、花色奶、果奶、配置奶等陈列），在此原则上再按品牌陈列。货架的下库存区陈列整件商品，以250毫升规格牛奶3件为高度。

4. 豆奶

豆奶陈列在牛奶区域的配置奶后面。

5. 水

按品牌纵向陈列。小规格陈列在货架的上层，500～600毫升规格陈列在货架的黄金位置。考虑到方便顾客整件购买，下库存区陈列500～600毫升规格整件商品，以两件水的高度为标准；上库存区陈列250～350毫升规格整件商品。

6. 茶饮料

按口味陈列（依据绿茶、红茶、花茶、凉茶陈列）。货架上两层陈列利乐包，依次下来为350毫升瓶装、500毫升瓶装、家庭装。

7. 健康饮料

按功能归类纵向陈列。陈列在茶饮料后面。

8. 罐头饮料

依据规格大小陈列，上层陈列小规格下层陈列大规格。

第三章 | 卖场商品价格制订与管理

卖场商品价格永远是零售卖场管理的主题，面对众多的竞争对手、多样化的顾客需求，零售卖场商品的价格必须经常调整，以赢得竞争的先机，并扩大卖场商品的销售量。这就需要加强卖场商品价格的制订与管理，对各种不同的商品采取不同的定价方法，实施不同的定价策略以及适时对价格进行调整，同时把这些策略方法及变动体现在价格标志上。

第一节　商品价格的构成与制订程序

一、商品价格的构成

零售卖场商品价格是由商品采购价格、流通费用、税金以及企业所追求的利润构成的。即"价格＝采购价格＋流通费用＋税金＋利润"。

1. 采购价格

采购价格是零售企业采购某种商品所付的费用，即供应商卖出商品的价钱，它一般是供应商取得或生产某种商品的成本再加上其所追求的利润。它是商品价格的重要组成部分，是制订商品价格的重要依据。

2. 流通费用

流通费用是指商品通过零售企业从生产领域经过流通领域进入消费领域所耗用的物化劳动和活劳动的货币表现。根据商品流转环节的不同，流通费用可以进一步划分为采购费用、运输费用和存储费用。流通费用是商品价格的构成要素之一，发生在流通领域各个环节之中，并和商品运转的时间、空间相依存，所以它是正确制订商品价格的基础。对于有些商品其流通费用甚至占商品价格的主导地位，如矿泉水，一瓶水的生产成本为 0.2 元左右，但流通成本却往往达到 0.5 元左右。

3. 税金

税金是价格的构成要素，是国家通过法令形式强制规定各类商品的税率并进行征收的费用。税率的高低直接影响商品的价格，因而税率是国家宏观调控商品生产经营活动的重要经济手段。

4. 利润

利润是零售企业为社会创造和占有的价值的表现形态，是价格的构成要素，是零售企业扩大再生产的重要资金来源。零售企业理想的毛利率为 15％ 左右，纯利润为 8％ 左右。

二、影响商品价格制订的因素

影响商品价格制订的因素主要有顾客需求、竞争对手、市场结构、政府干预、商品成本、促销宣传以及零售企业的营销战略。

1. 顾客因素

顾客因素包括顾客的购买能力，对价格的承受能力以及需求情况。顾客的购买能力取决于购买者的收入状况，同时，顾客对价格的心理承受能力，也影响着购买能力。在有些情况下，即使顾客具有货币支付能力，由于价位太高，也会极大地限制他们的购买欲望。

顾客需求对商品定价的影响，还通过需求强度、需求层次反映出来。如果顾客对某种商品的需求比较迫切，则对价格不敏感，零售企业在定价时，可定得高一些；反之，则应定得低一些。不同的需求层次对定价也有影响，对于能满足较高需求层次的商品，价格可定得高一些；反之，则应定得低一些。这样才能满足不同层次顾客的需求。

2. 竞争因素

价格是竞争对手关注的焦点和竞争的主要手段，定价是挑战性行为，任何一次价格制订与调整都会引起竞争对手的关注，并导致竞争对手采取相应对策。在这种对抗中，竞争力最强的零售企业有较大的定价自由，竞争力量弱的零售企业定价的自主性就小，通常是追随市场领先者进行定价。另外，竞争对手定价行为也影响零售企业商品的定价，迫使零售企业做出相应的反应。

3. 市场因素

根据市场的竞争程度，市场结构可分为四种不同的类型，即完全竞争市场、完全垄断市场、垄断竞争市场和寡头垄断市场。不同类型的市场有不同的运行机制和特点，对零售企业行为具有不同的约束力，因而在定价方面表现出显著的差异性。

4. 政府因素

为了维护国家与顾客利益，维护正常的市场秩序，每个国家都制定了有关的经济政策，约束定价行为。这种约束反映在定价的种类、价格水平和定价的产品品种等方面。

5. 成本因素

商品成本是影响商品价格的主要因素。商品成本包括供应成本、销售成本和储运成本。供应成本是供应商在供应过程中所支出的全部费用，如供应商是生产商则是指其生产成本，如供应商是中间商则是指其取得商品的成本。销售成本是商品在营销过程中所发生的费用，如卖场人员工资和广告费等。储运成本是商品的运输和存储费用。这些成本构成了价格的主体部分。零售企业为了保证营销活动的不断循环，通过市场销售，必须回收成本，同时也要形成一定的利润。在市场竞争中，产品成本低的企业，对价格制订拥有较大的灵活性，在市场竞争中将占有有利地位，能获得较好的经济效益；反之，在市场竞争中就会处于被动地位。

6. 商品因素

商品特征是商品自身构造所形成的特色。一般指产品外形、质量、功能、服务、商标和包装等，它能反映产品对顾客的吸引力。商品特征好，该商品就有可能成为名牌商品、时尚商品、高档商品，就会对顾客产生极大的吸引力。顾客不仅注重商品购买后的需求满足，而且期望通过占有使用该产品来显示自己经济上的富有或地位上的优越，而获得某种精神上的满足。这类顾客往往注重的是名牌效应，对其价格不太敏感。由此，零售企业定价的自由度较大。

7. 促销宣传因素

促销宣传需要大量资金的支持，促销费用最终也要进入商品的销售价格之中。销售渠道的开放与畅通，促销宣传活动的开展，体现着企业的市场营销能力。总的来说，营销能力强的零售企业，有利于在既定价格水平下完成销售任务，对制订价格有着较大的回旋余地。

8. 整体营销因素

零售企业在从事营销活动过程中，需要确定市场营销战略与策略。各个市场营销决策之间，需要协调配合，形成一个有机的整体，构成一个营销决策体系。价格策略作为市场营销决策体系的重要组成部分，既要服从于市场营销战略目标的实现，又要配合其他诸如产品策略、销售策略等各项决策的确立与实施。这一点对零售企业来说尤其重要，其营销成本的高低决定商品价格的高低，最后影响企业的利润和经济效益。

三、商品价格的制订程序

许多零售企业定价大多遵从感觉和习惯，缺少科学的程序。商品价格的制订程序包括：确定定价目标、预测商品需求、计算经营成本、选定定价方法以及确定最终价格。

（一）确定定价目标

一项调查显示，大多数零售企业没有"定价目标"这一概念，只知晓各种定价方法。定价目标不同，要求有不同的定价方法，因此定价首先应确定定价目标。商品定价的目标主要有以下几种。

1. 利润最大化目标

以最大利润为定价目标，指的是零售企业期望获取最大限度的销售利润。最大利润目标会导致高价策略，但价格高到什么程度，才能既保证零售企业利润的最大化，又能使购买者承受得了，是需要周密思考的。追求最大利润并不等于追求最高价格，当一个产品在市场上处于某种绝对优势地位时，如有专卖权或垄断等，可以实行高价，但价格过高，会抑制购买，加剧竞争，产生更多的替代品。

2. 预期利润目标

以预期的利润作为定价目标，就是零售企业把某项商品或投资的预期利润水平，

规定为销售额或投资额的一定百分比，即销售利润率或投资利润率。新商品的引入，畅销产品的增加采购都需要新的投资。投资的回收与报酬是零售企业定价必然要考虑的因素。商品定价是在采购成本的基础上加上适当的目标利润，零售企业要事先估算商品按何种价格销售，销售多少，多长时间才能回收投资并达到预期的利润率目标。预期的销售利润率或投资利润率一般要高于银行存贷款利率。

3. 维持生存目标

零售企业的竞争十分激烈，在市场上占有一席之地并非轻而易举之事，因此必须将生存而非利润作为主要目标。一般采用低价策略，但必须保证收回可变资本和部分固定资本。不过长期地仅能维持生存，必然要走向亏损。维持生存仅可作为短期目标。

4. 销售额最大增长量目标

企业为了最大限度地增加销售额，常常通过低价渗透的策略来实现。无论是追求销售额最大，还是销售额增量最大，本质上是一致的。通过规模效益使单位成本降低，获得更多的长期利润。对于零售企业来说，有两个支持因素：一是顾客对商品价格非常敏感，低价可提高某些零售企业的市场占有率；二是规模扩大可使零售企业的单位经营成本明显降低。

（二）预测商品需求

每一个定价目标的实现，都与需求有着密切的关系。具体地说，正是价格策略的变化，引起需求量的增加或减少，从而决定能否实现定价目标。价格如何影响需求、在多大程度上影响需求，是零售企业进行价格制订时必须要考虑的。

1. 顾客对价格的敏感性

零售企业商品价格敏感性具有独特的内容：

（1）产品越是独特，顾客对价格越不敏感；

（2）顾客越是不了解替代品，对价格的敏感性就越低；

（3）如果顾客难以对替代品的质量进行比较，则对价格就越不敏感；

（4）越是急需的商品，价格敏感性越低。

2. 商品需求弹性特征

商品需求弹性是指需求价格弹性，即需求量变动的百分数与价格变动百分数之比。若数字为0，表明商品无弹性；数字越大，表明弹性越大；负数表示价格与需求成反比；正数表示价格与需求成正比。

一般来说，对于需求价格弹性低的商品，零售企业可通过提价增加更大的利润；对于需求价格弹性高的商品，零售企业可通过降价增加更多的销量。对于零售企业经营的食品和日常必需品来说，人们不会因提价而不吃、不用，也不会因降价而多吃、多用，是属于无需求价格弹性或者说价格弹性小的商品，需要引起零售企业经营者的注意。

3. 需求规模的预测

在考虑了零售企业中顾客对价格的敏感性、商品需求弹性后，就需要预测总的需求规模，以选择相应的价格水平。这里讲的需求规模是指在不同价格水平下，能实现的商品销售量。例如，某家零售企业新进一种饮料，这就要列出需求规模表，预测在 2 元一瓶时的销量，在 2.30 元、2.50 元及 2.80 元一瓶时的销量。这种预测可采取两种方法：

（1）排斥竞争对手。即不考虑竞争对手的价格变动，这种方法可以先进行试验，询问人们在不同售价情况下的购买量；也可以在商店现场进行询问，或是有系统地变动商品售价，观察其影响结果。这时，应注意非价格因素的影响，排除如广告、促销、宣传等影响因素。

（2）考虑竞争对手。即在估计自身价格变动时，竞争对手价格也会相应变动，要更为现实地估算需求规模。有些零售企业幻想着通过超低价格获取更大销量，结果却招致竞争对手把价格定得更低，最终未能使销量增加。

（三）预估经营成本

需求常常为商品价格划定上限，而成本则划定商品价格的下限。定价必须考虑经营成本，零售企业经营成本有固定成本和变动成本。前者是指那些不随销售收入变化而变化的成本，如租金、利息、主管经理的工资等；而后者是指随销售收入变化而变化的成本，如商品进价、运输、保管、包装等费用。

定价是为单位产品定价，因此，总成本必须换算为单位成本。零售企业必须保证成本的收回和最大限度的盈利。

（四）选择定价方法

定价的方法有三类：成本导向定价法、需求导向定价法和竞争导向定价法。

（五）确定最终价格

依上述定价方法确定的价格并非就是最终价格，只是确定了一个价格轴心，围绕着这个轴心，应结合一些非数量因素进行调整，最终确定市场价格。需要考虑的因素有心理因素、产品因素、分销因素和促销因素等。确定最终价格时，必须考虑竞争者价格的问题。

（1）了解竞争者价格。可以采用多种不同的方法，如可以派人到竞争对手的卖场购物，对竞争者价格进行询问比较；可以想办法得到他们的价格表，购买其商品进行分析；还可征求顾客对每个竞争对手商品及价格的看法。

（2）分析竞争者价格。这不仅要求分析竞争者的市场价格，还要分析其成本，从而判断其价格竞争的真正实力。如果竞争者是一个小的店铺，成本比自己高，则可以采取削价竞争，凭借着雄厚的实力占尽优势。但是，如果竞争对手采取品质差异化策略，经营的是与企业不同的商品，仅以低价竞争就难以奏效。

第二节　卖场商品价格的制订方法

　　卖场商品价格的制订方法是零售企业为实现其定价目标所采用的具体方法。卖场商品价格的高低主要受成本费用、市场需求和竞争状况三方面因素的影响，不同商品的价格从对此三方面的不同侧重点出发而选择不同的定价方法。卖场价格的制订方法可归纳为成本导向、竞争导向和需求导向三类方法。

一、成本导向定价法

　　成本导向定价法是以商品成本为定价基础依据，主要包括加成定价法、损益平衡定价法和目标贡献定价法等具体方法。

1. 加成定价法

　　加成定价法包括完全成本加成定价和进价加成定价。前者为蔬菜、水果的定价普遍采用，首先确定单位变动成本，再加上平均分摊的固定成本，从而组成单位完全成本，在此基础上加上一定的加成率（毛利率）形成销售价格。计算公式为：

$$商品售价＝单位完全成本×（1＋成本加成率）$$

其中，　　　　　　成本加成率＝（售价－进价）/进货成本×100％

　　进价加成定价是零售企业（百货商店、连锁零售店等）流行的一种做法。其计算公式为：

$$商品售价＝进货价格/（1－加成率）$$

其中，　　　　　　加成率＝（售价－进价）/售价×100％

　　在这两种定价方法中，加成率的确定是定价的关键。一般来说，加成率的大小与卖场商品的需求弹性和预期盈利有关。需求弹性大的商品，加成率宜低，以求薄利多销；需求弹性小的商品，加成率不宜低。在实践中，同行业往往形成一个为大多数商店所接受的加成率。

　　加成定价法具有计算简单、简便易行的优点，在正常情况下，按此方法定价可使公司获取预期盈利。缺点是忽视市场竞争和供求状况的影响，缺乏灵活性，难以适应市场竞争的变化形势。加成率的确定仅从公司角度考虑，因而难以准确得知对应该价格水平上的市场销售量，使固定成本费用的分摊难保其合理性。因此，加成定价法主要用于那些一次性采购、事先难以确定成本的商品。

2. 损益平衡定价法

　　损益平衡定价法是在既定的固定成本、单位变动成本和价格条件下，确保能够保证公司收支平衡的产（销）量。收支平衡点也称损益平衡点（或盈亏分界点），如图3－3所示，其中，E 为盈亏分界点，Q 为保本销售量（称损益平衡时的销售量）。

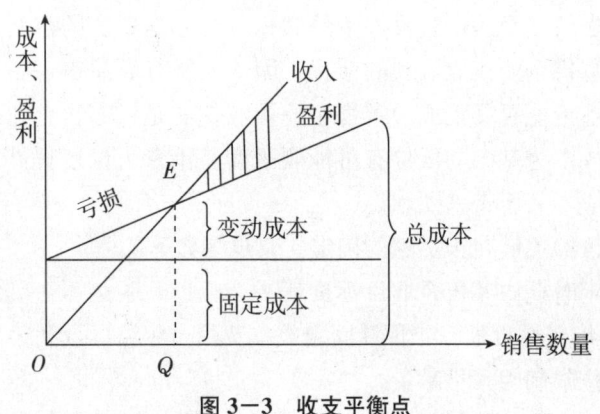

图3—3 收支平衡点

据图3—3得出Q的计算公式：

损益平衡点销售量=固定成本/（价格—单位变动成本）

在此价格下实现的销售量，使公司刚好保本，因此，该价格实际是保本价格。即

保本价格=（固定成本/损益平衡点销售量）+单位变动成本

卖场在定价时，可利用此方法进行定价方案的比较与选择。对于任一给定的价格，都可以计算出一个保本销售量。如果卖场要在几个价格方案中进行选择，只要给出每个价格对应的预计销售量，将其与此价格下的保本销售量进行对比，低于保本销售量，则被淘汰。而在保留的定价方案中，具体的选择取决于零售企业卖场的定价目标。

利用盈亏分析，实际价格的计算公式如下：

实际价格=［固定成本+预期盈利总额（目标利润）+单位变动成本费用］/预计销售量

损益平衡定价法侧重于总成本费用的补偿，这一点对于经营多条商品线和多种商品项目的零售企业极为重要。因为一种商品盈利伴随其他商品亏损的现象时有发生，经销某种商品时所获取的高盈利与零售企业总盈利的增加并无必然联系，因此，定价从保本入手而不是单纯考虑某种商品的盈利状况无疑是必要的。在某种商品预期销售量难以实现时，可相应提高其他商品价格，逐步在整体上实现企业商品结构及销量的优化组合。

3. 目标贡献定价法

目标贡献定价法又称为可变成本定价法，即以单位变动成本为定价基本依据，加入单位商品贡献，形成商品售价。即

价格=单位可变成本+单位商品贡献额

在这里，商品售价超出可变成本的部分被视为贡献。贡献的意义在于单位商品的销售收入在补偿其变动成本之后，首先用来补偿固定成本费用。在盈亏分界点之前，所有商品的累积贡献均体现为对固定成本费用的补偿，零售企业无盈利可言。

到达盈亏分界点之后，商品销售收入中的累积贡献才是现实的盈利。由于补偿全部固定成本费用是零售企业获取盈利的前提，因此，所有商品销售收入中扣除其变动成本后的余额，不论能否真正成为零售企业盈利，都是对零售企业的贡献。在实践中，由于以可变成本为基础的低价有可能刺激商品销量大幅度提高，因此，贡献额有可能弥补固定成本甚至带来盈利。

目标贡献定价的关键在于贡献的确定。其步骤如下：

（1）确定一定时期内零售企业目标贡献。

$$年目标贡献＝年预计固定成本费用＋年目标盈利额$$

（2）确定单位限制因素贡献量。

$$单位限制因素贡献量＝年目标贡献/限制因素单位总量$$

其中，限制因素指零售企业所有商品在其市场营销过程中必须经过的关键环节，如劳动时数、资金占用等，也可根据零售企业商品自身特性加以确定。各种限制因素单位加总即为限制因素单位总量。

（3）根据各种商品营销时间的长短及难易程度等指标，确定各种商品在营销过程中对各种限制因素的占用数量（或比例）。

（4）形成价格。

$$价格＝单位可变成本费用＋单位限制因素贡献量×单位商品所含限制因素数量$$

目标贡献定价法有以下优点：

第一，易于在各种商品之间合理分摊固定成本费用。限制因素占用多，其价格中所包含的贡献量就大，表明该种商品固定成本分摊额较多。

第二，有利于零售企业选择和接受市场价格。在竞争作用下，市场价格可能接近甚至低于零售企业的平均成本，但只要这一价格高于平均变动成本，公司就可接受，从而大大提高零售企业的竞争能力。

第三，根据各种商品贡献的多少安排零售企业的商品线，易于实现最佳商品组合。

二、竞争导向定价法

竞争导向定价法是以市场上相互竞争的同类商品价格为定价基本依据，以随竞争状况的变化确定和调整价格水平为特征，主要有通行价格定价、密封投标定价、竞争价格定价等方法。

1. 通行价格定价法

通行价格定价法是竞争导向定价方法中广为流行的一种。定价是使零售企业商品的价格与竞争者商品的平均价格保持一致。这种定价法的目的是：

①平均价格水平在人们观念中常被认为是"合理价格"，易为顾客接受；

②试图与竞争者和平相处，避免激烈竞争产生的风险；

③一般能为零售企业带来合理、适度的盈利。

这种定价适用于竞争激烈的均质商品，如大米、面粉、食油以及某些日常用品的价格确定。在完全寡头垄断竞争条件下也很普遍。

2. 主动竞争定价法

与通行价格定价法相反,它不是追随竞争者的价格,而是根据零售企业商品的实际情况及与竞争对手的商品差异状况来确定价格。一般为富于进取心的零售企业所采用。定价时首先将市场上竞争商品价格与零售企业估算价格进行比较,分为高、一致及低三个价格层次。其次,将零售企业商品的性能、质量、成本、式样、产量等与竞争零售企业进行比较,分析造成价格差异的原因。再次,根据以上综合指标确定零售企业商品的特色、优势及市场定位,在此基础上,按定价所要达到的目标,确定商品价格。最后,跟踪竞争商品的价格变化,及时分析原因,相应调整零售企业商品价格。

3. 密封投标定价法

密封投标定价法主要用于投标交易方式。投标价格是零售企业根据对竞争者的报价估计确定的,而不是按零售企业自己的成本费用或市场需求来制订的。零售企业参加投标的目的是希望中标,所以其报价应低于竞争对手的报价。一般来说,报价高、利润大,但中标机会小,如果因价高而招致败标,则利润为零;反之,报价低,虽中标机会大,但利润低,其机会成本可能大于其他投资方向。因此,报价时,既要考虑实现零售企业目标利润,也要结合竞争状况考虑中标概率。最佳报价应是使预期利润达到最高水平的价格。此处,预期利润是指零售企业目标利润与中标概率的乘积,显然,最佳报价即为目标利润与中标概率两者之间的最佳组合。表3—2为最佳报价分析。

表3—2 最佳报价分析

单位:元

报价	成本	目标利润	中标概率(%)	预期利润
①	②	③=①-②	④	⑤=③×④
9700	9500	200	80	160
11000	9500	1500	35	525
12000	9500	2500	10	250
13000	9500	3500	1	35

由表可知,报价11000元,预期利润最高,为最佳报价。报价9700元虽中标概率高,但实现利润较低。其余两种报价中标概率过低,极有可能招致败标而使实际利润为零,显然不可取。

运用这种方法,最大的困难在于估计中标概率。这涉及对竞争者投标情况的掌握。只能通过市场调查及对过去投标资料的分析大致估计。

三、需求导向定价法

需求导向定价法是以顾客的需求强度及对价格的承受能力作为定价依据,这类

定价法是零售企业在新的营销观念及市场条件下而产生的新型定价方法。

1. 理解价值定价法

理解价值定价法也称觉察价值定价法，是以顾客对商品价值的感受及理解程度作为定价的基本依据。把买方的价值判断与卖方的成本费用相比较，定价时更应侧重考虑前者。因为顾客购买商品时总会在同类商品之间进行比较，选购那些既能满足其消费需要，又符合其支付标准的商品。顾客对商品价值的理解不同，会形成不同的价格限度。这个限度就是顾客宁愿付货款而不愿失去这次购买机会的价格。如果价格刚好定在这一限度内，顾客就会顺利购买。

为了加深顾客对商品价值的理解程度，从而提高其愿意支付的价格限度，零售企业定价时首先要搞好商品的市场定位，拉开本企业商品与市场上同类商品的差异，突出商品的特征，并综合运用这种营销手段，加深顾客对商品的印象，使顾客感到购买这些商品能获得更多的相对利益，从而提高他们接受价格的限度，零售企业则据此提出一个可销价格，进而估算在此价格水平下商品的销量、成本及盈利状况，最后确定实际价格。

2. 需求差异定价法

需求差异定价法以不同时间、地点、商品及不同顾客的消费需求程度差异为定价的基本依据，针对每种差异决定其在基础价格上是加价还是减价。主要有以下几种形式：

（1）因地点而异。如国内机场的商店、餐厅向乘客提供的商品价格普遍要远高于市内的商店和餐厅。

（2）因时间而异。如五一、国庆、春节三个较长假日也是三个购物黄金假期，商品价格较平时有一些增长。

（3）因商品而异。在 2002 世界杯举行期间，标有世界杯会徽或吉祥物的 T 恤及一些商品的价格，比其他同类商品的价格要高。

（4）因顾客而异。因职业、阶层、年龄等原因，顾客有不同需求。零售企业在定价时给予相应的优惠或提高价格，可获得良好的促销效果。

实行差异定价要具备以下条件：市场能够根据需求强度的不同进行细分；细分后的市场在一定时期内相对独立，互不干扰；高价市场中不能有低价竞争者；价格差异适度，不会引起顾客的反感。

第三节　卖场商品价格的制订技巧

卖场商品价格在根据适当的定价方法确定了基本价格以后，零售企业还必须使用一定的技巧，以确定最终的价格，即针对不同的消费心理、销售条件、销售数量及销售方式，运用灵活的定价策略对基本价格进行修改，这是保证卖场价格管理走向成功的重要手段。

一、心理定价

心理定价即依据顾客购物时的心理而确定商品价格。心理定价主要是针对不同的商品选择心理定价方法。

1. 整数定价

采用合零凑整的方法，制订整数价格。如将价格定为10元，而不是9.9元，这样使价格上升到较高一级档次，借以满足顾客的高消费心理。顾客会感到消费这种商品与其地位、身份、家庭等协调一致，从而迅速做出购买决定。整数定价常常以偶数，特别是"0"作尾数。例如，精品店的服装可以定价为1000元，而不必定为998元。整数定价策略适用于：高档消费品或顾客不甚了解的商品，需求的价格弹性比较小、价格高低不会对需求产生较大影响的产品。

2. 尾数定价

尾数定价恰好与整数定价相反，它保留价格尾数，采用零头标价。如9.98元，而不是10元，使价格保留在较低一级档次。尾数定价一方面给人以便宜感，另一方面又因标价精确给人以信赖感。尾数定价用以满足顾客求实消费心理，使之感到商品物美价廉。对于需求价格弹性较强的商品，尾数定价策略往往会带来需求量大幅度的增加。

3. 声望定价

针对顾客"价高质必优"的心理，对在顾客心目中享有声望、具有信誉的商品制订较高价格。价格档次时常被当做商品质量最直观的反映，特别是在顾客识别名优商品时，这种心理意识尤为强烈。因此，高价与性能优良、独具特色的名牌商品配合，更易显示商品特色，增强商品吸引力，产生扩大销路的积极效果。

4. 习惯定价

按照顾客习惯价格定价。日常消费品的价格，通常在顾客心目中已形成一种习惯性标准，符合其标准的价格被顺利接受，偏离其标准的价格则易引起疑虑。高于习惯价格常被认为是不合理的涨价；若低于习惯价格又使顾客怀疑是否货真价实。因此，这类商品价格要力求稳定，避免价格波动带来不必要的损失。在必须变价时，应同时采取改换包装或品牌等措施，避开习惯价格对新价格的抵触心理，引导顾客逐步形成新的习惯价格。

5. 系列定价

针对顾客比较价格的心理，将同类商品的价格有意识地分档拉开，形成价格系列。使顾客在比较价格中能迅速找到各自习惯的档次，得到"选购"的满足。

二、新商品定价

卖场每年都必须采购一定数量的新商品，新商品定价是其价格策略的一个关键环节，它关系到新商品能否顺利被顾客所接受，并为以后扩大销售打下基础。卖场

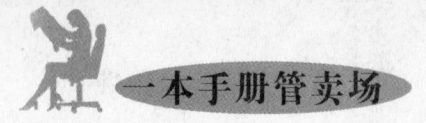

新商品的定价主要有以下方法可供选择。

1. 撇脂定价

撇脂定价即高价投放采购的新商品，售价远远高于成本，目的在于力求短期内补偿全部固定成本，并迅速获取盈利。销售对象主要是那些收入水平较高的"消费革新"人物或猎奇者。当竞争商品投入市场后，随即降低价格，再进一步开拓市场。这种定价方法的优点是零售企业能迅速实现预期盈利目标，掌握市场竞争及新商品营销的主动权。缺点是在高价抑制下，销路不易扩大。同时，高价厚利信号极易诱发竞争，从而缩短了零售企业新商品的高额利润时期。

2. 渗透定价

渗透定价是指低价投放新商品，使新商品在市场上广泛渗透，从而提高零售企业的市场占有率，然后随市场份额的提高调整价格，降低成本，实现盈利目标。这种定价方法的优点是能迅速打开新商品的销路，有利于提高市场占有率，树立良好的零售企业形象，同时，低价薄利不易诱发竞争，便于零售企业长期占领市场。缺点是本利回收期较长，价格变动余地小，难以应付在短期内骤然出现的竞争或需求的较大变化。

3. 满意定价

满意定价方法是零售企业采取介于撇脂与渗透两种方法之间，价格水平适中，同时兼顾供应商及顾客利益，使各方面顺利接受的定价技巧。优点是价格比较稳定，在正常情况下盈利目标可按期实现；缺点是比较保守，不适于需求复杂或竞争激烈的市场环境。

如果零售企业采购的是仿制的新商品，定价的关键在于如何进行市场定位，特别是仿制商品的定位应尽量避开市场上原有创新者的定位。

三、折扣定价

折扣定价是指根据不同交易方式、数量、时间及条件，在基本价格的基础上加入适当折扣而形成的实际售价。

1. 现金折扣

现金折扣即对按约定日期付款或提前付款的顾客给予一定的价格折扣，目的在于鼓励零售企业的大顾客及分期付款的顾客按期或提前支付欠款，减少零售企业的利率风险，加速资金周转。折扣的大小一般根据付款期间的利息和风险成本等因素确定。

2. 数量折扣

数量折扣是根据购买数量或金额的差异给予不同的价格折扣。分为非累计数量折扣与累计数量折扣两种形式。前者是对一次购买超过规定数量或金额给予的价格优惠，目的在于鼓励顾客增大每份订单购买量，便于零售企业卖场组织大批量进货而获得进价优势。后者是对一定时期内累计购买超过规定数量或金额给予的价格优惠，目的在鼓励顾客与零售企业建立长期固定的关系，减少零售企业卖场的经营风险。数量折扣的关键在于合理确定给予折扣的起点、折扣档次及每个档次的折扣率。

3. 交易折扣

交易折扣又称功能性折扣，即零售企业卖场依据其下游中间商在市场营销中担负的不同职能，给予不同的价格折扣，目的在于利用价格折扣刺激各类零售企业的下游中间商更充分地发挥各自组织市场营销活动的功能。

4. 季节折扣

季节折扣指对在非消费旺季购买商品的顾客提供的价格优惠。目的在鼓励顾客和小的零售商淡季购买，减少零售企业的货物积压，以利于商品均衡流通，合理进出。

5. 促销折扣

促销折扣指卖场为商品推广所进行的各种促销活动而采用的折扣，如快讯商品、印花促销等，给予一定折扣作为促销用途。此方法尤其适用于新商品的导入期。

第四节　卖场商品价格管理

零售卖场商品的价格不可能，也不应该一成不变，为了开拓市场，抢占市场份额或为了追求利润的最大，为应对竞争的需求，零售企业都应加强卖场商品的价格管理，其内容包括对降价、提价及变动时机选择等的管理。

一、商品降价管理

零售企业发动降价的原因不外乎有两种情况：

一种情况是过多的库存商品。这需要零售企业要有追加的营业额，然而通过增强推销、商品改进或其他可供选择的措施并不能达到。于是许多零售企业抛弃了"追随领导者定价法"而转向"灵活的定价法"，以促进他们的销售。但是，价格变更的发起者面临一场价格战，因为竞争者都要设法保住自己的市场份额。

另一种情况是面临强有力的价格竞争而正在下降中的市场份额。零售企业或者从使其成本低于竞争者开始，或是发动降价以期望扩大市场份额，从而依靠较大的销量，以降低成本。但这种战略也存在下列的高风险：

（1）低质量误区。顾客会认为商品质量低于售价高的竞争者质量。

（2）脆弱的市场占有率误区。低价能买到市场占有率，但是买不到市场的忠诚，稍有变化顾客会转向另一个价格更低的公司。

（3）浅钱袋误区。因为售价高的竞争者具有深厚的现金储备，它们也能降价并能持续更长时间。

这些对零售企业销售减价带来不利影响，并且可能损害零售企业形象。所以，非常有必要实施降价控制，但不能把它理解为一切降价都能减少到最小限度或可以消灭。

确定商品降价幅度，应以商品的需求弹性为依据。需求弹性大的商品，只要有较小的降价幅度，就可以使商品销量大增；相反，需求弹性小的商品，需要有较大的降价幅度，才会扩大销售量。但是，由于需求弹性小的商品，降价可能会引起销售收入和销售利润减少，所以掌握调价幅度时要慎重。零售企业降价时应考虑的最重要因素，还是顾客的反应。因为降低价格是为了促进销售，实质上是要促使顾客购买商品。若忽视了顾客的反应，销售就会受挫，根据顾客的反应调价，才能收到好的效果。

然而实施降价控制时必须能够对降价作出估计，并修改最近各期的进货计划，以反映每次实行降价的理由。例如：季节终了，为与竞争者的价格相抗衡，陈旧商品、过时的式样等等都可以作为降价的理由。

实施降价控制使零售企业能对各分店各项政策的执行情况进行检查，例如检查商品的储备方式，检查最近的新商品验收情况等。而且，零售企业经过仔细筹划，可以靠增加广告宣传，更好地训练雇员并给他们较好的报酬，在分店之间更有效地分配商品以及退回卖主等办法，来避免某些降价。

二、商品提价管理

一个成功的商品提价能增加相当大的利润。例如，假定一家零售企业的利润幅度是销售额的3％，倘若销售量未受影响，提价1％将增加33％的利润。

引起提价的主要因素是供不应求。当零售企业不能满足所有的顾客的需要时，就有可能提价，也有可能对顾客限额供应，或者两者均用。提高"实际"价格有几种方法，每种方法对顾客产生的影响却不同，以下是常用的几种调价方法：

（1）采用延缓报价。零售企业决定到临近向大顾客交货时才制订最终价格。

（2）使用价格自动调整条款。零售企业要求一些大顾客按当前价格付款，并且支付交货前由于通货膨胀引起增长的全部或部分费用。合同中的价格自动调整条款规定，根据某个规定的物价指数如生活费用指数计算来提高价格。

（3）分别处理商品价目。零售企业为了保持其商品价格，将先前供应的免费送货与安装的商品分解为各个零部件，并分别为单一的或多个的构件定价出售。

（4）减少折扣。零售企业减少常用的现金和数量折扣，指示其销售人员不可为了争取业务不按目录价格报价。

三、商品价格变动时机管理

卖场商品价格变动的时机主要是指降价时机，因为零售企业很少提价的。价格变动时机管理其实就是降价时机的选择。在差不多所有的情况下，零售企业会发现某种商品必须减价，但是，要作出决定，关系重大，要考虑时机的选择，考虑如何迅速地贯彻执行。尽管零售企业对于降价时机有不同的看法，但必须在保质期内把商品卖掉却是共识。在保质期内，可以选择早降价、迟降价、交错降价和全面降价以清除存货。

1. 早降价

为了有计划地保证商品库存更新，零售企业采用早降价策略。采用早降价有许多好处：

①在实行这一策略的情况下，当需求还相当旺盛时就把商品低价格出售；

②同在销路好的季节后期降价相比，实行早降价策略只需要较小的降价就可以把商品卖出去；

③早降价可以为新商品腾出销售空间；

④零售企业的现金流动状况得到改善。

2. 迟降价

迟降价策略的主要好处是能有充分的机会按原价出售商品。可是以上列举的早降价策略的种种有利之处，正是迟降价政策的不利之处。

季节性商品，在季末的时候，合情合理以打折出售，虽然亏本，但这笔货款可再投资于其他商品上，再创造一次机会，总比把商品积压八九个月要好得多。

3. 交错降价

除了迟、早的选择，零售企业还可以运用交错降价的方式，就是在销路好的整个季节期间价格逐步下降。这种政策往往是和"自动降价计划"结合运用的。在自动降价计划中，降价的金额和时机选择是由商品库存时间的长短所制约的。

4. 全面降价

全面降价是指零售企业定期全面地降价的一种方式，通常一年两三次。这种策略可以避免频繁的降价对正常的商品销售的干扰。其目的是在实时盘存和下一季节开始之前把商品清除出去。

四、不同商品的价格管理

零售企业应根据所经营的商品种类的不同，目标市场、目标顾客群体的不同，分别采取不同的价格变动策略，以达到最佳的效益。

1. 高档商品价格管理

零售企业所经营的高档商品，其目标顾客群大多是高收入阶层或是礼品馈赠者。他们的消费心理一般是把价格作为自身社会地位或经济地位的象征，无论是自用或是赠送，都与其身份相联系。因此，顾客对于高档商品的关注停留于质量保证与地位显示，而顾客对于这两种功能和判断几乎只是依据价格的高低这一标准。因此，对于高档商品的价格变动，尤其对于降价，要慎之又慎。因为降价会动摇顾客对于高档商品质量的信心，怀疑此商品原来的定价，进一步怀疑商家的信誉。

2. 中档商品价格管理

在零售企业所经营的商品之中，中档商品一般是主角，这是由目标市场的规模决定的。因此商家对于经营的中档商品，应花大力气对其价格进行变动，以达到整体利润最大的目的。因为，顾客购物是一个学习的过程，购买前需了解商场信息，购买之后，要使用，要评价。同时，对商品、对企业也就有了一个印象。所以，商

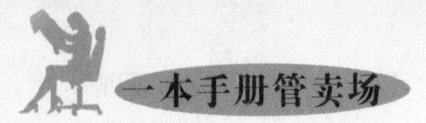

家应借助于广告、宣传等手段把商品价格变动的信息（对于中档商品，主要是降价信息）传达到顾客，这样顾客在购物时就会首先考虑。当商家调低价格降低顾客购物的风险，从而吸引顾客前来购物时，实际上是促使顾客在本企业购物。只要企业的整体服务质量过关，在折扣期间购买的顾客，有很大一部分将成为忠实顾客。

3. 低档商品价格管理

低档商品的主要购买者是中低收入阶层，他们对价格非常敏感，常常是微小的价格上调，就会引起他们的强烈不满而拒绝购买。同样，即使是价格略微的下调，也会刺激他们的购买欲望。

第五节　卖场商品价格标志管理

卖场商品价格标志是指所有用来传达和表示商品销售价格的标志。维护价格标志的标准和保持价格标志的统一与正确，是零售卖场管理工作的重要工作内容。

一、商品价格标志的种类

（1）价格牌。用于表示卖场销售区域商品价格的信息。一般的价格牌尺寸比较大，规格标准，多用电脑打印或印刷好的数字翻牌组成。

（2）价格吊牌。指服装、鞋类等商品，由于很难采用同一商品的标价方式，必须采用单品标价的方式，因此每一个商品上都必须有含有价格信息的价格吊牌。吊牌的价格可以印刷或用打价枪粘贴，但所有的价格要与系统的扫描价格一致。

（3）卖点广告。一般是门店企划部用人工手写的卖点广告，广告纸的规格标准、字体标准、信息比较丰富，除必要的商品品名描述、规格和价格外，还包含其他的内容，形式活泼幽默，极富吸引力。

（4）货架价格标签。用于陈列商品的货架上，一般是可以活动的，并有指示方向。基本用于表示在正常销售的货架上的商品的价格。由于商品有不同类型的价格，价格标签多有几种不同的颜色以分别表示不同的价格。

二、价格牌的管理

价格牌的内容有商品名称、商品的型号和规格、商品的原价、商品的现售价、商品的价格日期等。

标牌的尺寸是标准的，纸张和颜色以及印刷的字体均有明确的规定。如将标牌分为小、中、大三种，小标牌用于 1.2 米高以下的货架的端架；中标牌用于 2.3 米高以下的货架的端架和两个卡板面积以下（含两个）的堆头；大标牌用于 2.3 米高以上的货架的端架和两个卡板面积以上的堆头。

价格牌根据实际的营运要求，可以是单面的或双面的，按价格的不同，可以设计出不同的标牌抬头，如特价商品、惊爆商品、清仓商品等。放在端架的价格标牌的位置，吊挂或置于不锈钢的支架上，优先选择商品的上方50厘米处，如需要也可放置在商品的旁边或正中间等。

价格牌管理标准如下：

①价格牌实行申请程序，只能由电脑中心办公室打印，不能用手写；

②价格牌必须是正确的价格，规格与陈列的位置一致，数据与系统、广告的价格随时保持一致；

③价格牌必须是清楚的、干净的、完整的；

④所有的价格牌放置的位置必须是符合陈列标准的或使用统一的道具放置价格牌；

⑤价格牌可以在新价格执行前三天提前申请打印，并在新价格执行的前一天的非营业时间进行更换；

⑥价格牌只能由正式职员进行更换，实习生、促销人员不得更换价格牌；

⑦过期作废的价格牌，必须当做垃圾及时进行处理；

⑧因卖场人员的工作失误导致价格错误和价格损失，将按相关的程序进行处理。

三、价格吊牌的管理

价格吊牌的内容有商品品名、尺码、颜色、原料成分、条形码以及销售的号码。

价格吊牌的规格可以因店而异。有的店是使用供应商商品上自带的吊牌，只在吊牌上打上销售的价格，有的零售企业自行制作的吊牌，规格、式样统一。

价格吊牌管理标准如下：

①吊牌的价格必须与系统中的价格随时保持一致；

②吊牌必须采用一次性使用的方式，破坏后不能与商品相连；

③吊牌必须与硬防盗标签在一起使用；

④吊牌上的价格不能将其他重要的内容，如成分、洗涤方法、供应商地址等遮盖；

⑤吊牌上的价格必须是同一方向，如全部向上；

⑥服装类（男装、女装、童装、婴儿装）、睡衣、女士文胸、鞋类、毛绒玩具等需要吊牌。

四、卖点广告的管理

卖点广告主要是商品的品名、简单的描述、原价格、现售价、限售时间、广告语、插图等。卖点广告的纸张规格、颜色是标准的，用来书写价格的数字是统一的美术字体，由企划人员进行制作，同时内容则符合卖场提出的特别要求。一般可将卖点广告分为小、中、大三种型号。

卖点广告不能放置在端架、货架上，只能陈列在规定的位置。

1. 卖点广告管理标准

（1）卖点广告价格牌实行申请程序，卖场经理批准，门店企划人员进行制作；

（2）非本零售企业自用的卖点广告，实行付费制作，每种型号的费用按规定执行；

（3）卖点广告只能用于促销或特价的商品，或举办某种主题的促销活动的某商品（某类商品、某公司商品），不能用于表示正常销售商品的价格信息；

（4）卖点广告陈列的标准位置是优先选择商品的正上方，当正上方无法陈列时，选择在不锈钢的支架上陈列；

（5）卖点广告的价格必须同系统中的价格、广告快讯的价格一致，活动的内容必须与广告上的描述一致；

（6）卖点广告由门店企划人员负责检查是否干净、完整、张贴完好，是否过期等；

（7）卖点广告只能由正式职员进行张贴，实习生、促销人员不得张贴；

（8）因卖场人员的工作失误导致价格错误和价格损失，将按相关的程序进行处理。

2. 卖点广告的申请制作程序

（1）使用部门申请。需要使用卖点广告的部门提出书面申请，填写申请单。

（2）批准/缴费。由管理层进行批准，若属于为供应商制作的卖场广告，需要缴费。

（3）提供制作信息。申请部门提供卖点广告制作的相关信息，包括用途、规格、文字、价格、插图的基本要求等，广告制作人员审核是否符合公司的标准或可否达到要求的效果，与申请部门进行信息的综合、修改、添加等。

（4）广告制作。确定具体的制作主题后，进行卖点广告的制作。

（5）广告审核。广告制作完毕后，申请部门使用前，核查以下内容：

①商品品名、规格的描述是否正确；

②价格、销售单位的描述是否正确；

③时间限制是否正确；

④字体是否适中，顾客是否能看清；

⑤字体是否容易辨认，顾客是否能看懂；

⑥是否有错别字、不规范字。

五、货架价格标签的管理

货架价格标签的内容有商品名称、产地、等级、规格、含税单价、计价单位、售价、大组号/小组号、条形码、货号、供应商编号等。

所有的价格标签都是标准的，不同颜色用来表示不同的价格类型。如红色代表快讯广告商品的价格，绿色代表正常商品的价格，蓝色代表清仓商品的价格等。货架价格标签只用在货架上所有陈列商品的价格标示。一般粘贴在货架的层板上或放置价格轨道（或价格托牌）里，位置在该商品排面的最左端；标签的方向优先选择向上，只有在某些商品的价格标签无法向上或不方便顾客观看时，才使用向下的方向进行标示。

1. 货架价格标签管理标准

(1) 价格标签必须是经过当地的物价管理政府机关批准的价格标签才可以使用;

(2) 价格标签只能由电脑中心办公室打印,不能用手写;

(3) 商品的一个陈列位置只能有一个正确的价格标签;

(4) 价格标签必须是正确的价格,规格与价格类型一致,数据与系统、广告的价格随时保持一致;

(5) 价格标签必须是清楚的、干净的、完整的、可扫描的;

(6) 价格标签在货架上的位置不许随意移动,必须遵照陈列图进行;

(7) 价格标签的类型使用必须正确,价格标签的方向必须正确,当有两个方向时,必须将其中一个不正确的方向去掉;

(8) 价格标签必须在系统新价格执行的非营业时间,进行打印和更换;

(9) 价格标签实行申请程序,在电脑中心办公室打印;

(10) 价格标签只能由正式职员进行更换,实习生、促销人员不得更换价格标签;

(11) 过期作废的价格标签,必须进行处理,零售企业的任何其他地方、任何时间不得有掉落的价格标签;

(12) 因卖场人员的工作失误导致价格错误和价格损失,将按相关的程序进行处理。

2. 价格标签的制作程序

(1) 打印申请。卖场人员填写"价签/标牌申请单",主管批准申请,交到电脑打印中心。

(2) 打印。电脑打印中心人员根据紧急的程度在最短的时间内予以打印。

(3) 分发。电脑打印中心将打印好的价格标签分发给各部门管理层。

第四章 | 卖场理货管理

卖场理货包括理货作业与补货作业，其目的是为了保证卖场商品的充足供应，保证通道的畅通无阻。一个排放整齐有序的卖场有利于吸引顾客，促进销售。

第一节 卖场理货的工作内容

卖场理货通常是在营业高峰前后或夜间进行。卖场理货的工作内容包括两个前后相接的活动，即理货与补货。

一、补货

进行补货工作的注意事项有：

（1）补货时必须检查商品有无条码。

（2）检查价格卡是否正确，包括 DM（促销）商品的价格检查。

（3）商品与价格卡要一一对应。

（4）补完货要把卡板送回，空纸皮送到指定的清理点。

（5）新商品须在到货当日上架，所有库存商品必须标明货号、商品名及收货日期。

（6）必须做到及时补货，不得出现在有库存的情况下有空货架的现象。

（7）补货要做到先进先出。

（8）检查库存商品的包装是否正确。

（9）补货作业期间，不能影响通道顺畅。

二、理货

进行理货工作的注意事项有：

（1）检查商品有无条形码。

（2）检查商品摆放情况：

①货物是否正面面向顾客，整齐靠外边线码放；

②货品与价格卡一一对应；

③不补货时，通道上不能堆放库存商品；

④不允许随意更改排面；

⑤破损/拆包货品及时处理。

（3）促进销售，控制损耗：

①依照公司要求填写"三级数量账记录"，每日定期准确计算库存量、销售量、进货量；

②及时回收零星商品；

③落实岗位责任，减少损耗。

（4）检查价签/条码：

①按照规范要求打印价格卡和条形码；

②价格卡必须放在排面的最左端，缺损的价格卡须即时补上；

③剩余的条形码及价格卡要收集统一销毁；

④条形码应贴在适当的位置。

（5）清洁工作：

①通道要无空卡板、无废纸皮及打碎的物品残留；

②货架上无灰尘、无油污；

③样品干净，货品无灰尘。

（6）整库/库存/盘点：

①库房保持清洁，库存商品必须有库存单；

②所有库存要封箱；

③库存商品码放有规律、清楚、安全；

④盘点时保证盘点的结果正确。

三、辅助工作

1. 服务

（1）耐心礼貌地解答顾客询问。

（2）补货理货时不可打扰顾客挑选商品。

（3）及时平息及调解一些顾客纠纷。

（4）制止顾客各种违反店规的行为，如拆包、进入仓库等。

（5）对不能解决的问题，及时请求帮助或向主管汇报。

2. 器材管理

（1）卖场铝梯不用时要放在指定位置。

（2）封箱胶、打包带等物品要放在指定位置。

（3）理货员随身携带：笔一支、刀一把、手套一副、封箱胶、便签若干。

（4）各种货架的配件要及时收入材料库，不能放在货架的底下或其他地方。

3. 市调

（1）按公司要求、主管安排的时间和内容做市调。

（2）市调资料要真实、准确、及时，有针对性。

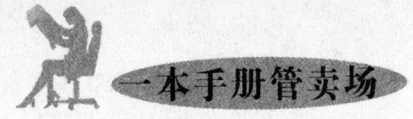

4. 工作日志

(1) 条理清楚，字迹工整。

(2) 每日晚班结束时写。

(3) 交代未完成的工作内容，早班员工须落实工作日志所列事项。

第二节　卖场理货的原则与要求

一、补货的原则

卖场补货原则如下：

(1) 商品缺货、营业高峰前和结束营业前必须进行补货。

(2) 补货以补满货架或端架、促销区为原则。

(3) 补货区域的先后次序：端架—堆头—货架。

(4) 补货品项的先后次序：促销品项—主力品项—一般品项。

(5) 当商品缺货但又无法找到库存时，必须首先通过对系统库存数据的查询进行确定，确定属于缺货时，将暂时缺货标签放置在货架上。

(6) 食品和有保质期限制的商品必须遵循先进先出的原则。

(7) 补货时必须检查商品的质量、外包装以及条形码是否完好。

(8) 补货时必须检查价格标签是否正确。

(9) 补货以不堵塞通道，不影响卖场清洁，不妨碍顾客自由购物为原则。

(10) 补货时不能随意更动陈列排面和陈列方式，依价格标签所示陈列范围补货，违反者将按规则处罚。

(11) 补货时，同一通道的放货卡板，同一时间内不能超过三块。

(12) 补货时所有放货卡板均应在通道的同一侧放置。

(13) 货架上的货物补齐后，第一时间处理通道的存货和垃圾，存货归回库存区，垃圾送到指定点。

(14) 补货时，有存货卡板的地方，必须同时有员工作业，不允许有通道堆放卡板，又无人或来不及安排人员作业的情况。

(15) 促销人员可以进行补货，但不能改变陈列的位置和方法。

(16) 当某种商品缺货时，不允许用其他货物填补，或采用拉大相邻品项排面的方法填补空位，要保留其本来占有的空位，除非新的陈列图到位。

二、理货的原则

卖场理货原则如下：

(1) 货物凌乱时，需做理货。

（2）零星散货的收回与归位是理货的一项重要工作。

（3）理货区域的先后次序是：端架—堆头—货架。

（4）理货商品的先后次序是：快讯商品—主力商品—易混乱商品—一般商品。

（5）理货时，必须将不同货号的货物分开，并与其价格标签的位置——对应。

（6）理货时，须检查商品包装（尤其是复合包装）、条形码是否完好，缺条形码则迅速补贴，破包装要及时修复。

（7）退退商品及破包等待修复的商品，不能停留在销售区域，只能固定存放于本部门某一库存区。

（8）理货时，每一个商品有其固定的陈列位置，不能随意更动排面。

（9）一般理货时遵循从左到右、从上到下的顺序。

（10）补货完成时，进行理货工作。

（11）每日销售高峰期之前和之后，须有一次比较全面的理货。

（12）理货时，做到非销售单位、非销售包装的商品不得零星停留在销售区域。

（13）每日营业前理货时，做商品、货架、通道的清洁工作。

三、理货的要求

卖场理货后的应达标准如下：

（1）商品的价格标签是正确的、干净的。

（2）商品陈列的位置是符合陈列图的。

（3）商品陈列是整齐的。

（4）商品陈列是符合先进先出的。

（5）商品的标签、包装、保质日期是经检查合格的。

（6）商品的零星散货已经归回正确的位置。

（7）商品的缺货标签正确放置。

（8）商品的破损包装被修复。

（9）商品陈列是符合安全原则的。

第三节　卖场补货的流程

一、卖场补货的一般流程

补货是指将标好价格的商品，依照商品各自既定的陈列位置，定时不定时地将商品补充到货架上去的作业。定时补货是指在非营业高峰时的补货；不定时补货是指只要货架上的商品即将售完，就立即补货，以免由于缺货影响销售。补货作业的流程如图3—4所示。

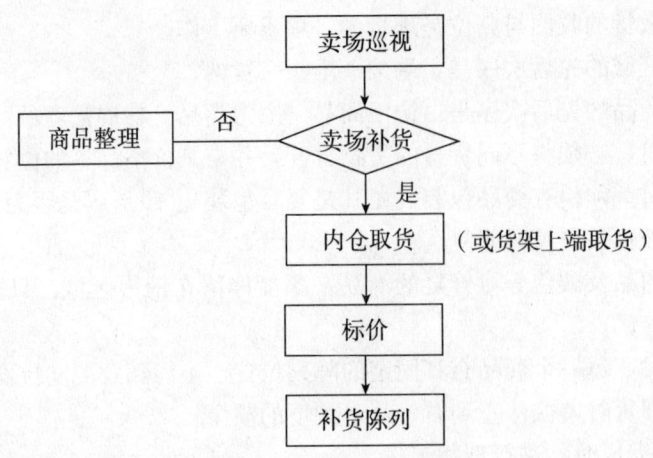

图3—4 补货作业流程图

（1）理货员在进行卖场巡视时，如不要补货可进行商品的整理作业。

①清洁商品。这是商品卖出去的前提条件，所以理货员在巡视时手中的抹布是不能离手的。

②做好商品的前进陈列，即当前面一排的商品出现空缺时，要将后面的商品移到空缺处去，商品朝前陈列，这样既能体现商品陈列的丰富感，又符合了商品陈列先进先出的原则。

③检查商品的质量，如发现商品变质、破包或超过保质期应立即从货架上撤下。

（2）理货员在补货上架时的作业流程如下：

①先检查核对一下欲补货陈列架前的价目卡是否和要补上去的商品售价一致。

②补货时先将原有的商品取下，然后打扫陈列架（这是彻底清洁货架里面的最好时机），将补充的新货放在里面，最后将原有的商品放在前面，也要做到商品陈列先进先出。

③对冷冻食品和生鲜食品的补充要注意时段投放量的控制。一般补充的时段控制量是，在早晨营业前将所有品种全部补充到位，但数量控制在预定销售额的40％，中午再补充30％，下午营业高峰到来之前再补充30％。

二、白天补货流程

白天补货流程主要包括以下几点：

（1）寻找库存。将需要补货的商品的库存找到，优先补非整箱的库存。

（2）商品质量检查。对商品的质量进行检查，包括保质期、条形码、外包装等。

（3）补货。将检查过的商品补充到陈列的货架、端架或堆头上。

（4）库存归库存区。将剩余的库存封箱，改正库存单，放回原来的库存区位置。

（5）垃圾处理。对补货产生的垃圾进行处理，保持补货区域的卫生。

（6）检查通道。最后检查通道，看有无遗漏的商品、卡板、垃圾、价格标签等。

（7）补货结束。当所有的商品执行完以上程序后，补货结束。

三、夜间补货流程

夜间补货流程主要包括以下几点：

（1）确定补货品项。将需要夜间补货的商品做记录。

（2）填写补货单。填写补货单，列明补货商品的货号、陈列位置、库存位置以及补货的要求等。

（3）依单找库存。夜班补货的同事按单子找到库存，并将货物拉至相应的通道。

（4）质量检查。对商品的质量进行检查，包括保质期、条形码、外包装等。

（5）补货。将检查过的商品补充到陈列的货架、端架或堆头上。

（6）库存归库存区。将剩余的库存封箱，改正库存单，放回原来的库存区位置。

（7）处理垃圾。对补货产生的垃圾进行处理，保持补货区域的卫生。

（8）检查补货商品。检查是否所有的商品均已经进行了补货。

（9）检查通道。最后检查通道，有无遗漏的商品、卡板、垃圾、价格标签等。

（10）检查价格标签。检查所有补货商品的价格标签是否正确。

（11）补货结束。当所有的商品执行完以上程序后，补货结束。

第四节　卖场标价作业

每一个上架陈列的商品都要标上价格标签，以便顾客选购和收银员计价收款。这项作业动作很简单，几分钟内就可学会，一天内就能熟练操作，但理货标价作业的流程要求很多，十分复杂。

零售企业卖场的价格标签分为四种类型：商品部门别标签，表示商品部门的代号及价格；单品别标签，表示单一商品的货号及价格；店内码标签，表示每一单品的店内码和价格；纯单品价格标签，只表示每一个商品的单价，无其他号码。商品价格标签对卖场商品管理有很大的作用。其作用主要有：识别商品的部门分类和单品代号以及商品销售、盘点和订货作业；识辨商品售价，有利于商品周转速度的管理等。商品部门别标签、单品别标签和店内码标签一般都可以用条码的形式很快地通过电脑来设计和制作，此时标价作业的重点则是"对号入座"，而对那些仍需用价码机来标价的卖场就必须强调手工作业的管理与控制。

1. 标签打贴的位置

一般来说，卖场内所有的商品的价格标签位置应是一致的，这是为了方便顾客在选购时对售价进行定向的扫描，也是为了方便收银员计价。我们常常发现在收银处，收银员不断翻弄商品寻找商品价格标签的现象，这就是标签打贴位置的不一致造成的，这大大降低了收银速度。标签的位置一般最好打贴在商品正面的右上角（因为一般商品包装其右上角无文字信息），如右上角有商品说明文字，则可打贴在右下角。

2. 几种特殊商品标签的打贴位置

罐装商品，标签打贴在罐盖上方；瓶装商品标签打贴在瓶肚与瓶颈的连接处；礼品则尽量使用特殊标价卡，最好不要直接打贴在包装盒上，因为送礼人往往不喜欢收礼人知道礼品的价格，购买礼品后他们往往会撕掉其包装上的价格标签，由此可能会损坏外包装，破坏了商品的包装美观，从而导致顾客不快，这是理货员特别要注意的，应从细微之处为顾客着想。

3. 打折前要做的工作

打价前要核对商品的代号和售价，核对进货单和陈列架上的价格卡，调整好打价机上的数码。

4. 价格标签纸的保管

价格标签纸要妥善保管，为防止一些顾客偷换标签，即以低价格标签贴在高价格商品上，通常可选用仅能一次使用的折线标签纸。

5. 商品价格调整

商品价格调整时，如价格调高，则要将原价格标签纸去掉，重新打价，以免顾客产生抗拒心理；如价格调低，可将新标价打在原标价之上。每一个商品上不可有不同的两个价格标签，这样会招来不必要的麻烦和争议，也往往会导致收银作业的错误。商品的标价作业随着 POS（销售终端）系统的运用，其工作性质和强度会逐渐改变和降低。标价作业其重点会向正确摆放标价牌的方向发展，频繁的打价码作业不复存在。

第五章│卖场的生鲜加工与定价

第一节　生鲜商品的加工与销售

一、生鲜商品的加工

生鲜商品包括蔬菜、水果、熟食、肉类、水产、海产品、面食。

制定生鲜商品加工规范的目的是为生鲜商品加工提供工作依据，确保生鲜商品加工工作卫生规范。

生鲜商品加工工作如表 3—3 所示。

表 3—3　生鲜商品加工工作一览表

类别	加工方法	责任人
蔬菜水果	去除泥沙，摘掉坏根烂叶，切割旧口等	理货员
熟食	用来加工成熟食的蔬菜、水果、肉类要清洗，浸泡处理，根据不同品项进行不同的制作，包括腌制、烤、炒、卤水、凉拌等工艺	熟食技工
肉类	急冻肉类先解冻，然后进行分割，分割的分量以当地居民购买力为考虑因素，分割好的肉类要用塑料托盘和专用包装薄膜包装	肉类技工
水产海产品	冰鲜水产进行解冻，交由技工进行分割，包括清洗、清理，然后进行包装	水产技工
面食	①把发酵粉、糖、水按比例加到面粉中，用制面机和 30 分钟②把馅料清洗干净，如果是肉类，要用绞肉机绞好并加入配料，调好味③把和好的面打制后，做成包皮，包皮的重量约每个 50 克，用来包馅料④发酵约 20 分钟后，把面包放入蒸笼，或者放入面包烤炉，不同包点有不同的蒸、烤时间，一般蒸 8～12 分钟	面食技工

1. 生鲜商品加工的卫生标准

（1）生鲜商品的加工过程必须遵守相关法律、法规。

（2）加工过程中生熟食要分区、分工具进行加工。

（3）所用餐具必须符合卫生标准，非一次性餐具需进行高温消毒。

（4）生鲜商品加工人员必须具备上岗资格，并在作业过程中按相关规范的要求作业。

2. 生鲜商品加工规范

生鲜商品加工工作规范包括清理、加工、包装、陈列等内容。

（1）清理。对生鲜商品进行清洗、清理，冷冻商品进行解冻。

（2）加工。将清理过的商品进行加工。

（3）包装。对加工后的生鲜商品进行包装、称重后贴上标价码，统一贴在包装盒的右上角。

（4）陈列。各种商品分别陈列在冷藏柜、冻柜、热柜或用冰粒盖住，陈列时要遵守相关的工作规范。

二、生鲜商品包装

制定生鲜商品包装规范的目的是确保生鲜商品外观的美观性，方便顾客的选购。生鲜商品包装工作如表3—4所示。

表3—4　生鲜商品包装工作一览表

类别	材料	包装方法	注意事项
蔬果	连卷袋、扎口胶带	把蔬果放入袋中，用扎口胶带封好袋口	封口处必须牢固
熟食	连卷袋、保鲜膜、保鲜盘	用连卷袋装好或用保鲜盒和保鲜膜在包装机上打包装	封口处必须牢固
生鲜肉类	保鲜膜、保鲜盘	用保鲜盒和保鲜膜在包装机上打包装	封口处必须牢固
水产海产品	保鲜膜、保鲜盘	把商品置于保鲜盒内，用包装机把保鲜膜包在保鲜盒上	封口处必须牢固
面食	连卷袋、扎口胶带	把面食放入连卷袋中，然后用扎口胶带扎好袋口	封口处必须牢固

生鲜商品包装的工作流程、工作要求如下：

（1）明细包装方法。先将要包装的品种按大小分类，为加快包装速度做好准备；须了解其工作范围内的标准（包括打出的包装表面无重叠无破损的初步知识）；条形码要平整地贴在包装右上角。

（2）包装。（以连卷袋为例）将连卷袋包装的商品放入袋中，然后双手握住袋口，置于扎口机上用力往下压；包装完后检查是否有破损。

（3）粘贴标签。将条形码标签贴在包装正面右上角，确保标签纸粘贴准确且平整。

三、生鲜商品销售管理

制定生鲜商品销售管理规范的目的是为生鲜商品的销售管理工作提供工作依据，

确保生鲜商品在鲜度期内的销售。

生鲜商品销售管理工作规范应包括收货、加工、称重、包装、陈列、维护、销售等环节的内容。

（1）收货。生鲜区主管与仓管员共同验收生鲜商品，根据相关规范和标准进行。

（2）加工。生鲜区各岗位对各类生鲜商品按相关规范和标准进行加工处理。

（3）包装。经过加工的商品，如蔬菜、水果，大部分可直接上架销售；其他生鲜商品必须包装后才可销售。

（4）称重。包装完的商品必须称重，打印出价格标签，将标签纸贴在包装的右上角。

（5）陈列。陈列时要美观，注意先进先出，生熟分开，陈列要丰满。

（6）维护。生鲜部员工对商品进行日常维护，包括检查保质期、卫生等工作。

（7）销售。生鲜部员工应主动热情地向顾客介绍商品并提醒顾客购买后有关注意事项，如需轻放、需解冻、需冷藏等。

第二节　生鲜商品的定价、报损和盘点

一、生鲜食品调价

制定生鲜食品调价规范的目的是为生鲜食品调价工作提供管理依据，确保调价工作及时、准确、规范。

生鲜食品调价工作分为日常调价和促销调价两大类。

日常调价包括：

第一，每日在过了销售高峰后对熟食、叶菜、配菜等进行调价，以期减少报损；

第二，对鲜度较差、卖相不好的水果、蔬菜进行调价，以减少报损，尽可能避免损失；

第三，根据周围市场行情，对正常生鲜商品售价进行调整。

促销性调价是指根据周围竞争店销售状况，为打击对手、吸引人气或带动其他商品销售而采取的促销策略。分店采取此类调价前，要提前三天报采购部，征得采购人员及相关领导同意后方可行动。

生鲜商品调价工作规范是对临时价调价工作的规范，它包括申请、审批、执行等环节。

生鲜商品调价权限如表 3—5 所示。

表 3—5　生鲜商品调价权限表

	调价幅度	审批	审批时限
日常调价	不低于成本价	店长	0.5 小时内
	不低于进价的 50%	店长	1 小时内
	不低于 10% 毛利	店长	1 小时内
促销调价	同采购部协商	采购部	三日内

具体工作流程、工作要求为：

（1）申请。当已过销售高峰、商品鲜度不够、周边市场价格变动或分店希望对生鲜商品调整价格促销时，由分店生鲜区主管书面向店长提出调价申请。

（2）审批。店长根据实际情况决定调价金额；采购主任（生鲜）、采购经理根据市场及商品销售情况决定调价，并在规定时限内在生鲜食品调价处理表上签名后回传至分店。

（3）执行。店长决定调价后或采购部批准调价后，由生鲜区主管进行调价操作并在生鲜商品调价处理表上签名后交分店会计员；生鲜区员工通过广播等方式对调价商品进行促销。

（4）上报。分店会计员将有店长签名的生鲜商品调价处理表整理后备查。

二、生鲜商品折价处理

制定生鲜商品折价处理规范的目的是为了减少生鲜商品的损耗，对鲜度不够的商品及时进行处理。其适用范围是：水果、蔬菜、肉类、水产、熟食等外观、品质欠佳或数量过多不影响食用的生鲜类商品。

具体工作流程、工作要求为：

（1）填表。生鲜区员工每日对生鲜商品进行整理检查，对外观品质欠佳但仍能食用的蔬菜或数量过多的熟食、肉类、水产提出折价申请，填写生鲜商品调价处理表。

（2）审核。生鲜区主管对需折价的商品进行检查核准。

（3）审批。店长对需折价的商品进行审批确认。

（4）执行。生鲜区主管根据生鲜商品调价处理表中已批准的商品的售价进行调整。

（5）统计。分店会计员每周统计折价商品金额，制作报表，上报相关部门。

三、生鲜食品盘点

制定生鲜食品盘点规范的目的是为生鲜食品的盘点工作提供工作依据，确保生鲜食品销售工作的正常、良好开展，为生鲜管理工作提供参考数据。

生鲜食品盘点工作包括盘点准备、盘点实施、统计、上报总结等环节。

生鲜损益计算公式为：

生鲜成本＝期初库存额＋本期购进＋本期调入－本期调出－本期结存额

生鲜毛利＝本期生鲜销售收入－生鲜成本

净利额＝生鲜毛利－本期电费、水费开支－本期工资开支

具体工作流程、工作要求为：

（1）盘点准备。准备盘点工具；组织盘点人员，进行盘点分工；对生鲜商品进行整理。

（2）盘点实施。生鲜盘点一般在营业结束后开始，有特殊情况时可适当提前，但不得影响正常营业；盘点分初盘和复盘，初盘、复盘分别进行，当初盘与复盘数据不符时需组织抽盘；抽盘无误差后由电脑录入员将盘点数据录入电脑并打印出盘点差异表，确认后报信息部登账，打印出盘点结果表给分店会计员。

（3）统计。分店会计员根据盘点结果表准确进行生鲜损益汇总，并计算出毛利。

四、生鲜商品报损处理

制定生鲜商品报损处理规范的目的是为生鲜商品报损处理提供工作依据，确保生鲜商品报损工作规范化。其适用范围是：水果、蔬菜、肉类、水产、熟食等品质发生变化不能食用的生鲜类商品。

具体工作流程、工作要求为：

（1）填表。生鲜区员工在整理检查生鲜商品过程中，发现有霉烂、变质及超过保质期的商品出现时，将其拣出，填写报损商品处理表。

（2）审核。生鲜区主管对需报损的商品进行检查核准。

（3）审批。店长对需报损商品进行审批确认，分店会计员记录登账。

（4）销毁。生鲜区员工在防损员的监督下对报损商品进行销毁。

（5）统计。分店会计员每周统计报损商品金额，制作生鲜损益表，上报相关部门。

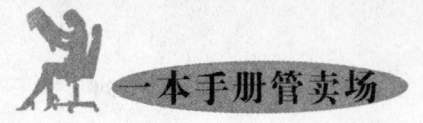

第六章 | 生鲜商品的鲜度和检验

第一节 生鲜商品鲜度管理

一、生鲜商品鲜度管理的范围

制定生鲜商品鲜度管理规范的目的是为生鲜区食品鲜度管理提供工作依据，确保生鲜食品质量合格。

二、生鲜食品鲜度标准

生鲜食品鲜度是指生鲜商品的新鲜程度，是人们判断生鲜食品品质是否良好的一个基本检验标准。表3—6是生鲜食品的鲜度标准。

表3—6　鲜度标准表

类别	储存/陈列鲜度标准	处理方法	时间
蔬菜类	放置于蔬菜架内，常温保存	陈列时要进行整理，除去泥土	叶菜：1～2天 瓜类：3～5天 根茎类：7～10天 蒜头、土豆：15～30天
配菜类	存放于冷柜内，温度：0℃～5℃	陈列要用透明包装膜进行包装	配菜：3～5天
水果类	放置于蔬果架内，常温保存	陈列时要整理挑选，避免挤压	山竹、荔枝、提子类：2～3天 苹果、橙类：5～7天 瓜类：7天
拼盘水果	存放于冷柜内，温度：0℃～5℃	陈列要用透明包装膜进行包装	拼盘水果：3天
肉类	冻肉：－18℃；冷藏肉：0℃～5℃，收货后迅速进入冷库冷藏，减少在常温下的暴露时间	陈列要用透明包装膜进行包装	鲜肉：3天 冻肉：30天
海鲜类	冰冻海鲜：宜在低温存放，一般温度0℃～5℃；鲜活海鲜：必须是鲜活的，常温水20℃左右并持续加氧	收货要迅速，尽量减少在常温的暴露时间，尤其是鲜活鱼	冰冻：30天 鲜活：1～7天

注意事项：

（1）如保存时间超过保鲜时间，请参照相关的工作规范。

（2）冷柜自动化霜每天 6 次，间隔 4 小时自动化霜一次，每次持续时间大约 20 分钟，在此期间，温度计显示值上升至 13℃，因时间较短，故不影响商品的陈列及商品质量。

（3）应注意自动化霜的时间周期及持续时间，如有异常情况，即报上级处理。

第二节　生鲜收货检验标准

一、鲜鸭肉、鲜鹅肉感观标准

鲜鸭肉、鲜鹅肉感观标准如表 3—7 所示。

表 3—7　鲜鸭肉、鲜鹅肉感观标准表

	新鲜肉	次鲜肉	变质肉
眼球	平坦	多处皮凹陷、晶体稍混浊	干缩凹陷，晶体混浊
色泽	皮肤有光泽，因品种不同呈现乳白色或红色、灰色、灰白色等，肌肉切面有光泽	皮肤光泽失去，肌肉切面有光泽	体表无光泽且局部发绿
黏度	外表稍湿润不黏手	外表干燥或黏手，新切面湿润	外表干燥或黏手，新切面发黏
弹性	指压后凹陷立即恢复	肌肉开始松弛，指压后凹陷立即恢复	肌肉软化，指压后的凹陷不能恢复，有明显痕迹
气味	具有鸭鹅固有的正常气味	轻度不快味	体表和腹腔有不快味或臭味
肉汤	透明澄清，脂肪团聚于表面，具有特有的香味	香味差、无鲜味	有腥臭味

二、鲜鸡（杂）感观标准

鲜鸡（杂）感观标准如表 3—8 所示。

表3—8　鲜鸡（杂）感观标准表

	一级鲜度	二级鲜度
色泽	皮肤有光泽，因品种不同而呈黄或淡红、灰白、灰黄，肌肉切面发亮	皮肤色变暗，肌肉切面有光泽
黏度	外表微干或微湿，不黏手	外表干燥或黏手，新切面湿润
眼球	饱满	微缩凹陷，晶体稍混浊
弹性	指压后凹陷立即恢复	凹陷恢复慢且不完全
气味	气味正常	无异味，唯腹腔有轻度不快味
肉汤	透明澄清，脂肪团聚于表面，具有香味	稍有混浊，脂肪呈小滴浮于表面，香味差、无鲜味
鸡脚	白色或灰白色，无黄皮趾壳，无血污、血水，无残缺，脚趾根上无黑斑，允许有少数红斑，但外观好	
鸡翅	无残羽，无伤斑和溃烂，无血水、血污，允许有少数红斑点，允许修剪但最大范围不超转变关节处	
全腿	无残羽，无血水、血污，无残骨，无伤斑、溃烂、炎症，允许有少数红斑，外形美观	
鸡胸肉	无残羽，无血水、血污，无残骨，无伤斑、溃烂、炎症，允许有少数红斑	
鸡肝	外形完整，去胆，无寄生虫、炎症、水泡，无胆汁污染，无血迹	
鸡胗	外形完整，无内膜，无脂肪，去食管	
鸡脖	去颈部皮，无羽毛，无血污，品质新鲜	

三、鲜鱼感观标准

鲜鱼感观标准如表3—9所示。

表3—9　鲜鱼感观标准表

	新鲜鱼	次鲜度鱼	腐败鱼
鳞	有光泽且与身体坚硬地结合，无黏液附着	缺乏光泽，有点脱落，有点黏性	无光泽，肉质松弛，有恶味，不洁且附满黏液
眼球	眼睑突出紧张，角膜透明	陷入，眼睑红色，角膜变浊	眼球破坏或脱落
鳃	鲜红色，有鲜鱼味，鳃的褶坚固地紧闭着	鳃的褶容易打开，有些褪色，有不洁灰红色液体，有臭味	明显松弛，有恶心的臭味
鱼体	将鱼水平放在掌上，没有弯曲现象	骨特别是尾端容易弯曲，腹部胀大、褪色，指压留压痕	明显松弛

续表

	新鲜鱼	次鲜度鱼	腐败鱼
闻味	新鲜味	臭味	腐败味
肉质	坚强有弹性，与骨密接	柔软，容易与骨脱离	湿润、柔软
投水试验	浸入水中	浮于水面	浮于水面

四、海鲜感观标准

海鲜感观标准如表 3—10 所示。

表 3—10 海鲜感观标准表

	新鲜	不新鲜
软体类	色泽鲜艳，表皮呈原有色泽，有亮泽，黏液多，体形完整，肌肉柔软而光滑	色泽发红，无光泽，表面发黏，略有臭味
贝壳类	受刺激时贝壳紧闭，两贝壳相碰时发出实响	贝壳易张开，两贝壳相碰时发出空响或破缺
蟹类	蟹壳纹理清楚，用手指夹持背腹两面平置、脚爪伸直不下垂、肉质坚实、体垂、气味正常	蟹壳纹理不清，蟹脚下垂并易脱落，体轻发腐臭
虾类	外壳有光泽、半透明、肉质紧密、有弹性，甲壳紧密裹着虾体、色泽气味正常	外壳失去光泽，混浊，肉质松软，无弹性，甲壳与虾体分离，从头部起逐渐发红，头脚易脱落，发出臭味

五、鲜肉（猪、牛、羊）感观标准

鲜肉（猪、牛、羊）感观标准如表 3—11 所示。

表 3—11 鲜肉（猪、牛、羊）感观标准表

种类	标准要求
猪肉	粉红色、无异味、无黏液、无斑痕，组织弹性好，冷冻（藏）车运送
牛肉	鲜红色或暗红色（冷冻牛肉）、无异味、无黏液、无斑痕、组织弹性好，冷冻（藏）车运送
羊肉	粉红色、无异味、无黏液、无斑痕，组织弹性好，冷冻（藏）车运送

六、猪内脏（下水）感观标准

猪内脏（下水）感观标准如表 3—12 所示。

表 3-12　猪内脏（下水）感观标准表

种类	检验标准
猪肚	品质新鲜、外形完整、无溃疡面及其他病变现象、无内容物、无黏膜、无边油
猪心	品质新鲜、外形完整、无病变，除心房内部淤血外，无凝血块、血污
猪大肠	品质新鲜、无病变组织、无肠头细毛、无内容物，去净黏膜
猪肥肠	品质新鲜、无病变组织、无肠头细毛、无内容物，去净黏膜
口条	品质新鲜、无病变、无异物、外形完整、无舌苔
猪爪	品质新鲜，去蹄壳，不带蹄筋，刮除粗毛、细毛及趾间黑垢，无松香残留
蹄筋	品质新鲜、无色透明、表面光亮、无油脂、无精肉、无充血现象，顺直、干燥

七、冷藏肉（猪、牛、羊）感观标准

冷藏肉（猪、牛、羊）感观标准如表 3-13 所示。

表 3-13　冷藏肉（猪、牛、羊）感观标准表

特征	新鲜肉	不新鲜肉
外部形态	表面有干膜	胴体的表面或者是明显发干，或者明显发湿、发黏，并且表面常常有霉
颜色	干膜的颜色呈浅粉红色或浅红色，新切断面的表面微湿，但不黏，具有每种牲畜特有颜色，肉汁透明	表面灰色或微绿色，新切断面的表面明显发黏和发湿，切断面呈暗色、微绿色或灰色
弹性	有切断面上肉是致密且有弹性的，手指压出的小窝可迅速恢复原状	在切断面上，肉眼松弛，被手指压出的小窝不能恢复原状
气味	该种牲畜特有的气味	在较深的肉层内感觉出有明显的腐败气味
脂肪	脂肪没有酸败或油污气味，牛的脂肪呈白、黄或微黄色，并且是硬的，在受压挤时变为粉碎状；猪的脂肪呈白色，有时呈淡红色，柔软且有弹性；绵羊脂肪呈白色，并且致密	脂肪灰色，略带脏污色，并且有黏的表面，具有酸败味或明显油污味，在深度腐败时有微绿色，并且脏污，结构变为胶黏状

八、灌肠类制品感观标准

灌肠类制品感观标准要求为：

（1）肠衣干燥完整并与内容物密切结合，坚实而有弹性，无黏液及霉斑。

（2）切面坚实而湿润，肉呈均匀的蔷薇红色，脂肪为白色。

（3）无腐臭、无酸败味。

九、火腿类感官检验标准

火腿类感官检验标准要求为：

（1）无胀气"脱裤"现象（注：脱裤是指肠衣膜与肠体分离）。

（2）无"鼠毛"现象，一头呈圆锥形（注：鼠毛是指因发霉而长出的白毛）。

（3）无"水裤"现象（注："水裤"现象是指肠衣内有大量汁液）。

（4）结合坚实有弹性，内部无气泡。

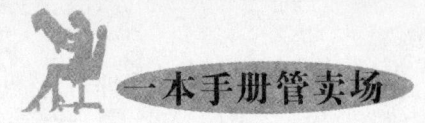

第七章 | 生鲜库房与卫生安全管理

第一节 生鲜库房管理标准

一、库房日常作业标准

（1）温度检查。做好记录，发现问题及时上报主管。

（2）卫生清洁。确保过道、地板、墙面、门、货架、包装箱上无尘无垃圾、干净整洁。

（3）商品数量检查。保证库存为日销量（每周量）的1.5倍，防止缺货现象发生。

（4）商品标签检查。确保库存商品包装上均有标签，防止超保质期、保鲜期储藏现象出现。

（5）商品检查。防止虫蛀鼠吃及破损受潮等与质量有关及与卫生有关的现象发生。

（6）账目单据核对。

（7）单据（底联）及时存放于安全处。

（8）订货及收货严格按程序进行。

二、库房收货标准

（1）货物到达前整理好库房，留出收货区，确保库存货品均贴有标签并可在循环运作中找到。

（2）库房处于良好备用状况。

（3）货物运到后，立即清点货品、核对单据（某些冷冻货品因某些特殊情况可先入库再清点）。如数量不符，再次清点数量；如还不符，则收货送货双方签字记下与单据不符的具体数量，及时报告上级主管，按实际送货量收货打单；如数量符合则对照单据上具体各项检验货品：

①对照单据检查货品重量、数量，尤其是散装货品，如不符合则做好记录，按实际送货量收货打单；

②对照包装箱上标记查核货品；

③任何隐藏破损或取错货品要做好记录并要求有跟进解决记录；

④检查出厂日期及保质期，收货日期与保质期应有时间间隔（冻品）；

⑤检查单据中的与自己所掌握的单价是否一致，不符则记录；

⑥抽样检查个别项目的额外重量、费用。

（4）入库时外包装上贴上标签，标明品名、收货日期、保质期。

（5）核查准确无误双方签字，打印收货单，收货单一式三联，一联给供应商、一联分店存档、一联给财务，收货单据（财务联）应及时交给财务部。

（6）单据内容记录于账目中。

三、库房商品陈列标准

（1）绘制库房货品放置平面图。

（2）货架安排合理，方便取货，保持通风。

（3）货品码放离墙30毫米，离地40毫米，垛间距30~40毫米。

（4）分类摆放，防止混味及交叉污染。

（5）货品要有外包装或包有保鲜膜。

（6）香辛料应用密闭餐器盛装，防止跑味受潮，分成小包装。

（7）对动物性肠衣膜的灌肠类不能堆放，要晾挂。

（8）带（皮）猪肉在相对湿度95%~100%，-18℃的环境中储存。

四、库房盘点标准

（1）每周一次盘点。要求每周一开始对生鲜各区域商品和包装物进行盘点和核算。

（2）盘点前准备：

①检查一周内的收货记录，并做好统计一周采购金额的工作；

②检查一周内的损耗商品品种、数量及金额，并完成统计工作；

③核算折价商品损益金额（指负毛利销售商品）；

④做好盘点前各区域库存商品的整理工作，所有商品要求摆放有序；

⑤准备好盘点商品成本价格查询表、相关档案及盘点表；

⑥认真查核一周调拨商品数量及金额。

（3）盘点：

①由店长、主管安排好各小组盘点责任人，并检查所有准备工作；

②分区域进行盘点，区域划分为保鲜库、急冻库、销售楼面、仓库、加工房、展示柜、索赔区；

③盘点商品包括正常商品和包装商品；

④实施盘点时间为每周一晚上8点开始；

⑤盘点分初盘、复盘，初盘人员及复盘人员都须在盘点表上签名确认：

（4）盘点复核完毕后，由生鲜区主管和指定盘点核算人进行统计，并核算本周毛利率（各生鲜组组长参加）。

（5）核算：

①各小组将盘点完成后的盘点表及盘点汇总表提交给电脑员进行录入和登账工作（第二天上班第一时间）；

②电脑员录入完毕后将盘点原始表格及盘点结果表提交给分店会计员进行数据核算；

③盘点核算包括：统计一周销售金额；统计一周采购金额（一周进货金额）；统计一周损耗金额；查询上周盘点库存金额；统计本周盘点库存金额；统计调拨（调出、调入）金额；核算本周销售成本；核算本周销售毛利额；统计本周电费开支；统计本周工资开支；核算本周销售净利润。

（6）盘点表由分店会计员提交给公司总部财务部进行存档，分店会计员亦需对盘点结果进行存档。

（7）分店最迟不超过周三上班前，将生鲜盘点结果反馈给相关部门（采购部、生鲜部、财务部、商场管理部）。

（8）盘点盈亏分析报告：

①如分店盘点后毛利额偏离规定的正常毛利率±3％时，必须进行重盘，并须做盘点盈亏分析报告，对各组出现的异常毛利额进行详细分析，查找出现问题的真正原因及提出解决问题的办法；

②盈亏分析报告须不迟于周三上班前连同盘点损益表一起提交给相关部门，盈亏分析报告需有店长及生鲜区主管共同签名确认；

③采购部（生鲜）在每周三收集各分店所提交的盘点结果反馈进行汇总，并将相关异常问题反馈给相应部门跟进，将生鲜一周盘点测算出来的经营结果向公司相关领导反馈。

五、订货管理标准

（1）包装易耗物品每周三进行订货，订货单须有订货人及生鲜区主管签名。

（2）填写订货单人员必须是主管或主管指定人员。

（3）订货人员必须在订货前检查库存量及注意节假日、客人订货、订货周期等的销售量进行填写订单上的数量并签名。

（4）订单填写完毕后，主管必须进行全面检查，确认正确无误并签名，店长签名。

（5）经检查无误后，在中午12点之前以邮件或传真方式将订单发给采购部（生鲜）。

六、养殖活鲜时的注意事项

（1）使用好水。好水即经过最少3小时充氧，过滤循环，已加入"海波"，除去自来水中的氯化物，温度适中，完全适合水产生活的水（在海水中加入海水蓝达一定的浓度即成为人工海水）。

（2）注意撤水。每天早晨、中午、晚上下班前要顺一方向把池水搅动，使鱼虾的鱼鳞、污物都集中到池中央，然后用一条稍大的橡皮管把污物抽出。

（3）注意换水。如鱼池出现轻微坏水时，可适量加入清洁剂来保持池水清澈，换水加入除氯剂等，使生水尽快转为好水。

（4）净身。验鱼虾类水产时，投入池前用一只大胶柜注入好水，放入气头，把即将入池的产品放入柜中清洗。

（5）及时处理浮头。浮头是指当鱼池中氧含量不足或池水温度过高时，或品种密度过大时，鱼头部向水面（不是吐气泡），尾不停地摆动。当池水中水产出现浮头时要及时处理，方法如下：

①增加一条或几条气头；

②把鱼即时分散到别的鱼池，减少密度；

③看是否要降低池水温度；

④定时观察养殖状况，及时捞出病鱼或即将死去的鱼，确保提高鱼的成活率。

（6）鱼池换水、清洗规范：

①鱼池必须保持水的清洁，并在水出现混浊时及时换水（每天定时）；

②换水清洗前，先将过滤、循环、电源关闭；

③换水时必须清洗海绵、沙石、活性炭；

④清洗后确保正常的制冷、循环、温度、氧气。

第二节　生鲜区卫生管理标准

一、员工卫生标准

1. 个人卫生

（1）加工人员应健康状况良好，无传染病及其他影响工作的疾病。

（2）勤洗澡、换衣、洗手、剪指甲、修剪头发、洗头发。

（3）保持口腔清洁。

（4）不化妆，不用味浓护肤品，不涂指甲油，不用香水。

（5）不戴首饰、饰物。

2. 进入加工房人员要求

（1）保持工服干净（加工房专用工服）。

（2）进入加工房所有人必须穿着加工房专用服，头发全部放入工帽中。

（3）工服口袋中不放任何带夹扣的物品。

（4）所有加工人员均戴口罩。

（5）工服不穿出生鲜区。

（6）操作时如有皮肤损伤或因损伤引起发炎，应用绷带包好，带上一次性使用手套，以免接触食物及工作台，造成污染。

（7）加工时不梳头，不触摸身体各部位。

（8）加工间内不吃东西、不吸烟、不吐痰、不放私人物品。

（9）入厕、处理过脏物品、吃过东西后、开始工作前、处理生或熟食品时，均要按洗手步骤洗手：

①用温水和洗手液在洗手槽内洗手；

②洗手腕及露在外面的前臂；

③两手相搓至少 20 秒，认真清洗手指及指甲处；

④用流水冲洗，由手臂向指尖冲；

⑤用指甲刷刷净指甲；

⑥用干净的一次性纸巾擦手，不用抹布和围裙。

二、器具卫生标准（含刀具）

加工房刀具分为两种，一种为专用刀具，如厨师刀；一种为公用刀具，如剔骨刀、分割刀。基本管理办法如下：

（1）专用刀具，专人专用，专门地点摆放。

（2）公用刀具，用后使用者应清洗消毒后摆放在指定处。

（3）不许用刀具砍、切任何非食品物质。

（4）刀具不得混用，应生熟分开。

（5）收工前应对刀具进行清洗消毒，将刀具放入消毒液中浸泡，一段时间后取出，用清水冲洗干净。注意，浸泡时间长短，视消毒液而定。

（6）操作过程中不得将刀具对准人，注意安全。

（7）注意保养，保持清洁、干净，刀刃锋利。

三、环境卫生标准

1. 库房卫生

（1）货品分类摆放，防交叉污染。

（2）库房内清洁卫生，墙、地、天棚、货架、货品、卡板无污染、无污渍。

2. 加工房卫生

（1）垃圾及时处理。

（2）垃圾桶盖严，保持清洁，防止动物接近。

（3）垃圾桶附近、清洁洗槽附近地面、墙壁保持清洁干净。

（4）下水口及时清洁，保持干净并及时消毒。

（5）地面、墙壁、天棚保持干净。

（6）用具设备使用后应清洗、消毒并将用具摆放整齐。

四、售货区卫生

（1）柜台清洁、无污染、无灰尘。

（2）盛放食品的容器干净、标价签清洁。

（3）标价牌干净。

（4）各处做到无尘、无污、无异味。

（5）清洁用具保持干净，摆放整齐。

（6）随时做好区域整理。

五、剩菜垃圾处理标准

（1）用耐用、易清洁、不易漏水、防虫的容器存放剩菜与垃圾，容器内放塑料袋，放于指定位置。

（2）食品准备区、工具清洁处理垃圾桶要盖严盖子。

（3）有塞容器须盖好密封，经常检查密封情况，保证无泄漏。

（4）有足够数量的容器。

（5）脏容器及时清洗，防虫或其他动物接近，内外清洗干净，防污染，其他食品设备工具也应及时清洁干净。

（6）放置上述容器、垃圾处理桶处必须保持清洁。

六、使用清洁槽的方法及注意事项

（1）准备必要工具。

（2）用刷子大致清洗清洁槽，残渣倒入指定废物箱（垃圾桶）。

（3）关闭下水口，在清洁槽内注入适当洗涤剂。

（4）用干净的布或刷子清洁水槽、下水口、外壁及周围。

（5）对整个水槽进行清洗。

（6）设备锁定后分拆，将要清洗的部位拿至水槽中。

（7）大致清洗，残渣倒入指定垃圾箱。

（8）第一槽用洗涤剂充分泡5~10分钟，用细刷充分刷洗。

（9）第二槽清洗。

（10）第三槽消毒液浸泡。

（11）冲洗。

（12）重装。

（13）手接触过部位重新消毒。

（14）注意在清洗设备时不可淋湿电器部分。

七、下水口清洗方法

（1）使用专用工具：喷器、软管、专用毛刷、去污剂、专用橡胶手套。

（2）挪开盖子清理净残渣。

（3）用喷雾器和软管冲洗下水口，冲洗时要防止水溢出。

（4）将去污剂倒入下水道，定期消毒，一周一次。

（5）用毛刷利用水压清洗。

（6）设备下面的下水口要定期清洗。

（7）每天用热水冲一次下水口，防异味产生，盖子盖好，防残渣等冲入下水口。

（8）每天均要认真清洗水池的下水口。

八、清洗地板

（1）准备好所用工具用品。

（2）扫净地板上的残渣。

（3）涂上去污剂，保持泡沫充分，在地板上保留5～10分钟。

（4）用干净拖布拖干净。

（5）用水压冲洗，再用拖布拖干水。

（6）用消毒液消毒。

（7）用水冲洗拖干。

第三节　生鲜区安全管理标准

一、刀具安全

（1）不用刀砍任何非食品物质。

（2）不用刀对准人或有其他任何危险动作。

（3）刀在向地下落时，不用手抓，要迅速躲开。

（4）保持刀刃锋利，防切割时割破手指。

（5）刀具放在指定处。

二、电器安全

（1）清洁时注意不弄湿电器部分，不用湿手开关电器和设备带电部分。

（2）安全合理用电，不超负荷。

（3）经常检查有无电线老化和漏电现象。

（4）突然停电后，将所有设备关闭，防来电时电流过大损坏电器。

（5）收工时仔细检查电源是否切断。

三、地面安全

（1）地面有污渍、油污时，清洁并擦干，防滑倒。

（2）物品摆放整齐合理，过道上无任何物品，防绊倒。

（3）任何带尖或锋利物品放在指定处，防滑倒后被利物刺伤、碰伤。

四、化学品安全

（1）洗涤液、杀虫剂等化学物品单独摆放。

（2）保持化学药品容器上的标签完好，如换包装，标签损坏时登记好标签。

（3）使用时按标签的正确方法操作，戴手套。

（4）如泄漏，按方法进行清除。

（5）按标签说明对废容器进行处理。

（6）如溅到皮肤上或身体部位按说明方法救护。

五、煤气安全

（1）用完后随手关掉煤气阀，包括总阀、小阀。

（2）定期检查有无泄漏，胶管有无老化现象。

（3）定期对灶孔进行清洁，防阻塞。

（4）收工时认真检查总阀及小阀关闭情况。

六、库房安全

（1）货品码放不得过高，防货品被压坏或货品滑落砸伤人。

（2）关库房时检查一下库房内是否无人。

第四篇
卖场促销管理

　　卖场促销一般是指零售企业为告知、劝说或提醒顾客关注有关企业的信息而进行的一切沟通联系。零售企业的促销活动一般由广告、公共关系、人员推销和营业推广组成。促销是一种手段，以顾客为对象，以促进销售额的增长为目的。零售卖场通过广告传播其商品信息；通过各种营业推广工具的使用，刺激顾客的需求；通过人员推销，面对面地向顾客陈述，以加深顾客对商品的了解，进而促使其购买商品；通过各种公共宣传手段，塑造卖场在公众心目中的形象；通过各种促销手段的组合达到整体促销的效果。

第一章 | 了解卖场促销

第一节　促销概述

一、促销的概念和目标

在现代营销中，促销有广义和狭义之分。所谓广义的促销，指的是企业采取的一切有利于销售的手段，包括广告、公共关系建设、人员推销、营业推广；而狭义的促销，指的是企业为了增加销量而采取的一系列措施。

顾名思义，促销的目标就是为了促进销售。通过销售量的增长来让企业获取最大的利益。对于企业来说，促销目标又往往分为短期目标和长远目标。从根本上讲，企业促销的短期目标一定是为企业的长远目标服务的，也就是说，短期目标要服从于长远目标，或者说企业的短期目标不能和企业的长远目标相抵触。

二、促销的目标

从理论上讲，促销的目标大致可分为战略和战术两种。其中，战略目标是为了实现销量和品牌忠诚度的持续提升；而战术目标，则是单纯促进产品销量的提升。通常来说，目前在大卖场中常见的促销形式包括如下六种：

1. 新品促销

新产品刚刚上市，由于消费者的认知度低，所以消费的积极性和欲望也相对较低。那么，如何快速提升消费者对产品的认识度，从而激发消费欲望呢？除了要采取必要的广告宣传之外，还需要有效的促销活动来配合。如×××苦瓜啤酒这一全新产品上市时，许多消费者从来没有品尝过甚至听说过苦瓜啤酒。为快速引起消费者的注意和认同，企业策划了对开发的区域市场进行为期一周的终端赠酒和免费品尝活动：凡一次现款进货10件，均赠送1件品尝酒，同时监督终端把赠酒全部让消费者免费品尝。正是在这一促销手段的影响下，该品牌啤酒迅速被广大消费者认可，取得了相当大的市场份额。

2. 对抗竞争品牌，提升品牌优势

促销是一种创造竞争差异，提升竞争优势，打击竞争对手的有效营销手段。例如，当产品进入新的区域市场，或竞争对手闯入自己的经销区域时，企业一般会通过组织有效的促销来提升品牌的竞争优势，以此拉开与竞争对手间的距离，并打造坚固的市场进入壁垒，来打击竞争对手。

3. 争夺消费者，拓展市场

随着市场中各消费品牌的不断增多，对于一些新进入市场的品牌来说，消费者越来越成为某种稀缺的资源。目前，各类消费品市场几乎都已经不存在什么未开发的空白市场了。因此，作为新进入品牌，要想在市场中占有一席之地，就必须从竞争对手中抢夺消费者。为此，通过有效的促销手段，从竞争对手手中抢夺消费者，来开拓自己的市场成为大多数商家惯用的手段。

4. 让利消费者，增加销量

从某种意义上讲，没有销量的产品不是好产品。企业预期市场利润，也只有通过理想的销量才能实现，因此，在激烈的市场竞争中，企业往往通过促销让利，给消费者创造更多的让渡价值来直接刺激消费者的购买欲望，并以此来提升产品的销量。

5. 创造竞争优势，延长产品生命周期

当老产品进入衰退期，而新产品还不能完全替代老产品而占领市场时，往往需要企业对老产品实行促销手段，以提升竞争优势，延长产品的生命周期，使新产品从导入期到成长期有一个平稳的过渡。

三、促销与投资

能否正确地认识促销，对促销的成败起着决定性的作用。相比起那种将促销看成是企业与卖场简单交换的观点，将促销看成是企业的一种投资行为更有利于促销目标的达成。

1. 促销绝非简单的利益交换

对于大多数企业来说，促销就是企业与卖场利益交换。企业通过支付给大卖场一定数量的促销费用，通过让利于消费者来换取消费者对产品的认可，并且借助卖场提供给厂家的相关卖场资源，获得品牌销售量的提升。因此，许多企业往往把促销看成是简单的利益交换行为。在这种观念的引导下，企业往往对短期内促销的付出和利益回报格外看重，却忽略了促销对品牌自身成长的长远利益，甚至于有些企业过于追求促销带给品牌的短期利益，不惜牺牲企业的长远利益。这造成了大多数促销活动的策划人员目光过于短浅，不能站在品牌的高度来对待促销。

2. 促销是一种投资行为

其实，促销对于企业来说，并不是一种投机行为，而是一种投资行为。投机者追求的只是阶段性的收益，而投资者则是着眼于企业的长远利益。对于大多数企业来说，在制定促销策略时，既要考虑到促销给企业带来的短期利益，更要考虑到促销对企业品牌的长远影响。在企业的短期利益与长远利益发生冲突时，促销要无条件地服从于企业的长远利益。

第二节　大卖场营销策略分析

一、大卖场营销策略的方式

顾客购物，经常是"货"比三家，图的就是个物美价廉。随着经济的发展和人们生活水平的日益提高，在这个充满竞争的市场上，顾客消费权衡的不仅仅是"货"本身，而是消费过程中一切可细化的因素。对于经营零售商品的卖场来说，营销活动也就变得至关重要，甚至和商品本身一样，成为企业经营的核心竞争手段。

每个卖场都在进行活动，每个卖场也都把营销活动作为吸引顾客的主要手段，并且，每个客户的消费倾向也都被卖场的营销活动所影响。说白了，就是谁能够提供更多的优惠，顾客就在哪里消费。那么，到底什么是营销活动呢？营销活动也称为营销企划。营销和企划是递进式的管理手段，二者相辅相成。简单地说，营销就是通过一系列的分析方法和调查手段，来找出顾客需求，是企业的重要功能之一，凡是企业与顾客接触和交易，都属于营销所关心的范畴。企划即是解决"怎么做"的问题，根据营销得出的客观数据，采取具有针对性的活动来吸引顾客，满足顾客的需求。企业只有分清什么是营销，什么是企划，才能更好地将二者有机地结合起来，从而实现最终的经营目标。

大卖场营销策略通常有以下几种方式：

1. 市场选址调查

不断地扩张市场，是大卖场核心竞争内容之一，所以市场扩张的速度和质量是有效扩张的关键指标。怎么保证关键指标，则成为大卖场关注和研究的重要课题。每个新店的选址都应进行专业的市场调查。调查目标宏观上包括预设项目地区宏观的经济状况、地方政策、地区特性等；微观上则包括项目所在地的有效商圈调查，即该区域内的人口状况、居住状况、消费习性、竞争对手状况、商品资源状况等。通俗地说，大卖场的经营方式就是卖各类商品给顾客。所以，我们必须要清楚目标顾客群本身的特性。比如，顾客大多都是多大年纪、平均收入是多少、他们的消费习惯是怎样的等一系列问题，并使之量化成指标。前期的市场调查，是任何大卖场开新店所必备的功课。

2. 顾客满意度调查

任何企业在经营的过程中都需要不断地改进和完善，只有不断地更新才不会被市场所淘汰。顾客是大卖场的衣食父母，必须随时关注他们的动态。顾客满意度调查是个好方法，通过平均取样、面对面的沟通调查来了解顾客对卖场的综合印象。通常来说，综合调查分为以下四类：

（1）商圈调查。即卖场商圈内小区的状况。如是否有拆迁，是否有新的小区建立，居民本身是否发生改变，是否有新的竞争对手加入等。

（2）大卖场商品调查。即顾客对分类商品的满意程度，居民对分类商品的关注程度是否改变以及商品的陈列等。

（3）大卖场的"硬件"满意度调查。包括卖场设施是否完善（如购物车、购物篮）；卖场购物氛围的满意度（如店内音乐是否舒适）等。

（4）大卖场的"软件"满意度调查。"软件"服务指的是员工的服务情况，卖场营销方法的被认可程度（如促销活动是否吸引顾客，促销宣传是否有效等）。顾客满意度给大卖场提供了改进的方向和指标，是大卖场向前发展的"指路灯"。

3. "神秘客"调查

肯德基每个工作环节都有十分具体的标准。如：顾客点餐后，收银员必须在1分钟内配餐完毕；微笑地送走顾客。"神秘客"就是请熟知标准的工作人员假扮顾客到各店进行消费，在消费的过程中检测店铺的各项服务标准，并对检查情况客观地打分的一种管理手段。根据调查结果，对各店进行评比和检讨。很多卖场都引用了这个有效的管理手段，定期对卖场进行检查，以确保各项工作标准有效地执行。

4. 市场价格跟踪调查

市场价格跟踪调查是大卖场与竞争对手抗衡不可或缺的营销策略。每天卖场都会派出价格调查员，到竞争卖场调查分类商品的价格，并以此为标准，来调整自身卖场商品的价格情况。选取部分商品，将其价格降至低于竞争对手，以保证商品价格的竞争力度；同时也需将部分商品调高价格，并保持与竞争对手一致，保证卖场的毛利率。总之，市场调查是大卖场需要潜心研究的一种经营手段。

以上种种营销方法，都是在解决"做什么"的问题，为卖场指明经营的方向。有了方向，接着就要行动起来，让企划来帮我们解决具体该"怎么做"的问题。

二、大卖场企划活动的"四大秘诀"

商品铺进终端，只解决了为消费者消费提供方便的问题，还没有解决卖得动、卖得快的问题，即消费者乐于买的问题。所以，对于供应商来说，如何提升更多消费者对商品的关注程度，从而激发其消费欲望，最终实现消费，并从其消费过程中获取较高的满意度，产生良好的品牌印象，培养消费者对品牌持久的忠诚度，实现销量的快速提升，则是十分必要的。而选择什么样的企划内容、如何来实施企划活动，才能提升卖场自身的竞争力，并达到协助经营的目的，已成为大卖场经营管理中不可或缺的职能要求。

越来越多的大卖场将企划部当做企业的"火车头"来定位，其对企划工作的重视程度也由此可见一斑，然而，要想知道企划工作到底是帮助企业解决什么问题的，就要首先了解企划活动的本质是什么。在现代营销中，营销企划指的是一切有利于经营的手段，包括广告、公共关系、人员推销、营业推广以及狭义的促销。"狭义促销"是指为了增加销量而采取的一系列措施。

（一）有的放矢地规划企划活动

"超低价"、"捡便宜"、"买二赠一"、"超值换购"……这是大家在大卖场经常见

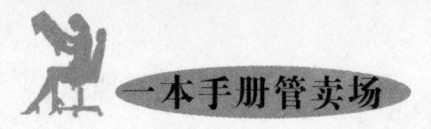

到的促销信息。而到底哪个活动能够得到顾客的青睐，或者说能够最大限度地刺激顾客产生购买行为，这就需要我们有的放矢地来对待了，例如，在冬天临近的时候，对凉席进行包装促销，其收获的效果一般会低于所投入的促销成本。简单地讲，就是要促销顾客需求的东西，包装大多顾客"想购买"的东西。

任何卖场，每次在实施企划活动前，对活动的营销调查是必不可少的一项工作。其主要运用的方法有如下几种：

1. 作好活动档期安排

说到档期，相信大家都不会陌生，经常会听到某位明星说"我今年的档期已经安排满了，这个活动插不进来了"。说白了，档期就是活动的时间和日期安排。对于大卖场来讲，活动档期就是卖场一段周期的企划活动安排。对活动档期的安排主要针对影响消费者购买的各项因素来制定。通常来说，顾客的购买行为会受到节日、季节、天气、规律时间（如周、月份、寒暑假以及时事）等多种因素影响。所以，抓住这些机会，是卖场提高销售额、聚集人气的关键。

2. 对历史数据进行收集、整合、分析

卖场在每次活动前，从系统中调出历史数据。如，从去年同期商品销售排行前××名的商品列表中，挑出本次活动主打商品。因为这些商品已经被消费事实证明是现阶段大多数顾客的需求。

3. 对竞争市场进行调查分析

所谓"知己知彼，百战不殆"。在竞争激烈的现代市场，对竞争者我们要求的不再只是关注，而是需要调查和研究。我们需要弄清楚竞争对手都在做什么，并有针对性地制订出打击竞争对手的方法和手段。打击竞争对手不是做与竞争对手相同的活动，而是针对竞争对手的活动，寻求差异化的竞争。

（二）行之有效的活动创意

知道了做什么，有了活动的方向。接下来，我们再来解决怎么做，怎么做好的问题。通常来说，大卖场的营销活动不外乎价格促销、买赠、抽奖、场外推广、换购等。活动的外延，其实只是包装的"噱头"，就是一个"换汤不换药"的工作。运用哪种方式，怎么进行包装，这就是所谓的"创意"。

（三）严格执行标准

进入 21 世纪后，执行力对一个企业的发展起着越来越重要的作用，它是企业竞争力的重要组成部分，并成为决定企业成败的一个重要因素。如果没有执行力，无论战略蓝图多么宏伟或组织结构多么科学合理，都无法发挥其本身的威力，也就是说，一个再好的企划方案，如果没有强有力的执行力，也将以失败告终。

从某种意义上讲，严格地控制活动执行，是企划管理的主要任务。唯一有效的控管方法莫过于追踪检查，因为，执行者通常都只是做被检查的和可能被检查的事情。

（四）作好必不可少的活动检讨

"吃一堑，长一智"。对于企划活动而言，活动检讨是很好用的工具。活动检讨，不是传统意义上找出做得不好的地方，而是找出做得好的地方予以传承，找出不好的地方加以分析，并找出改善的方法。活动检讨就是一套从实践中总结，再运用到实践中去的活动兵法大全，大卖场应该予以充分重视，其价值不可估量。

企划人员必须懂策划的专业知识。卖场是因商品而存在的，作为卖场的企划人员也必须要懂商品结构、商品特性和商品的组合，只有这样才能围绕客人对商品的需求，设计出符合消费者愿望的企划方案；只有这样才能更好地在现有商品的基础上，做好组合和搭配的设计，让商品活起来动起来，购物气氛热烈起来，因此，建议对卖场企划人员要放在商品部门实习一段时间，建立对商品的认识和感觉。同时，企划部门应该放在商品部门的整体结构中，由商品总监来领导。这样就能确保商品和企划案结合的紧密性和完整性，也有利于执行和检讨的开展。

第三节　"大促销"观念的树立

一、树立厂商联合的促销意识

在对待促销这件事上，许多厂家往往把卖场当成是阻碍自己促销的对立面来考虑。的确，从某种意义上讲，在厂家与卖场进行的促销谈判和促销方案的执行过程当中，在促销方案的审批、促销位落实和促销费用的收取方面，卖场的确对厂家促销活动的开展设置了一些人为的门槛儿，对厂家促销方案的实施起到了一定的限制作用，这也就不难理解为什么许多厂家都会把卖场当成是自己促销的对立面了。在厂家看来，卖场之所以要对促销活动设置各种门槛儿，其主要目的就是借促销来收取费用，促销费用甚至成为某些卖场赢利的一个不可忽视的重要来源，因此，在一些企业看来，只要解决了促销的费用问题，促销的其他问题也就迎刃而解了。

从字面上讲，促销的目的很明确，就是为了提升产品的销量。只有厂家产品的销量得到了提升，厂家的利润才有保障，卖场也才能够赚取更大的利润，因此，从促销的本质上看，厂商之间并不存在利益的冲突。造成厂商利润冲突的关键在于卖场资源的稀缺以及促销过程中的风险。随着品牌和产品的不断增多，卖场的促销大战也愈演愈烈。卖场作为开展促销的活动场地，也就成了稀缺资源。众品牌竞相争夺宝贵的卖场资源，不惜竞相抬高促销费用。这也是造成促销费用连年上涨的根本原因。在供求关系的巨大落差面前，卖场自然会选择对自己更有利的促销活动，除了高额的费用外，卖场还对促销活动寄予了多元化的希望，例如，希望活动能够给自己带来更多的人气，能够受到媒体的关注，能够提升卖场的档次，能够给自己带来更大的销量等。而这些都取决于厂家促销活动给卖场的"印象"。这也就是为什么

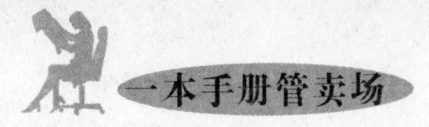

卖场方面会提出诸多让供应商觉得头疼的条件——促销的形式、促销的规模、促销的力度、促销的宣传、促销的影响等。说白了，卖场就是希望能够借助厂家的促销活动，给自己带来最大的利益。

那么，再让我们来看一看，卖场的这种利益期望是否是与厂家的利益相矛盾的呢？答案自然是否定的。从某种意义上讲，让卖场获得最大利益的同时，厂家往往也会得到最大的实惠。道理很简单，只有厂家能够通过自己的促销活动让卖场获得对促销的最大利益预期，卖场才能够愿意用自己的资源来与厂家做交易。因此，在设计促销方案时，厂家需要把握一个十分重要的原则就是：将卖场看成是促销的合作方，而不是对立方，要尽可能通过对卖场有吸引力的促销方案来让其加入到自己的促销联盟中来。

所谓"厂商一体"的促销观念，就是要让卖场加入到自己的促销联盟中来。一改原先由厂家单方面"购买"卖场促销资源的局面，而是让卖场主动地把自己的促销资源贡献出来。前者往往是通过简单的"利益驱动"来与卖场建立某种合约；后者则是利用方案本身的吸引力来作为双方合作的"筹码"。

1. 在促销方案设计中，要体现"双赢"的促销理念

从某种意义上讲，一次促销活动要想获得最大的效益产出，就需要在促销方案设计之初就体现厂商共赢的理念。只有一个能够给厂商双方都带来最大利益的设计方案，才是一流的设计方案。制订一流方案就要求促销活动的设计者要能够将促销活动的受益者扩大到一个更高的层面来考虑问题。只有当促销活动的设计者不再将促销看成是一个让厂家单方面获利的行为或当成是企业为追求销售的增长采取的手段，而是一个让厂家、卖场、消费者三方共同获得利益的行为，促销才能算得上是真正意义上的成功，因此，在设计活动方案时，方案的设计者不要让自己陷入计较局部利益的得失的局限之中，从而让自己失去了从更大层面上获取多元化利益的机会。

2. 在与卖场谈判中，要把握"合作"的理念

在厂家与卖场的促销谈判过程中，厂家的谈判人员要始终把握一个理念：自己不是在与卖场做交易，促销费用也并不是促销谈判的核心问题。自己的促销方案是厂家提供的一次与卖场合作的"机会"。自己的促销方案是能够给卖场带来利益的，而双方获利的大小，不仅取决于厂家单方面的力量，还取决于卖场方面能够提供什么样的资源参与这次"合作"，能够在这次合作中担负起什么样的责任等。

3. 在促销人员的管理上，摒弃小的利益集团的狭隘观念

促销人员管理这个问题，常常是厂商之间难以解决的一个矛盾。促销人员作为厂家的人力资源，除了要完成厂家规定的销售任务外，还必须服从卖场的统一管理。在促销人员的管理权上，厂商双方经常会存在着这样或那样的矛盾。其实，对于如何管理好促销人员这个问题上，厂方只要把握好一个关键点便可将其解决，那就是凡是有利于提升促销人员的销售水平的管理，就是对促销人员最好的管理，因此，

问题的关键不在于谁拥有对销售人员的管理决定权，而在于怎样才能够最大限度地激发销售人员工作的积极性，最大限度地提升其销售水平，因此，在如何管理促销人员这个问题上，厂家应与卖场进行充分的协商。在双方共同管理的前提下，制订出能够最大限度激发促销人员销售积极性的管理方式。

4. 在促销经验的总结方面，要具备资源共享的意识

无论对于厂家，还是卖场，每一次的促销活动除了在给自己带来销售量提升的同时，也是一次对自身促销执行能力最好的检验，所以，每一次促销活动过后的效果分析无论对于厂家还是对于卖场来说，都是一次宝贵的经验积累过程。要想实现双方共赢，除了要让促销的多元化利益共同分享外，还应具备经验共享意识，让双方在促销活动中共同成长。同时，这也是一种最为有效的让厂商关系更密切的一种途径。

许多厂家总是将厂商之间的关系单纯地看成是一种利益交换关系。其实，这只是一种较不成熟的观念，要想让厂商关系更进一步，就得从厂商的共同成长方面去努力。

二、"大促销"观念的建立

对于厂家来说，评价一次促销活动好坏的标准，往往是以促销给企业带来的销售增长多少为主要依据，因此，销售额作为促销活动的一个极其重要的考评指标，对于促销活动成败起着至关重要的作用。然而，随着企业促销实践的积累，企业所掌握的促销经验也日趋丰富，厂家也逐渐认识到，单纯地追求销售量增长，将销售增长作为促销考核的唯一要素，不但无益于品牌的长远发展，甚至会对企业和品牌的健康指数造成不同程度的负面影响。随着现代商业的日趋规范化经营，促销已逐渐脱离了以往那种单纯追求短期销量提升的初级阶段，开始步入整合促销时代。

在现代化的商业环境中，厂家的促销活动应该怎样做？企业促销的着眼点应放在哪里？如何整合现有资源开展促销活动？这一系列的问题都需要企业经营者一一作出回答。随着市场竞争机制的日渐规范，任何一个经营组织都必须树立合作、共赢的经营理念才能在复杂的市场环境中得以生存。促销作为经营活动的一个方面，也不例外。

所谓"大促销"理念，是指能够从传统狭隘的"小促销"认识中跳出来，站在企业和品牌的高度来看待促销活动的一种观念。促销不是企业一时的市场手段，而是企业为了追求自身长远利益的最大化，根据企业和品牌现状制订的分阶段目标。其根本的出发点和立足点，是为了让品牌得以健康成长，进而使之成为企业源源不断的利润源泉。

（一）设定促销的目标

每一次促销都有其特定的目标，有的是为了单纯刺激销量从而完成企业既定的销售任务，有的则是为了消化老产品和现有库存，有的则是为了扩大消费者对产品

的认知度。总之，每一次促销都是有着明确的目的性的。在设定促销目标时必须要把握的一个原则是：小目标服从于大目标，阶段目标服从于长远目标，局部目标服从于全局目标。通俗地讲，就是"抓大放小"。

因此，每一个促销目标的设定，都要以品牌和企业的长远利益为重，甚至在必要的时候，要能够通过牺牲局部和阶段性的利益来保全品牌利益的最大化。这就如同人的成长历程一样，任何一个品牌的成长都是一个渐进的过程，不可能"一口吃个胖子"。在品牌发展的不同阶段，促销的目标也是不同的。有的阶段，可能是采取打"价格战"的方法来吸引更多消费者的关注；有的阶段则可能是通过"免费派发"来扩大产品的试用率，增加产品的美誉度；有的阶段则可能是通过"主题促销"活动来提升品牌的综合竞争力。所以，对于企业和品牌来说，每一个阶段的促销目标都是不同的，但每一个阶段的促销目标都是为了获得品牌长远利益的最大化。

（二）借促销打造终端销售团队

决定一次促销活动的成败，除了包含促销方案本身的因素外，另一个重要的因素就是终端促销团队的执行力。从某种意义上讲，终端促销团队良好的执行力甚至可以弥补许多方案上的欠缺和不足，因此，品牌终端的执行力的高低，对于促销的成败起着至关重要的作用。

终端促销团队的执行力究竟来自哪里？是来自企业完善的促销培训，还是通过设计有效的利益驱动？这两方面的因素固然不可忽视，但都只是一些皮毛，并没有涉及问题的核心。其实，对于促销活动而言，一个优秀的促销团队是执行力的前提和首要保证，如果没有一支过硬的促销团队，再出色的方案也只能是纸上谈兵而已。由此可见，打造出一个优秀的终端销售团队，是促销执行力的首要保证和前提。

那么，如何才能打造出一支过硬的终端销售团队呢？俗话说，"实践出真知"，要想打造出一支优秀的促销团队，是要通过无数次的促销实践才能实现的。促销除了能够给企业带来阶段性的销量提升外，另一个重要的收获是为企业培养了销售团队，让终端促销团队在一次次的打磨中得以成长起来。从长远的角度看，企业在促销过程中任何一种利益形式的获取，都比不上通过促销打造出一支过硬的终端销售团队能让企业获得更大的利益，毕竟，任何一种眼前的利益都只是一时的，是需要付出成本的，而终端销售团队给企业带来的是整个终端销售业绩的提升，这也是许多企业在十几年的市场摸索中逐渐悟出的一个真理。

（三）站在品牌的高度来理解促销

越来越多的企业营销管理者开始认识到，只有站在品牌的高度来考虑促销问题，才能使企业不至于陷入市场的恶性竞争之中而无法自拔。品牌是企业赖以生存的基础，没有了品牌，一味地追求市场份额，极有可能让企业陷入巨大的风险之中。

第四节　提高卖场促销的价值

一、走出促销的误区

长期以来，受卖场环境和竞争形势的影响，一些企业对"促销"的认识也步入了误区。由于单纯地从"战术"层面上研究促销，往往忽略了从战略高度来看待促销，最终导致自己陷入过程的泥潭中而不能自拔。大体上看，企业对促销的误区大致有以下几种：

1. 单纯以销量提升作为衡量促销的唯一尺度

的确，衡量促销的一个重要指标就是产品的销量。但销量却并非衡量促销效果的唯一指标。否则，企业很容易患上"短视"的毛病——"只见树木，不见森林"。从长远来看，促销其实是企业的一种投资行为，而非简单的支出行为。投资自然是为了获取更多的回报，所以，投资不应只是一个短期的利益交换行为，而应该是一个长期的建设性行为。因此，对于企业的促销来说，销量无疑是重要的一个衡量指标，但更重要的是能够跳出销量对自己的限制，从更高的层面来看待品牌长远利益的获得。这也就是我们所说的"以品牌的成长计得失"。

因此，在企业制订促销方案时，既要考虑到短期的利益，更要避免短期利益与品牌的长远利益发生冲突。在二者发生冲突时，应以品牌的长远利益为着眼点，进一步修正和完善自己的短期利益目标。

2. 不花钱就别想在卖场做促销

几乎所有的企业都认为，要想在大卖场做促销，花钱是必然的。也正是在这样一种近乎于"共识"的影响下，造成了大卖场促销费用的连年攀升。究其原因，一方面是由于卖场资源的相对稀缺，另一方面是企业间竞争出发点的错误所致。在企业间进行促销资源的争夺时，往往忽略了一个十分重要的前提条件，那就是卖场是如何来看待企业的促销行为的？企业的促销是否很好地迎合了卖场的需求？如果企业能够从这两方面来考虑和设计自己的促销方案，便会得到以下启示：

（1）一个对卖场有吸引力的促销方案是促销谈判的前提。对于企业来说，设计一个对卖场有吸引力的促销方案，是促销取得成功的前提。因为，自己的方案能够从众多的促销方案中脱颖而出，便可以从侧面证明该企业的实力。从根本上讲，卖场终归还是会把有限的资源让给那些有实力的企业的。所谓的促销费用，其实只是卖场为了平衡企业间利益，对平庸促销方案所设立的一个门坎儿而已。因此，任何时候，卖场的门都会向那些更专业、更有头脑的企业所开启。

（2）卖场会为了一个真正好的促销方案而放弃自己的部分利益。利益是任何一个营利性企业所期望的。但利益有大有小，任何一个企业在利益的大小面前，都不会犹豫。从某种意义上讲，企业提供给卖场的促销方案，也是一种利益形式。当卖

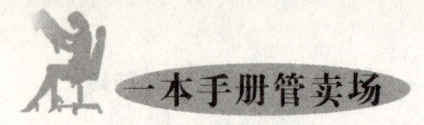

场认为企业的促销方案有价值时，卖场肯定是不会错过的，哪怕为此付出一定的代价。这也就是为什么对于一些优秀的促销方案，卖场不但会拿出自己最好的资源来给予支持，甚至还能够提供最优惠的费用。毕竟，好的促销方案是能够给卖场带来更大利益的，而且这种利益的形式又将是多元化的。除了销售利益外，还有宣传层面的利益。因此，作为企业，所要做的就是能够找到这样一个能够吸引卖场眼球的"利益形式"，而不是把精力都放在卖场所收取的费用上。

3. 视促销档期内销量的增长为品牌销量的增长

任何一个企业都会对自己促销活动的效果进行分析，但在分析过程中许多企业往往由于计算方法过于简单，以至于对促销活动效果做出错误的评价。尤其是一些企业仅以促销档期内销量的增长，视为促销活动对品牌销售的影响。由于忽略了各种费用投入和时间上的因素，造成了对促销活动效果评估上的错误。由于没能对一些效果不佳的促销活动做到及时发现并分析，使企业资源造成了极大的浪费。

企业每年花费在各类促销上的费用会在企业整体费用支出中占据相当大的比例，如果对这笔支出缺乏科学有效的分析，就会给企业资源造成巨大的浪费，这尤其需要企业管理者引起高度的重视。所谓"开源节流"，是指除了要广开财路外，更需要企业自身能够堵上内部的一些"暗流"。

例如，某企业在大卖场的正常周销售量为1200箱，每箱成本是127元，给卖场的供应价是每箱140元，该企业投入了30000元作为广告和陈列费作为促销投入，并对于促销期间每箱货让利10元。

在促销活动后，企业做了分析评估：在促销的三个星期内总销量是6000箱，促销后三个星期的总销量是3000箱，从促销期间的销售增长上看，促销档期内销售比平时翻了近一番。因此，企业得出该促销活动是有效的。但如果仔细从促销活动的费用投入和实际产出上计算，就可以发现，促销结果并未达到其保底数量。从计算中我们了解到，该活动的保底销量为10000箱，可实际却只卖了9000箱，增加的1800箱并未达到企业的促销目标。只有当销量达到2800箱时才能够达到促销的保底销售数量。也就是说，只有活动期间增加的销量达到并超过2800箱时，这个促销活动才是有价值的，才是物超所值的。否则，这个促销活动就是不成功的，是在浪费企业的资源。

4. 把降价销售当成唯一的促销形式

大多数企业总是习惯性地认为，"降价"是促销的唯一形式。因此，在终端卖场，各类"打折"、"惊爆价"的促销海报总是铺天盖地。其实，让利作为促销的一种形式，充其量只是其中最简单的一种形式而已。一提起促销，人们在思维上总习惯于做"减法"，却不习惯于做"加法"。其实，给消费者提供更优质的服务，也是企业的一种让利形式。在价格不变的前提下，让消费者享受到更多的超值服务也能够达到吸引消费者眼球的效果。例如，一些家电企业在进行促销时，以"换购"、"免费维修"、"三年内免费搬迁"、"免费清洗"等服务承诺作为吸引消费者购买的促销方式，就是一种"加法"式让利，在同等价格上让消费者获得更多的利益保障。虽说该促销活动并没有采取降价的形式，却能够让消费者感觉享受到了超值服务。

所以说，企业在考虑促销方案时，并非只有打折一条路可走，完全可以反其道而行之。研究消费者最关心什么，从而挖掘出不同消费者需要的服务，消费者的这些需求，最后都有可能转化为企业促销的内容和形式。从某种意义上讲，消费者的需求是全方位的，关键在于企业要善于发掘出消费者的潜在需求，并通过促销来满足消费者的这种潜在需求。

二、别为促销而促销

在终端促销活动满天飞的今天，促销俨然已成为商家提升销售额的一种"常规武器"。无论是企业还是大卖场，每天必做的一项工作就是对促销活动的设计、安排和评估。然而，随着终端竞争的日益加剧，当促销已成为商业中的一种常态后，促销在操作上往往容易流于形式。尤其是对于一些企业的促销方案的设计者而言，促销越来越成为设计人员一种自我标榜和标新立异的手段。一些企业片面追求促销形式上的创新，甚至不惜违背促销的根本出发点。这种为促销而促销所导致的结果，必然是劳民伤财，且促销活动的效果大打折扣，

具体来说，需要从以下几个方面来全面理解促销这个商业行为。

1. 促销是投资，而非单纯的支出

很显然，将促销当成"投资"还是"支出"，是两个截然不同的概念。前者更看重的是促销的长远利益，而后者则更关注促销的短期利益回报。毫无疑问，促销自然是要投入费用的，但这种费用的投入并非简单的费用支出，而是一个不断为品牌的成长"加分"的过程。因此，在设计促销方案时，不光要考虑到促销的形式，还要考虑到该形式是否与品牌相匹配，能否为企业和卖场带来销售额的提升。

2. 要从盈亏的出发点对促销作出判断

促销作为价值交换的一种形式，必须从价值的角度来考虑问题。通俗地讲，就是要以赢利为目的。因此，在设计促销活动方案时，必须把握一个前提：尽可能以最小的代价来换取最大的收益。

例如，某品牌在设计针对某款产品的促销方案时，就必须充分考虑到该款产品目标消费群的利益需求，在目标消费群的多种利益需求中，选择成本最低的一种形式。例如，在销售美发产品时，结合消费人群的使用习惯，配合相应的赠品形式，如镜子、发梳、便携吹风等。这种赠品促销形式正是根据目标消费群的利益需求而设计出来的。这种既符合品牌定位，又能够满足消费者利益需求的买赠形式自然会吸引更多消费者的眼球。

3. 投资导向性购买——拿到更多、更大的订单

从某种意义讲，企业在大卖场所做的促销活动，在提升企业自身销售额的同时，也是为了企业在大卖场争取到更好的合作政策，拿到更大的订单做铺垫。企业只有通过在卖场内的促销活动，才能体现出在活动策划、促销执行等方面的综合实力。

要知道，企业在大卖场眼中的实力，除了企业品牌的知名度和美誉度外，企业在大卖场所开展促销活动的运作和执行力也是重要的一个方面。

一些国际知名企业之所以在大卖场心目中奠定了不可取代的位置，也是与他们在终端开展的高水准的促销活动密不可分的。例如，百事公司在前几年做"蓝色风暴"项目时，就是通过自己新颖的创意和超强的执行力给各卖场留下了深刻的印象。在短短一天的时间里，全国各门店和户外广告同步更新宣传，赢得了大卖场一致的认可和好感。正如其活动名称"蓝色风暴"一样，其迅捷的动作和执行力也给人们留下了极其深刻的印象。

4. 做好促销活动的效果评测和活动跟踪

对于大卖场来说，门店内每天开展的各项促销和特价活动不计其数。因此，做好对每一项促销和特价活动的效果评测和活动跟踪是十分必要的。每一次促销活动的成功经验和失败教训，都可以成为大卖场的一笔宝贵财富，因此，企业在制订促销活动时，一定要重视对促销活动的跟踪分析和效果评估。一方面，可以及时修正促销活动过程中出现的问题；另一方面，还可以给大卖场留下一个运作专业的良好印象。而这些都将为企业以后与大卖场的进一步合作打下良好的基础。

三、如何提升促销的价值

在各类名目繁多的促销信息中，并非每一个促销都发挥了其应有的价值。一些低价值的促销活动，不但刺激不了消费者的购买欲望，反而给企业和商家造成了巨大的资源浪费。因此，如何提升终端促销的价值成了摆在企业面前的一个十分现实的问题。

许多企业往往从自身利益出发，想出了许多提升促销效果的方法和思路，但往往由于该办法和思路与卖场方面的相关制度不协调，因而造成了思路始终是思路，无法真正有效地转化为价值。

任何一件事要想做好，适当地换位思考是十分必要的，在对待促销这件事上也是如此。只有当企业站在卖场角度来思考促销这件事情，促销的价值才可能得到提升。顺着这个思路，我们可以采取反向思维的方法来看一下大卖场是怎样看待促销这件事的，对促销活动的考量指标都有哪些，企业如何在满足大卖场对促销的预期基础上，实现自己的利益预期。

（一）大卖场如何对促销进行考量

1. 计划性

"凡事预则立，不预则废"。对于大卖场来说，一个再好的促销方案如果离开了计划，也就成了一张废纸，不具备任何价值。原因也很简单，任何一个大卖场对自己促销档期的安排，都是有计划性的。因此，大卖场绝不可能因为商家临时的促销方案，就打乱自己的整体部署安排。因此，对于一些规模较大的年度促销方案和计划，企业应赶在大卖场之前拿出自己的计划，以便大卖场在做年度计划时，能够将企业的促销计划考虑在内。只有这样，企业的促销计划才更具可行性。

2. 过程控制

通常来说，大卖场对自己计划内的促销活动是有着严格的过程控制的。为了确保既定促销项目的有效执行，大卖场往往会采取许多措施来加强对整个活动的过程控制。例如，会根据活动所涉及的相关部门，实行任务分解，尽可能将每一个促销内容分解到相关责任人身上，并由专门的部门来对活动执行的每一个环节实施监督和记录。因此，作为企业，在制订活动方案时除了要拿出大的框架性计划外，还要针对具体实施步骤拿出活动执行的细化案，并尽可能将活动细化案的每一个环节，落实到个人。这样一来，既方便了大卖场的检核，也会给大卖场留下一个严谨、专业的好印象。

3. 测量和评估

一个再好的促销方案，如果离开了测量和评估，其价值都只能是一时的。只有将一次活动的成功与失败，用数据和分析的方式记录下来促销活动的经验和教训才可能被留存下来。这些对于卖场以后的经营来说，都将是一笔宝贵的经验和财富。因此，从某种意义上讲，促销真正的价值，并不单纯地在于为企业和卖场创造了多少物质财富，而在于为企业带来了多少无形资产。这种无形资产将会在未来的经营过程中，转化成巨大的生产力。

（二）企业对考量标准如何进行有效对接

在了解了大卖场是如何看待促销以及如何对促销进行考量的基础上，接下来企业所要做的就是将大卖场对促销的考量标准与企业进行有效的对接。形象地说，如果把大卖场看做是一个制定游戏规则的"庄家"，那么企业也就是参与游戏的一个"玩家"，要想能够顺利"通关"，企业就必须仔细研究"庄家"制定的游戏规则，并积极地与自己的策略进行有效对接。换句话说，就是让企业所制订的促销"个案"能够在大卖场的"游戏规则"下顺利"出台"。具体来说，企业需要在以下几方面与大卖场达成共识：

1. 促销观念的转变

企业应把促销作为投资，而非简单的费用支出。促销也是一个不断地为自身品牌加分的过程。从品牌的成长和利益最大化的角度来看，正确的促销观念应该是建立在销量和品牌成长双赢的基础上的。即便在短期内没有达到可观的销量，但如果从长远的角度看，对品牌的成长有利，那么促销活动就是有价值的。

2. 运用盈亏平衡点来分析促销效果

所谓盈亏平衡点，也就是企业为确保自己不亏损所需要达到的保底销售数量。在设计任何一个促销方案前，企业必须要做好促销活动的利益预期和计划工作，尽可能将促销活动的效果控制在一个大致合理的范围之内。企业也要在促销活动结束后，通过计算保底销售数量来对促销活动进行一个理性的分析，看自己的促销活动是否达到了自己的预期，产生了好的效果。企业还要及时总结促销活动效果，为后

期的促销活动准备参考依据。

3. 正确看待促销带来的销售提升

通常来说，每一次促销活动都会给销售额带来自然的增长，这是一个常理。然而，每一次销售额的增长，却并不一定意味着促销活动是成功的，这里有一个如何正确看待促销带来的销售额增长的问题。无疑，每次促销活动都会给企业的销售额带来提升，但每一次的促销，企业都要投入较大的费用，不光是价格折扣，还有一些活动赠品、场租费用等投入。因此，促销活动后的销售提升是必然的。而衡量一个促销活动好坏的重要标准，就是看其除了在活动档期内拉动了销售外，还在多大程度上拉动了其他品类产品的销售，在多大程度上吸引了消费者对该产品和品牌的关注以及促销的效果是否达到并超过了自己预期的保底销售量等。

第二章 | 卖场销售技巧

第一节　商品销售分析

一、商品销售分析

商品销售活动是卖场经营活动的关键环节，其效果如何既直接影响商品价值的最终实现，又影响顾客需求的满足，更决定着卖场的生死存亡。

商品销售活动分析主要是在商品销售活动中，结合商品的购进和储存，检查销售计划的完成情况及销售对卖场经济效益的影响，查明影响因素，提出改进措施，挖掘卖场潜力，加速商品流转。

1. 销售活动分析的内容

（1）分析检查卖场销售活动是否执行国家的方针政策，是否遵守财务制度和财经纪律。

（2）分析卖场销售活动的过程和结果，查明影响卖场经济效益好坏的因素及其影响程度，从而肯定成绩，找出差距，改善销售管理。

（3）预测销售活动的预期效果，为选择销售的最优方案提供依据。

2. 销售活动分析的依据

（1）国家的方针政策和法律法规，它们是衡量卖场工作的基本标准。

（2）卖场销售活动的预测和计划管理资料。

（3）卖场的实际核算资料，包括会计报表、统计报表等反映销售指标实际完成情况的资料。

（4）卖场各个时期销售活动的相关历史资料，这些是对卖场过去实际情况的记录。

（5）其他先进卖场与竞争对手的相关资料。

（6）卖场的各种调查研究资料。

3. 销售活动分析的程序

销售活动分析的基本程序按时间顺序可分为准备阶段、分析阶段和总结阶段。

（1）准备阶段。明确分析目的，制订分析计划，同时收集资料和掌握情况。

（2）分析阶段。将各项有关数字指标进行对比，计算数额上的差异，并运用正确的分析方法，分析产生差异的原因。

（3）总结阶段。正确评价，提出措施，写出分析报告。

二、销售活动相关因素分析

商品销售虽处在经营过程的最终环节，但它却受到来自卖场内外各方面因素的干扰，只有认真了解、分析各种相关因素，才能找到问题的根源，选择提高活动效率的最佳途径。与商品销售活动有关的因素大体上可以分为外部因素和内部因素两大类。

1. 外部因素

外部因素是指来自卖场外部且卖场无法控制的因素，主要包括以下四类：

（1）社会、文化环境。不同时期的社会文化背景使人们形成不同的价值观念与行为方式。它对消费者的需求、爱好、购买习惯和购买方式有着决定性的影响，进而制约着卖场的商品销售活动。

（2）国家政策、法律法规。市场经济条件下销售活动虽然是卖场的自主行为，但还必须受到国家政策、法律法规的制约与控制。

（3）市场供求动向。这是影响销售活动最主要的外部因素。从市场供应来看，商品购进是商品销售的基础，只有买得好，才能卖得好。商品供应的数量、质量、供应渠道、供应时间、供应商的信誉等都会对卖场的商品销售产生最直接的影响。从市场需求来看，随着社会经济的发展，人们的消费观念、消费结构、消费方式、需求特征等都发生了很大变化，消费水平大幅度提高，这些变化都影响着卖场的销售活动。

（4）卖场所处的竞争环境。市场经济的典型特征就是竞争性，卖场面临的竞争主要来自于三个方面：

①行业内的竞争。这对卖场的影响是最重要、最直接的。

②不同业态之间的竞争。现代商业的发展使各种新兴业态迅速兴起，已形成对传统形态的竞争威胁。如超级市场与专业商店的迅速崛起，已对传统百货业形成了威胁。

③外商巨头的"抢滩"，对国内卖场形成竞争压力。商场（超市）经营者应当洞悉市场，及时调整经营战略，为卖场生存和发展赢得先机。

2. 内部因素

内部因素是指卖场自身可以控制的因素，包括销售队伍的规模、推销人员的素质、广告预算、产品质量、交易条件、交易方法等。我们预测商品销售量时，应考虑的内部因素有五点：

（1）卖场经营的商品定位。卖场应根据自己的经营目标与经营特点进行准确的商品定位，即决定卖场经营商品的档次、品种和商品价格水平，以满足卖场目标顾客的需要。

（2）商品的品质与价格水平。现代卖场经营的主攻方向应该是高品质的商品，且商品价格应公允、合理，这是卖场被顾客接受的基础。

（3）促销策略与手段的选择。科学有效的促销策略及手段不但会直接影响顾客当前的购买行为，从长远看，还会不断加深公众印象，提高卖场的知名度，进而推动卖场经营的发展。

（4）商场的购物环境。舒适幽雅的购物环境，简洁明快的商品布局，艺术美观的商品陈列，能成功地刺激顾客的感官，形成良好的知觉效果，吸引并激发顾客的购买欲望。

（5）销售人员的素质与服务的技术水平。销售人员直接与顾客发生联系，他们的个人素质与专业技术水平及服务态度会对顾客形成最直接、最重要的影响作用。

三、商品销售活动调查

为了有效控制卖场的销售活动，不断提高销售活动的效率，卖场除了要深入细致地分析研究上述各方面的影响因素外，还需要进行大量的调查研究工作，掌握第一手资料，从而更有针对性地调整经营策略，改善经营环境，合理利用自身的各种资源以追求销售活动效率的最大化。为了实现这一目的，卖场常用的调查方法很多，调查内容涉及的范围也很广，根据营业员的工作特点，应基本做好以下七方面内容的调查：

1. 顾客需求的调查

销售活动的最终目的就是满足顾客的需求，所以了解顾客需求是做好销售工作的基本前提。营业员应主要了解顾客对商品数量、质量、品种、规格、型号、花色、式样、包装等方面的需求情况及其需求满足程度，还应结合本部组经营的商品特点对顾客的类型、职业、性别、年龄、文化程度、消费倾向、购买动机、购买行为等方面进行调查，以便有的放矢地做好商品供应和服务工作。

2. 商品货源状况的调查

营业员要了解本部组经营商品的生产和供应情况，着重注意调查商品产地、生产能力、生产规律、主要生产技术等，还应了解供应商渠道、供应商信誉以及供货质量、数量、时间等。只有这样，才能安排好商品的购进和销售。

3. 新产品发展趋势的调查

营业员应主要了解新产品的市场销售状况，了解新技术、新材料的应用及发展趋势，收集和调查顾客的各种反馈意见。这样既可以为新产品开发提供数据，又可以为今后的经营提供销售策略上的参考。

4. 商品销售趋势的调查

由于市场的复杂及顾客需求的变化和发展，使商品的销售趋势往往变化无穷。营业员应及时通过调查研究，分析变化的原因，并预测它的发展趋势，及时准确地把握销售新动向。只有这样才能防患于未然，避免因需求变化而造成不应有的商品积压或脱销。

5. 商品生命周期的调查

商品在市场上的生命周期一般包括投入期、成长期、成熟期和衰退期等四个阶段。商品处在不同的生命周期，其销售策略有很大不同。营业员应随时分析并掌握

所经营商品的生命周期情况，选择适宜的销售策略。

6. 商品价格的调查

商品价格变化会直接刺激或影响消费者需求的变化。顾客对商品价格的变化也是十分敏感的。因此，营业员一方面应了解同类商品的市场价格水平，了解本卖场的定价策略及价格状况，以便向顾客作出合理的价格解释，另一方面还应了解顾客对商品价格的认识与承受能力，为卖场科学定价提供参考。

7. 竞争对手的调查

为了在竞争中立于不败之地，营业员应注意收集卖场主要竞争对手的基本情况，诸如竞争对手的数量、分布、经营规模，同种商品的质量、规格、花色、品种、价格与产地，以及他们的经营方针、经营特色、销售策略、服务措施等，然后结合本卖场实际进行分析比较，找出差距，扬长避短，发挥优势，提高卖场的竞争能力。

第二节　商品销售技巧

一、营造销售气氛

1. 陈列

卖场促销商品应摆放丰满、整齐且量足、搭配适当，讲究商品陈列的艺术，使其富于吸引力。在堆头和端架的商品，选择搭配一些相关性的商品，如卖圣诞树搭配陈列圣诞灯，卖儿童玩具搭配陈列儿童糖果等。

2. 卖点广告

价格表示明显，卖点广告是第二推销员，商品销售与卖点广告密切相关，是因为卖点广告能营造出良好的售点氛围，通过刺激消费者视觉、触觉、味觉和听觉，引起消费者的购买欲望，同时使消费者感受到购物的乐趣。卖点广告信息会对消费者的购买行为产生极大的影响。数据表明，95％以上的消费者在身临销售现场时，会忘却原有记忆形象的特定信号，徘徊在各种品牌面前犹豫不决，因此95％的消费者是在现场决定购买商品的。

国外研究机构的研究结果表明：卖点广告的商品在同期销售额上比没有生动化展示的商品明显高出一截，最高的达到42.5％。

3. 热情服务顾客

销售高峰期进行叫卖，热情回答顾客的询问，诚恳向顾客推荐商品（把回答顾客的每一个询问当成是一次促销商品机会，一次提高销售业绩的好机会）。销售不仅仅是将商品陈列出来就完成了，一些非常优惠的商品需要人员的现场叫卖，引起顾客的注意，主动向顾客进行推销，营造一种大家都在热买的气氛，从而感染和影响更多的顾客来观看、购买。

4. 给予赠品

可以进行摸奖、试吃等活动，营造卖场气氛，吸引、刺激消费者购物。活动的成功与否，很大程度上取决于销售人员是否每一次都有新的创意去吸引顾客，是否有很高的热情去鼓舞顾客来参与，是否有幽默、真诚的语言感染顾客等。所有的销售活动都应成为一种乐趣、一种服务，而不仅仅是一项例行的工作。

5. 背景音乐/卖场广播

特别是新年等喜庆的日子，要播放喜庆、欢快、轻松的音乐，提高顾客的购物热情，配合楼面的销售活动的进行，共同营造一个非常热烈的销售气氛。

二、促销方式

（一）特价促销

特价促销又称降价销售、特卖、打折销售、让利酬宾、折扣优惠等，是使用得最频繁的促销工具之一，也是影响顾客购买最重要的因素之一。

1. 促销时机

特价促销是一种艺术，价格必须让消费者觉得合情合理、有理有据。现在节庆特价一般有重大节假日酬宾、周年庆典、新店开张、开业满 100 天、销售额突破×××大关等。

2. 保持信誉

信誉好的卖场降价顾客信得过，信誉不好的卖场降价顾客信不过。所以在现实中很多卖场同样搞特价促销，但效果却大相径庭。

比如，有的卖场名义上是节假日促销，实际却侵害消费者的利益：标重 700 克的青菜仅 580 克，标重 1000 克的冻虾仁只有 650 克等。

3. 供应商支持

卖场进行特价促销要尽量争取供应商的支持，让供应商分担一部分降价损失。

在向供应商进货时，可以对某些商品实行一次性买断，以取得较低的进价，从而留出较大的降价空间。

4. 降价幅度

促销的特价商品降价幅度要有一定的竞争力，以低于同种商品中销得最好商品的价格为宜。不同降价幅度会有不同的效果，降价幅度在 10% 以下时，几乎收不到促销效果；降价幅度在 20% 以上，会产生明显的促销效果；当降价幅度超过 50% 以上时必须说明大幅降价的理由，否则顾客会怀疑这是假冒伪劣商品，反而不敢购买。

5. 大幅降价的商品

（1）少数几种商品大幅度降价，比多种商品小幅度降价的促销效果好。

（2）市场占有率高、知名度高的商品降价促销效果好。

（3）市场占有率低、知名度低的商品降价促销效果差。

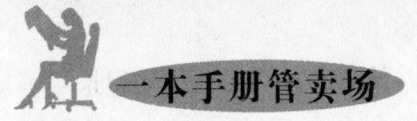

（二）竞赛和抽奖促销

1. 竞赛和抽奖的促销目标

①满足消费者在节假日里消费的欲望，树立卖场和其商品的良好形象。

②改善现有商品的市场销售状况。

③开辟新的销售领域。

④展示商品的某些功能和特性。

⑤为产品寻找新的用途。

⑥增强其他促销工具的效果。

2. 竞赛和抽奖的形式

（1）竞赛促销。竞赛促销要以有助于强化品牌形象为原则，既要让消费者在竞赛中比出水平，更要让消费者通过竞赛加强对产品的了解和喜爱。

（2）竞赛形式。常见的竞赛形式有：回答问题、征集广告语、征集作品、排出顺序、竞猜。

（3）抽奖的形式。抽奖的形式具体如表4-1所示。

表4-1　抽奖的形式

形式	具体内容
标准形式	顾客可从报纸、杂志或卖场里得到投资活动的参加表，根据要求将姓名、地址等内容填好后寄往指定地点；由组织者在预先规定的时间和地点通过随机抽取的方式从全部参加者中决定获奖者
多次抽奖	同时使用几种不同的抽奖方式，每次抽奖都有不同的奖金；顾客只要参加一次，就有多次中奖机会，增加了顾客中奖的可能性
启发式抽奖	顾客在参加这种抽奖活动时，必须仔细阅读某商品广告或宣传资料中的内容，并把其中的要点写下来或按要求填写在表格里；由组织者从所有写对的顾客中随机抽出获奖者
配对游戏抽奖	组织者预先设置一个数字、一个符号或一个图案；顾客在购买商品时可以任意索取相应的数字、符号或图案，如果与组织者预先设置的相同，则被确定入围，可以参加下一轮的抽奖活动
即开即兑抽奖	组织者把中奖与否和中奖项目直接打印在奖券上，顾客拿到奖券后，只要撕去上面的覆盖物就能马上知道结果。在奖券上打上数字或符号，顾客在得到奖券后，只要看奖券中的数字或符号与组织者公布的对上了即中奖
"自动参加"抽奖	卖场可用优惠券代替参加表发给顾客，顾客在使用优惠券之前，只要把自己的姓名、地址填在优惠券上，就自动获得了抽奖的资格

3. 奖品的设计

奖品的设计包括奖品的价值、奖品的形式和奖品的结构。

(1) 奖品的价值。在设计奖品的价值时，应以小额度、大刺激为原则。

(2) 奖品的形式。在竞赛抽奖活动中，兑付给消费者的奖品主要有现金和实物两种形式。

现金奖品的好处是对每一个消费者来说都是很实用的，消费者很容易了解自己能从奖品中得到多少好处；但是缺乏个性。

实物奖品的好处是能为消费者提供别具一格的奖品，从而提高奖品的刺激性和吸引力，而且可以结合促销主题设计奖品；但是消费者众口难调，这在一定程度上影响了促销效果。

(3) 奖品的结构。奖品通常分几个等级，如特等奖、一等奖、二等奖、三等奖。奖品的总费用在不同的等级上如何分配就是奖品的结构问题。奖品结构一般采用金字塔形，即一个高价值的大奖，然后是若干个中价位的奖品，接下来是数量庞大、低价位的小奖或纪念奖。

4. 活动原则

为了避免由于消费者理解上的误差给卖场带来不应有的麻烦，节假日的竞赛和抽奖活动必须遵循严格、清晰、易懂、准确、公开、公正、公平的原则，同时必须将这些原则通过大众媒体正式向消费者公布。举办竞赛和抽奖活动时，组织者必须做到以下几点：

①公布竞赛和抽奖活动的起止日期；

②公布评选方法，说明何时宣布正确答案；

③说明参加条件、有效凭证；

④列出奖品等级、奖额及奖品形式；

⑤公布评选、公证机构；

⑥告知参加者与活动相关的所有资料；

⑦公布中奖名单的发布时间、发布方法和发布媒体；

⑧公布奖品兑现的方式。

5. 竞赛和抽奖的特点

假日促销采用竞赛和抽奖的方式，便于控制促销费用，有利于树立和强化品牌形象，能提高其他促销工具的促销效果，能推动销售量的迅速上升。

(三) 优惠券、样品赠送促销

1. 优惠券

(1) 优惠券的促销目标。优惠券是卖场发放的，由持券人在指定地点购买商品时享受折价或优惠的凭证。利用优惠券可协助卖场促销扭转商品销售全面下降的局面；提高某一品牌在同类产品中的市场占有率；提升消费者对滞销的成长类商品品

牌的兴趣；协助增加弱势品牌的销售利润；抵制竞争品牌在同一市场的促销手段。

（2）优惠券的制作设计。在节假日促销时，优惠券的制作设计与平常的促销设计一样主要包括优惠额度、文字格式、功能三个方面。具体如表4—2所示。

表4—2 优惠券的制作设计

类别	具体内容
优惠额度	在确定优惠券的优惠额度时，要根据以下因素来综合考虑： ①促销商品的各类和单品价格； ②促销商品在市场上的信誉和知名度； ③卖场节假日的促销目标； ④目标市场上消费者的收入水平； ⑤竞争者产品的价格和促销策略
优惠券的内容和格式	优惠券的文字设计主要包括：促销主题，优惠的额度、范围和时间期限，兑换的地点，具有说服力的介绍，发券店名、地址和咨询电话 在优惠券的格式方面，首先要求传达的信息准确明了，然后再考虑其艺术感。内容要求简单、清楚，字号大小要有所区别——优惠的金额或比例应用大号字，说明可用小号字，同时还应明显地注明有效日期
功能设计	把有关卖场及其商品的信息也印在券面上，起到宣传的作用。优惠券不论登载在何种媒体上，都要能方便、容易地被取下，以提高兑换的可能性

（3）优惠券的递送方式。

优惠券的递送方式有以下三种：

①直接送给消费者。直接送给消费者能够有效地对准目标顾客群，发放范围可大可小，十分灵活并且接收率高，重复发放的可能性小。

②借助报纸杂志散发。报纸的花费成本低、选择性大、送达速度快，卖场可针对不同商品和服务选择不同的报纸刊登优惠券。杂志由于周期相对较长，因此不利于短期促销活动，而且杂志容易受地区性限制，地区性杂志更是如此。

③借助商品包装内（外）的优惠券。借助商品包装内（外）的优惠券不仅不必支付优惠券的发放费用，而且对商品促销效果也好，有利于突出商品形象。但此种优惠券仅局限于现有的使用者，而对吸引新的消费者试用作用不大。而且在包装上印制优惠券，往往不容易裁剪下来。包装内放置优惠券，常被第一次购买者忽略。

（4）优惠券的兑换。优惠券的兑换占卖场优惠券促销活动的一部分费用，在优惠券的兑换过程中要注意的事项有：

①统计优惠券兑换率。影响优惠券兑换率的因素主要有：优惠券递送的方式及优惠额度；优惠券的设计与表现形式；消费者假日对商品的需要程度。

②避免误兑。优惠券价格不宜过高，兑换方法的说明应明确清楚；优惠券的设

计应不易仿造，所兑换的商品的普及率达 50％以上，节假日前应先在局部测试，然后再在大范围区域内开展促销活动。

2. 样品赠送

（1）样品赠送的目的。

①促使新产品顺利地打入市场。

②提高劣势地区的销售业绩，让不曾使用过该商品的人有试用的机会，促使其转换品牌。

③保持优势地区的霸主地位，打击竞争对手具有竞争性的产品。

④借此调查消费者对商品的意见。

⑤实现公开宣传、扩大影响的效果。

（2）样品的规格。特点突出的商品，样品规格可以按一次量或平均每人一次量（如家庭人口 2～3 人）来设计。如果商品必须连续体验才能知道优劣，则样品规格可放大一些。另外，还要根据商品的成本费用决定。

（3）赠送对象策划。

①样品受赠人应该是该商品的准顾客群。

②样品应该与其所应对的节假日促销主题相吻合。

③样品受赠人最好是市场上的"意见领袖"，能对其他消费者对商品的选择产生重要影响。

④样品的受赠人可以是卖场的公关对象。

（4）样品赠送方式。样品赠送方式如表 4—3 所示。

表 4—3　样品赠送方式

赠送方式	特点
直接邮寄	直接邮寄的送达率虽高，但易受限制
逐户派送	样品能及时、安全地送达目标消费者手中； 派送过程中能够直接面对目标消费者； 试用后购买率较高
定点分送及展示	费用低，但样品送达率低
媒体分送	直接进入家庭或机关团体，同时传播商品信息； 目标顾客群命中率低
凭优惠券兑换	节省邮寄费用，提高赠送样品的安全性； 样品赠送普及率不易控制； 样品数量难以控制

续表

赠送方式	特点
联合或选择分送	该方式样品赠送针对性强，节省费用； 样品不易选择
夹包装分送	将商品样品附在非竞争性商品的包装中，此时该样品扮演着免费样品和赠品的双重角色； 附带样品的商品必须是消费者经常购买的商品，而且该商品与赠品具有相同的消费群体

（5）赠送时机选择。选择样品赠送的时机时，应考虑以下因素：

①在目标市场上的广告宣传活动。卖场在目标市场的广告宣传进行到4～6周时，是实施样品赠送的最佳时机。在赠送样品期间，在目标市场的广告宣传绝不能停止。

②商品在目标市场上的数量。对食品、日常生活的必需品而言，至少应在目标区域内占有半数以上市场份额之后，才适合进行样品赠送。

③商品消费的特殊性。最好在某一商品的消费旺季或节假日来临前进行样品赠送。

（四）返还促销

1. 返还促销的目标

①吸引消费者试用，刺激消费者连续购买。

②回馈并强化顾客对品牌的忠诚度，全力向消费者塞货，以抢夺竞争品牌的市场占有额。

③激励顾客购买较高价位的品牌和较大包装的商品，吸引消费者大量购买处于消费淡季的商品。

2. 返还的形式

（1）根据商品划分。根据顾客购买的商品的不同，可分为以下几种形式：

①单一商品的返还促销。适用于高价位的电器、保健品、食品、药品、日用品、美容用品等商品。

例如，许多卖场和厂商就联手采取旧家电折价方式。若冰箱的价格是3000元一台，旧冰箱厂家收购价为300元，这样消费者买新冰箱只需付2700元。这样，顾客既买了新冰箱，又解决了旧冰箱的麻烦。

②重复购买同一商品的返还促销。目的在于刺激顾客反复购买，从而建立品牌偏好，主要适用于单位价值偏低的食品及生活便利品。

例如，某食品商场（超市）返还在暑期推出"清爽过暑假"活动。他们根据消费者购买果汁饮料数量的不同，提供不一样的返还优惠：买3罐退2元，买5罐退4元，买12罐退5元。

③多种商品的返还促销。在活动期间凡购买不同的商品达若干种以上者，均可获得返还优惠。

例如，某商场购物满5种以上，即免费赠送物品中最低价格的商品。

④相关性商品的返还促销。将相关性商品并在一起提供返还优惠。

例如，乳品和面包可相互搭配运用返还优惠。

（2）根据返还方式划分。根据退费方式的不同，可分为以下几种：

①现金返还。现金返还的好处是：现金对每一位顾客都有吸引力，实用性强。

②优惠券返还。卖场在向顾客返还一部分购物款时，也可不退还现金，而代之以赠送优惠券。

③升级式返还。这种返还方式是随着购买量的增加，所返还的金额不是均匀增加，而是越往上返还的额度越高，要求的数量却相对越低。这种返还方式的好处是能诱使顾客尽可能地扩大购买量，一般适用于单位价值较低的生活必备品。

④任选式返还。任选式返还促销是顾客购买完主销商品后可得到优惠券或现金，而且这些优惠券或现金可用来兑换或购买任何商品。

⑤复合式返还。综合运用返还促销和抽奖活动的，专门印制正式的表格，注明一些限制条件和各种可行的参加方式，以此来激起消费者的参与热情。

3. 返还凭证的设计

返还凭证是顾客获取返还待遇的有效凭证，也是关系到返还促销活动成功与否的关键因素。返还凭证一般由以下三项内容组成：

①购物证明，如包装袋、标签或瓶盖等。

②销售发票或现金收据。

③返还申请登记表。返还申请登记表的设计主要是内容的设计和格式的设计，总的原则是简明扼要，清晰易懂，便于顾客填写和寄出。特别要注意不能过于烦琐，以免顾客产生厌倦情绪。

4. 返还促销的技巧

返还促销适用绝大部分商品，但对不同商品的促销效果不一样。在通常情况下，返还促销的效果取决于以下因素：

（1）商品自身的特点。销售缓慢、产品差异化小，属于顾客冲动式购买的商品，虽然顾客不经常购买，但只要顾客购买，则消费较快、再购率高。这类商品运用返还促销最有成效。相反，高度个性化的商品或经久耐用的商品，除非返还额度极高，否则一般效果不明显。

（2）商品的促销活动特点。通常返还促销活动在下午进行，以广播方式刺激消费者购买特定的优惠商品。

（3）返还幅度。一般来说，优惠商品在价格上必须比原定售价有30％以上的价差，才能达到抢购的效果。

（五）折价促销和以旧换新

1. 折价促销

（1）折价促销的类型。卖场针对消费者实行的假日折价销售包括多种类型。由于折价促销的目的不同，折价促销可分为竞争性折价促销和常规性折价促销两种类型。由于折价促销的商品范围不同，折价促销又分为全部商品折价促销和部分商品

折价促销两类。

（2）折价促销的特点。由于能直截了当地给消费者带来实惠，因此与其他促销方式相比，折价促销的冲动力最强。但折价促销容易引起恶性竞争，导致行业效益下降；会引起顾客的观望与等待，使其进入折价销售的恶性循环；有时会损坏卖场形象。

（3）折扣促销的条件。

①折扣至少为8折。对于竞争性折价促销来讲，要吸引顾客，就必须保证折扣幅度不高于8折。

②能够得到供应商的积极支持。折价促销若得不到供应商支持，就不可能成功。因此卖场平时要与供应商保持良好的关系，并且在折价促销期间以不损害供应商利益为原则。

（4）折价促销时机。选择什么样的时机、以什么样的名目向消费者实行折价促销，将直接关系到折价促销的效果。所以，要根据顾客的消费心理、购买行为来科学安排折价促销的时机。

另外，给每次的促销活动确定适当的主题，以避免消费者产生误解。一般情况下，卖场促销可以利用的时机有以下几种。

①重大节日。每年的元旦、春节、中秋节都是折价促销的好时机，如果采用"倾情回报"的促销主题，还能起到树立形象的作用。

②庆典活动。如开业周年纪念日、庆祝销售额突破"××××元大关"等。以这些活动为由举办折价促销，常能让消费者产生卖场实力雄厚的感觉。

③特定日期对特定顾客。如在教师节对教师实行部分商品的折价优惠等。

（5）折价促销应注意的问题。除了要把握好折价幅度和折价时机外，折价促销的策划还要注意处理好以下问题：

①打折广告要真实而简明。

②不能先提价再打折。

③保证折价商品的数量及质量。

④加强安全管理。

2. 以旧换新

（1）以旧换新的形式。以旧换新主要包括两种类型：

①以本卖场的旧产品换本卖场的新产品，并补齐差额。这种促销形式的主要目的是为了巩固和发展卖场的新老顾客，建立顾客对品牌的忠诚度，联络与顾客的感情，本质上是对老顾客的一种回报。

②以任何品牌的旧产品换本卖场的新产品，并补齐差额。这种形式的主要目的是为了扩大新产品的销售额。

（2）以旧换新的特点。

能有效地刺激顾客的购买欲望，有利于拓展新的市场，有利于树立产品的品牌形象，有利于启动市场，扩大销售额。

以旧换新促销一般只适用家庭耐用消费品，像家用电器、鞋类等。产品价格比较、使用寿命又很短的商品就不适宜采用以旧换新促销。

（3）以旧换新应注意问题。

①旧商品的折价标准。现在卖场所采取的做法大都是不论品牌、使用年限、新旧程度，一律统一折价，搞"一刀切"。这种折价办法在一定程度上往往挫伤了顾客参与活动的积极性，尤其是那些手头的旧货还比较新的顾客。因此在条件允许的情况下（有充足的人力和精力），还是应确立不同的折价标准，以区别对待新旧程度不同、原有价格不同的旧货。

②旧商品的折价幅度。要根据促销目标、促销预算以及市场上竞争产品的情况，科学地制订折价幅度，这样做既扩大了商品的销售，又保证了一定的赢利。

③促销活动的时间性。以旧换新活动在什么假日开展，是长期开展还是定期开展，这些都要精心策划。

（六）其他促销方式

1. 现场演示

（1）现场演示目标。

①推广和介绍新产品。

②改变产品在卖场销售不畅的状况。

③突出本产品在同类产品中的地位。

④向顾客展示本产品的特殊功效，吸引顾客注意，带动其他产品销售。

（2）现场演示特点。

①促使消费者了解新产品。

②吸引顾客的注意力。

③以向顾客提供有力的说服证据。

④节省促销费用。

⑤受产品特性的限制较大。并不是每一种产品都可以进行商品演示，即使能进行演示，产品不同，其演示效果的差别也很大。

⑥促销对象的范围比较窄，只能是针对前来卖场的顾客。

⑦促销效果的好坏在很大程度上受产品演示者的演示水平的影响，如果演示不当，容易产生负面效果。

（3）适用范围。

①技术含量比较低，属于大众化消费品。由于这类商品演示起来比较方便，演示的过程和效果比较直观，消费者容易理解和把握。

②有新型的使用功效。如果本产品与市场上已有的其他同类产品相比并没有更先进、更优越的性能，就没必要演示，因为演示的结果并不能激起顾客的好感和购买兴趣。

③能立即显示产品的效果。演示过程中，消费者只有确切地感受到产品的使用功效，才可能产生购买兴趣。如果产品使用后的效果不能立竿见影，那么现场演示

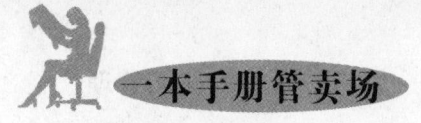

的效果就会大打折扣。

（4）注意事项。现场演示的目的在于将产品的特点和性能真实、准确、直观地传达给消费者，通过刺激消费者的感官，激起消费者的购买兴趣。因此演示者的操作要熟练，要能充分地展示产品的优越性。同时，现场演示要想吸引消费者的注意力，就必须具有一定的趣味性。

2. 量感陈列

量感陈列是指利用卖场的明显位置，大量陈列特定商品，以提高销售量的活动。此活动通常会配合商品折价同步实施，而且所选定的商品必须是周转快、知名度高、有相当降价空间的商品，这样才可充分达到促销效果。其做法如下：

①选定配合促销主题的季节性商品或重点商品。

②选定合适的陈列地点（端架或大陈列区）进行量感陈列，以堆头显示丰富感及便宜感。

③配合关联性商品的搭配陈列。

3. 试吃

试吃是指现场提供免费样品，供消费者食用的活动，如免费试吃香肠、饮料等。

对于以家庭主妇为主要目标顾客的食品大卖场来说，举行试吃活动是提高特定商品销售量的有效方法。因为亲自品尝和专业人员的介绍会增加消费者购买的信心以及日后持续购买的意愿。试吃促销的做法有如下几种。

①安排举办试吃活动的供应商及试吃品种。通常供应商都愿意配合卖场推广产品，故应事先将试吃活动的时间、试吃品种及食品做法进行安排并告诉供应商。

②安排适合举办试吃活动的卖场地点。

③供应商必须根据卖场规定的营业时间参加试吃活动，并自行选择适当的人员、器具，以更好地为顾客服务。

4. 面对面销售

面对面销售是指卖场人员与顾客面对面地销售商品的活动。这种促销方法在节假日运用最多。其做法有如下几种。

①规划适当位置，作为面对面销售区。

②挑选具有专业知识和促销经验的员工进行培训，让他们来从事面对面销售的工作。

③强调商品品质和人员的亲切服务，并让顾客自由选择品种和数量。

5. 广告促销

广告是卖场促销的重要手段，主要有以下两种策略。

（1）广告媒介。

①借助电视、电台、报纸等大众传播媒体，推广公司的总体形象，使消费者对卖场产生认同感，并激发其购物兴趣。

②用卖场的"看板"诱导顾客。

③将配货车装饰成宣传车,使之发挥流动广告的作用。

④开发自设产品系列,如××商场(超市)将其销售的产品命名"××牌",这对于树立独特的形象具有重要作用。

⑤组织社区活动,与社区内的居民、厂商、社会机构经常保持沟通,建立和维持相互间的良好关系,从而扩大卖场在社区内的影响。

(2)口传信息。在现代社会里,人们的交际越来越密切,因此口传信息对消费者行为的影响也越来越大。卖场在花钱大做广告的同时,绝对不可忽视这种"义务广告"。当然,口传信息既能促进消费者购买商品,也能阻碍消费者购买商品。卖场要争取顾客、扩大销售,在激烈的市场竞争中站稳脚跟,就应当积极地扩大正面的"义务广告",消除负面的"义务广告",但如何做到这一点呢?

①找出实施重点。寻找出每种商品的创新者和早期使用者,设法摸清这些人的特点,然后投其所好,对其实施重点促销攻势。通过这些消费者对商品的使用,促使更多的人使用。

②拿出价廉物美的商品来。质量好且价格低就表扬,质量差而价格高就批评。因此,只有商品质优价廉,才能使消费者觉得购买的商品合算,才会乐意去做正面的"义务广告",推荐别人也来购买。

③提供优良的服务。卖场的购物环境优美、服务项目多、服务态度好,就会在顾客心中留下一个美好的印象,而享受到优良服务的顾客也会将卖场的名声传扬出去。因此,卖场一定要与顾客保持友好的关系,一方面可以吸引顾客下次再来,另一方面可以让这些顾客为卖场做正面的"义务广告"。

6. 竞赛活动

竞赛活动是指卖场在假日促销时提供奖品,鼓励顾客参加特定比赛,以吸引客流的活动。如端午节包粽子、六一儿童节"宝宝速爬王"比赛、中秋节"幸福一家人家庭厨艺"大赛、卡拉OK比赛、元宵节猜谜比赛等。此类活动着眼于趣味性和顾客的参与性,比赛时通常会吸引不少人观看,可连带达到增加来客数的目的。

其具体做法如下:

①根据促销主题,确定比赛项目、参加对象、奖励方法、实施费用以及协助厂商等内容。

②通过广告宣传单、海报、现场广播鼓励顾客报名参加。

③布置比赛场地,营造气氛,并搭配关联性商品的促销活动,以提升营业额。

第三节 评估促销效果

一、业绩评估

业绩评估主要包括两个方面:业绩评估的标准与方法;查找和分析促销业绩好

或不好的原因。

1. 业绩评估的标准与方法

（1）促销活动检查表。对促销前、促销中和促销后的各项工作进行检查。

（2）前后比较法。选取开展促销活动之前、中间与促销后的销售量进行比较。一般会出现十分成功、得不偿失、效果不明显等几种情况。

（3）消费者调查法。卖场可以组织有关人员抽取适当的消费者样本进行调查，向其了解促销活动的效果。例如，调查有多少消费者记得卖场的促销活动，他们对该活动有何评价，是否从中得到了利益，对他们今后的购物场所选择是否会有影响等，从而评估卖场促销活动的效果。

（4）观察法。观察法主要是通过观察消费者对卖场促销活动的反应。例如，消费者在限时折价活动中的踊跃程度，优惠券的回报度，参加抽奖竞赛的人数以及赠品的偿付情况等，对卖场所进行促销活动的效果做相应的了解。

2. 查找和分析原因

运用一种或几种评估方法对卖场的促销业绩进行评估之后，最重要的就是查找和分析促销业绩好或不好的原因。只有找出根源，才能对症下药、吸取教训，进一步发挥自身的特长。

二、促销效果评估

1. 促销主题配合度

促销主题是否针对整个促销活动的内容，促销内容、方式、口号是否富有新意和吸引力，促销主题是否抓住了消费者的需求和市场的卖点。

2. 创意与目标销售额之间的差距

促销创意是否偏离预期目标销售额，是否符合促销活动的主题和整个内容，是否过于沉闷、正统、陈旧，是否缺乏创造力、想象力和吸引力。

3. 促销商品选择的正确与否

促销商品能否反映卖场的经营特色，是否选择了消费者真正需要的商品，能否给消费者增添实际利益，能否帮助卖场或供应商处理积压商品，促销商品的销售额与毛利额是否与预期目标相一致。

三、供应商评估

供应商对卖场促销活动的配合是否恰当、及时，能否主动参与、积极支持，并为商场分担部分促销费用和降价损失。当卖场需要供应商直接将促销商品送到本店时，供应商能否及时供货，数量是否充足；在商品采购合同中，供应商是否作出促销承诺，而且切实落实促销期间供应商的义务及配合等相关事宜。

第三章│卖场广告的制作与摆放

在这一章中将详细介绍卖场广告的制作与摆放问题，使卖场的促销更加有效。卖场广告，又称卖点广告、店面广告、售点广告等，是指为增加销售额而设计制作的，陈列在商品购买场所的广告，是零售卖场广为采用的促销工具，也是最为直接，最为有效的广告手段。卖场广告的制作与摆放已成为零售卖场管理的重要一环，它能起到营造购物氛围，刺激购买欲望的作用。

第一节　卖场广告的基本类型

卖场广告是指陈列在卖场，如橱窗、地板、柜台、货架等上面的广告，当然广义的卖场广告还包括陈列在零售卖场的周围、入口以及有商品的地方的广告。由此，卖场的招牌、卖场名称、门面装潢、橱窗布置、卖场装饰、商品陈列等，都属于卖场广告的范畴。

一、按使用形式分类

卖场广告按使用形式分类，可分为以下几个类型：

（1）货架卖场广告。货架卖场广告是展示商品广告或立体展示售货，这是一种直接推销商品的广告。

（2）招牌卖场广告。包括店面、布幕、旗子、横（直）幅、电动字幕，其功能是向顾客传达企业的识别标志，传达企业销售活动的信息，并渲染活动的气氛。

（3）悬挂卖场广告。包括悬挂在零售卖场中的气球、吊牌、吊旗、包装空盒、装饰物，其主要功能是创造卖场活泼、热闹的气氛。

（4）招贴卖场广告。类似于传递商品信息的海报，招贴卖场广告要注意区别主次信息，严格控制信息量，建立起视觉上的秩序。

（5）包装卖场广告。是指商品的包装具有促销和企业形象宣传的功能，例如，赠品包装、礼品包装、若干小单元的整体包装。

（6）标志卖场广告。其实就是已经介绍过的商品位置指示牌，它的功能主要是向顾客传达购物方向的流程和位置的信息。

（7）灯箱卖场广告。零售企业的灯箱卖场广告大多稳定在陈列架的端侧或壁式陈列架的上面，它主要起到指定商品的陈列位置和品牌专卖柜的作用。

二、按使用目的分类

卖场广告使用的目的无非有两个，即促销与装饰，由此卖场广告可分为促销型

卖场广告与装饰型卖场广告。

（1）促销型卖场广告是指顾客可以通过其了解商品的有关资料，从而进行购买决策的广告。其种类有手制的价目卡、拍卖卖点广告、商品展示卡等，使用期限多为拍卖期间或特价日，一般为短期用。

（2）装饰型卖场广告是用来提升零售企业的形象，进行卖场气氛烘托的卖场广告类型。其种类有形象卖点广告、消费卖点广告、悬挂小旗，使用期较长，但有季节性。

三、按使用的地点分类

卖场广告按使用的地点可划分为外置卖场广告、店内卖场广告及陈列现场卖场广告。

（1）外置卖场广告是将零售企业的存在以及所经销的商品告知顾客，并将顾客引入店中的广告。

（2）店内卖场广告是将卖场的商品情况、店内气氛、特价品的种类以及商品的配置场所等经营要素告知顾客的广告。

（3）陈列现场卖场广告是在商品附近的展示卡、价目卡及分类广告，它们帮助顾客作出相应的购买决策。

第二节　卖场广告的作用与特点

卖场广告的作用是简洁地介绍商品，如商品的特色、价格、用途与价值等，并刺激顾客的购买欲望。卖场广告执行的是一种商品与顾客之间的对话，没有营业员服务的自助式的销售卖场的重要载体是卖点广告，卖场需要卖点广告来沟通与顾客的关系。面对货架上琳琅满目、色彩缤纷的商品，顾客必须自己做出选择。卖场广告已成为各零售企业开展竞争的一个重要手段。

一、卖场广告的作用

卖场广告的作用是促销，是以其强烈的视觉传达效果来直接刺激顾客的购买欲望，从而达到促进销售的目的。同时卖场广告还有展示形象的装饰作用。

1. 促进销售

（1）传达零售企业商品信息。商店的货架上、橱窗里、墙壁上、天花板下、楼梯口处等的卖场广告可以将新上市的商品全面地向顾客展示，使他们了解商品的功能、价格、使用方式以及售后服务等方面的信息。卖场广告可以吸引顾客进入零售企业，告知顾客卖场内在销售什么，告知商品的位置配置、商品的特性、最新的商品供应信息、商品的价格、特价商品，从而刺激顾客的购买欲。

（2）促进零售企业与供应商之间的互惠互利。通过卖场广告，可以扩大零售企业及其经营商品的供应商的知名度，增强其影响力，从而促进零售企业与供应商之间的互惠互利。

（3）唤起顾客的潜在意识。零售企业虽然可以利用报纸、电视、杂志和广播等媒体向顾客传达企业形象或产品特点，但当顾客走入零售企业卖场时，面对卖场众多的商品，他们极有可能已将上述媒体广告传输给他们的信息遗忘了，他们不知道应该购买哪种商品。而张贴、悬挂在销售地点的卖场广告则可以提醒顾客，唤醒他们对不同商品的潜在意识，使他们根据自己的偏好选购商品。

（4）使顾客产生购买愿望，达成交易行为。卖场是最能诱使顾客购买东西的地方。大多数顾客进入卖场时，面对货架上琳琅满目的商品会感到迷惑，往日对不同零售企业商品的印象立刻变得模糊了，他们不知道购买哪一种牌子的商品更好。这时如果能有卖场广告来提醒，使他们大脑里原有的零售企业商品印象清晰起来，就可以加速他们的购买行为。

2. 装饰美化

卖场广告的装饰美化作用具体表现在创造店内购物气氛。

随着顾客收入水平的提高，不仅其购买行为的随意性增强，而且消费需求的层次也在不断提高。顾客在购物过程中，不仅要求能购买到称心如意的商品，同时也要求购物环境舒适。卖场广告既能为购物现场的顾客提供信息、介绍商品，又能美化环境、营造购物气氛，在满足顾客精神需要、刺激其采取购买行动方面有独特的功效。

3. 塑造形象

卖场广告能突出零售企业的形象，吸引更多的顾客来店购物。据分析，顾客的购买行为分为：注意、兴趣、联想、确认、行动。所以，如何从众多的零售企业中脱颖而出，吸引顾客的眼光，达到使其购买的目的，卖场广告至关重要。同时，卖场广告都会将零售企业的名称、标志、标准字、标准色、形象图案、宣传标语、口号和吉祥物等印在上面，以塑造富有特色的企业形象。有些世界著名的品牌是卖场广告上经常出现的一些标志，它们已经为广大媒体受众所熟悉，已成为企业的一种专有标记。当广大顾客接触到这些图案时，就会立刻明白它们代表哪些企业。

二、卖场广告的特点

卖场广告的特点如下：

（1）视觉效果强。卖场广告能够充分利用销售场所的空间，并利用多姿多彩的颜色、形状各异的立体图案、光线和照明等环境状况，配合所陈列商品的大小和展示情况，来加强广告宣传的效果，提高顾客的视觉注意力，引起顾客的兴趣爱好，从而引起冲动购买。

（2）形式多样，方式灵活。卖场广告的形式非常繁多，可以说只要是和商品有关的各种信息提示物都可以称为卖场广告，小到商场入口处张贴的商品宣传画，大到商场外面搭建的各种商品模型，都是卖场广告。而且零售企业可以利用卖场广告

形式来开展灵活多样的广告宣传和促销。

（3）直接性。当卖场广告设在顾客购物的现场或周围，而这个地点正是销售手段的最终点时，也是顾客接触商品，从而决定是否购买的地点。因此，卖场广告是一种最直接、最有效的宣传，是无声的"推销员"，它能更快地帮助顾客了解商品的性质、用途、价格和使用方法等。

（4）补充性。由于卖场广告具有形式多样、方式灵活的特点，因此它可以补充其他促销手段不足之处，可以为销售现场制造热烈的销售气氛，鼓舞顾客的情绪，激发顾客的购买欲望，从而达到提升销售额的目的。

第三节　卖场广告的制作

一、卖点广告的设计原则

1. 注重统一性和协调性

一般来说，卖场节假日卖点广告的创意和设计主要涉及四个方面，即门面装潢、橱窗陈列、卖场布置和人员接待。在设计和策划时，要强调四个子系统创意风格的统一。

2. 强调主题先行

现代卖点广告设计十分注意主题的选择，并以所确定的主题来统一指导整个地点广告的设计和制作。

3. 突出个性特征

卖点广告的个性特征首先表现在特有的差别性标志，如特定的店标、特有的代表色或特别的建筑设计等。卖点广告的个性特征还产生于独特的创意和构思。

4. 准确充分地利用各种要素

卖点广告系统是由各种要素构成的，如门面装潢中的建筑、招牌，橱窗陈列中的商品、陈列支架和高级模特，商场（超市）布置中的柜台、闭路电视以及先进的声光设备等。在进行卖点广告设计时，要让这些要素能准确、恰如其分地发挥作用。

二、卖场广告制作的要点

1. 掌握卖场广告构思过程

零售企业的任何卖场广告都不是随意推出的，必须经过一个周密的构思策划过程，这样才能达到最佳的广告促销与装饰效果。其过程如下：

（1）了解卖场广告的背景因素，配合新商品上市活动，并以既定的广告策略为导向。

（2）了解消费的需求，引发最有创意的卖场广告，刺激和引导消费。

（3）卖场广告必须集中视觉效果。

（4）卖场广告最好与媒体广告同时进行。

（5）了解零售企业和周边环境的顾客情况，并听取零售企业各种人员的建议或意见，作为卖场广告设计的依据。

（6）考虑好卖场广告的功能、费用预算、持久性、制作品质、运输等问题。

（7）计划好卖场广告的时效性，因为卖场广告是企业整体营销计划的一个组成部分，其时效性必须与营销计划同步。

2. 领会卖场广告的设计原则

零售企业卖场广告设计的最基本要求就是独特。无论是店外摆放，还是店中陈列，都必须新颖独特，能够很快地引起顾客的注意，激起他们"想了解"、"想购买"的欲望。具体来讲，设计卖场广告时，必须遵循以下原则：

（1）造型简练、设计醒目。零售企业卖场广告要想在琳琅满目的商品中引起顾客的注意，必须以简洁的形式、新颖的格调、和谐的色彩突出自己的形象，否则就会被顾客忽视。

（2）重视陈列设计。卖场广告的设计要有利于树立企业形象，要注意商品陈列、悬挂以及货架的结构等，要加强和渲染购物场所的艺术气氛。

（3）强调现场广告效果。零售企业卖场广告是为了促销，因此设计时必须深入实地了解零售企业的内部经营环境，研究经营商品的特色（例如，商品的档次、质量、工艺水平、售后服务状况等）以及顾客的心理特征与购买习惯，以求设计出最能打动顾客的卖场广告。

3. 贯彻卖场广告信息的传播原则

卖场广告作为零售企业重要的促销手段，必须十分重视其信息传达的准确性、逻辑性和艺术性。

（1）准确性原则。广告是围绕着商品促销进行的，这就要求必须十分准确地把握零售企业这种特征：日常性、便利性；准确地把握商品的特征：实用、廉价；准确地把握顾客的消费特征：顾客的类型、收入水平、对商品售价的反映度。

（2）逻辑性原则。卖场广告是以视觉来传达企业的促销意图和信息的，因此要逻辑地建立卖场广告的视觉形象秩序，要杜绝视觉形象的过多和过滥。这就要建立卖场中货架、装饰手段与商品之间的秩序关系，要做到井然有序、装饰与渲染有度。

（3）艺术性原则。卖场广告要达到的效果是促进销售，因此在广告形式和宣传手段上必须"唯实"，而不能"唯美"，即不能不顾广告效果的实际，片面追求广告形式的纯美的艺术性表现。

4. 突出卖场广告功能的传达

卖场广告的功能传达是与顾客的购买过程相联系的，传达过程在顾客购买过程中发挥着重要的作用。

三、卖场广告制作

零售企业卖场广告的设计制作的工具与材料非常广泛，从手绘到电脑，从纸张、木料、液晶到金属、皮革、塑料等。随着科学技术的不断发展，新型材料大量出现，

卖场广告的设计制作材料也向多元化方向发展，这里只介绍广告设计最常用的工具。

1. 各种类型的纸

纸是设计卖场广告最常用的、历史最悠久的材料之一。它的最大优点是成本低廉，质地稳定，便于印刷，同时也是书写的材料。卖场广告设计人员可以在纸上印刷、绘制、书写各种文字、图案，调配各种颜色，以突出广告宣传的视觉效果。季节发生变化时，又可以低廉的成本迅速更换店面广告。纸也有一定的可塑性，我国的叠纸广告以及剪纸广告都非常具有特色。

2. 塑料

与各种卖场广告制作材料相比，塑料是卖场广告材料家族中的"新秀"。塑料是具有防水、耐温、质轻、不易破损等优点。塑料的使用性比较广泛，大多数商品的卖场广告都可以采用塑料为制作材料。特别是各种颜色的吹塑纸运用在各种美术字体的制作，以及供应商用塑料制成的各种卖场广告更是占了相当大的比例。

3. 笔与文具

卖场广告设计制作的文具主要是针对手绘而言的，主要有笔，包括各种毛笔、钢笔、粉彩笔、普通粉笔、彩色铅笔、普通铅笔、排笔、平笔等。各种辅助文具，有切割垫板、直尺、三角尺、双面胶纸、透明胶带、剪刀、削笔刀、胶水、橡皮、平刷、抹布等。各种参考资料含色板书、绘画参考书籍等。

4. 电脑

电脑作为一种卖场广告的设计工具已得到广泛的应用，由于其设计素材广、速度快、易修改而得到设计人员的青睐。关于其使用自是不必多说，但为了更好地完成设计，零售企业应为配备一两台高端的电脑以及高性能的外设，如显示器、扫描仪、数码相机等。至于软件的装配则应以 Photoshop 为主，同时也应装齐 CorelDraw、Freehand、AutoCAD、3DMax 等最新版本的流行图像设计软件。

第五篇
卖场人员管理

卖场是一个人员密集的地方，卖场的规模不同以及顾客流量不同，其组织结构及人员配置也不尽相同。卖场的人员管理是相当复杂的，卖场人员的素质高低关系着卖场效益的好坏，做好卖场人员培训与管理是卖场有效管理的关键。

第一章 | 卖场组织结构与人员配置

零售卖场是零售企业与顾客以货币进行商品交换的场所。不同业态、不同规模、不同组织结构的零售卖场组织结构及人员配置是不相同的。对于那些小型的独立商店来说，零售卖场可能就是业主和一两个营业人员，他们很少有职能分工，但同样必须从事收银、理货、陈列、推销等工作。稍大一点的零售卖场可能会按商品的不同类别来确立其组织结构及人员配置。

大型的零售卖场组织结构及人员配置相当复杂，它们一般设有前台部、食品部、非食品部、收货部以及防损部五大部门。而每个部门又分为若干个小部门，这些小部门负责某一方面的具体业务。

第一节 卖场的组织结构类型

零售卖场的组织结构必须服从于零售企业的组织结构。不同组织结构的零售企业将会有不同的卖场组织结构。零售企业的基本组织结构类型主要有简单式组织结构、职能式组织结构、矩阵式组织结构、事业部式组织结构以及委员会式组织结构等。

一、简单式组织结构

简单式组织结构，就是指低复杂性、低正规化及职权集中在一个人手中的组织结构。它是一种"扁平"组织，通常只有两三个纵向层次，有一个松散的员工队伍，并且决策权集中于某一个人。

小型独立零售企业通常采用简单式组织结构，因为它们只有两三个人事层次（业主与雇员），而且业主亲自管理业务，监督员工。它们的员工很少，很少划分部门（专业化），而且也没有分支机构。然而，这并不意味着减少了它们所必须从事的活动。

小型独立零售企业很少进行职能分工，因为相对于员工数量，要做的工作太多了。因此，每名员工必须把他的时间分配给多项任务。

图5-1为某家具店的组织结构，它是以产品导向为基础组织起来的，人员按每类商品分工并负责特定的活动。

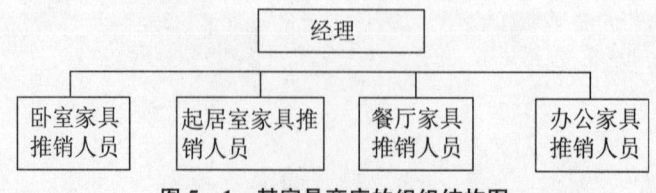

图5-1 某家具商店的组织结构图

图5-2为某家男装零售店的组织图。所有者拥有并管理着这家零售店。尽管雇佣了5个全时营业员、一个收款员和一些周末和节假日的临时工，但经理主持一切。

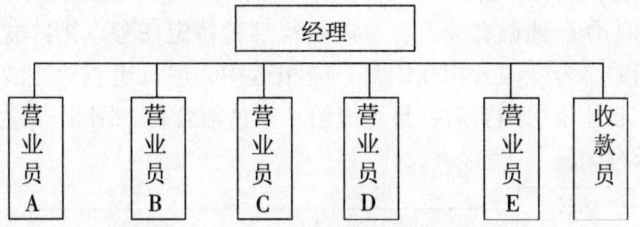

图5-2　一家男装商店的组织结构图

简单式组织结构的优点是显而易见的。它反应快速、灵活、运营成本低。一个主要的缺陷是，它只对小型零售企业适用。当零售企业成长以后，它就变得不合适了，因为这种低正规化和高集权度的结构会导致高层信息超载。随着规模的增大，决策变得缓慢。而如果单个经营者仍试图继续由自己作出所有的决策，那么企业只会停滞不前。

二、职能式组织结构

职能式组织结构就是按职能类别来组织零售企业，图5-3是某个零售企业职能式组织结构图，它把整个零售企业的运作分为促销、商品管理、人事管理、商店运营与财务控制，并配备相应的经理和总会计师来行使其职权。

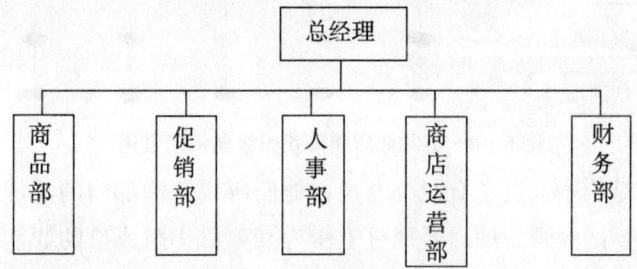

图5-3　职能式组织结构图

职能式组织结构的优点在于它从专业化中取得的优越性。将同类专家归在一起可以产生规模效益，减少人员和设备的重复配备，以及通过给员工们提供与同行们"说同一种语言"的机会而使他们感到舒适和满足。

职能式组织结构的明显缺点是零售企业中常常会因为追求职能目标而看不到全局的最佳利益。没有一项职能对最终结果负全部责任，每一职能领域的成员们相互隔离，很少了解其他职能的人干些什么。因为只有高层管理者能看到全局，所以它得担当起协调的角色。不同职能间利益和视野的不同会导致职能间不断地发生冲突，各自极力强调自己的重要性。职能式组织结构的另一个缺点是，它不能对未来的高层经理提供训练的机会。职能经理们看到的只是零售企业的一个狭窄局部，而对其他职能的接触非常有限。因此，这种结构并不能给管理者带来关于整个零售企业活动的广阔视野。

三、矩阵式组织结构

矩阵式组织结构是由职能式组织与项目小组混合而成的组织。在矩阵式组织下，为了完成特定的工作，抽调有关人员，以执行某种特定任务。矩阵式组织为职能式组织与项目组织的结合，两者相互依存，交相运用。项目组织的主要目标在于完成它的项目计划，职能组织则要对项目组织给予支持与合作。图5-4为某零售店的矩阵式组织结构示意图。

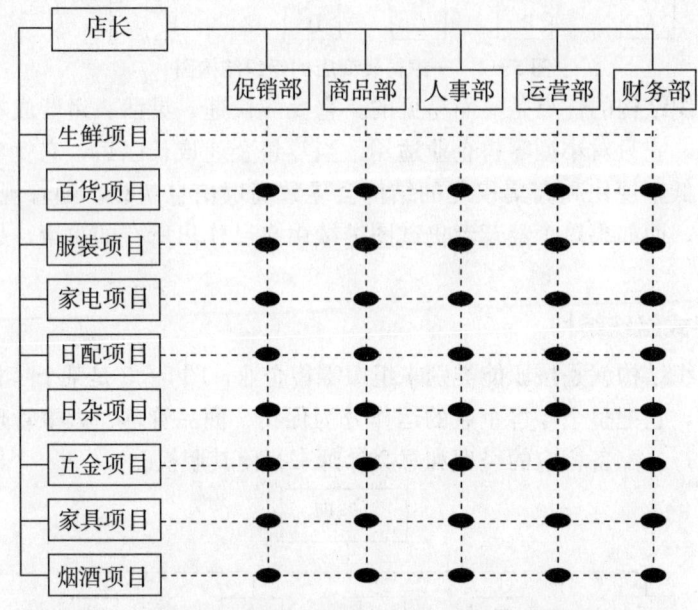

图5-4　某零售店矩阵式组织结构示意图

矩阵式组织结构中的员工有两个上司：他们所属职能部门的经理和他们所工作的产品或项目小组的经理。项目经理对于作为其项目小组成员的职能人员也拥有职权。例如，负责生鲜项目促销活动的促销人员，他同时要对促销部门经理和生鲜项目经理汇报工作。两位经理共同享有职权。一般来说，是给项目经理分配对项目小组成员行使有关项目目标达成的权力，而将晋升、工薪建议和年度评价等决策的职权留给职能经理。为使矩阵式组织结构有效地运作，项目经理和职能经理必须经常保持沟通，并协调他们对所属共同员工提出的要求。

由这种矩阵关系形成的组织结构，可以吸收职能部门化组织和项目组织的优点，而避免它们各自的缺点。职能式组织结构的优点在于，它将职能专家组合在一起，可以减少所需的人员，并促进专门化资源在各产品或项目间的共享共用；其主要缺点是，它难于协调各职能专家的活动，以便按时、按预算地完成任务。而项目组织结构恰好具有与职能式组织结构相反的优缺点。也就是说，它可促进职能专家间的协调，以便按时地、按照预算目标达成任务，而且，它还明确了各职能活动对特定产品或项目有关的责任；但是，并没有人对专家技能的长远开发负责，并导致重复配置的高成本。

矩阵式组织结构的优点是能促进一系列复杂而独立的项目取得协调，同时又保留将职能专家组合在一起所具有的经济性。

矩阵式组织结构的主要缺点在于，它造成了混乱，并隐藏着权力斗争的倾向。当放弃了统一指挥原则，也就在相当程度上增加了模糊性。混乱存在于谁向谁汇报工作方面。

四、事业部式组织结构

事业部式组织结构是零售企业设计建立自我管理的单位，每个单位或事业部一般都是自治的，由事业部经理对全面绩效负责，同时拥有充分的战略和运营决策权力。零售企业总部一般对各事业部提供支援服务，通常包括财务和法律方面的服务，同时总部也是作为一个外部监管者，协调和控制各事业部的活动。在既定范围内，各事业部是相对独立的。只要在总部设定的总体指导方针下，事业部经理常常可以按照他们觉得合适的方式自由地指导所属事业部的活动。图5-5为某零售企业事业部式组织结构的示意图。

事业部式组织结构的内部包含着职能式组织结构，图5-5中的超市事业部中包含一个职能式组织结构。事业部式组织结构创造了一系列自治的"小公司"。这些"小公司"内部存在另一种组织形式，而它几乎是职能式组织结构的变种。

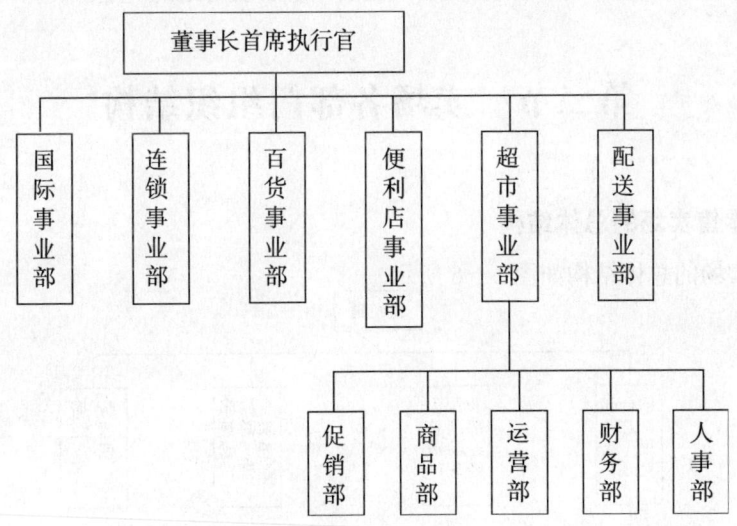

图5-5 某零售企业事业部式组织结构图

事业部式组织结构的优点是强调结果。事业部经理对一种产品或服务负完全的责任。事业部式组织结构也使总部人员摆脱了关注日常运营具体事务的负担，使他们能专心致志于长远的战略规划。

与职能式组织结构不同，事业部式组织结构是培养高级经理人员的有力手段。各事业部经理们在运营其自治单位的过程中也就获得了范围广泛的经验。而个人责任感和独立性给他们提供了品尝经营一个完整企业的酸甜苦辣的充分机会。

事业部式组织结构的主要缺陷是，活动和资源出现重复配置。例如，每一个事

业部都可能有一个市场营销部门。而在采用职能式组织结构的场合，企业的所有市场营销活动都集中地进行，其成本远比事业部化以后的总花费低得多。因此，事业部式组织结构的职能重复配置就导致了企业总成本的上升和效率的下降。

五、委员会式组织结构

对于许多大型的零售企业，特别是那些发行股票并上市的企业，越来越多的采用委员会式组织结构。委员会式组织结构就是将许多个人的经验和背景结合起来，跨越职能界限地处理一些问题。

从实质上说，委员会可以是临时性的，也可以是永久的。临时性委员会通常等同于任务小组。永久性委员会与任务小组一样，都可以促进各种投入的统一，但前者更具稳定性和一致性，在这一点上又与矩阵式组织结构相似。然而，委员会只是一种附加的设计。委员会的成员长久地隶属于某一职能部门，他们定期或不定期地聚在一起分析问题，提出建议或作出最终决策，协调有关的活动，或者监控项目的进行。因此，委员会是将各职能部门的投入聚合在一起的一种手段。例如，许多零售企业设立薪酬委员会来评审经理人员工资奖金方案，设立审计委员会以客观地评估企业的活动。有一些零售企业甚至使用委员会作为其组织的中央协调机构。公司的主要经营单位也可以设立永久性的委员会。临时性委员会则主要用于解决特定的问题。

第二节　卖场各部门组织结构

一、零售卖场的总体结构

零售卖场的总体结构如图5—6所示。

```
                          总经理
        ┌───────────┬──────────────┬──────────────┬────────┐
      前台部         非食品         食品部          损
      副总经         部副总         副总经          防
      理（或         经理(或        理（或          部
      经理）         经理）         经理)           经
                                                    理
  ┌───┬───┬───┐  ┌───┬───┬───┐ ┌───┬───┬───┬───┐ ┌───┬───┐
  市  收  会     电  办  五  夜  干  生  果  夜    便  制
  场  银  计     器  公  金  班  货  鲜  蔬  班    衣  服
  部  部  服     部  日  厨  部  部  部  冷  部    部  部
  经  经  务     经  化  房  经  经  经  藏  经    主  主
  理  理  部     理  部  部  理  理  理  部  理    管  管
  (或 (或 经     (或 经  经  (或 (或 (或 经  (或
  副  副  理     副  理  理  副  副  副  理  副
  经  经  (或    经  (或 (或 经  经  经  (或 经
  理) 理) 副     理) 副  副  理) 理) 理) 副  理)
         经         经  经              经
         理)        理) 理)             理)
```

图5—6　卖场总体结构图

二、前台部组织结构

前台部是卖场的前区部分，故称作前台，也可称作楼面作业部。前台部下设市场部、收银部、会员服务部，管理模式是：副总经理（或经理）—经理（副经理）—主管。其结构如图5-7所示。

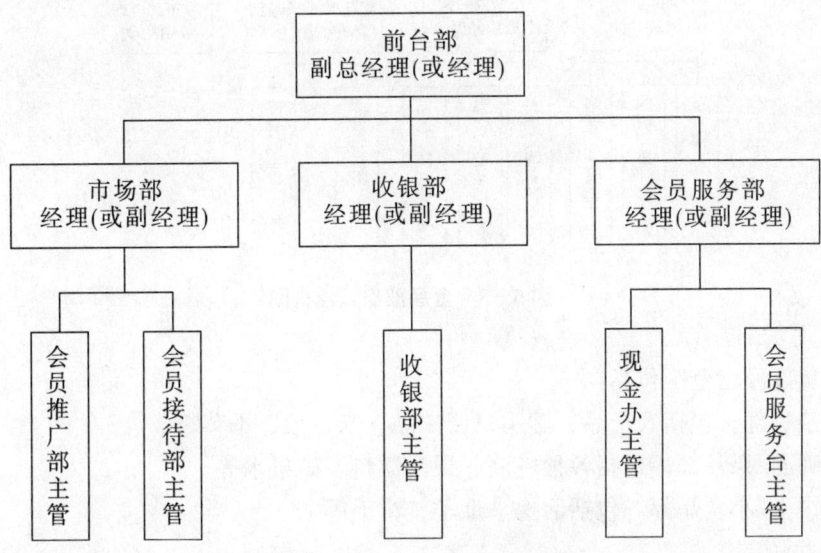

图5-7 前台部组织结构图

1. 市场部

市场部设会员推广部和会员接待部。市场部的工作职能是：推广和发展会员，为会员制售会员卡，并且为会员提供必需的信息，除此之外，市场营销的策划也是其工作内容之一。

2. 收银部

收银部是卖场最大的一个部门。由于卖场必须为会员提供方便、快捷的服务和通道，因此卖场的POS（销售终端）收银机的设置，多达几十台，相应的收银员也是少则几十人，多则上百人，其主管的岗位也达到10人左右。除此之外，还包括推车员、迎宾员等岗位。

3. 会员服务部

会员服务部下设现金办、会员服务台、存包处等岗位。会员服务台与存包处是直接为会员服务的，如存包处是为会员存放物品的，会员服务台是为会员开具发票，咨询，处理会员投诉，退换货等服务；现金办对内是主要为收银部的收银员和会员服务台提供备用金支持和收取现金服务，对外则是与有业务关系的银行处理现金往来账目业务。

三、食品部组织结构

食品经营是卖场经营中必不可少的热点，特别是鲜、活食品。

食品部下设四个部门，即干货部、生鲜部、果蔬/冷藏部、夜班部。管理模式

是：副总经理（或经理）—经理（或副经理）—主管。其组织结构如图5—8所示。

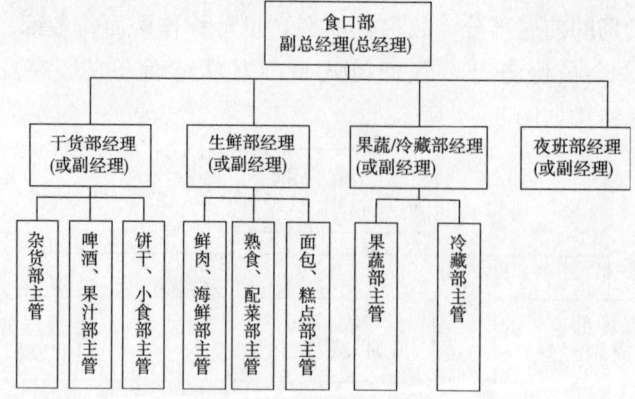

图5—8 食品部组织结构图

1. 干货部

干货部经营范围包括：

①杂货部。包括农产品、罐头、调味品、米、油、干菜等。

②啤酒/果汁部。包括各种啤酒、果汁饮料、矿泉水等。

③饼干/小食品部。包括话梅、瓜子、饼干等。

2. 生鲜部

生鲜部经营范围主要包括两部分，即鲜活品和熟食：

①鲜肉、海鲜。包括猪肉、牛肉、羊肉、狗肉、鸡肉，各种海鲜、水产品、蛋类等。

②熟食、配菜。包括烘烤、凉菜、快餐、乳味品等，以及配制、包装好的各种生菜等。

③面包、糕点。自制加工的各种新鲜面包及其他品牌的新鲜面包，订做生日蛋糕等。

3. 果蔬/冷藏部

果蔬部经营范围包括：

①新鲜蔬菜、水果。须经过初加工后方能出售。

②冷藏、速冻食品。

4. 夜班部

主要是负责夜间食品部的理货工作。

四、非食品部组织结构

非食品部包括：家电部、办公/日化部、五金/厨具部（含休闲服柜）、夜班部等部门。管理模式是：副总经理（或经理）—经理（或副经理）—主管。其组织结构如图5—9所示。

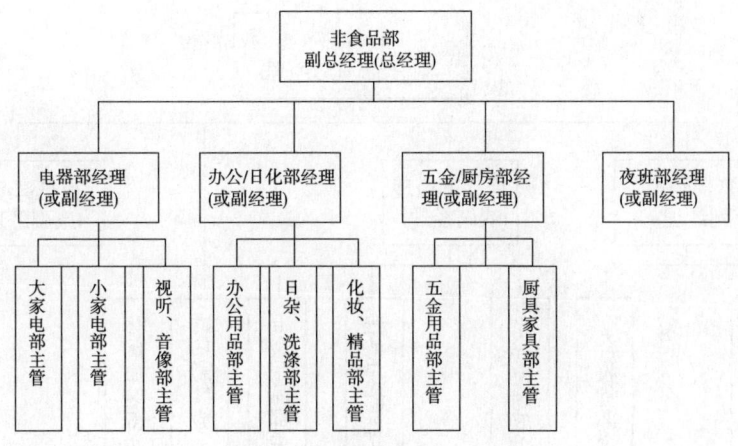

图5-9 非食品部组织结构图

1. 电器部

电器部经营范围包括：

①大家电区。主要包括电视机、电冰箱、空调机、洗衣机等。

②小家电区。主要包括微波炉、电饭煲等。

③视听、音像产品。包括影碟、书籍、录音带、摄像机、照相机等。

2. 办公/日化部

办公/日化部经营范围包括：

①办公文具、办公设备等。

②日杂品、洗涤品。

③化妆品、礼品等（专柜产品）。

3. 五金/厨具部

五金/厨具部经营范围包括：

①五金产品。

②厨房用品、家具产品。

4. 夜班部

其职责与食品部的同一岗位类似。

五、收货部组织结构

收货部是卖场对总部或供应商送来的商品，进行收货、录入电脑并分配到卖场的营运管理部门，下设有收货部、库存部、夜班部。管理模式是：副总经理（或经理）—经理（或副经理）—主管。其组织结构如图5-10所示。

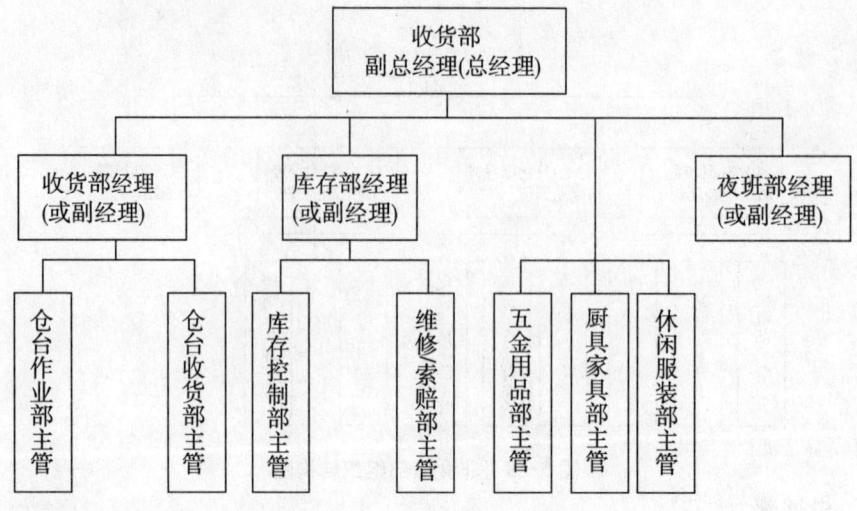

图5—10　收货部组织结构图

1. 收货部

收货部包括：

①仓台作业部。负责外面送来的商品装卸作业管理，应保证装卸货物不受到损坏。

②仓台收货部。仓台收货部是与作业部的工作同步进行的清点货物、核对清单等的验收工作。

2. 库存部

库存部包括：

①库存控制部。负责库存商品发往卖场的管理和控制。

②维修/索赔部。负责收货部机械的维修、处理顾客退换回来的商品与供应商的索赔，及传真、配送等工作。

3. 夜班部

夜班部负责夜班的收货、库存管理工作。

第三节　卖场人员的权责划分

一、管理人员权责划分

1. 店长/经理的工作职责

店长的权责是依照零售企业总部制订的店长手册来完成对商店的管理。其工作职责及作业流程如下：

①负责商场经营管理。

②对总部下达的各项经营指标的完成情况负责。

③监督商场的商品进货验收、仓库管理、商品陈列、商品质量管理等有关作业。

④执行总部下达的商品价格变动。

⑤执行部门下达的供销计划与促销活动。

⑥掌握商品销售动态，及时向总部提供建议。

⑦监督与改善商场各部门个别商品损耗管理。

⑧监督和审核商场的会计、收银等作业。

⑨维护商场的清洁卫生与安全。

⑩商场员工考勤、仪容、仪表和服务规范执行情况的监督与管理。

⑪员工人事考核、提升、降级和调动的建议。

⑫顾客抱怨与意见处理。

店长（经理）的作业流程是指店长的在作业时间的工作。卖场的营业时间一般为早上8点至晚上10点，因此规定店长的作业时间为早晚出勤，即上班时间为早上8点至下午6点半，作业时间的安排供店长掌握中午及下午两个营业高峰，有利于店长掌握每月的营业状况；二是规定店长在每日的工作时间中每个时段上的工作内容。表5－1是某家零售企业对店长/经理作业流程的时段控制和工作内容的确定。

表5－1 店长/经理的作业流程

时间	作业项目	作业重点
8：00—9：00	晨会	布置主要事项
	员工出勤状况确认	出勤，休假，病事假，人员分班，仪容，仪表及工作挂牌检查
	卖场、商场状况确认	商品陈列、补货、促销及清洁状况检查；商场仓库检查（包括送货验收等）收银员、找零金、备品及收银台和服务台的检查
	昨日营业状况确认	营业额、来客数、每客购物平均额、每客购物平均品种数、售出品种的商品平均单价、未完成销售预算的商品部门
9：00—10：00	开门营业状况检查	各部门人员、商品、促销等就绪 店门开启、地面清洁、灯光照明、购物车（篮）等就绪
	各部门作业计划定点确认	促销计划、商品计划、出勤计划及其他

时间	作业项目	作业重点
10：00—11：00	营业问题追踪	营业额未达到销售预算的原因分析与改善 电脑报表时段商品销售状况分析，并指示有关商品部门限期改善
	卖场商品态势追踪	缺品、产品确认追踪； 完善商品、季节商品、商品展示与陈列确认；时段营业确认
11：00—12：30	商场库存状况确认	仓库、冷库、库存品种、数量及管理状况了解及指示
	营业高峰状况掌握	各部商品表现及促销活动效果； 商场人员调度支援收银； 服务台加强促销活动广播
12：30—13：30	午餐	交代指定人员代为负责卖场管理工作
13：30—15：30	竞争店调查	同地段竞争对手与其店营业状况比较（来客数、收银台开机数、促销状况、重点商品等）
	部门会议	各部门协调事项； 为何达到今日之营业目标
	教育训练	新进人员在职训练； 定期在职训练； 配合节庆之训练（如礼品包装等）
	文书作业及各种计划报告撰写与准备	人员变化、请假、训练、顾客意见等； 月、周计划，营业会议，竞争对策等
15：30—16：30	时段别、部门别营业额确认	各部门人员、商品、促销等情况
	商品态势巡视、检核与指标	卖场、商品清洁卫生等环境准备及改善指示
16：30—18：30	营业问题追踪	后勤人员调度，支援卖场收银或促销活动； 收银台开台数，找零金确保正常； 商品齐全及量化； 服务台配合促销广播； 人员交接班迅速且不影响对顾客的服务
18：30—20：00	指示代理负责人接班注意事项	交代晚间营业注意事项及有关事宜

2. 副店长/经理助理的工作职责

副店长，即为协助店长（经理）做好整个商店的全面管理工作。其主要职责是协助店长（经理）实现对本部门人员（营业员、收银员、理货员、保安员、清洁员）团体激励、例会、设备（货架清洁）与商品的管理，同时，在现场维护本部门的正常运作，满足顾客需求以及协助店长（经理）与供货厂商议价。

副店长/经理助理的工作权责及工作流程如下：

（1）开店前。

①检查员工是否缺勤。

②当有营业员休假时安排营业员的接替工作。

③更换好新的促销台。

④随时检查员工的工作。

⑤检查员工着装是否干净，工卡是否佩挂。

⑥对于杂货处、生鲜及冷冻食品需检查新鲜度、品质及保质期等。

（2）开店前十分钟。

①检查走道是否通畅清洁。

②检查商品是否满货架（货架及促销台）。

③检查是否缺货并告知理货员订货或催货。

④检查条码及价钱是否正确，是否遗漏价格牌或是否有未贴条码的商品。

⑤依清洁计划表检查员工是否完成清洁工作。

（3）上午上班。

①集合员工清点人员并安排上午的重点工作。

②帮助理货员安排整理仓库。

③帮助理货员确认、检查库存数量。

④帮助及训练理货员订货。

⑤检查订单是否已传真给供应商。

⑥中午前检查收货区是否有任何商品。

（4）下午上班。

①集合员工清点人员并安排下午的重点工作。

②检查店内商品是否满货架。

③帮助训练员工。

④掌握退货程序。

⑤确定顾客验收单已核对无误。

（5）营业员离店前。

①检查仓库的清洁整齐情况。

②与营业员计划明天的工作。

③与营业员检查晚班人员的工作。

④安排晚班兼职人员的工作。

（6）值班。

①按照店长的指示，做好晚间营业作业的各注意事项及关店事宜。

②必须进行全卖场巡视检查。

③负起全店的管理职责。

④正确处理顾客突发事件。

⑤不可在办公室工作。

（7）每周工作。

①检查订货量与销货量、进价与售价、与营业员一起做市场调查报告。

②将市场调查后的建议与决定告知店长（经理）并将市场调查结果立即向供应商反映。

③列出下次市场调查的单品项目。

④训练员工补货、整理仓库、检核库存。

⑤与店长（经理）计划下周工作。

⑥协助店长（经理）与供货厂商谈判议价。

（8）每月工作。

①检查库存数量与实际是否有差异，并正确地修正库存数量。

②与店长（经理）一起商讨单品的删除。

③与店长（经理）一起分析绩效表后作下一步的行动计划。

④与店长（经理）完成自身的培训进度计划。

⑤依据季节变化等情况，与店长（经理）计划下月的重点促销活动。

（9）周期性工作。

①协助店长（经理）准备海报及商品促销。

②订货后检查目标营业额可否达到预估数额。

③规划检查营业员的工作。

④检查自己的工作职责，有何需要与店长（经理）讨论的问题。

⑤准备盘点的工作。

⑥参与店内促销海报的策划等工作。

⑦整理购物车、购物篮，使之归还摆放位置。

3. 财务主管的工作职责

财务主管的工作职责如下：

①负责会计基础核算及财务管理工作；

②制订财务工作计划，检查、督促、指导财务部人员的日常工作，保证财务工作正常运转，及时汇报工作进度，反映日常工作中存在的问题并提出合理化建议；

③明确各小组人员岗位职责、工作权限、工作标准和考核办法以及内部牵制制度和稽查制度，保证财务工作秩序化、规范化；

④负责对卖场有关人员进行财务知识的培训；

⑤参与商品调价、报损、商品盘点等工作；

⑥负责员工费用报销的审核工作；

⑦负责卖场出纳备用金、收银备用金、服务台定额储值卡和电话卡使用的监督和管理，不定期进行抽查；

⑧监督电脑三级账的有效运行，加强沟通，协助解决营业中出现的有关财务问题。

4. 收银主管的工作职责

收银主管的工作职责如下：

①对经理负责，在其指导下全面开展收银工作；

②切实保证卖场的各项规章制度在收银区域内得到贯彻落实；

③主持收银区域例会、班长例会；

④审阅收银区域各种报表、单据、文稿；

⑤负责对收银员进行管理和培训。

5. 理货区主管的工作职责

理货区主管的工作职责如下：

①对经理负责，在其指导下全面实施理货区管理工作；

②切实保证卖场各项规章制度在理货区得到贯彻落实；

③对理货员验收的商品进行抽检，确保进场商品及理货区库存商品质量完好、数量准确；

④确保理货区商品按类合理摆放，周转畅通，保障商品安全；

⑤参加卖场例会并主持理货区例会；

⑥负责对理货员进行管理和培训；

⑦按卖场商品流转程序要求审核各类单据，审阅本区域各类报表、文稿。

6. 采购主管工作职责

采购主管的工作职责如下：

①参与企业指派商品的企划及业务的拓展工作；

②筛选供应商，并负责协商最佳的采购交易条件；

③执行最有效的价格策略及参与规划各种促销活动；

④与卖场人员合作，扩展业绩并达到毛利的目标；

⑤参加卖场例会并主持理货区例会；

⑥负责对理货员进行管理和培训；

⑦按卖场商品流转程序要求审核各类单据，审阅本区域各类报表、文稿。

7. 生鲜食品主管的工作职责

生鲜食品主管的工作职责如下：

①对经理负责，对本部门商品价格、质量和保质期进行监督、检查；

②检查本部门商品的进货及陈列，要求商品新鲜、品种齐全、质量可靠、价格合理；

③检查本部门员工到岗情况、仪容仪表、环境卫生等；

④负责制订进货计划及与供货商联系；

⑤负责销售信息的收集和反馈；

⑥负责商品退货、报损的检查和内部调拨、账务的校对等；

⑦及时处理本部门发生的问题并向经理反馈；

⑧负责组织本部门的劳动服务竞赛，每月进行一次卫生大检查；

⑨收集本部门商品的市场信息，分析经营情况，及时向经理汇报工作。

8. 防损主管的工作职责

防损主管的工作职责如下：

①对经理负责，认真完成经理交给的各项工作任务；

②制订日常工作计划，指导、督促主管助理和班长的工作，使其提高工作能力；

③负责卖场的安全保卫，开展"五防"工作，发现问题及时处理并上报；

④分析商品流失情况，制订、实施防范措施，打击盗窃行为，对盗窃事件进行处理；

⑤组织开展防火演习和紧急事件的应急措施；

⑥组织防损员参与紧急事件的应急处理；

⑦协助行政部对防损人员进行法律知识、消防知识、防盗技能、商场相关规定、相关商品业务流程等的培训、考核；

⑧受理防损员的投诉，及时处理，并向经理汇报；

⑨对员工进行安全、消防知识培训及防盗技能的指导；

⑩加强与其他职能部室人员的沟通，使防损工作正常进行。

9. 客服主管的工作职责

客服主管的工作职责如下：

①编制客服工作目标及计划，并分解落实；

②负责客服工作各项管理职能实施的监督检查；

③负责培训客服员工，提高业务素质及服务水准；

④负责安排客服员工工作班次、考勤和业绩考核等工作；

⑤负责客服工作与其他部门的工作衔接和配合；

⑥负责收集售后服务方面的法律法规及相关政策；

⑦负责根据相关法规、行规制订卖场各大类商品的售后服务（退、调货）标准并负责标准的监督与实施；

⑧负责协调解决由工商、消协等部门转达的顾客投诉；

⑨负责协调接待并妥善解决顾客以各类方式（来访、致电和致函等）对本卖场商品、服务等各方面的投诉；

⑩负责制订卖场《顾客投诉受理规定》并负责其监督与实施;

⑪负责定期对本卖场的顾客投诉受理情况进行分析总结,并反馈至上级领导及各部门领导,以便发现问题并予以解决。

二、作业人员权责划分

1. 营业员工的工作职责

(1) 开店前。

①准时上班到岗。

②检查卖场货架及促销台的商品是否满货架。

③检查货量不足的商品,准备订货或催货。

④拉排面(当商品缺货时,不得以其他商品扩充排面)。

⑤对于生鲜、冷冻食品及杂货等,需检查其新鲜度、品质及保质期,依据清洁计划表落实执行清洁工作。

(2) 开店前15分钟。

①确保清空走道,并保持通畅清洁。

②确认货品已满货架及促销台。

③检查是否有遗漏价格牌或是否有未贴条码的商品。

④检查条码及价格是否正确(含促销台上的海报)。

(3) 上午上班。

①带领理货员整理仓库。

②确认检查库存数量(计算机查询)。

③确认订单已传真给供应厂商(厂商订货计划表)。

④协助理货员处理当日的到货。

⑤在卖场工作的应随时帮助顾客解决问题。

⑥中午前确认收货区没有任何商品。

⑦中午前确认所有促销台及货物商品是否满陈列。

(4) 下午上班。

①巡视货架及促销台是否满陈列。

②执行退货。

③在卖场工作应及时处理当日的到货。

④随时协助顾客解决问题。

⑤应到而未到的商品再次向供应厂商催促。

⑥确定所有验收单已核对无误。

(5) 离开商场前。

①确认货架及促销台满陈列。

②确定收货区无任何商品。

③确定仓库清洁整齐。

④向店长（经理）助理汇报当天重要事件。

⑤与晚班工作人员进行交接。

（6）每周工作。

①对竞争者做市场调查，并将市场调查结果填于商品调查报告上。

②依据促销计划表下订单给供应厂商并安排交换促销台。

③清除退货商品。

（7）每月工作。

①检查计算机上库存数量与实际库存是否有差异，并将结果告诉主管。

②清理仓库及货架里外。

③仓库的库存必须准确堆放（一种商品一个位置）。

④做好盘点前的准备工作。

2. 收银员工的工作职责

卖场一般采用顾客自我服务及钱款一次性在收银台结清的方式。在零售卖场中，一般都把收银台设计在进出口处，而和顾客打交道的主要就是收银员，收银员服务质量的优劣将直接关系到卖场服务的整体水平。

收银员的权责是做好营业前的整理，收银机的设置管理，核实商品的价格以及结算和整理等。

（1）营业前整理。营业前整理包括清扫收银台作业区和整理补充收银台常用物品。清扫收银台附近区域的地面、垃圾箱。整理与补充收银台使用物品。

（2）收银机的设置与管理。

①开启收银机，检查机器运作是否正常。

②检查机内程序设定和各项统计数值是否正常。

③检查日期是否正常。

④检查各项数字是否归零。

⑤检查发票存根联和收银联的号码是否相同。

⑥检查收银处应备有的定额零钱是否足额，包括各种币值的纸币、硬币是否种类齐全。

⑦检查验钞机工作是否正常。

（3）核实商品的销售价。收银员必须全面掌握店内商品的价格，特别要了解商品变价原因以及变价商品陈列的具体位置。在平时要对本店的主要商品的摆放位置基本清楚。

（4）结算和整理。

①清点现金，结算营业金额。将现金、购物券、单据收入指定保险箱内。

②关闭收银机电源。

③打开放现金和票据的抽屉，检查是否有所遗漏。

④整理收银台周围的环境。

3. 理货员的工作职责

在卖场营业中，陈列货架上的商品在不断减少，理货员的主要职责就是去仓库领货以补充货架。理货员是在卖场中间接为顾客服务的销售人员，其工作质量的好坏也直接影响到销售额和商场的形象。

理货员的权责及作业流程如下：

①熟悉所在商品部门的商品名称、产地、厂家、规格、用途、性能、保质期限。

②遵守零售企业仓库管理和商品发货的有关规定，按作业流程进行该项工作。

③掌握商品标价的知识，正确标好价格。

④熟练掌握商品陈列的有关专业知识，并把它运用到实际工作中。

⑤搞好货架与责任区的卫生，保证清洁。

⑥随时对顾客挑选后、货架剩余商品进行清理并做好商品的补充工作。

⑦保证商品安全。

4. 生鲜食品员工的职责

生鲜食品员工的工作职责如下：

①保证补货及时、排面美观丰满；

②保证品质优良、包装良好，并合理地使用耗材；

③保证操作间、售卖区、冷库、冷柜等地方的清洁卫生；

④保证零星商品的及时回收和破包装的修复；

⑤个人卫生要求达标；

⑥安全使用电源、水源、煤气源等。

5. 促销人员的工作职责

促销人员的工作职责如下：

①利用自己的促销技巧全力推销商品，做好销售工作；

②负责专柜商品的陈列和展示，但不得自行调整商品的存货与陈列位；

③将到货商品上柜，按商品陈列要求整理柜台商品；

④及时向柜组长反馈促销商品的销售情况，不得出现促销商品或赠品断货现象；

⑤服从区域、专柜的统一调配和管理；

⑥条件具备时，可以提供现场演示（如试吃、试饮、试用等）。

6. 防损员工的工作职责

防损员工作职责如下：

①绝对服从上司下达的命令；

②按照部门工作要求及各岗位要求开展工作；

③参加卖场内部各类防损培训、考核；

④遇有火警等紧急事件应立即采取有效措施，并及时上报；

⑤熟练掌握商场安全防盗及消防系统设施的使用方法；

⑥果断处理商场发生的问题，发现可疑人员要有礼貌地进行盘查或监控；

⑦遇有突发事件，要立即处理，关键时刻挺身而出，临危不惧。

7. 客服人员的工作职责

客服人员工作职责如下：

①提供商场内的咨询服务；

②解答客户的提问及投诉；

③发放商场及品牌宣传品；

④提供热线服务；

⑤负责日常商场形象的监督；

⑥对柜组长负责，服从服务台值班员的调配；

⑦负责把顾客购买的大件商品安全、完好、准时地送至顾客指定地点；

⑧对商品运送过程中的安全负责；

⑨受理需退换或维修的大件商品。

8. 采购员的工作职责

采购员工作职责如下：

①尽最大可能选择和保持丰富的商品，为顾客提供商品的最大价值和最好的服务；

②培训供应商按照卖场的程序来办事；

③参加各类商品展示会，了解新商品的动态；

④了解零售业走势，清除滞销商品，寻找适合卖场的商品；

⑤了解商品的销售走势，消除滞销商品，为新商品让出空间；

⑥制订季节性的商品销售计划，提供行业商品种类报告。

9. 出口处保安员的工作职责

出口处保安员工作职责如下：

①保障顾客安全，顺利地离开卖场，出卖场时要求购物顾客主动出示购物小票，由客服验章人员核对盖章后，交顾客连同商品一同带出卖场，如有漏扫，应及时配合收银员进行补扫核算，加盖验章后，准许顾客携带所购商品离开卖场；

②凡遇大件商品或大宗配送都应一一核对清楚；

③若遇防盗系统报警，应礼貌地向顾客询问是否有商品未消磁，待查明原因后，若属已付款商品没有消磁情况，应立即帮助顾客将商品消磁，若非上述情况，应有礼貌、有技巧地请顾客到防损办公室作进一步调查处理；

④督促保洁员将带出的垃圾运至指定地点，并进行检查；

⑤对外借、内转发商品要有营业和申请部门主管签字认可，并认真核对无误后方可出卖场；

⑥商品出卖场的凭证要及时回收，并交当班组长核对后次日交经理室。

第四节　卖场作业人员的配置

零售卖场作业人员的配置，取决于顾客流量以及零售卖场打算为顾客提供的服务水平。卖场的规模越大，每天、每周和不同季节的买卖起伏越大，那么，需要配备的作业人员也越多。与此同时，越是要减少顾客等候购买的时间，需要配备的作业人员也越多。

一、卖场作业人员数的确定

卖场作业人员数的计算可以根据卖场劳动量或销售量情况来确定。例如，销售标准定为人均每月完成 4 万元销售额。另外也可按卖场面积确定员工，如 120～400 平方米的小型卖场，每 100 平方米配备一个店员；400～2500 平方米的中型卖场，每 36 平方米配备一个店员；2500 平方米以上的大型卖场，每 28 平方米配备一个店员。

也可根据零售卖场作业人员生产性指标来计算所需人数。其方法主要有两种：

作业人员总数＝总目标销售额÷每人销售额（1＋工资增长率）；

作业人员总数＝总目标销售额÷每人目标销售总利润。

此外，也可从各部门各职务分析工作量来推算，具体步骤如下：

①确定各业务部门内必要的工作；

②将这些工作分配给业务部门内部的各职员；

③根据分工结果来设定职务，并明确各职务的工作内容；

④通过工作量的测定、宽裕时间的推算来设定职员的数量定额。

二、卖场作业人员的选择

确定了卖场作业人员的数量后，就必须恰当地选择作业人员。零售企业必须确定选择标准：对作业人员所期望的是什么？零售企业寻求的是流动性不大、缺勤少、业务能力强的劳动力吗？

一旦确定了选择标准，就可以鉴别应聘人员的素质。在选择零售企业的作业人员中，最流行的鉴别方法是考虑应聘人员的性别、年龄、个性、知识、智力、文化程度和经历，从中挑选适合的人员。

1. 性别、年龄标准

在鉴别、挑选作业人员的工作中，对申请人的性别、年龄的考虑是相当重要的。不同的作业，对作业人员的性别、年龄的要求是不相同的。例如，音像商店的主要供应对象为一二十岁的青少年，因此，选用 30 岁以下的业务人员多半是有好处的。摩托车商店多半是不能要 60 岁以上妇女来销售的。对上述这些要求，所有零售店都是无例外的，零售企业可以根据本身的业务经营需要，从谋求业务人员职位的申请

人中予以筛选。

2. 个性标准

一个人的个性也在一定程度上反映了他的潜在的能力。零售企业多半愿意它的作业人员待人友好、自信、稳健和富有神采。这些个人的品质，可以通过零售企业经营者与申请人的个别交谈，或有关个人的个性记载材料来了解。

3. 知识、才智与文化程度标准

随着零售企业经营非食品类商品种类的增加，销售的许多产品在技术上是比较复杂的，例如微型计算机、电视机、微波烘箱等。懂得这些商品知识的作业人员，对这些商品的销售是很有帮助的。同样，零售企业的作业人员要对顾客的有关询问做出满意的解答，这也需要具有一定的文化知识和才智。

4. 经历标准

考察作业人员的业务能力的最可靠的依据之一，是他以前的工作经历，特别是从事销售工作的经历。如果申请人在以前的工作中干得比较好，那么，今后一般也能干好。当然，这不是绝对的。还有，许多谋求业务人员工作的申请人为年轻人，他们在此之前是没有从业经历的。对这些申请人，可以根据他们个人的特点以及表现出来的雄心、干劲和职业道德，来作出估价。

三、卖场人员的配置方法

卖场员工的配置可以是以下两方面入手：

1. 从员工生产性指标来估算

从卖场员工生产性指标来估算总人数的主要方法有两种：

总员工数＝总目标销售额÷每人销售额（1＋工资提升率）；

总员工数＝目标销售总利益额÷每人目标销售总利益。

2. 从各部门各职务分析工作量来推算

（1）确立各部门内必要的工作。

（2）将这些必要的工作分配到组织内的成员。

（3）根据分工结果设定职务，并明确职务内容。

（4）通过工作量的测定，宽裕时间的算定来设定各职务员工定额，具体方法有：

①定额计算法。根据业务分析的定额计算法，将各部门的所有业务依流程图按各个业务执行阶段记录担任者一个月的总时间，从而计算出此业务需要多少人。

②比较法。与同业比较的方法，可以与本卖场相同规模的同业进行比较，以计算员工定额。

③计划法。作业标准化计划法，利用作业标准化计划掌握业务分担状况并合理化，将工作场所各部门的全部作业与成员分担的工作相关联，形成一个职务分配表，依此可算出所需要员工数。

四、卖场作业人员配置的问题

零售企业配置卖场作业人员的主要问题是要解决好以下几组比例关系。

1. 作业人员和非作业人员的比例关系

员工在卖场直接从事与销售有关的业务活动的人员，一般视为作业人员，其他各类人员即为非作业人员。非作业人员是保证卖场经营正常进行所不可缺少的，但因为他们不从事销售，所以这类人员配备过多，就会使机构臃肿，人浮于事，既不利于降低经营成本和提高生产率，也不利于加强经营管理；而配备过少，又将影响卖场经营的正常进行。因此，这两种人员必须保持合理比例。

2. 基本人员与辅助人员的比例关系

这两方面的人员都是从事售卖的，都属于直接作业人员，但他们在售卖中所起的作用却不相同。如果基本人员配备过多，辅助人员配备过少，就会使基本人员负担过多的辅助工作，影响基本人员专业技术的发挥；反之，辅助人员配备多了，也会影响人员劳动生产率的提高。他们之间的比例关系，应当根据零售企业销售的产品及其规模拟定。

3. 男员工和女员工的比例关系

由于各零售企业卖场经营商品情况不同，男女人员比例也不上同的。但一般来讲，女员工应多于男员工。

4. 年龄结构比例关系

一般而言，年龄是表示能力的尺度，年龄增加意味着经验和知识的增加，意味着由此而产生的能力的增加；但在另一方面也意味着人员吸收新知识弹性降低，体力降低。年龄对作业效率的影响也很大。一般而言，30岁左右的人员，在正常思想状况下，作业效率最高。

第五节　卖场管理人员的配置

卖场管理人员是卖场经营与管理的重要力量。一定数量和质量的管理人员，对于卖场的运作起着十分重要的作用。零售卖场管理人员的配置必须与企业规模、业态及作业人员的多寡相一致。一般来讲，零售卖场管理人员占整个卖场人员的15%左右为合理。

一、管理人员的素质要求

零售卖场管理人员的配置还与管理人员的素质能力息息相关，优秀的管理人员往往能一个顶三个，主宰着卖场的兴衰成败。以下为零售卖场管理人员配置中必须注意的素质要求。

1. 创造性思考问题的能力

管理人员必须能进行创造性思维活动，敢于创新、能辨识事物的发展规律，做到举一反三。创新是事业发展的不竭动力，每一种经营形式的创新都会带来事业的飞速发展。

2. 解决问题的能力

解决问题首先要发现问题，作为一个管理者，要善于发现问题，特别是零售卖场管理作为一个整体，对作业流程、各个环节都要深入了解，只要一个环节出问题就会影响整体，所以管理人员要将各种问题消灭于萌芽状态，同时对出现的问题有及时、妥善地解决的能力．并且要从中找出根源，加以改进。

3. 表达协调能力和谈判能力

管理人员必须能筛选、整理各种纷繁的信息，能在文字和口头上清晰地表达自己的观点，简洁地解释复杂问题，能以理服人。零售卖场管理牵涉的面比较广，难免产生各种利益冲突，作为管理人员，必须进行协调，这就需要具备较强的协调沟通能力。谈判时能与对方进行建议性对话，引导对方和己方共同解决问题。

4. 团队精神

管理人员要能以成员和领导的身份与不同的群众一起有效地、创造性地开展工作。特别是零售卖场管理必须与总部各职能部门作有效的交流和沟通，形成良好的工作关系。同时，团队精神体现在善于观察和听取下级意见，能对他人不同的背景和看问题的不同角度表示理解，善于知人，并获得他人的支持、合作和尊重。

5. 企业家精神

零售卖场的管理人员同样必须具有一定的企业家精神，目光远大，能构想未来，能认识并去把握机会，而且不受条件限制地去创造机会，能负担起促变的责任，如果没有这种企业家精神，若想在激烈的市场竞争中长盛不衰，是不可想象的。

二、管理人员的岗位定编

小型零售企业卖场的管理人员一般配置一个店长/经理及 1～2 名副店长/副经理即可。中型零售企业卖场的管理人员配置则会增加许多职能部门的经理或主管，如前台部主管、收银部主管等。大型零售企业的卖场管理人员配置相当复杂，它不仅涉及岗位设置是否合理，而且也对企业管理成本控制起着很重要的作用。下面再以大型货仓商场卖场的岗位定编来说明卖场管理人员及岗位定编。卖场管理人员及岗位定编应视店面规模大小而定，一般岗位定编的设置如下：

1. 前台部

定编 141～171 人。包括：副总经理（或经理）1 人；部门经理（或副经理）4 人；主管 12～16 人；收银员 80～90 人；推车员 2～4 人；迎宾员 4～6 人；收银办（现金办）13～15 人；会员服务台 4～7 人；存包 4 人；会员接待 8～12 人；市场推广员 8～12 人。

2. 食品部

定编 68～89 人。包括：总经理（经理）1 人；经理（或副经理）4 人；主管 7～8 人；鲜肉 6～8 人；海鲜 5～7 人；熟食 6～8 人；烧烤 10～14 人；冷冻/乳制品 3～5 人；干货、农产品 18～22 人；展示 8～12 人。

3. 非食品部

定编 56～66 人。包括：副总经理（或经理）1 人；经理（或副经理）4 人；主管 6 人；电器/电子 13～16 人；珠宝/化妆 13～15 人；办公用品/设备 8～10 人；五金、机械 6～8 人；书籍/烟酒 5～6 人。

4. 收货部

定编 57～66 人。包括：副总经理（或经理）1 人；经理（或副经理）3 人；主管 4～5 人；文员 2 人；收货 5～6 人；仓台 26～30 人；维修工科 2 人；清洁 6～8 人；索赔 2 人；库存/控制 4～5 人；传真/配销 2 人。

5. 防损部

定编 25～29 人。包括：经理 1 人；主管 4 人；文员 1 人；便衣员工 4～6 人；制服员工 15～17 人。

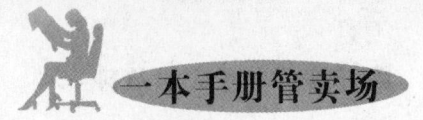

第二章 | 卖场人员的聘用与培养

第一节　员工招聘实务

一、人员需求申请

在卖场内，若新开张或某部门出现编制增补或离职补缺时，其部门会填写人员需求申请，卖场人力资源部便根据其需求进行招聘。一般卖场对人员的需求都有一定的核决程序，如生鲜部出现编制上的空缺，由其部门主管填写需求单，经主管审核，再递交人力资源部核实，并由人力资源部呈请副总经理、总经理批准。

1. 组织编制图

若某部门因工作程序、方法的改变，或工作量的增加，或新产品投放，可能造成组织的变动或编制的增减，此时该部门主管应提供其部门的组织编制图，呈楼层经理核实后，附于"人力需求表"后，作人力需求的参考。

2. 人力需求申请单

从"部门组织编制图"内可了解到，部门内人员有缺额，其原因可能是辞职、升调或经核准扩编等，"人员需求申请表"即根据编制表作业，由部门助理或主管级人员视情况填写，呈部门主管核实后转送人事部门。

如果部门内部无适当人选，则只有对外招聘。

3. 确定聘用人员数量

由于每一卖场的营运状况并不相同，这个问题很难有一个标准答案，不过差异中也有规律存在，仍可找出一个比较合理且科学化的评估方法，作为衡量的准则。

这套评估方法的原理很简单，即用店内每一个人所能创造出来的毛利额多少，来衡量每一个人的生产力。

二、做好招聘准备工作

卖场在公开招聘员工之前，应成立一个招聘小组，负责招聘前的准备、招聘等一系列工作。招聘前的准备工作主要是制订招聘计划和起草各种招聘文书。招聘计划的实质是拟订人员补充政策，目的是使卖场能合理地、有目标地在中长期内将卖场所需数量、质量和结构的人员补充在空缺或可能空缺的职位上。招聘计划应明确招聘人员的素质条件、招聘地区和范围以及起点待遇等内容。

三、确定招聘渠道

要做好招聘工作，招到卖场自身想要的人才，必须获得正确的招聘途径，如何建立招工渠道呢？可从报纸、人才市场、中介公司等层面去分析，根据不同层次的需求寻找不同的渠道。

四、招聘宣传和接受报名

1. 招聘宣传

招聘宣传是招聘工作中的重要工作，它直接影响招聘的效果。卖场在确定职位和用人标准后，就应大力宣传、吸引和鼓励求职者踊跃应聘。应聘的人越多，卖场就越有可能招聘到高质量的合适人员。招聘宣传通常是以新闻媒体发布招聘"启事"，或者在合适的地方张贴招聘"启事"。招聘启事一般包括卖场的概况、招聘岗位、福利待遇、报名条件、报名起止时间、报名手续、报名地点以及考核的内容和方式等。

2. 接受报名

招聘信息发布以后，接下来的工作就是接受报名。受理报名的主要任务有两条：一是填写报名表和检验有关证件，确认报考者的报名资格，然后发准考证；二是对应聘者初步面试。

3. 审核报名表

报名结束后在转入下一阶段之前，还要审查报名表，在审查报名表时应注意三个问题：

（1）要将全部应聘者的报名表进行汇总、分类和整理。

（2）将应聘者的情况与企业职位说明书的任职资格要求相对照，重点审查四个问题：

①应聘者是否符合职位说明书中的任职资格要求；

②应聘者在以往工作中掌握的技术、知识、能力、经验与新工作所需的技术、知识、能力、经验之间转换的难易程度；

③忽略应聘者对自己的个性、兴趣等无法证实的主观内容；

④估计应聘者提供的背景材料的可信度，找出需证实的疑点问题。

（3）对审查合格者再次复查，必要时可对其提供的背景材料进行核实或背景调查。特别是对于某些重要职位，为了解其提供的背景材料的可信度，必要时，招聘人员可通过电话或者会面的形式与应聘者的原工作单位进行联系，从而更客观地掌握应聘者的有关情况。在开展背景调查时，可先设计出应聘者背景材料核实表，在调查时逐项填写。

五、测试

1. 通知

报名表审查完后，剔出不合格人员，合格人员进入测试程序。对甄试者可以电话通知，也可以书面通知。

书面通知较正规，但若时间急迫，电话通知则比较迅速。应聘人员收到通知书

后，通常会按时到公司参加测试，招聘人员应事先准备好有关资料。

2. 测试

测试包括笔试、面试、操作测试和心理测试。零售企业在测试人员时不一定这四种方法都用到，应根据企业的特点和招聘岗位的特点具体采用其中的一种或几种进行测试。

（1）笔试。它是先拟订好试卷，由应聘者书面答卷，招聘人员根据答卷情况评定成绩的测试方法。这种方法可有效地测试应聘者的基本知识、专业知识、管理知识和技能以及综合分析问题能力、文字表达能力等。

（2）面试。它是由招聘人员与应聘者面对面的谈话，通过应聘者对所提出问题的回答及其言谈举止的表现，来了解应聘者的语言能力、知识广度和深度、志趣、仪表等，从而判断他是否符合录用标准。面试主要是通过向应聘者提问来达到了解应聘者的目的。在面试过程中，根据应聘者提供的信息，招聘人员应果断地决定应聘者是否合适，如果认为不合适，可以礼貌地结束面试。

（3）操作测试。对于工作具有机械性、技术性、专业性的人员招聘测试可采用这种方法，如收银员、录入员、电器维修人员、财务人员等。

（4）心理测验。它是根据抽样原理制作测试材料，经标准化程序，测量一个人的人格、智力、性格和兴趣的差异。

六、制定人员任用标准

1. 制定应聘人员的申请资格

（1）学历。对于普通的员工，学历方面的限定并不严格，高中以上即可。若是储备管理人员、副店长、店长之职，最好要求有大专、大专以上学历，以便能训练其处理一些技术性的工作。

（2）性别。由于零售业是 15 个小时营业，并且有时因为工作上的需要必须轮大夜班，这时考虑到安全及体力，可能会限定以男性为主，这主要也是为了保障女性的工作环境所做的考虑。

（3）年龄。年满 18 岁以上的人，才可以前来面试。

（4）工作经验。工作经验主要是针对技术操作性要求很强的人员或管理人员，如店长、副店长等而言，尤其是在急需应聘人员立即上手的情况下，就必须在应聘者的资格条件上明确注明此点。

2. 审核应聘人员的资格

通常在招聘的广告中，除了注明招聘应征的条件之外，多半也会要求应聘者寄个人简历及某些证件复印材料，当应聘者的证明文件、个人简历寄达后，便开始逐件审核的工作。首先要审核证件是否齐全。如果所附证件齐全无误，可针对学历证件及学科成绩进行下一步的审核。

七、录用

这是人员招聘的最后一个工作环节。这一环节包括四项工作：

（1）确定录用名单。就是把多种考核和测试的结果相结合，确定最适合职位要求的员工名单，并发出录用通知书。

（2）签订劳动合同。在劳动合同上要明文规定试用期和用工期及相应的待遇，还要明确双方的责任、权利和义务。

（3）岗前培训。上岗前培训的目的是让新员工明确企业的宗旨，熟悉各项管理制度，适应新的环境。必要时还要进行专业技能的培训。

（4）试用与安置。新员工进来后，应规定一定的试用期，试用的目的是验证新员工的体力、智力、知识、技能与新的职位是否相适应，试用不合格的不正式雇佣。试用期合格人员办理正式雇佣手续。

第二节　员工培训管理

一、员工培训内容

卖场的规模不同，对培训的需要也不相同。规模小的卖场比较重视工作培训，而较大的卖场，则会针对各个层级员工做全面培训计划，包括工作技能培训、企业文化培训、管理培训、个人发展培训等。培训对象和层次也很广泛，不仅包括新员工培训、老员工培训，也包括高中层管理人员培训、销售人员培训、非销售人员培训等各个层次的人员培训。培训内容包括以下几个方面：

1. 服务技能培训

培训目标是帮助员工按照规范统一的服务准则为顾客提供各种服务，提升员工与顾客之间的人际互动能力。培训的内容主要是卖场的服务规范或准则，如迎送顾客、观察顾客、与顾客交谈、应付顾客投诉等。

2. 商品知识与管理培训

培训目标是帮助员工了解产品组合的特点、各种产品基本属性、主要卖点、使用方法、注意事项等，是一种经常性的培训工作。通过商品知识培训，更新店员的商品知识，提高店员的推销能力及服务水平。

3. 店务作业技能培训

培训目标是帮助员工按照规范统一的动作开展店务作业，创造富有生机的卖场氛围。培训的内容主要是店务作业规范，如商品陈列、整理、包装、票据处理等。

4. 思想观念培训

培训目标是帮助员工树立正确的工作态度、人生价值观念，培养员工责任感、团队意识等。培训内容通常是配合企业文化、企业精神的一些职业道德等方面展开。

5. 综合素质培训

培训目标是提高员工的综合素质，为员工提供发展机会，丰富员工生活。培训内容较广泛，如对员工进行全方位的培训而不仅是针对工作本身的培训。

二、员工培训方式

卖场应从自身实际情况出发，灵活采用不同的培训方式，以达到良好的培训效果。

1. 职前培训

职前培训又称入店培训，是新员工进店后的基础培训。它主要是使新员工了解卖场的规章制度和职业道德规范，以适应工作岗位要求。职前培训应从三方面着手：教育员工增强工作自觉性；教育员工熟悉商品知识；教育员工学会礼貌待客。

2. 在职培训

员工的在职培训就其内容和目的而言，有三种情况：

（1）改善人际关系的培训。此类培训主要是使员工对人员关系有一个比较全面的认识，包括员工与员工之间的关系，员工自身的心理状况和社会关系，员工对部门、企业整体的认同感或疏离感以及整个卖场内部各部门之间的关系等。

（2）新知识、新观念与新技术的培训。卖场要发展就必须随时注意环境的变迁，随时向员工灌输新知识、新技术和新观念，否则员工必然落伍。

（3）晋级前的培训。晋级是卖场人事管理的必然过程。由于编制的扩充、人员退休、免职等各种原因，需要相应补充各类人员。为让即将晋级的员工在晋级之前先有心理方面和能力方面的准备并且获得相关的知识、技能和资料等，企业有必要对有培养前途的员工提前实施培训。

3. 职务培训

职务培训主要是对管理人员的培训。管理人员是连锁卖场发展、生存的中坚力量，对这些人的培训尤为重要。除注重培养管理人员的技术才干、人事才干、综合协调全局的才干以外，还需注意以下几点：

（1）熟悉开展工作的环境。对于管理人员，应要求他们对公司的经营性质、管理制度、所分配部门的工作性质有充分了解，只有如此才能有效地开展工作。

（2）注重团队生活能力的培养。管理人员在团队中生活，向具有经验的老手或行家学习工作经验有助于自身的快速进步。在安排工作时，最好从基层干起，使其确切了解基层人员的状况，为将来的主管工作积累最实用的经验。

（3）提出工作报告。在初期的培训工作中应要求被训练人员定期提出工作报告，以了解该人员学习的进度和深度，随时作出相应调整。

（4）随时进行工作考核。除定期的工作报告外，主管应以随机测验的方式做不定期的考核。这种方式可使主管更深入地了解被培训人员的工作绩效和培训成果。

4. 不脱产培训

不脱产培训亦即岗位中培训，就是在工作现场，由上级通过工作中对部下实施指导、帮助和教育等方式进行的培训。

不脱产培训包括两个方面：一方面是按照制度进行的，即与业务活动、员工承担的目标任务相联系的指导教育以及与个人能力开发培养计划相联系的指导教育；

另一方面是非制度规定的，主要是指激励、组织和指挥过程中所包含的指导教育内容。和全面质量管理教育类似，不脱产教育培训工作持续进行，其管理过程包括"计划—实施—评价—处理"的管理循环。

5. 脱产培训

脱产培训就是离开工作和工作现场，由企业内外的专家和教师对企业内各类人员进行的集中教育培训。脱产培训分成两大类：一类是分层的，指对不同阶层的员工进行脱产教育培训以及对一般基层管理人员等教育培训，还包括对新员工的岗前培训，对骨干员工的脱产培训等；另一类是分专业脱产培训，指按不同专业对各类员工进行脱产教育培训。

6. 自我开发

自我开发是指依靠员工本人的精力、时间和费用，不占用工作时间，不脱产，利用企业外的教育培训设施和条件，提高员工的工作能力。自我开发作为卖场教育培训的一个组成部分，补充了卖场资金、人力和物力的不足，可调动员工寻求知识、提高能力的主动性和积极性。自我开发纳入企业教育培训体系的必要前提是卖场在制度上承认员工在社会上取得的各种"资格证书"和"毕业结业证书"，并提供相应的帮助或资助。

第三节 卖场促销员管理

一、促销员管理的重要性

对于大多数商品来说，产品卖得好不好，其中最重要的推动因素就是促销员。特别是对于功能性商品就尤其要依赖于促销员的演示和推动，因此促销员是管理环节中很重要的一环。在卖场里，促销员集中的商品区就是家电、化妆品、保健品、粮油、百货和休闲食品类，总之一句话，越是竞争激烈的商品越是促销员集中的地方。商品的竞争一定程度上体现为促销员的竞争，因此促销员的管理就显得尤为重要。

二、促销员的日常管理

首先，对于促销人员来说，在进入该卖场之前，可能在工作技能和对卖场的管理制度的认知上是一片空白，可以说就像一个孩子，等着别人告诉他要做些什么，该怎么做，哪些可以做，哪些不能做。如果说，这时候你给予他的是严格而细致的规范培训，帮助他养成正确的工作习惯和良好的职业道德，那么他就拥有正确的行为方式和思维方式。也就是说，做好促销人员岗前培训是规范促销员管理的第一步也是最重要的一步。

因此，促销人员的岗前培训应该由厂商和卖场共同完成。在这个过程中，厂商

和卖场虽然重点不同，却负有同样的责任。厂商主要进行商品专业知识和促销技巧的培训，卖场的培训重点是工作纪律和职业道德教育。

这里主要谈一下卖场的培训部分。一般卖场对促销人员完整的岗前培训包括：员工行为准则、促销员日常行为规范、促销员考勤制度、促销员奖惩制度及相关工作流程。通过这些培训告诉促销人员在工作范围内应该做什么，不应该做什么。有些卖场把对促销员的日常行为要求浓缩成例如"十不准"之类的条款，朗朗上口，好读易记，促销员进场前先对这些条款熟记熟背。

熟记熟背这些条款不难，重要的是在制度没有形成习惯之前，一定要用强制的管理手段控制，避免促销人员养成不良的工作习性。

要达到真正的促销员良好管理的效果，需要厂方的高度配合和共同努力。在促销员的管理问题上要有一个明确的认识，那就是卖场和厂方必须达成共识：双方的目的和利益是相同的，只有双方一致才能真正管理好促销员，才能最大化地调动促销员的积极性，创造最佳的效益。

多数促销员认为自己是由厂商发工资，所以对于卖场的管理不服从，或者是口服心不服。其实这种情况需要经常与厂商进行沟通，作为厂商来说，支付促销员薪资的目的是提高销售额，而卖场对促销人员的管理最终目的也是提高销售额。卖场在对促销员管理上要与厂商站在相同的立场上而不是对立面。卖场通过与厂商经常性的沟通，及时调整商品存在的问题，反映促销员的日常工作情况，适时地向厂商提出合理的建议，明确"一切为业绩服务"的思想，争取厂商的支持，共同完善对促销员的管理。

卖场要与供应商联合起来，介入到促销员的考核、薪资发放、职业发展等利益环节，真正实现管理联合体，杜绝供应商和卖场在促销员管理中的真空地带。

卖场对促销员的管理是一项从细节出发，需要长期坚持的工作。也是供应商和卖场要共同面对的问题，因此，联合起来抓好促销员的管理，将大大促进双方共同利益的提升。

第六篇
卖场服务管理

卖场服务主要包括有形服务和无形服务两种，其中商品服务、买卖服务等属于有形服务。卖场经营的出发点是满足顾客的需求。无论是大型卖场，还是中小型卖场，都必须加强顾客服务管理，以此赢得顾客的青睐。

第一章 | 卖场礼仪

卖场礼仪是指零售企业员工在卖场作业时的言行方式及行为规范，它包括得体的着装、优雅的仪态、良好的举止、亲切的谈吐以及友好的态度等。卖场是零售企业员工与顾客接触的地方，因此，必须加强卖场的礼仪管理，使零售企业员工的一举一动、一言一行都合乎规范，给顾客留下良好的印象，从而提升企业的形象，以赢得无限商机。

第一节 仪容仪表管理

卖场人员的仪容仪表管理主要是要求卖场作业人员的服饰、姿态和举止风度等符合企业的规定。规范的仪容仪表可以体现出卖场作业人员的精神风貌和对工作的态度。

一、头发和发型要求

女卖场作业人员的头发和发型不应给人以奇异的感觉，不梳特殊的发型。应考虑发型与服装是否相称，禁止用遮盖脸面的发型或遮盖眉毛的长发，因为看起来都不顺眼。头发应向上或横梳，使之整洁，披肩的长发要用黑、茶色丝带扎起来，向上整整齐齐地放好，以利于工作。头发要经常用梳子梳好，不给人以乱的感觉。

男卖场作业人员的头发和发型则要注意清洁，禁止梳盖到衫衣领口的长发、使人感到不清洁的长发或极端长的长鬓角，此外，男卖场作业人员不得留胡须。

二、服饰打扮要求

女卖场作业人员的制服式裙子的长度要适合工作。裙子极端的短或不自然的长，都不便于活动。裙子要穿黑色、灰色、藏青色、茶色、绿色无花纹的或者接近这些颜色的裙子。内衣的领子和毛衣等都不要露出来。袜子要穿长袜或者白色短袜，光脚是对顾客的不礼貌。就鞋来说，长筒鞋等不适合工作，另外，凉鞋鞋后跟要有带。对襟毛绒衣要穿藏青黑色平针织的毛绒衫，一定要扣上扣子。除此之外的奇异服装，事先要申报管理部门，得到许可方可穿用。

男卖场作业人员不应穿极端花哨的，带花纹的服装。衬衣可以穿颜色较淡（浅）的，禁止穿红、紫、橘红等颜色的衬衣。除上述的颜色外，极端浓（深）色的也应禁止，还有，毛夹克等织物的花纹太显眼的，用花型水珠等印出来的花纹布，用红、紫、橘红、蓝、黄色等极端显眼的花纹，格子和透过绣带可以看见的，都不要用。领带一定要用领带别针。

三、其他仪容仪表要求

男女卖场作业人员都应：

（1）保持头发整齐清洁，经常梳理。

（2）经常洗手、勤于修剪指甲，保持清洁。

（3）每天洗澡或洗脸时顺便检查耳朵中是否干净，女性卖场作业人员尽量不要戴耳环，如有必要也要挑选简单大方的样式。

（4）经常注意自己是否有口臭，牙齿是否洁白。若有口臭可利用口香糖或口腔消毒药来消除。

（5）注意自己脸部是否干净，脸上表情是否自然。女性卖场作业人员要避免浓妆艳抹，应以淡妆为宜。

（6）为了让自己的眼睛不充满血丝，看着疲惫不堪，卖场作业人员应有充足的睡眠。

（7）经常保持全身的清洁，留意自己身上是否发出异味，上岗前不吃带异味的食物，不饮烈性白酒。

第二节　行为举止管理

卖场作业人员的一举一动都关系到零售企业的形象。卖场作业人员的行为举止主要是指其在接待顾客中的站立、行走、言谈表情、拿取商品等方面的动作。卖场作业人员在接待顾客时的行为举止，往往最能影响顾客的情绪。卖场作业人员言谈清晰文雅、举止落落大方、态度热情慎重、动作干脆利落，会给顾客以亲切、愉快、轻松、舒适的感觉；相反，举止轻浮、言谈粗鲁，或动作拖拉，漫不经心，则会使顾客产生厌烦心理。

一、营业现场的行为举止

卖场作业人员的营业现场的行为举止如下：

（1）提前上班，留有充分的时间检查自己的装束和做营业前的准备。

（2）见到同事和顾客应心情舒畅地寒暄问候。

（3）切勿随便离开岗位，离岗时要取得上级的同意并告以去处。

（4）不要背地里说别人坏话。

（5）不要随意瞎聊。

（6）与顾客谈话时不要抱着胳膊。

（7）不要把手插进裤兜里。

（8）不要在营业场里化妆。

（9）不要在营业场看书报。

（10）顾客正在看货时，切勿从顾客与货架中间穿过。

（11）不要把身子靠在柜台上。

（12）不要坐在商品上。

（13）商品须轻拿轻放。

（14）商店的物品切勿用在私人的事情上。

二、接待顾客的行为举止

卖场作业人员接待顾客的行为举止如下：

（1）不要看到顾客穿着不好，或购买金额较少就态度冷淡。

（2）不论对待什么样的顾客，都应诚心诚意地笑脸相迎。

（3）对儿童、老年人及带婴儿的顾客要格外亲切招待。

（4）对询问其他商店地址的或问路的顺序应以笑脸相迎，热情地告诉人家。

（5）顾客询问厕所时要告诉清楚。

（6）时刻留意顾客是否忘拿或丢掉什么东西，如发现须返还顾客或交到办公室。

三、站姿规范

卖场作业人员在对顾客进行服务时，基本上是以站立为主，为此必须保持良好的站姿。具体如下：

（1）头部抬起，面部朝向正前方，双眼平视，下颌微微内收，颈部挺直。

（2）双肩放松，呼吸自然，腰部直挺。

（3）双臂自然下垂，处于身体两侧。

（4）两腿立正并拢，双膝与双脚的跟部紧靠。

（5）两脚呈"V"状分开，两脚之间相距约一个拳头的宽度。

（6）男卖场作业人员双手相握、叠放于腹前或相握于身后。

（7）女卖场作业人员双手相握或叠放于腹前。

（8）以一条腿为重心，双腿稍微分开。

（9）不能在站立时表现出无精打采的样子。

（10）无论男女卖场作业人员，站立时应正面面对服务对象。

（11）站立时应面带微笑。

（12）手部不宜随意摆动。

（13）下巴避免向前伸出。

（14）分开的双脚不要反复不停地换来换去。

四、行走规范

卖场服务人员应注意在工作之中的行走姿势，行走时步履应既优雅稳重，又保持正确的节奏，方可体现出其动态之美。为此，卖场服务人员在行走时，应当特别关注以下六个主要环节：

1. 方向明确

在行走时，必须要保持明确的行进方向，尽可能地使自己犹如在一条直线之上行走。做到此点，往往会给人稳重之感。具体的方法是，行走时以脚尖正对着前方，形成一条虚拟的直线，每行进一步，脚跟部应当落在这一条直线上。

2. 步幅适度

步幅，又叫步度。它所指的是人们的每一步两脚之间的正常距离。通俗地讲，步幅就是人们在行进时脚步的大小。虽说步幅的大小往往会因人而异，但对广大卖场服务人员来讲，最佳的步幅应为本人的一脚之长。也就是说，行进时所走的一步，应当与本人一只脚的长度相近，男子每步约 40 厘米，女子每步约 36 厘米。与此同时，步子的大小，还应当大体保持一致。

3. 速度均匀

人们行进时的具体速度，通常叫做步速。对卖场服务人员来讲，步速可以有所变化，但在某一特定的场合，一般应当使其保持相对稳定，较为均匀，而不宜使之过慢，或者忽快忽慢，一时间变化过大。一般认为，在正常情况下，卖场服务人员在每分钟之内走上 60~100 步都是比较正常的。

4. 重心放准

在行走时，能否放准身体的重心，极其重要。正确的做法应当是：在起步之时，身体须向前微倾，身体的重量要落在前脚掌上。在行进的整个过程之中，注意使自己身体的重心随着脚步的移动不断地向前过渡，而切勿让身体的重心停留在自己的后脚上。

5. 身体协调

人们在行进时，身体的各个部分之间是必须进行完美的配合的。在行进时如欲保持身体的和谐，就需要注意：走动时要脚跟首先着地，膝盖在脚部落地时应当伸直，腰部要成为重心移动的轴线，双臂要在身体两侧一前一后地自然摆动。

6. 步态优美

一般来说，男性服务人员在行进时，通常速度稍快，脚步稍大，步伐奔放有力，充分展示了男性的阳刚之美；女性服务人员在行进时，则时常速度较慢，脚步较小，步伐轻松飘逸，得体地表现了女性的阴柔之美。

五、手势姿态规范

（1）在给顾客指引方向时，要把手臂伸直，手指自然并拢，手掌向上，以肘关节为轴，指向目标。

（2）在指引方向时，眼睛要看着目标并兼顾对方是否看到指示的目标。

（3）在介绍或指示方向时切忌用一根手指指点。

（4）谈话时手势不宜过多，幅度不宜过大，否则会有画蛇添足之感。

（5）一般来说，手掌掌心向上的手势是虚心的、诚恳的，在介绍、引路、指示方向时，都应掌心向上，上身稍前倾，以示敬重。

（6）在递给顾客东西时，应用双手恭敬地奉上，不能漫不经心地一扔，并忌以手指或笔尖直接指向顾客。

第三节　服务语言管理

卖场作业人员每天要接待数以百计的顾客，并且都是依靠语言来与顾客沟通的。卖场作业人员的服务语言是否热情、礼貌、准确、得体，将直接影响零售企业及自身的形象，同时也影响顾客的满意程度。由此，零售企业必须加强卖场服务语言的管理，以提高卖场服务水平。

卖场服务语言的管理主要是要求卖场作业人员掌握基本的零售服务语言并实际运用到工作中去。

一、常用语言

（1）迎客时说："欢迎"、"您好"、"欢迎您的光临"、"有什么可以帮到您"等。

（2）对他人表示感谢时说："谢谢"、"谢谢您"、"谢谢您的帮忙"等。

（3）接受顾客的吩咐时说："听明白了"、"看清楚了"、"请您放心"等。

（4）不能立即接待顾客时说："请您稍候"、"麻烦您等一下"、"我马上就来"等。

（5）对在等候的顾客说："让您久等了"；"对不起，让你们等候多时了"等。

（6）打扰或给顾客带来麻烦时说："对不起"、"实在对不起"、"打扰您了"、"给您添麻烦了"等。

（7）由于失误表示歉意时说："很抱歉"、"实在很抱歉"等。

（8）当顾客向你致谢时说："请别客气"、"不用客气"、"很高兴为您服务"、"这是我应该做的"等。

（9）当顾客向你致歉时说："没有什么"、"没关系"、"算不了什么"等。

（10）当你听不清楚顾客问话时说："很对不起，我没听清，请重复一遍好吗"等。

（11）送客时说："再见，一路平安"；"再见，欢迎您下次再来"等。

（12）当你要打断顾客的谈话时说："对不起，我可以占用一下您的时间吗?""对不起，耽搁您的时间了"等。

二、接待顾客的语言

1. 接待顾客时的尊敬语

（1）接待顾客时应说："欢迎光临""谢谢惠顾"。

（2）不能立刻招呼客人时说："对不起，请您稍候!""好! 马上去! 请您稍候。一会儿见"。

（3）让客人等候时说："对不起，让您久等了。""抱歉，让您久等了。""不好意思，让您久等了！"

2. 拿商品给顾客看时的尊敬语

（1）拿商品给顾客看时说："是这个吗？好！请您看一看。"

（2）介绍商品时说："我想，这个比较好。"

3. 将商品交给顾客时的尊敬语

（1）让您久等了！

（2）谢谢！让您久等了！

4. 收账时的尊敬语

（1）收货款时说："谢谢您，一共××元。"

（2）收了货款后说："这是××元，请稍候一会儿。"

（3）找钱时说："让您久等了！找您××元。"

（4）当顾客指责货款算错时说："实在抱歉，我立刻帮您查一下，请您稍候！"

（5）已确定没有算错时说："让您久等了，刚刚我们算过，经办人说，收了××元没有错，能否请您再查一下。"

（6）找错钱时说："让您久等了，实在对不起，是我们算错了，请您原谅。"

5. 送客时的尊敬语

（1）谢谢您！

（2）请多多光临！谢谢！

6. 请教顾客时的尊敬语

（1）问顾客姓名时说："对不起？请问贵姓大名？""对不起！请问是哪一位？"

（2）问顾客住址时说："对不起，请问府上何处？""对不起，请您留下住址好吗？""对不起，改日登门拜访，请问府上何处？"

7. 换商品时的尊敬语

（1）替顾客换有问题的商品时说："实在抱歉！马上替您换（马上替您修理）。"

（2）顾客想要换另一种商品时说："没有问题，请问您要哪一种？"

8. 向顾客道歉时的尊敬语

（1）实在抱歉！

（2）给您添了许多麻烦，实在抱歉！

三、日常礼貌用语

在服务过程中，卖场作业人员在与顾客打交道时，要使用礼貌语言，其中使用最多的主要有：

（1）您早！请问……

（2）早上好！对不起，麻烦您了！

（3）谢谢！对不起，打扰您了。

（4）您请坐！对不起，请教一下。

（5）请原谅！对不起，让您久等了。

（6）请您稍候！请稍等，给您添麻烦了，谢谢！

（7）您贵姓？

（8）没关系，不用客气。

（9）请多多指教。晚上好！

（10）请多关照。请您走好，再见！

四、招呼用语

招呼用语是接待顾客的"开头话"。得体的招呼，加之热情的态度，亲切的语调，会给顾客良好的第一印象。卖场作业人员招呼顾客常用的礼貌语言有：

（1）您好！先生。

（2）小姐，您好！

（3）小朋友，您好！

（4）您要买点什么？

（5）欢迎您的光临！

（6）请随便参观！

（7）您好！需要我帮忙吗？

（8）您需要哪种商品？我拿给您看。

（9）请稍等，我就来。

（10）您不买也没关系，请随便看看。

（11）请在这里保管手袋，麻烦您管好自己的钱包和贵重物品。

五、介绍商品用语

卖场作业人员介绍商品时，因商品的不同和顾客的差异，介绍的内容有所不同，但从服务效果上，应当有共同的要求，一般应做到"三要四不"。

三要：要达到介绍商品的目的，具体介绍商品的规格、性能、特点等，而不要一味地说"很好"、"很漂亮"；要通俗易懂，不能用难以理解、似是而非的语言；要实事求是，不能言过其实。

四不：不强加于人，如介绍服装，不能说："你穿着肯定漂亮，你就买了算了"；不用顶撞的语言，如顾客问："哪种颜色好看？"不可以说："我怎么知道你喜欢什么颜色"；不用不恰当的比喻，不可以说："你胖得像水桶"，可以说："你的身材很高大"；不用讽刺责备的话，如："我看你也买不起"。

六、答询用语

卖场作业人员回答顾客询问，要求热情有礼，口齿清晰，语气委婉。不论顾客提什么样的问题和要求，都不允许表情冷淡，有气无力，或不懂装懂，答非所问。

回答顾客询问常用的礼貌语言有：

（1）对不起，您要的商品暂时缺货，方便的话，请留下姓名和联系电话，一有货马上通知您,好吗?

(2) 这种商品过几天到货,请您抽空来看看。

(3) 您需要的商品在×楼出售,请您到那儿去看看。

(4) 收款台在那边,请您到那边去交款。

(5) 对不起,我们商店不经营这种商品,请您到那××店去看看吧。

(6) 请放心,这种商品质量没问题,还有一年保修期。

(7) 对不起,这种商品最近调整了价格。

(8) 这种衣料质地柔软,不能用洗衣机洗。

(9) 对不起,这个问题我还不太清楚,请您稍等一会儿,我去问一下。

(10) 您真有眼光,穿上它一定很漂亮。

(11) 请您放心,我们一定想办法解决,办好后打电话通知您。

七、收、找款用语

卖场作业人员收款、找款时要求唱收唱付,吐字清晰,交付清楚。找回的货款要递送顾客手中,不允许扔、摔或重放。

收、找款时常用的礼貌语言有:

(1) 您这是××元钱。

(2) 找您××元钱,请收好,谢谢!

(3) 您买的商品一共××元,收您××元钱,找回您××元,请点一下。

(4) 对不起,这是××元,还差××元,请您再点一下。

(5) 您给我的这是 100 元×张,50 元×元,10 元×张,一共××元钱,对吗?

(6) 对不起,没有零钱找您,您有×元×角吗?

八、包装商品用语

在包装商品过程中,卖场作业人员要关照顾客应注意的事项,商品包装完毕应双手递给顾客,不允许将商品放在一边了事,或是将包装的塑料袋递给顾客就不管了。

在包装商品时常用的礼貌语言有:

(1) 请稍候,我帮您包装好。

(2) 请您点一下数量,我帮您用礼品袋装好。

(3) 商品包装好了,请您拿好。

(4) 这东西易碎,请注意不要碰撞。

(5) 这东西有异味,请您不要与其他商品放在一起。

(6) 来,我帮您将东西放进手提袋。

(7) 用这种纸袋装商品合适,可以避免折叠。

(8) 请您拿好,不要倒置。

九、道歉用语

卖场作业人员使用道歉用语时应态度诚恳,语言温和,用自己的诚心实意取得

顾客的谅解。不允许推脱责任，也不允许得理不让人，更不允许阴阳怪气地戏弄顾客。

道歉时常用的礼貌语言有：

（1）对不起，让您久等了。

（2）请稍等一会儿，我给您换一下。

（3）对不起，是我拿错了，您需要的是哪一种，我再拿给您。

（4）非常抱歉，刚才是我说错了，请原谅。

（5）不好意思，让您多跑一趟。

（6）对不起，这个问题一时解决不了，请您多多包涵。

（7）您提的意见很对，是我们工作上的疏忽，特意向您道歉。

（8）非常抱歉，这是商品质量的问题，我们马上解决。

（9）非常抱歉，是我搞错了，耽误了您的时间。

十、调解用语

如果顾客与卖场作业人员发生矛盾，就应进行调解。调解时要求态度和气，语言婉转，站在顾客的角度去考虑问题，虚心听取顾客意见，多做自我批评，自我检讨。不允许互相袒护，互相推诿，强词夺理，尽量不使矛盾激化。

调解时常用的礼貌语言有：

（1）对不起，都是我不好，请多多谅解。

（2）先生（小姐）。真对不起，这位卖场作业人员是新来的，业务还不熟悉，请您原谅，您需要什么，我来帮您挑选。

（3）对不起，是我们没有唱收唱付，出了差错，给您添麻烦了。

（4）我是××（自我介绍身份），您有什么意见对我说好吗？

（5）实在对不起，刚才那位卖场作业人员态度不好，很不应该，我向您道歉，今后我们要加强教育培训。两位都是来买东西的，碰撞一下也难免，请不要争吵，互相谅解下好吗？

（6）对不起，您先消消气，我叫那位卖场作业人员来给您赔礼道歉。

（7）我们的服务措施还不够完善，给您带来不便，请多多原谅。

（8）这是我们的电话号码，如果您在购物方面有不满意的地方，请打电话来投诉。

（9）非常感谢您给我们公司提出宝贵意见，这是对我们的关心。

十一、解释用语

当顾客提了要求无法满足，当工作中出现了某些问题时，应当对顾客进行解释。零售卖场作业人员解释时要诚恳、和蔼、耐心、细致。语言得体委婉，以理服人，不能用生硬、刺激、过头的语言伤害顾客，不能漫不经心，对顾客不负责任。

解释时常用的礼貌语言有：

（1）实在对不起，按公司的规定这种服装不能试穿，我来帮您量一下好吗？

（2）请原谅，按规定这种商品不能试用，如果试用会影响再出售。

（3）这双鞋已超过了保退保换期，按规定我们只能为您修理，请原谅。

（4）对不起，按国家规定，已出售的食品、卫生用品，若不属于质量问题，是不能退换的。

（5）先生（小姐），您这件商品已经买了几个月了，没有保持原样，您请到质量跟踪站鉴定一下，如确属质量问题，包退包换。

（6）对不起，请您稍候，让我们先核对一下账货款。

（7）对不起，让您久等了，经核实，我们没有少找您钱。

（8）请大家谅解，这位同志要赶车，让他先买好吗？

（9）实在对不起，您购买的商品只能预约明天送货，请您耐心地等一下。

十二、道别用语

顾客买完商品离开柜台时，卖场作业人员要有礼貌的道别，这样能使顾客心情愉快，增加满意感，并留下深刻美好印象。

道别时常用的礼貌语言有：

（1）谢谢，欢迎下次再来，再见！

（2）商品包完了，您拿好，慢走！

（3）谢谢，欢迎再次惠顾。

（4）这是您的物品，请拿好，多谢！

（5）您买的东西多，请注意拿好。

（6）您还需要什么，请到其他柜台看看，再见。

十三、服务忌语

（1）嘿！

（2）老头儿。

（3）大兵。

（4）土老帽儿。

（5）老黑。

（6）你吃饱了撑的呀！

（7）谁让你不看着点儿。

（8）问别人去！

（9）听见没有，长耳朵干吗使的。

（10）我就这态度！

（11）有能耐你告去，随便告哪都不怕。

（12）有完没完。

（13）不买看什么。

（14）你买得起就快点，买不起就别买。

（15）到底要不要，想好了没有。

（16）喊什么，等会儿。

（17）没看我正忙着吗，着什么急。

（18）交钱，快点。

（19）我解决不了，愿意找谁找谁去！

（20）不知道。

（21）刚才和你说过了，怎么还问？

（22）靠边点儿。

（23）没钱找，等着。

（24）你买的时候，怎么不挑好。

（25）谁卖你的，你找谁。

（26）有意见，找经理。

（27）到点了，你快点儿。

（28）价签上都写着呢（墙上贴着呢），你不会自己看呀。

（29）不能换，就这规矩。

（30）不买就别问。

（31）你问我，我问谁。

（32）瞎叫什么，没看见我在吃饭。

（33）管不着。

（34）没上班呢，等会儿再说。

（35）干什么呢，快点。

（36）我不管，少问我。

（37）不是告诉你了吗，怎么还不明白。

（38）没零钱了，自己出去换去。

（39）挤什么挤。

（40）要买快说，不买靠边，下一个。

（41）别啰唆，快点讲。

（42）现在才说，早干吗来着。

（43）越忙越添乱，真烦人。

（44）怎么不提前准备好。

（45）我有什么办法，又不是我让它坏的。

（46）别装糊涂。

（47）后边等着去。

第二章│卖场收银服务管理

卖场收银是卖场与顾客接触最多的作业流程。因此收银在很大程度上是卖场管理的关键。卖场收银不只是单纯地为顾客提供结账服务，还应为顾客包扎商品、提供信息等各项前置和后续的服务。

卖场收银管理不仅要有助于收银迅速而又正确地进行，能及时处理收银中常见的问题，更重要的是必须对收银进行稽核，避免徇私舞弊，私自截留钱款等。

第一节　卖场收银作业的基本流程

卖场收银作业的基本流程可以分为每次收银流程和每日收银流程。

一、每次收银流程

（1）输入密码。输入收银员上岗的密码，收银员只能够也只允许用自己的密码上岗。

（2）欢迎顾客。按公司的服务标准问候顾客。

（3）输入顾客资料。如果属于会员制商店，需要输入顾客资料。

（4）扫描商品。逐一扫描顾客购买的商品。

（5）消磁商品。逐一将扫描后的商品进行消磁，包括消磁器消磁和人工消磁。

（6）装袋/车。将已经消磁的商品按装袋的原则与标准装入相应的购物袋或放入购物车中。

（7）金额总计。付款金额总计，并告诉顾客应付款总额。

（8）收款确认。唱收顾客的钱款，如现金付款要进行假币的辨认，如银行卡付款，则执行银行卡收款程序。

（9）找零。唱付顾客的零钱，或刷卡成功后或将卡还给顾客，同时将收款小票递给顾客，提醒顾客拿好商品。

（10）感谢顾客。对顾客予以感谢。

（11）服务下一位顾客。重复以上程序，接待下一位顾客。

二、每日收银流程

卖场收银的区域范围除了包括为顾客结账的收银柜台之外，还有包装台和服务台。每日收银作业的内容包括：营业前的清洁整理、收银机的设置与修理、核实商品的销售价、收款作业、结算和工作后整理。其基本流程大体可分为营业前作业、营业中作业和营业后作业。

1. 营业前的收银作业

卖场开始营业前，收银员必须进行一系列准备工作，包括清洁整理收银作业区、整理补充必备的物品、补充收银台附近货柜的商品、准备好零钱、检验收银机、检查服装仪容、熟记并确认当日特价品及展会礼仪训练等。其作业内容如下：

（1）清洁、整理收银作业区。包括：收银台、包装台、收银机、收银柜台四周的地板、垃圾桶、收银台前头柜、购物车、篮放置处。

（2）整理、填充必备的物品，包括：购物袋（所有尺寸）、包装纸、圆磁铁、点钞油、卫生筷子、吸管、汤匙、必要的各式记录本及表单、胶带、胶台、干净抹布、笔、便条纸、剪刀、订书机、订书针、统一发票、空白收银条、铃钟或警铃、装钱布袋、"暂停结账"牌。

（3）补充收银台前头柜的商品。

（4）准备放在收银机内的定额零钱，包括各种币值的纸钞和各种币值的硬币。

（5）验收银机。包括发票存根联及收银联的装置是否正确，号码是否相同；机内的程式设定和各项统计数值是否正确或归零。

（6）收银员服装仪容的检查，包括制服是否整洁，且符合规定；是否佩戴识别证；发型、仪容是否清爽、整洁。

（7）熟记并确认当日特价品、变更售价商品、促销活动以及重要商品所在位置。

（8）准备服务台出售的各种速食品或饮料，如可乐、爆玉米花。

（9）补充当期的特价单、宣传单。

（10）准备当日的广播稿。

（11）早会礼仪训练。

2. 营业中的收银作业

在零售企业卖场营业中，收银作业的主要内容是收银与整理作业。具体如下：

（1）招呼顾客。

（2）为顾客提供结账服务。

（3）为顾客提供商品入袋服务。

（4）特殊收银作业处理。例如，赠品兑换或赠送、现金抵用券或折价券的折现、点券或印花的赠送、折扣的处理。

（5）无顾客结账时：

①整理及补充收银台各项必备物品；

②整理购物车、购物篮；

③整理及补充收银台前头柜的商品；

④兑换零钱；

⑤整理顾客的退货；

⑥擦拭收银柜台，整理环境。

（6）收银台的抽查作业。

（7）顾客作废发票的处理。

（8）中间收款作业。

（9）保持收银台及周围环境的清洁。

（10）协助、指导新人及兼职人员。

（11）顾客询问及抱怨处理。

（12）收银员交班结算作业。

（13）单日营业总额结账作业。

3. 营业后的收银作业

营业后，收银作业的主要工作是结算事宜。具体内容包括：清点现金、关闭收银机电源、整理清洁收银台周围环境等。具体如下：

（1）整理作废发票以及各种点券。

（2）结算营业总额。

（3）整理收银台及周围的环境。

（4）关闭收银机电源并盖上防尘套。

（5）擦拭购物车、购物篮并定位。

（6）协助现场人员处理善后工作。

（7）清洗烹调速食的器具。

（8）关闭服务台收银作业管理。

第二节　收银作业管理

一、卖场收银礼仪管理

收银员在收银时不应做一个收钱的机器，而应以极其热情友善的态度来对待顾客，除了将"请"、"您"、"谢谢"、"对不起"等随时挂在嘴边之外，还应掌握以下一些语言及行为礼仪，并在合适的场合表达出来。

1. 语言礼仪

为了使顾客心情舒畅地购买商品，收银员必须使用美好诚恳的语言，把顾客当做贵客。具体为：

（1）不要用命令的口气，而要以依赖顾客的口气说话。

（2）不要随意否定对方的观点。

（3）要使用自信而可靠的语言，还要注意语尾绝对不能含糊不清，要简单明确。

（4）要使用加强印象的语言。基本用语是店员（当然也包括收银员）在接待顾客时经常应用的语言，要充分理解各种各样的销售用语所应用的场合，以达到正确地使用。例如："欢迎光临"，"请您稍候"，"让您久等了"，"对不起"，"是，知道了"，"打扰了"，"谢谢了"，"请再来"。

2. 行为礼仪

（1）收银员在工作时，应保持笑容，以礼貌、主动的态度来接待和协助顾客的付款。在接待顾客时，必须带有感情色彩，不能冷若冰霜、表情僵化，或带有厌烦感。

（2）收银员不能当面指责顾客的错误，应以委婉礼貌的口气向顾客解说。

（3）收银员在任何情况下均应控制自己的情绪，不要与顾客争执。

（4）收银员之间不应闲聊或大声呼叫。

二、卖场收银排班管理

卖场的营业时间比较长，大致从早上9点到晚上10点，有的零售企业甚至会提早至早上7点半，晚上延时至午夜12点，中间没有任何休息。一天营业11～15个小时，已超过一位员工的正常上班时数（8小时）。因此，为了配合零售企业的营业时间，必须将卖场内现有的收银员依据店内的营业情况和收银员个人的因素予以轮班及轮休安排，为顾客提供最佳的服务。收银作业排班可根据以下因素进行排定。

（1）根据营业时间的长短排班。营业时间的长短是排班的主要考虑因素之一。若营业时间为11个小时左右者，可安排2个班次；超过者，则可安排3班制。例如，营业时间为9：00—22：00，可安排早班（8：30—17：30）及晚班（13：30—22：30）；若营业时间为7：30—22：00，可安排早班（7：00—16：00）、中班（10：00—19：00）及晚班（13：30—22：30）。

（2）根据各时段的顾客数量排班。尽管在营业时间内，随时都有顾客光临，但是顾客通常集中在某几个时段，也就是卖场的高峰营业时间。例如，在办公区的超级市场，中午的午餐时间和下午4：00—7：00时间的下班时段人流较多；而一般位于郊区的零售企业，在早上以及晚上新闻或电视连续剧结束之后也会出现一波人潮。

因此，在高峰时段必须安排较多的人手，以缓解顾客等待收银结账的压力。例如，可增加中班人员（10：00—19：00或11：00—20：00），以应付下班的购物人潮。

（3）根据节假日和促销期排班。遇到周末、法定假日，零售企业的营业状况往往会比平日要好，不仅顾客人数较多，每个客人的平均购买金额也会较高。尤其在促销期间，还必须配合赠送优惠券、印花或摸彩等活动，因此，在特殊的时令或假期，必须在排班上做一些变动，或设法将收银员的休假调开。

（4）考虑正式及兼职收银员的人数比例。在安排班次及各班次的值班人数时，除了必须考虑上述三项因素以外，还要考虑现有的正式和兼职收银员的人数。这不仅是编制的问题，还涉及人事成本的考虑，以符合零售企业的经营原则。

一般而言，正式收银员皆经过完整的训练，熟悉企业的整体收银作业；而兼职人员只担负了部分工作（结账及装袋服务），工作时间也只有4个小时，大部分是由现场人员随机指导。因此在排班时，每一班次都必须有正式人员值班，负责执行其他收银作业、现金管理和特殊情况的处理等；在高峰时段或假日，则可弹性安排兼职人员，以配合营业需要。

在综合权衡上述四项因素之后，收银作业排班即可以一周或一个月为基准，排定"收银人员排班表"，并张贴在公布栏或打卡（签到）处，以方便收银人员查阅。

三、卖场现金管理

对于"现金交易"的销售行为，必须严加管制，尤其是在卖场的"现金交易"行为，最容易产生弊端。

卖场的销售，对于记录现金销售，应使用开具发票的收银机，再与存货管理相连接，形成控制，尤其在存货管理上，若搭配科技工具（如收账的扫描仪、货架上各商品的电脑条码等），则能大幅提升公司经营绩效。

卖场现金管理的工作重点如下：

（1）利用卖场的收银机系统，建立稽核功能。收银机固定于卖场的出入口，这种不可移动的特性，使现金管理更有效率；再者，收银机上的销售记录，亦是设定人员的现金保管责任。在实务上，使用收银机仍然有管理盲点，例如，无意或蓄意的输入价格不对等。针对"无意的错误"，可运用训练加以克服；针对"蓄意的错误"，要实施全面性的商品号码，另配合主管的不定时稽查。

（2）每笔商品交易均应逐笔开立"交易发票"。以收银机而言，有"一般收银机"与"发票收银机"两种。使用"发票收银机"，等于是每笔交易都开立发票，企业对交易都进行逐笔的控制。

（3）信用卡付款，也要慎防员工舞弊。信用卡刷卡消费销售方式已是非常普遍，但是公司销售人员以自己的信用卡来替顾客付款，却将现金放入自己的口袋，是一种严重的现金挪用舞弊行为。虽然信用卡发卡银行会将款项汇入公司户头，对销货额没有影响，但公司会损失手续费和现金延后收到的计算利息损失。公司对此行为没有妥当的处理，可能会产生更多的弊端。为确定现金收入金额与信用卡收入金额的合计数，应等于发票总额，除了每日核对会计记录与银行账户资料外，还可与顾客联络以确定其所付款项与发票金额是否相符以及付款方式。如找出异常现象，要立即查出原因，对有疏失的员工加以处理。

（4）使用商品条码方式来控制。在收银台处，使用扫描"商品条码方式"来结账，可以达到避免"短收现金"的管理；此外收银结账多以条码方式，更有助于收银台的工作改善。

（5）收银台的现金回收管理。收银台由于现金累积速度快（尤其是在大卖场或旺季时），在管理上，单店作业要定时或定量回收，以防止意外发生。而多店式作业，总店会在某一时段，对各店的现金另做回收管理，以防止损失。

（6）收银人员的教育训练。卖场的现金管理，以收银台为重点。因此，应针对收银人员实施教育训练，确保工作流程的正确性。人员交班的现金结账、主管的稽查、盘点等，都是教育训练的重点。

（7）每日账务核对。卖场的收入包括现金、记账卡、信用卡、礼券、提货券、

支票、各国的通行货币等。必须将每日的现金收入金额，与电脑上的账务资料相核对，才能掌握现金流程的管理依据。

(8) 现金存入银行。营业所收的现金，每日应主动存入银行，以减少保管风险；至于大卖场现金更多，则有必要协助银行到卖场收款。无法立即存入银行的特别时机（例如节假日），则应事先备妥保险柜设备及安全的保管设施，以避免现金损失的可能性。

(9) 定期或不定期的盘点货品。为了防止现金销货记录产生不当或重大错误，可在每天、每周、每月，在业务终了时，实地盘存，掌握每天每样物品的销售数量，计算销货额，与当天或该周的现金收取额核对。依据所谓的盘存法，掌握销货数量，核对现金收取额，以确认销货全部加以记录。唯此法仅能适用于物品数少、物品规格化或者销售单价高的企业，并非所有的企业都能够实施。

四、收银作业守则

现金的收受处理是收银员相当重要的工作之一，这也使得收银员的行为与职业道德格外引人注意。为此卖场必须制订收银员收银作业守则。以下为收银员在执行收银作业时必须遵守的一些守则：

(1) 收银员身上不准携带现金。收银员在作业时，如当天带有大额现金，并且不方便放在个人的寄物柜时，可请店长代为存放在店内金库。

(2) 收银台不可放置任何私人物品。收银台随时会有顾客付款，或临时删除购买的品项，若有私有物品放置在收银台，容易与顾客的货物混淆，引起他人的误会，但茶水除外。

(3) 收银员不可擅自离岗。收银柜台内有金钱、发票、礼券、单据等重要物品，如果擅自离岗，将使品行不端者有机可乘，造成店内的损失。而且当顾客需要服务时，也可能因为找不到工作人员而引起抱怨。

(4) 收银员不能为自己的亲朋好友结账。这样做既可避免收银员利用职务上的方便，以比原价低的价钱登录至收银机而谋利亲友，同时也可避免引起不必要的误会。

(5) 收银员不可任意打开收银机的抽屉查看数字或点算金钱。当众点算金钱也容易引起他人侧目。

(6) 收银员不可嬉笑聊天。应随时注意收银台前的动态，如有任何状况，应按铃通知主管处理，不启用的收银通道必须用链条围住。

此外，收银员应熟悉零售企业的服务政策、促销活动、当期特价品、重要商品的位置以及各种相关信息。收银员熟悉了上述各种规范及信息，除了可以迅速回答顾客的询问，也可主动告知，促销店内商品，让顾客有宾至如归、受到重视的感觉，同时还可以提升商店的业绩。

五、处理各种支付手段的工作规范

零售企业卖场的支付手段主要有现金支付、抵用券支付（总部发行的代用货币)、信用卡支付、储蓄卡支付、支票支付等。现金支付自然不必介绍，支票支付一般由财务室处理，这里只介绍抵用券支付、信用卡支付以及储蓄卡支付。

1. 抵用券支付

抵用券一般是指总部发行的各种有价券、折价券、赠券等。若顾客提出以此类券来代抵一部分金额时，收银员应仔细辨别其真伪、有效日期、使用方法（如是否可以找零，是否可以分次使用及开立发票等），并在抵用券右上角加画"//"代表此券作废，同时于其背面加签收银员的姓名、日期及机号；如果是折价券，则还应对照商品与折价券是否相符，再将该金额分摊于该商品。

2. 信用卡支付

信用卡是银行发行的可以透支的一种卡，一般都印有年、月、日，持卡人姓名和有关银行标志。信用卡按其使用范围可分为国内信用卡和国际信用卡。

收银员在接到顾客信用卡支付时的工作步骤如下：

（1）把信用卡放在刷卡机的槽口刷卡。

（2）请顾客输入密码。

（3）输入金额，并检查销售单上打印的内容是否完整、清楚。

（4）请顾客在销售单上的相应位置签名。

（5）将销售单上的签名与信用卡的签名相比，确保其真实性、正确性。

（6）选择付款键，打开收银箱，完成交易。

（7）将信用卡和销售单的顾客联交还给顾客，并嘱咐顾客保留好，以便今后对账，保留商场联并放入收银箱。

（8）关闭收银箱。

3. 储蓄卡支付

在我国零售企业中，储蓄卡支付是除现金之外的第二大支付手段，储蓄卡又称借记卡，不具备透支功能，是先存入后取出的，对银行和商家都无风险。我国各大银行都有发行。

收银员在接受顾客用储蓄卡支付的工作步骤如下：

（1）把储蓄卡放在刷卡机的槽口刷卡。

（2）输入金额。

（3）请顾客输入密码。

（4）检查销售单上打印的内容是否完整、清楚、正确。

（5）选择付款键打开银箱，完成交易。

（6）将储蓄卡和销售单的顾客联交还给顾客，保留商场联并放入收银箱。

（7）关闭收银箱。

六、大钞预收服务

1. 大钞预收概念

当银箱中的现金过多时，要在交接班前提前收取大面额现金，称大钞预收。

2. 大钞预收流程

大钞预收标准流程为：领取现金钱袋——开收银机银箱——收取大钞现金——放入钱袋封好——关闭收银机银箱——钱袋放入保险箱——做收取记录——收取下一收银机——回交现金室。

3. 大钞预收作用

(1) 大钞预收可以减少收银机中现金的数量，及时将现金返回现金房进行处理。

(2) 防止偷窃、抢劫，保证资金安全。

(3) 空出银箱便于收银员操作。

第三节　卖场收银常见问题的处理

卖场收银作业中常见的问题有：收银错误、扫描异常、发票作废、清换零钞、收银累计有盈余等问题。

一、扫描异常的处理

常见的扫描异常处理如下：

1. 无条码扫描

收银员应要求卖场管理人员检查确定无条形码商品的正确条码，尽快通知收银员进行此次交易；同时检查余货商品，将无条码的商品补贴正确的条形码。

2. 出现双重条码

收银员应要求管理人员决定使用哪一个条形码，并尽快通知收银员进行此次交易；楼面对余货进行处理，使另一错误的商品条形码完全失效。

3. 出现错误条码

扫描后系统的商品品名与实物不符，收银员应要求管理人员找出正确的商品条形码，并尽快通知收银员进行此次交易；楼面检查余货及其他商品的条形码是否正确。

4. 出现无效条码

条形码未在系统的信息库中，如确认属于新条码代替旧条码，第一时间通知收银主管用新条码进行此次交易；楼面如无法确定条码，收银主管则用价格方式进行此次交易；楼面则将余货退货给供应商或请求采购部处理。

二、收银错误的处理

在收银过程中，发生收银错误是难免的，即便是使用 POS（销售终端）系统进行结算，由于条形码的模糊、不平整以及系统故障等问题，也会发生收银错误。在具体作业过程中，关键是当发生收银错误时，应采取何种措施进行补救。常见的收银错误主要有四种：结算顾客货款时的收银错误；顾客携带现金不足；顾客临时退货；营业收入收付时发生的错误。面对上述情况，收银员应采取一定的措施及时进行补救，将负面影响减少到最低程度。

1. 为顾客结算发生收银错误时

（1）真诚地向顾客道歉，解释原因并立即予以纠正。

（2）如果收银单已经打出，应立即收回，并用双手递给顾客，并就因耽误顾客时间而再次向顾客道歉。

（3）请顾客在作废的结算单上签字，并登记入册，请值班经理签字作证。

（4）向顾客的合作表示感谢。

2. 顾客携带现金不足或临时退货的处理

（1）当顾客发现随身携带的现金不足以支付选购的商品时，应好语安慰，不要使顾客感到难堪，并建议顾客办理不足支付部分的商品退货。如果已经打好结算单，应将其收回，重新为顾客打一份减项的结算单。

（2）如果顾客临时决定退货，应热情、迅速地为顾客办理退款手续。

（3）作废结算单的处理程序与上相同。

3. 营业收入收付发生错误时

（1）收银员在下班之前，必须核对收银机内的现金、购物券等营业收入的总额，再与收银机结出的累计总货款进行核对，两者不符时，收银员应将差额部分写出书面报告，解释原因。

（2）如果货款短缺，应根据收银员的工作经验，分析出是人为因素造成的还是非控制因素造成的，以决定收银员是部分赔偿或全部赔偿。

（3）如果实收金额大于应收金额，说明收银员多收了顾客的货款，会在顾客中造成坏的影响，直接影响到零售卖场的形象，应责令收银员支付同等的多收金额，以示惩戒。

为了减少零售企业收银工作中的舞弊行为，无论多收或少收，都应由收银员自行负责，以增强其责任心，严重的，不仅要通报批评，而且要辞退。

三、发票作废的处理

（1）作废发票记录本应为一式二联，其中一联可随同作废发票转会计或其他相关部门，另外一联可由收银部门自己留存。

（2）若将作废的发票遗失，即不能办理发票作废，应成为收银员的收银短缺，由收银员自行负责，以免收银员借此舞弊。

（3）作废发票记录本上的任何记录及签名必须准确填写。所有作废发票的办理应在营业总结账之前办理妥当，不可在结账后才补办发票。

（4）若同一笔交易有三张发票，只有其中一张发生错误时，应将三张发票同时收回一并办理作废，再重新登录三张发票。

四、请换零钞的处理

收银员所持有的各种纸钞硬币是为了维持卖场每日正常的找零工作，财务人员对其控制是相当严格的。尤其是一些不法分子以换零钱为由，运用各种手法诈骗金

钱，使零售企业蒙受损失。因此收银员对顾客额外的请换零钱，应婉言拒绝。但对于店内设有公共电话、儿童游乐器、存包处等需要用硬币的设施，可以给顾客兑换硬币，但应建议其到服务台办理，以便于合理控制及免于打乱收银工作。

此外，为了找零的方便，收银员也应尽量要求顾客补齐零头，以便找整数，减少找零的压力，但不可强行要求。如顾客应付款是 72.5 元，收银员收到顾客 100 元钞票，此时可要求顾客再付 2.5 元，即实收顾客 102.5 元，以便找给顾客 30 元，而不是 27.5 元，既加快了收银速度，又减轻了找零的压力。

第四节　装袋与包装作业

大多数零售企业都为顾客提供装袋与包装服务，这种服务作业一般是由收银员完成的，因此，卖场作业人员，特别是收银员应掌握装袋与包装作业，以便为顾客提供良好的服务。

一、包装作业的基本要求

大多数商品在其制造、包装时都会考虑其提拿的方便性，即提供现成的包装。即使提拿不方便的商品零售企业也会提供方便袋以利于顾客携带，但对于那些不便携带，而又没有合适方便袋来装的商品就必须进行捆扎包装。此外，许多零售企业也为顾客提供礼品包装的服务，因此卖场作业人员必须掌握包装作业技术。

为顾客包装商品，是卖场作业人员服务步骤的最后程序。包装的好坏，直接关系到顾客对整个服务过程的感受。因此，在包装商品时，必须做到以下几点：

（1）包装要既快又好。一般对顾客的原则应是：在顾客决定购买之前，要慢慢地向他说明商品的特性；而当他决定购买之后，收银员就要加快行动，包装时尽量不要让顾客久等。但是，又不能为求速度而草率包装，包装还必须安全、美观、方便。因此，收银员平时应多加练习，熟能生巧，为顾客提供既快又好的包装。

（2）先检查后包装。在包装商品前，要当着顾客的面，检查商品的质量和数量，看有无残损和缺少，注意不要包错。

（3）注意保护商品。如遇到顾客买的商品比较多，需要装箱或用大包装时，要注意防止串味、浸油、污染等，对容易碰碎的玻璃器皿、陶瓷制品等，包装时要注意加上保护层。

二、装袋作业的原则

卖场作业人员在装袋时，应把握以下原则：

（1）选择合适的购物袋。购物袋的尺寸有大小之分，根据商品的多少来选择正确大小、数量的购物袋。究竟用一个大的购物袋还是用两个小的购物袋，由商品的类别和承重来决定。

（2）不同商品应分类装袋。商品分类是非常重要的，正确科学的分类装袋，不仅提高服务水平、增加顾客满意度，也体现尊重顾客、尊重健康的理念。

一般分类的原则如下：

①生鲜类食品（含冷冻食品）不与干货食品、百货食品混合装袋。

②生鲜食品中的熟食、面包类即食商品不与其他生鲜食品混装，生熟分开。

③生鲜生食品中，海鲜类不与其他生食品混装，避免串味。

④化学用剂类（洗发水、香皂、肥皂、洗衣粉、各类清洁剂、杀虫剂等）不与食品、百货类混装。

⑤服装、内衣等贴身纺织品，一般不与食品类商品混装，避免污染。

⑥其他比较专业的、特殊的商品一般不混装，如机油、油漆等。

（3）应达到易提，易拿取，承重合适。掌握正确的装袋技巧，做到又快又好，既避免重复装袋，又达到充分使用购物袋、节约成本、顾客满意的效果。商品分类后，确定购物袋的数量和尺寸以及混装方法。

三、装袋作业的程序与技巧

1. 装袋作业的程序

装袋作业的程序一般为：

（1）重、硬的商品放在袋底。

（2）正方形或长方形的商品放在袋子的两侧，作为支架。

（3）瓶装及罐装的商品放在中间。

（4）易碎品或较轻的商品放在上方。

2. 装袋作业的技巧

装袋作业的基本技巧如下：

（1）考虑商品易碎程度，易碎商品（方便面、膨化食品）能分开装最好，不能的则放在购物袋的最上方。

（2）考虑商品的强度，将饮料类、罐装类、酒类商品放在购物的底部或侧部，起到支撑的作用。

（3）考虑商品的轻重，重的商品放底部，轻的商品放上面。

（4）考虑商品的总重量不能超出购物袋的极限，商品的总体积不能超出购物袋，如果让客人感觉不方便提取或有可能超重，最好分开装或套多一个购物袋。

（5）冷藏（冻）品、豆类制品、乳制品等容易出水的食品，肉、鱼、蔬菜等容易渗漏流出汁液的商品，或是味道较为强烈的食品，应先用其他购物袋包装妥当之后再放入大的购物袋内。

（6）确定附有盖子的物品都已经盖紧。

（7）货物不能高过袋口，避免顾客不方便提拿。

（8）确定公司的传单及赠品已放入顾客的购物袋中。

（9）装袋时应将不同客人的商品分清楚。

（10）体积过大的商品，可另外用绳子捆绑，方便提拿。

（11）提醒顾客带走所有包装好的购物袋，避免遗忘在收银台上。

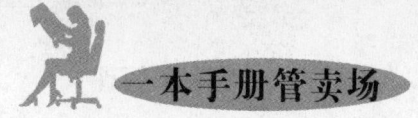

四、注意事项

有些零售企业为了节约成本，并没有为顾客提供装袋服务，而是由顾客自行将商品放入购物袋。在此情况下，卖场作业人员必须注意下列事项：

（1）将登录完的商品放入另一购物篮时，必须依照装袋的程序将商品放入，以免商品遭受损坏。

（2）将结账完毕的商品交给顾客时，应同时附上购物袋（不论商品多少），并对顾客说声"麻烦你"。

（3）必须分开包装的商品，应多给顾客几个购物袋。

（4）因体积过大或过重而无法放入购物袋的商品，应在商品上留下记号，以示该项商品已经结账。

第三章 | 卖场的安保与售后服务

第一节　安保服务

卖场有责任为顾客提供安全、整洁的购物环境，员工也有义务维护和保持良好的卖场环境。好的环境不仅仅体现服务顾客的宗旨，也可为员工自己创立一个舒畅、安全的工作条件。

一、环境安保服务

1. 店内地面、通道的安全

（1）保证地面、通道无溢出物。

溢出物是地面上的液体物质。如污水、化学液体、饮料、黏稠液体等。溢出物不论在卖场的任何地方，都必须立即清除，特别是在销售区域，以避免不必要的滑倒和人身伤害。如溢出物属于危险化学品或专业用剂，必须用正确的方式予以清除，必要时需要专业人员的帮助。任何员工在发现溢出物时，都有职责进行处理，首先守住区域，请求帮助；守住溢出物后，不要让顾客和其他人员经过这一区域，及时用正确的方法进行处理；清理完毕后，如地面未干，应放置"小心地滑"的警示牌。

（2）保证地面、通道无垃圾。

销售区域的垃圾主要指纸皮、废纸、塑料袋等杂物。正确处理垃圾能够保持干净的购物环境，减少不安全因素。垃圾无论在卖场的任何地方，都必须立即清除。在销售区域的垃圾，任何员工都有责任将其拾起，放入垃圾桶内。非操作区域的垃圾的处理遵循有关的垃圾处理程序，特别是化学用品垃圾的处理，必须遵循相应的指示规定。

（3）正确处理障碍物。

障碍物指与购物无关、阻碍购物或存放不当的物品。如在消防通道的梯子、销售区域的叉车甚至散落在通道上的卡板、商品等，都是障碍物。

正确处理障碍物是消除各种不安全因素的有效保障，应使物品摆放在应有的区域而不脱离员工的控管范围。

2. 商品存放的安全

（1）商品陈列的安全。商品陈列的安全不仅指商品是否会倒落，同时还包括价格的标志牌是否安全可靠。货架的陈列要用一定的陈列设备进行防护。堆头陈列的高度有一定的限制，应使用堆积技巧，使其稳固。

（2）商品库存的安全。高货架的商品库存存放必须符合安全标准；散装的商品必须全部装入纸箱。

3. 附属设施、设备的安全

（1）陈列设备的安全。

①陈列设备的承重是否在安全极限内。

②陈列设备是否足够光滑，有无锋利的边角。

（2）辅助设施的安全。

①卖场提供的休息处、儿童游乐处，是否有不安全因素。

②所有的销售区域的消防设施有无受损。

③所有可能与顾客接触的明电线是否符合安全标准。

④购物车/篮是否损坏，比如断裂、少轮子等。

4. 店外/停车场的安全

（1）车辆的进出安全。

①车辆是否按规定的进出道行驶，按规定的区域进行停放。

②车辆的行驶速度是否放缓。

③是否有提醒顾客注意安全的警示标语。

（2）购物车的安全。

①购物车是否被顾客推离停车场的范围。

②购物车是否停放在停车场内，是否零散地放在停车广场内。

③购物车的轮子是否损坏，是否有可能伤人的毛刺。

（3）恶劣天气时的安全。

①恶劣天气，卖场进出口是否有员工提醒顾客注意安全。

②恶劣天气，店外的高空悬挂物是否取下。

③雨雪天气，是否向客人发放雨伞袋，卖场进出口地面是否放好脚垫。

④雪天是否将卖场的广场或进出口通道的积雪清理干净。

二、突发事件处理

1. 突发事件的处理原则

（1）预防为主，计划为先。做好日常安全工作，消除隐患，减少紧急事件的发生。

（2）处理迅速、准确、有重点。发生紧急事件后，应该保持镇静，有序组织事件的处理，安排事情要责任分明、岗位明确、反应迅速，一切行动听从指挥，随时调整策略以应对情况的变化。

（3）以人为先，减少伤亡，降低损失。人的生命是最珍贵的，因此所有的救援工作首要任务是保全和抢救人的生命，其次才是减少财物损失。

2. 突发事件处理方法——火灾

火灾有一般火灾和重大火灾之分。根据实际情况，暂定三种火警级别：一级火警，即有烟无火；二级火警，即有明火初起；三级火警，即火灾从时间和空间上难以控制。安全部接到报警后，根据现场情况判断火警的级别，进行相应的处理。

（1）在通知店经理后，应立即拨打"119"报警电话。

（2）编制小组内人员在听到消防警报后，应迅速赶到安全部，立即按"紧急事件处理小组"的编制，确定行动方案，快速行动，各司其职。

（3）火灾扑灭后，安全部要检查消防系统的运行情况，迅速查访责任人，查找火灾起因；工程部协助从技术角度查找火灾起因，通过对机器、数据、资料进行收集分析，由消防安全调查人员撰写正式报告，并根据财产和人员的伤亡情况，计算损失，迅速与保险公司进行联系，商讨有关赔偿事宜。

（4）制订灾后重新开业的工作计划和方案。

3. 突发事件处理方法——台风、暴雨、高温等恶劣天气

安全部必须每日关注天气情况，不仅是为了防范恶劣天气带来的灾害，而且是提高服务质量、关注销售的一种体现。一般的恶劣天气，由气象部门预报的预警信号来体现。

热带风暴通常伴随着台风和暴雨，在接到热带风暴的预报后，应做如下工作：

（1）准备工作。

①将天气预报在员工通道或饭堂等处的明显位置贴出；

②检查户外的广告牌、棚架是否牢固，广告旗帜、气球是否全部收起；

③检查斜坡附近的水渠是否通畅；

④撤销广场外的促销活动展位，收起供顾客休息的太阳伞；

⑤准备好雨伞袋和防滑垫，在暴雨来临时使用。

（2）现场处理。

①门口分发雨伞袋，铺设防滑垫，入口出口门关闭一半；

②保证排水系统良好通畅；

③密切注意往低洼处进水的区域，将商品或物件移走，以防止水灾造成财产损失。

4. 突发事件处理方法——人身意外事故

指顾客或员工在卖场内发生的人身意外，包括意外事故伤害、一氧化碳中毒、电击以及因个人健康问题导致的突发性晕厥、休克等事件。

（1）当发生意外时，首先要第一时间进行报告，顾客意外要报告客服经理、安

全主管，员工要报告该部门管理人员、安全主管，并办理工伤处理程序中的相关手续。

（2）如顾客有突发病发生应立刻通知相关人员进行必要的急救处理，尤其是老年人、残疾人、孕妇及儿童，并迅速拨打急救电话"120"，请派救护车，由店内人员送顾客到医院就医。

（3）如属意外伤害、重大伤害，员工应立即到医院就医，顾客应在客服经理的陪同下立即到医院就医，有情况及时上报店经理和总部，以便更好处理善后赔偿事宜。

5．突发事件处理方法——营业时间内突然停电

①立即启用备用发电机，保证店内照明和收银区的作业。

②只能使用紧急照明、手电筒，不能使用火柴、蜡烛和打火机等任何明火。

③如收银机不能运转，收银员应立即将收银机抽屉锁好，并坚守岗位。

④收货部停止收货。

⑤现金室停止工作，现金全部入金库锁好。

⑥安全员立即对卖场的进口、出口进行控制，在暂时不知道停电时间的长短时，可先劝阻顾客暂不进入。

⑦启动广播，安抚顾客，管理人员协助安全部维持现场秩序，避免发生混乱和抢劫等。如需要停业关店的，则进行顾客疏散工作。

⑧生鲜部限量加工商品，所有电力设备做关闭电源处理，所有冷库立即封门。如时间过长，陈列冷柜中的商品要移入冷库中保存。

⑨所有人员坚守岗位，各部门管理层要派人员对本区域内的零散商品进行聚集处理。

⑩工程部应立即询问停电原因及停电时间长短，店经理根据实际情况决定是否停止营业。

6．突发事件处理方法——匪徒抢劫收银台的金钱

①保持冷静，不要做无谓的抵抗，尽量让匪徒感觉你正在按他的要求去做。

②尽量记住匪徒的容貌、年龄、衣着、口音、身高等特征。

③尽量拖延给钱的时间，以等待其他人员的救助。

④在匪徒离开后，第一时间拨"110"报警。

7．突发事件处理方法——示威或暴力

①将进出口处大门关闭，卖场停止营业。

②阻止示威者任何强行进入店中的行为，以避免发生抢劫事件。

③立即报警，在警力控制场面之前，不要作任何有可能激化矛盾的决策。

④保持冷静和沉默，对示威者的问题不作回答或发表意见。

⑤密切注意示威者的行为。如张贴标语，投掷鸡蛋、石块，甚至纵火、破坏建筑设施等行为。

8. 突发事件处理方法——骚乱

①如发现卖场内有人捣乱，应立即通知安全员到现场制止。

②阻止员工和顾客围观，维持现场秩序。

③拨打"110"报警，将捣乱人员带离现场，必要时送交公安机关处理。

④对捣乱人员造成的损失进行清点，由警察签字后作汇报。如有重大损害要通知保险公司前来鉴定，作为索赔的依据。

⑤若发现任何顾客在店内打架，应立即拨内部电话，通知安全员到现场制止。

⑥不对顾客的是非进行评论，保持沉着、冷静，要求其他顾客立即离开。

9. 突发事件处理方法——发现可疑物或可疑爆炸物

①发现可疑物后，立即汇报管理层。

②经卖场经理或在场最高负责人许可后，立即打"110"报警。

③不可触及可疑物，划出警戒线，不许人员接近。

④疏散店内人员和顾客，并停止营业。

⑤静待警方处理直至危险解除，再恢复营业。

第二节　售后服务

一、商品包装服务

商品的包装、捆扎是否牢固，会直接反映着卖场服务质量的好坏。所以，客户服务人员在接待顾客时，还必须不断提高包装技术，尽量为顾客提供美观、方便、安全、牢固的包装服务。在进行商品包装时必须注意以下事项：

（1）商品包装包扎前，先要检查商品连同它的外包装是否完好或受污损。

（2）要根据不同的商品及其外形，采用不同的包装材料与包扎形式。

（3）客服人员在进行商品包装包扎时要做到面向顾客，熟练操作包扎形式。

（4）客服人员在进行商品包装包扎时要做到面向顾客，操作熟练迅速，包严扎牢，外观整齐，省料而便于携带。

二、商品运送服务

根据服务礼仪的规范，卖场应为顾客提供送货服务，需要在以下五个方面慎之又慎，好上加好。如果在其中某一个方面出现了差错，就会对售后服务甚至整个服务过程造成损害。

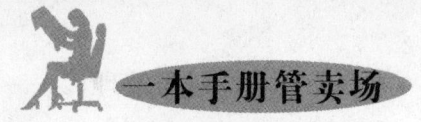
1. 遵守承诺

提供送货服务，通常在售货服务进行之中，即明文公告，或由客服人员口头告诉顾客。不论是明文公告还是口头相告，均应将有关具体规定，诸如送货区域、送货时间等一并告之对方，并且必须言而有信，认真兑现自己的承诺。

2. 专人负责

为顾客所提供的送货服务，大体上都应当由指定的专人负责。规模较大的卖场，还往往需要组织专门的送货人员与送货车辆。即使雇请外人负责代劳，也要与之签订合同，以分清彼此之间的责任，并要求对方全心全意地做好此事。

3. 免收费用

在正常情况之下，卖场为顾客所提供的送货服务，是不应再额外加收任何费用的。倘若顾客对于送货提出了某些特定的要求，进行特殊包装、连夜送货上门就必须与顾客达成协议。这一费用一经议定，不得任意进行升降。

4. 按时送达

送货上门，讲究的是尽快尽早。因此，卖场通常应当尽一切可能，使自己的送货服务当时进行，或者当天进行。一时难以做到的话，也要争取越快越好。对于自己业已承诺的送货时间，则一定要严格遵守。若无特殊困难，必须在规定的时间之内准时为顾客送货到家。

5. 确保安全

在送货上门的过程中，有关人员应当采取一切必要的措施，确保自己运送货物的安全。假如在送货期间货物出现问题，循例应由卖场负责理赔。根据惯例，送货到家之后，应请顾客对其开箱进行验收检查，然后正式签收。

三、上门安装服务

安装，通常称为上门安装服务。它主要是指由卖场负责为顾客上门装配、调试对方所购买的大件商品或成套商品。对于不少消费者来讲，能否由销售商负责进行安装，往往是他们购买商品时重要的先决条件之一，因为有许多大件商品或成套商品，没有专业技术的人是难以正确装配、调试的，所以，对卖场而言，在提供安装服务时应注意以下几点：

1. 约期不误

向顾客提供安装服务，务必要在双方预先约定的时限之内按时进行。切勿一拖再拖，反复延误，甚而毁约不再负责安装，否则就是对消费者权益的一种严重损害。

2. 免收费用

按照惯例，为顾客提供安装服务，对卖场而言往往是其应尽的一项义务，因此它是不应收取任何费用的。有关经办人员在上门进行安装时，也不得以任何方式加收费用或者进行变相收费。

3. 两袖清风

卖场安装人员上门进行服务时，应当做到两袖清风，不准私自索取财物，不准要吃要喝，尤其是不准以要挟手段来达到此类目的。

4. 符合标准

为顾客所进行的安装服务，不但要由专业技术人员负责，而且在其具体进行操作时，亦须严守国家的有关标准。不合标准而随意安装，或是在进行安装时偷工减料，都是不能允许的。

5. 当场调试

正式安装完毕之后，有关人员应当场进行调试，并向顾客具体说明使用过程中的注意事项，认真答复对方为此而进行的询问。当调试无误之后，应由对方正式进行签收。

6. 定期访查

对于卖场负责安装的商品，卖场应本着对顾客负责到底的精神，在事后要定期访查，以便为顾客减少后顾之忧，并及时为其排忧解难。

四、上门维修服务

在上门维修之前所了解的待修产品的故障信息，所带的维修资料、工具、备件是否齐全以及时间安排是否妥当，往往就决定了此次上门维修是否能一次成功。以下以电视检修为例介绍一些基本技巧，为上门维修服务工作的客服人员提供一些富有参考价值的东西。

（1）问清楚待修电视机的型号和故障现象及损坏原因。

①可以用电话或其他联系方法问清故障机是什么型号的、新机还是旧机、故障现象、有无图纸以及损坏原因等。

②了解这些是上门检修工作重要的第一步。因为电视机品牌繁多，故障万千，谁也不可能带全所有电视机的资料与备件。所以对于有经验的维修人员来说，上门前就可以有目标、有针对性地准备所带的资料与备件，从而达到上门维修一次成功。

③了解待修电视机是新机还是旧机，再结合故障现象，对上门速修电视机是有帮助的。

④了解待修电视机损坏的原因，对上门速修电视机也是有帮助的。

⑤检修电视机还要了解和考虑故障机是否与使用环境有直接的关系。

（2）上门前尽量带齐维修工具、资料与备件。

五、赠品发放服务

1. 赠品的收货

供应商送来赠品后，由收货区与客服部一并点收，并放入赠品仓库，凭"赠品收货单"入赠品账本。

2. 领取赠品

赠品区人员填写领料单，经部门主管批准后，一同去仓库领出赠品，并在账本的"贷方"位置做领出的记录。

3. 发放赠品

顾客持购物小票至赠品区领取，客服人员在"赠品控管表"上做派发的登记，注明流水号、机台、数量、经办人，并在购物小票上盖"赠品已送"的印章。

4. 赠品的账目

每天发放的赠品品名、数量都须依据"赠品领取登记表"上的记录进行入账，贵重赠品每天盘点，其余赠品一月大盘一次。

5. 赠品的转货及报废

（1）存放长时间且不再派发的赠品，通知楼面主管进行处理，填写"存货更正单"，否则由客服部自行处理。

（2）已变质或破损的赠品，需填写"报废单"经部门经理批准后进行报废。

6. 稽核

每日客服主管核对前一日电脑销售与赠品派发数量进行核对，若有出入，查询原因并处理。

发放赠品的工作人员或店内员工不可私自将赠品作为私用，否则将给予经济处罚。

六、手推车管理

（1）及时将顾客用完的手推车及购物篮放归原处，便于下一位顾客使用。

（2）每班人员分成两组，一组在场内运送手推车及购物篮，另一组负责场外整理顾客用完的手推车及购物篮于规定位置上，便于另一组运送。

（3）任何一组工作繁忙时，另一组应及时协助完成其工作。

（4）当班时间工作人员不得随意串岗，影响工作运行。

（5）除做好管理工作外，还应协助外保人员防止手推车及购物篮的损坏、遗失。

（6）各部门员工用完客户服务部手推车后，应及时将其归还至原处，如需长时间借需向客户服务部以书面形式借用，归还时索回借条。

（7）手推车管理员应每星期对手推车及购物篮进行盘点，并将准确数字与上期比较并上报主管。

(8) 手推车管理员应及时清理手推车内脏物并作定期冲洗,以保证其正常运作。

(9) 若发现手推车有损坏现象应及时报工程部修理。

(10) 报废手推车送交行政库统一处理。

七、商品退换服务

(一) 退换货审核标准

(1) 退换货须凭卖场"销货明细单"和发票(仅限购物时领取发票者),在购买15天内可到卖场退换(音响家电商品除外)。

(2) 凡退换商品须经退换组人员签字,有质量问题方能退货;若商品有明显使用痕迹或因顾客使用不当而损坏的商品不予退换。

(3) 音响家电商品自售出7天内,发生性能故障,可以退货;8~15天内,发生性能故障,可能换货;超出15天不可退换。

(4) 音响家电商品,有顾客因使用、维修、保养不当造成损坏的,自行拆动造成损坏的及雷击、自然灾害等造成损坏的情况均不可退换。

(5) 凡购买超过30日的商品;原包装损坏或遗失,配件不全或损坏的商品;未经测试及无保修卡的影音家电商品;本卖场出售的"清仓品";个人卫生用品,如内衣裤、睡衣、泳衣、袜子等;消耗性商品,如电池、胶卷等;已出售的香烟、酒类等商品均不在退换之列。

(二) 退换货处理原则

1. 食品

食品退换货处理原则如表6-1所示。

表6-1 食品退换货处理原则表

状况	处理原则
严重不符合食品卫生或保质期内严重变质	退货并赔偿,对已因信用造成住院的还应支付其医药费 向供应商作相应的追赔
过保持期	赔偿的金额为消费者购买商品的价款或者接受服务的费用的双倍
保质期内食品有质量问题	售出后不久,7天内可退或换,7~15天可换,如超市无此货,那么可退
保持期内食品无质量问题的退换货原则	烟、酒、营养品不退不换; 包装不完好,不能上柜再销售的不予退换; 虽然包装完好,但售出已多时,无法认定是本超市售出的,不能退或换; 包装完好,是刚售出或没有离开,只是价格看错或买错的,可以退

2. 鞋类

（1）鞋类属于"三包"商品，参照鞋类行业的标准执行。

（2）皮鞋在"三包"有效期内发生断底、断面的可以退或换。其他属包修范围（修理期为 7～10 天），如无法维修时可换同型号同规格；如无同型号同规格的可退，且不能收取折旧费；如有同型号同规格的而消费者不愿换而要求退的，可收取折旧费。

（3）"三包"有效期内修理两次后仍不能正常使用的，应换或退；折旧费计算时应扣除修理时占用时间和待修的时间。

3. 服装

（1）不污损、吊牌完整、未经穿着或外包装未打开过、未洗过（包括袜子、领带、内衣裤、手套等）、裤子未撬边等可以换或退。

（2）虽穿过洗过但有明显质量问题，比如褪色严重、缩水严重超标、面料老化脆化等情况均可以退。

（3）由于卖场或商品标志错误，顾客买错打开包装但未经穿用的，应为其退或换。

4. 其他商品

（1）外观质量问题。

①在明显部位，试机时应该能发现的，则由顾客自己负责，不应退换，卖场可以帮助联系修理，但修理费由顾客自己承担。

②不在明显部位，试机时不一定能发现的，断定不可能是顾客搬运或碰撞造成的应给予换或退。

（2）内在质量问题（"三包"商品）。

①根据相关法律法规规定，出售 7 日内可退/换/修，7～15 日可换/修。

②请顾客出示发票凭证，目的是验看是否是本卖场出售，售出日期是否符合退换条件，该商品是否是三包商品。

③对顾客的商品进行鉴定：有质量问题，配件齐全，换或退；有质量问题但配件不齐的，换，但把所缺配件的商品留下；无质量问题，可能是不会操作或使用不当或其他原因的，如把握很大可请顾客去有关部门鉴定，不作退换货处理。

（3）大件商品。

①大件商品退换，卖场应承担车辆运输费用。

②自行车是三包商品，与家电一样处理。但若在 15 天之内，已盖铅印的则不能换，只能包修；轮胎已磨损，无法再销售的，也不能换，以修为主。

（4）化妆品。

离店后一般不退不换，质量问题（如挤不出等）例外。

（三）退换货处理流程

1. 退货流程

退货流程如图 6-1 所示。

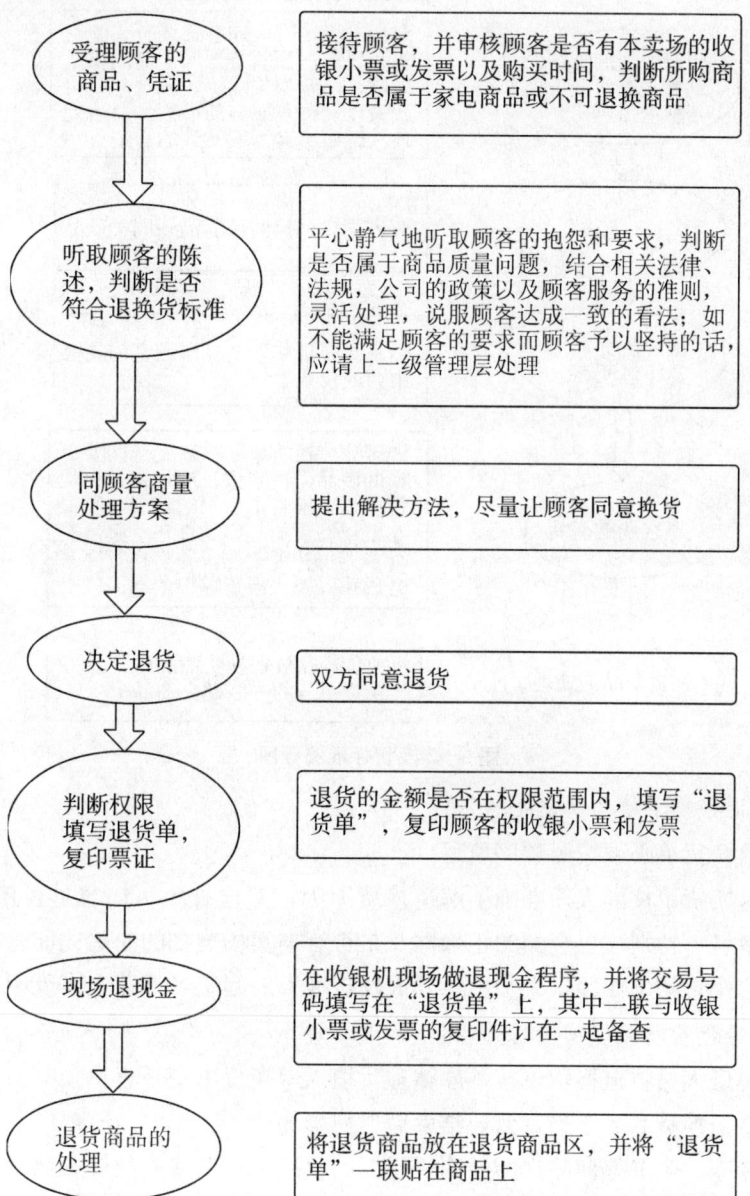

图 6-1 退货标准流程图

2. 换货流程

换货流程如图6—2所示。

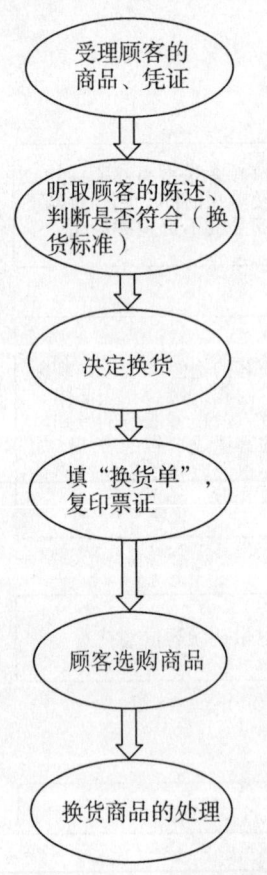

流程	说明
受理顾客的商品、凭证	接待顾客，并审核顾客是否有本商场的收银小票或发票以及购买时间，判断所购商品是否属于不可退换商品
听取顾客的陈述、判断是否符合（换货标准）	耐心平静地听取顾客陈述有关的抱怨和要求，判断是否属于商品质量问题，结合相关法律、法规、公司政策以及顾客服务的准则，灵活处理，说服顾客达成一致的看法
决定换货	双方同意调换同种商品或同类商品
填"换货单"，复印票证	填写"换货单"，复印顾客的收银小票或发票
顾客选购商品	顾客凭"换货单"一联，选购要更换的商品，在收银机现场执行换货程序，"换货单"中的一联与收银小票或发票的复印件订在一起，实行多退少补现金法，并将换货交易号码填写在"换货单"的商品联上
换货商品的处理	将换货商品放在换货商品区，并将"换货单"的一联贴在商品上

图6—2 换货标准流程图

（四）退换货单填写注意事项

（1）退换货单必须按照顺序填写。

（2）退换货单核准人须准确了解退换货原因，并检查填写内容是否正确，确定无误后再签名，特别注意金额的正确性及是否有本卖场购物的原始凭证。

（3）退换货物单作废，必须由经办人及核准人一起签名并盖上作废印（三联）。

（五）退换货物品退回卖场作业

（1）晚班人员将退换货单按顺序整理，填入退换货单记录表。

（2）将退换货商品于当日营业结束后退回卖场。

（3）冷冻、生鲜等商品立即通知所属部门收回，过期或腐烂等影响商誉的商品，紧急通知楼面主管对现场商品处理。

（4）百货、食品值班主管于营业结束后至服务台收回并核对退换货商品，确定无误后于汇总表签收。

（5）驻场促销商品的退换货，可由驻场人员协助处理。

八、顾客投诉服务

（一）投诉原因分析

1. 环境引起的投诉

光线柔和、色彩雅致、整洁宽松的环境经常使顾客流连忘返。卖场卖物环境直接影响着顾客的购买心情。顾客对卖场购买环境的投诉主要有以下原因：

原因一：光线太强或太暗。

卖场中基本照明的亮度不够，使货架和通道地面有阴影，顾客看不清商品的价格标签；亮度过强，使顾客眼睛感到不适，也会引来他们的投诉。

原因二：温度不适宜。

卖场的温度过高或过低，都不利于消费者浏览和选购。北方 10 月下旬就已是寒风阵阵了，而室内暖气 11 月中旬才来，卖场里如果不开空调，石材铺就的地面，更加寒气逼人，无疑就会缩短顾客的停留时间。冬去春来，气候变化无常，乍暖乍寒，没有及时地调整卖场的温度，这些都会影响顾客的购买情绪。

原因三：地面过滑。

卖场的地面太滑，顾客行走时如履薄冰，老年顾客以及儿童容易跌倒，都会引起顾客的投诉。

原因四：卫生状况不佳。

例如：卖场不整洁，没有洗手间或洗手间条件太差等。

原因五：噪声太大。

理货员补货时大声喧哗，商品卸货时声音过响，卖场的扩音器声音太响等，都会引起顾客的反感和投诉。

原因六：电梯铺设不合理。

卖场出入口台阶设计不合理，卖场内的上下电梯过陡等。

原因七：卖场外部环境不合理。

有的卖场停车位太少；停车区与人行通道划分不合理，造成顾客出入不便等。

原因八：意外事件的发生。

顾客在卖场购物时，因卖场在安全管理上的不当，发生意外伤害而引起投诉。例如，财物丢失，卖场垃圾物的处理不当，造成公共卫生状况的恶化；商品卸货、码货时影响行人的交通或附近车辆的出入等。堆头地处卖场交通要道，容流量大，对刺激销售效果显著。但如果只注重陈列的美观效果，而忽略了安全因素，产生严重后果也是可想而知的。因此卖场在注重经济效益的同时，也要时时不忘安全。如货架的陈列，设备的悬挂和摆放，货架的边角外翻，电源插座被撞坏导致电线外露等。许多安全隐患都应该得到卖场的重视。

2. 服务引起的投诉

由于卖场服务而引起的投诉可分为对服务者和服务方式两方面的投诉。

（1）对卖场服务者的投诉。

顾客对卖场服务者的投诉大体上可以分为以下几类：

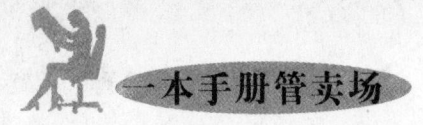

原因一：收银员工作不适当。

收银员多收顾客的货款；少找顾客零钱；商品装袋时技术不过关，造成商品损坏；将商品装袋时，遗漏商品；收银员面无表情，冷若冰霜；让顾客等待结算时间过长，这些都会引起顾客的投诉。

原因二：卖场服务人员态度不佳。

虽然自助式购物是超级市场的本质特征，但面对种类繁多的商品，顾客还是有不少疑问，他们会经常询问卖场中的理货员。有时理货员忙于补货，没有理会顾客的询问，或回答时敷衍、不耐烦、出言不逊等，都会引起顾客的投诉。

原因三：存包处工作人员态度不佳。

带包的顾客必然要存取背包、提袋。工作人员没有按照先后顺序接待顾客，使顾客等待时间较长；工作人员不熟悉存包柜的编号，动作迟缓；拿取包袋时动作过大，造成物品的损坏；取包时发生错误等。

（2）对卖场服务方式的投诉。

对卖场顾客的服务方式产生的投诉有以下几种：

原因一：运输服务不到位。

送大件商品时送错了地方；送货时损坏了商品；送货周期太长，让顾客等得过久。

原因二：未能守约。

顾客按约定时间提前订货，却没有到货；答应帮顾客解决的问题，顾客如约赶来时却还没有解决好。

原因三：商品说明不符合情况。

商品的使用说明不详细，用了时间不长就坏了；按商品标示买回去的商品却发现颜色不符或式样不对；成打出售的商品回去打开包装后发现数量少了；成套的商品缺了一件或互相不配套。

原因四：包装不当。

按顾客要求包装成礼品，却弄错了包装纸或装错了贺卡；作为礼品的商品出售时忘记了撕下写有价格的标签。

大体上顾客的投诉是由商品及相关的服务而引发的，但其他情况仍有不少。例如因顾客对新商品、新材料的不习惯而产生的投诉。由于顾客对这种新商品或新型材料缺乏使用的经验，对需做的改变感到不习惯，因而到企业那里去投诉。它既非商品的问题，也不是服务人员的不礼貌，所以较难以处理。

3. 商品引起的投诉

卖场主要销售食品和日用品，这些商品购买频率高，消费使用频繁，因此，顾客购买商品时产生投诉的情况也最为常见。针对卖场商品，顾客主要对以下几点进行投诉：

（1）价格偏高。卖场出售的商品主要以食品和日用品为主，消费者对这类商品的价格比较敏感。并且经营这类商品的零售店多，价格的横向比较较为容易。消费者一般投诉某卖场的价格水平高于商圈内的其他零售店的价格，希望企业对价格进行一定幅度的下调。

（2）商品质量差。卖场出售的商品有些是包装过的，其质量好坏只有打开包装后才能发现。因此，这类投诉属于消费者购买行为完成之后的"信息扭曲"，即消费者在使用商品的过程中发现商品不尽如人意而迫使自己内心里接收商品的过程。

（3）缺乏应有的信息。顾客在卖场中购买的商品有时会发现缺乏应有的信息情况，主要有以下情况：进口商品没有中文标示；没有生产厂家；没有生产日期；保质期模糊不清；已过保质期；生产厂地不一致；出厂日期超前；价格标签模糊不清；说明书的内容与商品上的标示不一致；等等。

（4）商品缺货。卖场中有些热销商品或特价品卖完后，没有及时补货，使顾客空手而归；促销广告中的特价品，在货架上数量有限，或者根本买不到。

（二）投诉处理技巧

1. 商品投诉处理技巧

（1）商品质量问题。

①如果顾客买的商品发生质量问题，说明卖场在质量管理上不过关，遇到这类情况，最基本的处理方法是诚恳地向顾客道歉，并更换质量完好的新商品。

②如果顾客因为该商品的质量问题而承受了额外的损失，卖场要主动地承担起这方面的责任，并对顾客的损失包括精神损失都要给予适当的赔偿与安慰。

③在处理结束后，就该把存在质量问题的商品如何流入顾客手中的原因向顾客讲明，并说明卖场的相应对策，给了顾客再次购买本卖场商品的信心。

④能与顾客保持一定的联系，确保顾客对卖场商品的满意度，并将商品的问题向供应商反映，给予更新，以利于企业的发展。

（2）商品使用不当。如果是因顾客自己使用不当而出现的商品质量问题，卖场客服人员要意识到，这不仅仅是顾客自身的问题，或许是营业员在销售商品时未向顾客交代说明清楚注意事项，或者营业员出售了不适合顾客使用的商品，属于这类事件的，卖场也应该承担一定的责任。一定要向顾客真诚地道歉，并根据事情的发展情况给予顾客适当的赔偿。

2. 服务投诉处理技巧

顾客的投诉有时候是因卖场员工的服务而引起，服务是无形的，不能像商品那样事实明确、责任清晰，只能够依靠顾客与员工双方的叙述，因此，服务问题要明确责任是比较困难的。

处理类似问题时，客服人员一定要明确"顾客就是上帝"这一宗旨。首先听取顾客的不满，向顾客诚恳地道歉，向顾客承诺以后保证不再会发生类似的事件。必要时与当事人（员工）一起向顾客表示歉意。

待事件处理完毕后，对这位员工在精神上、物质上给予一定的补偿。这样做的

基本出发点是让顾客发泄自己的不满，使顾客在精神上得到一定的满足，从而赢得顾客对卖场的信赖。

事件处理完毕，卖场管理人员要对员工的处理顾客关系技巧方面进行必要的培训，使卖场员工能够在措辞和态度上应对得体，以减少类似投诉的发生。

让员工向顾客道歉可能会使员工感到委屈，因此要求超市管理人员事先与员工进行沟通，使员工明白自己忍让的必要性。

3. 索赔处理技巧

①要迅速、正确地获得有关索赔的信息。

②索赔问题发生时，要尽快确定对策。

③客服主管对于所有的资料均应过目，以防下属忽略了重要问题。

④要访问经办人，或听其报告有关索赔的对策，处理经过，是否已经解决等。与制造商保持联系，召开协商会。

⑤每一种索赔问题，均应制定标准的处理方法（处理规定、手续、形式等）。

⑥防止索赔问题的发生才是根本的解决问题之道，不可等索赔问题发生时，才寻找对策。

第四章│卖场的其他服务

第一节　导购服务

尽管现在许多零售企业卖场一般都为自助式购物，但面对琳琅满目、价格不一的商品，顾客往往不知所措，他们往往需要导购服务，而卖场导购人员只有在适当的时机向顾客提供导购服务，顾客才不会对导购服务产生误解，认为是在监督他们，把他们当贼防。

一、导购服务的基本要领

1. 导购的基本态度

（1）不管买不买东西，当看到顾客出现在自己的作业区域时，要肃立，以自然明朗的表情不断地注视着顾客，寄予关心。

（2）自己的作业区域没有顾客来到时，要随时注意有无顾客，留心整理货架，思考陈列方法和商品结构，学习商品知识。不要随便离开售货处。

（3）在卖场做其他工作时，要不断地注意有无顾客。如有顾客到来时，马上停止其他工作。随时准备对顾客进行导购服务。

（4）有顾客到来，正做其他工作不能立刻腾出手来时，要立即通知有空闲的其他导购员。

2. 与顾客答对的要点

（1）看到顾客时，必须正视顾客，面带笑容，双手下垂，两脚并立，点头致意。

（2）顾客视线离开商品寻找导购员并走近跟前时，视线注视着顾客的面孔，面带笑容地问候："您来了。"

看到熟悉的顾客时，亲切地笑脸相迎，快步走近顾客，在距离两三步远时，轻轻地点点头示礼、问候，再说一些和顾客融洽的话。

（3）使用符合顾客情况的语言。

①好天气的日子，说："今天天气真是舒适"（加上与顾客对答的话）。

②坏天气的日子，说："在雨（雪、大风）中您特意来这儿，实在感谢！"（加上与顾客对答的话）。

③经常来的老顾客又来买东西时，以亲近的态度询问上次所买东西的情况："前几天承蒙您照顾来买东西，实在感谢，东西的样子怎么样呀？"

④了解了顾客的兴趣时，如对喜欢垂钓的顾客说："最近您去钓鱼了吗？"（就顾客的兴趣谈话，可以增加亲密的感情）。

⑤了解了顾客的情况时，可以说："前几天您去旅行怎么样啊？""您的小姐要结婚啦，恭喜！要买什么东西的话，您只管说就是了。"（关于举办婚礼的一切需要，应主动向顾客介绍、建议，进行推销）。

3. 导购繁忙时的要点

①导购繁忙，正在接待顾客中，有人招呼时，放下手里的事，将视线转向顾客，以让他等候深感抱歉的表情，轻轻点头致意，并说："是，您来了，现在正谈着，请您稍等一下。"

②有闲着的导购员时，向闲着的导购员打招呼："××，请照顾一下××顾客。"

③等待的顾客询问时，赶快走近顾客，在距两三步前，眼睛看着顾客的脸，以让他久等表示抱歉的态度，恳切地问候："您来了，让您久等了。"

④正做其他工作，听到顾客招呼时，停止手里的工作，视线转向顾客，面带笑容，轻轻点头致意，一边回答："是，您来了"，一边快步走近顾客。

⑤导购员本身在所属以外的其他售货处买东西，顾客来招呼时，暂时停止自己买东西，转向顾客："您来了。"在知道的范围内，主动地为顾客服务。

⑥不能回答顾客的询问时，将视线看着顾客的脸，以不能对顾客有所帮助感到很抱歉的心情，向顾客解释："实在对不起，因为我不是这个售货处的，所以不太清楚。让我去叫负责人员，请您稍等一下。"马上寻找该售货处的导购员，说明有顾客到来，待得到肯定答复以后，迅速返回顾客那里，请顾客再稍等一会儿。

二、导购职责

1. 询问顾客要买什么商品

（1）顾客没有特地指出商品时，导购员应一边微笑着，一边亲切地招呼，如："您想买一件毛衣吗？"听取顾客的反应。

注意顾客的眼和手的动作和表情，掌握着适宜的时机，将顾客想要买的商品名称告诉他。

（2）当顾客看商品时，应将顾客观看的附近的商品，尽快取出两件左右，一边望着顾客的脸，一边用两手拿给他看。要心情愉快地拿商品让顾客看并笑容满面地对他讲："这件东西您看怎么样？"

（3）当顾客手里拿着商品时，导购员可以微笑着向顾客简要地介绍商品特点，如："这里的短外套是纯棉的，含棉百分之百，穿着非常舒服，再过些日子正好穿用。"同时把商品调换到较容易取得的位置上。

（4）顾客指名要商品时，立即回答："好的。"面带笑容，轻轻点头示意，速将指明的商品取出，两手拿着请顾客看："是这个商品吗？请您看吧！"

2. 请顾客观看商品

（1）顾客对所看的商品不满意时，迅速选出别的商品，双手拿给顾客看："那么这个商品您看怎么样啊？"和颜悦色地向顾客介绍，使顾客感到愉快。

（2）顾客希望导购员帮助挑选商品时，要挑选两三种最合适的商品，双手拿给顾客看，以易懂的话恳切地针对顾客的不同情况恰当地介绍商品的特点。从谈话的内容中，推测顾客的希望，推荐不贵也不贱的中等价格的商品给他观看。至于颜色、花样可从顾客的衣着与携带的东西来判断。

3. 为顾客寻找商品

顾客希望买的商品没有时，卖场作业人员应注意以下事项：

（1）为寻找顾客需要的商品而要离开时，以耽误了顾客的时间而感到抱歉的心情对顾客讲："真对不起，我到仓库找找看，请稍等一下。"轻轻点点头行礼，快步走向仓库，如有顾客需要的商品，两手拿着，急速折回。

（2）顾客希望买的商品在仓库里找到返回现场时，以实在太好了的表情，快步走到跟前，双手拿给顾客看，并说："让您久等了，这个东西您看好吗？"

（3）顾客希望买的商品仓库里也没有时，可以告诉顾客："因为要和采购部门联系，请您稍等一下。"轻轻地点头示意，并立即用加急电话联系。

（4）与采购部门联系上了的时候，要搞清楚顾客希望买的商品有没有和进货的日期。

（5）当了解顾客希望买的商品入库日期时，首先向顾客道歉："太对不起您了。现在偏巧没有货，预定××日进货；如果来得及，货一到，马上和您联系，请告诉我联系的地点。"询问并记下顾客的姓名、住址和电话号码。

（6）与采购部门联系不上时，要对顾客表示歉意："太对不起您了。现在与采购部（科）联系不上，若是着急的话，我是××售货处的××，请留下姓名和联系地点，以后找到就和您联系，您看怎样？"以后如果知道商品入库情况，自己负责马上告诉顾客。

4. 推荐展示商品

（1）如果顾客没有找到心爱的商品，以对不起的心情向顾客道歉，以很想做些有益于顾客的事，即便是少一点也行的表情，试图向顾客推荐同类商品："这种商品与您指定的东西多少有些不同。这里的东西，您看怎样？商品质量和性能都很好。"

（2）对推荐的商品顾客不满意时，以未能满足顾客的希望与要求，实在抱歉的心情，深深地表示歉意，并以下次一定努力做到的心情，请多照顾："尽管您特意来此，但对您没有帮助，实在对不起，还请您多多照顾。"

（3）顾客需要的商品没有进货，对推荐的商品不满意时，要表示抱歉，并询问采购部门能否购进："实在对不起，我们没从那里进货，能否买到，得问采购部了，请稍等一下。"

（4）采购部门能购进顾客希望买到的商品时，可告诉顾客："现在尚未办理进货，采购部门能购进此货，预定××日进货，一到货，即与您联系。请将联系地址告诉我。"将能进货的日期告诉顾客，并问清联系地址。

（5）无法采购顾客希望买的商品时，要说明没有进货的原因："实在对不住您了，因为您指定的物品，通过特别渠道销售，我们不能进货。如果是××商店的话，

则有可能办理。对未能帮助表示道歉。今后请多多照顾。"请求谅解。可能的话，告诉顾客办理此项业务的商品名称，并再次表示歉意，请顾客今后仍多多光顾。

三、推荐商品

顾客手拿商品观看时，要趁机积极推荐。作为一名导购，应当充分地运用自己所掌握的全部商品知识和生活知识，满怀信心地从商品的原材料、设计、花样、性能及用途等各个角度向顾客说明其优越性，在听取反应的同时，积极向顾客推荐。

（1）顾客拿几个商品对比挑选时，要从与顾客的谈话中推测顾客喜欢什么样的商品，选择最适合顾客需要的商品，热情地介绍其优异性，积极向顾客推荐。

（2）向顾客推荐别的商品。为了在顾客自己已经选好的商品里再增添点商品，可以再推荐顾客观看其他的商品，并听取反应。

（3）顾客已经选好合适的商品时，由于实在太合适了，可以用赞美的语气对顾客说："非常合适。非常好!"表示除此以外，没有更好的商品向顾客推荐了。

（4）价格便宜，顾客对商品表示不放心时，可以加以解释，如："我们努力把好的商品的价格稍微降低一点，虽说是价格便宜，但是质量未变。这里的商品很受顾客欢迎。"

（5）由于价格高顾客在考虑时，开始不要以"不贵"来否定它，可就商品的材料、设计、色彩、花样、性能等方面，说明其价值在价格之上。先说明价格是贵了些，再说明质量和设计的高超，这样能给顾客留下好印象。

（6）从商店方面看有特别想推荐的商品时，必须满怀信心地详细说明和积极推荐。这就要求平时充分地掌握商品知识，对零售企业的专用商标商品、直接进口的商品以及只有零售企业才出售的商品，都要好好记住。

（7）顾客沉默地考虑时，注意不要妨碍顾客的思考，同时要有信心地推荐。

（8）顾客征求意见时，抱着促使顾客下决心的诚意对他讲："是像您所说的那样，特别合适。"同时加上一句起作用的话。

（9）顾客迟迟下不了决心时，体察顾客对那个商品想知道点什么，在作了充分说明之后，满怀信心地加上一句推荐的话。特别是将顾客关心的事项（颜色、原材料）有重点地介绍，是一种好方法。

（10）顾客决定购买商品时，将顾客决定购买的商品，双手拿着，说："是这个吧，实在感谢。"核实无误，以感谢的心情，轻轻地点头行礼致谢。

（11）推荐有关联的商品。对相互有关联的商品的情报知识要广泛地学习，尽可能地推销有关联的商品。如："与这里的短外套相配的同一花样的围巾，您看怎么样?"

（12）询问有无其他事情时，态度上不要勉强，要顺着顾客的心意，问一问有没有忘记什么。如："另外，还有什么事没有?"

第二节 客服中心服务管理

服务作业的出发点是有利于销售，为顾客服务。大型零售企业的卖场一般都设有服务台，提供卖场服务。其主要作业有：接听电话、拨打电话、物品寄存、物品招领、退换商品、提供广播、赠品发放以及团体购物等服务作业。

一、接听电话

接到外线打来的电话时，拿起电话后，在对方询问之前，首先要告诉卖场的名称。从外线打来的电话，都要通过总机，顾客需要等待。所以首先要说："让您久等了。"（电话机旁边一定要备有便条和笔等用品。）

（1）当卖场作业人员正在接待顾客，来了电话，在周围没有其他卖场作业人员时，就先和顾客打个招呼，去接电话。但是，要注意不要怠慢顾客。

（2）接到顾客为订货向售货处打来电话时，要简明扼要地介绍商品，告诉顾客商品的特点。

（3）对于订货的内容自己不太清楚时，可答复："对不起，我不太清楚，现在由担任这项工作的来同您讲，请您稍等。"请长辈或上级来接电话。

（4）接到熟悉的顾客打来电话时，注意不要因为是老相识，就随随便便地使用过分亲昵的语言。

（5）接到指名找某人的电话时，可答复："是××啊，马上给您找来，请等一下，对不起，您是哪一位？"一定要问清对方的姓名。

（6）传电话时，不要大声叫喊，要走到身旁去转达。如果正在接电话或正在接待顾客时，要写在便条上，亲手交给受话者本人。

（7）来接电话时，先说："让您久等了，我是××。每次承蒙您照顾，谢谢。"

（8）要找的人不能来接电话时，可告诉对方："让您久等了，现在××正在打别的电话，对不起，您能不能等一会儿？"如果让对方等待时，一定垫个话。告诉对方不能马上来接电话的理由，一定要问顾客愿不愿等待，方便不方便。

（9）顾客说"请过一会儿和我联系"时，要再说一遍：知道了，对不起，请您再一次告诉我，您的姓名及电话号码。

（10）自己代替别人接电话时，可以声明："我是××部的，名叫××，如果不妨碍的话，我来替他接……您有什么事呀！……知道了。那么，您听我说一遍。……就是以上这些吧？好！我会准确无误地转达给××的，谢谢，失礼了。"

除了因不是本人和不了解情况以外，要积极询问对方有什么事情。一定要记在便条上，重述一次内容，即使是自己能解决的事情，也不要忘记向本人转告××人因为什么事来了电话，请求核实，并请给予指示。因外出等原因，本人不在时，也要同样处理。

（11）往别的地方转拨电话时，要先告诉对方："现在××到别的地方去了，我给您把电话转过去，请您稍等。"

（12）顾客打来有关查询的电话时，可答复"现在我给您查一下，请您稍等。"问清顾客查询的内容，不要让人等待，迅速处理。

（13）调查结果很快就知道了，要简明扼要地把结果告诉对方："让您等候了，调查结果是……谢谢。"

（14）因调查需要花费时间时，要告诉对方："因为调查需要花费时间，我想一会儿我们再给您打电话，对不起，能不能告诉我，您的姓名和电话号码！"查的时间过长时，一定要打个电话将经过告诉顾客，请顾客放心。

（15）接到采购部或往来厂商来的电话时，注意不要大声说出商品的成本、折扣、进货日期和往来厂商的名字。这些不要让外人听见。

二、拨打电话

（1）往私人住宅打电话时，可说："喂！您好！是××先生吗？我是××店××部××售货处的××。每次承蒙您照顾，谢谢。"一定要把事情记在便条或笔记本上。说明简明扼要。

（2）往公司打电话时，可说："喂！喂！是××公司吗？我是××店××。每次承蒙照顾，谢谢。请您帮助找一下××部的××先生听电话。"要说清你要找的人所在的部、科名称和姓名，请对方帮助接线。

（3）对方来接电话时，可说："您是××吗？我是××店的××，总是承蒙您照顾，真是谢谢，请允许我（免去客套话）……"在对方问自己之前就要先报自己的姓名；对方先报了姓名时，就不要再问了。

（4）若找的人不在，拜托别人转达时，可说："对不起，如果回来了，能不能替我向××先生转达一下……请多关照，我是××店的××。对不起，请问您的姓名？"一定要问清对方的姓名。

（5）若找的人不在，过后重新打电话时，可说："那么，一会儿再重新打电话吧！谢谢您，失礼了。"要注意问清回来的时间，到时重新打一遍电话。

（6）约定日期再打电话时，可说："我想在十日重新给您打电话联系，您看怎么样……请多关照。谢谢！失礼了。"一定要问问方便不方便，自始至终措辞干脆利落是很重要的。

（7）找的人不在，请对方回电话时，可说："是那样的吗？真是对不起，请给××部××售货处内线的××号回电话。我是××售货处的××，真是给您添麻烦了，请多关照。"一定要把自己的姓名和电话号码告诉对方。

（8）往卖场内部打电话时，不要忘记先自报姓名（因为同事之间说话，往往容易随随便便，要注意）。另外，从外线打来的电话很多，在开门后和关门前要尽量避免打内部电话。

三、退换商品服务

退换商品服务是卖场经常要面对的作业。作业人员应按照零售企业的有关规定进行处理，如有的零售企业实行三个月内包换，无条件退还，并且不问原因，甚至不论商品的破损情况。以下为某零售企业退货商品服务要点。

1. 应答商品能否退换

(1) 能退换时，可答复："是，可以退换。退换时请尽量早些，并请将收据和包装一起带来。"

(2) 如果是礼品，可以把记有退换字样的纸条放进去，并告诉顾客："是，知道了，我给您把记有能退换的纸条放进商品中去吧。"

(3) 不能退换时，可答复："实在对不起，这个商品不能退换。"并向顾客解释清楚不能退换的理由，请顾客谅解（应时商品、生鲜食品、鲜花、烟草、美术品、图书、唱片等不退换）。

2. 商品的更换

(1) 能换时，要心平气和地对顾客说："知道了，我给您换，要换什么样的商品，请您挑选一下吧。"并请顾客先挑选要换的商品。

(2) 要求换成同样价格的商品时，核对清楚价格是否一样，并说："知道了，我给您重包一下，请稍等。"迅速把替换的商品包好，递给顾客。

(3) 要求换成价格高的商品时，可以说："知道了，对不起，请在这儿写上您的姓名和住址。""真谢谢您，这里的东西是××元，您拿的是××元，还要收您××元。"

(4) 换成价格低的商品，可说："知道了，请您在这写上姓名和住址。""谢谢，这件商品是××元，您退回的商品是××元，再找您××元，现在我给您包扎。请等一下。"退换商品需要找还现金时，一定要先退换支票再找钱。

(5) 顾客没有挑出满意的商品要求退钱时，可答复："实在对不起，因为不能退现金给您，只能换成交换券，它在本店内任何一个售货处可以当现金使用。"

(6) 顾客同意换成交换券时，可说："那么，请在这写上您的姓名和住址"，"谢谢您，实在抱歉，能否稍微占用您一些时间"，然后马上处理。如果礼品、价签已没有了的时候：查清暗码表示的价格；把同类商品一起拿去；由经办人或了解价格的售货员证实，由负责人在价格标签证明上签章。

(7) 顾客提出无论如何也想要换成现金时，可答复："我个人是难以解决的，待我和上级商量一下，请稍等一等。"可以同负责人或经办人商量，根据情况，请他们代替接待一下顾客。

(8) 拿来不能退换的商品时，可说："真是难办的事情。这个商品无论谁，都不能给您换的，请您原谅。"要诚恳地向顾客讲明不能退换的理由，请顾客谅解（顾客怎么也不能理解时，要和上面的例子一样请求上级来解决）。

3. 破损品或次品的退换

(1) 由于送货不慎，明显地是因为卖场方面的过失，出现破损或次品时，要恳

切地道歉："给您添麻烦了，实在对不起，我马上给您换，请您挑选一下吧。今后我们一定注意，不再发生这样的事情。"并给顾客退换商品，今后一定要注意不再发生同样的错误。

（2）顾客提出不要商品了，希望退回货款时，可说："知道了，现在我们给您道歉，请您稍微等一等，给您添麻烦了，实在抱歉。"迅速办理好退换现金的手续。

（3）明显地由于顾客的过失造成商品变形时，客气地问顾客："对不起，您是怎样使用这个商品的？"向顾客讲清是使用方法不当所造成，尽量使顾客理解。顾客怎么也不能理解时，请求上级解决。

四、赠品发放服务

零售企业卖场的赠品一般为供应商提供，其发放服务的原则如下：

（1）赠品的发放必须以告示及传单所公布的发放方法为准。

（2）卖场内不许任何供应商现场发放赠品及广告活页。

（3）赠品凭购买小票发放，发完即止。

（4）发出的赠品不予换货。

（5）赠品的发放须有台账记录，有相关人员及顾客的签名。

（6）活动结束后，要进行清点。

具体服务流程如下：

第一，由供应商提出发放赠品的申请和方案，报请采购部门批准。

第二，采购部批准后，将赠品清单及方案提前一周传到营运部门。

第三，收货部根据采购清单及订单进行赠品收货。

第四，收货部将赠品和明细表中的客服联送至客服部，客服部清点后归仓。

第五，顾客凭购买小票领取赠品，客服部人员画线盖章，注明"画线商品赠品已发"。

第六，活动结束客服部当日与楼面主管核对赠品数量，剩余赠品由供应商取回，供应商如未取回的，移交店内企划部处理。

五、团队购物服务

团队购物主要指各行业的企业单位、政府机关、事业单位、中间批发商、外资单位以及具有团购能力的公司商号向零售企业的大宗商品采购活动，主要团购商品多采用于节假日的员工福利，包括食品、粮食、日化用品、毛巾等。

团购服务一般由卖场服务台负责，其作业要点有：

（1）帮助顾客找到足够的货物。

（2）为顾客的购买提供专业的意见或推荐顾客进行购买。

（3）为顾客的大宗货物提供纸箱。

（4）协助送货到收银区甚至到货车上，协助搬货、封箱等。

六、物品寄存服务

卖场为了防盗往往不允许顾客把提袋或大件物品带入卖场中，并要求顾客把物品寄存在服务台的柜子里。物品寄存服务有以下要点：

（1）每个寄物柜均备有一个塑料号码牌，号码必须和柜子的编号一致，并且在顾客寄物的同时面交顾客，作为领取时的凭证。

（2）从寄物柜拿出物品时，一定要看清楚号码牌并拿出正确的寄物品给顾客，不得混淆。如发生错领，应立即报告当值主管。

（3）如果零售企业设有自动存物柜，应做好换硬币的服务工作，如顾客的物品太大而放不进去，可叫顾客存放在服务处。此外，卖场作业人员应随时做好帮顾客开箱的准备（有时箱子会打不开）。

（4）顾客在存放物品时，应嘱咐其不要将钱包、手机、相机等贵重物品存放，否则丢了不负责赔偿，在自动存物箱上边应标明这一点。

七、提供广播服务

广播服务包括：促销广播、播放音乐及广播找人等。

（1）促销广播。频繁的促销广播可以使店内的气氛更加活跃，让顾客对店内的活动有深刻的印象，进而带动店内业绩的持续增长。促销广播必须每隔一段固定的时间就广播一次。广播时，应先拟好广播词并先默念几次，以求词句的顺畅。广播的音量必须适中，音质明亮柔美，语速不急不缓，不可夹带嬉笑声播放出来。

（2）播放音乐。平时播放音乐的音量应以最舒服的感觉为主，不能过高，以免引起顾客的烦躁。各零售企业卖场应事前准备好日常的广播目录以及各广播项目的内容。

（3）广播找人。将要找的人的姓名和住址，以及委托人的姓名和会见地点记在便条上，与广播室联系。

八、物品招领服务

当顾客有未带走的物品、未领回的寄物品或是有顾客前来寻找（询问）遗失的物品时，必须登录在固定的"顾客遗忘物品记录单"上，以备顾客前来拿取，或是在有人拾获遗忘物品时得以迅速归还失主。

为了严格管理并有效控制顾客遗忘或拾获的物品、现金及任何有价证券，卖场必须确认每一笔遗失物品均如实填写在记录单内，物品招领服务作业时应注意下列事项：

（1）请拾获物品的顾客或员工将拾获商品的名称清楚准确地填入"顾客遗忘物品记录单"。

（2）若有顾客前来寻找物品遗失时，应请顾客详细描述遗失物的内容。如果没有找到，应先登录在"顾客遗忘物品记录单"内，并留下失主的电话及地址，待人有拾获时，再尽快通知失主前来认领。如数天后仍无人送回也应通知失主。

（3）拾获的物品如果是生鲜商品，应暂时放在冷藏（冷冻）库保存1天；拾获干货及日用食品应暂留2天。拾获物品在超过上述保留天数仍未有人前来领取时，

则先放回现场销售，直至1个月后将其销案。

（4）若在卖场内拾获现金、有价证券以及贵重的物品时，应在登记后立即存放在特定的地方保管（如金库），并向上级主管报告。若24小时内仍无人认领则转报公安机关。

（5）遗忘物品的处理应统一在服务台进行。领取时，应将发票与"顾客遗忘物品记录单"核对。如核对无误即如数奉还，并请领取者签名以示负责。

（6）主管应保持警惕，以防卖场员工私自收藏拾获的物品、现金，或串通熟人假冒顾客前来领取。

九、其他服务

卖场服务台的其他服务主要包括向导服务，寻找小孩以及对病弱顾客进行护理等。

1. 向导服务

（1）顾客询问售货处和设施等在其他楼层时，要记住各层楼售货处的分布情况，还要经常注意售货处的移动情况，准确地给顾客作向导。

（2）顾客询问就餐处时，如有几个就餐处时，又能分别将各自的特点加以介绍的话，顾客会感到亲切。当询问茶室时，也要按上述要求去做。

（3）顾客拿着几个大的物品包感到很困难，询问物品寄存处时，若是可以离开售货处时，就帮助顾客拿着东西，陪同顾客前去："我陪同您去，请您跟我往这边走。"

（4）询问电梯和电动扶梯在哪时，要打听清楚顾客要到哪个售货处，根据情况，考虑好利用哪一个电梯（或电动扶梯）最方便，然后告诉顾客。

2. 寻找小孩子服务

（1）顾客寻找丢失的孩子时，要迅速询问顾客："我马上用广播来帮助您寻找。请告诉我孩子的姓名、性别，今年几岁了，服装上有什么特征？"及时和广播室联系，同时在售货处附近帮助寻找。

（2）实在找不到丢失的孩子时，要以谨慎的态度，恳切地对顾客说："我们知道这是很担心的事，但还是一点线索也没有，我陪您到一楼传达室去，请他们打听打听，请这边走。"陪同顾客到传达室，根据情况，请接待人员帮助寻找。

（3）找到丢失的孩子时，应管好孩子，以和蔼可亲的态度来接待。一边主动地和他说话，一边打听情况，并记在便条上，与广播室联系。对幼小的还不会说话的孩子，把他抱起来哄着，推测一下他的年龄，用便条记下他穿的衣服特征，与广播室联系。

（4）迷路的孩子怎么也找不到父母时，可带到一楼传达室请接待人员帮助寻找双亲。等到孩子和接待人员熟悉后，自己再返回售货处。

3. 病弱顾客护理服务

（1）请身体不舒服的顾客到医务室看病时，可问："先生，您的脸色不太好，是不是哪儿不舒服？如果可以的话，我陪您到医务室去看病吧。"有些顾客即便身体不舒服，也不愿麻烦售货员。在售货员这一方面，就要注意观察顾客的情况，主动打招呼。

（2）请身体不舒服的顾客到椅子上休息时，可说："先生，您的脸色不太好，是不是哪不舒服？那边有坐的地方，请到那里休息一下吧。"在休息室附近的售货处或设有为顾客休息备用椅子的售货处里，要把情绪或气色不好的顾客送到椅子跟前坐下。

（3）顾客因急病而晕倒时，不要随便移动，要迅速通知医务室，请求医生指示。

第三节　顾客服务质量管理

零售企业为了提高其顾客服务质量，加强服务质量的管理必须做到以下事项。

一、聘用顾客喜欢的作业人员

卖场作业人员是顾客服务非常重要的因素。零售企业在招聘卖场作业人员时常见的误区是只招聘自己喜欢的人。其实，零售企业最应该招聘的人应是顾客所喜欢的人。因为卖场作业人员与顾客打交道时，他所代表的是零售企业，如果他们恶待顾客就会造成零售企业形象下降，导致顾客变心。因此零售企业应该采用各种办法来找出顾客喜欢的人，并且让他们来为顾客服务。怎样控制招聘的质量，确保零售企业获得真正需要的卖场作业人员，主要是从招聘程序上进行控制，即性向测试，但这个测试不对普通的卖场作业人员。该测试从性情、品格和经验等方面把握服务部门经理的特质，从而使他们能按照公司部署为顾客服务。卖场作业人员及经理必须具有很好的主动性。在招聘的程序上，有两条平行的路，一条是根据内部部门的需求反馈进行招聘，每个职位的申请都要填写非常正式的申请单，对职位的要求进行严格和详尽的描述。另一条是每半年在几个大城市定期进行招聘，以补充新鲜血液。招聘到合适的人后，也并不意味着他马上就能在服务岗位上为顾客服务。零售企业应站在长远的角度来对他们进行培训，直到他们成为零售企业形象的一部分，成为顾客信赖的品牌。

根据美国生产力与质量研究中心对 100 家企业进行研究后发现，不断学习、善于集成和运用知识可以成为创造顾客价值、获取顾客价值的重要来源：

（1）知识直接作为服务内容，创造顾客价值，如顾客咨询和服务，提供解决方案。

（2）知识转换为顾客创造价值，如学习优秀经验后服务于自己的顾客。

（3）围绕顾客知识集成，如数据采集，运用数据库信息，对顾客需求进行个别化反应。

（4）基于知识的个人责任，授权一线员工拥有必要的信息技能去现场解决顾客

问题。

（5）智力资产管理，运用专利、特许权和技术专长为顾客和企业创造价值。

零售企业应从4个方面培训其卖场作业人员。

一是培养他们有关顾客服务的全局观念，这方面的内容主要是零售企业文化和价值观培训，前提是零售企业应当有良好的零售企业文化氛围和正确的价值导向。

二是让他们熟悉组织其他部门的运作，使他们能够回答关于其他部门位置之类的问题或响应顾客需求正确地指引有管辖权的职能部门，一旦他们需要与零售企业内部进行协同作业时，也有利于准确到位。这方面的内容主要是零售企业组织结构和管理制的培训。

三是培训适当的决策技能，使他们明确掌握企业的授权，而不是当顾客需要时推诿，或者滥用承诺。这是服务技能培训，传、帮、带和现场培训是主要方法。

四是商品知识和零售企业背景知识培训。商品知识和零售企业背景知识的培训是必不可少的，前者是顾客服务的一部分，特别是一线员工在面对顾客咨询、答疑和进行口碑宣传时至关重要；后者是培养员工对零售企业认同感的必修课，因为没有认同感的员工不可能为顾客提供优质服务。

二、处理好顾客抱怨

大多数顾客的抱怨并非总是指向产品和服务的质量，而是零售企业往往忽视的小问题。顾客能够用双眼观察的质量比产品和服务的基本质量还要重要。其实，任何一个零售企业都不可能没有顾客的抱怨，顾客抱怨事实上只是一种反馈信息的方式，这并不一定是坏事，从一定意义上讲，顾客的抱怨往往比顾客的赞美对零售企业的帮助更大，因为抱怨表明你还能够比现在做得更好，你的顾客比现在还要更多。对大多数的顾客来说，他们很少对你抱怨，相反的，他们总是一声不吭地选择其他服务，或者不再接受这种服务。但如果顾客的抱怨得到鼓励，他们就会产生信任感。顾客抱怨往往说明他们正是信任你，因为他们有更高的要求，你满足他们的要求的过程就是企业提升的过程。怎样处理顾客抱怨？"让顾客开心"是处理顾客的第一原则。不管顾客的心情如何不好，也不管顾客在抱怨时态度如何，零售企业的卖场作业人员做的第一件事情就应该是平息顾客的情绪，缓解他们的不快，并引导他们从不快中走出来，然后才是实质性的解决措施。因此在此过程中，承诺和如期快速处理是至关重要的，至于处理的方式和措施则应根据零售企业的具体情况来决定。

（1）平抑怒气法。通常顾客会带怒气抱怨，这是十分正常的现象，此时零售企业卖场作业人员首先应当态度谦让地接受顾客的抱怨，引导顾客讲出原因，然后针对问题解决。这种方法适用于所有抱怨处理，是采用最多的一种方法。这种方法应把握三个要点：一听，认真倾听顾客的抱怨，搞清楚顾客不满的要点所在；二表态，表明对此事的态度，使顾客感到你有诚意对待他们的抱怨；三承诺，能够马上解决的当时解决，不能马上解决的给一个明确的承诺，直到顾客感到满意为止。

（2）委婉否认法。这种方法就是当顾客提出自己的异议后，零售企业卖场作业人员先肯定对方的异议，然后再陈述自己的观点。这种方法特别适用于澄清顾客的错误想法，鼓励顾客进一步提出自己的想法等方面，常常起到出人意料的显著效果。使用委婉否认法，应注意以下几个方面：特别适用于主观自负且态度多变、自以为是的顾客，这种方法的表达句型是"是的，但是"。但这种语句暗示着极强烈的否定性，因此，应用时可将其改为委婉的"是……而……"句型，或者尽量避免出现"但是"。因此，还可以使用"除非……"的句型。

（3）转化法。这种方法适用于误解所导致的抱怨，因此处理这种抱怨时应当首先让顾客明白问题所在，当顾客明白是因为误解导致争议时，问题也就解决了。

应用此法时应注意以下几点：

①零售企业卖场作业人员必须经验丰富。采用转化法的卖场作业人员，必须经验丰富，精通促销和服务技巧，因为只有这样的卖场作业人员，才能察言观色，当机立断，适时巧妙地将顾客态度转化。

②转化方式应当轻松自然。这种方法运用恰当，顾客会理解，若转化不当，则会弄巧成拙，使顾客生气，反而会增加阻力。因此，卖场作业人员在用此法时应心平气和，即使顾客异议明显缺乏事实根据，也不能当面驳斥，而应旁敲侧击去疏导、启发和暗示。

（4）承认错误法。如果产品瑕疵或服务质量不能令顾客满意，就应当承认错误，并争取顾客谅解，而不能推卸责任，或者寻找借口，因为理在顾客，任何推诿都会使矛盾激化。承认错误是第一步，接着应当在明确承诺的基础上迅速解决问题，不能拖延时间，在事发的第一时间解决问题成本会最低，顾客会最认可。一旦时间长了就会另起事端。

（5）转移法。转移是指对顾客的异议不予理睬而将话题转入其他方面。有时顾客提出异议本身就是无事生非或者无端生事，或者比较荒谬，这时最好不予理睬，而应当迅速地转移话题，使顾客感到你不想与他加剧矛盾。应用转移法，卖场作业人员应注意以下几点：

①卖场作业人员对顾客无关紧要的异议可以有不予理睬的念头，但外表应显得若无其事，不要让顾客看出破绽，以免使顾客产生被冷落的想法。同时当卖场作业人员认为顾客异议已经不存在时，应适时自然地转入另一个话题。

②顾客再度提起时不可不理会。如果顾客再度提起异议，卖场作业人员就不能不理会了，因为既然再度提起，表明顾客已经把异议当真，也说明这个意思对他很重要，此时卖场作业人员绝不能不理不睬了，应运用其他方法来转化和消除顾客异议。

三、重视与顾客的接触

顾客是服务质量体系中最关键的因素，卖场作业人员只有重视与顾客的接触，共同发展并和谐地服务于顾客这个中心，才能把顾客服务质量提升到一个新的档次。

零售企业应采取有效的措施在顾客与企业之间建立畅通的信息沟通渠道。同顾客直接接触的卖场作业人员是企业获得服务质量改进过程信息的重要来源。以下五点是零售企业做好与顾客接触所必不可少的。

(1) 理解顾客。零售企业首先必须了解自己的行业，知道顾客为什么要来；其次，必须通过人口统计或其他渠道了解顾客的资料、信息。

(2) 发现顾客的真实需要。发现顾客的真实需要可以通过简单的询问，如面谈、电话交谈或函问等形式，也可以通过调查问卷或其他能够使零售企业知道顾客需要的服务的有效方法。

(3) 提供顾客需要的产品和服务，使顾客理解所提供的服务。在对一些客观数据、必要的反馈和竞争对手有充分的了解以后，就应该考虑提供顾客需要的产品和服务。

有一些零售企业，之所以经营失败就在于不知道顾客的真实需要，没有及时更新商品和服务；或者了解到市场的需要，但没有及时采取措施满足顾客的需要。可口可乐公司曾经试图改变其百年不变的配方，结果几乎给该公司带来灾难。顾客痛恨新口味，强烈要求重新回到原来的口味上去。值得庆幸的是，可口可乐公司意识到顾客的真实的需求，并及时采取了措施，使顾客理解所提供的服务，包括使顾客明白服务的过程、服务的费用；解释服务、服务的传送、服务费用之间的关系；保证顾客意识到他们对服务质量的贡献；一旦发生问题，零售企业应采取补救措施；明确所提供的服务与顾客的真实需求之间的关系等。

(4) 尽最大限度地提供顾客满意的服务。零售企业应当创造性地研究自己的产品和服务，以持续保持并不断提升顾客的满意度。例如，书店中设上茶座或咖啡厅，向顾客提供茶、咖啡或糖果等；加油站设置洗车场，并免费给加油的汽车提供清洗服务等。

(5) 使顾客成为"回头客"，并使顾客为公司的服务传播。拥有一批固定的顾客是一些零售企业成功的奥秘。只有顾客一次又一次来消费服务，企业的经营才可能成功。

四、把握关键时刻

关键时刻最早是由美国一家公司的总裁简·卡尔文提出的。简单地说，关键时刻就是顾客光顾企业任何一个部门时发生的那一瞬间。经过短暂的相互接触，顾客已经对零售企业的服务质量，甚至是潜在的商品质量有了一定的自己的理解。每个关键时刻都是服务供方将自己的服务质量展示给顾客的机会，错过了这样的机会，服务过程就已经完结，顾客一旦离去，企业就再也无法轻易提高服务质量的感知水平。如果在关键时刻，服务质量发生了问题，要采取补救措施，显然为时已晚。即使想办法去补救，那也只能设法主动创造关键时刻。有了新的关键时刻，企业才有机会展示自己的服务质量。当然这种事后补救措施，有时会有意外的效果，但和事前就认真管理好关键时刻相比，仍然是服务质量管理的不完善。顾客服务过程是由一系列的关键时刻组成的，要做到对服务过程的管理，以确保整个服务质量体系的完善，提供给顾客优质服务，零售企业首先必须确定顾客服务过程的关键时刻。

1. 服务圈

服务圈是顾客经历不同关键时刻的模型描述。确定零售企业的服务圈，应有直接参与提供服务的卖场作业人员来作出。以顾客为中心，按照顾客在服务过程中所经历的各个阶段，列出顾客与企业相接触的所有关键时刻。一般顾客在零售店中所经历的服务圈为"进商店—服务台—卖场—选择商品—请售货员帮忙—准备结账—等待—付款—取包—离店"独立而又相互关联的关键时刻影响着顾客对服务质量的评价。

2. 重要的关键时刻

并不是每一个关键时刻对顾客对于企业服务质量的评价起着相同的作用，其中有极少部分的关键时刻非常重要。如果这部分管理不当，对企业信誉和服务质量影响很大，可能会最终失去顾客，因此，对重要的关键时刻的管理和控制是服务过程控制的关键。

重要的关键时刻随行业、产品和服务对象的不同而不同。如上例，在零售店购物时某些顾客可能认为等待接待的时间是重要的关键时刻。如果等待接待的时间很长，服务的关键环节就有了问题。对另外一些顾客而言，可能售货员的帮助和商品的陈列是重要的关键时刻，顾客对它们的评价在对整个企业服务质量的评价中所占的权重较大。

3. 关键时刻模型

为更好地分析关键时刻，一些学者建立了如图 6-3 所示的关键时刻模型，它包括两部分：

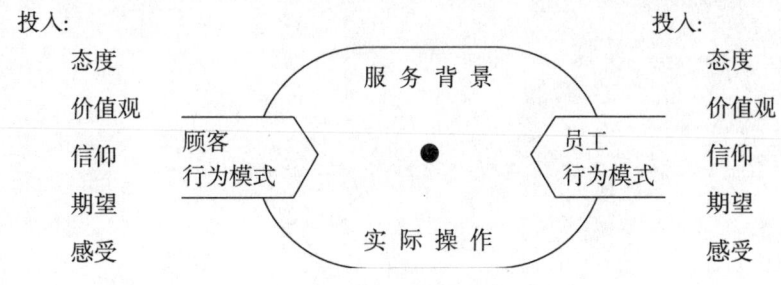

图 6-3 关键时刻模型

（1）服务背景。零售企业中，所有与顾客有关的部分都是服务背景，服务背景是在关键时刻中发生的所有的社会、身体和心理上的冲撞。

（2）顾客和员工行为模式。顾客和员工在关键时刻中的思想方法、态度、感受

和行为组成的行为模式对关键时刻产生很强的影响。顾客和员工的行为模式是由很多投入组成的，包括他们的态度、价值观、信仰、愿望、感受和期望。一些投入可能对顾客和员工行为模式的影响是一致的，但有时，当双方投入不同时，对同样的关键时刻，顾客和员工所持的观点会不一致。行为模式在某种程度上，还有很大的不确定性，可能会在某一瞬间改变。同样，为顾客提供产品和服务的员工也是这样，当员工的投入如员工对顾客的期望超过实际时，可能影响员工的服务行为，导致服务质量的降低。

关键时刻的行为主要取决于交往过程中顾客的观点，但也并不是所有关键时刻都要员工的直接参与。如顾客开车进停车场时，正经历一些关键时刻：停车场是否有空的车位，路标位置是否明显，是否容易看懂等，这些都是潜在的关键时刻，并且在这些关键时刻，零售企业的员工并没有直接参与。

当服务背景、顾客行为模式和员工行为模式三者之间协调一致时，意味着员工和顾客对关键时刻服务的看法相同。零售企业在这些关键时刻就会赢得顾客的信任，顾客对企业的服务质量的评价就会相应的提高。相反，当服务背景、顾客行为模式和员工行为模式三者之间不一致时，就可能严重影响关键时刻，导致顾客对服务质量的评价降低。

第七篇
卖场安全与防损管理

突发事件的处理、卖场消防安全、人员及商品的安全等都是安全管理的重要工作。防损是零售企业提高经营管理水平的一个重大课题。零售企业中商品集中，货品进出频繁，人员众多且流动性很大，因此，管控稍有不慎，商品的损失率、丢失率就可能大幅上升，造成毛利率下降甚至出现亏损。

第一章 │ 卖场安全管理概述

第一节　卖场安全管理的内涵

一、卖场安全管理的含义

卖场安全范围广泛，按管辖范围的不同，可以分为总经理办公室安全、卖场安全、公关部安全、工程部安全、人力资源部安全、采购部安全、餐饮部安全、财务部安全、销售部安全、安全部安全；按其内容和性质的不同，可以分为生产安全、交通安全、食品卫生安全、社会治安安全等；按重要程度的不同，可以分为要害部位安全和非要害部位安全。所以，卖场的安全重点是维护卖场要害部位的安全，检查和督促卖场其他方面的安全工作。

卖场安全管理是指卖场本身以及来场顾客、本场员工的人身和财物，在卖场所控制的范围内不受侵害，卖场内部的生活秩序、工作秩序、公共场所秩序等保持良好状态。

卖场安全管理也指不存在其他因素导致这种侵害的发生，即卖场安全状态是一种既没有危险，也没有可能发生危险的一种状态。因为，有些因素会在一定条件、一定场合、一定时间内突然发生危险，从而造成人身伤亡和财产损失。所以，卖场安全就是在卖场内不发生危险以及对潜在危险因素的排除。总之，卖场安全是把卖场的各方面的安全因素作为一个整体加以反映，而不是单指某一个方面的安全。

二、卖场安全管理的重要性

卖场经营形态的演变以及消费者购物习惯的改变，使得卖场已经成为现代人购买日常生活用品的主要场所，尤其在假日和每天的购物高峰时段，顾客更是络绎不绝。既然卖场是人流聚集的公共场所，经营者对于卖场安全上的防范自然是责无旁贷。考虑到零售业现金交易形态所带来的庞大现金流量以及任何人均可自由出入宽广开放的卖场空间的经营方式，卖场经营者更应将卖场的安全视为整体管理上不可忽视的一环。

事实上，卖场安全管理所包含的范围相当广泛。在地点方面，除了购物区域之外，还包括公共用地以及员工的工作场所；在对象方面，除了人（如顾客、员工、厂商、邻居、行人以及歹徒等）的安全管理之外，还有财物的安全管理；在事件方面，除了突发事件之外，还有日常的例行作业；在时间方面，安全事件更是随时都有可能发生。根据以往的经验，许多公共场所发生的意外事件往往并不是故意，而是由于人为的疏忽所造成。因此，在安全的管理上，除了硬件设备的配置必须符合政府相关法令的要求和规定之外，卖场例行的安全检查以及从业人员平时的安全培训、处理突发事件的应变能力等更值得重视。商场卖场现场安全管理的重要性表现在以下方面。

1. 为员工提供安全的工作环境

整个卖场的安全作业及设备的完善与否与员工的身体健康和生命安全息息相关。良好的卖场安全管理除了可以为员工提供安全的工作环境，减少工作上的焦虑和压力，进而提高员工的工作效率之外，还可以借此使员工树立正确的安全管理观念，确保卖场的安全。

2. 减少卖场财产损失

发生任何意外和灾变，卖场经营者除了必须面对卖场装潢、设备、商品被破坏所带来的财物损失之外，可能还必须支付员工、顾客等众多直接受害者的庞大赔偿金。

3. 确保消费者购物的安全

一家良好的卖场除了满足消费者的购物需求之外，还必须为消费者提供一个安全舒适的购物环境。一个安全管理良好的卖场可以让消费者以最轻松的心情达到购物和休闲的双重目的。前往卖场消费的顾客人数众多，不仅涵盖了所有的年龄层，其购物时间也从几分钟到数小时不等。因此，从消费者踏进卖场的那一刻起，卖场就有责任保障消费者财产的安全。卖场应该提供给顾客一个赏心悦目的购物环境，为此，卖场经营者应该从以下几个方面检查自己是否为消费者提供了一个安全的购物环境。

（1）货架质量。安全牢固的货架不仅能承重一定分量的商品，还能为顾客提供安全的购物环境，避免因货架倒塌现象而引起不必要的事故。货架质量往往不容易引起卖场经营者的注意，目前我国卖场中，在对待货架投资上较为仔细谨慎的有物美卖场，他们给货架生产商提供的货物规格要求中，细则部分可以精确到每一个货架组建的大小、材质和涂层。

（2）商品陈列。货品陈列过高或者摆放不整齐容易引起倒塌或滑落伤人事件，应坚决避免。

（3）地面安全。卖场地面不清洁，有水渍出现时，很容易导致顾客摔伤事件的发生，特别是水产品区更应该保持地面的干爽，以免引起消费者投诉。

（4）顾客纠纷。在卖场内发生顾客与顾客之间的纠纷时，卖场工作人员有责任予以制止，坚决避免在卖场内发生伤亡事件。

4. 维持良好的社区关系

卖场的顾客大多是邻近的住户，如果在作业或管理上侵犯了他人的权益和安全，不仅会遭到联合抗议和抵制，也会影响卖场的正常作业和营业收入。同时，卖场进出货的作业方面不仅规模较大，而且次数相当频繁，再加上人员出入又颇为复杂，

使得卖场的各项活动直接或间接地影响着卖场四周的居民及过往行人。因此，良好的安全管理还可以达到建立良好的社区关系、维持良好形象的效果。

第二节　卖场安全管理项目

卖场的安全管理项目相当繁多，除了有关公共的范围外，也有卖场本身的内部安全管理，包括人员及财物部分，主要有以下方面内容。

一、卖场公共安全管理

（一）消防安全管理

卖场除了应具备各项符合国家规定或经消防主管机关审核认可的各项消防安全设施及设备之外，还应拟订一套完善的消防作业应变程序，以便在火警发生时，能确保财产、人员及顾客的安全。消防安全管理工作的范围包括：

（1）火灾预防及抢救。

（2）各项安全设备的定期检查和管理。

（3）消防水源的定期检查和管理。

（4）消防安全的教育及宣传。

（二）卖场陈设安全管理

不安全的卖场陈设，容易使顾客在购物区域活动时发生意外事故，因此需特别注意下列事项：

（1）货品陈列安全。货品陈列过高或是摆放不整齐时，容易因人为碰撞而使商品倒塌或掉落，造成顾客或员工的意外伤害。

（2）卖场装潢安全。卖场经营者为了吸引消费者，往往在装潢上作相当大的投资。但是美观之余，还必须注意其安全。

（3）货架装设安全。货架摆设的位置不当、不稳固或是有凸角产生，都可能使顾客在购物时发生意外事故。

（4）地面安全。地面湿滑或有水迹出现时，若未能立即处理，也会造成顾客在行进时滑倒而受伤。

（三）员工作业管理

员工作业方式不当，可能会造成顾客或员工本身的伤害。例如：进货作业不当、叉车使用不当、卸货作业不当，都可能造成商品掉落，砸伤或碰伤顾客和员工。员工安全管理包括以下 5 项主要内容。

（1）员工安全意识的教育。

（2）员工防护用品的使用。

（3）各种设备的安全使用。

（4）安全理货与预防。

（5）安全搬运、运输与装卸。

（四）防台风措施

每年5～10月是我国南方部分沿海地区的台风季节，其所带来的损失相当惊人。因此，卖场经营者应该做好充分的准备，以便在台风侵袭时能将公司的损失减少到最低限度，并且避免行人遭到无谓的伤害。

（五）防震安全管理

据统计，世界上70%的地震发生在环太平洋地震带上，我国则属于多震地区。地震直接引起的灾害有山崩、地裂、建筑物倒塌等，间接引起的灾害有海啸、火灾、水灾等，这些都会对人们的生命财产造成重大的威胁。

二、卖场内部安全管理

（一）开、关门的管理

大部分卖场在非作业时间内，并未安排人员留守。但是为了防止窃贼夜间闯入窃取财物，通常会与保安公司合作、安装保安系统。因此有必要对开、关门的作业加以规范，以确保卖场的夜间安全。有关的管理内容如下。

（1）开店必须由特定人员（如店长、副店长或其他干部）在规定的时间开（关）保安设施，本人在记录簿上加以记录并签名，还必须附有至少两位人员附属签名作为证明。

（2）开店后，当值主管应检查正门入口、后门、金库门及所有门窗有无异状，要确保一切正常，没有被破坏迹象。

（3）关店前后应做好以下事项：

①清点现金，检查收银机、金库、店长室并且上锁。

②除必要的电源外，其他不必要的电源应关掉，所有插头也应拔起。

③检查店内每一角落，包括仓库、作业场、机房、员工休息室、厕所等。防止有人藏匿于店内。

④员工安全检查。例如检查员工撤离公司的手提袋及物品。

⑤开关门时应提高警觉，注意周围有无可疑状况。

（二）保安报告管理

（1）卖场发生的任何保安状况，如顾客财物损坏、偷窃、防火、抢劫、意外事件等，经理均应在了解状况发生的原因之后，迅速向上级相关主管人员报告，以便进一步做更有效的处理或追踪。

（2）任何对警方或上级主管的保安报告，其内容必须简短、明确，并且包括人、事、时、地、物等，以使对方能迅速了解发生的状况。

（3）卖场经理应熟记必需的电话，并抄录张贴在电话机旁、公布栏或其他的指定地点。

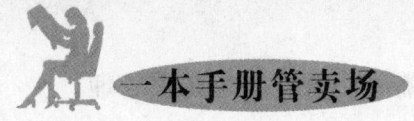

（三）锁匙管理

（1）金库的保险锁密码应只有必要的相关作业人员知道。当卖场主要负责人发生变动时，应随时更换保险锁密码，以防止意外事件的发生。

（2）经理办公室和金库的锁匙应有备份，并分别交由自己或业务相关人员妥善保管。未得许可，不得任意配制。

（3）所有钥匙均应编号，以利管理，便于发生不法事情时，责任分明。

（四）金库管理

新旧任经理交接后，必须立刻将金库密码重新设定，并且只有经理知道。

（1）金库室（经理办公室）为机密地方，除必要人员，其他不相关人员不可随意进入。

（2）金库门应随时关上并上锁。

（3）经理每天上班后、下班前，首要任务就是检查金库门有无上锁或其他异状发生；如有任何问题，应立即向上级反映。

（五）专柜的安全管理

部分卖场为了提高经营效率而设有专柜。如果专柜的安全发生问题，卖场亦无法幸免于难。因此，卖场管理者必须将专柜一并纳入安全管理范围，除了提供必要的安全设备以外，还必须将专柜人员视同卖场人员一同实施安全训练和演习，以确保卖场的整体安全。

（六）防范业务侵占

（1）定期抽检员工的储物柜，以防携带卖场的手袋及物品。员工储物柜仅能放置私人物品，不准放置任何公务用品、易燃物（如汽油、瓦斯、爆竹等）及非法物品，以防范员工的侵占行为。

（2）定期抽验商品验收人员；收银人员；负责现金处理的相关主管人员的作业情况，避免发生工作人员借着职务上的便利，侵占钱财，或图利亲友。

（七）抢劫防范

由于卖场的现金流量相当庞大，收银柜台又邻近出入口的位置，在金钱一进一出的同时，难免引起歹徒觊觎而发生抢劫的事情。抢劫的对象，除了卖场本身工作人员之外，也曾发生歹徒在卖场抢劫顾客的事件。因此，在卖场营业时间逐渐延长的趋势下，有必要对抢劫的情形加以防范。

（八）夜间行窃防范

歹徒偷窃的时机除了在一般的营业时间之外，夜晚停止营业之后也必须加以防范。目前大部分的卖场皆与保安公司合作，设有夜间安保系统，以防止小偷的侵入。不过，以往的案例显示，部分歹徒是保安公司的离职人员、曾经参与卖场施工装潢的外部人员或是卖场本身的离职员工，由于他们相当熟悉卖场内的各项装置，而容易达到偷窃的目的，造成卖场极大的损失，应特别防范。

（九）顾客的扰乱行为

进出卖场的顾客，不仅人数众多，层次也不一。有些顾客来到卖场并不以购物为主要目的，而带有其他的扰乱或暴力行为。例如酒醉、谩骂、打砸商品、蓄意破坏、以言语纠缠卖场员工或精神异常的行为干扰动作等。

（十）诈骗

由于卖场的现金多、商品多，加上员工的年龄都比较年轻，而经常成为歹徒诈骗的对象，其诈骗的方式往往千奇百怪。常见的案例有：送货、要求兑换零钱、声称存放在寄物柜的贵重商品遗失或以物抵物等，应特别警惕。

（十一）停电应变处理

电力是卖场必备的营业条件，一旦停电，不仅必须低温保存的商品会变质、整个卖场无法营业，而且会为顾客或员工提供窃取卖场财物的绝佳机会。卖场经营者必须针对停电拟定一套应变作业程序，以减少损失。

（十二）恐吓事件处理

随着犯罪形态的多样化，零售界遭受歹徒恐吓胁迫的事件屡见不鲜，对社会、企业和消费大众无不造成莫大威胁。有鉴于此，卖场经营者必须制定一套有效的应对程序，将危机事件造成的伤害化解到最低限度。

第三节　卖场安全管理部门设置

一、卖场安全管理部门特点及性质

随着社会经济的发展，卖场的数量越来越多，业务范围越来越广，规模越来越大，社会治安情况越来越复杂，卖场安全保卫的要求也越来越高，原来的无专职保卫人员的形式已不能适应发展的需要了。卖场安全部就是在这种情况下应运而生的。现在，我国的卖场一般都设有安全部，或称保安部、保卫处（科）。由此可见，卖场安全部是现代商业发展的必然产物。

（一）卖场安全工作的特点

1. 安全保卫工作的多样性

卖场安全保卫工作的内容十分丰富，它不仅要维护顾客的人身和财产的安全，防止各种违法犯罪分子的侵害；而且要维护卖场本身各种先进服务设施的安全。这是由卖场所接待的顾客不一、顾客来店的目的不一、顾客来店时间不一、顾客生活习俗的不一等现实情况决定的。

2. 安全保卫工作的政策性

卖场安全保卫工作内容的多样性，决定了卖场安全保卫工作具有很强的政策性。对待同一个行为，由于行为者的国籍不同、行为发生地不同，处理的依据、方式和

结果也会不同。另外，不同的业务有不同的政策方针、法律法规。因此，安全保卫工作人员不仅要有丰富的法律知识，要懂得国内法、外国法、国际公法和国际私法，而且还要有很强的政策观念。

安全保卫工作要与各种侵害因素作斗争，即既要同各种违法犯罪行为作斗争，又要防止卖场工作人员的失职行为，还要防备各种自然力的破坏作用。要完成这些任务，就必须在工作过程中注意服务性。思想上必须明确，卖场是以服务为宗旨，安全工作是整个卖场工作的重要组成部分。执行政策必须严谨，在卖场安全保卫工作中涉及顾客方面的事项政策性就特别强，必须严谨对待，作为卖场的安全保卫工作人员也必须懂得一些外交、民族、宗教等方面的政策，才能妥善处理问题，做好工作。

（二）卖场安全部的性质

卖场安全部是卖场的保卫组织，是负责卖场安全保卫工作的职能部门，列入卖场组织机构的编制，由卖场负责供给，受卖场总经理领导，具体负责卖场的安全保卫工作，维护卖场内部治安秩序，预防各种侵害因素的侵害，保障卖场及其人员的财产和人身安全。

卖场安全部的这个性质，既符合我国政府的规定，又符合卖场当前的管理体制以及安全保卫工作的实际情况。当前卖场的管理体制，普遍实行总经理负责制。与此相适应，卖场内部的安全保卫工作必须列为总经理负责制的一个重要内容。总经理要把安全保卫工作同卖场的经营任务、经济效益紧密结合起来。总经理、各部门经理都要亲自领导安全保卫工作，每个小组、每一个人员也都要承担一定的安全保卫责任。

二、卖场安全部门的设置

（一）卖场安全保卫部门的设置特点

在现代化的管理中各种机构的设置，都要力求精简、统一和有效，卖场安全部门也是如此。

（1）精简。所谓精简是指机构、人员要精，因事设职、职责分明，工作量饱满，工作程序简化，部门层次少、效率高。

（2）统一。所谓统一是指安全部门内部实行统一领导、统一指挥，让安全工作成为统一的网络。

（3）有效。所谓有效是指安全工作要讲究实效和办事速度，使安全部门成为速度快、效率高的机构。

（二）卖场安全部门设置原则

1. 与卖场规模相适应的原则

卖场的规模一般以营业面积划分，如小型、中型、大型。因此，安全机构的设置和力量的配备，必须与卖场的规模相适应。大型卖场，要强于中、小型的超市。

此外，卖场规模还体现在占地面积和建筑楼层的高低上，多数的豪华型卖场是高层建筑，其防火要求比一般建筑要高。

2. 与卖场的安全设施相适应的原则

现代化的卖场，安全设施也走向现代化。绝大部分高级卖场都安装自动灭火、报警、安全电视监控系统等，这些都需要有专门的安全管理人员。

3. 与所承担的安全保卫任务相适应的原则

由于卖场的管理机制不一，也带来了卖场安全部门的任务不同。有的消防工作主要靠技术设施发挥作用，把消防控制中心及消防灭火系统划归工程部管理。有的卖场安全部门管门卫，有的则请保安服务公司负责门卫。有的卖场安全部门对卖场其他部门安全工作贯彻落实检查、考核方面需要投入较多的力量。

总之，卖场安全工作机构设置不能完全统一，按一个模式，而要从实际出发才能做到精简、统一、有效。

三、卖场安保部岗位职责

（一）安保部组织结构

安保部组织结构如图7-1所示。

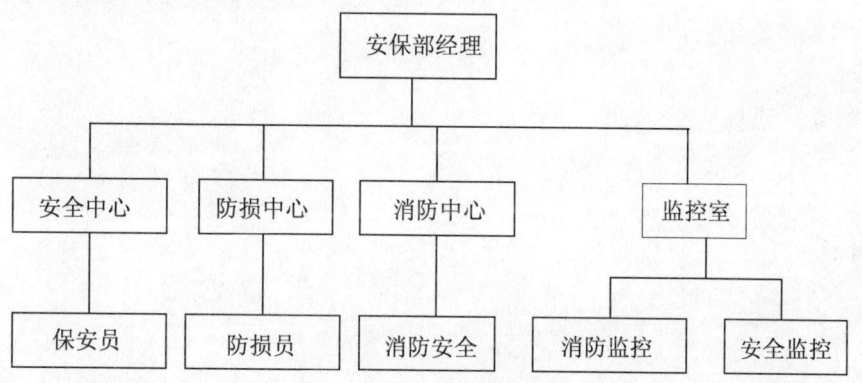

图7-1 安保部组织结构

（二）安保部经理岗位职责

（1）主持制订本部门年度、季度和日常计划。

（2）总经理安排的其他工作任务。

（3）制定有效的安全制度、方案，部署安保工作任务。

（4）防范和处理涉及安全的事件，确保安全。

（5）贯彻、执行安全管理机构和公司的安全决策，确保制度落实。

（6）负责本部门员工的组织、管理、业务培训和检查考核。

（7）做好辖区内治安综合管理，协助公安机关在区域内执行任务。

（8）负责消防安全管理和检查。

（9）组织和建设消防队伍，管理消防设备和器材。

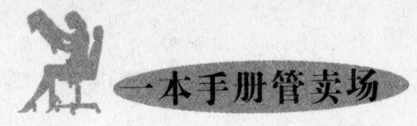

（10）制订和实施重大活动的保卫方案，特殊安全事件的协调处理。

（11）负责商场超市治安安全、防损和消防的领导和管理。

（三）安全主管岗位职责

（1）负责商场超市员工和顾客的安全管理的具体执行。

（2）负责日常的治安巡视检查，全面掌握保安中心的岗位值勤情况。

（3）突发事件的现场秩序维护和管理，合理安排人力，杜绝不安全因素。

（4）负责日常治安的保安队伍的建设、管理和培训。

（5）制定各种治安制度、执行方案，并监督管理实施。

（6）配合公安机关治安宣传和执行任务。

（7）执行安保部经理安排的其他工作。

第二章│卖场安全管理

第一节　卖场作业安全管理

一、卖场搬运、运输和装卸作业安全管理

（一）安全运输

安全运输是指保证员工自身的运输安全、商品运输安全、顾客安全以及环境设施安全等方面，安全运输必须保证商品的摆放符合安全标准，商品摆放整齐、稳固。主要注意以下几点：

（1）对于高空货架的作业，商品必须用安全皮筋或缠绕膜进行捆绑。从事运输工作的员工必须正确使用运输工具，主要是手动叉车、运输车等，而电力叉车必须由叉车司机来操作。

（2）安全运输包括空车作业过程的安全，例如空车时不能载人等。

（3）安全运输中，环境安全是最重要的，必须随时注意通道的畅通，是否有积水、垃圾和障碍物，经过营业区域时应注意到顾客、儿童、购物车、商品等；电力叉车在营业区域高空操作时，必须设立围栏，规定的区域内不能有顾客。

（二）安全搬运

安全搬运是指保证员工自身的搬运安全、商品搬运安全、顾客安全以及环境设施的安全等方面，主要注意以下几点：

（1）搬运的员工必须正确使用搬运的工具，专业的工具由取得上岗证的人员或专业人员操作。

（2）搬运的员工必须有保护商品不受损失的意识，以适当的方式进行搬运，保证商品不受损坏。

（3）搬运的员工必须使用必要的个人防护用品，以保证人身安全。搬运的员工必须有正确的姿势和操作规程，以避免造成自身的伤害。

（4）搬运的员工必须在劳动时注意周围的环境，既避免伤及周围的顾客、同事或设施等，又避免危险因素的侵害。

（三）安全装卸

安全装卸是指保证商品装卸安全、员工自身的装卸安全、顾客安全以及环境设备安全等方面，主要注意以下几点：

（1）装卸的员工必须有正确的操作姿势，以避免造成自身的伤害；装卸的员工

必须使用必要的个人防护用品，以保证人身安全。

（2）装卸后商品应如何摆放在安全的区域内，是员工在装卸时应考虑的安全因素之一。如将拆卸的设施随便放在通道上，可能会伤及过往的其他同事。

（3）装卸的员工必须树立保护商品或物品不受损失的意识，以适当的方式进行装卸，坚决避免野蛮装卸。

二、卖场个人防护用品安全使用

根据《中华人民共和国劳动法》的规定，劳动者在从事具备危险因素的劳动时需要个人防护用品的保护。尽管商业零售店从业员不属于危险性的工种，但为更好地保护劳动者的身心健康，需要使用必要的个人防护用品。防护用品有以下几种。

1. 防护手套

防护手套有化学材料和棉质两种：化学材质的多用于接触化学试剂时，如生鲜部门接触的清洁剂等；棉质手套多用于搬卸商品时保护双手。

2. 防护镜

主要保护操作者的眼睛，用于室外强烈阳光下的作业保护。

3. 防护棉衣

当员工进入冷藏库（冷冻库）作业时，必须穿防护棉衣。

4. 防护背心

员工长期在较低温度下作业，如在肉类加工间、冷冻柜（冷藏柜）区域、进工作蔬果加工间，必须穿防护背心。

5. 一次性手套

主要在操作食品时使用，既是食品操作最基本的卫生要求，又可以起到防止操作者被感染血液和皮肤疾病。

6. 防切手套

防止手被切割的手套。用于肉类的分割工作时保护分割者不受伤害。

7. 防护腰带

有两种防护腰带：一种是在从事大运动量体力劳动时，保护腰部不受扭伤的腰带；另一种是高空作业（2米以上）的防护腰带。前一种则是零售店员工在进行搬货、卸货、队列或做其他仓库整理等工作时，必须使用的。后一种，特别是在高货架的仓储型零售店中，高空作业时，必须使用高空防护腰带。

8. 防护头盔

用于货架的拆卸、组装或进入未完工的零售店建筑工地时使用，保护头颅不受损伤。

第二节　卖场仓储安全管理

一、卖场仓库治安

仓库的治安保卫管理中治安保卫工作的具体内容包括执行国家治安保卫规章制度，维持仓库内秩序，防破坏、防盗、防抢、防骗以及防止财产侵害、防火，防止意外事故等仓库治安灾难事故，协调与外部的治安保卫关系，保证库内人员生命安全与物资安全等。

治安保卫工作的良好开展，是确保仓储部门实现经营效益和提高服务水平的重要保证。当仓储业务活动和经营效率、效益的提高与安全保卫管理发生冲突时，要以治安保卫优先。它不仅涉及仓库能否按照合同如约履行各项义务，降低和防止经营风险，同时也涉及财产安全、人身安全，执行国家的治安保卫管理法规和政策等。

仓库治安保卫管理是仓库为了防范、制止恶性侵权行为的发生，意外事故对仓库及仓储财产造成的破坏和侵害，维护稳定安全的仓库环境，保证仓储生产经营的顺利开展而采取的一系列管理措施。它是仓库管理的重要的组成部分。

仓库治安保卫管理的原则是：坚持预防为主，严格管理、确保重点、保障安全和主管负责制。

（一）仓库治安保卫工作的实施

仓库的治安保卫工作的内容主要有防盗、防火、防破坏、防抢、防骗以及员工人身安全保护、保密等工作。治安保卫工作不仅有专职保安员承担的工作（如门卫管理、治安巡查、安全值班等），还有大量的治安工作可由在岗的员工负责（办公室防火防盗、财务防骗、仓库员防火、商务保密、锁门关窗等）。仓库主要的治安保卫工作及要求如下。

1. 守卫库区大门

库区大门是库区与外界的连接点，也是仓储部门承担商品保管责任的分界线。仓库需要通过围墙或其他物理设施与外界隔离，设置一两个大门。大门守卫是维持仓库治安的第一道防线，大门守卫除了要负责开关大门，限制无关人员、接待入库办事人员，并及时审核身份与登记以外，还要检查入库人员是否携带火源、易燃易爆商品，检查入库车辆的防火条件，指挥车辆安全行驶、停放，登记入库车辆，检查出库车辆，核对出库货物与放行条内容是否相符，收留放行条，查问和登记出库人员随身携带的商品，特殊情况下有权查扣商品、封闭大门。

2. 库区要害部位的守卫

对于危险品、贵重商品、特殊商品储存仓库、货场，需要安排专职守卫看守，以限制无关人员接近，防止危害、破坏和失窃。

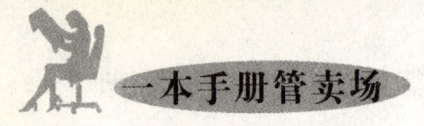

3. 巡逻检查

巡逻检查是指专职保安员不定时、不定线、随时巡视整个库区每一个位置的安全保卫工作，一般安排两名或两名以上保安员一起巡视，携带保安器械和强力手电筒不定时、不定线、经常地巡视整个仓库的安全保卫工作。巡逻检查中发现不符合治安保卫制度要求的情况，应采取相应的措施处理或者告知主管部门处理。保安员应查问可疑人员，检查各部门的防卫工作，关闭无人逗留的办公室、关好仓库门窗、关闭电源，禁止挪用消防器材，检查仓库内有无异常现象，停留在仓库内过夜的车辆是否符合规定等。

4. 防盗设施、设备的使用

仓库使用的防盗设备除了专职保安员的警械外，主要有视频监控设备、自动警报设备、报警设备，仓库应按照规定合理利用配置的设备，专人负责操作和管理，确保其有效运作。仓库的防盗设施大至围墙、大门、防盗门，小到门锁、窗，仓库应该根据法规定和治安保管的需要设置和安装这些设施。

5. 货物管理

（1）一般货物安全管理。货物在库存储，要由专人负责，保管员要经常检查。货物储存要分区分类，原则上要求不同类型的货物不能混存。

（2）特殊货物安全管理。特殊货物是指稀有贵重金属材料及其成品、珠宝玉器及其他贵重工艺品、贵重药品、化工危险品、仪器、设备、特需物品等。储存此类物品除了要遵循一般货物的管理制度和公安部门的管理规定外，还需要根据这些货物的性质和特点制定专门的存储管理办法，其主要内容如下：

①要坚持严格的审批、收发、交货、退货、登账制度，预防在运输、存储、装卸、堆码、出入库等流转过程中发生丢失或错发错收事故。

②保管特殊货物要由有业务技术专长的人员负责，并必须是两人以上，一人无收发权。

③设专柜（库）储存。储存场所必须要符合防盗、防爆、防火、防破坏等条件。根据情况可以安装监视器、防盗门、报警器等装置。外部人员严禁进入库房。

④特殊货物要有特殊的保管措施，要经常进行盘点和进行检查，绝对保证账物相符。

⑤对过期失效和报废的易燃、剧毒、易爆、污染、腐蚀、放射性等货物，要按照公安部门和环保部门有关规定进行处理和销毁，不得随意处置。

6. 治安应急

治安应急是指商场卖场的仓库发生治安事件时，采取紧急措施，防止和减少事件造成损失的制度。治安应急需要通过制定应急方案，规定发生事件时的信息（信号）发布和传递方法，明确确定应急人员的职责，以经常的演练来保证实施。

7. 治安检查

治安责任人应按规章准则经常检查治安保卫工作，督促照章办事，并进行相关设施的管理及检查。班组每日检查、部门每周检查、仓库每月检查，及时发现治安保卫漏洞、安全隐患，采取有效措施予以消除各种隐患。治安检查实行定期检查与不定期检查相结合的制度。

（二）健全仓库治安保卫组织机构

仓储企业或部门治安保卫质量管理工作的首要原则，就是建立岗位责任制和实行谁主管谁负责的机制。一般来说，应根据人员的多少、仓库规模的大小、任务的繁简程度，适当地设置警卫队、专职的保卫科、组或警卫委员等专职机构或人员，专门负责仓储货物的安全工作。仓储部门的最高管理者就是仓储治安保卫的第一责任人；各单位、各机构的领导是本单位、各机构治安保卫责任人，负责本单位、各机构的治安保卫质量管理工作，对本单位、各机构的治安保卫工作负责；为了加强对日常治安保卫管理的领导，通常要指定仓储部门的最高管理层中的一位具体分管，并由他领导建立起仓储治安保卫的完整组织机构。仓储部门的治安保卫管理机构，由仓储部门的整个管理机构组成，高层领导负责整个仓储部门的治安保卫管理工作；治安保卫执行机构，采取由专职保卫机构和兼职安全员相结合的组织方式，开展日常治安保卫工作。治安保卫的职能机构，协助仓储部门高层领导，指导各单位、各机构的治安保卫质量管理，领导治安保卫执行机构。

治安保卫专职机构的规模大小、机构设置和人员及器械配备，必须根据仓储部门及库区规模的大小、任务的繁重程度、人员及储存商品的多少、仓库所在地的社会环境等因素来确定。一般设置保卫部（科）、治安队、门卫队等。

1. 治安保卫专职机构的职责

（1）组织仓储治安保卫工作的学习教育和宣传工作。

（2）管理治安保卫器具，管理专职治安保卫员工。

（3）检查、督促单位的治安保卫工作组织和开展情况。

（4）协助仓储部门主管领导，做好治安保卫工作的管理和指导工作。

（5）协调对外的治安保卫工作，保持与公安、消防等部门的联系，协助其在库区内的治安管理活动。

（6）制定仓储治安保卫规章制度、工作计划。

2. 治安保卫专职机构的人员管理

包括对外部人员和对单位内部人员的管理两个方面。

（1）对单位外部人员的管理。仓储企业或部门对单位外部人员的管理，主要是指驻库员、火车调车员、提送货人员、押运员、联系业务人员、临时工以及探亲访友等人员的管理。

（2）对单位内部人员的管理。仓储企业或部门对单位内部的人员管理，通常是以严格的规章制度来进行约束的。一旦出现问题，则由保卫部门配合行政部门解决。同时，各级行政部门对本部门所辖人员应进行治安宣传和教育。

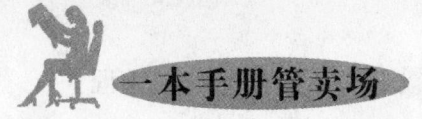

3. 建立仓库治安保卫管理制度

治安保卫工作是仓储部门的一项长期性工作，需要采取程序化、制度化的管理措施。通过建立规章制度，确定治安保卫工作的要求和行为规范，明确岗位责任，实现程序化运作和管理。

治安保卫工作是仓储长期性的工作，需要采取制度性的管理措施。通过制度建立管理系统，及时顺畅地交流信息，随时堵塞漏洞，确保及时、有效的保卫，仓库治安保卫制度制定的作用在于明确了工作规范、工作行为、划分岗位责任，确保工作进行得及时有效。通过规章制度确定工作要求、工作行为规范、明确岗位责任。

仓库科学地制定治安保卫规章制度需要依据国家法律、法规，结合仓库治安保卫的实际需要，达到保证仓储生产高效率进行，确保仓储安全，防止治安事故的发生的目的。仓储治安保卫规章制度不得违反国家法律法规，不得侵害人身权利或其他合法权益，避免或最低限度地减少妨害社会秩序的情况。仓库的规章制度不得违反法律规定，不能侵害公民人身权或者其他合法权益，避免或者最低限度地减少对社会秩序造成的妨碍。

仓储治安保卫规章制度，既有独立制定和实施的，如安全防火责任制，安全设施设备保管与使用制度、门卫值班制度、保卫人员值班巡查制度、车辆及人员进出库区管理制度等，也有合并在其他制度之中的，例如办公室管理制度、仓库管理员职责、车间作业制度以及设备管理制度中涉及的治安保卫款项。这些规章制度必须依据国家法律法规并结合仓储治安保卫实际需要来制定，基本的原则是：保证仓储业务高效率进行，实现商品安全储存，防止治安事故，并坚持以人为本的思想。

为了使得治安保卫规章制度得以有效执行，规章制度需要有相对的稳定性，以便按照执行、照章办事。但是随着形势的发展、技术的革新、环境的变化，规章制度也要适应新的需要进行相应修改，使之更符合新形势下的仓库治安保卫工作的需要。

仓储作业安全涉及商品质量安全、作业设备及库房设施的安全和作业人员人身安全等。由于这些安全事项都是仓库的责任范围，所造成的损失均由仓储部门承担。因此，仓储作业安全管理就是仓储部门经济效益管理的重要组成部分，应高度重视作业安全管理，特别是重视作业安全的预防管理，完全避免发生作业安全事故。

二、卖场仓储安全作业管理的内容

仓储安全作业是指在商品进出仓库、装卸搬运、储存、保管过程中，为了防止和消除伤亡事故，保障员工安全和减轻繁重的体力劳动而采取的措施，它直接关系到作业人员的人身安全、货物的安全、作业设备和仓库设施的安全。

仓储部门的安全作业管理主要是针对作业现场及作业人员进行管理。一方面，加强宣传教育，提高作业人员的安全防范意识和责任心；另一方面，要加强日常检查、维护工作，做好作业设备和场所的安全防护，消除不安全因素。

仓储作业安全管理是经济效益管理的重要组成部分，仓库的作业安全管理工作应包括如下内容。

1. 安全操作管理制度化

安全作业管理应成为仓储部门日常管理的重要内容之一，通过制定科学合理的各种作业安全制度、操作规程和安全责任制度，以及严格的监督检查制度，进行制度化的管理，确保管理制度得以充分和有效的执行。

2. 加强劳动安全保护

仓库要遵守《中华人民共和国劳动法》的劳动时间和休息规定，依法安排加班，保证员工有足够的休息时间，包括合适的工间休息。劳动安全保护包括直接和间接施行于员工人身的保护措施。提供合适和足够的劳动防护用品，如高强度工作鞋、安全帽、手套、工作服等，并督促作业人员正确使用和穿戴。

采用具有较高安全系数的作业设备、作业机械，作业工具应适合作业要求，作业场地必须具有合适的通风、防滑、照明、保暖等适合作业的条件。不进行冒险作业和不安全环境的作业，在大风、雨雪影响作业时暂缓作业。避免人员带伤病作业。

3. 加强作业人员资质管理、业务培训以及安全教育

从事特种作业的员工必须经过专门培训并取得特种作业资格，方可进行独立作业，且仅能从事其资格证书限定的作业项目操作，不能混岗作业。从事仓储作业的员工，必须接受仓库安全作业方面的教育和培训，确保熟练掌握岗位的安全作业技能和规范。安全作业宣传和教育是仓库的长期性工作，作业安全检查是仓库安全作业管理的日常性工作，通过不断的宣传、严格的检查，严厉地对违章和忽视安全行为的惩罚，强化作业人员的安全责任心。

4. 重视仓储部门的安全作业

仓储部门要把安全作业的宣传和教育作为一项长期性工作，常抓不懈；要把对违章作业和忽视安全的行为的惩罚作为强化作业人员安全作业的一项严厉的手段，起到防微杜渐的作用；要把仓储安全作业的检查、监督作为一项日常性的重要工作，并实现制度化。

三、卖场仓储安全作业的基本要求

仓储安全作业的基本要求因操作方式的不同而有所不同。一般是按照人工作业方式和机械作业方式这两种常规的仓储作业方式，对仓储安全作业的相关要求进行细化。从作业人员、作业机械设备和储存商品免受损害的角度分析，仓储安全作业的基本要求就是按照规范操作，注意安全防护。

仓储安全作业的基本要求包括人力作业和机械作业两方面内容。

（一）人力作业的安全操作要求

由于人工作业方式受到作业人员的身体素质、精神状况和感知能力、应急能力等多种因素的影响，因此必须做好作业人员的安全作业管理工作。具体要求如下：

（1）合适的作业环境和适量的负荷人。对于存在潜在危险的作业环境，作业前要告知作业人员，让其了解作业环境，尽量避免作业人员身处或接近危险因素和危

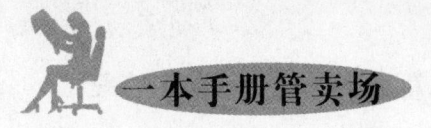

险位置；工作业现场必须排除损害作业人员身心健康的因素；人力作业仅限制在轻负荷的作业，不超负荷作业，人力搬运商品时要注意商品标重，一般来说，男性员工不得搬举超过 80 千克的商品，女性员工搬运负荷不得超过 25 千克，集体搬运时每个人的负荷不得超过 40 千克。

（2）尽可能采用人力机械作业。人力机械承重也应在限定的范围，如人力绞车、滑车、拖车、手推车等不超过 500 千克。

（3）做好作业人员的安全防护工作。作业时注意人工与机械的配合，作业人员要根据作业环境和接触的商品性质，穿戴相应的安全防护用具，携带相应的作业用具，按照规定的作业方法进行作业；不得使用自然滑动、滚动和其他野蛮作业方式；在机械移动作业时人员需避开移动的商品和机械。

（4）只在适合作业的安全环境进行作业。作业前应使作业员工清楚明白作业要求，让员工了解作业环境，指明危险因素和危险位置。

（5）作业现场必须设专人指挥和进行安全指导。在作业设备调整时应暂停作业，适当避让；安全人员要严格按照安全规范进行作业指挥；指导人员避开不稳定货垛的正面、运行起重设备的下方等不安全位置进行作业；发现作业现场存在安全隐患时，应及时停止作业，消除隐患后方可恢复作业。

（6）合理安排作息时间。为保证作业人员的体力和精力，每作业一段时间应作适当的休息，如每作业 2 小时至少有 20 分钟休息时间，每 5 小时有 1.5 小时休息时间，还要合理安排喝水、吃饭等生理活动的时间。

（二）机械作业的安全要求

机械安全作业管理的内容主要是注意机械本身状况及可能对商品造成的损害。具体要求如下：

（1）所使用的设备应无损坏，特别是设备的承重机件，更应无损坏，符合使用的要求，不得使用运行状况不好的机械设备作业；在机械设备设计负荷许可的范围内作业；作业机械设备不得超负荷作业；危险品作业时还需减低负荷 25％ 作业。

（2）使用合适的机械、设备进行作业。尽可能采用专用设备作业，或者使用专用工具。使用通用设备，必须满足作业需要，并进行必要的防护，如货物绑扎、限位等。

（3）设备作业要有专人进行指挥。采用规定的指挥信号，按作业规范进行作业指挥。

（4）移动吊车必须在停放稳定后方可作业。货物不能超出车辆两侧 0.2 米，禁止两车共载一物。叉车不得直接运输压力容器和未包装货物；移动设备在载货时需控制行驶速度，不可高速行驶。

（5）载货移动设备上不得载人运行。除了连续运转设备外（如自动输送线），其他设备需停止稳定后方可作业，不得在运行中作业。

（6）采用移动机械设备作业时要注意移动速度的限制，保持安全间距。移动设备在载货时需要控制行驶速度，不得高速行驶；移动吊车必须在停稳后方可作业；

移动设备在载货时上面不得载人；车载货物不得超出车辆两侧 0.2 米；多车同时作业时，直线前后车距不得小于 2 米，并排停放的两车侧板距离不得小于 1.5 米；汽车与堆垛距离不小于 2 米，与滚动物品不得小于 3 米；移动机械设备装载、起吊商品应进行稳妥固定和牢固绑扎。

四、卖场仓储安全作业管理的特点

现代安全管理就是应用现代科学知识和工程技术去研究、分析、评价、控制以及消除物资储存过程中的各种危险，有效地防止灾害事故，避免损失。加强商场、卖场仓库的安全管理，重要的是找出仓库事故发生发展的规律，弄清仓库安全管理工作的特殊规律，针对性地采取相应措施，现代仓库安全管理，其基本内容和要求，主要有以下特点。

（一）从总体出发，实行系统安全管理

由于商场卖场仓库安全管理内容繁多，有仓库安全管理组织体制，主要对仓库安全组织机构设置原则、形式、任务、目标等内容的优化；有仓库作业生产安全管理，如仓库储存作业、收发作业的安全管理；有仓库安全管理基础工作，如仓库安全管理法规建设、仓库安全培训教育的组织与实施、仓库安全设计及其评价，仓库安全检查方案的制订与实施等；有仓库设施、设备的安全管理，如仓库库房、装卸搬运设备、电气设备、通风设备、消防设备等的安全管理及事故预防措施；有仓库检修作业安全管理；有仓库劳动保护；有仓库安全评估；有仓库人员安全管理；有仓库事故管理等。各个仓库安全管理内容和安全管理环节之间形成相互联系、相互制约的体系。因此，仓库安全管理不应孤立地从个别环节或在某一局部范围内分析和研究安全保障，而应该从系统的总体出发，全面地观察、分析和解决问题，才可能实现系统安全的目标。

系统安全管理应该从仓库储存规划可行性研究中的安全论证开始，包括安全设计、安全评价、安全审核、安全检查、规章制度、安全教育与训练以及事故管理等各项管理工作。

（二）以预防事故为中心，进行预先安全分析与评价

预测和预防事故是现代仓库安全管理的重要课题，对仓库作业系统中固有的及潜在的危险进行综合分析、测定和评价，进而采取有效的方法、手段和行动，控制和消除这些危险，以防止事故，避免损失。

危险性预测的基本内容包括系统中有哪些危险，可能会发生什么样的事故，事故是怎样发生的，发生的可能性有多大（也就是用事故发生的概率或用既定的危险性量度表示，以及危害和后果是什么）。

预防事故的根本在于认识危险，进行危险性预测，运用科学知识和手段，对工程项目、仓库作业系统中存在的危险及可能发生的事故及其严重程度，进行分析和判断，并进一步作出估计和评价，以便于查明系统的薄弱环节和危险所在并加以改

进，同时也可对各种设计方案能否满足系统安全性的要求进行评价及作为制定措施的依据。

为保障仓库安全，对于储存危险性的物资，即有足够潜在能量形成足以毁坏大量库存物资或造成人员伤亡的条件，而且有引起火灾爆炸等灾害的实际可能性情况，必须预先建立完善的和可靠的安全防护系统。对各项安全设施与装置的选择以及设置的数量，应通过安全评价确定。其评价方法以分析和预测系统可能发生的故障、事故及潜在危险，通过有组织的评价活动，确定危险度等级，并以此为依据，制订相应、合理的安全措施。

（三）对安全进行数量分析，为安全管理、事故预测和选择最优化方案提供科学的依据

现代安全工程把安全中的一些非定量的因素总是采取定量的方法研究，把安全从抽象的概念化为一个数量指标，从而为安全管理、事故预测和选择最优化方案提供了科学的依据，也就可以上计算机。安全工程所研究的问题，说到底是一个划界的问题，也就是划定安全与危险的界限，可行与不可行的界限。现代安全工程通过定量化处理来划定系统的危险度等级及其相应的安全措施。

安全的定量化分析包括以事故发生频率、事故严重率、安全系数、安全极限和以预选给定数值作为尺度进行分析比较的相对方法，以及用事件发生的概率值作为安全量度的概率方法。

对安全进行数量分析是安全科学日益发展、完善的一个标志。运用数学方法、计算技术研究故障和事故同其影响因素之间的数量关系，揭示其间的数量变化及规律，就可以对危险性等级及可能导致损失的严重程度进行客观的评定，从而为选择最优的安全措施方案和决策提供依据。

第三节　卖场设备安全管理

一、卖场设备的维护范围

制定卖场设备、设施维护规范的目的是为分店设备、设施的保养维护工作提供依据，确保卖场各类设备、设施的正常使用。其适用范围是：设施进行维护以及卖场员工在对店内设备维修、保养的工作过程。

卖场设备、设施是指陈列在商场卖场的冷柜、电脑、收款机、空调、监控设备、办公台、货架、精品柜台、购物车、购物篮等。除此之外，还有卖场内的电梯、照明灯具等。设备、设施的维护保养的主要责任人为各设备所在区的理货员及主管。紧急故障按《应急处理工作规范》执行。设备、设施故障报到维修组后，一般故障维修组要在 8 个工作小时内到达故障现场进行检修，提出维修方案，属保修或委外

维修的要立即进行咨询并确定预计完成时间，属自行维修的要立即确定完成时间。

二、卖场设备维护工作要求及流程

(一) 卖场设备维护工作的要求

设备、设施的维护保养工作按《设备、设施维护项目表》实施并在交接班时做好相关记录。设备维护工作要求如下：

(1) 空调。经常清洁，加制冷剂；建立设备、设施档案。

(2) 电脑。保持清洁、屏幕可见度；经常进行硬盘空间清理；注意电脑不要受潮、磁化；建立设备、设施档案。

(3) 收款机。保持清洁、屏幕可见度；注意不要受潮、磁化；建立设备、设施档案。

(4) 监控设备。保持清洁、屏幕可见度；防磁、防潮；建立设备、设施档案。

(5) 货架。保持清洁，防湿；经常察看货架的螺丝接口处是否有松动并进行处理。

(6) 购物篮。保持清洁，检查购物篮的把手是否可正常使用。

(7) 精品柜台。保持清洁，轻拿轻放。

(8) 购物车、平板车。定期对购物车的车轮进行润滑，保证其正常使用，润滑工作每个月至少一次；保持清洁，经常检查车轮、螺丝是否有松动并进行处理。

(二) 卖场设备维护工作的流程

一般来说，卖场设备的维护流程如下：

1. 报障

由理货员、各区主管、维修工负责。理货员发现设备、设施故障，报各区主管，各区主管向维修工报障，维修工根据报障，对故障设备、设施进行检查，确定是自修还是委外维修，并根据"设备、设施档案"察看是否在保修范围，并填写维修事项申报表。

2. 维修

维修分为自修、委外维修、包修三种。自修是维修工根据故障情况购买零件，在规定时间内维修好设备、设施；委外维修时维修工根据故障情况，寻找有维修资格的外方单位，确定维修完成时间、报价，上报商场管理部。商场管理部对报价进行审计后，根据公司规定写维修单位费用申请，报批。维修工联络维修单位进行维修，有必要时签订维修合同。包修是维修工根据"设备、设施档案"上的记录，联系保修单位，告知故障原因、询价、确定维修时间。当所需费用超过维修工权限时，根据公司规定写维修申请报告进行申请、报批。

3. 验收

维修完成后交使用区的主管、理货员进行验收并签名确认。有关费用，要求取得发票，到财务部报销。

三、卖场警卫设备安全管理

（一）监控设备安全操作要求

（1）开机前应清洁监视屏幕。

（2）不得随意挪动监控设备位置。

（3）已调整好角度的屏幕不得再随意调动。

（4）按照正确的开机程序打开监控设备。

（5）不得频繁开关设备。

（6）出现故障应立即汇报并通知有关人员维修。

（二）电子防盗设备安全操作要求

（1）营业前商场（卖场）行政人员要检查防盗门的电源是否插好，软标签通过时是否能正常报警。

（2）营业前收银员应检查消磁板电源是否插好，硬标签放在上面发出响声是否正常。

（3）金属商品或带有铝铂纸的商品不能使用软标签。

（4）对于一部分为金属、一部分为其他材料的，把软标签贴在其他材料上面。

（5）防盗门周围 0.5 米内不能有金属物品或装有防盗标签的商品。

（6）防盗门应保持连续通电工作，严禁随意断电。特殊原因断电后必须间隔 5 分钟后再开启。

（7）收银员收银时，首先用扫描器阅读商品条码，确认商品信息输入电脑后，再把商品放在消磁板上。

四、卖场包装打码设备安全管理

（一）打价机

打价机用于商品价格标贴的打印、粘贴。其安全操作要求如下：

（1）核对实物和标价签无误后，按照标价签上的编码和价格调出相应的数字，并核对打出的价格、编码是否正确。

（2）按照打价机说明书中的装纸要求将打价纸装入机内。合上打价机底盖时，严禁用力过大。

（3）调校数字时，轻轻拉动数字调节器尾端，将指示箭头对准所调数字的位置后，再转动数字调节旋钮，调出所需数字。当箭头在两数字中间位置时，严禁转动调节旋钮。

（4）打价机使用完毕后应放在指定位置，严禁随手放在商品上、货架上或地上。

（5）当打出的字迹不清晰时，必须给油墨头加墨，加墨量一次在 2～3 滴。

（6）本柜组使用完毕后应放在指定位置，严禁随手放在商品上、货架上或地上。

（二）封口机

封口机安全操作要求如下：

（1）封口机的主要用途是压封商品塑料包装袋。

（2）每次压封时间必须控制在 10 秒钟以内，严禁超时。

（3）压封强度不能过大，而且应待塑料袋冷却后方可取出。

（4）严禁空压机器。

（5）应经常用干抹布擦拭机身，保持接口处电热丝洁净。清洁时必须切断电源。

（三）手包机

手包机安全操作要求如下：

（1）手包机主要用于密封包装所销售的各种商品。

（2）手包机使用前需要预热 20 分钟。

（3）手包机预热后严禁用手或利器接触发热板。

（4）使用时应注意温度的调节，严禁长期处于高温状态。

（5）发热板严禁沾水。

（6）手包机使用时间长后会产生大量静电，应拔除电源后将机壳接触墙壁，导走静电后再重新使用。

（7）严禁在设备表面上放置其他物品。

（8）设备表面需要保持洁净。

（四）打码机

打码机安全操作要求如下：

（1）开启打码机电源开关时，需要检查指示灯是否显示色带、标签已安装正常。

（2）安装标签和色带时，注意不要划伤打印头。

（3）更换不同类型标签时，应该做好检测工作。

（4）打印头必须两天清洁一次，若使用频繁，须一天清洁一次。

（4）未经电脑部相关人员的许可，禁止随便搬动、拔插打码机的电源线和数据线。

（6）每次更换色带时，必须用酒精和棉签清洁打印头及滚筒。

（7）若发现故障时，需要立即和电脑部相关人员取得联系。

（五）电子秤安全使用准则

（1）电子秤用于商品的称重及条码的打印。

（2）电子秤不能摆放在高温、潮湿或多油烟处，必须放在规定位置，严禁随便

挪动。

（3）电子秤的放置要平稳，使用前要调平。

（4）使用时要先打开电子秤总开关，再打开秤面开关，观察机器自检状况是否正常，如出现异常情况应及时通知电脑部驻店人员。

（5）电子秤的称载量严禁超过其额定称载量。

（6）对无包装的商品要用包装袋将商品包扎后再放在电子秤上称重。

（7）对托盘及待称的商品应注意轻取轻放。

（8）注意电子秤的卫生，需经常清洁电子秤托盘、外壳、客户屏上的油污和水迹。

（9）整理好电子秤外围的电源线、数据线。

（10）未经电脑部人员的许可，严禁随便拔插其电源线、数据线。

（11）每日早班使用者须打出条码标签，检查其日期是否正常。

（12）严禁擅自对电子秤进行调节，更不能更改其任何设置。

（13）装卸打印标签时，首先提取打印头，然后取出打印体，禁止不正确操作造成人为损坏打印头。

（14）出现条码纸卡纸时不能用硬物撬取，应用手慢慢将卡纸取出。

（15）当打印头或走纸轴上贴有条码纸时，不得强行或用锐器协助取出，否则容易损坏打印头。

（16）更换条码纸必须按走纸键测试。

（17）使用人员每周应清洁电子秤的打印头。

（18）水分含量较大的商品称重时，电子秤下方须用托垫垫起，上面须另加托盘，以防水分浸入机壳。

（19）设备出现故障时（如条码打得不清晰、不规范或前台无法扫描等），须立即通知电脑部驻店人员来处理。

（20）营业结束后，按照先关秤面开关、后关总开关的顺序将电子秤电源关闭。

（21）电子秤应根据国家的规定进行年审。

（六）扫描仪

1. 台式扫描仪

（1）保证台式扫描仪的位置摆放正确。

（2）接通电源后，绿色指示灯亮，内置马达高速旋转，听到连续的"嘟"声，并产生垂直向上、纵横交错激光网，表示扫描仪正常工作。

（3）扫描商品条码时，应注意条码是否有断码、变色、模糊等现象；若商品条码正常，应将商品条码朝下，顺箭头方向扫入，听到"嘟"一声响，表示条码信息已被正确输入。

（4）若扫描仪面板上红灯亮、扫商品时听不见"嘟"一声响或扫条码后无商品资料显示等现象时，应立即通知电脑部相关人员。

（5）平常注意避光避灰尘，保持扫描窗口表面的清洁。

2. 手持扫描仪

（1）开机前，先检查一下设备连接端子，是否插在正确位置。

（2）如有异常现象（如扫描仪亮红灯、开机或扫条码无"嘟"的一声、商品信息无法输入）等，须及时与电脑部人员联系。

（3）接通电源后，扫描仪绿色指示灯亮，同时听到"嘟"一声响，即表示扫描仪处于待机状态。

（4）使用时应注意商品条码是否有断码、变色、模糊等现象。

（5）商品扫描时，手握扫描仪手柄，将扫描窗口对准商品条码，商品条码与扫描仪之间的距离不超过30厘米。

（6）当扫描仪发出"嘟"的声响，表示商品条码已被识别输入。

（7）待机时，需小心置放于托架上，当收银台关闭时，也需切断手持扫描仪的电源。

（8）平常要保持扫描仪表面清洁，轻拿轻放，严禁摔碰。

五、卖场购物车辆安全管理

（一）促销车安全操作要求

（1）使用的促销车可以根据销售情况适当调整车位。

（2）促销车上摆放的商品重量不能超过促销车额定载重量。

（3）促销车主要用于摆放促销商品，改善商品展示效果和展位的灵活调整。

（4）供应商使用的促销车应该在指定的促销位置摆放。

（5）使用人员负责每天清洁促销车。

（6）收回的促销车要存放在指定位置，由行政部负责保管、清理及维护。

（7）商场（卖场）行政文员负责促销车的发放，发放及收回前均需要检查车辆卫生及完好状况。每次使用完毕要求使用人清洁后方可收回。

（二）购物车安全操作要求

（1）不允许有蹬踏购物车、站立于车身、推着购物车奔跑、把车推上自动扶梯等现象发生。

（2）还原人员应在顾客使用后，及时将购物车（篮）还原到指定位置。

（3）还原人员应每天检查购物车的使用状况，清除车轮上缠绕的异物。

（4）购物车为顾客在商场（卖场）选购商品时使用，由商品还原人员负责整理和保管。

（5）营业结束后由防损员负责清点购物车（篮）数量，如有丢失由当班防损员负责赔偿。

（三）婴儿车安全操作要求

（1）婴儿车供带婴儿的顾客使用。

（2）员工应该指导顾客如何正确使用婴儿车。

（3）柜组人员应随时将顾客使用完毕的婴儿车还原到指定位置。

（4）婴儿车布每半个月由清洁工清洗一次，有明显污迹的应随时清洁。

（5）婴儿车在营业前、后应存放在指定的位置。

六、卖场其他设备安全管理

（一）电梯

1. 货梯

货梯安全操作要求如下：

（1）商场（卖场）内货梯由专人开启、关闭。

（2）严禁把货梯作为代步设施使用。

（3）严格按照货梯使用说明操作，不得大力敲击操作键。

（4）搬运商品进出货梯时不得碰撞货梯。

（5）货梯不得超载。

（6）货梯到达后，应立即把商品一次性卸下，不允许用物品阻挡货梯门，长时间占用货梯。

（7）发现不安全因素时应停止使用，如中途出现故障，应按铃求援，不允许乱敲操作键。

2. 自动扶梯

（1）自动扶梯由商场（卖场）管理人员统一开启、关闭。

（2）不得用自动扶梯上下搬运商品。

（3）不可擅自按紧急停机按钮，如发现扶梯有异常应及时通知商场（卖场）管理人员。

（4）保持扶梯清洁，不得将杂物扔在扶梯上。

3. 观光电梯

（1）观光电梯由商场（卖场）管理人员统一开启、关闭。

（2）不得使用观光电梯上下搬运商品。

（3）保持电梯清洁，不得将杂物扔在电梯内。

（二）收银机

（1）收银机由收银员负责日常使用和管理工作。

（2）每天必须清洁收银机及其外围相关设备。

（3）电脑部人员对收银机的键盘、打印机、内壳进行清洁，每月不少于一次。

（3）开机时须先打开 UPS 电源，再开启主机电源；关闭时必须先退出收银系统，关闭主机电源，再关闭 UPS 电源，盖上防尘罩。

（4）禁止用力敲击键盘、随意转动显示屏，造成显示屏数据线松动或扭断。

（5）在收银机上禁止放置任何物品，其周边禁止放置液态物品，以防液体浸入机身。

（6）当收银机不小心浸入液体时，必须立即切断电源，并通知电脑部人员到场处理。

（7）当收银机出现故障时，需要立即通知电脑部人员到场解决，并尽量保护故障现场。

（8）当收银机相关设备损坏时，须马上通知电脑部人员，并将损坏部分交还电脑部。

（三）UPS（不间断电源）

（1）保持 UPS 外壳的洁净；严禁把 UPS 放置于潮湿的地方；严禁在 UPS 上及使用中的 UPS 外围放置任何物品。

（2）开启电脑设备之前应先开启 UPS，关闭 UPS 之前应先关闭电脑设备。

（3）在开启或使用 UPS 中发出警报声及非正常声音时，必须立即通知电脑部值班人员。

（4）在带电的情况下严禁搬动 UPS、拔插 UPS 上的电源线。

（5）禁止在 UPS 上接与电脑无关的设备，禁止超负荷运行。

（6）未经电脑部人员的许可，严禁以任何理由打开机壳。

（7）在使用中的 UPS 电源一旦短路，必须立即切断电源，通知电脑部值班人员到场处理。

（四）电脑安全操作要求

（1）必须保持清洁卫生、摆放整齐，未经许可，禁止私自拆卸、随便移动及其他的野蛮操作。

（2）严禁随意删除电脑内的各种软件、数据，随意使用外来软件等，确因工作需要应报电脑部批准，经电脑部检查后方可。

（3）禁止随便修改电脑设备的设置，例如口令、系统配置、IP 地址等；禁止撕毁电脑设备外的标志性文字、封条等。

（4）严禁利用网络异地传输大批量和大型图形文件，使用他人的用户名及密码，利用电脑及网络设备泄露公司资料。

（5）在一台电脑上禁止开多个用户窗口，操作人员离开时，必须退出应用程序。

（6）若电脑出现故障，需要立即通知电脑专业维修人员，严禁擅自维修。

（7）电脑开关机的顺序为：使用电脑时，应先开 UPS，再开外围设备（打印机、显示器等），最后开电脑主机电源；工作结束后，先退出所有的应用程序，再退出操作系统，关主机电源，关外围设备电源，最后关 UPS 电源。

（五）游戏机设备安全操作要求

（1）游戏机由该区域柜组人员负责日常操作及管理工作。

（2）营业前先检查设备插头是否插好。

（3）电源接通后设备进入自检程序，柜组人员要检查设备自检情况是否正常，发现不正常时及时向柜组长反映。

（4）柜组人员必须严格按产品说明书正确使用设备。禁止柜组人员私自调改设备主板参数。

（5）设备使用时应注意插座安全，严禁随意开关设备电源。

（6）投币器出现卡币、出票故障时，及时调整投币器、出票器的灵敏度。

（7）禁止用湿抹布擦拭机身，防止发生人身安全事故及设备进水，造成损坏。

（8）经常对设备进行检查、保养，设备的机械元件应每周加润滑油。

（9）营业结束后关机时直接关闭配电箱的总电源。

（六）平板车安全使用准则

搬运空调、电视机、冰箱、洗衣机及大宗商品时，必须使用平板车或叉车。

1. 平板车的种类

平板车有带拉手和不带拉手可拼装两种，应视具体情况选用。

2. 使用时注意事项

（1）使用平板车运载商品时，重量严禁超过平板车额定承载量。

（2）平板车上的商品堆放严禁超过 1.5 米（单件大电器除外），超过 1 米时需有人扶住商品。

（3）使用平板车时严禁奔跑，要环顾四周，避免平板车及所载商品与周边人员、商品、设施发生碰擦，转弯时速度要放慢。

（4）在卖场内使用平板车，需要顾客让路时，应提示"对不起，请（您）让一下"。

（5）暂时不使用的平板车应集中有序地摆放在指定地点。拼装式平板车要将拼装在一起的各块拆分，单个保存。

（6）其他柜组需要借用时，由借出人负责收回，收回时应检查车子是否能够正常使用。顾客及供应商需要使用时由员工负责使用与收回。

（7）柜组人员每月请总部驻店人员检查平板车使用情况并给车轮加油。

（8）拼装式平板车拼装时，应注意相连板块接口完全吻合并保持板面平直。

（9）使用拼装式平板车时，只能从后面双手扶住商品向前推，商品体积较大或数量较多时，左右还需有人扶住商品。

（10）使用带拉手的平板车时要求人在前面拉。

（11）当顾客需要使用平板车搬运商品时，柜组员工必须协助其搬运出卖场，并在卖场出口防损员处进行登记，留下工牌，使用完毕将车送回卖场时取回工牌。

（七）垫板的安全使用准则

（1）用垫板运载商品时，商品不得超出垫板范围，商品重量在垫板上分布均匀，且四周至少应留出 2 厘米。

（2）垫板应轻取轻放，禁止从车上、货架上往下扔；要经常检查垫板的使用状况，不允许有钉子凸起或脱落，不能使用的立即报告班组长安排维修。

（3）暂时不使用的垫板应集中摆放在指定地点，要求正反交叉叠放整齐。

（4）严禁站在叠放的垫板上及在垫板上坐靠。

（八）手动液压叉车安全使用准则

（1）使用叉车时，叉车提升高度以垫板离地面 2～3 厘米为准，拖运商品严禁超过各叉车额定承载量。

（2）在卖场使用叉车时，只能从前面拉，不能从后面推，避免叉车及所载商品与周边人员、商品、设施发生碰擦，需要顾客让路时，应提示"对不起，请（您）让一下"。

（3）叉车上的商品堆放高度严禁超过 1.5 米（单件大电器除外），超过 1 米时需有人扶住商品。

（4）叉车上严禁站人，除利用其正常承载商品外，禁止用于其他用途，严禁在过道或空地上玩耍叉车。

（5）暂时不使用的叉车应集中有序地摆放在指定地点。

（6）如叉车出现故障时由班长核查损坏原因并填写"设备故障请修工作申请单"。

（九）应急照明装置

卖场的应急照明系统，要使用独立于楼内正常供电系统的电源，并且停电时，

该系统可以自动提供照明。一个由发电机和蓄电池组成的应急设备，就可以提供应急照明。

应急照明必须能够照亮所有出口的标志，以及其他照明设备所应该照亮的地方。这样，就可以在发生紧急情况而影响正常供电时，用于安全地疏散顾客和员工。此外，该系统还可以减少停电时发生的偷盗、抢劫及其他意外事故。

第四节　卖场卫生安全管理

一、卖场总体环境卫生管理要求

（一）进口处设有完整的个人消毒设施

（1）消毒室的入口处两边的墙壁钉有清洁液架，以放置清洁液或肥皂。入口处设有刷鞋池，并备有鞋刷。

（2）消毒室的墙面须贴白瓷砖以利清洗。

（3）每日须更换或补充氯水，以维持有效氯的浓度，达到消毒效果；洗手台后侧墙边放置纸架或毛巾架。两边设置洗手台，并安置数个肘压式的水龙头及毛刷；洗手台的下方设置消毒池，池深约 20 厘米，可淹及鞋面，消毒池内泡消毒剂。

（4）设置手肘或脚踏式的门，防止手部再污染；毛巾架后侧设手指消毒器。

（二）商场卖场的场地设施要求

1. 商场卖场地面要求

商场卖场的地面须以磨石或金刚砂等不透水的材料铺设，也须有适当的斜度，以利排水，借以防止地面积水滋生细菌，或造成湿滑以影响作业安全。作业场的地面在每天作业前、后及午休前应予冲洗，以维护场地卫生。

2. 商场卖场墙面要求

墙面需贴一定高度的白瓷砖或粉刷白色漆，以利清洗。天花板应完整，无破损、积水、尘土、蜘蛛网或凝水的现象。干燥清洁的环境，可防止细菌生长、繁殖。

3. 商场卖场排水设施要求

设有完善的排水设施。生鲜食品处理，用水量相当多，若作业场地无良好的排水设备，常常会使作业场积水而无法作业。为了利于排放废水，场内须设排水沟，并有适当坡度，借以畅通排水。因为较大的废弃物若流入排水沟内将阻塞排水管道，故其出口处应设有滤水网，水网的设置还可防止蟑螂、蚊蝇等病媒自排水沟内侵入作业场，以维持场地卫生。

4. 商场卖场场内堆放物品要求

商场卖场内不得堆放无关的物品，否则不仅将影响作业，还会造成卫生管理上的死角，并易发生意外事件。

5. 商场卖场内照明和气调设施要求

作业场应有良好的照明及空气调节设施。要注意灯管、灯泡，同时要加护罩，以免破碎时掉入生鲜食品中，为维护生鲜食品的鲜度，作业场内的温度在处理作业时也应尽量降低，维持 15～18 摄氏度。另外为维持作业场地空气的新鲜，宜控制湿度，维持室内干燥。

6. 商场卖场内病媒防治设施要求

作业场内应有防止病媒侵入设施。病媒是指病原体自一寄主带至另一寄主的携带者，也即病原体的媒介物。它能使病原体由患者或带菌者传至健康者，而使健康者患病或带菌。由于多数的传染病仰赖节肢动物为媒介，所以一般所谓病媒防治是指蚊、蝇、蟑螂、跳蚤、鼠等动物的防治。

防治病媒的方法主要有两种：防治病媒侵入作业场，设置纱门、黑走道、空气帘、水封式水沟；捕杀病媒，以化学药品毒杀或捕虫灯、捕鼠笼、捕蝇纸等捕捉病媒。

7. 商场卖场冷冻、冷藏设施要求

设置冷冻、冷藏库储存原料与半成品、成品为保持生鲜食品的鲜度，生鲜食品的原料、半成品、成品等应减少暴露于常温时间，并应迅速进冷冻、冷藏库降温。冷藏库的温度应控制在 0～2 摄氏度，而冷冻库的温度，应维持在 −18 摄氏度以下，并经常检查其温度是否符合要求。

8. 其他要求

区隔处理不同种类的产品。为防止产品相互污染，应分别设置果菜、水产、畜产及加工室，而且同一容器中不得混装产品。

二、商场卖场环境卫生管理规范

商场卖场卫生管理准则如下。

（1）本商场卖场为维护员工健康及工作场所环境卫生，特制定本准则。

（2）凡本商场卖场卫生事宜，除另有规定外，皆依本准则实行。

（3）凡新进入员工，必须了解清洁卫生的重要性与必要的卫生知识。

（4）本商场卖场卫生事宜，全体人员须一律确实遵行。

（5）各工作场所内，均须保持整洁，不得堆放垃圾、污垢或碎屑。

（6）各工作场所内的走道及阶梯，至少每日清扫一次，并采用适当方法减少灰尘的飞扬。

（7）各工作场所内，严禁随地吐痰。

（8）饮水必须清洁。

（9）洗手间、更衣室及其他卫生设施，必须保持清洁。

（10）排水沟应经常清除污秽，保持清洁畅通。

（11）凡可能寄生传染菌的原料，应于使用前适当消毒。

（12）凡可能产生有碍卫生的气体、灰尘、粉末，应作如下处理。

①采用适当方法减少有害物质的产生；

②使用密闭器具以防止有害物质的散发；

③在产生此项有害物的最近处，按其性质分别作凝结、沉淀、吸引或排除等处置。

（13）凡处理有毒物或高温物体的工作或从事有尘埃、粉末或有毒气体散布的工作，或暴露于有害光线中的工作等，需用防护服装或器具者，商场按其性质制备相应的防护服装或器具。从事以上工作的员工，对于本公司设备的防护服装或器具，必须妥善保管。

（14）凡阶梯、升降机上下处及机械危险部分，均须有适当的光度。

（15）各工作场所的采光应满足下列要求：

①各工作部门须有充分的光线；

②光线须有适宜的分布；

③光线须防止眩目及闪动。

（16）各工作场所的窗户及照明器具的透光部分，均须保持清洁。

（17）各工作场所须保持空气流通。

（18）食堂及厨房的一切用具，均须保持清洁卫生。

（19）垃圾、废弃物、污物的清除，应符合卫生的要求，放置于指定的范围内。

（20）商场卖场应设置常用药品并存放于小箱或小橱内，以便利员工取用。

（21）本准则经总经理核准后施行，修改时亦同。

三、商场卖场卫生管理制度

为确保员工与顾客的身体健康，提高工作质量和服务质量，使卫生工作制度化，应加强卫生管理。在商场爱卫会领导下，卫生管理工作统一由行政部负责。

（一）商场卖场卫生要求

（1）保持商场内店堂、走廊、公厕的清洁，做到光亮、无异味。保持内部厕所、浴室、理发室及其他公共场所洁净、无蚊蝇。

（2）车场（包括门前三包地段）要保持清洁，各种车辆按规定地点停放整齐。

（3）各部办公室内要保持整齐，窗户干净，不得将室内垃圾扫出室外。

（4）垃圾分类倒入指定地点，不得倒在垃圾道或垃圾桶外。倒完垃圾要及时盖好盖。

（5）爱护和正确使用厕所设备；用后要冲水，不得使用报纸；卫生巾、手纸要扔入篓内，严禁将茶根、杂物倒入洗手池。

（二）商场卖场卫生工作的实施

（1）各部室和商店的办公室、库房、食堂等场所，由在其间工作的员工负责打扫，做到日扫日清，定期大扫除。

（2）公共卫生区域由商场保洁员清扫，对商场实行卫生质量、费用承包。

（三）商场卖场卫生工作检查

（1）商场卖场行政部设卫生管理员，负责卫生检查工作。商场卖场每半年组织一次卫生大检查，此外重大节日（"春节"、"五一"、"十一"）前也要进行检查，并对卫生工作做出讲评。

（2）行政部每周检查一次，根据情况随时抽查，发现问题限时予以解决。

四、卖场食品的卫生安全管理

（一）卖场食品安全管理制度

（1）食品销售者对购入的食品，应该索取并仔细查验供货商的营业执照、生产许可证或者卫生许可证、进口食品的有效商检证明、标注通过有关质量认证食品的相关质量认证证书、国家规定应该经过检验检疫食品的检验检疫合格证明。

（2）卖场和食品批发市场内的入场销售者首次购入食品时，还应该按食品品种索取并仔细查验法定检验机构出具的该批次食品的质量检验合格报告，之后应该每半年索取并检验一次检验报告；检验报告所列检验项目应该包括法律、法规规定和保障食品安全的相关项目。

（3）食品销售者从种植户、养殖户购入自产自销的食用农产品时，应该索取并仔细查验供货商的身份证明和应该检验检疫的食用农产品的检验检疫合格证明。

（4）食品销售者购入食品时，应该索取供货商出具的正式销售发票；或者按照国家相关规定索取有供货商盖章或者签名的销售凭证，并留下真实地址和联系方式；销售凭证应该记明食品名称、规格、数量、单价、金额、销货日期等内容。

（5）索取和查验的营业执照（身份证明）、生产许可证、卫生许可证、质量认证证书、商检证明、检验检疫合格证明、质量检验合格报告和销售发票（凭证）应该按供货商名称或者食品种类整理建档备查，相关档案应该妥善保管，保管期限自该种食品购入之日起不少于 2 年。有条件的食品销售者可以实行计算机管理，建立健

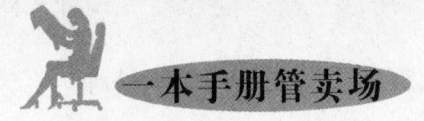

全书式和电子档案。

（6）实行加盟连锁、统一配送的食品销售者，可以由总部统一索取并检验相关证、票并存档；各连锁销售者可以凭总部出具的索证索票证明和统一配送单存档替代索证索票档案；各连锁销售者自行采购的食品，仍应该按照要求自行索取并检验相关证、票。

（7）食品销售者对在其经营场所内自产自销的食品，应该建立生产加工记录。生产加工记录应该包括食品名称、用料成分、生产数量、生产日期、保质期等内容。

（8）食品批发市场、食品集贸市场的开办者应该建立健全食品安全管理制度，审查入场销售者的经营资格，明确入场销售者的食品安全管理责任，并定期对入场销售者的索证索票情况进行检查，督促入场销售者建立并切实执行索证索票制度。

（9）实行"场厂挂钩"、"场地挂钩"等协议准入制度的食品销售者，除按照要求建立健全索证索票制度外，还应该定期对协议供货的食用农产品养殖、种植基地或者食品的生产加工企业进行考察，确保养殖、种植基地或者生产加工企业的管理制度和提供的食品符合法律、法规的要求，对不符合要求的基地或者企业，应该及时提出改进的要求或者依法解除协议供货关系，确保食品质量合格，安全可靠。

（10）食品销售者应该以索证索票制度为基础，建立健全内部食品质量安全管理制度，明确具体的质量安全管理人员和责任，定期检查食品的进、销、存情况，对即将到保质期的食品应该在陈列场所向消费者作出醒目提示；对超过保质期或者腐败、变质、质量不合格等食品，应该立即停止销售，撤下柜台销毁或者报告工商行政管理机关依法处理，食品的处理情况应该如实记录。

（二）卖场食品加工区对工作人员的要求

1. 从业人员卫生习惯要求

（1）为防止烟灰掉落于生鲜食品上，禁止从业人员在作业场内吸烟。

（2）员工拥有良好的卫生习惯，不但可维护个人的身体健康，还可杜绝许多污染源，凡从业人员出场处理事务或上洗手间，再进场时，必须要经过再消毒手续，而且不得随地吐痰。

（3）痰或唾液中的病菌会传播到生鲜食品上，故应禁止作业场内随地吐痰及吃东西。

2. 操作人员的身体健康要求

（1）必须取得区、市级以上的卫生防疫部门颁发的服务行业体检健康证。

（2）手部受伤，包括刀伤、擦伤、烫伤必须经过处理，用防水绷带包扎。完全包扎后，才能接触食品。

（3）凡是患有痢疾、伤寒、消化道传染病（含病源携带者）、肺结核、渗出性皮肤病或其他有碍食品卫生者，均不能参加生鲜食品的操作。

3. 作业前清洁要求

若能养成良好的个人卫生习惯，可减少生鲜食品受到污染并可确保生鲜食品的鲜度及品质。指甲要剪短，不要涂指甲油及佩戴饰物。生鲜食品无论搬运、处理、装盒、标价等步骤的实施，均需人的双手才能完成，而工作人员以手接触生鲜食品的机会最多。

开始工作之前或中途开始工作之前及不同的工作程序交叉开始前等均要洗手。在规定脚踏式洗手池或洗手间洗手，绝对不能在食品操作池中或盛装食品的容器中洗手。

4. 作业时穿戴要求

（1）以手肘或脚部推门进入作业场。

（2）刷洗工作鞋。

（3）洗刷手部并在消毒池消毒鞋面。

（4）以纸巾或消毒的毛巾擦干手部。

（5）消毒手部。

（6）穿戴整齐干净的工作服、工作帽。

（7）工作衣帽要求。以卫生、舒适、方便、美观为主；质料以不粘毛絮、易洗、快干、免烫、不易脱色为原则；颜色以白色、浅蓝、浅绿、粉红为主，因其比较容易辨别与清洁；工作帽要能密盖头发为原则；工作服要能密盖便服的衣领及袖口，其袖口有松紧带以防止袖口松散，被运转的机器碾压或切到；从业人员所穿戴的工作服、工作帽容易沾染血水、油渍等秽物，所以要常常换洗，保持衣、帽的干净，以免穿戴不洁的衣、帽污染生鲜食品，进而影响食品质量。

（8）口罩要求。在作业场作业时，员工间难免因事请求指示或相互交谈，为防止交谈中口水混入生鲜食品从而污染商品，故作业人员一律要戴口罩。而口罩有布纱口罩及纸质口罩两种，可依作业需求选择戴用。

（9）工作鞋要求。处理生鲜食品时需大量的水来清洗原料或半成品。清洗过的水因含有油脂容易使地面湿滑，若穿不合适的鞋，容易滑倒，而影响作业人员的安全。而选购及使用工作雨鞋须注意下列原则：

①颜色以白色为主，较易辨识与清洁；

②须选购防滑的工作雨鞋；

③工作雨鞋以长筒为宜；

④穿工作雨鞋须将裤管塞入鞋内；

⑤从业人员在进入作业场前，先要把鞋面用刷子刷洗干净，以除去鞋面上附着

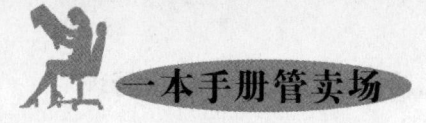
的油污及不洁物。

5. 预防病菌污染食品

（1）设置手套架，放置手套，保持通风易干。

（2）患有皮肤病及手部有创伤、脓肿的病患者，其身上或手部的病菌容易再次污染经处理、包装的生鲜食品，从而影响其卫生安全。

（3）手套应选择不透气、易清洗的质料，并经常检查手套是否有破损且要时常刷洗及消毒。

（4）从业人员创伤、脓肿的部分会产生葡萄球菌，生鲜食品受污染后会产生耐热性的肠内素，容易导致食物中毒，应防止其进场作业或监督其戴手套作业。

第三章│卖场防损

第一节　卖场损耗产生的原因及预防

一、卖场商品损耗的定义

在分析损耗原因之前，首先要了解两个相关概念，即"损耗"与"损失"。"损失"不同于"损耗"。损失可以分为两种：一是实质损失，包括降价损失、废弃损失、偷窃损失、储运损耗等；二是机会损失，是指因缺货而丧失销售机会，从而带来无形损失。损耗通常仅指实物的损失，相当于实质损失中的废弃损失、偷窃损失和储运损耗。损失的范围更大，还包括降价损失和机会损失。实质损失和机会损失之间存在此消彼长的替代关系：实质损失减少，机会损失就会增大；机会损失减少，实质损失就会增加。因此，一般不能笼统地将"损耗"等同于"损失"，但这里不将两个概念区分。

二、卖场损耗的原因及措施

卖场一般采用开架式自助销售，在货架上陈列各式各样的商品提供给消费者选择购买，所以在商品的管理上，常常由于商店管理不完善，导致商品纷乱、无序以及破损、弄脏、偷窃损耗、不明损耗、废弃损耗或降价损耗等现象发生，从而造成企业利润流失。要有效地防止和减少损耗，必须了解商店损耗发生的原因和采取相应的防损措施。下面就具体介绍一下损耗产生的主要原因和相应的防损措施。

（一）商品管理过程中的损耗

商品管理疏忽的损耗，主要是因为商品的保管和陈列方法不当、商品标价错误、商品鲜度管理等造成的损耗。

1. 商品标价

标价错误，一般是由于商品标价混乱而造成的。商品标价的错误，会造成商品高价低卖或销售不出，这些都会造成商品的损耗发生。

（1）商品标价错误的情况。

①条码标价的价格与电脑不一致（电脑中促销价没有恢复原价、电脑建档价格错误、促销结束后没有更正标签价格或标签价格标错）。

②标价人员将高价的商品使用低价的商品代号或以低价标示。

③卖点广告标示与商品标签价格不一致。

（2）采取的应对措施。

①商品不得随意标价，标签字迹应清楚。

②收银员在顾客结账时，要一边念出价格，一边注意与显示屏幕的数字是否一致，若不一致，一定要停止其他作业，登记该项商品代号、品名和价格。

③将价格差异表呈交负责人员，进行核对，查明原因后进行更正。

④商品标签价格标错时，应将原标签撕去，再贴上正确标签。

⑤每天检查卖场卖点广告的价格与标价是否一致，不一致时，要立即更正；特卖后要将商品标签价格更改回原价。

2. 商品陈列

商品摆放的位置不佳引起倒塌，或容易被过往顾客碰撞而引起的损坏等，这些都是在店面陈列过程中，由于商品陈列的方法不当而引起的商品损耗。

在商品陈列过程中应注意以下几点：货架上要标有货架号码和商品名称卡，以便做好商品管理；商品一般不堆积在地上；商品货架摆放应标准，商品不可堆积过高。

3. 商品鲜度管理

商品鲜度不高的发生原因主要是由于店内库存期间太长或进货时本身就是旧商品。消费者对商品的鲜度要求越来越高，日期较久的商品难以卖出，所以需要认真做好商品日期管理和坏品管理。卖场应定期对商品保质期进行检查，发现日期接近有效期限 3/4 时，可采取相应措施，配合畅销品组成特价品出售，进行特价销售或搭配销售。

卖场进行鲜度管理特别要注重生鲜商品和鲜度要求较高的商品，注意的事项有：超过安全日期的商品；与竞争店相比，日期长的商品；进货时，商品上的日期前后颠倒的商品。

（二）商店运营过程中的损耗

1. 验收作业

商品在商店的物流过程一般可分为进货→验收→保管→标价→陈列→销售（→退回）六个环节。如果店员在验收作业中，出现商品品名、数量、总量、价格、有效期限、质量、包装规格等项目与订货单不符；货物未验收或未入库等现象；发票金额同验收单金额不符，都可能造成商品损耗。商品验收作业的好坏，直接影响到商店损耗管理的成效。在验收作业中应该注意以下 3 点：

（1）问题商品一律拒收。对于商品有效期限已逾 1/3 的，给予拒收；对于品名、数量、价格、标签、重量不符者一律拒收。商店对问题商品的具体处理方式一般是：验收商品不同或数量过多时，要当场点清，退还给送货员；日后补送不足的商品时，要加以确认；当商品数量不够时，要在货品不足的账目里予以记录，并由送货员和验收人员同时签章和签名给予确认；商品有破损时，按照破损数量，全部退货。

（2）核对应查核的项目。在核对送货单据和商品时，应认真查核的项目有：对于外表有破损或污垢的商品，要打开检查；检查商品名称和规格、大小是否相符；

检查商品数量；检查商品上的生产日期和进货日期；对于破损的商品，要在送货员在场时，确认破损的数目。

（3）特殊商品的验收。验收人员必须仔细检查送货单上面登载的品名、数量有无差错，并先将送货单保管起来，待进货传单送至时进行对照，然后在验收单上签收。

2. 收银作业

收银作业造成损耗主要是发生在人工登打作业上。一般来说，商品价格设定在电脑内，收银员无法更改售价，但是如果不使用扫描方式，而采取人工输入方式，就可能出现弊端。另外，如果收银人员可以任意使用收银机删除键，也可能出现问题。

卖场一般都采用销售终端管理，除特殊情况外，应严禁收银员采用人工输入方式结账，否则要详加追查。而收银员采用人工输入方式，应严格按照公司规定的作业方式进行操作。

3. 盘点作业

（1）盘点错误引起损耗。商店盘点目的之一就是掌握门店经营的损益情况，盘点错误引起损耗的原因一般有两种情况。

①存货盘点出现漏盘错盘。货架旁临时商品陈列区出现重盘或漏盘；营业中实施存货盘点，有些已计入存货的商品，恰好被卖出；盘点人员不尽责，对数量较多的商品以估算的方式计算造成误差；部门间相互产品陈列，未列入盘点；端架上吊挂的商品漏盘；商品已到，但进货单没有随货入账计入存货。

②盘点商品货架记录不实。盘点时，盘点人员为图方便，将同价格但不同内容的商品品项，填写在同一货号内，造成某一类商品库存虚增，另一类商品库存虚减的情形，从而导致账目不正确，影响利润的计算。

（2）采取的应对措施。

①部门主管要随时抽查盘点情形；

②盘点时，要根据盘点作业规定，经盘点后将商品数量写在纸条上，并贴放在商品旁，以便主管抽查，也可确认盘点正确与否；

③营业中盘点时，需先将销售情况记下，等盘点结束时，再核对；

④盘点作业一定要按照步骤严格实施。

4. 员工日常作业

（1）员工作业疏忽造成损耗。员工日常作业上的以下疏忽也是造成损耗的原因之一。

①商品价格上出现标示错误（高价低标），商品一经销售，就会造成商店损失。

②班次分析表没有详细记录或记录不正确，失去参考价值。

③商品有效期限未予检查。

④对于提高售价的商品，没有立即给予调整。

⑤现金管理不当。

⑥账目查核表错误。

⑦仓库和店门未锁，遭受偷窃。

（2）采取的应对措施

①定期检查商品价格的标示有无错误或漏标现象。

②员工应认真详细填写班次分析表，以考核员工的工作情况，如发生异常，应给予警告。

③定期检查货架上的商品的有效期限，做好先进先出的商品管理：仓库中的库存品也应进行定期检查，因为一般便利商店的门市较小，仓库存储面积有限，除畅销品以外，其他商品不要有太多库存或最好无库存。

④对于提高售价的商品，应该立即给予更换标签。更换时，要注意需先将旧标签撕下，才能贴上新标签。

⑤员工应认真填写账目查核表，表中应有应收账款、现金支付表、价格变动和损坏报告等项目，以供参考。

⑥对现金的管理，应有详细的支付明细。

⑦定期检查仓库、门锁以及防盗设施。

5. 会计处理

（1）会计处理不当引起的损耗。伪造文书、伪造印章、伪造客户退货和折让、涂改存款条日期、挪用公款、涂改或销毁现金销售券、伪造单据报账、涂改存货记录、伪造订货单将货物运走、涂改报账单据、伪造签字取得空白支票、挪用公款和小额现金等。将退货或折让金额私吞，不将收取的现金按日存入银行或部分存入银行，将个人费用收据报账，扣押公司或厂商的支票，账目舞弊，少列现金账金额，多列费用账金额，用公司订单购买私人物品，过账时故意造成混乱，将总账上虚列的贷方余额冲转现金，提供客户或供应商特殊条件或价格，收取回扣等现象的发生都会造成损耗。

（2）采取的应对措施。

①商品、自用品、设备的采购由专职的采购部门负责。

②采购单核准后，才能订货。

③购进商品由专责的验收部门负责验收。

④会计部门收到验收单位的单据后，应立即制作传票，记入应付账款及明细账。

⑤公司订立统一付款条件，严格控制付款天数。

⑥适时抽查账簿。

（三）造成损耗的内部原因

由于大卖场营业面积大，部门众多，所以对员工的管理也相对比较散乱。绝大部分员工为一己私利或工作不认真、不负责任而造成卖场损耗的事件已屡见不鲜。据有关数据显示，卖场全部损耗中的88％是由于员工作业错误、员工偷窃或意外损失造成的，7%是顾客偷窃，5%属于厂商偷窃，其中尤其以员工偷窃所遭受的损失最大。

（四）造成损耗的外部原因

大卖场除了内部员工的原因生成的损耗外，外部环境的一些原因也不可忽视，如供应商的不轨行为或顾客的偷窃事件等。

针对供应商行为不当造成的损耗，如供应商误交供货数量，以低价商品冒充高价商品，擅自夹带商品，随同退货商品夹带商品，与员工勾结实施偷窃等。针对这种情况，对供应商的管理必须做到以下三点。

（1）供应商进入退货区域时，必须先登记，领到出入证方能进入。离开时经保安人员检查后，交回出入证方可放行。

（2）供应商在卖场或后场更换坏品时，需有退货单或先在后场取得提货单，且经部门主管批准后方可退换。

（3）供应商送货后的空箱必须打开，纸袋则要折平，以免偷带商品出店。厂商的车辆离开时，需经门店保安检查后方可离开。

卖场要想在竞争中获取优势，一个不可忽视的管理要点就是，想方设法减少营运过程中的商品损耗。然而严重的卖场盗窃现象使商品非自然损耗直线上升，经营成本居高不下，已成为困扰卖场的一道难题。

第二节　卖场损耗的控制方法

一、卖场重点区域的监管

（一）员工出入口的管理

1. 设置

（1）人员设置：员工出入口设置防损安全员岗位，只要员工通道打开，岗位就要实行连续值勤制度。

（2）设备设置：防盗电子门、储物柜若干。防盗电子门是用来防止员工等偷盗商品的行为，储物柜是供来访人员暂时存放物品时使用。

2. 监管要点

检查员工的上下班考勤、工作餐考勤，员工进出是否按规定执行考勤制度，有无未打卡或未登记、请人代打卡、替人打卡等违规事件；非上下班、工作餐的员工进出，是否有管理层的批准，并登记员工的进出时间；员工是否将私人物品带入卖场，如属于必须带入卖场的物品，是否已进行登记处理；员工是否盗窃财物，是否将禁止带出卖场的物品带出，特别是防盗门报警的时候；对外来的来访人员进行电话证实、登记、检查携带物品等；对携带出场的物品进行检查，对所有在本通道携

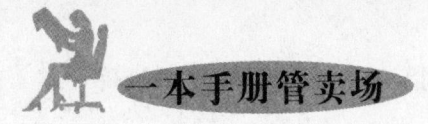

带出的物品进行检查。

检查的内容主要包括：人员的提包（判断提包中物品是否属于私人所有），属于卖场的物品是否有管理层的批准等。

3. 管理规定

外来人员进入卖场要进行登记，除指定的财务人员，其他人员不准带包进入卖场，必须携带物品出入的，应办理登记手续，出入时需主动示包，接受安全人员检查；所有当班员工（含促销人员）在工作时间内，必须且只能从卖场的员工通道出入（特别授权者或授权岗位者除外）；所有进出人员都必须主动配合安全人员的安全检查，自动打开提包或衣袋，接受检查，尤其是防盗电子门报警或在安全人员提出检查的要求时，要予以配合；员工的进出、物品的携出与归还必须有管理层的书面批准，防损安全员核实后放行。

（二）收货口的管理

1. 设置

（1）人员设置：收货口设置防损安全员岗位，只要收货通道打开，岗位实行连续值勤制度。

（2）设备设置：收货口卷闸门设置防盗报警系统，如未经密码许可强行打开，则报警。

2. 监管要点

防损安全员同收货部主管共同负责收货门的打开和关闭；由防损安全人员协助维护现场的收货秩序；查处收货员和供应商的各种不诚实行为、作弊行为，查处收货员接受贿赂或赠品的行为；供应商人员必须在收货区指定的范围内，超出范围或需要进出商场（卖场）楼面的，必须办理登记等相关手续、出入安全检查手续；任何部门的任何人员（除收货部授权的员工和授权的岗位）都不能从收货口进出；对重要的收货程序进行检查，保证所有的收货数量、品名均正确，保证所有已经进行收货的商品放入收货区内；检查是否由本商场（卖场）的员工亲自进行点数、称重的工作，有无供应商帮助点数、称重现象，或重复点数、称重的现象；对于供应商的赠品、道具等商品进出，必须核实收货部是否正确执行相应的收货程序，是否正确使用单据、标签；对每一单退换货必须进行核实，核实品名、包装单位、数量、换货的品种是否正确以及单货是否一致，保证所有退出商场（卖场）的商品必须正确无误；对转货或个别大单送货，防损安全员必须逐单核查，包括封条、品名、数量、包装单位，并目送货物离开收货口。

3. 管理规定

所有收货的员工和供应商人员必须诚实作业，不得有故意作弊和损害本商场（卖场）利益的事情；所有员工不得接受供应商任何形式的贿赂和馈赠；收货或退货时，商品必须按流程分别放置在不同的区域，如拟收货区、准收货区、已收货区等；供应商人员进入已收货区必须办理登记手续，进出实行安全检查，所有商场（卖场）

人员（除授权岗位、人员），均不得在收货区进出；非商品的收货，必须有赠品的标签和"道具携入、携出清单"手续；防损安全员对每一单的退换货、出货，每一单的物品离场进行检查，对收货进行抽查，特别是精品、家电、化妆品等贵重物品，对所有已经收货的商品必须监督是否在已收货区。

（三）入口的管理

卖场入口设置防损安全员岗位，营业时间实行不间断值勤制度。

禁止所有员工在上班时间内从卖场入口处出入；所有顾客进场秩序良好，无拥挤现象；超过尺寸的提包，提醒顾客进行寄存后才能入卖场；顾客不能将与本卖场类似的、一样的或难以区别的商品从入口带入卖场，要进行寄存后才能进入；保证顾客遵守其他的入场购物规定，如不能带宠物。

（四）精品区的管理

1. 设置

（1）人员设置：精品区及其出口处设置防损安全员岗位，营业时间内岗位实行连续值勤制度。

（2）设备设置：精品区出口处设置电子防盗门系统和门禁系统，前者对偷盗商品进行报警，后者则对无密码开门进行报警。

2. 监管要点

顾客只能从进口进入，从出口出去；顾客不能将非精品区的商品带入精品区内，只能暂放外边；顾客在精品区内购买商品，必须在精品区内结账；检查顾客的小票是否与商品一致，特别是收银员的包装是否符合精品区商品的包装要求；解决电子防盗门的报警问题。

3. 管理规定

商品的包装、小票的处理必须符合商场（卖场）关于精品区的有关规定；精品区的柜台或展示柜在非销售时，必须随时上锁处于关闭状态；精品区的外放贵重样品，必须全部采取标签防盗措施；精品区柜台销售商品必须采取先付款、后取货的销售方式；精品区的安全人员不能代替收银员做任何工作；精品区的防损安全员有责任监控精品收银台的现金安全。

（五）垃圾管理

1. 设置

（1）人员设置：垃圾口需要打开时，防损安全员到岗位开关通道，进行检查。

（2）设备设置：垃圾口卷闸门设置防盗报警系统，如未经密码许可强行打开，则进行报警。

2. 监管要点

检查生鲜垃圾桶是否有异样情况，所有的垃圾是否属于该丢弃的范围，垃圾是否经过处理；检查垃圾，保证所有垃圾中无纸箱、纸皮等可以回收的废品，回收纸皮离开卖场不走垃圾口，经过收货口办理手续；检查商场（卖场）的垃圾袋，保证

没有未执行报废手续的商品混杂在垃圾中；检查收货部的垃圾桶，保证所有报废商品必须经过相应的处理程序和处理手段，使其彻底失去使用价值。

3. 管理规定

卖场所有部门中，只有收货部的退货组可以进行商品报废的实际工作，楼面运营部门只能建议或申请；按卫生检疫部门的要求，卖场中的生鲜垃圾必须同其他垃圾分开，并放置在不同的地方等待处理，原则上生鲜垃圾每日必清；卖场中所有垃圾，只能由垃圾专用口离开卖场，离开前的垃圾，部门必须进行处理，保证所有垃圾已经失去价值；安全人员必须对丢弃的垃圾实行严格的检查制度，避免商品混杂在垃圾中离开卖场。

（六）家电提货口的管理

1. 设置

（1）人员设置：大家电检测提货口，设置防损安全员岗位，营业时间实行不间断值勤制度。

（2）设备设置：大家电检测提货口卷闸门设置防盗报警系统，如未经密码许可强行打开，则进行报警。

2. 监管要点

每一单提货的大家电商品，必须有防损安全员检查签字；防损安全员检查是否有收银小票，收银小票是否有异常，商品品名、型号、货号与小票是否一致，数量是否与收银小票一致，已经提货的商品的小票是否盖有检测、提货章，商品的包装是否已经封好；提货的顾客秩序是否良好，顾客是否站在规定的提货台区域的外面；提货的门是否随时关闭，内提人员是否对出门的商品进行登记；收单处是否控制提货的流程，提货的各种印章是否在抽屉中。

3. 管理规定

大家电的销售提货流程；大家电的送货规定。

二、卖场后场管理

（一）员工出入管理

（1）若有购物者，须主动出示收银发票确认。

（2）员工上下班时，须由规定出入口出入。

（3）员工下班离开卖场时，一律要自动打开携带皮包，由值班或验收人员检查，经理也不可例外。

（二）厂商进出入管理

（1）厂商进入卖场务必要先到后场登记，更换厂商名牌佩挂，离去时经检查后，再缴回识别证。

（2）厂商送货后的空箱不得覆盖，纸箱则须拆平，避免借行事之便夹带商品。

（3）厂商从现场或后场更换坏品时，须有退货单或先到后场登记换货单，且经部门主管签认后，方可准予放行。

(4) 厂商车辆欲离去时，要接受后场人员检查无误后，方可离开。

（三）商品移出入管理

(1) 卖场之间移库时要确实填写移库单，填明商品代号、规格、品名、单价、数量等资料，便于财务部门作账，避免混淆。

(2) 商品移出入时，程序须与进退货相同，要由验收人员确认验收后，才可认定完成手续。

(3) 移库时，须先报备经理同意，并且与其他卖场事先取得协议后，才可进行移库。

（四）进货管理

(1) 供货厂商进货务必先提示订货单，并将商品一一陈列整齐，由验收人员逐一核对。

(2) 验收人员检验时，食用期限超过 1/3 以上的食品或有凹罐情况时，不得收货。

(3) 检验时务必要拆箱核对，是否与订货商品一致，尤其有拆箱痕迹时，更需要检查。

(4) 商品验收无误后，应立即移至暂存区或卖场，不得任意逗留，避免混淆。

三、卖场防损机制的建立

对于卖场来说，建立防损体系和防范措施以保护顾客、员工及企业利益是非常必要的，在卖场中增长最快的就是损耗，各大卖场在利润很低的情况下，还承受着内盗外盗带来的巨大损失，有形无形的损耗制约着企业的发展、危及着企业的生存，建立适应现代零售企业要求的防损机制是很必要的。

（一）防损体系发展的初级阶段

开放式的售货方式在吸引了大量顾客的同时，也引来了众多的窃贼，开业时高额的失窃率使商家非常头痛，打击外盗与内盗，加强安全防范成为商场保卫部门的首要任务，"站好岗，守好门，抓小偷，保安全"这是很多卖场负责人对保卫经理们的要求。

国内第一批卖场沿用的是老商业企业中保卫的概念，主要特点是以安全保卫为主要职责，以打击内盗外盗为主要任务，与公安部门联系紧密。付出了大量的人力、物力，引进了 EAS（企业应用软件）系统等，在一片喊"打"声中，保卫部门有了很大的收获，然而好景不长，一些"聪明"的员工，开始研究卖场的运营程序，一些漏洞被他们找到，一些莫明其妙的失窃开始发生，盘点中一些巨大的差异无法解释。

20 世纪末，一些卖场的保卫科、保安部开始把部门名称换成防损部，这不仅仅是一个部门名称的更换，它预示着中国零售业保卫体制正面临着一场变革。它标志着随着零售企业的发展壮大，管理的漏洞、损耗的漏洞也越来越大，原有保卫体制

已逐渐不适应现代零售企业的要求，其只能控制有限的、有形的损耗，而面对更大范围的无形损耗却无能为力。和以往的保安体系有着显著的不同，"损耗控制"成为防损管理的核心内容。

（二）现阶段防损耗体系的核心内容

为了实现"损耗控制"，现代零售企业防损体系应具备四个功能。

1. 损耗监督的功能

即能够渗透到营运的各个环节起到监督的作用，减少这些环节中可能产生违规的背景，起到优化环境的作用。

2. 损耗预警功能

构建符合营运现状的损耗预警体系，在信息网络中设立一套预警参数，超过正常参数范围的即成为损耗参数，进入预警程序，由防损部门进行控制。例如，根据销售数据确认安全库存数实现采购订单量预警；根据商品库存金额确认账期资金占用量实现资金预警；根据新品、特价及竞争店情况实现综合毛利率预警；根据订货量、库存量、销售排行、周转数综合分析实现财务付款预警；根据盘点数据制订损耗异常参数实现异常损耗预警。

3. 损耗分析功能

能够从损耗现象中及时找出正常损耗、异常损耗，对异常损耗能进行分析，并找出原因及解决方法。

4. 损耗处理功能

损耗处理包括三个方面。

（1）损耗物品的处理，例如损耗商品处理程序。

（2）损耗流程的处理，找出产生损耗流程的问题，进行纠正。

（3）损耗人员的处理，对产生损耗从人为因素去分析，并予以相应处理。

（三）防损体系的特点

1. 整体性

在职能设置上应实现整体性，各项防损的职能如审计、督察等应统一于防损部门，形成整体。

2. 独立性

在架构中表现为企业最高层直接领导，实行垂直管理，门店防损员对公司防损专员负责，公司防损专员对总公司防损总监负责，总部防损总监对公司总经理负责。

3. 客观性

防损工作渗透到营运的各个部门，由于其独立的工作体系，它能够从客观的角度去分析问题，在防损体系中设置独立的稽核审计体系，参与财务、采购、营运等部门，对产生的异常情况进行分析，找出原因，及时堵住漏洞。

4. 服务性

在确认防损部职能时，应充分体现服务的宗旨，防损的目的是为了赢利。

首先要强调防损为营运服务，防损部通过对损耗的分析，及时掌握损耗的重点，减少商品的损耗和偷窃行为，通过对防范设备及各项营运设备的选择排除各种隐患，保障正常的营运，为顾客提供舒适的购物环境。

通过对各种风险控制的宣传、培训，各种风险控制计划的执行，使员工掌握各种风险控制技能，预防各种风险，及时处理各类意外事件。

总部为店面服务，防损部为店面进行全员防损培训，对防损员进行业务培训、指导和考核，并根据店面的阶段性重点确认自己的工作目标。业务为销售服务，防损部的审计、稽核工作，通过对销售数据、库存数据等各类营运信息的分析，建立起采购订单量预警、资金预警、供应链预警、销售目标预警、综合毛利率预警、促销费用预警、商品结构预警、财务付款预警，从而建立安全的营运预警系统，达到服务销售的目的。

（四）防损部保安员需注意事项

当顾客通过检测门报警时，当值防损保安员应立即上前处理，此时顾客可能较紧张、敏感，当值防损保安员必须注意以下几点：

（1）不能用手去拉、扯顾客。

（2）不能用"偷"、"拿"、"怀疑"、"检查"等词语。

（3）礼貌用语，言语简洁。

相关链接

卖场防损部奖惩制度

为严肃本部门纪律，鼓励先进、惩罚过失，特制定以下奖惩制度。

有下列表现之一者，本部门将予以奖励或作为晋升的参考。

第一，对商场的防损及安全管理工作有重大贡献者。

第二，拾到顾客钱财上缴者。

第三，如实举报员工违章乱纪者。

第四，向本部门提出良好建议，该建议被采纳者。

第五，为保护商场声誉和财产，勇于同不法分子作斗争者。

有下列表现之一者，本部门将予以警告或辞退。

第一，当班时不注意仪态，不佩戴工牌，经指出无明显改进者。

第二，不服从分配，不服从上级指挥和调遣者。

第三，经常迟到、早退又不打卡备案者。

第四，无特殊情况擅自离开工作岗位者。

第五，当班睡觉、抽烟、吃零食、聊天、听收放机、看书报不听从劝告者。

第六，当班时滥用职权，以工作之便谋取私利者。

第七，不遵守宿舍管理制度者，进入办公室打私人电话和吸烟者。

第八，玩忽职守造成工作失误者。

第九，工作中欺骗上司者。

第三节　卖场收银防损

防损虽不能直接为卖场创造利润，但降低损耗本身就等于创造利润。有分析表明，收银员在收银过程中所导致的损耗，占整个商场损耗的1/3左右，有的甚至更多。为此，加强收银的监督和管理，就变得至关重要。

一、卖场收银员行窃的方式及预防措施

（一）借练习操作行窃

大多数电子收款机上都有训练系统供收银员练习，并允许其进行无记录操作。因此，必须认真评价每一个系统以确定记录范围。

1. 对收银员使用训练系统的要求

①收据上至少要在两处打上"作废"标志。

②用管理或检查键才可以进入该系统，并且练习的总数必须在检查记录上出现，必须像其他销售一样一并记入收款机累计账。

③所有的练习次数必须在总日志中单独记录。

2. 对收银员借练习操作行窃的防范措施

①所有的日志记录和销售收据必须和其他记录一样，用同一方式记录以备将来检查，这一点是至关重要的防范措施。

②如果是机械收款机，则更难防范。因为在练习时，收银员有可能复制正常的交易，所以必须配备一台单独的收款机，并且在管理人员的监督下专门用于练习。

③必须严格监督，防止用于少收、欺诈性交易收据或者其他的非法用途。

上述防范措施，能很好地避免收银员可能利用训练系统进行完全的转移、破坏日志记录，从而导致没有商品登录记录。

（二）破坏读账

一个收款机有两个总账。读账即交易时的小计，在一定时间内被收银员和管理者读取。目的是确定某个特定收银员交易登录的总金额，所以必须对它负责。收银员上班从读账开始，下班以读账结束，中间休息和午餐也要读账。应是后者减去前者，即是收银员应负责的总金额。

一个工作日内，收银员有4对或更多的读账：开始，第一次休息2个，午餐2个，第二次休息2个，结束。

欺诈行为的完成方式如下。

（1）快下班平账时，收银员从读账里取出一部分，删除它们，然后拿走相应数量的钱。

（2）其他有责任平账的人，如出纳、管理者或其他收银员也同样可以拿走相应数量的钱。

（3）收银员在不同的收银通道操作。没有通道记录，确定收银员在哪个通道作假是不太容易的。

（4）发生删除后，唯一的记录只能保留在"×"读账、收银员摘要和交易明细上，但这些重要性的文件往往没有多少安全性。所以，只要有人决定实施这种偷盗，破坏这些文件就很容易。

虽说上述行为第二天早上就可以被簿记员发现，所有收款机的账都不能平，但对这种类型偷盗的防范却不是很容易做到的。

（三）识别丢失发生的程序

1. 控制键盘钥匙

所有的检查键、优先读账键或者其他能够读取收款总额的键都必须严格管理。

2. 有序地分配收银通道

收银员的移动必须是连续的，有规律可循的，这样就可以确定谁该在哪个收银通道。

3. 做好日常收款记录的详细明细

必须制作一个程序来跟踪所有收款机的交易明细，因为它是偷盗者第一个要毁掉的记录。

4. 监督总账明细

这个明细账要列出所有收款机的日交易量和累计交易量。同时，也要包括所有的练习和下网的次数。切记，用手工书写的总账必须以收款机所产生的实际读账为依据。

5. 严把收款机周检查报告关

这个报告是所有收款机的详细目录。它包括连续号、型号、收款机位置和最后的总额读账。因此，必须加强对这个目录的重视程度。一些处于修理状态的收款机很容易被非法利用，它的记录被破坏，钱被偷走。一定要注意，一个破坏总额保护措施的最简单办法就是宣称机器出了故障，应该去修理。实际中，必须做到所有收款机的总额一星期清一次，写入检查报告。报告中也要包括确认所有正在修理或存储有问题的收款机。

（四）等额交易

这是指顾客结账时交的钱和商品价格相等，如一杯可乐或一包香烟或是其他一个商品的交易。主要发生在快速结账或只收现金的通道，通常顾客非常着急，不会等着拿购物小票。

这类交易额的钱是最有机会偷窃的，因为没有小票的有效记录，钱可能被作为长款放入收款机内，也可能被收银员马上拿走。

收银员可以在任何通道或在结任何数量的商品时使用这种方法，很简单，只要

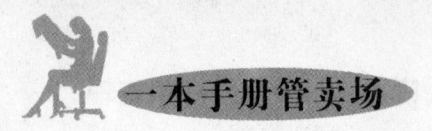
不输入最后一笔商品，然后收银员可以对顾客说忘了输入最后一笔商品，接着用手工把它加在顾客的购物小票上。这样顾客虽然交了手工添加的商品金额，而收银员却得到了相同数量的长款。

进行这种偷窃时，收银员也会有一个会计过程，并在方便和安全的时候，将钱偷走。对付这种及其他长款类型的偷盗，最好的办法就是突然地或不定期地检查收款机。

（五）零或无交易输入

这是指不往收款机内输入金额可不制造有记录的交易而让收款机运行。此种偷盗可以通过两种途径完成：

（1）敲收款机上的"无交易键"。

（2）只使用部门键而不使用金额键。

当然，这两种途径的实现须建立在允许使用部门键或零键来驱动收款机，允许没有交易额而输入数字的前提下。

况且，这是在收银员认为应该制造点声音来减少注意时使用的。如当管理人员在周围巡视或有其他顾客特别注意收款时，这样顾客的钱被作为长款放入收款机，然后被拿走。当然，购物小票一般是不给顾客而是被收银员扔掉。快速收银通道和现金交易通道最容易发生这类偷盗行为。

（六）等额退款

这是指商品被退回时给顾客开具退货凭证，商品却又按原价用退货券再卖出去。无偷盗可能的前提是，必须把商品输入，然后再退款来平现金账。当然，没有输入商品而是用退现金来代替合法交易，这样收银员就制造了长款，形成偷盗。

二、卖场收银的防损训练

①检查每个购物手推车的底端，确保没有更小的物品藏于其下。

②检查大包装商品，以防藏匿其他小物品。

③检查顾客手中的杂志报纸，防止藏匿扁平物品，如贺年片。

④防止以次换好，对将一个商品通用条码附在原有的正确条码上面可能性保持警觉。

⑤正当进行收款录入的时候，有顾客不住地谈话，要保持警惕。

⑥无顾客结账时，要不停地扫视出口和通道。如在等下一个顾客结账时，应保持与前一个顾客的联系。

⑦当对一个顾客产生怀疑时，要保持冷静和礼貌，并通知主管或卖场其他负责人。

⑧注意装粮食、纸巾卷等包装的重量并检查包装上的破裂和小孔，因为偷盗者经常用这类包装物藏匿其他小商品。

⑨若发现小孩在吃卖场里的东西，而其父母却佯装不知的话，应采取和善的态

度提醒一下，以达到收回货款的目的。

第四节　卖场生鲜防损

生鲜类食品在食品销售中占有重要的位置。生鲜食品因为周转快，虽然面积只占了食品面积的 1/3 不到，但销售额则达到食品销售总额的 44％；而包装食品面积占食品区域的 2/3，销售额为 56％。因此，卖场应该十分注重生鲜类食品的损耗问题。

一、卖场生鲜食品的损耗定义

虽然"损耗"一词在卖场和生鲜食品经营上被频繁使用，但却理解各异：有的超市经营者把损耗理解为失窃损失，有的认为损耗还包括商品破损；在生鲜食品经营中有的则将损耗界定为生鲜产品的丢弃物或废品。对于损耗的不同理解，反映出企业各不相同的管理理念和认识水平，由此也引出了各种不同的管理措施和控制方法，而损耗管理和控制的效果也会迥然不同。

根据美国食品营销协会《卖场防盗手册》，损耗包括降价损失、废弃损失、偷窃损失、储运损失等，因此损耗产生的原因就不仅限于前述的理解，损耗应该是由盗窃、损坏及其他因素共同引起的。

损耗控制涉及卖场管理的许多方面，需要防损、储运和各有关管理部门共同协作。因此，全面、准确地理解损耗在连锁卖场经营中的含义，有助于人们拓宽思路，归纳分析生鲜经营中产生损耗的条件和原因，从整个管理体系上入手，寻找改进管理的办法。

二、卖场生鲜食品损耗的原因

生鲜食品多属于非标准、保存条件特殊的商品，再加上现场生产加工所涉及的管理过程和环节比一般商品烦琐、复杂得多，需要管理控制的关键点增加，如果供、存、产、销之间的衔接协调不当，产生损耗的环节自然就多，其中既有卖场各部门带有共性的损耗原因，也有生鲜区特定的原因。按生鲜区的管理流程分类，损耗主要有以下几类。

1. 生产责任原因

（1）产品质量。部分产品质量不合格是由于卖场自行生产的产品质量达不到出品标准要求，而造成减价和报废所致的损失。

（2）工作疏忽造成损坏。由于员工工作疏忽大意导致设备和原料损坏，从而导致损耗。

（3）产品卫生问题。环境卫生达不到标准，影响商品的品质及其外观，最终影响销售。

（4）设备保养、使用不当。由于设备养护和使用失当，设备无法正常运行，导致变质损耗出现和加大。

（5）生产正常损耗。生产正常损耗是指在产品加工储存过程中由于水分散失或工具沾带等原因造成一定比例的损耗，这是所有损耗中唯一可视为合理的损耗。

2. 管理原因

（1）变价商品没有正确及时处理。由于生鲜食品因鲜度和品质不同，致使价格变化比较频繁，如果管理不到位，变价商品得不到及时、准确的处理，就会产生不必要的损失。

（2）店内调用商品未登记建账。生鲜食品各部门之间常会发生商品和原料相互调用的情况，如果各部门的有关调用未建账或记录不完整，就会在盘点账面上出现较大的误差，造成库存流失。

（3）盘点误差。在生鲜食品盘点工作中，由于管理无序或盘点准备不充分，对于盘点的误差不能及时查明原因，必然出现常见的盘点误差损失。

（4）订货不准。生鲜部门订货人员对商品销售规律把握不准或工作不够细致，原材料或商品订货过量，往往无法退换或逾期保存而造成商品或减价损耗。

（5）员工班次调整。在员工班次调整期间，由于新的岗位需要一段适应时间，损耗在这个阶段属于高发期。

3. 后仓管理原因

（1）收货单据计数错误。在收货环节上，由于相当一部分为非标准商品和原材料，因鲜度、水分含量和冷藏温度等因素的不同，收货的标准受收货、验货人员的经验影响较大，出现判断误差和计数错误的可能性也较大，这里也不排除人为故意造成的误差。

（2）退换、索赔商品处理不当。部分卖场未设立索赔商品管理组或专职人员，或管理工作不到位，对索赔商品得不到及时处理，无法取得合理的索赔商品补偿，使得本可挽回的损失扩大化。

（3）破损、索赔商品管理不当。破损及索赔商品在待赔期间管理不当、发生丢失等，将无法继续获取赔偿。

（4）有效期管理不当。生鲜商品和原料需要进行严格的有效期管理，做到"先进先出"，如果管理不当，就会出现较大的损失。

（5）仓管商品和原料保存不当而变质。生鲜食品和原料保存环境、温度和湿度条件达不到要求，也会造成变质损失。

（6）设备故障导致变质。因冷藏、冷冻陈列和储存设备运转不正常或出现故障，导致变质损失。

4. 销售前区管理原因

（1）标价错误。生鲜销售区的商品标价错误，包括各种价格标签、卖点广告和品名等错误，造成售价损失。

（2）收银计数错误。这类错误常出现在两个环节：第一，非标准生鲜品在称重计量时打错商品名称，出现计价错误；第二，收银台对商品扫描时发生计数错误。

（3）内部和外部偷盗行为。生鲜商品和原材料因其可直接食用的方便性，偷盗发生率较高。一般来讲，水果、熟食、面点等商品的偷盗损耗率会高一些，而且一旦失窃不易查证。

（4）顾客索赔退换损失。因顾客对商品投诉出现的退货、换货造成的损失。

三、卖场生鲜商品损耗的种类

（1）收货损耗。收货时收进了不能贩卖的商品，从而产生的损耗。

（2）储存损耗。商品验收入库后，因存放不当而造成的损耗。

（3）排面损耗。员工在上排面时不小心或顾客挑选碰撞产生的损耗。

四、卖场生鲜防损措施

针对上述损耗可采用下述几种方法。

1. 收货损耗控制

收货时一定要开箱验货（货较多时可抽样验货后平均扣除），开箱时要注意底和面均要翻箱验货，扣除不能贩卖的商品。

2. 储存损耗控制

收货完毕及时上台面，并在销售结束后及时入冷库，如果没有冷库可放在恒温通风处，避免积压和碰撞。

3. 排面损耗控制

①员工上货时小心整放，避免商品碰撞。

②随时整理排面上的商品，挑出次品以保持排面陈列的美观度（整理分翻面、挑选、清洁等几种）。

③在人潮高峰期如下午 4～6 点或晚上 7～8 点可作下排面生鲜商品的处理。

④让商品高回转也是降低生鲜商品损耗的一种好方法。不要让商品在排面上陈列时间过长，对于下排面的商品越早处理越好，切记"少亏即是赚"。

⑤商品补货时应注意：少量多出、勤于补货。不要将所有商品一次性陈列出来，保留适当库存，因为顾客购买商品时不会拿了东西就走，都会翻来覆去地挑捡，陈列时间久了被顾客挑选的次数也会增加，从而损耗也会加大，应控制上货数量和次数，传统卖场上货操作为开业前上货比例为全天销量的 40%，中午销售高峰前半小时再上 40%，晚上销售高峰前半小时上 20%，同时在晚上销售高峰时应将卖相不好的商品及时出清，若销量不是很大，可以适当调整，具体操作视各卖场到货量和销量而定。

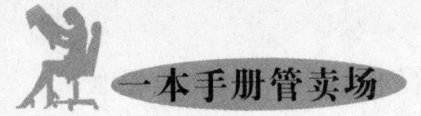

第五节　卖场其他环节防损

一、卖场各岗位的防损

1. 收银进出口岗

（1）引导顾客从卖场入口处进入卖场。

（2）制止顾客将未付款的物品带出卖场。

（3）按公司规定监管购物车（篮）。

（4）制止饮料食品等进场，建议存包。制止顾客带饮料、食品以及其他卖场内出售的同类商品进入卖场，对于携带大包（袋）和公司购物袋的顾客，建议其存包。

（5）当防盗报警器报警时，按下列方式处理。

①进卖场报警。进卖场报警一般是因为顾客所穿服装或所带物品上带有磁性，防损员应礼貌地向顾客说明情况，并询问顾客是否需要为其将磁性消除。如果顾客不同意并执意要进入卖场，防损员应放行，并报告助理或主管。

②出卖场报警。如果顾客通过防盗门时发生报警，将顾客请到办公室，交由助理或主管处理；如未发生报警，应向顾客致歉并将商品送还；对卖场内开单销售的商品，在顾客出卖场时要查验购物单和电脑小票。如顾客未购买商品，请其到办公室交助理或主管处理。如已购买商品，防损员应将购物袋通过防盗门测试，发生报警，将商品交给收银员处理；未发生报警，则请顾客通过防盗门。核实无误后，在电脑小票上注明"已验"字样及日期；商场出现突发性事件时，迅速到指定位置待命。

2. 大门岗

①维护卖场入口的正常秩序，劝阻顾客带包、宠物和商场内所售商品入内。

②礼貌回答顾客的提问。

③制止卖场员工上、下班从大门出入。

④制止供应商从大门送货入商场。

3. 收货部内外岗

①负责指挥该区域的车辆停放。

②禁止员工、顾客和供应商从收货部出入（收货组人员和生鲜供应商除外）。

③积极配合收货组人员清点进入商场的物品，发现问题及时通报收货组。

④对退货的商品和报损的商品必须有部门主管签字，检查后方可放行；对清洁部的清除纸片要——检查，确认无商品在内方可放行。

⑤对顾客购买的大件商品，在收货处送出时，要仔细核对电脑小票或送货单；退货必须有部门主管的签字，防损员必须查问登记后方可放行。

4. 便衣岗

①监督员工的工作情况，发现问题及时报告部门主管。

②巡视卖场，防止内盗和外盗，抓获小偷应及时送交主管处理。

③劝阻顾客在商场内拍照（经公司同意的除外）、抽烟、吃食物（促销除外）。

④仔细观察环境，发现可疑人员要进行跟踪，防止商场物品的流失。

5. 仓库岗

①对出入仓库的人员要严格登记，禁止一切无关人员进出仓库。

②对出入仓库的商品要一一登记清单编号及物品数量，让工作人员在记录本上签名。

③要随时观察仓库四周的环境，发现可疑情况及时报告主管。

6. 监控岗

①上岗前要清点、整理监控室内的办公用品，然后打扫监视屏幕的卫生。

②打开录像机，检查运作情况，安装录像带并定时换带。

③保持坐姿端正，密切注视监视屏幕，观察商场的动态。

④通过监视屏幕发现商场内的异常情况时，要立即用对讲机通知助理或主管。

⑤对当班期间发生的问题做好详细的交接班记录。

7. 员工通道岗

①检查下班员工随身携带的物品。

②禁止当班员工无故离开商场，因工作需要离开的要做好登记。

③对从员工通道拿出商场的物品要认真检查。

④制止员工带包（袋）和与工作无关的物品从员工通道进入商场。

⑤制止未穿工衣、未戴工牌的员工从员工通道进入商场。

⑥禁止员工从商场携带商品进入员工通道。

⑦禁止员工上、下班代打卡，一旦发现，应立即记录其工牌号并向人力资源部反映。

⑧禁止顾客、送货人员和其他无关人员进入员工通道。

⑨负责来访人员的登记，通过电话通知被访人员，维护办公区域的工作秩序。

⑩夜班执勤时检查办公区的门窗和照明灯是否关闭。

⑪对夜间办公区因工作需要而值班的人员，要核实登记名单，未登记的人员不得进入。

8. 夜班岗

①协助夜班人员进行营业结束后的商场清场工作。

②负责对清场后需要在商场内工作的人员进行登记，并在工作现场设置岗位。

③清场结束后，由助理负责开启商场的红外线报警系统。

④值班期间，如果红外线报警器发生报警，助理带领防损员对报警区域进行检查，并视不同情况分别处理。

如发现盗窃情况，立即向上级和公安机关报告并控制保护现场。经检查确定属于误报的，应向来电询问的公安机关说明原因。值班人员必须每隔半小时到商场巡

视 1 次。

二、卖场假期防损需注意的问题

1. 不要忽视对新员工工作行为的检查

当商场正在全力鼓励所有员工在销售旺季的假期打个漂亮仗时，某些"不老实"的新员工就开始寻找可以下手的目标，损害商场利益。因此，假期是对那些"不安分子"进行彻底翻查，以维护商场利益的重要时期。

2. 对公司收银操作监控系统须再次检查

在假期这段忙碌而紧张的时期里，最容易忽略两个关键性的问题：

（1）进行必要的相关工作周报，比如各项损耗的报告和总结、交易报告以及销售排名等；

（2）每周对收银员进行正确服务的培训。

3. 进行防盗教育

培训员工，让他们进一步了解偷盗情况，并且在必要时能起到防盗的作用。对所有员工进行相关培训，让他们明白员工才是最有力的防盗工具。因为小偷作案成功往往是依赖于员工的漠不关心或者麻痹大意的工作态度。如果员工对小偷始终保持着高度警觉，不但可以有效地阻止其偷盗，同时还可以为顾客营造良好的购物气氛。

4. 重新安排商场有关钥匙的保管人

在一年的时间里，商场一般都会安排许多的人来保管商场的钥匙。所以在假期来临的前夕，是更换商场的锁、钥匙、锁栓的最佳时期。如果公司已经有过不明安全事故或者有未被许可员工持有钥匙的情况发生，那么这就到了更换所有的锁以及钥匙保管人的时候了。

5. 收货流程操作的再检查

假期意味着销售额的增加，而销售额的增加就意味着收货的增加。在这个拥挤而又匆忙的时候，收货部的错误最易发生。所以这时要对收货流程操作严加控制。

6. 检查现金支票支付程序

支票欺诈在假期里往往会大幅地增加。浓烈的假日气氛容易给人带来高涨的情绪，一些员工往往容易在识别支票真假性的操作上放松警惕。所以要让所有的员工都要严谨地把握好支票的整个接收和检验流程。

7. 提高警惕、防止抢劫的发生

假期期间现金存放室的非法进入次数总有所上升，所以这段时间一定要确保存放室的门窗都已锁好，里面存放的现金金额要保持在允许范围以内，超出部分要定期存入银行。在每年的 11 月 15 日～12 月 31 日之间的销售高峰期里，银行存款要委派两位武装好的男性员工去办理；如果商店不是 24 小时营业的，那么在早晨开门和晚上关门的时候都最好要有两个工作人员把守；办公室现金存放抽屉要确保一直都锁好。

8. 保护顾客的钱包

留意在商场购物的那些不太小心的女顾客，因为她们通常喜欢在购物时将手提袋放在购物车内。小偷下手的目标就是这种顾客。所以要在广播里反复地告诉这些顾客注意自己随身携带的物品，让她们意识到自己不应该将手提袋放进车内。

9. 尽量避免现金暴露

假期要格外加强现金转移流程操作的安全保障。在销售额剧增的假期，收银台钱箱里塞得满满的现金很容易暴露给抢劫犯。因此收银员要更频繁而安全地将钱箱里的现金转移到办公室去。

10. 进行全程的商品损耗跟踪

推着购物车从正门口开始一直走到最后面的收货部，将认为已经构成损耗的商品（如变质了的破损商品等）都放到购物车里。然后再计算这些商品的总金额后，召集各有关部门的经理来开个短会，讨论如何杜绝这类损耗的再次发生。

相关链接

防损部工作职责及原则

一、目的

为了防止及弥补一切损害本公司利益的事件发生，特制定本条例。

二、适用范围

公司所属卖场。

三、内容

1. 防损部应防止一切对公司利益及财产有损害的事情，做到事前预防、事后补救、发生紧急情况及时处理，避免事态进一步扩大，使公司损失降到最低。

2. 防损部工作内容如下。

（1）进行夜间巡逻、值班，防止并及时处理突发事件。

（2）组建紧急应变小组及义务消防队，在遇到地震、火灾等重大灾情时及时处理，疏散人群，救护伤员，看护财产，进行抢救。

（3）检查公司内部用电、用气或作业时的安全隐患，提出整改意见。

（4）防止公司文件、机密外泄。

（5）防止公司财务和商品失窃、被盗，进行反扒巡逻，堵住一切内盗、外盗。

（6）监督部门劳动纪律，及时反映给部门主管、经理作处理。

（7）预备进口和出口站岗登记，防止闲杂人员进出、捣乱，以及防止将公司财务、文件未经许可私自拿出。

（8）视公司情况随时支援各部门工作。

（9）在门前广场、停车场及卖场等属于本公司范围内维持秩序。

四、防损部每日工作流程

1.6：00—8：20 开店前

（1）卖场工作人员进场前清场工作，配合值班经理进行卖场保安系统解除工作。

（2）员工通道管理，非本店工作人员严禁入内。

（3）货架上端货品是否安全。

（4）检查仓库的消防通道是否通畅以及部门的货物堆放是否超高，货物高度是否影响监控探头的视线，如果有问题，在开店前整顿完毕。

（5）逐一检查收银台的报警器是否损坏，如有则通知工程部势必在开店前修理好。

（6）检查收货通道是否畅通。

（7）检查照明是否有问题。

（8）巡视商场，在开店前5分钟不允许有人将手推车乱停乱放。

（9）在收货区的防损员要检查和安排来车的秩序。

（10）开店前5分钟开启进口的消防卷帘门，做好开店准备。

2.8：30—21：30营业中

（1）收银台前的防损员就位，密切监督收银员的工作，不许顾客从收银台进入卖场，并配合便衣工作，同时维持收银秩序。

（2）收货区垃圾口的防损员要对从商场内出来的纸板箱进行检查，以及对销毁商品进行监督。

（3）收货区防损员要对收货区收货工作进行监督，加强侧门、边门的巡视。

（4）商场外围防损员要维持好顾客的机动车、非机动车、出租车的停放与管理。

（5）保证出口处的秩序、入口的人流秩序、店外交通正常，手推车要及时回收。

（6）便衣员工的日常抓窃工作。

（7）安排机动员工在商场巡视，以便及时发现和处理情况，检查员工有无违规、卖场通道是否畅通无阻。

（8）日常处理小偷工作。

（9）对员工通道的管理。

（10）对员工食堂的管理。

（11）对打卡处的管理。

（12）对厂方促销的管理。

（13）消防中心员工关于消防正常管理与检查工作。

（14）办公室区域来访处防损员的正常的接待工作。

（15）顾客服务台的调试单和对调单的签字、审核工作。

（16）清场及对下班员工的物品进行检查工作。

3.21：30—23：00关店后工作

（1）在收银员全部下机后放下卷帘门。

（2）在对顾客服务台调换商品与已坏商品进场时进行清点和签字。

（3）将反扒收入送交金库。

（4）商场外用卷帘门（员工通道以外）全部放下。

（5）检查收银台的报警器是否完好。

（6）检查水、电、煤气是否关闭，生鲜的专业设备是否关闭，不必要的照明是否关闭。

（7）是否有顾客滞留，卖场的音乐是否关闭，冷冻设备是否拉帘上盖。

（8）购物车是否收回到位。

（9）收银机是否关闭，金库保险柜门是否锁好，报警器打开是否正常工作。

（10）对报废的统计表、偷窃者的统计表进行整理。

（11）检查卖场内是否有空的垫板和垃圾等未处理。

（12）监护现金是否全部上缴、锁入金库。

（13）完成全场清场工作，配合值班经理进行系统保全设置工作。

4.23：00—7：00 夜间工作

（1）做好夜间卖场监控工作，防止发生意外事件。

（2）如果发生意外事件，按治安、消防及紧急处理事件处理流程执行，并通知支援人员及相关主管。

（3）夜间要对商场外围的死角进行巡视，避免不必要的损失。

（4）夜间监控室的人员不得玩忽职守，如酿成重大损失的，须负相应的责任。

（5）夜间的工作人员不得喝酒、带人进值班场所进行娱乐活动，一经发现予以严肃处理。

第四章 │ 卖场防盗

第一节　卖场防盗概述

卖场要想在竞争中获取优势，一个不可忽视的管理要点，就是想方设法减少营运过程中的商品损耗。然而严重的卖场盗窃现象使商品非自然损耗直线上升，经营成本居高不下，已成为困扰卖场的一道难题。为了解决这一难题，总体来讲应该从以下几方面入手。

一、卖场防窃意识提升全员性

卖场防盗管理首先要避免防损是专业部门或相关人员的事而与己无关这一认识上的误区。上至经理下至普通员工，防损人人有责，群防群治才能事半功倍。因此，卖场要将"培训、通报、检查"六字方针贯穿到整个防盗过程中，所有在职员工（包括厂家信息员、促销员）都要参加防损部门的商品安全保卫知识培训，重点理解商品被盗、丢失、损坏的危害性，熟悉并掌握盗窃分子偷盗心理与动机，摸清其活动的规律，明确各自的防盗重点部位，全面地提升员工防范意识。防损部门要定期将卖场发生的偷盗事件适时地通报给全体员工，让大家都能随时了解卖场防盗管理的动态，对有突出贡献者予以及时奖励。卖场管理层定期不定期地要对化妆品以及体积小、价值高的易丢商品进行检查，及时发现防盗漏洞，防患于未然，也可组织班组进行突击互检，对内盗起到威慑作用。

二、卖场防盗工作强调隐蔽性

一般而言，大、中型卖场都设有保卫部或防损部，其功能有内保与外保之分，外保一般都请专业的保安公司人员担当，内保则由工作人员便衣组成。卖场的问题是，一些卖场的内保在防盗中保密性不强，如距离嫌疑人太近，目光过于直视，隐蔽性较差，因此要求内保人员在卖场内要注意三点。

（1）不要随意与工作人员打招呼（包括工作人员也不要与内保打招呼），以免惊动嫌疑人。

（2）要隐蔽张贴防盗扣、磁卡等。

（3）要熟练使用各种电子商品防盗系统。此外，专业人员应积极主动与当地公安机关密切配合，加大卖场的防损力度，并将素质过硬、业务精通、事业心强的高素质人员充实到防损第一线。

三、卖场防盗设备展示先进性

当前市场上的卖场防盗设备较多，选择适合的防盗设备至关重要，较大的卖场大都选择性能优良的先进电子商品防盗系统。当然在选用设备前超市要对设备性能进行考察、反复比较、论证，从适应性、效果、质量、价格、售后服务等多方面权衡利弊，然后作出选择。性能差的 EAS（企业应用软件）系统常常发生"漏报"与"误报"，常给卖场与顾客带来许多不必要的烦恼。先进的设备是那些以卖场为作案对象的惯偷的天敌，而这一点正是卖场的经营管理者所追求的。

四、卖场防范制度体现全面性

防损工作是动态的，各个案例的差异性非常大，所以卖场要在常规制度的基础上，适时地、有针对性地根据新情况及薄弱环节不断进行完善，凡事做到有法可依、执法必严，从而使防盗管理逐步达到规范化。

第二节　卖场防止内盗

卖场的内盗对经营的成功是一个非常严重的威胁。这就要求经营管理者努力解决好员工偷盗和欺诈问题，从而在防止员工偷盗造成损失的同时，还要在运营的方方面面充分发挥安全措施的潜力作用，采取行之有效的防范措施来预防偷窃、无效支票、收款中的欺诈以及抢劫事件的发生，而其前提必须建立在员工积极配合和恪尽职守的基础上，否则，将无法得到理想的效果。无数事实证明，影响卖场实现利润目标的最大障碍，或者说经营损耗的最主要因素，来自员工偷盗造成的损失。

对经营管理者来说，要想抛开这些事实去求毛利，并非是易事。尤其是个体店和小型连锁卖场的经营者，往往倾向于淡化员工内盗的影响，这并非由于他们管理水平低下，而是受到某种"感情"的左右，因为那些偷拿东西的员工多是为企业的成功作出了很大贡献的人，这种雇主员工间的微妙关系，长期以来使这类小企业的经营者养成了一种近乎"视而不见"的消极习惯。

对经营管理者来讲不仅要招募诚实可靠的员工，还要采取有效手段保持员工一贯的诚实作风。而保持诚实的一贯性则不是件易事，因为要想保持员工诚实守信，还必须把一整套的措施、流程和技术作为经营管理的一部分，长期坚持贯彻执行，这就需要花费大量的时间和不断强化管理能力。在这里不得不注意一个值得探究的现象，如果一个不诚实的员工已经十分熟悉所在的卖场运营和管理系统的优势及缺点，那么这个员工就可能经常进行一些违规的操作而又不用去担心被人发现，原因是此人能够得到充分的信任。

另外，应该承认的是，绝大多数员工还是可靠的，尽管其中不少有过偶尔的偷盗行为，并且没有被察觉，但是其内心时常为自己的"不光彩行为"深感愧疚，他

们之所以曾有过失，归根结底与卖场管理上的防盗不力或不能大力倡导诚实守信是分不开的。凡是成功经营的卖场其中非常重要的一条经验就是员工的主体是诚实可信的，并在此基础上能够不间断地营造一个人人诚实的经营氛围，最终实现稳定的低损耗和高收益。

一、卖场员工偷盗的动因

关于员工的偷盗行为，心理学家通常有着不同的解释，但是论动因却有着基本一致的观点，大都同意员工所实施的偷盗，无外乎由两个动因促使。

1. 金钱的诱惑

在当今社会，金钱和财富对每个人都具有强烈的诱惑力，渴望聚敛金钱和积累财富已成为人生所有阶段不断奋斗的动力所在，通常意义上也是衡量个体成功与否的一个重要标准。不过大家都遵循"君子取财有道"这一亘古不变的戒条。

然而，事实上并非人人如此"呆板"。巧取豪夺者有之，鸡鸣狗盗者有之，小偷小摸则更是寻常事。这里想要说明的是，对一家卖场来说，大多数员工"取财"的动力是"有道"的，有价值的，完全凭借自己的实力来达到自我需要的目的。可是，确有一小部分员工不是那么守规矩，不完全靠诚实劳动获取所需。所有卖场经营管理者，都必须要注意此类情况。

2. 自我辩解

员工偷盗有着许多原因，其中自我辩解可以说是员工内盗的第二大因素。假设某个员工是惯偷的话，那么他就不会花费什么时间去进行精神上的自我辩解。然而，对于初犯来说情况将大不相同，有可能在实施偷盗前要充分为自己辩解一番，这时，那些不存在或不真实的条件和原因将会被现实的东西取而代之，目的是使偷盗行为在心理上变得合乎情理或情有可原，为付诸行动找根据和动力。

例如：

①有的员工将偷盗财物视为暂借；

②有的员工自认为比谁都努力，理应有相应的回报；

③有的员工认为不拿白不拿，白拿了我就拿；

④有的员工看到其他人偶尔贪些小便宜，所以认为自己没必要诚实；

⑤有的员工厌倦了无偿的加班，试图为自己寻得等值的报酬。

尽管有上述种种心态，员工在实施偷盗时还是比较担心被抓。因此，卖场在日常经营管理中，应强化控制措施和防盗流程，以发挥防微杜渐作用，尽最大的努力去阻止偷盗行为的发生。

二、卖场员工偷窃的防范技巧

（1）装置电子监视系统。

（2）检查商品管理报表，主要有：商品订货簿、商品进货统计表、商品进货登记单、坏品及自用品统计表、商品调拨表、商品退货单、盘点统计表等。

（3）检查或跟踪。诸如短款、长款、多退款、无效支票、假钞的来龙去脉。

（4）检查现金报表，主要有：现金日报表、现金损失报告表、现金投库表、营业状况统计表、换班报告表、营业销售日报表、营业销售月报表等。

（5）经常核对仓库配货、供应商送货的接收数量。

（6）为防员工监守自盗，须制订处罚办法，并公布通知，严格执行。

（7）员工购物应严格规定时间、方法及商品出入手续。

（8）严格要求员工上下班时从规定的出入口出入，并自觉接受检查。

（9）定期检查货物情况、稽核钱箱、测试收银员操作的准确程度等。

（10）定期讨论。诸如管理制度和流程，鼓励员工对防盗、损耗和经营管理方面提出自己的观点及合理化建议。

三、卖场防止内盗的管理手段

目前，许多卖场都制定了各自的防止内盗的安全管理手段，并且取得了不同的效果。下面简单介绍几种比较典型的防内盗的安全对策，供超市保安部门借鉴。

1. 被动反应对策

此方式一般为没有固定保安计划的卖场所采用，只有在发生较大损失后，才会采用相应的对策。这些较大的损失包括两种。

（1）某个特定的核算期内出现大量现金短缺。

（2）在若干时段内，高频率的损耗数据持续上升。

在此必须强调，这种管理手段通常是通过建立一个规章制度，要不就是在没有真正了解损失发生的原因的情况下，以辞退一名员工等方式来试图堵塞卖场保安的某些漏洞，这种消极的做法不会成功。因此，可以得出一个结论，采用这种"救火"的对策的卖场实际上没有制订保安计划，没有保安计划，自然不能保安。

2. 采取物理手段对策

该对策的采用者，通常是使用闭路电视、报警系统、照相系统等各种保安仪器和设备，以确认客户支付情况，从而实现预防损失的目的。使用该对策者应做好以下几个方面的工作。

（1）最好是聘用一名有执法背景的人作为保安经理。

（2）尽量减轻员工对高度安全设施所营造的威慑气氛的心理压力。

（3）保安经理及其部门应了解各类商品零售方面的知识，特别是应十分了解收银和前台的情况。

（4）在可能的情况下，多提供一些有关偷窃和违规行为的好案例，以警示员工。

（5）与执法机关建立一种良好的关系。

（6）做好对员工和保安经理及保安部门的培训。

（7）采用该对策的同时，一定要依靠广大员工的防范意识和控制偷窃的积极性，来共同达到减少损耗的目的。

3. 共同参与对策

这种对策的突出特点是，能够把物理对策中的许多积极因素和现代化的管理流程结合起来，高度依赖广大员工，共同分担防盗和控制损耗的责任。

（1）必须制订严格的保安原则和相应的培训计划，明确员工控制和防止偷盗、损耗所承担的责任。这里所提到的损耗还包括一些非保安因素，如毁坏、变质、处理积压、货品供应和标价等。

（2）确定书面形式的保安制度与程序，包括防止、控制偷盗和损耗的具体步骤。

（3）拥有现代化的保安设备和使用这些设备的书面程序，包括如何正确使用报警系统，锁和钥匙的管理，正确使用钱箱等。

（4）有一个保证员工积极参与的规范化程序以防止损耗、控制成本。该程序应包括以下三项内容。

①培训员工使之了解损耗数字的各个组成部分，如偷盗、不准确或无法辨认的标价，不准确或不诚实的收款录入，未经批准或未记录的降价，滥用或使用材料不记录，毁坏、变质以及不准确或不诚实的收货。

②要请每个部门的经理和员工提出降低损耗的建议，并使之承担起遵守各项管理流程的责任，员工们的认同将有助于损耗的降低。

③要每过一段时间或定期召开一次例会，向员工们通报他们努力的结果以及下一个阶段控制损耗的计划。

（5）制订保安计划，对所有的损耗控制手段应定期进行检查。

（6）拥有一个持续不断的信息沟通渠道，包括简报、报告、会议和个人接触等，以保证保安和损耗控制计划获得有效的支持。应该承认，这种共同参与保安和损耗控制的对策，在为避免损耗提供支持的同时，也消除了导致管理层与员工关系出现问题的各种障碍。

4. 加强内部员工管理

员工偷窃与顾客偷窃是有区别的。顾客偷窃往往是直接拿取商品而不结账，而员工偷窃则有多种表现形态，比如某外资卖场在上海的一家大卖场，家电部的几位资深员工利用他们对卖场地理环境的熟悉，内外勾结、监守自盗时间长达半年之久，给这家大卖场造成高达几十万元的经济损失。首先，要针对员工偷窃行为制订专门的处罚办法，并公布于众，严格执行。其次，严格要求员工上下班时从规定的通道出入，并自觉接受卖场保安人员的检查，员工所携带的皮包不得带入卖场或作业现场，应暂存放在指定地点。最后，对员工在上下班期间购物情况要严格规定，禁止员工在上班时间去购物或预留商品。员工在休息时间所购商品应有发票和收银条，以备保安人员或验收人员检查。

5. 加强员工作业管理

虽然现在的大卖场都是现代化的管理设施，但它始终具备服务性行业的基本特征，即员工是企业的灵魂。因此，应加强对员工作业的管理，规范员工作业的流程，尽可能把员工在作业过程中造成的损耗降到最低。首先，由于大卖场经营的商品种类繁多，如果员工在工作中不认真负责或不细致就可能造成商品条码标签贴错，新旧价格标签同时存在或卖点广告与价格卡的价格不一致，商品促销结束后未恢复原价以及不及时检查商品的有效期等，这样一来，使某些顾客可以以低价买走高价商品从而造成损耗，或者顾客买到超过保质期商品向消协投诉，不仅会在经济上造成损耗，而且对企业的形象也极为不利。因此，大卖场里各部门主管应给员工以明确的分工，每天开店之前把准备工作全部完成，如检查商品变价情况，并及时调换；检查卖点广告与价格卡是否相符；检查商品的保质期等。这样才能在这方面减少损耗。其次，由于大卖场的特殊性，在经营过程中的零库存是不可能的，因此，仓库的重要性可想而知。所以，仓库管理的好与坏直接会影响到损耗的多少。

另外，卖场营业过程中存在由于顾客不小心或商品堆放不合理而造成的损坏或破包，各部门可以针对这种情况在仓库里留出一小片地方作为退货商品堆放区，并由专门的员工负责退货和管理，把损耗降到最低。最后，大卖场的收银员作为现金作业的管理者，其行为不当也会造成很大的损耗。比如，收银员虚构退货、私吞现金以及商品特价时期已过，但收银员仍以特价销售；收银员与顾客借着熟悉的关系，故意漏扫部分商品或私自键入较低价格抵充等。因此，要严明收银员的处罚条例，严格执行。收银主管要严格按程序组织并监督收银员交接班工作，要认真做好记录，以备日后查证。

6. 减少员工接近金钱和财物的机会

如果完全杜绝员工接近钱物的机会，任何一家卖场都不会做到，否则，将意味着该卖场不是衰败就是无人售货。这里所说的是，有效的管理可以大大降低那些心存"窃意"的员工接近金钱和财物的机会，从而扼制内部偷盗行为及其自我辩护的理由和动因。为此，在管理过程中应注重将防盗的方法、程序与卖场经营的良好运转有机地统一起来，而在控制员工内盗的机会方面，科学的管理比任何一种手段都能发挥作用。因为，有效的防盗措施是由制度的程序构成的，它为防盗提供了一套系统的手段，从而大大降低了员工内盗的机会和动机。比如，员工在一系列手段的控制下，能够对损失的原因、解决的方法、现代化的防盗设施以及日常管理中的所进行的审核等问题，有参与的机会并能提出自己的见解，从而使少数员工内盗的欲望被全体员工的这种防盗意识所吓退。

四、制定关于卖场内盗的制度

可以说，大多数卖场对其经营活动的很多方面都制定了书面的制度和规定，这些制度用来指导管理者、监督人员履行各自职责，是保证卖场按照决策层的要求正常运转而编制的流程和规定的基础。虽然大多数卖场在诸多方面都有制度，如解聘、工资、休假、采购、退休等，却极少有对员工偷盗问题编制管理办法的。

1. 在制定员工偷盗方面的制度时应遵循的原则

①说明全体员工应该采取的行为。

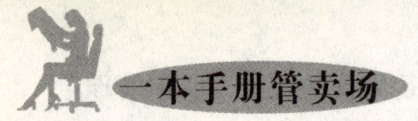

②明确表示希望员工在处理公司钱物时要保持诚实。

③希望员工之间的交往和关系能保持诚实。

④希望员工与顾客、供货商之间的交往和关系能保持诚实。

⑤说明将出台配套的具体规定和程序以保护员工、顾客及财产。

⑥强调员工和相关群体能够遵守该制度和流程。

2. 关于所编制员工偷盗制度的执行办法

①将制度形成书面文件。

②在公开制度之前，请部分员工代表讨论，尽量在讨论通过后立即生效。

③召开全体员工大会，传达这个文件。

④将此文件作为整体方针手册、基础培训教材、人力资源手册、员工手册的一部分。

⑤每位员工都能得到一份复印件并在上面签字，然后把签字的复印件收集起来。

⑥对新员工要与其讨论，保证使之确切了解该文件的含义，然后将他们签字后的复印件存入其个人档案。

⑦要经常与员工一起重新温习一下制度规定。

⑧向所有从事直接配送的供应商以及为仓库供应商品者发送一份复印件。在此需要提醒的是，有一些卖场之所以内盗事件频繁出现与制定了制度而没能很好地执行不无关系。

相关链接

某卖场处理促销员偷盗的案例

2006年11月10日，某商场保卫部接到卖场员工报告称：卖场饰品专柜商品被盗。商场保卫部通过监控录像进行人员排查，查出卖场一厂方促销员肖某有偷拿商品的重大嫌疑。

经该商场保卫部调查取证发现：2006年11月10日早晨7：40分左右，肖某到饰品专柜偷拿商品（3对夹子、1个头花）。同日9：20分左右，肖某叫来母亲将偷拿的商品转运出卖场。据肖某本人供认：她从2006年10月进入商场工作至今，虽短短一个月多时间，却利用工作之便，多次偷拿商品累计单品数达到24种、53余件，总价值达1229.10元。因证据确凿，肖某对卖场内偷拿商品一事供认不讳。

鉴于以上事实，根据该市《百货大楼股份有限公司员工奖惩条例》规定，对促销员肖某做出以下处理意见。

第一，责成商场在3日内追回肖某所偷拿商品价值的1229.10元现金（肖某如限期内不能退还，将移交司法机关处理）。

第二，给予肖某500元经济处罚。

商场损耗主要来源于外盗、内盗、文件损耗、供应商欺诈和盘点错误等几个方面。其中内盗占非常大的比例，而在内盗中又以收银员和促销员的盗窃较为普遍，以下谈谈促销员内盗行为的防范。

为什么促销员的内盗行为要多于正式员工呢？一家300～500名正式员工的大型卖场中，促销员也多达500人，如此庞大的群体在招聘审核、入职培训等方面很难兼顾。

1. 招聘促销员可能存在的隐患

（1）促销员对企业文化的认同感较差。

（2）促销员大多为兼职，人员稳定性差。

（3）促销员经常受到正式员工的排挤，让他们做促销以外的事情，如理货盘点等，所以对企业的满意度不高。

（4）促销员入职后缺乏培训，尤其是诚信方面的教育。

（5）很多促销员管理的商品是联营商品，不是商场的库存，不被重视。

2. 促销员常见的内盗手法

（1）直接偷窃本专柜的联营商品，因为他们可以只赔偿成本价或五折的售价，而他们出售了赃物还可以赚取差价。这种现象，在联营服装促销员中较为普遍。

（2）联营商品促销员直接和顾客进行场外交易，以逃避商场扣点。这种现象在年货食品短期促销员和百货公司品牌服装促销员中较为普遍。

（3）如果联营商品的特价编码没有清除，促销员在销售开单时，以特价编码出售，这样可以减少商场扣点。这种现象在服装促销员中较为普遍。

（4）促销员预先大量购买商场储值卡以获取折扣，在顾客用现金结账时，用个人储值卡替代结账，以达到套取现金的目的。这种现象在家电零售商的促销员中较为普遍。

（5）百货服装促销员钻促销活动的漏洞，如在买100送50的活动中，如果顾客购买的商品是150元，促销员可以分两次开单，先开100元获取50元赠券，再用来冲抵其余款项。或者顾客购买的商品只有199元，促销员会在开单时加上1元，来多获取赠券。这样都侵害了商场的利润。

（6）促销员为个人的积分卡积分。

（7）贵重的专柜联营商品（如数码产品）促销员偷窃商品后，伪造交接班记录，向商场报失，把责任转嫁给商场。

（8）促销员利用联营商品的购物小票去服务台空退货侵占现金，因为不是商场库存，所以无人核对实物。

（9）促销员把商品当赠品进行买一送一。

（10）促销员帮租户逃缴水电费。

（11）促销员利用给顾客送货的机会夹带商品外出。

（12）食品促销员偷吃偷喝。

以上作弊的手法都发生过真实的案例，而且作弊手法不断翻新，令人防不胜防。因此，我们要高度重视这些问题。

3. 防止促销员盗窃的建议

(1) 和供应商签订促销协议时，增加对促销员偷窃行为处罚的约束条款。

(2) 促销员和正式员工一样实行考勤卡管理，上下班进出经过员工通道。

(3) 促销员入职后接受诚信文化教育。

(4) 公平对待促销员，让他们有企业归属感。

(5) 让促销员参与门店的服务或防盗奖励计划。

(6) 企业内部建立不诚信员工黑名单，招聘前严格审查，防止招入不良人员。

另外，对以上常见的作弊手法要加强在流程方面的控制。

第三节 卖场防止盗窃

探索卖场防盗之道首先要从分析偷盗形形色色的表现形式入手，针对各种偷盗行为的特征，有策略、有针对性地解决问题。一般而言，卖场的盗窃案件分为两类：内盗（员工盗窃）、外盗（顾客盗窃），这一节将着重探讨外盗案件的防范之道。

一、卖场外盗的表现方式

1. 团伙作案

通过团伙之间的配合，偷盗商品，此方式尤其在大型卖场发生居多，而且已不仅限于卖场内部，顾客停放在卖场外面的车辆也已经成为偷盗团伙的目标。

2. 顺手牵羊

现在的卖场面积都比较大，开架销售虽然方便了顾客选购商品，但是也滋生了部分顾客顺手牵羊的毛病，见利忘义，认为无人监管，存在侥幸心理而做出不该做的事。

3. 偷梁换柱

更换商品的包装，以低价商品标签代替高价商品标签，或干脆撕毁标签、拔掉磁钉，不用交款而带出卖场。

4. 掩人耳目

利用衣服、提包藏匿商品，或在大包装商品里藏匿小包装商品。

5. 就地解决

在卖场里吃东西的现象已经屡见不鲜，趁人不备，将商品据为己有。

二、卖场防止盗窃的措施

对卖场管理者来说，不可能去阻止他人产生偷盗的动机，也不可能减少顾客接触商品的机会，只有将作案时被抓的风险增大，才能抑制其偷盗的欲望，降低偷盗案件的发生概率。

（一）卖场管理者应采取的措施

1. 利用高科技手段

安装和设置保护性装置及系统，以防止顾客偷窃商品行为的发生。国内外大型零售商大量采用的现代化防损措施包括电子商品防盗、闭路电视监控系统等。事实证明，在客流量正常的时候，防盗系统能够起到很好的预防作用。然而当人流稠密时，防盗系统就力不从心了，需要更多的人力配合才能发挥作用。

2. 对员工进行防盗培训

首先，力求和颜悦色地解决问题。这样既可以和平地把问题化解，而且有时顾客并非有真正的偷盗行为，委婉地解决可以避免误会的发生。

其次，学会应对突发事件。现在有许多团伙作案的情况，由一人制造混乱，其他人趁乱取利，实施偷盗活动。如果是故意制造混乱，员工应有能力快速平息混乱局面，并格外注意其他顾客的行为，避免有人浑水摸鱼。所以店铺员工应该有辨别混乱真实性的能力，能够分辨出什么情况是真正的混乱，什么情况是有人故意制造混乱。

最后，熟练应用电子防盗系统，做到 24 小时有人监控，在营业及非营业时间都有专人负责，一旦发生意外情况，能够采取有效措施避免损失进一步扩大。

3. 防止内外勾结

招聘员工时要注重员工素质与忠诚度的考察，在工作中定期对员工进行考核，定职定责，发生商品损耗后能够及时查出原因并能够追究相关人员的责任。因为某些顾客盗窃的案例是直接与内部员工有关的，比如顾客与收银员串通，未结账就把商品带出卖场；顾客与巡检员工串通，将商品条码消磁，私带出卖场等。

4. 保证卖场秩序、防止趁乱作案

客流量大、卖场秩序混乱为顾客的小动作提供了很好的屏障，所以容易发生偷盗行为。在新店开张或促销、节假日期间，顾客众多，拥挤不堪，如果此时管理人员监管不力，发生偷盗事件的概率就会大幅增加。

5. 商品摆放整齐、及时清点商品

如果商品摆放凌乱，则不利于员工清点，所以一旦发生丢失情况不容易及时发现。理货人员应该整齐地摆放商品，如果有商品卖出或丢失能够及时地发现，有利于清点和补充。

6. 注意观察顾客神色

如果发现没有目的地来回走动而不拿商品或不停地拿了东西再放回去；东张西望，观察周围的动静；长时间停留在隐蔽的角落等，这需要店铺管理人员高度注意，因为心怀不轨的顾客一般都会神色异样。万一发现可疑的迹象，则要密切跟踪，以防顾客的偷盗行为得逞。

7. 留意易盗商品

根据美国零售业保安情况调查报告，失窃率高的商品依次为：图书杂志

4.12％、小商品2.67％、音像制品2.19％、小家电类2.05％、服装1.196％等，从中可看出，经常被盗的商品多为体积小、价值高而且易于隐藏携带的物品。所以卖场管理人员应在这些易盗商品上多加留意，加强防盗措施。

（二）针对顾客偷窃事件的防范及处理技巧

1. 顾客偷窃事件的防范

①注意由入口处出去的顾客。

②顾客携带小型背包或店内的包装袋入内购物时，应留意其购买行为。

③加强卖场巡视，尤其要留意死角和人多聚集处。

④禁止顾客携带大型背包或手提袋入内，请其存放于服务台。

⑤顾客边走边吃卖场的食品时，应委婉口头提醒，请其至收银台结账。

⑥有团体客人结伴入店时，应随时注意，遇有可疑情况，应立即主动上前服务。

⑦条码纸要妥善保管，以免给人有可乘之机。

2. 顾客偷窃事件的处理技巧

①在认定偷窃之前给予顾客有表示购买的机会。具体的办法是对隐藏商品的顾客说"你要××商品吗"、"让我替你包装商品"等，提醒顾客购买。

②如果提醒之后，顾客仍无购买的意思，则要以平静的声音说："对不起，有些事情想请教您，请给我一点时间"，再将其带入办公室，并做适当的处理。

③在处理偷窃事件时，不要把顾客当作窃贼，讲话要冷静自然，尽可能引导其购买，不要以调查的态度对待顾客。

④如果误会了顾客，应向顾客郑重地表示道歉，并详细说明错误发生的经过，希望能获得顾客的谅解，必要时应亲自到顾客家中致歉。

（三）针对供应商偷盗的防范

1. 供应商偷盗的手段

①利用收货员的疏忽，趁机偷窃商场的商品。

②由供应商派驻卖场的促销人员偷盗。

③将已经收货完毕的商品，重新按未收货点数。

④利用收货时在商品的数量/重量上进行作弊。

⑤私自丢弃应属于退货的生鲜食品等。

2. 供应商偷盗的防范

安全员严格对供应商的进出进行控管，对进出携带物品进行检查核实。

①不允许供应商人员进入仓库。

②严格的管理制度。

③由收货人员进行全过程的收货操作。

④将已经收货与未收货的商品必须按区域严格分开。

⑤由楼面操作人员同收货人员共同配合，做好每日生鲜食品的退换货工作。

（四）针对偷盗的具体措施

接近偷盗者时的首要任务，要设法让其平静地跟随经理指派的专人到指定地区，当然，在确定为偷盗者之前，应该由经理主动介绍自己的身份，并简单地表明想与偷盗者谈一谈他所拿商品或与商品有关的私事。

偷盗者被捉拿时，大体会发生两种情况：一种是安静地跟着卖场员工走；另一种则是进行反抗，逃跑甚至对面前的人动武。

捉拿偷盗者时，商场经理或指派的人员身边应有一个友善的证人伴随。此时，证人应以肯定性的、履行公务性的方式抓捕偷盗者，如果不这样做可能导致反抗发生。要是偷盗者很明显地受到酒精的影响，抓捕人员则应有所防备。假设偷盗者对抓捕者使用暴力，则应在接近偷盗者之前报警，从而避免发生对抗。当然，偷盗者如果伤害或威胁到抓捕者的话，应立即召请警察。当偷盗者袭击或殴打抓捕者时，被袭击者有权反制，进行合法自卫。

第四节　卖场防盗的装备

一、卖场的对讲机

携带对讲机应确保随叫随答，接收信息传递必须快速、准确，言辞清晰、简单扼要，说话时应与对讲机保持约 10 厘米的距离，同时应按对讲机上的相应按键进行对话。如对讲机讲话时间超过 10 秒或不便于在对讲机内交谈的内容（如涉及公司业务、顾客投诉、储值卡、打折等事宜）时，应拨打就近电话或说"请到××位置"。

有以下情况可优先使用对讲机。

（1）级别优先。在使用对讲机时，职务高的有优先使用权。

（2）紧急情况优先。如果出现火警、盗警、汛情及其他紧急情况，有优先使用权。

（3）特殊情况优先。如公司组织大型活动，接待重要人物参观，正在进行设备调试等特殊情况时有优先使用权。

除以上情况外，他人使用时，在 3 秒钟之内不允许插话。呼叫及应答时间间隔不允许超过 5 秒钟；如商场发生紧急情况，呼叫及回答必须立刻完成。对讲机一般只限在公司范围及公司指定的防损员宿舍使用，特殊情况携带外出必须经分店副经理以上人员批准。总办每年应根据当地无线电管理委员会有关管理规定进行年审。

对讲机用语：使用对讲机呼叫他人时，应先表明自己身份（或代号），通话结束应讲"完毕"。

第一，正常称呼。防损部内部呼叫使用呼叫代号，其他部门及人员呼叫使用职务或直呼其名。例如呼叫为："×经理，××呼叫，收到请回答"，答应为："收到，

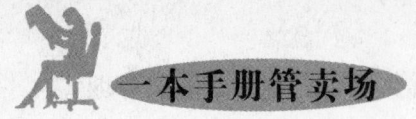

请讲"。

第二，不在商场范围的回答。"我在外面，稍后再联系"。

第三，在洗手间时的回答。"不便回答，稍后再联系"。

第四，如遇紧急情况，应请对方速到指定位置。

二、卖场的电子防盗设备

①防盗门应保持连续通电工作，严禁随意断电。特殊原因断电后必须间隔5分钟后再开启。

②防盗门周围0.5米不能有金属物品或装有防盗标签的商品。

③软标签粘贴时应尽量保证软标签的平整，禁止折叠。

④金属商品或带有铝铂纸的商品不能使用软标签。

⑤对于一部分为金属、一部分为其他材料的，应把软标签贴在其他材料上面。

⑥营业前收银员应检查消磁板电源是否插好，硬标签放在上面发出响声时即为正常。

⑦营业前行政人员应检查防盗门的电源是否插好，软标签通过时是否能正常报警。

⑧收银员收银时，应首先用扫描器阅读商品条码，确认商品信息进入电脑后，再把商品放在消磁板上。高度不超过10厘米的商品直接放在消磁板上即可消磁，高度超过10厘米的商品应该将商品放在消磁板上反转商品，以确保商品已经消磁。

三、卖场的门和钥匙

首先，入口处的门必须牢牢嵌入门框内。尤其门锁处，要做到严丝合缝，防止盗窃者利用专用的工具将门撬开。其次，紧急出口和运送货物的大门应使用钢制材料，门外有钢制护栏。

除顾客出入的门外，墙上的任何窗户不应能钻入人的身体，窗上的玻璃应有较强的抗碎性。

入口处里面的一道门在关上时，上面的合页应该是隐蔽的，以防合面上的螺丝被人旋动。同时，也要防止合页上的栓被人旋动。

1. 防止意外应采取下面的措施

①将分页闩焊在合页内。

②拧掉合页两侧相对应的两枚螺丝，将一个钢闩拧入门侧框，留半尺在外部，锯掉钢闩头，在门一侧的相应部门位钻一个孔。另一个合页也如法炮制。这样，即使当门关上而合页栓被抽掉时，钢闩也可以起保护门的作用。

③在合页和合页栓的内侧钻一个洞，用固定的螺丝将合页栓连接，这些螺丝可以防止门被关上时，合页拴被抽掉。为了防止门被撬，最好是在门上或其侧面贴上金属层。

2. 选择门锁应考虑的安全因素

可以这么说，门锁在卖场的安全中起着举足轻重的作用。然而，却又是盗贼经常袭击的薄弱环节。因此，在选择门锁时需考虑如下因素。

①长金属片门闩使用在双重旋转门或铝制门上，比短金片门闩要安全可靠得多。

②紧急出口的门不宜使用针式柱状锁，使用在附门上尚可。因为该锁有 3～7 个栓，锁内的栓越多就越难以撬开，对防盗有益，却不利于防火。

③坚固的盒式门闩应与高质量的针式柱状锁配套使用，以防盗窃者撬开门。

④卖场主要出口处的门以及不作为紧急出口的门，应该使用双重柱状门闩锁，最为安全可靠。因为在门的任一侧开门，都可以将门打开。但在紧急撤离地区，严禁使用该锁。

⑤单体柱状锁需要从外侧开启。在里面转动螺母就可以不用钥匙将门从内侧打开。如果门上没有窗户或门锁附近没有窗户，使用这类门锁是相当安全可靠的，该锁对保护卖场内的办公室非常有效。当门外侧有空白金属片时，单体柱状锁只能从内部打开，向外侧打开的，不作为紧急出口的遥控门，经常采用这种方式。

⑥挂锁通常用在储藏香烟、胶卷和其他小物品的仓库门，也可用于紧密的承重门、顶棚开口处及其他管理者希望限制有权进入的地点。

3. 选择挂锁应考虑的因素

①选择和使用带坚固外壳的挂锁，以抵御盗贼用专用工具破坏。

②拿掉挂锁下方的"钥匙转换号码"，防止钥匙非法复制。

③大量使用挂锁，应要求锁匠把挂锁用连续的号码作记号。在档案中对挂锁的号码和位置进行记录。

④门打开后一定要把锁锁在搭扣上，或购买安装在墙上或其他表面上带防盗链的挂锁。

4. 对钥匙的管理手段

①"不得复制"的字样贴在所有的钥匙上。

②将所有复制的钥匙保存在保险柜或带锁的柜中。

③不得在复制的钥匙上注明如"百货库房"的字样，尽量使用代码标注。

④定期更换一次卖场外部大门的钥匙。

⑤钥匙被持有者丢失，或持有者因各种原因离店或被解雇，应必须重新配置钥匙。

⑥禁止钥匙持有者将钥匙借给其他员工。

⑦对发放钥匙人的姓名备案，并记录钥匙和种类（如前门、电脑中心等）及发放日期，并要求员工收到钥匙后签名。

⑧防止用一把钥匙开所有的门。

⑨使用可转换锁芯即暗码的锁定系统：可以让使用者改变任何一把锁的暗码，也就是说，使用者用控制钥匙取出旧锁芯并插入带有不同密码的新锁芯即可。对于

拥有多个店铺的卖场，使用该系统是一种既经济又方便可靠的办法。

四、卖场屋顶或墙壁开口

卖场的屋顶开口、空调口、通风口、天窗或墙壁上的打开部位，是盗贼可能袭击的目标。因此，必须将这些开口用钢条或金属板加以覆盖，并与警报器连接。

保护屋顶或墙壁开口的措施有如下几点。

①在开口处覆盖厚金属板，其外部必须无合页、门闩或锁等。

②在内部用高质量的挂锁将开口处锁闭。

③使用圆头可转动的螺栓和单向安全螺钉，以防窃贼从外部进入。

五、卖场的外部窗户

卖场的前窗所选用的玻璃材料不同，其抗拒一般性破坏的强度也不同。但是侧窗和后窗就不是玻璃材料的选用问题了，因为盗贼在通常情况下，是不可能狂妄至极地由前窗而入的，相比而言，侧窗和后窗便成了首选目标。因此，如果不是出于美学要求和必须开窗的情况下，就没有必要留有这个隐患。当然，为了自然采光及其他原因而保留窗户，则要用钢丝网或金属板加以防护。使用金属板保护时，应将其焊接在一个铁窗上，用牢固的螺钉或螺栓将钢框及金属板固定到外部墙壁上。如果采用钢条，则应拼凑并焊接成一个任意图案的钢框，也按上面的方法固定。

第五节　卖场防盗管理制度模板

某公司的卖场防盗管理制度如下。

一、防盗工作日常管理规定

第一条　商场（卖场）经常对员工进行法制教育，加强员工的法制意识。

第二条　制订各种具体的安全防范措施，加强日常管理，不给犯罪分子可乘之机。具体规定如下。

（1）办公室钥匙管理规定。

（2）收银管理规定。

（3）会客制度。

（4）财物安全管理规定。

（5）货仓管理规定。

（6）更衣室安全管理规定。

（7）员工宿舍管理规定。

第三条　在商场（卖场）易发生盗窃案件的位置，装置监控器、防盗报警器等安全防范设备。

第四条　做好员工的思想品德考察工作，以保证员工队伍的纯洁。如发现有不适合的人员，则按有关规定进行调换或辞退。

第五条　保安部人员要加强日常巡查工作，如发现可疑的人和事要及时报告。

第六条　为防盗工作的正常管理特制订本规定。本规定经总经理室核实后开始执行，修改时亦同。

二、防盗规定（内部偷盗）

第一条　员工偷窃的主要行为如下。

（1）直接偷窃公司的商品、赠品、用品。

（2）直接偷窃公司同事的私人财物。

（3）未按有关程序而故意丢弃公司的商品，以逃避责任。

（4）员工与员工或外人进行勾结、策划、协助进行盗窃或一条龙的盗窃活动。

（5）偷吃公司的商品或未经许可试吃。

（6）利用改换标签或包装，将贵重的商品以便宜的商品价格结账。

（7）未经过正常程序，故意将价格标低，使自己的朋友、亲友受惠。

（8）未按公司的程序，私自将楼面的文具、工具、用具拿来自己用。

（9）未经过许可，私自使用或拥有供应商提供的赠品。

（10）贪污公款、携款潜逃。

（11）收银员从收银机中盗窃钱款。

（12）收银员对亲属、朋友等少结账或不结账。

（13）收银员利用其他手段从收银机中盗窃钱款。

（14）客服人员利用退货、换货等手段盗窃公司钱款。

（15）员工接受供应商的回扣、礼品、招待、用餐、消费及旅行等各种形式的馈赠等。

第二条　内部偷盗的手段如下。

（1）利用衣服、提包藏匿商品达到偷窃的目的。

（2）更换商品包装达到偷窃的目的。

（3）调换商品的条码或将商品变成赠品进行偷窃。

（4）在工作时间内，在隐蔽的角落，如仓库、操作间等地方偷吃东西。

（5）往垃圾桶中偷偷地丢弃商品。

（6）员工使用的文具没有自用品标签或属于赠品。

（7）收银员直接从收银机中偷钱款。

第三条　内部偷盗的防范。

（1）员工的预防教育。

①公司制定严格的管理制度，建立严密的监视系统。

②公司对偷盗制订严厉打击的措施和处罚方法。

③员工应具备最基本的职业道德规范。

④使员工明白偷窃将给个人带来严重的后果，包括承担刑事责任。

（2）内部举报制度。

①内部举报必须是实名举报。公司不接受匿名举报，但对举报者的姓名、内容予以保密。

②设立举报电话、员工信箱，接受内部员工的举报。

③举报的查证由安全部进行，在规定的时间内完成。

④举报经查证属实者，根据举报案例所挽回的经济损失，对举报者给予一定的经济奖励。

（3）内部安全调查。

①员工背大包上下班。

②员工在工作时间内未从员工通道进出。

③员工在操作间、洗手间、电梯间吃东西，附近无管理人员在现场。

④在夜间作业的员工的场所发现较多的商品空包装。

⑤员工表情过于紧张或异样。

⑥员工与某顾客熟悉，并亲自为其挑选商品。

⑦员工特意为某顾客到仓库取商品。

⑧员工在仓库对原包装商品进行更换包装。

⑨员工购买大包装商品。

⑩贵重商品的销售与电脑库存不能一一对应。

⑪家电的提货与收银小票的商品品名不符。

⑫员工特意在某收银机付款结账。

⑬收银员擅自离开岗位或未到下班时间中途下班。

⑭收银员执意要求上某一台收银机。

⑮收银员经常有小差额的收银差异。

⑯收银员为其亲属、朋友结账。

⑰收银员违反收银程序，如不扫描但进行商品消磁或跳扫描。

⑱收银员某一时间段有过多的作废或删除品项。

⑲收银员有大金额的收银短账行为等。

（4）严格管理/检查体制。

①严格特殊标签的管理程序。

②严格降价的执行程序。

③严格赠品的管理与发放程序。

④严格家电提货的检查和库存登记程序。

⑤严格贵重物品的收货及台账程序。

⑥严格收银的退换货程序。

⑦严格现金的提取程序。

⑧严格各种人员、商品进出的管理程序。

⑨严格试吃程序。

⑩严格夜班作业的开关门程序。

⑪严格员工的购物程序。

⑫仓库管理有序、整洁。

⑬严格垃圾的处理程序。

第四条　内盗的处罚规定。

（1）内盗的赔偿/解雇。

①所有内盗的人员，无论其盗窃的金额是多少，商品是多么小，经查实，一律予以立即解聘。

②公司有权利通过合法途径追回被盗的商品或要求赔偿相应的金额。

（2）内盗的司法处理。根据其盗窃行为情节的严重程度和金额多少，确定是否移交司法机关处理。

（3）内盗事件的曝光。

①所有内盗事件的曝光不得公开盗窃者的私人资料。

②内盗事件的曝光只能在本公司范围内进行，不得在公共媒体上进行。

三、防盗规定（顾客偷盗）

第一条　顾客偷盗的主要行为如下。

（1）利用衣服、提包等藏匿商品，不付账带出卖场。

（2）更换商品包装，用低价购买高价的商品。

（3）在大包装商品中，藏匿其他小包装的商品。

（4）未付账白吃卖场中的商品。

（5）撕废商品的标签或更换标签，达到少付款的目的。

（6）与店员相互勾结，进行盗窃活动。

（7）盗窃团伙的集体盗窃活动。

第二条　顾客偷盗的手段如下。

（1）不买任何商品，利用衣服、提包藏匿进行盗窃。

（2）买少量商品，利用衣服、提包藏匿进行盗窃。

（3）更换包装、标签等进行盗窃。

（4）利用大包装商品夹带、盗窃小包装的昂贵商品。

（5）组成盗窃团伙，协同进行盗窃活动。

第三条　顾客偷盗的防范措施如下。

（1）便衣安全员。便衣安全员应密切注意下列行为或事项。

①购买的商品明显不符合顾客的身份或经济实力。

②购买商品时，不进行挑选，大量盲目地选购商品。

③在商店开场或闭场时，频繁光顾贵重商品区域。

④在卖场中走动，不停东张西望或频繁到比较隐蔽的角落。

⑤拆商品的标签，往大包装的商品中放商品；撕掉防盗标签或破坏商签。

⑥往身上、衣兜、提包中放商品。

⑦几个人同时聚集在贵重商品柜台前，向同一售卖员要求购买商品。

⑧顾客表情紧张、慌张、异样等。

（2）卖场的防盗系统。

①卖场的防盗安全门系统。

②卖场的监视系统。

③卖场张贴的各种警示标语。

④卖场商品采取的安全标签。

⑤卖场的广播等。

（3）员工防盗意识的教育。

①当发现可疑的顾客时，员工应微笑向着顾客走去，进行整理商品、清洁或补货等；或主动同他打招呼，引起注意，从而制止犯罪。

②当员工发现顾客已经有盗窃的种种迹象时，要不动声色地跟踪，并立即通过电话、对讲机或其他同事，报告安全部，等待安全员来处理，此时绝不能当面质疑顾客。

第四条　顾客偷盗的处罚。

（1）和解方式。对于盗窃情节轻、金额少或未成年人盗窃者，一般给予严厉的教育和警告，并记录在档，一般采取等价买回偷窃商品等方法进行处理。

①对偷窃商品400元以上的人员，可送公安机关，卖场需开具商品零售价证明，并盖财务专用章。另外，当事人、赃物、证人、谈话记录要齐全。

②偷窃商品400元以下人员的处理方法。

第一，做谈话记录一份。

第二，做等价购买。

第三，当事人到原单位开具个人表现证明，无单位者到住址所属地区的街道办事处开具个人表现证明。

③对14岁以下（含14岁）人员，应批评教育，责令其写出书面检查，并通知其监护人或学校来人将其带回。

（2）司法方式。对盗窃情节严重、金额大，或多次来本卖场的惯偷，或属于团伙盗窃的，或认错态度不好的，可以送交司法机关处理。

（3）不宜采取的方式。对偷盗者，卖场不能公开其照片、姓名等个人资料，或实施殴打、当众出丑等违反法律的行为。

四、防盗规定（供应商偷盗）

第一条　供应商偷盗的主要行为如下。

（1）将已经收货完毕的商品，重新按未收货点数。

（2）利用收货员的疏忽，趁机偷窃商场的商品。

（3）在收货员称重时，有作弊行为。

（4）私自丢弃应属于退货的生鲜食品等。

第二条 供应商偷盗的手段如下。

第三条 供应商偷盗的防范。

（1）安全员的检查。

①安全员严格对供应商的进出进行控管，对进出携带物品进行检查核实。

②不允许供应商人员进入仓库。

（2）严格的管理制度。

①由收货人员进行全过程的收货操作。

②将已经收货/未收货的商品按区域严格分开。

③由楼面操作人员同收货人员共同配合，做好每日生鲜食品的退换货工作。

第四条 供应商偷盗的处罚。

（1）供应商罚款/赔偿。

①对已经造成的损失进行赔偿。

②对其行为进行罚款处理。

③对因此而中断合作关系所造成的预计损失进行赔偿。

（2）中断合作关系。

五、防盗条码的使用规定

第一条 店内的所有条码统一由防损部管理。硬条码由所属使用商品的管理部门统一到防损部申请领用并在防损部指导下使用；所有软条码统一由防损部领用和粘贴，其他部门不得私自领取和擅自使用。

第二条 新品及易丢失商品的使用部门，须在商品处贴防盗条码，必须通知并申请防损部协助贴放工作。

第三条 为做好保密工作，防损部贴放条码应与各部门做好相关手续，尤其是单独操作时数量及型号等，贴放好后及时返还楼面。

第四条 防盗条码如有质量问题，应立即向防损部管理人员反映，及时进行更换。

第五条 防盗条码只能作为商品的防盗之用，不能挪作他用。

第六条 商品贴放条码以不影响销售和商品的外观形象为原则。

第七条 贴放的数量要适当，分布要均匀，比例要得当，并注意调试贴放的效果。

六、接报案制度

第一条 为确保商场（卖场）的财产利益的安全，有效打击违法犯罪，特制定本制度。

第二条 全体员工（包括厂家促销员）交接班（包括早班、晚班）时应认真执行交接班制度。认真清点所辖区域的商品，发现商品丢失后，立即查明丢失商品的品牌、货号、外部特征、单价数量、商品摆放的位置等详细情况，并立即报告楼面主管，同时尽量保护现场。如发现商品丢失后不报或想当然认为商品已卖及的情况的，一切后果由当事人负责。

第三条　楼面主管在接报后，应立即赶赴现场，并通知事故处理中心进行现场勘察。

第四条　若早班上班点数时发现商品丢失，必须在开门前报防损部。

第五条　超过开门时间报案即视为营业期间报失，并按相关规定处理。

第六条　晚班营业终止前点数应由双人复核，发现商品短少或丢失时应立即报防损部；发案部门人员留场待初步调查后方可下班。

第七条　报案人要对所报案负责，不得谎报；如发现报假案的，将给予严肃处理。

第八条　卖场发生的各类事故都应及时报告防损部事故处理中心，由事故处理员进行处理。

七、对偷窃人员的处理规定

第一条　不得对当事人进行搜身、人格侮辱，更不得殴打和体罚当事人。

第二条　谈话时间（包括年、月、日、地点）、问话人、旁听人和记录人要在谈话笔录本中填写清楚。

第三条　被谈话人的具体情况（姓名、性别、年龄、职业、住址）要在谈话笔录本中填写清楚。

第四条　谈话笔录必须采取一问一答的形式并按原意记录清楚，问话内容如下：夹带了什么；怎样带的；价格多少；放置在什么位置；行为的性质；是否接受处罚。

第五条　记录要点如下：谁；在什么时间；什么地点；报警器是否报警；所带商品经过收银台付款了没有；是不是放在工作人员看不见的地方。

第六条　谈话笔录工作完毕后，要让被谈话人阅看笔录。如确认记录无误，要让其在笔录末尾写上"以上记录看过，属实"字样，并签上姓名、日期、按上右手食指清晰的红泥指印，以示负责。

第七条　对未成年当事人，应尽可能通知其监护人到达，协助处理。对偷窃数额较大的人，做好笔录，经领导同意后交派出所处理。

八、打扒组关于索赔的规定

第一条　每个进入办公室的嫌疑人员必须做笔录。

第二条　笔录纸统一印刷，由财务室盖章签字、编号，由防损部内勤登记，发给防损领班，未用笔录纸做笔录按夹带处理。对于涉嫌的内部员工用材料纸做笔录，并由保卫部主管（经理）盖章，内勤编号。

第三条　笔录各项目须填写完整，询问人本人要签字，应索赔金额及实际金额均需注明，并由交款人本人直写复印。

第四条　金额到位不足时必须由主管、领班共同签字，同时注明原因；主管不在时，由值班主管审核。

（1）主管审核后交领班登记，内勤在登记本上签字，同时在账本入册。

（2）当天的索赔金额必须交内勤；如内勤不在，则第二天上交，同时说明原因。

（3）报损商品必须当天下班前交内勤。

（4）报损商品必须由窃损人员先购买，再交罚款；若现金不足罚款金额，以所购品抵押。

（5）收到罚款于48小时内后将款项交财务部，经审核后开收据返还防损部内勤。

九、没收商品的返还规定

第一条　没收的商品统一由防损组领班或指定的负责人集中统一保管存放。

第二条　所有没收商品必须注册登记在没收商品的记录上，内容包括商品的数量、描述、代号、单价及经手人。

第三条　严禁防损员私自使用、占用私藏没收的商品，一经发现，严肃处理。

（1）每天下班前（22：00），必须将当天所没收的商品返还。各部值班主管领回商品时要在返还清单上签字，确认商品已返还。

（2）没收商品的处理以不影响商品的销售为原则。对已损坏的商品，除要当事人按规定赔偿外，尽可能让当事人按原价买回；如没收商品属生鲜类商品，尽可能在第一时间返还生鲜部，以避免商品的损坏影响销售。

（3）做好没收商品的归类和记录工作。

第五章 | 卖场意外事故处理

第一节　卖场抢劫

一、抢劫犯选择卖场的原因

抢劫犯选择卖场的主要原因是卖场有现金，缺乏无声警报系统，易脱逃，缺乏防范措施。事实上，不论是职业化的还是非职业化的抢劫犯，总希望能快速出入目标和逃脱。而通常卖场大都在靠近前端售货区设办公室，前门附近设收款机。这样就使得抢劫对卖场所造成的损失大小取决于一两个收款机里的现金量。如果对收款机里的现金控制手段不健全，损失就可能很大。

二、抢劫犯确定目标的方式

不管是职业的或一些非职业的抢劫犯，在犯罪前总会对若干个潜在目标的收益和风险进行评估，其中有理性的抢劫犯会确定风险最小、物有所值的目标突然袭击。

1. 卖场外部观察

①开关门步骤，员工对可能发生抢劫的警觉及开关门所使用的人数。

②根据全天进入卖场的顾客数量来概算收款机里的现金数量。

③营业快结束的时段内，后门的安全性；关门前，员工在后门区域的活动情况；在后门附近躲藏的可能性及照明情况对躲藏的影响。

④现金从银行到卖场，从卖场到银行的运送方式。

⑤距目标最近的警点的位置。

⑥逃跑路线的情况。

对上述因素的观察，使抢劫者能够估计出目标卖场每日和每周的销售额。同时，通过店外观察所发现的疏漏之处，从而确定实施抢劫方案。

2. 以购物者的名义于店内观察

①佯作寻找休息室（若遇到质问），走进存储和加工区，其目的是查看通往后门的逃跑路线。

②查看摄像机及报警系统。

③以大额钞票支付一次购物款，目的在于了解大额钞票的处理方法及所放的地方。观察放现金的抽屉，估算现金量。

④确认最后一段营业时间仍在运行的收款机的数目。

⑤勘察保险柜的位置并尽可能确定所使用的是什么类型的锁。

⑥观察关门前有多少员工站在卖场前面或附近及关门的步骤。

3. 权衡实施抢劫的可能性

通过由观察得到的信息而权衡袭击目标的可能性，从而作出"行动"与否的决定。实施抢劫的可能性由如下 4 个因素决定。

①是否容易逃跑。

②是否有一定数量的现金值得去冒险。

③有没有报警系统。

④员工有没有执行正确的现金处理程序。

三、卖场避免抢劫风险的措施

（一）开门时应采取的防抢劫措施

①最少有两人开门。

②察看周围是否存在有人强行闯入的迹象。

③若有明显危险，一个人要与店门保持一定的安全距离，另一个人进入店内。

④若有强行闯入迹象或发现可疑的人，应尽快与警察联系。在警察赶到之前，任何员工不应进入店内。

⑤进店者按既定路线去查看店内有无可疑者或危险者。

⑥同组的人要知道店内查看所需的时间，若察觉到危险，店外的人应立即通知警察。

⑦进店查看者应走到店外发出"警报解除"信号，如果是从店内发出这种信号，店外的人应通知警察。

⑧如果"警报解除"不在原定时间，没有以原定方式发出，店外的人不要进店，应通知警察。

⑨在营业前，除让员工和得到许可的厂商促销人员进入外，前门应一直锁着。

⑩应由经理或经理助理开启后门。

⑪营业前，不能让陌生人进入店内。

⑫开始营业前，不要打开放钱的保险柜。

（二）关门时应采取的防抢劫措施

①要求员工在关门前的时段内，对店内或徘徊在店外的可疑者保持警惕。

②任何人不得独自待在店里（保安人员除外），至少要两个或更多的人锁门后一同离开。

③禁止夜班人员以任何理由开启后门，出现紧急情况例外。

④闭店后应由专人对店内彻底检查，以防有藏匿者。

⑤到关门时间，不管店内顾客多少，应锁上入口的门。

⑥到关门时间，待顾客全部离店后，再锁上出口的门，千万不要把钥匙放在门锁上。

⑦禁止在每晚最后一段营业时间内开启后门。

⑧关门时，如果掌握数码保险柜密码的人在店里，则不应让带钥匙的人留在店内。

⑨关门后，不要让顾客或陌生人以任何理由再进店。

⑩最后离开的员工要保持警觉。

（三）闭店后再开门时预防抢劫的措施

（1）只允许指定的带钥匙的人再次进店。

（2）每个被指定的需要再次进店者应备有一张包括如下单位和个人的电话号码单。

①天然气公司。

②修配锁者。

③警报安装公司。

④电力公司。

⑤警察部门。

⑥电话公司。

⑦自来水公司。

⑧保安经理和保安部门员工。

⑨消防部门。

⑩玻璃安装者。

⑪业主、运营者、经理、经理助理。

⑫冷冻设备服务公司。

（3）无论打来要求进店的电话是否被证实，都应与警察取得联系。

（4）快到店前时，如果警察未到，则应隐蔽于无危险处。

（5）离家前，通知另一位员工你将返店的事情，并告知回店的原因及预计回家的时间，事后应将是否回到家中的情况再电话通知给这个人。如果在预定的间内没有你的消息，被通知的人应打电话到你家。假设你不在家，这个人应立即与警察联系。如果你把回店一事告诉了家中的一个家庭成员，那么，你在预定时间未归，家人应立即通知警察。

（四）收银台下保险柜的避险措施

在收银台下安放保险柜是一种保证过量现金避险的应急措施。尽管经常取走收款处或终端的现金，有助于收款机里的现金保持最低限额，但是往往不能完全做到这一点。比如，在营业高峰期时，前台管理人员取走过量现金就不太现实了。

这时，收银员可将所有大额钞票及过量现金放在收银台下的保险柜里。如果使用小保险柜的话，很容易从安放处运到现金办公室打开。切记，从该保险柜取现金需用另一把钥匙。

最好是使用能安装延迟锁的保险柜，以增加安全性。即将钥匙插进去并转动后，通常有 10 分钟左右的等候时间。使用该锁能够拖延抢劫犯在现场滞留的时间，从而可能争得将其捕获的有效时机。

（五）避免现金堆积所招致的风险

①保持收款机里现金在最低限额。

②高峰期时，前台管理人员对收银机进行例行检查，并取走过量现金。

③营业结束时，应把结余现金分散开，以免办公室内和保险柜外存放大量钱款。

④每天至少一次，最好多次去银行存钱，使手头现金尽可能少并限制在保险额度内。

⑤保险柜内不隔夜存放大量现金，能维持第二天开业即可。

（六）向银行运送现金时避免风险的措施

①将现金与支票分装在不同袋子里。

②将袋子放进手提箱或其他熟悉的包里。

③从保险柜里取钱之前，将运送车辆开至店前。

④尽量开两辆车去银行，一辆运现金和支票，一辆起护送作用。

⑤去银行的时间不要固定规律化，应随机改变。

⑥为谨慎起见，事先计划好去银行的不同路线，但都必须是畅通无阻的街道。

⑦每次往返银行要走不同路线。

⑧应尽可能在白天到银行送款，确需天黑之后去银行的话，应尽量增加护送者或得到警察的押送。最好能够保证两辆车同行。

⑨运钞车和护钞车都应将门窗关闭。

⑩假设发现危险迹象，应迅速驶离该区域，到最近的派出所请求护送。

⑪运送的现金千万不能超出保险额度。

（七）防止保险柜发生风险的措施

①除留足应急用的现金，把所有闲钱都锁进保险柜。

②不要养成随时开启保险柜的做法，应有计划地开启。

③保险柜不能只上普通锁，应与使用密码锁一同锁闭。

④没人照看的情况下，严禁出现保险柜敞开的现象。

⑤在距离闭店 30 分钟的营业时间内，保险柜里的分隔间应锁上。因为，在临近关门时很容易发生抢劫。

⑥最好是能够在保险柜内放上一捆"诱饵"，并记下这捆钱里的每一张钞票的顺序号和年系号码。

⑦卖场经营者可考虑使用许多银行采用的爆炸性色彩和烟雾包系统。这样，保安主管可轻而易举地率部下抓获夜间作案者。

（八）向店内运送现金时避免风险的措施

①往返银行要随机变更时间和路线。

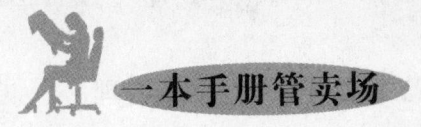

②若兑换零钱的金额较大，要有两辆车护送。

③直接将车停在店前，把钱拿进店后再将车驶离，停在固定处。

④钱款入店后应立即放进保险柜，同时，相关人员应在 30 分钟至 1 小时内离开现场，决不能少于 30 分钟，以减少被抢劫的机会。

⑤拖延到 30 分钟至 1 小时后，派两人清点从银行运来的现金，此时，应在隐蔽和紧锁的房间里点钱。

第二节　卖场欺诈

一、卖场欺诈行为

很多不法分子会利用这卖场忙碌的时期从事诈骗活动。为了能够做好防预工作，以免给卖场及工作人员造成不必要的损失，特对欺诈行为总结为以下几点，以备不时之需。

1. 扮成有钱人和政府部门工作人员诈骗商品

这些人穿着讲究，直接找卖场工作人员要求购买大批商品，并要求工作人员将他们需求的商品搬至收银台外，有的承诺在收银台验完货后付款，有的则答应到单位后付款。待货搬到出口时，他们又以需要其他商品为由，想尽一切办法支走现场工作人员，等现场无人看守时，马上提上贵重商品（如烟、酒、化妆品、营养品）溜之大吉。

2. 利用假烟、假酒骗专柜的同类商品

作案人一般 2~3 人，一个人假装顾客购买高档次烟酒并要求员工把所选购的烟酒放在柜台上或按他的要求用塑料袋包起，总之提出各种要求让员工离开，如无法下手，另一人就上前提出买某种商品支走员工，待现场无员工时，这伙人会用事先准备好的假烟假酒进行调包，待员工转身时，他们又以钱不够或需要商量一下马上离开，有的甚至还交代员工暂不要动已选购好的商品，他们马上会回来，员工信以为真（因为商品放在柜台上原封不动），也许等下班对商品进行清理时才发现上当受骗。

3. 利用买贵重商品付款时抽取现金

这些人一般购买贵重商品（如珠宝、烟酒，因为这些商品涉及金额大），待付完款等收银员清点完准备放入收银柜时，又以现金不对为由要求重新清点，待收银员把钱交给他之后，他会当着收银员的面清点，趁机将一部分现金抽取（一般人很难看出），数完之后又马上交给收银员，收银员也许认为时间很短，且顾客没有反常之处，就毫不防备地重新放入收银柜，这样作案人只花了一小部分钱就买走了贵重商品。

二、卖场欺诈的预防措施

1. 欺诈事件有两个共同特点

①作案场所为单独收银的柜台。

②作案时一般为专柜的贵重商品。

作为店面领导和防损部，首先要加强对这些重点部分员工的培训，同时要对大量现金的交易过程进行全程跟踪，因为作案者利用了卖场工作人员极力想办法增加销售的善意想法，无防备地满足顾客提出的各种要求而导致了案件的发生。当然现场的员工要提高警惕按照以下方法预防。

2. 预防欺诈的基本方法

①在商品放入柜台前，不要接待另一名顾客。除非现场还有员工协助。

②在对方没付现金之前，不要将商品不加看管地放在柜台上或交给顾客。

③不要一味地满足顾客提出的要求，特别是这些要求有明显的支走员工的意思，这时可以通知同事给予帮助。

④当接待的顾客当中携带有背包、塑料包裹时，要特别留意。

⑤当顾客要求重数现金时，必须通知同事到场作证。现金拿回来时必须要求他在场，放入现金柜之前重新清点一遍。

⑥当同时面对几个顾客时，最好不要把贵重商品放在柜台上，放在柜台上后必须高度警惕，不要受其他人干扰。

⑦当顾客将不要的商品退回时，必须要打开商品进行检查，除非顾客没接触到商品。

三、卖场欺诈事件的处理

当发生欺诈事件后应该：通知保险公司到现场以便事后索赔；必须向当地派出所报案，当事人要向公安机关如实反映作案人的体貌特征、作案工具及经过；对相关责任人处理通报。

第三节　卖场意外事故领导小组

一、总指挥

由店长担任，掌握全局事态的发展动向，并及时向总部汇报事态的发展状况和处理结果。主要负责指挥、协调救灾现场的作业。

二、副总指挥

由防损部主管担任，协助店长指挥，执行各项任务。其负责切断所有电源，避免事态的进一步发展。

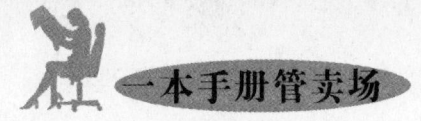

三、人员疏散组

设组长一人，由内保主管担任，由广播员、保安员、客服部门人员及各部门的员工组成。各部门的疏散员工要尽快疏导顾客从安全门出去，同时要警戒灾区四周，以防他人乘机偷盗商品。广播员要及时广播事态的发展状况，首先要沉着，语速和平常一样，不能制造紧张气氛，使局势难以控制。保安员要尽快打开安全门及收银通道。广播内容要重复播放。需要强调的是此类广播事先需有店长或在场最高负责人的许可。

四、救灾组

设组长一人，由消防组长担任。主要由消防组员、义务消防员、工程组员等组成。各项消防设施及器材要编号并由专人负责，避免发生抢用的情形。主要负责各种救灾设施的检查、维修和使用，水源的疏导、障碍物品的拆除以及灾害的抢救等。

五、财物抢救组

组长由行政部经理担任，副组长由收银主管担任。收银员立即关上收银机，将现金送往金库或带离现场。计算机部门员工、办公人员应将重要文件、财物送往金库上锁或带离现场另行保管。

六、通信医务组

设组长一人，由人事部主管担任。负责对外报案及内外通信联络等任务，须指定专人负责，但报案的命令必须由店长下达。医务人员负责伤患的抢救和紧急医护任务。一般要求店长将门店意外事故领导小组的人员组成列成名册送总部及营运部总监处备案，在相应位置注明各组组长姓名，使每位员工在应急事件中都能明确自己的责任。

第八篇
卖场投诉与处置技巧

卖场为顾客提供优质服务是企业贯彻始终的宗旨，因此对待顾客投诉必须遵循及时、减少影响的原则，这就使得卖场必须拥有一套行之有效的投诉管理体系和处置技巧。有效的投诉不仅可为消费者解决具体难题，也可以提高客户满意度，更是企业自身改进服务、提高管理水平的途径。所以，卖场建立完备的投诉管理体系和完善投诉处理技巧是企业产生价值的重点，也是商业企业心系顾客的表现。

第一章 | 概述

第一节　投诉的内涵与价值

一、投诉的内涵

简单地说，顾客的投诉就是对企业的商品或服务方式不满和责怪。这一概念包括以下两个方面的内容。

①投诉是生气的不满表现，投诉一定有原因，可能是自己对商品的期待落空了，或是工作人员服务态度欠佳，都可能造成顾客不满。例如买到昂贵、质量又差的东西，不能使用，这时顾客就会有投诉的心理。

②顾客没有得到自尊上的平衡而生气，是投诉产生的一个因素。

二、投诉的价值

1. 顾客投诉是对企业建立忠诚的契机

若没有顾客的投诉，不要认为没有不满意的顾客，这也可能表示，顾客认为与其投诉，不如离开，减少和企业打交道的次数。通常一个顾客的投诉，代表着另外25个没有向企业抱怨的顾客的心声。有研究发现，提出投诉的顾客，若问题得到圆满解决，其忠诚度会比从来没有抱怨的顾客高。企业解决问题的友好态度，会让顾客有信赖感，为未来的合作奠定基础。看看一家公司的统计数字。

（1）有了大问题但没有提出抱怨的顾客，有再来惠顾意愿的占9％。

（2）有了大问题会提出抱怨的顾客，不管结果如何，愿意再度惠顾的占19％。

（3）提出抱怨并获圆满解决的顾客，有再来惠顾意愿的占54％。

（4）提出抱怨并快速获得圆满解决的顾客，有再来惠顾意愿的占82％。

可见获得顾客的抱怨是至关重要的，因为没有消息就是坏消息。与顾客关系走下坡路的一个信号，就是顾客不抱怨了。没有人是永远满意的，尤其是一段时间后，顾客要不是有话直说，就是再也联系不到了。

2. 投诉能为企业赢得先机

现在顾客对产品的期望值越来越高，人们总是以高标准来衡量商家的产品和服务，但商家们不是把精力用在产品和服务上，而是靠不惜血本大做广告，夸大产品的性能，开出神话般的承诺，吊起顾客的胃口和期望值。过高的期望与过低的效果，带来的就是不满、抱怨、投诉。专家们发现：服务不能令顾客满意，会造成95％的顾客离去；顾客问题得不到解决会造成90％的顾客流失；顾客中75％从未提出过投诉；顾客中 29％不满时只向身边的服务人员提出过；仅有 7.5％的顾客投诉通过顾客服务部门传达到负责人的身边。

由此可见，对顾客不满意既要重视，又必须要彻底解决。要重视和正确对待顾客的不满，抓住顾客不满意中的机会，提高服务质量，以达到扩大销售的目的。当顾客感觉到产品或者服务在质量、可靠性或者适合性方面有不足的时候，他们通常会侧重于价值取向。受商品或者服务的成本影响，对低成本和较高成本商品的期望值是不同的。比如一个简单的例子：一份 5 元的拉面即使味道不太好，顾客也会很快原谅，但是一顿 150 元难以下咽的午餐引起的反应便会大得多。

顾客的问题与抱怨往往是他们对企业销售活动的评价与反馈。并不是抱怨越少，企业的问题就越少，大部分不满意的顾客不会抱怨，许多不抱怨的顾客会直接转向竞争企业。企业不能被动地等待顾客的抱怨，而要积极发现顾客的问题和不满，及时采取行动来更新和改进对顾客的服务，更好地捕捉顾客需求。给企业以提升顾客忠诚度的机会，抱怨被及时处理而满意的顾客会比抱怨发生前更加忠诚，最重要的就是确保在今后的经营活动中不会让这些问题再次发生。在知识经济社会，知识的更新、技术的更新、产品的更新越来越快，一种新的产品上市后，过不了多长的时间就会被另一种新产品取代。

顾客对新产品和服务的感知，也影响产品的设计和重新改进。没有经过测试和更改就推出的新产品或服务是企业损失人力、财力资本的隐患。在产品推出前，企业研发人员都应该确保与顾客积极联系，根据顾客提供的反馈和意见进行改进与调试，以增强新产品的适应性、迎合顾客的需要以及市场的接受力。有些企业还专门建立了产品测试小组，采集顾客建议，对产品进行改进。同时，顾客投诉的信息如果能被正确对待和处理，那么将是企业内非常有价值的资源。顾客投诉的内容五花八门，千奇百怪，但其中可能隐藏着容易忽视但又非常有价值的信息，有利于在产品设计、工作流程、服务规范等方面进一步改进。

3. 投诉的顾客是真正的朋友

许多客服人员把投诉当成一个棘手的问题，希望最好不要发生，如果发生了最好不是我接待，如果是我接待最好不是我的责任，他们把投诉的顾客当成敌人。

顾客的投诉可以成为改进和创新业务的最好同盟。他们指出你的系统在什么地方出了问题，哪里是薄弱环节；他们告诉你产品在哪些方面不能满足他们的期望，或是你的工作没有起色；他们指出你的竞争对手在哪些方面超过了你，或你的员工在哪些地方落后于人……这些都是人们给咨询师付费才能获得的内容和结论，而投诉的顾客"免费"地给了你。

每一家企业的每一个营业场所都应该对顾客投诉制订相应的对策，这些对策不能是一成不变的，而应该根据营业场所自己特定的顾客群、当地的风俗习惯、人文特点等加以制订，特别是要全体职员共同参与、共同制订、共同实施。

"热衷"于投诉的顾客，大多是性格上喜欢支配、领导和控制他人，而不是去帮

助他人。这种类型的顾客自信、精力充沛、健谈。其个性特点中较消极的一面是专横，权力欲过强，易于冲动。面对顾客的投诉，一个最基本的要求是：必须了解他们对产品和服务的要求，让他们知道你是可以信赖的。在合适的时候，不妨告知他们你这边工作的进度与状况，必要时询问他们的意见，让他们知道工作在大家都满意的状况下进行。如果你不小心犯了错，也要让他们知道你会从这个错误中学习，不会一再重蹈覆辙。

面对市场竞争日趋激烈的今天，厂家或商家在顾客投诉这一点上应变被动为主动，彻底从观念上认识顾客的投诉。顾客对企业的产品提出投诉，只要是客观存在的，就会对产品的技术改进、增加产品市场竞争力有很大的帮助，对企业来说是有百利而无一害的。

第二节 投诉产生的原因与途径

一、产品原因

从产品的角度来看，一般来说，顾客投诉由以下四个方面的原因组成。

（一）产品质量不合格

根据《中华人民共和国产品质量法》的定义，产品缺陷是指产品存在危及人身、他人财产安全的不合理的危险。对产品质量缺陷，可以做以下三种分类。

1. 假冒伪劣产品

假冒伪劣产品是指伪造或者冒用认证标志等质量标志；伪造产品的产地，伪造或者冒用他人的厂名、厂址。在生产、销售的产品中以假充真、以次充好；生产国家明令淘汰的产品或失效、变质的产品。

2. 标识不当的产品

标识不当的产品是指未按照以下规定进行标识的产品。如：应该附有产品质量检验合格证明，用中文标明的产品名称、生产厂厂名和厂址；根据产品的特点和使用要求，需要标明产品规格、等级、所含主要成分的名称和含量；需要事先让消费者知晓的，应该在外包装上标明，或者预先向消费者提供有关资料；限期使用的产品，应该在显著位置清晰地标明生产日期和安全使用期或者失效日期；使用不当，容易造成产品本身损坏或者可能危及人身、财产安全的产品，应该有中文提示说明。

3. 质量瑕疵产品

质量瑕疵产品是指产品不符合在产品或者其包装上注明采用的产品标准，或不符合以产品说明、实物样品等方式表明的质量状况；不具备产品应该具备的使用性能，也未能对性能瑕疵做出说明；可能危及人体健康和人身、财产安全的工业产品，不符合保障人体健康、财产安全的要求。

有的食品在保质期内发霉变质，甚至混有异物；豆制品超量使用添加剂；注水肉、病死猪肉堂而皇之地摆上柜台，使用工业用盐卤制食品、制作罐头；简装、无包装食品直接在露天销售等问题。

（二）安全与环境问题严重

安全问题是指顾客在服务场所内发生一些意外事件，导致人身和财产的损失。例如在超市被窃，这种因超市在安全管理上的不当，发生意外将会引起顾客投诉。环境问题是指服务的环境不合顾客心意，如超市的噪声处理不当，造成公共环境的状况恶劣；商品卸货时影响行人的交通或附近车辆的出入；违反消防安全管理；超市的扩音器声音太大，影响住户安宁等。

（三）价格不合理

超市贩卖的商品大部分为非独家销售的民生消费品，顾客对这些商品价格的敏感性都相当高。因此，在价格方面，绝大部分是顾客抱怨该超市某项商品的定价，比商圈内其他竞争店的定价高，而要求改善。而某些超市内还存在个别商品同时使用两种标价签、标示折扣幅度与实际不符、不标明赠品具体品名和数量以及虚假打折等行为。

国家权威机构公布了价格欺诈的 11 种表现形式。

1. 虚假标价行为

标签、价目表等所标示商品的品名、产地、规格、等级、质地、计价单位、价格等，或者服务的项目、收费标准等有关内容与实际不符，并以此为手段诱骗消费者或者其他经营者购买。

2. 两套价格行为

对同一商品或者服务，在同一交易场所同时使用两种标价签或者价目表，以低价招揽顾客并以高价进行结算。如某超市专卖区售卖一款衣服，在柜台的标价签上标着 75 元，又在大衣上的标价签标着 200 元的价格，顾客购买时按高价结算。

3. 模糊标价行为

使用欺骗性或者误导性的语言、文字、图片、计量单位等标价，诱导他人与其交易。如某超市，某品牌小家电促销传单上黄色的"300 元"格外耀眼，一般人看了都会以为这些洗衣机的价格为每台 300 元，但仔细一看，"300 元"的前面还有"降价"两个小字。原来这种洗衣机原价 1000 元，现价为 700 元，降了 300 元。

4. 虚夸标价行为

标示的市场最低价、出入价、批发价、特价等价格表示无依据或者无从比较。如许多经营场所都打着"全市最低价"等文字进行宣传，误导消费者购买。

5. 虚假折价行为

降价销售所标示的折扣商品或服务，其折扣幅度与实际不符。如有的超市专柜前，以"全场 2 折"的文字进行价格宣传，但实际在全场的数百种商品中，只有一小部分商品按 2 折销售。

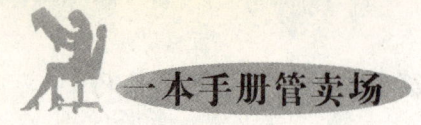
6. 模糊馈赠行为

采取价外馈赠方式销售商品和提供服务时，馈赠物品的品名、数量和实际不符或馈赠物品为假劣商品。

7. 隐蔽价格附加条件行为

收购、销售商品和提供服务带有价格附加条件时，不标示或者含糊标示附加条件。如某超市采取购满 100 赠 50 券的手段促销，却没有事先告诉消费者这 50 在另外购满 100 时才能使用，误导消费者在超市内循环消费。

8. 虚构原价行为

虚构原价，虚构降价原因，虚假优惠折价，谎称降价或者提出提价，诱骗他人购买。

9. 不履行价格承诺行为

收购、销售商品和提供服务前有价格承诺，不履行或者不完全履行的。如某超市，购满100元赠送礼品一件，消费者购满 100 元，售货员却以礼品已送完为由拒绝赠送。

10. 谎标价格诱骗交易行为

谎称收购、销售价格高于或者低于其他经营者的收购、销售价格，诱骗消费者或经营者与其进行交易。

11. 质量与价格、数量与价格不符

（四）标示不符

顾客对标示不符的抱怨有下列情形。

（1）进口商品未附中文标示。

（2）中文标示上的制造日期与商品上打印的制造日期不符。

（3）商品上的价格标签模糊不清楚。

（4）商品上有数个价格标签。

（5）商品价格标签上的标示与宣传单上标示的价格不符。

（6）商品本身外包装上的说明不清楚。例如，没有制造日期、没有用途说明或其他违反商标法的情形。

二、服务原因

为避免或减少顾客投诉，国外一些知名卖场十分注重在五个层次的服务水准上下工夫：第一，卖场希望提供的服务水准；第二，卖场能够提供的服务水准；第三，卖场实际提供的服务水准；第四，顾客感受到的服务水准；第五，顾客期望得到的服务水准。这五者之间，任何一个层次未能做好，顾客的投诉都有可能发生。只有认真分析顾客的投诉，找出其原因，才能采取有效措施。

一般来说，顾客投诉在服务方面有以下 6 个主要原因。

（一）工作人员态度不佳

服务态度不佳的表现很多，例如不尊敬顾客，缺乏礼貌；语言不当，用词不准，引起顾客误会：企业员工有不当的身体语言，对顾客表示不屑的眼神，无所谓的手势，面部表情僵硬；对经常性的工作感到厌烦，对顾客的需求表现出无所谓，漠不关心或是冷淡；以高人一等的态度对待顾客，好像顾客什么都不懂，自高自大；对所有顾客都采取一成不变的、机械式的服务模式，缺乏真诚、温暖与个人关怀等。例如，不理会顾客的询问要求，回答顾客的语气不耐烦、敷衍或是出言不逊。

某超市的顾客服务中心接到一起顾客投诉，顾客说从超市购买的 A 酸牛奶中喝出了苍蝇。投诉的内容大致是：顾客张小姐从超市购买了 A 酸牛奶后，马上去一家餐馆吃饭，吃完饭张小姐随手拿出酸牛奶让自己的孩子喝，自己则在一边跟朋友聊天，突然听见孩子大叫："妈妈，这里有苍蝇"，张小姐寻声望去，看见小孩喝的酸牛奶盒里（当时酸奶盒已被孩子用手撕开）有只苍蝇。张小姐当时火冒三丈，带着小孩来超市投诉。正在这时，有位值班经理看见便走过来说："你既然说有问题，那就带小孩去医院，有问题我们负责。"这话更是火上加油，顾客大声喊："你负责？好，现在我让你去吃 10 只苍蝇，我带你去医院检查，我来负责好不好？"边说边在超市里大喊大叫，并口口声声说要去"消费者协会"投诉，引起了许多顾客围观。

该超市顾客服务中心负责人听到后马上前来处理，赶快让那位值班经理离开，又把顾客请到办公室交谈，一边道歉一边耐心地询问了事情的经过。询问重点如下：

①发现苍蝇的地点（确定餐厅卫生情况）；

②确认当时酸牛奶的盒子是撕开状态而不是只插了吸管的封闭状态；

③确认当时发现苍蝇是小孩先发现的，大人不在场；

④询问在以前购买 A 牛奶有无相似情况。

在了解了情况后，超市方提出了处理建议，但由于顾客对值班经理"有问题去医院检查，我们负责"的话一直耿耿于怀，不愿接受道歉与建议，使交谈僵持了两个多小时之久，依然没有结果，最后超市负责人只好让顾客留下联系电话，提出换个时间与其再进行协商。

第二天，超市负责人给顾客打了电话，告诉顾客：超市已与 A 牛奶企业取得联系，希望能邀请顾客去 A 牛奶厂家参观了解（A 牛奶的流水生产线：生产、包装、检验全过程全是在无菌封闭的操作间进行的），并提出，本着超市对顾客负责的态度，如果顾客要求，可以联系相关检验部门对苍蝇的死亡时间进行鉴定与确认。由于顾客接到电话时已经过了气头，冷静下来了，而且也感觉超市负责人对此事的处理方法很认真严谨，顾客的态度一下缓和了许多。这时超市又对值班经理的讲话做了道歉，并对当时顾客发现苍蝇的地点（并非是环境很干净的小饭店）和时间（大人不在跟前，酸奶盒没封闭，已被孩子撕开）等情况做了分析，让顾客知道这一系列情况都不排除是苍蝇落入酸奶（而非牛奶本身带有）的因素。

通过超市负责人的不断沟通，顾客终于不再生气了，最后告诉超市负责人：其实最生气的是那位值班经理说的话，既然超市对这件事这么重视并认真负责处理，所以他们也不会再追究了，他们相信苍蝇有可能是小孩喝牛奶时掉进去的。在这起顾客投诉处理事件中值得反思与借鉴的有：处理顾客投诉是非常认真的工作，处理人当时的态度、行为、说话方式等都会对事件的处理有着至关重要的作用，有时不经意的一句话都会对事情的恶化起到导火索的作用。对待顾客投诉的原则是：消除矛盾而不是激化矛盾，所以这需要处理投诉的负责人不断提高自身的综合素质，强化自己对于顾客投诉的认识与理解，尽量避免因自己的失误而造成的不良后果。

负责该投诉事件的负责人在此处理过程中有许多值得借鉴与学习之处。

第一，沉着。在矛盾进一步激化时，先撤换当事人，改换处理场地，再更换谈判时间。

第二，老练。先倾听顾客叙述事情经过，从中寻找有利于超市的有利证据，待顾客平静后向其进行客观的分析。

第三，耐心。在谈判僵持后，不急不躁，站在顾客角度为顾客着想去解决问题，且非常有诚意，处理方式严谨认真。

（二）收银作业不当

收银人员货款登录错误造成多收货款、少找钱给顾客；包装作业失当，致使商品损坏；入袋不完全，遗漏顾客的商品；顾客等候结账的时间过久等。

某日，某超市迎来了顾客流的高峰期。一位顾客推着一车物品，在收银台前排队结账。当商品条码扫描进行到一半时，收银台前来了两位佩戴红色工牌的商品部门课长。只见这两位课长跟收银员说了几句什么，收银员立即放下了手中扫描了一半的商品，跟那两个员工核对起什么来。顾客没说什么，只是等着。然而5分钟过去了，他们三个人的核对仍然没有结束，顾客还是没说什么。10分钟过去了，核对没有结束，顾客与他的家人无奈地交换着表情。15分钟过去了，顾客实在忍无可忍发了火："你们有完没完，能不能把我的东西算完账再说？"顾客边说边向其他等待买单的顾客说："连个招呼都没有，就把我们晾到一边去了。"其他顾客连连点头表示赞同。三个人这才结束了核对，收银员又继续开始工作，自始至终，没有人对该顾客说一句"对不起"，顾客很不满意地离开了。

顾客结账过程中，为了确保结算的准确及高效，任何人不得随意打扰收银员的正常工作，特别是在购物高峰期时。作为收银员来讲，不得在为顾客结算到一半时，转手去做其他的事，应该确保收银工作的万无一失。即使有意外紧急事情处理，也应事先跟顾客打招呼并取得顾客同意后才可进行，时间不能超过3分钟，处理完事情，必须向顾客致歉。

每天下午五点是卖场人最多的时候，也是超市营业最繁忙的时间。一天，收银台边一位女士大声喊："这是怎么弄的？我的卡怎么就不能用了呢？以前买什么都可以打折，现在为什么不能打折？你们这不是骗人吗！我要去报社让你们曝光。"当时在场的收银员忙着收银，也没有理会那位顾客，那位女士见无人反应，又继续大声喊："你看，这是我以前花120元钱办的会员卡，以前买什么都打折，现在买什么都不打折，这到底是怎么回事啊？你们得给我一个明确的答复。"她的喊叫让周围的顾客纷纷驻足探望，投来好奇的目光，看到这种情况，在旁边的一位工作人员拿过顾客手中的卡看了看，对顾客说："小姐，您的这张卡我也不太清楚究竟是什么原因。您看这样好不好，您给我留个电话号码，我把事情弄清楚后，给您去个电话，您看这样行吗？"听她这么说，顾客还是很不高兴，不过总算不再大声嚷嚷了，边嘀咕边无奈地离开了卖场。

后经了解，顾客所持优惠卡为该超市开业之初所办。在超市内办的卡有很多种，有些卡已经停办了，上述案例中那位女士办的卡是在该超市最初开业时办理的，该卡应享受的优惠现在已过期了，当出现上述情况时，工作人员应该马上向顾客解释，避免由于顾客争吵而在卖场内引发其他不了解实情的顾客的不满，给企业形象带来不良影响。工作人员如果当时不清楚此事，无法给顾客明确的解释与答复，应该及时通知当天的值班经理给顾客答复，而不是让顾客回家等电话，这只是暂时缓解了顾客的情绪，但顾客的不满依然存在。因此，在卖场处理顾客不满案例时办事效率要快，而且事后一定要跟进此事。

（三）服务项目不足

服务项目欠缺包括常规服务项目欠缺和特殊服务项目欠缺。常规服务项目是指通常推出的一些服务顾客的项目，例如超市推出的寄存包、公用电话、广播服务、开具发票等常规的服务项目。特殊服务项目是指针对特定时期、特定对象推出的特殊服务项目，例如，要求提供送货服务、提货服务、换钱服务、洗手间外借或其他各式的额外服务。

（四）现有服务作业不当

现有服务作业不当包括专业知识不够、服务技巧不足、推销过度和售后服务不到位等多方面的原因。例如缺少专业知识，无法回答顾客的提问或者答非所问；顾客寄放的物品有遗失或调换；抽奖及赠品等促销作业不公平；填写的顾客意见表未得到任何回应；顾客的投诉未能得到妥善的处理；过分夸大产品与服务的好处，引诱顾客购买，或有意设立圈套让顾客中计，强迫顾客购买等。另外，取消原本提供的服务项目，例如超市取消特价宣传单的寄放、礼券的出售、儿童托管站等也是服务作业不当的主要表现。

（五）服务设施落后

服务设施是服务业的硬件形象，它是衡量服务水平的一项重要内容。目前大多数百货企业、大型超市、量贩店都设有专门的停车场，一些大型百货店和超市还融合购物、休闲、娱乐甚至餐饮于一体，进行功能配套，内设各种特点的风味小吃、文化馆、展览厅、休闲娱乐中心等服务设施，卖场灯光明亮，陈设美观，宽敞舒适，并留有残障者专用通道、电梯等设施。服务设施的落后会导致顾客的不满，并且引发顾客投诉。例如一位顾客从很远的地方到一家超市购物，结果却因为超市的停车场过小而必须停到很远的地方再步行到超市；一位母亲带着婴儿购物却四处找不到一辆婴儿车，顾客能不投诉吗？

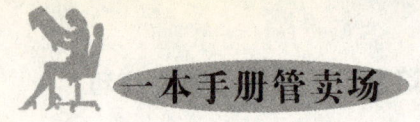

（六）推卸责任

对顾客的问题不积极解决，而是让顾客去找别的部门，推卸自己的责任。结果顾客被支来支去，感到疲惫不堪，而问题仍得不到解决或得不到彻底解决。有的服务人员通常对买者欢迎，对退者冷淡甚至是恶语伤人，或是拿出烦琐的程序或规程来难为顾客，总是以"这事不归我们部门负责"、"我们超市规定这种情况不可以退换"来搪塞。例如购买商品出现故障后，商家不从质量问题上找原因，往往归咎于消费者人为造成的，从而推卸责任；遇到问题经营者与修理者互相推诿、拖延或拒绝履行"三包"的责任与义务，导致问题长时间得不到解决；有的修理者不如实填写或不填、漏填、少填维修记录，以逃避法律责任，致使消费者的退换权利得不到落实。

服务是相对产品质量问题的另一个容易引起顾客投诉的方面。这里所谓的服务是接待顾客的服务。超市出售的商品属于有形的物质，而服务是无形的商品，服务的好坏，对于超市的兴盛与否有着极密切的关系。

服务不能令顾客满意包括很多方面的因素，具体如下。

（1）服务方式不佳。比如不遵守约定，顾客履约提货，货却未到。

（2）服务态度不好。此类引起投诉的原因通常都是由售货员、导购员等一些直接和顾客打交道的职工造成的。一般包括以下一些方面：只顾自己聊天，不理会顾客的招呼。这样会使顾客觉得自己受了冷落，从而丧失了购买商品的念头；紧跟顾客，一味鼓动其购买。这样会让顾客觉得对方急于向自己推销，在心理上形成一定的压力；顾客不买时便板起面孔，甚至恶语相向；瞧不起顾客，言语中流露出蔑视的口气等。

（3）表现出对顾客的不信任。有的顾客对商品提出自己的购买历史及使用经验，而服务员却认为顾客是有意比货，因此不信任顾客的言辞，造成矛盾。

（4）对挑选商品的顾客不耐烦。有的售货员并不具备对顾客要有耐心这一起码的素质，他们对顾客挑选的行为常常表现为不耐烦，甚至冷嘲热讽，这不但会引起顾客的投诉，有时还可能引起冲突。如某男士去超市为妻子购买洗发液，当他按妻子的要求，请工作人员递拿某种品牌的洗发液时，突然发现该种品牌的洗发液有三种颜色的包装，他不知道该买哪一种。面对问询，导购员打哈欠爱答不理。

（5）工作人员对其他顾客的评价、议论。周小姐正在鞋架前挑鞋，忽然听一位工作人员向另一位工作人员说："你看刚才那个小个儿的女的了吗？那家伙真有钱，在我这一下子就买了四双鞋。"另一位工作人员回答："看见了，不过她长得够难看，再高档的鞋穿她脚上也糟蹋了。"周小姐心想，工作人员这么缺乏修养，毫无顾忌地议论顾客，服务态度肯定也好不了，自己千万别在这儿买东西。

三、其他原因

（一）零售商自身的管理因素

很多情况下，制造商的制造责任往往会转嫁到零售商的管理责任上。因为零售商的监督责任以及优劣筛选作用没有得到认真的落实，所以，商品质量不好时，不单是制造商要负责，零售店也必须负起相应的责任。例如，在超级市场买到生鲜食品，经常会有标示期限已过或不新鲜的情况发生，这些都可以认为是零售业者的责任。商品的品质标示，使用上的注意标示，通常是制造商贴在商品上的，零售商在进这些商品时应该先予以确认。商品污损、破裂，可以归咎于零售商进货时没有详加检查、陈列时管理不当、出售时疏忽。所以，这些都可以说是零售商的责任。

（二）消费者自身使用因素

因消费者使用不当而使商品破损的责任，按理说应由消费者承担，但成功的经营者应主动向消费者详细介绍产品的使用方法，并力争让顾客了解和掌握。如果某些经营者在售货时对产品有关知识介绍不详，而导致商品出现问题，商家也应负有一定的责任。因此，不良商品的出现，绝大部分原因应归咎于某些经营者在进货、陈列和售货过程中的失误，因此，这些经营者理应认真解决这些问题以及自身失误而导致的顾客投诉。

（三）广告误导导致顾客投诉

广告误导导致顾客投诉通常包括以下两种情况：一是夸大产品的价值功能，不合实际地美化产品。厂商的广告有美化产品的倾向，尤其是那些倾向于情感诉求的广告，极力渲染情感色彩，将商品融入环境中，给消费者以无限的想象，使消费者在激动中做出购买决策。二是大力宣传自己的售后服务而不加兑现，遭到顾客批评投诉在所难免。企业在市场中常面临这样的两难境地：不承诺，对消费者缺乏吸引力，得不到满意的销售额；承诺，提高了消费者的期望值，容易导致消费者不满意。而许多承诺实际上也是实现不了的，如终身免费保修等，厂商若要实现承诺，必须维护庞大的维修队伍，庞大的维修队伍的保持是需要耗费成本的。

（四）其他情况导致的投诉

顾客控诉的原因的另一种分类，顾客投诉的原因可以归纳为两种：结果不满和过程不满。

1. 结果不满

结果不满是指顾客认为商品和服务没百分之百达到他们预期的目的，产生应有的利益或价值，例如购买的产品存在质量问题、短斤少两、商品以劣充好等。结果不满的关键特征是顾客遭受了经济损失。

2. 过程不满

过程不满是指顾客对在接受产品和服务的过程中感受的不满意，如服务员言行粗鲁无理、环境恶劣、送货不及时、手续烦琐、电话无人接等。过程不满的关键特征是最终的结果虽然符合要求，但顾客在过程中感觉受到了精神伤害。

区分顾客投诉的原因，可以帮助我们采取正确的应对和补救措施，对结果不满和过程不满的投诉往往要采取不同的处理方式。

顾客表示不满意是因为顾客的需求和卖场提供的产品与服务之间存在着差距。

这些差距包括以下五点。

（1）理解差距。顾客期望与管理者对顾客期望的理解之间的差距，即不能正确理解顾客的需求。

（2）程序差距。目标与执行之间的差距，即虽然理解了顾客的需求，但没有制定相应的工作流程和规范来保证满足顾客需求。

（3）行为差距。服务绩效的差距，即虽然有工作流程和规范，但得不到有效的执行。

（4）促销差距。实际提供的产品和对外沟通之间的差距，即顾客得到的产品质量达不到组织的宣传和承诺的水平。

（5）感受差距。顾客的期望与服务之间的差距，即组织提供的产品质量不能被顾客完全地感受到。

这五个差距可通过"SEVQUAL"的多指标体系进行测量。"SEVQUAL"的五个指标包括：有形性，即有形的设施、设备、人员和产品材料的外表；可靠性，就是可靠、准确地履行服务承诺的能力；相应性，帮助顾客并迅速提供产品服务的愿望；保证性，即员工所具有的知识、礼节以及表达出自信与可信的能力；移情性，即设身处地地为顾客着想和对顾客给予特别的关注。企业可从五个差距中来识别顾客不满意的原因所在，从而采取有效对策。

四、顾客投诉的途径

对企业而言，顾客反馈管理是争取顾客、赢得市场、创造利润的绝好机会。一套好的顾客反馈管理系统，让顾客得到更好的满足，也可以使企业多方受益。

试想，顾客花费时间、花钱买企业的产品或服务，还要打电话、写信或投诉，来反馈其信息，这是需要有耐心、勇气和精力的。如果企业方面没有做到良好的顾客反馈管理，其结果如何是不难想象的。从另一方面来说，如果企业处理得当，使顾客感到满足，则企业不但留住了这位顾客，而且一传十，十传百，给企业带来的美誉度是无限量的。

由此可知，顾客的反馈是多么的重要，顾客反馈的信息往往是顾客全部感受和反应的很少部分，只是浮出海面的冰山一角。当出现一件投诉案时，背后或许已经失去了10倍的顾客。因此，经营者和管理者必须高度重视显现出来的顾客意见，根据这部分顾客的反馈跟踪，分析潜在问题，保持对顾客感受和评价的敏锐洞察力，以真正了解顾客情况，赢得顾客的满意。

（一）顾客反馈途径

事实上，产品销售出去后，顾客的购买行为并没有完成，因为还有顾客购买产品以后的感受和总结。无论顾客的总结和感受是积极的还是消极的，对企业来说，都十分有价值。因此，应该千方百计拓宽顾客反馈的途径，获取顾客反馈的信息。顾客反馈的途径有两种方式。

1. 顾客主动反馈意见

主动式就是顾客在获得商品或服务后，向厂家或商家反馈信息表明自己的要求、赞许或意见。例如，顾客的投诉、表扬信、再次购买、退货等。它既包括有形途径，又包括无形途径。主动式的反馈信息对企业而言，其优点是真实、准确、成本低廉，缺点是企业获得的信息具有随机性、无目的性及突发性。

2. 企业主动征求反馈意见

被动式就是顾客在获得企业的商品或服务后，应答企业提出的征询。例如，顾客接受采访应填各种调查表、产品服务跟踪卡、问卷调查等。被动式的反馈信息对企业而言，其优点是具有目的性、系统性、规划性，能够有针对性地获得信息，局限性是其准确性受调查方法、引导问话的影响，对顾客依赖性较大，成本较高。

顾客主动反馈的途径有两类。

第一，有形途径。有形途径就是顾客通过具体存在的方式来反馈信息，这种反馈途径能保证顾客反馈的针对性、可靠性、时效性、准确性及其质量，如免费咨询电话、投诉接待部门等。通过有形途径，企业可以了解到顾客关心产品的哪些方面；了解产品种类、缺陷、流通地域方面的问题，并且能迅速采取对策；了解新产品及服务的构想；了解广告影响和效果如何。

第二，无形途径。无形途径就是顾客并不直接与企业对话，而通过购买行为调整或其他方式来反馈信息。由于这种反馈途径是无形的，所以反馈的面较广，效果较具影响力，但不易被察觉。例如，顾客购买行为的变化、顾客购买商品的褒贬、顾客减少产品的定购、顾客采用竞争者的产品等，这些都是无形的反馈信息。

具体来说，企业为顾客反馈提供的渠道有多种，以下是一些比较常见的渠道。

一是调查信函、电话、问卷及座谈会。

二是订单形式。在订单上设计可让顾客表达意见的栏目。

三是新闻简讯。在新闻简讯上开辟一块读者来信专栏，鼓励顾客提供意见，这种做法可在企业与广大用户之间建立起更人性化的、一对一的信任感。

四是取样调查。电子邮件信箱。

（二）认真听取顾客的意见

从顾客的反馈信息中，企业了解到了顾客的不满，并迅速对生产、服务做出了调整。但与顾客的进一步沟通也是必不可少的。只有与顾客进行全方位的沟通，用"心"交流，才能赢得顾客的信赖，使顾客成为企业的朋友。下面将讨论如何进行沟通。

沟通可以带来意想不到的收获。"沟通总是要求接收者做某些事、相信某些话"。在顾客服务中如果得不到有效沟通，即使是世界上最伟大的服务思想也会烟消云散。如何有效地陈述你的观点，如何准确地了解顾客，并让顾客了解你和企业如何有效进行战略规划一样重要。全方位的沟通是指与顾客沟通时，不仅要会倾听，还要学会沉默；不仅要注重语言交流，还要注重非语言的交流。

当顾客知道你在以友好的方式听他们讲话时，他们会解除一部分或全部的戒心，把事情的所有状况告诉你。如果在顾客投诉过程中，你一会儿看看表，一会儿看看窗外，这会使顾客更加恼火，甚至会拂袖而去。这样企业就失去了顾客及改进的机会。

为了解决问题和更有效地做出决策，你需要尽可能多地获取信息。仔细倾听有助于获取顾客投诉的全部信息。仔细倾听常常会促使对方继续讲下去并促使他们举出实例。你可以进一步了解：顾客是如何想的，他们认为什么重要，他们为什么说他们正在说的话。当你掌握了尽可能多的信息之后，你就可以更准确地做出决策。

认真倾听可以改善企业和顾客的关系，因为倾听给顾客提供了说出事实、想法和感情等心里话的机会。倾听的时候，企业会更好地理解顾客，顾客也会因为得到尊重而感到愉快，因此，倾听顾客的抱怨可以改善企业和顾客的关系。

倾听是解决顾客异议的最好办法。当然，这并不意味着双方必须同意对方的观点，企业需要表明理解顾客的观点和意见。每个人都需要理解，再没有比认真倾听更好的表达方式了。下面是听取顾客意见时的一些原则。

1. 倾听主要观点

要学会区分顾客投诉中的事实和推测、观点和举例、证据和辩解。能够区分主次，善抓重点可以使你达到事半功倍的效果。主要观点可能在讲话的开始、中间或结尾，所以你必须一直注意着。如果抱怨者对讲话做出了回顾或总结，就更需要仔细地听。

2. 为"听"做准备

"听"不是一个被动的过程，而是需要主动努力去做的过程。"听"也是一种交流，交流是一个双向的过程，所以我们和讲话者必须共同承担提高效率的责任：尽力去思考讲话者要说的内容，而不是想你应该说什么。倾听顾客的抱怨，尤其需要做好心理准备，顾客心情不好时，说话可能过火、不客气，因此，你需要有多一些的心理准备。

3. 耳到、眼到、心到、脑到

耳到、眼到、心到、脑到也就是要求员工用所有的感官来听，先从耳朵开始；用眼睛观察对方的身体语言并验证其口头语言；要站到顾客的立场上，体会顾客的处境与感受；用大脑去分析沟通对象的动机，以便了解他的口头语言是否话中有话、弦外有音。

4. 保持开放的心态

开放的心态是指以积极、乐观的态度听取顾客的意见，对于和自己的信念、态度、想法和价值观相矛盾的信息不要觉得是威胁、侮辱而产生抵触的心态。每个人都有自己的价值观、世界观，不能因为对方和自己观点、意见不同而不听。开放的心态也意味着尽量不要从个人好恶评价讲话者的外表和举止。不要因为不喜欢他们的外表就排斥他们的想法。不要过早地对讲话者的人格、主要观点下结论，因为你很可能出错，并且如果你过早地做出结论，会错过听到事实的每一个机会。

5. 做记录

注意听顾客的诉说之后，需要把对方讲话的要点做一个大致的记录。做记录一方面可以避免遗忘顾客的问题；另一方面也可以证明对顾客问题的重视；还可以备其他工作人员查看。

（三）向顾客"提问题"

在处理顾客抱怨时，倾听是重要的前提。同时要完善地解决问题，还必须问问"为什么"。提问的意义在于作为一个引子，打开顾客的思路，以利于沟通进行。具体来说，有以下几点作用：避免和防止情况恶化，使情况得到改善；弄清楚如何避免问题的再次发生；使对方对问题进行思考；用问题透视对方的心理；获取更多的相关信息。

询问"为什么"时，不要使用让人有威胁感的问句。如果你的询问让人有威胁感，你很可能得不到良好的答案，得到的可能只是一个为保全面子而提供的答案。

询问"为什么"时，有两种基本的问句形态：一是封闭式问句；二是开放式问句。封闭式问句是指特定背景下的特定答复，一般是二选一，如"这件衣服你买回去后穿过了吗？"答案只能是"是"或"否"。这种问句简单明确，但有时蕴涵一定的威胁性。封闭式问句又包括澄清式问句和暗示性问句。如"你刚才说这件衣服你只是试穿了一下，就是说你没有洗过？"就是澄清式问句。澄清式问句是让对方证实或补充原先的发言。暗示性问句本身已强烈暗示预期的答案。如"有修养的人都不会无理取闹，你说对不对？"开放式问句是在广泛的领域中寻求答案，如"请问你想如何处理这件事？"

第三节　投诉心理分析

一、顾客的气质类型

人有四种不同的气质类型：多血质、胆汁质、抑郁质和黏液质。

多血质——反应迅速、有朝气、活泼好动、动作敏捷。情绪不稳、粗枝大叶，喜欢交往，兴趣广泛但不持久。

胆汁质——易兴奋、直率、热情，自我控制能力差，易冲动，心情变化剧烈、脾气暴躁。

抑郁质——敏感、多疑、孤僻，情感体验深刻但不外露，行为缓慢，外表柔弱而胆怯。

黏液质——安静、动作迟缓、沉默寡言、善于忍耐、情绪不外露，做事谨慎但不灵活，缺乏生气。（秋季）黏液质的人一般表现安静，动作迟缓，反应速度慢，情绪兴

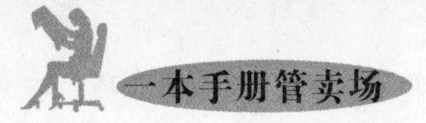

奋低，较少在外部表现心理状态，即具有内倾性。

在判断某个顾客的气质时，并不是一定要把他生硬地归入某种类型里去，而是要观察和测定他具有哪些气质特点，这些使他的行动方式带有什么样的色彩，以便有效地开展投诉处理工作。当然，在日常生活中，大多数人是近似于某一种气质，同时又具有其他气质的某些特点。

1. 胆汁质顾客特点

这样的顾客似乎永远充满活力，永远在超越自己的极限。这种气质的顾客比其他气质类型的人更加崇尚行动。他们通常是组织中的铁腕人物，目光所向，无不披靡。他们在意工作的结果，对过程和人的情感却不大关心。处理这种类型的顾客投诉时，首先必须满足他们的希望和意愿。因为他们喜欢控制一切，并强硬地按照自己的意愿发出指令。从这样的顾客身上，可以学到更多，因为他们给企业的建议都是最直接的。虽然这一类型的顾客有时霸道、粗鲁，但同时，他们也是最好相处的。他们一旦认同了我们的产品和服务，就会成为我们最忠实的顾客。

2. 抑郁质顾客特点

这样的顾客追求不断进步，要求产品和服务的完美性极高。任何小问题，都会引来投诉。主要特征表现为：原则性、不易妥协，常说"应该"及"不应该"，黑白分明、对自己和别人的要求甚高，追求完美、不断改进、感情薄弱。在生活风格上，常表现为：爱劝勉教导，逃避表达愤怒，相信自己每天有干不完的事。显而易见，正因为这样的顾客事事追求完美，很少会讲称赞的话语，只有批评，所以，在他的眼里没有完美的事物，无论是对自己或是对身边的人。因为对自己的超高标准要求，无形中给自己很大压力，这样的顾客很难放松自己去尽情地玩、开心地笑，甚至有些郁郁寡欢。事事追求完美的态度，让这类的顾客在生活里常常感到碰钉了、不如意。对于这样的顾客，工作人员必须积极应对，挖空心思地取悦顾客。处理这样顾客的投诉，最根本的方法是改变他对事情的看法。

3. 多血质顾客特点

活泼型气质情感外露，热情奔放，在投诉你的时候，语言中充满幽默。他们懂得如何从工作中寻找乐趣，在他们的心里根本没有"敌人"的概念，他的内心生活永远是多姿多彩。然而，他们似乎总是说得多，做得少。只要他们在场，就永远是欢声笑语，可一旦遇到麻烦，他们就会消失得无影无踪。他们似乎是一群永远也长不大的孩子，好逸恶劳、贪图享受、不成熟、没有条理、缺乏责任心。

4. 黏液质顾客特点

这样的顾客比任何人都低调，是情绪内敛、处世低调的稳重派，总是能够充满耐心地应对那些复杂多变的局面。和平型的顾客最令人欣赏的特点之一，就是能够在风暴中保持冷静。即使工作人员使出浑身解数，他还是习惯于遵守既定的游戏规则。

当顾客投诉时，其心理明显期待问题尽快解决；当顾客投诉服务质量问题时，其心理明显渴望得到尊重；当顾客投诉费用问题时，其心理明显希望得到适当补偿；而顾客重复投诉时，其心理明显带有发泄不满的倾向。

优秀的工作人员在处理投诉的过程中，可以根据不同的顾客气质类型、所投诉的不同事件，采用不同的应对策略。

二、顾客的心理需求

投诉顾客的需求通常情况下分为两种：基本需求和特殊需求。

顾客的基本需求是不必通过语言表达出来的个人内在需求，从某种意义上说，人人皆有。顾客不会通过语言来要求，但工作人员可以通过理解、关心的语言满足这种需求。顾客的基本需求包括被理解、被尊重和获得安全感，这是一种不必讲出来的需求。当工作人员满足了顾客的这种需求，顾客会觉得非常愉快。

特殊需求是顾客对企业业务的需求，即顾客的问题能够尽早、尽善地得到解决。满足顾客的特殊需求，首先要知道顾客为什么要投诉。了解顾客的特殊需求就成了工作人员的职责。工作人员有责任引导并满足顾客的特殊需求。

投诉的前提是不满意，是个理性的行为，所以投诉一定有其背后的投诉动机。如果是为了投诉而投诉，那就一定是骚扰顾客，这样的顾客可以划分在特殊需求的范畴中。

（一）马斯洛需求层次原理

马斯洛需求的五个层次分别是生理需要、安全需要、归属和爱的需要、尊重的需要、自我实现的需要。

1. 因生理需要产生的投诉

基本的生理需要的满足，包括食物、饮水、住所、睡眠，即通常所说的衣、食、住、行。这些生理的需要在人的所有需要中占绝对优势。

在这个层面上的顾客所关注的是物质利益，对这样的顾客适当地给予物质上的赔偿，他们就会偃旗息鼓。

2. 因安全需要产生的投诉

包括安全、稳定、依赖以及免受恐惧、焦躁与混乱的折磨，对体制、法律、秩序等的依赖等。在这个层面上的顾客所关注的是个人的切身利益和安全感，对这样的顾客要适当地给予安抚和必要的承诺。

3. 因归属和爱的需要产生的投诉

渴望在团体和家庭中有自己的位置，渴望归属感，渴望爱与被爱的感觉，希望有自己的朋友、爱人。在这个层面上的顾客，其所关注的是社会地位，对这样的顾客要适当地给予关爱，提高他的期望值。

4. 因尊重的需要产生的投诉

包括外界对自己的尊重和自己对自己的尊重。相对来说，自己对自己的尊重更重要一些。自己对自己的尊重即自尊，自尊需要的满足是指由于实力、成就、优势、

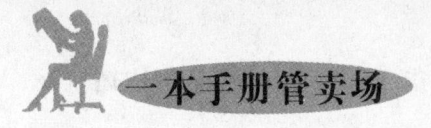

用途等自身内在因素而形成的个人面对世界时的自信程度、独立程度。外界对自己的尊重的满足，则是地位，声望、荣誉、威信等外界较高评价的获得。在这个层面上的顾客，其所关注的是自尊的需要，对这样的顾客要给予必要的赞美和恭维，满足他的实现自我倾向的需要。

5. 因自我实现的需要产生的投诉

一个人在其他基本需要得到满足以后，自我实现的需要便开始突出。自我实现，也就是一个人使自己的潜力发挥的倾向，成为自己所能够成为的那种最独特的个体，使自己成为自己想成为的那种人。在这个层面上的顾客，其所关注的是自我实现，对于这类顾客应该从精神的层面进行说服。

(二) 顾客的感性与理性需求

感性是指以个人情感为依据的心理过程，通俗地说就是感情用事。感性是与生俱来、不带修饰的。感性有时就是一种感觉，没有理由，但是自己认为就是这样的；它和理性是相对的，理性能看清事态和物质的本质，有针对性地做出判断和决定。比如，一位顾客在超市购物时，买到了过期变质的产品，导致金钱上的损失，于是，顾客来到超市投诉中心大吵大骂，甚至砸毁办公设施，这些都是感性的表现，不是理性的行为。对于工作人员来讲，理性的做法就是能站在顾客的角度考虑问题，这样就不会出现冲突，大家都会按照合法的手段和程序来执行，而不是用暴力来解决问题。

1. 顾客的理性需求

(1) 希望解决问题。提供解决问题的方案或变通方法、说明要采取的具体行动、告诉所需要的时间、通知事态的进展。这样的顾客多数是理性的，他们头脑冷静，对自己要达成的目标忘在必得。

(2) 希望得到补偿，如物质补偿、经济补偿。

(3) 希望改正失误，如顾客提建议，希望下次不要出现类似的事情。

以上三种顾客多数是忠诚顾客，希望和企业长期合作下去，所以给企业改正的机会。

2. 顾客的感性需求

(1) 希望得到尊重 (重视)。向顾客道歉、保全顾客的面子。这样的顾客很重视自己的尊严和地位，要面子。在这样的情况下工作人员要降低姿态，真诚而礼貌地对待。

(2) 希望得以倾诉 (理解)。了解顾客的处境，站在顾客的角度考虑问题。这样的顾客多是遭到冷落，需要在情感中找到寄托和倾诉的对象，工作人员只要认真倾听、真诚关怀，问题自然会顺利解决。

(3) 希望体会愉悦 (体验)。得到关心、处理问题时的责任心与灵活性。这样的顾客可能对工作人员的服务不满意，但从工作人员那里得到赞美、安慰、道歉后情绪上的抚慰也可以平息他的投诉。

三、顾客投诉的动机与心理类型

（一）顾客投诉动机

1. 退款

当顾客对自己所买的产品不满意时，就会找出一个理由退货。在这种情况下，如果产品确实是在退货的期限内，工作人员不必与顾客发生争执，面带笑容地给顾客退款是此时的最佳选择。

2. 道歉

确实因为企业方面的原因给顾客造成了损失，必要的道歉会平衡顾客的心理。

3. 时间

因产品原因，使顾客在使用过程中造成了时间上的损失，这个时候，工作人员除了道歉外，还有必要为顾客提出好的使用建议。

4. 发泄

对于发泄型的顾客，工人员只有洗耳恭听，才能缓和他们的情绪。

5. 尊重

希望得到尊重是顾客的普遍心理，在顾客投诉发生的过程中，工作人员要好言相待，以示尊重。

6. 补偿

如果确实给顾客造成了损失，顾客投诉的主要目的是需要得到补偿。

7. 理解

在某方面遭受到了不公平待遇的顾客，尤其需要顾客工作人员的理解和情绪上的安抚。此时，顾客最需要工作人员耐心、认真倾听他们的投诉。

8. 建议

对于一些刚购买产品的顾客，他们希望得到如何使用产品的建议。此时，工作人员要认真指导。

9. 骚扰

对于没事找事的顾客（就是骚扰顾客），工作人员要婉转、机智地应对，在不伤害顾客的前提下解决问题。

（二）顾客投诉心理类型

1. 补偿型心理

在许多投诉事件中，特别是在有关费用的投诉事件中，顾客投诉的目的在于寻求补偿。这是顾客意识到自己权益受到损害后的要求。在处理这类投诉的过程中，服务人员必须向顾客做出合理而规范的解释，并对有理投诉的顾客提供补偿。一般来讲，顾客希望得到适当补偿的心理越急切，又无法得到补偿，投诉升级的可能性就越高。投诉升级后，顾客的满意度和忠诚度都会严重下降，因而，从一开始就把为什么没有补偿、在何种情况下可以得到补偿、怎样补偿等问题一一向顾客解释清

楚，远比处理投诉升级来得快捷、有效。

2. 发泄型心理

顾客带着怒气和抱怨进行投诉时，有可能只是为了发泄自己的不满情绪，以释放和缓解郁闷或不愉快的心情，维持心理上的平衡。通常情况下，直接发泄不满情绪的情况多见于重复投诉。在处理这种类型顾客的投诉时，工作人员的耐心回应显得尤为重要，应以恰当的语词和友善的态度安抚顾客，并及时与相关部门联系，确认问题所在，分清责任，给予合理解释。顾客有过投诉行为且多次投诉无果的情况下，极易成为流失顾客。对此，应该经常回访顾客，充分地沟通，争取顾客的理解与谅解。

3. 交流型心理

在顾客服务工作中，顾客投诉的比例远低于其他服务项目，但企业对此不可掉以轻心。调查表明，当顾客无法从企业得到满意的投诉处理结果时，他会同 10 个以上的人说起此事，这对企业的品牌形象绝对不利。更有价值的是，投诉处理得当的话，顾客感到满意，会大大增加企业美誉度。

4. 问题型心理

对企业来说，如果顾客期待问题尽快解决，这意味着顾客心理没有达到信任危机的状态，只要企业的相关部门密切配合，在顾客可以容忍的时限内解决了问题，那么，顾客的满意度和忠诚度不会受到很大影响。所以，掌握了顾客期待问题尽快解决的心理后，应立即采取措施。如果是常见的、可控的问题，就应该给顾客承诺，提出一个解决问题的期限，以安抚顾客。当然，如果是不可控的问题，或者需要进一步确认的问题，就应更灵活地对顾客表示企业会尽快地解决问题，并会及时与顾客联系，也欢迎和感谢顾客主动来沟通。

5. 尊重型心理

人们会通过各种途径表达自己丰富的情感，情感的力量往往超过理性的力量。如果顾客在接受企业的工作人员直接提供的服务过程中，发现了有令其不满意的地方，是不愿意隐瞒的。事实上，顾客投诉服务质量问题对企业来说不是坏事，自我审视固然能提高服务质量，但只有顾客满意才是最终标准。所以，顾客对服务的监督和投诉能有效地提供顾客服务的改进点。任何顾客自我尊重的心理都非常强，他们在服务过程中的不愉快，绝大多数情况都是由于工作人员的失误而表现出对顾客不够尊重而造成的，所以需要了解并掌握顾客渴望得到尊重的心理，来处理服务类型的投诉事件。顾客总希望他的投诉是对的和有道理的，他们最希望得到的是同情、尊重和重视。处理投诉的工作人员及时向其表示歉意，承诺进一步追查，并感谢顾客的建议和支持，是化解顾客因为自尊心理受损导致不满的有效途径。

第二章│投诉管理体系的建立

第一节　建立投诉管理部门

一、运作部门

运作部门：对投诉做出回应。

1. 运作部门：输入

（1）筛选。对投诉进行分类，交由适当的部门处理。

（2）记录。对每份投诉进行信息记录。

（3）分类。根据事先选好的类别，对投诉进行编码，从而确定问题范围。

2. 运作部门：答复

（1）调查。检查内部记录，电话调查，书面信件，专业调查。

（2）明确的答复投诉处理中最重要的一步。根据法律责任、投诉人的期望、妥协折中、市场效应、公正的观念和必要的第三方仲裁，做出明确的答复。

（3）做出回复。准备好最终回复内容并传达出去，包括决定和原因。如果做出的回复和顾客的期望不符，写清申诉程序。如果回复是口头的，谈话内容应该有所记录。

3. 运作部门：输出

（1）分配。把最终的答复立即送到投诉人那里。

（2）存储。把投诉整理在案。

二、支持部门

支持部门：帮助确定和消除问题出现的原因，确保顾客知道到哪去投诉，怎么投诉，看投诉是否按照已有的程序在处理。

1. 支持部门：支配

（1）内部的后继工作。设立和监督答复时间和质量标准，纠正标准背离。

（2）参考的后继工作。把时间、质量标准运用到其他部门、领域和其他企业或代理的答复上。要求最终回复的复印件。

2. 支持部门：管理

（1）统计。在政策分析中使用统计学，对投诉处理办公室的表现进行评估。

（2）政策分析。通过对数据的解释来发现投诉人的问题、关键事宜和趋势的根本原因所在。问题没有解决所带来的开销可以量化。

（3）评估。考察给投诉处理办公室制订的目标是否完成，确定需要予以关注的问题，并处理这些问题。确定是否需要外面的企业来进行评估。如果不可行的话，就让其他部门来进行内部评估。

（4）计划。让顾客投诉办公室享有优先权。计划应该包括投诉满意的目标设定，确保能够确定新的问题，和整个系统相结合。实现目标的工具可以包括员工培训、消费者教育等。

（5）责任义务。把投诉处理和预防投诉的责任落实到具体的个人和办公室。

（6）奖励和/或惩罚。建立奖励和/或惩罚体系来鼓励正确的投诉处理，避免以后其他问题的出现。奖励可以是经济的，也可以是非经济的（奖状、称赞）。

（7）挑选、授权和培训员工。挑选有合适的人际关系技巧的人员，给他们一定的权力，让其做出及时处理问题的决定，对他们进行胜任工作所需的技术技能培训。

员工应该受到良好的培训，以便提供恰当的服务。如果他们拥有适合这份工作的个人特征，那就更能起到帮助的作用。

第二节　制定投诉管理的政策

顾客投诉涉及企业各个环节，如对商品质量的投诉、服务的投诉等。为了保证企业各部门处理投诉时能保持一致，通力配合，圆满地解决问题，企业应明确规定处理顾客投诉的规范和管理制度。

一般情况下，有以下五种情况。

一、建立健全各种规章制度

要有专门的制度和人来管理顾客投诉，并明确投诉受理部门在企业组织中的地位。要明文规定处理投诉的目的，规定处理投诉的业务流程，根据实际情况确定投诉部门与高层经营者之间的汇报关系。另外，还要做好各种预防工作，减少顾客投诉。

二、确定受理投诉的标准

在处理投诉上关键的一件事情，就是要把处理的品质均一化。当处理同一类型的投诉时，如果经办人处理办法不同或同时对各个投诉者又有不同的对待态度，势必会失去顾客的信赖。因此，不管从公正处理的角度，还是从提高业务效率的角度来说，都应该制定出合乎本企业的投诉处理标准。

三、应及时处理投诉

对于顾客投诉，各部门应通力合作，迅速做出反应，力争在最短的时间里全面解决问题，给顾客一个满意的答复。拖延和推卸责任会进一步激怒投诉者，使事情复杂化。试想，顾客购买的商品发生了故障，偏巧遇到周末，如果不能立刻修理，顾客不得不始终想着这件烦恼的事情，这使得原本应该很轻松的周末变得有点沉重。反之，如果顾客与企业联系后，立刻得到回应，必然会争取到顾客对企业的好感与信赖。因此，企业应规定投诉的受理时间。

四、处理问题时应分清责任

不仅要分清造成顾客投诉的责任部门和责任人，而且要明确处理投诉的各部门、各类人员的具体责任与权限以及顾客投诉得不到及时圆满解决的责任。对于处理投诉的责任人，究竟应该给予怎样的责任与何种程度的权限，事先须有书面化的规定。同时，对接待人员尽量给予一定的权限。如果事事均向上级请示，会降低顾客对接待人员的信任，甚至会使顾客更加的不满。

对于重复出现的常规问题，则按规定的程序与方法及时处理。对非常规问题，则授权给合适的部门根据具体情况创造性地处理，以提高组织在处理投诉上的响应速度，减少经济上和荣誉上的损失，避免顾客与企业产生不必要的误解。

五、建立投诉处理系统

建立投诉处理系统，对每一起顾客投诉及处理都要做出详细的记录，包括投诉内容、处理过程、处理结果、顾客满意度等。用计算机管理顾客投诉的内容，不断改进顾客投诉处理办法，并将获得的信息传达给其他部门，做到有效、全面地收集统计和分析顾客意见，立即反应，做出明确适时的处理，并经常总结经验，吸取教训，为将来更好地处理顾客投诉提供参考。

第三节　投诉管理原则

一、只有满意的员工才能带来满意的顾客

员工在投诉管理方面的态度和立场必须朝着积极的方向转变。在这方面对员工进行坚持不懈的训练是非常重要的。成功的投诉管理者最重要的特征是：设身处地为别人着想的能力、敢于面对冲突的热情以及化解冲突的能力，也就是说，要具备很强的沟通能力。这些特征并非与生俱来，必须经过学习才能获得的。定期核查员工的知识水平，不光是业务知识，也包括沟通能力，与他们谈论抱怨和投诉以及他们面对抱怨和进行艰难的谈话时的感触。

要学会区分"不愿意"和"不能"的问题，会得出这一结论，即：并非企业的所有员工都认为抱怨和投诉有益于企业，但他们不会坦率地说明这一立场。

"不愿意"和"不能"的区别：假如一位员工不能正确地与顾客打交道，是"不能"的问题，这种情况相对容易处理。对这名员工进行足够的能力训练，就会使他的沟通能力得到相应提高。而不喜欢任何投诉的员工遇到的则是"不愿意"的问题。这样的员工大多数情况下也不会喜欢他的顾客。员工中的"不愿意"问题比"不能"

要难解决得多。对"不愿意"的员工来说，存在的是积极性问题；而"不能"的员工遇到的则是意见和投诉处理的操作技巧问题。从根本上讲，他是愿意做的，只不过还不具备相应的沟通技巧。

比处理意见和投诉的操作技巧更重要的是员工对提意见或牢骚满腹的顾客的立场和态度。要定期对员工的沟通效率进行检查。员工必须能够倾听，在不乐观的情况下也要保持镇静，要掌握各种辩论方法，以便在冲突中也能很好地与顾客沟通。

二、管理人员要身先士卒

企业的管理人员必须身先士卒，做出表率，发挥模范带头作用。只有真正认真对待员工的需求和问题，员工才能认真对待顾客的问题。

在处理投诉时，管理人员在任何情况下都要做员工的后盾。如果一家企业不能成功地对其员工进行认真培养和负责任的管理，致使他们在顾客面前的行为暴露出相应的问题，它就很有可能被效率更高的竞争者替代。

三、培养欢迎投诉的文化

企业往往没有清楚定义出处理投诉的原则，而且企业制度经常阻碍投诉的处理。有的企业专为客服部门明确处理投诉的指导原则，但整个企业对待投诉的理由却始终模糊不清。

企业文化以员工彼此认同为前提，这个前提的由来是通过过去经验的学习，判断出有效的做法，再传授给新进人员。

企业对待顾客投诉的简单哲学应该是："我们认为顾客的投诉是宝贵的礼物。我们认为顾客愿意提出投诉，是让我们留住他们。此外，顾客也是在教育我们，让我们了解产品服务疏忽之处。如果我们能将这些建议综合起来，付诸行动，就更能符合顾客需求，我们的事业也就能更成功。我们认为投诉即是赠礼，所以我们主动出击，邀请顾客尽可能提出投诉。"这样的宣示可以在组织内部广为流传，同时也初步定义出了"欢迎投诉"的文化，鼓励员工将投诉视为赠礼。企业的文化最终是否欢迎投诉，须由员工的表现决定，但企业要做的是，将这种欢迎投诉的哲学深植于企业的各个角落。

将最高指导原则告知所有员工。员工必须很清楚最高指导原则是什么，这些原则因为产业法规和制度的改变，也应随时更新。管理者若想确保员工了解最高指导原则，可以运用很受企业欢迎的角色扮演方式，先描述某次服务失败的情况，有可能导致顾客投诉，然后让员工选择，看他们会向别人求助（员工必须说出求助对象的名字），还是会自己采取行动（员工说出如何处理）。如果员工的回答不正确或不恰当，管理者可以告诉他们更适当的应对方式。这样的非正式训练课程可以帮助员工学习，在投诉发生时，知道如何采取适当的行为，也可以使管理者避免面对不必要的意外状况。

第四节 制定相应方针

一、以顾客为中心制定利于投诉的政策

许多企业制定政策和制度的前提是如何让企业运作得更顺利更有效，这是把企业内部体系放在优先位置来考虑。下面的例子都是为企业而不是为顾客制定的政策。

（1）专为顾客而设的服务窗口开放的时间却并不方便顾客。很多顾客服务部门午餐时间都要关门休息，但对忙碌紧张的上班族来说，午餐时间是他们方便退货的时间。或者是午休时服务部门人手不够，而此时正是顾客要求服务的高峰期，等待解决问题的顾客排起了长龙，许多顾客一看这种情形只好告退。

（2）退货程序要求顾客必须保存原始包装才能退。很多顾客家里都没有充足的空间来堆放多余的箱子，就算有地方，他们也不想在家里放一大堆没用的废物。这种要求不现实。

（3）保证程序要求顾客保留原始收据，否则保证书不能生效。在计算机技术飞跃发展的今天，要顾客保留厚厚的保证书或在采购之后立即寄回保证卡以免保证失效，这种落后的做法是没有任何道理可言的，因为这些烦琐的信息完全可以存放在计算机里而无须用纸记录下来。

（4）对最初所购产品投诉的顾客不能享受稍后的差价优惠。

（5）送货及修理时间的规定不利于顾客。购买家用产品的顾客浪费了很多时间在家里等送货员或等修理人员。

（6）尽管顾客对某些烦恼的程序怨声载道，但企业依然如故。企业制定为顾客服务政策时，首先应考虑到顾客是否愿意接受并且便于接受，如果顾客不希望的事，要求变动或自愿选择时，有便利权吗？对所提供的服务投诉时，鼓励投诉吗？企业应充分考虑顾客的利益，征求顾客意见，制定出顾客乐于配合的管理政策。

二、表彰和奖励受理顾客投诉最佳的员工

有些企业的奖励制度与受理投诉之间有矛盾。有些企业急功近利，只顾短期效益，使顾客投诉无法得到妥善的解决。企业甚至对这种行为进行表彰和奖励；有些企业的奖励制度与投诉的处理相抵触。例如，某些企业说自己提供百分之百满意的服务，但其业务部门却反其道而行；有的企业的奖励方式太过短视，影响处理投诉的绩效。

三、协调各部门执行政策

很多顾客都有这样的经历：最初向顾客提供服务的明明是某一个部门，但最后却像踢皮球似的被推到财务部门去了。这些企业最初向顾客提供的服务可能个人针对性很强，但是一旦到了财务部门，就很快变得不明确了，服务质量自然大打折扣。

四、确保顾客的控诉能传至高层

通常工作人员能最先接触到顾客。如果企业不鼓励工作人员将来自顾客的信息传达给管理人员，那么大部分的顾客投诉在一线就石沉大海没有音讯了；如果工作人员和管理人员之间未能坦诚地交换意见，那么提高服务质量是无法实现的。

由工作人员收集撰写的"顾客投诉汇总表"，这些汇总表都转给了大企业里的高级主管。但是，主管仅仅靠读读表格上的数据和几栏不明确的内容，很难深入地了解顾客投诉的真实情况。顾客的投诉一般都是针对某一具体事件提出的，而工作人员在表上简单地勾一勾画一画，根本无法反映投诉事件的详细情况。因此，建议主管尽可能与顾客进行面对面的交谈，亲身体会一下顾客的愤怒；主管还可以请员工按五分制来打分，看看顾客愤怒到何种程度以区分顾客类别。另外，建议企业对投诉从工作人员传达到管理层的过程进行监督，看看究竟有多少顾客投诉传达到了企业高层，这些传达到的投诉是否准确。

同时，为加快工作人员与高层主管的沟通速度，将企业内部组织平面化，减少周折，加快流通。企业内部结构的精简意味着不必花好几天，甚至好几周的时间来将所出的问题层层上报。当今面临的严峻挑战是市场流通不断加快，促使企业不得不加快回复顾客投诉的速度。

五、投诉处理要有时限

在投诉的过程中，速度很重要，处理纠纷的时间太长，会破坏该企业形象。为了快速回应顾客需求，组织必须尽量扁平化，并将权力下放。三个层级比五个层级更能令顾客满足。同时运用一定的教育方式，让员工能依据企业的基本原则，自行做出最佳判断。这就好比运动教练无法控制球局的行动一样。一旦球赛开始，球场上的情势不断演变，只能期待球员了解全盘策略，成功地运用。对顾客投诉来说也是相同的道理。

在充分授权的环境中，管理者必须有效运用下列三项管理技巧：一是提出示范，希望员工做到什么；二是情况发生时加以了解和掌握；三是奖励表现适当的员工。管理者可以在会议上进行一对一的模拟训练，然后面授机宜。最重要的是，管理者必须示范良好的投诉处理方式，让员工了解，企业期望他们如何对待顾客。

同时，一个企业应设立投诉管理过程各阶段的合理的时间目标，这对于投诉现场的员工能切实可行地快速处理投诉是极其重要的。仅仅拥有投诉处理流程是不够的，规范的流程只能保证投诉得到正确有效的处理，而要满足顾客"快速处理"的要求，还必须对流程的每一个环节规定完成时限，并严格执行。这些阶段包括受理投诉、进行调查、答复投诉人、采取行动等。

第五节　建立处理投诉的团队

一、建立团队

（一）建立处理投诉的团队基本要求

（1）规模比较小。一般不超过10人。

（2）互补的技能。即团队各成员至少具备科技专长、分析解决问题能力、沟通技能。

（3）共同的目的。共同的目的产生可以为成员提供指导和动力。

（4）可行的目标以使成员采取行动。

（二）建设处理投诉团队的方法

通过明确以下几个方面的问题来建立处理投诉的高效团队。

（1）团队成员的认识。自我的深入认识，明确团队成员具有的优势和劣势、对工作的喜好、处理问题的解决方式、基本价值观差异等；通过这些分析，最后在团队成员之间形成共同的信念和一致的对团队目的的看法，以建立起团队运行的游戏规则。

（2）每一个团队都有其优势和弱点。团队又要取得任务成功又能面对外部的威胁与机会，必须通过分析团队所处环境来评估团队的综合能力，找出团队目前的综合能力对要达到的团队目的之间的差距，以明确团队如何发挥优势、回避威胁、提高迎接挑战的能力。

（3）以团队的任务为导向。使每个团队成员明确团队的目标、行动计划，为了能够激发团队成员的激情，应树立阶段性里程碑，使团队对任务目标看得见、摸得着，创造出令成员兴奋的幻想。

（4）合适的时机采取合适的行动是团队成功的关键。团队任务的启动：团队遇到困难或障碍时，团队应把握时机来进行分析与解决；团队面对内、外部冲突时应在什么时机进行舒缓或消除；以及在何时与何地取得相应的资源支持等，都必须因势利导。

（5）怎样行动涉及团队运行问题。即团队内部如何进行分工、不同的团队角色应承担的职责、履行的权力、协调与沟通等，因此，团队内部各个成员之间也应有明确的岗位职责描述和说明，以建立团队成员的工作标准。

（6）团队要高效运作，必须要让团队成员清楚地知道一些问题。他们为什么要加入这个团队，这个团队运行成功与失败对他们带来的正面和负面影响是什么，以增强团队成员的责任感和使命感。即将人们常常讲的激励机制引入团队建设，这可以是团队荣誉、薪酬或福利的增加以及职位的晋升等。

（三）考核团队的几项标准

1. 组织学习的重要性

只有一个懂得不断充实自我的学习型团队，才能在发展的社会创造出更多的

"奇迹"。从学习的作用来讲：传统型团队的学习性意识不强，他们多满足固有的知识和经验，而不能很自觉地吸取新知识，也不积极开展横向学习。而在学习型团队里，无论是从机制上还是观念上都充满了强烈的再学习意识，善于在实践中将理论和实际相结合，善于发现他人优点，加以吸收。

面对这样的员工，超市领导要善于创造学习的机会和组织学习。在《第五项修炼》一书中，作者讲到，作为团队来说，组织学习的特点是什么？实际上就是一个学习型组织的理论、工具和方法分出三个领域，这三个领域是对核心能力的支持。把它形容为一个三条腿的凳子，三条腿都非常重要，如果拿掉一条腿，凳子就会倒，左边那条腿叫做热望、欲望，右边的那条腿是心智模式和团队学习，中间那条腿就是系统思考。每一条腿都非常重要，也就是说每个领域核心能力都非常重要。总体来说，团体的智慧总是高于个人的智慧。当团体真正在学习的时候，不仅团体能产生出色的效果，其个别成员的成长速度也比其他的学习方式快。

2. 执行力

在团队里，也许并不需要每个团队成员都异常聪明，因为过度聪明往往会导致自我意识膨胀，好大喜功；相反，却需要每个人都具有强烈的责任心和事业心，对于公司精心制定的战略要在理解、把握、吃透的基础上把战术不折不扣、坚定不移地贯彻执行下去，对于过程中的每一个运作细节和每一个项目流程都要落到实处。

另外，要保证团队的执行力，关键是在执行过程中明确要实现的阶段目标和具体确定的工作指标，这是确保任务完成质量的关键，也是保证团队执行力的关键。

3. 创新力

只有不断地创新才能保持超市竞争优势，但是创新能力从哪里来呢？做教育培训，是提高人才团队创新能力的重要手段。因为抓好教育培训是提高队员知识水平和综合素质的重要途径，而队员的知识技能是激发创新能力的前提条件。尤其在知识经济时代，在产品科技含量高的行业，这一点体现得更为明显。

其实创新能力也体现在超市管理的各个方面，是一个综合性概念，也只有综合性的创新能力，才是真正的、有竞争优势的创新能力。人才培养不只是重视知识技能方面，还要考虑品德、情感、志趣等精神层面的东西，考虑超市文化、人才队伍的凝聚力和团队精神，这是只有超市综合性的教育培训才能做到的。谁在这方面把握得好、做得好，谁就能在竞争当中保持长久的整体创新优势，并最终在竞争中打败对手。

4. 团队分工与合作

从社会大系统而言，则是随其进化演变规律呈现出波浪式的起伏推动，其主动力源于内部循环供给能量。也就是说，领导人拥有教练、发动团体的能力；管理层拥有教练、发动部属的能力；员工拥有教练、发动自我的能力，最终形成上中下协调平衡、整体互动的运动态势。但各个阶层也要能对其他部门熟悉、了解，并能在工作中相互配合，否则制定的战略、战术只能是孤芳自赏，根本无法让其他部门实施运作。

（四）建设高效项目团队的举措

1. 增强领导才能

增强和发挥领导的指导作用，首先领导必须以身作则，对团队成员起榜样和示范作用；其次，明确具体的工作质量、范围、工期、成本等目标约束；再次，明确各团队成员的角色和责任分工，充分发挥项目团队成员各自的作用。

2. 充分发挥领导的沟通和协调作用

（1）团队成员之间的沟通和协调。成员之间由于价值观、性格、处世方法等方面的差异而产生各种冲突，人际关系陷入紧张局面，甚至出现敌视、强烈情绪以及向领导者挑战等各种情形。领导要进行充分沟通，引导团队成员调整心态和准确定位角色，把个人目标与工作目标结合起来，明确知道自己要做的事以及清楚如何去做。

（2）团队成员与工作环境之间的沟通和协调。团队成员与周围环境之间也会产生不和谐，如与技术系统之间的不协调、对团队采用的信息技术系统不熟悉等。领导要帮助团队成员熟悉工作环境，学习并掌握相关的技术，以利于项目目标的及时完成。

（3）团队与其他部门之间的沟通和协调。在工作过程中，团队与其他部门之间也会产生各种各样的矛盾冲突，这需要领导与之进行很好的沟通协调，为团队争取更充足的资源与更好的环境，并对工作进程以及工作目标与工作干系人不断达成共识，更好地促进工作目标的实现。

3. 充分发挥领导的激励作用

在工作过程中，由于严格的目标约束及多变的外部环境，领导必须运用各种激励理论对成员进行适时的激励，鼓励和激发团队成员的积极性、主动性，充分发挥团队成员的创造力。

4. 灵活授权、及时决策

随着团队的建设和发展，领导要通过授权让团队成员分担责任，使团队成员更多地参与项目的决策过程，允许个人或小组以自己更灵活的方式开展工作。

（1）通过灵活的授权，显示领导对团队成员的信任，也给团队成员学习与成长的空间。这种信任可以奠定团队信任的基础，也是团队精神在领导与团队成员之间的体现。

（2）授权有利于充分发挥团队成员的积极性和创造性。每个人都有实现自我价值的愿望。富于挑战性的任务，使他们不断地拓展自己的知识技能，发掘他们的创造潜力。每一项工作的成功，不仅是领导管理的成功，更是所有意欲实现自我价值的团队成员的成功。

（3）灵活授权，有利于及时决策。一方面团队成员在自己的授权范围内可根据内外部环境的变化及时决策；另一方面，通过灵活的授权，领导逐渐将工作重点转向关键点控制、目标控制和过程监控。领导的工作重心由内转向外，侧重于处理投诉工作与超市或社会之间的关系，从外部保障项目团队的运作。

5. 充分发挥团队凝聚力

团队凝聚力是无形的精神力量，是将一个团队的成员紧密地联系在一起的看不见的纽带。团队的凝聚力来自于团队成员自觉的内心动力，来自于共同的价值观，是团队精神的最高体现。一般情况下，高团队凝聚力带来高团队绩效。

团队凝聚力在外部表现为团队成员对团队的荣誉感及团队的地位。团队的荣誉感主要来源于工作目标，团队因工作目标而产生、为工作目标而存在。因此，必须设置较高的目标承诺，以较高的工作目标引领团队前进的方向，使团队成员对工作目标形成统一和强烈的共识，激发团队成员对所在团队的荣誉感。同时，引导团队成员个人目标与工作目标的统一，增大团队成员对团队的向心力，使团队走向高效。

团队凝聚力在内部表现为团队成员之间的融合度和团队的士气。人是社会中的人，良好的人际关系是处理投诉的高效团队的润滑剂。因此，必须采取有效措施增强团队成员之间的融合度和亲和力，形成高昂的团队士气。团队是开放的，在不同阶段都会有新成员加入，高团队凝聚力会让团队成员在短期内树立起团队意识，形成对团队的认同感和归属感，缩短新成员与团队的磨合期，在正常运营期间，促使团队的工作绩效大幅提高。

二、明确权限分配

最佳的商机不是取决于那些已传达到高层管理者耳朵中的 5％ 的顾客投诉，而是取决于曾在企业一定部门投诉过，而又放弃的 50％ 的顾客。因此，最佳的回复制度应是一个使顾客的投诉能迅速得到处理的制度，而且在第一次顾客同企业的交往中体现出来。赋予一线所有人员以相同的权利去快速应对是一个重要的尝试，为实现这一目标，许多企业已经采取了不同方法。

1. 充分授权

某企业宣称员工十大权利的一部分是"无论什么情况，只要让顾客满意你都有权去做"。一些企业经常担心这样的政策会导致滥用职权、错误判断和过度消耗一线人员的精力。事实上，为解决这个问题，每天首席执行官和高层管理人员都会比一线人员更加"慷慨"地同顾客打交道。一线人员是相当理智的，顾客在他们心中也是如此。因此在不存在滥用职权的情况下去尝试这么做是明智之举，这也是大多数企业的做法。

2. 限权

部分限权，权限以下的由一线员工来处理，权限以上的由管理层来处理。权限的划分是一个重要的问题。

3. 全面限权

在许多企业，一线员工不能做任何决定。几乎所有的决定都由管理层来做。

对于三种权限分配，管理者要巧妙搭配，灵活使用，既能为能人营造宽松的发展环境，又要让员工明白授权的最终目的是绩效，让他们充分发挥自己的才能。如果权利与绩效不成正比，那么管理者就要审时度势，重新分配。

三、加强顾客投诉处理人员的素质管理

（一）注意顾客投诉处理人员的整体形象

一个良好的观感对投诉最终的化解有着非同寻常的意义。它有利于沟通，有利于双方信任感的建立等。那么，怎样给对方一个良好的观感呢？

1. 不可傲慢、摆架子

倾听顾客的投诉，以便解决问题，却摆出一副居高临下的样子，这样的结果只会引起别人的反感，应该是毕恭毕敬，保持微微前倾的姿势。

2. 视线及表情

视线要略往下，温和地看着对方的嘴形，避免眼神飘忽不定，或把目光撇开。同时也不可面无表情，因为没有表情往往表示没有诚意，应该要边点头边显露诚恳的神情，专注地看着对方说话。

3. 注意手的摆放范区

一般来说，最佳的手的摆放应当是轻轻交叉在前，并自然垂下，处理顾客问题时的一大禁忌是把双手背在身后，因为这样的姿势会给人傲慢的印象。还有些人会在不经意中抱着胳膊，或动来动去，或搓来搓去，这些动作都会让顾客觉得你心不在焉，甚至会觉得你很不成熟。

4. 挺起腰杆

这一姿态可以表明你很严肃地在面对这一问题。这一姿态要求脚后跟紧紧地靠在地板上，重心落在两脚正中央，双脚不再摇晃。顾客语气激烈、投诉时态度强硬，你也要挺起腰杆来面对。特别要注意的，是不可摆出一副在"休息"的姿势，否则会让人怀疑你是否在听。

5. 服装、外表的修饰要求

服装反映个人的品格，普通的服装会让人觉得本人一定也很普通。因此，代表企业对外道歉时，西装加领带是不可缺少的，女性同样也要着套装，尽量避免穿休闲服。

6. 言行尽量一致

虽说言行要一致，但通常情况下都是"说易行难"，不过还是要告诉自己尽量做到言行一致。具体来说就是要守时，并且实现自己的承诺。

以上是在处理顾客投诉时必须做到的，而且每一点都不能忽略。可以说，这六点是一个体系，它构成了在顾客的心目中建立一个良好的观感的基本要素。

（二）克服顾客投诉处理人员倾听的常见不良习惯

大多数人都没有良好的倾听习惯，常见的不良习惯如下。

1. 挑剔说话方式

不注重说话者所说的东西，而注重其说话方式。注意到说话人的咬舌、口吃、地方口音、语法错误以及"呢"、"啊"等习惯用语，而不注重说话人的思想和感情。

2. 只听事实不听情感

顾客可能不会说他很恼火，但他说话大声清楚地表达出了他的愤怒。除了听取

事实之外，也要认真地观察顾客的情绪。

3. 不做记录或试图记录一切

如果不做笔记，那么当事后试图回想顾客所说的东西时，就可能会忘记。相反，如果试图记下顾客所说的一切，则会无法与顾客进行目光交流。应该做一些简要的笔记，只记重要的细节，如日期、时间、数目以及账号等。

4. 假装注意

顾客能够迅速地发现是否受到专注。如果顾客此前还没有感到很愤怒，那么不专注于他就会使他怒火燃烧。当为他提供帮助时，请专注于他。

5. 易受别人干扰或主动干扰别人

不要受其他人谈话的干扰而分心。为了努力消除因视觉引起的干扰，可以抽出一张干净的纸来做些笔记，应诚恳地听取顾客的意见并尽力消除一切干扰。

6. 省去难懂的东西

人们在投诉时并不总是能够清楚地表达自己的思想。假如会习惯性地省去没有立即理解的东西，那么应该试着亲切地请求说话者放慢说话速度。一次只讲一条信息可以方便理解。做笔记可以帮助将各条信息梳理清楚。

7. 被情绪化的话语激怒

投诉的顾客可能会进行谩骂、诅咒或者指责。要避免让他这样来"刺激你的神经"，因为当顾客投诉时可能会丧失客观性，而假如想要找到解决问题的办法，就需要控制住自己的情绪。

8. 打断或补充别人的话

这种习惯，只会给投诉的人火上浇油。

9. 偏好和偏见

不管是否愿意承认，每个人都会有偏好和偏见。也许不喜欢某人的穿戴方式，不喜欢她的化妆、发型或口吃。当被这些偏见烦扰时，就很难去倾听。努力摆脱偏见，以便当个更好的倾听者。

10. 面对投诉的人

应该正视顾客的眼睛，当认真地注视着说话者时，他会知道对方在倾听他的意见。

11. 不确定是否已经理解

重复一下对顾客正在说的内容的理解。句子要以"让我们来看一看我是否理解了……"或者"我觉得我理解了……"作为开头（然后用自己的话说出他所说的内容）。

（三）熟悉顾客投诉处理人员的肢体语言

肢体语言是非常重要的沟通方式，会给顾客传达许多信息，愤怒的顾客在这方面更加敏感。

1. 表情

面部的表情应该向顾客表明对他们的困境是关心和理解的，表情可以是平静的、关切的、真诚的和感兴趣的。微笑的面孔可以令顾客放松紧张的神经，但是当顾客表示愤怒时不可微笑。这样，他们可能会觉得对他很不尊敬，在取笑他。不要在口头上做出了表示却面无表情；不要不恰当地皱起眉头表示不耐烦；不要左顾右盼，心不在焉。

2. 动作

寻找一些重要的文件时，不要显得很急躁、手忙脚乱，这些都会增加顾客的不满。答复不满意的顾客时，不要露出一片茫然的样子，即使是自己不清楚的领域，也要自信、礼貌地回答，并将其带到负责该领域的同事那里。

①将双手平放到大腿上而不要交叉双臂，显现出与此无关的无辜样子。

②不要跷着二郎腿，身体扭曲地坐在座位中，这些动作都会给人造成有排斥心理、不愿意听取别人的意见的印象。

③不要在打电话的时候或在公众场合嚼口香糖或吃东西。即使管理者允许这样做，这样的行为也可能令人恼火，并且可能使不满意的顾客变得非常愤怒。

④身体的碰撞意味着挑战和对对方的轻蔑，他们也许会认为你对他提出了挑战。

四、调整顾客投诉处理人员的心理状态

人与人之间的接触、交流并不是一件简单的事情，特别是在对方是一名有着投诉心理的顾客的情况下，接触和交流更非易事。因此，要求在处理顾客投诉时必须做好心理准备，以保证处理的正确及成功。

1. 避免感情用事

并不能要求任何一名顾客在投诉时仍然彬彬有礼，这是不符合实际的。事实上，如果某一顾客对商品或服务的期待或信赖落空，他们的不满或愤怒往往会直接表现出来，这样在说话或态度上难免会出现过于激动的现象。

在这种情况下工作人员必须克制自己，避免受这些激动言词及态度的刺激而勃然大怒或意气用事。若不加留意，便会出现相互之间的争执、冲突，导致双方不愉快。为避免这种事情发生，应尽可能冷静地、缓慢地交谈。因为若能以缓和的速度交谈，可缓冲顾客的激动情绪，同时缓慢交谈的自制心理也是控制情感、争取思考时间的根本。另外还要注意尽量用低声调进行交谈，因为高声调就会激发自己的情绪，很容易导致冲突的发生。需要注意的是并非只是在处理投诉时，才需抑制自己的情绪，在日常生活中若不养成用坚强的意志力管理自己情绪的习惯，在处理顾客投诉或其他问题时也难以沉着应付，尤其是对那些听了一些难听的话，便立即怒气冲天、勃然大怒的人就更难委以重任。可以说情绪不稳定的人很难处理顾客的投诉。

2. 工作人员要有自己代表企业的心理准备

这里强调一个自觉性，事实上，这是一个对顾客服务的人必须具备的思想素质。当然，这一自觉性要求在处理顾客投诉时就更为重要，因为它决定了从哪个角度思考问题，决定了是否能在企业与顾客利益之间找到平衡。身为企业的代表人不仅要探究投诉，更要对自己可能引起的错误道歉、进行协调。而且，顾客不只是对一个工作人员埋怨，更会将自己的不满与愤怒直接引向企业。因此，工作人员若不具备

这种代表企业的力量来做判断时，怀有投诉的顾客将会立即要求负责人出面，甚至与工作人员发生争执，造成不良影响。

3. 要有随时化解压力的心理准备

不可否认，愤怒、投诉中的顾客言行过激有时的确会伤害到工作人员的感情。对顾客服务，通常应该尊重顾客的意思，在处理顾客投诉时应在精神上退一步来应对。常做让步来对待顾客，就会比较容易对顾客那些带否定的话充耳不闻，这样就可避免引起争执。但在这种情况下，也应该注意调节自己的心理。可以偶尔训练自己，采取第三者的立场来观察自己忍受顾客愤怒的姿态，这也是精神上作自我安慰的一种方法。因为以第三者的心态来看自己，将给自己带来意想不到的忍受痛苦的巨大能力。同时也可向同事或亲近的人诉说整个事件的经过及所遭受的痛苦，以这种方式来安定自己的精神。

4. 要把顾客投诉当磨炼的心理

把顾客投诉当成一种磨炼，实际上也是调节自己的心理，使自己内心得到平衡的一种手段。有一份平静的、超然物外的心理对处理投诉自然是十分有利的。

5. 要把顾客投诉当成重要情报

在投诉发生后，有时也应将得失置之度外。之所以有投诉，是因为顾客失去了以往对企业所保持的信赖，而要再度使这种信赖得以恢复就必须做一番相当的努力。所以，一流企业，为恢复顾客对他们的信赖，常将得失置之度外来处理顾客的投诉。

相关链接

某超市无条件退货细则

"无须理由退（换）货"即：为消除顾客购物的后顾之忧，凡在 L 超市城购物，在国家有关政策规范范畴内无须陈述理由即可退（换）货的一种规范服务行为。

实施"无须理由退（换）货"举措的前提和起点是国家有关商业法律、法规和政策。要点是不损害全体消费者的利益。

（一）"无须理由退（换）货"的若干规定

1. L 超市城销售商品或提供服务必须依法出具购货凭证和服务单据，并按规定填写各项内容，作为顾客退换货的主要依据。

2. 顾客退换货须持有效凭证，如购货凭证、发票和服务单据等。

3. 国家"三包"规定可退换的商品，顾客无须陈述理由，可以退换；属"可退不可退"的商品，顾客无须陈述理由，酌情从宽退换；规定不可退换的商品，本着"顾客至上"的理念，尽可能给予帮助解决。

4. 实施"无须理由退（换）货"应兼顾国家、消费者和企业三者利益。

（二）"无须理由退（换）货"的实施细则

1. 未经使用、不损害下一位消费者权益的一般日用消费品无须理由可以退货。

2. 虽经试用、但不走样、无损污、包装完好、不影响再销售的一般日用消费品，无须理由可以退换。

3. 经质量主管机关监测定性确属质量问题的商品，15天内无须理由可以退换。

4. 国家"三包"规定不能退换的降等、降级的处理商品等，不损不污、不影响再销售的无须理由可以退换。

5. 电视机、电冰箱、洗衣机、电风扇、微波炉、组合音响、收音机、录音机、摄像机、空调等各种家电产品未向消费者当场开箱检验的，消费者开箱后发现内在质量问题的无须理由可以退换（缺少附件应给予补上）；经测试校验，售后发现主要零部件故障的内在质量问题，15天内无须理由可以退换。

6. 售出商品质量、型号发现与实际不符，未经使用，保持原状的，15天内无须理由可以退换。

7. 照相机、手表等精密高档消费品，如商品质量有问题，经检测定性后，7天内无须理由可以退换。

8. 黄金饰品、铂金饰品、珠宝饰品、玉器、玻璃器皿、陶瓷用品、贵重工艺礼品和1000元以上的商品等，经检测定性后属于质量问题的，15天内可退换。

9. 烟、酒、食品、化妆品、妇女卫生用品、贴身内衣等直接关系人体健康的商品、高档小商品（如打火机、皮带、包袋等）按国家有关规定执行。经检测定性属于质量问题的，15天内可退换。

10. 感光材料、音像制品、激光唱片、影碟和游戏卡等按国家有关规定执行。经检测定性属于质量问题的，在15天内可退换。

11. 通讯器材（如手机等）、电脑和电脑类商品及重要元件（如芯片、软件等）按国家有关规定执行。经检测定性属于质量问题的，7天内可退货、15天可换货。

12. 易耗商品（如电池、电池板、记忆棒、耳机等）不属于退货范围。

13. 健身器材等商品，只要不损不污，外包装完好，可在7天内无须理由退换。

14. 高档时装（如1000元以上的羊绒、裘皮、品牌类服装等）具有鲜明的季节性和时令性，且金额较高，故无损污的7天内无须理由可以退换；如确有质量问题的，经检测定性后在15天内可以退换。

15. 对使用后价值折变较快、较大的商品（如皮鞋、时装和玩具等）如质量问题不易判别时，虽不属于退换范畴，可采用适当补贴的变通办法协商解决。

16. 不属"无须理由退（换）货"范围的，按国家"三包"规定处理。"无须理由退（换）货"操作过程中涉及的折旧率等技术性问题按照国家规定执行。

17. 凡商品质量问题按原价计价，非质量问题按价格从低原则计价（购买时获得现金、奖券或礼品等，退换货时价值超过10元的应予以扣还）。

（三）顾客退货登记表

顾客退货登记表如表8-1所示。

表8-1　退货登记表

退货日期		凭证单号	
购买日期		顾客签名	
退货详细情况			

续表

退货日期		凭证单号		
商品名称	货号			
数量	单价			
总价款	退货原因			
金额差异	单价差异			
	总价差异			
主管确认	（签名）		客服人员	（签名）
备注				

（四）顾客退货工作流程

顾客退货工作流程图如图8—1所示。

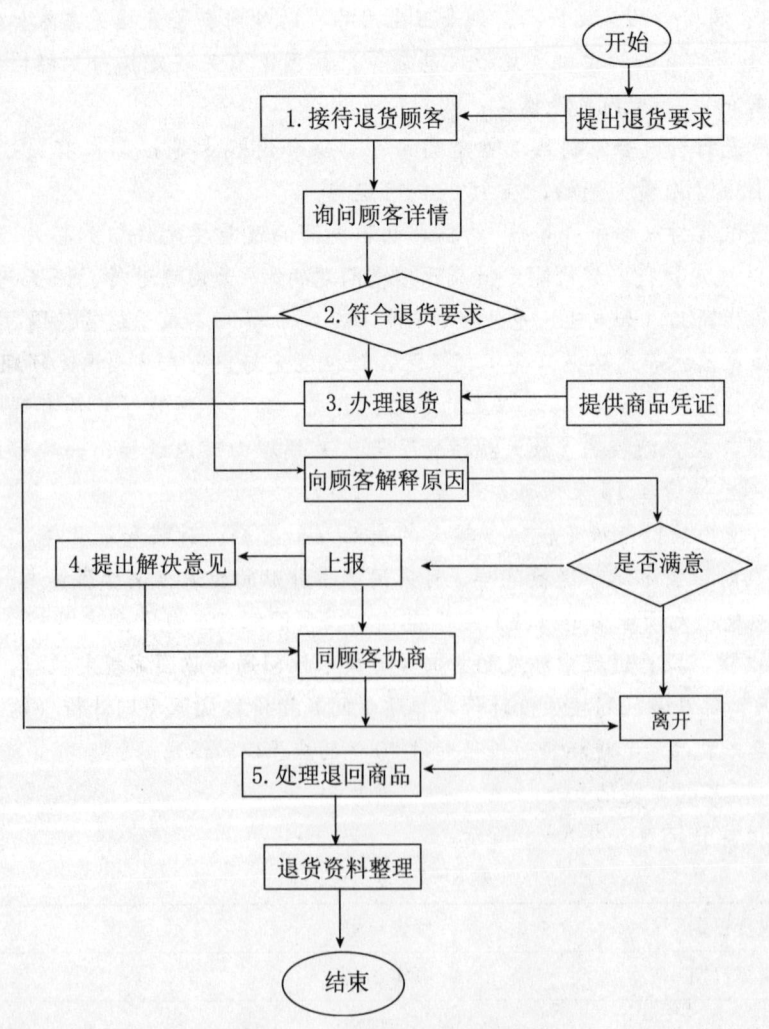

图8—1　顾客退货工作流程图

第三章 | 商场、超市投诉处理的流程

第一节　投诉处理的益处

一、将投诉者变为忠诚的顾客

根据一项研究，如果投诉能得到迅速解决的话，95％提出投诉的顾客还会继续和企业往来。而且，投诉得到满意解决的顾客平均会向 5 个人讲述他们的满意感觉。因此，有远见的企业不会尽力躲开不满意的顾客。相反，他们尽力鼓励顾客提供抱怨，然后再尽力让不满意的顾客重新高兴起来。

让顾客高兴的最佳方法首要的就是提供良好的产品及服务。不过，除此之外，一个企业还必须建立能够寻找及处理消费者问题的良好系统。这样的系统不仅仅是一个不可避免的问题——顾客的满意会显示在企业的业绩上。

二、妥善处理顾客投诉可以促进销售

妥善处理顾客投诉是为了重新获得顾客的满意以及信任。首先应该承认一个事实，即只有在顾客对某一商品满意的情况下，顾客才会主动、积极地采取购买行为，并且在购买过后也不至于引发投诉。

经济市场化的快速推进，使人们明显地认识到购买和销售双方面的本质性变化，以前只要产品制造出来、价格又便宜就能卖，即使品质较差也是如此。在大量生产、大量制造的时代，谁能满足消费者，谁就能找到宣传销售的途径，进而获得利益。但随着消费情况的变化，消费者选购商品时都是为自己而选，因此只有让顾客满意的商品才能获得顾客的支持。以这样的现况来看，顾客满意的原则就是"重视选购商品的顾客，为满足顾客的需求，在商品开发、服务及销售上尽心尽力。"况且，从顾客的忠诚度来说，妥善处理顾客投诉的意义非常明显。人们都知道，顾客有投诉就表示没有达到顾客满意的标准，投诉可以说是顾客表达其不满的必然反应。对于这样的反应，只有认真地倾听，以诚意对待，才可以获得顾客的好感、提高他们的满意度。许多亲自体验的例子证实大多数的顾客都是因为对方恰当地解决了他们的投诉，才使他们变成该企业的忠诚顾客。

忠诚的顾客无论从哪种角度上来说都是企业最好的消费群。一项统计数据表明，企业的销售额有 80％来自忠实顾客的重复惠顾。而这 80％完全是建立在排除顾客投诉，使顾客达到一定满意度的基础上的。

经营者成功经营的秘诀就是让顾客完全满意，而且要妥善处理顾客的投诉，确

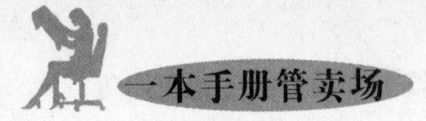

实做到让顾客满意。

如果认为顾客不投诉是因为服务好那就错了。因为大部分顾客吃了亏也不会吭声，没有消息一定就是坏消息，顾客早就离你而去。据专家调查统计：企业一般每年平均流失 10％的老顾客；一个企业如果将其顾客流失率降低 5％，其利润就可能增加 25％～45％。

重视顾客投诉也是一种重要的经营。如果顾客抱怨，他们是在提供反馈，这样的反馈不但有价值也许还代表了其他顾客的意见。如果投诉渠道畅通，他们会在每一重要环节提供解决问题的机会，企业也会重新赢得他们的信任。应该奖励投诉的顾客。获得一个新顾客的成本是保住一个老顾客的 8 倍。赢回的顾客会更忠诚，对待他们要像对待企业的财富。要仔细聆听并采取行动。把问题处理好，告诉顾客是怎样解决的。

第二节　处理投诉的一般原则

处理投诉的目标是"让顾客在最短的时间内获得满意的答复"，这也是对一个投诉（问题）圆满的解决。如果这个投诉处理不能让顾客感觉很满意，那就是投诉升级的前兆。而问题升级，就是制造问题。

企业对顾客投诉的妥善处理程度，是体现一个企业机制是否健全有效、销售环节是否落实彻底到位的检验标准。售后服务是销售质量的保障，服务的好坏，直接影响到企业信誉的优劣和销售渠道是否畅通。

一、顾客始终是对的

这是非常重要的观念，顾客永远都是正确的。有了这种观念，就会以平和的心态来处理顾客的抱怨，这包括有三个方面的含义。

（1）应该认识到，有抱怨和不满的顾客是对企业仍有期望的顾客。

（2）对于顾客抱怨行为应该给予肯定、鼓励和感谢。

（3）尽可能地满足顾客的要求。

二、独立权威原则

处理顾客投诉，也就意味着向外赔钱，从心理上讲，一般企业在接受上是有排斥情绪的。如果从生意理论的诚信角度考虑，因质量、交货和数量等原因造成合同违约，违约方就必须按实际情况给予赔偿损失。可一般在实际操作时，对第一现场进行调查核实的部门往往没有决策权，只是原始资料的收集、整理和呈报。这样，没有权威性的处理人员给顾客造成的印象很糟糕，无法进一步取得理解和信赖。而且一般企业在这方面的机构设置和人员配置都比较完善，在权限上采取层层审批核实的程序，一个报告有业务、销售、生产、技术、营销和质量等部门签字批示意见，最后经总经理审批生效。这样一个繁杂的程序，有一个环节拖延或再次核实调查，都会影响问题的处理进程，而且存在一个致命的弊端，就是各个部门都签署意见，很大程度只是走走形式，并没有真正做到一一核实。责任关系牵扯到许多部门，养成都敢对顾客表态但都不能最终决定的不负责现象。所以，设立专门独立权威的售后服务机构，有利于问题的处理力度。

三、客观真实原则

尊重客观事实，对顾客投诉进行多方面的调查和区分，确因销售方原因给顾客造成的直接或间接损失，要根据具体情况按约定进行果断赔偿。在调查核实上，为防止经办人员与顾客串通，谎报损失程度，坑害企业利益而谋取私利，就要对服务人员在品行方面进行考察，同时要重视原始资料的真伪进行全面的鉴别。也可采取不定时的抽查和调研，分析问题的客观与主观因素。对事实的调查，不能浮在表面，要深入到所有和索赔有关联的方面。了解造成事故的真正原因，不要回避真相，是什么就是什么，不能扩大也不能缩小。全面收集造成问题的各种因素，包括时间、数量、金额和特性等都要现场确认，不能含含糊糊，唯唯诺诺，要给顾客一个明确的答复。

当然，这种确认是建立在事实真相的基础上，是不偏不倚的。能够达到这种水平的核实人员，要具备行业的基本知识，对问题的发生原因有全面的分析和认识。一个缺乏专业知识的人，很难想象其鉴别判断事故因素的可信度。

四、及时准确原则

问题性质核实的准确性尤为重要。要求服务机构的人员有迅速反应处理问题的能力和丰富的专业实践经验。担心处理不到位而造成领导指责或不愿面对现实，总是不负责任地拖拖拉拉，更有甚者隐瞒事实，不及时核实呈报，耽误了最佳时机，给企业的下一步处理带来难度和造成不必要的损失，这些做法很不可取。所以，第一时间赶到现场很重要。不仅可以安抚顾客的反感情绪，更重要的是了解实际情况，根据具体形势控制赔偿损失的范围和事态的盲目扩大。及时将情况如实汇报上级领导，请求处理意见，在问题严重或牵扯到责任部门时，上级部门会派相关人员现场解决处理问题。

销售部门在接到顾客以电信或书面方式投诉的通知时，采取登记事由并以最快的时间由经办人到现场取证核实，一般涉及发生问题的性质、程度、范围和顾客意见等。

五、信任原则

信任是展开投诉处理工作的前提和基础。如果投诉方对被投诉方没有一定的信任，则任其再怎么妙语连珠也是徒费口舌。在处理投诉的过程中，双方观点、思想的沟通，应以相互信任为基础，这样有助于创造良好的投诉处理气氛，调节双方的情绪，从而有助于创造良好的沟通气氛，提高投诉处理的效率。

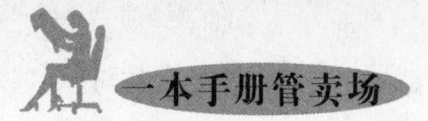

在投诉方与处理方之间建立相互信任的关系，可以使得投诉处理过程中不可避免的分歧及冲突，转化为满意的结果。那么，如何建立并巩固投诉方对处理方的信任度呢？注意沟通中的各种微小细节问题，缩小与对方的心理距离。

在沟通中的话语，甚至是不自觉的微小的体态语言，会让顾客产生强烈的印象。如果投诉处理者在对话过程中支支吾吾，词不达意，会使顾客自然而然地产生不好的感觉，会使顾客产生强烈的不安感，对投诉处理方的信任程度大打折扣，但这种细微的心理活动，顾客又不会随随便便讲出来，从而使投诉处理方连解释澄清的机会也没有了。

在处理投诉的过程中，应处处注意激发并保持亲近、融洽的气氛，以便于投诉处理活动的逐步深入。在投诉处理工作中，如果采取的是欺诈、哄骗等手段，即使能在短期内蒙住顾客，那绝对也只是一次仅有的、暂时的收益。真诚主要取决于以下6点。

①"诚"不等于事无巨细，和盘托出。有时，确实需要在某些方面透露一些内部信息，尤其是一些生动的细节，以增强投诉处理力和真实性。

②尽可能地少做承诺，但对别人有所承诺就要信守，不装糊涂，不要试着欺骗顾客。

③当自己有失礼之处或过错时，应及时认错或道歉，必要时给予物质赔偿。

④检点自己的行为，增加行为的理智程度和可靠性。对别人越信任，别人也会给你更多的信任。对别人的信任和友好，实际上是对其积极行为的正强化，会大大地激发其可信行为的重复，也制造了更多的融洽。别人会给予更多的信任。

⑤即使怀疑顾客某些抱怨的可信度或真实性，也不要表露猜疑情绪，更不应质问顾客。信任意味着在高度专业以及相关伦理性方面提供可靠服务时的责任心。在投诉处理的过程中，工作人员要表现出：勇于负责、坦率真诚、注重伦理。

⑥信任忌语："你事先检查了吗？"、"你确认不是自己操作失误造成的？"、"你能理解我的意思吧？"。

六、友好协商原则

既成事实的赔偿，一般是在双方友好协商的基础上达成的共识。

企业在处理的动机方面，首先考虑的是后续业务的前景，处理问题后对业务的促进作用。如果处理了问题而业务并没有大的起色或增长，就会在协调金额和速度上有意滞后或根本不予理睬，这种现象在一些企业里非常的严重。

赔偿过程中，常会遇到除自己企业原因之外，还有其他因素导致顾客巨额的损失，在责任确定方面难以区分，顾客又有意把损失转嫁到自己企业时，企业如果经过权衡利弊还有信心继续合作，就需要有理有节地协调处理。

在表述理由时，要不卑不亢，不要因拒绝了对方的过分要求而怕业务受到影响。让顾客明白，损失的超限赔偿是基于双方的合作关系，吃亏也吃在明处，不能让顾客感到企业处理问题不严肃，可有效防止顾客的再次过分苛求。

七、尊重原则

尊重就意味着让顾客感到他们对经营者来说十分重要、极具价值。尊重顾客的基本点就是在任何时刻都要诚实地对待顾客，绝不欺骗，不随意应付顾客。顾客的"挑剔"，就是要改善之处，要虚心坦诚地接受，并尽最大努力去改善。要充实自己的专业知识，给顾客最好的建议。要站在顾客的利益点考虑，不能为了自己的利益，给顾客带来任何困扰，要让顾客每多花一分钱，都能获得多一分的价值。

顾客的需求是顾客服务的前提，是各项服务工作的基础，离开顾客需求的顾客服务，那就毫无目的。了解顾客需求，尊重顾客需求，才是服务的根本，也是提高顾客满意度和忠诚度的关键。

1. 尊重顾客需求要先知道顾客需求

所谓顾客需求，就是顾客想要的，顾客需要的。虽然顾客需求包括的内容众多，但从多年的服务经历看，顾客需求大体分为两种，即有形需求和无形需求。有形需求包括对利润的需求、产品的需求和产品的质量安全需求等；无形需求是顾客对售后服务的需求，包括日常服务、顾客尊重、顾客成长等各方面的需求。只有对顾客需求了如指掌，才能为顾客提供个性化服务、优质服务，适时合宜地满足顾客需求。

2. 尊重顾客需求需要具有合理满足顾客需求的服务能力

合理地满足顾客的需求，不是无条件、无限制地满足，而是充分满足顾客合理需求的部分。作为一线工作人员，要在提高服务能力、服务意识上下工夫，要树立良好的服务意识和服务形象，要在服务中体现出规范性、有效性和服务的真实性。

3. 尊重顾客需求要充分展现顾客服务的效果

知需求、能服务，只是一个前提条件，关键在于服务的结果，因为结果直接关系到企业的整体形象。所以，日常工作要注重服务目的、过程、结果之间的良好搭配性。工作人员要一切为顾客着想，一切从顾客利益出发，客观地认知顾客的需求，在日常的服务中充分体现出"对您负责、让您满意"的服务内涵。在与顾客沟通的过程中，通常需要表现出：没有偏见、礼貌、专注、提及顾客姓名、记住顾客说过的话。

同时，工作人员要避免下面的忌语："我们不能……"，"如果你能……我们就可以……"，"那不属于我的职责范围……"，"那是不可能的……"。

（1）回避。假如发觉自己要发怒了，想要训斥或对顾客大声叫嚷，那就让自己离开一会儿，暂时避免接触。这会给自己创造一个冷静反省的机会，然后再回来处理问题。

当自己的感情快要失去控制时，应有礼貌地为自己找一个借口："对不起我要离开一会儿，去查一下这方面的规定"、"这个问题我要征求一下我的上司的意见"、"我需要核实文件中的一些信息"、"我们商议一下怎样才能最好地解决这个问题，我一会儿就回来"等，为自己找借口的方式要永远显示出愿意为顾客服务。

（2）不要失态。投诉的顾客会说出一些伤人的话，而处理者常常没有认识到这

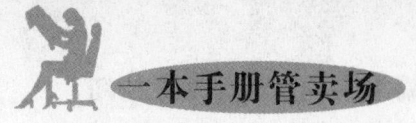

可能是从个人的角度来对待他们的评论。但无论做什么，也不要在顾客面前哭。假如情绪占了上风，就无法具有职业风度了。

（3）控制事态。如果顾客不停地慷慨激昂地大声嚷嚷，不给说明或提问的机会，可以在说话之前先叫他或她的姓名。请记住，大多数人在听到自己的姓名时会停下来倾听。

（4）调解固执的顾客。如果与顾客一时达不成一致意见，可以发表如下的言论，让顾客来寻找一种解决办法："现在您想要我做什么"、"您认为什么是解决这个问题的公平办法"、"怎么做可以使您满意?"。很多时候，顾客想要的东西可能比企业提供的东西要少。如果顾客的提议没有超出标准，那就接受它。如果超越了标准，就提出一个新的建议。

（5）用礼貌语言重复强调所能做到的事。假如顾客一直坚持某种无理的或办不到的要求，应该告诉他我们能够做什么。不断地强调这一点，不要采取不友好的态度或大声嚷嚷，直到顾客弄懂了意思。

（6）理智应付暴力行为。偶然的情况会出现一个暴怒的顾客威胁或动手打人的情形。要靠直觉，判断事情是否正在失去控制。要根据顾客的神态——眼神、脸色、语气、体态等，来判断潜在的暴力行为。要注意事前有无吸毒、酗酒的迹象。假如顾客变得难以自控或威胁恐吓，就应寻求援助，不必忍受下去。

八、理解原则

从顾客的观点出发，体验顾客的内心感觉，换个角度来讲，允许顾客发泄心中的不满。理解和谅解都是十分重要的沟通原则。互相理解的三个步骤：初步了解顾客的基本情况；换位思考，试着站在顾客的角度思考问题，替顾客着想；互相取得谅解，真正地理解顾客，消除隔阂。

具体来说，工作人员在理解顾客的整个阶段，需要做到以下3点。

1. 学会听

应全神贯注地倾听顾客的投诉内容，并对顾客所说的话给予恰当的回应，或认同，或理解。必要时，还要对顾客在投诉过程中提到的问题做个记录。

2. 学会问

应学会提问的技巧，准确地提出问题，迅速发现顾客的需求。有人说，最好的沟通就是善于问最好的问题。

3. 学会复述

应掌控整个谈话过程，对顾客谈到的问题做个复述，以确认是否明白了顾客的需求，以便提供更优质的服务。

理解的规范用语："知道这件事我们也很痛心……"、"对您的不幸遭遇我们深表歉意……"、"我完全理解您的处境……"、"我和您一样关注此事……"。

九、避免无谓争论原则

在处理投诉中实际存在大量的无谓争论，这些争论对于顾客与企业的沟通和协调毫无补益，而只会伤害双方的感情，恶化关系。有以下几种情况。

（1）不着边际，无端指责。有时候，顾客与工作人员把问题边缘化、扩大化，最后导致彼此远离初衷。当双方冷静下来的时候，双方可能都在反省：我们到底因为什么而发生争论呢？此时，竟然找不出争论的原因。

（2）不顾理智，只为赌气。遇到分歧首先要做到的是冷静，然后是寻找适当的沟通机会，就事论事地解决实质性的问题。理智地分析问题，理智地解决问题。当双方冷静下来的时候，就可以发现问题是有办法解决的。

（3）区区琐事，争执不休。有时候，双方只在次要问题上进行没必要的争论，往往忽视主要问题。

当碰到类似事情时，服务人员应尽可能避免这些争论。

以上基本原则在处理顾客投诉时是必需而且是重要的：不坚持原则，将会使销售渠道阻塞，失去顾客的信任，企业的长久利益受到侵害。企业不应因对这一个环节的忽视，而导致企业整体利益的受损，甚至让企业毁于一旦。

十、时效性原则

顾客购买商品，都会得到厂家的承诺，例如有的商家承诺：半年包退，一年包换，保修三年。时效性原则，意味着毫不拖延地处理顾客的要求，直至达到顾客满意的结果。坚持此原则就要对顾客的要求做出积极响应；及时采取正确的措施、灵活应变；如有必要，迅速提交上级主管处理；及时将处理结果通知顾客。

第三节　投诉处理的一般流程

商场、超市在处理顾客纠纷时，一般包括以下 4 个阶段：道歉→详细倾听→解决问题→改进。

一、道歉

顾客在投诉的时候，首先需要有人站出来承担这件事的责任。如果在处理投诉的时候，能够开始就真诚地致歉，那么，顾客的这种心理需求就能得到满足。企业越大员工越多，失误也就在所难免。道歉不会降低身份，道歉并不意味着承认自己犯了错。相反，道歉只是对顾客未能享受到的愉快的购物经历而表示的一种歉意。很多时候，企业不敢道歉，害怕道歉，是因为怕一说对不起，这个责任就是自己的了，担心顾客会缠上自己。实际上这是没有必要的，即使不道歉，顾客依然会要求赔偿，而道歉的话，顾客的态度会变得缓和，会给双方创造一个良好的谈话氛围。

二、倾听顾客的诉说

当顾客投诉时，超市工作人员首先要仔细聆听顾客的抱怨，让他把心里想说的

话全部说完，这是最基本的态度。如果工作人员不能仔细听完而中途打断顾客的陈述，可能引起顾客更大的反感。顾客既然会产生不满情绪，表明他在精神或物质上受到了某种程度的损害，因此，他在提出抱怨时很可能会不太理智，甚至可能说出一些粗鲁的话来。工作人员应该理解顾客心情，千万不可与之发生冲突。

1. 让顾客发泄

先通过开放式的问题让顾客发泄情绪，然后才能了解问题的实情。处理投诉应该是"先处理情绪，后处理事件"，因此，首先要理解顾客的心情，稳定顾客的情绪，请顾客坐下来慢慢谈。在谈话过程中，要尽量通过一个开放式的问题，把顾客从情绪引导到事件上面去，让他把问题讲述出来。此时会发现，在倾诉的过程中，顾客的情感得到了宣泄。也就是说接待人员应该用开放式的问题，给予顾客一个发泄情绪的渠道。

2. 充分倾听

欢迎顾客的投诉是处理顾客投诉的基本态度，同时也是妥善处理投诉的基本条件。当顾客产生投诉时，销售人员千万不要一味地向顾客解释或辩白，这样只会浪费时间和令顾客更加反感。对待顾客的投诉，首先要虚心接受，紧接着应站在顾客立场上对这种投诉作深入的分析。

对大部分顾客来说，投诉产生后，并不一定非要企业有形式上的补偿，只是要求能发泄一下自己心中的不满情绪，得到卖方的认同和理解。消除自己心中的怨气，使心理上得到一种平衡。而如果企业连"耐心地倾听"这一点都做不到的话，必然是火上浇油，导致投诉升级。

因此在处理投诉事件时，首先要让顾客把他内心的牢骚话全部说完，销售人员要认真地听，同时以"是"、"确实如此"等语言以及点头的方式表示同情，不要流露出不耐烦或讽刺挖苦顾客，更不能用"不，我没有那个意思"或"根本就不是那么回事"等话语来打断顾客。另外，推销员应聆听整个情况，不要加入个人的主观意见，起码在顾客没有说完之前千万不要加入，不然问题就会转入另一面——争吵。这时顾客就会有两个方面的投诉：一是商品；二是争吵，问题就更难处理了。

3. 不要为自己辩解

工作人员要尊重顾客的立场。不要指望扭转顾客的立场。稳住阵势，减缓冲撞，再分而治之。工作人员不必急于下结论，但处理问题要迅速。工作人员想下的结论最好由顾客来做，宁愿同顾客一起多分析一下原因，也不要徒劳无益地去做所谓结论。为了表明处理问题的认真负责态度，工作人员最好用笔记簿记下怨言的要点，并请顾客确认，这样会给顾客留下好印象，也有利于进一步地处理这些怨言。

当销售人员自身无法解决顾客的投诉时，可以请管理人员出面。管理人员在调解中也同样一定要以中肯的态度耐心听取顾客的意见，这对顾客将是一个很好的心理安慰，有利于投诉的消除。顾客内心的不满发泄得越充分，他与企业的矛盾越容易得到化解。

4. 表达对顾客的理解

顾客的愤怒带有强烈的感情因素，因此如果能够首先在感情上对对方表示理解和支持，那么将成为最终圆满解决问题的良好开端。表达理解和同情要充分利用各种方式，与申诉者直接面谈时，以眼神来表示同情，以诚心诚意、认真的表情来表示理解，以适当的身体语言，如点头、表示同意等。另外，在电话处理时，可以以说话的方式（如语调、音量、抑扬）等来表示同感。但是，在表示理解与同情的时候，态度一定要诚恳，否则会被顾客理解为心不在焉的敷衍，反而刺激了顾客的愤怒。表达理解，必须找到双方的一致点。

三、积极解决问题

提出解决问题的方法并尽快行动。在听完顾客抱怨，向顾客道歉，并对问题产生的原因加以说明之后，就应该提出合理解决问题的方法。在提出解决方法时，应该站在顾客的立场，尽量满足顾客的要求。与顾客达成共识后，超市必须迅速采取补救行动，而不能拖延，否则，顾客的抱怨不仅不会消除，反而会加重，因为顾客又有新的不满产生了。

1. 消除顾客抱怨

每一位顾客投诉处理人员都有多种处理抱怨的方法和技巧，不同的方法和技巧适用于不同的顾客、产品和场合。作为一名优秀的顾客投诉处理人员，只有了解、掌握并灵活运用多种消除抱怨的技巧，才能在处理顾客抱怨的过程中得心应手，具体技巧主要有以下 6 种。

（1）转化法。这种方法适用于误解所导致的投诉或抱怨，因此处理这种抱怨时应该首先让顾客明白问题所在，当顾客明白是因为误解导致争议时，问题也就解决了。采用转化法的投诉处理人员，必须经验丰富，精通促销和投诉处理技巧，因为只有这样的投诉处理人员，才能察言观色，当机立断，适时巧妙地将顾客误解转化。

转化方式要轻松自然。这种方法运用恰当，顾客会理解，若转化不当，则会弄巧成拙，使顾客生气，反而会增加阻力。因此，投诉处理人员在用此法时应心平气和，即使顾客抱怨明显缺乏事实根据，也不能当面驳斥，而应旁敲侧击、启发和暗示。

（2）承认法。如果产品瑕疵或投诉处理质量不能令顾客满意，就应该承认错误，并争取顾客谅解，而不能推卸责任，或者寻找借口，因为理在顾客，任何推诿都会使矛盾激化。承认错误是第一步，接着应该在明确承诺的基础上迅速解决问题，不能拖延时间，在事发的第一时间解决问题成本会最低，顾客会认可。一旦时间长了就会另生事端。

（3）平抑法。通常顾客会带着怒气投诉或抱怨，这是十分正常的现象，投诉处理人员首先应该态度谦让地接受顾客的投诉或抱怨，引导顾客讲出原因，然后针对问题解释和解决。这种方法适用于所有抱怨和投诉处理，是采用最多的一种方法。这种方法应把握三个要点：一听，认真倾听顾客的投诉、抱怨，了解顾客不满的要

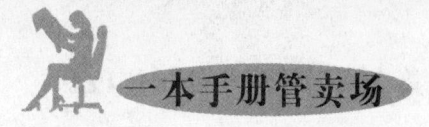
点所在；二表态，表明对此事的态度，使顾客感到有诚意对待他们的投诉或抱怨；三承诺，能够马上解决的当时解决，不能马上解决的给一个明确的承诺，直到顾客感到满意为止。

（4）委婉法。这种方法就是当顾客提出自己的抱怨后，投诉处理人员先肯定对方的抱怨，然后再陈述自己的观点。这种方法特别适用于澄清顾客的错误想法、鼓励顾客进一步提出自己的想法等方面，常常起到出人意料的显著效果。

使用委婉否认法，特别适用于主观自负且自以为是的顾客。这种方法的表达句型有"是的，但是"，但这种语型暗示着极强烈的否定性，因此，应用时可将其改为较委婉的"是……而……"句型，或者尽量避免出现"但是"。

（5）转移法。转移是指顾客的投诉可以不予理睬而将话题转入其他方面。有时顾客提出投诉本身就是无端生事，或者比较荒谬。这时最好不予理睬，而应该迅速转移话题，使顾客感到不想与他加剧矛盾。应用转移法，投诉处理人员应注意以下问题。

只有投诉处理人员认为顾客的投诉是无事生非或者是荒谬的投诉时，才能使用这种方法。投诉处理人员对顾客无关紧要的投诉可以有不予理睬的念头，但外表应显得若无其事，不要让顾客看出破绽，以免使顾客产生被冷落的想法。同时当投诉处理人员认为顾客投诉处理已经不存在时，应适时自然地转入另一个话题。

顾客再度提起时不能不理会。如果顾客再度提起投诉，投诉处理人员就不能不理会，因为既然再度，表明顾客已经把该投诉当真，也就是这个意见对他很重要，此时投诉处理人员绝不能不理不睬，应运用其他方法以转化和消除顾客抱怨。

（6）幽默法。幽默感是缓和气氛的最佳武器，同时幽默也是化解尴尬的好方法。幽默的语言，让人心情愉快、轻松。会心一笑，什么不满都可以化解了。

2. 控制顾客愤怒情绪

发生顾客投诉时，首先要控制顾客不满或愤怒的情绪，需要做到以下五点。

（1）向顾客表示理解。对顾客所经历的事实进行道歉和承认。自我道歉语言要比机械式的标准道歉语更有效。

（2）向顾客询问有关事件的经过，弄清顾客想得到什么结果。不与顾客产生大的冲突，力求保持关系，常见的不满如产品质量、送货不及时、不遵守合同、产品款式不满意、价格不合理、售后服务不到位等，形式千变万化。了解顾客投诉的内容后，要判定顾客投诉的理由是否充分，投诉要求是否合理。如果投诉不能成立，即可以婉转的方式答复顾客，取得顾客的谅解，消除误会。

（3）对投诉的事件做出快速、有效的反应。针对投诉问题提出一种或几种公平的解决方案。在多种方案中选择一个最佳解决问题的办法来答复顾客，并得到顾客同意后，针对带来的不便或造成的伤害给予顾客一些具有价值的补偿。顾客会对那些表示出真诚歉意的、合理的姿态感到满足。

（4）对决定的方案进行落实和跟踪，得到一个完美的结果。要确信可以交付给顾客所承诺的东西，否则就不要许诺。当工作人员采取跟踪行动时，顾客对此举动就会印象更深。

（5）对投诉的事件进行归纳和总结，并得到投诉顾客的确认。对投诉处理过程进行总结，吸取经验教训，提高顾客服务质量和服务水平，降低投诉率。

3. 为顾客投诉提供方便

为顾客投诉提供方便，需要把握以下三个方面的要求。

（1）适时更换接待处理人员。当顾客对某销售人员的服务与沟通不满时，便会产生一种排斥心理。假如销售人员继续按照自己的想法向顾客解释，顾客的不满与愤怒会加剧。在这种情况下，最好的办法是请该销售人员暂时回避，另请一位企业人员充当调解人。这位调解人最好是一位有经验、有人缘的高级主管，如商品部经理、公关部经理或市场部经理等。由高级主管出面调解，顾客有受重视的感觉，心理上容易得到安慰。此时，由于高级主管具有一定的权力和威望，他的话容易使顾客相信。再者，由于高级主管有权做出某种决定，顾客会认为与之沟通能够切实解决问题。所以由高级主管出面调解比由其他人员出面调解效果要好。在调解人面前，顾客为争取同情与支持，一般都愿意把自己表现得通情达理，所以顾客的情绪容易得到控制，沟通也容易进行。

（2）适时改变场所。不难发现，顾客的投诉往往发生在售货现场。这种场合对售货方是极为不利的。当投诉的顾客在现场大声吵闹时，会影响其他顾客的购物情绪，有的顾客只顾看热闹而没有购买兴趣，有的顾客则唯恐避之不及，一走了之。而且顾客在情绪激动时，也会说出许多不利于企业形象的话，对企业影响极大。在这种情况下，调解人首先要稳定自己的情绪，不能受顾客情绪的影响而违背了自己作为中间调解人该有的立场。

在对局势有所了解的情况下，调解人需要巧妙地把顾客引入办公室或招待室，这样的场合更容易使顾客冷静下来，以便其理智地对问题进行进一步说明。更换场所的具体步骤分以下四步。

①语言感召。对顾客说："这里太热，我们先到办公室喝点茶，再慢慢谈好吗?"或者说："站着讲话不方便，请到接待室坐下来谈!"

②热情接待。引导顾客到办公室坐下，最好倒一杯茶或递一支烟，让顾客缓和一下情绪。

③交谈前冷处理。调解人可以对顾客说："我们正在调查事件的原因，请您先等一下。"或者说"负责人马上就来，请您稍候。"然后轻轻关上门让顾客一个人留下来休息。对于大声吵闹的顾客来说，突然远离争吵现场，独自一人留在空旷的招待室里，精神会逐渐松弛下来，加之卖方为他提供舒适的场所和茶水以缓解情绪，他会很快冷静下来。如果是反省力很强的顾客，甚至会为刚才的激动暗暗后悔。要注意让顾客独自等待的时间一定要适当，太短的话，顾客的情绪未完全缓和下来，容易再度发怒；而时间太长，顾客又会认为没人理他，可能火气更大，一般以 5～10

分钟为宜。

④进行交谈。在确认顾客的情绪已经稳定后，调解人员或负责人应该及时地进入接待室与其就有关问题进行交谈。

（3）适当改变时间。这是在前面两种方式都无法使顾客的投诉得到化解时，可以酌情考虑的一种策略。调解人可以对顾客说："真是对不起，今天我们的负责人刚巧出去了，他要我们转达他明天到您家中去拜访您。"或者说："今天我们经理太忙，实在抽不出空，您先回去休息，明天我们经理专程到家中拜访您。"这时千万别忘了仔细记下顾客的住址、电话，然后按约定派人到顾客家中拜访、道歉，直至顾客满意为止。到顾客家中拜访，为了尽快得到顾客谅解，可以备些小礼品以表诚意，这些小礼品并不一定十分贵重，但品质必须有保障，不能将不新鲜的水果、假冒名牌的烟酒及劣质的工艺品送给顾客，这样反而会让顾客更加反感。一般来说，经过一夜的休息，加之卖方第二天如约前来拜访，顾客的态度都会有所转变，此时再向顾客诚恳地道歉并加以解释，顾客就容易接受了。

四、改进

超市处理顾客纠纷，不能满足于消除顾客的不满，更重要的是通过顾客的不满找出超市工作上的薄弱环节，并加以改进。否则的话，虽然通过补救措施消除了这个顾客的不满，但同样的抱怨还会发生，这个问题实际上等于没有解决。可以说，顾客的每一次抱怨都为超市变得更好提供了机会。

第四节 投诉处理的 6C 流程

投诉处理本位流程的 6 个 "C"，包括：掌控情绪（Control Emotion）、收集顾客信息（Collect Customer Information）、掌握顾客类型（Control Customer Type）、沟通技巧（Communication Skill）、领会顾客动机与需求（Comprehend Motivation and Demand）、化解矛盾（Concrete Conflict）。"本位"就是指在个人本职岗位上，投诉处理本位流程是以个人为单位的投诉处理流程，而非人与人、岗与岗、部门与部门之间的投诉处理流程。

一、掌控情绪

掌控情绪的出发点是双向的：一是掌控自己的情绪；二是掌控顾客的情绪。掌控自己的情绪相对来说容易一些，可是要掌控顾客的情绪就非常难。这时，能做的就是先安抚，再循循诱导，把顾客的情绪引向良性的状态。

一般来讲，顾客是遇到了麻烦、不顺之后才来投诉的，心里有闷气，难免会表现在言语行为之中。对待怒气冲冲的顾客，工作人员首要的做法就是理解顾客、克制自己，心平气和地听顾客把自己的遭遇讲完，对顾客表示歉意。

如果顾客情绪很激动，工作人员就更应该注意礼貌，不能与顾客发生争执；一旦争执，就会给顾客留下糟糕的印象，进而造成顾客对服务部门的坏印象，就此失去了这位顾客。因此，工作人员一定要努力克制自己，设法平息顾客的怒气，必要时可请求直接主管接待顾客，解决问题。

工作人员在处理顾客投诉时：一方面要注意平息顾客的情绪，帮助顾客解决问题；另一方面，也要注意维护整体的利益，即要懂得一些处理问题的技巧。比如，在对顾客所投诉的问题进行解答时，不能简单地把一切责任都推卸给其他部门，随意贬低其他部门，以此来暂时平息事件。这种做法虽然能消去顾客的心头之气，但却损害了整体的利益，是不可取的。

二、收集顾客信息

收集顾客信息的目的是希望更多地了解顾客。只有收集顾客所有的信息，才能更好地把握顾客，掌握顾客投诉的心理过程。在倾听顾客投诉的过程中，认真倾听，及时记录，从而找到顾客投诉的真正原因。

有效地收集顾客的信息的步骤有以下三步。

1. 认真倾听

通过倾听顾客的投诉内容，从而确定相关的具体受理单位和受理负责人。

在沟通的过程中，除了技巧的掌握外，聆听是掌握信息来源的最佳的方式。服务人员往往会因为顾客投诉的问题不合理，与顾客争论或者被顾客纠缠。不管顾客投诉的问题合理或不合理，专业的服务人员并不会去打断顾客的陈述，而会适时地向顾客表示认同与回应、仔细聆听，分析顾客的真正目的。同时，透过适当的时机切入问题的重点，掌握沟通的局面，让顾客了解企业的做法，缓解顾客的抱怨情绪。如服务人员只是一味地和顾客抢话，或是急于表达自己的立场，那么只会激起顾客的情绪反抗，造成交谈场面失控。服务人员必须先消除或者降低顾客的怒气，热忱地回应顾客。不要因为顾客的情绪影响个人在服务中的表现，了解顾客的需求，提供合理且是切中顾客需求的解决方案。

李小姐到某超市去购买 AC 品牌的眼部修复霜，到了那家超市，导购说那一款今天卖完了，便推荐同一品牌的另外一款眼霜。可到了家中，李小姐仔细阅读后才知道这一款是用于改善眼角鱼尾纹的，不是自己需要的那一款。便拿到该超市要求退货，导购一听是退货，脸色马上拉了下来，跟先前推销时判若两人，说："只要产品质量没有问题，消费者皮肤适用，化妆品是不予退货的"。李小姐一听也火了，"当初我自己就不想要这一款的，你说什么一样的，非要推荐这个给我……"导购心不在焉地听着李小姐的抱怨，满脸不屑一顾，这下可把李小姐给激怒了，强烈要求要见超市部门经理，要严惩这个导购。

2. 记录投诉内容

利用顾客投诉记录表详细地记录顾客投诉的全部内容，例如，投诉人、投诉时间、投诉对象、投诉要求等。在争议重点地方详细标注，以便查询。

3. 判定投诉是否成立

了解顾客投诉的内容后，要判定顾客投诉的理由是否充分，投诉要求是否合理。如果投诉不能成立，即可以婉转的方式答复顾客，取得顾客的谅解，消除误会。

4. 提出处理方案

服务人员在面对每一位投诉者时，都会因为对象不同，或者话题不同而处于不同的沟通环境。优秀的服务人员必须及时查明顾客投诉的具体原因及造成顾客投诉的责任人，提出处理方案。

三、掌握顾客类型

从顾客说话声音的强弱、语气的高低可以分辨出四种情绪顾客类型：牢骚型、谈判型、理智型、骚扰型。可以针对不同的顾客类型采取合适的行动方案。气质类型是大的范畴，情绪类型是小的范畴，也就是说，一个多血质型的顾客有可能表现出四种情绪类型。在辨别出顾客的类型后，再有针对性地寻找解决之道。

四、沟通技巧

在判断出顾客类型之后，就可以采取不同的沟通策略和技巧来应对顾客。作为服务人员，面对的是各不相同的投诉者——个性、心境、期望值各不相同的个体，既要进行个性化的表达沟通，又必须掌握许多有共性的表达方式与技巧。

1. 选择积极的用词与方式

在保持一个积极的态度时，沟通用语也应该尽量选择体现正面意思的词。比如，要感谢顾客在电话中的等候，常用的说法是："很抱歉让您久等"。"抱歉"和"久等"实际上在潜意识中强化了对方"久等"这个感觉。比较正面的表达可以是"非常感谢您的耐心等待"。比如，你想给顾客以信心，于是说："这并不比上次那个问题差。"按照上面的思路，应该换一种说法："这次比上次的情况好"，即使是顾客这次真的有些麻烦，也不必说"你的问题确实严重"，换一种说法会更好——"这种情况有点不同往常"。

2. 善用"我"代替"你"

有些专家建议，在下列的例子中尽量用"我"代替"你"，因为后者常会使人感到别扭。

(1) 习惯用语。你的名字叫什么？

专业表达。请问，我可以知道你的名字吗？

(2) 习惯用语。你必须……

专业表达。我们要为你那样做，这是我们需要的。

(3) 习惯用语你错了，不是那样的。

专业表达。对不起我没说清楚，但我想它运转的方式有些不同。

3. 在顾客面前维护企业的形象

如果有顾客抱怨他在前一个部门所受的待遇，你已经不止一次听到这类抱怨，为了表示对顾客的理解，你应当说什么呢？

当顾客的要求企业没办法满足时，你可以这样表达："对不起，我们暂时还没有解决方案。"尽量避免很不客气地将手一摊："我没办法。"当你有可能替顾客想一些办法时，与其说"我试试看吧"，为什么不更积极些："我一定尽力而为。"如果有人要求打折、减价，你可以说："如果您买 10 台，我就能帮你……"而避免说"我不能，除非……"顾客的要求是企业政策不允许的，与其直说"这是企业的政策"，不如这样表达："根据多数人的情况，我们企业目前是这样规定的……"如果顾客找错了人，不要说"对不起，这事我不管"，换一种方式："有专人负责，我帮您转过去。"

语言表达技巧是一门大学问，有些用语是可以由企业统一规范的，但更多的是服务人员对自己表达技巧的熟练掌握和娴熟运用，让顾客在通话的整个过程中，感受到最佳的顾客体验与良好的企业形象。

五、领会顾客动机与需求

前面已经介绍了倾听的重要性，在整个倾听的过程中，要学会辨认和领会。在整个辨认和领会的过程中，不要忘记有效倾听的重要性。主要是为了解顾客的需求，倾听和正确解读顾客的问题，将为下一步工作奠定良好的基础。同时，要听得出来顾客投诉背后的动机，常常这个答案是无法通过直接提问得到的，在辨认和领会的过程中有几点需要注意：避免不了解顾客需求而直接作投诉处理；避免一次提一个以上的问题；适当沉默。不要试图挖掘出顾客的所有需求和全部动机，所以，适当沉默，给顾客思考和主动说话的机会，比你设计的任何问题都更有价值。

六、化解矛盾

当抱怨和投诉发生时，首先观念要调整，其次要找方法帮助顾客解决问题。这时候需要多一分理解，用心去了解顾客的抱怨和投诉。顾客如果不投诉、不抱怨，有 90％的人会选择离开，这是个危险的信号；当到了这一步时，接下来离"歇业"也就不远了。

相关链接

令顾客心情晴朗的"CLEAR"

卖场运营中，处理顾客投诉抱怨是服务提供者的一项重要工作。如何平息顾客的不满，使被激怒的顾客"转怒为喜"，是企业获得顾客忠诚的最重要手段。在这里，将介绍一个处理顾客投诉，令顾客心情晴朗的"CLEAR"方法，也即顾客愤怒清空。

"令顾客心情晴朗（CLEAR）"的顾客投诉应对原则包括以下 5 个步骤。

C：控制情绪（Control）。

L：倾听顾客诉说（Listen）。

E：建立与顾客共鸣的局面（Establish）。

A：对顾客的情形表示歉意（Apologize）。

R：提出应急和预见性的方案（Resolve）。

1. 控制情绪

（1）目的。当顾客发怒时，导购员要处理的第一个问题是控制自己的反应情绪。当顾客进行投诉时，往往心情不好，失去理智，顾客的语言或者行为会让员工感受到攻击、不耐烦，从而被惹火或难过，容易产生冲动，丧失理性，"以暴制暴"，这样就使得事态发展更加复杂，店面服务和信誉严重受损。

（2）原则。坚持一项原则，那就是：可以不同意顾客的投诉内容，但不可以不同意顾客的投诉方式。正如我们可以不赞成他们说话的内容，但要捍卫他们说话的权利一样。顾客投诉是因为他们有需求没有被满足，所以应该充分理解顾客的投诉和他们可能表现出的失望、愤怒、沮丧、痛苦或其他过激情绪等，不要与他们的情绪"共舞"或是责怪任何人。

（3）有效技巧。深呼吸，平复情绪。要注意呼气时千万不要大声叹气，避免给顾客不耐烦的感觉；思考问题的严重程度。要记住，顾客不是对你个人有意见，即使看上去是如此。如果有可能的话给自己争取点时间，如"我需要调查一下，10分钟内给您回电"，"我需要二三分钟时间同我的主管商量一起解决这个问题，您是愿意稍等一会儿呢，还是希望我一会儿给您打回去"，当然你接着得确保在约定的时间内兑现承诺。

2. 倾听顾客诉说

员工的情绪平复下来后，需要顾客也镇定下来才能解决好问题。先别急于解决问题，而应先抚平顾客的情绪，然后再来解决顾客的问题。

（1）目的。为了管理好顾客的情绪，首先要意识到这些情绪是什么，他们为什么投诉。静下心来积极、细心地聆听顾客愤怒的言辞，做一个好的听众，这样有助于达到以下效果。

把握顾客所投诉问题的实质和顾客的真实意图。零售企业卖场顾客不满与投诉的类型五花八门，在处理时首先应把握顾客所投诉问题的实质和顾客的真实意图。

了解顾客想表达的感觉与情绪。细心聆听态度，给顾客的抱怨一个宣泄口，辅以语言上的缓冲，为发生的事情道歉，声明想要提供帮助，细心地聆听，表示出与顾客合作的态度。这既让顾客将愤怒一吐为快，使愤怒的程度有所减轻，也为自己后面提出解决方案做好准备。

（2）原则。倾听顾客诉说的不管是事实，还是隐藏在事实之后的情绪，要遵循的原则应该是为了理解而倾听，并非是为了回答而倾听。

（3）有效技巧。在顾客很恼火时，有效、积极地听是很有必要的。全方位倾听，要充分调动左右脑、直觉和感觉来听，比较所听到的、感到的和想到的内容的一致性。用心体会、揣摩听懂弦外之音；不要打断，要让顾客把心里想说的话都说出来，这是最起码的态度，中途打断顾客的陈述，可能遭遇顾客最大的反感；向顾客传递被重视的感觉；明确对方的话，对于投诉的内容，觉得不是很清楚，要请对方进一步说明，但措辞要委婉。

3. 建立与顾客共鸣的局面

共鸣被定义为站在他人的立场，理解他们的参照系。它与同情不同，同情意味着被卷入他人的情绪，并丧失了客观的立场。

（1）目的。对顾客的遭遇深表理解，这是化解怨气的有力武器。当顾客投诉时，他最希望自己的意见受到对方的尊重，自己能被别人理解。建立与顾客的共鸣就是要促使双方交换表达。在投诉处理中，有时一句体贴、温暖的话语，往往能起到化干戈为玉帛的作用。

（2）原则。与顾客共鸣的原则是换位真诚地理解顾客，而非同情。只有站在顾客的角度，想顾客之所想，才能与顾客形成共鸣。要站在顾客的立场想问题，学会换位思考："如果我是顾客，碰到这种情况，我会怎么样呢?"

（3）有效技巧。实现顾客共鸣的技巧如下。

复述内容：用自己的话重述顾客难过的原因，描述并稍微夸大顾客的感受。

对感受做出回应：把你从顾客那里感受到的情绪说出来。

模拟顾客的境地，换位思考。想象一下，我们的供应商以相同或类似的方式对待他们的顾客（我们）时，我们会做出什么样的反应。

不要只是说："我能够理解"，这像套话。你可能会听到顾客回答"你才不能理解呢——不是你丢了包，也不是你连衣服都没得换了。"如果你想使用"我能够理解"这种说法的话，务必在后面加上你理解的内容（顾客难过的原因），和你听到的顾客的感受（他们表达的情绪）。

4. 对顾客的情形表示歉意

（1）目的。聆听了顾客的投诉，理解了他们投诉的原因和感受，那么就有必要对顾客的情形表示歉意，从而使双方的情绪可以控制。

（2）原则。

①不要推卸责任。当问题发生时，很容易逃避责任，说这是别人的错。即便你知道是企业里谁的错，你也不要责备你的企业员工，这么做只会使人对企业整体留下不好的印象，其实也就是对你留下坏印象。

②道歉总是对的（即使顾客是错的）。当不是自己的过错时，人们不愿意道歉。为使顾客的情绪更加平静，即使顾客是错的，道歉也总是对的，一定要为顾客情绪上受的伤害表示歉意。顾客不完全是对的，但顾客就是顾客，他永远都是第一位的。

③道歉要有诚意。一定要发自内心地向顾客表示歉意，不能口是心非、皮笑肉不笑，否则就会让顾客觉得是心不在焉地敷衍，自己被玩弄。当然，也不能一味地使用道歉的字眼来搪塞。

④不要说"但是"。当道歉时，最大的诱惑之一就是说："我很抱歉，但是……"这个"但是"否定了前面说过的话，使道歉的效果大打折扣。差错的原因通常与内

部管理有关，顾客并不想知晓。

（3）有效技巧。

①为情形道歉。要为情形道歉，而不是去责备谁。即使在问题的归属上还不是很明确，需要进一步认定责任承担者时，也要首先向顾客表示歉意，但要注意，不要让顾客误以为企业/卖场已完全承认是自己的错误，我们只是为情形而道歉。例如可以用这样的语言："让您不方便，对不起。""给您添了麻烦，非常抱歉。"

这样道歉既有助于平息顾客的愤怒，又没有承担可导致顾客误解的具体责任。

②肯定式道歉。当顾客出了差错时，我们不能去责备。要记住，当顾客做错时他们也是正确的，他们也许不对，但他们仍是顾客。

我们可能无法保证顾客在使用产品的过程中百分之百满意，但必须保证当顾客不满找上门来时，在态度上总是能够百分之百的满意。

5. 提出应急和预见性的方案

在积极地听、共鸣和向顾客道歉之后，双方的情绪得到了控制，现在是时候把重点从互动转到解决问题上去了。平息顾客的不满与投诉，问题不在于谁对谁错，而在于争端各方如何沟通处理，解决顾客的问题。

（1）目的。解决单次顾客投诉；为顾客服务提供改善建议。

（2）原则。对于顾客投诉，要迅速做出应对，要针对这个问题提出应急方案；同时，提出杜绝类似事件发生或对类似事件进行处理的预见性方案，而不仅仅是修复手头的问题就万事大吉了。

（3）有效技巧。

①迅速处理并向顾客承诺。应迅速就目前的具体问题，向顾客说明各种可能的解决办法，或者询问他们希望怎么办，充分听取顾客对问题解决的意见，对具体方案进行协商。然后确认方案，总结将要采取的各种行动——你的行动与他们的行动，进行解决。要重复顾客关切的问题，确认顾客已经理解，并向顾客承诺不会再有类似事件的发生。

②深刻检讨并改善提高。在检查顾客投诉的过程中，负责投诉处理的员工要记录好投诉过程的每一个细节，把顾客投诉的意见、处理过程与处理方法在处理记录表上进行记录，深入分析顾客的想法，这样顾客也会有慎重的态度。而每一次的顾客投诉记录，店铺都将存档，以便日后查询，并定期检讨产生投诉意见的原因，从而加以修改。

要充分调查此类事件发生的原因，仔细思考一下，为了防止此类事件的再度发生是否需要进行变革，对服务程序或步骤要做哪些必要的转变，以提出预见性的解决方案，即改善卖场服务质量的方法，以降低或避免将来发生类似的投诉。提出预见性解决方案也是对顾客的一个最好承诺。

③落实。对所有顾客的投诉意见及其产生的原因、处理结果、处理后顾客的满意程度以及店铺今后改进的方法，均应及时用各种固定的方式，如例会、动员会、

早班会或企业内部刊物等，告知所有员工，使全体员工迅速了解造成顾客投诉意见的种种，并充分了解处理投诉事件时应避免的不良影响，以防止类似事件的再发生。

④反馈投诉的价值。顾客进行投诉是希望能跟企业继续做生意，同时其对卖场服务不满信息的反馈无疑也给卖场提供了一次认识自身服务缺陷和改善服务质量的机会。于情于理，都要真诚地对顾客表示感谢。所以可以写一封感谢信感谢顾客所反映的问题，并就企业为防止以后类似事件的发生所做出的努力和改进的办法向顾客说明，真诚地欢迎顾客再次光临。

为表示慎重的态度，常以企业总经理或部门负责人的名义寄出，并加盖企业公章。当顾客是通过消费者保护机构提出投诉时，就更需要谨慎处理了。因为零售企业回函的内容，很可能成为这类机构处理中的一个案例，或作为新闻机构获取消息的来源。

总之，超市在处理各种顾客投诉时，要掌握两大原则：一是顾客至上，永远把顾客的利益放在第一位；二是迅速补救，确定把顾客的每次抱怨看做超市发现弱点、改善管理的机会。只有这样才能重新获得顾客的信赖，提高超市的业绩。当然，即使我们能够教授员工清空顾客不满的技巧，我们也有必要认识到使顾客烦恼的共同原因。一旦我们做到了这些，就能够持续地培训我们的员工来使他们回答和处理好这些问题，接着我们就能采用解决问题的具体方法，以求能够在长期内根除这样的问题。

第四章｜投诉处理的方法与技巧

第一节　投诉处理三段过程

一、动之以情

在人类的一切事业中，情感都是原动力，而理智有时是制动器，有时是驱动器。或者说，情感提供原材料，理智则做出取舍，进行加工。世上决不存在单凭理智就能够成就的事业，必须有激情和昂扬的斗志，而这一切的表现都是情感在起作用。

顾客也是这样，更多的顾客会因为服务人员的热情和虔诚的道歉，而取消准备好了的"刁难"。一次成功的投诉处理工作固然需要以理服人，但投诉处理的对象是人，人是复杂的、充满感情的生物。

通过动之以情的方式，来沟通投诉者的心灵，不仅能激起顾客的愉悦心情，更重要的是能引起情感上的共鸣，增强投诉处理的效果。

1. 掌握言语技巧、精心选择用词用句

要表现出亲切、友好的态度；要让顾客感知到，与其沟通令你感到很快乐；要避免使用粗暴生硬、令人难以接受的词语；要尽量使用柔和、欢快的词语；不要盛气凌人，不要以居高临下、高高在上的态度对待顾客。

保持积极态度的同时，沟通用语也应该尽量选择体现正面意义的用词。

假设同一位顾客因为产品的一个问题，几次求救于工作人员。此时，作为服务人员想表达能够解决问题的决心和对顾客的同情，于是说："我不想再让您重蹈覆辙"；"我也不希望这么倒霉的事再发生"……"覆辙"与"倒霉"加深了顾客的负面情绪，甚至强化了顾客的不满意识。不妨这样正面地表达，"这次我有信心，这个问题不会再发生"。再比如，想给顾客以信心和希望，于是，说出这样一句话："这并不比上次那个问题差"，效果会好很多。

2. 换位思考投诉者本人的内心状态

凡事多从投诉者的角度考虑，细致分析其内心的需求，包括投诉者的喜好、希望、恐惧等种种心理，做到有的放矢，对症下药。在具体的投诉处理过程中，应尽一切可能从各种途径对投诉者的性格、经历，所处的心态作细致的分析，找准情感注入的突破口。任何投诉者都有感情和心理方面的突破口，就看能不能找对、找准，如能找准，投诉处理中的困难自然就会迎刃而解。

通过换位思考，可以突破固有的思考习惯，学会变通，解决按常规性思维难以解决的事情；通过换位思考，可以了解别人的心理需求，感受到他人的情绪，将沟通进行到底；通过换位思考，可以让我们揣摩到顾客的心理，达到说服顾客的目的。

3. 利用权威制造压力并加强处理效果

从电视广告、户外广告、杂志广告等媒体上，看到一些厂商花巨额的广告费聘请的产品代言人，这些代言人不是影视明星，就是歌坛新秀，要不就是大红大紫的名模，都是响当当的公众人物。

在投诉处理过程中，如果能引用客观的第三者，或第三方的证言来加强投诉处理的效果，往往可以达到事半功倍的效果。

人类内心普遍存在的基本心理，包括从众心理及对权威的崇拜心理。从众心理也就是人云亦云，随大流；对权威的崇拜心理就是有时会较盲目地相信外部权威的观点，没有理性的思考。

每个人都有从众心理和对权威盲目崇拜的心理，只是程度轻重不同，找一个投诉处理对象充分信任的第三方的权威意见作补充，无疑会大大增强投诉处理的客观性和真实性。这实际上也就是将被投诉处理者对第三方建立起来的信任感转移到投诉处理的这件事情上来。

二、晓之以理

在服务人员用"情"无法感动顾客的前提下，要循循诱导，晓之以理。这样，顾客就会理性地思考，双方才能达成共识。一般来说，服务人员要遵循下面的方法，发挥"晓之以理"的作用。

1. 不要将处理结果描述得有百利而无一害

这是看问题非常片面、简单化的一个典型，凡事有利则必然有弊。将处理结果描述得光明一片，只会让人产生不真实、不可信的感觉；而信任又是投诉处理的基础，没有信任，投诉处理的效果也无从谈起。正确的做法是，明确地告知顾客或帮助顾客思考：一旦接受投诉处理结果，会有怎样的利弊得失。

2. 不要将企业自身打扮成完全的利他主义者

有很多服务人员会处处从顾客的角度考虑问题，过分热心地替顾客思考，而很少提及这件事情会带给自己和企业的弊端，把自己打扮成一个完全的利他主义人物。正确的做法应是：非常坦诚地告诉顾客，企业和自己会从中获得的利益，强调通过双方的合作，可以达到互利互惠的双赢结果，双方皆大欢喜。只有顾客完全了解事实的真相，占有更多的信息量，才会更坦然、更理智地做出符合投诉处理者目的的判断，达到事实上的双赢结果。

总之，投诉处理工作应该是以信任为基础，只有通过"情、理、利"三方面的沟通过程，才会是一项过程完美、结果完美的沟通工作。

三、绳之以法

当顾客与企业之间的矛盾因无法化解而升级，似乎双方都有足够的理由证明自

己是正确的时候，只有法律才能维持真正的公正。衡量有理与无理的准则就是法律。当情与法产生冲突的时候，顾客服务人员的职责就是按照制度办事。当情与法不能并存的时候，一个企业的员工唯一要坚持的底线就是法律和制度，必须要放弃情面。

第二节　投诉处理的基本方式

企业处理顾客抱怨时，常用的三种传统的处理方式是信函处理、电话处理及面谈处理方式为主。下面分别介绍一下这三种传统的处理方式。

一、电话访谈

目前多家企业都设有免费投诉电话，电话抱怨已成为投诉的主流趋势。正由于电话抱怨简单迅捷的特点，使得顾客往往正在气头上时提起抱怨。这样的抱怨常具强烈的情绪色彩，而且处理电话抱怨的时候看不见对方的面孔和表情，都为电话处理抱怨增添了难度。因此在电话处理抱怨时要特别小心在意。要注意说话的方法、声音、声调等，做到真诚礼貌。这时必须善于站在对方立场来着想，考虑如果在对方同样的状态之下，会有怎样的心情。无论对方怎样感情用事，都不要有失礼的举动。

面对看不见表情和身体动作的顾客，工作人员的应对必须是亲切和有礼貌的，要提防自己在声音上有任何给人以不礼貌印象的小动作，如压抑着的笑声、带有感情色彩的鼻音或出气声，这些都可能会引起顾客误解而使问题变得更加难以处理。除了自己的声音外，也要注意避免在电话周围的其他声音，如谈话声和笑声传入电话里，使顾客产生不愉快的感觉。从这方面来看，设置服务电话应在一个独立的房间，最低限度也要在周围设置隔音装置。在电话处理顾客抱怨时，几乎唯一的线索就是顾客的声音，如何通过这有限的声音信息来把握顾客情绪，是一项重要而不易做到的工作。

二、信件处理

与电话抱怨相比，利用信件提出的抱怨，便于记录和保存，其可依据性提高。另外，信件抱怨通常较为理性，很少有感情用事的情形。但是，信件抱怨也同样存在着很多的缺点，具体如下。

第一，由于它是投诉者单方面的叙述，可能没有包含许多处理中需要的重要信息。

第二，有些书面表达能力较差的人在信件中常常错误或不完整地表达了自己的想法，给处理工作带来不少反复。

第三，对企业而言，通过信件处理抱怨要花费更大的人力费用、制作和邮寄费用，成本较高，而且由于信件往返需要一定时间，使处理抱怨的周期变长。

第四，信件能否经多次转接，安全送达负责者手中，是投诉人和经办人都心中不安的事情。

因此，在处理信件抱怨的时候，要不厌其烦，收到信件时，要用明信片通知收到，使顾客安心。信件的写法千差万别，因人而异。要确保信件能够击中要点，能够打消顾客的疑虑，赢得他的信任，同时，保证信件措辞礼貌得体，语气合适。信件的书写要注意以下4个方面。

第一，使用他们的正式的全名而不是使用非正式的称呼。

第二，信件要简短有力，但是也不能看起来措辞过于尖锐。信件往来中，把印好本企业地址、邮编、收信人或机构的不粘胶贴纸附于信件中，便于顾客的回函。

第三，在表达上要以简洁平易、容易理解的方式与结构为基本要求。

第四，回函为表示慎重的态度，常以总经理或部门负责人的名义寄出，并加盖企业公章。

顾客是通过消费者保护机构书面提出抱怨时，就更需谨慎处理了。因为企业回函的内容，很可能成为这类机构处理中的一个案例，或者作为新闻机构获取消息的来源。

1. 书面投诉是一种警告

顾客提笔写投诉时，企业可以确定，下列状况至少有一种情况发生了。

（1）顾客企图建立书面证据，为法律诉讼作准备。如果发生在顾客身上的情况很严重，准备打官司，顾客就必须搜集证据，显示他们曾给企业解决问题的机会。

（2）顾客不满意口头投诉的结果。对很多人来说，先试过其他投诉渠道，然后才提笔写信。

（3）顾客很生气。写信要花很多精力。许多人都曾扬言要写信投诉，但真正做到的很少，所以写投诉信的顾客一定很生气。

（4）或许是有人鼓励顾客写信投诉。有时候，服务提供者会要求顾客提出书面投诉，甚至还会告诉顾客，唯有这种方式他们才受理。

（5）顾客对于面对面的投诉感到不自在：顾客可能会觉得，用书面来提出投诉比较自在。

（6）顾客可能有私人原因，当时不能或不想投诉。比如顾客赶时间，或者顾客言辞技巧不太好，或者会用一些不当的字眼，甚至有时候围观的人太多令顾客觉得窘迫。

（7）顾客无法找到人投诉。有机会的话，多数人都宁愿面对面谈话。要是客服人员不见踪影，或者顾客不知道到何处找他们，甚至不知道向谁投诉，顾客就会写信。

2. 迅速才能成功

企业收到投诉信时，应迅速回复。如果不能立即解决，建议企业在收到投诉信两天之内通知顾客已收到来信。如果投诉是通过传真送达，就必须在当天以传真或

电话通知顾客来函收悉。迅速的回应等于是告诉顾客企业对其十分重视。

寄给顾客的回函可以这么写："工作人员已收到您的来信，并将予以处理"。或许企业无法立即处理顾客的状况，但这种方式却至少能立即回应顾客。第一封回函，必须告诉顾客，将在两周内处理投诉。两个星期是很合理的时间，足够企业进行调查，而顾客也不会觉得被拖延了。接下来，企业必须采取行动处理投诉。真正的回函必须针对个人，而且文字要亲切，署名的人必须亲笔签名。

第一封通知函也可以用电话来代替。打电话给写投诉函的顾客时，一开始必须先道谢。解释为什么很感谢顾客的来函，并为造成的不方便致歉。如果结论是顾客的错，企业提出道歉也并无任何损失。接着，向顾客保证两周之内将会有消息，同时问顾客是否有任何遗漏的信息。投诉信函通常都不太完整，顾客会很愿意提供额外信息。事实上，他们会很高兴有人肯花时间，不厌其烦地答复他们的投诉。

3. 回函事项

回复顾客的投诉信也是一种艺术，迅速又完美的回函说不定就能建立起忠实顾客关系；但如果回函太慢，方法又不对，就制造了一个"敌人"。以下的程序对于撰写回函很有用。

（1）向顾客致谢。这类开场白很适合于信件。"感谢您与工作人员联络。工作人员知道您的付出，也非常感激您告知的……"可以多道谢几次，谢谢顾客写信来，试用企业的产品，未来持续使用企业的产品。信件结尾时再次道谢。显然，信里面只有一次"谢谢"无法吸引了读者。让顾客知道，真的感激他们的回应，并将其投诉视为赠礼。信可不必将其称为"投诉"。

（2）立即改正错误。如果企业必须采取行动，必须在答复顾客后尽快改正错误。要知道顾客的投诉促成企业内部什么样的改变。投诉的问题若无法得到实质上的解决，通常只要向顾客保证下次不会再犯，顾客就会满意了。

（3）承认顾客是对的。原则上，这一条是必须遵守的。为了争胜而失去顾客是很不值得的事。企业不应是一个每次都吵赢顾客的企业，要向顾客展现同情心及关怀；要对顾客遇到的麻烦向他们致歉，让他们产生这种感觉，企业觉得很过意不去。但不应说对顾客提出的问题很失望，应该说企业对产品失望。

（4）简单明了。回函避免使用员工或企业内部才懂的专业术语，不能令顾客困惑。如果顾客对产品有疑问，可以寄一份使用手册、保证书或使用记录给他。要直接回应顾客信中的要求，要让顾客知道企业打算怎么做，应告诉他们是否能从中获得实质利益。如果回函有点冗长，别担心。要是顾客的投诉信也很冗长，那就更没问题了。

（5）超越顾客的期望。合适的话，要超越顾客的期望。有些企业会寄些小礼物，通常是很实用、印有企业名称的东西，例如笔、钥匙扣、笔记本。很多顾客表示，收到折价券或小额退款，会非常满意。而几乎所有的顾客都未期望企业送任何东西。

（6）确认顾客满意度。如果必须采取特定的行动，就必须确定顾客对处置的方式是否感到满意。另外，在企业内部也要追踪，确保组织已从此次投诉中吸取了教训。

三、现场处理

顾客未利用信函或电话，而是不惜时间和精力亲自上门提出抱怨，他们的不满可能更严重，或对抱怨处理的期望值更高。面对这样的直接来访者，企业必须展现出高效率工作的一面，尽量能迅速解决问题，使顾客离开企业时有所收获。与顾客现场处理面谈的地点以超市专用的会客室或投诉室为宜，处理的人不要过多，以2～3人比较适合。对于预约面谈的情形，不要忘记在定约时间告知对方，是否有新闻界人士同往，根据不同的回答预作准备。

现场处理的要领如下。

（1）创造亲切轻松的气氛，以缓解对方内心通常会有的紧张心情。

（2）谈话一开始就要问清楚他们的称呼，在接下来的谈话中反复使用。

（3）让顾客了解工作人员的称呼、职位。

（4）保证谈话的清静（可以在门上挂上"请勿打扰"的牌子）。

（5）选择一个背景颜色让人心态平和的房间（色调不要很清晰，也不要太重）。

（6）先搬走让人心烦的东西或是机密的文件。

（7）保证房间里有足够的空间让人坐下来，而且坐着要舒服。

（8）为自己设定一个处理日程表。让自己尽量在规定时间内取得预期的效果或进展。

（9）与对方保持目光的交流，保持好洗耳恭听的姿势（比如往前坐、恰到好处的表情等）。

（10）让他们用自己的语言说出问题所在，并认真记录。

（11）确保让另一位同事在场，以防万一出现的暴力行为刈自己造成伤害。

（12）当认为事态发展到自己不能控制的地步，或者认为存在不在权限内的问题，应该及时让相关的同事进来。

（13）当觉得没有把握时，不要勉为其难地立刻拍板解决问题。应该向对方承诺自己会尽快解决，并且给对方一个最后期限。

（14）不要使事态上升到相互威胁的地步。在工作日结束时，如果事情还没有解决，这也未尝不是一件好事，因为这件事情只能交给上司或法庭解决。

（15）尊重个人的空间。切忌与顾客走得过于亲近，或是有过分的接触行为。

（16）在与对方交谈时，时常提起顾客的名字，这样会增进彼此的感情聚合力。

（17）无论身在何处，尽可能保持谈话的明朗和态度的诚恳。

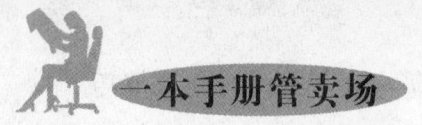

第三节　投诉处理的常用方法

一、以静制动

工作人员在使用以静制动的策略时，必须学会恰到好处地保持沉默，因为以静制动也并不是要求工作人员一味沉默，因为长久的沉默有时反而使顾客陷入不安的境地，有时还会让投诉一方感到愤怒。顾客对销售一方投诉，有时会要求给予退赔、退换或补偿，这些都是销售过程中比较棘手的问题。碰到此类顾客，工作人员要认真加以研究，及时妥善处理，否则可能酿成更大的损失。有时，退换退赔的要求超出了实际界限，销售一方往往不愿接受这种过分的要求，如果当面表示断然拒绝，就会导致购销双方当事人的情绪对立，最终受损失的一方还是卖方。工作人员不能马上指出责任在顾客身上，而是要细心引导，循循善诱，设法让顾客自己去得出结论。

当顾客投诉时，尤其当对方感情冲动之际，工作人员务必要保持冷静，洗耳恭听对方的诉说，不要贸然打断顾客的叙述。感情冲动的顾客，一则为了从气势上压倒对方，以尽快发泄心中的不满，一则为了激怒对方，以展开争论辩驳，捞回损失。假如销售一方没有冷静的头脑和自我控制能力，而是以怒制怒，以动制动，势必形成买卖双方矛盾激化交恶的不利局面。处于感情冲动挟制中的顾客，对旁人的任何说理和规劝都很难听得进去，如果工作人员还是以针尖对麦芒的方法与之争辩，必然无济于事，得不偿失。在销售活动的每一个阶段，语言都占有重要的地位，在处理投诉的工作中亦不例外。处理投诉的一个最佳方案是以静制动，以措辞方式为例则是谨慎询问事由，然后做出合情合理的答复，改争辩为商讨，变投诉为答问。

精明的工作人员总是回避直接讨论退、换等问题，而是从分析入手，逐步明了购销双方的各自责任，剔除其中投诉夸大的因素，最后得出双方都能接受的条件。顾客提出的某些过分要求，绝大多数是因为对方不了解具体情况，而不是有意的敲诈。一般来说，顾客的要求并非像人们想象得那么苛刻，从已达成的协议或交易来说，退换退赔的数量与项目是十分有限的，不近情理的耍赖型顾客毕竟居于极少数。

二、区别对待

1. 缓和顾客的怒火

处理顾客投诉时，一定要缓和顾客的怒火，措辞如下："对不起，不知道有没有造成你的困扰"、"造成了你的困扰，真是对不起"等类似的说法，一定要记住使用"对不起"等措辞。

2. 顾客说完话时应回应的话

倾听顾客投诉时，不要在顾客表达不满时反驳或插话，而是应该准备该回应的话,情况有以下 3 种。

(1) 完全了解的时候。"我了解了"、"我完全清楚了"。

(2) 不了解的时候。"对不起,您可不可以再说详细一点"、"对不起,我没听清楚您的意思,现在您可不可以再说一遍呢"。

(3) 自己并非经办人的时候。"我不太了解您所说的具体情况,但是我会把事情转告给经办的人"。若是经办人在,而且你也了解顾客在说些什么的时候,你要告诉对方"现在让经办人来接手这件事"。如果你负责代理并非属于自己分内事的时候,就要先确认顾客的姓名、住址、电话号码,并报上自己所属的部门及姓名。

3. 当顾客说"叫你的主管出来"的时候

在处理顾客的投诉时,基本上是由承办人员亲自来处理为原则,绝对不要把组织中最高层主管牵涉进来,但是,如果对方坚持"叫主管出来"或是"叫更高阶层的人出来"时,就得跟他说"那请您等一下",然后立刻转告比你资深的前辈或企业的主管以决定处理对策。

较好的措辞是有效防止顾客投诉的一种手段,工作人员利用好的措辞来处理好顾客的投诉。

三、让顾客开心

如果能够令顾客开心,那么,他的不满可能会即刻烟消云散,投诉的问题也就迎刃而解。让顾客开心,也就是运用智慧和幽默创造快乐的气氛,让对方高兴。不过不能显得太刻意,要考虑是不是能将场面变得很愉快,靠阿谀奉承虽然会将顾客优越意识带出来,但是在对话里自然地表现幽默与智慧,才是对话的高招。

四、缓兵之计

为了在感情上接近投诉的顾客,稳定对方的情绪,应该采取某些应对措施,分散顾客的注意力,尽量避免购销双方可能出现的冲突。

1. 请坐

当人感情冲动时,大脑神经处于极度兴奋状态,心跳加快,有人双手颤抖,呼吸急促,有人甚至搓手跺脚,又蹦又跳,为的是解心中闷气。为了使冲动的顾客尽快平静下来,推销人员应热忱招呼他们坐下来诉说投诉,自己在一旁倾听、记录,郑重其事地把对方的意见记下来。做好投诉记录,既有助于销售双方建立一个友好的交流洽谈气氛,又可以使顾客认为他们的意见受到了某种重视,没有必要再吵闹下去。一份完整详尽的投诉记录,将使得销售一方更好地接近顾客,了解顾客的真实信息,沟通购销双方的感情联络,并为自己下一步更妥善地处理投诉提供参考依据。

2. 移情

面对来投诉的顾客,应急的一个办法是当面向顾客表示道歉之意,这是与顾客联络感情的有效方式。如果不能表示完全的同情,销售者至少也应该在某一点上持

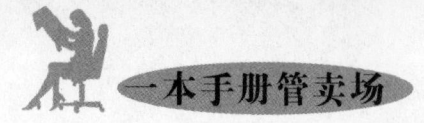

同感的态度，设想这样对顾客解释："多谢您的指点"、"您有理由不高兴"、"对这个问题我也有同感"、"感谢您对这个问题的提醒"，这样的对话往往使投诉的顾客息怒消气。

3. 诚敬

友善地握手，给人以诚相见的印象，是工作人员面见顾客应有的礼节。正确的握手姿势与力度，可以控制投诉顾客的情绪，起到镇定的作用。顾客如果一时拒绝握手，工作人员可以借故反复多次试握，让人感觉盛情难却，现场气氛很快会融洽起来。在条件许可的场合，推销一方对投诉的客人礼节周备，以示安慰。比如敬一支香烟、泡一杯热茶等。

4. 拖延

对于某些顾客提出的投诉，有时很难找到其中的真正根由，有些投诉纯属虚构，根本无法给予圆满解决。碰到此种情况，老练的工作人员大多采取拖延的办法，把眼前的纠纷搁置一旁，暂缓处理。特别是遇到冲动而性急的顾客，不要急于马上着手处理投诉，以免草率行事。工作人员可以先停顿一下，先与顾客谈点别的话题，目的使顾客平心静气地提意见，有理智地谈问题，这种方法也能有效地对待和处理顾客的投诉。

五、张弛有度

投诉的顾客其本身是非常敏感的，在这种敏感的状态中，对一些细节的感受便会产生非常关键的作用，这就决定了工作人员在与投诉的顾客交谈时要尽量做好全面的工作，不能有所闪失。

比如处理投诉的声调就很容易被忽略。可声调的不同会带给投诉的顾客不同的感受，如信赖感、成熟感、不安全感甚至是厌恶感。

通过电话处理顾客投诉时，如果由女性用一种明朗清晰的语气来应对，效果通常会比较好："我知道，那件事我已经听顾客服务处的人说过了，工作人员会以最快的速度补货给您，请您稍等一会儿"。这种爽朗的声音会很有感染力的，即使对方正觉得不满，心情也会受其影响而慢慢转好。反过来说，如果以一种微细的声音、推脱的低沉声调应付："有问题啊？我不太了解那件事，请你去问顾客服务处的人"。这样会令顾客越来越想挂断电话。

在不同的场合，说话的声调是不同的，处理顾客投诉时，声调一定要清晰，表达要清楚，速度的快慢根据顾客的缓急程度而定。

六、几种具体类型投诉处理的一般方案

（一）销售人员的服务态度问题

案例1：某顾客在超市里选购鞋子，没找到合适的码数，问一名员工，该员工说，我不负责这里，随后便走开了。

案例2：超市里的促销员太势利，当顾客不买她推销的品牌时，想问一些有关的问题，她不理不睬。

解决方案：

（1）首先对顾客提出问题给予感谢；

（2）安慰顾客，并对员工的错误态度进行道歉；

（3）尽可能地问清顾客员工的部门或姓名等情况；

（4）如问题比较严重，顾客坚决要求解释清楚或赔礼道歉，应迅速向该部门的管理者和当事员工了解情况，协助问题的解决；

（5）如问题比较轻，明确表示工作人员会跟进此事的解决，避免下一次发生类似问题；

（6）如顾客愿意，留下顾客的联系电话，将问题处理结果告知顾客；

（7）将问题反映给相关的管理层，进行教育和处理。

（二）收银员的服务态度问题

案例1：收银员收银速度太慢，不熟悉工作的程序。

案例2：收银员多扫了一个商品，收多顾客的钱或找错顾客零钱。

案例3：收银员漏消磁，导致商品出门时引起报警。

解决方案：

（1）首先对顾客提出问题给予感谢；

（2）安抚顾客，如果属于收银员的错误态度，要先进行道歉，如涉及企业的有关规定和政策，则耐心地向顾客解释，请顾客理解企业的制度和收银员的处境；

（3）如顾客愿意，留下顾客的联系电话，并将问题处理结果告知顾客；

（4）将问题反映给相关的管理层，进行教育和处理。

（三）顾客健康受损或物品损失的问题

案例1：顾客在超市内买的食品，回去吃后拉肚子，查看是产品过期，顾客提出赔偿各种费用。

案例2：顾客在超市中购物，由于某饮料堆放得过高，商品倒下来将顾客砸伤，顾客提出各种赔偿的要求。

案例3：顾客在超市中购物，放在墙边的铝梯突然倒下，顾客用手臂阻挡，结果手腕的玉镯被打碎，顾客提出赔偿等要求。

案例4：顾客在存包处存包，领取时发现不见了，要求赔偿。

解决方案：

（1）凡是由于超市过失而导致顾客受伤事件的，第一时间到达顾客的受伤现场，并将顾客受伤的现场情况尽快通知管理层；

（2）凡是涉及赔偿费用的个案，必须通知管理层，赔偿费用如误工费、交通费、医疗费等国家法律范畴内有规定的，要尽量按此依据说服顾客，如属于精神方面的赔偿，则要求助专业法律人员帮助解决。

（3）顾客赔偿方面须有书面的材料和发票；

（4）难以鉴定价值的商品，必须由专业的鉴定机构进行公平合理的鉴定，以最终确定赔偿金额。

（四）顾客在超市内丢失财物的问题

案例1：顾客在超市中购物，将手提包放在购物车中丢失。

案例2：顾客在超市中购物，结账时发现钱包被盗。

解决方案：

（1）安慰顾客并表示同情；

（2）提醒顾客在超市内注意安全，要有防盗意识；

（3）将此事通知保安部门；

（4）建议顾客打110报警。

第四节　投诉处理的技巧

一、处理投诉的一般技巧

1. 虚心接受顾客投诉，耐心倾听对方诉说

听是一门艺术，是静静地听，静下心来听，听顾客投诉的到底是什么问题，是什么原因产生了这个问题，而不要把你的见解，你的立场强加到顾客身上。在听的过程中，不仅要看着对方的眼睛，还应该点头表示赞同。在赞同的时候，再给出解释。千万不能走神，不能在顾客提意见的时候，你还东张西望，要跟顾客站在同一条线上，把顾客当朋友来处，让顾客认可你。要把顾客重要的观点记下来，这是倾听后对顾客所提建议的尊重。待顾客叙述完后，复述其主要内容并征询顾客意见。对于较小的投诉，自己能解决的应马上答复顾客。对于当时无法解答的，要做出时间承诺。在处理过程中无论进展如何，到承诺的时间一定要给顾客答复，直至问题解决。

2. 表示愿意提供帮助

"让我看一下该如何帮助您"，"我很愿意为您解决问题"。比如对顾客说，当顾客正在关注问题的解决时，工作人员体贴地表示乐于提供帮助，自然会让顾客感到安全、有保障，从而进一步消除对立情绪，取而代之的是依赖感。问题澄清了，顾客的对立情绪减低了，工作人员接下来要做的就是为顾客提供解决方案。

3. 设身处地，换位思考

当接到顾客投诉时，首先要有换位思考的意识。如果是本方的失误，首先要代表企业表示道歉，并站在顾客的立场上为其设计解决方案。对问题的解决，也许有3～4套解决方案，可将自己认为最佳的一套方案提供给顾客，如果顾客提出异议，可再换另一套，待顾客确认后再实施。当问题解决后，至少还要有1～2次征求顾客对该问题的处理意见，争取下一次的合作机会。

4. 认同顾客的感受

顾客在投诉时会表现出烦恼、失望、泄气、发怒等各种情感。不应该把这些表现当做是对工作人员个人的不满。特别是当顾客发怒时，可能心里会想："凭什么对着我发火？我的态度这么好"。要知道愤怒的情感通常都会从潜意识中通过一个载体来发泄。因此，顾客仅是把工作人员当成了倾听对象。

顾客的情绪是完全有理由的，是理应得到极大的重视和最迅速、合理的解决的。所以让顾客知道你非常理解他的心情，关心他的问题。无论顾客是否永远是对的，至少在顾客的世界里，他的情绪与要求是真实的，工作人员只有与顾客的想法一致，才有可能真正了解他的问题，找到最合适的方式与他交流，从而为成功的投诉处理奠定基础。

5. 有理迁让，处理结果超出顾客预期

纠纷出现后要用积极的态度去处理，不应回避。在顾客联系你之前先与顾客沟通，让他了解每一步进程，争取圆满解决并使最终结果超出顾客的预期，让顾客满意，从而达到在解决投诉的同时抓住下一次商机。

6. 承受压力，用心去做

当顾客的利益受到损失时，着急是不可避免的，以至于会有一些过分的要求。作为客服人员此时应能承受压力，面对顾客始终面带微笑，并用专业的知识、积极的态度解决问题。

7. 长期合作，力争双赢

在处理投诉和纠纷的时候，一定要将长期合作、共赢、共存作为一个前提，以下技巧值得借鉴。

(1) 学会识别、分析问题。

(2) 要有宽阔的胸怀、敏捷的思维及超前的意识。

(3) 善于引导顾客，共同寻求解决问题的方法。

(4) 具备本行业丰富的专业知识，随时为顾客提供咨询。

(5) 具备财务核算意识，始终以财务的杠杆来协调收放的力度。

(6) 有换位思考的意识，勇于承担自己的责任。

(7) 处理问题时留有回旋的余地，任何时候都不要将自己置于险境。

(8) 处理问题的同时，要学会把握商机。通过与对方的合作达到双方共同规避风险的共赢目的。

8. 幽默的语言可以解决棘手问题

幽默的语言可以拉进与顾客之间的距离，也能够让顾客感到一种和谐自然的享受境界，经常能解决很多问题。

9. 解决问题

针对顾客投诉，每个企业都应有各种预案或解决方案。工作人员在提供解决方案时要注意以下几点。

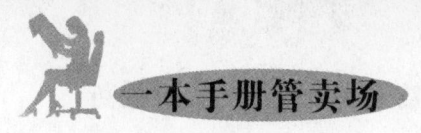

（1）为顾客提供选择。通常一个问题的解决方案都不是唯一的，给顾客提供选择会让顾客感到受尊重，同时，顾客选择的解决方案在实施的时候也会得到来自顾客方的更多认可和配合。

（2）诚实地向顾客承诺。能够及时地解决顾客的问题当然最好，但有些问题可能比较复杂或特殊，工作人员不确信该如何为顾客解决。如果不确信，不要向顾客作任何承诺。而是诚实地告诉顾客情况有点特别，尽力帮顾客寻找解决的方法，但需要一点时间。然后约定给顾客回话的时间，一定要确保准时给顾客回话。即使到时仍不能帮顾客解决，也要准时打电话向顾客解释问题的进展，表明自己所做的努力，并再次约定给顾客答复的时间。同向顾客承诺做不到的事相比，诚实会更容易得到顾客的尊重。

（3）小恩小惠买人心。为了弥补企业操作中的一些失误，可以在解决顾客问题之外给一些额外补偿。但要注意的事：一是先将问题解决；二是改进工作，要避免今后发生类似的问题。现在有些处理投诉部门，一有投诉首先想到用小恩小惠去息事宁人，这样不能从根本上减少问题的发生，反而造成了错误的期望。

此外，客服人员应明白自己的职责，首先解决顾客最想解决的问题，努力提升在顾客心目中的地位及信任度，通过专业知识的正确运用和对企业政策在不同情况下的准确应用，最终达到顾客与企业都满意的效果。

二、根据投诉顾客的分类处理技巧

1. 易怒的顾客：脾气比较暴躁

处理方法：针对这样的顾客，要以柔克刚，要多沟通，让顾客知道自己的问题，或是工作人员因什么原因造成的问题等，妥善地解决。这类顾客最容易成为忠实的口碑传播者，所以工作人员不要吝啬自己温暖的语言和道歉。

2. 古怪的顾客：性情难以琢磨

处理方法：任着他的性子来。越是来投诉的顾客，更方便工作人员与顾客进行"感情"交流，恰当的方式往往增加顾客的好感，减缓顾客的愤怒情绪。

3. 霸道的顾客：强词夺理

处理方法：霸道，应该说是也属于占小便宜之类的人物。因为贪图小便宜，所以，表现自己"上帝"的地位，来"拿"认为是该拿的。应对此类的顾客，道理讲不通，可以通过侧面来证实自己的实力和不卑不亢的职业精神。

4. 知识分子的顾客：不温不火，头头是道

处理方法：别认为这样的顾客容易打发，正因为这样的顾客本身具有一定的知识，这就要求娴熟的店员从知识方面入手，然后见山侃山，见水侃水，水到渠成，若处理好，或许这样的顾客还会给带来一些（如工程等）意想不到的收获。

5. 文化素质差的顾客：不懂得欣赏

处理方法：这样的顾客文化素质差，不懂得欣赏或使用产品，店面接触这样的顾客一般都不是很顺利，甚至还被骂得似乎一文不值，遇到此类顾客投诉，不要急，

他们缺少的只是对产品的认识和认可，店员可以根据其需要着重对其服务。

6. 喋喋不休的顾客：总是说个没完

处理方法：这样的顾客被很多店员私下称为是"神经质"的顾客，针对这样顾客的投诉，工作人员要听他的"唠叨"，要让他感觉到，只要听到他的"唠叨"，工作人员就能去完美地解决事情。

三、处理异议的技巧

1. 忽视法

所谓"忽视法"，顾名思义，就是当顾客提出一些反对意见，并不是真的想要获得解决或讨论时，如果这些意见和眼前的目的扯不上直接关系时，只要面带笑容地同意他即可。

对于一些"为反对而反对"或"只是想表现自己的看法高人一等"的顾客意见，若是认真地处理，不但费时，还有旁生枝节的可能，因此，只要让顾客满足了表达的欲望，就可采用忽视法，迅速地引开话题。

2. 补偿法

当顾客提出的异议，有事实依据时，应该承认并欣然接受，强力否认事实是不明智的举动。但记得，要给顾客一些补偿，让他取得心理的平衡，也就是让他产生两种感觉：

（1）产品的价格与售价一致的感觉。

（2）产品的优点对顾客是重要的，产品没有的优点对顾客而言是不太重要的。

世界上没有一样十全十美的产品，当然要求产品的优点愈多愈好，但真正影响顾客购买与否的关键点其实不多，补偿法能有效地弥补产品本身的弱点。补偿法的运用范围非常广泛，效果也很实用。

3. 太极法

太极法的基本做法是当顾客提出某些不购买的异议时，工作人员能立刻回复说："这正是我认为您要购买的理由"。如果工作人员能立即将顾客的反对意见直接转换成为什么他必须购买的理由则会收到事半功倍的效果。

太极法能处理的异议多半是顾客通常并不十分坚持的异议，特别是顾客的一些借口，太极法最大的目的，是让工作人员能借处理异议而迅速地陈述他能带给顾客的利益，以引起顾客的注意。

4. 询问法

询问法在处理异议中有两种作用：

（1）通过询问，把握住顾客真正的异议点。

（2）避免引出更多的异议。

5. "是的……如果"法

人有一个通性，不管有理没理，当自己的意见被别人直接反驳时，内心总是不痛快，甚至会被激怒，尤其是遭到一位素昧平生的工作人员的正面反驳。屡次正面

反驳顾客，会让顾客恼羞成怒，就算你说得都对，也没有恶意，还是会引起顾客的反感，因此，工作人员最好不要开门见山地直接提出反对的意见。在表达不同意见时，尽量利用"是的……如果"的句法，软化不同意见的口语。用"是的"同意顾客部分的意见，用"如果"表达在另外一种状况是否这样比较好。

6. 直接反驳法

在"是的……如果"法的说明中，已强调不要直接反驳顾客。直接反驳顾客容易陷于与顾客争辩而不自觉，往往事后懊恼，但已很难挽回。但有些情况必须直接反驳以纠正顾客不正确的观点。例如：顾客对你的服务、企业的诚信有所怀疑时；顾客引用的资料不正确时。

出现上面两种状况时，必须直接反驳，因为顾客若对服务、企业的诚信有所怀疑，缔结成功的机会几乎可以说是零。如果顾客引用的资料不正确，你能以正确的资料佐证你的说法，顾客会很容易接受，反而对你更信任。使用直接反驳技巧时，在遣词用语方面要特别的留意，态度要诚恳，对事不对人，切勿伤害了顾客的自尊心，要让顾客感受到你的专业与敬业。

7. 转化处理法

转化处理法是利用顾客的反对意见自身来处理。顾客的反对意见是有双重属性的，它既是交易的障碍，同时又是一次交易机会。工作人员要是能利用其积极因素去抵消其消极因素，未尝不是一件好事。

这种方法是直接利用顾客的反对意见，转化为肯定意见，但应用这种技巧时一定要讲究礼仪，而不能伤害顾客的感情。此法一般不适用于与成交有关的或敏感性的反对意见。

8. 委婉处理法

工作人员在没有考虑好如何答复顾客的反对意见时，不妨先用委婉的语气把对方的反对意见重复一遍，或用自己的话复述一遍，这样可以削弱对方的气势。有时转换一种说法会使问题容易回答得多。但只能减弱而不能改变顾客的看法，否则顾客会认为歪曲他的意见而产生不满。

9. 合并意见法

合并意见法是将顾客的几种意见汇总成一个意见，或者把顾客的反对意见集中在一个时间讨论。总之，是要起到削弱反对意见对顾客所产生的影响。但要注意不要在一个反对意见上纠缠不清，因为人们的思维有连带性，往往会由一个意见派生出许多反对意见。摆脱的办法是在回答了顾客的反对意见后马上把话题转移开。

10. 冷处理法

对于顾客一些不影响成交的反对意见，工作人员最好不要反驳，采用不理睬的方法是最佳的。千万不能顾客一有反对意见，就反驳或以其他方法处理，那样就会给顾客造成你总在挑他毛病的印象。当顾客抱怨你的公司或同行时，对于这类无关成交的问题，都不予理睬，转而谈你要说的问题。

四、处理顾客抱怨的策略

1. 正确及时地消除顾客的不满情绪

对于顾客的不满应该及时正确地处理，拖延时间只会使顾客的抱怨变得越来越强烈，使顾客感到自己没有受到足够的重视。例如，顾客抱怨产品质量不好，企业通过调查研究，发现主要原因在于顾客的使用不当，这时应及时地通知顾客维修产品，告诉顾客正确的使用方法，而不能简单地认为与企业无关，不加以理睬。虽然企业没有责任，这样也会失去顾客。如果经过调查，发现产品确实存在问题，应该给予赔偿，尽快告诉顾客处理的结果。

2. 把顾客的抱怨与解决情况记录存档

对于顾客的抱怨与解决情况，要做好记录，并且企业应定期地总结，发现在处理顾客抱怨中出现的问题：对产品质量问题，应该及时通知生产方；对服务态度与技巧问题，应该向管理部门提出，加强教育与培训。这种记录不是在超市简单登记，而是作为系统管理的一个部分。

3. 追踪调查顾客对于抱怨处理的态度

处理完顾客的抱怨之后，应与顾客积极地沟通，了解顾客对于企业处理的态度和看法，增加顾客对企业的忠诚度。

4. 不能忽视顾客的抱怨

当顾客投诉或抱怨时，不要忽略任何一个问题，这有可能有一些深层次的原因。对于顾客抱怨的重视，不仅可以增进企业与顾客之间的沟通，而且可以诊断企业内部经营与管理所存在的问题，可利用顾客的投诉与抱怨来发现企业需要改进的领域。

5. 分析顾客抱怨的原因

顾客因为不同的原因而产生抱怨，处理顾客抱怨时，首先应仔细地分析顾客产生抱怨的原因。比如，一个顾客在某超市购物，对于他购买的产品基本满意，但是他发现了一个小的问题，提出来替换，但是售货员不太礼貌地拒绝了他。这时他开始抱怨，投诉产品质量。但是事实上，他的抱怨中，更多的是售货员服务态度问题，而不是产品质量问题。

对服务部门来说，妥善处理顾客投诉的系统和程序是在最佳的投资环境中形成的，其原因主要有以下三点。

（1）在新顾客较难获得的经济环境中，与现有顾客建立良好的关系是很重要的。

（2）良好的赔偿制度和投诉处理能带来额外的销售额，并能提高企业形象。这种投资可能产生 50%～400% 的投资收益，而其他投资很难达到这个数字。

（3）投诉是免费而又真实可靠的反馈信息，那些投诉的顾客能够帮助提高服务质量。

事实虽然如此，但很少有企业对于建立理想的投诉制度而做出必要的投入。许多企业对顾客的投诉总抱有一种敌视的态度。这些企业的服务部门经常由低收入、低素质的人任职。投诉常常没有全面正确地反馈到企业，因而企业并未对此做出改

进，并且投诉也没有被用于更新数据库的有关数据和程序或市场销售及运作的反馈，从而发现问题。

由于所有这些原因，企业也许会严重地流失掉一些忠实的顾客——他们花费时间、精力、不遗余力地以最快的速度投诉。实际上，假如深入挖掘这些资料，那么企业就能采用相对容易且花费不多的方法阻止顾客的流失，并且将愤怒的顾客变为企业的常客。

6. 质量保修卡

质量保修卡是服务保证的一个很好的例子，把消除引起顾客不满的因素制度化，是一种很好的方法。为确保成功，服务保证必须符合特定的标准。

（1）赔偿与过失相符才是有意义的。

（2）简单易行，顾客很容易弄明白，没有太多的专业生僻术语。

（3）很容易运用的，不需要收据、书面报告等。

（4）服务保证是不受限制的，没有特殊的注解说明书，没有个别的情况。

无论采用何种方法去纠正错误，处理问题的迅速及时始终是最重要的。这意味着将不得不加强训练一线员工去听取顾客意见，并提供最合适的个性化的回复。

7. 使5%的顾客完全满意

通常地，那些提出正式投诉的人，在寄出投诉信或打电话给顾客关系部之前，已经至少尝试了两次使他们的意见被听取。他们确实想继续与企业打交道，因此，他们坚持不懈地努力帮助企业解决问题。比起其他的95%的顾客，他们应得到的是一种更快速、更有人情味的回复。所谓"快"的意思，即信访中心应在24小时内处理一个电话投诉，24小时寄出写好的投诉答谢信，一星期内对通过邮件收到的投诉做出回复。

某饭店有一条称作"24/48/30"的规则。它的意思就是24小时内承认错误，48小时内承担责任，30天内解决问题。这个要诀可被理解为并非所有的5%的顾客都有相同的期望。

在对顾客的调查中，表现出坚持不懈地与顾客关系部联系的顾客可分为五类。

（1）质量监督型（20%～30%）。质量监督型的顾客告诉你什么正在变坏，因此为了他们下次的光临和购买，你必须改进你的服务质量。

（2）理智型（20%～25%）。理智型的顾客希望他们的问题得到答复。

（3）谈判型（30%～40%）。谈判型的顾客想要求赔偿。

（4）受害型（15%～20%）。受害型的顾客需要同情。

（5）忠实拥戴型（5%～20%）。忠实拥戴型的顾客希望传播他们的满意。

许多企业因为没有认识到这样的分类使得顾客关系部门往往处理不好顾客的投诉。这是非常普遍的现象。许多一流的欧洲企业，没有一家在回复顾客投诉时使其满意率超过50%的。简言之，每一个来自顾客关系部的二次回复，都不会让曾经至少在三种场合下投诉过的顾客满意。

五、情绪管理法

（一）认识情绪

情绪是人对客观事物态度的体验，是人的需要获得满足与否的反映。健康心理和良好情绪能正确地反映工作人员控制自我情绪的能力。工作人员应控制消极情绪，时刻表现出积极的一面。始终如一地保持积极的、平和的情绪，这是每个工作人员必须做到的。

人类的需要多种多样，因而也会产生出复杂多样的情绪。当客观事物能够满足人的需要时，人就会产生积极的情绪体验，如高兴、喜悦、满意；反之，则会使人产生消极的情绪体验，如悲痛、愤怒、生气等。

负面情绪，最糟的不是它的破坏力，而是它将持续烙印在顾客的心里，对其造成长久的不良影响。很多人以"涟漪"为例，形容一个人的快乐或一个人的愤怒，如何能层层传递给其他相干或不相干的人。然而，"涟漪"在波动过后就消失于无形，并未表现出来，而情绪的影响可能深植人心。要知道，即使是短暂的情绪发泄过后也有可能会在别人心中留下不可磨灭的印象。

工作人员无法把情绪从顾客身上剥离，也无法忽视情绪对顾客行为的影响。顾客的情绪状态是好是坏，是悲是喜，决定着他们对产品和服务是接受还是拒绝。能否让顾客感觉愉快，决定着企业是否有前进的能力和价值。顾客的情绪里，有无限的商业机会。解读顾客情绪，才能知道他们想得到什么样的商品。

（二）顾客情绪控制

1. 化解负面情绪的 LSCPA 模型

（1）倾听（Listen）。让顾客发泄并让其知道已了解他的问题。顾客不满时只想做两件事情：表达他的情感和解决他的问题。

操作要点：先解决心情，再解决事情。

合适的话：伴以关注的眼神和倾听的姿态，如"您能说得更详细些吗"，"我这样理解对吗"。

避免说的话："你可能不明白"，"你肯定弄混了"，"你应该"，"工作人员不会"，"工作人员从没"、"工作人员不可能"，"你弄错了"，"这不可能的"。

（2）分担（Share）充分道歉，理解其感受，即使发现问题有解决方案，也不要在顾客开口时打断他，当认为他的心情开始平息和趋于理智，再开始讨论处理办法。

操作要点：需要注意的是，当顾客提出的抱怨缺乏合理性时，要表示理解，但不立即反驳或告诉他你无能为力。

合适的话："我也有同样感受"。

（3）澄清（Clarify）。搜集足够的信息并确认问题所在。

操作要点：弄清楚顾客到底要什么？立即了解顾客资料；判断问题的根本是什么？尽快判定形成解决方案的要素。主要询问身份性问题、描述性问题、澄清性问

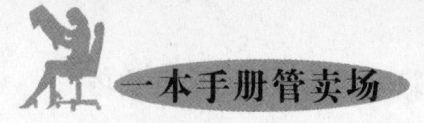

题、结果性问题。

合适的话："请先别急，我给您解释一下好吗"，"从另一个角度来看，这个问题是……"。

（4）陈述（Present），给出合理解决方案。

操作要点：注意转移问题的技巧；有无替代方案；注意掌控跟踪。

合适的话："我有一个建议，不知您觉得是否可行"，"另外一种可能性是……"、"工作人员是否可以尝试……"。

（5）要求（Ask）。征求顾客意见。

合适的话："您看哪种方案更适合您呢"，"您觉得这种方案更好，对吗，真是有眼光"，"您也是这么想的吗？真是英雄所见略同啊"。

2.3F 法

3F 法是指：顾客的感受，别人的感受，发觉（Feel，Felt，Found）。

Feel－我理解您为什么会有这样的感受。

Felt－其他顾客也曾有过相同的感受。

Found－经过说明后，他们发现这种规定是保护他们的利益的。

3. 引导征询法

引导征询法是一种为了平息顾客的不满，主动了解顾客的需求和期望，双方认同并能够接受的沟通技巧。经验告诉工作人员，单方面提出方法往往会引起顾客的质疑和不满。要知道顾客最终的想法是什么？还可适当探询顾客的承受范围，例如，"您还有没有其他的处理建议呢"，"您希望工作人员怎样做呢"。

4. 谅解法

谅解法即要求工作人员能够迅速核清事实，并向顾客表示道歉，取得顾客的谅解。谅解法是通过和顾客进行坦诚的、建设性的交流，双方就一些彼此在意的问题进行充分沟通，并达成谅解，是消除误解和烦恼的最直接有效的办法。

5. 三明治法

三明治的上下都是面包片，而中间是不同的蔬菜或肉类。顾名思义，三明治法就是采用三明治结构的语言提出异议。例如，肯定·异议·肯定；您·你·您；认可·转折·认可。当顾客提出的问题和反映的问题工作人员无法直接否定或拒绝的时候，可以采用三明治法。

6. 移情法

移情法是一种精神安慰法，从情绪反应特征来看，移情是对他人情绪状态或情绪条件的认同，其核心是与人的情境相一致的情绪状态，心理学的机制为：条件反射、联想、模仿、角色扮演。

7. 合一架构法

我很了解（理解）……同时……

我很感谢（尊重）……同时……

我很同意（赞同）……同时……

例如，我清楚事情的经过了，同时我代表企业向您致歉，真是对不起；我明白您的意思了，同时我想给您一些建议；我非常理解您的感受（心情），同时我也能感受到那一定是让人很不愉快的；我非常尊重您的选择，同时我想向您做些解释。

8.7A 法

（1）情感第一。

①Accept——接受 用积极的语调表示你提供帮助的能力和许诺。不要主观行事，从积极的方面予以考虑。在整个事件处理过程中，使用顾客的名字。

②Appologize——道歉 道歉更重要的是对顾客表示工作人员的尊重而不是工作人员的失误。真诚的道歉，表达工作人员带给顾客的不便之处。

③Acknowledge——认同 感同身受。表示工作人员的理解和愿意提供帮助的意愿。

（2）解决问题第二。

①Analyze——分析 将每个案例区分对待。避免偏见和意气用事。不打断顾客，虚心倾听顾客的意见。收集信息时，提问题并澄清自己的理解程度。

②Alternatives——权宜 在权限范同内，提出合理、可行的解决办法而不是敷衍。要尽可能提供多种解决方案或建议。

③Agreement——协议 确认提出的方案对顾客是可行的。

（3）满意的结果第三。

Assure——保证 表达工作人员的真诚关爱。表达今后进一步提供帮助的承诺。感谢顾客对企业发展的有效帮助。

六、沟通技巧法

（一）沟通五步法

1. 用心服务

（1）用心。在与顾客交流前，工作人员用心地了解整个事件的过程，有助于与顾客建立良好的沟通。与顾客交流时，用心地聆听顾客的不满，让顾客倾诉自己的遭遇，会对进一步的沟通起到良好的铺垫作用。如果做到了用心，工作人员一般都能准确掌握顾客的投诉意图，从而提出合理的解决方案，化干戈为玉帛。

（2）诚心。诚心表现在遵守与顾客约定交流的时间，对顾客服务工作中的疏忽真诚地致歉等，这都是最基本的服务礼仪。诚心的主旨是指客服代表要言行一致，不随便承诺拿不稳、做不到的事情，不出尔反尔。在顾客投诉时，要弄清楚顾客投诉问题的主要缘由，是顾客的原因，还是企业的原因。如果是顾客的原因，就诚恳地指出并解释说明；如果是企业的原因，则要诚心地面对问题，与顾客协商解决办法，争取顾客的谅解。

（3）恒心。面对投诉，工作人员既用心地倾听了顾客的意见，又诚心地反馈了

处理的办法，顾客也可能仍然余怒未消。这时，工作人员就需要拿出恒心来，创造机会与顾客二次沟通，让顾客说出心中的真实想法，从而找到解决问题的真正途径，让顾客真正满意而归。

2. 承担责任

根据调查发现，顾客对投诉最大的不满是责任方的漠不关心或据理力争。找借口或拒绝，只会使顾客的情绪火上浇油，适时地表示歉意会起到意想不到的效果。工作人员聆听了顾客的投诉，理解了他们投诉的原因和感受，那么就有必要对顾客表示歉意，从而使双方的情绪得到控制。当问题发生时，很容易逃避责任，说这是别人的错。当不是自己的过错时，员工往往不愿意道歉，但为使顾客的情绪更加平静，即使顾客是错的，道歉也是对的，一句"对不起"，至少可以化解顾客20％的怨气，一定要为顾客情绪上受的伤害表示歉意。顾客不完全是对的，但顾客就是顾客，他永远都是第一位的。

3. 仔细询问

在倾听投诉顾客诉说的过程中，有不明白的地方，一定要仔细询问清楚。因为服务工作是一个复杂的过程，每一个细节都很重要，投诉顾客不一定能全面、真实地反映整个问题。所以，要通过工作人员的询问，引导他们说出问题的重点，尽量确保投诉的真实性。鼓励顾客把事情讲清楚。顾客投诉时情感因素在起作用，所以要鼓励顾客详细讲述。

4. 记录问题

对投诉顾客所反映的问题，一定要认真做好记录。一方面作为处理问题留存的资料证据；另一方面也表示对投诉顾客的尊重。对每一起顾客投诉及其处理结果要做出详细的记录，包括投诉内容、处理过程、处理结果、顾客满意程度等。通过记录，吸取教训，总结经验，为以后更好地处理顾客投诉提供参考。

5. 解决问题

预备应急和预见性的方案。应迅速就目前的具体问题，向顾客说明各种可能的解决办法，或者询问他们希望怎么办，充分听取顾客对问题解决的意见，对具体方案进行协商。然后，确认方案，确定将要采取的各种行动，解决问题。要重复顾客关心的问题，确认顾客已经理解，并承诺不会再有类似的事件发生。

（二）CSR（呼叫中心坐席）的基本行为

1. 聆听 CARESS

（1）C——Concentrate（专注）　聆听首先要专注，这样才能排除沟通过程中的障碍，这些障碍可能是外部噪声，更多的是因为文化背景的差异继而影响正常的沟通，如语言、价值观的不同等。

（2）A——Acknowledge（确认）　在对话过程中，可以通过一些语气词如"哦"、"啊"或者点头等举动让对方知道你在认真地听。这种沟通过程中的不断确认会让对方感到轻松，觉得你能真正理解和尊重他或她，更容易使顾客尽情地表达自己的思想，亦有助于与顾客建立信赖关系。

（3）R——Respond（反应）　在沟通过程中，通过反馈信息、提问等方式，可保证沟通的顺畅。尤其是在跨文化沟通中，需要不断地提问来保证你所听到的和理解的信息与顾客欲表达的信息一致。

（4）E——Exercise Emotional Control（情感控制）　这一点在聆听过程中比较难做到。因为在交谈中，工作人员时常会对顾客的话产生偏见，有时，对沟通者也会产生偏见，从而导致一些依据自己价值观的判断。遇到这种情况，工作人员就应该极力控制自己的情绪，保持冷静的头脑，重新调整自己的心态和思维，客观地、积极地、主动地听取顾客的信息。

（5）S——Sense（感觉）　在交谈中，顾客可能有些话没有通过语言表达出来，但是通过非语言的信号如面部表情、眼神、说话的语气等流露出来。可以通过这些非语言信号观察和感觉顾客并没有说出的意思。

（6）S——Structure（结构）　Structure 属于聆听过程技术的层面。在真正了解了顾客的信息，清楚了顾客的意图、目的后，考虑以什么方式，能更有效地表达自己的意思。例如，用怎样的次序、逻辑来组织你的信息，让顾客更容易理解你的意思，或者怎样更具有说服力，以及更有效地反馈顾客需要的信息等。

聆听和任何一种技能一样，都需要不断练习，并在日常生活和工作中不断运用才能提高这一技能。不用怀疑，优秀的聆听技能是个人竞争力不可或缺的组成部分。

2. 回应

（1）重复顾客说话的重点。"我听到你说……"；"你刚才是不是说……"；"如果我没有理解错的话，你说的是……"。

（2）感性回应。把顾客说的话加上自己的感受再说出。

（3）讲一个故事。就是把自己想表达的意思转化为一个人的故事。

（4）扭曲就是把顾客的话题转换一个主题。

3. 确认

在顾客讲话的过程中，可能会有一些词语没有听清，也可能有一些专业术语不懂，这就特别需要向顾客进行确认，进一步明确顾客所讲的内容。同时，跟顾客交流时一定要注意自己的术语使用问题，不能运用太多的术语，以免给顾客造成理解上的障碍。

4. 解决

第一步：发生状况，把握事实。积极地观察、了解在实时、实地、实际产品中发生的事实，主要通过 5W2H 来收集（When，Where，Who，What，Why；How，How much）

第二步：要因调查。通过系统地问和答，弄清顾客问题的真正原因。

第三步：采取适当对策，既要站在顾客的角度思考，也要站在企业的角度思考，尽最大可能地找出双赢的策略。

第四步：确认顾客满意。顾客没满意，就是问题没有得到彻底的解决，如果由于工作人员成了顾客第二次投诉的原因之一，那么被投诉的工作人员就成了问题的一部分。

5. 建议

正确分析出顾客感觉到的问题点或想要进行的改善点，找出顾客对现状感到不满的地方，知道了顾客对现状的不满意点，工作人员就能构想出改善的方法。

6. 上报

在什么情况上报呢？一般来说需要上报的投诉有如下几个特点：升级投诉要上报；疑难投诉要上报；重大投诉要上报；过分骚扰顾客要上报。

7. 协商

对于一些确实给顾客造成了损失的服务，工作人员要站在企业的角度，尽最大的可能把企业的损失减到最少。这个时候，工作人员要用协商的态度与顾客进行坦诚的沟通，不仅要解决顾客的问题，也要减少企业的损失。

七、有效沟通的语言特征

语言包括书面语言和口头语言，两者都需要礼貌、简洁。有效的口头表达是声音素质和其他个人素质综合作用的结果。一个人的声音素质——发音的音调、音量、口音、语言的速度、停顿及语调的不同，都会影响沟通的效果。其他个人素质包括讲话清晰、准确、真实等。

要想清晰地表达自己的想法，语言必须简洁，所讲的材料必须条理化，使用明确的词汇。清晰来源于精心的准备。为达到清晰，必须理解和组织语言，并对它进行总结。

讲话的准确性有赖于所掌握信息的全面性及词汇量的多少。即使顾客只发现你出现一个错误，你也会陷入困境。在与顾客沟通时，要避免以下几种不准确情况：数据不足；资料解释错误；对关键部分的无知；无意识的偏见和夸张；虚假的宣传。

讲话简洁就是尽量以比较少的文字传递尽量多的信息。每一个人的时间都是有价值的，没有人喜欢不必要的、烦琐的沟通。但简洁并不意味着绝对地采用短句子或省略重要的信息，它是指字字有实际内容。

同时，还要留意语速。语速对发出的信息也会有影响。快速的讲话会给对方一种紧迫感，虽然有时是需要这种效果的，但如果一直快速讲话，会使对方转移注意力，并难以理解你的话。反之，也不能讲得太慢，这会使听者不知所云，或者使听者厌倦而抓不住讲话的思路。好的讲话者会根据所说语句的相对重要性来变换速度：即不重要的话语说得快，而重要的话语说得慢。

八、非语言交流的重要性

人们所做的任何一件事情都是在交流，常常在发出语言信息的同时伴有非语言信息。如快下班时来了一位顾客，你微笑着对他说："欢迎光临，很高兴为您服务。"

但你不时地偷看手表，这种非语言交流表明顾客不怎么受欢迎。非语言沟通主要包括身体语言、沉默、时空等。人在交流时伴随着各种各样的身体语言，如面部表情、身体姿态、动作、姿势等。身体语言是非语言交流的主要形式，它往往是人们内心世界的真实表现。与有声语言相比，身体语言更具有可靠性和真实性，可以更好地表达情感和态度。在与顾客交往时，一方面要注意把握对方的身体语言；另一方面要恰当表达自己的身体语言。在与顾客交流时，需要注意以下问题：面对顾客投诉时，你会皱眉头吗？你的微笑恰当吗？眼睛是看着地下还是瞪视对方？

适当的面部表情是因高兴而微笑，因生气而皱眉，表情开朗、稳定。目光稳定，既不要逃避对方，也不要故意瞪视对方。在与顾客交流时，要站如松、坐如钟，表明你对顾客很专心。当你懒洋洋地坐着或站着时，会显得不专心或冷漠。

当你需要为不满的顾客解决某些问题时，你的动作是否很慢？不满的顾客希望看到你迅速地对他们的要求做出答复。这虽然并不意味着你一定得全速奔跑，但也不要慢悠悠地不当回事。你要知道，你的举手投足对顾客的影响是非常大的。

沉默是一种强有力的沟通工具，我们不仅要正确理解沉默，还要善于利用沉默。当顾客进行投诉时，沉默不仅表示你在倾听，而且也可以考虑处理问题的策略。当顾客称赞竞争对手的品牌好时，虽然你不认为对手的牌子好，但你也不能否认顾客的看法，讲对手的坏话。这样做可能会伤害顾客的感情，也有损你的形象。此时你可以利用沉默，保留意见。沉默可以意味着赞同、倾听、思考；也可以意味着抗议、不感兴趣、无话可说。这一切，都在于顾客的感觉。所以，你要根据顾客的感情变化，灵活地加以应用。

非语言沟通中还包括时间和空间。人们对于时间和空间的不同态度和行为，表明对事件的不同想法。迟到意味着你不重视这个顾客，你觉得这单生意无所谓，你是一个不守信用的人……如果你提前到达，则可能说明相反的意思。对于空间，每个人都有属于自己的空间领域，不仅空间影响我们的交流，我们也利用空间进行交流。和顾客的距离远近，可表达不同的意思。距离过远，可能显得冷淡、自我防卫；而距离过近，则让顾客有种被侵犯的感觉。

第五章 | 投诉预防管理

第一节 提高顾客满意度

顾客满意是指顾客对一件产品满足其需要的绩效与期望进行比较所形成的感觉状态。换句话说，顾客在购买或消费超市提供的产品或服务的过程及之后，会产生一种自己的要求是否已被满足的心理感受或认知，这种感受或认知直接反映了顾客对产品或服务是否满意。顾客满意度就是指顾客对超市所提供的产品或服务满足其要求的程度。提高顾客满意度，就会大幅度减少顾客投诉发生的可能性。

一、顾客满意与顾客忠诚的关系

长期以来，人们普遍认为顾客满意与顾客忠诚之间的关系是简单的、近似线性的关系，即顾客忠诚的可能性随着其满意程度的提高而增大。在一般的顾客满意程度调查中，人们用从1～5的尺度来衡量顾客满意程度，从1～5依次表示非常不满意、不满意、一般满意、满意和非常满意（完全满意）。许多超市的管理人员认为，只要顾客对超市产品和服务表示满意（评分4），超市与顾客之间的关系就已很稳固，要让顾客完全满意，超市必须大量投资，付出很大努力，但却不会因此增加多少收益，所以没有必要追求100％的顾客满意。然而，施乐公司却向这种观点提出了挑战，该公司发现，完全满意（评分5）的顾客在调查之后18个月内的再次购买率是满意（评分4）的顾客的6倍。

顾客满意与顾客忠诚之间究竟有何联系？美国学者琼斯和赛塞的研究结果表明，两者的关系受行业竞争状况的影响。影响竞争状况的因素主要有以下四类。

（1）限制竞争的法律。如法律规定，电信业务为指定公司专营。

（2）高昂的改购代价。如超市在广告协议未完成时更换广告公司。

（3）专有技术。超市采用专有技术提供某些独特的利益，顾客要获得这些利益，就必须购买该超市的产品和服务。

（4）有效的常客奖励计划。如航空公司推出经常旅行者计划，给予常客奖励，刺激他们更多购买其机票。

在高度竞争的行业中，完全满意的顾客远比满意的顾客忠诚。只要顾客满意程度稍稍下降一点，顾客忠诚的可能性就会急剧下降。这表明，要培育顾客忠诚感，超市必须尽力使顾客完全满意。如果顾客未遇到产品和服务问题，接受调查时他们会感到很难做出不好的评价，而会表示满意。但是，如果超市的产品和服务过于一般，并未让顾客感到获得了较高的消费价值，就不易吸引顾客再次购买。

在低度竞争的行业中，顾客满意程度对顾客忠诚感的影响较小。在低度竞争情况下，不满的顾客很难跳槽，他们不得不继续购买超市的产品和服务。但顾客心里并不喜欢这家超市的产品和服务，他们在等待机会，一旦能有更好的选择，他们将很快跳槽。这种表面上的忠诚是虚假的忠诚，有一定的欺骗性。因此，处于低度竞争情况下的超市应居安思危，努力提高顾客满意程度，否则一旦竞争加剧，顾客大量跳槽，超市就会陷入困境。

顾客忠诚包含一个态度成分和一个行为成分。前者指顾客对超市的员工、产品和服务的喜欢与留恋的情感，又称顾客忠诚感。行为成分受态度成分的影响，顾客忠诚感以顾客的多种行为方式表现出来，这些行为方式包括再次购买、大量购买、经常购买、长期购买以及为超市的产品和服务作有利的宣传等。琼斯和赛塞主要采用顾客再次购买意向来衡量顾客忠诚感。在市场竞争激烈、顾客改购容易的情况下，这种衡量方法可以较准确地反映顾客忠诚感，但在低度竞争情况下，它很难提示顾客内心的真正态度。这时顾客的再次购买意向主要是由外界因素决定的，一旦外界因素的影响减弱，顾客不忠诚的态度就会通过顾客大量跳槽表现出来。这表明，无论竞争情况如何，顾客忠诚感与顾客满意程度的关系都十分密切。只有顾客完全满意，他们的忠诚感才会比较强烈。

二、提升顾客满意度的着手点

（一）提高顾客满意度的要素

1. 店铺的形象

店铺的形象，即顾客对店铺整体的评价及店铺在相关主体中的口碑。如果店铺不能树立自身良好的形象，就谈不上顾客满意。

2. 有形产品要素

有形产品要素，即店铺销售的商品，这包括商品的品牌、性能、品质及时尚性等很多方面。店铺的特色很大一部分体现在商品的特色中，而要使顾客满意，店铺经营的商品必须迎合顾客的口味。

3. 无形产品要素

无形产品要素，即服务，特别是随着市场竞争日趋激烈，商品的差异化已很难长久保持，所以很难形成店铺的核心竞争力，而服务特别容易差别化，并且在短期内不容易让竞争对手模仿，只有将优质的服务作为核心竞争力，加强与顾客的联系，提高他们的满意度和忠诚度，才能最终占有长久的竞争优势。

（二）提高顾客满意度的要点

1. 发挥销售人员的聪明才智和主动精神

店铺要取得发展固然要有"硬件"，要逐步改善物质条件，增加设施。不过关键还在于"软件"，主要是销售队伍的素质和管理水平。对此，绝不可忽视，因为它可

以在某种程度上弥补物质条件的不足，是增强店铺竞争力的主要因素。

2. 平等对待所有顾客

店铺必须平等对待所有的顾客。我国经商谚语"童叟无欺"也包含了这个意思，即不应该使顾客感到他受到了歧视。例如，要是让小孩感到被歧视了，就会影响家长对店铺的看法，孩子们也会对店铺进行评论。特别要注意的是有的店铺对老顾客倍加照顾，频频招呼，而对第一次来的顾客却不理不睬，这是极端错误的。

3. 重视分别接待

对顾客分别接待是做好服务的基本课题。分别接待就是有针对性地提供服务，尽可能地满足不同层次顾客的实际需求和心理需要，就是把每一个顾客都当做"个人"来接待。如店铺可以对老顾客实行联谊制，通过联谊活动、优惠活动加强与他们的联系，了解他们消费需求的变化。

4. 恰当使用营业语言

在提供服务中，一个很大的问题是营业语言容易与顾客使用的语言产生差距，这常常发生在提供者把自己的语言即营业惯用语强加给顾客。店铺销售人员应尽量使用销售的基本礼貌用语，同时，在与顾客交流中要吐字清晰，说话速度适中，便于顾客理解。

（三）有效运用顾客满意程度调查

1. 正确进行顾客满意程度调查

为了准确地获取所需信息，提高信息的价值，超市应该注意以下四个问题。

（1）防止本超市的员工干扰调查。如果超市单纯依据顾客满意程度评分决定给予员工的奖励，员工必然会想方设法提高顾客的评分，造成信息的失真。为了避免出现这种情况，超市应建立全面而科学的考核标准，根据忠诚的常客率考核员工的工作业绩。管理人员应安排专人或聘请专业调研公司，而不能让考核对象来完成这项工作。

（2）提高调查的针对性。超市没有必要留住所有的顾客，而应特别重视重要的顾客的满意程度。许多超市采用抽样调查的方法了解所有顾客的满意程度，这种做法会对超市的决策工作产生误导：超市花费大量资金去提高次要顾客的满意程度，反而会增加成本费用，降低利润。超市不能集中资源，提高给予核心顾客的消费价值，还可能给竞争对手可乘之机，挖走本超市的核心顾客。因此，超市必须重点调查核心顾客的满意程度，以便不断提高他们的满意程度。

（3）重视单个顾客的满意程度。对于核心顾客，超市调查之后应单独记录他们的满意程度，这样超市就可根据每个核心顾客的具体情况，有区别地对他们进行一对一的营销活动，更有效地提高他们的满意程度。先进的数据库技术为人们实现这一目的提供了便利。

（4）保持调查内容的一致性。这样超市就可进行长期跟踪，检查改进措施的效果，明确下一步的策略和措施。

2. 正确解释顾客满意程度调查结果

为了免受虚假忠诚的迷惑，每个超市都应把本超市的市场设想为竞争激烈的市场，在这个前提下，理解顾客满意程度评分的含义见表 8—2。

表 8—2　顾客满意程度评分表

评分	满意度	含义
5 分	非常满意	很忠诚
3～4 分	满意	容易转向竞争对手
1～2 分	不满	很不忠诚

3. 采用适当的策略提高顾客满意程度

顾客的满意程度不同，超市采取的策略也应不同。影响顾客满意程度的产品和服务成分如下。

（1）基本成分。指顾客期望所有的超市都提供的成分。

（2）辅助服务成分。超市提供辅助服务的目的是方便顾客使用基本成分，增加基本成分的效用。

（3）补救性服务成分。指超市为解决产品问题和纠正服务差错而提供的服务。

（4）特殊服务成分。指超市根据顾客的特殊需要、偏好而提供的定制化服务。

顾客的满意程度不同，超市应着重改进和提高不同的产品及服务。一般情况下，针对满意程度不同的顾客，超市应采取以下不同的策略，见表 8—3。

表 8—3　针对不同满意度超市所采取的策略

评分	满意度	策略
2～3 分	不满意	提高产品和服务基本成分的可靠性
3～4 分	一般满意	提供适当的辅助服务和及时的补救性服务
4～5 分	满意	深入理解顾客期望，提供优质的定制化服务

该表由上到下也可视为提高顾客满意程度的一个循序渐进的过程。

4. 弥补顾客满意程度调查的不足

顾客满意程度调查不能为超市提高产品和服务质量提供具体而明确的信息。另外，要提高顾客的满意程度，超市管理人员往往需要做出重大的投资决策，顾客满意程度调查并不能为管理人员提供投资决策分析所需的各类信息。顾客满意感还是一种不易测量的、不稳定的心理状态，这是顾客满意程度调查固有的缺陷。为弥补其不足，超市还需采用其他途径获取顾客的反馈。

（1）顾客主动反馈的信息。要获得顾客主动反馈的信息，超市应方便顾客投诉，鼓励顾客投诉。超市可以设立免费投诉电话，公开投诉电话的号码，也可在服务场所的显著位置设置宾客投诉台，派专人受理投诉。这些措施都能为顾客提供投诉的方便。通过奖励提出有价值意见的顾客，或对顾客提出意见表示衷心感谢，则可鼓励顾客主动投诉。但最好的鼓励方法是根据顾客提供的情况，立即查清事实，尽快

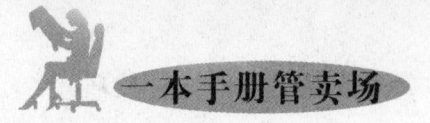

给予明确答复，表现出对顾客意见的重视。

对顾客提出的意见、建议等做详细的记录，并定期进行分析，超市往往可从中发现更有价值的内容。

（2）顾客流失分析和新顾客调查。超市应高度重视跳槽的顾客，尤其是跳槽的核心顾客的意见。深入了解他们跳槽的原因，管理人员才能发现经营管理中存在的漏洞，及时采取改进措施，防止其他顾客跳槽，甚至将跳槽的顾客拉回来。

深入了解新顾客购买本超市产品和服务的原因，则有利于超市保持和强化超市产品及服务相对于竞争对手的优势，对于提高市场沟通活动的效果也大有益处。

（3）通过人员接触获得反馈。超市的服务人员、销售人员与顾客频繁接触，他们往往最了解顾客的意见和要求，利用他们来获取顾客的反馈，是一种经济而有效的方式。但要用好这种方式，超市必须培训员工，使他们掌握沟通和倾听顾客意见的技巧，形成重视顾客意见的意识，同时超市还应采取奖励措施鼓励员工反馈顾客意见。超市的中高级管理人员也应利用各种途径接触核心顾客，了解核心顾客的意见。

（4）战略性活动。为了深入理解顾客的需要，提高与顾客沟通的效果，超市可以进行一系列战略性活动。如选聘与核心顾客有较多相似性的员工；邀请核心顾客参加新员工的招聘工作；邀请顾客参与产品和服务的设计工作。邀请客户加入超市的管理决策机构，参与一部分经营决策，则是一种更高层次的战略性活动。随着超市的经营越来越强调顾客导向，超市会越来越重视这类战略性活动。

综合运用顾客满意程度调查和上述的各类措施，超市就可以获得较全面的反馈，更深入地了解顾客，了解市场。

三、提高顾客满意度的封闭流程

（1）倾听顾客的声音。不仅是在调查或者受到投诉的时候，而应是每时每刻——所有与顾客间的日常接触。

（2）对顾客反映的事实负责并且采取行动。当顾客对账单存有疑问时，要将它作为一次顾客关系恶化的情况来处理——因为你缺乏与顾客间的良好沟通！

（3）集中关注并把资源放在那些对顾客有影响的项目上。达到提供更简单、快捷和有价值的服务。要找出深层次的原因，而不是表面现象。

（4）用一套共同的指标来量度不同的项目成效。这些指标必须从顾客立场出发。假如一段时间内顾客对账单的质询大量减少，说明你们之间的沟通改善了（顾客满意度也同样如此）。

（5）调和部门之间的商业协助能帮助有关员工处理顾客关系，要系统地做出即时性的协作，而不是交换。

（6）追踪所发生的一切——找出你在顾客工作中所产生的作用。这需要依据趋势的判断来进行适当调整，而不是单次记录下满意度调查得来的反馈内容。同样，还需要在整个流程中跨部门地协调。

（7）回到第一点，重新开始。确保倾听顾客声音并付诸实施的行动是一个正受激情与毅力共同推动着的过程。

第二节 顾客服务质量改进

企业都应该了解顾客与自己企业发生业务关系时所经历的每一个环节和步骤，因为这些环节和步骤为企业明确在哪些方面改善自身服务提供了线索。因此，要想改进顾客服务质量，必须先从了解顾客服务流程入手。

一、剖析服务流程

服务流程就是对整个企业的组织结构及经营活动的良好写照，其中包括企业发展的进程、决策的制定与执行等内容。

1. 服务流程

服务流程包括服务业务流程和服务信息流程。

（1）业务流程。业务流程图是对作业步骤的描述，它是一张顺序图，说明各个运作步骤之间的前后关系或运作关系。不同的运作步骤类型可以用不同的运作符号来表示。服务业务流程分析要能够确定在整个流程中，哪些地方有可能与顾客接触，或顾客有可能介入。

（2）信息流程。信息流程分析主要包括对信息的流动、处理、存储的分析。它抽象地舍去了具体的组织结构、物资、材料等，单从信息流动的角度来考查实际业务发生的情况。

业务流程图和信息流程图有助于服务提供系统的建立。它们可以指出，为了完成服务任务，什么地方需要控制，什么地方需要服务标准。这些流程不仅能够说明瓶颈位于何处，同时能够指出哪里需要增加人员、设备，或者哪些流程需要改变布置及如何改变。它们还可以指出哪些步骤需要标准化，哪些运作过程需要细分化等。一个良好的流程，应该详细指明顾客何时何地会提出要求，何时将会离开，在服务过程中顾客和服务流程之间有什么样的接触，顾客是否有可能改变流程等。

2. 服务流程的分类

根据顾客是否直接参与流程，可以把一个服务流程分成两个部分。

（1）顾客亲身参与的流程（即前台），在前台顾客可以得到服务的有形证据。

（2）与顾客分离的流程（即后台），在后台的工作顾客却看不到。

这种划分强调了前台的重要性，因为正是在这里顾客形成他们对公司服务效果的感知，因此这些流程中的实体设置、室内陈设、员工的人际沟通技能，甚至打印出来的材料，都在某种程度上反映着服务质量。当然如果后台工作失误或延误也会对质量产生间接的影响。

3. 服务流程的组成

一个业务流程包括流程步骤次序、设备和技术的选择、流程各步骤所需的能力、需要完成的任务等，这些是服务流程的关键组成部分之一。另外，一部分包括如何确定这一系列具体流程的有关信息，即信息流程图。如要提高服务质量，就要考察流程流动的细节，重新确定员工是如何完成各种工作目标的，即要在上述的业务流程图和信息流程图基础上建立更详尽的流程图。

服务流程图中涉及的重要环节和步骤，需要企业员工和管理者加以监督与管理。管理人员必须时时到各部门去察看"服务流程"的运行情况。

在设计服务流程图时要注意以下四个问题。

（1）以顾客的身份去经历整个服务流程，记录下重要的东西。选择一个服务流程，做出相应的记录，并考虑顾客在和公司开展业务活动之前，最先做的三件事是什么。

（2）从一线员工那里获得帮助、建议和有关反馈信息。一线服务人员每天都在前线工作，直接和大量顾客接触，满足顾客需求，解决顾客问题，并不断提高顾客的期望值，他们比公司中的其他人更了解顾客的需求，更懂得如何为顾客提供满意的服务。

（3）分析研究顾客的某些行为、反应，编制包括服务环节和步骤的服务流程图。

（4）随着情况的变化而不断更新、修改服务流程图。顾客的需求是不断变化的，所以设计的服务流程图也应该是动态的，随着顾客的期望和需求不断改变而改变，并坚持把服务质量保持在一定水平上。

通过追踪业务流程图和信息流程图，服务人员和管理人员能够非常容易地检查每一项业务，知道每一项业务是如何进行的以及如何才能改进业务流程。当企业的环境发生重大变革时，则需要进行流程再造。

二、面向服务质量的流程再造

流程再造是指把企业现有的流程要素进行重新组合、安排，以降低成本，提高质量，赢得顾客满意，企业因而获得较好的经济效益。

流程再造首先要做的是观念的再造，是价值观的再造——一个企业的使命是什么，继而再延伸到企业的定位。观念再造之后，处于第二层面的是结构再造。这里的"结构"，就包括了产品结构、服务结构以及人员结构等。在完成了这些之后，才是运用现代化的管理手段对流程进行改造。这是第三个层次的问题，再造服务质量观是最根本、最基础的。先树立正确的价值观，然后再去重建服务流程，改进服务质量。

三、提高服务工作标准化程度

采用高新科技成果，重新设计服务操作程序，可使标准化服务和定制化服务完善地结合起来；专家认为服务性企业最常使用以下三类技术，提高生产效率和服务质量。

（1）计算机数据库。许多服务性企业根据顾客经常询问的问题，在计算机数据库储存有关信息，确定标准化查询服务程序，规定礼节性服务用语，以便问讯处工作人员为顾客提供迅速、礼貌的信息服务。

（2）自动化服务设备。提高服务效率和质量的好帮手。许多零售企业使用条形码扫描机查阅商品价格，提高结账工作效率和精确性，加快结账收款工作速度，缩短顾客等待时间。收银员可集中精力做好数据输入、商品包装等工作，有更多时间回答顾客的问题，为顾客提供热情友好的个性化服务。

（3）调度系统。许多服务性机构使用计算机和通讯技术成果，做好生产调度、员工工作时间安排等工作。

精心设计服务操作体系，采用高新科技成果完成重复性服务工作，既可提高标准化程度，又可强化定制化程度。

四、以优秀企业为基准——基准化

所谓基准化就是寻求竞争者和非竞争者中获取优异绩效的最佳方式。基准化的基本思想是，企业管理层可以通过分析各个领域的领先者的方法，然后模仿他们的做法来改进自己的质量。企业将自己的服务经营管理、营销过程同市场上最好的竞争对手及其他行业的佼佼者进行对比，在比较和检验的过程中逐步提高自己的经营水平和服务质量。

企业要想实行基准化战略，首先，管理层应组建一个基准化计划团队。团队一开始时的工作是确定基准化的目标（即对什么进行基准化），确认竞争对手，以及决定收集数据的方法。然后团队从内部收集作业数据和从外部收集其他组织的数据。接下来通过数据分析，找出绩效的差距并确定是什么原因造成了这些差距。最后是制订和实施行动计划，最终达到或超过其他组织的标准。

五、改进服务质量的措施

1. 对服务过程的设计

产品的开发与设计是保证产品质量的重要目标，服务也是如此。在许多服务设计中，设计人员把大部分努力花在对服务业务活动的设计方面，因为这样做比较容易测度。但是，如果不注重对顾客服务活动的设计，服务提供者没有经过培训、缺乏职业能力，那么即使再好的服务业务计划也不能达到顾客满意。因此，服务设计者应该充分注意两方面的结合。

2. 重视顾客的主体性

顾客的主体性可以从三个方面来解释。

①在从潜在顾客到服务消费者的转化过程中，顾客通过消费者信息搜寻行为，在对客观信息进行必要分析后主动做出购买行为。

②在购买和消费服务阶段，顾客体验到了企业的技术质量和功能质量、处理问题的能力，所能够提供的满意度等。在此基础上，顾客有自由退出或进一步消费的

权利和行为。

③也是比较重要的一点，顾客在服务消费过程中，能够通过与消费提供者之间的交互作用引导服务过程的进展，这一点在顾客服务活动中表现得尤为明显。服务提供者在许多时候不知道他的顾客会提出怎样的问题和要求，完全处于被动地位，稍不留神，就把握不住服务过程发展的方向，与此相关，服务质量的提高也就将大打折扣。

在顾客服务活动过程中，关注顾客的主体性问题是服务成败的重要因素之一。顾客关系生命周期理论有助于这一问题的解决。该理论认为，企业在服务过程中应该在建立目标顾客基本数据的基础上，认识顾客所处的顾客生命周期阶段，分析其在此阶段的基本期望特征及能够发挥较大作用的企业营销资源和活动类别，并且据此修正和改进顾客服务活动，取得顾客预期的服务实绩。

3. 员工满意度与服务技能和素质的培养

在顾客服务活动中，顾客是一个主体，另一个主体就是代表企业提供服务活动的员工。一线员工的满意度与忠诚度，是服务利润链的重要环节。

在提高员工满意度和忠诚度方面，有四种方案：

(1) 适当的授权。

(2) 强化内部服务的支持，提高内部服务质量。

(3) 适当的职业生涯设计。

(4) 现场的控制与协调。

上述四个方面，大多是从员工整体和基本面上提出的。除了这些员工满意度和忠诚度的措施之外，从提高顾客服务活动质量的角度出发，还有以下几方面需要加强。

第一，强化员工的人际关系交流能力，包括一般交流能力和局面控制能力等，使员工在与顾客的交互过程中做到游刃有余。

第二，服务技能的锻炼与培养，除了业务培训以外，服务技能的提高更依赖于员工实际工作经验的积累。

第三，对员工个性化的关注。由于出身、学识、教养、性格等方面的巨大差异，员工在顾客服务活动中也带有明显的个性化的色彩。这些色彩有的比服务设计和服务技术更有助于顾客服务质量的提高，有的则相反。因此，管理人员的任务就是区别员工的不同类型，在日常培训和工作过程中注意激发员工个性有利于服务提高的一面，同时消除不利的一面。相比之下，前者显得更重要一些。

4. 对服务质量差距的弥补和改进

由于受各种因素的影响，服务利润链的各个环节之间，存在诸多差距，如管理者差距（消费者对服务的期望与管理者对消费的理解不同）、质量说明差距（管理者对服务质量的理解与企业质量规范之间的差距）、服务传递差距（员工对服务质量的理解的异化）、市场传播差距（实际服务质量与对外宣传质量的差距）等。对上述差距的弥补，一方面依靠服务企业日常管理工作的改进与提高，即在大量搜寻顾客信息基础上强化服务规范，提升经理和员工对服务过程与服务质量关系的认识，并且提供优质的内部服务支持；另一方面，需要通过顾客服务活动中员工与顾客的交互过程来抵消。

5. 关键时刻的处理与沟通技术

从服务设计角度看，服务提供者要做到以下四点。

（1）做出相应的图表、模型和文字说明，对业务进行详细分解。

（2）识别和分析本企业服务过程的关键时刻，列出路径图和相关说明。

（3）针对每一个关键时刻，讨论和制订相应的服务技术。

（4）进行必要的培训。帮助员工将服务技术与其自身服务特点相结合，提高关键时刻处理的绩效。

（5）保持员工自主性和顾客主体性前提下的关键时刻处理技术的变通。

相关链接

沃尔玛的服务宗旨

一、沃尔玛的服务宗旨

山姆·沃尔顿曾多次说过，卓越的顾客服务是我们区别于所有其他公司的特色所在。他说："向顾客提供他们需要的东西，并且再多一点服务，让他们知道你重视他们。在错误中吸取教训，不要找任何借口，而应向顾客道歉。无论做什么，都应礼让三分。我曾经在第一块沃尔玛招牌上写下了最重要的四个字——保证满意。"

1. 顾客才是真正的老板

"所有同事都是在为购买我们商品的顾客工作。事实上，顾客能够解雇我们公司的每一个人。他们只需到其他地方去花钱，就可做到这一点。衡量我们成功与否的重要的标准就是看我们让顾客——'我们的老板'满意的程度。让我们都来支持盛情服务的方式，每天都让我们的顾客百分之百地满意而归。"

2. 保证满意

简单地讲，保证满意意味着竭尽所能让您满意。修理、换货或退款时，对您说声"谢谢"并笑脸相迎。您是沃尔玛的生计所在。沃尔玛人的工作就是通过满足您的需求并且超出您的期望，使您感觉到您是我们生意中最重要的部分。

3. 日落原则

这条规则说明所有沃尔玛员工应该在收到顾客、供应商或其他员工电话的当天日落之前对这些电话做出答复。这正是沃尔玛对顾客做出友好服务承诺的一个例子。迅速回应您表明我们关心您。我们不一定要在日落之前解决每一个问题或者完成每一项任务，但我们应与您保持联络，这体现了我们公司的一条基本原则——我们关心顾客。

4. 盛情服务

满足您的需求且超出您的期望的方法之一就是采取盛情服务。例如，当您询问

我们的员工某种商品在哪里时：告诉您商品陈列在哪个部分，可满足您的需求；将您带到该商品处，则超出了您的期望。

我们鼓励员工做到：当您步入我们的商场时，要使您感觉到您是受欢迎的。我们聘用那些愿意向顾客微笑并看着顾客的眼睛，向离自己三米之内的每一个人打招呼的员工，这就是我们所说的"三米微笑原则"。我们还将尽可能叫出你们的名字。

"迎宾员"这一方案是我们盛情服务的一个例子，并已经成为一种趋势。迎宾员具有独特的职责，就是当您走进沃尔玛商场时，向您表示欢迎。迎宾员的职责包括为您推出购物车，微笑，并且让您知道我们很高兴您光临沃尔玛。

感谢光临！

感谢您光临沃尔玛各商场。我们非常荣幸能够为您提供服务。我们会不断努力提高我们的服务质量，满足您的需求，超越您的期望。同时希望您提出宝贵建议。

假如您未曾到过我们的商场，我们在此诚邀并期待您的光临！

二、顾客服务原则

第一条，顾客永远是对的。

第二条，如果对此有疑义，请参照第一条执行。

第九篇
卖场总务管理

由于卖场规模不同，其部门结构往往有所不同，因此，很多卖场就把其信息资料、物流、财务、设备维护、后勤等各项都归入卖场的总务部门去管理。这就意味着卖场总务管理具有复杂性与烦琐性。因此，卖场的总务管理也就显得更加重要了。

第一章 | 信息资料管理

第一节　顾客数据库管理

一、建立顾客数据库

1. 顾客数据库的作用

（1）了解其需求变化情况，及时调整营销方案，有效防止顾客的经常性流失。

（2）利用数据库，对顾客进行差异分析，从中识别出"核心顾客"。

（3）建立良好的企业形象，建立顾客向心力和忠诚度。

（4）提供消费资讯，增加消费频率，开拓新客源。

2. 顾客数据库的内容

超市运用计算机系统把顾客信息整理成有条理的数据库，可以建立详细的顾客档案资料。

顾客数据库指与顾客有关的各种资料，包括：

（1）新老顾客的一般信息，如姓名、性别、地址、电话等。

（2）交易信息，如订单、咨询、投诉等。

（3）产品信息，如顾客购买什么产品、购买习惯、购买频率及数量等。

（4）顾客对促销信息的接受及反应情况等。

3. 建立数据库步骤

传统店铺认为最重要的竞争资源是人、财、物，而现代先进的店铺认为是顾客。因此，卖场必须做到像了解商品一样了解顾客，像了解库存变化一样了解顾客的变化。

没有完整的顾客资料，顾客经营是无法想象的。而且顾客信息搜集越完整，为店铺经营提供的空间将越大。

建立顾客数据库的工作步骤：

（1）以现有档案建立首批顾客数据库。

（2）通过促销活动或终端活动建立数据库。

（3）搜集好目标顾客群名单后，依据经济状况、购买习惯、偏好程度细分顾客群。

（4）数据库信息分类统计处理。

（5）跟踪购买后消费者的变化及销售反馈。

（6）将反馈信息整理，围绕特征性销售，发掘、提炼广告素材，推出广告诉求点。

（7）占有市场，继续开发潜在顾客群。

二、顾客数据库的应用

1. 及时准确地把握顾客动态

无论什么时候，顾客总是处在一种动态的消费状态，总有发生流失的可能，这也正是造成销售额下降的最直接的原因。所以，作为卖场经营者要想保持业绩则必须及时准确地了解到顾客的消费波动行为并采取有效措施加以改进和防范。

因此，卖场经营者可以针对 ABCD 顾客（A：忠实顾客，B：有购买意向，已光顾的顾客，C：有购买意向，未光顾的顾客，D：有基本信息并已建立初步联系的顾客）的消费业绩、习惯等的不同，采取相应的营销策略，提高营销行动的费用效果，更可以在 ABCD 顾客来店购物次数发生变动时，及时寻找原因，采取对策。例如，建立与顾客信息系统联动的顾客波动预警制度。当 A 顾客的来店购物次数出现滑坡（如降为 B 顾客）时，自动启动顾客维系工作程序。通过顾客访问查询降级原因，通过发送赠券、提供特定商品优惠等营销手段刺激其来店购物，防止其来店购物次数继续下降，防止最终失去该顾客。

2. 有效组织顾客

有效组织顾客可分为无形组织顾客和有形组织顾客。具体内容详见表 9-1。

表 9-1　有形顾客组织与无形顾客组织

组织类别	具体内容
无形的顾客组织	店铺利用数据库建立顾客档案来与顾客保持长久的联系： （1）邮寄新的商品目录、促销海报或对外发行的刊物； （2）邀请建档顾客来参加不定期举办的座谈会或各类社区活动； （3）邀请建档顾客参加商圈顾问团； （4）电话访问、过年节或促销活动前电话邀请建档顾客惠顾
有形的顾客组织	建立顾客俱乐部，通过顾客俱乐部活动来与顾客保持长久的联系： （1）每季/半年举办顾客俱乐部会员活动，让超市优秀的员工参加，作为酬谢老顾客的联谊活动； （2）店庆等最隆重的节日，邀请部分顾客俱乐部会员参加演出或抽奖等，调动老顾客的积极性； （3）寄送生日卡、小礼品等让顾客惊喜，最好出其不意，让顾客感受超市的心意，从而建立好感； （4）通过顾客数据库的分析，看哪些顾客超过一定期限，如半年或一年没来购买，以专人电话沟通的方式，既表达超市的关怀，建立好感，又可增加老顾客回流率

三、顾客数据库的管理

1. 动态管理

指顾客的情况不断变化，顾客资料也要不断加以调整；发觉顾客资料有异动，立即填写"顾客异动卡"，及时删除旧的或已变化的资料，补充新资料；对顾客的变化进行跟踪，使顾客资料管理保持动态性。

2. 专人负责

是指顾客资料只能供内部使用，不宜流出企业，店铺需制订顾客资料管理的具体规定，由专人负责严格管理顾客资料的利用和借阅。

3. 保存期限

顾客资料至少保存三年。

第二节　竞争对手分析

一、竞争对手调查

1. 调查目的

（1）提出对策——面对问题。

（2）变被动为主动。

（3）立于不败之地。

（4）避免经营状况陷入恶性循环。

2. 调查方法

具体的调查方法见表9—2。

表9—2　竞争对手调查方法表

序号	调查方法	具体内容
1	商圈评估法	由于竞争对手出现，业绩受影响程度，视商圈重叠大小，双方土地条件优劣及竞争实力强弱而有不同，所以当竞争对手出现时，要根据实际情况评估而不能简单地一分为二
2	客层分析法	评估竞争店商圈重叠后，应进一步了解竞争店顾客的构成，卖场的主要客层来源为住宅区、上班族区、学校区、商业区或特种娱乐区，所以顾客层次分布较广泛，在分析客层结构时，所掌握的客层资料一定要详细真实，才能针对某客层流失提出相应的解决方法

续表

序号	调查方法	具体内容
3	商品分析法	商品分析的目的是了解竞争对手商品的陈列情况，推测出其经营理念，能力及店铺的状况，另一个目的是区分客源，即以商场陈列差异化及富有特色的商品，以吸引特定的顾客入店购买
4	来客数估算法	根据平日的顾客人数，也可以大致计算出卖场的营业额

二、竞争对策制定

1. 定位差异化

一般顾客都较喜欢地点方便、营业时间长、店面清洁明亮、服务热情的卖场。若是商圈内店铺云集，竞争激烈，一定要突出特色、发挥优势、结合差异化的营销理念。同时，服务差异化的加强也不容忽视。

2. 管理效率化

效率化的管理可使用颜色标价纸，定期淘汰回转慢的商品；使用货架卡，提升订货效率，减少缺货的机会；定期盘点，降低库存，提高竞争力，并找出不合理的盘损原因，谋求改善，导入电子订货系统及销售时点情报管理系统。

（1）商品管理。卖场商品品种多达几千种，如果没有效率化的管理，单位面积效率将下滑，而且有可能造成资金流转不畅，商品不对口，占用资金现象，造成店内存货太多。

（2）报表管理。按时填写各项报表，如现金入账日报表、交班日报表、自用现金支出表等，以供决策者分析参考。

（3）人事管理。人事管理是目前卖场营运最关键的一环，员工流动率高，素质参差不齐，如何培训并有效运用人力，是卖场经营管理者必须注意的要点。

（4）店铺管理。店铺管理包含每个分店的卖场管理、外观管理及机器设备管理，应制订检查表，按每日、每月或每季逐项检查。

（5）顾客管理。固定顾客约占来客的73%，应主动了解顾客详细背景资料、到店的频率、时间及到店购物的原因，对日后各种促销的需要，及顾客不再上门的追踪，这对提高竞争力将有实质性的帮助。

3. 实施简单化

任何竞争对策的拟订，可按五个原则加以执行，即标准化、数字化、简易化、人性化、合理化。

4. 服务满足化

一般卖场所提供的产品大同小异，唯一能吸引顾客的是服务品质。良好的服务品质，可增进顾客的忠诚度。

5. 定价合理化

以物优、价廉、方便、快捷为主要特色的卖场，价廉并非顾客上门的主要因素，

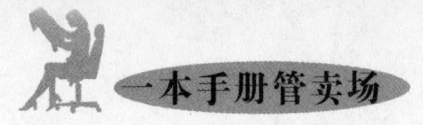

只有满足顾客即刻需求的齐全商品、亲切周到的服务，才足以带动卖场的人气，避开价格的竞争。所以卖场要以差异化的商品及服务去获取合理利润，而不是靠低价位来拉拢顾客。合理的定价可以让你获得更高的利润与市场认同。

三、竞争对策执行

1. 选择执行时机

执行竞争策略，必须先对全体员工进行心理沟通，了解所有员工的看法，建设共同的观念，达成共识后，才能朝一致的目标迈进。

2. 分析成本效益

对每一对策活动的实施，事前应详细规划，并预估效益及成本。如果投入的成本大于实质的效益，需要重新设计。事后还应进行成效的评估反馈工作。

相关链接

沃尔玛："交叉培训"显利势

沃尔玛的飞跃发展离不开它一套完整的科学的人力资源管理，也离不开它那世界上独一无二的交叉培训。

利势一：有利员工掌握新职业技能。

所谓交叉培训就是一个部门的员工到其他部门学习，培训上岗，实现达到这位员工在对自己从事的职务操作熟练的基础上，又获得了另外一种职业技能，从而使这位员工在整个商场的其他系统、其他岗位都能够提供同事或者顾客所希望给予的服务，从而不仅避免了浪费顾客宝贵时间，同时也提高了员工自身的工作效率。

利势二：有利于提高员工的积极性。

有利于员工提高积极性，除去以往只从事一种完全没有创新和变革的单调的职务而形成的不利心理因素。零售业是人员流动最大的一种职业。造成这种现象的原因是员工对本身的职务的厌烦；还有一种人是认为他所从事的职务没有发展前途，不利自身以后的发展，就会选择离开。

利势三：有利于祛除员工之间的利益冲突。

在沃尔玛，不仅做到了优势互补，同时处理上下之间关系也变得随意亲切。沃尔玛的"直呼其名"就是很好的证明，这里没有上下之间的隔阂，让员工有一种思想认识，自己和总经理是同事，所以自己也就是总经理，同时也是老板，从而全心全意地投入经营，正当处理事件，为沃尔玛更加茁壮成长打下基础。

利势四：可以让员工在全国的任何一家分店相互支援。

这种利势也就是沃尔玛的骄傲所在，因为是世界零售巨鳄，开的店多，开新店也如家常便饭。比如要到新的城市去开店，假如是重新去招聘新的员工，来完成开店前的准备，常常会由于新员工处理事件上不老练，让顾客感觉公司的品牌贬值，同时也无法提高工作效率。而让老员工去支援，就避免了这样的不利于发展的事。

利势五：有利于信息共享。

有利于不同部门的员工能够从不同角度全面考虑其他部门的实际情况，减少公司的损耗，达到信息分享。

很好地证明这一点的是：假如你是采购部门的员工，而你没有从事过销售，就不知道哪种商品的销售好，也不知道顾客的需求。假如你进入过销售部门，现在你转到采购部门，就能够在采购时从不同角度全盘考虑，减少公司的损耗，达到信息分享。

利势六：可以快速地完成公司的"飞鹰行动"。

在周末和节假日，特别是在圣诞节到春节期间是沃尔玛购物最疯狂的时间，顾客的热情采购使卖场挤得水泄不通，也造成了顾客排队结算的时间过长，所以公司就设计"飞鹰行动"，让不是前台的员工，也能够从事收银，让顾客快速地离开超市，减少顾客的购物时间。

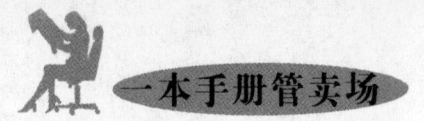

第二章｜卖场物流管理

第一节　采购管理

一、采购计划制订

1. 采购计划的关键点

在一定程度上说，商品计划就是要决定商品采购额的计划。商品计划要在对各种内外部信息资料进行分析的基础上制订出来，其中有两个重点：

（1）每月或每季应该准备的商品系列及库存额的决定。

（2）在这个库存额的范围内，制订备齐商品的计划。

2. 确定采购预算

采购预算一般以销售预算为基础予以制订。

例如，某卖场某月的销售额达到200万元，假定卖场的平均利润率为15％，那么该卖场的月采购目标就是：$200 \times (1-15\%) = 170$万元

按同样的道理，也可以推算出商品的年采购目标。当然，以上这个公式仅仅是销售成本计算公式，并没有估计到库存量的实际变化。采购预算还要加上或减去希望库存增加或削减的因素，其计算公式应为：

采购预算＝销售成本预算＋期末库存计划额－期初库存额

实例：某卖场一年的销售目标为2000万元，平均利润率是15％，期末库存计划额为200万元，期初库存为180万元，求其全年的采购预算。

$2000 \times (1-15\%) + 200 - 180 = 1720$万元

即一年的采购预算为1720万元，再将其分配到各个月，就是每月的采购预算。

采购预算在执行过程中，有时会出现情况的变化，所以有必要进行适当的修订。卖场实行减价或折价后，就需要增加销售额的部分；卖场库存临时新增加促销商品，就需要从预算中减少新增商品的金额。

3. 确定采购项目和数量

（1）采购项目。采购什么样的商品项目，是在对收集到的有关市场信息进行分析研究后确定的。在此过程中，除了要考虑过去选择商品项目的经验、市场流行趋势、新产品情况和季节变化等外，还要重点考虑主力商品和辅助商品的安排。

（2）采购数量。决定采购的商品数量，会影响到销售和库存，关系到销售成本和经营效益。如果采购商品过多，会造成卖场商品的保管费用增多；资金长期被占

用，也会影响资金的周转率和利用率。但如果商品采购太少，不能满足顾客的需要，会使卖场出现商品脱销，失去销售的有利时机；每次采购商品过少又要保证商品供应，势必增加采购次数，频繁的采购会增加采购支出。

为了避免出现商品脱销和商品积压两种经营失控的现象，有必要确定最恰当的采购数量并绘制详细表格，见表9－3。解决这一问题的办法，就是在确定商品总采购量后，选择恰当的采购次数，分次购入商品。

4. 确定供应商和进货时间

（1）确定供应商。确定了采购商品的品种和数量后，还要确定从哪里采购，什么时间采购，以保证无缺货事故的发生。应当注意选择信誉好的制造商、供货商进货，这样可以使商品质量和供应时间都能得到保障。

（2）确定进货时间。每种商品都有一定的采购季节。适时采购不仅容易购进商品，而且价格也较为便宜，过早购入会延长商品的储存时间，导致资金积压。所以应权衡利弊，选择合理的采购时间。

表9－3 商品采购计划书

采购员：　　　　　　商品类别：　　　　　　制表日期：

品种	货号	供应商编号	规格	数量	单价	金额	购进方式	提货方式	采购日期	到货日期

二、供应商管理

1. 供应商分类

卖场所销售的商品各种各样，故供应商应予以分类管理。比如分成果蔬类的供应商、日配类的供应商、生鲜品类的供应商等。再依各类别来编号，给予每一个供应商一个编号，这种编号大概是四码就可以了。例如××公司是供应副食的供应商，而副食的部门分类码为3，则可以编成3001来管理，当然也可以用更细的分类码来给予代号。总体来说，卖场应对供应商分类管理并给予每一个供应商一个代码，以便管理。

2. 供应商档案管理

将单一的供应商基本资料，包括公司名称、住址、电话、负责人、资本额、营业登记证字号、年营业额等资料收集后，建立基本资料卡，并由电脑来存档并管理，以便随时查阅。具体内容如表9－4所示。

表9—4　供应商资料卡

如为选择项目，请在方框内打"√"

1	供应商企业名称：
2	负责人或联系人姓名：
3	地址：　　　　　　　　　　　　　　　邮编：
4	电话：　　　　　　传真：　　　　　　E—mail：
5	供应商企业成立时间：
6	主要产品：
7	员工人数：　　　人　其中技术人数：　　　人；工人：　　　人
8	年产量/年产值：　　　　　　　（万元）
9	生产能力：
10	样机/样品、样件生产周期：
11	生产特点：□成批生产　□流水线大量生产　□单台生产
12	主要生产设备：□齐全　□良好　□基本齐全，尚可　□不齐全
13	使用或依据的产品、质量标准： (1) 国际标准名称/编号： (2) 国家/行业标准名称/编号： (3) 供应商企业标准名称/编号： (4) 其他：
14	工艺文件：□齐全　□有一部分　□没有
15	检验机构及检测设备：□有检验机构及检测人员，检测设备良好 　　　　　　　　　　□只有兼职检测人员，检测设备一般 　　　　　　　　　　□无检验人员，检测设备短缺，需外协
16	测试设备校准性：□有计量室　□全部委托外部计量机构
17	供应商主要客户（公司/行业）：
18	新产品开发能力：□能自行设计开发新产品 　　　　　　　　□只能开发简单产品 　　　　　　　　□没有自行开发能力
19	是否经过产品或体系认证：□是（指出具体内容）　□否
企业负责人签名盖章：　　　　　日期：　　　年　　月　　日	

3. 供应商商品台账的建立

对每一供应商所供应的商品进价、售价、规格、数量、毛利率等商品资料要建立台账，放在本部作为统筹商品的基础。

4. 供应商销售数量的统计

对于每家单一供应商的销售，每月是多少数量、多少金额，都必须予以统计，作为议价的筹码。

5. 供应商评鉴

卖场通常采用 ABCD 法进行评鉴，即把供应商分为 A、B、C、D 四类。

该考评制度应该每年进行一次，A 级供应商通常由相关负责人亲自管理与协调。对于 A 级供应商应该采取奖励措施，对于 B 级供应商应积极鼓励，对于 C 级供应商要给以警告，对于 D 级供应商予以淘汰。表 9—5 是一份供应商评鉴表。

表 9—5　供应商评鉴表

项目	评鉴			
	A 级	B 级	C 级	D 级
商品品质品	优（10）	良（8）	差（7）	极差（2）
供应价格	比竞争点优惠（20）	与竞争点相同（10）	略高于竞争点（8）	高于竞争点很多（2）

项目	评鉴			
	A 级	B 级	C 级	D 级
商品畅销度	非常畅销（10）	畅销（8）	勉强能销（6）	滞销（2）
品率	2% 以下（10）	2%～5%（8）	5%～10%（7）	10% 以上（5）
配送能力	准时（10）	偶尔有误（8）	经常性有误（5）	从不准时（2）
退货能力	准时（10）	偶尔有误（8）	经常性有误（5）	从不准时（2）
促销能力	很好（10）	好（8）	一般（6）	差（3）
经营能力	很好（10）	好（8）	一般（6）	差（3）
得分在 70 分以上的为 A，60～70 分之间的供应商为 B，50～60 分之间的为 C，50 分以下的为 D。对于 A 级供应商应重点管理				

注：括号内为所附分值。

三、采购业务洽谈

供应商文件资料是构成采购业务洽谈内容的框架，也是采购合同的基本内容框架。具体的洽谈内容主要包括：

1. 商品品质

品质必须"符合买卖双方约定的要求或规格"。供应商必须具有以下相关品质的文件：

（1）产品规格说明书。

（2）检验方法。

（3）产品合格范围。

采购人员应尽量向供应商索取以上资料，以利于未来的交易。

采购人员在洽谈时，应首先与供应商就商品达成相互同意的品质标准，以避免日后的纠纷或法律诉讼。对于瑕疵品或仓储运输过程中损坏的商品，应要求退货或退款。

2. 商品包装

商品包装可分为两种：一种为内包装，一种为外包装。

（1）内包装。顾名思义，即用来保护商品或说明商品用途的包装。设计良好的内包装，通常能激发客户的购买意愿，加速商品的周转。国内供应商产品在这方面做得比较差，采购人员应说服供应商在这方面进一步加强。

（2）外包装。仅用于仓储及运输过程的保护。包装通常扮演非常重要的角色。倘若外包装不够坚固，在仓储运输过程中损坏太大，会降低作业效率，并影响利润；但若外包装太坚固，则供应商成本增加，采购价格必然偏高，导致商品的价格缺乏竞争力。

3. 商品价格

除了品质与包装之外，价格是所有的洽谈中最重要的项目。比如新商品价格折扣、单次订货数量折扣、累计进货数量折扣、不退货折扣（买断折扣）、提前付款折扣及季节性折扣等。

4. 订购量

以适当、及时为原则，而不能以供应商希望的数量为依据。否则，一旦存货滞销时，会导致利润降低、资金积压及空间浪费。

5. 付款条件

付款条件与采购价格息息相通，一般供应商的付款条件是月结 60～120 天，买方的付款时可获 3％～6％的折扣。采购人员应计算最有利的付款条件。

6. 交货期

一般来说，交货期越短越好。因为交货期缩短的话，订货的次数可以增加，订购数量就可以相应减少，库存会降低，仓储空间的需求就会减少。对于有时间承诺的订货，采购人员应要求供应商分批送货，以减少库存压力。

7. 售后服务

对于需要售后服务的商品，例如家电商品、电脑、相机、手表等，采购人员应在洽谈时，要求供应商在商品包装内，提供该项商品售后服务维修单位的名称、电话及地址，使顾客日后在需维修所购商品时，直接与店家联络。采购人员与货物进口商洽谈时，必须要求货物进口商提出有能力做好售后服务的保证，并在商品包装内提供保证单。

8. 促销

促销包括促销保证、促销组织配合、促销费用承担等。在策略上，通常采购人员应在促销活动的前几周停止正常订购，而着重订购特价商品，以增加利润。

9. 广告赞助

为增加卖场的利润，采购人员应积极与供应商洽谈，争取更多的广告赞助。广告赞助内容如下：

（1）促销快讯的广告赞助。

（2）前端货架的广告赞助。

（3）统一发票背后的广告赞助。

（4）停车看板的广告赞助。

（5）购物车广告板的广告赞助。

（6）卖场灯箱的广告赞助。

10. 进货奖励

进货奖励是指某一时间内，达到一定的进货金额，供应商给予的奖励。而数量奖励是指对一定的订货数量给予某种幅度的折扣。采购人员应适当地要求供应商给予进货额 1‰～5‰ 的年进货奖励，来提高利润。

上述洽谈内容加上违约责任、合同变更与解除条件及其他必备内容就形成采购合同。

四、采购合同履行

采购人员与供应商完成采购业务洽谈，签订采购合同并正式生效后，就进入采购合同的履行阶段，这一阶段主要包括订单、质量监控和付款三个环节。

1. 订单

（1）单店铺货与多店铺货的选择。单店铺货是指所采购新商品首先在卖场某一家分店试销。其优点是经营风险小，购销过程容易控制；缺点是促销影响面小，市场对该新商品接受慢。多店铺货是指所采购新商品同时在卖场多个店销售。其优点是促销影响面广，有可能短期内成为卖场主力商品；缺点是一旦该商品销路不佳，其占据的货架陈列位置会使卖场损失一些获利机会。

（2）预铺卖场布局和陈列货架的选定。新商品引入卖场通常与促销活动相配合。所以新商品一般可陈列在卖场进口的端头货架上，并配以适当的卖点广告。订单时要确定布局点和陈列货架，并确定成品点和空货架的腾出时间和上货时间。

（3）配送中心储位预留和选定。若所采购的新商品实行的是集中进货和配送中心统一配送，则采购业务人员在履行采购合同时，还将负责配送中心储位预留和选定。储位的预留和选定，除了要考虑商品本身物理、化学属性外，还要考虑将来配送中心到卖场距离的远近、装卸因素以及分拣、配货等物流要求。

（4）供应商送货时间、数量的确定。供应商送货时间与数量要由卖场的下单员严格按照采购合同和卖场销售状况执行。送货时间体现的是准时和高效服务，既不能迟送也不能早送；送货数量体现的是经济和低成本，既不能少送，也不能多送。

①送货涉及卖场采购部、供应商、配送中心等诸多单位，各单位只有密切配合，才能使多环节很好衔接，保证采购合同的顺利履行。

②送货有配送和直送两种方式，都有各自的优势范围。对于不同种类、不同批量的商品，或者对于不同位置、不同距离区段的分店，选择配送还是直送的依据是卖场实行何种送货体制并要以降低物流费用为标准。

卖场应在统一配送原则下，根据物流成本的实际情况，选择那些离供应商距离区段相对近的分店和品种单一、体积大、不易装卸、无须加工和保鲜度高的商品，由供应商直接将货送到分店。

2. 质量控制

质量控制（供应商管理）既是采购部一项日常工作，也是保证采购合同顺利履行的重要手段。

（1）质量控制的核心。质量控制的核心是卖场根据采购合同的主要条款，制定一系列易于操作的量化标准，保证合同的正常履行，维护卖场的正当权益。

（2）质量控制的标准。质量控制的主要量化标准有：商品质量与数量；配送能力；缺货率；退货服务；售后服务等。

3. 付款

虽然在程序和职能上支付货款是由卖场财务部按采购合同实施的，但在采购合同实际履行中，订货、配送、卖场销售过程都存在一些不确定因素，实际订货数量、订货时间、商品价格也会随之发生变化。所以，财务部支付货款的时间、数量应根据采购合同实际履行情况作必要调整，调整的依据是采购部提供的实际送货时间、送货数量与结算金额。实践中可通过计算不同商品贡献率来确定不同商品的付款周期。

货款支付要遵循准时、准额原则。既要避免由于工作疏忽或人情关系而提前、超额付款，影响卖场的流动资金使用；也要避免以大压小，延期、欠额付款，影响卖场同供应商的合作伙伴关系。

五、商品采购技巧

1. 掌握最新、最准确的信息

通常可以通过以下调查方法来获取市场的信息。

①可选择一批有代表性的顾客，作为长期联系对象。

②制作工作手册，有意识地把顾客对商品的反映意见记录下来，然后把这些意见系统整理。

③建立缺货登记簿，即对顾客需要而本卖场没有的商品进行登记，并以此作为进货的依据之一。

④设立顾客意见簿，卖场经营者应勤于检查顾客意见簿，发现和抓住一些倾向性的问题，及时改进。

2. 培养采购人员对市场行情的判断力

通常对市场行情的把握，分为看穿商品市场潜力的眼光和以什么方式可以销售什么商品的判断力。

3. 掌握现场实务经验

采购人员不应该只是单纯的采购人员，对于营业运作也应有所了解，如此一来，才不会采购到一些与销售人员期望相差太大的商品。

4. 多选几家供应商做比较

为了取得最合理的价格和最优质的商品，可以联系多家供应商进行估价，以供比较，然后从中挑选在各方面皆适合的商品。

5. 不可透露采购预算

要让供应商摸不到底细。因为当预算被透露以后，供应商一定会开价与预算相近的金额，这样采购的地位就会陷于被动。

6. 付款日后再进货

付款日后再进货，这对于利息的赚取有极大的帮助。

7. 不要落入杀价圈套

有些采购人员无论如何交易，只会杀价，而没有考虑其他交易条件。其实，真正使对手感到压力的应是洞悉市场行情、商品知识丰富、擅长分析成本的人。采购人员应以此为目标。

8. 灵活运用供应商

要运用供应商，首先必须了解供应商，了解其特征之后，才能依据其特色，看出它在哪一方面可以对自己有所帮助。

六、降低采购成本

1. 运用制度体系

（1）建立严格的采购制度。建立严格、完善的采购制度，不仅能规范卖场的采购活动，提高效率，杜绝部门之间扯皮，还能预防采购人员的不良行为。采购制度应规定商品采购的申请、授权人的批准权限、商品采购的流程、相关部门（特别是财务部门）的责任和关系、各种商品采购的规定和方式、报价和价格审批等。比如，可在采购制度中规定采购的物品要向供应商询价、列表比较、议价，然后选择供应商，并把所选的供应商及其报价填在申请表上，以供财务部门或内部审计部门核查。

（2）建立供应商档案和准入制度。对卖场的正式供应商要建立档案。供应商档案除有编号、详细联系方式和地址外，还应有付款条款、交货条款、交货期限、品质评级、银行账号等，每一个供应商档案应经严格的审核才能归档。供应商档案应定期或不定期地更新，卖场的采购必须在已归档的供应商中进行，并由专人管理。同时要建立供应商准入制度。重点商品的供应商必须经质检、物流、财务等部门联合考核后才能进入，如有可能要到供应商生产地考核。卖场要制订严格的考核程序和指标，达到标准者才能成为归档供应商。

（3）建立价格档案和价格评价体系。卖场采购部门要对所有采购商品建立价格档案，对每一批采购商品的报价，应首先与归档的材料价格进行比较，分析价格差异的原因。如无特殊原因，原则上采购的价格不能超过档案中的价格水平，否则要作出详细的说明。对于重点的价格，要建立价格评价体系，由卖场有关部门组成价

格评审组，定期收集有关的供求价格信息，来分析、评价现有的价格水平，并对归档的价格档案进行评价和更新。这种评议视情况可一季度或半年进行一次。

（4）根据工作业绩对采购人员进行奖罚。财务部对重点监控的商品根据市场变化和产品标准成本定期制订标准采购价格，促使采购人员积极寻找货源，货比三家，不断地降低采购价格。标准采购价格亦可与价格评价体系结合起来进行，并提出奖惩措施，对完成降低卖场采购成本任务的采购人员进行奖励，对没有完成采购成本下降任务的采购人员，分析原因，确定对其惩罚的措施。

2. 降低商品成本的方法和手段

（1）通过付款条款的选择降低采购成本。如果卖场资金充裕，可采用现金交易或货到付款的方式，这样往往能带来较大的价格折扣。

（2）把握价格变动的时机。价格会经常随着季节、市场供求情况而变动，因此，采购人员应注意价格变动的规律，把握好采购时机。

（3）选择信誉佳的供应商并与其签订长期合同。与诚实、讲信誉的供应商合作不仅能保证供货的质量、及时交货，还可得到其付款方式及价格的关照，特别是与其签订长期的合同，往往能得到更多的优惠。

（4）充分进行市场调查和信息收集。一个卖场的采购管理要达到一定水平，应充分注意对采购市场的调查和信息的收集、整理；对供应商的产品成本或服务状况要有所了解。只有这样，才能充分了解市场的状况和价格的走势，才能在价格谈判中使自己处于有利地位。

总之，要与供应商建立长期合作伙伴关系，达到双赢的局面，才能保证卖场在激烈的市场竞争中不断发展壮大。

七、滞销品淘汰管理

1. 制定滞销品淘汰基准

（1）以销售最后的项数或百分比为淘汰基准。例如：以3个月销售排行榜资料参考，以最后100品项为淘汰的对象，或是以排行榜最后的3％为淘汰基准，不过以这样的基准来作为淘汰的依据时要注意考虑：这种商品的存在是否为了使品项齐全，或是否因为季节性的因素才滞销，如属这些因素产生的滞销便不可剔除。

（2）以销售数量未达既定标准为淘汰基准。例如：制订连续3个月平均销售未达2000元或未达5箱的品项为滞销品项，再考虑是否要淘汰。

（3）以销售单位未达既定数量标准为淘汰基准。例如：以每月单品销售未达50个为淘汰的基准，这对于某些低单价的商品特别适用，有时一个单品售价才5元，卖了50个才250元，但所占面积却很大。所以对低单价商品的管理宜特别注意，须将其单价提高，如未达标准便可考虑是否有贩卖的必要。

（4）品质出现问题的商品也应列为淘汰的对象。被食品卫生检查单位或质检单位宣布为有问题的商品皆应列入淘汰的对象。

2. 滞销品淘汰程序

（1）列出淘汰商品清单。确定要淘汰哪些项目，列出一张清单，并经主管确认。

（2）确定淘汰日期。淘汰商品最好每个月固定集中处理，不要零零散散地做。例如：规定每月 15 日为淘汰日，所有的要进行淘汰的商品，便在这一天将其下架退货。

（3）淘汰商品的数量统计。确定要淘汰的商品后，再清查所有淘汰品库存数量及金额以便于处理，了解处理后所损失的毛利是多少，以计算整体利益。

（4）查询有无货款可扣抵。查询被淘汰商品的供应商是否有剩余货款可抵扣，这点相当重要，必须和财务部门联系，确认后，请财务部门进行会计手续处理。若无货款，则不可将商品退给供应商，否则先将商品退回给供应商，要供应商再拿钱来是不太可能的。这种损失是可事先预防的。

（5）决定处理方式。淘汰下来的商品，有的可以退回给供应商，有的无法退给供应商。处理方式可以是降价贩卖或以低价售出，当然也可以当做促销的奖品来送给顾客，可从中选定一种处理方式。

（6）进行处理。若采取退货处理方式，便应通知供应商按时取回退货，并将扣款单送交会计部门，做会计处理。若采取卖场处理方式，则将处理方式明确通知相关部门，在卖场进行处理，直到处理完成为止。既然是处理，就要做到清理完为止，因此，若第一次所定的方式无法处理完成，便须再做修改。

（7）淘汰商品的记录。最后将处理完的淘汰商品情况，每月汇成总表，整理成档案，供随时查询，避免因年久或人事变动等因素，又重新将滞销品引进。

第二节　　验收管理

一、验收程序

商品验收程序流程如图 9—1 所示。

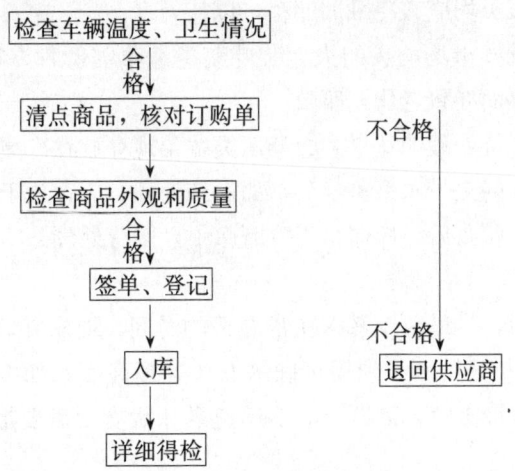

图 9—1　商品验收作业标准流程图

二、验收内容

商品验收内容主要有以下几点：

（1）商品数量、规格的检查。

（2）商品内容、成分的检验。

（3）商品制造商、进口商、地址及电话的检查。

（4）商品制造日期、有效期限的检查。

（5）商品品质的检查。

（6）进货厂商送货车辆的温度、卫生情况的检查。

（7）进货厂商发票与送货内容的检查。

（8）退货、换货的检查。

（9）送货人员的检查。

（10）其他有关验收业务的处理。

三、商品验收后处理

1. 肉制品

（1）冷藏的畜肉经验收后，应立即拆箱，置于冷藏库的存物架上，做降温处理。与肉类有关的温度见表9-6。

（2）冷冻家禽类经验收后，应立即送入冷冻库中储存，以待处理。

（3）冷藏家禽类验收后应敷冰，然后送入冷藏库中储存。

（4）豆类制品经验收后，应立即送入冷藏库中储存。

2. 果蔬品

（1）在产地实施小包装的果菜产品，经验收后应立即送入冷藏库中储存，以待分货。

（2）从产地或批发市场购得的大包装根茎类蔬菜，除甘蔗、豆薯及南瓜不需冷藏外，其他的根茎菜类均应入冷藏库储存，以待处理。

（3）从产地或批发市场购买的大包装叶菜类蔬菜需拆件，以冷水做返生作业，以免由于产生呼吸热而导致老化、腐败。

（4）经验收后，待处理的花果类、菇菌类蔬菜须存放在冷藏库中，以保持鲜度。

（5）除香蕉之外的热带水果验收后，如尚待处理，应存放于阴凉处或冷藏库。

（6）温带水果经验收后，应储存于冷藏库中，以待处理。

3. 生鲜品

（1）生鲜收货后，尽量减少暴露在常温下的时间，要求在收完货与进入冷库之间的时间不能超过10分钟。必须用正确的方法处理商品，如冷冻品要及时入冷冻库，冷藏品要及时入冷藏室，冰鲜产品要迅速敷冰贩卖，需要加工处理的要迅速进入操作间。

（2）所有商品必须要明示保质期和进货日期。

（3）生鲜品的储存要严格遵守先进先出的原则。

（4）生鲜品要封箱储存或用带盖的器具储存。

表9－6　与肉类有关的温度

序号	温度类型	具体内容
1	环境温度	为空气温度，即肉所旋转的周围温度，在冷藏库中为0℃，在作业室则为18℃～20℃，但以15℃为宜
2	肉表面温度	为肉的表面温度，其对于环境温度的变化最敏感，当环境温度升高时，立即反应到肉表面温度，且随之很快升高，其中影响最大的是切片肉，因为其表面积大
3	肉中心温度	为肉的中心温度，肉的温度测定最重要部分为肉中心温度，如肉的表面温度即使升到4℃时，而肉中心的温度仍然在0℃或者冰温时，对于肉的鲜度影响较小；如果肉中心上升到4℃时，表明肉已长时间处在高温下，即使立即放入低温中，肉中心温度也不会马上下降，如此对于肉的鲜度影响很大。

（5）生鲜品的储存要分类，特别是生熟分开。

（6）所有商品必须离地离墙储存，无论冷库还是常温库。

（7）生鲜品储存遵循安全原则，包括食品安全原则和存放安全原则。

（8）生鲜品储存过程中影响质量的重要因素是温度，所以要控制冷库的温度（包括除霜温度），使之达到标准。

（9）维持生鲜品储存区域的卫生标准是至关重要的。

（10）冷冻的水产品原料经验收后，应立即送入冷冻库中存放。

（11）冷藏的水产品原料经验收后，应立即送入冷藏库中存放。

（12）淡水鱼类经验收后，应立即敷冰，降低温度后送入冷藏库中存放，以待处理。

（13）现捞的近海鱼类经验收后，须待敷冰后，再存入冷藏库中以待处理。

（14）冷冻畜产品原料经验收后，应立即送入冷冻库中存放，以待解冻或处理。

4. 豆制品

豆制品经验收后，应立即送入冷藏库中储存。

第三节　盘点管理

一、盘点流程

商品盘点流程如图9－2所示。

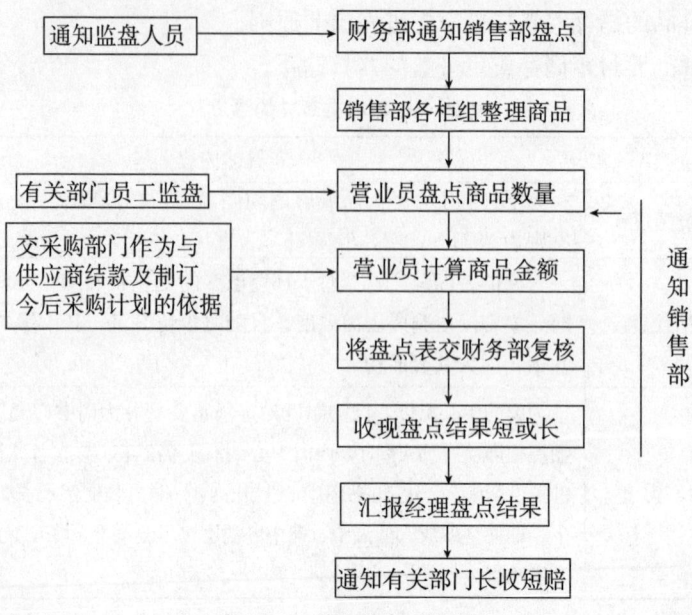

图 9—2　商品盘点流程图

二、盘点原则

1. 真实

要求盘点所有的点数、资料必须是真实的，不允许弄虚作假，掩盖漏洞和失误。

2. 准确

盘点的过程要求是准确无误，无论是资料的输入、陈列的核查，还是盘点的点数，都必须准确。

3. 完整

所有盘点过程的流程，包括区域的规划、盘点的原始资料、盘点点数等，都必须完整，不要遗漏区域、遗漏商品。

4. 清楚

盘点过程属于流水作业，不同的人员负责不同的工作。所以所有资料必须清楚，人员的书写必须清楚，货物的整理必须清楚，才能使盘点顺利进行。

三、盘点前准备

1. 陈列区

（1）陈列区盘点前，库存区必须全部处于封库状态。

（2）全部的零星散货归入正常的陈列货架。

（3）检查所有的价格标签是否正确无误。

（4）检查所有的商品是否具备有效条码。

（5）将需要盘点的商品整理，以利于清点数量。

（6）所有的陈列端架、堆头、仓库中的空纸箱清理完毕。

（7）检查卖场的死角、维修部门、顾客退换货处是否有滞留商品。

2. 库存区

(1) 库存区所有商品必须封箱，无散货。

(2) 库存区所有商品必须在外箱上明确标志盘点区域号码。

(3) 库存区的商品必须是同一商品放在一个位置。

(4) 库存区的商品必须在盘点的编号内。

(5) 清理库存区的空纸箱。

(6) 收货部的退货区域严格与其他存货区域分开。

四、盘点实施

1. 库存区的盘点

(1) 库存区盘点工作标准流程，如图9－3所示。

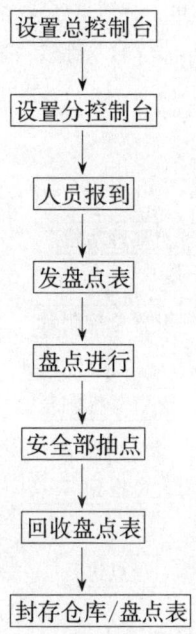

图9－3　库存区盘点工作标准流程图

(2) 盘点的方法与要点。

①库存区盘点是两人一组进行盘点。两个人进行点数，如果所点的数字一样，则将此数字登记在盘点表规定的位置上；如果两人的点数不一致，必须重新点数，直至相同。

②所有未拆的原包装箱不用拆箱盘点，所有非原包装箱或已经开封的包装箱必须打开盘点。

③盘点表上的标签只记录该位置商品的品种，因此盘点表上的数据应该是该商品在该位置下的总数。

④盘点的方向按从左到右，从上到下的顺序。

⑤遇到无标签的商品，到分控制台申请标签，现场盘点计数。遇到有标签无商

品的，计数为零，不能不写任何数字。

⑥库存区的盘点由分控制台的台长负责分配盘点表，每组人员每次只能负责一个编号下的盘点表。完成一个编号的盘点表后，再进行下一个编号的盘点表。

⑦完成的盘点表，可以接受安全部人员的抽查，检验数据是否正确。

⑧分控制台的人员必须对散货、贵重商品、大量商品进行重点抽点，抽点在员工点数完成后进行。

⑨冷冻库和冷藏库的盘点前，必须关闭制冷设施，人员着防护棉衣进行盘点。

⑩盘点表的审核，数字的书写应清楚、规范，盘点表的页数应正确。

（3）盘点后的处理。

①盘点后所有的库存区全部封存，封闭式仓库上锁，开放式的仓库用绳子封住等，并标志明确这是已经盘点的商品。

②盘点后所有的资料经过检查，符合完整、清楚、正确的标准，由盘点小组的人员将其封存于文件柜中。

2. 陈列区的盘点

（1）陈列区盘点工作标准流程，如图9—4所示。

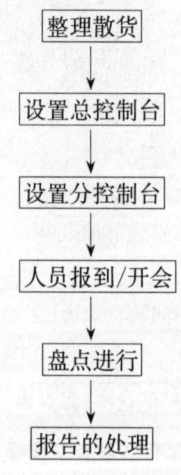

图9—4 陈列区盘点工作标准流程图

（2）陈列区盘点的方法。

①所有明确标示"不盘点"和贴有"赠品"、"自用品"的物品一律不盘点。

②本区域的散货，盘点人员发现后，应将其送往特别区域。

③特别区域的商品，包括本日的顾客退换货以及楼面发现的散货，在特别区域进行盘点。

④盘点人员两人为一组，一人点数，一人录入。采用相互交叉的盘点方法，初点与复点的人员不同，三点的人员与初点、复点的人员不同。

⑤商品的点数单位与销售单位一致，并且每个陈列位分开点，不进行累加。

⑥商品盘点计数后，点数人员将数字书写在小张自粘贴纸上，贴在本商品的价

签上。

⑦录入人员先输入区域编号，扫描商品，再按照小张自粘贴纸上的数字进行录入，不做任何加法动作。每录入一个数据后，立即将小张自粘贴纸撕毁。

⑧每次录入完一个位置编号，必须检查是否所有的小张自粘贴纸的数据均已录入完成，有无遗漏。

⑨初点完成后，HHT（手持终端）交到分控制台，由台长检查初点的完成情况，并将初点 HHT（手持终端）送到总控制台进行数据输入清空。

⑩复点进行后，安全部人员和分控制台台长则进行点数的抽点，记录点数的数据，等待系统确认计数数据后，检查有无差异。归入待处理区域的所有商品一律不进行盘点。

3. 盘点分析

（1）盘点的分析。

盘点可能出现重大差异。所谓重大差异是指盘损率大幅超过公司的标准。造成盘损的原因主要是相当数量的单品实际库存与电脑记录库存之间的差异异常，导致金额的损耗。发生重大差异时，首先应检查盘点是否存在问题，如输入的单据是否完整等，其次由部门的运营管理层分析可能存在的损耗原因，并制订出下一个年度的改进措施等等。

（2）盘点的结果。

①运营总部认可盘点结果后，电脑中心进行库存调整程序，用盘点的库存数据代替电脑数据库中的数据。

②财务部进行账务调整，并出具盘点报告。

4. 盘点结束

（1）营业的恢复。

①电脑系统进行库存更正后，打开库存数据库。

②收货部进行正常的收货和收货录入工作。

③陈列区恢复运营的标准，包括撤销分控制台，销毁盘点的编号，清除盘点的垃圾。

④库存区取消封库的告示和封库的缠绕膜。

⑤取消盘点布告。

⑥收银员进行上岗前的准备工作。

⑦所有的购物车/篮全部归位。

⑧生鲜部门进行开店前的陈列、标价工作。

⑨楼面盘点部门进行正常的补货，所有的用具放回规定的位置。

⑩营业广播开始播音，顾客的购物电梯打开，进出大门打开。

（2）盘点小组结束工作。

①所有报表、盘点表，除需要提交财务部的，须保存至下一年度的盘点后方可

销毁。

②所有盘点小组准备盘点过程的资料，进行分类保存，供下一年度进行参考。

③所有文具归还行政部门，电脑设备归还电脑中心办公室。

④盘点办公室和盘点小组撤销。

第四节　储存管理

一、存货控制

商品存货控制流程如图9-5所示。

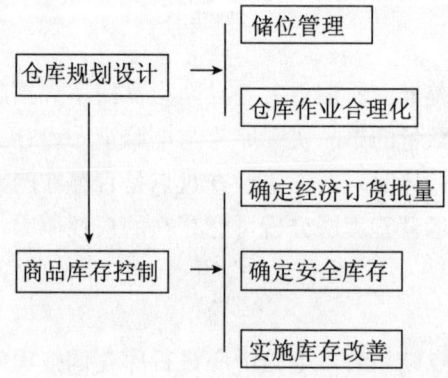

图9-5　商品存货控制作业流程图

1. 存货控制原则

存货控制，只要遵守商品管理规则，再谨慎处理商品即可。

2. 存货控制方法

（1）利用商品周转率。对于每个商场经营者来说，存货管理是经常面临但一直缺乏规划控制的一环，经营者可以用商品周转期（商品从进货到卖出时间）、商品订购前置时间（从订货到进货时间）来规划安全存量。以平均每日销售量和订购前置时间，经过估计，便可算出安全存量，再视缺货情形和淡旺季做调整，这是商场的简化计算过程。

（2）利用资金周转率。卖场也可以从资金周转率来控制存货，但以每月销售金额除以库存金额得到的周转率，会因商品的不同而有差异。

二、储存管理

1. 储存基本要求

（1）仓储空间极大化（立体空间的运用）。

（2）方便存取作业。

（3）具有通风、光线、湿度、温度等保存商品的条件。

（4）安全性的考虑（防水、防震、防火、防窃等）。

（5）减少装卸空间，增加储存空间。

（6）易于"先进先出"的存取方式。

（7）规格化、单元化。

（8）储存区域要分大量储存区及小量储存区。

（9）省力化、机械化、自动化的设计。

2. 储存管理要点

（1）一般商品储存。

①大箱包装应标示其进货日期。

②以系统化原则储存商品，最好采取与卖场相似的配置方式。

③商品堆积须以栈板铺地后再堆放，以防止商品潮湿。

④仓库内架设钢架木架，以充分利用空间。

⑤商品储存须设有登记卡，登记进货的品名、日期、数量、规格，出仓的数量、余额。

⑥陈列时，不得与墙壁接触，须留有5厘米的间隙。

⑦体积大、重量重的商品应置于底层，轻薄短小的商品则可置于上层，以防压碎商品。

⑧轻薄短小的商品，应置于大体积、大重量的商品前面。

⑨清洁剂不要与烘焙食品存放在一起，以防止污染。

⑩商品应按"先进先出"法出仓。

⑪仓库应保持干燥，通风良好。

⑫应有防火设施。

⑬禁止闲杂人员进出仓库，以保证安全。

⑭经常保持仓库的清洁卫生。

⑮退货、换货、报废的商品应集中于专区中，并定期予以处理。

（2）冷冻、冷藏库储存。

①库外设有温度表，每天须巡视温度三次，并记录。

②冷冻库的温度应维持在－18℃以下，冷藏库的温度应维持在0℃～2℃之间。

③蔬菜冷藏库的温度应维持在5℃。

④库内须铺放栈板，以堆积物品，防止第二次污染。

⑤堆积时，要离库体的墙面5厘米以上，以维持冷气循环正常。

⑥以十字交叉法堆积原料并预留空隙，使冷风能吹到原料箱。

⑦库内的排水良好，防止积水。

⑧库内设有警铃或其他安全措施，防止作业人员被关在库内。

⑨作业完毕后应熄灭库内灯光。

⑩蒸发器应用除霜装置，以防止结霜而减少冷风的吹袭。

⑪每月清洗冷冻、冷藏库各 1 次，以维持清洁并防止产生异味。

⑫按"先进先出"法处理库内产品。

3. 储存区域空间划分

(1) 商品储存区。

(2) 入、出库区（合格货区、待出区）。

(3) 分装区。

(4) 返品区。

(5) 暂存区。

(6) 办公区。

(7) 厕所。

(8) 训练中心。

(9) 进口储存区。

4. 入、出库区域采用共用式

(1) 优点。

①停车空间小。

②验收或待出区空间可充分运用。

③仓储空间可再扩大。

(2) 缺点。

①出货瓶颈较易发生。

②入、出货货品保管较困难。

③货品存取作业时间受影响。

5. 地面高度采用平面式

(1) 优点。

①建筑费用便宜。

②装卸空间不受月台限制。

③便于使用堆高机。

(2) 缺点。

①装卸效率低。

②省力差。

③防水性能较差。

④货品及车辆管理界线不分明。

6. 储区、储位安排

(1) 商品储存区域分为大量储存区及小量储存区。

(2) 大量储存区储存畅销品或整箱销售的商品，以栈板堆高方式或以栈板架的方式储存商品。

(3) 小量储存区储存小量零星出货的商品，以流动货架或一般货品架来储存商品。

（4）在大量储存区内另规划特价区、进货暂存区、进口品暂存区等以安置大量进货的货品或尚未归位的新商品。

（5）流动性高的、体积大而重的物品尽量移至待出区附近，以方便检货作业。

（6）体积太小、不易保管或容易失窃的物品，以特殊的储柜架储存，并放置在储运办公区的附近，以便于保管。

（7）在大量储存区的栈板架上，第一、二层货品供整箱配货之用，第三层以上的货品作存补货之用。

三、储存技巧

1. 冷冻储存技巧

冷冻储存是指生鲜食品（主要是指肉类食品）储存在冷藏低温库，库温一般控制在－18℃。在此温度下，微生物几乎完全停止发育，商品内部的生化反应将大大受到抑制，表面水分和蒸发量也较小，能保持冷冻商品的较好质量。冷藏仓间的空气温度应保持相对稳定，一昼夜上下波动幅度不得超过±1℃，商品进出时的仓间温度波动不得大于4℃。温控波动太大，会造成食品肉体组织结晶和再结晶，增加商品的干耗损失，加速其脂肪酸败，对商品的质量极为不利。冻猪肉入库的内在温度最佳为－12℃，外地调运入库的则不得高于－8℃，否则必须复冻后才能进库。冷藏仓间的空气相对湿度应保持在95%～98%，波动范围不超过±5%。如冻猪肉在－8℃的冷藏仓间储存6个月，冻猪肉表面变黄色，有油哈喇味；储存12个月，变色深度达2.4～4毫米。如储存在－18℃的冷冻仓间内，12个月后肉体脂肪基本上无变质现象。水产、家禽入库后，为保持商品固有质量，减少干耗，可在商品外边镀一层冰衣，使肉体与空气隔绝，保持其色泽，但一般是在商品入库时，先镀一次冰衣，1～2个月后再镀一次，第三次应视冰衣的消失情况而定。各类冷冻商品储存保质期如表9－7所示。

表9－7 各类冷冻商品的储存保持期

品名	库房温度（℃）	保持期（月）
带皮冻猪白条肉	－18	12
无皮冻猪白条肉	－18	10
冻分割肉	－18	12
冻牛、羊肉	－18	11
冻禽、冻兔	－18	8
冻畜、禽副产品	－18	10
冻鱼	－18	9
冻蛋	－18	15

2. 冷藏储存技巧

冷藏储存是指将鲜蛋、蔬菜、水果、速冻食品（如水饺、汤圆）等储存在商品

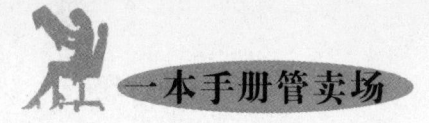

高温冷藏仓库中（又称冷风库），库温一般控制在$-1℃\sim5℃$之间，并做好仓间消毒。

仓库内发现有异味，可采用臭氧消毒或用2％甲醛水溶液，5％～10％醋酸与5％～20％的漂白粉溶液消除异味。

仓间消毒采用紫外线、抗霉剂、消毒剂等三种。达到仓间内每平方厘米内微生物孢子数不超过100个。对于冷库内使用的工具、设备及操作人员穿戴的工作服、工作帽等，可用紫外线辐射杀菌消毒，也可用10％～20％的漂白粉溶液或2％的热碱水或双氧水（过氧化氢）消毒。

（1）鲜蛋。进库要合理堆垛，否则就会缩短贮存时间、降低蛋的品质。蛋箱、蛋篓之间要保持空隙，码垛不宜过大过高，一般不超过2～3千克，高度要低于风道口0.3米，要留缝通风，墙距0.3米，垛距0.2米，保持温度均衡。鲜蛋不能同水分高、湿度大、有异味的商品同仓间堆放。特别是一、二类蛋要专仓间专储。满仓后即封仓。每个堆垛要挂货卡，严格控制温湿度是鲜蛋储存中保证质量的关键，最佳仓间温度为$-1℃\sim1.5℃$，$±1.5℃$。相对湿度为85％～88％为宜，$±2$％。仓库温度过高，会缩短鲜蛋储存期和降低鲜蛋的品质；温度过低，会使鲜蛋冻裂。相对湿度过高会导致鲜蛋霉变，过低会增加干耗。为有效控制温湿度，必须做到：

①每次进仓库鲜蛋数量不宜过大，一般不超过仓容量的5％。

②仓库温差不得超过2℃。

③冷风机冲霜每周2次，时间不宜过长。

④仓间温度在$-15℃$时，即可关闭制冷机。

⑤定时换入新鲜空气，每昼夜换入相当于2～4个的仓间容积。

⑥定期抽查和翻箱，一般每十天抽查2％～3％。

⑦压缩机房应每隔2小时对仓间温度检查一次。

（2）果蔬。

①降温。进仓后要采取逐步降温的方法，因为果蔬采摘后，商品还存在一定的热量，如这时未经冷却而直接进入仓间，易令商品产生病害，达不到保质的目的。

②温度调节。果蔬进仓后，将继续发展成熟。其原因有：

温度：温度高，会加快商品成熟及衰老，如果存放在适宜温度里，能减慢其成熟，使物质消耗降到最低水平，延长储藏时间。

氧气：空气中的含氧量是21％，适当降低含氧量，会抑制商品的成熟或衰老。

二氧化碳：适当提高仓间二氧化碳量，也可抑制商品成熟和衰老，延长贮藏时间。

③湿度调节。果蔬中含有大量的水分，但在储存过程中，水分将逐渐蒸发，大部分果蔬的干耗超过5％时，就会出现枯萎等现象，鲜度明显下降。特别是水果，当干耗超过5％以后，就不能恢复原状。另一方面，储存环境的空气湿度过低，也会加速鲜果的枯萎，降低其价值。因此，果蔬储存的仓库，调节湿度很重要。一般

应掌握在90％的湿度为宜。湿度过高，果蔬易腐烂。

④堆垛。果蔬的堆垛不论是采取箱装或筐装，最好用"骑缝式"的方法，垛与垛、垛与墙，垛与顶之间应有一定距离，便于冷风流通。

相关链接

零售商供应商公平交易管理办法

第一条　为规范零售商与供应商的交易行为，维护公平交易秩序，保障消费者的合法权益，制定本办法。

第二条　零售商与供应商在中华人民共和国境内从事的相关交易活动适用本办法。

第三条　本办法所称零售商是指依法在工商行政管理部门办理登记，直接向消费者销售商品，年销售额（从事连锁经营的企业，其销售额包括连锁店铺的销售额）1000万元以上的企业及其分支机构。

本办法所称供应商是指直接向零售商提供商品及相应服务的企业及其分支机构、个体工商户，包括制造商、经销商和其他中介商。

第四条　零售商与供应商的交易活动应当遵循合法、自愿、公平、诚实信用的原则，不得妨碍公平竞争的市场交易秩序，不得侵害交易对方的合法权益。

第五条　鼓励零售商与供应商在交易中采用商务主管部门和工商行政管理部门推荐的合同示范文本。

第六条　零售商不得滥用优势地位从事下列不公平交易行为：

（一）与供应商签订特定商品的供货合同，双方就商品的特定规格、型号、款式等达成一致后，又拒绝接收该商品；但具有可归责于供应商的事由，或经供应商同意，零售商负责承担由此产生的损失的除外。

（二）要求供应商承担事先未约定的商品损耗责任。

（三）事先未约定或者不符合事先约定的商品下架或撤柜的条件，零售商无正当理由将供应商所供货物下架或撤柜；但是零售商根据法律法规或行政机关依法作出的行政决定将供应商所供货物下架、撤柜的除外。

（四）强迫供应商无条件销售返利，或者约定以一定销售额为销售返利前提，未完成约定销售额却向供应商收取返利的。

（五）强迫供应商购买指定的商品或接受指定的服务。

第七条　零售商不得从事下列妨碍公平竞争的行为：

（一）对供应商直接向消费者、其他经营者销售商品的价格予以限制。

（二）对供应商向其他零售商供货或提供销售服务予以限制。

第八条　零售商不得要求供应商派遣人员到零售商经营场所提供服务，下列情形除外。

（一）经供应商同意，并且供应商派遣人员仅从事与该供应商所供商品有关的销售服务工作。

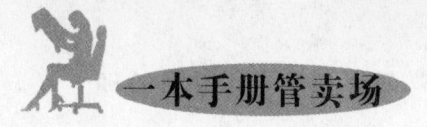

（二）与供应商协商一致，就供应商派遣人员的工作内容、劳动时间、工作期限等条件达成一致，且派遣人员所需费用由零售商承担。

第九条　存在下列情形的，供应商有权拒绝退货：

（一）零售商因自身原因造成商品污染、毁损、变质或过期要求退货，但不承担由此给供应商造成的损失。

（二）零售商以调整库存、经营场所改造、更换货架等事由要求退货，且不承担由此给供应商造成的损失。

（三）零售商在商品促销期间低价进货，促销期过后将所剩商品以正常价退货。

第十条　零售商向供应商收取促销服务费的，应当事先征得供应商的同意，订立合同，明确约定提供服务的项目、内容、期限；收费的项目、标准、数额、用途、方式及违约责任等内容。

本办法所称促销服务费是指依照合同约定，为促进供应商特定品牌或特定品种商品的销售，零售商以提供印制海报、开展促销活动、广告宣传等相应服务为条件，向供应商收取的费用。

第十一条　零售商收取促销服务费后，应当按照合同约定向供应商提供相应的服务，不得擅自中止服务或降低服务标准。零售商未完全提供相应服务的，应当向供应商返还未提供服务部分的费用。

第十二条　零售商应当将所收取的促销服务费登记入账，向供应商开具发票，按规定纳税。

第十三条　零售商不得收取或变相收取以下费用：

（一）以签订或续签合同为由收取的费用。

（二）要求已经按照国家有关规定取得商品条码并可在零售商经营场所内正常使用的供应商，购买店内条码而收取的费用。

（三）向使用店内码的供应商收取超过实际成本的条码费。

（四）店铺改造、装修时，向供应商收取的未专门用于该供应商特定商品销售区域的装修、装饰费用。

（五）未提供促销服务，以节庆、店庆、新店开业、重新开业、企业上市、合并等为由收取的费用。

（六）其他与销售商品没有直接关系，应当由零售商自身承担或未提供服务而收取的费用。

第十四条　零售商与供应商应按商品的属性在合同中明确约定货款支付的期限，但约定的支付期限最长不超过收货后60天。

第十五条　除合同另有约定或供应商没有提供必要单据外，零售商应当及时与供应商对账。

第十六条　零售商以代销方式销售商品的，供应商有权查询零售商尚未付款商品的销售情况，零售商应当提供便利条件，不得拒绝。

第十七条　零售商不得以下列情形为由延迟支付供应商货款：

（一）供应商的个别商品未能及时供货。

（二）供应商的个别商品的退（换）货手续尚未办结。

（三）供应商所供商品的销售额未达到零售商设定的数额。

（四）供应商未与零售商续签供货合同。

（五）零售商提出的其他违反公平原则的事由。

第十八条　供应商供货时，不得从事下列妨碍公平竞争的行为：

（一）强行搭售零售商未订购的商品。

（二）限制零售商销售其他供应商的商品。

第十九条　鼓励行业协会建立商业信用档案，准确、及时、全面地记载和反映零售商、供应商的信用状况，引导零售商、供应商加强自律，合法经营。

第二十条　鼓励行业协会建立零售商货款结算风险预警机制，对零售商拖欠供应商货款数额较大、期限较长的，应当将有关情况通报商务主管部门，并提示相关的供应商。

第二十一条　各地商务、价格、税务、工商等部门依照法律法规及本办法，在各自的职责范围内对本办法规定的行为进行监督管理。对涉嫌犯罪的，由公安机关依法予以查处。

县级以上商务主管部门应会同同级有关部门对零售商供应商公平交易行为实行动态监测，进行风险预警，及时采取防范措施。

第二十二条　对违反本办法规定的行为，任何单位和个人均可向上述部门举报，相关部门接到举报后，应当依法予以查处。

第二十三条　零售商或者供应商违反本办法规定的、法律法规有相关规定的，从其规定；没有规定的，责令改正；有违法所得的，可处违法所得三倍以下罚款，但最高不超过三万元；没有违法所得的，可处一万元以下罚款；并可向社会公告。

第二十四条　县级以上商务、价格、税务、工商等部门发现零售商涉嫌骗取供应商货款的，应当将其涉嫌犯罪的线索及时移送当地公安机关。公安机关应及时开展调查工作，涉嫌犯罪的，依法立案侦查。

第二十五条　各省、自治区、直辖市可结合本地实际，制定规范零售商供应商公平交易行为的有关规定。

第二十六条　本办法自 2006 年 11 月 15 日起施行。

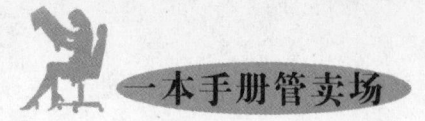
第三章 | 卖场财务管理

第一节 资金管理

一、资金管理原则

1. 统一使用与授权使用相结合的原则

卖场企业资金由总部统一筹措、集中管理、统一使用。分店本地采购产品、鲜活商品和其他保管期短的商品，经请示总部同意后或在总部授权的范围内可动用银行存款，否则不能动用银行存款；分店存入银行的销货款，未经总部批准不得自行动用。

2. 统一控制费用的原则

卖场企业总部、分店及其他部门的费用由总部统一核定、统一支付。各部门、分店的工资等日常费用的支出，由总部统一开支。分店经理有节约费用开支的责任，总部有审查费用使用情况的权力。

3. 统一登记注册、统一缴纳税款的原则

卖场企业应是享有独立法人资格的企业，总部和所属分店在同一区域内的，由总部向税务及工商部门登记注册，统一缴纳增值税、所得税及其他各种税负，统一办理法人执照及营业执照，分店只办理经营执照，国家对企业在税收上的优惠政策，也由税务部门直接对连锁总部实行。特殊情况下，总部和所属分店不在同一区域内，分店一般处于委托法人的地位，实行本地纳税。

4. 统一银行存款的原则

分店在总部指定的银行办理户头、账号，只存款不取款，分店每日必须将销售货款全额存入指定银行，不得作支销货款，同时，分店应向总部报送销售日报表，它的核心内容是发挥企业的规模效益，以低于社会的平均成本取得社会的平均利润。

二、资金管理办法

提高资金的运营效率和效益，积极采取措施盘活资金存量。加快资金周转，财务部门要同信息、配送等部门密切合作，通过 POS（销售终端）系统对超市的进、销、存实行单品管理，要从调整商品结构入手，分析哪些是畅销商品、平销商品、滞销商品，哪些是增值库存和不良库存，加强财务部对超市经营的指导、监督和制约作用。

引进现代化预算等管理制度加强管理，提高投资回报率。在财务管理上要积极引进现代化的预算管理制度、成本核算制度和投入产出分析制度，要加强投资决策和投资项目的经营管理，建立投资责任制，提高投资回报率。

财务部门要同规划开发部门紧密合作，在确定建立分店、配送中心、计算机系统的规模、投入等问题上要力求取得一致意见，使投资更加合理化、制度化、科学化。

完善内部的审计监督机制。由于卖场企业在资金上采取统一与授权相结合的管理办法，在内部资金运转过程中要严格执行各项结算制度，同时，完善企业内部审计制度，形成有效的监督机制。

第二节 流动资产管理

一、流动资产管理原则

卖场企业应实行总部与分店分级管理的办法。总部配送到各分店的商品由总部设置总账控制管理，在进入分店以前，一切损失由总部负责；分店自采的商品，由分店自行管理，商品在店内被盗、短缺由分店负责。

1. 合理设置库存的原则

对进入卖场企业配送中心的商品加强管理，加快对各分店的配送，减少装卸损失，降低商品损耗率；对进入各分店的商品加强管理。

2. 分类指导的原则

总部对各分店的流动资产进行分类指导，如总部要对各分店的订货数量、品种进行监测审核；总部要定期督促各分店及时根据销售情况调整商品结构；总部有责任督促各分店对超过保值期的商品进行清理，并在规定的商品范围和期限内由总部负责退货、处理。

二、流动资产管理办法

1. 加强存货管理

企业存货占流动资产比重较大，一般为 40%～60%，而对于商业企业这个比例可高达 80%。存货利用程度的好坏，对企业财务状况影响极大，因此加强存货的规划与控制，使存货保持在最优水平上，已成为财务管理的一项非常重要的内容。要想保持一定量的存货必定有一定的成本支出，而存货的有关成本主要包括：

（1）采购成本。指从供应商那里获得商品而支出的成本，包括订货成本和购置成本。订货成本主要是信息收集、交流的成本。而购置成本则是购入商品本身的价值，同时要注重商品品质的保证。

（2）储存成本。指因为对存货保存、加工等产生的成本。包括存货占用资金所应计的利息、仓库费用、保险费用、存货破损费用等。

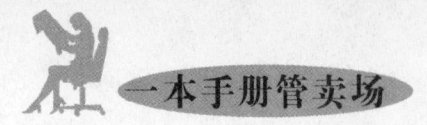

（3）缺货成本。指由于存货供应中断而造成的损失。当不确定的因素发生后，供应之间的某些环节出现问题，缺货造成销售机会的损失（还包括需要主观估计的商业损失）。

各分店要根据商品销售情况及时调整商品结构，对接近保质期的商品要积极开展促销，对超过保质期的商品要及时进行清理。

2. 加强商品销售管理

总部对配送中心及分店的全部商品要设置商品管理总账，对分店自采的商品一般实行按商品种类管理，有条件的要逐步过渡到实行单品管理，并建立实物负责制，以保证账实相符。各分店要定期对商品进行盘点，由总部核定商品损耗率，超过部分由总部从分店的工资总额中做相应扣除。

第三节　成本管理

一、成本管理原则

卖场企业的成本管理主要是通过商品毛利率、费用开支标准及范围、销售费用率三大指标进行控制。由总部统一进行成本核算，统一管理。

二、成本管理办法

成本管理的具体办法是：

①总部要严格控制自身的费用开支（如宣传广告费、人工费以及其他费用开支等）。

②总部统一整个企业的资产折旧，统一支付贷款利息。

③总部对各分店基本上采用"先进先出"法，按商品种类计算毛利率。

④总部要建立毛利率预算计划管理制度，对分店实行计划控制。总部对各分店的综合毛利率进行定期考核，对影响效益大的骨干商品的毛利率进行重点考核。

⑤总部规定各分店的费用项目范围及开支标准，原则上不允许随意扩大和超标。

⑥总部对一些费用（如水电费、包装费等）要进行分解，尽量细划到各分店和商品种类。能直接认定到各分店和商品种类的，要直接认定，不能直接认定到各分店和商品种类的，要参考各分店占企业工资总额的比例、资产的比例或按各分店的人数、经营面积分摊到分店和商品种类。

⑦总部对各分店的费用通过下达销售费用率进行总体控制，要建立费用率预算计划管理制度。各分店的直接费用（如业务招待费、人工费等）要同超市的经济利益直接挂钩。对超过预算计划的分店，总部通过督导制度，帮助其分析造成费用增长、费用率上升的原因，并提出调整改进措施。

第四节 薪资、奖惩管理

一、薪资、奖惩原则

卖场企业对员工工资、奖金的分配办法应在现行的政策法规下，结合连锁经营的特点和企业的实际情况，本着调动员工积极性的合理分配原则制定。

实行提成工资制的超市，其提成比例应根据各超市的实际情况确定。可以按超市的销售额确定工资奖金提取比例，实行百元销售工资奖金含量提成；也可以按超市实现的利税确定工资奖金提取比例，实行百元利税工资奖金含量提成。总部有权根据各超市客观条件的优劣对其工资提取比例进行调整。

二、薪资、奖惩办法

为了保证企业员工的基本收入，可由总部规定员工的月基本工资，月提成工资低于员工基本工资的，其差额部分由总部负责补足。

总部的管理人员和各分店经理的工资，按各自职位由总部确定其基本工资，根据不同月份的效益情况确定奖金数额，对部分岗位的管理人员可实行津贴管理的办法。

连锁卖场雇佣临时工人，其工资发放办法由总部自定。各项奖罚规定由财务部门根据不同岗位人员的职责、业绩、过失等因素制定。

相关链接

财务监督权限规定

第一条 财务部有权对卖场各职能部门、专柜、分店实施检查，各部门（分店）应积极配合，提供各种资料。

第二条 财务部有权对卖场整体经济效益进行分析、考核、监督、控制。通过矫正、处罚各种违反卖场的经营管理制度的行为，促进卖场规范化的实现，提高员工经营管理素质，提高卖场经济效益。

第三条 认真检查商品实物负责制的执行情况。发现未按规定进行日常交接或调岗离职时交接不清的，发现商品库存与机存数量不一致的，发现商品短少或非正常损坏的，都必须做出严肃处理，确保卖场财产完整。

第四条 未经公司审批签约，私自上柜销售，或冒用他人商品编码进行销售的，除处以厂商罚款外，将视情节轻重，对部门经理及经办人分别予以记过失处理，罚款××～××元。

第五条 部门（分店）私自留厂商返利等各项款项，不及时上交公司，私设小金库等行为，追究该部门（分店）负责人责任并视情节轻重，予以记过失罚款处理。

第六条 营运部在专柜管理过程中，未及时跟进管理，给公司造成经济损失的，

对当事人及主管领导按卖场规定追究相应责任。

第七条　未严格履行《供应商合同》，给卖场造成经济损失的，采购部及专柜部将负连带责任。

第八条　凡卖场的一切废品各部门要有专人负责收集保管，需要处理变卖时，必须要有财务人员监督，并将收入全额及时上交财务，由防损部把关。如私自截留、私设小金库，一经查出，除限期限额赔偿外，按公司规定予以处罚。

第九条　对上述检查结果及处罚情况，及时上报总经理，对情节严重者，将提出追究其经济责任，对违法乱纪违规厂商将清退出场。

第十条　联营专柜商品账务体系：实物负责人（营业员）登记商品保管账，即单品数量账，注明商品编码、商品名称、规格、型号、零售单位、售价、经营方式。

第十一条　每天营业终了，实物负责人（营业员）根据验收单等单证登记当天借方（购进栏），根据当日售货小票单，逐笔登记手册中的贷方栏（销售栏），并计算出当天存量。

第十二条　不同班次交接时，必须清点商品，明确经营责任，商品未清点完毕，交班的班组不能下班。

第十三条　按商品手册余额点交商品，由交班人员持商品手册，接班人员清点商品，逐个单品点数交接。发现实物数量与商品手册不符时，由交班人员订正商品数量，并在订正处签章，接班人员按实际存量接管商品。

第十四条　每天打烊前，实物负责人（营业员）应清点商品，盒装商品应开盒清点，登记商品夜间存放数量，将商品陈列整齐，平柜应上锁，次日营业前查商品数量，注销夜间存放数量。如发现商品丢失、毁损，应保护现场，通知保安人员查看现场。若由实物负责人丢失，则按售价赔偿。

第十五条　实物负责人登记商品保管账，即单品数量账，注明商品编码、商品名称、数量、售价、供应商名称、存放地点（部组）。

第十六条　部组长登记部组资金账，即进、销、存金额账，以售价登记，按厂商明细建账，包括自营厂商和专柜厂商。部组长所登记的销售额次日上午要与总收核对。

第四章│商场设备的维护管理

第一节　商场设备的维护

一、商场设备维护的范围

商场应对其辖属分店制定明确的管理细则，以做到统一管理。

制定分店设备/设施维护规范的目的是为分店设备/设施的保养维护工作提供依据，确保公司分店各类设备/设施的正常使用。其适用范围是：分店员工在对店内设备/设施进行维护、保养的工作过程。

分店设备/设施是指陈列在分店的冷柜、收款机、电脑、空调、监控设备、货架、办公台、精品柜台、购物车、购物篮等。

设备/设施的维护保养的主要责任人为各设备所在区的理货员及主管。

设备/设施故障报到维修组后，一般故障维修组要在8个工作小时内到达故障现场进行检修，提出维修方案，属自行维修的要立即确定完成时间，属保修或委外维修的要立即进行咨询并确定预计完成时间；紧急故障按《应急处理工作规范》执行。

二、设备维护工作要求

设备/设施的维护保养工作按《设备/设施维护项目表》实施并在交接班时做好相关记录。设备/设施维护项目如表9－8所示。

表9－8　设备/设施维护项目表

类别	维护要求（项目）	备注
冷柜	见《食品冷冻柜日常保养工作规范》	建立设备/设施档案
收款机	(1) 保持清洁，屏幕可见度 (2) 注意不要受湿、磁化	建立设备/设施档案
电脑	(1) 保持清洁，屏幕可见度 (2) 经常进行硬盘空间清理 (3) 注意电脑不要受湿、磁化	建立设备/设施档案
空调	经常清洁	建立设备/设施档案
监控设备	(1) 保持清洁，屏幕可见度 (2) 防磁、防潮	建立设备/设施档案

续表

类别	维护要求（项目）	备注
货架	(1) 保持清洁、防湿 (2) 经常查看货架的螺丝接口丝是否有松动并进行处理	
办公台	(1) 保持清洁 (2) 注意防潮	
精品柜台	(1) 保持清洁 (2) 轻拿轻放	
购物车 平板车	(1) 保持清洁 (2) 经常检查车轮、螺丝是否松动并进行处理 (3) 定期对购物车的车轮进行润滑，保持其正常使用	润滑工作每月至少一次
购物篮	(1) 保持清洁 (2) 检查购物篮的把手是否可正常使用	

三、商场设备维护流程

商场设备维护流程如表 9—9 所示。

表 9—9　商场设备维护工作流程表

工作流程		责任人/部门	工作标准/要求	相关文件/记录
报障		理货员各区主管维修工	理货员发现设备/设施故障，报各区主管，并根据《设备/设施档案》查看是否在保修范围	维修事项申报表
维修	自修	维修工	维修工根据故障情况购买零件，在规定时间内维修好设备/设施	请款单
	保修	维修工外方单位	(1) 维修工根据《设备/设施档案》上的记录，联系保修单位，告知故障原因，询价、确定维修时间 (2) 当所需费用超过维修工权限时，根据公司规定写维修申报告进行申请、报批	
	委外维修	维修工外方单位	(1) 维修工根据故障情况，寻找有维修资格的外方单位，确定维修完成时间、报价，上报商场管理部 (2) 商场管理部对报价进行审计后，根据公司规定写维修申请报告进行费用申请、报批 (3) 维修工联络维修单位进行维修，有必要时签订维修合同	
验收		理货员维修工各区主管	(1) 维修完成后交使用区的主管、理货员进行验收并签名确认 (2) 对有关费用，及时取得发票，到财务部报销	维修事项申报表发票

第二节　商场食品冷柜日常保养

一、食品冷柜日常保养的范围

制定食品冷柜日常保养规范的目的是为分店食品冷冻柜日常保养工作提供制度规范及要求。其适用范围是：分店的所有冷藏柜和开放型冷冻柜。

分店冷冻柜日常保养工作内容包括设备类型、保养项目、保养周期、保养方法及注意事项等内容。

食品冷柜日常保养工作的责任人为该区的理货员及各区主管。

二、食品冷柜日常保养的项目与方法

食品冷柜日常保养项目和方法如表 9－10 所示。

表 9－10　食品冷柜日常保养工作项目及方法表

设备类型	保养项目	保养周期	保养方法	注意事项	备注
立柜、岛柜	外装板	每天	(1) 用布和清水擦拭 (2) 对于污迹，要用力擦拭	不能用利器刷，以免外装不锈钢板被刮花	
	货架	每天	用布和清水擦拭	注意保持商品整齐完好	
	陈列辅助工具	每天	用布和清水擦拭	辅助工具的性能也要维护	
	照明设施	每周	用干布擦拭	小心处理，避免破碎	
	反射镜	每周	用布和清水擦拭	避免用力过度，损坏反射镜	
	下水口	每周	清除在下水口过滤器中的污物	彻底清理，避免过滤口堵塞	
	内藏柜冷凝器	每周	取出蜂巢条，用清水冲洗	勿用吸尘器	
	吸入口开口间隙	两周	用镊子或长筷子清除杂物，并用抹布清洁	清理要彻底	
	冷却风扇	两周	用干布小心去除灰尘	避免入水	
	底部加热板	三个月	用小铲和抹布清理	避免用力过大	
	排水口	一个月	用扫帚和垃圾铲清理	避免排水口堵塞	
	冷冻机	三个月	检查机器是否正常运转并加油		
	除霜	每周	用冰铲除去冰块	避免用利器及用力过大	

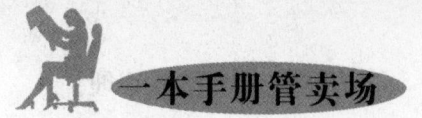

第三节　冷柜日常维护

一、冷柜日常保养的范围

制定冷柜日常维护规范的目的是为确保冷柜（机）能够正常运行并为进行日常维护保养提供准则。其适用范围是：各分店对冷柜（机）日常维护保养的管理控制过程。

分店要将冷柜的日常保养及维护落实到具体责任人。

分店对冷柜的日常维护保养要按冷柜（机）的日常保养规范的要求进行。

冷柜发生故障时，分店要按一般故障处理方法进行检查、排障，在分店无法排障或超出一般故障处理范围时，分店要及时报障，并跟踪厂家进行维护，故障排除后要在报障处理单上签字确认，并保留报障处理单以便统计分析或备查。

二、冷柜日常维护规范

冷柜日常维护保养工作规范和冷冻机日常维护保养如表9—11和表9—12所示。

表9—11　冷柜日常维护保养工作规范表

序号	维护项目（部位）	周期	维护保养方法	维护、保养注意事项（点）	备注
1	外装板	每日	拂拭水渍、污渍，除锈，除去胶带痕迹	基本上以清水拂拭，污渍严重时以中性溶液洗剂清除干净，不得使用辛纳水等，含盐商品周围更应注意拂拭	发现污渍即时清扫
2	货架		拂拭水渍、污渍，清除商品屑或脏物	要清扫至每一个角落	
3	陈列辅助工具		清除竹篮、网架、席子类东西上的水渍，拂拭污渍	不仅货架板表面，其反面也要认真清扫，陈列侧板的商品栏有污渍、脏物时也要即时清除	
4	整个货架	一次/周	清除水渍、污渍	要检查商品隔板、货栏等处是否有污渍，搁架板上是否有滞留脏物，是否有锈迹等 要检查是否有拆除标价条后的胶带污渍，隔板是否破损等，若有，则采取相应措施清除或修补	

序号	维护项目（部位）	周期	维护保养方法	维护、保养注意事项（点）	备注
5	反射镜		中性溶液洗剂拂拭水垢、污渍、灰尘后，用干净抹布擦干	要检查反射镜是否有脏物，是否清晰	
6	照明	一次/月	灰尘、污渍的清扫，水渍的拂拭	要检查陈列柜荧光灯是否关闭，电器系统是否弄湿，若有，则应采取相应措施予以补救	
7	下水口		清除、洗净遗留在下水过滤器中的污物		
8	吹出口蜂巢条	一次/三月	清扫堵孔的污渍后用皮管清洗	要取出蜂巢条认真清扫因有可能发生堵孔危险，故勿用吸尘器	
9	吸入口开口		除去商品细屑、脏物、污物，以水拂拭（中性洗剂）	内外层风幕都可以取下，重点清扫平时不注意的地方　细小灰尘用吸尘器清除	
10	冷却风扇	一次/六月	拂拭冷却风扇上的附着物	有可能发生堵孔危险，故勿用吸尘器	
11	底部加热板排水口		除去商品细屑、脏物，除去各存物，用皮管加压洗净，排除排水口的堵塞物	注意排水口是否有恶臭现象，检查地板是否有垃圾将风扇装箱反转即可见底部加热板吸风口是否有脏物、污渍　若以水难以冲去污泥，应立即用工具除去	

表9—12　冷冻机日常维护保养一览表

序号	维护项目（部位）	周期	维护的方法	备注
1	内藏柜空冷冷凝器防尘网	一次/月	利用皮管加压水洗净	
2	空冷冷凝器	一次/半年	夏天来临前过行一次清理（若用水冷式冷凝器则每三个月点检一次塔，冷却水过滤器变脏时应与生产者联络）	如有疑难问题或其他故障时及时与厂商联系

三、冷柜一般故障处理工作规范

冷柜一般故障处理工作规范如表9—13所示。

表9—13　冷柜一般故障处理工作规范表

故障表现		故障可能原因	故障原因检查确认	排障方法/注意点	
冷却不良	冷冻机不转	除霜中	确认除霜显示灯	除霜指示灯亮，等待除霜结束	
		冷冻机异常	检查断路器是否断开、电源开关是否闭合	将断路器断开，电源开关闭合	
			检查警报灯是否亮	按高压开关的红色按钮	若警报不灭（空冷式）则清扫冷凝器
					若警报不灭（水冷式）与厂家联系
	冷冻机运转但不制冷	陈列柜是否迎风相遇	检查空调机、出入口的风是否干扰风幕		
		高压压力值过高	检查冷凝器翅片口是否脏、塞（空冷式）	清扫冷凝器	
			检查冷凝器风机是否停止（空冷式）	与厂家联系	
			冷却水是否不足		

续表

故障表现	故障可能原因	故障原因检查确认		排障方法/注意点
冷冻机运转但不制冷	商品可能超出装载线	检查是否遵守装载线陈列商品		如超出装载线则遵守装载线陈列规则
	运转后立即停止	检查是否冷气不强,陈列柜里的风扇是否停止	风扇停止	如风扇停止,即与厂家联系
			冷却器是否结霜	如结霜过多,即与厂家联系
			是则即时清扫蜂窝巢	是则即时清扫蜂窝巢
		检查视液镜里是否有气泡		若有气泡发生则显示气体不足,即与厂家联系
		检查温控器设定值是否正常		若不正常则调整设定值

第四节 商场工具的管理

一、商场工具的范围

制定工具管理规范的目的是为工具管理提供工作依据,确保工具管理安全规范化。其适用范围是:分店对工具进行管理的工作过程。

分店使用的工具主要是指梯子、锯子、电钻、电工工具等一系列使用工具。

工具管理工作规范包括制清单、领用、报废/申购等环节的内容。

工具在使用过程中要保持清洁,正确使用。

二、商场工具管理具体的流程与要求

具体工作流程、工作要求:

1. 制清单

维修工根据现有工具情况填制工具清单(一式两份),分店会计员签字确认后,一份交商场管理部,一份分店会计员留存。

2. 领用/归还

新工具由行政部联系购买后交分店收货区主管收货,并由分店会计员进行登记后开始使用;工具由分店收货区主管保管,在需要使用时维修工、各区主管及商场员工到收货区主管处领用并进行领用登记;使用完毕,使用人要及时将工具归还给收货区主管并进行归还登记。

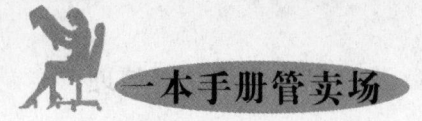

3. 报废/申购

工具不能再继续使用时，需对工具进行报废申请，维修工填制工具报废申请，经店长签字报商场管理部经理审批；申请购买工具时需填写易耗品申购单，由商场管理部经理审批后交行政部联系购买。

第五节 商场易耗品的管理

一、商场易耗品的范围

制定分店易耗品管理规范的目的是为易耗品管理制定实施规范及要求，防止易耗品流失使用过度。其适用范围是：各分店内部所使用的各类易耗品的管理。

易耗品包括：打印纸、办公用品、电子秤标签代码等。

二、商场易耗品管理的流程与要求

具体工作流程、工作要求：

（1）领用。填写易耗品申购单（使用人填写）。

（2）监控。交由店长批准、签名。

（3）购买。分店会计员向配送中心或相关部门订所需易耗品或自行购买。

（4）领用。易耗品购回后需进行登记并通知申请人领用；申请人根据申请领用易耗品并进行领用登记。

（5）监控。在易耗品使用过程中必须实行监控；办公文具一个月领用一次，未到期有遗失，使用人自己负责及保管好；双面胶、单面胶、彩笔、POP 纸必须由美工或分店专职人员负责保管；清洁用品、绳子等根据需要领用；各区主管跟踪使用情况，禁止铺张浪费、随意损耗易耗品。

（6）回收。规定笔、刀、彩笔等用品在规定时间按以旧换新的办法执行；分店会计员做好回收登记；分店会计员统计每月易耗品使用数量。

第五章 │ 卖场后勤管理

第一节 卖场环境管理

一、卖场环境管理的范围

制定商场环境管理规范的目的是为商场环境管理提供工作规范。其适用范围是：商场对于环境管理的工作过程。

商场环境管理工作规范包括：停车场、橱窗、招牌、卖场卫生、灯光、音响、购物工具、消防设施、卖点广告悬挂等方面的管理。

二、卖场环境管理的具体要求

①停车场——有停车场的分店要设专人看管并指挥车辆的进出停放，汽车、摩托车、自行车要分开停放并排列整齐。

②橱窗——要设专人每天擦拭，达到有光泽、无水迹、无乱张贴广告、无尘、光亮。

③招牌——要定期清洗，字体完整，保持清洁，晚上定时开启射灯，出现损坏要及时向相关部门报修。

④卖场卫生——每天要对地面、货架、设备、商品、墙壁、洗手间、废纸区进行清洁，要求无尘、无杂物、无积水、无异味。

⑤灯光——要保证所有的照光灯正常使用，如有损坏，要及时更换或报修。

⑥音响——商场应有配套音响广播系统，按公司规定在不同时段播放相宜的音乐，调节商场购物气氛，并定时广播促销内容。

⑦购物工具——购物工具包括购物车和购物篮，均应放在商场入口出口处和卖场内部的空隙地方，购物车和购物篮要定时清理，保证卫生和正常使用。

⑧消防设施——商场内部要有消防设施，包括消毒面罩、灭火器、指示牌、应急灯，并要定时检查，保证消防设施的正常使用。

⑨卖点广告——商场内部卖点广告要统一书写格式，统一悬挂高度。

第二节　卖场卫生管理

一、卖场的卫生管理的范围

制定商场卫生管理规范的目的是为商场卫生的管理提供工作依据，确保商场卫生的清洁，营造良好的购物环境。其适用范围是：分店个人卫生、作业场地卫生、设备卫生、温度管理、废弃物处理、生鲜卫生等卫生管理的工作过程。商场卫生管理工作的责任人为店长及各区主管。

二、场内环境卫生管理

1. 场内有害动物防治

（1）老鼠的防治。

①必须有长期的、有效的、专人负责的消灭老鼠的工作计划和工作内容。

②建筑物的洞穴、排水系统的管道、排水入口都必须有封死的金属网。

③无供老鼠繁殖、藏身的空纸箱，开封的食品箱等。

④保持加工间的卫生清洁。

⑤保持后仓的食品无散漏，特别是粮食、水果、油、食品残渣等。

⑥定期检查黑暗的角落、过道、货架底部、橱柜、仓库的死角等老鼠经常出没的地方。

⑦设置灭鼠网、灭鼠器、灭鼠药、灭鼠胶等。

（2）苍蝇、蚊子的防治。

①设置灭蝇灯、风帘、纱门等灭蝇设备。

②定期对排水渠、下水道、地面、垃圾桶、垃圾堆进行喷杀灭卵。

③食品销售柜、加工间保持封闭，减少食品的暴露，随手关门、盖盖。

④用灭蝇拍拍流动苍蝇。

（3）蟑螂的防治。

①设置除蟑螂器，采用药物对蟑螂出没的地方重点喷杀。

②及时清除蟑螂卵，并对比较阴暗的食品加工区域进行重点防治。

③保持整个食品加工区域的清洁卫生。

2. 洗手间环境卫生管理

（1）所有清洁工序必须自上而下进行。

（2）放水冲入一定量的清洁剂。

（3）清除垃圾杂物，用清水洗净垃圾并用抹布擦干。

（4）用除渍剂清洁地胶垫和下水道口，清除缸圈上的污垢和渍垢。

（5）用清洁桶装上低浓度的碱性清洁剂彻底清洁地胶垫，不可在浴缸里或脸盆里洗。桶里用过的水可在清洁下一个卫生间前倒入其厕内。

（6）在镜面上喷上玻璃清洁剂，并用抹布清洁。

（7）用清水洗净水箱，并用专备的抹布擦干。烟缸上如有污渍，可用海绵块蘸少许除渍剂清洁。

（8）用中性清洁剂清洁坐厕水箱、座沿盖子及外侧底座等。

（9）用坐厕刷洗坐厕内部并用清水冲净，确保坐厕四周及上下清洁无污物。

（10）清洁洗脸台下面的水管。

3. 专柜柜台卫生管理

（1）专柜经营者不得超高超铺张摆放商品。

（2）爱护卖场内的一切设施和设备，损坏者照价赔偿。

（3）不得随地吐痰、乱扔杂物等。

（4）各专柜的经营人员必须保持自己铺位或柜台所管辖区域卫生。

（5）经营人员不能在禁烟区内吸烟。

（6）晚上清场时将铺位内的垃圾放到通道上，便于清理。

4. 更衣室清洁卫生管理

（1）清洁地面：扫地、湿拖、擦抹墙脚、清洁卫生死角。

（2）清洁员工洗手间。

（3）清洁员工衣柜的柜顶、柜身。

（4）室内卫生清洁。用抹布清洁窗台、消火栓（箱）及消防器材，清理烟灰缸，打扫天花板，清洁空调出风口，清洁地脚线、装饰板、门、指示牌，打扫楼梯，拆洗窗帘布，清倒垃圾，做好交接班工作。

（5）有拾获员工物品及时登记上交安全部并报告部门主管。

5. 办公场所环境卫生管理

（1）总要求。

①各工作场所内，均须保持整洁，不得堆积已发臭或有碍卫生的垃圾、污垢或碎屑。

②各工作场所内的走道及阶梯，至少须每日清扫一次，并须采用适当方法减少灰尘。

③各工作场所内，应严禁随地吐痰。

④饮水必须干净。

⑤其他卫生设施，必须特别保持清洁。

⑥排水沟应经常清除污秽，保持清洁畅通。

⑦凡可能寄生传染病菌的原料，应于使用前施以适当的消毒。

⑧凡可能产生有碍卫生的气体、尘灰、粉末的工作，应遵守下列规定：

第一，采用适当方法减少此项有害物的产生。

第二，使用密闭器具以防止此项有害物的散发。

第三，在发生有害物的最近处，按其性质分别做凝结、沉淀、吸引或排除等措施。

⑨凡处理有毒物或高热物体的工作或从事有尘埃、粉末或有毒气体散布场所的工作，或暴露于有害光线中的工作等，须用防护服装或器具，并按其性质置备。对于防护服装或器具，凡使用人员，必须善用。

（2）各工作场所的采光要求。

①各工作部门有充分的光线。

②光线须有适宜的分布。

③须防止光线的眩目及闪动。

④各工作场所窗面及照明器具的透光部分，均须保持清洁，不要有所掩蔽。

⑤凡阶梯、升降机上下处及机械危险部分，均须有适度的光线。

⑥各工作场所应保持适当的温度，温度的调节有暖气、冷气或通风等方法。

⑦各工作场所应使空气充分流通。

⑧食品加工区域的一切用具及环境，均须保持卫生清洁。

⑨垃圾、污物、废弃物等的消除，必须符合卫生的要求，放置于所规定的场所或箱子内，不得任意乱倒堆积。

⑩卖场应设置甲种急救药品设备并存放于小箱或小橱内，置于明显之处方便取用。每月必须检查10次，其必备品有缺时应随时补充。

三、场外环境卫生管理

1. 场外环境卫生要求

（1）拉布灯箱保持清洁、明亮，无裂缝、无破损。霓虹灯无坏损灯管。

（2）幕墙内外玻璃每月清洗一次，保持光洁、明亮，无污渍、水迹。

（3）旗杆、旗台应每天清洁，保持光洁无尘。

（4）场外升挂的国旗、公司旗每半个月清洗一次，每三个月更换一次，如有破损应立即更换。

（5）场外挂旗、横幅、灯笼、促销车、遮阳伞等促销展示物品应保持整洁，完好无损。

2. 员工通道、就餐区清洁要求

（1）公告栏由卖场经理指定专人管理。

①管理人员应对需张贴的通知、公告等文件资料内容进行检查、登记，不符合要求的不予张贴。

②员工应注意协助维护公告栏的整洁，不得拿取、损坏张贴的文件资料。

（2）员工通道内的卡钟、卡座应挂放在指定位置，并保持卡座上的区域标志完好无损。

（3）考勤卡应按区域划分放于指定位置，并注意保持整洁。

（4）用餐后应将垃圾扔入垃圾桶。

（5）茶渣等应倒在指定位置，不能倒入水池。

（6）当班时间不得在就餐区休息、吃食物。

四、操作区域环境卫生管理

1. 操作区环境卫生标准

操作区环境卫生标准如表9—14所示。

表9—14　操作区环境卫生标准

项目		加工区环境卫生标准
建筑环境	地板	无垃圾，无积水，无油渍，无杂物
	墙面	无油污，无污垢，无灰网
	天花板	无油污，无灰网，无烟熏痕迹
	玻璃	明亮，无油污，无批印，无水痕
操作设施	排水设施	排水设施完善，水沟无污水，无堵塞、杂物和污垢，地漏干净、畅通
	通风设施	通风设施完善，空气新鲜，温度适当，设备无油渍
操作水池	洗手池	无污垢，无杂物，无堵塞，无污水
	清洁器具水池	无污垢，无杂物，无堵塞，无污水
	食品专用水池	无污垢，无杂物，无堵塞，无污水

2. 加工区清洁方法

（1）地板墙面的清洁。

①地板用解脂溶油剂清洗、过水、消毒、刮干，每日清洁2次。

②墙面、玻璃用洗洁剂清洗、过水、刮干净，每日清洗1次。

③天花板用湿布清洁（或用清洁剂），每月1次。

（2）水沟通风设施清洁。

①水沟用解脂溶油剂清洗、消毒，随时清除杂物保持干净，每日消毒1次。

②地漏要随时清除杂物保持干净，每日灌水消毒1次。

③通风设施用解脂溶油剂清洗、消毒、过水，每周清洁2次。

（3）水池清洁。

①洗手池用清洁剂清洗、过水，随时清除杂物保持干净，每日清洗1次。

②清洁器具水池用清洁剂清洗、过水，随时清除杂物保持干净，每日清洗2次。

③食品专用水池用清洁剂清洗、过水、消毒，随时清除杂物保持干净，每日清洗2次。

五、加工设备卫生管理

1. 加工设备卫生要求

加工设备卫生要求如表9-15所示。

表9-15　加工设备卫生要求

项目		加工区环境卫生标准
用具类	刀具	无油渍，无残渣，无锈斑
	砧板	颜色洁白，无污水，无残渣，无霉斑
	专业用具	干净整洁，无油渍，无污点
容器类	食品容器	表面光亮，无污垢，无锈斑，无杂物
	消毒容器	干净，无污垢，无污水，无锈斑
	清洁容器	干净，无污垢，无残留污水，无油渍
	操作台	干净光亮，无污垢，无锈斑，无杂物
设备类	一般设备	无灰尘，无污垢，无油污
	专业设备	无灰尘，无污垢，无油污，无化学油渍，无锈斑
设施类	容器架子	干净，无污垢，无污水，无锈斑
	运输车辆	无油污，无污垢，无垃圾

2. 加工设备的清洁方法

（1）用具类。

①刀具用洗洁剂清洗后，用清水冲洗，消毒后要放回刀架，刀具随时保持清洁。

②砧板用清水或洗洁剂清洗，每日工作结束时用漂白水漂白，砧板要随时保持干净。

（2）容器类。

①消毒容器类，消毒溶液要按规定的时间更换并保持干净，桶表面污垢用洗洁剂清洗后，用清水冲洗。

②清洁容器的清洁方法同消毒容器类一样。

注：食品容器类必须遵循"一洗、二刷、三冲、四消毒"的清洁过程，干净的容器放在架子上。

（3）设施类。

①用规定的化学用剂清洗干净，用清水冲洗，并用抹布抹干水渍。

②台面、设施每日至少清洗3次，运输车辆每日至少清洗1次。

（4）设备类。

①清洁专用加工设备，用沸水加化学用剂每日冲洗3次，以免碎肉、菜屑等残留腐烂而衍生细菌，污染食品。按其使用说明书中的方法清洗。

②普通常用的设备每日清洗1次。

③设备的清洗必须注意电源、插座、电线的安全，必要的设备要进行消毒处理。

六、加工区域卫生管理

1. 果蔬加工间卫生管理

（1）计价台清洁卫生要求。

①电子秤干净、无污泥、灰尘、标签等。

②计价台干净、无废纸、泥土、灰尘及相关的笔记本、杂物等。

③无蔬菜、水果等商品的散货。

（2）果蔬加工间清洁卫生要求。

①温度、湿度符合要求。

②所有商品均有序分类存放，无商品直接接触地面。

③排水设施通畅，地面无积水。

④地面无垃圾、杂物、烂叶、烂果和污泥。

⑤操作台干净整齐，各种设备符合清洁卫生、安全用电的要求。

⑥包装耗材整齐存放，无污染。

2. 肉类加工间卫生管理

（1）肉类加工间清洁卫生要求。

①肉类加工间的温度、湿度、通风状况必须符合要求。

②加工间的不同种类肉加工区域明确，猪肉、牛肉、羊肉、鸡禽类必须分开，包括操作台、包装耗材、碎肉、垃圾、血污等。

③地板、墙壁、天花板、玻璃、设备、用具、容器必须清洁、消毒、除臭。

（2）肉类加工作业清洁卫生要求。

①各种肉类的加工、存放彻底分开，不能混合使用。

②处理不同肉类时，操作人员双手必须消毒、清洗。

③机器加工不同种类的肉类时，转换加工种类时必须经过清洁消毒程序。

④人员卫生达标，不污染食品。

3. 鱼池卫生管理

（1）鱼池的清洁卫生标准。

①鱼池每日至少清洁1次。

②鱼池清洁要将各种杂物、鱼鳞等清除干净，用温水清洁数次，不能用化学用剂。

③鱼池在营业期间，滤石、海绵清洗两次，保证水质干净。

（2）冰台的清洁卫生标准。

①营业结束后，冰台的冰必须全部清除。

②将冰台中的冰水全部排干，并用洗洁剂清洗干净，再过一遍清水。

③冰台上重新铺满新鲜的冰。

第三节　车辆事务管理

一、车辆管理

1. 车辆管理责任

（1）管理对象。卖场内部车辆的管理依下列区别来分类：

①公司车，即卖场以业务使用为目的，以公司名义购入的车辆。

②准公司车、租用车，即公司以业务使用为目的由外部租借的车辆。

③员工专用车，即卖场为了方便员工上下班而购入的车辆。

④免费购物车，即卖场为了更好地服务顾客，免费为顾客提供送货服务的车辆。

这些因卖场的规模、经营行业、使用地域的不同会有很大的变化，但无论如何，和卖场有关系的车辆，全部都为管理的对象。

（2）管理内容。车辆的管理内容如下：

①新车及二手车的购买，废弃处理等有关管理——有关供给厂商及车辆的异动、登录更换等。

②行驶管理——运达目的地及运行预定表的内容。

③维护和维修——是否有定期性的安全检查，有违安全时应即时维修。

④有关车辆的损坏意外、保险契约等的加保状况管理。

2. 车辆管理组织

（1）车辆管理的实施方法。卖场的车辆管理，大都是由各车辆的驾驶人直接管理。因此，卖场必须对驾驶人施行严格管理。这包括对驾驶人教育、训练及制定相关规章制度。

（2）为求管理的合理化，可在各部门设置管理责任者，以部门为单位来实施管理。

（3）驾驶者的录用。车辆管理之中，最重要也最需注意的是驾驶人的管理。其中最重要的是驾驶人的录用，因为录用欠缺管理能力的驾驶人而引起交通事故等的情形，不仅会使管理工作变得很麻烦，而且会给卖场带来损失。

3. 车辆管理操作

（1）制作车辆管理簿。在具体实行车辆管理的时候，首先必须制作车辆管理簿。这个如同设备管理簿，相当于车辆的诊断记录，是车辆管理必不可少的。车辆管理簿的形式，基本上和设备管理簿一样，不同之处在于车辆上贴上"公共车辆登记号码"，比起公司内的管理号码更为重要。

另外，在实际的管理中，要准备管理簿副本交给使用者，依此作检查、修理记录，并加以管理。

（2）记录运行日记。为彻底实行车辆管理，行驶日记的记录也成为管理上的重点。行驶日记是由车辆驾驶人来记录行驶的次数，此外在记录后，向所属主管提出接受检核、指示，此时，有关行驶中的事故以及故障，应马上记录、报告，并遵守指示。

4. 车辆换新及报废

（1）车辆的换新。因车辆长时间使用后会发生各种故障，车辆的换新和报废也是车辆管理的重要工作事项。

以耐用年数及行驶距离来判断购换新车，应于每年预算时一并计算。届时，由使用部门提出换新申请，并办理采购手续。同时，将旧车申请报废，其手续依税法规定办理。

（2）换新交涉要点。由使用部门提出换新申请时，卖场主管部门应讨论其适当性并评核其新车购置，再和厂商进行换新的交涉。

①首先确认换新车的预算政策。一般卖场对于在期中需要支出的预测时间排在期初预算，但是也会有遗漏的情形，此时申请追加预算额，由公司主管部门向财务部提出，这是车辆管理中重要的事项。

②旧车换新车，提供新车的金额是多少。另外，要确认定价的差额。若差异太大时，必须要考虑购入时的有利因素，以进行交涉。

③在换车之时，旧车的购买厂商是交涉的第一顺位，但也必须参考使用者的意见。具体可依情形而定，也可和其他厂商交涉。

④在换车的交涉中，旧车的管理账卡以及行驶日记是非常重要的参考。换车前要先调查，并有效地活用。

（3）交车时的检查重点。换车、购入的交涉结果是买卖双方同意，其次为交车，而有关交车时应该留意的管理事务，说明如下：

①交车。换车的交车和新购入车有所不同，如旧车的转让业务，也和交新车的处理和订购时相同，但旧车的转让要特别留意。留意事项有：

第一，转让时要检查车辆内外，如清扫、不要的物品也一并清除才交给对方。

第二，移交后需要过户，并将车籍资料（证件）及纳税、保险文件等一并交齐。

第二，剩余保险部分可给保险公司转移至新车，一般大多以此方法处理。

②制作新的管理卡并取消转让车辆管理卡。

第一，制作新的管理卡，而旧车的管理卡，至少在报废后两年内仍能将其保存。

第二，电脑记录档，不要忘记取消。

③账上价格和交易价格发生差异之时，账上价格较大时差异为其他收益，相反则为其他损失处理。

（4）车辆的检查、整备、清扫。车辆管理中比较容易疏忽和遗忘的是车辆的检查、整备、清扫等。当车子较新时，虽然常常做清扫检查，但过了两三年则渐渐无人问津。

因而，应规定驾驶员除驾驶外，也应负责按规定进行车辆清扫或检查。

二、事务管理

1. 办公用品管理

加强卖场办公用品的管理，保证办公需要，厉行节约。

（1）办公用品统一由行政部购买发放。其他用品自行购买，财务部门不准报销。

（2）办公用品分为 A、B、C 三类。具体标准可由各卖场根据自身情况制定。A 类用品员工入岗商场为其配备，建立账卡，员工调动时须按劳动人事部有关规定办理移交手续。发到部门的用品，要有专人负责，建立账卡，责任人调动时办理移交手续。若有损坏，由责任人照价赔偿。B 类用品员工入岗配发，一次销账。因员工个人原因造成丢失或损坏，由个人负责。员工调离商场，无须交回。C 类用品实行计划管理，定期按岗位核定合理消耗量，由行政部按计划购置发放。

（3）各部门每月五日前将所需办公用品计划报行政部，并设专人负责领发办公用品。每周一上午为办公用品发放时间。

（4）行政部对 A 类办公用品每年核查一次。发现问题，由使用保管人负责。报损处理需经主管经理审批。会计、物资、保管员要及时做好登记。

2. 工作服管理

工作服是反映商场整体形象及员工精神面貌的重要标志，为保证工作服管理工作顺利进行，有必要加强工作服管理。

（1）行政部根据商场的要求负责联系工作服的选料制作、发放与保管。

（2）发放工作服时，要手续齐全，填制领存卡，防止冒领和丢失。

（3）员工领用工作服后，个人保管。要保持其整洁、完好，不得私自改制式样、装饰。

（4）员工工作服由商场按规定时间统一清洗。

（5）工作服领用与收回。员工内部调动，经劳动人事部审批后，领用新岗位工作服；员工调出商场，按一定标准折价收款，工作服不再收回；因个人原因损坏工作服，在照价赔偿后，补领新工作服。

3. 员工更衣室（柜）管理

（1）更衣柜是为员工提供更换、保存服装的设施。禁止在柜内存放与工作无关的杂物、食品和贵重物品。

（2）员工使用钥匙号码须与柜号相符。一人一柜，禁止混用，否则按私开他人衣柜处理。

（3）使用者应妥善保管衣柜，保持整齐与清洁，不得随意调换位置。使用者不得自行配换柜锁和涂改编号，凡造成损坏者按规定罚款，严重者给予纪律处分。

（4）更衣柜正常损坏时，由使用者提出报告，批准后给予维修。

（5）更衣柜钥匙，一把由使用者保存，另一把由安全保卫部保管备用。丢失自用钥匙者，应向领导报告并交款后，方可换锁重领钥匙。

（6）衣柜应随时关锁。一旦发现物品丢失，应速报保卫部门协助查找，但商场不负财物损失责任。

（7）衣柜不得私自另加锁。特殊情况下安全保卫部有权根据商场需要对衣柜进行检查，而无须员工本人在场。

（8）员工调离时，应将更衣柜整理干净，钥匙交回管理部门。

（9）严禁在更衣室内吸烟、嬉闹、乱扔杂物、随地吐痰，严禁将易燃、易爆和危险物品带入室内。

（10）不准在更衣室内会客、休息。

（11）不准在更衣室内吃食物。

4. 员工就餐管理

（1）员工就餐时须着装整洁。一律凭餐卡或餐证就餐，餐卡每天只允许使用一次。

（2）员工就餐秩序。就餐员工从餐厅指定门进入，由微机检卡或交餐证后，按指定窗口有秩序依次领取食品。

（3）就餐人员一律在餐厅用餐。任何人不得将饭菜、餐具带出餐厅。

（4）爱护餐具及餐厅公物。不得敲打餐具，私挪餐桌。

（5）杜绝浪费。每人一份工作餐，领取食品时本着吃多少领多少，不得将主食扔掉，否则罚款处理。

（6）文明就餐。不得在餐厅吸烟、酗酒、闲聊、喧哗、打闹，不得随地乱扔纸屑、果皮核、杂物，不得随地吐痰。

（7）用餐完毕，将残渣倒入指定桶内，餐具放在指定位置，凳子放回原位。

（8）非餐厅工作人员，未经允许不得进入操作间。

（9）就餐员工要自觉遵守餐厅制度。服从工作人员管理，违反餐厅制度按规定罚款。

5. 包装物品、票据管理

（1）包装纸、袋的印制使用。

①实行计划管理、统一印制，卖场统一设计标志，不得印非标准印刷品。

②各店铺将印制计划报市场经营部，经营部审查设计后将校样及要求交行政部印制保管。

③属于整个卖场宣传性包装物，行政部根据市场经营部要求分配给各部室、各店铺。

④各店铺所需包装物，一律到行政部领取、记账，计入各店每月费用。

（2）票据印制。

①财务审计部根据业务需要设计统一的票证。

②由行政部统一联系印制、保管。

③各部室、店铺根据工作、业务需要到行政部领取。

④本着节约原则，合理确定印票数量，防止大量占用资金和库房。

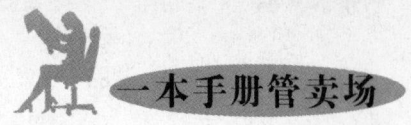

6. 废旧包装物品回收管理

（1）凡属废旧包装物品，均由行政部统一回收，各部门不得自行对外处理。

（2）各部门在拆箱或开包时，要尽量保持包装物完好，要指定专人负责。废旧包装物品应及时送到行政部指定存放地点。

（3）行政部设专人管理。回收的包装物要按类型、规格码放整齐，必要时要进行加工处理，及时联系回收单位，做好防火、防雨工作。

（4）回收工作中行政部与各部门之间要做好登记工作。

（5）对外处理废旧包装物品要坚持尽可能多收益的原则。收入根据商场有关规定除上交财审部外，其余部分奖励上交单位和行政部。

（6）回收工作做得好的单位由行政部报请商场可对其表扬或奖励。

相关链接

免费班车作业范本

1. 目的

明确免费接送购物班车作业的规范，以提供顾客更便利的服务。

2. 适用范围

卖场本部及各分店。

3. 管理人员

客服部视需要设置班车专管员负责。

4. 规划原则

（1）有公交车到达的地方尽量不设免费接送购物班车。

（2）以人口密集社区为主要服务区域。

（3）尽量利用现有公共运输资源，当法令许可，符合成本效益时，可考虑自购车辆。

（4）设点规划：

①班车点的设定。

第一，进行市场调查，了解店址周边地区居民购物习惯及交通便利程度以作为设点参考。

第二，原则上以3～4个居委会居民集中点或该区附近家庭户数在1500户以上预定设点。

②班车线路设定。

第一，联系几家公交公司对所设点进行线路设计，实地考察，最大化接送顾客。

第二，与居委会负责人或联系人接洽（根据各地的情况每月可支付一定的费用），设定小区停靠点，在固定的公告栏内张贴每期快报及公告，可签订合作协议书。

③班车时刻表。

第一，确定该线路停靠等候点及班车往返时间，进行实地计算。

第二，考虑来客的购物时间（以 1～1.5 小时为准）与停车场停车空间，各班次尽量错开进入停车场。

④班车设置。

第一，按初设的班车人数、顾客单价、毛利额预算一辆班车的成本价格。

第二，根据预定的价格联系几家公交公司，参照同区域分店班车价格，进行比较，确定一家公司。

第三，与公交公司签订《班车租用协议书》。

⑤班车形式。

第一，定点班车：可以设定固定趟次、固定停靠时间。

第二，巡回班车：可以设定固定路线、停靠点、到站时间、每天跑几趟的形式。

第十篇
企业对大卖场管理重点

　　由于卖场在中国经济生活中的地位日益凸显，企业与大卖场的合作观念也悄然发生着改变。企业开始由被动服从转为敢于说"不"，并开始利用自己手中所掌握的人脉资源与物质资源对卖场进行管理，并逐步掌握了卖场的经营模式和运作流程。本篇将介绍企业对卖场的管理重点。

第一章 | 对大卖场管理的系统作业

第一节 与大卖场合作的问题与思考

一、针对大卖场管理的背景

1. 供应商与大卖场合作的现状

(1) 采购不好打交道。

(2) 费用越来越高。

(3) 货款一拖再拖。

(4) 价格被打得不成体系。

(5) 流程太复杂，搞不懂。

(6) 竞争越来越激烈。

(7) 压力越来越大。

2. 不同的卖场系统的差异带来更大的困扰

(1) 合同不一样。

(2) 流程不一样。

(3) 人员不一样。

(4) 结构不一样。

(5) 想法不一样。

(6) 做法不一样。

用家乐福的方法对付不了沃尔玛，不同的卖场在操作上都有其个性，对供应商来说，这就导致一个人应对多个系统，思维跳跃性太强，经常犯迷糊。

怎样才是最有效的解决方案？解决这个难题，不外乎如下一些方案：

第一，完全对应的实际操作模式，对应设立针对性的解决方案。

第二，避免大一统的模糊性和广而泛的空洞性。

第三，度身定做：家乐福管理手册；沃尔玛管理手册等。

采用这样的解决方案，可以解决很多供应商以前不得不面对的问题，如人员变动，经验不够，上手不快等。

在与大卖场的博弈中，供应商必须像了解自己一样了解对方，所谓"知己知彼，百战不殆"，对抗没有固定的模式，只有了解对手，才能打出有力的拳头。面对不一样的对手就要有不一样的招式，对手的多样性决定了对抗的多样性。

二、与大卖场合作存在的问题

图 10－1 表示出了大卖场中存在的问题。

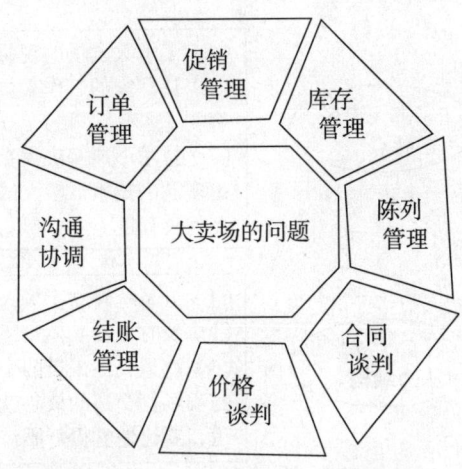

图 10－1　卖场存在的问题

三、对卖场的管理

图 10－2 表示出了对卖场进行管理要注意的内容。

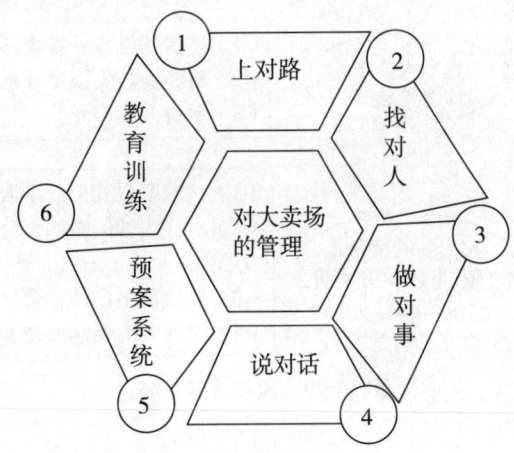

图 10－2　对卖场的管理

第二节 对大卖场的管理系统

图 10—3 是卖场管理系统。

① 上对路 —— 了解大卖场的特点
（1）了解大卖场的现状与趋势
（2）让厂家的工作人员接受正确的认知教育
（3）技术不能解决大卖场的所有问题，无论多高的技术、多大的品牌、对卖场了解到何种程度

② 找对人 —— 了解大卖场人力结构
（1）分系统建立卖场人力档案
（2）及时更新
（3）注意关注人员的个性并做详细记录，与卖场打交道的核心就是与卖场的人打交道，要让他觉得舒服

③ 做对事 —— 了解大卖场作业流程
（1）分系统建立档案
（2）按作业类别建档，图文结合
（3）及时更新
（4）保持针对性的学习

④ 说对话 —— 建立大卖场的应对策略
（1）用课题方式分系统来做
（2）对经验与失误要分析总结
（3）解决方案多元化

⑤ 经验/预案 —— 大卖场的案例汇编、事故预案手册
（1）按课题方式形成手册
（2）对代表性的案例要分析和制订解决方案
（3）要做预案设计，防患于未然
（4）管理人员要学习并参与修订

图 10—3 卖场管理系统

第二章｜流程对接管理

第一节　进场流程对接

一、大卖场基本情况分析

零售业的全面开放加剧了商业环境的竞争，零售终端的整合必将朝着连锁形式的超级卖场趋势发展。对供应商来说，对传统渠道的依赖将越来越小，更多的销售将依靠连锁大卖场。因此，供应商要发展就不可避免地要与大卖场打交道。要成为大卖场供应商就要对大卖场进行详细的了解和调查。

第一步要了解这家卖场的基本情况。基本情况包括卖场的投资来源、分店情况、经营状况。

投资来源简单来说就是指卖场的投资方，了解这一点非常重要。因为它关系到合作的安全性和可持续性。大卖场的投资方相对来说是比较透明的。众所周知的沃尔玛、家乐福，这些大型外资企业都是相当有实力的，与它们合作当然稳妥可靠。不过，目前本土零售卖场的发展也是异军突起，以新一佳、华润万家为代表的这些本土大卖场也表现出非常强劲的势头。对一些投资方背景模糊的大卖场就需要通过一些途径来了解它们的投资来源，比如查询网络资料、关注商业财经类消息等，以保障自己的生意合作安全。现在，供应商送货结不了款，一夜之间卖场倒闭的情况还真不少，这些导致供应商蒙受巨大的损失，有的供应商还会被拖垮。

大卖场的分店情况包括分店数量、分店布局区域、分店面积等。要充分了解卖场的分店情况，以便于正确地选择合作店别。尤其是经销商处于刚起步阶段或资金比较紧张，通过了解分店经营面积、区域布局，再结合自身状况选择合适的合作店别，利于节约成本。

当然，最关键的还是要看这些卖场的经营绩效状况。许多经销商习惯于通过同卖场采购人员交往了解卖场经营状况，结果实际情况与当初了解的大相径庭。因为作为采购人员在招商过程中为了提升合作门槛，增强供货商的合作信心，通常会夸大其词。所以，从这个途径得到的信息仅供参考，真实的经营状况必须是通过仔细的市场调查及其他侧面了解才能获得的。因此，可以一方面向合作的供货商打听，一方面通过卖场人员流量、顾客购买情况、收银台结账情况及卖场商品陈列丰满状况来判断经营状况。各方面了解的情况结合起来，才会获得相对准确的信息。准确了解大卖场经营状况是决定合作的关键。

二、大卖场具体事项分析

通过对以上基本情况的掌握，大致可以决定是否有合作的必要和需求。当供应商确定要与该卖场发展合作关系后，第二步就要对卖场与供货商合作的具体事项进行了解和分析。

1. 了解卖场对供货商的要求

作为大卖场，对自己的供货商也是有一定要求的。一般来说，大卖场对供货商的要求主要有几个方面：

（1）供货商性质（是否为生产厂商或授权经销商），大卖场最欢迎的是直供商，因为可以得到最实惠的价格，其次是一级代理商。大卖场对供货商的欢迎程度随商品经营权限的递增而相应递减。

（2）供货商的经济实力。对于大卖场来说，有经济实力的供货商才可以保障充足的货源，有能力把卖场的生意做大。在零售业里，缺货被称为"万恶之源"。据有关统计数据显示：目前中国零售业因为供应链的不完善导致的经营损失在10％左右。只有有实力的供货商才能有效避免人为缺货的发生，减少卖场遭受缺货所带来的损失。

（3）供货商的专业程度。这里的专业包括商品知识的专业、操作流程的专业、市场运作的专业等。大卖场欢迎有专业程度的供货商。大卖场的操作流程是很规范的，涉及很专业的内容，对人员素质的要求是要高过传统渠道的。这一点上，很多供应商存在缺陷和不足。大卖场的采购人员更喜欢与专业的供货商及营销人员交往。不专业的供货商及营销人员在合作过程会让采购没有耐性，对合作质量产生直接的影响。专业性高，相互间的沟通减少了许多不必要的摩擦，简化了双方合作环节，使合作过程顺畅而简单。

2. 了解卖场现阶段的商品结构

很多经销商不能正确理解"卖场商品结构"的意义，认为无论卖场卖什么，我供给它我所卖的就行了。事实不是这样的，卖场现阶段的商品结构决定着供货商所供商品在该卖场将得到的重视程度，它在某种程度上告诉供货商可以以什么样的姿态出现在卖场中。如果现在卖场中与供货商将要提供的商品同类品项比较丰富，那供货商要重点说明的就是自身商品相比之下的优势所在。如果目前卖场中同类商品较为缺乏，则要重点分析该商品将带来的经济效益。同时，要了解在这家卖场里，哪些商品是作为重点商品而哪些又是作为配套性商品存在。根据卖场对所供商品的重视程度来决定投入的多少，以防"入不敷出"。

3. 与卖场在洽谈合作条件前，最好先了解它需要提供的证照清单

多数大卖场对供货商的证照要求都是非常严格的。一般的供应商准备的证照无非是营业执照、税务登记证等常用证照，但很多大卖场所要求的证照都是非常详细的，包括企业法人身份证复印件、业务人员委托书等。很多经销商在明确需求证照清单后都有种措手不及的感觉。而且，很多业务人员手中的证照没有及时更新，不知不觉中已超过了有效年限等，正是这一系列原因使正式合作时间越来越晚，尤其

对于一些生产季节时令商品的厂商来说，时间的延迟更是致命的损伤。

当然，万事以人为本。与卖场合作也就是和采购合作的过程。了解你要进的卖场更重要的一点是了解你的交锋对手是一个什么样的人。在与卖场采购人员谈判前一定要明了对方是什么样的性格、喜好、做事风格以及优缺点。譬如，对方性格直爽，那么在谈判中就不要表现出过分的斤斤计较，这样会使对方感觉到你缺乏诚意或者实力有限。许多营销人员都有这样的亲身经历：当面对的采购人员是一个爱美的女士时，一句"您今天很漂亮"会在无形中使双方距离拉近许多，当天的谈判通常是愉快而轻松的。但若对方是一个严肃正统的女士时，一句"您今天很漂亮"反而会弄巧成拙，让对方觉得这个营销人员很轻浮。所以，双方的合作愉快程度是建立在对谈判对手了解的基础上。

在这里有一个疑问：以上所说的这些方面要从什么地方去了解才能做到快捷而准确呢？其实这些机会随时可见，可以是在与圈内朋友们聊天中获得，可以向其他供货商咨询，可以通过市场调查来判断，还有新闻媒体、网络等。总之，现在的世界是一个信息的世界，没有不能得到的信息，只要是有心人，时时刻刻关注身边的一切瞬息万变，就能获得想得到的所有情报。做好了详细而准确的前期了解就迈出了成为大卖场合格供货商的第一步。

第二节　谈判流程对接

一、谈判的内容与重点

大卖场认定的谈判本质就是：尽一切可能让对方相信你的话。这里就有几个重点：

（1）卖场不会对你讲全部真话；

（2）卖场讲的都是对它自己有利的话；

（3）根据供应商的接受程度来调节真话和假话的比例；

（4）卖场假定供应商永远没有拿出底线；

（5）运用技巧，把假话说得像真话。

面对这样的实质情况，供应商还要相信谈判是所谓的"为了达成共同利益而进行的友好协商"吗？那是不是要因此调整自己的谈判策略呢？作为供应商一定要记住：在任何一场谈判中要相信自己的判断，不要轻易被卖场的声音所迷惑。倾听、交流、判断、斡旋，是所有谈判技巧的核心。

二、谈判的准备及过程

1. 拟订谈判计划

万事开头，计划先行，这个计划包括谈判的目标、谈判的人员、谈判的时间、

谈判的策略等，让谈判在自己的计划之中。

2. 准备谈判的重点资料

（1）收集资讯。信息时代拼的就是对资讯的掌握，资讯管理是谈判成功要素之一，需要整理的零售商资讯项目包括：收集目前能使用的资讯、拟出需要搜寻的资讯。比如市场行情、市场供需情况、竞争者的正常及促销售价等市场信息，还有零售商的状况，对方的经营能力、管理能力、发展计划、资金情况等，要尽可能多地收集相关信息。

（2）确认共同的利益。在谈判期间，零售商对自己的期望是什么？双方有哪些的短、中、长期利益，并定义目标设定。

理想目标——最令自己满意的目标。

预期目标——自己所能接受的最接近理想目标的解决方案。

最低目标——低于此目标即无法达成协议，定义此最低目标是为了当谈判失败时，所能采取的最佳替代方案。

目标设定是为了营造最有可行性的谈判空间，扩展预期目标与最终底线的距离空间，增加谈判弹性空间，其目的是在谈判开始建立彼此的信任，重点式地介绍或合理化各项提议、方案，减少大卖场的提议，加速达成最终协议。

（3）预测可能行为和制定应对策略。这项工作是为了预测大卖场的谈判策略及理由，预测大卖场的谈判模式、大卖场建立关系的分析及可能运用的武器，以此来确定让步的策略和反驳的理由，并确定自己的策略。策略准备包括：自己具备条件的优缺点、整理使自己占优势的资讯信息、制订紧急替代解决方案、准备重要的理由以定义选用的策略、记录下在准备过程中发现的所有问题，以备谈判时查看。

很多供应商认为谈判成功与否是由技巧决定的，认为技巧是无往不胜的利剑，实际上过分看好技巧的思维对谈判是不利的。供应商应切记任凭巧舌如簧拿不出真东西也是没有用的，再好的形式也取代不了内容，技巧是调味品不是主料。当然，技巧在一定程度上对谈判的确起着积极的推动作用，技巧实质上就是对各种细节的精心准备和正确表达。

3. 在谈判过程中需要注意的细节

（1）双方介绍。这个时候注意的重点包括：透过介绍检视大卖场参与人员阶层和决定权，确定自己可以得到什么程度的结果；在开始的时候就要说明或表达谈判的目的和希望；如有需要，可以设定谈判终止的时间，以便自己掌握主控权；表明自己对共同利益的看法，以消除大卖场的戒心。

（2）收集重要资讯。这个阶段的注意细节包括：推测大卖场的策略，以使自己在谈判中占据优势；依据所收集的资讯提出适当问题督促大卖场发言；检视对大卖场策略的评估是否正确；让大卖场知道可得到的好处及谈判失败所遭受的损失；记录大卖场的答案，以免日后不承认；留意所有必要的资讯；不要轻易透露自己的策略。

（3）谈判中要注意的内容。这个阶段的注意细节包括：让大卖场先讲话，你可以了解他的需求，并根据需求重新制订提案，运用理想目标，说明与共同利益的差异，并表态不介意负面后果。态度要不卑不亢，所有的目标要有理有据，数据要有说服力。

关于让步：只有在迫切需要的情况下才作让步的决定，但是让步也是为了换回要得到的条件，所以，只有在有相对应条件的情况下才作让步：以补偿让步的损失。要记得：第一个让步者通常是输家！

假如大卖场强硬坚持：这个时候要采取消极态度，不是保持沉默，而是不透露自己的看法及反应，即装傻。同时要运用能增加大卖场压力的办法：了解大卖场要什么和怕什么，针对性地提出解决方案，拿住其"七寸"。

谈判中有些行为会影响最终的结果，这些行为包括积极的和消极的行为：

必须有的行为：要学会提出问题、回应大卖场的提议、冲突处做合理让步、学会总结。

应避免的行为：透露过多资讯、提出激烈的反驳意见、攻击/反对已定案的计划。

不管谈判是成功还是失败，结束后都应及时总结和检讨，要把每一次谈判都当做练兵，在反复的磨砺中提高谈判的水平，要检讨的事项主要包括：是否达成预定目标，遭遇什么重大困难，我方策略有什么优缺点，如何运用优点，什么是促使谈判成功的重要原因，大卖场提出的哪些理由造成我方困扰，哪些重要信息未掌握等。

对与大卖场打交道中常见的谈判流程和规则做相应的了解，也就了解了大卖场与供应商谈判工作的重点。供应商通过对这些的仔细研究和练习，可以提高自己对大卖场谈判的适应性和掌握度。目前的事实就是大卖场的操作水平高于供应商，谈判地位优于供应商，要提高自己的应对能力，最有效的途径就是学习，只有这样才能做到知己知彼。

三、谈判的工具

供应商在谈判合同的时候，也要学习卖场怎样制订严密的控制工具，不要打无准备的仗，更不要觉得卖场很强了，自己只会挨打，没什么要争取的。凡事都是事在人为的，只要自信并且认真，才可能有好的结果出来。总的来说，供应商可以在合同控制上借鉴卖场的做法有如下几个。

1. 数据的准确性

谈判工具的核心是数据资料，如果数据资料不准确，工具也就没有实用的价值和意义了。在准备数据资料的时候，一方面可以查阅自己的电脑，另一方面，市场的调查收集也是很重要的。

2. 谈判目标设定的明确性

做准备的目的是为了今后的谈判结果，那么相关人员必须非常清楚地知道对每一个卖场他所要达成的谈判目标是什么。谈判目标必须是建立在对以往历史资料的

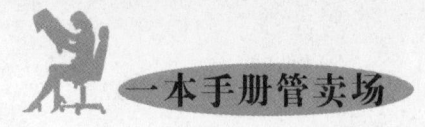

分析，结合现在的市场和实际经营状况来设定的，必须是有依据、有可行性、有量化指标的。如果谈判目标设定得过高、过低或不明确，都无法达成最佳谈判结果。再好的工具也没有实施的意义了。

3. 谈判进度安排的合理性

任何工作都必须按照一定的步骤展开才可以有条不紊，层次分明。谈判工作同样如此。在一定时间段内完成十几个、几十个卖场合同谈判是一项非常大的工程。工作量大，工作节奏紧张，因此要求对谈判时间、进度、内容的规划要科学、有效。建议以卖场重要程度为规划原则，结合实际，对谈判进度做合理调配，以保证谈判的进度和效果。

4. 谈判记录的真实性

谈判的结果必须有真实的记录才能被检核，切实掌握谈判的进度及内容，同时也为日后卖场推翻、否认合同谈判条款提供有力的佐证。重要的是，记录必须是真实且经双方签字确认的。正所谓，没有记录就没有谈判，没有记录就没有证据，没有证据一切都没有发生！

以上即为卖场合同谈判工具的介绍和供应商可借鉴的分析，当然，任何工具都不是万能的，只有将人与工具结合起来，才能使合同谈判工作体现出成效。

第三节　促销流程对接

一、对接内容分析

供应商与卖场在具体营销活动方面的对接，也是平时遇到较多的情况。营销活动的对接主要是按活动开展的顺序进行。

（1）促销活动方式的对接，包括活动的内容、活动目的、双方各在活动中负有何种责任。

（2）活动期内所需库存筹备的对接，包括现有库存状况、补货数量、订单情况、到货时间。

（3）促销人员及促销道具到位时间的对接。

（4）促销活动中应急方案的对接。

（5）活动细则及流程的对接。

（6）活动结束善后工作及活动总结的对接。

表 10—1 总结出了对接的方法。

表 10－1　促销流程对接的方法

编号	方法	控制重点	执行人
1	提供最有竞争力的商品	(1) 价格的竞争力； (2) 时尚潮流性； (3) 充足的货源； (4) 独家供应	业务主管
2	提供卖场最需要的商品	(1) 补充卖场丰富度的结构性商品； (2) 最时令的商品； (3) 流行性的时尚商品； (4) 打击竞争卖场的商品	业务主管
3	新颖的促销活动	(1) 形式的新颖； (2) 内容的丰富； (3) 销量有提升； (4) 吸引客人增加来客数； (5) 对提升采购个人的形象有帮助	促销主管
4	与直接管理人员的良好沟通	(1) 弄清采购与门店的责权关系； (2) 促销位成本低，位置好； (3) 尽量不要越级； (4) 建立与直接管理者良好的私人关系	
5	深度合作关系的建立	(1) 老板级的经常性拜访； (2) 战略合作关系的缔结； (3) 拓展自己的社交人脉，为自己借力	老板

二、促销的方案分析

1. 摸清店方的促销计划

要最大限度地免掉自己的无用功，有效地借用对方的力量和资源，以下几点非常重要。

（1）保持与采购的及时沟通。良好的沟通是合作的基础。通过良好的沟通，可以获取更多的信息和资源，为自己制订促销计划提供现实的依据。

（2）随时跟踪其促销计划的更新。通常来说，大卖场专门的企划部门会提前制订年度或季度的促销计划，结合最新的话题或动向做调整。为了让自己的促销与卖场的计划有结合性，一定要关注卖场促销计划的变化。

（3）及时修订自己的促销方案。计划赶不上变化，对供应商而言，了解卖场促销计划的变化之后，不能没有感觉，无动于衷，而是要及时修正和调整，以保证自己促销方案的新鲜和适用性。

（4）掌握促销方案制订相关人员的情况。计划是人做的，如果能与相关的人员取得联系是最好的，除了采购之外，与之有关的还包括门店课主管、企划美工人员、价格调查员等，取得联系的人越多，有价值的信息来源就会越多，掌握主动的概率也就高了。

2. 掌握竞争对手的动向

所谓"知己知彼，百战不殆"，关注、了解竞争对手的动向并且永远比他想得更深一层，胜算的概率就会大。其实做促销的目的从本质上来说就是要打压对手，抢夺对方的市场份额，是自己和竞争对手的比拼，卖场只不过是个平台和练武场而已。很多的时候，促销活动的效果受竞争对手的影响是很大的，如果对手比你想得更深、做得更好，会极大地冲淡自己的促销效果，让自己的成本增加，付出变得无效。所以，永远要给自己的对手以足够的关注和警惕之心。掌握竞争对手的动向可以关注以下几个方面：

（1）了解竞争对手的促销安排。对手在想什么？在计划什么？重点关注什么？这些都与促销方案的制订有直接的关系，所以要随时关注这些情况。可以借助业务人员的交往、促销人员的交往、从采购那里打听、对方的内部刊物等途径来获知，要做个收集信息的有心人。

（2）了解它们的货源状况。促销是为了卖货，那么在货源上对手在做些什么呢？研发了什么新品？要重点推什么？什么商品在大量囤货？什么货不足？仓库的使用情况？促销是要用货来支撑的，从货物的情况可以窥见促销的动向，嗅出特殊的味道。

（3）了解它们的谈判进度。再完美的促销计划也要借助卖场来实施和展现，所以对手在落实促销之前一定要跟卖场谈判的。因此，关注对手的谈判进度无疑是非常重要的，这会关系到自己的促销计划最后的落实效果，要尽可能抢占先机，断掉对手的机会。

（4）了解它们的人力安排。促销是由人来落实的，这里包括了策划人员、业务人员、促销人员，可能还包括请的赞助明星、代言人等，看对手的人力安排可知促销的力度和范围有多大，便可相应调整自己的促销计划。

3. 制造促销方案的差异化

在了解店方和竞争对手的基础上设计出差异化的促销方案，用差异化赢得机会和更低的费用条件。要注意避免在相同的时间、相同的地方卖相同的产品这种尴尬的局面，否则，你的促销活动效果肯定会受到影响，变相增加自己的促销成本。可考虑以下几个方面的差异化：

（1）产品的差异化，要有自己独特的卖点，可以吸引顾客的眼球。

（2）时间的差异化，尽量不要与对手在同样的时间段做促销，要学会避其锋芒（当然策略性的打压除外）。

（3）方式的差异化，不要一直都是特价、买一送一、抽奖、刮刮卡等，这些常见的手段和方法被用得很多、很滥，顾客也习以为常，没什么强烈的感觉了，如何突破这些常规的形式，设计更为有新意的形式就是要思考的重点了。

4. 用附加形式降低促销费用

在设计促销案的时候不要仅仅局限于围绕"产品"做单一化的设计，思维要宽一些，要学会用附加值的形式提高促销的含金量，降低产品促销本身的费用投入。这个附加值的概念包括：活动、赠品、补损耗、清仓等形式。在决定动用附加值资源之前，要注意几个细节：

（1）清楚现在采购的最大压力是什么？是销售压力，费用压力，商品结构压力还是库存压力？……知道对方要什么，才能决定给什么，这样才能把好钢用在刀刃上，费用投入用在点子上，而且还会帮助采购解决当前的困难，赢得对方的好感。

（2）在采购压力最大的时候答应他，要掌握节奏，注意火候，拖到采购压力最大的时候答应他的要求，这样能在采购降低要求的时候取得促销机会，节约了费用。

不同的时间不同的卖场因为商圈和客户层的不同，需要不同的促销形式，有的卖场喜欢做低价，有的喜欢热闹的形式，有的喜欢收费用赚钱等，要根据卖场的需求调整自己的促销方案，并根据卖场的需求量身定做，把资源做到合理划分与调配，最大限度地在保证效果的基础上节约成本。

三、节假日促销

1. 操作方法

可以从人、地、时、事、物等几个方面来介绍一些操作方法，有助于供应商更有效地取得节假日促销权，事半功倍地操作节日促销。

（1）选择时机掌握主动。一般来讲，大卖场对自己的年度促销都有一个预先的计划，从促销档期、促销主题、商品组合、广告推广、行销活动等方面作了详细安排，会在某个节假日来临的前两个月就着手谈判准备了。供应商若是有意取得该期间的促销权，就必须了解大卖场的促销计划，并尽早与相关采购联系。通常最先谈节日促销的供应商会占据主动，因为在同类的商品中，你已经先入为主了。不然等你觉得假日快来了再去谈，就已经来不及了，只能眼巴巴地看着机会被对手拿走，白白丧失销售的好时机。所以，你的促销计划一定要跟着大卖场的计划走，而且你的计划还要比它更提前！要积极主动跟进谈判！

（2）选择地点和位置。这个地点包括：什么卖场、什么位置。你如果没有足够的费用和资源做所有的大卖场，就一定要根据自身的实际情况，在配送、费用、销售、合作关系等方面做仔细的测算，尽快确定要做促销的卖场，并进行跟踪谈判。如果谈判不顺利还来得及更换卖场。要是犹豫不决拖延时间，最后可能想做的卖场一家也做不了。因为你的对手也在抢促销机会。另一方面，确定了卖场之后，在谈判中要确定你所需要的是什么地方的促销区，是货架端头还是地堆的陈列形式，不同的商品摆在不同的地方用不同的陈列方式，很可能销售结果有很大的差异，而且费用要求也是不一样的。要用少的钱拿到更好的位置。这就要结合其他方面来谈

判了。

（3）选择商品和促销方式。节假日的特点在于它通常是有季节和主题性的，如春节就是年货的旺季，端午是粽子、烟酒礼盒的高峰，情人节是巧克力、糖果的天下，节假日的促销一定要选择贴合其特性的商品，卖场的节日促销除了要销量和利润之外，还有一个很重要的特点是凸显时令和引领消费，这就必须要靠适销的有特色的商品来实现。供应商要合理运用促销费用和促销资源，不然很可能就是费了力气讨不到好。另外，如何在竞争中打败竞争对手让卖场选择你，一个重要的方法就是你的促销要有特色，要跳出降价、买赠的老一套，越有新意越有机会。聪明的厂方会征求卖场的意见，与卖场共同协商，让卖场感觉这个促销是为自己量身定做的，即使你投入的费用比其他对手少，因为你的独特性它不选择你选择谁呢？哪个采购都喜欢资源独享，这样能表明自己能力强，供应商为什么就不能从这方面动脑筋呢？

（4）选择相应的推广活动。节假日的时候，卖场通常会下大力气进行包装和推广，策划自己的行销方案和活动，并针对节假日的促销主题做整体的气氛布置，营造热闹的销售氛围，吸引更多的顾客。这是个值得厂方借力的好时机，因为宣传是免费的，广告是免费的，旺盛的人气是免费的，你只需要根据实际情况决定做什么样的活动就可以了。如果能跟卖场联合来进行活动那是最好不过，所有的采购都会欢迎，因为行销活动是对单一产品促销的良好补充，能更好地提升产品促销效果。所以，当你为了促销和堆码着急时，不如做个差异化的思考：配合产品选择一个相应的推广活动！甚至有时候，因为一个出色的行销活动还能得到原本没有的产品促销机会呢！其实，一个热热闹闹的推广活动可能花不了一个堆码的钱，可是那种火热的气氛和感觉是很有感召力的。相比较单一的产品促销，这种"有鱼有肉又有菜"的丰盛促销大餐会让采购觉得很有面子，很有成就感，这比多收费用来得更有意思。这也是花小钱办大事的一个方法。

2. 注意事项

做好以上的几个方面基本上就可以有比较大的机会争取到节假日促销的机会了，但是核心点还是要有好的商品和好的促销方式。做好以上的几个方面之后还有几点要注意的事项，这些在一定程度上关系着促销执行的实际效果。

（1）做好促销的预案。包括活动内容、费用投入、谈判步骤、紧急事故处理方案。那么，在促销谈判的过程中可以根据进度和发生的状况随时调整方向，采取后备处理方法，应对各种情况。因为谁也不能预料在谈判中会发生什么，可能是卖场的变数，可能是竞争对手的变数，可能是人员的变数等，要尽量把这些变数影响减少到最低，将可能的损失降到最低。保证节假日促销的效果，必须做好完整的预案。

（2）注意促销协议的签订。当你把节假日促销谈好之后，别忘了签订完整的促销协议书，包括价格、货量、时段、陈列位置、陈列大小、费用多少等条款。这样做的目的一方面是让促销活动明确化书面化，另一方面是给自己一个保障，以备必要的时候可以作为合法的凭证维护自己的权利。

（3）节假日的人力安排。节假日通常也是休假的时候，如果供应商争取到了大卖场的节假日促销机会，就一定要在人力上做合理的安排，包括业务员、促销员、司机、会计、发货员等相关岗位的工作人员。尤其是业务员不仅自己要上班，还要监督促销员和其他与这个促销活动有关系的人员的到岗情况。在卖场中，经常发生货卖完了，不是业务员不在就是司机不在或是会计不在而送不了货，眼睁睁看着缺货没有业绩，那真的是非常可惜。

（4）客情的维护。良好的合作关系不是一天就形成的，感情是长期培养的结果。不要指望平常不登门，节假日就上门谈促销。没有平日的来往，没有日常与采购的良好沟通，一旦你真的需要支持的时候，采购会对你有什么好脸色？所以，一定要注意在非节假日或者采购有业绩困难的时候给予必要的帮助和支持。说白了，与卖场的合作就是与采购的合作，你必须知道怎么去获得采购的认同。

节假日促销的重要性是每个供应商都应了解的，在具体的操作过程中，却因为这样或那样的原因不一定都能做得很好。既然为节假日促销投入和花费了那么大的时间与精力，当然希望取得销售、利润的大丰收。了解大卖场的有关节假日促销的操作流程和技巧，能使自己的谈判事半功倍，节约时间、人力、资源，这样促销效果同样可以保证。

四、促销中如何脱颖而出

常规的促销活动已经做"烂"了、做"透"了，把顾客也做疲了。如果还是按往年的买空调送电扇，买空调赠婚纱摄影……这场仗将打得毫无生气，而且没有任何把握。因此，在促销中要注意做到出其不意。

1. 活动形式的与众不同

空调厂商将空调分为三个等级：第一个等级，是以前的老款，主要是清理库存。价格直接降到了最低，没有任何其他的赠品。这个等级主要是针对收入偏下的顾客以及打工的人。想买空调，但是又觉得太贵。直接把价格降下来是最合他们心意的。第二个等级，针对中上等的客户。这类的人饿不着，也撑不死，比较爱占便宜，买一棵大白菜一定要送一棵小白菜。可以把目前普通的商品定位为这个级别，价格一般，赠送超市折扣券，再加上空调被。第三个等级，是最新的产品。没有打一点折扣，做了一个超大的海报，承诺：购空调后5个小时可以安装，经理现场发名片保证质量和服务。

2. 活动执行地点的与众不同

再好的促销员，再好的促销方案，如果没有好的地点来做，也不会被人注意到，所以选择活动执行地点非常的重要。很多厂商都知道要在大卖场抢主通道堆码、阳面堆头、电梯区等顾客集散区，从顾客进来一直到出去的全过程中，人潮最集中、流量最大的地方就是你的促销应该出现的地方。但是好位置毕竟有限，而且其他的企业也都在抢，如果跟他们硬抢，将付出颇高的代价。

例如，可以选择一个里面靠墙的拐角处。全部用玻璃做的墙和门，门口除了海

报，还有两面很大的镜子。两个通道的人远远就看到了镜子，只有他们一家有这种镜子的造型，都会刻意过去看一下。当然了，也有些爱美人士会过去整理一下着装，实际上要的就是这种人气聚集的效果。

3. 活动内容的与众不同

若活动这次的主题是亲情。店内店外都是醒目的广告词："给你最爱的人送去清凉"，"这个夏天，让你的亲人不再流汗"等。精致的设计，让人倍感温馨。更重要的是，海报上还注明：夫妻或情侣一同进店选购者，进来就有精美的小礼物赠送。这些措施将使得店里的人气非常旺。

针对单纯的产品和价格做促销是比较单薄的，特别是品牌认知度和价格透明度不高的商品，这样的简单促销几乎是不会有很好的效果的，除非你把价格做到超出人们的想象（例如某家电连锁店开业 21 寸电视机卖 99 元/台），但是这将会对品牌建设及后续的正常销售带来严重的负面影响，是得不偿失的，可以考虑与企业文化、实事焦点、热门话题、流行趋势等因素结合起来，制造新鲜的感觉，更容易引人注意。

4. 活动促销人员的与众不同

这么多客户来了，促销员恐怕要长出三头六臂来才行。这时就要做好准备：透过玻璃，就看到促销员统一、大方的服装，天蓝色的衬衣，给人赏心悦目的感觉。

进入店里，可以坐在舒适的椅子上，对面就是一排不同款型的空调。热情的促销员会端来冰凉解渴的酸梅汤，促销就这么轻松地开始了。促销员前期已经做了强化训练，专业方面相当熟练，服务彬彬有礼。整个销售过程非常流畅，客户购机也很爽快。

不要以为随便派几个促销员就能真的起到促销的效果，虽说有促销员与没促销员的效果不一样，但是如果派出的促销员跟人家的没什么不同，那怎么能谈得到与众不同呢？要使促销人员与众不同，可以结合产品的特性和对应的消费人群来着手：除身高、体重、长相之外，还要考虑服饰的颜色和款式、服务的专业和素质，一定要在细节上下工夫，让客人感觉你的促销人员就是与别人的不一样。人毕竟是贯彻执行的关键，再好的形式和创意没有好的人员来落实都是白搭。

做任何一件事情总会有目的，促销的目的是什么？有的是为了推广新品，有的是为了提高销量，有的是为了清理库存等。对于不同的目的，设计的促销活动及控制重点是不一样的，从目的出发来选择合适的载体和形式才是匹配和谐的，才会最大限度地达到促销的效果。如何在众多的促销活动中脱颖而出？所谓脱颖而出就意味着要不同寻常，与别人不一样，因此就强调一个新颖独特。经销商在做促销设计的时候不妨从以上几个方面来思考。

第四节 新品流程对接

一、大卖场引进新品的依据

与大卖场合作，申报新品是经常性的工作，很多厂商业务人员都抱怨卖场的采购人员难沟通，申报新品难，进场的商品表现得稍差就有随时被清出场的危险。但是作为厂方人员要知道保持商品的活力是卖场非常重要的一项工作，就算厂家不来申报新品，采购也会去寻找新商品。因此，供应商要仔细了解大卖场引进新品的规则和做法，才能目标明确地开展工作。我们来了解一下大卖场在新商品的引进与汰换方面有些什么依据。

1. 顾客需求

引进商品的目的就是为了卖出去，只有满足顾客需求的东西才能卖得出去，才能创造利润。因此，新品审核的第一个关键指标就是能否适应顾客需要。卖场的采购要进行准确的市场调查，挑选出最能满足顾客需求的单品。因此，能否很好地满足顾客需求，也是供应商申报新品要注意的第一原则。

2. 商品组织表

商品组织表是卖场依顾客需求设定的精细化的商品分类结构，什么类别、要什么单品、容量多少，都有严格规定，必须在商品组织表的指导下选择单品，才能保证整个卖场合理的商品结构。供应商要设法了解卖场的商品组织结构表以及目前你要进的那个分类的商品状况，这样才能做到心中有数。

3. 价格带

所谓价格带就是某一分类商品从最高到最低价格之间的高、中、低价位差异及不同价位的单品容量。价格带的目的是使不同购买能力的消费者都能买到中意的商品。供应商申报新品的时候要注意卖场已有的商品价格组成和自己商品的价格带选择，不要与卖场的需求产生冲突。

4. 市调资料和谈判记录

卖场采购要经过全面的市场调查，了解最新的市场走向和顾客需求，才能正确地选择商品。同时，要完整记录新品进场谈判的内容。供应商申报新品之前也要进行市场调查，包括市场行情、消费者需求、竞品结构等，你了解的情况比卖场详细，你的机会就大，你准备说服的理由就越充分。

5. 陈列面积

不同卖场有不同面积，也就能容纳不同数量的商品。10000平方米的店和5000平方米的店商品数量肯定是不一样的，大店多进，小店少进。供应商要针对不同面积的店别申报新品。在合理的范围内提出要求，获得通过的可能性就更大。

以上是卖场新品引进的几项依据，这个依据不是卖场单方面关注的事。对于厂

商来说，卖场只是一个媒介，将新产品传递到顾客手中的桥梁。供应商要充分了解大卖场对新品的引进要求，才能有的放矢地做好准备工作。

二、新品渠道选择

随着零售市场的逐步放开，整个零售市场的格局已显现了这样一种态势：外国零售资本不断涌入，国际化的零售品牌正以独资或合资的方式占据了不同区域的终端市场。大卖场的规模越来越集中，实力越来越强势。其销售实力与市场引导作用也越来越明显，对厂商及产品的影响不断加深扩大，使得生产、制造方以及经销商等处于消费供应链上游和中游的各种角色对大卖场越来越注重投入与经营。市场是无情的，经营者是现实的，在销量、品牌经营能力的巨大落差面前，原本红红火火的传统渠道也因失去源头推动，正以不同的方式或快或慢地逐渐萎缩、消亡。大卖场对零售市场的占有和瓜分占据越来越大的份额，这已是不争的事实。

相应的，制造商和中间商对产品上市的渠道选择就变得不那么容易了，也必须随着零售业的革新而改变。原来的产品上市渠道选择相对来说操作简单：产品出来了，要么是自己的厂家分公司全面负责销售，代理商、批发商、零售商一揽子管到底，要么就是只负责给代理商，然后一批、二批、三批地分下去，终端也很单纯。可是，那种日子一去不复返了，大卖场的进入完全打破了那种简单平静的局面，在现实面前，供货商不得不学习怎么跟它们打交道，学习在大卖场和传统渠道之间寻找平衡。那么，要真正做好产品上市的渠道选择，供货商就必须清楚大卖场和传统渠道各自的优缺点，确定自己的产品定位和营销策略，只有这样才能在结合地域、时机、资源等综合因素的基础上正确选择产品的上市渠道。

1. 大卖场的优势

（1）大卖场是树立厂商、产品形象与知名度的平台。大卖场以其超大的面积、舒适的购物环境、良好的服务和丰富的商品博得越来越多消费者的认同与接纳。有的卖场如家乐福、沃尔玛等凭其洋背景和"出身名门"的资历在零售终端市场上树立了"高端卖场"的地位和形象，使消费者将到这些卖场购物视为一种时尚，心理上获得一种尊重与满足。同时大卖场的扩张速度越来越迅猛，商圈半径的不断缩小使大卖场的市场占有率和渗透力不断加强。在同样的商圈半径里，传统渠道通常被打压得没有反击之力。这种趋势的直接结果就是：进了大卖场就等于进了销售的主流通路，进了大卖场才能被更多的顾客所认知。因为大卖场相对传统渠道更难进入，也使厂方将进入大卖场视为企业和产品实力的体现。大卖场在某种程度上使厂方有心理上的荣誉感与满足感，正因为如此，将产品打入大卖场几乎成为每一个厂方的心愿。我们可以看到，诸如宝洁、联合利华、可口可乐、康师傅等一流品牌，它们的新品上市无一例外地选择在全国范围的大卖场劲爆推出，全面开花，极短的时间内迅速打开局面。

（2）大卖场是新品推广的有利平台。产品是企业赖以生存的利润来源，产品结构的丰富需要不断地更新换代。每天都有新产品诞生，每天都有新产品的推广活动在进行，厂方在新品的研发上花费了大量的时间与财力，都希望一炮走红。但是究竟有多少新品能生存？又有多少新品能发展？这是值得关注和探讨的。

当然，影响新品推广成功的原因是多方面的，但顾客的认知与有效的线下刺激是非常重要的，这些又与卖场的影响力有直接的关系。足够多的购买人群，足够好的视觉陈列，足够专业的管理，足够舒适的购物环境，这不是一般的传统渠道做得到的，即使是学习，也通常是学到皮毛不见骨血。我们常可以看见一个厂商在推广新品时，会选择某些有名的大卖场，在入口或主通道做气势浩大的特别陈列，辅以热闹新颖的推广活动，在短时间内取得的宣传效果和销量飙升会使他们兴奋不已，这就是大卖场的巨大魅力。

（3）大卖场是创造销量奇迹的有力平台。大卖场正是因为能创造销量奇迹才使厂方在投入巨大，费销比率居高不下的情形下依然割舍不下。通常来讲，同样的投入在产品销量上产生的差别是巨大的，大卖场与传统渠道的销量相比会有十几甚至几十或上百倍的差异。销量奇迹的产生正是依托了大卖场的人气、环境、管理与品牌号召力。这些正是传统渠道所欠缺的。厂方能感觉和体会到维护好一家大卖场就等于跟进好几个传统渠道，在人力和管理成本上要节约不少，而销量却没什么影响，当然要对大卖场情有独钟了。

2. 大卖场的不足与缺陷

大卖场有那么多的好处并不说明它是完美无缺的，优势的反面就是缺点，我们可以从不同角度，来审视大卖场的操作。

（1）大卖场削弱了厂方/产品平等竞争的机会。大卖场将总毛利与营运绩效置于首位，在选择厂商时会全面考虑厂商的资金实力、市场知名度、行业地位和产品经营能力，选择"门当户对"的厂商和有利润空间与培养价值的产品。面对五花八门的条件要求、高昂的进场费用、复杂的操作流程，那些弱小的、实力不够的厂商和无品牌知名度的产品通常是进不了大卖场的，只能望洋兴叹，因此也不能获得更多的销售机会，也就失去了与其他厂商和产品平等竞争的机会。

（2）大卖场制约了产品的丰富化和整合化的实现。大卖场对商品管理实行严格的控管制度，会根据商品组织表和卖场面积对产品进出实行动态管理，不少大卖场将新品的申报和建档收归全国一级的采购中心部门，使得厂方申报新品的时间和机会受到更多的制约和影响。大卖场不会基于厂方产品线的丰富化、整合化的愿望而调整自己的做法，怎样能在新品上获得最大收益和承担最小风险才是大卖场追求的。换句话说，厂方希望自己的产品丰富化和整合化的愿望通常只是一厢情愿的。

（3）大卖场是厂方价格体系的破坏者。零售终端市场是一个看不见硝烟的战场，在市场份额的争夺之间，各个卖场使出了十八般武艺，招招朝要害攻击，激烈无比。而价格战是最常见也是比较有效的。大卖场会将厂方视为生命线的价格体系当做价格战的武器和资源。利用价格崩溃产生的杀伤力打击竞争对手，直接的结果就是产品价格体系崩盘，厂方面对各路终端的质问手忙脚乱，甚至还要面对其他卖场对产品的下架封杀，"地震残局"余威不绝，厂方损失惨重。普通的像一袋原价 3 元的饼干，今天 A 卖场卖 2.8 元，明天 B 卖场就卖 2.5 元，后天 C 卖场卖 2 元，很快就破了 2 元的盘，没办法再继续卖了。对价格战的始作俑者——大卖场，厂方通常是愤怒大于行动。

（4）大卖场的强势将合作置于不对等地位。大卖场的扩展使销量落差日益加大，对终端的垄断势头日益明显，强势地位已经确立，处于弱势地位的厂方不得不面对大卖场越来越复杂的谈判程序，越来越严的合作条款，越来越高的费用要求，霸王条款也越来越多，在不对等的合作关系中，厂方的经营利润越来越少，自主权逐渐弱化，对产品和合作控制力的弱化意味着厂方生命力的弱化，这对厂方而言是非常危险的，一有不慎可能就被逐出局外。

虽然大卖场有以上诸多不足和缺点，但从整个零售市场发展的大方向来看，大卖场仍将占据主导，大卖场依然先进，不能因噎废食。厂方要结合地域与时机的不同特点，灵活地扬长避短，那么传统渠道的积极作用就要引起重视，在相当长一段时间内传统渠道依然是厂方与大卖场抗衡的一个借力杠杆。

三、新品陈列

陈列对商品的销售是非常重要的，对新品而言，增加被注意的机会就要透过陈列来实现。那么，怎样的陈列才是有效果的？怎样才能让陈列做得出效果？我们先来了解一下大卖场陈列的有关知识，见表 10—2。

表 10—2 大卖场陈列知识

陈列层面	陈列内容	销售量百分比
上段	通常陈列一些推荐品或有心培育的商品	10％
黄金线	通常陈列高利润的商品、自有品牌、独家进口商品或重点销售商品，但不能陈列低毛利商品	40％
中段	通常陈列一些低利润但顾客需要的商品	25％
下段	通常陈列一些回转率很快、易碎、体积大、重量重或毛利较低的商品	25％

可以看到黄金线的位置是最容易被看到的，也是商品最容易实现销售的地方，也是众多商品梦想的陈列位。

随着市场竞争的加剧，"制胜终端"已经成为许多供应商谋夺市场的重要手段。商品陈列作为一种提升销量、制胜终端的营销利器更是功不可没。而新品作为供应商用来征服市场、提升销量、改善利润结构的重要武器，对其陈列的掌控更是这个重点中的重点。

和任何其他的新生事物一样，需要精心的呵护，才能够茁壮成长，而陈列就是伴随新品成长过程的非常重要的一环。可以毫不夸张地说，如果不在陈列上下工夫，新品就不可能得到消费者的认可。然而新品陈列的目的并非仅仅只要得到消费者的认可，其主要目的应该是：使消费者很容易发现并方便地购买商品；使消费者在选择商品时赏心悦目，采购更舒适；提高顾客满意度，增加产品销量；刺激消费者"冲动性购买"的特性；通过提高货架的空间占有率而增大产品的市场占有率；通过突出陈列位、加大陈列面以提高产品知名度、阻击竞争对手。

要达到以上目的，就应该充分了解大卖场的陈列模式，在其基本原则的基础上，结合自身产品的特点，做合理的陈列规划，促进品牌和销售的提升。大卖场的陈列类别主要分为以下三类：正常陈列、特殊陈列与促销陈列。其中，正常陈列又包括正常货架陈列、供应商专有货架陈列、展示柜陈列；特殊陈列包括地堆陈列、端头陈列等。在新品的陈列中，必须充分利用这些陈列才能实现销量的稳步增长。

1. 正常陈列

对于正常的货架陈列，应使新品的陈列尽量靠近顾客常走的路线，放置于水平视线位置，紧靠领导品牌及同类商品做水平或垂直陈列，至少两个陈列面，应该比老品多，越多越好。保持充足的库存，避免缺货。货架上货物务必丰满。充分利用货架卡、挂旗、横幅、海报等辅助工具，应有新品标示卡，吸引消费者的注意力，告诉消费者这个商品就是新品，引起消费者的好奇心，提高冲动购买的机会。而专有货架陈列同样尽量放在顾客常走路线上，货架内商品应为同一品牌商品，将新品放置于离地面1.2~1.5米处，同品牌中最畅销商品放置其正上方，维持货架及货物整洁，并及时补货。展示柜用来展示新品最好不过了，起到的作用相当于灯箱，因此陈列应极尽美观，同时将新品的功能做简单描述，关键之处是应该告诉顾客其与以往商品的不同之处及其价值所在，展示柜最适用于家电等高单价产品。

2. 特殊陈列

特殊陈列是相对正常陈列而言的一种陈列方式，主要包括地堆陈列和端头陈列，是对正常陈列的一种补充。新品的特殊陈列是很重要的，它能使新品更快速地吸引到更多进入卖场的顾客，并获得顾客的认可，获得更多的销售机会。地堆陈列要点是陈列位置要位于顾客最常走的路线，尽量将所堆放的商品正面对着顾客。除非面积足够大，否则应陈列系列新品的主要规格，应维持大量库存，堆箱部分应保持满货的状态。另外，堆箱的堆法是注意垫底稳固性，可以使用交叉堆法，或使用垫箱陈列板，除承重底箱外，均应割箱陈列。卖点广告及产品包装应将正面面对顾客，不可过高或过低，以容易拿取为标准，同时将地堆的四周围满该新产品的宣传画。地堆应有特色，最好采用形象堆码，这样更加有助于吸引消费者的目光并让消费者对陈列其上的商品产生兴趣。如将儿童用品或儿童食物的地堆做成卡通形状等。而端头陈列是指将商品陈列于货架的两端面向通道的货架。虽然端头一般都面向通道，但还是有阴阳两面之分，新商品应选择靠近于主通道的一侧。一个端头陈列的品项最多不可超过两支且分别做竖式陈列，否则就会显得过于拥挤，让人抓不住重点所在。

3. 促销陈列

促销陈列则是促销商品所做的陈列。在大卖场中，新商品如果没有好的促销的支持，同样不会有销量上持续的增长。通常来讲，新品要取得很好的销量，必须要做四个"合适"：合适的品项、合适的价格、合适的时间、合适的位置。这中间所讲到的合适的位置就是说将商品放置于卖场的何处。在价格和时间确定的情况下，新品的陈列位置及陈列面积是非常讲究的，否则就将功亏一篑。和其他商品的促销陈列一样，新品也需要占据一个有利的地形——商店人流最多的走道中央、货架两端的上面、墙壁货架的转角处、收银台旁等，并尽量避免仓库出入口、黑暗的角落、店门口两侧的死角、气味强烈的商品旁等位置。

四、新品促销

在激烈而复杂的市场竞争中，新品以其独特的魅力，在促进企业销售、改善利润结构、获得消费信赖、树立知名度的过程中扮演着重要的角色，可以不折不扣地说，新品通常是各厂家、商家用来征服市场的最佳手段。当然这样说并非就意味着新产品一上市马上就可以得到消费者的认可，它同样需要有一个让消费者来认知和了解的过程。怎样才能得到消费者对新产品的认可呢？大多数的商家都是通过媒体广告与店内促销相结合的方式来实现这一目的的。

应该说，新品的本身就是一种促销，它可以直击市场的要害，刺激消费需求，形成消费拉力，迅速实现销售额的增长。同时，成功的促销活动也能快速而有效地推动品牌成长。对于新品来说，比较有效的促销不外乎样品赠送、创新产品促销、即买即赠、主题性促销、现场舞台表演促销等。

新品的促销有如一支催生的激素，使用得当便能迅速征服市场，提升品牌知名度，如若不当，后果就是新品快速夭折。当然，促销只是企业在进军市场途中所使用的手段，要想使新品在激烈的市场竞争中立于不败之地，还有待于企业对品牌形象的全面培养以及对市场的培养。

第五节　订单送货流程对接

一、大卖场作业流程

卖场在日常工作中严格遵照人力架构的隶属关系，在多数卖场里还有着"允许越级申诉，禁止越级上报"的规定。在规范的人力架构基础上，各部门员工依照既定的先后顺序完成属于自己的那部分工作，循序渐进，最终完成整个工作，这个工作的顺序就是作业流程。

许多经销商都有这样的感觉：公司的日常运转完全依赖于高层管理者。决策者每天要告诉职员，你今天要干什么！如果某天决策者没有明确指令，大多数职员就会表现得像无头的苍蝇，并非他们懒惰，而是他们没有方向，不知道自己应该去做什么，不知道重点要做什么，要怎么去做。人员分工也并没有很清晰、很明确，今天做这个明天做那个，临时抓过来充充数的也是平常的事，频繁的调整变动导致工作的衔接出现问题，流程的不畅也产生效率不高责任不清的后果，这是公司发展的严重阻碍。

而如果有明确的人员分工和规范的作业流程，这些问题就可以得到良好的改善。同时明确各个部门的责权范围，对于工作过程中出现的问题明确了责任归属。比如，送货途中货物遗失是每个经销商都遇到的问题，有些经销商始终不明白问题出在什么地方，而有些经销商明确规定了送货流程，出库、装车、理单、卸车，各司其职，什么环节出问题一目了然。随着公司的发展和壮大，涉及的部门人员越来越多，更加需要工作流程的完善和规范化。

二、订货流程分析

在卖场里，使多个部门配合紧密快捷而有秩序地完成繁多复杂的工作，作业流程是贯穿其中的链条。图 10－4 是一个订货流程。

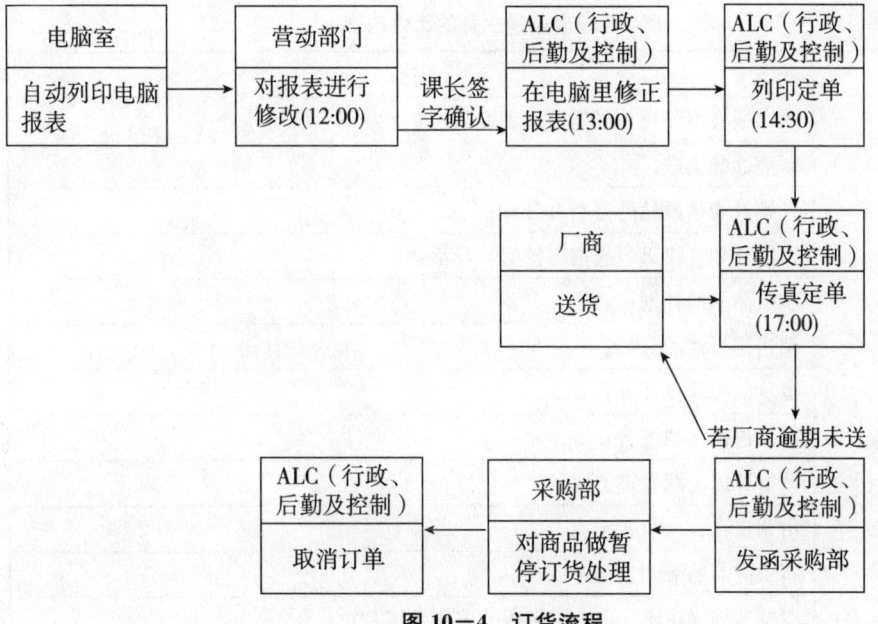

图 10－4　订货流程

在上面的图例中，可以很清楚地明白各部门的工作范围。在零售卖场中有许多类似的作业流程，涵盖了订货、收货、退货、采购、客服、收银、防损、大宗业务等各个方面，正是这些作业流程的存在，使得零售卖场这一主体的各个环节得以顺畅协作。

第六节　与采购人员对接

一、与采购的良性沟通

不论多好的商品，无论多强的公司，也无论多好的营销资源，如果跟采购没有

好的沟通，那也不会有好的成效。大卖场有很多的人员层级，有很多可以说话的人，但采购才是真正的操作和执行者，所谓"现官不如现管"，把握一线人物才是最现实的。同时，供应商要超越直白的利益关系，努力建立专业形象帮助采购提升个人，介入到他的个人成长之中，在深层次上取得采购的认同和信任。把握这个微妙的心理需求和角色置换，会有意想不到的效果。

二、采购主管的工作内容

很多供应商在与卖场打交道的时候，有一点十分苦恼，那就是根本不了解采购都要干些什么，因此也就不能针对性地拿出自己的方案，或配合或对抗，不了解的结果就是供应商做了，却发现根本不对采购的胃口，给出的东西不是他想要的，效果自然也就不理想。下面就来看看采购到底都要干些什么，供应商的突破口在哪里。具体内容如表10－3所示。

表10－3 采购主管的工作内容

项目	内容
商品	确定适合本公司市场定位的商品组合；
	新商品的引进；
	畅销及滞销商品的分析和处理；
	促销计划（快讯、店内促销等）及活动；
	季节商品的计划；
	销售排行榜的分析；
	退货的控管及处理；
	商品进销存的控管；
	缺货原因了解处理追踪；
	市调报告、竞争者动态
供应商	新供应商的筛选及引进；
	促销计划（快讯、店内促销等）安排及谈判；
	确定能配合本公司运作的有实力的供应商；
	向供应商争取最有利的交易条件
绩效	每日、月业绩及毛利达成率的预估；
	业绩及毛利达成的行动；
	业绩及毛利的达成状况分析；
	其他收入指标的达成；
	促销效果的分析、总结；
	团购业务

续表

项目	内容
人力	采购助理及楼面主管、人员的培训；
	采购助理工作的安排；
	采购助理的出勤、排班及考核
资讯	各种资讯（协议、合同、参考资料等）的收集存档；
	各种报表的阅读、分析及存档；
	各种表格的正确使用及控管
卖场沟通	商品销售状况的分析；
	商品陈列、组合结构的调整；
	促销活动的协商通知及总结；
	有关信息（市调报告、竞争者、退货、缺货、季节商品等）

三、阻碍与采购沟通的问题

采购的重权在握，决定了供应商要与采购建立亲密关系，不仅有利于双方在卖场的原则内迅速达成协议、愉快合作，而且还有利于供应商打漂亮的"擦边球"——许多卖场的政策都有采购可以帮助供应商通融的地方。诸多好处使得供应商们一致认为业务人员与采购的良性沟通至关重要。虽然如此，由于沟通双方各为其主产生的利益冲突，或由于采购人员与业务人员自身的问题，分歧在所难免，争吵也时有发生，问题也就随之产生，造成不良的沟通。主要问题有以下几种。

（1）费用问题：谈判就是为了达到特定目标，利用各种手段与对手展开的交流与判断。双方要价僵持不下，互相不肯让步，无法在费用问题上达成共识。

（2）陈列问题：很多情况下，卖场必须按照自己的陈列原则陈列商品，与供应商的要求有较大出入。

（3）信息传达问题：供应商与卖场之间信息的不透明、不对称，造成很多活动无法很好执行。

（4）价格问题：采购最关注的是各卖场同一商品的价格，价格的波动经常导致双方争论不休。

（5）时间问题：在货款、商品陈列期、促销期等问题上，双方对时间长度的期望是不一样的。例如，在付款问题上，供应商期望卖场结款周期越短越好，而卖场却期望结款周期拉长、再拉长。同时，对采购来说，时间就是金钱，他们通常工作繁忙，导致的卖场库存问题、商品问题、账款问题没有得到及时解决等，而供应商只能在一旁干着急。

（6）支持与配合问题：采购要承担各类经营指标，在激烈的竞争环境下，他们的压力是很大的，需要供应商的支持与配合。如果供应商做不到，采购就会采取一些极端措施，如账款冻结、商品下架等，迫使供应商让步。

（7）双方的综合素质、个人心态、喜好等。

四、与采购的沟通技巧

作为供应商的业务人员，尽管在与采购的沟通中存在诸多沟通障碍，还是可以通过自身努力找到消除这些障碍的有章可循的沟通技巧。一般来说，要与采购良性沟通，业务员可以从以下几方面进行"修炼"：

1. 提高自己的基本素质

一些大的供应商对业务人员的素质要求很高，而且在招聘业务人员的时候都把沟通能力作为要件之一。因此一些在面试时"过五关斩六将"才得以上岗的业务员，总觉得自己基本素质很高、沟通能力很强，不需要再提高。其实不然，因为你所需要的素质不是由你自己而是由你的沟通对手——采购决定的。采购每天与不同的供应商打交道，眼界和经验都非一般的业务员可比。业务员只有不断提高自身素质，才不致在采购的伶牙俐齿面前丢尽自己和公司的颜面。

2. 培养良好的职业习惯和礼仪

要注重仪容仪表的整洁，这是对公司形象的展示也是对采购的尊重。要制订规律性的客户拜访计划，提前预约，并遵守时间，让采购做好充分的准备工作，增强沟通的效果；切忌贸然造访，在匆忙之间采购只会采取应付的态度。

3. 保持冷静，明辨是非

在充分了解卖场需求的基础上，判断采购所提要求合理与否，如果不合理且违背公司政策，应表明自己的立场，坚持原则；将人与事分开，避免与采购发生不必要的冲突，千万不要立马翻脸，将事情搞僵，在最恶劣的时候也要记得给采购留面子，这也是为自己留退路。

4. 适当地理解，换位思考

设身处地为采购考虑，在公司能够承受的条件范围之内尽力给予采购他所需要的东西。其实，好的业务员应该懂得怎样在为卖场提供支持的同时争取更多的资源。只有你给予的是采购需要的，才是有效的付出，如果你立足于为采购解决困难，就更容易博得采购的信赖和好感，当然就会得到更多。

5. 成为行业内的专家，指导采购的工作

业务人员有三个层次：第一个层次是与采购人员保持利益关系，通过利益关系达成一致的目标；第二个层次就是与采购成为朋友，借由感情纽带解决问题；第三个层次就是成为这个行业的专家，帮助采购提升个人能力，在深层次上取得采购认同和信任。一般来说，采购要负责的商品和供应商众多，他不可能在所有的领域都很专业，他也需要学习和提升，如果业务员能在自己的产品领域做个专家，能让采购折服，通常会取得意想不到的效果，因为，在专家面前，学习的人总会怀着谦卑的心理，这样一来双方的任何沟通交往都不会存在太大的障碍，即使偶尔有分歧，也只是小插曲，很快便雨过天晴。

第七节 合同管理对接

一、合同管理现状

对于零售商和供应商来说，一年一度的合同谈判是合作关系中至关重要的一项内容。在票期、返佣、赞助金、折扣等方面的谈判结果是买卖双方一个合作年度中各种交易行为的准则和依据，透过以上合同内容的谈判，为整年度的营运打下良好的基础。基于此，合同谈判的重要性不言而喻。为了最大化提升合同的谈判质量，保证合同的效果，零售商每年都会对采购、财务等相关人员进行合同培训，使他们清楚合同条款和谈判流程，并会提供合同谈判技巧知识，全员随动做好年度合同谈判工作。

但是，几乎没听到过有多少供应商对员工进行专门的合同培训的，从年度合同谈判的情势来看，绝大多数的供应商处于弱势地位，地位不对等、合同文本不清、相关知识不足，导致最终的谈判结果对供应商不利。怎样改变这种状况呢？要解决问题先要了解问题，我们就先来看看目前在合同谈判中供应商的现状。

（1）现在在零供合作签订的合同中，用的都是零售商的合同文本，而且在合同条款中处处体现的是维护零售商的权益，而对违约责任却没有提及，对供应商却大都是约束和罚则，这些明显的不对等条款是用规范的文字列印在合同中的，供应商想改都改不了。除了被迫签字似乎毫无办法，真的是这样吗？其实不然，供应商忽略了其中很重要的一个栏位：合同最后通常会有一个空白的"其他"。留待双方填写合同未尽的其他事宜。这是供应商在整个合同文本中唯一可以利用的一栏，千万要善用。供应商对零售商的约定要求都可以填写在这个栏位，弥补合同正本中对零售商只有权益，没有责任的不足，可是事实上，很多供应商放弃了这个机会，让这个栏位空白，真是一个极大的失误和遗憾！

（2）在零供合作签订的合同中，用的不仅都是零售商的合同文本，而且还有一个零售商一个版本，于是就出现了一个供应商要面临多个不同的合同版本，内容虽然大体相似，但条款的文字表现和形式却是五花八门的，有的国际性连锁零售商的合同文本还是英文或中英文混合的，供应商看不懂文本，还谈什么权利的保障？于是看不懂就问采购，采购怎么说就怎么签，就出现了特别是私人的小供应商揣着公章到卖场谈判，谈完了就把大印一盖了事，这种速成的方法是够高效的，这种做法实在不可取，会让采购觉得你态度轻率，你自己都不重视，采购骗你也心安理得。

（3）在供应商签合同的过程中，因为要面临多个零售商的多个合同文本，再加上合同文本的复杂性，很多的供应商出于人力素质、时间、态度等各方面的原因，甚至没有从头到尾地把自己要签的合同清楚明白地看一遍，对一知半解的地方也没有求证确认，对权、责、利模糊不清，以为只是把账期、费用、扣点几个关键数据确认了就可以放心，其实不然，真正地对合作过程中的行为约束不是那几个数字能决定的，而是详细的条款文字。供应商在合作中遇到的卖场强制行为其实就是合同中注明的，供应商却没有看到而已，结果是自己吃亏。不管合同多复杂，一定要每家零售商的合同都完整清楚地看过，模糊不清的地方确认过，保证自己对责、权、利是清楚的，这是对自己负责任的做法，签合同谨慎严肃就能有效地避免合作中出现的不必要的麻烦。

（4）合同是具有法律效应的，是合同方发生纠纷最后的退路和底线保障，其法律效应就是由合同的条款体现的，应该说合同制定和签订要有法律人员的参与。零售商的合同文本通常是由律师起草制定的，对采购的合同培训也是由律师来进行的。供应商很少会请律师参与自己的合同谈判和签订工作，但是专业的人做专业的事，即使不请正规的律师参与，起码也要有懂法律的专门人员参与，所有要签的合同最好请专业的法律人士看过，给自己一些专业意见或建议，一定要树立这种合同是法律事务，要严肃认真对待的态度。

（5）商业合作是一个动态行为，不同阶段有不同特点和侧重点。零售商如何应对？供应商如何应对？这就关系到新形式下合作合同的签订问题。零供法规对供应商最关心的平等合作和费用问题做了一定的约束和调整，这个时候零售商为了保证自己的利益不受到损失，肯定要采取相应的对策。那供应商怎么做呢？还是抱着原来的合作思想肯定行不通了，面对新形式新合同新规则，供应商要在精神上高度集中，一方面学习理解零供法规的内容，另一方面要紧盯零售商的动静，随时调整自己的应对策略。

二、应对霸王合同

相信很多供应商在与卖场的合作中遭遇霸王合同，这种情况多数发生在销售状况良好的大卖场。对于这种霸王合同，大多数经销商所表现出来的都是无奈，一旦这种霸王合同成立，这个大卖场就会成为经销商生意中的一块"鸡肋"——食之无肉，弃之可惜。做，不会有什么利润；不做，又会失去一块市场。

相信很多供应商都有类似的经历。对于在我们的经营领域有着不可替代作用的大卖场，又该怎样去与它的霸王合同周旋来保障我们的利益呢？

1. 后发制人

聪明的供应商在与大卖场的采购打交道时，不是急于表达自己，而是先耐心地听。在听的过程中明白卖场的目的与态度，同时根据卖场采购的状态，调整自己的思路，重新整理自己的计划，然后拿出依据，给出合理的结果，做到有的放矢。

在你不了解采购想表达什么的时候表达自己，容易让采购轻易了解你的心态。其实有时候，采购的心理期望值并不是很高，是供应商的提前表白过早暴露了自己的承受力，反而使采购的心理期望值增加，使他获得意外的高于期望值的收获。

2. 先入为主

这里的先入为主不是说在与卖场打交道时，先表白自己。它的前提是，基本清楚采购的目的，或者说在了解采购的需求后，先将双方的谈判资源约束在一个范围内，它可以在不知不觉中将采购的思维禁锢在一个界限内，大大缩减卖场期望值的上浮空间。就仿佛是一杯水，在喝之前倒掉一部分和不倒掉一部分是有区别的。在对抗大卖场的霸王合同时，在卖场提出明确的要求之前，尽可能地缩小可选范围，要利用一切可乘之机倒掉将要给卖场喝的水，能够倒掉的越多越好，最后剩下的才是他可以喝掉的，也是你真正要付出和承担的。

3. 以柔克刚

有些供应商遇到霸王条款时表现得很激动或是愤慨，而有经验的供应商在面对大卖场的霸王合同时则通常都会采取以柔克刚的策略。过激的行为只能使事情变得更糟。首先在态度方面表现出理解和支持，但在关键地方据理力争，拿出可以说服对方的依据，例如，分析销售形式，罗列出近期销售情况不佳的地方，对供应商本身经营造成的影响；或者卖场近期是否有不妥的地方，使供应商遭受到的损失；为了改变目前状况供应商将采取什么样的促销方式，将会带来什么样的效果，给卖场创造什么样的效益，而供应商将会为此付出什么……

把握自己的底牌，不轻易做出让步，在谈笑风生间坚定自己的立场。记住一句话，钢针扎到棉花里是没有力度的，也形成不了伤害。所以，在某些时候做团棉花或橡皮糖，可能会比竖起羽毛来得更有效果。

4. 曲线救国

当然，不管怎么拖，在与卖场谈判的最终必须拿出一个结果。当卖场提出的条件无法接受时，为避免双方谈判陷入僵局，可以变通地解决。比如，拿签合同来说，大卖场的霸王合同敏感的地方主要是费用，有经验的供应商会在交费形式上来变通，交现金还是账扣，交固定金额还是交扣点，通过预算和比较选择对自己有利的一种方式。

对于全年的经营来说，扣点和固定金额是有很大区别的。特别对于销售状况不太好的供应商来说，表面看来不算多的固定费用，由于其销售基数过小，占比是非常高的。而对于销售额较大的供应商来说，相反的，由于基数很大，可能看起来微不足道的百分点实际金额却是非常可观的。当谈判无法达成一致时，可以提出改变缴费方式等方法迂回谈判，缓解谈判气氛，让双方多一分选择，促进达成共识。

在面对大卖场的霸王条款时，作为供应商最忌的就是一味地妥协退让，委曲求全，只有有凭有据据理力争，团结一切可以团结的力量，对大卖场的霸王条款不姑息，才会从根本上降低霸王合同的出现频率，有效地对抗大卖场霸王合同，保障自己的利益。

第三章 | 经营情况跟踪管理

第一节　业绩跟踪

一、与大卖场合作的收益

供应商一直在关注和研究一个课题：如何与大卖场良性合作？得到大卖场的支持就意味着良性的合作，就意味着更多更好的机会，就意味着业绩的提升，就意味着可以有更多的钱赚。这个问题的思路和答案可以让所有的供应商兴奋。所以，在这里我们一起来分析和分享对这个问题的思路和经验。

首先，我们来看看，争取大卖场的支持究竟可以为供应商带来多少利益。因为，在我们费尽心机要去做一件事以前，我们一定要把利益点想得很清楚，利益的多少决定我们付出的多少。

利益点一：可以为自己争取更多更好的销售机会，提升业绩和利润。

供应商与大卖场的本质就是一种互惠互利的商业合作关系，其本质的核心点就是对利益的追逐。所谓的合作得好与不好，直接的表现就是业绩和利润的变多或变少。沟通合作得好的时候顺风顺水，要什么资源和支持大卖场都配合，沟通得不好的时候要什么没什么，生意简直就没办法做。可见，供应商与大卖场的良好合作，可以为自己争取更多更好的销售机会，业绩和利润的差异变化也是显而易见的。所以，要想办法与大卖场配合良好，想办法获取资源和支持。

利益点二：资源是有限的，自己争取到了别人就没有，借此打压竞争对手。

同行是冤家，作为生意的对头，你做了我就没得做，你好了我就惨了。残酷的事实揭示了竞争的惨烈：强者生存，弱者消亡。对于大卖场而言，其拥有的资源也是有限的，不可能无限给予。在众多的供应商中间，它能支持的也是一部分，资源的倾斜也是有选择的。也就是说把资源给了A，那B就可能没有了，特别是在同类别的商品组里面，绝对只可能扶持一家，这就要看供应商的表现和实力了。所以，要想战胜竞争对手，就要想办法获取有限的资源和支持。

利益点三：保障资金安全，减轻自己的回款压力。

为了抢占市场份额，争夺卡位资源，大卖场疯狂地扩展门店，一家大卖场系统动辄十几、几十家门店，还有的甚至有上百家门店的规模。随着大卖场规模的扩大，供应商的生意也越做越大了，可是问题也来了，原本一家店只要10万元周转，现在10家店就要100万元，50家店就要500万元！更可怕的是，大卖场的结算周期一般都很长，一两个月、两三个月结算一次很平常，也就是说你必须要把你的资金占用单店单月两或三个月的结算周期，你算算这个资金周转情况是怎么样的？更有甚者，现在很多大卖场用供应商的货款去周转、投资、开店，所以用种种理由延迟拖欠供应商的账款，更是雪上加霜地增加了供应商的资金压力。与大卖场保持良好的沟通合作关系，就能得到优先的货款结算权，大卖场通常会保证重点客户的正常结算，将结算压力和风险转嫁到其他供应商身上。从这点考虑，保持与大卖场的良好关系就能争取货款资源，保障自己的资金安全，这是现如今与大卖场合作最重要的保障。

二、春节促销的收益

春节是一年中最令人兴奋的赚钱的黄金时间，为了抓住这个赚钱的档期，卖场通常会在三个月之前就对春节的各项工作制订周密的计划和安排，确保春节销售目标的达成。对供应商而言，不可能去主导卖场的春节工作计划，那么就应该在大卖场的计划中抓住对自己有利的时机和商机，为自己的生意博取最佳的机会点，那么，供应商要怎么做？怎么了解并配合卖场的工作计划，为自己赢得有利机会，抓住春节的黄金销售商机呢？

零售卖场通常会从营业目标、促销计划、商品库存、人力安排、配套活动等几个方面做详细的部署和安排，确保与春节销售有关的各个环节万无一失。以下是一家零售卖场的春节工作计划见表10—4。

表10—4　春节计划总表

序号	类别	内容	备注
1	指标计划	春节业绩预估目标	
2		毛利操作模式	
3		春节前后三个月毛利率目标	
4	促销规划	春节厂商商品引进计划	
5		春节档期主打商品及活动规划	
6		春节联采商品	
7		重点中分类厂商计划	
8		重点操盘说明	
9	商品库存	春节囤货计划	
10		统仓囤货及仓位计划	
11		厂商送货安排	
12	配套活动	场内外活动规划	
13	人力计划	新增驻场人员计划	
14		厂商休假安排	
15		支援人员计划	
16		春节期间需其他部门配合事项	

对春节的重视度及准备工作的充分程度在这个表里体现得很明显，那么供应商又要从哪些方面入手，怎样去与卖场良好配合呢？我们可以看到表中的几个部分都与供应商有关，其中最重要的包括业绩/毛利目标，促销计划，商品库存和促销员安排，那我们就根据卖场的计划来实际看看供应商该做些什么。

1. 春节的营业目标确定

以上是卖场春节期间简单的营业目标计划表，好像看不到与供应商有关的东西，其实不然，卖场的业绩是由每一个供应商的业绩汇集起来的，在预算的背后就是分配到每个供应商头上的任务了，只是，对供应商而言，这个任务是由卖场分到自己头上，还是自己主动去跟采购沟通，确定经营目标，就是两回事了。为什么这么说呢？因为销售任务总是要落到自己头上来的，与其被莫名其妙地扣到头上，不如自己主动去洽谈争取合理的数字，而且，因为积极主动，还能在促销的安排中获得优先的机会。

2. 促销商品的确定

在春节的业绩构成中，促销商品的比例高达50％以上，也就是说，春节的业绩好坏是由促销品的销售决定的，特别是针对季节性很强的年节商品，如糖果、炒货、烟酒、保健品、家用消耗品等，其在春节的促销占比会达到甚至超过80％，可见春节促销商品的重要性。选择促销商品就成为卖场春节准备工作的重中之重。

在选择商品方面，卖场需要的春节促销商品要求有三个：一是必须是贴合春节特性的商品；二是成熟品牌要有价格形象；三是费用和利润要求。供应商必须围绕这几点来着手自己的谈判工作，在时间方面越早越好。海报促销的品项有限，你拿了别人就拿不到，所以动作要快。

3. 促销位置的选择

确定了促销商品不等于就能有好的销售，应该说只成功了一半，陈列位置也是非常关键的。常规商品的陈列只要在醒目的地方就可以，但是对于主题性组合促销或者特殊造型的促销形式，位置的要求就不一样了，比如，要做一个"创意生活"的厨房展，涉及压力锅、炒锅、汤锅等十几个单品，就不适宜按单品陈列，应选择在靠近主货架的阳面主通道，做特殊造型的主题陈列，再配上现场演示的活动，效果才会显著。供应商在春节促销谈判的时候一定要注意，除了确定促销商品之外一定要同步确定陈列位置和陈列方式，并且要在协议中明确下来。如果能在谈判的时候用效果图的形式把陈列位置和陈列方式确定下来是最好的。

还有几点要注意的：

第一，促销活动所需的充足货源，这是促销的根本。缺货是销售的致命伤，也是卖场最不能容忍的行为之一，很多卖场对缺货做出的处罚都是相当严厉的，缺货无论是对于供应商还是卖场都是有百害而无一利的。为避免这类情况发生，作为经销商，要提前向厂家订货，确认到货时间，为卖场储备合理的库存。因为春节是大部分供应商的送货高峰，为保证自己促销品的及时供应，供应商要提前与卖场采购协商送货的最佳时间和方式，有机会获得绿色通道的权利那是再好不过的了。现在由于很多卖场是跨区域经营的，商品要由物流中心统一配送，所以还要争取在物流中心的仓库位，供应商也要根据卖场的物流操作早做准备。没有库位，会导致无法送货。

第二，促销人员的准备。好的促销人员难找，这是很多供应商和卖场的共同体会。由于春节期间促销活动的力度和频率远远大于平时，对促销人员的需求大大增加。几乎所有的厂商在这个时候都要增加促销员人数，但是卖场不可能满足所有供应商的需求。卖场会根据实际情况向有业绩的供应商倾斜，而供应商也会招聘部分临时促销员，这些促销员大多是在校大学生，人工费用会相对比较低廉，但是基本素质和专业能力相对低下，而且安全性比较难保障，一旦与顾客或卖场发生纠纷，所有的责任就是由供应商来扛。所以，对春节期间临时的促销人力需求要准确计划早做准备，提前招收一些素质不错的人员进行相应的培训再上岗，这样一来既能保证促销效果，又能最大限度地避免不必要的风险，将春节促销的效果做最大化的落实和保障。

第三，工作时间的安排。春节期间是销售的高峰，也是送货、结账、促销、做活动的繁忙期，人力必然紧张，时间安排不合理就会影响工作，要让工作有条不紊就要提前做好相关工作的时间和人力安排，不能手忙脚乱。供应商和卖场必须事先沟通，用规划和流程来安排工作。

早点把春节期间的时间安排做出来给卖场，卖场就可以根据此安排下单、进货、联络，避免出现没有规划打乱仗。

第二节　毛利跟踪

在所有供零合作中出现的突出问题是供应商的赢利能力不足，无法在合作中获得合理的利润。只有通过对导致问题的原因进行分析，才能得到合理的解决方案。

一、小分类价格带对毛利的影响

在销售的要素中，商品是关键因素之一，商品组合的合适与否直接决定门店和供应商的销售状况和利润状况。在现阶段，卖场的"战斗"其实更多的是围绕商品展开的，价格战就是最直接的表现方式。在这种背景之下，供应商的赢利能力严重不足。我们从下面的一组调查数据中就可以看出客人对价格的重视度，见图10-5。

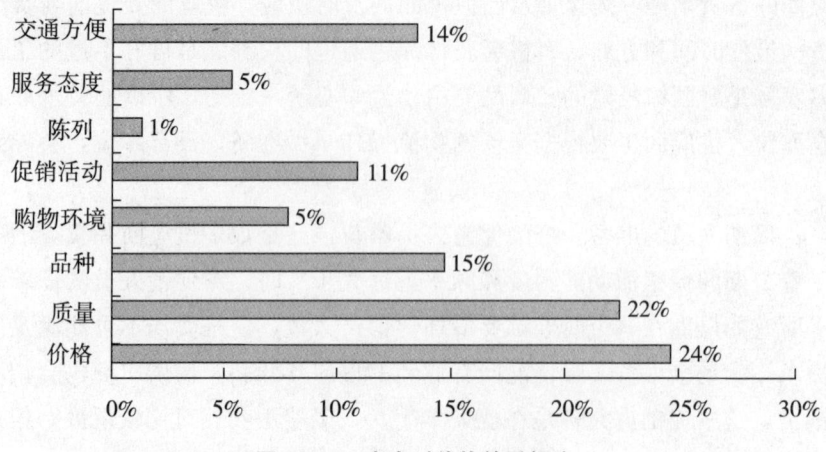

图 10—5　客人对价格的重视度

所以说，价格战短时间内还无法避免，价格战对卖场和供应商而言一个直接的后果就是降低了毛利水平，影响了收益。我们既要打价格战，又要顾毛利，这就对商品的价格和品项管理提出了很高的要求。这个是卖场和供应商都要关注的问题，商品的组合和毛利策略对双方都是有影响的。怎么样用科学的方法去控制品项和价格组合，既保证价格形象，又均衡毛利。卖场和供应商都要了解控制的重点在哪里。

1. 价格带的定义

价格带是以消费者心中认可的不同的商品的浮动价格幅度，不同的商品会有不同的价格区间设定和幅度，要以顾客认可的、感觉得到的幅度来为价格带区分空间。

从整个商品结构来看，考量的次序是这样的：

店——部门——大分类——中分类——小分类。

但是，在做具体的价格带分析和组合的时候，要从最底层的小分类入手，因为每个小分类代表客人的一种具体需求，各种需求的汇集才能构成门店完整的商品结构。

2. 价格带操作的要点

价格带操作要点如图 10—6 所示。

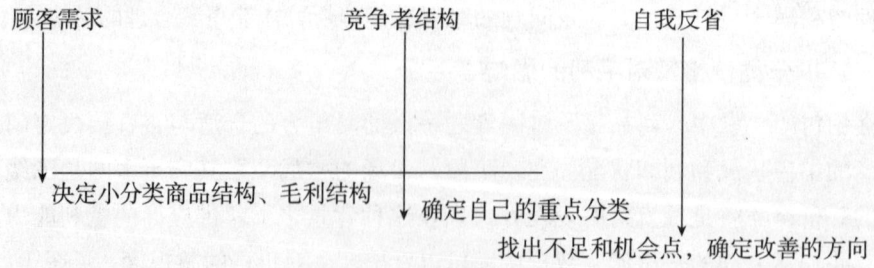

图 10—6　价格带操作要点

通过顾客需求的调查，要掌握客人喜欢或需要什么类别的商品，对价格的预期，从而作出有利的决定。

（1）小分类的商品数。

（2）小分类的毛利率。

（3）小分类单品售价。

在对竞争者的调查中，要准确把握竞争者小分类的信息，并与自己的实际做对比，从而找出具体的差异，再结合分类标准来比照，就能发现自己与竞争者的不同，也能揣摩出对方商品和价格组合的策略到底是什么。并不是说，竞争者是怎么样的，自己就一定要这么去做，这只是一种参考，毕竟，商品组合是要建立在满足客人需求之上的，然而每家店的客人多少都存在差异性的，但掌握对手的信息和动向始终是重要的。

我们再来看关于商品敏感度与价格和购物频率的关系，如图 10－7 所示。

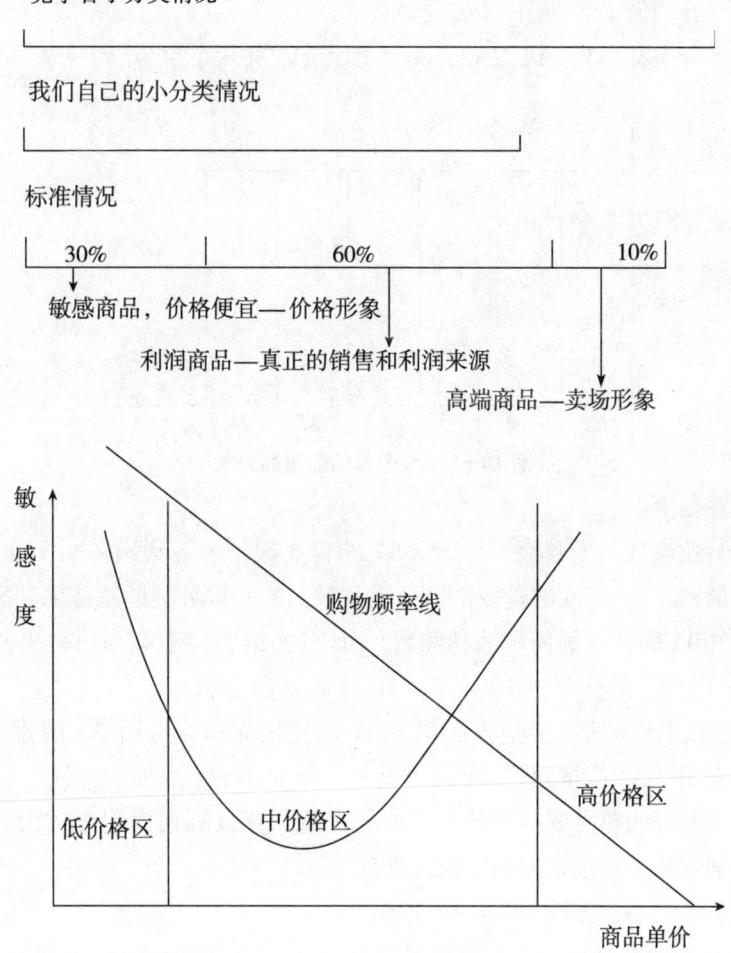

图 10－7　商品敏感度与价格和购物频率的关系

图 10－7 说明以下几点内容：

（1）购物频率与商品单价有直接的关系。

（2）低单价、高频率的商品就是敏感商品，需要低毛利低价格以塑造价格形象。

（3）高单价、低频率的商品，客人会反复比价慎重购买，因此也应该是低毛利销售，也属于价格形象的范畴。

（4）商品单价一般，购买频率一般的商品，客人不会比价格，所以毛利可以定高，这一块才是赚钱的部分。

（5）在制订小分类价格带的时候，要根据商品单价、购买频率来制订商品售价，以维护价格形象同时保证合理毛利。

（6）在制订小分类价格带的时候选择单品要兼顾业绩、毛利、形象的平衡。

二、品项数和陈列面积对毛利的影响

一般来讲，决定商品结构的要素有三个，面积、陈列米数、商品重要程度，我们举一个马克杯的例子，如图 10—8 所示。

假设这个分类有 A1、A2、A3、A4、A5、A6 共六个单品。

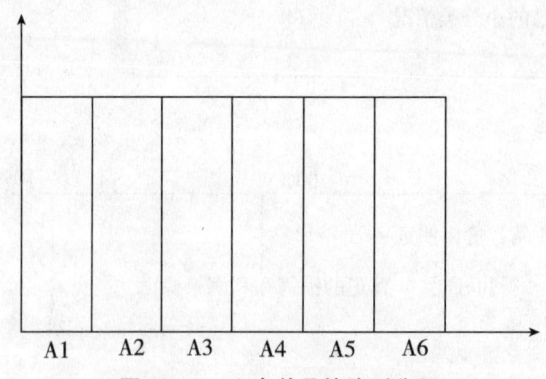

图 10—8　六个单品的陈列分配

（1）计算如下：

（A1 的营业额％×毛利额％）＋（A2 的营业额％×毛利额％）＋（A3 的营业额％×毛利额％）＋（A6 的营业额％×毛利额％）＝该分类的整体毛利率

那么用（A1 的营业额％×毛利额％）/该分类的整体毛利率，得出的比例即是 A1 的货架占比。

A1 的货架占比×该货架整体面积＝A1 的货架面积，再用 A1 的货架面积/A1 的单个商品面积＝A1 的排面数量。

销售好毛利好的单品就应该放置于好的位置，并且陈列面积可放大，表现差的要给予考核期，如无起色，要给予淘汰处理。

（2）大、中、小分类都可以这样计算。

（3）靠近主动线的前三节货架是最重要的，一定要放有吸引力的分类和单品，才能吸引客人往里走。

（4）3～6 个月做一次商品检讨，根据商品的表现和贡献度替换修正。

商品价格带曲线如图 10—9 所示。

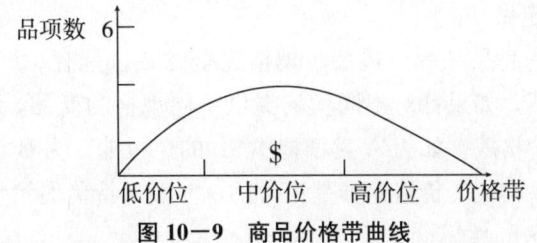

图10—9 商品价格带曲线

因为低价位和高价位都是敏感区间，相对毛利会低，因此给客人的选择性不能太多，这意味着品项数就不能太多，再多都不会赚钱，品项设定要向中价位区间倾斜，这才是赚钱的部分，品项多，客人选择多，购买的可能性就会更大，如图10—10所示。

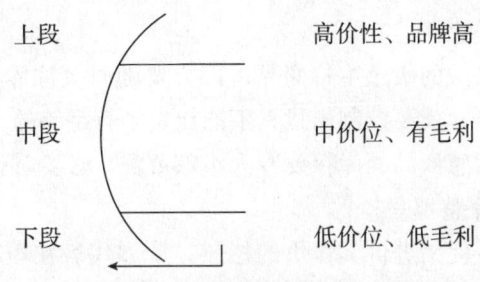

图10—10 各价位商品的陈列设定

小分类价格带在管理中是要综合考量各种因素的，而且是个动态的过程，但不论如何，始终要记得价格带管理的两个基本原则：首先，管理是为了更好地满足客人的需要，所以要一直关注客人的购买变化。其次，管理的目的是为了在保有价格竞争优势的同时，获取合理的毛利，不能一味追求单纯的低价。

第三节 价格跟踪

一、厂方应对卖场价格战的策略

价格战是由卖场之间基于恶性竞争而产生的，而且会在一个又一个卖场之间产生连锁反应，控制不力，会使产品或品牌全线崩溃。厂商是价格战受害方，但面对价格战，抱怨和痛恨都无济于事，要想防止价格战对自身的伤害，厂商必须积极行动应对价格战，只有用对策去化解，才能让价格战的杀伤力不至于崩溃自身的价格体系。具体来说，厂方可采取如下行动尽可能去降低或减少价格战的损害。

1. 良好客情的维护

建立高层的定期互访，稳固双方的合作关系，避免卖场和供应商之间因不良印象而故意进行的价格战行为。再者，在卖场与供应商之间高层关系稳固的情况下，卖场的采购及营运人员很少会去损害与老板关系不错的供应商。

2. 商品的量身定做

价格战的前提是商品品牌、包装、规格完全一致，具有 100％ 的可比性。在品牌不易变动的情况下，如果针对不同卖场提供不同规格的商品，削弱其可比性，即可在一定程度回避价格战。如为 A 卖场提供 5L 的色拉油，为 B 卖场提供 4.2L 的色拉油，因为规格的差异化，价格差异是正常的，一般的特价促销是看不出来的。

3. 促销商品的区隔性

卖场永远都在争夺厂方的促销资源，也对竞争对手的促销活动虎视眈眈，价格的风吹草动都能察觉，厂方在为一家做促销的同时就应该想到其他卖场怎样对付。如果不想在价格上纠缠就要制订促销品的区隔性：为 A 卖场提供甜奶粉，为 B 卖场提供全脂奶粉，为 C 卖场提供高钙奶粉，以此避免价格战。

4. 主打商品的库存控制

针对容易惹上价格战的敏感主打商品，厂方要随时关注库存量以及时段的订单和进货量，一旦觉得异常就要控制出货，不能让卖场有足够的"子弹"，否则价格战就在所难免了。建议敏感商品的库存要专人跟踪负责，必要时就停止发货。

5. 促销协议书的完整填写

通常促销协议书有促销进价、售价的栏位，厂方代表在填写促销协议书时一定要看清栏位，正确填写，特别是有关价格的部分，另外就是要加上"不得低于协议售价，否则依照违约条款处理"之类的价格保护条款，这样做一来是规范协议，二来也是为将来万一翻脸打官司提供证据。

6. 用赠品代替价格折让

促销的目的就是要让顾客感觉实惠，价格折让只是一种，可以用赠品来提高商品的附加值，这同样也能给顾客实惠的感觉。

7. 诉诸法律

如果价格战打得太深，破坏力太大。厂方可以"以不正当竞争、倾销"等理由起诉卖场，保护自己的权益，但这样的结果会使合作关系受损，甚至于双方撕破脸皮，所以还是谨慎采用。

虽然厂方痛恨价格战，对价格战唯恐避犹不及，可是卖场依然基于自身的利益需求而策划价格战。当有卖场发生恶意价格战行为时，要迅速告知其他卖场，及时声明非厂家行为，并在进行处理中，请其他卖场保持克制和合作。与其等卖场发现其他人的价格战行为，还不如及时告诉他。另外，对遵守价格体系的卖场给予特别的奖励，这个奖励要放长线，年度付给，也是对卖场进行价格战的一种牵制方式。

二、供应商对大卖场降价的应对

首先我们来分析卖场进行突然性特价的几个主要构成原因：

（1）出于卖场之间的竞争策略需要；

（2）出于吸引消费者的策略需要；

（3）出于报复打击某供应商；

（4）有意识地打击当地的传统零售渠道和终端；

（5）根据市调（即市场调查）报告显示某类商品在市场影响力或是价格方面处于劣势；

（6）卖场某部门的销售业绩压力；

（7）真正是搞错了。

无论是出于什么样的原因，卖场进行特价活动之前，必然是有个流程的，这个流程基本分成四块：

信息收集——研究分析并提出方案——送呈老板批准——安排执行。

其中，信息收集又分成采购营运人员自己的信息来源和市调报告两大类，可不要小看了这个市调，这往往是许多卖场进行特价活动的导火索。与传统零售终端不同的是，现代大型卖场每周都会安排数次的市场调查活动，前往某几类特定的地方，例如其他卖场、便利店、当地传统零售终端、批发市场等，就某类商品的价格进行调查，或是调查商品的流行趋势和动态，以便及时对本卖场的价格体系和商品结构进行调整。或者是真的存在价格不平衡，或者仅仅是因为卖场的市场人员弄错了，但一旦出现在市调报告里，将有可能直接导致卖场特价的产生。

市调信息对采购及营运人员来说，也只是参考资料，其本身也有一定的信息来源渠道，对各类不利于本卖场的相关信息也有一定的获知能力。不管是市调得来的信息也好，还是采购营运人员自己获得的信息也好，这些信息必然要经过一个分析程序，就利害关系来进行判断。这个利害关系是分别从本卖场、本部门乃至本人三个不同的角度来分析的，若是相关信息已经侵害到了这三个角度的任何一个，采购营运人员必然要采取相关的措施。具体点说，某类商品在其他卖场或者传统渠道的售价偏低，有可能导致本卖场的形象和客流受损失，或者是导致本部门的业绩受损，甚至是供应商这种不公正的价格政策会让采购营运人员本人受损。

表面上看，是卖场的营运部门和人员在操作安排特价，其实，这些营运部门的人员也只是中层人员而已，一切方案都要报给老板批准的，还会在申报特价方案上注明一些理由，例如为了竞争的策略性因素，还有是为了提升卖场形象及增加客流量等。预防问题是解决问题最佳方式，现在已经大概了解了卖场特价政策出台的流程经过，那么如何主动地预防呢？首先要明确三个前提：一是卖场肯定会做特价的，预防目的只是想方设法别让你的商品被选做特价就好了；二是供应商永远没有办法摆平所有采购的关系；三是经销商永远没有办法保证市场面所有终端和渠道的价格都符合你所制定的价格体系，价格的不平衡很容易导致价格纷争。那么，在预防措施中，充分考虑这三个前提，再综合考虑整个特价的流程，尤其是其中的重要环节，要有针对性地来预防解决。

预防措施一：协调好与卖场市调人员关系。

从流程中可以看出来，市调是导致卖场出现特价的导火索，稳定与市调人员的关系非常有必要，因为经销商也没法确保市面上的价格肯定是一碗水端平的，那只

有在各卖场的市调工作上想办法了。大多数的卖场市调活动都是有规律的，例如市场的频次安排，人员安排，所前往市调的目标等，这些是比较容易摸查出来的。知道什么时候起去市调，谁去市调，去哪些地方市调，具体市调商品等情况后，采取一些相关措施也就容易多了，其实也不需要刻意地要求这些市调人员来帮你规避什么，只要他们在发现有不正常价格后，告诉你一下，让你有个核查，解释处理的时间就够了。

预防措施二：主动接触卖场高层，避免其下级随意选择你的产品做特价。

卖场的采购人员往往会站在自己的私利或者是部门利益来考虑问题，但卖场的老板绝大多数会站在卖场全局利益上来考虑问题。供应商若想接触卖场高层，应考虑站在一个更高的角度，摸索卖场老板的心理，给他真正想要的东西，例如几乎所有的卖场老板都喜欢看到一个局外人所做的分析报告，比如说是供应商、消费者、传统渠道和传统终端，甚至是竞争对手等局外人，对本卖场所进行的评估分析报告和意见。有条件的话，经销商可进行收集整理撰写，定期直接递交给卖场高层。需要注意的是，在这个报告里不要提及你自己的商品，应完全是个局外人对卖场整体营运分析评估的立场。当然了，这些报告，采购营运人员是没多大兴趣去看的，毕竟关心的利益角度不一样。当你的工作引起卖场高层重视的时候，他会特别关注你，甚至会安排与你的见面，几番熟悉了解，自然是拉近不少关系了。有高层的关注，下面的人通常也会很重视你。

预防措施三：直接抓底牌。

直截了当地向卖场的采购人员亮出底牌。经销商在与卖场的合作过程中，特价问题不要去回避，而要主动地谈出来，直接知晓最糟糕的结果是怎么样的，同时也主动地告知卖场采购：我们尽量避免其他卖场出现突发性特价状况，但是，我们也不怕卖场出现突发性特价，面对着一个有经验且具备处理能力的供应商，卖场的采购人员一般会比较尊重。

与大卖场合作，价格促销在所难免，协商归协商，很多的时候，卖场是不按常理出牌的，供应商要充分地认识到这一点，做好应对的预案。生意要做，要快乐地做，所以，出现问题不要怕，要积极地面对。

第四节　费用跟踪

一、建立资金危机意识

通常，供应商会认为送出去的货就是自己要结回来的账或要拿到手的钱，有订单就意味着有销售、有账款、有利润，所以，供应商收到订单都会很高兴，订单制造了生意的表面繁荣，事实上呢？货在源源不断地送，钱却没有如期拿回来，动辄拖上 30、60、90 天甚至更多天，就算千辛万苦拿回来的钱不是被扣得莫名其妙就是有这样或那样的差异，最后一算可能根本就没利润。现在的零售商占压供应商的货款挪作他用已不是稀奇事，更有甚者资金链断裂倒闭的、携款潜逃的、人间蒸发的，与零售商的合作，不可预料的变数太多，资金安全面临严峻的考验。所以，只要有生意合作，就要建立资金的危机意识：要把送出去的货当负资产，不是收益是债务，不是应收账款是坏账，从老板到员工都要建立对资金的危机意识，如何更快更多更好地收回货款是每个人的责任，时刻保持对货款的高度敏感和紧张度。

二、供应商货款风险的原因

资金是供应商生意的源泉，也是供应商在生意合作中最为重视的东西。没有资金就做不了生意，资金越多生意当然就更好做。可是，现如今，很多供应商虽然资本越来越雄厚，生意越做越大，却高兴不起来。为什么呢？因为卖场越开越多，特别是大卖场更是遍地开花。开一家卖场铺一家货，少说一家也得铺几万甚至十几万的货吧，这几十、上百家卖场铺开来得多少钱？不铺货吧，好歹也是个销售网点吧，放弃可惜。铺货就是滚雪球，应收货款膨胀越滚越多，一个月几十、上百万的款收不回来。看起来生意越做越大，可是资金周转越来越困难，账面上喜人，手头却紧巴巴，钱全压在货款上了！可怕的是，弄不好哪个卖场关门倒闭，就是上万的损失，搞不好还被拖垮。现如今，这种事情也不少，怎么办？凡事总有个为什么，要冷静分析零售商拖欠货款的原因，并积极地寻求对策。这才是解决问题的正确思路。一般来讲，在与大卖场合作的过程中，造成供应商货款风险有如下几种原因。

1. 合同谈判的结款账期太长

跟卖场做生意，一切以合同为准，所以不把合同的结款条件谈好，就无法保障快速顺利的回款。像那种把账期谈到 60、70 天的合同，就是等于压了两个月的货款。如果一家几十个分店的系统全压上两个月的货款，就会有少则几十万，多则上百万的货款无法周转，当然就有资金压力了。合同的回款条件是大卖场结账的最基本条件。供应商一定要注意在合同谈判中账期的重要性。

2. 轻重不分，贪多求大

现如今在终端竞争越来越激烈的情况下，实际上有许多终端的单品效益在下滑，甚至是很差的。供应商应该以资金周转、现金回笼为原则，考虑投资回报率，对那些效益不好实力不够的卖场要舍得放弃，切不可贪多求大。那种无论好坏遍地开花的景象只是自欺欺人罢了。只有做有价值的卖场才会有赚钱的回报，盲目地贪多求大是不可取的。

3. 资金、商品管理不清

大多数供应商是财务、销售两条线，一个管回款一个管发货，通常发了多少货财务不知道，收了多少钱销售不清楚，最后，老板发觉出了问题，才把财务、销售抓到一起对账、催款。如果能用财务来控管发货就能有效地避免这种问题，规定未收货款到多少时就不能发货，这种体制是比较安全的。虽然在一些时候对销售产生制约影响．但从资金安全的角度来说，这种方法是可取的。在资金安全和销售额之

间，资金安全更重要。

4. 不了解大卖场的货款结算制度

大卖场的管理相对规范，财务体系是相当健全的。结账流程控制得非常严格。诸如账期、库存天数、库存金额、赞助金等，一项不到位就结不了款，所以不把大卖场的结账制度研究明白，要想顺利结款就很困难。

5. 与采购沟通不畅

对于规范的卖场来说，结款通常不是由采购个人说了算，电脑系统自动会做控制。但是对不规范的卖场，货款结算一般还是由采购来决定的，付不付，付多少，由采购说了算。尽管这种方式有失公平，但目前毕竟不规范的卖场还是不少，所以，重视与采购的沟通，对货款结算方面的影响还是很大的。

三、大卖场结款的注意事项

卖场的财务体系和结账流程相对复杂，如果不吃透其中环节，是很难结款的，下面是在大卖场结款需要注意的几点。

1. 正确理解账期的概念

大卖场常规只有"月结"这一种结算方式，很多经销商因为已习惯原国营卖场的"实销月结"、"代销"、"送二结一"等方式，较难正确理解什么是"月结"。举例说明：

三月	四月	五月	六月
1日	31日	30日	31日	30日

假设从3月1日开始送货至3月31日止的账款，如果是月结30天则到五月才可以结到款，如果是月结60天，则到六月才结到款，因各个卖场财务付款日不同，有可能是该月的某一天发放支票。"月结"本身就意味着隔一个月（30天），再加上月结后面的天数，所以月结30天就是60天，月结45天就是75天，月结60天就是90天。

2. 不同的结款方式

（1）请款表单。是指经销商送完货后，除了送货单外还需填写卖场规定格式的请款表单，否则不予做账。请款表单的目的是控制卖场实际价格与厂方送货价格的差异。如果不一致会印出差异单交由采购确认。当然，通常采购会取对卖场有利的价格入账。这样就能使卖场不因电脑资料有误而损失任何款项。

（2）票随货到。是指经销商送货时需同时附上税票，这样能保证入账及时，但弊端是如果税票开错，更改非常麻烦。

3. 与结款有关的几点注意要素

（1）赞助金。只有将你该给卖场的钱给了，你才能拿到钱。要想顺利结款，你必须确认清楚当期你要付的赞助金并准备好支票，否则休想拿回你的货款。

（2）库存天数。如果你的货卖得不好或库存过大给卖场造成了压力，也不容易

620

结到款。如果卖场要求厂商的库存天数是 30 天，那么你必须将高于 30 天的货退掉达到其标准天数的要求，否则别想拿钱，因为卖场是不会用自己的钱去周转的。

四、结款策略

在树立正确的资金观念基础上，要控制与卖场合作的资金风险，我们可以考虑从以下方面着手：

1. 卖场筛选及资信考察

供应商要随时关注卖场动态，一旦出现回款不良就要提高警惕，仔细分析原因，防范其关、停、并、转可能造成的损失。进一家新的卖场也要对其实力背景、结款信誉、结款流程作详细了解，全面了解清楚确认可以合作之后，才能放手去做。总之，宁可放弃一个不要陷入一家。

2. 调整谈判方向争账期

前面已经说过账期的重要性。在合同的其他方面，比如返点、费用、促销品等方面多拿出一点，来交换较短的账期，其实仔细核算一下，多付出的那点钱可能还不如资金占用的银行利息。再有就是将短账期的商品与一般产品混合谈判，共用一份合同，使一般商品享受特殊商品的有利账期。

3. 强化财务管理体系

以财务为主导控制出货量，当出货量超出预警线时就通知销售部门停止发货。同时，设定每个卖场体系固定的对账日，追踪发出货物的入账情况，跟催卖场财务部门相关人员的进度，当有遗漏或错误时及时解决以免停滞延时，耽误正常的付款。

4. 销售人员的管理及工作考核

必须将回款情况列入销售人员的考评指标，送多少货不是问题，回多少款才是关键。回款要与销售人员薪资奖金挂钩，促使销售人员跟进商品管理、库存管理、合理进退货，以确保排面正常、库存天数不超标、进价无差异，为财务对账回款奠定基础。

5. 为每个卖场设定放款额度

对于连锁的超级大卖场，因其门店太多，相对铺货也多，你不设定具体的放款额度，任其毫无节制地进货，后果不堪设想。不知不觉中几百万就压进去了。你必须设定一个安全的可承受的放账额度，一旦超过必须要求现款或结清前期款，否则不能发货。

6. 特殊商品争取特殊账期

对于有限的促销资源，你不必全面供货，看谁的结款条件好，回款迅速就发货，以回笼资金为第一要素，这也是对回款不良的卖场的一种警告。当然，如果这些卖场愿意用好账期来结算，也不是不能送货的。

7. 派合适的人追讨货款

如果卖场拖欠货款严重而且没有要付的意思，那就要考虑生意还有没有合作下去的必要了，如果决定不合作了也就不怕撕破脸皮了，派一个专门的讨债人上门，

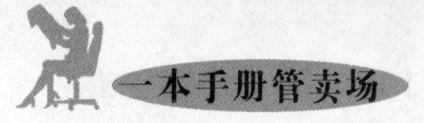

围追堵截死缠烂打，追回欠款。

第五节　品项跟踪

一、应对卖场的品项管理

很多供应商在与大卖场的合作中发现，其实最困难的并不是该如何进场建立合作关系，而是在进场后如何稳固地良性发展。大卖场对供应商的满意程度更多的是取决于后期合作中的细节管理是否完善，配合是否融洽。品项的管理是供应商在卖场业务活动中很重要的一项工作。

供应商在卖场中的品项配置是决定销售的重要条件。一般来说，卖场对供应商所经营的品项不会全盘皆收，同时，由于会涉及首批新品的条码费，供应商从投资回报率方面考虑也不会将所有品项全部纳入，在这个时候品项选择的重要性就体现出来了。应该选择什么样的品项是最合适的呢？当然，畅销品的被选是肯定的，畅销品以其对业绩的贡献使供应商对它的期望值是非常高的。一般来说，畅销品的销售量很可观，但正是因为它的畅销使它的价格变得非常敏感，从而导致毛利率偏低。如果在品项选择中仅仅有畅销品，在后期的合作中我们就会发现很容易出现"入不敷出"的状况，因为这些品项的畅销度决定了必须有强大的配送、人员等费用支持，而它微薄的利润又不足以支撑这些随着销售量增加而日益庞大的费用，这样就逐渐出现了进退维谷的局面，但销售额越大，预示着负利润的可能性越大。

为避免出现这样的状况，在品项选择时选择高销量产品的同时要辅以高毛利产品，为使高毛利的产品能够达到一定的销量，在选择时要从这些产品的功能、特点或口味等方面考虑，让它成为高销量产品的一种有效补充，这样的品项组合才能既满足了消费者的需求，也达到了供应商的销售和利润目标。

二、用促销推动产品的销售

供应商还经常发现商品的销售情况与自己预期目标有一定差距，那些原本定位为高销量的商品在实际情况中并没有体现出销量的过人之处。如果商品本身没有问题，那么是否是销售手段上面的原因呢？促销管理无疑是推动商品销售最有效的手段了。

促销，这个在零供关系中出现频率极高的名词，看似简单，实质上要想做到真正的促销，达到实实在在的效果并不是容易的。很多供应商把促销就理解为降价，其实不然。真正意义上的促销从促销的品项、促销的方式、促销的价格等各方面都是需要严格分析认真执行才能够实现真正促销的目的的。

并非所有的商品都适合拿来促销，在选择促销商品时首先要考虑这种商品是否会有促销效果，比如，在大卖场我们经常看到生鲜部拿鸡蛋和大米来做促销，这类商品属于人们日常消费品，价格也极其敏感，价格稍比市场有竞争力就会造成哄抢的促销效应，出现很高的销量。但如果我们在超级市场里拿进口食品做促销，它的销量也许确实会比平时略高一点，但不可能创造出鸡蛋或大米的这种促销效果，一方面它的需求人群有限，另一方面它的价格对大多数消费者来说是不敏感的，大多数人没办法感受到它的促销力度。所以供应商在选择促销品项时也要注意选择大多数人关注的品项，才能给促销达到预期效果一个好的前提。

选择了好的品项，应该以什么样的价格来促销呢？并不是单纯地降价就可以的。降价，该降多少才是最合适的？先要看看市场，看看周围的竞争品都是什么价格，看看目前的市场行情是什么样的，而不是仅仅以自身做参照。还是拿大米来举例，同样成色同样品种的大米，目前市场售价在 1.5 元，促销价定在 1.6 元会失去吸引力，而定在 1.2 元则会白白地牺牲掉一部分毛利。即使这批大米进价只要 1.0 元，正常售价在 1.6 元，促销时定价 1.4 元，仅仅让利 12.5%，但是它一样能够产生促销效果。很多供应商在促销定价时有一个误区，认为比原价下调幅度越大，效果越佳，其实并不是这样的，上面的例子是想说明，正确的促销价格是市场价格和顾客的心理认知决定的，而不单是商品原价决定的。

同时，降价并不是唯一的促销手段，促销的方式是多种多样的。在大卖场中经常可见到：饮料和食品的免费品尝、化妆品的免费试用、日常用品的使用演示等都属于促销手段，让消费者直接去体验商品也是一种很有效的促销方式。对于商品的促销是不需要拘泥于一种固有模式的，只要是对商品的销售能够起到推进作用的，都属于促销的范畴。好的促销方式是符合商品特点的。供应商在做促销设计的时候也要多做考虑。只有多样的变化的顺应市场需求的促销手段才能够将促销进行得更彻底更深入，才能创造出更高更有效的促销效果。

三、正常的商品汰换

1. 商品销售周期接近衰退期

我们知道任何商品都是有一定的生命周期的，一般都会经历以下一个生命周期：

进入期——成长期——高峰期——成熟期——衰退期——消亡期。

在这个过程中商品的业绩和毛利表现也是不同的。通常在进入期和成长期的毛利是最高的，随着竞争的加剧促销不断加强，价格下降促销成本增加，毛利减少，销售额上升。在高峰期和成熟期的毛利会维持在一个平均水平，其后竞品增多销量下降，价格战越打越深，毛利也就越来越低，同时销售额也持续下滑。越成熟的商品，市场价格越透明，卖场为保持价格竞争优势也在不断压缩自己的毛利空间。必须靠新品的高毛利才能使整个商品结构保持合理的毛利结构，不然卖场将无法损益平衡。因此，为谋求合理利润，老商品下架，新商品引进是优化销售毛利结构的一个重要手段。通常，卖场在商品成熟期就关注到商品的趋势，一旦进入衰退期就会列入下架名单。

图 10—11 可用来说明商品不同成长周期的利润情况。

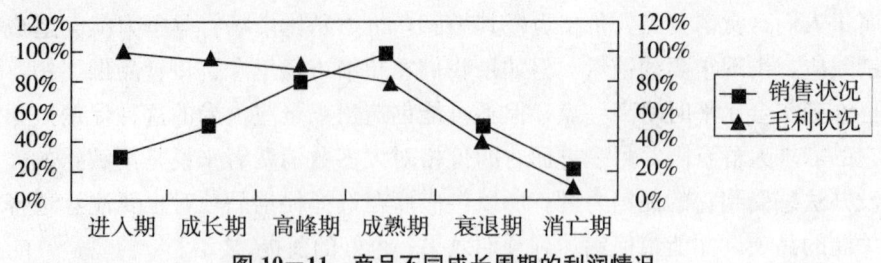

图 10—11　商品不同成长周期的利润情况

由上图可见：在进入期和成长期销售与毛利呈现反向趋势，随着销售的增加毛利逐步下降，在高峰期与成熟期之间销售与毛利稳定在一个平衡值，当销售到达成熟的顶峰期时毛利已有明显下降，其后的衰退期、消亡期销售、毛利同时呈现下降趋势。

2. 业绩表现不佳

通常来讲，在每个月末，零售商都有一项工作要做，就是采购会对所有商品的销售情况进行检查，根据每项商品的销售额排名对落在后面的商品进行处理，可能采取的行动包括锁档（将商品的资料档案转变成暂时不能进货）、特价促销、清仓等。如果通过以上的一些补救措施还是在销售情况上没什么起色，那就要被下架退货，不得在卖场进行销售了，毕竟创造业绩是商品存在的基本意义之一。要逃脱因为这个原因被下架，恐怕唯一的办法就只有想方设法提高销售，不要排名到后面，这一点供应商自己是能够控制的。

3. 销售毛利不够

零售商生存的基础是要赚钱，要靠每一项商品为其创造利润。对于不赚钱的商品，零售商从心里来讲是不欢迎的，就算销量高也不喜欢，尽管不至于被下架。所以对毛利的考核也一直是检核商品的重要指标，某种程度上说毛利比销量更重要（业绩数字好看不赚钱是没意义的）。销售毛利不高有两个可能的因素：一是销量太低导致销售毛利低，二是销售还可以但是毛利率太低。零售商同样会对所有商品进行毛利的排名。销售毛利落在后面的商品同样面临下架的危机。

4. 供应商调整

这个情况就比较复杂一点了，供应商的调整完全在于采购的操作，这里的供应商调整包括了几种情况：现有供应商地位调整（重要和非重要，这意味着享受的政策不一样，重要供应商单品增加，非重要的供应商商品可能要减少单品，就有单品要下架了）、新进供应商（有新进就表示有淘汰，就要下架一些商品）、分类供应商策略调整（根据零售商实际需要，确定要重点发展的分类，如果不是重点分类的供应商可能会被删减）。这个原因产生的商品下架是可以先知道的，要补救的时间和空间还是比较大的。

5. 商品结构调整

一般来讲，成熟规范的卖场会有自己专门的商品组织结构表，依商品属性为商品划定不同分类，从大分类到中、小分类，最终为单个商品定位。商品组织表是以

624

消费者的需求而设置的，它的每一个分类都代表着消费者的一种特定需求，什么需求、需要什么单品、容量多少，都有严格规定。不然就会出现两种情况：要么分类商品超标；要么分类单品不足。市场在变，新商品新需要不断出现与改变，因此商品组织表也处在动态的修订过程中。为保持和维护商品组织结构的完整和合理性，零售商会定期对商品组织结构进行调整，就会涉及商品的下架。

6. 货架调整

因为卖场格局动线调整、季节因素、分类调整等原因会涉及营业面积的变动，进而影响到陈列面，因为陈列位置减少了肯定就要缩减单品数量了。这通常不是采购所能控制的。如果是因为季节性的原因，比如春节期间是食品销售的旺季，百货就要适当缩减非畅销品的面积，要下架部分商品，这是临时性的，春节过后就会恢复，这个供应商没必要慌张。

四、非正常的商品下架

1. 质量问题

大卖场因其规模大、影响广，被国家有关部门注意的程度自然也很高，经常有相应部门到卖场抽查。作为卖场而言，一旦出现商品质量事故，第一反应就是把问题商品从货架上撤下来。因产品质量问题而产生的商品下架行为是很普通的，与采购个人好恶无关，但善后的处理则完全取决于供应商的协调和采购的个人意愿了。

2. 人员问题

这里的人员是指广义的与生意有关的人员，如销售业务人员、促销员、财务、司机等后勤人员，凡是与零售商打交道的人员都有与零售商起冲突矛盾的可能性，不是说人员素质一定有问题，而是在目前的零售商强势背景下一团和气地做生意实在不容易。因人员摩擦惹恼零售商，直至商品下架的事情也不算少见，这个还需要供应商加强内部教育和管理。

3. 谈判问题

因谈判没谈好而商品下架的情形也是比较常见的，原因是多方面的，与生意有关的每一个点都有可能成为导火索，如促销、价格、新品、费用、合同等。在僵持不下的时候，零售商必然要采取很多胁迫的手段，商品下架就是其中之一。谈不好把商品都撤下来，看不到陈列看不到销售，这对供应商是很严重的打击，也是最严厉的惩罚手段之一，特别是对大的供应商。尽管零售商也会面临损失和压力，但也是不得已而为之。如果是因为谈判原因导致商品下架，随着谈判矛盾的解决也就自然恢复上架了，恢复上架速度与谈判顺利程度成正比。

第六节 陈列跟踪

一、零供共同管理陈列

没有任何一家零售商，能够同时把商品陈列的广度和深度都做得面面俱到。大卖场的陈列只能依靠自身的陈列原则在广义上将商品分门别类地进行陈列，而很难具体照顾到每一只单品或每一个商品品牌的特性。而许多供应商恰恰是某些品类陈列方面的专家。因为他们比卖场更了解自己的商品。所以说陈列应该是供应商和卖场共同来进行维护的，这并不意味着供应商从此可以在卖场的陈列上当家做主。如何与大卖场共同改善现有的陈列，除了遵照卖场的陈列原则以外，还应该从各个方面，如库存、陈列效果、预期目标等方面做好严格的把关。具体的步骤就是：

第一步，谈判阶段：供应商要改变现有的陈列，不能用促销员争夺地盘的方式来解决，而是要充分利用从各个途径获得的数据，包括同类卖场陈列上优秀的经验以及所取得的销售数据，应该让卖场看到这样的做法所能够取得的预期成果，从而说服卖场调整陈列。

第二步，陈列道具的选择：新鲜靓丽的东西总是能吸引消费者的眼睛。对于正常货架陈列，商品的排列组合、商品颜色的搭配是极其重要的，排列整齐、结构紧凑，让人感觉清新舒适的货架，会让消费者感觉商品都是有生命力会说话的，就会不知不觉地放慢脚步，购买商品的概率就会高出很多。相对于主货架来说，供应商在堆码陈列道具上花费的心思要多得多。因为堆码多集中在大多数顾客前往收银台的必经之地，要留住消费者，除了选择好的商品外，外表新颖华丽的堆码也是一个营造良好的消费氛围的重要途径之一，特别是对于大多数年轻人来说。

第三步，也是最重要的——后期的跟进：有了前面的准备工作，工作就会顺利得多，但任何事情良好的开端只是成功的一半，要想大功告成，必须做到及时跟进，包括对库存量的合理控制、促销人员的及时上货补货、陈列面的维护等。

陈列管理是一个长期的过程和承诺，而不只是一个项目。市场竞争越来越激烈，不论是供应商还是零售商，谁不在管理上做得比别人更好，谁就将被市场所淘汰。卖场所关注的永远是整体的效益，供应商要想得到业绩的稳定增长，必须依靠自身的管理。但反过来说，也只有所有的供应商共同关注陈列管理的问题，才能使大家的业绩都能成长，卖场才会取得更好的成绩，获得更高的利润，所以说供应商和卖场应该共同做好陈列管理，才能取得双赢的结局。

二、陈列的注意事项

在零售业的发展成长过程中，为了达到双方的共同目标——追求利润的最大化，势必要做到资源共享，包括共同维护市场价格、共同管理好库存铺货状况、共同做好卖场陈列等。尽管大多数零售商和供应商都知道共同做好陈列管理的重要性，但在实际的操作中仍然存在很多的问题，其主要表现在以下几个方面。

（1）货架空间分配不合理。畅销的商品缺乏相应的货架空间，滞销低质品的陈列过多。畅销商品销售完毕后，经常由于上货补货不及时，货架就会出现空洞，而滞销低质品往往需要很长时间才能产生销售，且外包装磨损后无法进行销售。

（2）分类不明确。有些卖场在进行商品分类时，同一小分类的商品同时在几个不同性质的大分类中出现，造成同类商品重复陈列。例如在一些卖场，电动剃须刀与手动剃须刀分别归类于不同的大分类，电动剃须刀属家用电器，而手动剃须刀则属个人清洁用品，二者的陈列也因此相去甚远。

（3）大量未经管理的货品随意摆放。一般来讲，货架上或仓库里的商品都应该有很详细的记录，即所谓的陈列台账管理。商品的进出也要严格遵循"一进一出，进出平衡"的原则，没有经过台账管理的商品是不得上架销售的，但是目前这一点确实做得很不到位，这一方面是因为卖场对这个工作的重视度和坚持程度不够；另一方面就是各个厂家之间的恶性竞争而导致了不良结果。

（4）库存量太少，货架不丰满。零售业有一句话叫做"货卖堆山"，消费者习惯从大量的商品中挑选出自己最中意的那件。如若商品逐渐销售完毕且供应商不能及时送货时，就会出现大片的货架空洞，并且消费者无从选择的话就很难产生销售，除非消费者特别需要。

（5）出现某一单品缺货时，目前的对策是以多余库存填补货架空洞，或随意填补其他单品，久而久之，原来单品的陈列面就不复存在了。

（6）为追求营业外费用，将正常陈列面割地卖给供应商。虽说陈列是由卖场按一定的陈列原则自行安排，供应商仅有建议权，但一些时候，卖场迫于费用的压力，会将一两节货架作为专架陈列卖给供应商，让供应商自己来操作。

（7）库存有货，但上货补货不及时。

（8）供应商不懂如何维护市场，一味追求陈列面的大小，或严重干扰卖场的陈列原则。

（9）供应商互相争抢陈列面。每一个供应商都很明确陈列对销售所起到的作用，大多数供应商对业务人员素质考核的标准之一就是看卖场是否达到公司标准，为应付检查，业务人员互相争抢陈列面的现象屡有发生。

总体说来，新产品的陈列与其他商品的陈列没有什么完全的不同，其区别就在一个"新"字上面，要充分利用这个新字的特点，并兼顾到商品的基本陈列原则，对于如何陈列新商品，也就可以做到胸有成竹了。

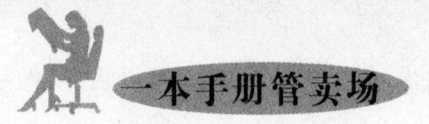

第四章 | 合作平台维护与提升管理

第一节 供应商排名管理

一、对供应商分级的目的

卖场对供应商的等级划分也是自然而然的。这世界上，在任何一个竞争的领域本来就是没有平等的，地位只有靠实力去争取。地位的差异导致待遇的不同，这也是基于有限资源的最有效利用而产生的。对于卖场而言，对供应商的等级划分是其优化赢利模式的一种手段和方法，而这种手段实施的核心点就是"供应商贡献度"，下面我们就从几个方面来剖析这个话题：

首先，我们要清楚卖场为什么要进行供应商的级别划分。卖场基于自身的赢利需求而进行各项资源的调配管理，其中"供应商"是最重要的一块，也是利润的源头。20/80原则是自然的法则，运用在供应商管理中也是非常正确的，20％的厂商贡献了80％的业绩和利润，自然就是卖场的主要供应商。它们是卖场生存和发展的保障。对供应商的级别划分将有助于实现卖场资源的最有效运用，将各种经营数据的组合调配至最适当，也能获得最大化的利益组合。因此，卖场对供应商的级别划分是非常重视的。一般来讲，在供应商的级别划分上会参考的因素有产品组合、利润贡献、形象影响度、可持续性能力等指标。透过供应商各种指标考核而产生的供应商级别划分有两种模式：产品类级别和战略类级别。前一种级别侧重于产品结构和利润贡献；后一种结构偏重于企业形象和战略联盟关系的建立。前一种级别是基础，容易复制和模仿；而后一种级别则是带有企业特色的。

二、分级标准

要想成为重要供应商就必须清楚了解卖场对供应商的划分。通常来说，卖场会将供应商分为A、B、C三级，各自的比例为20％、50％、30％。那20％的称为主力重要供应商，50％的称为较重要供应商，另外的30％的称为可选择性供应商。在具体划分的时候，考虑的指标参考值包括产品组合、利润贡献、特别指标等方面。

三、分级的意义

卖场对供应商的等级划分是为了保障利润最大化，这就要透过资源的合理运用来实现。通常，卖场会将资源向A级重要供应商倾斜（除了政策性的制裁）。这些支持包括如下方面：

1. 结账的优先

A类重要供应商的商品创造卖场大部分的业绩和销货毛利，这一块是卖场经营的基本保障，而结账是供应商最在意的，所以卖场会优先保障A级供应商的货款结算。因为卖场不想遭受重要商品缺货的损失。

2. 新品申报的优先

每一天卖场都会接到许多新品申报的申请，作为卖场经营的快速消费品这一块尤其如此，谁的产品线深、广，谁的业绩就大，供应商当然削尖脑袋要报新品了。在同等条件下，自然是A级重要供应商的新品批得快，优先满足重点供应商的要求是卖场供应商管理的一个基本面。当然，如果你是B、C级的供应商，你愿意付出更高的新品费用，你的新品也会批得快，因为你贡献了更多的费用。

3. 优先的促销安排

在卖场里面，30%的业绩是促销品创造的。促销形式包括：海报、店内促销、端架促销、主题活动等。拥有更多的促销机会，就拥有更多高业绩的机会，当然这种机会大部分会给予重点供应商。非重点厂商要争取促销机会必须更多付出，用不平等的条件获取平等的竞争机会。

4. 正常陈列

这里的正常陈列是指货架的基本陈列面，其指标有：处于动线的哪一端？处于货架的哪几层？处于阴阳哪一面？排面有几个？卖场会按顾客走向将陈列分为阴、阳两面。面对顾客直视方向的为阳面，可以一眼看到，不用转弯不用回头。在货架部分，平行视线的高度为1.2~1.5米，用手可直接拿取，这是陈列的黄金区，不用抬手踮脚不用弯腰，是回转最快的区域。这些陈列的最优地段就是留给重要供应商的，通常也是厂方的必抢之地。

5. 促销员的设置

对于专业性的商品来说，有促销员和没促销员的销量差别是巨大的，比如保健品，其竞争是非常激烈的，这其中促销员起了关键性的作用，他们的引导作用极为明显，没有促销员的产品几乎卖不动。所以卖场会在促销的名额和设置上给予重要供应商照顾。经常可以看见，非主力供应商为上一个促销员苦苦哀求采购。

第二节　战略合作关系缔结

一、样板供应商的作用

对外要与竞争者争夺供应商资源，对内要控制更多供应商，因此，大卖场必然要面临供应商的管理问题。在以前，基本上都是大卖场有意识地发展培养几家样板供应商，作为大卖场管理供应商群体的工具之用。但是现在，有些供应商看穿了其中的门道，为争取更大的利润收益，主动站出来要做大卖场的样板供应商，并且接

受一些特殊的大卖场作秀安排，在供应商群体中传达大卖场授意的一些意图，或者是配合大卖场进行一些政策宣传工作，并且，为大卖场进行供应商群体状况的情况了解与调查。

那么，这些样板供应商是如何发挥作用的呢？

1. 稳定供应商情绪

保持环境稳定是做生意前提条件，面对着卖场越来越狠的合作条款和费用问题，许多供应商都心存不满，很多供应商都曾想寻机发泄一下，国内也出现过不少众供应商联合起来抵制某一家卖场的情况，往往一起哄就把这家大卖场给逼到绝境，至少给大卖场造成了很恶劣的负面影响，这种事情一旦出现，无论卖场后期怎么来收拾处理，都会留下不少后遗症，解决问题的最好方式是预防问题，样板供应商的作用之一就是以自身的样板作用来安抚众供应商，进行一些解释说明性工作，缓解众供应商的对立情绪，消除这种联合起来攻击卖场的可能性。

2. 探查供应商的接受程度底线

大卖场对供应商的苛刻要求不是一次性到位的，狮子张大口直接就把供应商吓跑了，所有的卖场对供应商都是一步步提高要求的，费用是一步步提高，要求门槛也是一点点提高，不可能一步到位。供应商接受这些大卖场的要求与条件也得结合自身当前的状况，过头的自然是接受不了，这里面得有个度的问题，如何来评判把握呢？这就要发挥出样板供应商的另外一个作用了，不断地去探查供应商的底线，依据这个底线，大卖场才好在一定的程度内修改合作条款。

3. 促使供应商接受卖场的种种条件

当卖场每公布出来一个新的收费项目或是条件时，一般也会同步地说明供应商若是接受这些收费项目及条件所得到的收益在哪里，但是如何来验证呢？样板经销商又出现了，现身说法地向广大供应商宣传，在接受大卖场的新收费项目及条件后，样板供应商的投入产出比是多少。总之一句话，告诉供应商这只是前期投入，后期肯定有回报的，促使供应商下决心一次又一次地把钱掏出来。

4. 了解供应商内部的信息与动态

受外部市场环境与内部因素的影响，供应商的群体是个不断变化的群体，大卖场不能把这些供应商群体看成一个定势的群体，了解供应商才能管理好供应商，样板供应商作为潜伏在众供应商中的内线，及时地把相关的动态信息传递给大卖场高层，促使大卖场从容不迫地根据变化趋势，制定相对应的管理措施。

所谓在商言商，促使这些小部分样板供应商主动站出来为大卖场做工具，当然得有好处，所以无论是费用减免支持还是特殊的账期结算政策，这些样板供应商所获得各类利益都是普通供应商的若干倍，而且是持续稳定地增长。

二、应对卖场对供应商管理的措施

首先，尽量完善商品结构，将一线品牌的强势商品作为谈判的筹码，增强二三线品牌的特色性。尽管一线品牌可能占用大量的资金，利润回报又相对较低，但二三线品牌却可以弥补利润方面的不足。

其次，改变经营策略。对于那些实力相对较差的供应商，与其让自己在所有卖场的市场份额都一起死掉，不如集中火力，重点投入到那些高回报的卖场，成为这些少数卖场的重点供应商。当自己逐渐强大起来的时候，再行开发其他卖场。

最后，与其他供应商联手。一家公司的产品也许比较单一，产品结构也不太丰富，这时可以选择那些与自己实力相当的公司进行联手成立一个实力较为强大的公司。卖场可以逐渐地淘汰一两个品牌的几支单品，但绝对不允许许多品牌、许多分类一下子的缺失。

面对现状，找出症结，不断超越自己，才是让自己强大的最好办法。只有自己强大了，卖场才会认同你，市场才会接受你，你才能立足于不败之地。

三、如何争取大卖场的支持

1. 大卖场能为供应商提供的资源

争取大卖场的支持对供应商非常重要，那么大卖场究竟有什么资源是可以为供应商提供的呢？通常来讲，大卖场可以为合作良好的供应商提供以下几个方面的资源：

（1）账期的优惠和结账的优先。合同谈判没有绝对的标准值，也就是说在一定的区间内是有浮动空间的，看双方的合作状况和默契程度，谈得好账期就可以短些，不好就会长些；同样的在货款结算方面，有限的货款可以结算给他，找个理由不给你，也可以结给你，找个理由不给他，总之，这些支持是可以给的，资源给予谁，就看供应商怎么去争取。

（2）新品申报的绿色通道。每一天卖场都会接到许多新品申报的申请，作为卖场经营的快速消费品这一块尤其如此，谁的产品线深、广，谁的业绩就大，供应商当然削尖脑袋要报新品了。在同等条件下，自然是合作得好的供应商的新品批得快，优先满足重点供应商的要求是卖场供应商管理的一个基本面。

（3）优先的促销安排。在卖场里面，30％的业绩是促销品创造的。促销形式包括：海报、店内促销、端架促销、主题活动等，你拥有更多的促销机会，就拥有更多冲业绩的机会，当然这种机会大部分会给予合作得好的供应商。一般厂商要争取促销机会必须付出更多，必须用不平等的条件去获取促销机会。

（4）好的排面陈列。这里的排面陈列是指货架的基本陈列面，其指标有：处于动线的哪一端？处于货架的哪几层？处于阴阳哪一面？排面有几个？卖场会按顾客走向的视线方向将货架陈列分为阴、阳两面。面对顾客直视方向的为阳面，因为可以一眼看到，不用转弯不用回头，因此销售的概率是很高的。在货架部分，平行视线的高度为 1.2～1.5 米，用手可直接拿取这是陈列的黄金区，不用抬手踮脚不用弯腰是回转最快的区域。这些陈列的最优地段就是可以调配的，通常也是厂方的必抢之地，我们可以想象一下这些位置是留给谁的？

（5）促销员的设置。对于专业性的商品来说，有促销员和没促销员的销量差别

是巨大的，比如保健品，其竞争是非常激烈的，这其中促销员起了关键性的作用，他们的引导作用极为明显，没有促销员的产品几乎卖不动。所以卖场会在促销员的名额和设置上给予某些供应商照顾。

（6）价格体系的保护。大卖场违背供应商的意愿擅自破价的事情已经是屡见不鲜，随便一看就可以发现大卖场破价的余震和供应商救火的滚滚狼烟，价格倒挂已经成了供应商心中的不定时炸弹和难忍的苦恼与疼痛。怎么办？其实，价格倒挂大卖场是完全可以跟供应商一起来探讨操作办法的，就算是大卖场非做不可，也可以先知会供应商，甚至可以提供迷惑应付其他卖场的招儿给供应商用，问题就在于大卖场觉得有没有这个必要？或者说你值不值得它这样做，所以，这个权利的争取就在于供应商自己去把握了。

2. 供应商如何获得卖场的支持

了解了这些卖场可以给予的支持与好处，供应商肯定要问了：怎么样得到这些支持呢？有些什么突破口呢？我们不妨从以下一个方面来做探讨：

（1）优化商品组合（强势商品、特色商品、结构性商品）。大卖场与供应商的本质关系是基于商品的销售行为，所以要围绕着商品来想办法。这是最基本的条件之一，包括产品的品牌性、销售业绩、产品销售毛利或者是富有当地特色的特产类，这些方面都是可以突破的。在任何时候，卖场都会欢迎最好、最有特色的商品。因为最好的商品有最大的量有最大化的销售利润。即便不是销售最好的商品，如果对卖场的商品形象有弥补和帮助的，卖场也是欢迎的。

（2）与采购的良性沟通。不论多好的商品无论多强的公司也无论多好的营销资源，如果跟采购没有好的沟通，那也不会有好的成效的。大卖场有很多的人员层级，有很多可以说话的人，但采购才是真正的操作和执行者，所谓"现官不如现管"，把握一线人物才是最现实的。同时，供应商要超越直白的利益关系，努力建立专业形象帮助采购提升个人，介入到他的个人成长之中，在深层次上取得采购认同和信任。把握这个微妙的心理需求和角色置换，也会有意想不到的效果。

第三节　小供应商在大卖场的生存发展

一、大卖场生存特征

大卖场最喜欢的是能与之匹配的供应商，"门当户对"就意味着实力、销量、利润。所以，对门当户对的供应商，大卖场也将绝大多数的资源和支持给了它们。小供应商很难得到好的位置、好的促销、好的资源。难道在大卖场小供应商只能充当受气包，永无出头之日吗？其实也不尽然，毕竟算得上大供应商的只是少数，更多的供应商只能算是中、小供应商。也就是说，小供应商是个群体而非个体，因此要想在大卖场生存并且发展，小供应商的重点不是想着怎么打败大供应商，而是要在一群小供应商中脱颖而出，力争上游。就像海里的小鱼，它要活下去的方法不是想法儿吃掉大鱼，而是要游弋在大鱼的缝隙之间吃掉身边的小鱼，从而让自己更强大。

二、大卖场需要的供应商类型

大卖场在做供应商组合的时候也并不是非要大供应商才能引进，它也必须根据商品结构、品牌组合、地域特点有策略性地引进小供应商，一方面是为了满足商品需要；另一方面也是为了满足供应商管理的需要。我们先来看看大卖场需要的供应商类型都有哪些。

1. 成熟的、有实力的综合性供应商

这类供应商大部分都掌握着优厚的资源，其基本特征包括：拥有有知名度的产品、雄厚的资金实力、较长的产品线、专门的服务团队，在各个终端都有重要的影响力。其产品通常能为卖场带来大量业绩和较好的毛利，是大卖场商品组合和业绩的重要来源。这类供应商以跨分类跨品牌的综合性代理经销商为主，占大卖场供应商结构的15%左右。

2. 知名品牌的直供商

以各品类的领导品牌为主，手里掌握的是绝对的品牌影响力，对提升卖场形象影响重大，以洗化类的宝洁、联合利华，食品类的雀巢、卡夫，饮料类的可口可乐、百事可乐，粮油类的金龙鱼、福临门等为主要代表的知名品牌的直供商，是大卖场依赖的另一个重要的供应商类别，这类供应商的主要特征就是掌握一线品牌，引领市场行情，有非常正规专业的团队，当然它也拥有直接同大卖场叫板的能力。这类供应商约占大卖场供应商结构的10%左右。

3. 补充性商品的供应商

在大卖场的产品结构中，根据地域和文化的不同，有相应的结构性商品的设置，主要包括：地方性商品和结构性商品。例如，在酷暑炎炎的武汉，有一种饮料是男女老少必喝的，即酸梅汤。世世代代流传下来的习惯，这个商品又只有一个老牌子是武汉人钟爱的，这家工厂就是武汉各大卖场的地方性商品供应商，只有一个夏季的销量，但都不能不卖它。这类供应商的特征是：掌握当地很有影响力的产品，产品线通常很单一，企业规模偏小，没有专门的服务团队。

4. 有成长潜力，有意愿与卖场联盟发展的供应商

这类供应商通常都具有较好的观念，对大卖场了解比较深，善于学习，勤于改进，与大卖场的配合意愿很高，与相关的采购、卖场管理人员沟通较为顺畅，产品能力不是很强，但是团队服务观念良好，素质较高，是大卖场乐于培养的供应商。培养它们成为大卖场的新生力量用以对抗大品牌、大供应商，因此卖场会有意识地给予扶持和资源倾斜。

5. 能够贡献更多费用的供应商

大卖场的利润来自两个部分：销售利润和其他费用的收取。其中其他费用的收取是很重要的一个部分，在一些大卖场费用的比例甚至高过正常的销售利润。因此，

这部分也是大卖场在引进供应商时要考虑的。这类供应商的特征是产品没什么知名度，但是企业有很强的发展愿望，舍得在大卖场投费用，用钱开路买资源。这类供应商只有两个结局：一个结局是砸了费用提升了品牌和销量，成功晋升主流品牌，拥有了一定的发言权；另一个结局是砸了费用没什么效果，无疾而终。对这类供应商大卖场是持观望的态度，看它表演，再来收场。

在大卖场的供应商结构中，小供应商基本上要占到半数以上。其共有的特点有以下四个：

（1）企业规模小，实力弱。

（2）品牌没知名度。

（3）产品线单一，无核心竞争力。

（4）没有专业的维护团队或团队素质不高。

三、在大卖场的突破策略

小供应商可以在了解大卖场供应商引进组合的基础上，来对自己做一个划分和归类，看自己是属于哪个类型里的，有了对自己的准确定位，从而确定自己在大卖场生存发展的突破口。基本上来说，小供应商可以从如下几个方面来制定自己在大卖场的突破策略。

1. 产品特色

万变不离其宗，供应商在大卖场终归贩卖的是产品，所以对产品的选择和把握是基础，再好的服务和客情维护，也要保证你的产品是卖得动的适销对路的好商品。

2. 服务态度

跟大卖场打交道是个细致活儿，要有足够的耐心，特别是对小供应商而言，产品本身没有影响力，如果服务再跟不上，那就是雪上加霜。俗话说"勤能补拙"、"人定胜天"，跟大卖场打交道其实也就是跟大卖场中各种各样的人打交道，你的态度温和、礼貌谦卑，让人觉得舒服，即便产品差点，他们也还是会有耐性多关照你的。

3. 专业提供

供应商有三个层次：第一个层次是与采购人员保持利益关系，通过利益关系达成一致的目标；第二个层次就是与采购成为朋友，借由感情纽带解决问题；第三个层次就是成为这个行业的专家，帮助采购提升个人能力，在深层次上取得采购的认同和信任。一般来说，采购要负责的商品和供应商众多，他不可能在所有的领域都很专业，他也需要学习和提升，如果供应商人员能在自己的产品领域做个专家，能以专业让采购折服，通常会取得意想不到的效果。

4. 适当联盟

当单个小供应商都在痛苦的旋涡里挣扎的时候，大家日子都难过。与其永无出头之时勉强度日，不如考虑联手，合并成一个某类商品的专业大公司，借规模效应来增强竞争力，改变自己的地位。但是联盟涉及的问题很多，如组织架构、权利分配、利益核算等，很复杂，这种方式对企业是个很大的考验。

5. 借力发展

如果自己的产品线单一，实力有限，又没有专业的团队来维护，建议这样的厂家放弃直接同大卖场合作，走经销商的路子，把产品交给有实力的代理商，自己专注于生产和研发，反而是省事省力的好办法。与其勉强支撑不如借力发展，不是每个供应商都有能力与大卖场玩游戏的，识时务者方为俊杰。

6. 争做最好

商品有很多种分类，在每种分类里能得到重视的只有表现最好的供应商，因此，如果你没有综合的实力表现，不如专注于某些分类，在这个分类里脱颖而出，胜过其他的竞争对手，争做局部的最好，这样也是可以有生存发展空间的，但是你一定要做得最好、做得最专，才有机会。

做生意是很现实的行为，一切都要靠实力体现，小供应商的确是大卖场供应商中的弱势群体，但是弱势不代表绝境，只要自己有信心、讲策略、用方法，同样也会有发展的机会。

第四节　年度回顾

一、年度回顾的意义

大部分供应商对年度回顾这项工作并不陌生，通常在新年度伊始，根据供应商对卖场的等级划分，会选择一些重点的大卖场安排年度回顾。其主要的目的就在于梳理思路、增进了解，通过对经营数据的分析、合作状况的回顾，来检讨上年度的主要成绩和存在的问题及改善方向，从而制定今年的预期目标和配合重点。遵循的步骤通常是数据回顾、问题分析、预期目标、改进方向。其实这项工作体现了供应商对卖场的重视度，从卖场的角度来说是很欢迎的，但是肤浅、敷衍的年度回顾不仅收不到效果，反而会适得其反。很多供应商以为大卖场的人员对每个厂家每个产品都了解、都专业，其实不是的，它们不可能对几百个厂商的上万个单品都熟悉，它们也需要供应商的指导意见，帮助它们判断和决策。年度回顾是一次非常好的互动和专业指导，操作得好，会收到意想不到的效果。

二、年度回顾的要素分析

如何做一次受卖场欢迎的年度回顾？这是个非常值得关心的问题。下面我们就从年度回顾的要素：人员、时间、地点、内容、细节几个方面来谈谈这个问题。

1. 年度回顾的相关人员

年度回顾是为了体现供应商对大卖场的重视度，通过详细的、坦诚的沟通来分析过去、提出建议、解决问题。从供应商的角度讲，年度回顾通常是完整的经营情况汇报，涉及市场、竞争者数据，要在一个相对的整体上分析问题，才能提出有说服力的计划和配合方案；从卖场的角度来说，来做年度回顾的一般是大供应商，对自己的业绩和绩效影响很大，平常的沟通大部分是操作人员之间进行的，有必要透过年度回顾了解一下整体状况，看看有什么问题以及今年它们的重点方案，以判断今年的表现对自己的影响。因此就会涉及双方的配合和资源调整问题，但是谁有这个能力和权力？从对谈判的把握、综合素质以及资源调配能力来说，不是业务员也不是采购员，而是有相应权限的主管级。而且，参与人员的级别的把握分寸也是有讲究的。一般来讲，卖场会派出部门的采购经理，因此，供应商与之对应的应该是区域（城市）经理、业务总经理、大经理等匹配角色。如果是厂家的全国销售总监、市场部经理，则会遇到的是卖场的采购部经理。相似的身份才会有相同的对话平台，也决定着年度回顾的深入程度，也就会有不同的效果。那些派业务员做年度回顾的，注定是不会有收获的。

这里要说的一点就是，做年度回顾的时候要有激情，要对你的公司有感情，卖场很容易被你的情绪引导，在你的热烈或冷淡中感受这份年度回顾的价值。

2. 年度回顾的时间问题

从卖场的销售特性来看，每年的三、四月是最淡的季节，因此有"三穷四绝"之说。这个时候，卖场的工作重点是做数据分析、营销策略安排和商品调整，为"五一"和夏季销售做准备，因此相对其他季节的紧张繁忙来说是较为空闲一点的。这个时候是非常适合做年度回顾的，一来可以有时间、有精力细细讨论问题，二来可以赶上卖场旺季的营销策略调整，为自己争取更多的资源和主动性。

3. 年度回顾的地点问题

做年度回顾通常是供应商到卖场的谈判区去，但是要注意，很多卖场的谈判区是分普通区和贵宾区的。普通区很大很杂，供应商的业务员、采购员来来往往，喧哗吵闹，而贵宾区通常是独立的单间，供采购主管和重要厂商谈判的，比较清净私密。年度回顾会涉及问题分析、竞争者资料、年度目标和资源分配问题，在普通谈判区没法回避其他厂家，会造成资讯流失，而且喧闹的环境也影响谈判的心情，因此，年度回顾尽量要争取到卖场的贵宾谈判区。

4. 年度回顾的内容问题

年度的核心是由回顾的内容决定的，如果说年度回顾是一顿美味的大餐，那内容就是主料。通常年度回顾的内容是由如下几个部分组成的：

（1）经营回顾：包括销售数据、成长趋势、占比趋势（在公司内部比较、与竞争者比较），最好是配以图表来体现，这样更直观。

（2）合作回顾：促销活动及成效、人员配合度等。

（3）存在的问题和改善方向：要结合卖场的实际谈，切忌不要过多谈及其竞争对手的好，要用鼓励的语气相信卖场以后会做好。

（4）本年度的预期目标：提供卖场关心的业绩、毛利、费用投入数据。

（5）促销计划支持：这是卖场非常关心的话题，它们最想看到的是你为它们制订了怎样的与其他卖场不一样的计划，它们在这些计划中能获得什么。你趁机可以要求你想要的促销支持，因为这些计划是为它们"量身定做"的。

（6）新品上市计划：这个的作用是表明你们公司产品能力的强大，可以为新品上市要求陈列和费用的支持，同时还可以趁机给卖场上一堂产品的专业课，树立自己产品专家的形象，用专业镇住卖场人员。

（7）其他。这个是很灵活的，因需要自行确定，但是要对年度回顾有帮助。

5. 年度回顾的细节问题

俗话说，"凡事预则立，不预则废"。在细节上的准备是非常关键的，对年度回顾的成效影响也是不容忽视的。细节的部分供应商可以注意几个方面：

（1）事先的计划和通知。按照完整的内容准备好了年度回顾的资料以后，业务员要提前与卖场采购碰面，告知年度回顾的时间、人员和大致内容提要，以便采购这边提前通知经理，做好相应准备，同时争取对方安排贵宾谈判区，这样大家就可以从容地进入年度回顾的议程而不至于慌乱仓促。

（2）使用的工具问题。现在是高科技的时代，先进工具的使用会使年度回顾的质量和形象得到有效提升。从前动辄几十张的 A4 纸已经被笔记本里的 PPT（办公软件中的组件之一）取代了，简单的黑白资料要演变成鲜艳生动的电子图表。记住，精良的武器是胜利的有力保障，用台时尚的笔记本会使你的年度回顾精彩许多。

（3）汇报人员的安排。虽然年度回顾是由经理级在主导，但是汇报不要由经理自己做，安排负责这个卖场的业务主管比较合适，一来是身份的问题；二来他是最了解情况的；三是有回旋的余地。

（4）时间的把握。从效率和节奏来看，一场完整的年度回顾控制在 2 个小时内比较合理，时间太短沟通不了什么东西，太长容易疲惫，且易陷进某个具体问题的争论之中，这是非常不合适的。

如果精心准备，年度回顾会为上年画上圆满的句号，为今年开启顺利的大门。而且年度回顾的延伸意义还在于可以展示厂家的综合实力，树立产品和营销领域的专家形象，留给采购/采购经理个人的良好印象，在沟通的过程中可以留意收集卖场提供的信息等，所以，供应商在春天来临的时候，做一次年度回顾很重要。

三、年度回顾的误区分析

（1）供应商是什么级别的人就应该找卖场同级别的人，不可以越级。比如供应商的业务人员就不能直接打电话跟采购经理确认年度回顾的事项和细节，那是很不礼貌的。

（2）应该提前告知卖场回顾的大致内容，因为卖场也要准备相应的内容，如果你说了卖场不知道的内容，他会尴尬，这样会影响气氛。

（3）年度回顾不是具体的谈判，不适宜确定某个具体的案子，卖场不会在年度回顾的时候承诺什么，但是厂商可以把回顾内容做备忘录，记下卖场采购高层的承诺，以利以后的具体谈判。

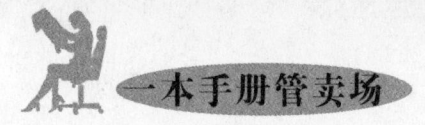

（4）卖场的采购高层（高级经理／采购总监）不是操作者，他不会了解最基层的详细环节和状况，所以他不会轻率地答应某个厂商的具体协议内容，他最多只会肯定某个趋势或方向。实质性的内容有待回顾后的及时跟进落实。

（5）不要过分显露和强调自己在某个卖场的绝对优势，这样会加大卖场的危机感，提醒卖场对你的戒备心。卖场绝对不允许某个厂商有超大的势力，削弱自己对它的掌控力，卖场会想办法削弱厂家的势力，培植新的品牌和厂商，以维护自己的利益。所谓过分的优势就是劣势。一个厂商在卖场的销售占到62％的现象基本是不可能的。那是卖场绝对不允许的。

（6）再好的供应商都不是完美无缺的，要学会适当暴露和夸大自己的缺点和不足，这意味着你可以顺理成章地提出要求做改善，你什么都做得好，还指望卖场给你什么呢？

（7）利用个人关系拿到的卖场的绝密资料，是不应该拿出来炫耀的，你可以为自己的策略做参考依据，但在回顾的时候绝口不能提，要保护资料的提供者，不然会很麻烦。

新年度的行动计划要重点体现出跟其他卖场的不同，一样的东西没意思，卖场的虚荣心决定它想看到与众不同的案子，那样会满足它们的期望。

第五节　退场后的再度进场

一、退场原因分析

因种种原因发生退场的事件，不管是基于自身原因还是卖场因素，退场的事件都不是件好事，特别是供应商（厂方）更是不愿经历。这意味着前期的投入和努力是白费的，而退场造成的品牌和销量损失更是巨大。如果一旦发生这种事件，怎么办？还是必须要面对。采取积极的态度，对症下药，才有可能化解问题，实现退场后的再次进场，为自己争取一个再次表演的舞台。那我们首先要了解之所以发生退场的原因，这个问题要分两个状况来分析：一个是供应商（厂方）主动申请退场，而卖场方是想保留的；另一个是卖场勒令供应商退场，而供应商是不想退的，那不同的状况自然会有不同的原因，下面我们就来分别阐述发生退场事件的相关原因：

1. 供应商主动申请退场

供应商既然千辛万苦进了场，肯定是珍惜机会想做好生意的，不到万不得已，供应商也不会主动申请退场，使自己在前期投入和经营上蒙受损失。供应商主动申请退场，大致可以分为以下几种原因：

（1）公司发生重大的结构调整，关、停、并、转。在公司经营过程中，可能会因为发展、生存的需要进行结构调整，比如兼并、合营、重组等。发生结构调整的公司，其在进行调整的过程当中会涉及人事、经营范围、产品组合、经营策略等各方面的变动，而调整前的老业务通常会停滞下来，以至于要从卖场撤出，待新公司整合之后再次以新的名义申请进场。这类撤场不是个人意识导致的单独行为，相对而言再次进场的概率会比较大。

（2）在某系统效益不佳，无法承受合约中的高条件。经营就是为了赚钱，当出现销量和费用比例上严重失调，导致亏本严重时，供应商也会提出退场。这类情况的发生实际上与前期合同谈判的条件有直接的关系。合同条件一旦签订，在日常的经营活动中就必须遵守，不论销售业绩是否承担得了。像一家经营小家私的公司在 A 卖场签的保底销售额是 50000 元/月，销售抽成是 15%，实际上每月只能卖到 10000 元，却要承担 7500 元的费用，费销比高达 75%，不亏才怪，申请退场也是自然的事情。

（3）供应商与供应链的上游（厂方）发生纠纷。供应商在卖场的经营之本——产品，是由其上游供应链（厂方）决定的，厂方对它的支持直接影响供应商在卖场的表现。所以上游供应链的变动也会导致供应商退场。

（4）经营策略和重心发生转移。在现代销售模式趋向专业和细化的时候，供应商的反应是不一样的，有的会跟随销售模式的变化而改善自己的应对实力，有些能力不够的供应商就会舍弃利润偏低的卖场而守住自己有优势的渠道。这时候就会发生经营策略和重心的转移，退出某些高费用的大卖场成为它们的选择。这类供应商普遍是原来的坐商出身，而且代理的品牌一般不具有知名性，对品牌维护的要求不够，没有来自上游供应链的品牌培养压力，往往只重利润的产出，赚不赚钱是最主要的考虑因素。

2. 卖场勒令清场

第二种发生退场的状况是卖场勒令清场，不管供应商是否愿意，这时候的主导方就是卖场，供应商处于被动地位，除了接受似乎没有其他办法。这其中也包括不同的原因。

（1）销售不佳，贡献度不够。对卖场而言，每一家供应商存在的价值就是创造销量贡献利润。基于此，卖场会对产品和厂方实行分段动态管理，一个月或一个季度会对供应商的贡献度做一次全面考核，位于最后的 10%～20% 的供应商和商品就成为被清退的对象。卖场这么做的目的是清除赢利能力差的供应商和商品，留出位置吸纳新的供应商和商品，创造新的利润产出。

（2）产品无特点，可替代性强。有的供应商可能销量不算差，但也有被清退的可能。其根本原因是代理的产品无特色，可替代性强，那么在产品大体类似的情况下，卖场会根据合约条件作筛选，如果在同样的产品领域，有公司比你更愿意付出代价，你很可能就会被淘汰清场。

（3）发生重大质量安全事故。在任何时候，安全性是经营者要考虑的第一要素，在安全和短期利益之间，卖场会毫不犹豫地选择安全性，这也是大卖场制胜传统渠道的一件利器——质量信赖。所以一旦发生重大质量安全事故的供应商和产品会在

第一时间被下架封存退场处理。这种退场情况是最严重的，因为不会是一家而是全线，公司等于瞬间没有了通路，而那个品牌也可能从此寿终正寝了。

（4）人员合作问题。做生意其实就是供应商和卖场采购人员合作的过程，合作愉快，就一路顺利相谈甚欢，合作不顺利，就麻烦多多，特别是基于供应商相关人员的品德操守问题而产生的合作障碍甚至会演变到退场的地步。例如，一家保健品的促销员在卖场对一位顾客大打出手，引来报纸电台对该卖场的连续跟踪报道，一时间整个城市都在讨论和关注"某卖场打顾客"事件，让该卖场名誉扫地，十分被动。

（5）配合度不佳，政策性制裁。这种情况较常见于大卖场与大品牌之间的谈判拉锯战。为获取好的交易条件，大卖场会策略性地采取全线下架甚至退场的做法逼迫威胁供应商让步。在几十家店没××商品卖，一月损失上千万的事实面前，供应商通常会让步。像A系统与××油的全国谈判中，就用这种方法多获得了0.5％的全年返利。这种方式通常是暂时性的，目的是为了获得更好的条件，一旦条件获得了，也就自行恢复合作了。

二、再次进场情况分析

不管是由于什么原因发生的退场问题，都会影响到再次进场的谈判，这就要看谁主动，谁被动，如果是供应商掌握主动权，难度相对较小，如果卖场是高姿态，那么难度就比较大了。但是不管怎样，若是遇到退场再进场的状况，你都必须具有坚韧不拔的精神和百折不挠的劲头，去应对这场辛苦的"二进宫"谈判。针对不同的退场原因，我们在谈判再进场过程中的侧重点是不一样的。

1. 供应商主动申请退场的状况

这种情况往往是供应商掌握着主动权，因此谈判的重点可以注意如下几个方面：

（1）强调公司和产品的优势。不论是原来的公司还是新组建的公司你都要给采购一种强大的、有实力的、可信赖的感觉，并强调你所拥有的产品优势对该卖场的商品结构的积极促进作用，尤其要放大那些卖场需要但没有，正好你手里有的结构性商品的优势。在卖场采购的工作中一项基本职能是完善商品结构，你正好可利用这种时机。

（2）强调公司申请退场的不得已性。人都是同情弱者的，你若是因为效益不佳或上游供应链的问题而申请退场的，你一定要记得反复陈述退场是不得已的，不是真的不想做，你的苦衷越多越容易博得采购的谅解，也就比较容易赢得再次进场的可能性。

（3）准备详细的数据和计划。这些数据包括之前经营状况的回顾和再进场之后的经营计划。其目的也就是用更为详细的数据图表资料来加深和巩固采购对你的印象：前期不得已退场，但你们没有放弃，一直在准备想要做得更好，而且你们的计划是可行的。用事实说服采购，比如一家做箱包的厂商在经营状况不好申请退场后又再次要求进场时，就是用了这样的方法：准备了以往年度的经营数据，反映的结果是一直在亏钱，所以退场；又陈述公司换了一个领导非常重视A系统，而且调整了商品品种和价格，还要做形象陈列柜，每月准备上 5 支促销品，全力支持 A 系统把业绩做起来，这样的结果采购当然要欢迎的。

另外，如果因为费销比严重失调，供应商无法承担过高的合同条件而申请退场恰恰卖场又十分需要该类商品，这个时候，供应商可以凭借其产品优势故意以退场为由来要求降低合同条款，通常可争取的优势包括短账期、少费用、多品种、好陈列、上促销员等。这种谈判的前提是：卖场十分需要你的产品，不愿失去你，所以才会降低条件留住你。所以，你不要以为任何时候的再进场都可以要求降低条件。

2. 被卖场勒令清场

这种情况相对前一种情况谈判难度就相对要大许多，但也不是没有办法。我们已清楚了被卖场清退的原因，对症开药方：是人的原因就解决人的问题，是产品原因就调整商品，是配合度的因素就改善配合度，还是有希望再次进场的。

（1）解决人的问题。前面说过若是因为供应商相关人员的配合度发生问题而导致被退场的，首当其冲的解决方式就是撤换掉当事人，并对此作出诚意的道歉，承诺相关责任的担当，免除卖场的顾虑，再针对事件的性质而拿出相应的经济、信誉补损行动，还是有望化解矛盾的。

（2）解决产品问题。不管是质量问题还是产品组合问题，只要是与产品有关而导致清退的，解决的办法也只有一个：重新组合配置你的商品，是找新品牌也好是换单品也好，总之要让采购相信你的行动是为了提供安全合格、适销对路的好商品，而且不会再发生类似的困扰。如果你能找到卖场最需要的商品，那当然是最好。

（3）解决配合度的问题。这种情况是较容易解决的，因为问题的根源在于卖场并不是想真的清退你，而是一种胁迫的谈判手段，目的是为了获取更好的谈判条件。只要作了让步，问题就迎刃而解了。当然在让步的同时你也可以提出你需要的条件。这个问题是可以灵活处理的，一个固有的条件可以表现为很多种反应形式，那就要看谈判人员的水平了。

做生意大家要的都是和气生财，所以在平常的合作中多多沟通，及时解决发生的问题，不要积少成多，演化为不可调和的矛盾，最后走到退场这一步。不论什么原因，退场事件会在各方面为双方带来损失，既耽误经营时间，又损失业绩，而且为修补合作基础双方都要花费时间和精力。如果万一发生了退场事件，也不要手忙脚乱，循因而动，积极应对，才能化解矛盾，争创合作的又一个新开始。

第六节　应对大卖场串货与竞拍

一、串货的后果

零售业的主宰地位日显突出，消费者接纳了卖场，也就接纳了卖场所经营的商品和品牌。当生产商所生产的商品在卖场里逐渐开始销售，也就逐渐积累着知名度。

当零售业渠道的地位开始变化，其游戏规则也就随之变化。一些大型的实力雄厚的连锁卖场为了巩固其行业地位，吸引更多的消费者，取得更好的业绩和争取更高额的利润，纷纷向供应商索要更好的交易条件，比如更高的促销费用和更低的价格。许多卖场一旦得到这些优惠的条件之后，就会采取低价倾销的政策，甚至将产品充斥到非零售渠道中，这样就形成了大卖场串货。而大卖场串货会给厂家造成严重后果，归纳起来有如下几点：

1. 市场价格混乱

当一个卖场出现了较低的价格，其同区域竞争者就会同样向供应商要求同等甚至更低价格，以维护自身卖场的价格体系。依此类推，最终整个市场就会出现越来越低的价格，产品原有的价格体系完全被破坏，产品也就面临消亡的结局了。

2. 经销商积极性受挫

经销商对产品品牌的信心树立最初是广告投放，这是空中支持；其次是企业对产品质量、价格的监控。一旦价格出现混乱，经销商的正常销售就会受到严重干扰，利润的减少会让经销商对品牌失去信心，最后会拒售商品。还会因为一支单品的骚乱而对其他正常商品失去信心。

3. 厂家利润降低

一旦价格出现混乱，企业对各卖场的供应价格也就相应降低。另外，价格下降，经销商的积极性受挫，让竞争品牌就会乘虚而入，影响了销量，同样会导致厂家利润下滑。

4. 顾客对品牌忠诚度下降

价格混乱严重威胁着品牌无形资产和企业的正常经营。在品牌消费时代，消费者对商品购买的前提是对品牌的信任。由于价格混乱会损害品牌形象，一旦品牌形象不足以支撑消费信心，消费者对品牌的忠诚度就会下降。

二、预防大卖场串货

调整策略，是供应商预防大卖场串货的重要手段之一。

大卖场串货具有价格低、影响广和波及面大几个特点。串货对供应商的危害是巨大的，事情发生以后往往防不胜防，难以收场，那么该如何解决这个问题呢？建议可以从以下几点进行控制。

第一，必须实行严格的价格管理体系。严格管控各级销售人员的降价权限。坚持自己应有的立场，对任何卖场均不能心慈手软，而给予过低的促销价格，同时要严格控制卖场的零售价格。一旦发现卖场有扰乱零售价格的行为，就应该采取严厉的措施与其交涉，例如切断一切货源的供应、停止促销活动等以稳定产品的价格体系，这样做才能长久维持产品的品牌形象，维持商品的正常销售业绩。另外，合理的预测并控制卖场特价期间的进货也是避免卖场串货的一个重要措施。其实除了价格的促销外，卖场更需要那些根据卖场而制定一些特殊的促销活动，例如与卖场的联合促销，在其商品和赠品上加印卖场的标记等。

第二，检讨考核指标和激励措施，包括对业务人员的考核和对经销商的考核。对业务人员的考核不能仅仅考核其业绩和回款，更重要的考核指标应放在对卖场陈列和价格的控制上。如果一味地追求业绩，业务人员依靠正常的促销无法完成时，就极有可能与卖场联合，在取得公司的特价资源和费用后，将产品倒卖至其他渠道。其次，在对经销商进行管控的时候，也不可对其设定不可能完成的任务，这样经销商在看不到希望的情况下，就不会有很高的积极性。为了追求利润，就会选择那些价格较低的进货渠道，例如从卖场串货。

第三，建立独立的积压库存处理渠道。旧货积压问题对于手机、家电等生产厂家来说还不会太严重，但对女装的生产厂家就尤为突出。如果对旧货打折太低，不可避免会对正价商品带来很大的冲击，让顾客认为"打折是寻常事"，所以中高档女装不宜提倡打折。处理积压库存可以建"品牌特卖场"。国外的做法是在离城市20千米建立厂家直销集散地，专门销售旧款货。

第四，掌控产品的流动方向。现今许多生产企业在产品上都印刷或打印有生产批号和小号，基本根据生产日期来编码，每件货一个号码，这样也能使制造商在处理串货中掌握主动，常规情况下能对产品的去向进行准确的监控，避免经销商有恃无恐，同时出现串货时也能查出产品的源头。但一些渠道商能用小砂轮把印刷的小号打磨掉。因此管理经销商时，不但要在产品外面印刷有生产批号与小号，同时在包装盒内打印与小号一样的号码，这样就算卖场能够以低于经销商从厂家拿货的价格出售货物，经销商也会因处理的成本远远大于他赚取的利润而放弃。另外对于各个大区贴专卖标志，这种专卖标志里本身就有防伪作用，经销商想要盗用基本不可能。这些做法主要有三方面作用：威慑、事后处理及促销宣传提醒消费者。

对渠道串货不仅仅要"治"，更重要的是能"防"，化解于无形之中才是对企业最有利的选择。通过准确的市场调研，收集尽可能多的市场信息，建立起市场信息数据库。然后通过合理的推算，估算出各个区域市场的未来进货量。一旦个别区域市场进货情况发生暴涨或暴跌，超出厂家的估算范围，可初步判定该市场存在问题，厂家就可马上对此做出反应。

三、卖场"竞拍"的目的

卖场为了把资源利用最大化，也是想尽办法，制造噱头吸引厂商的眼球，"竞拍"就是其中之一。常见的"竞拍"时机是在节假日来临之际，当然也有些卖场在平常的时候如有什么特别的计划和举动会会采用"竞拍"方式。"竞拍"内容主要是针对陈列而展开的，包括主通道堆码、主题陈列位、主货架陈列等方面。"竞拍"通常是时段性的，在有些卖场也会拍卖整年度的陈列，但这个会让卖场正常的格局规划和陈列规则受影响，一般是不经常采用的。"竞拍"的常见形式分为一次竞拍和多次竞拍，一次竞拍是在底价的基础上一次性出价，谁出价高就算谁中标。另外就是多次举牌竞争，最后谁的价高就算谁中标。

本来这些收取费用的工作卖场是可以通过平常的谈判就可以解决的，那为什么

要这么兴师动众地采用"竞拍"的方式来操作呢？不是多此一举吗？其实不然，卖场是商家，对利润的追逐是它任何时候都不会忘记的根本。谈判是例行的日常工作，有些时候非常规的方式可以达到比谈判更好的效果时，自然会采用非常规的方式来操作，比如"竞拍"。节假日的时候，随着购买高峰的来临，促销位更成为稀缺资源，要达到更好的收益，如果用平常的方式来进行就很难。"竞拍"方式对卖场的好处到底有哪些呢？

第一，制造紧张的气氛，把涉及竞争的所有厂商都集中到一起来，同行是冤家，狭路相逢自然是气氛紧张，各家自是打自家的小算盘，置身于这样一个环境，心理暗示是很重要的一个招式，比单独谈判有用得多。

第二，利用厂商之间的竞争，是抬高门槛的一个好方法，竞拍的本质就是竞争，竞争总会有高有低有输有赢，在竞争的过程中，付出的代价当然是比平常要高了，门槛抬高了，卖场的收益也就增加了。

第三，既不要自己费力又不得罪厂商，可谓是"渔翁得利"，何乐而不为呢？竞拍是厂家对厂家叫板，真正的受益人其实是卖场，但卖场并没有出面参与竞争，一切都是厂商所为，是厂商自己心甘情愿的行为，卖场只是坐收渔翁之利。

第四，利用面子思想，进一步加剧挑战的气氛，在竞拍的过程中，实力相当的厂家之间往往就是憋着一口气咬住不放，在飙价的过程中，都不服气。面子思想使得很多时候厂家在热血沸腾中飙出了比预期高很多的价格，这个自然是卖场最想看到的了。

四、大卖场"竞拍"的担忧

是不是"竞拍"就是卖场最好的选择了呢？是不是卖场就可以在任何环节上都可以采用这种方式呢？在这个过程中，卖场有没有担心或害怕的事发生呢？当然是有的，没有一种方案是完美无缺的，有得必有失，基本上来说，在竞拍的过程中，有几种情况卖场是不愿意看到的。

第一，对品牌力的影响。因为竞拍是用出价在做决定和取舍的，通常大品牌自恃有品牌号召力，不愿意花费更多的费用来做投入，所以一旦竞拍价格超过了预算，大品牌会选择放弃，肯花钱的倒是些二三流的品牌甚至是不知名的品牌，它们为了争抢销售机会，通常会愿意花高价。但是，如果卖场在最好的销售时机最好的陈列位置放的是些非知名商品，顾客会对卖场产生质疑："怎么看不到熟悉的商品或好的商品？"客人的满意度降低意味着卖场的形象会受到损失，这是卖场在竞拍中担心的情况之一。

第二，对业绩的影响。如果是二三流的品牌甚至是不知名的品牌得到了中标的机会，也就是说得到了最好的销售机会，对卖场来说也是担心的情况，因为根据20/80原则，20％的商品创造80％的营业额，二三流的品牌甚至是不知名的品牌显然是不属于这20％之列的，占据了好的销售位置却创造不了业绩，好的商品又没有好的位置，显然销售就受到了影响，但营业额是卖场最重要的指标，没有营业额，其他的指标都是虚的。

第三，怕底标定得不合理，厂商不来竞拍，形成流标的局面。这种情况下，采购或采购主管是会受到处分的。通常在年节的时候，费用会比平时高出许多，在这种情况下，底标定得就相对较高。厂商当然是有权利决定是否要应标的，如果因为标准不合理，很可能厂商都不来参加竞拍。而流标是件很严重的事，既让卖场没有收益，也打击了供应商的合作信心，对后期谈判不利。脱离实际的狮子大开口，显得采购很不专业。

五、应对大卖场的"竞拍"

毋庸置疑的是，竞拍在很多卖场很多时候还是被使用的操作方式，那供应商在这种情况下，该如何看待和应对卖场的竞拍呢？有几点意见可以供参考：

（1）理性评估自己的实力和目前最重要的经营策略，是要砸市场做广告还是要做实际的生意，超高的投入是不是值得的？确定自己的实际情况就知道了自己的方向，不要轻易被蛊惑。清楚自己的立场和地位，不要头脑发热地去做令自己后悔的事情，合约一旦形成是不能更改的。

（2）做出自己的预算和投资决定，控制自己的冲动。毕竟，做生意是要看费销比的，很多时候，厂商在做投入的时候没有仔细计算自己的产出比，这是不对的。记住：不论场面多热闹，最后不赚钱的生意是不能做的。有时候放弃是比选择更聪明的决定。

（3）如果要参与竞标，先把定标决定人的情况搞清楚，如果是一个人决定中标结果，你可能搞定一个人就可以了，争取的空间是较大的，在地方型卖场这种情况容易出现。如果是一个团队在决定就不一样了，团队的人互相制约，决定是集体意见，没有什么作假的空间，这是很多规范化卖场的做法。

（4）避开黄金时间和黄金位置的竞争，退而求其次也是个不错的选择。通常竞拍的主要对象是最好的促销时间和促销位置，价格当然也是最贵的。其实稍差点的地方也是有不错的销量的，没必要都要去挤那个独木桥，可能算下来，你退而求其次的结果比你去争抢黄金时间和黄金位置的结果还要好，没必要孤注一掷，做生意要灵活点。

（5）形成联盟，商量策略，把主动权控制在自己手中，供应商来决定卖场，这个适合在分类里只存在优势明显的"老大"和"老二"的时候适用。

（6）当决定放弃竞拍的时候要提出替代方案，让采购知道你的心意和想法，在其他的时候给予补偿，利用这些机会还可以弥补这次的损失。生意天天做，机会时时有，只要操作得好，错过一次不足以致命的。

第十一篇
现代卖场管理制度

　　针对现代卖场的特点，本篇对现代卖场的商品促销、采购、储运、进货、行政办公、财务管理、安全保卫、总务后勤等一系列规范化制度作了全面系统的介绍，具有极强的实用性和可操作性，对现代卖场的管理具有非常重要的意义。

第一章｜商场商品、采购管理制度

第一节　商场采购部门的职能

第一，负责分析商品市场品质、价格等行情。

第二，寻找商品供应来源，对每项商品的供货渠道加以调查和掌握。

第三，与供应商洽谈，建立供应商的资料。

第四，要求报价，进行议价，有能力可进行估价，并作出比较。

第五，采购所需的商品。

第六，对进场商品的数量与品质予以查证。

第七，依采购合约或协议控制协调交货期。

第八，对供应商的商品价格、品质、交期、交量等作出评估。

第九，掌握商场主要商品的市场价格起伏状况，了解市场走势，加以分析并控制成本。

第二节　商场采购员管理制度

1. 采购人员的职业道德及行为规范

采购人员必须具备良好的商业道德和个人品质；具有良好的个人心智素质；有一定的专业理论知识和实际经验；熟识商品采购管理的程序、规章制度及有关法规；具有较强的鉴别商品的能力。

采购人员的职业道德及行为规范应包括：

(1) 要以公司利益为上，不泄露公司秘密，不断努力充实自己，不做违法、违规的事情，扶持后进，为公司训练人才。

(2) 对供货商不存偏见，应一视同仁；处理采购业务时应对事不对人；在可能范围内协助供货商及获得供货商的配合与信任（助人助己）；不接受供货商的热情招待及礼物；设法取得供货商的敬重。

(3) 与公司内有关部门建立良好的关系，保持与同事之间的良好关系；不受权力胁迫而影响公正判断。

(4) 与他人保持对等地位，不卑不亢，不与他人作无谓的争辩。

（5）遵守国家法律法规。

（6）遵守行业规则。

（7）树立"采购为销售服务"的观念，主动了解商品的销售状况。

2. 采购员应具备的条件

采购员应具备三个方面的条件：

（1）需要有强烈的责任感，事业心；良好的职业道德；遵纪守法，廉洁奉公。

（2）需要机敏、多谋、善于交际，富有想象力和语言能力，具有说服能力、进取精神、自我推动力、直觉判断力等特征。

（3）需要有较深厚的商品知识，同类产品不同品牌、产地、质量和价格的特征，与本企业目标市场的适应性；有经济核算知识，熟悉商品成本构成，了解采购数量、时间、结算方式等对利润的影响；有政策法规知识，熟知合同签订的知识与技巧，防止签约失误造成损失；有市场预测知识与能力，掌握商品的产销规律；有谈判知识与能力。

3. 采购员培训

对采购员的培训应包括以下内容：

（1）商店的发展历史，战略目标。

（2）商店的目标市场。

（3）商店经营的商品范围。

（4）商品采购与销售的关系。

（5）各种商品的货源渠道。

（6）商品鉴别的知识与技术。

（7）与供应商谈判的知识与技巧。

（8）有关的政策法律知识等。

需要对采购人员的培训拟订培训计划，制订训练目标和训练方法。

4. 采购员绩效评估

评估标准应包括以下几点：

（1）采购商品的数量或进货额。

（2）采购商品的适销状况。

（3）采购费用节省和创造利润状况。

（4）与供应商关系保持程度。

（5）新开辟的货源渠道及状况等。

考核可以通过横向和纵向比较以及定量分析等方法，确认采购员一段时间内的工作完成状况。

第三节　商品采购合同的管理规定

1. 商场采购合同的内容

商场采购合同的条款构成了采购合同的内容，应当在力求具体明确、便于执行、避免发生纠纷的前提下，具备以下主要条款：

（1）商品的品种、规格和数量。商品的品种应具体，避免使用综合品名；商品的规格应规定颜色、式样、尺码和牌号等；商品的数量多少应按国家统一的计量单位标出。必要时，可附上商品品种、规格、数量明细表。

（2）商品的质量和包装。合同中应规定商品所应符合的质量标准，注明是国家或相关部门的标准；无国家和相关部门的标准的应由双方协商凭样订（交）货；对于副、次品应规定出一定的比例，并注明标准；对实行保换、保修、保退办法的商品，应写明具体条款；对商品包装材料、包装式样、规格、体积、重量、标志及包装物的处理等，均应有详细规定。

（3）商品的价格和结算方式。合同中对商品价格的规定要具体，规定作价的办法和变价处理等，以及规定对副品、次品的扣价办法，规定结算方式和结算程序。

（4）交货期限、地点和发送方式。交（提）货期限（日期）要按照有关规定，并考虑双方的实际情况、商品特点和交通运输条件等确定。同时，应明确商品的发送方式（送货、代运、自提）。

（5）商品验收办法。合同中要具体规定在数量和质量上验收商品的办法、期限和地点。

（6）违约责任。签约一方不履行合同，违约方应负违约责任，赔偿对方遭受的损失。在签订合同时，应明确规定，供应者有以下三种情况时应付违约金或赔偿金：

①未按合同规定的商品数量、品种、规格供应商品。

②未按合同中规定的商品质量标准交货。

③逾期发送商品。

购买者有逾期结算货款或提货，临时更改到货地点等，也应付违约金或赔偿金。

（7）合同的变更和解除条件。在什么情况下可变更或解除合同，什么情况下不可变更或解除合同，通过什么手续来变更或解除合同等情况，都应在合同中予以规定。

除此之外，采购合同应视实际情况，增加若干具体的补充规定，使签订的合同更切实际，更有效力。

2. 采购合同的签订

（1）签订采购合同的原则。

①合同的当事人必须具备法人资格。这里的法人，是指有一定的组织机构和独

立支配财产，能够独立从事商品流通活动或其他经济活动，享有权利和承担义务，依照法定程序成立的企业。

②合同必须合法。也就是必须遵照国家的法律、法令、方针和政策签订合同，其内容和手续应符合有关合同管理的具体条例和实施细则的规定。

③必须坚持平等互利、充分协商的原则签订合同。

④当事人应当以自己的名义签订经济合同。委托别人代签，必须要有委托证明。

⑤采购合同应当采用书面形式。

（2）签订采购合同的程序。

签订合同的程序是指合同当事人对合同的内容进行协商，取得一致意见，并签署书面协议的过程。一般有以下五个步骤：

①订约提议。订约提议是指当事人一方向对方提出的订立合同的要求或建议，也称要约。订约提议应提出订立合同所必须具备的主要条款和希望对方答复的期限等，以供对方考虑是否订立合同。提议人在答复期限内不得拒绝承诺。

②接受提议。接受提议是指提议被对方接受，双方对合同的主要内容表示同意，经过双方签署书面契约，合同即可成立，也称承诺。承诺不能附带任何条件，如果附带其他条件，应认为是拒绝要约，而提出新的要约。新的要约提出后，原要约人变成接受新的要约的人，而原承诺人成了新的要约人。实践中签订合同的双方当事人，就合同的内容反复协商的过程，就是要约——新的要约——再要约……直到承诺的过程。

③填写合同文本。

④履行签约手续。

⑤报请签证机关签证，或报请公证机关公证。

有的经济合同，法律规定还应获得主管部门的批准或工商行政管理部门的签证。对法律没有规定必须签证的合同，双方可以协商决定是否签证或公证。

3. 商场采购合同的管理

采购合同的管理应当做好以下几方面的工作：

（1）加强商场采购合同签订的管理。加强对采购合同签订的管理，一是要对签订合同的准备工作加强管理。在签订合同之前，应当认真研究市场需要和货源情况，掌握商场的经营情况、库存情况和合同对方单位的情况，依据本商场的购销任务，收集各方面的信息，为签订合同、确定合同条款提供信息依据；二是要对签订合同过程加强管理，在签订合同时，要按照有关规定的要求，严格审查，使签订的合同合理合法。

（2）建立合同管理机构和管理制度，以保证合同的履行。商场应当设置专门机构或专职人员，建立合同登记、汇报检查制度，以统一保管、统一监督和检查合同的执行情况，及时发现问题，采取措施，解决纠纷，保证合同的履行。同时，可以加强与合同对方的联系，密切双方的协作，以利于合同的顺利实现。

（3）处理好合同纠纷，信守合同。当经济合同发生纠纷时，双方当事人可协商解决。协商不成，可以向国家工商行政管理部门申请调解或仲裁，也可以直接向法院起诉。

合同的履行情况关系到本商场经营活动的顺利进行及本商场的声誉和形象。

第四节 商品查询制度

1. 商品查询的范围与期限

（1）凡实际收货与厂方提供凭证中的品种、数量、规格、花色等不一致时，必须向供货单位做商品查询。

（2）外埠进货发生整件短少或原包装长、短、残、损及质量问题，需当天履行查询手续，最迟不得超过 5 天。

（3）对有损耗率规定的商品，应查询超耗部分。

（4）需严格履行购销合同，接收进口商品和外贸库存内销商品，查询不超 5 天。

（5）本市进货、收货时发生整件不符，应于当天履行查询手续，最迟不超过 3 天。

2. 查询手续及责任划分

（1）凡与商品查询有关的各环节人员，必须注意将进行商品查询的装箱单、原箱、原货保存完好，以提供商品查询的物证依据。

（2）对外查询一律填制查询单。哪一环节发生问题，就由哪一环节经手人负责填报。

（3）本市进货查询需填制催查单，按要求传递。

（4）外埠进货查询，由商场保管员填制查询单交储运业务部。由收单人按程序传递。

（5）凡在 30 天内未收到供货单位查询答复，储运部须协商商店、商场采购员，做第二次复询。

第五节 商品价格管理制度

1. 定价策略

（1）企业和商场的定价权限。

①对实行国家指导价的商品和收费项目，应按照有关规定制定商品价格和收费标准。

②制定实行市场调节的商品价格的标准。

③对经济部门鉴定确认,物价部门批准实行优质加价的商品,在规定的加价幅度内制订商品价格,按照规定权限确定残、损、废、次商品的处理价格。

④在国家规定期限内制订新产品的试销价格。

在定价过程中,要考虑下列因素:

第一,国家的方针政策。

第二,商品价值大小。

第三,市场供求变化。

第四,货币价值变化等。

(2)商品价格管理。

根据国家规定,企业和商场在价格方面应履行如下义务:

①严格遵照执行国家的价格方针、政策和法规,执行国家定价、国家指导价。

②如实上报实行国家定价、国家指导价的商品和收费项目的有关定价资料。

③服从物价部门的价格管理,接受价格监督检查,如实提供价格检查所必需的成本、账簿等有关资料。

④严格执行物价部门规定的商品价格和收费标准的申报、备案制度。

⑤零售商业、饮食行业、服务行业等,必须按照规定明码标价。

(3)物价管理的基本制度。

①明码标价制度。实行明码标价制度,便于顾客挑选商品。明码标价,要做到一货一签,标签美观,字迹清楚。标签的内容要完整,标签的颜色要醒目有别。对标签要加强管理,标签的填写、更换、销毁都应由专职或兼职物价员负责,标签上没有物价员名章无效。对于失落、错放、看不清的标签要及时纠正、更换。

②价格通知制度。价格通知是商场物价管理的重要环节,要认真抓好。价格通知制度就是将主管部门批准的价格用通知单的形式,通知各个执行价格的单位,包括新经营商品的价格通知、价格调整通知和错价更正通知。价格通知单是传达各种商品价格信息的工具,直接关系到价格的准确性,也关系到价格的机密性。

③物价工作联系制度。物价工作联系制度就是制订和调整商品价格时,同有关单位和地区互通情况、交流经验、加强协作、及时交换价格资料的制度。

④价格登记制度。价格登记就是把本商场经营的全部商品的价格进行系统的记录,建立价格登记簿和物价卡片。价格登记,是检查物价的依据,所以要及时、准确、完整,便于长期保存。在登记簿和卡片上应写明下列内容:商品编号、商品名称、产地、规格、牌号、计价单位、进货价格、批发价格、批零差率、地区差率、定价和调价日期、批准单位等。

⑤物价监督和检查制度。物价监督包括国家监督、社会监督和单位内部监督三种基本形式。

国家监督,是指通过各级物价机构、银行、财政、工商行政和税务部门从各个侧面对物价进行监督。社会监督就是群众团体、人民代表、消费者以社会舆论对物

价进行监督。单位内部监督就是企业和商场内部在价格联系中互相监督。

物价检查，一般是指物价检查部门或物价专业人员定期或不定期地开展审价和调价工作。

2. 物价管理权限

（1）严格贯彻执行党和国家有关物价的方针、政策，负责组织学习培训、加强物价纪律教育，不断提高企业员工的政策观念、业务水平和依法经商的自觉性。

（2）认真正确执行商品价格，按照物价管理权限，制订审批商品或服务收费的价格，检查、监督基层物价管理工作的执行情况，发现价格差错，及时纠正，情节严重的予以经济处罚。

（3）认真做好物价统计工作，搞好重点商品价格信息的积累，建立商品价格信息资料，分析市场价格变化情况，开展调查研究。

（4）对重点商品和招商（引厂进场、店）商品的价格，实行宏观控制，限定综合差率，审批价格。

（5）凡新上岗的物价员，审批价格由市场经营部负责。半年后视工作情况，下放审批价格权。

（6）按照权限审批处理价格：

凡处理残损商品，损失金额不超过 500 元的（一种商品），由各专业商场主管经理审批，交市场经营部备案。

凡处理残损商品，损失金额在 500 元～3000 元之间的（一种商品），由市场经营部主管部长审批。

凡处理残损商品，损失金额超过 3000 元的（一种商品）由商场主管副总经理审批。

处理商品。对超过保本保利期，确属需要削价处理的商品，每月月底，由物价员会同有关人员提出处理价格，处理价格不低于商品进价的，由各商场主管业务经理负责审批，交市场经营部备案；处理价格低于商品进价的，上报市场经营部，由市场经营部主管部长视全商场经营情况酌情审批；对一种商品降低金额超过 5000 元的必须上报商场总经理审批。

3. 物价管理的基本要求

（1）商场所经营的商品（包括代销、展销商品）都要使用商品编号。

（2）凡商品定价要按有关规定执行。

（3）制作物价台账。

（4）商品的价格调整，必须以上级供货单位下达的调价通知单为依据。

（5）凡柜台出售的商品和服务收费标准都必须实行明码标价制度，并使用统一商品标价签。在商品同部位设置商品标价签，要做到"一货一签"、"货签对位"。

（6）价格检查：商品的零售价格，以及服务收费标准（包括生产配件、加工费率、毛利率、产品质量等）是否正确。

(7) 价格信息反馈和物价纪律分工管理。

第六节　商品陈列管理办法

为保持商场内商品陈列的美观、庄重，方便顾客选购，可以制定以下管理办法。

1. 柜台、货架定位

(1) 营业大厅内各商场、商店柜组的分布位置，由商场经营部门同有关部门进行统一规划，标位安排。各商店、商场的营业面积一经确立，应保持相对稳定不变。

(2) 由于季节变化或销售原因，商场、商店需调整货位，必须向经营部及保卫部门提出申请。由商场、商店负责商场、商店内部调整，报经营部备案。商场、商店之间的货位，原则上不做调整，若需调整，一律统一由商场经营部提出方案，会同基建、保卫部门进行。

(3) 柜台、货架、陈列架，实行定位、定量管理。各商场、商店要一律按设计方案及经营布局的要求摆放。未经商场经营部同意，任何人不得随意增减、移动柜台、货架。开架销售商品的摆放要保持 2.35 米的通道距离。不得随意侵占、阻塞各主次通道及消防安全通道。

(4) 柜台、货架、陈列架需要维修或更换时，需向商场经营部提交报告，商场经营部负责与有关部门协调解决。

(5) 要注意爱护柜台、货架、陈列架所用玻璃板、玻璃拉门，出现破损，须及时向商场行政部申请更换，不得用其他材料代替，防止伤害顾客。

(6) 经过维修或更换的柜台、货架、陈列架，由商场、商店负责按原样摆放在原处，更换下来的柜台、货架、陈列架、灯具、玻璃等，由商场、商店放到指定地点，不得挪作私用。否则，由商场、商店负责赔偿。

2. 商品陈列

(1) 柜台内、陈列架内的商品要分层次陈列，全方位展示，开架售货商品要有小外包装（销售的成品），整大箱及整大包商品不准陈列在柜台和架内。

(2) 陈列商品要保持整洁、丰满、分门别类紧放，要求货价对位，销售后要随时整理、上货。不得将商品拴绑陈列，陈列模特要保持形象的美观、庄重，不得裸体。

(3) 封闭柜台内，货架与柜台要保持一定通道，原则上不能码放商品。如遇特殊情况需码放商品则要整齐，应以不超过柜台高度为宜。

(4) 不得将有破损、污垢、残损的商品陈列或摆放在柜台及陈列架内，应及时收在隐蔽处或返库。

3. 架顶美化

架顶美化，要以突出商品特点为原则。

（1）除用于陈列的商品外，架顶上不得随意堆放其他商品及杂物。

（2）顶架广告灯箱，由公关广告公司负责策划、制作，发现故障脱落及时报公关广告公司修补。到期由公关广告公司负责更换。

第七节　商品保管的基本要求

1. 严格验收入库商品

首先要严格验收入库商品，弄清商品及其包装的质量状况，防止商品在储存期间发生各种不应有的变化。对吸湿性商品要检测其含水量是否超过安全标准，对其他有异常情况的商品要查清原因，针对具体情况进行处理和采取救治措施，做到防微杜渐。

2. 适当安排储存场所

由于不同商品性能不同，对保管条件的要求也不同。性能相互抵触或易串味的商品不能在同一库房混存，以免相互产生不良影响。尤其对于化学危险物品，要严格按照有关部门的规定，分区分类安排储存地点。

3. 妥善进行堆码苫垫

地面潮气对商品质量影响很大，要切实做好货垛下垫隔潮工作。存放在货场的商品，货区四周要有排水沟，以防积水流入垛下；货垛周围要遮盖严密，以防雨淋日晒。应根据各种商品的性能和包装材料，确定货垛的垛形与高度，并结合季节气候等情况妥善堆码。含水率较高的易霉商品，热天应码通风垛；容易渗漏的商品，应码间隔式的行列垛。

除此之外，库内商品堆码留出适当的距离：

顶距，平顶楼库顶距为50厘米以上，人字形屋顶以不超过横梁为准；灯距，照明灯要安装防爆灯，灯头与商品的平行距离不少于50厘米；墙距，外墙50厘米，内墙30厘米；柱距，一般留10～20厘米；垛距，通常留10厘米。对易燃商品还应留出适当的防火距离。

4. 控制好仓库温湿度

仓库的温湿度，对商品质量变化的影响极大。各种商品由于其本身特性，对温湿度一般都有一定的适应范围，超过规定的范围，商品质量就会发生不同程度的变化。因此，应根据库存商品的性能要求，适时采取密封、通风、吸潮和其他控制与调节温湿度的办法，力求把仓库温湿度保持在适于商品储存的范围内，以维护商品质量安全。

5. 认真对商品进行在库检查

做好商品在库检查，对维护商品安全具有重要作用。库存商品质量发生变化，如不能及时发现并采取措施进行救治，就会造成或扩大损失。因此，对库存商品的质量情况，应进行定期或不定期的检查。

6. 保持好仓库清洁卫生

储存环境不清洁，易引起微生物、虫类滋生繁殖，危害商品。因此，对仓库内外环境应经常清扫，彻底铲除仓库周围的杂草、垃圾等，必要时使用药剂杀灭微生物和潜伏的害虫。对容易遭受虫蛀、鼠咬的商品，要根据商品性能和虫、鼠生活习性及危害途径，及时采取有效的防治措施。

第八节 商品在库保管制度

商品进入仓库后，都要经过或长或短的保管期。保管期间，要求做到储存安全、质量完好、数量准确、管理井然有序。

1. 贯彻"安全、方便、节约"原则

安全，是指确保商品的安全，使商品在保管期间不变质、不破损、不丢失。方便，是指方便商品的进出库工作，提高劳动效率。节约，即尽可能节约保管费用。

2. 科学堆码、合理利用仓容

科学堆码、合理利用仓容就是在贯彻"安全、方便、节约"原则的基础上，根据商品性能、数量和包装形状以及仓库条件、季节变化的要求，采取适当的方式方法，将商品堆放得稳固、整齐，留出适当的墙距、垛距、顶距、灯距和通道，充分利用仓库的空间。根据商品的包装条件和包装形状，商场在库商品的堆码方法通常有三种，即散堆法、垛堆法和货架堆码法。

3. 分区分类、货位编号

分区分类、货位编号就是根据商品的自然属性和仓库设备条件，将商品分为类，仓库分区，按货区分列货位，并进行顺序编号，再按号固定商品的存放地点。对在库商品分区分类管理时，要注意不要把危险品和一般商品、有毒商品和食品、互相易串味的商品、理化性能互相抵触的商品放在一起，以防影响商品质量。

4. 定期盘点核对

商品盘点是财产清查的一项重要内容，也是进行商品管理的重要手段。通过商品盘点，可以掌握库存商品的具体品种和数量；可以保证账实相符；可以检查商品库存结构是否合理；还可以检查商品库存定额以及商品保本保利储存期的执行情况。为了方便商品的盘点，必须对库存商品建立保管账卡，并对商品出入库及库存情况做好记录。商品盘点除按规定于每月末定期进行外，还可根据商品的堆垛，采取售完一批清理一批的办法，并在必要时突击抽查有关柜组。商品盘点前，应注意做好必要的准备工作。将未验收、代管、代购、代销的商品与自有商品分开；将已验收的商品全部记入保管账；校正度量衡器；对商品分别归类。商品的实地盘点，一般先清点现金和票证，后清点商品。清点商品时，为防止出现重盘或漏盘现象，应采

取移位盘点法，划清已盘商品和未盘商品的界限，并认真填制"商品盘点表"，做好商品盘点记录。商品清点结束后，除做好商品整理外，还要及时计算实存金额，核实库存，上报处理长短商品及发现的有关问题。

5. 加强商品养护

商品养护，是指商品在储存过程中的保养维护工作。加强商品养护，可以维护商品的使用价值，保持商品质量的完好。商品质量是由商品的自然属性决定的，而这些自然属性，又往往在日光、温湿度等外界因素的作用下发生变化。因此，商品养护工作应在"以防为主，防治结合"方针的指导下，在充分了解商品特性，研究影响商品质量变化的因素，掌握商品质量变化规律的基础上来进行。

第九节　商品索赔制度

商品发送、到站（港）、接货运输中发生问题的各个环节都要详细查清，实事求是地反映和处理。

1. 事故责任与索赔手续

（1）商场运输员按运输单据核对开箱后的商品短缺、残损、水渍、油渍、污损等问题，属发货方责任。

（2）储运部协助商店、商场办理各种索赔证明材料，商场采购员负责与发货方联系办理索赔具体事宜。

2. 承运方责任与索赔

（1）运输员按运单核对时发现的集装箱号、零担托盘的铅封、施封损坏或改换异地铅封和施封，属承运方责任。

（2）及时与承运方联系，会同站、港发货员当面查验货物损失情况，做好记录。追办索赔证明材料。

（3）业务索赔员负责与有关商店、商场采购员共同验的商品短少、损坏的品名、规格、数量、金额、托运单、进货发票的复印件及有关证件，协助办理运输商品保险，填制索赔单据，3日内到保险公司办理索赔。

3. 储运方责任及处理办法

（1）提货运输中的商品出现残损、缺少情况，由储运方负责。

（2）运输员交货时，接货员发现问题要在运单及票据上注明差损情况，交调度员。调度员转交储运业务索赔员。

（3）没有办理商品公路运输保险的货品，经收货、验收查出的短少、残损问题由商店会同接货员查实情况，在运单上做好记录。调度员转交储运业务部门，并按储运处罚规定中的有关条款进行处理。

4. 属托运方责任的，储运方不负责赔偿

（1）外包装完好，集装箱铅封完好，施封有效。托盘包装带牢固，内装细数短少、变质或残损，且未在运单上注明。

（2）包装不符合质量要求。

（3）货物运单与实物品名不相符。

（4）投保不足等。

5. 其他

（1）储运业务部门要做好索赔差错过程的各项记录，装订成册存档备查。

（2）经多方协商未能解决的索赔，需向商店、商场经理说明原因和理由，并在季度内上报市场经营部，经营部视损失程度予以解决。

（3）造成商品损失 1000 元以上的（含 1000 元），报商场总经理室指示后，再行处理。

（4）办理索赔时间不得超过 3 天。

第十节　商品批发业务管理制度

第一，各商场、商店开展的批发业务，要实行由主管经理严把价格关、质量关的经理负责制。

第二，各商场、商店的批发业务要专人负责，单独立账并及时登统明细账，能独立核算的单位要独立核算。

第三，各商店、商场的批发工作，要严格执行国家有关政策，对开展业务活动的单位要验证其营业执照专营证和税务登记号码，认定其符合要求后方可开展工作，并建立客户档案，随时联系。

第四，各商场、商店要在本商场商店经营范围内开展批发业务，不得超范围经营。确因客户需要超出商场、商店营业执照范围的，需上报市场经营部办理一次性经营手续，方可经营。

第五，各商场、商店批发业务要严格采用无收款台（一手钱一手货）的结算办法，不拖不欠，严禁采用代销方式批发商品。用支票结算的，要按商场财会制度要求，三天后付货。

第六，确因市场变化需与批发单位发生代销业务的，必须符合下列要求：

一是对方必须是多年合作的业务单位。

二是对方必须是有一定经济实力的、有债务偿还能力经济实体。

三是必须与对方签订购销合同。

四是必须上报商场总经理审批。

第七，凡私自向批发单位代销商品的，要严格追究商店、商场经理及承办人的

责任，造成损失的责任自负。

第八，各商场、商店的批发毛利率不得低于本商场的综合费用率，凡低于综合费用的，要上报商场总经理批准，否则冲减已实现的批发额，并追究商店、商场经理的责任。

第九，各商店的批发人员要严守企业经济秘密，严禁向其他业务单位泄密。

第十，非质量问题批发商品一律不退换。

第十一节　商品退换管理制度

第一，商品退换要求严格执行相关的法律法规，坚持企业利益和消费者利益相一致的原则。在企业利益和消费者利益发生冲突时，要在维护消费者利益的基础上，尽量减少企业损失。

第二，凡能证明是本场出售的正常商品，只要不脏、不残、不影响出售的，10天之内凭销售小票给予退换；对顾客造成的脏残商品，可视其程度与顾客协商折价退换。

第三，凡能证明是本场出售的三包商品，售出后 7 日内按正常商品退换。7 日后如退换，顾客需出示商品保修部门的"商品质量鉴定书"，售货人员开箱验机确认后给予退换并合理扣除磨损费。因质量问题给顾客造成损失的要填制"购物损失一次性赔偿单"，给予顾客赔偿。

第四，赔偿的标准。一般赔偿的标准可由间接损失和直接损失来确定。

间接损失，是指因解决购物中存在的问题而带来的经济损失。

直接损失，是指由商品本身质量问题而给顾客造成的损失。

第五，凡因质量问题需要退货的商品，不管哪个商店、商场发生的，都必须本着先行负责的原则无条件给予退货。办理退货手续时，需双人复核实物并开具退货凭证，其退款金额要以原发票或销货凭证的金额为准，不得任意退款。

第六，顾客的退换货问题，应在各商场、商店内自行解决。如确属严重纠纷，商店无力解决的，应主动与售后服务部联系。凡经售后服务部已裁定解决了的退换货问题，各商店要本着先行负责的原则无条件给予退换。

第七，凡推诿顾客、激化矛盾、影响商场声誉，且无正当理由的，商场要追究当事者责任，并按商场有关规定予以处罚。

第十二节　商品返厂管理制度

第一，返厂商品的账务处理，要严格执行商场内的有关财会制度，要真实体现、全面反映返厂商品的应收应付关系，不得遗漏。

第二，凡需做返厂处理的购进商品，采购员必须征得厂方同意，并与厂方达成文字处理意见后，通知保管员做好返厂的具体工作，不得盲目返厂。凡因盲目返厂造成的拖欠债务，由当事人追回。

第三，凡需做返厂处理的代销商品（包括厂方借、调的商品），采购员提前15天与厂方联系，15天内收不到厂方答复，可留信函为凭，凡厂方无故拖延，不予返厂的商品，要向厂方征收保管费。

第四，商品返厂工作由采购员协调与厂方的关系，由保管员统一办理各种手续，负责具体工作。

第五，已出库的商品返厂，必须先退库再由保管员做返厂；任何人不得随意将已出库、未退库的商品和柜台内的商品返厂，否则按丢失商品追究当事人责任。

第六，商品返厂时，商场保管员要填制相应的表单并随货同行，及时通告厂方凭单验收。

第七，各商场、商店必须认真对待商品返厂工作，保管员要点细数、清件数、分规格、包装要捆扎牢固，铁路运单和运输凭证要详细填写，并及时做好保管账卡的记录。

第八，凡是厂方采取以货换货直接调换商品方式解决商品返厂的，商场采购员、保管员必须坚持"同种商品一次性调清，不拖不欠"的原则，坚决不允许异货相抵。

第十三节　商品特卖业务管理制度

开展商品特卖业务是商场营销活动中的重要措施之一。为使商场商品特卖业务有条不紊地顺利进行，达到促进商品销售、提高企业经济效益的目的，可制定以下制度。

1. 商场商品特卖业务的管理方式

（1）商场商品特卖业务由市场经营部统一管理，统一确定特卖商品品种、价格（优惠幅度）及特卖时间。

（2）要严格按财物制度办理商场商品特卖业务，商品出售数量由收银台和业务部核对无误后做统一账务处理。

（3）商场因开展特卖业务所造成的损失金额，由商场与供货方洽谈、协商，可以采取降低商品进价或补足毛利的办法，也可以供需双方共同承担。

（4）对于特卖商品的具体品种和优惠幅度，由各商店在每月25日前拟订好下一个月特卖商品方案报市场经营部审批，市场经营部根据特卖方案负责与公关广告公司联系，做好特卖业务的广告宣传工作。

2. 商场商品特卖业务的时间规定

（1）商场商品特卖业务分为不定期特卖周和定期特卖日两种形式。特卖周由市场经营部根据市场情况和商场销售指标完成情况确定；特卖日定为星期六、星期日。

（2）凡由商场确定的特卖周、日内的特价商品，按特价出售，过了特卖周、特卖日的特价商品一律恢复原价。

3. 商品特卖业务的物价管理

（1）商场特价商品的优惠幅度在 10％～50％之间。

（2）商场要本着既要促销，又要考虑经济效益的原则，对特卖商品严格把关，物价员要仔细算账，确定合理优惠幅度。

（3）各商店特价商品要标明原零售价和特价，让顾客一目了然。

（4）各商店出售特价商品要在销售凭证右上角注明"特价"二字。

（5）特价商品一律不退换。

第十四节　化工危险品的保管

1. 化工危险品

化工危险品大概分为九大类。

（1）爆炸性物品。

（2）氧化剂。

（3）遇水燃烧物品。

（4）压缩气体和液化气体。

（5）易燃液体。

（6）易燃固体。

（7）腐蚀性物品。

（8）毒害性物品。

（9）放射性物品。

以上九类危险物品大都具有怕热、怕摩擦、怕水及有腐蚀性等危险特性。

危险品仓库的设置必须远离四周其他建筑物。危险品仓库的建筑形式很多，要根据危险品的不同性能来建造或选择适宜的储存场所。

2. 危险品仓库管理要求

对危险品进行装卸、搬运、堆码及保管、养护，必须采取科学的方法。危险品仓库管理一般要求做到以下几点：

（1）化工危险品的出入库管理。商品出库时，提货车辆和提货人员一般不得进入存货区，由商场仓库搬运人员将应发商品送到货区外的发货场。柴油车及无安全装置的车辆不得进库区，提货车辆装载有抵触性物品的，不得进入库区拼车装运。

商品出库必须包装完整，重量正确，并标有符合商品品名和危险提示的明显标记。

在商品入库阶段，必须防止不合格和不符合安全储存要求的商品混运进库，这是把住危险商品储存安全的第一关。商品入库要检查商品包装、衬垫、封口等，符合安全储存要求，才准许搬运入库。

（2）化工危险品的分区分类储存。易爆、易燃、助燃、毒害、腐蚀、放射等类商品性质各异，商品如有互相影响或抵触的性质，必须分区隔离储存。即使同类商品，其性质互不抵触，但也应视其危险性的大小和剧缓程度进行分储。根据仓库建筑、设备和水源与消防条件，适当划分各类化工危险品的货区、货段和货位。区与区、仓与仓、垛与垛之间，要有一定的安全间距。划定的货区、货段和货位，应进行货位编号。

化工危险品在储存过程中，要根据商品特性加强温湿度的控制与调节。

（3）化工危险品的堆码苫垫。化工危险品应以库房储存为主，堆码不宜过高过大，货垛之间要留出足够宽的走道，墙距也应较宽。一般堆垛高度，液体商品以不超过2米为宜，固体商品以不超过3米为宜。

库房存放怕潮商品，垛底应适当垫高，露天存放更应垫高防水。同时，应视商品性质选择适宜的苫盖物料。如硫黄等腐蚀性商品，不宜用苫布盖，以用苇席盖为妥。

储存化工危险品用过的苫垫物料，需要调剂使用时，要经刷洗干净后再用。

（4）化工危险品的安全装运。化工危险品的装卸、搬运，必须轻装轻卸，使用不发生火花的工具（用铜制的或包铜的器具），禁止滚、摔、碰、撞、重压、震动、摩擦和倾斜。对怕热、怕潮的危险品，在装运时应采取必要措施。

装卸场地和道路必须平坦、畅通；如夜间装卸，必须有足够光度的安全照明设备。在装卸、搬运操作中，应根据商品性质和操作要求，穿戴相应合适的防护服具。腐蚀性商品仓库附近应设水池或冲洗设备，便于操作中万一包装破裂、人身沾染时，迅速浸水及冲洗予以解救。

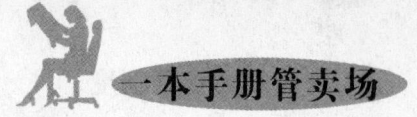

第二章｜商品储运管理制度

第一节　仓库安全管理制度

第一，严格执行商场安全保卫的各项规章制度。仓库安全工作要贯彻预防为主的方针，做好防火、防盗、防汛、防工伤事故出现的工作。

第二，建立健全各级安全组织，做到制度上墙、责任到人、逐级把关、不留死角，本着谁主管谁负责、宣传教育在前的原则，坚持部门责任制。

第三，若库区配备各种消防器材和工具应按商场内规定执行，不得私自挪用。

第四，严禁各种危险品、车辆、油料、易燃品进入库区。

第五，仓库区域内严禁烟火和明火作业，确因工作需要动用明火，按商场有关安全保卫规定执行。

第六，加强用电管理。建立班前班后检查记录制度，做好交接检查的详细记录。

第七，加强对商场门、窗、锁的管理，出现问题及时向有关部门汇报，及时采取措施。末班人员下班后，将钥匙交到保卫部门，方可离去。

第八，做好来宾登记工作，严禁夜间留宿。特殊情况须报商场保卫部备案。

若因违反以上各款规定而造成商品损失，按商场有关规定处理。

第二节　仓库的消防安全规定

1. 仓库的消防安全工作重点

仓库防火工作要突出重点。根据企业法人代表是安全第一责任人的规定，仓库要按照"谁主管谁负责"的原则，成立防火安全领导小组，全面负责仓库的消防安全工作。其重点是：

（1）建立以岗位责任制为中心的三级防火责任制，把防火安全工作具体落实到各部门和责任人。

（2）建立健全商场各项安全管理制度和操作规程。

（3）对职工进行安全生产教育，做到考核合格持证上岗。

（4）根据仓库规模，组建专职和义务消防组织，承担职责范围内的消防工作。

（5）开展安全检查，消除事故隐患，落实验收整改措施。

（6）及时处理安全事故，做到"三不放过"，即事故责任不清不放过；事故分析不清不放过；责任人和员工没有受到教育不放过。

2. 消防器材的配置

（1）配置消防设施与器材。仓库应当按照国家有关消防技术规范，设置、配备消防设施和器材。消防设施包括水塔、水泵、水池、消防供水管道、消火栓、消防车和消防泵等；消防器材主要是各种类型灭火器、沙箱、大小水桶、斧、钩等。这些设施与器材，商场应设专人管理，并负责检查、维修、保养、更换和添置，保证完好有效，严禁圈占、埋压和挪用。

消防器材应当设置在明显和便于取用的地点，周围不准堆放商品和杂物。库区的消防车道和仓库的安全出口、疏散楼梯等消防通道，也严禁堆放物品。

（2）几种重要的灭火剂和消防器材。仓库应当根据商品性质，正确选用适宜的灭火剂、消防器材和扑救方法，以便有效地防止火灾事故的扩大和蔓延。

①水。仓库消防的主要灭火剂就是水。水在灭火时有显著的冷却和熄灭作用，水能使某些物质的分解反应趋于缓和，并能降低某些爆炸物品的爆炸能力；当水形成柱状时，有一股冲击力，能破坏燃烧结构，把火扑灭。水还可以冷却附近其他易燃物质，防止火势的蔓延。但是水能导电，对电气装备不能用水来灭火，水更不能用于对水有剧烈反应的化学危险品的灭火，也不能用于比水轻、溶于水的易燃流体的灭火。

②沙土。沙土是一种廉价的灭火物质。沙土，能覆盖在燃烧物上，可隔绝空气，从而使火熄灭。沙土可以扑救酸碱性物资的火灾和过氧化剂及遇水燃烧的流体和化学危险品的火灾。但要注意不可用沙扑救爆炸物品，对易爆物要用冷却法，即用旧棉被或旧麻袋，用水浸湿覆盖在燃烧物上。

③灭火器是一种轻便、易用的消防器材，其种类较多，如泡沫灭火器、二氧化碳灭火器、干粉灭火器等。

泡沫灭火器适宜于扑救汽油、煤油、柴油、苯、香蕉水、松香水等易燃流体的火灾，提取灭火器时要注意不要将筒身过度倾斜。

二氧化碳灭火器最适宜扑灭电器、精密仪器、电子设备、珍贵文件、小范围的油类等发生的火灾，但不宜用于金属钾、钠、镁等的灭火。

干粉灭火器适用于扑灭油类、可燃气体、电气设备等的火灾，其优点在于：无毒、无腐蚀、灭火速度快。

3. 仓库的防火措施

预防火灾是一项系统工程，涉及仓库工作的方方面面。

按照相关规定，商场仓库保管员应当熟悉储存物品的分类、性质、保管业务知识和防火安全制度，了解掌握消防器材的操作使用和维护保养方法，做好本岗位的防火工作。

对仓库新职工应当进行仓储业务和消防知识的培训，经考试合格，方可上岗

作业。

相关规定还对商品的储存和装卸过程、电器管理和火源管理等有许多具体的防火规定，仓储部门要认真贯彻执行。

除此之外，仓库还应在组织领导、建筑设计、电气设备的安装使用、商品的储运、装卸搬运、堆码改装、车辆运行、火源控制、库内外环境、报警及灭火方式选择、职工教育培训等方面进行综合治理和部署，采取有效的防火措施，才能防患于未然。

4. 扑灭火灾的原理

燃烧产生的三个必备条件：

（1）要有可燃物质，如火柴、草料、棉花、纸张、油品等。

（2）要有助燃物质，一般指空气中的氧和氧化剂。

（3）要有火源，凡能引起可燃物质燃烧的热能源都叫火源，如明火、电气火、摩擦冲击产生的火花、静电产生的火花、雷电产生的火花、化学反应（包括商品本身自燃、遇水燃烧和与性能相抵触的物质接触起火）等。

必须同时具备以上三个条件，并互相结合，相互作用，燃烧才能发生。因此防火和灭火的基本原理和一切防火措施都是为了破坏已经产生的燃烧条件，即主要采取隔离、窒息、冷却的办法，除掉由于三个条件造成燃烧的任何一个条件，使火熄灭。

能引起火灾的火源多种多样，大致可以分为直接火源和间接火源两大类。

直接火源主要有三种：

第一，明火。明火指生产、生活用的炉火、灯火、焊接火，以及火柴、打火机的火焰、香烟头等。

第二，电火花。电火花指电气设备产生的电火花，能引起可燃物质起火。

第三，雷电。雷电是瞬时间的高压放电，能引起任何可燃物质的燃烧。

间接火源主要有两种：

第一，加热引燃起火。如棉布、纸张靠近灯泡，木板、木器靠近火炉烟道容易被烤焦起火等。

第二，商品本身自燃起火。指在既无明火、又无外来热源的条件下，商品本身自行发热而起火。

5. 基本的灭火方法

（1）冷却法。冷却法就是把燃烧物的温度降低到其燃烧点以下，使之不能燃烧。水、酸碱灭火器、二氧化碳灭火器等均有一定的冷却作用。

（2）窒息法。窒息法就是使燃烧物与氧气隔绝，使火熄灭。如黄沙、湿棉被、四氯化碳灭火器、泡沫灭火器等，都是用隔绝空气方法灭火的。

（3）拆移法。拆移法又叫隔离法，即搬开、拆除可燃烧的东西，使火不能蔓延。

（4）遮断法。遮断法就是将浸湿的麻袋、旧棉被等物遮盖在火场附近的其他易燃物和未燃物上，防止火势蔓延。

（5）分散法。分散法就是将集中的物资迅速分散，孤立火源，一般用于露天仓库，大型仓库内也可以采用。

第三节 存货管理制度

商场存货管理包括仓库管理作业和盘点作业两种。

1. 仓库管理作业

仓库管理是指商品储存空间的管理。仓库管理作业应注意的问题有：

（1）库存商品要进行定位管理，其含义与商品配置图表的设计相似，即将不同的商品按分类、分区域管理的原则来存放，并用货架放置。仓库内至少要分为三个区域：第一，大量存储区，即以整箱或栈板方式储存；第二，小量存储区，即将拆零商品放置在陈列架上；第三，退货区，即将准备退换的商品放置在专门的货架上。

（2）区位确定后应制作一张配置图，贴在仓库入口处，以便利存取。小量储存区应尽量固定位置，整箱储存区则可弹性运用。若储存空间太小或属冷冻（藏）库，也可以不固定位置而弹性运用。

（3）储存商品不可直接与地面接触。一是为了避免潮湿；二是由于生鲜食品有卫生规定；三是为了堆放整齐。

（4）要注意仓储区的温湿度，保持通风良好，干燥。

（5）仓库内要设有防水、防火、防盗等设施，以保证商品安全。

（6）商品储存货架应设置存货卡，商品进出要注意先进先出的原则。也可采取色彩管理法，即每周或每月采用不同颜色的标签，以明显识别进货的日期。

（7）仓库管理人员要与订货人员及时进行沟通，以便到货的存放。此外，还要适时提出存货不足的预警通知，以防缺货。

（8）仓储存取货原则上应随到随存、随需随取，但考虑到效率与安全，有必要制订作业时间规定。

（9）商品进出库要做好登记工作，以便明确保管责任。但有些商品（如冷冻、冷藏商品）为讲究时效，也采取卖场存货与库房存货合一的做法。

（10）仓库要注意门禁管理，不得随便入内。

2. 盘点作业

盘点的结果可以说是一份商场经营绩效的成绩单。通过盘点作业可以计算出商场真实的存货量、费用率、毛利率、货损率等经营指标。

（1）盘点目的。盘点目的主要有两个：一是控制存货，以指导日常经营业务；二是掌握损益，以便真实地把握经营绩效，并尽早采取防范措施。

（2）盘点原则。一般是每月对商品盘点一次，并由连锁总部所设的盘点小组负

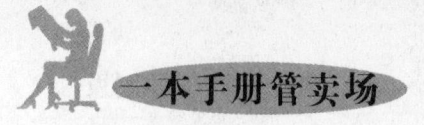

责各商场的盘点工作。为了确保商品盘点的效率，应坚持三项原则：

①售价盘点原则，即以商品的零售价作为盘点的基础，库存商品以零售价金额控制，通过盘点确定一定时期内的商品益损和零售差错。

②即时盘点原则，即在营业中随时进行盘点，"停止营业"以及"月末盘点"并不一定才是正确的盘点，超市（尤其是便利商店）可以在"营业中盘点"，且任何时候都可以进行。

③自动盘点原则，即利用现代化技术手段来辅助盘点作业，如利用掌上终端机可一次完成订货与盘点作业，也可利用收银机和扫描器来完成盘点作业。

（3）盘点作业流程。一是做好盘点基础工作；二是做好盘点前准备工作；三是盘点中作业；四是盘点后处理。

（4）盘点基础工作。盘点基础工作包括：盘点方法、账务处理、盘点组织、盘点配置图等内容。

①盘点方法。盘点方法可从以下四个方面来划分：

一是以账或物来区别，可分为账面存货盘点和实际存货盘点。账面存货盘点是指根据数据资料，计算出商品存货的方法；实际存货盘点是针对未销售的库存商品，进行实地的清点统计，清点时只记录零售价即可。

二是以盘点区域来区别，可分为全面盘点和分区盘点。全面盘点是指在规定的时间内，对店内所有存货进行盘点；分区盘点是指将店内商品以类别区分，每次依顺序盘点一定区域。

三是以盘点时间来区别，可分为营业中盘点、营业前（后）盘点和停业盘点。营业中盘点就是"即时盘点"，营业与盘点同时进行；营业前（后）盘点是指开门营业之前或打烊之后进行盘点；停业盘点是指在正常的营业时间内停业一段时间来盘点。

四是以盘点周期来区别，可分为定期和不定期盘点。定期盘点是指每次盘点间隔时间相同，包括年、季、月度盘点每日盘点、交接班盘点。不定期盘点是指每次盘点间隔时间不一致，是在调整价格、改变销售方式、人员调动、意外事故、清理仓库等情况下临时进行的盘点。

②账务处理。超市与便利商店由于商品种类繁多，各类商品的实际成本的计算有一定的困难，所以一般采用"零售价法"来进行账面盘点。其计算公式是：

账面金额＝上期库存零售额＋本期进货零售额－本期销售金额＋本期调整变价金额

③盘点组织。盘点工作一般都由店铺自行负责，总部则予以指导和监督。但随着连锁规模的扩大，盘点工作也需要专业化，即由专职的盘点小组来进行盘点。盘点小组的人数依营业面积的大小来确定，一般来说，500平方米左右的超市，盘点小组至少要有6人，作业时可分三组同时进行。盘点小组均于营业中进行盘点，如采用盘点机（掌上型终端机）进行盘点，6人小组一天可盘1～2家超市，盘点后应

将所获得的资料立即输入电脑，并进行统计分析。确立了盘点组织之后，还必须规划好当年度的盘点日程，以利事前准备。

④盘点配置图。商场开业前所设计的卖场商品配置图和仓库存货配置图可作为盘点之用。但在盘点时还应另外制作一张配置图，应包括卖场的设施（冷冻冷藏柜、货架、大陈列区等）、后场的仓库区、冷冻冷藏库等，凡商品储存或陈列之处均要标明位置，以便分区负责实施盘点作业。其运作办法是：确定存货及商品陈列位置；根据存货位置编制盘点配置图；对每一个区位进行编号；将编号做成贴纸，粘贴于陈列架的右上角。做好了上述工作之后，就可以详细地分配责任区域，以便使盘点人员确实了解工作范围，并控制盘点进度。

⑤奖惩规定。商品盘点的结果一般都是盘损，即实际值小于账面值，但只要盘损在合理范围内应视为正常。商品盘损的多寡，可表现出店内从业人员的管理水平及责任感，所以有必要对表现优异者予以奖励，对表现较差者予以处罚。一般的做法是事先确定一个盘损率，即盘损金额÷（期初库存＋本期进货），当实际盘损率超过标准盘损率时，商场各类人员都要负责赔偿；反之，则予以奖励。

（5）盘点前准备。盘点前，除应了解公司总部所确立的盘点基础工作规范外，还必须做好盘点前的准备工作，以利于盘点作业顺利进行。盘点前准备工作包括以下几个方面。

①人员准备。由于盘点作业须动用大批人力，通常盘点当日应停止任何休假，并于一周前安排好出勤计划。

②环境整理。环境整理工作一般应在盘点前一日做好，包括：检查商场各个区位的商品陈列及仓库存货的位置和编号是否与盘点配置图一致；整理货架上的商品；清除不良品，并装箱标示和作账面记录；清除卖场及作业场死角；将各项设备、备品及工具存放整齐。

③准备好盘点工具。若使用盘点机盘点，须先检查盘点机是否可正常操作；如采用人员填写方式，则须准备盘点表及红、蓝色圆珠笔（为区别初盘、复盘及抽盘），如表11-1所示。

表11-1　盘点表

部门别：　　　工作序号：　　　货架编号：

品号	品名	规格	数量	零售价	金额	复点	抽点	差异
小计								

抽点：　　　　　复点：　　　　　初点：

④告知顾客。盘点若在营业中进行，可通过广播来告知顾客；若采用停业盘点，则最好在三天前以广播及公告方式通知顾客。

一本手册管卖场

⑤盘点前指导。盘点前最好对盘点人员进行必要的指导，如盘点要求、盘点常犯错误及异常情况的处理办法等。

（6）盘点工作分派。在进行盘点工作时，商品管理人员不宜自行盘点，但由于品项繁多、差异性大，不熟识商品的人员进行盘点难免会出现差错，所以在初盘时，最好还是由管理该类商品的从业人员来实施盘点，然后再由后勤人员及部门主管来进行交叉的复盘及抽盘工作。盘点工作分派如表11-2所示。

表11-2 盘点区域分配表

姓名	盘点类别	区域代号	盘点单编号			盘点金额
			起	讫	张数	
合计						

（7）单据整理。为了尽快获得盘点结果（盘损或盘盈），盘点前应将进货单据、进货退回单据、变价单据、销货单据、报废品单据、赠品单据、移库商品单据及前期盘点单据等整理好。

（8）盘点中作业。盘点中作业可分为三种，即初点作业、复点作业和抽点作业。

①初点作业应注意：先点仓库、冷冻库、冷藏库，后点卖场；若在营业中盘点，卖场内先盘点购买频率较低且售价较低的商品；盘点货架或冷冻、冷藏柜时，要依序由左而右，由上而下进行盘点；每一台货架或冷冻、冷藏柜都应视为一个独立的盘点单元，使用单独的盘点表，以利按盘点配置图进行统计整理。

最好两人一组进行盘点，一人点，一人记；盘点单上的数据应填写清楚，以免混淆；不同特性商品的盘点应注意计量单位的不同；盘点时应顺便观察商品的保质期，过期商品应随即取下，并作记录。若在营业中盘点，应注意不可高声谈论，或阻碍顾客通行；店长要掌握盘点进度；做好收银机处理工作。

②复点作业应注意：复点可在初点进行一段时间后再进行，复点人员应手持初点的盘点表，依序检查，把差异填入差异栏；复点人员须用不同颜色圆珠笔填表；复点时应再次核对盘点配置图是否与现场实际情况一致。

③抽点作业应注意：抽点办法可参照复点办法。抽点的商品可选择卖场内死角，或不易清点的商品，或单价高、金额大的商品；对初点与复点差异较大的商品要加以实地确认。

（9）盘点后处理。盘点后处理工作主要有：

①资料整理。将盘点表全部收回，检查是否有签名，并加以汇总。

②计算盘点结果。在营业中盘点应考虑盘点中所出售的商品金额。

③根据盘点结果实施奖惩措施。

④根据盘点结果找出问题点，并提出改善对策。

⑤做好盘点的财务会计账务处理工作。

（10）其他盘点。盘点工作除了商品之外，还包括以下几个方面。

①用品（备品）盘点。在进行商品盘点时可顺便对保鲜膜、标签纸、购物袋、饮用纸杯等用品进行盘点。

②设备盘点。对设备应建立财产卡来进行管理，并每半年实地盘点一次，以了解各项设备的使用状况。

③人员盘点。要根据标准的人员编制表及绩效考核表，每季对人力资源使用情况进行一次清点。

④现金盘点。出纳人员应对门店的现金每天盘点一次，店长或会计主管每周至少抽查一次。

第四节　仓库温湿度管理规定

1. 温湿度管理概述

要做好仓库温湿度管理工作，首先要学习和掌握空气温湿度的基本概念以及有关空气温湿度的基本知识。

（1）空气温度。空气温度是指空气的冷热程度。

一般而言，距地面越近气温越高，距地面越远气温越低。

在仓库日常温度管理中，多用摄氏度表示，凡0摄氏度以下的数值，在前面加一个"－"，即表示零下多少摄氏度。

（2）空气湿度。空气湿度，是指空气中水汽含量的多少或空气干湿的程度。

表示空气湿度，主要有以下几种方法：

①绝对湿度。绝对湿度，是指单位容积的空气里实际所含的水汽量（一般以克为单位），用克/立方米来表示。

温度对绝对湿度有着直接影响。一般情况下，温度越高，水汽含量越多，绝对湿度就越大；相反，绝对湿度就小。

②饱和湿度。饱和湿度，是表示在一定温度下，单位容积空气中所能容纳的水汽量的最大限度。如果超过这个限度，多余的水汽就会凝结，变成水滴。此时的空气湿度便称为饱和湿度。

空气的饱和湿度不是固定不变的，它随着温度的变化而变化。温度越高，单位容积空气中能容纳的水汽量就越多，饱和湿度也就越大。

③相对湿度。相对湿度，是指空气中实际含有的水汽量（绝对湿度）距离饱和状态（饱和湿度）程度的百分比。即在一定温度下，绝对湿度占饱和湿度的百分比数。相对湿度用百分率来表示。公式为：

相对湿度＝绝对湿度/饱和湿度×100％

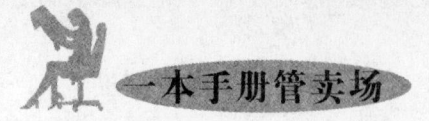

绝对湿度＝饱和湿度×相对湿度

相对湿度越大，表示空气越潮湿；相对湿度越小，表示空气越干燥。

空气的绝对湿度、饱和湿度、相对湿度与温度之间有着相应的关系。温度如发生了变化，则各种湿度也随之发生变化。

④露点。露点，是指含有一定量水蒸气（绝对湿度）的空气，当温度下降到一定程度时所含的水汽就会达到饱和状态（饱和湿度）并开始液化成水，这种现象叫做结露。水汽开始液化成水时的温度叫做"露点温度"，简称"露点"。如果温度继续下降到露点以下，空气中超饱和的水汽，就会在商品或其他物料的表面上凝结成水滴，此现象称为"水池"，俗称商品"出汗"。此外，风与空气中的温湿度有密切关系，也是影响空气温湿度变化的重要因素之一。

2. 库内外温湿度的变化

从气温变化的规律分析，一般在夏季降低库房内温度的适宜时间是夜间 10 点钟至次日晨 6 点钟，而降低湿度的适宜时间是上午 6 点钟至下午 4 点钟。当然，降温还要考虑到商品特性、库房条件、气候等因素的影响。

3. 仓库温湿度的控制与调节

（1）仓库温湿度的测定。测定空气温湿度通常使用干湿表。

在库外设置干湿表，为避免阳光、雨水、灰尘的侵袭，应将干湿表放在百叶箱内。百叶箱中干湿表离地面高度为 2 米，百叶箱的门应朝北安放，以防观察时受阳光直接照射。箱内应保持清洁，不放杂物，以免造成空气不流通。

在库内，干湿表应安置在空气流通、不受阳光照射的地方，不要挂在墙上，挂置高度与人眼平，1.5 米左右。每日必须定时对库内的温湿度进行观测记录，一般在上午 8—10 时，下午 2—4 时各观测一次。记录资料要妥善保存，定期分析，摸出规律，以便掌握商品保管的主动权。

（2）控制和调节仓库温湿度。为了维护仓储商品的质量，创造适宜于商品储存的环境，当库内温湿度适宜商品储存时，就要设法防止库外气候对库内的不利影响；当库内温湿度不适宜商品储存时，就要及时采取有效措施调节库内的温湿度。实践证明，采用密封、通风与吸潮相结合的办法，是控制和调节库内温湿度行之有效的办法。

①密封。密封，就是把商品尽可能严密地封闭起来，减少外界不良气候条件的影响，以达到安全保管的目的。

采用密封方法，要和通风、吸潮结合运用，如运用得当，可以收到防潮、防霉、防热、防溶化、防干裂、防冻、防锈蚀、防虫等多方面的效果。

密封保管应注意的事项有：

第一，在密封前要检查商品质量、温度和含水量是否正常，如发现生霉、生虫、发热、水淞等现象就不能进行密封。发现商品含水量超过安全范围或包装材料过潮，也不宜密封。

第二，要根据商品的性能和气候情况来决定密封的时间。怕潮、怕溶化、怕霉的商品，应选择在相对湿度较低的时节进行密封。

第三，常用的密封材料有塑料薄膜、防潮纸、油毡纸、芦席等。这些密封材料必须干燥清洁，无异味。

第四，密封常用的方法有整库密封、小室密封、按垛密封以及按货架、按件密封等。

②通风。通风是利用库内外空气温度不同而形成的气压差，使库内外空气形成对流，来达到调节库内温湿度的目的。当库内外温度差距越大时，空气流动就越快；若库外有风，借风的压力更能加速库内外空气的对流。但风力也不能过大（风力超过 5 级，灰尘较多）。正确地进行通风，不仅可以调节与改善库内的温湿度，还能及时散发商品及包装物的多余水分。按通风的目的不同，可分为利用通风调温和利用通风散潮两种。

③吸潮。在梅雨季节或阴雨天，当库内湿度过高，不适宜商品保管，而库外湿度也过大，不宜进行通风散潮时，可以在密封库内用吸潮的办法降低库内湿度。

随着仓库管理水平的提高，现代商场仓库普遍使用机械吸潮方法。即使用吸湿机把库内的湿空气通过抽风机，吸入吸湿机的冷却器内，使它凝结为水排出。

吸湿机一般适宜于储存棉布、针棉织品、贵重百货、医药、仪器、电工器材和烟糖类等商品的仓间吸湿。

第五节　对储存商品霉变腐烂的防治方法

1. 常用易霉腐商品

凡是生物制品如植物的根、茎、叶、花、果及其制品，动物的皮、毛、骨、肌体、脏器及其制品，在适宜于菌类生长的条件下，都易发生霉变。矿产品、金属商品其本身虽不会发霉，但若沾染污垢或以生物为原料制成的附件、配件，在一定条件下，菌类也会生长。一般仓库中，主要有下列各类商品容易生霉：棉麻、纸张等含纤维素较多的商品；鞋帽、纸绢制品（含糨糊、浆料）等含淀粉的商品；皮毛、皮革、丝毛织物等含蛋白质较多的轻纺工业商品；鱼肉蛋乳及其制品等含蛋白质较多的食品商品；烟酒糖茶、干鲜果菜等含多种有机物的商品。

2. 商品霉腐的防治

（1）影响霉腐微生物生存的外界条件。

①水分和空气湿度。试验证明，只有当空气相对湿度达到75%以上时，多数商品的含水量才可能引起霉腐微生物的生长繁殖。因而通常把75%这个相对湿度叫做商品霉腐临界湿度。

所以，在储存环境的空气相对湿度低于75%时，多数商品不易发生霉腐。水

果、蔬菜等本身含水较多的食品，对湿度要求比一般商品高，储存适宜湿度为85％～90％，但温度不宜过高。

②温度。根据微生物对温度的适应能力，可将其分为低温性微生物、中温性微生物和高温性微生物。每一类型的微生物对温度的要求又分为最低生长温度、最适生长温度和最高生长温度。超过这个范围其生长会滞缓或停止。具体内容见表11－3。

表11－3 不同类型微生物对温度的要求

类型	最低限	最适温度	最高限
低温性微生物	0℃	5℃～10℃	20℃～30℃
中温性微生物	5℃	25℃～37℃	45℃～50℃
高温性微生物	30℃	50℃～60℃	70℃～80℃

在霉腐微生物中，大多是中温性微生物，最适生长温度为25℃～37℃，在10℃以下不易生长，在45℃以上停止生长。

③日光。日光对于多数微生物的生长都有影响。多数霉腐微生物在日光直射下经1～4小时即能大部分死亡。因此，要将商品存放于阳光能直射到的地方，但必须要放在阴暗地方的商品除外。

④溶液浓度。多数微生物不能在浓度很高的溶液中生长。因为浓度很高的溶液能使菌细胞脱水，造成质壁分离，使其失去活动能力甚至死亡。因此，盐腌和蜜饯食品一般不易腐烂。但也有少数微生物对浓度高的溶液有抵抗能力。

⑤空气成分——二氧化碳浓度。多数霉腐微生物特别是霉菌，需要在有氧条件下才能正常生长，在无氧条件下不形成孢子。二氧化碳浓度的增加不利于微生物生长，如果改变商品储存环境的空气成分，比如使二氧化碳逐渐增加，使氧逐渐减少，那么微生物的生命活动就要受到限制，甚至导致死亡。霉菌中的某种青霉和毛霉，当空气中的二氧化碳浓度达到20％时，死亡率就能达到50％～70％，二氧化碳在空气中达50％时则全部死亡。

（2）商品霉腐的防治。

①加强入库验收。易霉商品入库，首先应检验其包装是否潮湿，商品的含水量是否超过安全水分。易霉商品在保管期间应特别注意，勤加检查，加强保护。

②加强仓库温湿度管理。要根据不同性质的商品，正确地运用密封、吸潮及通风相结合的方法，管好库内温湿度，特别在是梅雨季节，要将相对湿度控制在不适宜于霉菌生长的范围内。

③选择合理的储存场所。易霉商品应尽量安排在空气流通、光线较强、比较干燥的库房，并应避免与含水量大的商品储存在一起，防止发生霉腐。

④合理堆码，下垫隔潮。商品堆垛不应靠墙靠柱。

⑤商品进行密封。

⑥做好日常的清洁卫生。仓库里的积尘能够吸潮，容易使菌类寄生繁殖。

⑦化学药剂防霉。对已经发生霉腐但可以救治的商品，应立即采取措施，以免霉腐继续发展，造成严重损失。根据商品性质可选用晾晒、加热、消毒、烘烤、熏蒸等办法。

3. 仓库害虫

对仓库内害虫的防治，是搞好商品保管的一个重要的组成部分。

（1）仓库内害虫的来源。

①商品入库前已有害虫潜伏在商品之中。

②商品包装材料内隐藏害虫。

③运输工具带来害虫。车船等运输工具如果装运过带有害虫的粮食、皮毛等，害虫就可能潜伏在运输工具之中，再次感染到商品上来。

④仓库内本身隐藏有害虫。

⑤仓库环境不够清洁，库内杂物、垃圾等未及时清除干净，则可能有害虫。

⑥邻近仓库或邻近货垛储存的生虫商品，感染了没有生虫的仓库和商品。

⑦储存地点的环境影响。如仓库地处郊外，常有麻雀飞入、老鼠窜入，它们身上常常带有虫卵或虫体。田野、树木上的害虫也会进入仓库，感染商品。

（2）仓库内害虫的特性。

仓库内害虫大多来源于农作物，由于长期生活在仓库中，其生活习性逐渐改变，能适应仓库的环境而继续繁殖，并具有以下特性：

①适应性强。仓库害虫一般能耐热、耐寒、耐干、耐饥，并具有一定的抗药性。适宜仓库害虫生长繁殖的温度范围一般为18℃～35℃，仓库害虫在5～8月间生长繁殖最为旺盛，一般能耐38℃～45℃的高温。在10℃以下，大多数仓库害虫停止发育，0℃左右处于休眠状态，但不易冻死。大多数仓库害虫能生活于含水量很少的物品中，而且大部分仓库害虫能耐长时期的饥饿而不死。

②食性广杂。仓库害虫的口器发达，便于咬食质地坚硬的食物，大多数仓库害虫具有多食或杂食性。

③繁殖力强。由于仓库环境气候变化小，天敌少，食物丰富，活动范围有限，雌雄相遇机会多等原因，仓库害虫繁殖力极强。

④活动隐蔽。大多数仓库害虫体型很小，体色较深，隐藏于阴暗角落或在商品中蛀成"隧道"危害商品，不易被发现，寒冬季节又常在板墙缝隙中潜伏过冬。

4. 常见的仓库害虫

仓库害虫的种类很多，世界上已定名的有500多种。在我国发现有近200种，在仓储部门已发现危害商品的就有60多种，严重危害商品的达30多种。

5. 常见易虫蛀商品

容易虫蛀的商品，主要是一些由营养成分含量较高的动植物加工制成的商品。为了做好这类商品的虫害防治，现将它们遭受虫害情况介绍如下。

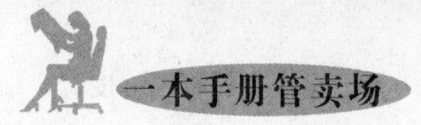

（1）毛丝织品与毛液制品。这类商品含有多种蛋白质，常见危害这类商品的害虫生长繁殖期是4～9月，其中以6～8月为盛。对温湿度要求：温度25℃～30℃，相对湿度70%～90%。

（2）竹藤制品。这类商品含纤维素和糖分，常见虫蛀，此类蛀虫性喜温湿，怕光，一般在4～5月发现成虫，最适生长繁殖的气温28℃～30℃，相对湿度70%～80%。

（3）纸张及纸制品。这类商品含纤维素和各种胶质、淀粉糊，常见的蛀虫喜温湿、阴暗环境。仓库中如有新鲜松木或胶料香味时，便容易诱集白蚁与衣鱼。危害严重季节：衣鱼在7～9月，白蚁一般在4～9月。

此外，常见虫蛀的商品还有烟叶和卷烟、干果等。这类商品含糖类、蛋白质、烟碱等物质。

6. 仓库害虫的防治

商品中发生害虫如不及时采取措施进行杀灭，常会造成严重损失。

（1）杜绝仓库害虫来源。要杜绝仓库害虫的来源和传播，必须做好以下几点：

①商品原材料的杀虫、防虫处理。

②入库商品的虫害检查和处理。

③仓库的环境卫生及备品用具的卫生消毒。

（2）药物防治。使用各种化学杀虫剂，通过喂毒、触杀或熏蒸等方法杀灭害虫，是当前防治仓库害虫的主要措施。常用的防虫、杀虫药剂有以下几种：

①驱避剂。常用驱避剂药物有对位二氯化苯、樟脑精（合成樟脑）等。

②杀虫剂。杀虫剂主要通过触杀、喂毒方法杀灭害虫。触杀剂和胃毒剂很多，常用于仓库及环境消毒的有敌敌畏、敌百虫等。

③熏蒸剂。常用的有氯化苯、溴甲烷、磷化铝、环氧乙烷和硫黄等。熏蒸方法可根据商品数量多少，结合仓库建筑条件，酌情采用整库密封熏蒸、帐幕密封熏蒸、小室密封熏蒸和密封箱、密封缸熏蒸等形式。但是，上述几种熏蒸药剂品均系剧毒气体，使用时必须严格落实安全措施。

仓库害虫的防治方法，除了药物防治外，还有高、低温杀虫，缺氧防治，辐射防治以及各种合成激素杀虫等。

第六节　对储存金属商品锈蚀的防治方法

1. 金属商品锈蚀的原因

金属锈蚀的原因有很多，有的属于化学锈蚀，有的则属于电化学锈蚀。就金属锈蚀的原因分析，既有金属本身的因素，也有大气中各种因素的影响。

（1）金属材料本身的原因。金属材料在组织、成分、物理状态等方面存在着各种各样的不均匀性和热、冷加工而产生的不均匀性，从而引起电极电位不均而影响或加速锈蚀。

（2）大气中的因素。金属商品锈蚀与外界因素有直接关系。如受温度、湿度、氧、有害气体、商品包装、灰尘等的影响。

2. 金属商品的防锈

金属商品的防锈，主要是针对影响金属锈蚀的外界因素进行的。

（1）控制和改善储存条件。金属商品储存的露天货场，要尽可能远离工矿区，特别是化工厂，应选择地势高、不积水、干燥的场地。

较精密的五金工具、零件等金属商品必须在库房内储存，并禁止与化工商品或含水量较高的商品同库储存。

（2）涂油防锈。在金属商品表面涂（或浸或喷）一层防锈油脂薄膜，金属商品就不易生锈。

防锈油分为软膜防锈油和硬膜防锈油两种。软膜防锈油防锈能力稍差，但容易用有机溶剂清除；硬膜防锈油防锈能力强，但油膜不易清除。软膜防锈油的使用有按垛油封、按包油封、个体油封三种。硬膜防锈油多用于露天存放的钢材，以喷涂为佳。防锈油都具有易燃成分和一定的毒性。

（3）气相防锈。利用一些具有挥发性的化学药品，在常温下迅速挥发，并使空间饱和。它挥发出来的气体物质吸附在金属制品表面，可以防止或延缓金属商品的锈蚀。

3. 金属商品的除锈

目前除锈的方法大体有手工除锈、机械除锈和化学除锈三种。

（1）手工除锈。主要是进行擦、刷、磨以除去锈迹。

（2）机械除锈。常见的有滚筒式除锈、抛光机除锈等。

（3）化学除锈。化学除锈是利用能够溶解锈蚀物的化学品，除去金属制件表面上锈迹的方法。

化学除锈液一般由两部分组成：一部分是溶解锈蚀物，大多是采用无机酸，其中磷酸使用得最多，因为它的腐蚀性较小。另一部分是对金属表面起钝化（保护）作用的铬酸等。金属商品的化学除锈主要是在各种酸液中进行，也称"酸洗"。

第七节 商品发运制度

商品发运是商品运输的开始。

商品运输包括商品发运、商品接收、运输中转和商品验收四个环节。加强商品发运的管理，使商品准确及时地发运出去，可以缩短商品的在途时间，是组织商品合理运输的一项重要内容。

商场商品发运，是指商场将商品交付给承运单位，委托运往指定地点的业务活动。按照业务性质的不同，商场商品发运可以分为两类：一类是采取提货制，将购进的商品从供货单位发往本商场；一类是采取送货制，将售出的商品从商场发往购货单位。不管是哪一类型的商品发运，在选定运输工具和运输路线后，发运商品前都必须做好以下准备工作：

1. 确定押运人员

为了及时处理运输途中可能发生的问题，商品运输必须配备押运人员，并加强与运输部门的联系，保证商品安全、及时、准确地运达目的地。

2. 搞好商品包装，准备发运物料

为了保证商品的合理装载和运输安全，可根据商品的性能和运输工具的特点实行定型装载。按照装载要求进行商品的运输包装，备齐绳索、苫布、罩网等运输物料。

3. 联系确定货场和进场日期

商品从专用线或专用码头装载启运时，要事先联系好货位场地和商品进入货场的时间，以便将商品及时运达启运站或码头待运。

4. 做好商品装车启运

安排好短途搬运和装卸力量，衔接好商品的待运与装车启运环节，将商品按时运入货场，装车启运。

商场发运商品要注意以下几点：

（1）发运商品时，必须按要求认真、准确、完整、清晰地填写货物运单。

（2）为确保商品的运输安全，商品装车以前，应检查运输工具的安全措施。托运食品等怕污染的商品时，还应检查运输工具的卫生情况。

（3）交接商品。托运单位向承运方填交货物运单后，商品由承运部门负责装车的，应及时将商品运进车站、港口指定的货位，经承运方验收后，办理货物的交接手续。如果商品由托运方自行装车，待装载完毕，托运方封车封船交给承运方。

（4）填制商品运输交接单。商品运输交接单是发货单位与收货单位或中转单位之间的商品运输交接凭证，也是收货方支付货款和掌握在途商品情况的依据。

（5）做好发货预报工作，通知收货单位，以便对方及早做好商品接收或中转分运的准备工作。

第八节　商品接收制度

商品接收是商品运输的中间环节。

商品接收是指商品运达指定地点后，收货单位组织人力、物力，向运输部门领取商品的一系列业务活动。商场组织商品接收工作时，应做到速度快、验收严、责任明确、手续清楚。

收货单位接到商品到达预报或到货通知后，要做好接收前的有关准备工作，保证各项接收工作的紧密衔接。

1. 做好商品的接收准备工作

明确船号、车次、到货时间和商品的品名、数量，以便根据商品的类别、数量的大小，组织相应的人力、物力，及时地进行商品的接收工作。

2. 妥善安排好短途搬运力量和仓容、货位

商场接收需要入库的商品时，一方面要组织好短途搬运的人力和工具；另一方面要安排好仓容和货位，保证商品能够及时验收入库。商场自己卸货的，还要准备好卸货的力量。

3. 做好商品就车站码头分运工作的衔接

商品不可能完全实行直达直运，往往采取就车站码头分装直拨的办法来达到直达运输的目的。商场接收需要分装直拨的商品时，应与各收货单位联系，安排分运的运输工具和商品装卸力量。

4. 安排好商品的中转运输

中转运输，是指商品在运输途中，需要中途改换运输工具，进行换装和重新办理托运手续的业务活动。商场接收商品需要随时办理中转业务的，必须衔接运输计划，做好运输工具、装卸搬运力量、仓库、货场的安排和补包换包等准备工作。

商场接收商品时应注意：

（1）凭货物领取通知单和有关证件，在规定日期内提货，防止因延期提货被罚停滞费。

（2）接收商品时，应派专人到交接场地，会同承运部门清点商品，并做好接收记录。商品交接，应逐件进行清点验收，检查包装是否完好无损，单货是否相符。如发现包装破损，商品污染、变质、短少等情况，应会同承运部门及有关人员，详细清点，如实记录，以便调查处理。

（3）交接手续办完后，要将运输交接单回执在五天内盖章交回发货或中转单位，并持货物搬运证将商品运回。

（4）分清责任，及时处理运输事故。

5. 商品运输责任的划分原则

商品运输责任的划分原则有以下几点。

（1）商品在承运单位承运前发生的损失，由发货单位负责。

（2）商品运达目的地、办完交接手续后发生的损失，由商场方负责。

（3）商品自办完承运交接手续时起，至交付给收货单位时止，发生的损失由承运方负责。但是，承运单位不予负责由于自然灾害、商品本身性质以及发货、收货、中转单位工作差错造成的损失。

为了正确分析事故产生的原因和进行处理，运输部门要对发生的事故进行记录，

商场可以根据"事故记录"办理索赔。一般索赔期为 180 天。商场在规定期限内申请索赔时，应先向到站货运管理部门索取索赔要求书，填写后连同货运记录（承运单位造成的事故记录）、货物清单、商品调拨单、价格证明单等有关证件，送交到站货运管理部门，自己留存赔偿要求书收据。待运输部门同意赔偿后，再去领取赔偿款。如果发生的事故并非运输部门责任，商场应在收货后的 15 天内提出查询，并附上有关证件（承运部门普通记录、装箱单等）。查询的顺序是由中转单位（中转运输的商品）到发货单位。必要时，应派专人到现场调查处理。

6. 收货单位与承运单位办理商品交接的手续

收货单位与承运单位的商品交接手续有以下几点。

（1）凡是由承运方卸货的，在其仓库、货场交接验收。

（2）不是专用线或专用码头，由商场方卸货的，商场方与承运方共同拆封监卸。

（3）在专用铁路线卸货的，棚车可凭铅封交接，敞车可凭外部状态确定是否完整交接。

第九节　商品运输管理制度

本着"安全、及时、准确、经济"的原则，按照运输车辆集中管理、分散使用相结合的办法加强商品运输管理。以加速实现商品的流通，使商品运输合理化。

一、商品运输的任务

商场商品运输工作，一般由商场储运部统一负责管理，其具体任务是：

（1）按照商品运输的管理内容，安排商品的运输、提货、验货，商品的交接、查询和索赔。

（2）合理发排、使用商品运输工具，建立健全各项管理制度。

二、商品运输工作范围

（1）送货上门运输。

（2）商品移库运输。

（3）商品入库运输。

（4）商品下站运输。

（5）商品上站运输。

三、商品运输工作程序

1. 货物通知、提货和装运

（1）商场调度员接到货运通知和登记时，要验明各种运输单据，及时安排接货。

（2）商场调度员按商品要求、规格、数量填写运输派车单交运输员。

（3）商场运输员领取任务后，需认真核对各种运输单据，包括发票、装箱单、提单、检验证等。问明情况，办理提货。

（4）提货。

①商场运输员提货时，首先按运输单据查对箱号和货号；然后对施封带、苫盖、铅封等进行认真检查；确信无误后，由运输员集体拆箱并对商品进行检验。

②商场提取零担商品时需严格检查包装质量。对开裂、破损包装内的商品要逐件地检验。

③商场提取特殊贵重商品要逐个进行检验，注意易燃、易碎商品有无异响和破损的痕迹。

④提货时做好与货运员现场交接和经双方签字的验收记录。

⑤对包装异常等情况，要做出标记，单独堆放。

⑥在提货过程中发现货损、货差、水渍、油渍等问题要分清责任，并向责任方索要"货运记录"或"普遍记录"，以利办理索赔。

（5）装运。

①商场运输员在确保票实无误，或对出现的问题处理后，方可装车。

②装车要求严格按商品性质、要求，堆码层数的规定，平稳装车码放；做到喷头正确、箭头向上，大不压小，重不压轻，固不压液；易碎品单放；散破包装在内，完好包装在外；苫垫严密，捆扎牢固。

2. 商品运输、卸货与交接

（1）商场运输员必须按规定地点卸货。如货运方有其他要求需向调度员讲明，以便重新安排调整。

（2）卸货时按要求堆放整齐，方便点验；喷头向外，箭头向上，高矮件数一致。

（3）定位卸货要轻拿轻放，根据商品性质和技术要求作业。

（4）交货时，商场运输员按货票向接货员一票一货交代清楚，并由商场接货员签字，加盖货已收讫章。

（5）货物移交后，商场运输员将由接货员在临时入库通知单或入库票上签字、盖章的票据交储运业务部。业务部及时转各商店办理正式入库手续。

（6）若运输货物移交有误，要及时与有关部门联系。

需要说明的是，运输任务完成后，商场运输员需在派车单上注明商品情况，连同铅封交收货单位。在运输中，因商场运输人员不负责任发生的问题，按商场内有关规定处理。

四、商品运输安排与申报

（1）凡直接由专营商店转来的提单，均由商场储运部根据业务需要合理安排运输。

（2）本市商品原则上2天内运回，最迟不超过3天。

（3）凡有上站业务的专营商店，须提前到商场储运部办理运输手续，如实登记发运货物品名、规格、数量、性质、收货单、地点、联系人、电话、邮政编码、时

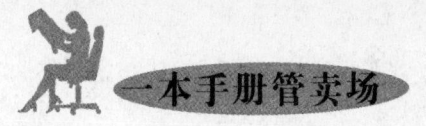

间和要求等，并填写清楚。

（4）凡采用公路运输的部门，需组配好货物，提前2天申请用车计划。

（5）公路长途运输（1000千米以上）业务，需报商场总经理批准后执行。

五、运单的传递与统计

（1）传递运输单据要按传递程序进行。做到统计数字准确、报表及时。

（2）商场调度员要认真核对汽车运输单据，发现差错、遗漏和丢失要及时更正、补填。按规定时间交商场统计员。

（3）商场统计员根据运输单据，做好各项经济指标的统计、造册、上报与存档工作。

第十节　汽车运输管理制度

1. 汽车运输队

（1）储运部设汽车运输队。

（2）运输队对车组之间实行定额管理，单独成本核算。

（3）严格对车辆吨公里耗油的管理，实行月统计报表制度，并给予相应的奖励与处罚。

2. 汽车运输调度

（1）合理安排运输人员、时间、路线，减少在途商品资金的占压和损耗，加速资金周转，以免造成对流、迂回、倒流等不合埋运输。

（2）在全场运输任务紧张时，首先要保证下站货物和内外商品移库的运输；其次按业务轻重缓急的程度进行安排，确保企业经营正常运转。

3. 汽车运输安全

（1）汽车载物运输要按规定时速行驶。禁止运送国家规定的禁运品。

（2）运输长、大、重、超高、超宽货物需提前办理各种证件。需夜间运行要及时向领导讲明，确保行车安全。

（3）贵重商品运输和危险商品运输的安全，按有关制度办理。

（4）其他方面的安全问题，按车辆安全管理规定执行。

4. 汽车运输收费

商场汽车运输实行内部收费办法。

第十一节　储运机动车辆管理制度

一、机动车辆管理范围

（1）生产经营运输车辆。

（2）生活用班车。

（3）办公用车。

二、车辆管理的任务

（1）办理车辆的年检手续。

（2）编制车辆的改装、改造、更新、报废和购置计划。

（3）车辆的技术监督与检查工作。

（4）按规定办理车辆的各种车务手续。

（5）负责审批车辆的强制保养与送厂修理。

三、车辆管理的具体规定

1. 机动车辆与驾驶员统一管理

（1）机动车辆统一管理。特殊情况商场储运部对各部门使用的车辆有统一调配权。

（2）驾驶员统一管理内容：

①档案管理。

②证件手续办理。

③车辆运行手册和安全手册。

④年审工作。

⑤发生违章及事故的处理。

⑥安全教育与学习。

（3）报考驾驶员须由商场总经理审批后，由安委会负责办理。

2. 车辆的预防保养

本着预防为主的原则，有计划地对车辆进行保养，按照车辆保养的规章制度，严格进行保养。

（1）初驶保养：新车或大修车行驶 1500 千米后，按规定项目进行。

（2）例行保养：每日出车前、行驶中、收车后按规定项目检查保养。

（3）计划定程保养：

一级保养：车辆每行驶 2000 千米，按规定项目强制进行。

二级保养：车辆每行驶 2.5 万千米，按规定项目强制进行。

三级保养：车辆每行驶 4.5 万千米，按规定项目强制进行。

（4）换季保养：为保证季节变化后，车辆能可靠有效地工作。每年入冬入夏，实施换季保养，按规定作出强制进行。

（5）停驶保养：凡停驶封存车应解除负荷，定期进行清洁、除锈、防腐、检查发动、排除故障。尽量减少磨损，保持技术状况良好，以便随时可以启用。

3. 车辆的计划修理

（1）车辆修理的分类。

①车辆小修。即排除车辆在使用中的临时性故障，更换损坏的零部件、组合件、仪表以及局部损伤作业应迅速修复，使车辆投入运转，要求修理时间均为 3 天。

②总成修理：主要是基础和主要部件破裂磨损变形、需要全部分解，进行彻底修理，恢复其技术性能，应按车辆检验结果，填写车辆鉴定，排定修理计划，按修理工艺严格进行修复。

③车辆大修：按照规定行驶里程 12 万～15 万千米后，经商场储运部鉴定符合大修条件，按汽车大修进厂手续程序办理。

（2）车辆的各级保养与修理竣工接车后，应由送修部门填写车辆档案，交储运部存档。

（3）车辆的各级保养与修理计划，应按车辆检查结果和临时故障情况，由技安员负责制订和调整年、季、月、日保修计划。

（4）车辆进厂修理。

①车辆进厂修理的原则为本单位无力修理的大修、中修项目。

②进厂修理必须事先填报进厂修理申请单。经有关技术人员进行检验、鉴定，确认为修理项目后，由商场储运部批准方可送修。

③车辆进厂大修，应严格执行大修计划，需经商场主管经理、财务部审批后可执行。

④进厂修理记录，要按规定归档，以便保修期内出现问题时与厂家联系和日常的维修保养。

4. 车辆技术检验

（1）技术检验工作由技安员负责。

（2）检验人员必须坚持原则，严格把握工艺技术标准。

（3）对运输车辆每月进行一次技术检验与鉴定，排出质量级别，每月进行部分车辆抽查。抽查率不得低于 20%，检查结果记入车辆档案，并对检验出现的问题及时安装检修。

（4）车辆送厂大修竣工经检验符合标准后，方可接车，并取回修理记录归档。

（5）车辆在本单位修理，采取承修人自检与专职检验相结合的方法。修验后，填写修理记录，主修人签字后归档。

（6）必须按规定进行车辆年度技术检验，合格后将验车单归档。

（7）燃润油料、汽车零件及辅料的入库，应由仓库保管员负责。

5. 安全检查

（1）安全检查由技安员负责。

（2）职工安全技术教育的检查、考核，要填写职工技术档案。

（3）车辆每日出车前和收车后，驾驶员应对车辆进行全面的安全检查。

（4）每月由技安员负责组织对全部车辆的安全检查；检查项目包括制动、转向、灯光及车上所有设备完好情况；车载消防器材、月查记录在案。

（5）对安全隐患因素，要及时采取措施予以消除，确保车辆的安全运转。

6. 车辆技术经济定额

（1）经济定额。

①行车燃料消耗定额，是指车辆百公里所消耗燃料的定额，按各车型规定油耗定额。

②轮胎行驶里程定额，是指新轮胎从使用到报废的轮胎总行程里程定额。首先，国产轮胎行驶里程定额为国家年检合格标准。其次，进口轮胎行程里程定额为国家年检合格标准。

③大修间隔里程定额为 12 万～15 万千米。

④二、三级保养在修车日定额为 5 天。

⑤保养小修费用定额，按车行驶千米，每千米 5 分核算。

（2）各种指标。

①车辆完好率应达到 90％，完好率＝完好车数/实有车数。

②车辆利用率应达到 95％，利用率＝出勤车数/实有车数。

③行驶里程利用率应达到 60％，里程利用率＝重驶千米/总行驶千米

7. 车辆调度

（1）不派人情车，不派关系车。车辆调度安排，要坚持保证重点，兼顾一般的原则，要了解商场内商品到货情况，对商场组织的重大展销活动，做到心中有数。

（2）积极合理调度车辆。保证商场的重点商品、大宗货物的上下站，港口、机场，集散快件的到达发运。合理调配各商店用车，不得推诿延误派车。否则，因此造成的商品损失，由商场调度员负责。

（3）商场调度员要切实了解掌握各商店的货流信息规律及动态，了解运输任务的完成情况。定期到商店征求意见，不断改善运输管理，提高运输服务质量。

（4）调度员要准确计量、计程、合理收费，派车要认真、仔细核对票据，向运输员交代清楚。

（5）货运任务下达后，对车辆及人员安排要心中有数：

①知道车站、机场、仓库的情况。

②知道各条运输路线的情况。

③知道车辆设备情况。

④知道商品性质、规格、尺寸情况，科学安排运输作业。

（6）为增加商场运输经济效益，减少损耗减少空驶，提高里程和车辆利用率，要选择最佳路线和配货合理的运输方式。

（7）商场调度员应对每天的运输任务完成情况逐笔过问、验单，并做记录汇总。日清月结，转商场统计员。

（8）商场调度员对每月完成的货运量、吨公里指标及派车记录存根，按时填报表格，记录备案。

（9）商场调度员应与车队其他工作人员合作一致，密切配合，准确填报车辆运输公里情况，以便车队长和技安员及时对车辆进行维修，保养作业，确保车辆完好，正常投入运营。

8. 确保车辆安全

（1）认真贯彻"以防为主"的原则，建立健全安全管理体制及各种安全管理档案。

（2）及时传达上级管理部门的文件和会议精神，结合汽车队的实际情况，贯彻落实。

（3）坚持商场安委会规定的每周安全教育日活动，定期组织交通安全竞赛。

（4）定期对驾驶员进行交通安全的宣传教育及各种规章制度的考核。

（5）定期对运输工作进行总结，奖优罚劣。

（6）定期进行车辆检查，使车辆经常保持良好的技术状态。长途运输，必须对车辆严格检验，按规定执行长途运输任务。

（7）严格执行装卸操作规程，确保人员、车辆及货物的安全。

（8）在运输过程中要随时检查载运的货物，发现异常，及时采取措施。做到防雨、防火、防盗、防颠、防撞，保证货物完好无损地到达目的地。

（9）严格执行运输纪律，在长途运输中，不得非法捎脚运输。

（10）对事故本着三不放过的原则，即事故责任不清不放过；事故分析不清不放过；责任人和员工没有受到教育不放过。及时总结经验教训，减少和杜绝各种事故的发生。

（11）建立严格的车辆停放和出入停车场规定及严格的防火、防盗等安全措施。

第十二节　班车管理制度

班车管理是车辆管理的一部分，由储运部统一负责。

1. 行车安排与要求

（1）由储运部统一安排行车路线、发车班次、时间、中途停车站和发放乘车证。

（2）班车驾驶员除执行车辆管理有关规定，在行车中要做到不甩站，不改变行车路线，保证按时到达。每天要对车辆进行全面检查，保持车容卫生、整洁。

（3）驾驶员对乘车员工要热情服务，教育员工共同遵守交通法规和乘车规定。

2.乘车规定

（1）各路班车必须按行车执照核定人数，不得超员。

（2）本场员工要定员定车，不得乘其他线班车，非场员工不得随意乘车。

（3）乘车人员要按规定时间乘车，过时不候。

（4）因特殊原因班车不能按时到达时，乘车人员要及时改乘其他交通工具。

（5）班车迟到，一律按商场有关规定处理。

（6）各线班车车长，负责维护乘车秩序及车内卫生，有权检验乘车证和阻止非本车人员乘车。

（7）严禁乘车时吸烟，禁止随地吐痰、乱扔杂物，不准吃带皮核的食物。

（8）乘车人员要认真遵守交通法规，服从驾驶员、车长、民警的指挥，依次上下车，不得拥挤抢占座位，任何人无权改变行车路线和停车站点。

（9）凡违反上述规定者，车长、驾驶员有权对其劝阻批评或令其下车，因此造成的不良后果，按商场有关规定严肃处理。

第十三节 储运油料管理制度

商场机动车用油，统一由储运部管理。相关人员应遵守以下储运油料管理制度。

第一，所用油票，定期由储运采购员购入。每次购入的油票，交储运部财务办理正式入库手续。

第二，司机用油统一到储运部财务处领取，由财务处办理正式出库手续。

第三，各商店用油，由司机或指定专人，月初一次性领取所规定数量的油票，由财务处办理正式出库手续。

第四，储运部所属大小机动车辆，每次领取油票数量，大客车为100升，其他车辆为60升。

第五，储运部财务处每月按本部各车所用油量与实际行驶里程，负责计算月总耗油量，同时算出单车费用。

第六，各商店，因工作需要，要求增加油量时，可到储运部财务计价购买所需油票。

第七，提倡勤俭节约精神，开展节约竞赛，鼓励广大司机提高驾驶技术，节省油料。实行用油奖罚制度，凡节油者，按每升油价的30％给予奖励，凡无故超指标用油者，按每升油价的11％处罚。

第八，要合理使用油票，严禁倒卖非法获利，如有违反，严肃处理。

第十四节 贵重及危险品运输管理规定

1. 贵重及危险商品的范围

(1) 贵重商品的范围。

①黄金饰品、玉制品、玻璃器皿。

②精密仪器、电脑、高档家用电器。

③摄像、照相器材。

④美观昂贵的工艺制品。

⑤价值较高的皮毛制品。

⑥珍贵食品、补品、名贵药材。

(2) 危险商品的范围。

①食品类：烟、酒、茶等。

②百货类：打火机、杀虫剂、樟脑粉等。

③化妆类：香水、指甲油等。

2. 贵重及危险品运输要求

各商店在委托运输贵重和危险品时，需在货运单上注明"贵重"和"危险品"字样。交代清楚品种、数量及特运要求。

(1) 贵重商品运输要求。

①双方需认真查验货物及运输现场条件，确定合理运输方案。

②运输时应选派机械性能好的车辆和驾驶技术好的司机，指派作风正派、工作认真负责的人专门押运。

③设专人采取有效措施保护、监装、监卸。

④各商店应及时办理保险业务，出现问题好通知有关部门，报告上级领导，求得妥善解决。

⑤运输中不准停车。如遇特殊情况必须停车时，押运及保安人员应采取保护、监护措施，做好停车地点、时间、原因等情况记录，备查。

(2) 危险品运输要求。

①指派专车专人押运，严禁混装运输。

②押运员要掌握商品的危险性能，严格按操作规程作业，杜绝野蛮装卸。

③运输中需停车时，严禁吸烟或靠近高温明火场所。

④货物未交接清楚时，押运员不得离开现场。

凡因违反运输要求而造成商品损失，追究当事人责任，按商场有关规定处理。

第十五节　商品入库管理制度

1. 商品入库

商品入库，是仓库业务的开始，也是商品由采购进入保存的第一道环节。因此，要做好以下工作：

①商品入库必须票货同行，根据合法凭证收货，及时清点商品数量。收货员要审核运输员交给的随货同行单据，票货逐一核对检查，将商品按指定地点入库验收。

②商品入库必须按规定办理收货。商场收货员验收单货相符，要在随货同行联上签字，加盖"商品入库货已收讫专用章"之后，方可交运输员随车带回交给商场调度员。

③验收中发现单货不符、差错损失或质量问题，商场收货员应当立即与有关部门联系；并在随货同行联上加以注明，做好记录。经双方签字后，收货员方可在单上签字、盖章，带回交储运业务索赔员，按期办理查询事宜。

④同种商品不同包装或使用代用品包装，应问明情况，并在入库单上注明后，办理入库。

⑤送货上门车辆，无装卸工的，经双方协商同意，仓库可有偿代为卸车，按储运劳务收费办法执行。

⑥商品验收后，需商场保管员签字、复核员盖章；入账后注明存放区号、库号，票据传回。

⑦临时入库商品要填写临时入库票，由商场收货员、保管员签字、盖章后，交跑票员带回商店。

⑧仓库保管员接正式入库单后，应当即根据单上所注的商品名称，仔细点验件数，加盖"货已收讫章"。同时，由保管员签字、复核员盖章，将回执退回委托单位。

⑨属下列情况之一的，仓库可以拒收不合法入库发运凭证。如字迹模糊，有涂改；错送，即发运单上所列收货仓库非本仓库；单货不符；商品严重残损，质量包装不符合规定；违反国家生产标准的商品等。

⑩商品入库时，要轻卸轻放，并保持清洁干燥，不使商品受潮玷污，检查商品有无破损或异样，及时修补或更换包装，抽查部分商品，特别是包装异样商品，用感官检查商品有无霉、虫、损、潮、漏、脏等情况，分清责任。

2. 商品验收

商品验收是对购进商品按进货合同或发货票的数量点收和质量检验。

商品验收是商场业务经营活动的重要一环。商品验收能保证商品的数量准确，质量完好，阻止伪劣商品进入商场，防止和消灭差错事故。商品验收是通过对商品

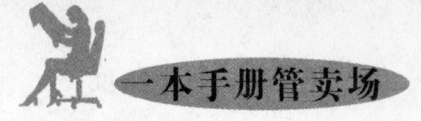

的检查实现的。

（1）商品检查的方式，有以下四种。

①直查。这种方法的优点是快速、简便。商场根据订货单检查供货商的发票、运送单，清点大类及项目。如果发票检查不能有效，再对商品进行实际的开箱拆包清点检查。

②盲查。这种方法的优点是准确，但费时费力。是指检查者不持有自身的订货单和运送单，而就供货者的商品实行现场实际清点和记录，然后将清查的各项商品数量、质量、损伤状况一一登记和描述，并交付采购部门。采购部门的管理人员再与订货单一一核对。

③半盲查。这种方法的优点是快速、准确。是指检查者持有运送单和说明，有商品大类的数量而没有每一类商品项目的数量。检查员必须实际地清点每一类商品项目和数量。

④直查与盲查相结合。当供货者的发票、运送单标明的内容细致、清楚，与商场订货单完全相同时，零售直查即可；当供货者的发票、运送单所标明项目较粗略，不清楚时，商场要实行盲查或半盲查。

关于商场内部商品流通环节的验收，是指销售部门对储存部门提供的商品进行验收。目的是为了划清经济责任，防止和减少商品损失与零售差错而设立的。

（2）商场对供应商所供商品的检验，包括以下几个方面。

①发票检查。商场要一一核对自己的订货单与供应商的发票。包括对每一商品项目、数量、价格、销售期限、送货时间、结算方式等项目。检查人通过检查确认供应商所供货物是否与商场订单完全相符。

②数量检查。清点货品数量，不仅清点大件包装，而且要开包拆箱分类清点实际的商品数量，甚至要核对每一包装内的商品式样型号、颜色等。一旦发现商品短缺和溢余，要立即填写相关单据报告给采购部门，以便通知供货商，协商解决办法。

③质量检查。有两种情况要注意：

第一，检查商品是否有损伤，一般说来商品在运送过程中会出现商品损伤情况，这种损伤往往由运送者或保险人承担责任。

第二，检查质量程度，是否有低于订货质量要求的商品。发现低于订货质量要求的商品，要即时提出来。因为低质量的商品会给商店带来麻烦，如影响销售、影响收入，也会损害商店的形象等。

3. 验收作业

验收作业可按进货的来源分为两种：公司进货验收和自行进货验收。

（1）公司进货验收。由于公司总部已进行进货验收，所以可由业务人员或司机把商品送到门店，而不需当场验收清点，仅由门店验收员立即盖店章及签收。至于事后店内自行点收发现数量、品项、品质、规格与订货不符时，可通知总部再补送。

（2）自行进货验收。①要核对送货单的商品品名、规格、数量、金额与发票是否相符。

②要核对实物与发票是否相符，具体的检查内容包括：商品数量、商品重量及规格、商品成分、制造商情况及有关标签、制造日期及有效日期、商品品质、送货车辆的温度及卫生状况、送货人员等等。

③要对散箱、破箱进行拆包、开箱查验，核点实数。

④要对贵重商品拆箱、拆包逐一验收。

⑤要对无生产日期、无生产厂家、无地址、无保质期、商品标签不符合国家有关法规的商品拒收。

⑥要对变质、过保质期或已接近保质期的商品拒收。

（3）验收员工作职责。

①负责门店所有商品的验收入库工作。

②负责商品及时合理有序出样。

③掌握每天销售情况，审核补货申请单，定期处理报损及退调商品。

④协助店长或值班长做好团购、预订商品组货、发货、送货等工作。

⑤保管好发票、单据等有效凭证。

⑥加强对门店内仓的管理。

（4）验收作业应注意的事项。

①不要一次将几家厂商的进货同时验收。

②不可直接送货至仓库。

③避免在营业高峰时间进货。

④不要让厂商清点。

4. 入库的程序

（1）入库验收。商品到库后，首先要对购进商品入库凭证一一检查，然后按照入库凭证上有关项目与购进商品各项标志进行核对。核对准确后，要对购进商品的数量和质量进行检验。

（2）做验收记录。购进商品验收后，要及时做好验收记录。验收记录除购进商品的名称、品种和供货单位外，还要记录应收、实收数量和验收日期。如购进商品数量与入库凭证不符，要会同交货单位做出问题记录，将有问题的购进商品单独存放，通知对方及时处理。对定有索赔期限的购进商品，应在规定的期限内，向有关部门提出索赔要求。

（3）办理入库手续。购进商品验收无误后，由商场验收人员或库房保管员在购进商品入库凭证上盖章签收，仓库留下购进商品入库保管联，并注明购进商品存放的库房、货位，以便统计记账。

5. 商品出入库票的管理

（1）商品出入库票由储运部统一发放，任何单位不得私自印制商品出库库票，各部室派专人领用时，储运部须按票号、编号登记备案。

（2）各商店的出入库票上，需盖有本店出入库章和储运部出入库章。

第十六节　四好仓库标准

1. 服务质量好

（1）礼貌待人，文明管库，服务周到，努力为柜台提供优质服务。保管人员要加强学习，提高业务素质。经常主动征求和虚心听取柜台意见，不断改善仓库经营管理，提高服务质量。

（2）坚持送货到柜台制度，新入库的商品两天之内送到柜台，做到散仓有货，柜台必须经常有货，外库有的商品散库也有（下站直接入外库的商品，在接到到货通知单后三天之内办完手续，不完备的及时报商店经理）。坚持每天到柜台收要货单，提前备货，次日开门前送到柜台。

（3）收发商品及时、准确，不准无故压票、顶票。严禁白条出库和付人情货。

（4）坚持催调制度。每月定期和会计对账，向商店经理提供商品结存单，每季末向商场经理室、业务经营部上报残、冷、滞商品催调单，以促进商场商品销售。

2. 安全生产好

（1）认真执行商场内各项安全管理制度和各项操作规章制度，坚持班前、班后，风、雨、雪前、中、后的检查，做好记录。

（2）坚持双人出库，双人复核及动碰制度，做到无盗窃，无损失，无差错（每天下班之前，对全天出入库的商品进行登记，并重新核对结存数）。

（3）商品堆码的顶距、灯距、墙距、柱距、垛距要合理，通道必须保持畅通，唛头正确，严禁无垫存放货物。

（4）搞好并保持库内外责任区清洁卫生，消防器材要经常检查，保持灵敏有效。保管人员要做到会报警，会使用消防器材，会灭小火，严禁携带火种和易燃物品进入库房。

3. 保管养护好

（1）把好入库验收关，出库复核关及在库保养关，做到安全、准确、无差错事故。

（2）根据安全、方便、节约的原则，合理堆码商品，做到安全整齐、牢固、美观、无倒置，遇有破箱要及时清点，整理好包装，还要做到分区分类，货位编号，层批标量，垛段号准确，动碰复核，账、货、卡三相符。

（3）设置专人负责记录库内温湿度，搞好温湿度管理，积极改善仓库储存条件，使库房达到通风、防潮、防尘等要求，经常保持库内外清洁卫生。

（4）保管人员要熟悉商品特性，精心养护商品，做到商品无霉变、无残损、无锈蚀、无虫蛀、无鼠咬及其他变质事故（经常保持库内外清洁卫生）。

（5）商品出库做到先进先出，易坏先出，接近失效期先出。根据本商场仓库的特点，销售量平稳的商品要求储备两星期以上的商品库存，积极调整库存结构，保证商品供应不断档；散仓单一品种，商品储存量不超过一个月（1~2件的除外）。

4. 指标完成好

据现有的散仓属于前店后库的实际情况，不适于做保管费用和人均劳动量两项指标评比，只要求每月计算出以下几项指标。

（1）单位面积储存量。根据仓库储存的商品品种多，数量小，堆码难度大的特点，单位储存量应在 0.40 吨/平方米以内。要求保管员坚持勤倒垛，勤开垛，勤整理，每天坚持一小时以上整理货位时间。

（2）账货相符率，保管账的记载必须及时、准确、完整。坚持日记日清，账页上的栏次正确，字迹端正清楚，不得涂改，做到品名、规格、等级、产地、编号、数量等账货相符率达 99.5%。

（3）收交差错率，要求差错率不超过 5‰。为了鼓励保管人员及时挽回差错损失，在差错发生后的五天内，能积极查清，并没造成损失的，不列入差错率。

（4）平均保管损失，要求不超过 0.5‰。商品保管损失包括：因保管养护不善而造成的商品霉变、残损、丢失、短少、超定额损耗以及不按规定验收，错收、错付而发生的损失等。

第十七节　商品出库管理规定

商品出库包括本市内销、外调、移库、返厂、提取样品等。

第一，必须按规定凭正式出库票办理商品出库手续，不得白条出库，并根据商品性能变化，掌握先进先出，易坏先出的原则。

第二，商品出库必须经复核员复核，根据出库单仔细检验库别、印鉴、品名、产地、规格、数量是否清楚，发现问题及时与有关部门联系，妥善解决。

第三，验单合格后，先进行销账后出库。

第四，商品出库必须有编号，以单对账、以账对卡、以卡对货，付货时必须执行先盖章，消账、卡，后付货的操作规程，防止漏盖"货已付讫章"造成财产损失，复核员于货票上签字盖章，以明责任。

第五，商品出库时，仓库管理人员要二人仔细清点出库数量，做到人不离垛、件件过目、动碰复核、监搬监运，要及时对搬运不符合要求的予以纠正，防止商品损坏。

第六，商品出库要严把货票审核关、动碰制度关、加盖"货已付讫章"关。

第七，应按财务制度办理商品储存中所涉及的票流等有关财务方面事宜。

第八，有下列情况之一的，商场保管员可以拒付商品：

一是凭证字迹不清，单货型号不符或涂改。

二是提货人与付货凭证抬头所列单位不符。

三是白条出库，任何人开的白条都不能视同付货凭证。

四是提货单未盖商店的出库章及储运出库章。

第十八节　商品出库业务程序

1. 核对出库凭证

储存的商品出库必须有正式出库凭证。商场保管员接到出库凭证后，要认真核对商品编号、规格、品名、数量有无差错和涂改，有关部门签章是否齐全。核对准确后方可办理出库手续。

2. 备货

商场保管员根据出库凭证，核销货卡上的存量，按规定批次备货。

3. 复核

防止发货差错的主要措施即是复核。出库复核人员按照出库凭证，对出库商品的品名、规格、数量进行再次核对，以保证商品出库的准确性。

4. 交点

出库商品复核准确后，再把商品交给提货人清点，办清交接手续。

5. 记账

仓库记账员根据出库凭证，按规定的手续登账核销存量。

第三章 | 商场进货、入库票流物流规程

第一节　进货检验程序

1. 目的

通过对进货检验的控制，防止未经验证及不合格的物资投入使用，以确保公司提供服务的质量。

2. 适用范围

适用于采购物资的入库验证。

3. 职责

仓管员负责对入库物资的验证和记录，部门主管负责监督。

4. 工作程序

（1）仓管员依据审批后的"请购单"或"采购计划"对所采购回的物资进行入库检验。

（2）对批量采购回的数量超过10个（含10个）的物品，采取抽检的方式进行检验，即从所购物品中按总数10%的比例抽检，抽取的数量不得少于10个；对零星采购的或数量少于10个的物品逐个进行验证。

（3）验证根据情况可采用核对数量、外观检查和合格证检查等方式进行。对涉及安全性能的产品如电器类、水暖器材、消防用具类、化工原料类必须要具有合格证；对小五金类、绝缘材料类标准件类和其他杂项类应核对规格、型号和数量与采购文件是否一致，外观和包装有无破损等。

（4）验证结果由仓管员进行记录和保存，对验收中发现的不合格品按有关规定执行。

（5）对急需使用的来不及检验的物品，由部门负责人或其授权人员签名后，可予以紧急放行。放行部分要有明确标志，没有放行的部分仍按常规进行检验。

第二节 商品验收管理标准

仓管员和理货员应对本中心所进货物严格按相关标准进行检验。

1. 合格证检查

检查产品是否有合格证，证上是否有检验机构和检验员签章。

2. 清点检查

重点检查商品数量、包装质量及其完好性。

3. 抽样检查

抽样应按相应验收标准，采用随机抽取法取出代表样进行检查。

4. 索取有关质量证明

按"随货同行证书的管理程序"操作，向供应商索取有关质量证明，如进口食品卫生证书、进口药品检验报告书、质量保证书等，并与采购订单的内容进行对照，检查是否一一对应，准确无误。索取证书应及时，并指定分店质检员存档，按"随货同行证书的存档操作流程"进行管理。

5. 标志、包装检查

对所抽样品进行标志检查时，严格按照相关规定进行检查验收。检查包装是否牢固，是否可能因包装不良而使商品受损及包装本身是否受损。

6. 对有使用期限的商品进行检查

应重点检查有使用期限商品的生产日期、进货日期是否符合相关规定。

第三节 检验状态的控制程序

1. 目的

通过对所有影响服务质量的物品和服务过程各个阶段的工作状态进行检验状态的标志，防止不合格品投入使用，明确对服务质量的评价。

2. 适用范围

适用于公司所有用于提供服务的物品及服务活动。

3. 职责

（1）仓管员负责对进货物品的检验状态进行标志。

（2）管理处负责对用于提供服务的设备、设施和各类服务活动质量的检验状态的标志和记录。

4. 工作程序

(1) 来料物资的检验状态标志。管理处的库房设置合格区、不合格区和待验区等，并悬挂相应的标志牌。来料在未验证之前，均应放在待验区，验证后由仓管员根据合格、不合格状态对应分区放置。

(2) 设备、设施的检验状态标志。管理处各部门对用于提供服务的设备、设施检验后，对完好状态的不予标志；对故障设备悬挂"维修中"标牌。

(3) 服务活动过程的检验状态的记录。

①管理处定期组织服务质量内部检查，评价状态由管理处自行标志（记录），可采用流动红旗、奖牌、检验记录等方法。

②外部服务质量评价的标志均以外部授予的奖牌、证书和文字记录等进行确认。

第四节　进货管理的注意事项

1. 指定进货的承办人

(1) 若进货事项归销售部门管辖，那么，一定要指定进货的承办人。

(2) 要选用具有商品知识，熟悉进货厂家，有交涉能力，办事周详、诚实的人。

(3) 销售经理应经常留意进货业务。

2. 进货计划与管理

(1) 进货计划以销售计划及存货计划为基础，因此应先确立基本计划。

(2) 若依各销售部、分店、营业处独立进货与存货发生浪费现象，则必须注意对总体性的控制。

(3) 进货及付款的日期，需与财务部的经办人联络、协调。

(4) 若有资金调动优先的情况时，要特别严守其进货管理（要与财务部保持联系）。

销售经理应详查有无过量进货。

3. 进货来源的管理

(1) 制作进货来源卡，以判断各进货来源的动向与业绩。

(2) 销售经理应尽量访问进货厂家，与之保持良好的关系，并搜集促销情报。

第五节　测量、计量器具的管理规定

1. 目的

保证所有为用户提供服务的测量仪器、计量器具能正常使用，并能达到所要求的精度及测试能力。

2. 适用范围

适用于对服务质量有影响的测量仪器、计量器具的使用、校准和保管。

3. 职责

（1）管理处经理负责对测量仪器、计量器具送检、校准的组织和监督。

（2）机电主管负责测量仪器、计量器具的采购和管理，对无须送检的测量仪器组织机电人员进行自检。

（3）机电人员负责对测量仪器、计量器具的使用和保管。

4. 管理工作程序

（1）测量、计量器具的采购。根据工作和设备技术性能的需要，机电主管填写相关单据，经管理处经理批准后执行采购，或经管理处经理审核后，报请公司批准后执行采购。

（2）测量、计量器具的验证。

①在测量、计量器在投入使用前，机电主管应对其进行送检校准，贴署受检标签，组织办理入库验证。

②测量、计量器具在使用过程中，根据其有效使用期的规定，由机电主管组织按时送计量主管部门校验。

③经发现计量器具失准时，应对其涉及的数据记录进行评审，需要时追回重检，并做好记录。

④对无须送检的测量仪器，如卷尺、电压表、电流表、压力表等，管理处机电主管可组织机电人员对其进行自检，发现变形、损坏、失准的应停用更换。

（3）测量、计量器具的建账。

①管理处机电主管负责建立"测量、计量器具台账"，记录测量、计量器具原始资料和在使用过程中受检状况的反应。

②自检的测量仪器，在台账中不予记录。

（4）测量、计量器具的标志。测量、计量器具在送计量主管部门校验后，在其背牌上必须贴署校验合格标签。

（5）测量、计量器具的报废。测量、计量器具经送检确定为应报废用品时，由机电主管作出书面评估报告，经管理处经理批准或报公司经理批准后，执行报废。

第六节　验收入库流转制度

商品验收是物流中心对供应商所供商品的确认，也是商店内部商品流通环节对接收商品的确认。

1. 商品验收的一般过程

验收——填制验收单——记商品存货——商品入库。

（1）商品验收。商品验收主要应做好三方面工作：

①对单验收。对单验收，是指仓库保管员对照进货通知单的品名、规格、质量、价格等依次逐项检查商品，注意有无单货不符或漏发、错发的现象。

②数量验收。一般是原件点整数，散件点细数，贵重商品逐一仔细检对。

③质量验收。保管员通过感官或简单仪器检查商品的质量、规格、等级，如外观是否完整无损、零部件是否齐全无缺、食品是否变质过期、易碎商品是否破裂损伤。

（2）填制"商品入库验收单"。仓库保管员按表式规定填写"商品入库验收单"。如果已有合同管理员（采购员）填制过进货凭证，就可借用该凭证作验收单，不必另行填制。如果单货不符，则要填写溢短残损查询单，经仓库负责人核对签字后，作为今后与供货方、运输方交涉的凭证。

（3）记载商品存货账。验收结束后，保管员根据验收凭证，记载保管商品存货账。仓库用的保管存货账可等同市场上现售的"商品明细分类账"。有些仓库只控制数量、不计算金额，还可用具有数量收、发、存的三类式账页。

（4）商品入库。商品入库前应做好准备工作，例如安排货位（要按消防局的防火标准）、准备苫垫用品、装卸搬运工具、检验度量衡器具，组织好收货人力等，还要准备好商品标签，如表11—4所示。

表11—4　商品标签

（商品标签式样）

```
                _____中心
  货号_____品名_____规格_____
       单价_____
       产地_____
```

2. 验收环节中的单据流转

溢短残损查询单流转程序说明：

（1）保管员在验收商品时，如发现商品残损、变质、串号、短少等情况，必须有证明人签章，填写"查询单"一式5联交查询员。

（2）查询员收到查询单应到现场了解情况。如果符合查询标准，即加盖查询专用章，将存根联留底备查，保管联送保管员，会计联交营业柜，答复联、发货方联寄代供货单位。

（3）保管员收到查询单，将保管联记保管账留存。

（4）营业员收到会计联后，记资金账和日报表，交给核算员。

（5）核算员汇总后交会计部。

（6）会计部收到后记账并留存。

（7）供货单位答复补回商品时，查询员应通知保管员，用红字填写前面3联并加盖"商品收讫章"，单据仍按上列程序流转。如果供货方补充货款则由会计通知查询员，注销原查询，并将结算单据交商品柜、核算员、会计部逐级冲销。

第七节 商品验收单

商品验收单如表11－5所示。

表11－5 商品验收单

厂商名称						
采购单号	商品名称、规格	交货数量	采购数量	短缺数量	单价	总价
备注						

主管：　　　　　证明人：　　　　　点收人：

第八节　商品检验报告表

商品检验报告如表 11－6 所示。

表 11－6　商品检验报告表

商品名称规格			采购日期		数量	
采购单位				检验员		
检验记录	检验项目	检验标准	检验结果	合格	不合格	备注
						总评 □合格 □不合格
采购部经理		质量检验主管		检验员		仓库验收记录

第九节　商品验收日报表

商品验收日报表如表 11-7 所示。

表 11-7　商品验收日报表　　　　　年　月　日

受理号码	订购号码	交货厂商	品名	规格	数量	合格品	不合格品	摘要

第十节　检验作业日报表

检验作业日报表如表 11-8 所示。

表 11-8　检验作业日报表

出货日期	检查顺序	订单编号	设计编号	订购厂商	品名	受检数	检查数	未检查数	合格数	特采数	不合格数	不合格情况	人员	检查时间	备注

记事：

使用说明：这张日报表适用于对外购买资材的审查。对外购买的资材必须由资材组核对购买内容（数量及金额），再由检查组检查买进资材的质量。

如果购买的资材是成品或半成品，不用检查当然是最理想的，但是很多时候不尽理想，因此，检查工作不能省。

第十一节 进货作业流程

1. 供应商

厂商填写验收单一式5联。

2. 点收

(1) 送至暂存区，仓库保管员核对订单及点收。

(2) 若数量正确在验收单上签收。

(3) 销订单档，编号登入进货日表。

(4) 验收单的第4联厂商存底移送至质量管理部门。

3. 检验

(1) 质量管理部门依进货检验规格表抽验货物。

(2) 进货检验规格表由质量管理部门自存。

4. 记录

(1) 抽验结果记于货物入库检验表。货物入库检验表由质量管理部门自存。

(2) 允收签章。

(3) 贴绿色允收签。

验收单：第1联质管；第2联仓库；第3联会计；第5联采购。

(4) 采购销订单档。

5. 入库

(1) 货物入库，记入账卡。

(2) 入电脑库存账。

(3) 核对发票无误后，汇总送至会计。

第十二节 进货作业流转规程

1. 从当地工厂进货

如果是直接从当地工厂进货，单据流转有两种情况。

(1) 签有合同的订货商品，其流转过程与从外地进货基本相同，只不过银行托收凭账改为由会计部填制本地银行付款单，而随货同行联通常是厂方送货时连同送货回单一并带上，由仓库签收。

(2) 没有签订合同的选购商品，其流转过程略有变化。由商场采购员填制3联进货通知单，而不是由合同员填制凭证。本地进货一般不发生拒付，因为如果商品不合格，可予以退回，不用付款。

2. 从本市各专业批发公司，零兼批商店进货

其单据流转程序说明：

从本市专业批发公司进货，其单据流转的特点是商场不必再自行填制凭证。批发企业已经一式多联，除批发部本身留用若干份外，其余交商场采购员，由采购员分别把结算联送商品柜记账流动。其余3联即提货联、代表联、随货同行联，由商场储运部提货，或由供货方送货上门。提货联由供货方发货人收下，商品由保管员验收入库，代表联留存记账，随货同行联代进货通知单送商品柜。

代销、赊销商品的采购：

有些供货方为了搞活经济，对某些尚未打开销售局面的新产品和一些滞销商品，委托购货方代销或赊销给购货方，代销是指供货方先发货给购货方，待商品全部销完或部分销完后购货方再付款。赊销与代销略有不同，它不是以商品是否出售为付款标志，而是以时间为付款标志，是一种延期付款的销货方式。在采购"代销"、"赊销"商品时，商场合同管理员或采购员在开具进货通知单时，应注以"代销"、"赊销"字样。有条件的商品都可以设计专门的"代销"、"赊销"进货通告单，以便各环节在入账时与进销商品有所区别，不作库存商品。在柜台进销日记报表或柜台记账簿上作"负"字出现，等付款后再更正过来。也有些商场在设计进销日报表时专门分列了进销、代销、赊销商品项目，从而加强了商品的经营管理。

3. 从外地进货，单据的流转程序说明

（1）商场合同管理员（如果商场较小，由采购员或部经理助理兼任）接到外地供货方发出的银行托收凭证和发票后，应进行逐笔核对合同。核对准确后，把供货方单据转交商品柜做账，同时合同管理员根据单据所列商品一一注销合同，填制进货通知单一式3联，其中存根留存作合同数量减少的凭证，商品柜联和仓库联送交仓库。

（2）商场保管员收到合同管理员送来的商品柜联和仓库联后，应作好收货准备。当收到运输部门从车站码头提货转来的随货同行联和商品实物后，于当天验收入库。仓库联作保管账凭证，商品柜联送至商品柜作为到货通知。

（3）商品柜收到合同管理员转来的银行托收凭证、发票和仓库转来的进货通知单（商品柜联）后，即做入进销存日报表，并一起转交给商品部核算员，同时把通知单上的商品记入内仓存货账。

（4）商场核算员收到各商品柜转来的报表、凭证后，立即汇总记账，再转交到商场财会部。

（5）财会部收到各种凭证、报表后再次核对，按要求将货款在规定期限内汇出。

上面是一般正常程序，在执行程序时还应该注意以下几点。

第一，如果是第一次经营的新商品，合同管理员在收到供货方发票后，先要附上样品实物交物价部门核价，再转入正常程序。

第二，如果供货方是老客户，信誉一直很好，也可以不等货物到仓，先行付款，由财会部门填制"在途商品"账，等货物验收完毕后再记入"库存商品"账内。

第三，如果供货方的商品有质量问题或有其他方面的问题，合同管理员应拒付货款，填写拒付通知单。

第十三节 经销商品入库票流、物流规程

1. 入本库

（1）仓库保管员收到厂方正式发票（出库单）或储运部转来运单、随货同行联、到货通知单后，要及时转交，由合同员审核、注销合同、加盖经销商品章转商场物价员进行编号、核定价格。

（2）仓库保管员接到物价员转来的票据后，凭此票验收商品数量、品名、规格、包装、质量等，票货相符、质量合格后，将商品入库。

（3）仓库保管员凭审核、定价后的原始单据（即厂方的正式发票或随货同行联、到货通知单等），填制商场经销商品入库单1～5联。

（4）仓库保管员将原始单据及自制入库单1～5联转商店，对商品账进行复核、签字后再转给仓库保管员。

（5）仓库保管员在自制1～5联入库单上加盖"货已收讫章"及签名后，自留第一联，增记"库房经销库存明细账"中入库数量。内库增加，要求一货一价一账页，随后将2～4联及原始单据转商品账，5联转营业部（柜台）。

（6）商品账接到仓库保管员转来的商场经销商品入库单2～4联，凭第3联记"经销库存商品明细账"进货数量，结存数量、内库增加。

（7）商品账根据当日"经销商品入库单"填制营业部"进销存日报表"1～3联，凭第1联记经销库存商品金额账，库存金额增加。

（8）商品账将进销存日报表第2联附进货原始单据及入库单第2联转会计室，进销存日报表第3联附入库单，第4联转统计员。

（9）商店会计员按到三级账转来的"进销存日报表"、"原始单据"、"经销商品入库单"审核准确后，做记账凭证入账。统计员也做相应的账务处理。

2. 入外库

（1）仓库保管员接到储运部转来的"运单"、"随货同行联"、"到货通知单"需要入外库的，应先将单据转合同员审核，注销合同，加盖经销商品章后转物价员编号，核定价格。

（2）仓库保管员凭审核计价后的原始单据填制商场外库货物入库单1～4联，第1联存根，2～4联交储运部，转外库办理正式入库手续（仓库保管员派人去外库核查商品入库情况）。

（3）外库保管员将储运部货物入库单4联加盖"货已收讫章"，收货人签字后，

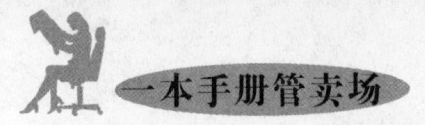

经储运部转交商场仓库保管员。

（4）仓库保管员根据储运部传来的"储运部货物入库单"，第4联与存根第1联核对无误后，做商场经销商品入库单1~5联，并加盖"货已收讫"章，签字后，储运部"入库单"第4联与商场入库单第1联捏对，增记库房经销库存商品，明细账中的入库数量及外库增加。2~5联流转程序视同入本库流转程序。

第十四节 代销商品结算规程

代销商品的结算规程包括如下几点。

第一，商场代销员按供货单位建立代销商品金额账，负责代销商品结算工作。

第二，代销员凭保管员转来的"代销商品入库单"第5联增记代销商品分户账金额。

第三，代销员将保管员转来的"代销商品出库单"第5联留存备查，以掌握商品出库（上柜台）情况。

第四，供货单位要求结算货款时，代销员必须亲自查看"代销库存商品明细账"中的商品总结存数量（包括仓库、柜台），对月清月结的商品要查看仓库账结存数量和柜台实存数量以及进货数量和销售数量。

第五，代销员根据商品销售数量和代销商品货款结算的规定，填制商场代销商品结算通知单（一式3联），签字后转给部门业务主任（结算通知单上填写的付款数量、金额应与入库单数量、金额一致，与工厂发票一致）。

第六，部门业务主任按结算通知单进行复核、查看账目，盘清实物及残损商品等，无误后签字，转商店主管经理签字后，转商店会计室。

第七，商场会计室接到结算通知单加工厂发票，审核无误后向供货方付款结算。

第八，会计付款后将结算通知单第1、3联签字后，3联转回代销员，1联转营业部门。

第九，代销员收到会计室转来的结算通知单与"代销商品入库单"，捏对复核准确后，登记减少"代销商品分户金额账"。

第十，月末由商场代销员将"代销商品分户金额账"与会计室代销商品款分户金额账核对一致。

第十一，月末代销员将未付款的"代销商品入库单"汇总金额与分户账总金额核对一致。

第十五节　商品调拨单的流转规程

商品调拨单的流转规程包括如下几点。

第一，商场发货部门营业员根据收货单位要求调拨的商品品名和数量，填制一式 4 联"商品调拨单"，交柜组负责人同意签名后，转交收货部门负责人。

第二，收货部门负责人签名后，交提货员到发货部门仓库（营业柜）提货。

第三，发货部门仓库（营业员）验单后，核单发货并经复核无误后加盖"货物付讫章"，仓库联留存记账，记账联转柜台做账转交核算员。其余两联退提货人随货同行。

第四，收货方经验收无误后，加盖"货物收讫"图章，收货方仓库联留存记账，记账联转营业柜做账。

第十六节　经（代）销商品出库票流、物流规程

经（代）销商品出库票流、物流规程包括以下几点。

第一，营业员填制"要货通知单"（1～2 联），第 1 联留存，第 2 联转仓库保管员。

第二，仓库保管员根据营业部门的"要货通知单"，填制"商场经（代）销商品出库单"1～3 联，并备齐商品。

第三，仓库保管员将备齐的商品连同出库单（加盖"货已付讫"章、签名）送至营业货区，经收货人与要货通知单第一联复核验收商品后，在出库单上签字，并将第 1 联退回仓库保管员，第 2 联留柜台，第 3 联转入商品账。

第四，保管员凭出库单第 1 联记"经（代）销库存商品"明细账中的内库减少。

第五，商品账凭出库单第 3 联记"经（代）销库存商品"明细账中柜台数量增加，内库数量减少。

第六，仓库保管员需要到外库提货的，填制"商场外库货物出库单"1～4 联，第 1 联存根，2～4 联加盖商店"出入专用章"及储运部专用章转交储运部到外库提货。

第十七节　商品销售票流、物流规程

商场零售业务采用两种收款方式：一种是商店设收款台方式；另一种是无收款台（一手钱一手货方式）。

1. 商场设收款台（专人收款，钱货分开）

（1）商场售货员待顾客挑选好商品后，开具"商场交款凭证"（一式3联），第1、第2联交给顾客到收款台交款，第3联售货员暂时留存。

（2）顾客持1、2联"商场交款凭证"到收款台交款。

（3）收款员收款完毕。在交款凭证上盖章并加贴计算机结算单，第2联收款员留存，第1联交顾客到柜台交票取货（大件贵重物品顾客需要发票，由售货员代理）。

（4）售货员收到顾客盖有收款章和计算机结算单的第1联"交款凭证"后与留存的第3联"交款凭证"核对准确后，将商品随同第3联"交款凭证"交给顾客，第1联交款凭证售货员留存。

（5）每日售货员凭"交款凭证"第1联汇总个人当日销售额，并做登统，组长签字。

（6）收款员根据"交款凭证"第2联汇总销售额，与当日回收款额核对无误后，按柜组填制"交款凭证汇总表"1～4联，第1联转柜组，与第1联交款凭证汇总金额核对，第2联转会计，第3联连同"交款凭证"第2联转商品账，第4联转统计员。

（7）收款员清点货款后，填制"商场（　　）商店（　　）组缴款单"（一式4联）签字后双人交会计室。

（8）商店会计室收到交来的货款，经双人清点无误后在"缴款单"上加盖"款已收讫"章，及"收款人名"章，第1联退收款台，第2联会计记账，第3联商品账记账，第4联封签。

（9）商品账凭收款台转来第1联"交款凭证"填制"商场营业部门日清日结销售汇总表"一式3联，凭第1联记商场"经（代）销库存商品明细账"销售数量。第2联转统计，第3联转柜台。

（10）商品账凭"交款凭证"和"交款凭证汇总表"填制"商场营业部门，进销存日报表"（一式3联）凭第1联记经销库存商品金额分类账减少，第2、3联分别转交商店会计员和统计员。

（11）商店会计员统计员接到商品账转来的"营业部门进销存日报表"和"日清日结销售汇总表"对其进行审查核实，并与当日"缴款单"核对，准确后做相应的账务处理。

（12）商店会计制作库存商品金额分类账、控制商品账、库存商品金额分类账。

（13）顾客要求退款由商场售货员开具"交款凭证"红字，经双人签字。

2. 无收款台（一手钱一手货）

（1）售货员待顾客挑好商品后，直接收款，将商品交给顾客。

（2）售货员每售一笔商品都要登记在"营业员销售卡"上面，不要漏登、重登。

（3）每日营业终结前，售货员将营业员销售卡进行汇总计算个人的销售额，并与当日收到的现金核对准确后，填制交款单1～4联交主任复核签字送会计室，营业卡转商品账。

（4）会计室点款、核票准确后，经双人签字，盖章留存第2联，将缴款单第1联退收款员（柜台），第3联转商品账，第4联封签。

（5）商品账根据"营业员销售卡"填制"营业部门日清日结销售汇总表"1～3联。

（6）商品账根据"营业部门日清日结销售汇总表"第1联，记经销商品库存商品明细账中的柜台减少。

（7）无法进行日清日结的商品，营业部门可以不必做"日清日结销售汇总表"，可不逐笔登记"经（代）销库存商品明细账"。月末按照商场主管经理审批签名的盘点表（实物盘点）统计商场内每一种商品的月销售数量。

（8）商品账根据"日清日结销售汇总表"填制"营业小组进销存日报表"。无法进行日清日结的商品，根据"缴款单"填制"营业部门进销存日报表"，凭第1联登记"经销库存商品"金额分类账减少。第2、3联分别转会计员、统计员。"日清日结销售汇总表"第2联转统计，第3联转柜台。

（9）顾客要求退款由售货员"登记销售卡"红字，经组长签字，票据流转程序视同销售程序。

第十八节　商品退库、返厂票流、物流规程

1. 商品退库

（1）经销商品退库。

①凡柜台商品出现残损、串号、花色、型号、规格、等级与订货要求不符的问题时，营业部门用红笔填制要货通知单1～2联，第1联留存，第2联转仓库。

②仓库保管员接到营业部门的要货通知单（第2联，红字）后开具"经销商品出库单（红字）"1～3联。待商品退回仓库，经收货人签字加盖货已收讫章后，凭第1联记"库房经销库存商品"明细账，内库增加。2联转柜台，3联转商品账。

③商品账收到仓库转来的出库单（红字）第3联，记经销库存商品明细账，即内库数量增加，柜台数量减少。

（2）代销商品退库。

①凡柜台商品出现残损、串号、花色、型号、规格、等级与订货要求不符的问题时，营业部门用红笔填制要货通知单1～2联，第1联留存，第2联转仓库。

②仓库保管员接到营业部门要货通知单第2联（红字）后开具代销商品出库单（红字）1～5联，待商品退回仓库加盖货已收讫章，收货人签名后凭第1联记库房代销商品明细账内库数量增加，第5联转柜台，第6联转代销员，2～4联转商品账。

③商品账凭第3联记代销库存商品明细账内库数量增加，柜台数量减少。凭第

3联填进销存日报表（经转代），同时记金额账经销库存金额减少，代销商品库存金额增加，将2～4联分别转商场会计员、统计员。

④商店会计接到商品账转来的代销商品出库单第2联（红字）及进销存日报表，记二级金额账，经销库存商品金额减少，代销库存商品金额增加。

⑤商场统计员接到商品账转来的代销商品出库单第4联（红字），同样增记经销库存商品金额减少，代销库存商品金额增加。

2. 商品返厂

商品返厂一律由仓库保管员办理返厂手续。

（1）经销商品返厂。

①凡仓库商品出现残损、串号、花色、型号、规格、等级等需要返厂的由商场保管员办理返厂手续，填制"商场经销商品入库单"（红字）1～5联，同时填制"商场返厂单"1～5联（外埠商品返厂必须有厂方承认的函件方可开具返厂单）。

②仓库保管员将返厂的商品返回工厂，厂方经手人在经销商品入库单（红字）与返厂单上签字，返厂单第5联交厂方，保管员根据签字后的入库单（红字）第1联记库房经销库存商品明细账，内库数量减少，5联转营业部门。2～4联入库单（红字）及返厂单2～4联转商品账。

③商品账接到返厂单2～4联及入库单（红字）2～4联，审核无误后凭第3联记经销库存商品明细账，内库数量减少，同时填制当日营业部门进销存日报表，购进减少，记库存金额账减少。第2、4联入库单（红字）及第2、4联返厂单附在进销存日报表后转商店会计。

④商场会计接到商品账转来的经销商品入库单第2联及返厂单第2联与进销存日报表，审核准确后做记账凭证，经销商品入库单第4联（红字）及返厂单第4联转统计。

（2）代销商品返厂。商品返厂必须向税务部门索取进货退出证明单，交给供货方后，方能办理退货手续。

第十九节 商品查询票流、物流规程

商品查询票流、物流规程包括以下几点。

第一，凡商品入库后发现物件整件不符原包装，长、短、串、残以及质量等问题一律填制查询单。

第二，柜台发生商品长、短、串、残等问题，要经双人审查并写出情况记录交商场仓库保管员。

第三，对外库商品查询一律由仓库保管员填制查询单。

第四，本市进货有问题商品查询，保管员填制"商场本市商品查询单"一式3

联，全份交供货单位或采购员代转，由收单人在第1联查询单上签章，经管商品人员留存，凭以改变保管卡片堆存地点。堆存地点设查询栏，长货写红字，短货写蓝字，解决后冲平，第2联查询单由采购员留存凭以督促处理，第3联查询单交供货方。

第五，外埠进货有问题商品查询，由商场保管员填制"商场外埠商品查询单"一式5联，全份交给外埠采购员签章后第1联退回仓库，由经管商品人留存，短货写蓝字，解决后冲平，第2联采购员留存凭以督促处理，第3联转会计室备查，第4、5联寄交外埠供货方查询。

第二十节 领货单

领货单如表11－9所示。

表 11－9 领货单

领货部门：＿＿＿＿＿＿＿＿＿＿＿＿

生产通知单号数：＿＿＿＿＿＿＿＿＿ 20 年 月 日

编号	品名	规格	单位	请领数量	实发数量	单价	金额								
						领货说明									
							百	十	万	千	百	十	元	角	分
附件： 张			合计												

主管： 会计： 记账： 发货： 领货： 制单：

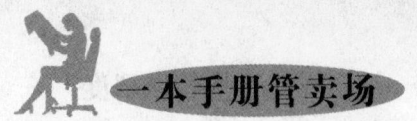

第二十一节　限额领货单

限额领货单如表 11－10 所示。

表 11－10　限额领货单

领货部门：　　　　　　　　　　　　　　单号：

发货仓库：

货物编号	货物名称规格	计量单位	领用限额	实发																				
				数量	单价								金额											
					百	十	万	千	百	十	元	角	分	百	十	万	千	百	十	元	角		分

日期	领发货			退货			单价		金额	
	数量	领货人	发货人	数量	退货人	收货人	限额结余数量			

第二十二节 领货、退货单

领货、退货单如表11-11所示。

表11-11 领货、退货单　　　　　　　　　　年 月 日

制造批号：　　　　　　　　　　　　领/退部门：

领/退日期：　　　　　　　　　　　　领/退单号：

领货	退货	品名	规格	货物编号	领/退数量	收/发数量	备注
备注							

登账：　　　　仓储：　　　　主管：　　　　领退货人：

第二十三节 商品领出日报表

商品领出日报表如表11-12所示。

表11-12 商品领出日报表

年 月 日

品名	取出		带回		销货额		增减		备注
	数量	金额	数量	金额	数量	金额	增加	不足	

表格相关经手人：

第二十四节　订单统计表

订单统计表如表 11－13 所示。

表 11－13　订单统计表

企业名称					负责人						
地址					电话						
订购产品类型	日期	数量	备注	产品数量	日期	数量	备注	产品类型	日期	数量	备注

订购产品类型	价格	月份												总计	备注
		1	2	3	4	5	6	7	8	9	10	11	12		
合计															

第二十五节　发货通知单

发货通知单如表 11—14 所示。

表 11—14　发货通知单

客户名称：　　　　　　　　　订单号码：　　　　　　　　　□一次交货

地址：　　　　　　　　　　　订货日期：　　　　　　　　　□分批交货

产品名称	产品编号	数量	单价	金额
总价				

仓库：　　　　　　主管：　　　　　　核准：　　　　　　填单：

第二十六节　发货明细表

发货明细表如表 11—15 所示。

表 11—15　发货明细表

客户：　　　　　　发货单号：　　　　　　日期：

	区号	编号	规格	数量	瑕疵	备注		区号	编号	规格	数量	瑕疵	备注
1							11						
2							12						
3							13						
4							14						
5							15						
6							16						
7							17						
8							18						
9							19						
10							20						
	合计						合计						

单位：

第二十七节　发货日报表

发货日报表如表11-16所示。

表11-16　发货日报表

年　　月　　日

客户	品名	规格	数量	备注	客户	品名	规格	数量	备注

第二十八节　发货月报表

发货月报表如表11-17所示。

表11-17　发货月报表

年　　月　　日

订购日期	提货单号码	单价	上月结欠		本月订货		本月发货		本月结欠		备注
			数量	金额	数量	金额	数量	金额	数量	金额	

经理：　　　　营业科长：　　　　复核：　　　　制表：

第二十九节　发货月报汇总表

发货月报汇总表如表11－18所示。

表11－18　发货月报汇总表

日期

提货单号码	上月结欠		本月订货		本月发货		本月结欠		备注
	数量	金额	数量	金额	数量	金额	数量	金额	

经理：　　　　　营业科长：　　　　　复核：　　　　　制表：

第三十节　货品欠发清单

货品欠发清单如表11－19所示。

表11－19　货品欠发清单

日期

原发货凭证（销货单）										已发数	未发数
年	月	日	编号	客户名称	品名	单位	数量	单价	金额		

单位：

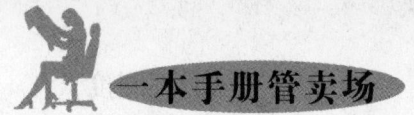
一本手册管卖场

第三十一节　货品收发登记卡

货品收发登记卡如表11－20所示。

表 11－20　货品收发登记卡

品名：　　　　　　　　存放地点：

年		收入数量	发出数量	结存	经手人
月	日				

第四章 | 商品变价、盘点票流、物流规程

第一节　商品变价规定

商品变价是指对商场内商品原售价的调整和变更，包括指令调价和根据销售情况削增价两种情况。

商品调价是指按国家规定，提高或降低商品原定价格。商品调价是一项政策性很强的工作，它直接关系到工农业生产、人民生活、商品流通和国家财政收支等。因此，必须严格按照物价管理权限进行，不得擅自提级提价或降级降价。

商品削价是商场对某些残损、变质商品采取降低价格、以利推销的办法，这是商场的一项经常性工作。商品削价要本着减少损失、促进营销的原则。及时削价处理残损、变质商品，有利于增加市场供应，减少国家财产损失，加速资金周转。在削价时要严格审批手续，禁止内部私分。营业员在确定削价幅度和盘点商品数量后，应填制"商品削价报告单"。其削价流转程序与商品调价单流转程序基本相同，商品增价手续一般和削价手续一样。

第二节　商品变价票流、物流规程

商品变价票流、物流规程包括如下几点。

第一，商场营业部门售货员接到商场物价员转来的变价通知单后，按规定和要求做商品变价报告单1～5联，经主任审批签字后，转商场物价员审核。

第二，商场物价员接到售货员转来的变价报告单，审核签字后交商场经理审批。

第三，商场物价员将经理审批后的变价报告单第5联留存，记物价账，1联交商场经营部，2～4联转营业部门商品账。

第四，商场商品账记账员接到变价报告单2～4联，审核准确后，按变价报告单变动商品销售价格，留存3联，在当日进销日报表登记变价，增值或减值，并记库存商品（经销）二级账金额增加或减少，将变价报告单2联转商场会计室，4联转统计员。

第五，商场会计室接到商品账转来的商品变价报告单2联，审核准确后做记账凭证，借或贷记库存商品、贷或借记商品进销差价。

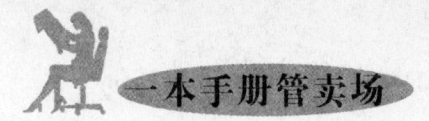

注：商品变价后售价低于成本的损失上报商场财务审计部研究处理。商场作削价准备或列入本商店当期损益。

第三节　商品削价处理票流、物流规程

商品削价处理票流、物流规程包括以下几个方面。

第一，商场部门业务主任根据柜台商品残损、变质、积压等情况做商品削价处理申报单1～5联，报转商场物价员审核。

第二，商场物价员接到部门业务主任转来的削价处理申报单后，到柜台查看商品残损程度，严格审核降价幅度，认定合理准确后签字交商场经理审批。

第三，商场物价员接到经理审批后的削价处理申报单后，5联留存，1联交商场经营部，2～4联转营业部门商品账。

第四，商品账记账员接到"申报单"2～4联审核准确后，按"申报单"中所列商品编号、品名、数量由好品转入"处理商品"，即减少好品柜台数量，按商品编号、品名、新定售价增设货"处"字头的账面，记柜台栏数量增加。

第五，根据商品削价处理申报单损失金额在当日进销存日报表登记变价：减值并记库存商品（经销）二级账金额减少，申报单2联转商场会计室，4联转统计员。

第六，商场会计室接到商品账转来的"申报单"2联审核准确后，做记账凭证，借记进销差价、贷记库存商品。

第四节　商品盘点制度

商品盘点是对商品实物数量和金额的清点和核对。商品盘点是加强商品管理、考核商品资金运转情况的重要环节，也是商场部"售价金额核算和实物负责制"的一项重要内容。通过盘点可以掌握商场各类商品的实存数量，了解库存结构是否合理，从而为商品排队、进一步组织商品打下基础。

商品盘点分类可以从时间和工作需要两方面加以划分。

第一，从时间上划分，可分为定期盘点和临时盘点。

定期盘点是在月终、季末、年底这些固定日期盘点；临时盘点是在商品变价、工作交接、人员调动时盘点。

第二，从工作需要上划分，可分为全面盘点和部分盘点。全面盘点是对柜组全部商品逐一盘点，部分盘点是对有关商品的库存进行盘点。一般来说，对于价格高、体积大、品种单一的商品，如金首饰、电视机、电冰箱、自行车等商品应该每天盘点。对于价格低、体积小、交易频繁、品种众多的商品，则应该每月盘点。

为了提高商品盘点工作的质量，一般应做好以下工作：

1. 加强商品的日常管理

商品摆布、陈列要有固定货位，同类商品不同规格要有序堆放，避免串号混同等。

2. 做好盘点的准备工作

做好盘点的准备工作主要是做到"三清"、"两符"。"三清"，即票证数清、现金点清、往来手续结清；"两符"，即账账（即部门账和柜组账目）、账单报（即与有关单据）相符。

3. 采用先进的盘点方法

一般可采用复式平行盘点法，即组织两套班子平行盘点，互相核对复查的盘点方法。

第五节　商品盘点票流、物流规程

1. 柜台实物盘点

（1）营业部门双人对柜台商品进行盘点，按商品、编号、品名、单价、数量填制实物盘点表（一式三份），交部门业务主任，商店三级账负责进行监点。

（2）核对日清日结的商品盘点表与商店商品账中经（代）销库存商品明细账中柜台结存数量，做到账实相符。

（3）月清月结的商品盘点表汇总金额与商店三级账经销库存总金额扣除经销商品仓库盘点金额后相符。

2. 库房实物盘点

（1）盘点仓库保管员要与商店商品账核对账目，发现问题及时查清，做到账账相符。

（2）为防止漏盘、重盘、错盘，做到账货相符。

（3）盘点应采取以货到账，再以账到货的盘点方法，双人交叉盘点复核，并填制商品盘点表（盘点包括外库商品）。

（4）盘点中对长短等问题填制盘点盈亏明细表（1～4联），报送部门业务主任，审批后1联转仓库留存，2联转会计，3联转商品账，4联转统计。

3. 盘点结果处理

（1）部门业务主任根据柜台仓库实物盘点表和盈亏盘点表审核后填制盘点结果报审表（1～3联），写明长短等主要原因，经部门业务主任签字后，报商店主管经理审批。

（2）经商店主管经理审批签字后，第1联商店商品账留存，第2联转会计，第3联转统计。

（3）对盘点中的长短款金额及长短商品各环节做相应的账务处理。

第六节 商品缺货日报表

商品缺货日报表如表11—21所示。

表 11—21 商品缺货日报表

编号： 　　　　　　　　　　　　　　　　　　　　　　　　　　　　　年 月 日

商品号码	品名	规格尺寸	数量	进货日期	摘要

第七节　商品收益报告表

商品收益报告表如表11—22所示。

表 11—22　商品收益报告表

项目	商品类型							
	金额	%	金额	%	金额	%	金额	%
(1) 销售收入 (2) 销售成本 (3) 销售毛利 [(1) － (2)]								
(4) 销售额 (5) 商品保管费 (6) 邮送费 (7) 订购处理费								
(8) 直接营业费用 [(5) ＋(6) ＋(7)] (9) 其他费用 (10) 净利 [(3) － (8) － (9)]								

第八节　各类商品统计报告表

各类商品统计报告表如表11—23所示。

表 11—23　各类商品统计报告表

日期	本日销售金额		前日金额累计		本日金额累计		前日收款累计		本日收款累计	
商品 代号	本日 数量	本日 金额	前日数 量累计	前日金 额累计	本日数 量累计	本日金 额累计	平均 单价	进货 单价	毛利	毛利率
毛利累计			前日累计		本日毛利			毛利率		

第九节　商品管理月报表

商品管理月报表如表 11-24 所示。

表 11-24　商品管理月报表

年　月　日

商品名	销货		退货		进货		库存额		毛利	毛利率	备注
	数量	金额	数量	金额	数量	金额	数量	金额			

第十节　盘点作业程序

1. 建立盘点制度

由连锁超市总部统一制定，其内容包括以下几个方面。

(1) 商品盘点的方法（实盘或是账盘）。

(2) 盘点的周期（一个月或一季度盘点一次）。

(3) 账务的处理规定。

(4) 盘点出现差异的处理方法及改进对策。

(5) 对盘点结果的奖惩规定。

2. 落实盘点组织

由各分店负责落实盘点作业人员组织，总部人员在各分店进行盘点时分头下去指导和监督盘点。一般来说，商品盘点作业是超市分店人员投入最多的作业，所以要求全员参加盘点。

3. 确定盘点责任区

商品盘点作业要将所确定的责任区域落实到人，并且告知各有关人员。为使盘点作业有序有效，一般可用盘点配置图来分配盘点人员的责任区域。用盘点配置图可以周详地分配盘点人员的责任区域，盘点人员也可明确自己的盘点范围。

在落实责任区域的盘点人时，最好用互换的办法，即商品部 A 的作业人员盘点商品部 B 的作业区域，依次互换，以保证盘点的准确性，防止由于"自盘自"而可能造成的盘点不实。按照盘点配置图，再作盘点责任区域分配表，就可将盘点作业责任区域落实到每一个人。

4. 盘点前准备

盘点前要贴出告示，告知顾客，以免顾客在盘点时前来购物而徒劳往返（最好在盘点前 3 日贴出），还要告知厂商，以免直送商品的厂商在盘点时送货，造成不便。除了这两项分店盘点作业的准备外，主要可分为以下几个阶段进行。

（1）商品整理。在实际盘点开始前两天对商品进行整理，会使盘点工作更有序、更有效。营业员对商品进行整理要抓住以下几个重点：

①中央陈列架端头的商品整理。中央陈列架前面（靠出口处）端头往往陈列的是一些组合促销商品，商品整理时要分清每一种商品的类别和品名，进行分类整理，不能混同为一种商品。

中央陈列架尾部（靠卖场里面）的端头往往以整齐陈列的方式陈列一种商品，整理时要注意其间陈列的商品中是否每一箱都是满的，要把空的箱子拿掉，不足的箱子里要放满商品，以免把空箱子和没放满商品的箱子都按实计算，导致盘点差错。

②中央陈列架的商品整理。中央陈列架上的商品定位陈列整齐得多，每一种商品陈列的个数也是规定的，但要特别注意每一种商品中是否混杂了其他的商品，以及后面的商品是否被前面的商品遮挡住了，而没有被计数。

③附壁陈列架商品的整理。附壁陈列架一般都处在主通道一侧的位置，所以商品销售量大，商品整理的重点是计数，必须按照商品陈列的规则进行。

④随机陈列的商品整理。对随机陈列的商品要点清放在下面的商品个数，并做好记号和记录，那么在盘点时只要清点上面的商品就可快速盘点出商品的总数。

⑤窄缝和突出陈列的商品整理。对这两种陈列的商品要有专人进行清点，最好由陈列这些商品的人来进行清点。

⑥库存商品的整理。库存商品的整理要特别注意两点：

一是要注意容易被大箱子挡住的小箱子，所以在整理时要把小箱子放到大箱子前面；二是要注意避免把一些内装商品数量不足的箱子当做整箱计算，所以要在箱子上写上内在商品确切的数量。

不注意前一点就会造成计算上的实际库存遗漏，而不注意后一点则会造成计算上的库存偏多，从而使盘点失去准确性。

⑦盘点前商品的最后整理。一般在盘点前两个小时对商品进行最后的整理，这时特别要注意，绝对不能将陈列货架上的商品顺序改变，即盘点清单上的商品顺序与货架上的顺序是一致的。如果顺序不一致，盘点记录就会对不上号。

对于使用手提式 POS（销售终端）机来进行盘点的超市，计数工作量可大大减轻，只要扫入某一单品的数据，与货架实际存放数和实际库存数进行数据比较，就可得出真实的盘点数据。

（2）准备好盘点工具。将有关的盘点工具与用品加以准备，若使用盘点机盘点，需先检验一下盘点机是否可正常操作；如采用人员填写方式，则须准备盘点表及红、蓝圆珠笔。

（3）单据整理。

①进货单据整理。

②变价单据的整理。

③净销货收入汇总（分免税和含税两种）。

④报废品汇总。

⑤赠品汇总。

⑥移仓单的整理。

5. 盘点作业

盘点作业正式开始前，首先分配盘点区域的责任人员，说明盘点工作的重要性，特别要告诫大家，大家动手清点的商品不单单是商品，而且是"金钱"，应该以点钱的责任心来清点商品；然后发放盘点清单，告知填写盘点单的方法。在告知盘点单的填写方法时，也要告知劣质或破损商品的处理方法，如将这些商品汇总与正常的商品区分开来，汇集到指定地点统一处理等。

（1）盘点作业的初点和复点。盘点人员在实施盘点时，应按照负责的区域，由左而右、由上而下，展开盘点。初次盘点由责任人进行，对初点的结果要进行复点。复点要互换责任人，复点后将结果用红笔记录在盘点单上。

（2）盘点作业检查。分店等负责人要认真对各小组和各责任人员的盘点结果加以检查，检查的重点是：

①每一类商品是否都已盘点出数量和金额，并有签名。

②盘点人员对单价高或数量多的商品，需要将数量再复查一次，做到确实无差错。

③复查劣质商品和破损商品的处理情况。

（3）盘点记录后的善后工作。盘点人员在确认盘点记录无异常情况后，就要进行第二天正常营业的准备和清扫工作。这项善后工作的内容包括补充商品，将陈列恢复到原来的状态。善后工作的目的是要达到整个分店第二天能正常营业的效果。至此盘点作业所有的工作就结束了。

6. 盘点作业的账册工作

盘点作业的账册工作就是将盘点单的原价和数量相乘，合计出商品的盘点金额。盘点作业的账册工作进行时，要重新复查一下数量栏，审核一下有无单位上的计量差错，对出现的一些不正常数字要进行确认，订正一些字面上能明显看出的差错。将每一张盘点单上的金额相加就结出了合计的金额。分店要将盘点结果送至总部财务部，财务部将所有盘点数据复审之后就可以得出该分店的营业成绩。结算出的毛利和净利，就是盘点作业的最后结果。

一般情况下，各个超市都有盘损率基本限额，如超过此限额，就说明盘点作业结果存在异常情况，要么是盘点不实，要么是公司经营管理状况不佳，采取的对策是，重新盘点或改善经营管理。

7. 现代化的盘点作业方法

在物流中心进行盘点作业，最使人感到头痛的是点数，其工作强度极大，且差错率也较高。使用手工盘点的物流中心往往会产生这样一种通病，在正式盘点的前几天，分公司为了降低盘点的差错率，就较大幅度地降低向配送中心要的订货量。

通常，改变手工盘点的不利影响可采用这样两种主要方法：

（1）使用手掌型 POS 机进行盘点，以提高盘点人员点数的速度和精确性。

（2）成立专门的总部盘点队伍进行手工盘点，这种形式较适用于小型运输公司。

第十一节　初点作业操作规范

初点作业操作规范包括以下几点。

第一，若于营业中盘点，则先将当日有营业的收银机全部读出"×账"，同时，盘点作业人员要注意不可高声谈论影响物流中心正常营业，或阻碍顾客通行。

第二，盘点作业人员应先点仓库、冷冻库、冷藏库。

第三，盘点作业人员盘点冷冻、冷藏柜时，要依由左而右、由上而下的次序进行。

第四，盘点作业人员应将每一台冷冻、冷藏柜均应视为独立单位，使用单独的盘点表。

第五，盘点单上的数字要填写清楚，不可潦草。

第六，进行盘点作业时，最好两人一组，一人点、一人写；若在非营业中清点，可将事先准备好的自粘纸或小纸张拿出，写上数量后，放置在商品前方。对于不同种类的商品，应采用不同的方法。

规格化商品，清点其最小单位的数量。生鲜商品若尚未处理，则以原进货单位盘点，如重量、箱数等；若已加工处理尚未发出，则以包装形式，如包、束、袋、盒等。散装而未规格化的商品，以重量为单位。

另外，盘点时，顺便观察商品有效期限，过期商品应随即取下并记录。

第七，如果写错数字，要涂改彻底。

第八，负责人要掌握盘点进度，机动调度人员支援，并巡视各部门盘点区域，发掘死角及易漏盘点区域。

第九，盘点作业人员对于无法查知商品编号或商品售价的商品，应立即取下，事后追查归属。

第十二节　复点作业操作规范

复点作业操作规范包括以下几点。

第一，复盘时，复点者要先检查盘点配置图与实际现场是否一致，是否有遗漏的区域。

第二，若使用小贴纸方式，则应先巡视有无遗漏未标示小粘纸的商品。

第三，复点可于初点进行一段时间后，即开始进行，复点者须手持初点者已填好的盘点表，依序检查，再将复点的数字，记入复点栏内；并计算出差异，填入差异栏。

第四，复点者须使用红色圆珠笔。

第五，复点准确后再将小粘纸拿下。

第十三节　抽点作业操作规范

抽点作业操作规范包括以下几点。

第一，抽点者同复点者一样，也要先检查盘点配置图与实际现场是否一致，是否有遗漏的区域。

第二，抽点者抽点商品时，可选择卖场内的死角，或不易清点的商品，或单价商品、数量多的商品，以及盘点表上金额较大的商品。

第三，抽点者要对初点与复点差异较大的数字，进行实地确认。

第四，抽点者同复点者一样，也须使用红色圆珠笔。

第十四节　物品、原材料盘查制度

物品、原材料、物料在盘点中会发生溢损，包括自然溢损和人为溢损，我们应对自然溢损和人为溢损分别作出处理。

1. 自然溢损

（1）物品、原材料、物料采购进仓后，在盘点中出现的干耗或吸潮升溢，如食品中的米面及其制品、干杂货等，在升损率合理的范围内，可填制升损报告，经主管审查后，视"营业外收入"或"管理费"科目处理。

（2）超出合理升损率的损耗或溢余，应先填制升损报告书，查明原因，说明情况，报部门经理审查，按规定在"营业外收入"或"管理费"科目内处理。

2. 人为溢损

人为溢损应查明原因，根据单据报部门经理审查，按有关规定在"待处理收入"或"待处理费用"科目处理。

第十五节　盘点表

盘点表如表 11－25 所示。

表 11－25　盘点表

第　页

单位：　　　　　　　　　20 　年　月　日　　　　　　　　共　页

类型或编号	品名	单位	数量	单价	金额									
					千	百	十	万	千	百	十	元	角	分

主管：　　　会计：　　　复核：　　　实物负责人：　　　制表：

第十六节　盘点卡

盘点卡如表 11－26 所示。

表 11－26　盘点卡

第一联	第二联
1. 商品编号＿＿＿＿商品类别＿＿＿＿	1. 商品编号＿＿＿＿商品类别＿＿＿＿
2. 商品名称＿＿＿＿＿＿＿＿	2. 商品名称＿＿＿＿＿＿＿＿
3. 数量＿＿＿＿ 单位＿＿＿＿	3. 数量＿＿＿＿ 单位＿＿＿＿
4. 存放地区代号＿＿＿＿	4. 存放地区代号＿＿＿＿
填卡＿＿＿＿盘点卡号＿＿＿＿	填卡＿＿＿＿盘点卡号＿＿＿＿

第十七节　盘点盈亏汇总表

盘点盈亏汇总表如表 11-27 所示。

表 11-27　盘点盈亏汇总表

年　月　日

部门	类别	品名及规格	单位	单价	调整后账面数量	盘点数量	盘盈		盘亏		差异原因	
							数量	金额	数量	金额	说明	对策

第五章 | 商品营销、促销管理制度

第一节 销售市场管理制度

为扩大销售，提高企业经济效益，必须强化销售市场管理。××商场在这方面做得很不错，下面以××商场为例介绍。

1. 商场销售市场管理的组织形式及管理重点

××商场，商场销售市场管理在总经理领导下，由市场经营部部长主抓，经营部设专职销售市场管理员一名，具体负责商场销售市场管理工作，各分店必须明确一名经理主管销售市场。

商场销售市场管理的重点是目标销售市场，目标销售市场是企业生存的根基，目标销售市场管理成功与否直接影响着企业的经济效益和社会效益。因此，必须在调查研究的基础上，根据市场变化，不断重新确立自己的目标销售市场。

2. 商场目标销售市场的管理形式及管理权限

商场目标销售市场管理实行商场、商店两级管理。商场主管区域性目标市场和重点顾客；商店主管特殊消费顾客和比较固定的消费顾客。

1. 商场级目标市场管理

商场目标市场管理的主要措施和规定：

（1）商场每年要隆重推出两次重大的促销活动，一次是在传统节目春节之前，另一次是商场最有意义的纪念日"场庆"之前。两次重大活动计划的拟订、组织、实施由市场经营部落实，成功的标志是要掀起一次比一次强烈的轰动效应。

（2）对××商场周围公共汽车及骑自行车30分钟内到达××商场的消费群体，商场要采取请进来（聘任义务信息员）、走出去（有针对性地搜集信息的方式）的措施，摸清目标市场需求并按个人消费目标市场和机关团体消费目标市场的不同，有的放矢地组织促销活动。

（3）对重点顾客的目标管理措施是：商场统一在一定时间内发放"××购物卡"；购物卡分"重点顾客购物卡"和"本商场员工购物卡"；购物卡按年购物额等级发放，凡到达一定购物额后均可给予一定幅度的优惠；对"××购物卡"消费最大的顾客，持卡人享有优先权待遇。优先权的权利范围是：商场组织大型活动的优先参与权；重大节日及不定期召开的联谊会的参与权；新产品的价格优惠权；紧俏商品的优先购买权。优先权的权利证书由市场经营部统一管理发放。

（4）为争取更多的消费者来本商场购物，商场对总体目标信息市场还要采取建立"热线"、"特卖区（日）"、"年末大酬宾"、举办"时装表演"等吸引集团消费及利用班车定向拉客的方式，扩大目标市场的外延。

2. 商店级目标市场管理

商店目标市场管理的主要措施和规定：

（1）针对目标市场采取送外卖的方式。商店可以利用本店员工或雇用部分人员，将可以外卖的商品履行一定手续后，由其本人在业余时间推销，并按一定比例给予外卖人一定的酬金，送外卖商品只限于日用类必需品和穿着类商品。

（2）针对目标市场采取价格优惠方式。各商场可以在不同的时间、季节、节日等为顾客提供价格优惠的商品，优惠的幅度依商品的价格和本店的利润情况而定，但优惠价格幅度不能低于本店目标利润率，低于此标准优惠必须上报市场经营部。优惠时间最长不超过30天，优惠的商品要明码标价，不能搞假优惠欺骗顾客。

（3）针对目标市场采取新颖的展示方式。针对目标市场消费群，突出展示商品特色，包括：色调、角度、位置和周围环境。开架展示的商品要有其自然性，防止过于呆板而不能激起顾客的购买欲望；畅销商品展示要注意和具有连带性的商品相配合，既突出畅销商品，又可以带动平销商品。

（4）开架售货方式。开架售货既缩短了商场与顾客的距离又可以直接收集市场信息。凡有条件的商店，适合开架的商品，应开架售货。开架售货不应捆绑商品，售货人员应善解人意，掌握顾客心理，创造顾客购物的轻松环境，绝不允许强买强卖。

（5）以联谊会形式有针对性地组织活动。儿童商店可利用"六一"儿童节与附近幼儿园联谊；声像商店可以与音乐"发烧友"联谊；文化商店可在中小学生开学前与之联谊；食品商店可以与居委会、家委会联谊；女士商店可与"新款族"联谊；各商店可在大中专学生放假前与之联谊等等。

（6）各商店要在每年12月中旬将本商场预计开展的各种展销、促销、联谊等活动计划安排报市场经营部，以便经营部与公关广告公司联系办理广告宣传事宜。

第二节　商场销售预算制度

销售预算是反映商场活动中费用方面的问题。它把费用与销售目标的实现联系起来。销售预算是一个财务计划，它包括完成销售计划的每一个目标所需要的费用，以保证商场销售利润的实现。

销售预算是在销售预测完成后才进行的，销售目标被分解为各个层次的子目标，一旦这些子目标确定后，其相应的销售费用也被确定下来。销售预算和销售预测的执行保证了预测的时间段内利润的实现。

1. 销售收入预算

此处虽名为销售收入，实质上是以销货净额为主，销售净额＝销售收入－销售退回与折让。所以，另需设立退货与折让的预算。假若将减价（相当折让）列入销售收入的项目中，就需设立退货预算，以决定销售净额预算。

由于销售净额预算已经决定，所以先求退货预算，然后再求销售收入预算。其中，退货预算值的求法，是根据退货率的趋势决定退货率，然后再求退货预算值、退货率与退货额及销售收入，计算公式如下：

退货率＝（退货额÷销售收入）×100％

退货额＝销售收入×退货率

销售净额＝销售收入×（1－退货率）

2. 销售成本预算

销售数量×每单位产品的制造成本（或每单位商品的构成成本），可得销售成本。

比较计划与实绩值，以作为销售部门的实绩评价。另外，只有采用公司内的转账价格为销售成本，才能说明销售部门、制造部门的业绩，即可立即算出销售部门与制造部门的毛利各为 36 与 6，显示销售部门借助制造部门的力量，而达成了毛利目标值，见表 11－28。

表 11－28 销售成本预算表

	计划	实绩	销售	制造
销售收入	200	196	196	160
销售成本	160	154	160	154
销售毛利	40	42	36	6

在此基础上，需先决定商场内的转账价格，再乘以销售计划数量，再求销售成本预算。

另外，按地域别编订销售成本预算时，由于各地域的包装费用不一致，于是导致每单位产品制造成本不同的情况，所以，在决定地域别销售成本之前，必须调查清楚产生成本的原因。

3. 销售毛利预算

从销售收入预算减去销售成本预算，即可求得销售毛利预算。在毛利预算决定之前，应检查销售毛利是否足以抵偿企业所需的一切经费。另外，尚需依产品别、地域别及部门别求毛利贡献度，以便订立计划。

4. 营业费用预算

订立营业费用预算之前，首先需表明销售收入目标的内容，或达到目标所需的销售方针。通过销售配合来使销售收入目标值具体化，并且依据销售方针，明示销售活动内容，甚至营业费用也是依销售活动内容而估计。

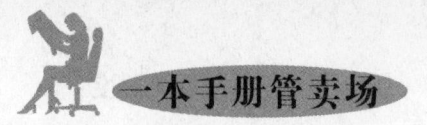

营业费用的定义，因广义和狭义而有所不同，广义上是指市场活动（营销）成本，而狭义上则指销售部门的费用。一般损益所表示的营业费用内容，指的是市场活动成本。

决定营业费用，有下列各方法：

（1）以过去实绩为准的方法。本法最实际且最简单，但不应完全依赖过去的实绩，而不考虑到下年度可能实施的新政策。

（2）依据销售收入或销售毛利目标值的方法。这是根据营业费用与销售收入的比率，或营业费用与毛利的比率，来估计营业费用的方法。

（3）从纯益目标例算的方法。决定销售收入目标值与纯益目标值之后，就可据此决定总成本，总成本中的销售成本，是经由本企业与供应厂商的关系或销售单位与制造部门的关系而自然决定的。由于一般管理费用属固定成本，所以，自总成本减去固定成本与销售成本，就可求出营业费用的范围。

（4）依据是否随销售收入而变化的决定法。有些营业费用随销售收入的增减而屡有变更，另外，也可将各种营业费用，分为固定费用与变动费用两种，然后再依变动费用求变动费用率，最后求算营业费用：

营业费用＝固定销售费用＋销货收入×变动的销售费用率。

（5）依据单位数量求算的方法。这是根据销售数量单位（如每车、每吨等）的营业费用为标准，借以估计总营业费用的方法。

采用本法时，若单位名称因品种而异，就需按照品种别来估计营业费用，然后再求总营业费用。

最后，营业费用的估计值，是配合着各费用项目的个别估计值及总范围而决定的。

个别估计各营业费用时，确认营业费用项目，是前提条件。掌握各营业费用时，最适用的是按照发生形态去掌握营业费用。其代表性项目有：

①变动营业费用：销售条件费、促销费、广告宣传费、运费、交际费等等。

②固定营业费用：营业部门的人事费、折旧费、租金、保险费等等。

下面介绍较具代表性的项目估计：

第一，销售条件费用。这是交易时所发生的费用，销售条件费完全随销售收入的增减而变动，可依每单位数量或费用对销售收入的比率为基准来决定。等销售收入目标值决定之后，即可估计销售条件费，但请注意：宜考虑业界动向与目标，然后再作最后的决定。

第二，佣金费用。又称提成、销售奖金。习惯上多依据销售收入的多寡来决定，具有变动成本的性质，所以，视其与销售收入的关系来决定。

佣金费用的决定法有根据销售数量与销售金额为基准的两种决定方式。

第三，运费。运费是指销售运费，因运交商品给顾客而发生的费用。其中，多以汽油费用等变动费用为主。可与地域、月、产品的销售计划相配合而估计，但一般多根据费用与销货收入的比率或每物量单位的费用来估计。

第四，广告费。有关广告费的估计法，有销货收入汇率法、销货单位法、纯益汇率法、实绩标准法、竞争者对抗法、付款能力法等。商场可视情况择优而定。

另外，广告费用虽具有变动成本的特征，但由于媒体不同，有时必须事先决定一年为期的订约额。一年为期的订约额，就具有固定成本的性质。

第五，促销费用。印制目录费、邮费、赠品费、推销员的训练费用等等，一般都要个别估计。

第六，人事费。估计人事费用时应首先考虑下年度的调薪率。

人事费指的是推销人员的人事费，只要不是采用绝对的提成或佣金制度，就可视为固定成本。

第七，折旧费用。这是来源于有形固定资产的费用，需按照各个单位一一估计，然后再决定总额。

本折旧费用属于纯粹的固定成本性质。

第八，其他营业费用。交际费、旅费、交通费、水电费、保险费等，除需参考过去的资料之外，尚需考虑商场未来的使用状况，个别地加以估计。

估计汇总上述各种费用项目，与营业费用容许的范围相比较，如果在容许限度之内，当然没什么问题。即使是稍微超越若干，也还可以补救，但如果超出太多，就要采取相应措施了。

缩减费用时，应避免缩减和促销有关而且直接影响销售收入的费用，如销售活动所需的汽油费、推销员的差旅费等等。因这些费用与未来的发展有密切的关系，故应谨慎考虑。

5. 经营纯益预算

销售毛利减去营业费用，等于营业纯益，故估计营业费用之后，需重新确认营业纯益，观察是否达到预定的金额。

按产品、地域、部门与适用之别，掌握营业纯益，如此即可求出商场营业纯益贡献度，其效用与销售毛利贡献度一样，都有利于制订计划与评价。

在销售部门中，营业纯益是考核该部门业绩的一项标准，因此，可将营业纯益视为贡献利益。

6. 应收账款的回收预算与存货预算

没有应收账款，就没有销售。即使实现了销售收入，如果没有回收等额的资金，企业的经营仍然无法正常运转，所以，只要销售收入预算存在一天，就必须有应收账款的收回预算计划。

收回应收账款的工作，主要属于销售部门的责任，至于收回后的账务处理，则属于会计部门的工作。

只要确定了付款条件标准，即可与月别销售预算相配合，而订立应收账款的回收计划。

存货预算，是指订立产品或商品的库存计划，存货因内容的不同，而分为下列三种：

（1）意外的存货——滞销商品。

（2）预料中的存货——销售所需的存货。

（3）为调整销售与生产所需的存货。

库存的产生，主要是为了利于商场销售。首先决定标准的存货周转率、备货期间以及安全库存等，参照产品别与月销售预算而订立存货预算。

存货计划可作为销售计划与生产计划的桥梁。待完成各产品的月别销售预算之后，即可据此制订存货计划，最后再制订适合的生产计划，换言之，由于初期存货加本期购货，再减期末存货之后的余额，等于销售成本。同理，该月销售数量加月底存货数量减月初存货数量等于生产完成量或批购数量。

但有时，由于生产能力、库存、市场情况三者，互为矛盾，以致影响存货数量，而产生了销售与生产的调整性库存。这种性质的存货，不属于销售部门的库存，而是属于生产部门或采购部门的库存。冰淇淋就是最佳的例子：夏季与冬季的销售数量，有着天壤之别。以生产部门的立场而言，当然希望生产量愈稳定愈理想，所以，就有提前生产及提前库存的情形产生。

第三节　优惠券促销办法

优惠券，指商场发放的，持券人在指定的地点购买商品时享受折价或其他优惠的凭证。

1. 优惠券促销的优缺点

（1）优点。

①刺激消费者试用。

②扭转消费偏好。

③较快地显示出促销效果。

④增大既有顾客购买量。

⑤鼓励顾客试用老品牌的新产品。

⑥增强推销人员信心。

（2）缺点。

①活动效果不易预测，因此在确定优惠幅度时难免出现过高或过低的问题。

②部分优惠券有可能在很长时间后才来兑换，因此影响实施整体促销计划。

③误兑不可避免，从而产生费用过大、影响促销效益的问题。

④对新产品、知名度低的产品促销效果不佳，消费者不会为了优惠券而买一个不了解的产品。

2. 优惠券的促销目标

由于优惠券促销具有以上特点，所以，优惠券促销活动主要是协助企业实现以下目标：

（1）扭转产品或服务销售全面下跌的局面，当然，若产品已到滞销期，优惠券也无力挽救其衰落的趋势。

（2）提高某一品牌在同类产品中逐步下降的市场占有率。

（3）提升消费者对滞销的成长类商品品牌的兴趣。

（4）协助增强弱势品牌递降的销售利益。

（5）抵制竞争品牌在同一市场的促销手段。

3. 优惠券的制作设计

优惠券的制作设计，主要包括优惠额度、形状与文字、功能等三个方面。

（1）优惠额度的设计。在确定优惠券的优惠额度时，要根据以下因素来综合考虑：

①促销产品的种类和单位价格。

②促销品牌在市场上的知名度和信誉。

③企业促销目标。

④目标市场上消费者的收入水平。

⑤竞争者产品的价格和促销策略。

（2）优惠券形状和文字设计。优惠券的文字设计共包括以下内容：

①促销主题。

②优惠的额度、范围和时间期限。

③兑换的地点或经销店。

④具有说服力的介绍。

⑤发券企业、店名、地址和咨询电话。

优惠券的格式要求首先使传达的信息准确明了，然后再考虑其艺术感。内容要求简单、清楚，切忌用"优惠××元"字样，字体大小要有区别，优惠的钱数或比例应用大号字，说明可用小字，同时也应明显地注明有效日期。

（3）功能设计。

①宣传功能：把有关商场和其商品的信息也印在券面上，起到宣传作用。

②方便功能：不论在何种媒体上登载的优惠券都要能方便、容易地取下，以提高兑换的可能性。

4. 优惠券递送方式设计

（1）直接送予消费者。

优点：

第一，可以有效地对准目标顾客群，发放范围可大可小。

第二，接受率高，重复发放可能性小。

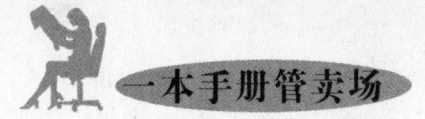

第三，兑换率较高。

缺点：分送成本较高。

作为弥补方法，现在很多企业常常采用联合邮寄优惠券的方式，即由数家非竞争性的企业或业务有关联的企业联合邮寄优惠券，邮资由参加者分摊，从而降低分送费用。

（2）借助媒体散发。

①报纸。

优点：花费成本低，选择性大，可针对不同商品和服务选择不同的报纸刊登，送达速度快。

缺点：容易误兑，兑换率低。

②杂志：广告页上优惠券，插页式优惠券。

优点：发送费用低，容易引起顾客注意，针对性强。

缺点：杂志周期性强，不利于短期性促销活动，容易受地区性限制，地区性杂志更是如此。

（3）借助商品发送（包装上的优惠券，包装内的优惠券）。

优点：

第一，不必支付优惠券的发放费用。

第二，对商品购买者的促销效果很好。

第三，有利于突出卖点的商品形象。

缺点：

第一，利用商品包装散发优惠券，其促销作用仅局限于现有的使用者，而对吸引新的消费者试用却无能为力。

第二，包装上印制优惠券，往往不容易摘取。

第三，包装内放置优惠券，常被第一次购买者忽略。

（4）利用特殊渠道发送优惠券。

常见方式有：

将优惠券印在收银机开出的发票背面、印在商场的购物袋上及冷冻食品的包装袋上等。

优点：方便灵活、多种多样，便于顾客取得。

缺点：不便于管理和统计。

5. 优惠券促销的费用估算

优惠券促销的费用预算包括直接发生费用和可能发生费用两部分。直接费用指不论优惠券能被兑换多少都必须付出的费用，包括优惠券的印制费和送达费；可能发生费用指与优惠券最终被兑换多少（即兑换率）有关的费用，包括优惠券的优惠费用和兑换处理费。

（1）优惠券的印制费。优惠券的印制费用随优惠券的递送方式不同而有所差别。

在报纸杂志的传递方式中，印制费实际是广告的制作费，而在其他三种形式的递送中，是指优惠券自身的制作费用。

（2）优惠券的送达费用。不论优惠券的兑换率如何，首先必须要将这些优惠券发送出去；发送方式不同，则费用也不大一样，其项目大致有：分送人员的劳务费；直接邮寄的邮资；广告的刊登费；将优惠券置于包装内的费用。

包装上和其他特殊渠道的分送方式，可以一起计算广告印制费和广告送达费。

（3）优惠券的优惠费用。优惠券的优惠费用可用下面公式计算：

优惠费用＝优惠券发行量×兑换率×每券优惠额

（4）优惠券的兑换处理费。优惠券的兑换处理费的计算公式为：

兑换处理费＝优惠券发行量×兑换率×每券处理费

（5）实例说明。下面以报刊优惠券为例，说明优惠券促销的费用估算：

假设商场在某一报刊上刊登一则广告，上面附有优惠额为 2 元的优惠券，费用估算方法如下：

①计算此次促销活动的直接费用即优惠券的制作费和送达费。假设广告制作费 2000 元，广告刊登费为 1 万元，则直接费用为 1.2 万元。

②计算优惠费用。假设该报纸优惠券的兑换率为 3‰，该报总发行量为 10 万份，则优惠券优惠费用为：

优惠费用＝100000×3‰×2＝6000（元）

③计算兑换处理费。假设厂商给商场每张优惠券处理费为 1 元，则兑换处理费为：

兑换处理费＝100000×3‰×1＝3000（元）

合计总费用为 2.1 万元，平均每张优惠券（以兑换 3000 张计算）的成本费用为 7 元。

接下来，进一步估算其促销效益：

假设兑换的 3000 张优惠券中有 2000 张是此次促销的结果，并设每个产品的利润为 5 元，则 2000 张优惠券使企业增加的利润为：

增加利润＝2000×5＝10000（元）

而余下的 1000 张优惠券给企业造成的利润损失为：

减少利润＝1000×7＝7000（元）

则此次促销活动的利润净增加值为 3000 元。

假如根据费用估算结果，预测不会取得理想的效益目标（包括经济效益和社会效益），就应放弃优惠券促销方法，而选择其他促销工具。

6. 优惠券的兑换

从上述分析中可见，优惠券的兑换过程将花费这一活动的主要费用，因此，在优惠券的兑换过程中要注意：

（1）统计优惠券兑换率的高低。影响优惠券兑换率的因素主要有：

①优惠券递送方式。

②优惠券的优惠额度。

③优惠券的设计与表现。

④消费者对商品的需要程度。

⑤消费者的品牌认知度和忠诚度。

⑥品牌的经销能力。

⑦品牌的新旧程度。

⑧使用地区范围。

⑨竞争品牌的促销活动。

⑩商品自身的等级等。

（2）避免误兑。避免优惠券误兑的方法有：

①优惠券价值不宜过高。

②优惠券设计应不易仿造。

③办法说明应明确清楚。

④该商品在商场的普及率达 50％之后才可使用优惠券促销。

⑤先在局部测试，然后再在大范围区域内开展优惠券促销活动。

⑥最好以四色印刷优惠券，以使仿造者不愿花较高成本去伪造，除非优惠券的价值非常大。

第四节　样品赠送办法

样品赠送，指向预期目标顾客免费赠送商品样品，以鼓励顾客试用的销售促进活动。

一、样品赠送促销的优缺点

1. 优点

（1）最容易获得消费者参与。

（2）能充分向顾客展示商品特性。

（3）能够有效地培养品牌信赖者。

（4）能灵活机动地选择推广对象。

2. 缺点

（1）费用比较高。

（2）样品的送达效果不易控制。

（3）受商品自身特点的限制（并不适合于所有商品）。

二、样品赠送的目标

（1）促使新产品顺利地打入市场。

（2）提高劣势地区的销售业绩，让不曾使用过该商品的人有试用的机会，促使其转换品牌。

（3）保持竞争优势地区的领先地位。

（4）借以调查消费者对其商品的意见。

（5）可达到公开宣传，扩大影响的效果。

三、样品赠送活动策划

1. 样品策划

（1）适合样品赠送促销的商品种类。适合样品赠送促销的商品为日用品。特点是单位价格低、消耗快、消费购买频率高、没有过分的品牌偏好。

（2）样品规格。

①样品规格要根据商品的特性来决定。特点突出的商品，样品规格可以以一次量或平均每人一次量（以家庭人口 2～3 人）来设计。若商品须连续体验才能知其优劣，则样品规格应放大。

②根据商品的成本费用来决定。

2. 样品赠送对象策划

（1）样品受赠人应该是该商品的准顾客群。

（2）样品受赠人最好是市场上的"意见领袖"，能对其他消费者的选择发挥重要影响。

（3）样品的受赠人可以是企业的公关对象。

3. 样品赠送方法策划

（1）直接邮寄。

优点：送达率较高。

缺点：受许多限制。

（2）挨家挨户发送。

优点：样品能够及时、安全地到达受赠人手中。

缺点：费用高，而且有时会遭拒绝。

（3）定点分送及展示。

优点：费用低。

缺点：样品送达率低。

（4）媒体分送。

优点：能直接进入家庭或机关团体，同时传播商品信息。

缺点：目标顾客群命中率低。

（5）凭优惠券兑换。

优点：节省了邮寄费用，从而提高了赠送样品的安全性。

缺点：样品赠送普及率很难控制，样品数量难以控制。

4. 样品赠送时机策划

策划样品赠送时机应考虑到以下几个方面。

（1）企业在该市场上的广告宣传活动。企业在该市场的广告宣传进行 4～6 周时是实施样品赠送的最佳时机。但是，在赠送样品期间在该市场的广告宣传不能停止。

（2）商品在该市场的经销店数量。对食品、日常生活必需品而言，至少应在该区域有半数店铺经销之后，才适宜进行样品赠送。

（3）商品的消费季节性。最好在某一商品消费旺季到来之前举行样品赠送。

四、样品赠送的成本核算

（1）样品费，包括样品自身费用和样品包装费。

（2）送达费，指将样品分送到消费者手中的过程中所需支付的邮费或劳务费。

（3）管理费，指促销者必须支付给分发渠道的中间费用，如通过专业邮递公司分送，除了要付邮寄费之外，还要支付一定的管理费用。

（4）广告费，包括促销活动本身的广告宣传费、样品包装上的广告费及其他促销辅助物的费用。

需要说明的是，如果样品中附加优惠券，则还应包括优惠券的折价面值以及优惠券的兑换处理费。

第五节　免费赠品促销办法

一、免费赠品促销的优缺点

1. 优点

（1）塑造商品品牌差异化。

（2）能有效地增加市场销售量。

（3）有利于维护商场商品形象。

（4）促进新产品推广试用。

2. 缺点

（1）赠品选择不当，容易让顾客失望，甚至引起不满。

（2）赠品易被某些人扣留，影响促销效果。

二、免费赠品适用的目标

当企业想要达到以下目标时，可以考虑采用免费赠品促销：

（1）在销售成绩不良的地区推广销售，或开拓新的销售区域。

（2）减少现有商品的存货。

（3）介绍和推广新产品或改良产品。

（4）鼓励顾客采用公司的系列产品。

（5）对抗同类产品的价格竞争。

（6）在消费淡季掀起购物热潮。

（7）抑制市场销售额的下降。

（8）在节日或企业庆典日创造品牌的销售佳绩。

（9）为销售队伍提供激励，帮助其完成当前的销售目标。

（10）对特定的目标顾客群实施奖励或诱导，例如，"六一"儿童节赠送儿童玩具等，目的都是在吸引特殊顾客的购买兴趣。

三、赠品的设计

免费赠品促销的实质是一种折价销售，这种促销方法对消费者吸引力的大小主要取决于采用什么样的赠品。

1. 赠品的种类

赠品通常有以下三种：

（1）商场的特制品，如印有本企业标志或名称的 T 恤衫、影集、纪念品等。

（2）同销售的产品相关，如儿童食品赠送儿童玩具，销售胶卷赠送相册等。

（3）同销售的产品无关。

2. 选择赠品要遵循的原则

不论采用哪一种商品作为赠送品，都必须力保赠品对消费者有足够的刺激性和吸引力，因此，在选择赠品时，应遵守以下原则：

（1）赠品必须符合该商品消费对象的兴趣。

（2）赠品的价值必须容易让消费者了解。

（3）赠品尽可能有特色，在市面上不易买到。

（4）赠品的品质要高，并且经久耐用。

（5）尽可能挑选与产品有关联的商品作赠品，这样做主要是给消费者提供消费时的便利和消费兴致，因此，常能增加赠品的吸引力。

（6）避免与竞争对手采用同样的赠品。

（7）赠品的选样要与促销主题紧密结合。

（8）尽量挑选有名气的产品作赠品。

（9）要尽可能地降低赠品的成本费用。

（10）赠品要具有时代特色。

四、赠品分配形式的管理

赠品分配主要可采取以下几种形式：

（1）包装赠送。包装赠送又可分包装内赠送和包装上赠送。包装上赠送，即将

赠品附在商品上或商品包装上。操作时可用橡皮筋将赠品与商品绑在一起，或用透明纸包装。

包装赠送与其他赠品分配形式相比，具有以下优点：

第一，促销活动之前即可预知赠品数量，能控制促销成本。

第二，赠品随产品直接传达给消费者，不需要其他程序，所以，不会给商场增添麻烦。

第三，赠品附于包装随货搬运，不需要增加运费。

第四，消费者购买商品时能顺利得到赠品，赠品的到达率高，并且简便及时，所以，包装赠送促销方式深受消费者欢迎。

包装赠送形式也有以下缺点：

第一，对赠品的限制性太大。采用包装赠送的赠品只能是体积小，形状适宜（不能过尖过长）的产品，同时还要考虑赠品与产品包装在一起是否会影响产品的品质。

第二，若赠品出现损坏，不便于及时发现。

（2）邮寄赠送。邮寄赠送，是指消费者将商品的购物凭证或赠送券，邮寄给商场，商场将赠品直接邮寄给消费者。

邮寄赠送具有以下优点：

第一，不会给商场带来麻烦。

第二，能使商场获得有关消费者的某些资料。

邮寄赠送具有以下缺点：

第一，邮寄可能发生误差，消费者因此而收不到赠品，或者在邮寄过程中赠品受到损坏，这些都会引起消费者的强烈不满。

第二，要负担邮资费用，并且这部分费用还相当高。

五、免费赠品的费用预算

免费赠品的促销费用由于赠品不同，赠送方式不同而差距很大，在这里只列出各种可能的成本花费：

（1）赠品本身的费用。

（2）促销活动的广告宣传费用，包括广告制作费和媒体费用，同时还包括在商场的广告物费用。

（3）赠品的分配费用，如特殊包装的制作费用、邮寄费用、商场赠送的处理费等，视赠送方式不同而异。如果附赠品是赠券时，还须增加赠品兑换的管理费用。

（4）由于赠品促销活动所增加的开销，如运输费用、仓储费用以及为获得赠品使用权所需支付的相关的费用。

六、提高免费赠品促销效果的途径

（1）对消费者加强广告攻势。

（2）对产品进行再包装。

（3）强化购买现场的店头广告。

（4）派遣人员示范及展示赠奖的奖品。

七、免费赠品促销应注意的问题

（1）要留有充足的准备时间。根据以往的经验，免费赠品的准备工作少则需要 4 个月，多则需要半年，所以，如果想在指定的日期，如元旦或企业庆典日，成功举办免费赠品活动，就必须提早下手准备，以免措手不及。

（2）关于赠品的宣传要明确、清晰。

（3）增加获取赠品的可选择性。企业不仅要为顾客提供灵活多样的赠品，同时，也应为顾客提供获取赠品的多种形式。对于手头的购物凭证不足，但又急于想得到赠品的顾客，可以让其支付部分现金来弥补购物凭证的不足。

（4）力保赠品及时、顺利地到达消费者手中。

第六节　价格折扣促销办法

价格折扣，又称折价促销，是指商场直接采用降价或折价的方式招徕顾客。价格折扣的实质是把企业应得的一部分利润转让给消费者。

1. 商场价格折扣的类型

商场针对消费者实行的折价销售，包括多种类型。

（1）由于企业折价促销的目的不同，折价销售可分为竞争性折价和常规性折价。

（2）由于折价促销的商品范围不同，价格促销又分为全部商品折价和部分商品折价。

2. 商场价格折扣的利弊

能直截了当地给消费者带来实惠。因此，与其他促销工具相比，打折的促销冲击力最强。

折价促销的弊端主要表现在以下几个方面。

（1）容易引起竞争激化，导致行业效益下降。

（2）会引起顾客的观望与等待，使商场进入折价的恶性循环之中。

（3）有时会损坏商场形象。

综上所述，折价促销有利有弊，因此，对企业来说，应适度采用。

第七节　现场演示促销办法

所谓现场演示促销，是指在销售现场直接向消费者做商品演示。

1. 现场演示促销的特点

优点：

第一，促进消费者了解新产品。

第二，吸引顾客的注意力。

第三，能向顾客提供有力的说服证据。

第四，节省促销费用。

缺点：

第一，受产品特性的限制较大，并不是每一种产品都可以做商品示范。即使能做示范的商品，其产品不同演示的效果差别也很大。

第二，促销的对象范围比较窄，是前来卖场的顾客。

第三，促销效果的好坏受产品演示者的演示水平影响也很大，如演示不当，反而容易产生相反的效果。

2. 现场演示的促销目标

现场演示主要适用于以下促销目标：推广和介绍新产品；改变产品在商场销售不旺的状况；突出本企业产品在同类产品中的地位；向顾客展示本企业产品的特殊功效；吸引顾客光顾，带动其他产品的销售。

3. 现场演示促销应注意的问题

（1）现场演示的适用范围。并不是所有的商品都适宜采用现场演示的形式促销，一般情况下，做现场演示的商品最好具有以下几个特点：

①技术含量比较低的大众化消费品。这类商品演示起来比较方便，演示的过程和效果比较直观，消费者容易理解和把握。

②有新型的使用功效。

③能立即显示产品的效果。

（2）示范表演者的演示水平。现场演示，目的在于将产品的特点、性能，真实、准确、直观地传达给消费者，通过刺激消费者的感官而刺激消费者的购买兴趣。因此，示范表演者的操作要熟练，要能充分地展示产品的优越性。示范表演者的操作水平，直接影响着消费者对产品的信任程度。

（3）现场演示的趣味性。现场演示要想能吸引消费者的注意力，就必须富有一定戏剧性、趣味性。

第八节　竞赛和抽奖促销管理办法

竞赛是根据参加者的智慧或能力来获得奖赏，如回答有关产品的特点、为产品品牌命名、提供广告主题语或广告创意等。所以，竞赛促销一般需要三个基本要素：奖品、才华和某些参赛评定的依据。

抽奖与竞赛活动不同，抽奖活动不需要参加者具备判断和技巧方面的能力，只需填写姓名、身份证号码或其他一些个人资料即有希望获奖。获奖者的确定是按照事先规定的随机办法，如抽签、摇奖号码而产生，它与参加者的能力无关，而取决于参加者的运气。

1. 竞赛和抽奖促销的优缺点

优点：

第一，对消费者刺激性大。

第二，便于控制促销费用。

第三，有利于树立和强化品牌形象。

第四，能够推动销售量的迅速上升。

缺点：

第一，针对性不强。

第二，促销效果不易衡量。

2. 竞赛和抽奖的促销目标

（1）树立商场和产品的良好形象。

（2）改善老商品现有的市场销售状况。

（3）开辟新的销售领域。

（4）展示商品的某些功能和特性。

（5）为产品寻找新的用途。

3. 抽奖和竞赛的具体形式

（1）抽奖形式的策划。

①标准形式。标准形式，是指顾客可以从报刊、杂志或商场里得到抽奖活动的参加表，根据其要求将姓名、地址等内容填好后寄往指定地点，然后在预先规定的时间和地点用随机抽取的方式从全部参加者中决定获奖者。

②多次抽奖形式。多次抽奖形式就是把几种不同的抽奖方式放在一起使用，每次抽奖都有不同的奖金（品），这样，顾客只要参加一次，就有多次中奖机会。它在表面上增加了顾客中奖的可能性。

③启发式抽奖形式。启发式抽奖形式，是说顾客在参加这种抽奖时，必须仔细阅读某商品广告或宣传资料中的内容，并把其中的要点写下来或按照要求填写在表

格里，然后组织者从所有把要点写对的顾客中随机抽出获奖者。启发式抽奖形式对想要广泛深入宣传自己的商品，树立商品良好形象的商场来说，实在是一种难得的好形式。

④配对游戏抽奖形式。配对游戏抽奖形式，就是组织者预先设置一个数字、一个符号或一个图案，顾客在购买商品时可以任意索取相应的数字、符号或图案，如果和组织者预先设置的相同，则被确定入围，可以参加下一轮的抽奖活动。

⑤即开即兑抽奖形式。即开即兑抽奖形式包括两种做法：一种是组织者把中奖与否和中奖项目直接打印在奖券中，顾客拿到奖券后，只要撕去上面的覆盖物，就能马上知道结果。另一种是在奖券上打上数字或符号，顾客在得到奖券后，只要看券中的数字或符号与组织者公布的是否能对上，对上了即中奖。

⑥"自动参加"抽奖形式。"自动参加"抽奖形式，是指公司用优惠券代替参加表发给顾客，顾客在使用优惠券之前只要把自己的姓名、地址等填在优惠券中，就自动地获得了抽奖资格。当购物活动告一段落或结束之后，组织者将从全部有效的优惠券中抽出获奖者。

（2）竞赛促销形式的策划。竞赛促销的形式策划要以有助于强化商场品牌形象为原则，既要让消费者在竞赛中比出水平，更要让消费者通过竞赛加强对产品的了解和偏爱。其流程一般包括如下几个方面。

①回答问题。

②征集广告语。

③征集作品。组织者要求参赛者围绕要促销的产品创作某种作品，如举办摄影大奖赛，要求参赛的作品中必须有促销的产品；举办烹饪比赛，要求参赛者必须使用促销的炊具等等。

④排出顺序。要求顾客依据事物的发生时间、重要性或优劣为某些答案排出顺序。

⑤竞猜。让顾客就判断力、观察力一比高低，常见的有要求顾客从甲乙两张商标中找出不同点。从照片中辨认某些著名人物以及估算某种汽车能装载多少箱某种商品等。

⑥游戏。除了以上分别介绍的抽奖和竞赛的具体形式外，竞赛和抽奖促销工具还包括以游戏形式出现的促销活动。

游戏促销一般分为两大类，一类是连续型的，即游戏内容需要参加多次方能完成，包括拼字游戏、配图游戏、收集游戏三种形式。

这三种连续型的游戏形式，其共同之处就是顾客要想获奖，必须多次光顾商场或购买商品，这对加大商场的客流量和商品的销售量很有好处，但由于需要较长时间的等待，甚至需要付出更多的购买，顾客往往容易失去耐心，从而对促销活动不感兴趣。游戏促销的另一类是一次性的，即顾客只需参加一次就可完成游戏，最典型的表现形式是各种兑奖。

在设计竞赛形式时，一定要注意活动的趣味性和比赛难度的适宜性，同时，还要注意竞赛规则的可行性和安全性，要本着对消费者负责的态度科学设计。

4. 奖品的设计制度

奖品的设计，包括奖品的价值、奖品的形式和奖品的结构。

(1) 奖品的价值。在设计奖品价值时，应以小额度、大刺激为原则。同时，要遵守相关的法律法规。

(2) 奖品的形式。在竞赛抽奖促销活动中，兑付给消费者的奖品主要有现金形式和实物形式两种。

现金奖品的好处是对每一个消费者都很实用，消费者很容易了解自己能从奖品中得到多少好处。弱点就是缺乏个性。

实物奖品的好处：

①能为消费者提供别具一格的奖品，以提高奖品的刺激性和吸引力。

②可以结合促销主题设计奖品。

实物奖品的缺点是：在一定程度上影响了促销效果。

(3) 奖品的结构。奖品通常分为几个等级，如一、二、三等奖加上特等奖或其他项目。奖品的总费用在这些不同等级上怎样分配，就是奖品的结构问题。奖品结构一般采用金字塔形，即一个高价值的大奖，然后是若干个中价位的奖品，其次就是数量庞大的低价位小奖或纪念奖。经过实践证明，奖品结构中、低价位的奖品再多，也不如送一个超级大奖更能吸引消费者。所以，奖品组合中一定要有一两个诱惑力很大的大奖。二等奖的数量要稍多一些，并且与头等奖的价位相差不能太悬殊，这样对顾客来说，有渴望头等奖的激情，一旦得不到头等奖，还可争取"二等奖"的保障，有利于调动消费者参与的积极性。

5. 抽奖活动规则的管理

为了避免由于理解上的误差而给商场带来不应有的麻烦，竞赛和抽奖活动必须要制订严格、清晰、易懂和准确的活动规则，同时企业必须将这些规则通过大众媒体正式公告于消费者。有关竞赛与抽奖所必须包含的规则内容：

(1) 明确竞赛与抽奖活动的起止日期。

(2) 列出评选的方法，并说明如何宣布正确答案。

(3) 列出参加条件、有效凭证。

(4) 列出奖品等级、奖额及奖品形式。

(5) 标示评选机构。

(6) 告知参加者与活动相关的所有资料。

(7) 中奖名单的发布时间、方法和媒体。

(8) 奖品兑现的赠送方式等。

此外，活动规则一旦确定并公布之后，商场必须严格按照规则履行自己的承诺，而不应以任何理由改变规则或不予兑现。

第六章｜特殊商品管理、处理制度

第一节　出售正常商品管理制度

出售正常商品管理制度包括以下几点。

第一，出售正常商品必须明码标价，按标价出售。不得私自越权作价，或私自议价出售商品。大宗商品的优惠、折扣由商场、商店经理指定专人办理，或由商场、商店经理批准办理。

第二，凡质量不符合有关法律规定的商品，售货人员应坚决抵制销售。做到不合格商品不上柜，不出售，并及时上报商场经营部。

第三，凡出售贵重商品，如金银、珠宝、钻戒、钟表等，要耐心帮助顾客挑选。班次岗位要实行交接制，做好交接记录。每笔成交的商品均要双人复核，确保无误。

第四，凡出售金银、珠宝、钻戒、钟表等贵重商品，货区内要设专用保险柜，保险柜的钥匙专人保管，保险柜内不得存放其他物品，以保证商品的正常出售和安全。

第五，凡可当场试机的商品，出售时，必须开箱试机。因未开箱试机而给顾客、给企业造成的经济损失，由当事人承担，严重者追究其责任。

第六，凡不能当场试机的商品，也必须开箱验机，确认商品的外在质量及其附件，减少不必要的经济损失。

第七，出售正常商品必须货真价实，童叟无欺，坚决不允许以次充好，以旧充新，损害消费者的利益。

第八，对已折价的商品，不能按原价出售；对扣除磨损费的商品，应按扣除后的残值出售。

第九，未入账的正常商品，不得上柜出售。

第十，不准代卖私人物品和其他商品。

第十一，严禁搭配商品出售。

第二节　出售非正常商品管理制度

出售非正常商品管理制度包括以下几点。

第一，非正常商品包括残损、滞销、降价、折价的商品。

第二，对没有使用价值的变质商品和过保质期的商品不属于非正常商品，要及时上报销毁，严禁出售。

第三，各商场、商店必须在商场指定的时间、地点出售非正常商品，使用统一的标签，醒目地注明原因。

第四，凡出售非正常商品，小票上要有戳记，商品上要有特殊标记，否则不得出售。对实行三包的非正常商品，也应试机，保证内在质量的完好和实用性。

第五，业务单位的非正常商品不得进店搭车出售。

第六，没有结算的非正常商品，原则上不出售。陈列品及合同上注明的商品除外。

第七，非正常商品一律不准退货。

第三节　生鲜蔬果处理作业规定

1. 生鲜蔬果面临的损耗

生鲜蔬果经常面临以下几种损耗：

（1）腐坏（腐烂）。

（2）干化（枯萎）。

（3）作业处理不良。

（4）修剪不当。

2. 蔬果陈列

（1）蔬果类商品最富色彩变化，其天然鲜艳的色彩，加上种类繁多，在陈列架上，吸引力非常大，其他商品不能与之相比。

（2）蔬果的陈列，首重"量"感魅力，应给顾客以数量充足、内容丰富的感觉。

（3）以每周为一周期，同样的蔬果应经常更换位置，不要一直陈列于同一个地点。

（4）借着陈列与排列，强化其色彩，使其形成鲜明对比，以显示货色齐全。另外，要活化产品的鲜美与丰富，例如鲜红的苹果与柠檬或香蕉紧邻陈列。

（5）用标语、标签点缀，可增添情趣。

（6）属于冲动性购买商品，应力求陈列在必需品左右或附近。

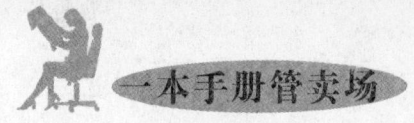

3. 蔬果包装

（1）慎选包装材料。保鲜膜种类很多，其他的包装材料更多，但仅有少数可以不必打眼、打洞就能利于蔬果呼吸的。包装材料应选取此类。

（2）适度的包装。虽然较大的包装可以无形中促使消费者购买量增多，但是也应力求适中，因为包装如过大，也容易使消费者望而却步。因此，对商品讲究精美、适度的包装非常重要。

（3）注意与销售时间紧邻。为了控制蔬果鲜度，包装应尽量紧邻销售时间。

第四节 生鲜肉品处理作业规定

1. 生鲜肉品进、销、存作业流程

生鲜肉品在陈列柜内的陈列方式，为了促进顾客印象、方便顾客选购，大抵采用按类分区陈列。

（1）排骨。

（2）肉片。

（3）碎肉、绞肉。

（4）熏肉。

（5）加工肉食品。

（6）里脊肉。

（7）汉堡肉。

（8）家禽肉。

不过，也有的商场按家禽肉、牛肉、羊肉、猪肉、加工肉食品等类分开陈列的。

生鲜肉食品由产地经屠宰场将屠体运抵商场后，一般商场为了方便装卸处理，都非常重视后勤作业区的处理作业。

2. 生鲜肉品的存量管制

除了对生鲜肉品进行温度管理，以降低耗损外，肉品有一定的保鲜度，存量管制非常重要，存货量若过多，则浪费成本，存货太少，又不够销售。因此，应使用各种存货控制方法，制定理想的存销比例，适当管制存量。

3. 生鲜肉品的温度管理

生鲜肉品处理作业程序中，其温度管理特别重要，适当的温度有利于肉品的维护与处理，可以减少耗损，延长肉品的销售时间。

（1）商场冷藏库的温度最好控制在−5℃～−1℃之间。

（2）切割处理区与肉品包装区的温度最好在15℃左右。

（3）陈列柜（冷藏柜）的温度，应维持在−3℃左右。

（4）熏肉、加工肉食品区，则以1℃～2℃为宜。

通常在适当的温度管理与控制下，能使耗损平均降 5％左右。

经－3℃冷冻的肉品，不宜用保鲜膜包装。

第五节　商场食品、日用品处理作业规定

一般商场内最大的部门莫过于食品、日用品部。因为消费者在商场购物时，购买最多的还是食品与日用品。

所谓"食品、日用品"包括干货、罐装食品、饮料、烟酒、冷冻调理食品、速食品、厨房用品、卫生用品等。因此，超市在致力于经营与企求提高业绩时，对于食品、日用品部的良好作业管理是不容忽视的。

上述食品与用品的销售量，通常占商场营业额的 60％左右。该类商品占整个商品类目的 72％～80％，其陈列面积亦占总场 2/3 强，其毛利率则较生鲜食品低 18％～20％。

第六节　生鲜海产品处理作业规定

在所有生鲜类品中，耗损程度最高者，当属生鲜海产类品。

海鲜类品自产地运销过程，每一阶段都应留意温度管理，切勿产生中断冷冻的现象，防止使鱼货腐烂，影响新鲜度。

海产鲜活鱼处理作业的好坏与鲜度的维持息息相关，其最佳的保鲜处理，即是提供一处类似海洋生态的水域环境，通常海水含盐量约为 3.5‰，水域盐度应规定控制于此标准，温度也应控制在 2℃以下。

因此，温度管理、冰冷盐水处理、冷冻处理等，对于活鱼蓄养等均应特别注意。

第七节　奶制品、烘焙制品处理作业规定

从整个营运而言，奶制品与烘焙制品在超市的销售中虽不及生鲜食品重要，但仍然是重要的一环。

奶制品的毛利率较富弹性，加盒装的冰淇淋毛利率较高，可达 28％，鲜乳则约10％，其他的奶制品甚至更低，仅约为 6％。

奶制品由于极易腐坏，因此必须定时检视陈列柜，并加以清洁管理，才能促进其销售。

奶制品由于有助于关联性购买，因此，搭配销售以积极促进，可助长利润的形

成，其相关的商品组合有：牛奶与麦片、小西点；奶油与面包；冰淇淋与点心、蛋糕等；奶油与饼干、煎饼等；乳酪与通心粉。

烘焙制品在商场中，可大致分为两类：第一，面包和现作西点类；第二，饼干、小甜点与其他烘焙制品。

在整个烘焙食品的销售量中，以面包类的销售量最高，约达销售量的55％，西点次之，约为31.7％。面包是形成价格印象的最佳商品，而西点则较易于刺激顾客购买欲。因此，必须使其更商品化，以促进销货的增加与贡献度。

烘焙制品须为大量购买的消费者提供方便，并且安排在一般消费者购物过程的开端，以诱使消费者在购物预算之外，作冲动性的购买，而获取利润。

通常，超级市场在开始营业后，应迅速补充或保持适度的面包存量，使顾客产生有利的商店印象，而品质良好的烘焙制品更能促进消费者作冲动性的购买。

第八节　商场包装物品、票据管理规定

1. 商场包装纸、袋的印制使用

(1) 对包装纸、袋实行计划管理、统一印制，商场统一设计标志，不得印制非标准印刷品。

(2) 与印刷包装纸、袋有关的部门，将印制计划报市场经营部，经营部审查设计后将校样及要求交行政部印制保管。

(3) 属于整个商场宣传性包装物，行政部根据市场经营部要求分配给各部门。

(4) 各部门所需包装物，一律到行政部领取、记账，计入各店每月费用。

2. 商场票据印制

(1) 商场财务审计部根据业务需要，设计统一的票证。

(2) 商场票据由行政部统一联系印制、保管。

(3) 各部门、商店根据工作、业务需要到行政部领取票据。

(4) 本着节约原则，对商场印票数量合理确定，防止大量占用资金和库房。

第七章 | 商场人事管理制度

第一节　人事档案保管制度

建立健全保管制度是对商场人事档案进行有效保管的关键，其基本内容大致包括：材料归档制度，检查核对制度，转递制度，保卫保密制度，统计制度。

一、材料归档制度

新形成的档案材料应及时归档。归档的大体程序是：

（1）对材料进行鉴别，看其是否符合归档的要求。

（2）按照材料的属性、内容，确定其归档的具体位置。

（3）在目录上补登材料名称及有关内容。

（4）将新材料放入档案。

二、检查核对制度

（1）检查与核对是保证人事档案完整、安全的重要手段。

（2）检查的内容是多方面的，既包括对人事档案材料本身进行检查，如查看有无霉烂、虫蛀等，也包括对人事档案保管的环境进行检查，如查看库房门窗是否完好，有无其他存放错误等。

（3）检查核对一般要定期进行。但有下列情况之一的，也要进行检查核对：

①突发事件之后，如被盗、遗失或水灾、火灾之后。

②对有些档案发生疑问之后，如不能确定某份材料是否丢失。

③发现某些损害之后，如发现材料发霉或遭虫蛀等。

三、转递制度

转递制度是关于档案转移投递的制度。档案的转递一般是由工作调动等原因引起的，转递的大致程序如下：

（1）取出应转走的档案。

（2）在档案底账上注销。

（3）填写"转递人事档案材料的通知单"。

（4）按发文要求包装、密封。

在转递中应遵循保密原则，一般通过机要交通转递，不能交本人自带。另外，收档单位在收到档案，核对准确后，应在回执上签字盖章，及时寄回。

四、保卫保密制度

保卫保密制度的具体要求是：

（1）对于较大的商场保卫保密制度，一般要设专人负责档案的保管，应备齐必要的存档设备。

（2）库房备有必要的防火、防潮器材。

（3）库房、档案柜保持清洁，不准存放无关物品。

（4）任何人不得擅自将商场人事档案材料带到公共场合。

（5）无关人员不得进入商场库房，严禁吸烟。

（6）离开时关灯，关窗锁门。

五、统计制度

统计制度的主要内容有：

（1）人事档案的数量。

（2）人事档案材料收集补充情况。

（3）档案整理情况。

（4）档案保管情况。

（5）档案利用情况。

（6）库房设备情况。

（7）人事档案工作人员情况。

第二节　员工守则

一、严于职守

（1）按时上、下班，工作时间内不得擅离职守或早退，班后无事不得在场内逗留。

（2）上、下班须走员工通道，乘员工专用电梯。

（3）工作时间不准打私人电话，不准会客。

（4）工作时间不得穿着工作制服外出，不做与工作无关的事。

（5）除指定人员外，其他员工不得使用客用设施。

（6）举止文明，对顾客要热情、礼貌。

（7）各级管理人员不得利用职权给亲友以特殊优惠。

二、工作态度

（1）做到顾客至上，热情有礼。这是员工对顾客乃至同事的最基本态度。要面带笑容，使用敬语，"请"字当头，"谢"字不离口，接电话要先说"您好"。

（2）给顾客以亲切和轻松愉快的感觉。最适当的表示方法是常露笑容，"微笑"

是友谊的"大使"，是连接顾客的桥梁。

（3）努力赢得顾客的满意及商场的声誉。提供高效率的服务，关注工作上的技术细节，急顾客所急，为顾客排忧解难。

（4）给顾客以效率快和良好服务的印象。无论是常规的服务还是正常的管理工作，都应尽职尽责。一切务求得到及时圆满的效果。

（5）各部之间、员工之间应互相配合、真诚协作。不得互相扯皮，应同心协力解决疑难，维护商场声誉。

（6）忠诚老实是商场员工必须具有的品德。有事必报，有错必改，不得提供虚假情况，不得文过饰非，阳奉阴违，诬陷他人。

三、仪容仪表

员工的仪表仪容直接影响到商场的声誉及格调，全体员工必须充分认识到这一问题的重要性。

（1）员工必须保持服装整齐清洁，并按指定位置佩戴工号牌（实习生证）或员工证。要爱护商场所发的工作制服、鞋袜等物品，做到衣装整洁。

（2）男员工头发以鬓角不盖过耳部及后衣领为适度，不准留小胡子。

（3）女员工不得披头散发，头发不宜过长，以不超过肩部为适度；保持淡雅清妆，不使用味浓的化妆品。

（4）员工不得梳怪异发型，应勤修剪头发、指甲，保持清洁。

四、服从领导

各部门员工应切实服从领导的工作安排和调度，按时完成任务，不得无故拖延、拒绝或终止工作。倘若遇疑难或有不满的，应从速向直属领导请示或投诉。

五、上、下班打卡

（1）本商场员工上、下班时必须按规定打计时卡及签到签退，并应有充分时间更换制服，以准时到达工作岗位。

（2）不得代人打卡或委托他人代打卡。

（3）如因加班、病、事假、公差、外勤等原因未能打卡，应向所在部门班组报告，以备核查。

六、证件及名牌

（1）每位员工均由商场按规定发给工作证、工号牌（实习生证）或员工证。员工当班时应佩戴工号牌（实习生证）或员工证，部门主管及保安、稽查人员有权随时检查有关证件。

（2）工作证、工号牌（实习生证）或员工证如有遗失、被窃，应立即向部门、人事培训部报告，并按规定到人事培训部办理交费补领手续，所引起的一切责任由本人负责。如因时间长久而引起损坏者，可凭旧换新。

（3）员工离职时应将有关证件交回人事培训部，违者按商场内规定办理。

七、工作制服

(1) 商场将视员工的岗位及工作的需要与否，按不同规定发给员工不同的制服。所有需穿着工作制服的员工为制服员工，不要求穿着制服的员工为非制服员工。

(2) 员工着装必须保持整齐、清洁、端庄、大方，上班时必须按规定穿着工作制服，除因公或批准外，不能穿着或携带制服离开商场，下班后须将制服存放在本人衣柜内，不得擅自携离商场。

(3) 离职时必须将制服交回制服房，如有遗失或损坏，则需按有关规定赔偿。

八、遗失物品补领手续

(1) 员工均应妥善使用及保管商场发给的制服、工作证、工号牌、员工证、衣柜、衣柜锁匙、计时卡等物品。这些物品离职时均须交回，如未能交回者须按规定赔偿。

(2) 若有遗失或损坏者，应即通知部门主管并报人事培训部及有关部门，申请办理赔偿补领手续。

九、处理投诉

顾客是商场的上帝，全体员工都必须高度重视顾客的投诉。要细心聆听投诉，让顾客畅所欲言，并把它作为改进商场管理的不可多得的珍贵教材。

(1) 如果顾客投诉的事项不能立即解决，应记录下投诉细节，并勿忘多谢顾客和对事件致歉（注意：只致歉），然后迅速通知或转报有关部门人员。

(2) 事无大小，对顾客投诉的事项，处理如何必须有事后交代。

(3) 投诉事项中，若有涉及本人的记录，不得涂改、撕毁，更不得造假。

(4) 投诉经调查属实可作为奖励或处罚的依据。

十、讲究卫生、爱护公物

(1) 养成讲卫生的美德，不随地吐痰，不丢纸屑、果皮、烟头和杂物。如在公共场所发现有纸屑、杂物等，应随手捡起来，以保持商场内清洁优美的环境。

(2) 爱护商场的一切工作器具，注意所有设备的定期维修、保养，节约用水、用电和易耗品，不准乱拿乱用公物，不得把有用的公物扔入垃圾桶。

十一、严守机密

未经批准，员工不得向外界传播或提供有关商场的资料，商场的一切有关文件及资料不得交给无关人员，如有查询，可请查询者到商场总经理室或公共关系部。

第三节 员工服务细则

员工服务细则通常包括以下几点。

第一，本商场各部门员工应遵守本商场一切规章及公告。

第二，本商场员工应接受上级主管的指挥与监督，不得违抗，如有意见应于事前述明核办。

第三，本商场员工应尊重商场信誉，凡个人意见涉及本商场方面者，非经许可，不得对外发表，除办理本商场指定任务外，不得擅用本商场名义。

第四，本商场员工不得经营或出资与本商场类似及职务上有关的事业或兼任商场以外的职务，但经董事长核准者不在此限。

第五，本商场员工应尽忠职守，并保守业务上的一切机密。

第六，本商场员工执行职务时，应力求切实，不得畏难规避、互相推诿或无故稽延。

第七，本商场员工处理业务时应有成本观念，对一切公物应加以爱护，非经许可，不得私自携出。

第八，本商场员工对外接洽事项，应态度谦和，不得有高傲自满以及损害本商场名誉的行为。

第九，本商场员工应彼此通力合作，同舟共济，不得妄生意见，不得发生吵闹、斗殴、搬弄是非或其他扰乱秩序、妨碍风纪的事情。

第十，本商场员工出勤管理就依员工出勤管理办法的规定办理，员工出勤管理办法另订。

第十一，本商场员工因业务需要加班者，应依加班管理办法规定办理，加班管理办法另订。

第四节 员工考勤管理规定

第一条 为加强商场员工考勤管理，特制定本规定。

第二条 本规定适用于商场总部，各下属全资或控股企业或参照执行或另行规定，各企业自定的考勤管理规定须由商场规范化管理委员会审核签发。

第三条 员工正常工作时间一般分三班：早班——7：00—15：00；中班——15：00—23：00；大夜班——23：00—次日7：00。

第四条 商场员工一律实行上下班打卡登记制度。

第五条 所有员工上下班均须亲自打卡，任何人不得代理他人或由他人代理打

卡，违反此条规定者，代理人和被代理人均给予记过 1 次的处分。

第六条　商场每天安排人员监督员工上下班打卡，并负责将员工出勤情况报告商场值班领导，由值班领导报至劳资部，劳资部据此核发全勤奖金及填报员工考核表。

第七条　所有人员须先到公司打卡报到后，方能外出办理各项业务。特殊情况需经主管领导签卡批准，不办理批准手续者，按迟到或旷工处理。

第八条　上班时间开始后 5～30 分钟内到班者，按迟到论处；超过 30 分钟以上者，按旷工半日论处。提前 30 分钟以内下班者按早退论处，超过 30 分钟者按旷工半日论处。迟到早退 3 次按旷工半日论。

第九条　员工外出办理业务前须向本部门负责人（或其授权人）申明外出原因及返回商场时间，否则按外出办私事处理。

第十条　上班时间外出办私事者，一经发现，即扣除当月全勤奖，并给予警告 1 次的处分。

第十一条　员工因公出差，须事先填写出差登记表，副经理以下人员由部门经理批准；各部门经理出差由主管领导批准；高层管理人员出差须报经总裁或董事长批准，工作紧急无法向总裁或董事长请假时，须在董事长秘书室备案，到达出差地后应及时与公司取得联系。出差人员应于出差前先办理出差登记手续并交至劳动工资部备案。凡过期或未填写出差登记表者不再补发全勤奖，不予报销出差费用，特殊情况须报总经理审批。

第十二条　当月全勤者，获得全勤奖金×××元。

第五节　员工打卡管理规定

第一条　本商场员工上下班打卡，须依照本办法办理。

第二条　本商场内勤员工上午上下班，下午上下班应打卡；住在市区内的业务人员，上午及下午到商场打进卡，外出工作时打退卡。

第三条　本商场员工下午加班者，正规下班时间不必打卡，待加班完毕才予打卡。

第四条　本商场员工因事早退或出差需要离开商场，且当天不再返回公司者，应打退卡后才能离开商场。

第五条　员工上下班，必须亲自打卡，若替人打卡，打卡者及被打卡者，均给予记过一次处分。

第六条　上班中因事外出者，其出入均不必打卡，但须向主管领导或指定人员提交外出申请单，经核准后转交人事部，人事部将其出入时间填妥、备查。商场员工因事外出者，经直属主管核准外出申请单转交门卫，门卫将出入时间填入，于次日早晨交后勤管理部门,转交商场人事部备查。

第七条 若员工上下班忘记打卡,持记录卡请直属主管证明上下班时间并签名后,卡片放回原位。

第八条 本商场上下班时间,商场由人事室派人看守打卡情形及调整打卡钟。

第九条 于商场内用餐时,内勤人员中午可免打卡(仅上下班打卡即可),到外面餐馆用餐时,则按规定打 4 次卡。

第十条 本办法经核准后施行,修改时亦同。

第六节 员工上下班遵守细则

第一条 本商场员工上下班,须遵守本细则。

第二条 本商场员工应按作息时间的规定准时到退。

第三条 上班时间 5 分钟后 30 分钟内为迟到,超过 30 分钟按旷工半日论;下班时间 30 分钟内早退者为早退,超过 30 分钟一律作旷工半日论。

第四条 迟到早退按下列规定办理:

(1)迟到次数的计算,以当月为限。

(2)迟到早退 3 次按旷工半日论。

第五条 旷职(工)按下列规定办理:

旷职(工)不发当日薪资。

第六条 上下班因公外出经过门房,如警卫人员有所询问或检查,应即接受,不得拒绝,违者议处。

第七条 上下班打卡及进出行动均应严守秩序,原则如下:

(1)无论何种班次,上班者均应于规定的上班时间前先吃饭后打卡,不得于上班打卡后出外吃饭或办理私事。

(2)下班者应先行打卡后外出。

(3)下班铃声响后方得停止工作,不得未打下班铃,即行等候打卡,如有违反,查实后即按擅离职守处分,主管人员应负连带责任。

(4)下班时,除保修人员外,其他人员在场区内至各单位洽办公务,应一律于下班前回返本单位岗位上,再遵照上条规定打卡后外出。

第八条 上下班时均须本人亲自打卡,不得托人代打,否则给予旷职(工)半日论外,其代人打卡者也受同等处分。

第九条 工作时间内,不论日夜班,凡有睡觉、擅离工作岗位及聊天等,视情予以议处。

第十条 日夜轮班工作,应按时交班、接班,倘接班者届时未到,应报请主管处理,不得擅自离去。

第十一条　工作时间内因事外出，须有请假单或公出证交门房或控制室，否则警卫或人事人员有权禁止外出。月底由各单位主管在工卡上签证。

第十二条　本细则由经理级会议研讨通过并呈总经理核定后施行，修订时亦同。

第七节　值日值夜及餐费给付办法

为统一商场的值日值夜及餐费的给付，特制订本办法。

第一条　值日值夜区分为：

（1）上班日的值夜。

（2）休假日的值日及值夜。

第二条　值日值夜及餐费的给付，规定如下：

（1）上班日的值夜：值夜费××元，晚餐费××元。

（2）休假日值日及值夜：值日值夜费＝上班日值夜费×2；餐费——早餐××元，午餐××元，晚餐××元；但非连续值夜值日者（即值日之前晚未值夜者）不得报领早餐费。

第三条　值日值夜及餐费的申报，规定如下：

（1）值日值夜人员应于每月5日前，填写值日值夜及餐费申请表一式二联，送交人事室，报领上月的值日值夜及餐费。

（2）值日值夜及餐费1个月报领1次，值日值夜费于发薪时一并付给，餐费则由会计部另行发给。

第四条　休假日的值日人员不得再报领加班费。

第五条　商场守卫人员一律不得报领值日值夜及餐费，但其代理人不受此限。

第六条　本办法经呈准后施行，修改时亦同。

第八节　职员出差制度

第一条　经理出差，必须经商场主管领导及有关经理同意；其他人员出差，必须经主管经理批准。

第二条　出差要填写"出差申请报告表"。出差报告包括：工作任务、往返时间、到达地点。该表按上述审批权限审查批准后，交办公室留存。凭出差报告表，填写借款单，并经办公室经理签批后到财务部办理借款手续。

第三条　出差应遵守的事项。

（1）必须按计划前往目的地，无特殊原因必须在规定时间内返回。如有变动需事先请示并获批准。

（2）乘坐火车必须按正常路线，不得无故绕道。出差途中因私事绕道者，需事先由领导批准，其绕道部分的车船费由本人承担。

（3）乘坐飞机人员要从严控制，出差路途较远或出差任务紧急的，经领导特许方可乘坐。

第四条　其他各项，如住宿标准、出差标准等，按有关规定执行。按照规定，除经理外，市内不准乘坐出租车，特殊情况（如夜间没有公共汽车等）可酌情处理。

第五条　出差结束，应写出详细的出差汇报。

第六条　出差回来后1周内向财务部办理报销手续。报销前须由主管经理审核签字。原借款未报账时，一般不再办新借款。

第七条　出差期间，严禁用公费游山玩水、请客送礼，严禁收受礼品，不得请求代购紧俏商品、土特产、优惠商品。对违反者各级领导有责任给以批评教育，所需费用一律由本人承担。

第九节　差旅费支付制度

第一条　本制度除适用于本商场正式员工外，还适用于：

（1）顾问（原则上适用于商场高级主管的有关规定）。

（2）特约人员（依具体职位确定）。

（3）试用人员。

（4）退休人员（如为处理遗留业务而出差）。

（5）为公司业务而出差的其他人员。

第二条　车费包括：

（1）认定路线的车费。

（2）特殊认可的汽车费。

第三条　出差的批准。

（1）部门负责人三日以上的出差，需经商场总经理批准。但依照商场指示，参加会议不在此限。

（2）一般员工出差，需经直属部门主管批准，并上报相关部门。

第四条　私人旅行需办理以下手续：

（1）事先填报申请，并经直属部门主管批准。

（2）旅行过程中，需与直属部门主管保持联系。

第五条　利用飞机出差，必须在出差申请书上明确说明。

第六条　乘坐卧铺时，不支付住宿费。

第七条　长距离出差原则上可乘坐快速列车。

第八条　对长期滞留出差的处理是，在同一地区连续滞留10日以上时，对超过

日数，减付 10％的出差补贴和住宿费合计额。

第九条　特例出差是指按照出差地单位的习惯，由对方提供住宿条件或提供住宿费。

第十条　差旅费超支是指：

（1）超出差旅费基准的规定。

（2）实际费用超支。

第十一条　出差出发时间为上午，出差归来时间为下午时，支付当日全额差旅费。计算基准为交通工具的票根。

第十二条　预支手续。

（1）从概算额中扣除预付额，预付额不得超出对客户收款额。

（2）超出预付额部分，凭有关凭证报账结算。

（3）特殊情况下，需经财务主管批准，凭出差日报领取和结算。

第十三条　出差报告原则上应包括：

（1）出差地、日程和出差单位。

（2）出差处理事项。

（3）出差条件及意见。

第十四条　休息日在外地出差时，公司发给两天的休息出差补贴。

第十五条　交通费按审定路线实报实销。

第十六条　经常出差包括以下人员：

（1）推销员。

（2）宣传人员。

（3）其他特殊人员。

第十七条　当出差者在本城市出差，或公司认为没有必要支付时，不向其支付补助。

第十八条　申请赴任补助时，必须通过直属部门主管向总务部门申请。如家属同行时，亦可通过同样手续申请家属补贴和家庭财产转移补贴。后者按实际费用报销。

第十九条　近距离出差的支付办法是区分经常出差者和非经常出差者，然后按实际出差时间长短（分为 4～6 小时、6～8 小时和 8 小时以上）分别支付不同数额的出差费。

第十节　差旅费、工作餐等费用开支标准的规定

为了加强商场财务管理，节约开支，特就差旅费、工作餐开支制定以下规定。

一、差旅费

1. 住宿费

（1）公司领导、部门领导和高级职称者、其他人员住宿标准分别为××元、××元、××元（一般地区）或××元、××元、××元（特区）。

（2）住宿费按实际住宿天数计算，实际住宿费超过以上限额部分原则上由个人负担，特殊情况下需经商场领导特批方可报销，低于规定的节约部分奖励个人50%。

（3）开会统一安排住宿时，有会议证明者，可按实报销。

（4）住宿费一律凭单据报销。

（5）住宿费已由接待方提供的，一律不再报销。

2. 交通费

（1）出差外地的市内交通费实行包干使用，每人每天×元，不再报销车票；在国内出差一般不准乘出租车，情况特殊时可由部门领导在出租车票据背面签字特批，方可报销，但不再发给市内交通费。

（2）乘火车过夜或时间超过12小时的，可购同席卧铺，未购卧票的，按实际乘坐的火车硬座票价的一定比例（特快50%、慢车或直快60%）发给个人。按规定能乘飞机而改乘火车的，可将差价的50%发给个人。

（3）陪外宾出差，因工作原因需要与外宾同乘车（船、飞机）、同住饭店的，经总经理批准，可按实报销。

3. 伙食补助费

（1）出差每人每天的伙食补助标准一律为一般地区××元，特区××元。参加会议、培训班等，已有伙食补助的不再计发伙食补助费，如没有，可凭证明领取伙食补助。

（2）长期（一个月以上）驻外省市人员，每人每天伙食补助标准为××元。

（3）出差人员一律不发夜餐费、加班费。

4. 职工探亲路费

（1）职工探亲须事前填写"探亲申请单"，经部门领导签字、公司领导审批、办公室备案，方可办理借款和报销。

（2）年满50岁以上，并途中连续乘车超过48小时的探亲职工，可乘硬席卧铺，如未乘卧铺，可比照差旅费报销办法给予补助。不具备以上条件的职工探亲报硬座票价。乘船报四等舱位票价。

（3）享受一年一次探亲假的职工，报销一次往返路费。享受四年一次探亲假的职工，探亲路费在本人标准工资（岗位工资＋工龄工资）30％以内的，由本人自理，超过部分单位报销。

5. 其他费用

（1）火车空调费、订票手续费、电话费、电报费等凭单据按实报销，出差期间的游览和非工作需要的参观所开支的一切费用均由个人自理。

（2）工作人员到远郊区、县出差，按到外地出差的规定办理。

二、宴请与工作午餐费开支规定

（1）严格控制宴请，确实需要的，经单位领导批准后方可安排。

（2）宴请外宾 5 人以内，我方人员最多不得超过一比一；超过 5 人的，我方人员酌减，宴请标准为每人××元。

（3）宴请内宾标准为每人每次××元，陪同人员不得超过 2 人。

（4）宴请后，由经办人填写"宴请报销单"，经部门领导审核、财务主管经理签字后方可报销。

第十一节　员工奖励办法

一、总则

1. 目的

凡本公司员工长期努力于业务者，或从事有益本公司的发明及改进者，或具有特殊功绩者，均依照本办法授予奖励。

2. 种类

本办法规定的奖励，分服务年资奖、创造奖、功绩奖、全勤奖 4 种。

3. 服务年资奖

员工服务年资满 10 年、20 年及 30 年，且其服务成绩及操行均属优良者，分别授予服务 10 年奖、服务 20 年奖及服务 30 年奖。

4. 创造奖

员工符合下列各项条件之一者，经审查合格后授予创造奖。

（1）开拓新业务，对本公司有特殊贡献者。

（2）从事有益业务的发明或改进，对节省经费、提高效率或对经营合理化的其他方面具有贡献者。

（3）屡次被接受"其他奖励"或提供了受奖励的提案，其效果显著者。

（4）在独创性方面虽未达发明之程度，但对专业技术等业务上确有特殊的努力，因而对本公司具有重大贡献者。

（5）前列各款至少应观察 6 个月以上的实绩，经判断确具有效果者，方属有效。

5. 功绩奖

员工符合下列各项之一者，经审查后授予功绩奖。

（1）从事对本商场有显著贡献的特殊行为者。

（2）对提高本商场的声誉具有特殊功绩者。

（3）对本公司之损害能防患于未然者。

（4）遇非常事变，如灾害事故等能随机应变，措施得当，具有功绩者。

（5）冒险救难，救护商场财产及人员于危难者。

（6）其他具有足为本商场楷模，有益于商场及员工的善行者。

（7）屡次被授予根据"其他奖励"或其功绩经重新评定应属更高者。

6. 全勤奖

员工连续 3 年未请病、事假或迟到早退者，须经审查后授予全勤奖。其奖励方式系于公司成立纪念日时，颁发奖品。

二、奖励方式

1. 方式

奖励方式分奖金、奖状及奖品 3 种。

2. 奖金及奖状

对创造奖及功绩奖，按下列等级授予奖金及奖状。

（1）创造奖。

一等奖 10000 元；二等奖 7000 元；三等奖 5000 元；四等奖 3000 元；五等奖 1000 元。

（2）功绩奖。

一等奖 3000 元；二等奖 2000 元；三等奖 1000 元。

3. 奖品

对服务年资奖授予奖品及奖状，奖品内容另订。

4. 再奖励

员工有下列情形之一者，给予再奖励。

（1）根据第四条接受奖励后，其效果被评定为更高时，或同一人对同一事项再施予改良时。

（2）被授予"其他奖励"后，其效果或功绩被评定为更高时，或同一人对同一事项再施予改进时。

（3）根据第五条接受奖励后，其功绩经重新评定为更高时。

5. 由 2 人以上共同获得奖金的情形

奖励事项如为 2 人以上共同合作而完成者，其奖金按参加人数平均分配。

三、颁奖

1. 审查手续

应奖励事项，由主管部（室）经理依据有关文件向总务经理申请。

2. 员工奖励审查委员会

奖励种类及等级的评定，由员工奖励审查委员会负责办理。审查委员会由副总经理担任主任委员，企划经理、总务经理、业务经理、财务经理、事务经理担任委员。以总务部为主办单位。

3. 奖励的核定及颁发

由总经理室决定奖励的核定及颁发。

4. 颁奖日期

原则上每年1次，于本商场成立纪念日颁发。

四、附则

本办法经董事会通过后公告实施，修改时亦同。

第十二节　聘约人员管理办法

第一条　为使本商场聘约人员的聘任及管理有所遵循，特制定本办法。

第二条　聘用范围。

本商场从业人员依"从业人员退休办法"退休或各部门因工作需要，须以聘约方式聘用人员时，须由聘用部门详细说明理由，并拟订每月薪金，见表11－29，呈商场总经理核准以聘任书聘用，并将聘任书副本及聘约人员资料送总管理处总经理室转报董事长。

第三条　工作报酬。

聘约人员概不列入本公司编制，除不参加互助、福利委员会及退职酬劳金分配外；服务满当年度者，年终奖金发给两个月（服务不满当年度者，依当年度实际工作月数比例计给），"各项津贴给付办法"所规定的各项津贴、效率奖金分配及其他福利设施的享用均比照本公司从业人员办理。

第四条　管理。

聘约人员的考勤、出差、保险及管理，依约定或比照编制内从业人员办理。

第五条　终止受聘。

聘约人员因重大事由必须于约定期限前终止受聘时，应于1个月前通知聘用部门。办妥离职手续后始得终止受聘。

第六条　解聘。

聘约人员于聘任期间，如有违反本商场人事管理规则或工作上无法胜任的情形者，聘用部门应呈总经理核准后解聘，并送总管理处总经理室转报董事长。

第七条 实施及修改本办法经经营决策会通过后实施，修改时亦同。

表 11—29 聘约人员核定表

年 月 日填

姓名	性别	出生年月日	学历	专长	拟分派工作部门	担任工作	工作期间	拟支工资	批示

第十三节 任职同意书

任职同意书

立同意书人 今同意在本商场担任 一职，坚决遵循商场规章及办事规则，如任职期间违反商场规定及有关规章规则，愿受商场合理处分，若因侵占公司财物、货款或疏忽使商场蒙受财务或信誉损失，愿受法律制裁或适当处分。

此致

_____商场

同意人

年 月 日

第十四节 兼职员工工作契约书

兼职员工工作契约书

甲方： 商场

乙方： 住址： 身份证号码：

（1）甲方自 年 月 日起录用乙方为兼职员工，并依人事管理规章及甲方所订之规则办理。

（2）甲乙双方经共同协议并取得同意时，乙方须遵守上列第 1 项之规定。

（3）兼职期间：自 年 月 日起至 年 月 日止。

（4）契约期满时，双方希望继续维持契约关系时，则须另行订立新契约。

（5）勤务时间：上午　时　分至下午　　时　分止。

（6）休息时间：自　时　分至　时　分止。

（7）薪资：时薪、日薪。

（8）奖金：采不定额（视工作绩效表现）发放。

（9）异动：若因业务上执行之必要时，可予以调整。

（10）年度有薪休假：服务年资满一年以上者为 6 日，每服务满一年时，则增加 1 日，但以增加至 20 日为限。

甲方：（签章）

乙方：（签章）

年　月　日

第十五节　训练中心管理办法

第一条　凡经商场训练中心召训的新进及在职员工均应遵守本管理办法。

第二条　本商场员工接获召训通知时，应准时报到。逾时以旷职论。因公而持有证明者除外。

第三条　受训期间不得随意请假，如确因公请假，须出示其单位主管的证明，否则以旷职论。

第四条　上课期间迟到、早退依下列规定办理。因公持有证明者除外。

（1）迟到、早退达 4 次者，以旷职半日论。

（2）迟到、早退达 4 次以上 8 次以下者，以旷职 1 日论。

第五条　受训期间以在训练中心膳宿为原则，但因情况特殊经训练中心核准者不在此限。

第六条　受训学员晚上 10 时以前应归宿，未按时归宿者，以旷职半日论。

第七条　应随时保持训练中心环境整洁，并由公推的班长指派值日员负责维持。

第八条　训练中心寝室内严禁抽烟、饮酒、赌博、喧闹等。

第九条　上课时间禁止会客或接听电话，但紧急事故除外。

会客时间定为：

（1）中午：12:00～14:00。

（2）下午：17:00～20:00。

第十条　本办法由训练中心依实际需要制定。

第十六节 员工培训制度

1. 员工培训的原则

（1）理论与实际相结合，在搞好职工专业技能等实践方面的培训后，不能忽视对其提高理论水平的培训。

（2）因人而异，因材施教。

（3）近期目标与长远目标相结合。

2. 培训目的

（1）提高员工队伍素质和商场管理水平。

（2）挖掘企业潜力，提高经济效益。

3. 组织领导与任务

在党委、总经理室领导下，劳动人事部负责具体员工培训工作的实施。其培训任务为：

（1）各类专业技术人员业务的培训与考核。

（2）各级行政管理人员的培训与考核。

（3）新职工岗前的培训与考核。

（4）干部任职前的培训与考核。

（5）特殊专业外出学习、取证工作管理。

（6）其他临时性培训任务。

4. 培训内容

（1）政策、法规教育。

（2）专业技术理论、知识技能和本岗实际操作教育。

（3）管理理论知识、工作方法及相关的业务知识教育。

（4）其他专项教育内容。

5. 培训方式

（1）长期脱产培训（3个月以上）。

（2）短期脱产培训。

（3）业余培训。

6. 审批程序

（1）本商场原则上严格控制长期脱产培训人员，若确实因工作需要，必须填写外出培训审批表，经主管经理同意批准，劳动人事部备案。

（2）主要用于上岗前的短期脱产培训，由劳动人事部与主管经理协商后实施。

（3）业余学历培训，企业不负担各项支出。培训人员需在劳动人事部备案。

7. 培训期间的待遇

（1）长期脱产培训人员的学费由企业负担，其工资、福利不变。学习期间不享受奖金。

（2）短期脱产培训人员的待遇与在职员工一样。

（3）没有经批准利用工作时间外出学习的人员，一律按旷工处理。

8. 培训档案与合格证书

（1）劳动人事部建立员工培训档案，为员工的晋升、使用提供参考依据。

（2）劳动人事部对参加培训人员，经考核合格者发放证书，不合格按商场劳动管理的有关制度执行。

第十七节　员工训练方法

不同的训练方法其目的不同，进行的方式也不同。多样性的训练方式有助于训练目标的达到。

为了使商场员工达到最佳的训练成果，下面就各种训练方法逐一介绍，不妨参考。

1. 分组讨论

分组讨论是指人数较少的讨论方式，小组的人数最好在5～10人。

小组讨论主题的选择方式有两种：

（1）狭窄主题模式：指主题直接与短程学习目标有关，例如"刚才主讲者所说的内容，如何运用在我们自己的工作上？"

（2）主要范围不限制模式：在此模式下，要求参与者自行规定主题的范围，或自行为较大部分的整体学习确立日程表。

2. 单项工作检查表

"单项工作检查表"是一种印好的工作说明书，它可以让一位初学者有追寻的轨迹，依样去做，按部就班，可使失误减至最少。

3. 脑力激荡

脑力激荡是一种组织相当松散的讨论形式（有时称为自由讨论），强调创造性思考，而非实际分析。其方式是受训练人员就任何一个设定的主题尽量出点子，而不需考虑这些点子是否实际，需把所想的点子全部记录下来。

这是一种高度参与的讨论，每位成员对结论均有所贡献，经常共同讨论比单独思考有更好的成效。

脑力激荡训练方式的秘诀是：

（1）让所有参与者加入最后解决问题的过程。

（2）需设定人数，人数过多时，应予分组，使其彼此竞争。

4. 临床实验

临床实验是一种会议，目的在分析若干特殊问题的解决处理方法。此法的重点是：

（1）必须处理参与者认为实际且跟本身工作有关的问题。

（2）准备好参与者投入所需的时间，此段时间应包括精确辨认问题阶段和寻求改善状况所采取的可能行动方案的时间在内。

（3）在确认问题、成因和行动计划三者之间，做有效、均衡的时间分配。

5. 专家讨论

此训练方式是研讨会、自由讨论或研究会议等活动的一部分。本训练方法的重点是：

（1）提供观众向"专家"询问与反映的机会。

（2）维持相当小的团体规模（最多20人左右）。

（3）指定一位秘书记录发言要点，以便日后有成员要求分析资料时有记录可供参考。

（4）座谈开始后，严禁任何人进入房间。

6. 研讨会

研讨会系针对一个主要的问题，规划行动方针，调整差异或上述目的而举行的集会。为达效果应在讨论时分小组，以使每位受训人员均有参与的机会。

7. 个人经验分析

个人经验分析是用来分析造成行为与认知改变的事件。方法是：

（1）学习者必须把精神贯注在这些重要事件上，就较大的经验范例，做成综合归纳。

（2）参加者自行搜集或由他人提供的经验，以便假想他们面对的是一样的危机。

（3）这些事件必须切合实际，而且跟他们本身的工作相关。

8. 个案研究

个案研究是利用书或影片，将实际或想象的情况，用相当详细的方式描述出来。个案可能探讨一个完整的活动，但通常都集中在活动中的某个层面，与训练目标是相关的。

个案研究的训练方式及其注意重点：

（1）提供阅读时间，以便对基本问题作出纲要与集体分析。

（2）学员一起研读个案，要求大家一起来为这个个案的事实予以分类，然后将学员分为几个小组进行分析；在预计的讨论时间结束时，再度集合小组，以便比较各小组的决策与建议。

9. 自由讨论

自由讨论是受训人员之间的对话，目的在于更接近训练目标。它比一般的社交谈话有着更多的限制条件——即主席、团体所需达成的特定目标、时间限制、事先

...

安排好的议程。自由讨论的方式有：座谈；代表讨论会；问答会。

自由讨论的优点是：受训人员能够主动提出问题，表达个人的信念与感受，并把目前的看法化为言辞。

自由讨论的训练方式其重点是：

（1）用问题、评论、讲演或讨论来弥补不足的部分。

（2）在下列情况下，讨论才能达成效果：

①学习目标是由认识领域（情感、兴趣、价值观）中衍生出来时。

②学习目标属于观念性质时。

③学习者在接受或了解观念上可能有困难。

（3）安排座位时，尽可能提高非言语的沟通。例如：正方形桌子就比狭长的桌子好。

（4）安排主持者坐在容易看见（不必显眼）的位置。

（5）安排座位时，另应考虑下列几点：

①把先前已形成的小集团或利益团体的成员打散。

②如果讨论分成好几次，把成员在室内的位置调动一下。

③注意每个成员的身体限制（听力、视力），把有这类限制的成员安排在主持人附近，此时主持人扮演着"协助者"的角色。

（6）如有"协助者"，这位"协助者"也应接受主持技巧的训练，即：

①如何提出开放式的问题？

②如何提出直接问题？

③如何反应？

④如何决定上述行为的时机？

⑤如何加强沉默参与者的投入，并矫正过于多话的成员？

（7）每次讨论要建立明确的目标，并让每一位参与者了解这些目标。

（8）确立并宣布讨论的时间限制。

（9）宣布附属事项或附属主题的时间限制。

（10）遵守时间限制。

（11）告诉讨论团体时间利用的细节，以便参与者能专注于主题，注意本身投入的适当与否。

（12）在大家看得到的地方，公布议程表（可以看出时间限制），并于每一阶段结束时总结进度。

（13）记录哪些人意见一致，哪些人意见相左。发问时，利用这些资料，使讨论更为活泼、有趣。

10. 现场参观

现场参观就是率领团体到提供实景、声音、设备或作业的环境去观摩。

现场参观训练方式的秘诀是：

（1）参观前，先向受训人员做简报，并拟妥行程表，让他们有所期待。

（2）讲师对于所要参观的东西、参观的地点，应该由谁说明等事项，必须慎重做好计划。

（3）如果由讲师以外的人向团体讲述，他们必须明确了解此行的目的、时间的长短与参观的确切目标。

11. 座谈

座谈是讨论的一种形式，任何参与者随时都可以发言。

座谈训练方式的秘诀是：

（1）参与者均可自由发言。

（2）设一主持人，其角色是维持座谈的主题。

（3）主持人的基本原则是力求任何成员都能畅所欲言地表达他们的观点。

（4）主持人的控制功能在于保护个别成员的权利并在发言偏离主题时，要求发言者针对主题发言。

12. 调查分析

事件调查分析是个案研究的一种变化方式，它利用个人、小组或团体的分析，揭示该案的重要事实。参与者必须提出适当的问题，才能获得重要资料。

13. 竞赛游戏

竞赛游戏通常是一种模拟，但它比模拟增加了几个团队间进行相同的模拟竞争或者个人或团队寻求正确的答案。

竞赛游戏训练秘诀是：

（1）须有正确的答案，供个人或团队对比其反应。

（2）这些答案必须是参与者认为合理的。

（3）这些答案须有助于洞察竞赛游戏所预计产生的结果。

14. 角色扮演

角色扮演是一种计时练习，受训人扮演假想角色，并把其当做真实状况来处理。它可应用于：管理与督导的训练；沟通训练（特别是强调撰写技巧的沟通训练）；解决问题的训练计划；训练开始前的诊断。

角色扮演训练方式的重点是：

（1）宣布练习的时间限制。

（2）强调参与者实际作业。

（3）使每一事项都成为一种不同技巧的练习。

（4）确保每一事项均能代表训练计划中所教导的行为。

15. 单项工作训练

单项工作训练是指完整地教导受训者做事的方式，其目的在于引起学习者的兴趣，使学习者在正确的位置，观察下个步骤。在实际作业的示范时切记要：

（1）叙述、示范与说明。

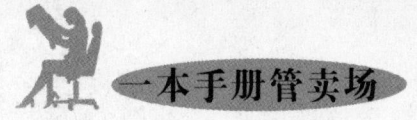

（2）一次只提示一个步骤。

（3）强调重点。

（4）重复练习并摘要说明整个作业。

在试验操作时：要求学习者实际操作；注意观察操作情况，记录重点。

在检查与追踪时：强化做对的事；不合格时须反复练习。

单项工作训练法可应用于：所有操作性的工作；需要特殊顺序的任务；训练受训人员适应方法上的变化。

单项工作训练方式的重点是：鼓励学习者随时反馈；试验阶段不要干预学习者的行为；受训人员尽量减少。

16. 讲演

讲演是演讲人对受训人员作出的有组织性的口头陈述，期望这些受训人员能记住讲演中的重要观念与特定知识。

17. 模拟

模拟是利用一种业务状况作为模式进行的训练。此训练方式的重点是：

（1）以适用 2 组～6 组的受训人数为基准。

（2）使每位参与者均能加入小组的决策过程。

（3）须减少决策时间，并增加小组成员。

18. 范例

范例是以一典型或设计过的案例，作为受训人员分析讨论的基础。参与训练者可对讲师所提出的范例加以讨论、评估并提高自己的观念与标准。

19. 工作研讨

工作研讨是一种集会，它强调自由讨论，实际方法、技术以及原则的运用。其要领是：

（1）其重点是在合作与学习的气氛下进行研讨。

（2）参与者期望在研讨中不仅能了解观念，也可以获得实际生活中的经验。

（3）在主管工作研讨会中，参与者可提出运用于面谈上的问题，或做出定期评估属下绩效的评估表。

工作研讨训练法可运用于：各种管理技术的发展；讲师训练；改善现有技术时；对在职者提供后续与强化训练时；为商场新进人员提供密集式教育时。

20. 示范

示范是通过演讲人或影片对实例的演示或解释，以显示某种事物的完成过程。

示范训练的秘诀是：示范的基础在于口头解释与视觉教具间的有效配合；可利用示范小组的方式实施（若干人示范表演一种程序或事件，让全班学员观看）；示范可应用于面谈、销售拜访与辅导。

示范训练的重点是：

（1）示范开始前，备好所有的用具，并摆放整齐。

（2）受训人员在参加示范前须先检查所有设备的运作状况。

（3）确定每个受训人员能看清楚示范物。

（4）确定受训人员看物品时的位置和工作时看物品的位置相同。

（5）示范完毕后，让每个受训人员试一试。

（6）将整个示范过程分成几个动作，在每个动作完成后，要求受训人员立即试做。

（7）对每个受训人员的试做，立即给予积极的反馈。

第八章 | 商场安全保卫管理制度

第一节　安全生产管理制度

第一章　总　则

第一条　为了加强本商场的所属生产企业安全规范工作，保护财产和员工生命安全，保障各项工作顺利进行，特制定本制度。

第二条　本商场以"生产必须安全，安全为了生产"为方针，全方位实施生产安全管理。

第二章　影响安全的因素

第三条　领导者的责任（略）。

第四条　生产过程中的不安全因素。

（1）生产设备、仪器的防护、保险及信号等装置缺乏或不良。

（2）设备、仪器、工具及附件或材料等有缺陷；车间或班组无总电源、总气阀。

（3）生产工艺本身缺乏充分的安全保障，工艺规程有缺陷。

（4）生产组织和劳动组织不合理。

（5）个人劳动保护用品缺乏或不良。

（6）事故隐患未暴露或还未被发现等。

第五条　工作环境的不安全因素。

（1）工作地通道不合理，材料、半成品、成品混堆，工作场所过分拥挤或布置不当，地面不平，有障碍物存在或地面过滑。

（2）厂房或车间平面或立体布置不合理，未提供紧急出口，或出口不足。

（3）工作地点光线不足或光线太强，可能由视觉失误引起动作失措。

（4）工作地点有超标准噪声，引起员工情绪烦躁，无法安心工作；温度、湿度、空气清洁度不符合标准。

（5）有毒、有害物品在班组超定额存放或保管不当，无急救或保险措施。

（6）厂房年久失修，厂区污染严重等。

第六条　个人的责任。

（1）未很好地学习操作方法、技巧和规程，未按规程操作或工作技术不熟练。

（2）未使用劳动保护用品或使用不适当。

（3）生产时注意力不集中或情绪不稳定。

（4）工作责任心不强，自由散漫，工作时闲谈或不认真。

（5）不遵守劳动纪律，工作时打闹、嬉戏。

（6）没有注意劳逸结合，过度疲劳，长期加班，精力不集中。

（7）工作中互相配合不好。

（8）不执行岗位责任制，串岗、漏岗。

第三章　安全教育

第七条　安全生产教育的内容。

（1）思想教育。主要是正面宣传安全生产的重要性，选取典型事故进行分析，从事故的经济损失、个人受害等方面进行教育。

（2）法规教育。主要是学习有关文件、条例，本商场已有的具体规定、制度和纪律条文。

（3）安全技术教育，包括生产技术、一般安全技术的教育和专业安全技术的训练。其内容主要是本厂安全技术知识、工业卫生知识和消防知识；本班组动力特点、危险地点和设备安全防护注意事项；电气安全技术和触电预防；急救知识；高温、粉尘、有毒、有害作业的防护；职业病原因和预防知识；运输安全知识；保健仪器、防护用品的发放、管理和正确使用知识等。

专业安全技术训练，是指对锅炉等受压容器，电、气焊接、易燃易爆、化工有毒有害、微波及射线辐射等特殊工种进行的专门安全知识的技能训练。

第八条　安全生产教育的主要形式和方法。

安全生产教育的主要形式有"三级教育"、"特殊工种教育"和"经常性的安全宣传教育"等。

（1）三级教育。在工业企业所有伤亡事故中，由于新工人缺乏安全知识而产生的事故发生率一般占50％左右，所以对新工人、来厂实习人员和调动工作的工人，要实行厂级、车间、班组三级教育。其中，班组安全教育包括：介绍本班安全生产情况、生产工作性质和职责范围、各种防护及保险装置作用、容易发生事故的设备和操作注意事项。

（2）特殊工种教育。针对工种工作的特殊性及容易涉及的安全问题，进行有针对性、预防性的教育。

（3）经常性的宣传教育。可以结合本企业本班组具体情况，采取各种形式，如安全活动日、班前班后会、安全交底会、事故现场会、班组园地或墙报等方式进行宣传。

第四章　安全技术知识

第九条　防爆的知识。

（1）防止爆炸性混合物。加强管理，消灭跑、冒、滴、漏，避免可燃物漏入空气而达到爆炸限度。

（2）防止产生火花。防爆区的电机、照明应采用防爆型；避免因接触不良、绝

缘不良、超负荷或过热而产生火花或着火；正确铺设避雷装置；抢修照明采用安全灯；避免机械性撞击。

（3）防止产生静电。工作人员要穿棉布工作服，不得穿易产生静电的化纤工作服和塑料底鞋。

（4）严格遵守防火制度。严禁在生产区吸烟，严禁明火取暖和焚烧可燃物，严禁在防爆区装设电热设备。

（5）配备安全装置。如装报警器，在压力容器上应安装安全阀，有些设备和管道上可安装防爆板。安全装置要按规定维护核对，使之处于良好状态。

第十条　防火的知识。

（1）加强各种可燃物质的管理，大宗燃料应按品种堆放，不得混入硫化物和其他杂质；对酒精、丙酮、油类、甲醇、油漆等易燃物质要妥善保存，不得靠近火源。

（2）采取防火技术措施，设计建筑物和选用设备应采用阻燃或不可燃材料；油库和油缸周围应设置防火墙等。

（3）配备消防设施，厂区要按规定配备消火栓、消防水源、消防车等。生产车间应配备必需消防用具，如沙箱、干粉、二氧化碳灭火器或泡沫灭火等。器材要经常检查、定期更换，使之处于良好状态。

（4）开展群众性消防活动，既要组织专业消防队，也要建立群众性防火灭火义务消防队伍，并通过学习和实地演习，提高灭火技能。

第十一条　预防触电的知识。

防触电的主要措施是加强管理、严禁违章作业。

（1）各类电器设备，包括电焊机，照明、家用电器等的选用和安装要符合安全技术规定，保证设备的保护性接地或保护性接零良好。

（2）电气设备要定期检修，并作好检修记录；及时更换老化或裸露的电线；及时拆除临时和废弃线路等；待接线头要包扎绝缘。

（3）健全电器设备安全操作规章和责任制度，严禁违章作业，严禁非专业人员擅自操作或修理电器设备。

（4）对电器设备进行修理作业，要拉断电源和穿用绝缘衣物。

（5）组织职工训练，掌握对触电者的急救措施和技术。

第五章　事故处理

第十二条　事故处理是包括事故发生后的紧急处理、报告有关部门、进行调查分析和统计、采取措施及处分有关单位和人员等一系列工作的总称。

第十三条　职工伤亡的范围。

职工伤亡事故的性质，按与生产的关系程度分为因工伤亡和非因工伤亡两类，其中属于因工伤亡的事故包括：

（1）职工在工作和生产过程中的伤亡。

（2）职工为了工作和生产而发生的伤亡。

（3）由于设备和劳动条件不良引起的伤亡（含不在工作岗位）。

（4）在厂区内因运输工具造成的伤亡。

（5）在生产区域外因完成领导交给的任务，或在其工作地点、工作时间发生的伤亡等。

这些因工伤亡事故范围，只涉及统计分析问题，不作为劳动保险的依据。

第十四条　伤亡事故的分类。

根据负伤程度的不同，分为轻伤事故、重伤事故、死亡事故和多人伤亡事故四种。

轻伤事故：受伤后歇工一天的事故。

重伤事故：受伤后要经较长时间医治、受伤致残、造成有后遗症的事故。

死亡事故：事故发生的当时死亡，或抢救和较长时间医治无效死亡的事故。

多人伤亡事故：指同时伤亡三人及三人以上的事故。

第十五条　事故发生后的紧急处理。

事故往往具有突然性，因此在事故发生后要保持头脑清醒，切勿惊慌失措、处理失当，一般按如下顺序处理：

（1）首先切断有关动力来源，如气源、电源、火源、水源等。

（2）救出受伤、死亡人员，对重伤员进行急救包扎。

（3）大致估计事故的原因及影响范围。

（4）及时报告和呼唤援助的同时，抢移易燃易爆、剧毒等物品，防止事故扩大和减少损失。

（5）采取灭火、堵水、导流、防爆、降温等措施，使事故尽快终止。

（6）事故被终止后，要保护好现场。

第十六条　事故的调查、分析和处理。

对伤亡事故进行调查分析和处理的基本流程是：找出原因，查明责任，采取措施，消除隐患，吸取教训，改进工作。

班组的责任是协助有关部门或人员，搞好调查分析和处理工作。

第六章　安全检查

第十七条　安全检查的内容。

（1）查有无进行安全教育。

（2）查安全操作规程是否公开张挂或放置。

（3）查在布置生产任务时有无布置安全工作。

（4）查安全防护、保险、报警、急救装置或器材是否完备。

（5）查个人劳动防护用品是否齐备及正常使用。

（6）查工作衔接配合是否合理。

（7）查事故隐患是否存在。

（8）查安全计划措施是否落实和实施。

第十八条　安全检查的形式。

安全检查的方法有：经常性检查（如班组月查、周查、日查和抽查等）、专业性检查（如防寒保暖、防暑降温、防火防爆、制度规章、防护装置、电器保安等专业检查等），还有节假日前的例行检查和安全月、安全日的群众性大检查。

另外，教育班组成员养成时时重视安全、经常注意进行自我安全检查的习惯，是实现安全生产、防止事故发生的最重要方式。

第十九条　自我安全检查要点。

（1）检查工作区域的安全性。注意周围环境卫生、工序通道畅通、梯架台稳固、地面和工作台面平整。

（2）检查使用材料的安全性。注意堆放或储藏方式、装卸地方大小、材料有无断裂、毛刺、毒性、污染或特殊要求，运输、起吊、搬运手段，信号装置是否清晰等情况。

（3）检查工具的安全性。注意是否齐全、清洁，有无损坏，有何特殊使用规定、操作方法等。

（4）检查设备的安全性。注意防护、保险、报警装置、控制机构的完好情况。

（5）检查其他防护的安全性。通风、防暑降温、保暖情况，防护用品是否齐备和正确使用，衣服鞋袜及头发是否合适，有无消防和急救物品等。

第二节　安全检查制度

为贯彻、实施商场各项安全制度，对商场实行"三级"安全检查制。

第一，商场的安全大检查由商场治安消防委员会领导，责成安全保卫部具体组织实施。

第二，商场安全大检查要求每季度进行一次，由商场治安消防委员会成员、保卫人员及商场的负责人组成安全检查组，重点检查各项安全制度、防火制度及有关措施的执行情况。

第三，对检查出的问题责成有关单位或部门限期解决。

第四，由主管安全的经理、部长组织各级安全责任人，每月对商场各部门进行一次全面安全检查，发现问题及时解决并做出安全检查记录。一时难以解决的较大隐患，要写出书面报告，上报商场治安消防委员会。

第五，各营业部门及安全值班人员负责本区域的班前班后安全检查，发现隐患及时排除，做好记录，解决不了的问题及时上报安全保卫部。

第六，重大节日前要对商场进行全面安全检查，各级主管领导必须亲临现场仔细认真检查。

第七，除按期进行"三级检查"外，安全保卫部要按分工对全场各部位的治安防范、安全防火情况进行经常性的抽查。填写安全检查记录，发现隐患要督促有关部门及时解决。

第三节 安全考核与奖惩制度

第一条 商场安全保卫部工作由商场治安消防委员会进行监督考核，实施奖惩。商场发生安全事故由治安消防委员会承担领导责任，主管经理、安全保卫部部长承担主要领导责任。

第二条 商场各部门的安全保卫工作由安全保卫部负责考核。

第三条 认真贯彻各项安全保卫制度，全年实现无火警火灾、无各类案件、无职工违法犯罪、无民事纠纷；全年坚持开展普法教育、坚持检查记录和坚持法制宣传教育。

第四条 凡认真贯彻执行商场各项安全保卫制度，符合下列条件之一的，给予表彰、奖励或记功晋级。

（1）及时发现、防止各类案件和治安灾害事故发生后在抢险救灾中有立功表现者。

（2）一贯忠于职守，热爱治安消防工作，并做出一定贡献者。

（3）检举、揭发、制止违法犯罪活动，提供重要线索，协助侦破案件有功或抓获违法犯罪分子者。

第五条 凡违反商场规章制度，发现下列行为者给予单位或当事人经济处罚，个人罚金 500 元，单位罚金 1000 元至 5000 元，触犯刑律的移交司法部门，追究刑事责任。

（1）重点要害部位发现安全隐患，经商场安全保卫部指出而不整改的。

（2）重点要害部位未指定责任人，或责任人未与安全保卫部签订责任书的（追究双方责任）。

（3）重点要害部位没有具体安全措施的。

（4）在场内禁火区或防火重点部位及非吸烟区吸烟，在吸烟区将烟头、火柴杆、烟灰扔在地上的。

（5）未经批准，违章明火作业者。

（6）占压消火栓，损坏、挪用消防器材，在消防通道上堆放物品，经通知不及时清除的。

（7）所在部门发生火险、火灾或其他治安灾害事故的。

（8）违反商场现金管理制度，现金未进保险柜或保险柜未锁的。

（9）职工违法受到公安机关行政拘留、治安裁决的。

（10）参与赌博者。

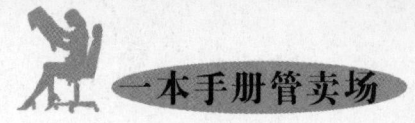

（11）凡知情不举，包庇违法犯罪分子，对发生的案件和治安灾害事故隐瞒不报的。

（12）治安消防干部不能尽职尽责的。

（13）不支持安全检查，不填写检查记录的。

第四节　安全保卫管理制度

第一条　安全保卫工作特指商场办公区域内的防盗、防火及其他保护商场利益的工作。

第二条　行政管理部负责商场办公区域的安全保卫工作，办公时间（8：30—17：30）由前台秘书负责来宾的接待引见工作，非办公时间（17：30—次日 8：30 及节假日）由行政管理部指定专人负责办公区域的安全保卫工作。

第三条　商场实施门禁管理系统，非办公时间职员应使用门禁卡进入办公区域。职员应妥善保管门禁卡，如门禁卡丢失要照价赔偿。

第四条　商场实施节假日值班制度，由行政管理部负责每月的值班安排和监督工作，值班人员必须按时到岗，并认真履行值班职责，检查各部门对各项安全制度、安全操作规定是否落实。

第五条　行政管理部夜间值班人员负责每日的开门和锁门，每日晚上夜间值班人员在锁门前必须认真检查办公区域内的门窗是否锁好，电源是否切断，保证无任何安全隐患。

第六条　办公区域的门锁钥匙由行政管理部专人负责保管，并每日早晚按时将办公室的门打开、锁好，一般职员不得随意配置门锁钥匙；计划财务中心的钥匙由本部门保管。

第七条　商场职员应妥善保管印章、钱款、贵重物品、重要文件等，下班前将抽屉及文件柜锁好，切断电源后方可离开。

第八条　商场行政管理部负责组织有关人员不定期地对商场办公环境的安全实施监督检查。如有安全隐患，相应部门要及时整改。

第九条　商场所属办公区域的门锁钥匙，起用前应在信息管理中心行政管理部备份一套，行政管理部须妥善保管，以备急需时使用。

第十条　商场物品运出办公区域须填写"出门证"，经有关领导批准后方可搬离。

第五节　安全保卫防范工作规定

第一条　安全保卫承包责任制要以各部门、室、各分公司为单位全面实行。各分公司要落实到班组，责任到人，签订承包合同，明确职责，落实奖惩。

第二条　各通信要害部门一律安排警卫人员守卫，并认真贯彻落实《通信要害管理规定》。

第三条　落实大厦及部门值班巡逻措施。存放现金 10 万元以上的库房，要由两个或两个以上专职人员同时值守。

第四条　重点部位一律实行"四铁两器"。重点部位是指生产要害部位，包括机房、电脑机房、营业厅、财务部、存放 1 万元以上现金的部位、存放秘密文件的档案室、图纸资料部位、存放贵重物品的库房及其他应该切实保障安全的部位。

"四铁两器"是指铁门、铁窗、营业柜台护栏、保险柜及灭火器、报警器（包括营业场所防抢报警铃）。

第五条　落实现金提送的有关规定。现金在 1 万元以上且运送距离在 500 米以上的，要用机动车提送款；在 1 万元以上，但距离在 500 米以下，或 1 万元以下的提送款，须两人以上同行押送。

第六条　存放现金在 10 万元以上的，要设立具备较高防火、防爆、防盗、防抢性能的金库，并要落实安全管理制度与措施。

第六节　商场要害部位管理

商场要害部位和重点安全管理部位为商场配电室、空调室、液化气设备管道、员工餐厅操作间、地下机房、锅炉房、木工房、贵重商品库房、危险品库房、自动安全系统总控室、电梯机房、收银台、档案室、计算机房、电话总机室、财务审计部、总经理室。

第一，要害部位的主管工作人员和部门领导为要害部位责任人，均须与安全保卫部签订责任书。

第二，严格重点审查要害部位工作人员上岗前的条件，未经培训学习达标者不得上岗操作。建立重点岗位人员档案，对不符合条件的工作人员及时调离。

第三，严禁非工作人员进入重点要害部位。

第四，重点要害部位必须建立安全制度，经常进行安全自查，每天签检查记录单，发现问题立即报告，迅速整改。

第五，安全保卫部要定期对商场要害部位进行安全检查，保证设备设施保持良

好状态。

第六，重点要害部位必须由本部门制订突发事件预案，并报商场安全保卫部备案。

第七节　商场易燃、易爆物品管理

商场内易燃、易爆物品，如香蕉水、汽油、油漆、酒精、部分化妆品、煤气、乙炔等。其安全管理方式为：

第一，商场易燃易爆品保管人、使用人和部位领导人是该项安全管理责任人。

第二，商场易燃易爆品应指定专人购买、保管、发放、使用。必须严格领取、存放、发放手续。做到账目清楚，账物相符。

第三，易燃、易爆物品使用人必须严格执行操作规程，使用过程中采取安全防护措施。库内不得使用移动式照明灯具、碘钨灯和60瓦以上白炽灯。

第四，凡经营的危险商品应本着进多少卖多少的原则，需在指定库存放，库内不许点灯、穿钉子鞋，危险物品不得私自保管。

第五，商场要害部位及仓库应根据本制度制定出相应的部门具体管理措施，并报安全保卫部备案。

第八节　商场重点部位管理

商场内重点部位为存放现金、票证、贵重商品（物品）的部位。其重点管理制度为：

第一，重点部位经营人和行政负责人为重点部位责任人，责任人应与商场安全保卫部签订责任书。

第二，重点部位工作人员必须廉洁奉公，遵纪守法，严格遵守商场财务制度和物品管理制度。坚持现金、票证当日"回笼"。各部门必须指定专人负责支票的使用和保管。支票印鉴须单独放入保险柜，不得与财务章及其他印章存放在一起。保险柜必须拨乱密码，钥匙按规定数量配置并由专人保管，必须随身携带，不得随意放置或存放在办公地点。下班后开启保险柜报警装置。原使用保险柜人员调离岗位应及时更换密码。

第三，各单位在领用支票时，必须建账登记，将单位名称、日期、用途、金额等内容填写齐全，存根留底。对未用掉的支票，应于当日交回财会室（财审部）。

第四，加强对支票的管理，一旦丢失，应积极查找，迅速办理挂失手续，并及时报安全保卫部备案。填写支票时，内容必须真实准确，字迹清晰，不得随意涂改支票。领用发票要建账登记，由专人保管，填写发票时要内容齐全，本人签全名，不得为他人提供假发票。

第五，在收受顾客支票、汇票时，须验明本人身份证，并登记身份证号码和电话号码。在核实对方确切身份后，应坚持做到：本市 3 天付货，远郊县 5 天付货。顾客备车提货时，须登记车辆号码。

第六，每天到银行送款时，不得人包分离。商场售货员、收银员在点款时应背对顾客，并保持相对距离，现金严禁置于柜台及收款台表面。

第七，收银员必须坚守岗位，收款台必须控好插销，在受到外界干扰时，也不能擅离职地。需要找人替岗时，须请示商场领导，经同意后方可替岗。

第八，私人不准在商场收银台、柜台套换挪用外汇券，更不准非法买卖，如有违反，按套取、贪污国家外汇处理。

第九，商场各部门员工工资、奖金和其他现款，必须指定专人负责领取发放。

第十，商场贵重商品（物品）的登记手续必须齐全，账物相符，定点存放。设专用库房，专人负责保管。

第十一，商场重点部位要门窗牢固，并安装防盗设施和设备。

第十二，商场重点部位的安全防范工作，必须做到职责明确，制度落实。坚持各入口检查，各部门随时查，安全保卫部一周一查，并做好记录，每月一大检查，每季测验一次并有记录，发现隐患及时整改。

第十三，必须配备专车到银行存取现金、交送营业款，并由安全保卫部派人护送，确保安全。

第十四，因重点部位工作人员不负责任，造成差错，一律由经管人赔偿（现金、票证、物品等）。造成重大损失者，要追究其刑事责任。

第九节　商场安全防火实务

第一条　商场禁火区和防火重点部位。

（1）除商场锅炉房、员工餐厅、饮食公司操作间外，其他部位一律不许私自动火。凡是重点部位、要害部位一律列为防火重点部位。易燃易爆品库房、地下机房、变电室、液化气灶、木工房、财务室等均为防火重点部位。

（2）商场禁火区和防火重点部位，必须严格做到：不准随意使用明火；不准吸烟；不准使用无罩灯具；不准乱接电源；不准易燃易爆品混存；不准无关人员出入。

第二条　因工作确需明火作业的部门，必须将作业时间及预防措施书面报告给安全保卫部审批，并请其签发动火许可证，经商场主管经理签字后方可施工。作业时要清除周围易燃易爆物品，严格执行操作规程，安全保卫部指定专人现场监护。

第三条　商场内禁止吸烟。

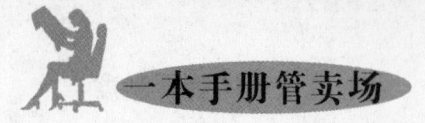

第四条　安全保卫部负责每年对商场避雷装置检测 1 次。

第五条　商店用电必须符合安全规定，由正式电工安装维修。不准乱接乱拉电线。不准超负荷用电，不准使用不合格的电料及保险装置。

第六条　每天停止营业后，必须对商场各区域进行彻底清查、打扫、清除包装品等易燃物，关闭好门窗，处理好火源，办妥交接手续。

第七条　设有消防器材及设施的地域及消防通道安全出口，严禁堆放商品等物，保证畅通。

第八条　商场内各种消防设施器材由安全保卫部统一配备、维修和更换。消防设施和器材设置处，要有醒目标志，并尽量与环境协调。安全保卫部设专人对设备器材定期检查，保证性能良好有效。消火栓、泵开启，保证一次启动，水笼带不能发生霉变，烟感报警、自动喷淋装置保持灵敏有效，各种器材保持清洁。

第九条　对于检查中发现的火险隐患，安全保卫部及时下达《火险隐患整改通知书》，有关部门应迅速整改，因未整改而发生火警、火灾要追究当事人和有关领导人责任。如果发生火灾、火警，而商场安全保卫部事先未能发现隐患，检查不利的，要追究安全保卫部有关人员的责任。

第十条　发生火灾、火险时，在该部位工作的员工要及时组织扑救，立即报告安全保卫部并报警。

第十一条　火灾后要保护好现场，由安全保卫部会同有关部门迅速查清起火原因，写出报告，对责任人提出处理意见。

第十节　警卫勤务规范细则

警卫人员为商场整体企业形象之重要表现之一，为提高服务质量及整体形象，特制定本细则。

第一条　商场区警卫人员系统，下设班长一人，组长三人，以督导考核。

第二条　商场警卫人员值勤时间，以每月公布之排班表为依据。

第三条　若有特殊需要时，应临时派遣警卫人员随时支援，以为备勤。

第四条　备勤人员要随时准备支援值勤警卫应付各种突发事故，因此遇值勤警卫要求紧急支援或协助时，不得借故推诿或拒绝。

第五条　警卫人员值勤时，须穿着公司规定制服，佩戴员工识别证、戴帽子、扎腰带、打领带、仪容应端庄整洁，态度应和蔼亲切，严禁下列情形发生：

（1）上班时间，聚众聊天、嬉戏、赌博、下棋、看小说报纸、书写信件、听音乐、吃零食等。

（2）值勤仪容不整，着汗衫、短裤、背心或拖鞋。

（3）不服上级指挥。

（4）对员工或来宾言语轻浮、行为下流或粗暴无礼。

（5）对员工来宾或送货者索取好处及贪小便宜。

（6）值勤时间私用电话及对讲机，影响勤务。

（7）于值班台内吸烟、吃零食。

（8）于值班时间喝酒、打瞌睡或擅离工作岗位。

（9）谈话时口出秽语、习惯性说脏话。

（10）非警卫及相关人员进入警卫室。

（11）对员工或来宾、厂商故意刁难或挟怨报复。

（12）未经许可，擅自调班。

第六条 警卫班长工作职责。

（1）负责管理全班警卫人员，督导训练与考核。

（2）负责场区及宿舍安全管理，检查警报系统和消防设施的维护与保养。

（3）督导检查各班的值勤，夜间查岗查哨。

查岗事项如下：

①班长对警卫值班点坚持不定时检查，及时纠正警卫人员的违纪行为。

②查岗查哨的时间、次数由商场警卫班班长自行安排。查勤形式可作全检查或抽查，督促值班警卫人员加强巡视场区、宿舍区。

③在查勤时发现场内值班人员脱岗、瞌睡、看书看报、写私人信件者，要记下其姓名于次日报主管处理，严禁徇私舞弊。

④班长每日查勤情况要详细记录，并每周汇总送商场总务部主管审批。

⑤班长要认真监督警卫人员的工作品质，随时检查其对应办事项之执行情况。

⑥班长要按时检查警卫日志（即当日），发现异常情况及时处理。

（4）处理夜间突发事情，如遇火灾、偷盗迅速与治安办部门联系，紧急病人安排车辆送往医院，并及时报告主管。

（5）负责发放清洁用品及用具。

（6）协助对火灾、人身等事故之调查，每月统计上报。

（7）配合舍监处理宿舍的事项。

（8）完成上级临时交办的事项。

第七条 警卫组长工作职责。

（1）警卫组长与警员一样轮流值日，履行警卫人员工作职责。

（2）负责对本组警卫人员的管理、督导训练与考核。

（3）负责本组警卫人员值日状况的监督。

（4）负责当班厂内及宿舍安全管理。

（5）处理当班突发事件，如遇火灾、偷盗等立即报警，并迅速与消防队、治安办部门联系。

（6）负责当班工作的协调、组织、联络和事件处理。

（7）对当班发生的一些重要注意事项要向下一班组长交代清楚。

（8）完成上级临时交办的事项。

第八条　警卫人员工作职责及注意事项。

为了确保场区、宿舍财产及人身安全，避免各种灾害、事故发生。警卫人员应注意以下事项：

（1）警卫人员要维护本厂人员及物资的安全，预防各种灾害、事故的发生。

（2）加强对场区各大门的管理，严格执行门禁制度。

（3）加强对外来车辆进出厂检查、登记，对出厂物资的核对验证。

（4）加强对场区、宿舍水电维护与管理，发现漏水、漏电等现象应立即排除，或通知相关人员处理。

（5）监督员工上下班打卡，如发现有替别人打卡者，应将其工号抄下报商场人事部门处理。

（6）负责每日信件书报的收发工作，来信一律放在规定位置，挂号信件及电报须进行登记后，由本人签名领取，书报必须由各部门相关人员签名领取。

（7）值班警卫要巡视场区四周，清扫警卫室卫生，制止员工乱丢废物，如发现应记下姓名，报商场人事部门处理。

（8）值班警卫要监督员工穿工衣、戴职别证进出场区，违者记其姓名报商场人事部门处理。

（9）夜间值班警卫要不定时巡逻厂区，按时签卡，确保场区安全。

（10）值班人员必须注意仪容仪表。应按规定穿制服、打领带、扎腰带、戴帽子。

（11）值班警卫在接待来访人员时，须讲究礼貌、热情接待，并进行登记，发给来宾证方可至工作区域。

（12）警卫值班时间，须全神贯注，规规矩矩按照规定完成好本职工作。

（13）警卫人员值班未经主管许可，不得擅自调班或休假，要调班者须三日前提出，并经核准后，方可调班。

（14）警卫人员接班时，应至少提前 10 分钟主动至警卫室接班，不可等待交班警卫催喊，或借故延迟接班时间。

（15）值班警卫下班须对接班警卫交代交接事项：

①上级规定或指示事项。

②入场宾客或工作人员未出之事项。

③送货或寄存物品须交班转交者。

④场内外可疑征候须注意监视或警觉者。

⑤公用物品清点的事项。

（16）警卫值班时，严禁上班员工外出或回宿舍，因公办事必须有"外出单"并要商场警卫部门主管核准，否则警卫人员要阻止，强行外出者，记下姓名，报有关部门处理。

（17）值班警卫要控制闲杂人员进入警卫室。公访人员在警卫室就座，不得随地吐痰、乱丢废物和烟头，此事值班警卫要提前说明。

（18）值班警卫在接待公访、私访人员时，要注意证件检查与登记，无证应拒绝来访，对来访者的证件要妥善保管，不得遗失或发错。

（19）警卫人员对来访者所带的行李、包裹要严格检查。

（20）夜间值班警卫，要注意电话转接，不能及时交办的，要详细记录，以便次日报告。

（21）值班警卫要加强管理本商场车辆动向，对外出车辆，必须有派车单，并经部门主管核准，特殊情况下的经理或公干用车，来不及开派车单，则必须有用车主管的电话允许，方可放行。并严格登记本商场车辆往返时间及留场情况，及时汇报总务部。

（22）值班警卫如遇突发事件，要及时予以处理。重大事件要把突发事件处理程序尽快通知相关人员，不得拖延或乱报。

（23）值班人员除正常值班外，尚须接受其他临时性或上级规定的勤务派遣，一旦受命，不得拒绝。

（24）警卫人员除遇特殊紧急的事项外，平时不得越级上报。

（25）警卫人员不得监守自盗，营私舞弊，或假公济私等，若有违法的情节，将依法查办。

（26）警卫人员要真诚团结，相互尊重，遭遇困难应同心协力，全力以赴，充分发挥情感道义精神，决不允许彼此相互攻击中伤，各存私心，致使工作无法开展。

（27）警卫人员在公司服务期间，应以高度热情完成上级交付的任务，公私分明，服从领导，严禁发生犯上的行为。

第九条　商场警卫人员应严格遵照执行本规范。

第十一节　保安员值班制度

1. 总值班室制度

为维护商场的正常经营秩序，确保商品、财产、设备的安全，特制定本制度。

（1）本制度适用于商场担负安全值班任务的全体人员。

（2）商场设总值班室，负责处理营业结束后的各项接待事务，在紧急情况下，是安全指挥中心。总控室、配电室，锅炉房等重要部位设值班岗。

（3）总值班室值班人员由领导干部、保卫干部、一般干部组成，总经理办公室负责排班。重要部位值班人员由本部门确定。

2. 总值班室职责

（1）负责接待事务。

①负责上级检查、来人来访接待，做好接待记录。

②接到电话通知，先做好记录，分清缓急，需要通知有关店级领导的要及时办理。

③负责下班后全场的一切事务。

（2）负责监督重要部位值班岗位工作情况，协调商场各部位关系。

①监督营业后的封场工作，由封场人员做好记录。

②遇有突发事件，要按照"预案"要求，负起领导指挥责任。重大问题及时向商场领导和上级主管部门汇报。

③保卫干部具体负责组织启封场工作、安全保卫工作，保证按制度执行。

第十二节　特别保安工作

1. 重大事故的保安工作

（1）商场若发生重大事故，要沉着冷静，及时报告商场保安部和总经理，保护好现场，及时处理。若发生火灾要立刻抢救，迅速扑灭。

（2）需要及时疏散顾客的，要尽快打开安全通道和楼梯门，有秩序地组织顾客进行疏散，将顾客尽快疏散到安全的地方。

（3）疏散顾客过程中要注意安全，注意防盗。

（4）事故发生后要调查发生事故的原因，写出详细调查报告交商场保安部经理、总经理及公安部门处理。

2. 节假日的安全保卫工作

（1）在人们活动比较集中的场所要特别注意防盗窃、防斗殴、防闹事，注意顾客的安全。

（2）拾获顾客遗忘的物品要交商场保安部代顾客保管，帮助失散的小孩找到其父母和亲人。

（3）对到处丢烟头、杂物和随地吐痰等不文明的举动要加以劝止。

第十三节　外来人员管理制度

本制度适用于对引厂进场、工程施工等人员的管理。重点对外来人员在商场经营和业务往来中的相互协调，以及与之相关的安全工作加强管理。

1. 引厂进场

（1）凡引厂进场人员须持有商场各管理部门规定的手续证明及证件，并签订有关协议及安全保证书。

（2）在办理完入场临时手续后，须由所在部门造册登记后报安全保卫部备案，并于缴纳一定款项后领取员工卡。出入场门时主动出示证件接受保安人员检查，员工卡只限本人使用，不得转借他人。

（3）离开商场时，须经原批准部门审批，到安全保卫部办理退证手续，领回押金。如逾期不办则扣留押金，并追究厂家责任。

（4）在场期间，必须服从管理，严格遵守法令和场纪场规，搞好与其他厂家的关系。禁止一切违法乱纪行为。如出现违背以上要求的情况，各级主管部门有权终止协议。

（5）厂家人员纳入商场员工管理后，须按人数交纳一定数额的治安管理费。各商店对本店外来人员应纳入安全保卫工作的管理范围，并参加考核。

（6）各厂家相互间不得借用、冒用他人名义参与经营活动，若发现冒名顶替情况，按有关规定罚款并视情节可令其终止合同协议。因故临时更换人员，需提前两天到安全保卫部登记。

2. 施工人员

（1）临时来场施工人员，必须到商场安全保卫部办理临时出入证，签订安全协议书，如工作需要还需办理库房通行证。

（2）商场工程部在施工单位签订协议时，须注明安全条款，并对施工单位人员进行安全宣传教育。

（3）施工人员必须严格遵守场纪场规，若有违反由相关部门追究其责任。

（4）施工人员在现场操作时，要严格按操作规程和工艺要求施工，按照施工章程持证上岗，动用明火须到商场安全保卫部开具动火证。离场时，若要携带物品（包括自有设备和材料），须开出门条，交门卫验证后方可出场。

（5）施工人员违反场内有关安全规定，发生问题，给本场造成损失的，须照价赔偿，并由相关部门按规定对责任人做出罚款等处理。

第十四节　防盗工作日常管理规定

第一条　经常对商场员工进行法制教育，增强员工的法制意识。

第二条　制订各种具体的安全防范规定，加强日常管理，不给犯罪分子以可乘之机。具体规定主要有：

（1）办公室钥匙管理规定。

（2）收银管理规定。

（3）会客制度。

（4）财物安全管理规定。

（5）货仓管理规定。

（6）更衣室安全管理规定。

（7）员工宿舍管理规定。

第三条　在商场易发生盗窃案件的部位，装置监控器、防盗报警器等安全防范设备。

第四条　积极配合人事部做好员工的思想品德考察工作，以保证员工队伍的纯洁。如发现有不适合的人员，应按有关规定进行调换或辞退。

第五条　保安部人员要加强日常巡查工作，如发现可疑的人和事要及时报告。

第十五节　启封场制度

为保证商场在非营业时间内的安全，实行启封场制度。

1. 启封场的时间和范围

启封场时间分别为每天营业开始前 1 小时和营业终了后半小时。范围包括整个营业大厅、楼仓、办公楼。

2. 参加启封场人员

由安全保卫部负责封场及启封，总值班室人员（除留守 2 人），保安队警卫人员参加。

3. 封场程序及标准

（1）每天营业终了半小时之内，各营业部要对所辖区域进行安全检查，各商场对营业小组复查，并做好记录。

（2）由安全保卫部带队，封场人员由上至下逐层进行检查，参加封场人员要按预定线路一字排开，仔细检查：各商场的保险柜、贵重物品柜台是否锁好，各部位的门窗是否锁好。查电源、火源、有无藏匿人员及危险物品，确认无异常情况后，方可退出封闭楼层，并做记录。

（3）封场期间总控室值班员，应根据封场情况分层布防，遇有警报，值班人员有权临时启封赶赴现场，查明情况（需 2 人以上前往），并做好记录。

4. 启封程序及标准

（1）启封时由安全保卫部人员带队，所有参加人员按预定路线从上到下，从里到外逐层启封，并做好记录。

（2）行政清洁队或其他保洁公司人员在启封人员检查完毕后，方可进入营业大厅打扫卫生，与此同时值班人员须在营业厅内巡视。

（3）各商场营业员在营业前半小时方可进入营业大厅。

5. 对参加启封场人员的要求

（1）凡参加启封场的人员须在登记簿上签名。

（2）启封场时参加人员一律穿统一制服。

（3）启封完毕钥匙由专人全部交到安全保卫部。

（4）参加封场人员不得无故翻动商场物品。

（5）参加启封场人员须事先指定，并经商场安全保卫部审批，不得随意更换。

第十六节　电视监控系统的管理规定

1. 商场电视监控系统的设备范围

（1）营业厅大厅。商场营业大厅是顾客集散的重要场所，一般要安装大角度旋转的摄像机，并在大厅转门和厅外广场分别安装固定视角的摄像机，以确保客流情况的监控。

（2）财物集聚部门。商场财物集聚的地方是总银箱、贵重物品专柜、收银柜、仓库等。这些地方容易发生盗窃，安装摄像机可及时发现危害财物安全的情况。

（3）公共娱乐场所。公共娱乐场所，如商场内的游泳池、保龄球房等娱乐场所，安装摄像机监控治安事件的发生。

2. 商场电视监控人员的岗位责任

（1）商场电视监控人员的岗位责任是监视屏幕情况，随时向安全部报告屏幕上出现的可疑情况。

（2）熟练掌握监视设备系统的操作规程，严格按照规程操作，发现监视设备异常、故障，应立即报告当班管理员。

（3）密切注意屏幕情况，发现可疑情况，立即定点录像，并做好记录，及时报告管理员。

（4）录像机换带必须按组别、顺序进行，并做好登记工作。

（5）交接班时，交班人应将当班时发现或需注意的情况告诉接班人，接班人应检查商场电视监控设备的工作和清洁情况以保证设备处于良好的工作状态。

（6）做好机房的卫生、钥匙领还以及对讲机充电等工作；认真完成安全部经理和管理员交办的任务。

（7）商场机房要地，未经批准非值班人员不准入内。

第九章 | 商场财务管理制度

第一节 资金管理规定

第一条 为加强对商场系统内资金使用的监督和管理，加速资金周转，提高资金利润率，保证资金安全，特制定本规定。

第二条 管理机构。

(1) 公司设立资金管理部，在财务总监领导下，办理各二级公司以及公司内部独立单位的结算、贷款、外汇调剂和资金管理工作。

(2) 结算中心具有管理和服务的双重职能。与下属公司在资金管理工作中是监督与被监督、管理与接受管理的关系；在结算业务中是服务与被服务的客户关系。

第三条 存款管理。

公司内各二级公司除在附近银行保留一个存款户，办理小额零星结算外，还必须在资金管理部开设存款账户，办理各种结算业务，在资金管理部的结算量和旬、月末余额的比例不得低于 80％，10 万元以上的大额款项支付必须在资金管理部办理，特殊情况需专题报告，经批准同意后，方可保留其他银行结算业务。

第四条 借款和担保业务管理。

(1) 借款和担保限额。集团内各二级公司应在每年年初根据董事会下达的利润任务编制资金计划，报资金管理部。资金管理部根据公司的年度任务，经营、规划、资金来源以及各二级公司的资金效益状况进行综合评估后，编制总公司及二级公司定额借款、全部借款的最高限额以及为二级公司信用担保的最高限额，报董事会审批后下达执行。

年度中，资金管理部将严格按照限额计划控制各二级公司借款规模，如因经营发展，贷款或担保超限额的，应专题报告说明资金超限额的原因，以及新增资金的投向、投量和使用效益，经资金管理部审查核实后，提出意见，报财务、董事会审批追加。

(2) 集团内借款的审批。凡集团内借款金额在 300 万元（含 300 万元，外币按记账汇率折算，下同）以内的，由资金管理部审查同意后，报财务总监审批；借款金额在 300 万元以上的，由资金管理部审查，财务总监加签同意后报董事长审批。

(3) 担保的审批。各二级公司向银行借款需要总公司担保时，担保额在 300 万元以下的由财务总监审批，担保额在 300 万～2000 万元的，由财务总监核准，董事长审批。担保额在 2000 万元以上的，一律由财委加签后报董事长审批，并经董事长办公会议通过。借款担保审批后，由资金管理部办理具体手续。对外担保，由资金管理部审核，财务总监和总裁加签后报董事长审批。

第五条 其他业务的审批。

（1）领用空白支票。在资金部办理结算业务的企业，可以向资金管理部领用空白支票，每次领用张数不超过 5 张，每张空白支票限额不超过 5 万元，由资金管理部办理，领用空白支票时，必须在资金管理部有充足的存款。

（2）外汇调剂。集团内各二级公司的外汇调剂由资金管理部统一办理，特殊情况需自行调剂的，一律报财务审批，审批同意后，方可自行办理。

（3）利息的减免。凡需要减免集团内借款利息，金额在 5000 元以内的，由资金管理部审查同意，报财务审批，金额超过 5000 元，必须落实弥补渠道，并经商场分管副总经理签字后，报财务审批。

第六条 资金管理和检查。

资金管理部以资金的安全性、效益性、流动性为中心，定期开展以下资金检查和管理工作，并根据检查情况，定期向财务、总经理、董事长专题报告。

（1）定期检查各二级公司的现金库存状况。

（2）定期检查各二级公司的资金管理部的结算情况。

（3）定期检查各二级公司在银行存款和在资金管理部存款的对账工作。

（4）对二级公司在资金部汇出的 10 万元以上大额款项进行跟踪检查或抽查。

第七条 统计报表。

各二级公司必须在旬后 1 日内向资金管理部报送旬末在银行存款、借款、结算业务统计表，资金管理部汇总后于旬后 2 日内报财务、总经理、董事长。

资金管理部要及时掌握银行存款余额，并且每两天向财务总监及副总监报一次存款余额表。

第二节 资金预算制度

第一条 目的及依据。

为提高本商场经营绩效及配合财务部统筹灵活运用资金，以充分发挥其经济效用，各单位除应按年编制年度资金预算外，还应逐月编列资金预算表，达成资金运用的最高效益，特制定本办法。

第二条 资金范围。

本办法所称资金，系指库存现金、银行存款及随时可变现的有价证券。为定期编表计算及收支运用方便起见，预算资金仅指现金及银行存款，随时可变现的有价证券则归属于资金调度的行列。

第三条 作业期间。

(1) 资料提供部门，除应于年度经营计划书编订时，提送年度资金预算外，应于每月 24 日前逐月预计次 3 个月份资金收支资料送会计部，以利汇编。

(2) 商场会计部应于每月 28 日前编妥次 3 个月份资金来源运用预计表，按月配合修订。并于次月 15 日前，编妥上月份实际与预计比较的资金来源运用比较表一式三份，呈总经理核阅后，一份自存，一份留存总经理室，一份送财务部。

第四条 内销收入。

商场营业部门依据各种销售条件及收款期限，预计可收（兑）现数编列。

第五条 劳务收入。

商场营业部门收受同业产品代为加工，依公司收款条件及合同规定预计可收（兑）现数编列。

第六条 退税收入。

(1) 退税部门依据申请退税进度，预计可退现数编列。

(2) 预计核退营业税虽非实际退现，但因能抵缴现金支出，视同退现。

第七条 其他收入。

凡无法直接归属于上项收入的收入（包括财务收入、增资收入、下脚收入等），其数额在 10 万元以上者，均应加以说明。

第八条 资本支出。

(1) 土地：依据购地支付计划提供的支付预算数编列。

(2) 房屋：依据兴建工程进度，预计所需支付资金编列。

(3) 设备分期付款分期缴纳关税等，商场会计部依据分期付款偿付日期予以编列。

(4) 机构设备、预付工程定金等：工务部依据工程合同及进度，预定支付预算及商品部依据外购信用证开立计划，预计支付资金编列。

第九条 材料支出。

商品部依请购、采购、结汇作业，分别预计内外购商品支付资金编列。

第十条 薪资。

会计部依据产销计划等资料及最近实际发生数，预计支付数编列。

第十一条 经常费用。

(1) 管理费用：会计部参照以往实际数及管理工作计划编列。

(2) 财务费用：会计部依据财务部资金调度情况，核算利息支付编列。

(3) 外协费用：外协经办部门应参照外协厂商约定付款条件等资料，斟酌预计支付数编列。

(4) 制造费用：会计部依据生产计划，参考制造费用有关资料及最近实际发生数，斟酌预计支付数编列。

(5) 促销费用：营业部依据营业计划，参照以往月份促销费用占营业额的比例推算编列。

第十二条　其他支出。

凡不属于上列各项的支出都属于"其他支出",包括偿还长期(分期)借款、股息、红利等的支付。其数额在10万元以上者,均应加以说明。

第十三条　异常说明。

各单位应按月编制"资金来源运用比较表",以了解资金实际运用情况,其因实际数与预计比较每项差异在10%以上者,应由资料提供部门填列"资金差异报告表"列明差异原因,于每月10日前送会计部汇编。

第十四条　资金调度。

(1)各部门经营资金由商场最高主管负责筹划,并由财务部协助筹借调度。

(2)商场财务部应于次月5日前按月将有关银行贷款额度,可动用资金,定期存款余额等资料编列"银行短期借款明细表"呈总经理核阅,作为经营决策的参考。

(3)商品部应按月根据国内外购货借款数额编列"购货借款月报表"于当月24日送财务部汇总呈核总经理。

第十五条　本准则经总经理核准后实施,修改时亦同。

第三节　现金管理制度

为了加强商场现金管理,健全现金收付制度,严格执行现金结算纪律,特制定本制度。

1. 财会部门

(1)收付现金必须根据规定的合法凭证办理,不准白条顶款,不准垫支挪用。

(2)库存现金不准超过银行规定的限额,超过限额要当日送存银行。如因特殊原因滞留超额现金(如待发放的奖金等)过夜的,必须经单位领导批准,并设专人看守。

(3)库存现金必须每日核对清楚,保持账款相符,如发生长短款问题要及时向领导汇报,查明原因按"财产损益处理办法"进行处理,不得擅自将长短款相互抵补。

(4)因公外出或购买物品,需借用现金时,出纳人员一律凭领导审批的借条方可付款。

(5)外埠出差人员回公司后3日内应主动向财会部门报账,如因手续没有办完,可将所剩现金先行交回,于7日内必须办理转账手续。

(6)购买物品所借现金必须当日报账。如因一时购买有困难,次日需向财会部门说明原因,3日内不报账,出纳人员有权收回所借现金。

(7)出纳人员不得擅自将单位现金借给个人或其他单位,不准谎报用途套取现

金，不准利用银行账户代其他单位或个人存入或支取现金，不准将单位收入的现金以个人名义存入银行，不准保留账外公款。

（8）商店会计室收到售货员或收款员交来的现金要经双人清点复核后在缴款单上签字盖章，于当日全部送交银行，不得滞留和坐支，送款要用专车，坚持双人送款制度。

（9）外埠客户购货余款，原则上退回原单位，不得支付现金或转入其他单位账户（如有特殊情况报商场财务审计部研究解决）。

（10）财会部门收到货场人员交来拣拾的现金，应开收据，转做收溢处理。如顾客找回来后，如数冲回，退还本人。

（11）保管现金的部位要有安全防范措施，门要安装保险锁，存放现金要用保险柜，保险柜钥匙要有专人保管。下班要检查窗户、保险柜，门锁好后，方能离开。

2. 收款台、柜台

（1）现金的管理。

①商场收款员、售货员收到顾客现金时要看清面值，按规定放进钱箱，大面额货款（50元以上）要经验钞机验证，以防假币。

②售货员、收款员捡拾、找给顾客的零钱要及时登在备查簿上，单独保管。营业终了后交给商场会计室，不得挪作他用。

③因业务需要换零用款时，必须双人经手，交叉复核，防止丢失、短少或发生其他问题。

④当日销货现金必须经双人交叉复核、填写交款清单签字或盖章，双人送交商店会计室，柜台、收款台不得存放现金过夜，以免发生意外事故。

⑤每日业务终了，业务周转金要经双人清点复核后，进行封包，注明数额，加封盖章或签字，交商店会计室出纳员统一保管。次日启封时，也要经双人清点，相符后，再进行使用。

（2）收受支票。

①收受顾客支票、汇票要坚持3天后付货的原则。防止收受空头支票或无效支票。

②收到顾客支票时，要审查支票内容有无涂改，是不是在有效期内，大小写数字是不是相符，印鉴是不是清晰。应及时交商店会计室送交银行，待银行收妥入账后再付货，以防发生诈骗或冒领。

③建立收受支票登记本，记清签发单位的电话号码及联系人、收款日期、金额、以便发生退票或者其他问题时进行查找。挂失支票不能收，应追究其来源。

④顾客交现金退现金，交支票退支票，不得以支票换取现金。

⑤商场各职能部室及所属各商店处理废旧物品收入及其他收入的现金，必须送交财会部门转账，经办人员不得长期存放或以个人名义存入银行。严禁私设小金库。

第四节　现金的控制制度

现金，是指可以立刻用来购买商品或劳务，偿还债务，具有普遍的可接受性的交换媒介物。

现金一般包括：纸币、硬币和外币；银行活期存款；见票即付的各种信用证券，如支票、本票、银行汇票、邮政汇票及信用证等。而像邮票、临时借条、预付款项、远期支票及银行定期储蓄存款等均不能视为现金处理。

一、商场现金的管理

一般对商场财务会计来说，现金的管理与控制主要侧重于在商场内部建立一种控制制度，即一种在处理各种业务活动时相互联系、相互制约的管理制度体系，以加强现金收支业务的管理与控制。

1. 商场现金内部控制的主要原则

（1）分工负责，相互牵制，实行钱账分离，即记录现金业务的人不能经管现金，不能开具支票或送存款。

（2）经管现金收支的人不能登记会计记录（除现金日记账）。

（3）现金收支经出纳，会计核算凭证通过会计，相互监督。

2. 现金收支的管理和控制手段

（1）现金收入控制管理。首先，科学地处理和控制现金收纳程序，使有关的商场管理人员及员工对每一收款点的工作要求和程序有明确认识，以确保应收现金能被如数收回、记录和存储。其工作重点为：

①利用商场的收银机系统，建立稽核功能。收银机固定于卖场的出入口，有不可移动的特性，从而使现金管理更有效率；再者，收银机上的销售记录，也设定人员的现金保管责任。

在商场内，使用收银机也存有管理盲点，例如无意或蓄意的输入价格不对等，针对无意的错误，此缺点可运用训练加以克服；针对蓄意的错误，宜实施全面性的商品条码，另再配合主管的不定时稽查收银台的作业状况。

②每笔商品交易均应逐笔开立交易发票。收银机有一般收银机与发票收银机两种，使用发票收银机，等于是每笔交易都开立发票，商场对交易都进行逐笔的控制。

③信用卡刷卡销售，要谨防员工舞弊。信用卡刷卡销售方式已是非常普通，但是商场销售人员以自己的信用卡来替顾客付款，却将现金放入自己的口袋，是一种严重的现金挪用舞弊行为。虽然信用卡发卡银行会将款项汇入商场户头，对销货额没有影响，但是商场损失了手续费，和现金延后收到的计算利息，如果对此行为没有妥当的处理，可能会产生更多的弊端。

为确定现金收入金额与信用卡收入金额的合计数等于发票总额，除了每日核对

会计记录与银行账户资料外，还可与顾客联络以确定其所付款项与发票金额，以及付款方式是否相符。如找出异常现象，要立即查出原因，对有疏失的员工加以处理。

④收银台的现金回收管理。收银台由于现金累积速度快（尤其是在大卖场或旺季时），在管理上，单店作业要定时或定量回收，以防止意外发生。而多店式作业，总店会在某一时段，对各店的现金另做回收管理，以防止损失。

⑤收银台人员的教育训练。商场的财物管理，收银台为重点，因此，应针对收银台人员实施教育训练，确保工作流程的正确性；守法的坚定观念，在平时即要加以教导；此外，人员交班的现金结账、主管的稽查、盘点等，都是教育训练的重点。

⑥在商场用扫描商品条码方式来控制。于收银台处，使用扫描"商品条码方式"来结账，可以避免短收现金；以条码方式结账，更有助于收银台的工作改善。

⑦每日账务核对。商场的收入包括有现金、信用卡、礼券、提货券、支票、各国的通行货币等。必须将商场每日的现金收入金额，与电脑上的账务资料相核对。

⑧现金存入银行。营业所收的现金，每日应主动存入银行，以减少保管风险；至于大卖场现金更多，则有必要协调银行到商场收款。无法立即存入银行的特别时间（例如节假日），则应事先备妥保险柜设备，设定周密的保全设施，以避免现金损失的可能性。

⑨定期或不定期的盘点货品。为了防止现金销货记录产生不当或重大错误，可在每天、每周、每月，或业务终了时，实地盘存，掌握当期每样物品的销售数量，计算销货额，与当期的现金收取额核对。即依据所谓的盘存法，掌握销货数量，核对现金收取额，以确认销货全部加以记录。盘存法适用于物品数少、物品规范化或者销售单价高的企业，并不是所有的企业都能够实施。

（2）现金支出控制管理。

①建立严格的开支审核制度，在规定范围内（主要依据是《现金管理暂行条例》及其他各种规定）使用现金；所有超限额的支出必须以支票或其他转账结算方式进行结算。

②在健全以上的现金收支管理制度后，商场内部稽核人员应该对库存现金和银行存款实施经常性的检查和突击性抽查。

二、现金的核算

现金的核算主要通过现金的有关账户进行。会计部门用来核算现金的会计科目应视企业的实际需要而定。一般情况下，商场财会部门可设置"现金"、"银行存款"、"其他货币资金"三个科目，在相应账户上分别核算不同类型的现金，但在编制资产负债表时，一般仍合并为"货币资金"列入流动资产。

其中的"现金"账户用以核算商场的库存现金，但不包括商场内部周转使用的备用金；"银行存款"账户用以核算商场存入银行的各种存款（含其他非银行金融机构存款），但不包括外埠存款、银行本票存款和银行汇票存款等；"其他货币资金"账户用以核算商场的外埠存款、银行汇票存款、银行本票存款及在途货币资金等。

"现金"账户、"银行存款"账户、"其他货币资金"账户，均属于资产类账户，其借方登记增加额，贷方反映减少数。

至于备用金，则可以视商场的实际情况单独设置"备用金"账户或在"其他应收款"账户中设明细账加以反映。

所谓备用金是指商场财会部事先预付给各部门的，用于各部门备用的一笔款项。一般来说，备用金的预付有定额预付制和非定额预付制两种方式。因此，对备用金的核算也相应有两种方法。

第五节　资产管理要领

第一条　商场资产的保管与账簿的记载，应由不同人员分别负责。

第二条　商场资产的保管，应明确指派人员负责，以免责任混淆。

第三条　对商场有形资产应加防护，以免不当使用。

第四条　应随时核对商场零用金与库存现金，并维持最少额度。

第五条　各项支出的核决与支付，应分责办理。

第六条　应尽可能以支票支付，并且应严密地控制商场支票的签发与保管。

第七条　不得由支票签章人或核决人领取或寄交已签章的付款支票。

第八条　有关商场现金、存货或其他流动资产收发的单据，应事先印妥连续编号。

第九条　负责商场现金、有价证券及其他贵重资产处理的人员，须要有充分保证。

第十条　商场资产控制人员应采轮调、轮休，并指派他人暂代其职务。

第十一条　商场付款凭据一经支付，应即加盖支付印戳销案，避免重复清款。

第十二条　存于商场内部保险箱或银行保管箱的有价证券等贵重物品，应由两人以上共同保管。

第十三条　倘人员编制许可，可对商场各财务管理职责岗位予以分立。如出纳与账务员，财务主管与会计主管，采购与验收，销货与仓储，薪工计算与支付，收款与账务，装运与仓储，订货与仓储等等。

第十四条　严格管理商场财务收支工作。如信用接与、折让折扣、客户赠品、招待等。

第十五条　定期举行商场资产的全面盘点，包括原物料、在制品、成品、用品、固定资产等（每年1次为宜）。

第十六条　开具单据尽可能1次填写，避免涂改。

第十七条　订立各项工作的书面手册，以避免误会，促进效率。

第六节　零用金管理细则

第一条　有关零用金的设置划分如下：

(1) 由商场财务部负责本商场零星支付。

(2) 总务组负责设置零用金管理人员，尽可能由原总务人员兼办，必要时再行研讨，设置专人办理。

第二条　商场每月零用金要经常保持固定数目，将来视实际状况或减或增，可另作规定。

第三条　商场零用金借支程序：

(1) 商场零星费用开支，如需预备现金，应填具零用金借（还）款通知单，交零用金管理人员，凭单支给现金。

(2) 零用金的暂支，不得超过规定数目，特别情况应由企业部经理核准。

(3) 零用金的借支，经手人应予7天内取得正式发票或收据加盖经手人与主管之费用章后，交零用金管理人冲转借支，如超过7天尚未办理冲转手续时须将该款转入经手人私人借支户，并于当月发薪时一次扣还。

第四条　商场零用金保管及作业程序：

(1) 零用金的收支应设立零用金账户，并编制收支日报送呈经理核阅。

(2) 零用金每星期应将收到的发票或收据，编制零用支出传票结报一次，然后送交商场财务部。

(3) 商场财务部收到零用金支出传票后，应于当天即行付款，以期保持零用金总额与周转正常。

(4) 商场财务部收到零用金支付传票，补足零用金后，如发现所附单据有疑问，可直接通知各部经手人办理补正手续，如经手人延迟不办按照商场有关规定办理。

(5) 零用金账户应逐月清结。

第五条　零用金应由保管人出具保管收据，存商场财务部，如有短少由保管人员负责赔偿。

第六条　本细则经财务部负责人批准后实施。

第七节　现金收支管理办法

第一条　"现金收支旬报表"上的收入金额，是指由商场财务部汇入各部门银行账户内的金额，支出金额则仅指各部门的费用。各部门应行支付的一切费用，包括可控制费用与不可控制费用，均应自财务部汇入的金额中支付。

第二条　各单位的可控制费用，统一于每月月底前由财务部就下月份各单位的费用概算一次，汇入各部门的银行账户内备支。

第三条　各部门的收入款项除财务部汇入的款项外，一律不得自行挪用。商场内收回的应收账款（包括现金及支票）与其他部门收回的应收账款，应依账款管理办法的规定，悉数寄回商场财务部。

第四条　现金收支旬报表的填写应一次复写两联，第一联于每旬第 1 日（即每月 1 日、11 日、21 日）中午以前就上旬收支逐项编制妥善，连同费用科目的正式收据或凭单呈部门主管签核后限时转送寄送财务部；第二联由各单位自行汇订成册作为费用明细账，并于月底当天填制"费用预算分析表"。

第五条　现金收支旬报表上的编号系指费用的笔项而言，采用每月一次连续编号方式，月内的每月编号应相互衔接并连续编至当月月底止，次月 1 日再行重新编号。

第六条　现金收支旬报表上科目栏中类别的填写，系指依所发生的各项费用按其分属类别，分别以"营"或"服"或"管"等字表示，其性质的区分如下：

（1）营业费用：凡属营业人员（包括营业主任及外务人员）所发生的费用。

（2）服务费用：凡属服务人员（包括服务主任及服务人员）所发生的费用。

（3）管理费用：凡营业费用及服务费用外所发生的一切费用。

第七条　现金收支旬报表上科目栏中的"名称"系指各项费用的科目名称，其明细如下：

（1）营业费用：即营业人员（包括营业主任及外务员）所发生的下列费用。

①凡司机人员需要的汽油、机油、过桥费、寄车费等。

②凡营业人员计程车资及营业员因业务之需所付的差旅费。

③凡营业人员因业务上应酬所需支付费用。

④凡营业人员薪资（包括本薪、机车津贴、交际津贴、成交奖金、各项加给及值班费等）。

⑤凡账款尾数无法收回的费用，或倒账公司损失。

⑥凡营业人员所印名片费。

（2）服务费用：即服务人员（包括服务主任及服务员）所发生下列费用。

①凡司机服务人员所支的汽油、机油、过桥费、寄车费等。

②凡服务人员所支之计程车资及服务人员因服务的需要所支的差旅费。

③凡服务人员因服务上的需要所支的交际费。

④凡服务全体员工的薪资（包括本薪、机车津贴、绩效奖金、加给及值班费等）。

⑤凡账款尾数无法收回的费用。

⑥凡服务全体员工所印的名片费。

⑦凡单价在 100 元以下者的工具费。

（3）管理费用：凡营业费用及服务费用外所发生的费用。

①凡司机人员及服务人员外所支付的汽油、机油费。

②凡营业人员及服务人员外所支付的计程车资或出差旅费。

③装载货物所支付的运费。

④凡日常所用的文具纸张费。

⑤凡清洁公司打蜡所支的费用。

⑥凡邮寄函件及包裹的邮资。

⑦凡业务上的长途电话及市区电话费。

⑧凡业务上的需要而拍的电报费。

⑨凡用电所支付的费用。

⑩凡用自来水所支付的费用。

⑪凡汽车修理及保养费。

⑫凡刊登招聘启事费。

⑬凡订阅报纸杂志所支付的费用。

⑭凡营业人员及服务人员外的薪资。

⑮凡营业人员及服务人员外所支付的交际费。

⑯房屋的租金。

⑰凡支付营业印花税。

⑱凡未能列入该分类科目的费用。

第八条　上述所列费用项目，会计员应按其性质区分（即营业费用、服务费用、管理费用等）妥予分类报支，不得相互混淆。

第九条　各部门全体员工的借支总额在3000元以内者，须经商场主管核准后由首存现金中先行借支，并限于每月10日发薪时一次扣回；其借支总额超过3000元者，应依权责划分逐笔专案报备，核准后始得由商场财务部汇寄支付。

第十条　每月月底当天，商场会计员应凭留存之当月份该单位"现金收支旬报表"依费用类别分别统计其当月份各项费用的总额，详填于"费用预算分析表"中呈单位主管，并详细分析可控制费用中的各项费用实际与预算的差异。

第十一条　各单位应于每月3日前将"费用预算分析表"一式两联连同"直线单位经营绩效评核表"一并寄送商场营业部，由营业部据以查核与"直线单位绩效评核表"所填的费用数字准确后，即转送商场财务部复核并呈所属副总经理填写总评，第一联由财务部留存，据以分析全场费用差异，第二联寄回各单位存查。

第十二条　"费用预算分析表"上的费用率系指当月份的费用与营业额的百分比，"本月费用预算"一栏的计算公式如下：

（1）本月服务费用预算＝上月服务费用×（1±本月服务收入成长率）

（2）本月管理费用预算＝上月管理费用×（1±本月营业及服务总收入成长率×20％）。

（3）本月营业费用预算＝上月营业费用×（1±本月营业收入成长率）

本办法由财务部呈总经理核准公布后实施，修订时同。

第八节　固定资产管理制度

为加强对商场固定资产的管理与核算，保证固定资产安全与合理使用，防止丢失损坏，充分发挥其使用效能，特制定本规定。

1. 固定资产的标准与分类

（1）固定资产是指使用期限超过1年，单位价值在2000元以上，并且在使用过程中保持原有物质形态的资产，包括房屋、建筑物，机器设备、运输设备，工具器具等。

（2）企业的固定资产分为两类：经营用和非经营用。

①经营用固定资产：用于经营方面的仓库、机器、各种机动车辆，营业用房、货物，其他建筑物设备及管理用具等。

②非经营用固定资产：宿舍、食堂、幼儿园、浴室、医务室。

2. 固定资产的购置和管理

（1）商场固定资产实行分级归口管理，行政部负责全场房屋宿舍；工程部负责机器设备、工具；储运部负责机动车辆和外库的管理。使用单位应设财产管理员。

（2）商场各职能部门购置固定资产应在年初向商场财产管理部门报计划，审查汇总后，上报商场财务审计部进行平衡，经主管经理审批后下达执行。对不可预见的特需购量可临时追加计划，经商场主管经理审批同意后方可购置。属控购物品需办理控购手续。

（3）商场财产管理部门按计划购置的固定资产发票由部门领导和经办人员签字后，做1～2联"固定资产购进单"，第1联购进单入财产明细账，第2联连同发票转财务审计部报销入财产账。

（4）商场全部固定资产购置均由财务审计部统一列支，设固定资产金额账及品种数量明细进行管理。具体财产由行政部、工程部、储运部建立品种数量明细账，并安排使用和管理。商店等使用单位也要建立相应的品种卡片，落实到班组、个人，明确责任，加强管理。

3. 固定资产折旧

（1）固定资产折旧采用平均年限法。预计残值率为固定资产原值的3%～5%，计算公式：

年折旧率＝（原值－残值＋清理费）/（预计使用年限×原值）×100%

（2）当月新增加的固定资产于次月提折旧；月份内减少的固定资产当月照提折旧，账面已提足的固定资产不再计提折旧，按规定需淘汰或准备报废的固定资产经

批准报废，其未提足部分可一次补提。其计算公式为：

①月折旧率＝年折旧率÷12

②月折旧额＝固定资产原值×月折旧率

③非经营用固定资产要单独进行核算，其折旧计入管理费用。

4. 固定资产的领用和调拨

(1) 需领用固定资产的部门需填制"固定资产领用单"一式2联，经行政部或储运部领导审批同意后，第1联由领用单位财产管理员入账，第2联交商场财产管理部门入财产明细账。

(2) 固定资产需要场内调拨时先由商场财产管理部门协调审查后，由调出单位填制"固定资产调拨单"1～3联，调拨双方及财产管理部门盖章签字后，第1联调入方入账，第2联调出方入账，第3联财产管理部门入账。

(3) 固定资产调出商场时先由财产管理部门及财务审计部审查，报主管经理批准后，由调出单位填制"固定资产调拨单"1～3联，第1联调出单位入账，第2联商场财产管理部门入账，三联财务审计部入账并开具正式资金往来收据按商场价收回价款。

5. 固定资产清查

(1) 财务审计部于每年10月会同财产管理部门对全场固定资产进行一次全面清查盘点，做到财务审计部与财产管理部门账账一致，财产管理部门与使用单位账卡一致，账实相符。

(2) 固定资产清查采用实地盘点方法并填制"固定资产盘存单"，发现盘亏、盘盈填制"固定资产清查报告单"1～3联，经主管经理审批后，第1联会计按《商品流通企业财务制度》规定处理，第2联由财产管理部门入账，第3联供使用单位入账。

(3) 经管财产人员调动时，必须进行清查盘点，并填制"固定资产盘存单"，办理交接手续，交接不清不准离职。

6. 固定资产的修理

(1) 为了合理分摊修理费用，按《商品流通企业财务制度》规定，商场采取预提修理费的办法，即年度按固定资产原值的4%，每月按0.34%预提，由财务审计部统一提取安排使用。

(2) 商场固定资产发生大小修理时均从预提修理费支出，预提费用不够时，超过部分可据实列入当期成本。

(3) 非经营用固定资产的日常维护费用应从租金中列支。不足时，要报经财会部门审批后计入管理费用。也可向住房户或单位收取管理费用于补充。

7. 固定资产的报废

(1) 固定资产属于正常报废，由使用部门填制"固定资产报废单"。报财务审计部，由财产管理部门会同技术人员进行实物鉴定，查明是不是应报废、能不能修复或改装使用，如确需报废则按《商品流通企业财务制度》规定进行报废清理。

（2）属于保管、使用、维修不当，责任事故造成的固定资产提早报废，根据情节由责任人赔偿部分或全部损失。

（3）"固定资产报废单"一式3联，第1联使用单位入账，第2联财产管理部门入账，第3联财务审计部入账。

第九节　不动产管理规定

一、通则

第一条　性质。

本规定为商场不动产管理事务处理的准则。

第二条　目的。

本规定在于加强不动产保护、改善、利用和不动产权利（指所有权、处置权和收益权等）的得失等方面的管理，以提高不动产管理的科学性和规范性。

第三条　契约合同。

当发生不动产权利的得失或变更时，必须签订契约，以使其权利关系明晰。但经过政府法定手续处理的，不包括在内。

第四条　管理人。

对于远离商场且无法实行直接管理的不动产，应指定专门管理人。管理人应由总务部总务科长提名，并经公司主管批准。

第五条　纳税管理人。

根据政府有关规定，应由总务部长指定不动产纳税管理人，并报有关税务机构。

第六条　资料保管。

不动产及其得失资料应由专人负责整理与保管。

二、权利转移

第七条　不动产文书。

当发生不动产所有权得失时，有关部门必须将下列文书提交给总务科：

（1）契约：包括各类合同和证明文件。

（2）说明书：说明有关事由、影响、效果、对方与本商场的关系等。

第八条　文书盖章。

上列文书如属总务科权限范围内的，由总务科在查实审核后盖章。如超出其权限范围，需经商场总经理裁定后盖章。

第九条　登记申请。

总务科持盖章后的文书，与对方办理有关手续，然后到有关机构办理不动产登

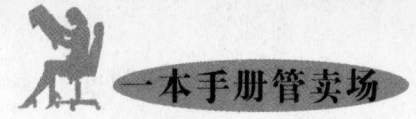

记申请。

三、不动产借贷、租赁契约的签订与变更

第十条　土地、房屋的借贷。

各部门在签订或变更土地、房屋的借贷与租赁契约时，必须提供契约和有关报告。后者包括事由、期限、支付方法、对方基本情况及不动产账面价值与现值等内容。

四、土地或房屋转移

第十一条　账面价值变更。

当伴随着土地或房屋的转移，而发生的其账面价值与实际价值不等时，应进行账面调整。

第十二条　转移说明书。

各部门如发生不动产转移时，应填写账面变更书。所列事项，并附说明书，提交给总务部总务科。

第十三条　实施。

不动产的转移、变更及登记事项，由总务部负责。

五、不动产管理台账

第十四条　不动产管理台账。

总务科应建立全商场的不动产管理台账，以全面把握全商场的不动产状况。不动产管理台账应包括下列账票与图表。

（1）公司所有土地。

①地籍表。

②土地台账。

③土地课税台账。

④土地综合图。

⑤土地实测图。

⑥借出土地台账。

（2）借入土地。

①借入土地台账。

②借入土地图。

③借入土地综合图。

（3）公司所有房产。

①房产台账。

②借出房产台账。

③房产名册。

④建筑物分布图。

（4）借入房产。

①借入房产台账。

②借入房产图。

六、附则

第十五条　本规定自××年×月×日起实施。

第十节　支票管理制度

一、支票的使用

（1）商场采购人员外出采购商品如需用支票，领用时应事先将支票登记好，填写收款单位、支票用途、支票号码、预计用款金额等，由经手人在挂支单上签字或盖章。其他人员因工作需要购买物品或支付有关费用需借用支票时，要逐项登记日期，支票号码、款项用途、用款限额，并由借用人签字。财会人员在签发支票时，必须填写好日期、抬头、用途、金额大小写；遇有特殊情况，也必须填写日期、抬头、用途。

（2）借用支票时，财会人员应根据商场采购人员提出的进货品种、数量，按照采购权限，确定资金使用限额，采购人员必须在规定的资金限额内严格掌握使用。遇到特殊情况需要超过使用限额时，要事先与财会人员联系，经财会人员同意后才能使用。否则造成银行"空额"，影响用款或发生银行罚款时，由使用人负责。

（3）采购人员采购完商品回到商场后，应持供货单位发货票，按核算组填制挂支单（挂支单必须按规定的内容填写），并于当日进行清理，由于客观原因当日不能挂支时，应及时向财会人员报告实际使用数额，以便掌握资金。

（4）"使用限额"当日有效。如当日未能使用而次日需继续使用时，须与财会人员重新研究确定限额。

（5）支票开好后，商场采购人员必须将存根数字和支票票面数字核对相符。支票存根必须按规定填写单位名称、金额、款项用途。

（6）商店财会人员要及时清理挂支，督促营业部门及时转账（本市不得超过 7 天，外埠不得超过 20 天），发现逾期挂支时，要及时查询，发现问题及时上报。

（7）为防止支票丢失或被盗，对未用完的支票，必须于当日交回商场财会部门注销。

二、支票的管理

（1）空白支票和支票印鉴，必须设专人负责保管。支票必须随签发、随盖章，不得事先盖章备用，严防支票遗失和被盗。

（2）财会部门要建立严格的支票管理制度。必须指定专人负责支票的购买及使

用，并建立支票登记本，按照支票号码逐一进行登记。对已签发出的支票，要及时催报注销，并定期核对，做到心中有数，发现丢失短少，必须及时查找，同时向领导汇报。

（3）商场采购人员及有关人员每次借用支票一般不应超过两张，特殊情况最多不得超过5张，已用的支票应于当日将支票存根和原始凭证一并交回财会部门。遇特殊情况当日报账有困难的，最多不得超过3天。财会部门接到交回的支票存根时，要核对号码及时注销。财会部门对借出的支票有权随时督促报账。

（4）借用支票人员必须对所借支票予以妥善保管，不得随意乱改。保管和签发支票要按规定办理，否则发生支票丢失，而使国家财产遭受损失的，要追究当事人的责任，并根据情况赔偿部分或全部经济损失。

（5）借用支票人员一旦发现支票丢失被盗，应立即查找，及时向场领导汇报。并向财会、保卫部门反映，迅速向银行办理挂失手续，向公安部门报案。

（6）签发支票时，支票用途项内容要填写真实、齐全，字迹要清晰，不得更改大小写金额，为避免签发空头支票，财会人员应准确地控制银行存款余额，及时正确地记载账务，定期与银行对账单进行核对，发现问题及时解决。

（7）严格结算办法，必须做到：

①不准签发空头支票。

②不准签发远期或空期支票。

③不准将支票出租、出借或转让给其他单位和个人使用。

④不准将支票做抵押。

⑤不准签发印鉴不全、印鉴不符的支票。

（8）支票使用要求：

①支票金额起点为100元。

②支票有效期5天；背书转让地区的转账支票，付款期为15天（自签发的次日算起，到期日遇假日顺延）。

③签发支票应使用碳素笔填写，没有按规定填写，被涂改冒领的，由签发人负责。

④不得更改支票大小写金额和收款人姓名，其他内容如有更改，必须由签发人加盖预留银行印鉴。

⑤按银行的有关规定，因签发空头支票和支票印章与预留银行印鉴不符，而造成的退票，银行对其处以5%，但不低于50元罚款。对屡次签发的，银行将给予警告，通报批评，直至停止签发支票。

（9）过期作废支票要按号订在原始凭证序号中，妥善保管，不准将支票乱扔乱放。

第十一节 发票管理制度

为加强商场发票和资金往来专用发票的管理，结合商场具体情况，制定本制度。

第一条 发票和资金往来专用发票的购买。

根据业务需要，所需要发票和资金往来专用发票由行政部向税务部门提出申请，编制购买计划，凭税务部门核发的"发票和资金往来专用票购领凭单"，到税务部门购买。

第二条 发票和资金往来专用发票的印刷办法。

商店发票和资金往来专用票使用量较大或因经营业务特殊需要编制使用特定格式和多联发票及资金往来专用发票式样时，由有关部门提出，交商场财务审计部审查后，转行政部向税务部门申请并持税务部门核发的"印刷发票和资金往来专用发票通知书"，到指定的印刷厂印刷。

第三条 发票和资金往来专用发票的领取。

（1）商场所需的发票和资金往来专用发票，统一由商店财会人员到行政部领取，其他人员不得领取。

（2）商场行政部应加强对发票和资金往来专用发票的管理，严格执行领用手续，建立"发票和资金往来专用发票领用登记簿"。

第四条 发票和资金往来专用发票的登记办法。

（1）购买、自印、发出时，要对数并按号码顺序登记，以便备查。按季向所在税务部门报送"企业使用发货票和资金往来专用发票情况报表"。

（2）商场会计组对营业部门使用的发票，要核定固定本数，原则上每个营业部门保持一本，并以旧发票到会计室换取新发票。

第五条 发票和资金往来专用发票的使用。

（1）发票和收据必须复写，按照号码顺序使用，内容必须填写齐全，抬头如不写单位，应划横线，文字数字必须端正、清楚，开票人必须要签全名。如果发现错开、错写，必须作废，应另开一份，并将作废的一份贴在原存根联上一并保存，同时，在作废票上写清"作废"字样或加盖"作废图章"。

（2）营业部对已使用完的发票存根，由营业部主任按照发票顺序号码，逐号进行检查，是否有空白发票、短联和短号。经营业部主任检查准确后，用旧发票到商场会计室办理换取新发票，同时在旧发票封面上签字盖章。

第六条 发票和资金往来专用发票的管理办法。

（1）商场会计室应责成专人对营业部的发票领取、使用、保管等情况进行经常的检查核对。

（2）商场会计室对营业部门交来的旧发票，按日、号码归类整理打捆，妥善

保管。

（3）发票、资金往来专用发票存根保管期为五年。销毁发票存根，必须造册登记，并向所在税务部门提出书面申请，经税务部门批准后，方可销毁。

（4）商店营业部门变动时，财会人员和营业部主任应将未使用和已使用的发票收回，交商店财会人员注销，统一管理。

第七条　个人销售凭证的使用和管理办法。

（1）个人销售凭证的使用和管理，应按照发票的有关规定办理。

（2）个人销售凭证统一由行政部印刷；商场财务人员领取、发放，并按照领取的数量、编号顺序进行登记。

（3）对每个营业部的个人销售凭证，加强管理，妥善保存，防止丢失。

（4）个人销售凭证是个人购买商品的一种证明，所以不得加盖任何公章。

第八条　增值税专用发票的管理、使用。

（1）对本商场购领的增值税专用发票，应视同现金管理一样，建立账簿，严格领、发、存手续。

（2）销售给其他单位和个人均不得开具专用发票。一般纳税人到商店购买商品，如需开具专用发票，必须出示盖有一般纳税人认定专章的税务登记证副本，由商店会计室负责办理。

（3）填开给购货方的发票注意事项。

①要填列单位名称，购销双方的税务登记号。

②交易价格与税款分别填列。

③专用发票金额栏是不含税的金额，若为含税价格则应用下列公式换成不含税价格。

不含税价格＝含税价格/（1＋增值税率）

④金额栏与税额栏合计必须与价税合计栏（大写）相等。

⑤按照规定专用发票的开户银行及账号栏和购销双方的电话号码也要填写清楚。

（4）厂家开具的专用发票有以下情形之一者不得入账。

①没有填列售货方或购货方增值税纳税人登记号码。

②填列的纳税登记号与购货方或销货方的真实号码不相符。

③单联填写或上下联金额，增值税额等内容不一致。

④交易价格与税款计算有差错。

⑤适用税率与税款计算有差错。

⑥抵扣联没有加盖规定的印章。

以上规定、采购、合同、物价、财会各个环节都要认真执行，严格把关，避免疏漏。

第十二节 内部稽核制度

一、总则

（1）本商场各部门及各下属营业单位的稽核工作，由商场管理部指定适当人员执行。

（2）本商场稽核业务范围，定为账务、业务、财务、总务、监验五项，除另有规定外，须以本规定办理。

（3）稽核人员对于所审核的事项，应负责任，必要时应在有关账册簿据上签章。

（4）稽核人员除依照规定审核各财务部门所送凭证账表外，并应分赴各部门实地稽查，每年稽核次数视实际需要而定。

（5）稽核人员前往稽核之前，应先准备及收集有关资料，拟订计划及进度表，事前并应将各财务部门以往审核及检查报告详细研究以做参考。

（6）稽核人员有保守秘密的责任，除呈报外，不得将有关情况泄漏或预先透露给检查单位。

（7）稽核事务如涉及其他部门时，应会同有关部门办理，且应作会同报告。如意见不一致时须单独提出，与书面报告，一并呈核。

（8）稽核人员对本商场各财务部门执行稽核事务时，如有疑问，可随时向有关单位详尽查询，并调阅账册、表格及有关档案，必要时出具书面说明。

（9）稽核人员执行工作时，除将稽核凭证（或公文）交由受稽核部门主管验明外，工作态度应力求公正。

（10）稽核人员于稽核事务完妥后，应据实填写检查报告书呈核。

二、账务稽核

1. 在对商场记账凭证进行审核或检查时的注意事项

（1）每一交易行为发生，是不是按规定填制传票，如有积压或事后补制者，应查明其原因。

（2）会计科目、子目、细目有没有用错，摘要是否适当，有没有遗漏、错误以及各项数字的计算是不是正确。

（3）转账是不是合理，借贷方数字是不是相符。

（4）应加盖的戳记编号等手续是不是完备，有关人员的签章是不是齐全。

（5）传票所附原始凭证是否合乎规定、齐全、确实及手续是不是完备。

（6）传票编号是否连贯，有无重编、缺号现象，装订是不是完整。

（7）传票的保存方法及放置地点是不是妥善，是不是已登录日记簿或日计表。

（8）传票的调阅及拆阅是否依照商场规定手续办理。

2. 在对商场账簿进行检查时的注意事项

（1）各种账簿的记载，是不是与库存表相符，应复核者是不是已复核，每日应记的账，是否当日记载完毕。

（2）现金收付日记账收付总额，是不是与库存表当日收付金额相符。

（3）各科目明细分类账各户或子目之和或未销讫各笔之和是不是与总分类账各该科目之余额相等，是不是按日或定期核对。相对科目之余额是不是相符，有没有漏转现象。

（4）各种账簿记载错误的纠正画线、结转、过页等手续，是否依照规定办理，误露的空白账页，有否画"×"形红线注销，并由记账员及主办会计人员在"×"处盖章证明。

（5）各种账簿启用、移交及编制明细账目等，是否完备，并送该管税捐稽征机关登记。

（6）各种账簿有没有经核准后而自行改订者。

（7）活页账页的编号及保管，是不是依照规定手续办理；订本式账簿有没有缺号的地方。

（8）旧账簿内未用空白账页，有无加画线或加盖"空白作废"戳记注销。

（9）各种账簿的保存方法及放置地点，是不是妥善，是不是已登记备忘簿；账簿的销毁，是不是依照规定期限及手续办理。

三、业务稽核

1. 对商场库存进行检查时的注意事项

（1）检查库存现金应随到随查，如在营业时间之前，应根据前一日库存、今日库存数目查点；如在营业时间之后应根据现金簿中今日库存数目现款、银行存款查点；如在营业时间之内应根据前一日现金簿中今日库存数目加减本日收支数目检点。支票签发数额与银行存款账卡是不是相符，空白未使用支票是不是齐全，作废部分有没有办理注销。

（2）现金是不是存放库内，如有另存他处者，应立即查明原因。

（3）库存现金有没有以单据抵充现象。

（4）托收未到期票据等有关库存财物，应同时检查，并须对有关账表、凭证单据进行核对。

（5）检查库存除查点数目核对账目外，并应注意其处理方法及放置区域是不是妥善，币券种类是不是已分清。

（6）金库钥匙及暗锁、密码表的掌握及库门的启用与库内的安全是否合乎要求，金库放置位置是不是适当。

（7）汇出汇款寄回的收据，有没有妥为保存，有无汇出多日尚未解讫的汇款。

（8）商场内部往来账，有没有按月填制往来账目明细表，查对账单有没有依序保管。

（9）是否经常对商场内部往来或外单位往来账进行核对。

（10）营业日报表的记载是否与银行存款相符。

（11）检查商场各部门周转金及准备金时，应注意其限额是否适当。有无零星付款的记录；所存现款与未转账的单据合计数，是否与周转金、准备金相符；有无不当的垫款或已付款而久未交货的零星支付或请购案件。

2. 检查商场各种信托资金账时的注意事项

（1）利率是否依照规定计算信托资金积数及利息计算是否经过复核。

（2）信托资金支付时，是否与各明细分户账结余单据核对并依照规定结算利息。

（3）委托户的印鉴卡、账卡有无登记户籍资料身份证、统一编号，并经主管人签章证明。

（4）信托资金付清时，应注意其收回单据及账卡，有没有盖结清或付讫戳记。

（5）各种信托资金之委托中途取本结清及满期续存等手续及计息标准（包括逾期计息）是否依照规定办理。

（6）信托单及账卡有没有编号及经复核，账卡是否记载付息之记录，已付清的信托单有无注销，其存根联有无注销，作废存单是否注明及连同存根联妥为保管。

（7）根据信托单存根核对账卡是不是齐全相符无误。

（8）点检信托单之库存，是不是与登记账卡相符；其保管或开发情形是不是合乎规定。

（9）核对各项信托资金余额及转借金额是不是与账表相符。

（10）各种信托资金之收金是否按日收取，并将收金卡整理完妥；拖延缴纳者，有没有按规定计收利息；支票缴纳者是不是已填写支票行库、账户、号码及到期日。

（11）各种信托资金之收金是不是经常与客户核对次数并相符，未收部分是不是经常抽查并办理催收工作。

3. 商场各项财务报表进行检查时的注意事项

（1）各种报表是否按规定期限及份数编送，有没有缺漏处。

（2）各种报表内容是不是与账簿上的记载相符。

（3）数字计算是不是准确，签章是不是齐全。

（4）报表编号、装订是不是完整及符合规定。

（5）表报保存方法及放置地点是不是妥善。

4. 检查放款业务时的注意事项

（1）是否具备征信调查及按规定核准，并依照条件办理。

（2）利率是否照规定计算并催收，并将记录登载账卡。

（3）质押手续是否完备，质押品保存方法是否妥善，数量的折扣是不是符合规定，并与账卡记载数额相符，保险额是否足额，受益手续是否完备。如遇质押品不定或变值时，有否催赎或追加质押品；收受质押品制发收据时，有否设簿备查登记；质押品发还时，收据有无收回注销。

（4）如有逾期未还，违约利息是否计收，已否催收；若有发生呆滞情况，是不是已作适当处理，是不是已呈经核准，其处理手续是不是合乎规定。

（5）保证人信用是不是经征信或调查，保证人死亡或损失信用时是不是已催换保证。

（6）借据金额与放款账卡金额是不是相符，借据借款关系人印鉴与约定书、印鉴卡等是不是相符。

（7）借贷案偿还部分款项或追加贷款时，其有关单据及账册是不是注明。

（8）营业单位所受理的信托单质押贷款余额是不是每月与放款保证科对账；账卡的整理，保管是不是妥善。

5. 检查保证业务时的注意事项

（1）保证案件是不是经征信或调查及依规定手续办理，签章是不是齐全。

（2）应收手续费是不是依规定计算，收款程序是不是符合规定。

（3）保证金额是不是与保证契约或保证函件留底及账册相符。

（4）保税案件冲销金额，是不是与税捐稽征机关解除责任函所列数额及账册相符。

（5）担保品性质、种类、数额是不是符合规定；应办质押手续是不是已经办妥；以有价证券或信托单担保者，是不是与账册相符，保管是不是妥善。

（6）保证而未解除责任案件，是不是经常清理；逾期案件是不是清理催结。

（7）委托人未能依约偿付保证款项，如发生垫付或转作贷款时，是不是报呈核准；其账册是不是已作适当的记载，同时是不是予以追偿，或追保，或作适当的处理。

（8）分批保证陆续冲销的保证案件，其保证总额有无超过契约规定，其续保及冲销是不是详细记载。

（9）以本票作为担保品者，其发票人、背书人的信用及财务状况是不是经征信或调查及呈奉核准。

6. 检查各种证券交易账时的注意事项

（1）当日交易的证券，是不是翌日收足价款或缴足证券，约期交割者具有现品提缴清单。

（2）各笔交易是不是有场内成交单，成交时是不是按时填制成交单日报表及传票。

（3）各种交易是不是与账册所载相符。

（4）承销各种证券，应具有的文件是不是齐全，有没有记账登账。

（5）承销各种证券价款的收付与申请单是不是相符。

四、财务稽核

（1）检查有价证券时，应与有关账表核对，并注意：

①购入及出售有没有核准，手续是不是完备。

②证券种类、面值及号码，是不是与账簿记载相符。

③债券附带的息票是不是齐全，并与账册相符。

④本息票有无到期或是不是齐全，并与账册相符。

（2）检查商场中各种质押品、寄存品及其他有价值的凭证单据时，应注意其是不是存放库内，并应根据开出收据的存根副本及有关账册查核与库存是不是相符，有无漏记，如有另存其他地点者，应查询原因并检阅其有关单据。

（3）各种房地产契约书及其收租情况表是不是保管妥善。

五、总务人事稽核

（1）检查各项费用时，应注意：

①商场各部门，各项费用支付与物品领用是不是已依规定呈奉核准。

②商场各部门费用，是不是在预算范围内，或经核准的范围内检支，有没有浪费或业务上无需要的开支，各项费用的列支是不是照商场规定办理。

③各种单据是不是齐全及手续是不是完备。

（2）检查商场储藏物品，应注意：

①储藏物品的种类、数量、价格是不是与账簿（册、卡）记载相符，有无遗漏或短少现象。

②储藏物品的保管是不是妥善。

③储藏物品的质量、规格是不是与购案相符。

④领物凭证是不是均经有关人员签章核发。

⑤已领物品未转账者与储藏物品合计表是不是与账面存量相符。

⑥有无损坏待废物品，账簿是不是已注明；所存应报废物品，数量是不是与账簿记载相符。

（3）检查交通运输及设备登记卡附项设备登记卡时，应注意：

①各种登记卡的设置登记及排列，是不是依照规定随到随办。

②各种登记卡的记载是不是正确详细。

③核对财物有关的登记簿、备查簿，是不是有未设登记卡或漏编号、漏记账的财物。

④登记卡是不是登记有关折旧、修理、添建及转移事项。

⑤检查人员如认为必要时，须依据登记卡或财务登记有关账簿，实地盘点或抽查盘点，相互核对。

（4）人事检查，应注意：

①商场全体人员每日是否按照规定时间办公，并在签到簿上签到及有无迟到早退现象。

②商场办事人员对于顾客是否竭诚招待，有无怠慢现象。

③商场目前业务繁简与现有人员的工作分配是不是相符，有没有应增、应减现象。

④商场办事人员对本身所担任的职务是不是胜任适当，有没有能力、表现特优者，或办事颓废及品性不佳且染有不良嗜好者。

⑤商场各部门人员于上班时间中，其仪表、态度、谈吐是不是逾超规定。

⑥商场职员身份保证书，是不是齐全，保证人是不是已做好对保工作，并对保证人资产价值评估，阅览行政机关资料核对情况表。

本办法呈董事长核准后施行，修正时亦同。

第十三节　经济合同管理规定

为保证商场在国家的政策、法律允许的范围内合法经营，保护本商场的合法权益，提高经济效益，加强商场内部的合同管理，减少经济纠纷，特制定本规定。

1. 合同的内容要求

（1）订立经济合同，必须遵守国家的法律、法令，必须符合国家政策和计划的要求，任何部门和个人不得利用合同进行违法活动，损害商场的利益。

（2）订立经济合同，必须贯彻平等互利，协商一致，等价有偿的原则，为商场创造经济效益。

（3）为保证经济合同内容的合法性，禁止随便携带已盖合同专用章或公章的空白合同或空白便条，如确有需要，须经主管业务的副总经理批准并办理领用手续，使用完毕经审查无误后，办理销准手续。

2. 合同的签订要求

（1）所有经济合同必须采用书面形式订立。

（2）为便于管理，经济合同实行统一编号制和一式五份制。合同签订后，除交付对方必要的份数外，负责该项业务的业务员应存底，同时送合同监察员、业务主管部门及财务部门各一份存查。

（3）所有经济合同原则上应采用统一的格式合同。业务人员对于格式合同的条款须有全面、正确的理解，对于采用的条款和不采用的条款应明确标注，以免产生误解。

（4）在订立经济合同前，应对对方当事人的工商营业执照、经营范围、法定代表人身份证明书、法人授权委托及资信状况进行认真审查，并应将上述情况形成书面资料存查。

（5）合同的关键用语应力求准确，表述应规范、明确，文字书写要工整。

（6）合同应具备下列主要条款：

①合同标的（如货物、劳务等）。

②标的物数量和质量（质量应写明执行何种质量标准或由双方议定）。

③价款或酬金，除写明数额外，还应明确支付地点、计算标准、支付方式等。

④履行的期限、地点和方式。

⑤违约责任。

⑥数额较大的经济合同，有条件的应要求对方当事人提供保证（可采用担保、抵押、保证金、留置等方式）。

（7）合同订立后，如经双方协商对合同进行变更或解除，应以书面形式作出并由双方签字盖章。

3. 合同审批权限

（1）本规定范围内的所有经济合同都必须严格地按照下列权限审批。

（2）合同中涉及支付货款，依据货款数额按照以下权限审批：

①货款总额在 2000 万元以上的，由业务部门、财务部、主管副总经理、财务总监、总经理报董事长审批，并经董事长办公会通过。

②货款总额在 500 万～2000 万元的，由业务部门、财务部、主管副总经理，报董事长审批，经财务总监核准。

③货款总额在 100 万～500 万元的，由业务部门、财务部、主管副总经理审核，报总经理审批，经财务总监核准。

④货款总额在 100 万元以下的，由业务部门、财务部审核，主管副总经理审批，经财务总监核准。

（3）合同条款中如有涉及定金预付内容的，依据定金数额，按下列权限审批：

①定金数额在 50 万元以上的，由业务部门、财务部、主管副总经理、总经理审核，经财务总监核准，报董事长审批。

②定金数额在 10 万～50 万元的，由业务部门、财务部、主管副总经理审批，报总经理审批，经财务总监核准。

③定金数额在 10 万元以下的，由业务部门、财务部审核，主管副总经理审批，报财务总监核准。

（4）各下属公司一律不得擅自对外担保贷款。

（5）各业务部门只能在各自经营范围内对外签订购销合同及进出口代理合同，其他合同（如借款、担保、承包、合资、联营等），必须经公司法人代表特别授权方可签订。

（6）以上审批权限应严格遵守，严禁隐瞒不报，不准逾级逾时上报。

4. 合同的审批程序

（1）合同的审批应按照主办业务员、部门经理、合同监察员、总公司领导这一顺序严格执行审批程序。

（2）各级审批人员应对合同进行全面审核，并写明具体意见。业务人员、部门经理应着重审查合同的真实性和经济效益；合同监察人员应主要从合同的规范性、合法性等方面进行审核；总公司领导对合同负责全面审核。以上人员要明确分工，各司其职。

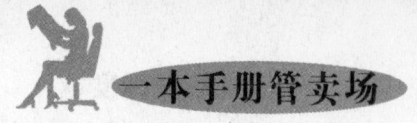
（3）具体每一经济合同的审批应填写合同审核表，审批表格样式见表11—30。

表11—30 合同审批表

审批编号_____   ___年___月___日

合同承办部门	合同编号	
合同承办人	联系方式	
合同事由及主要内容		
主办单位意见		签字
裁决部门意见		签字

（4）已订立的经济合同经双方协商，确有必要变更或撤销的，按照合同原审批程序重新报批。

（5）合同审批表和双方的往来信件、传真、函电、票据、单证等，均应作为合同的有效组成部分与合同一起存档备查。

5. 合同的履行及管理

（1）经济合同签订后，即具有法律约束力，各业务部门应积极自觉履行合同约定的义务，同时督促对方当事人履行合同。

（2）对方当事人不能履行合同，且我方已掌握其确切资料，可为维护商场的利益暂时中止履行合同，并立即以书面形式通知对方。

（3）为了对合同签订后的履行情况进行管理和监督，执行合同的业务员、合同监察员在审查合同时，应根据双方约定的履行期限和方式制作合同履行进度表。

（4）合同监察员应根据合同履行进度表，监督合同的履行情况，并由具体业务主办人员同合同监察员共同视履行进度填写进度表。

（5）合同对方如不履行合同或出现违约，业务人员应立即将具体情况向合同监察员和部门负责人通报，共同制定对策。

6. 合同出现问题后的处理

（1）经济合同在订立或履行过程中发生问题和纠纷的，业务部门应及时向主管机构和领导逐级汇报，汇报应采用书面形式，情况特别紧急的，应先行采取紧急措施，保证财产不受损失。

（2）对方当事人不履行合同或违约的，我方应暂时中止履行合同，并通知对方尽快履行合同，要求其承担因违约给我方造成的经济损失；通知或其他意思表示应采用书面并可留作依据的方式。

（3）如通过协商方式不能解决纠纷，业务部门应及时要求法律援助，听取法律意见，以便通过法律程序妥善处理。

（4）各业务部门及有关人员应严格遵守本制度，对于违反上述规定，导致商场经济利益受到损失的，根据商场奖惩制度的有关规定严肃处理。

第十四节　投资项目档案管理规定

为加强本公司系统各投资项目的档案管理，特制订本管理办法。

1. 投资项目

（1）因本公司参与投资或合作而产生的盈利性建筑工程。

（2）因本公司参与投资或合作而设立的生产经营性企业。

2. 文件资料的管理

建筑工程的各种文件资料由房地产开发公司负责建档和保管，生产经营性企业的文件资料由公司总部执委会投资发展室负责建档和保管。以下各条规定均指第二类投资项目文件资料的管理。

3. 档案的分类归纳

全部档案按类、目划分归纳，根据公司档案现状，设以下四类档案，并将各项目本身作为目：

（1）内地投资项目类。

（2）境外投资项目类。

（3）全资投资项目类。

（4）合资合作投资项目类。

4. 内地投资项目包括的必要文件

（1）给政府经济协作办公室的申请报告。

（2）企业内地兴办工商企业的章程。

（3）合资、合作的联营合同或合资意向书。

（4）企业成立或变更时的政府批文。

（5）企业法人营业执照副本的复印件。

（6）派出负责人的法人代表授权委托证明书。

（7）会计师事务所的验资报告。

（8）当年或上一年度的财务决算表复印件。

（9）银行开具的资信证明。

（10）企业已经在内地投资的经营效益情况。

（11）政府主管部门批文。

（12）工商局批文。

（13）外出兴办企业当地政府的批文。

（14）外出兴办企业当地工商局批文。

（15）外出兴办企业工商营业执照复印件。

（16）项目实际投资金额证明材料。

（17）历年经营业绩。

5. 境外投资项目档案包括的必要文件

（1）给外汇管理局及经发局的申请报告。

（2）可行性研究报告。

（3）海外公司合同、章程。

（4）投资方的政府批文、营业执照及法定代表人证明书。

（5）投资方资信证明、创汇证明、资产负债表及历年经营业绩。

（6）外派管理局关于项目投资风险及外汇来源的书面审查材料。

（7）政府主管部门征询我驻外使领馆意见的函。

（8）政府主管部门同意成立海外公司的批文。

（9）海外公司在投资国的注册登记证明。

（10）项目实际投资金额证明材料。

6. 全资投资项目档案包括的必要文件

（1）新上项目预报表和可行性分析报告。

（2）给政府的请求报告和政府批文。

（3）企业章程和董事会决议。

（4）总公司的法人营业执照和工商局批复。

（5）资信证明或资金来源证明。

（6）产权变更有关文件、材料。

（7）项目实际投资金额证明材料。

（8）历年经营业绩。

7. 合资合作投资项目档案包括的文件

（1）新上项目预报表和合资企业可行性分析报告。

（2）外商投资企业名称使用证和各方股东的政府批文。

（3）给政府的申请报告和政府批文。

（4）合资企业合同书。

（5）合资企业章程和董事会决议。

（6）合资各方企业法人营业执照和各方法定代表人证明书。

（7）合资各方资信证明或资金来源证明。

（8）各方（中方）主管单位意见。

（9）合资各方委派的董事名单。

（10）进口设备、办公用品清单。

（11）工商行政管理局批文和工商行政管理局营业执照。

（12）产权、股权变更有关文件、材料。

（13）项目实际投资金额证明材料。

（14）历年经营业绩。

8. 收集和保管项目档案

（1）投资发展部设建档员负责项目档案的收集整理，总公司各下属公司应认真配合其工作，主动、及时地将项目档案整理上交投资发展部，投资发展部建档后将档案原件移交总经理办公室，并保留 2 套完整复印件。

（2）各项目负责人将项目文件交给建档员时，建档员应及时登记文件交付日期、名称、原件或复印件、交付人，并由文件交付人签字认可。

（3）文件登记后由投资发展部经理或执委会主任签字，按性质进行编号、归档。

（4）项目档案保管期（原件和复印件）一般为永久保存。

9. 查阅项目档案

（1）总公司人员因工作需要查阅或借用项目档案时，在投资发展部办理相应的查阅或借用手续。

（2）集团内各单位因公需要查阅项目档案时，须出具本单位领导的批准证明。经执委会主任或投资发展部经理同意后，方能由建档员接待查阅。

（3）外单位人员因公需要查阅项目档案时，应持有单位介绍信，经执委会主任同意后，方能由建档员接待查阅，并由建档员详细登记查阅项目档案人的工作单位、查阅档案名称及查阅理由。

（4）项目档案一般不得带出档案室外，如有特殊情况，需带出室外或复制时，必须经执委会主任批准，由建档员详细登记，借用人签名后才可外借，并限期归还。

（5）查阅人违反借阅规定时，建档员有权对其提出批评以至停止其借阅。

（6）所有资料均应放入有锁的柜子里，钥匙由建档员专人保管，建档员因对工作不负责，使文件丢失或损毁，应追究其责任。

（7）项目档案因建档员的变动或机构的改变需要移交时，须办理交接手续，并由监交人、移交人、接收人签字或盖章。

第十五节　财产溢余、损失的管理制度

一、财产溢余、损失的处理范围

（1）如发生溢余，一般先找要原因，根据实际情况处理，若无法查出原因，可作为营业外收入记录。

（2）商场在经营过程中，由于意外事故所造成的不能取得赔偿或挽回的财产损失；经过批准免予向责任人追赔而由企业报销的财产损失（如水灾、火灾、电灾、车祸、商品残损霉变、短缺以及超定额损耗等各种损失）。

（3）商场职工在工作中由于未按手续制度和操作规程办事以及责任心不强等因素所造成的错收、错付商品或现金、错记账卡、商品丢失短少、残损霉变、低值易耗品短缺损失，以及商品价格问题而使商场遭受不可挽回的损失，均列为责任事故损失范围。

二、财产溢余、损失的处理权限

（1）商场经理有权处理1次长短在100元以下的商品损益，超过100元的需上报商场财务审计部。

（2）行政部有权处理1次长短在300元以下的低值易耗品、材料物资的损益，超过300元的上报商场财务审计部。

（3）财务审计部负责人有权处理1次长短在100元以上500元以下的财产损益，超过500元的需上报商场经理处理。

（4）各级处理的财产损益，商品按一次一个品种、编号计算；其他损失按同一时间、同一地点、一次发生额计算。

（5）现金短少损失一律由责任人赔偿。

（6）发现大面值伪钞一律上报商场经理处理。

（7）商品残损变质削价处理损失权限应按照物价部门的有关规定处理。

三、财产溢余、损失的账务处理

1. 购进商品溢余的账务处理

发生商品溢余时，先通过"待处理财产损益"核算，待查明原因后分别不同情况处理。

（1）属于自然溢余的，作为"营业外收入"。

（2）属于供货单位多发商品，商场同意补作购进的，应补付货款。

（3）属于供货单位多发商品，商场不同意补作购进的，应按溢余金额减少"库存商品"，同时将溢余商品作为代管商品处理。

2. 购进商品损失的账务处理

尚待查明原因和需要报经批准转销的商品损失，先通过"待处理财产损益"核算，待查明原因后根据不同情况分别处理。

（1）属于应由供应单位、运输机构、保险公司或其他过失人负责赔偿的损失，在"应收账款"或"其他应收款"核算。

（2）属于自然灾害造成的损失，应将扣除残料价值和保险公司赔款后的净损失转作"营业外支出"。

（3）属于无法收回的经济损失，报经批准后列作"经营费用"。

3. 库存商品溢余的账务处理

（1）在商品盘点溢余时，先通过"待处理财产损益"核算。

（2）报经商场经理批准后，作冲减"经营费用"处理。

4. 库存商品损失的账务处理

发生商品盘点损失时，先通过"待处理财产损益"核算，查明原因后，分别进行处理。

（1）属于应由保险公司或其他过失人赔偿的损失，在"其他应收款"核算。

（2）属于自然灾害造成的损失，应将扣除残料价值和保险公司赔款后的净损失转作"营业外支出"。

（3）属于无法收回的其他损失，报经批准后列作"经营费用"。

5. 低值易耗品、材料物资损失的账务处理

发生低值易耗品、材料物资盘点损失时，先通过"待处理财产损益"核算，查明原因后，分别进行处理。

（1）属于应由保险公司或其他过失人赔偿的损失，在"其他应收款"核算。

（2）属于自然灾害造成的损失，应将扣除残料价值和保险公司赔款后的净损失转作"经营费用"或"管理费用"。

（3）属于无法收回的其他损失，报经批准后列作"经营费用"或"管理费用"。

第十六节 商场财物盘点制度

第一条 目的。

为加强商场财物管理，特制定本制度。

第二条 范围。

财物盘点范围包括现金、票据、有价证券、材料、在制品、制成品、外协加工品、寄存品、代加工品、寄库品、下脚品及固定资产等。

固定资产的盘点应依据"固定资产管理规则"办理，其余各项，须依本制度办理。

第三条 方式。

（1）不定期抽点。

（2）会计部门每月抽点，抽点百分比以一年一周转为度。

（3）液体及特定项目采用按月盘点。

（4）年终全面盘点。

第四条 人员及职责。

为办理盘点，应设置盘点人、会点人、协点人及监点人。

（1）盘点人由财物经管部门的人员担任，负责点计工作。

（2）会点人由会计部门的人员或指派人员担任，负责盘点记录。

（3）协点人由仓储保管部门的人员担任，负责盘点时的料品搬运工作。

（4）监点人由商场（总）经理室的人员，总管理处总经理室视需要派员人担任，

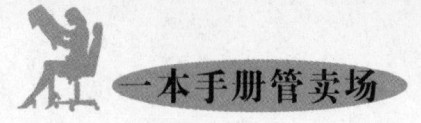

负责盘点监督。

（5）各厂处、经理室、总经理室应指定专人负责盘点筹划、联络等事宜。

第五条　盘点准备工作。

（1）经管部门将应盘点的财物准备妥当，备妥盘点用具，并由会计部门准备盘点表格。

（2）现金及有价证券应按类分别整理并列清单。

（3）存货的堆置，要求整齐集中，并置标示牌。

（4）各项财物账册应于盘点前登载完毕，如因特殊原因无法完成时，应由会计部门将尚未入账的有关单据，如缴库单、领用单、交运单、收料单等，利用"结存调整表"，一式二份，将账面数调整至正确的账面结存数。

（5）盘点期间已收料而未办妥手续者，应另行分开。

第六条　年终全面盘点。

（1）商场（总）经理室应于签呈（总）经理核准后，签发"盘点通知"，通知各有关部门准备盘点，并于盘点前 5 天将盘点计划寄送总管理处总经理室。"盘点通知"应包含盘点日期，人员配置及注意事项。

（2）盘点日期由商场视存量及商场公休情况自定。

（3）盘点期间除紧急用料外，应暂停收发料，盘点期间所需用料，应于盘点 3 天前办理完毕。

（4）年终盘点，原则上应采用全面盘点方式进行，如确因条件所限无法采行时，应签呈总管理处总经理核准后改变方式进行。

（5）应尽量采用精确的计量器进行盘点，避免用主观的目测方法，每项财物数量由盘点双方确定后，再继续进行下一项，盘点后不得提出遗漏的异议。

（6）盘点时由会点人依实际盘点翔实填列"盘点统计表"，一式二份，以黑色圆珠笔复写，并于盘点工作进行时编列流水号码，由会点人与盘点人共同签注姓名、时间，如有更改，应经双方共同签认。

（7）经管部门应依据盘点所得的结存量汇编"盘存单"，一式二份，一份自存，一份送会点部门，核算盘点盈亏金额。

第七条　每月会计部门抽点。

（1）每月抽点由会计部门主办，于签呈（总）经理核准后办理。

（2）抽点日期及项目，以不预先通知经管部门为原则。

（3）抽点时应会同经管部门共同办理。

（4）盘点前应由会计部门利用"结存调整表"将账面数先行调整至盘点前正确的账面结存数，再行盘点。

（5）存货记录采用电脑报表控制的，应以收发存月（旬）报表为调整依据，如月（旬）报表来不及附送者，应填列"结存调整表"的调整栏，由抽点人员与经管人员共同签章。

（6）每月抽点仍应填列"盘点统计表"及"盘存单"。

（7）液体及特定项目的盘点范围由商场自订。

第八条 不定期抽点。

（1）由商场（总）经理室或总管理处总经理室视实际需要，随时指派人员抽点。

（2）抽点时应会同经管部门及会计部门共同办理。

（3）抽点程序与每月抽点相同，但"盘点统计表"及"盘存单"应再复写一份，然后交抽点人员。

第九条 盘点报告。

（1）会计部门应将"盘存单"的盈亏项目加计金额填列于"盘点盈亏汇总表"及"项目别盘盈亏汇总表"，各一式四份，送经管部门填列差异原因的"说明"及"对策"后呈核，其中一份经由最高主管签注后转送总管理处总经理室。

每月抽点及不定期抽点，应于盘点后 7 天内，将"盘点盈亏汇总表"一份送总管理处总经理室。

（2）会计部门应将盘点结果及发现的异常事项及建议，作成"盘点报告"，一式三份，经呈核后，一份连同"盘点盈亏汇总表"及"项目别盘盈亏汇总表"各一份，于年终盘点后 1 个月内送总管理处总经理室备查。

（3）盘点盈亏金额平时仅列入暂估科目，年终时始以净额转入本期"营业外收入"的"盘点盈余"或"营业外支出"的"盘点亏损"。

第十条 现金、票据及有价证券的盘点。

（1）商场（总）经理室或会计部门，对现金、票据及其他出纳项目至少每月抽点 1 次。

（2）现金及票据的盘点，应于盘点当日上班未行收支前，或当日下午结账后举行。

（3）盘点前应先将现金柜封锁，并核对账册后开启，由会点人员与经管人员共同盘点。

（4）会点人依实际盘点数翔实填列"现金盘点报告表"，一式四份，经双方核准后签认，一份寄送总管理处总经理。

第十一条 商品的盘点。

（1）商品的盘点以当月最末一日及次月 1 日举行为原则。

（2）商品原则上应采用全面盘点，如因成本计算方式无须全面盘点或实施上有困难，应签呈经理核准后改变方式进行。

（3）由于商品的性质及液态物品的温度、比重等特性，商场各经管部门应制定盘点细则。

第十二条 其他项目。

（1）外协加工料品。由各外协加工料品经办人员会同会计人员，必要时并应会同技术人员，共同赴外盘点，其"盘存表"一式三份，应由各外协厂商签认。

（2）寄存品，详列品名、规格、数量、金额、寄存厂商、结存数量，由寄存厂商签认。

（3）代加工品，详列品名、规格、数量、代加工厂商、价值及结存数额，由代加工厂商签认。

（4）寄库的商品，于盘点前全部清理出库，其未能出库者，应列明客户名称、品名、规格、原开统一发票号码、数量及未能出库的原因呈核。

（5）销货退回的成品，应于盘点前办理退货手续，验收及列账。

（6）营业借出的成品，应于盘点前全部收回，借条一概不予承认，如有特殊情况，应签呈商场总经理核准。

（7）寄存品、代加工品、寄库品的盘点，适用依据盘点经过编制盘点报告。

（8）对外的外协合同应订明随时准予盘点及盘点盈亏的处理等条文。

第十三条　本制度经总管理处总经理核准后实施，修改时亦同。

第十七节　借款和各项费用开支标准及审批程序

第一条　为进一步完善商场财务管理，严格执行财务制度，特制定本标准及程序。

第二条　借款审批及标准。

（1）出差人员借款，必须先到商场财务部领取"借款凭证"，填写好该凭证后，先经部门经理同意，再由各线主管领导批准，最后经财务经理审核后，方予借支。前次借支出差返回时间超过3天无故未报销者，不得再借款。

（2）外单位、个人因私借款，填写好"借款凭证"后，一律报财务总监审批，经财务经理审核后，方予借支。凡职工借用公款者，在原借款未还清前，不得再借款。

（3）其他临时借款，如业务费、周转金等，填写好"借款凭证"后，先经部门经理同意，再由各线主管批准，最后经财务经理审核后，方予借支。

（4）处在试用期的员工借支差旅费或临时借款，须由正式员工出具担保书或签认担保，方能办理，若借款人未能偿还借款，担保人应负有连带责任。

（5）各项借款金额3000元以内按上述程序办理，超过3000元的需报请财务总监审批。

（6）借款出差人员回公司后，3天内应按规定到财务部报账，报账后结欠部分金额或3天内不办理报销手续的人员的欠款，财务部门有权在该人员当月工资中扣回。

第三条　出差开支标准及报销审批。

（1）住宿。公司部门副经理以上人员，平均每天不能超过100元，主办业务人员不能超过 80 元，业务人员不能超过 40 元。因工作需要住宿费超过规定标准经财务总监批准后可予报销。

（2）出差补助。按出差起止时间每天补助 30 元。

（3）市内短途交通费。控制在人均每天 30 元以内，凭票据报销。

（4）其他杂费。如存包裹费、电话费、杂项费用控制在人均每天 10 元内，凭单据报销。

（5）车船票。按出差规定的往返地点、里程，凭票据核准报销。

（6）出差人员事先理好的报销单据，先由主管会计对单据全面审核，同时按出差天数填上住勤补贴，然后由部门经理签认报有关各线主管领导批准。财务经理审核后，方能报销。

（7）出差人员如需坐飞机，需由部门经理批准，连续 3 个月亏损单位人员出差，一律不准乘坐飞机（特殊情况报上一级领导批准）。

第四条　业务招待费标准及审批。

（1）商场业务部的业务招待费，控制在各部门完成的营业收入的 2.5％之内，由部门经理掌握。商场的各行政职能部门的业务招待费，按商场分配下达指标使用，由财务部经理掌握。下属部门根据完成的营业收入，控制在 4％内，由商场经理掌握。业务招待费的超出部分一律在年终利润分配留成公益金中予以扣除。

（2）属商场指标内的业务招待费，报销单据必须有税务部门的正式发票。单据需数字分明，先由经手人签名，注明用途，部门经理加签证实，再报财务经理审核，然后由各线主管领导审批，方能予以报销。

（3）超指标的业务招待费，一般不予开支，如有特殊情况，需经商场总经理审核加签，方能报销。

第五条　福利费、医药费开支标准及审批。

（1）实行医疗保险制度后，职工本人医药费纳入社会统筹基金，工伤及重大疾病医药费开支公司以保险形式解决，不再另外承担因此而产生的医疗费。

（2）公司统一提取的工会经费和福利、奖励基金，由财务部统一集中管理，有关开支规定另行制定。

（3）其他福利开支，100 元以下由财务部经理批准，超过 100 元的开支一律报公司总经理批准。

第六条　其他费用开支标准及审批。

（1）属生产经营性的各项费用，2000 元以内的，凭税务部门的正式发票，先由经办人和部门经理签名后，报分管领导批准，然后送财务经理审核报销；超过 2000 元以上的需报财务总监批准。

（2）属非生产经营性的各项费用，2000 元以内的，凭税务部门的正式发票，先由经办人和部门经理签认后，报分管领导批准，然后送财务经理审核报销；2000～5000 元的，报财务总监批准；超过 5000 元的报董事长批准。

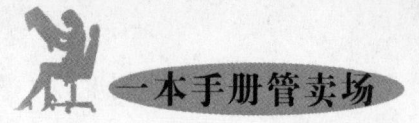

第七条　补充说明。

如经费开支审批人出差在外，则应由审批人签署指定代理人，交财务部备案，指定代理人可在指定期间行使相应的审批权力。

第十八节　费用开支标准

第一条　为便于掌握商场费用开支，根据有关规定，结合本商场的实际情况，特制定本开支标准。

第二条　差旅费。

（1）员工出差乘坐车、船、飞机的交通费和住宿、伙食费，按规定执行。各部门负责人员应严格控制外出人员，并考虑完成任务的期限，确定出差日期。对因公外出人员均对号入座，按标准办理应报销费用。如出差人员自行解决住宿问题，则按标准的50％计发给个人；如不足标准住宿的，按节约额的50％计发给个人；如超标准住宿的，超支部分一律由个人自己负担。

（2）员工出差的交通费一律按附表标准套用。具体情况均以有关规定执行如下：

①乘坐火车的时间在晚上8时至次日晨7时之间；在车上过夜6小时以上的；或连续乘车时间超过12小时的，可购卧铺票。

②乘坐火车符合第①条。本条款①的规定而不买卧铺票的，节省下的卧铺票费，可发给个人，但为了计算方便，规定按本人实际乘坐的火车硬座票价折算成一定比例发放。

乘坐火车慢车和直快列车的，节省车费按特快列车硬座票价的50％发放。

符合乘坐火车软席卧铺条件的，如果改乘硬座，也按规定的硬座票价比例发给；但改乘硬卧的，需执行本条款①的规定，否则，不发给软卧和硬卧票价的差额。

③员工趁出差或调动工作之便，事先经单位领导批准就近回家省亲办事的，其绕道车、船费，扣除出差直线单程车、船费（按出差人员应享受标准），多开支的部分由个人自理。如果绕道车、船费少于直线单程车、船费时，应凭车船票价按实支报，但不发其绕道和在家期间的出差伙食补助费、住宿和交通费。

④工作人员因调动工作产生的差旅费以其调入地区执行标准计发。调入人员的交通、住宿、伙食补助除照商场规定执行外，其他开支参照有关规定执行。

⑤出差人员在出差地因病住院期间，按标准发给伙食补助费，不发放交通费和住宿费。住院超过一个月的停发伙食补助费。

⑥员工参加在外地召开的各类会议，除有会议主办单位出具的食宿费自理的证明，可回商场按出差标准领取伙食费补助；住宿费凭住宿处发票按商场规定标准执行，其余情况一概不发有关费用。

⑦员工赴外地学习培训超过30天者，30天以上的交通费。按职位标准的50％

发放。

（3）员工探亲交通费按国家规定办法执行。

第三条 市内交通费规定。

（1）市内工作交通费。员工在市内联系业务，商场不能安排车辆者，凭乘坐的交通工具票据列明去向、公干事由经主管领导审核，由成本中心负责人签字，凭据报销。

（2）员工上下班交通费。

①员工居住地方距上班地点2千米以上，无商场交通车接送上下班，商场又无配给交通工具，可按公共汽车月票收据金额报销。

②员工居住地方距上班地点2千米以上，用私车上下班者，每月按公共汽车月票金额发给适当维修费。

③上述两类补助由商场各部门在员工报到上班后即将申请报告报行政部审批备案，每年终了后7天内，由各部门造册申报，行政部按备案记录结合考勤核批发放。

④对于不享受交通费补助的职工，经常因公骑私车外出的，经商场各部门成本中心负责人批准，每月发给维修费。

第四条 夜班、加班、值班和误餐费的规定。

（1）夜班费规定：员工在每日22时至次日6时之间上班工作，夜班费按每人每日8元发放。

（2）加班费规定：

①法定节假日因工作需要加班，按下列公式计发加班费：

（本人月工资－浮动工资）/22.5×300％×加班天数

②法定节假日以外平时因工作需要加班，按下列公式计发加班费：

（本人月工资－浮动工资）/22.5×200％×加班天数

③员工加班要从严控制，事前报商场部门经理批准。加班只限于工程抢修、节假日值班和完成其他紧急生产任务等，但月累计不得超过48小时，超过48小时报总经理批准。

④员工加班后，可以补休而不领加班费，但须办理补休的登记手续。

⑤员工出差期间，如遇法定节假日和超过工作时间不计加班费。

⑥加班费经商场人事部审核后，由财务部发放。

（3）值班费：员工到特定范围工作（或反向途径）、不能在公司或家里吃午餐者，由各成本中心负责人签字报误餐费8元。报告列明时间、地点、工作内容，由商场人事部审核，误餐费由财务部发放。

第五条 商场外勤津贴规定。

（1）员工从事露天、高空施工作业按出勤天数，每人每天津贴2元。当天出工在2小时至4小时者，按半天计发，不足2小时者不发津贴。

（2）管理人员和工程技术人员跟班作业，可以按露天人员标准领取外勤津贴。

（3）汽车司机的各类补贴按商场相关规定办理。

第六条　其他福利待遇。

（1）员工医疗费用报销按有关规定执行。但每单200元以上必须由财务部经理审核。

（2）本商场员工（含合同制员工），每人每月发放洗理费、书刊费、水电补贴、物价补贴等。

第七条　冷饮费规定（发放时间每年5～10月）。

（1）发放范围按商场规定办理。

（2）发放标准由商场人事部和行政部按批准预算确定，人数由人事部提供，具体由行政部安排报销。

第八条　员工计划生育按最新印发的有关规定执行。

第九条　员工服装补贴和发放，凡是商场正式员工（含合同制员工）每两年发放夏装、冬装各1套。此外管理人员每年发领带1条；生产人员按劳动保护规定的时限发放劳动保护用品。

第十条　对于临时赴港澳台地区的人员费用开支标准和管理办法按有关规定执行。对于临时出国人员费用开支标准和管理办法按有关规定执行。

第十九节　财务分析撰写规定

一、总则

（1）为了规范商场的财务分析内容和格式，全面揭示经济活动及其效果，切实发挥财务分析在企业管理中的作用，特制定本规定。

（2）本规定适应于商场各部门的所有核算单位，包括独立核算单位和单独核算单位。

二、完成主要经济指标情况

（1）各指标的计算口径和格式按企业财务分析表进行。

（2）表中的计划数指商场各部门每年度的承包指标数。

（3）投资收益率指标只限于年度分析填列。

三、财务状况分析

从质量及销售等方面对商场本期的经营活动作一简单评价并与上年同期水平做一对比说明。

1. 成本费用分析

（1）原材料消耗与上期对比增减变化情况，对变化原因作出分析说明。

（2）管理费用与销售费用的增减变化情况（与上期对比）并分析变化的原因，

对业务费、销售佣金单列分析。

（3）以本期各商品销量大小为依据确定本商场的主要商品，分析其销售毛利，并根据具体情况分析降低商品单位成本的可行途径。

2. 利润分析

（1）分析主要业务利润占利润总额的比例（主要业务利润按工业、贸易和其他行业分为产品销售利润、商品销售利润和营业利润）。

（2）对各项投资收益、汇总损益及其他营业收入作出说明。

（3）分析利润完成情况及其原因。

3. 资金的筹集与运用状况分析

（1）存货分析。

①根据商品销售率分析本商场产销平衡情况。

②分析存货积压的形成原因及库存商品的完好程度。

③本期处理库存积压商品的分析，包括处理的数量、金额及导致的损失。

（2）应收账款分析。

①分析金额较大的应收账款的形成原因及处理情况，包括催收或上诉的进度情况。

②本期未取得货款的收入占总销售收入的比例，如比例较大的应说明原因。

③应收账款中非应收货款部分的数量，包括预付货款、定金及借给外单位的款项等；对于借给外单位和其他用途而挂应收账款科目的款项，应单独列出并作出说明。

④季度、年度分析应对应收账款进行账龄分析，予以分类说明。

4. 负债分析

（1）根据负债比率、流动比率及速动比率分析企业的偿债能力及财务风险的大小。

（2）分析本期增加借款的去向。

（3）季度分析和年度分析应根据各项借款的利息率与资金利润率的对比，分析各项借款的经济性，以作为调整借款渠道和计划的依据之一。

5. 其他事项分析

（1）对发生重大变化的有关资产和负债项目作出分析说明（如长期投资等）。

（2）对数额较大的待摊费用、预提费用超过限度的现金余额作出分析说明。

（3）对其他影响企业效益和财务状况较大的项目和重大事件作出分析说明。

四、措施与建议

（1）对所存在的问题进行分析，提出解决措施和途径，包括：

①根据分析结合具体情况，对商场销售、经营提出合理化建议。

②对现行财务管理制度提出建议。

③总结前期工作中的成功经验。

（2）财务分析应有商场负责人和填表人签名，并在第一页表上的右上方盖上单位公章，如栏目或纸张不够，应另加附页，但要保持整齐、美观。

（3）商场月度财务分析应在每月 10 日前报财务管理部，一式二份。

各项财务指标说明，计算公式如下：

①应收账款周转天数＝应收账款平均占用额×30/本月销售收入（或营业收入）

②流动资金周转天数＝全部流动资金平均占用额×30/本月销售收入（或营业收入）

③存货周转天数＝存货平均占用额×30/本月销售收入（或营业收入）

④销售利润率＝销售利润（或营业利润）/本月销售收入（或营业收入）×100%

⑤产品销售率＝本月产品销售收入/（∑各产品产量×销售单价）×100%

⑥负债比率＝负债总额/资产总额×100%

⑦投资收益率＝税后利润/实收资本（或上级拨入资金）×100%

以上各项指标的平均占用额，指该指标的月初数与月末数的平均数。年度财务分析则将上述公式中的 30 改为 360，销售收入以全年累计数计算，各项指标的平均占用额则指该指标的年初数与年末数的平均数。

第二十节 会计核算基础工作规定

第一条 为适应公司发展，充分体现会计信息的可检验性，特制定本规定。

第二条 会计科目的运用及账户的设置，按《会计管理制度》执行，不得任意更改或自行设置会计科目，个别企业因业务需要新增科目时，须报总公司财务部批准。

第三条 凭证一般采用记账凭证或收、付、转凭证，工业企业可采用收、付转凭证，商贸企业可采用记账凭证。

第四条 会计核算组织程序：采用记账凭证汇总表核算程序，记账作凭证汇总表核算组织程序。

（1）根据审核后的原始凭证填制记账凭证。

（2）根据原始凭证汇总表编制记账凭证汇总表。

（3）根据记账凭证汇总表登记总分类账。

（4）根据原始收付款凭证登记现金日记账和银行日记账。

（5）根据记账凭证及所附的原始凭证登记各明细分类账。

（6）月终，根据总分类账和各明细分类账编制会计报表。

记账凭证汇总表核算组织程序的特点是：先定期（5 天或 10 天）将所有记账凭证汇总编制成汇总表，然后再根据记账凭证汇总表登记总分类账。

记账凭证汇总表的编制方法是：根据一定时期的全部记账凭证，按照相同科目归类，定期（5天或10天）汇总每一会计科目的借方本期发生额和贷方本期发生额，填写在记账凭证汇总表的相关栏内，以反映全部会计科目的借方本期发生额和贷方本期发生额。

第五条　记账。

（1）记账须根据审核过的会计凭证。除按照会计核算要求进行转账时，用记账员写的转账说明作记账依据外，其他记账凭证都必须以合法的原始凭证为依据。没有合法的原始凭证，不能登记账簿，且每张记账凭证必须由制单、复核、记账、会计主管分别签名，不得省略。

（2）登记账簿时须用钢笔写（除了复写的以外，不得使用铅笔和圆珠笔）。

（3）记账凭证和账簿上的会计科目以及子、细目用全称，不得随意简化或使用代号。

（4）会计分录的科目对应关系，原则上一种经济事项分别或汇总编制一套分录，不得将不同内容的多种经济事项合并编制一套分录。

（5）应随时登记明细账，定期登记总账，一般不超过10天。

（6）每一笔账须记明日期、凭证号码和摘要，经济事项的摘要不能过分简略，以保证第三方能看清楚。每笔账记完后，在记账凭证上划"√"号。

（7）记账的文字和数字应端正、清楚，严禁刮擦、挖补或涂改。不得跳行隔页，应将空行或空页画斜红线注销。

（8）记账发生错误，更正方法有：

①记账前发现记账凭证有错误，应先更正或重制记账凭证。记账凭证或账簿上的数字差错，应在错误的全部数字正中划红线，表示注销，并由经办人员加盖小图章后，将正确的数字写在应记的栏或行内。

②记账后发现记账凭证中会计科目、借贷方式或金额错误时，先用红字填制一套与原用科目、借贷方向和金额一样的记账凭证，以冲销原来的记录，然后重新填制正确的记账凭证，一并登记入账。如果会计科目和借贷方向正确，只是金额错误，也可另行填制记账凭证，增加或冲减相差的金额。更正后应在摘要中注明原记账凭证的日期和号码、注明更正的理由和依据。

③报出会计报表后发现记账差错时，如不需要变更原来报表的，可以填制正确的记账凭证，一并登记入账。如果会计科目和借贷方向正确，只是金额错误，更正程序同上。

（9）红字冲账除了用于更正的错误外，还可用于以下事项：

①经济业务完成后，发生退回或退出。

②经济业务计算错误而发生多付或多收。

③账户的借方或贷方发生额需要保持一个方向。

④其他必须冲销原记数字的事项。

（10）各账户在一张账页记满后接记次页时，需要加计发生额的账户，应将加计的借贷发生总额和结出的余额记在次页的第一行内，并在摘要栏注明"承前页"字样。

（11）月末、季末、年末，记完账后应办理结账，为了便于结转成本和编制会计报表，需要统计发生额的账户，应分别结出月份、季度和年度发生额，在摘要栏注明"本月合计"、"本季合计"和"本年合计"的字样，在月结、季结数字上端和下端均画单红线，在年结数字下端划双红线。总结的数字本身均不得用红字书写。也可对发生笔数不多的账户不作总结。应随时对不需要加计发生额的账户，结出余额，并在月份、季度余额下端画单红线，在年度余额下端画双红线。

（12）必须把总账和明细账于编制会计报表前记载齐全，试算平衡。每个科目的明细账里，各账户的数额相加总和同该科目的总账数额接对相符。不准先出报表，后补记账簿。

（13）年度更换新账时，需要结转新年度的余额，可直接过到新账各账户的第一行，并在摘要栏内注明"上年结转"字样。必要时，详细注明余额组成内容，在旧账的最后一行数字下面注明"结转下年"字样。结转以后的空白行格包括不结转余额的账户，划一条斜线注销或盖戳注销。

第六条　对账。

对账是为了保证账证相符，账账相符，账实相符。具体内容如下：

（1）账证核对：是指各种账簿（总账、明细分类账以及现金和银行存款日记账等）的记录与会计凭证（记账凭证及其所附的原始凭证）的核对。这种核对主要是在日常编制凭证和记账过程中进行。月终如果发现账证不符，就应回过头来对账簿记录与会计凭证进行核对，以保证账证相符。

（2）账账核对：主要是总分类账各账户期末余额与各明细分类账账面余额相核对，现金、银行存款二级账与出纳的现金、银行存款日记账相核对，会计部门各种财产物资明细类账期末余额与财产物资管理部门和使用部门的保管账相核对等，要求每月一次。

（3）账实核对分两类：第一类现金日记账账面余额与现金实际库存数额相核对，银行存款日记账账面余额与开户银行对账单相核对，要求每月核对一次；第二类各种财产物资明细分类账账面余额与财产物资实有数额相核对，各种往来账款明细账账面余额与有关债权债务单位的账目核对等，要求每季核对一次。

第七条　结账。

结账是指结算各种账簿记录，它是在一定时期内所发生的经济业务全部登记入账的基础上进行的，具体内容如下：

（1）在结账时，首先应将本期内所发生的经济业务记入有关账簿。

（2）本期内所有的转账业务，应编成记账凭证记入有关账簿，以调整账簿记录。待摊、预提费用应按规定标准予以摊销提取。

（3）在全部业务登记入账的基础上，应结算所有的账目。

第二十一节　会计档案管理制度

第一条　为加强商场会计管理，特制定本管理制度。

第二条　企业的会计档案包括：会计凭证、会计账簿、会计报告、查账报告、验资报告、财务会计制度以及与经营管理和投资者权益有关的其他重要文件，如合同、章程、董事会议等各种会计资料。

第三条　会计档案的保存。

财务部应有专人负责保存会计档案，定期将财务部归档的会计资料按顺序立卷登记有效并保存。

会计档案的保管期限为两类：永久保存和定期保存。

会计档案保管期满需要销毁时，由会计档案管理人员提出销毁意见，经部门经理审查，总经理批准，报上级有关部门批准后执行。由会计档案管理人员编制会计档案销毁清册，销毁时应由审计部和财务部有关人员共同参加，并在销毁单上签名或盖章。

第四条　会计档案的借用。

财务人员因工作需要查阅会计档案时，必须按规定及时归还原处，若要查阅入库档案，必须办理相关借用手续。

商场各部门因公需要查阅会计档案时，必须经本单位领导批准证明，经财务经理同意，方能由档案管理人员接待查阅。

外单位人员因公需要查阅会计档案时，应持有单位介绍信，经财务经理同意后，方能由档案管理人员接待查阅，并由档案管理人员详细登记查阅人的工作单位、查阅日期、查阅的会计档案名称及查阅理由。

会计档案一般不得带出档案室外，如有特殊情况，需带出室外复制时，必须经财务部经理批准，并限期归还。

第五条　由于会计人员的变动或会计机构的改变等，会计档案需要转交时，须办理交接手续，并由监交人、移交人、接收人签字或盖章。

第六条　档案与保管期限。

（1）会计凭证类。

原始凭证、记账凭证：15 年。

其中，涉及外来和对私改造的会计凭证：永久。

（2）会计账簿类。

①日记账：5 年。

其中，现金和银行存款日记账：25 年。

②明细账、总账、辅助账：15 年。

③涉及外来和对私改造的会计账簿：永久。

（3）会计报表类。

①主要财务指标报表：3 年。

②月、季度会计报表：15 年。

③年度会计报表：永久。

（4）其他类。

①会计档案保管清册及销毁清册：25 年。

②财务成本计划：3 年。

③主要财务会计文件、合同、协议：永久。

第二十二节　管理部与各部门
有关明细账分记办法细则

第一，为避免同类工作重复，及时有效控制，节省人力，特制定本办法。

第二，各部门原已有立账或类似统计表的记载且较具功能及时效者，统一由各部门自行控制设账，管理部不再另设明细账，而以总账统驭。

第三，各部明细账至少每月与管理部核对一次，如有不符，部门当会同管理部追查原因并更正。

第四，有关的账册原则上一律使用统一格式，由管理部提供，仅划分工程部门与营业部门，不增加人力、物力及从业人员，也可就原有的账册代用。

第五，每届月底各部门应向管理部提供应收账款及周转金余额明细表，以资核对及备查。

第六，应收账款（营业部门含预收定金）除必须写明统一发票号码外，如超过3 个月、半年、1 年以上者其明细分别以△、＊、※红色符号表示。

第七，周转金明细表除写明经手人支款性质外，尚需写明何时还款或冲转日期（如无把握亦必须预估），管理部负责催办。周转金的使用，应尽量减少或避免，否则徒增利息负担（例如某部支用 10 万元按月息 1.5％计算，一年即需负担 18000 元的利息），但长期性的周转金如工地及各部门的备用金除外。

第八，由各部门各自处理有关客户查询或对账事项，官方或会计师查账时，管理部应当会同部门经办人员就有关资料备询并提示。

第二十三节　各部门月绩分析细则

为使公司各级干部明了计划和已执行业务的成效，借以激励各级人员致力达成年度盈余目标起见，特制定逐月分析各部门执行年度经营计划业绩有关细则，以收到预期管理绩效。

1. 日常收支资料的整理与提供

（1）各部门每日发生收支传票或原始凭证必须根据权限的规定批准，经办人填妥分析表再依规定流程办妥有关手续，送回公司财务部登账。若与财务组的付款分析发生不相符时，增加复查的程序（当月各部核准的传票单据等财务必于当月登账，不可跨月）。

（2）各部门每10天应将收支累计和计划比较，以便追踪未达到目标者，力求改进。

2. 月终收支资料的整理与提供

（1）当月的支付凭证如收据、统一发票等，应于次月3日前办妥各项手续转财务部，过期者概不受理。

（2）每月5日前各部门根据上月份的分析表计算出各部上月盈亏，格式如表11－31、表11－32所示。

表 11－31　应收账款明细表

摘要	1月	2月	3月	4月	5月	6月
公司厂房第一期工程款	500000	500000	500000			
公司分店仓库工程款		32000				

表 11－32　周转金明细表

日期		经手人	摘要	还款期限	1月	2月		
2	5	李某	购10T钢筋	3/5		220000		
2	26	齐某	暂借2月份电力费	3/10		50000		

并由管理部送稽核室或总经理核阅。

3. 月绩稽效

分析表的填写方式如下：

①目标额：根据年度计划表填写，并考虑收支平衡。

②库存原物料：将上月底库存原物料＋当月购入之原物料－（当月产值×成本率）。

③销货：当月所开发票金额的累计。

④产值：产值即完工额（生产额），产值的计算必须与实际售价相符。

⑤赊欠累计：将上月底止的赊欠累计总额加上本月当日的累计销货额减去本月当日累计收款额。

⑥收款：当月实际收回款额的累计。

⑦未完工累计：各部门所承包工程未完工部分累计，将上月底止未完工累计总额加上本月当日累计订货。

⑧小计：（当月目标×1/3）／（1～10日合计）。

合计：（当月目标×2/3）／（1～20日合计）。

总计：当月目标／［（1～30日（或31日）合计］。

⑨与目标比较：所订目标与实际比较，达到目标时用蓝笔，否则用红笔填写，并算出达成率。

注：各项支出的原始单据、凭证必须经权限规定批准，始可填写在分析表内，但勿将临时周转金、押标金、暂借款等项填入分析表内。

本表每日填妥后呈阅，必要时由各部门主管与副总经理等人共同研究改进。每月根据此表分析作为各部盈亏的参考。

第二十四节　表报管理办法

第一条　本商场为求表报作业合乎时效，借以加速内部联系，特制定本办法。凡本商场的各项表报作业管理悉依本办法规定办理。

第二条　本办法所称的表报系指为应管理需要所设置的表报，经总经理核准，并予正式编号后列入"表报目录"内。

第三条　本商场的所有管理用的表报，除依使用单位别及作业程序依序编号外，并另依表报之内容性质划分为管制表报、应复表单、一般表单（不包括各单位自用之统计表格）三类。

第四条　各类表报的区分如下：

（1）凡表报的右上角，加盖有"管"字的，属第一类的管制表报，即列入管制的表报。

（2）凡表报的右上角，加盖有"复"字者，属第二类的应复表单，即由收发单位列入追踪并待收文单位答复的表单。

（3）凡表报的右上角未加盖字样者，属第三类的一般表单，即第一、二类外并经正式编号列入"表报目录"的表单。

第五条　各类表报的收发，统由总务部负责，分别设置专册分类登记、追踪和管理。

第六条　管制表报的收发一律限用本公司印制的"黄色信封"交专人登记、统计、分发。

第七条　管制表报依其应提报时区分为年报表、半年报表、月报表、旬报表、周报表、日报表。

第八条　各部门对于管制表报的提报时间，除表上已载明应提报时间的外，应按下列规定时间以挂号（或限时）邮寄总务部或派员送投总务部专设的收件箱，并由总务部负责登载其实际收文时间。

（1）年报表：依指定日期当天下午下班前，没有指定日期者则为每年年底当天下午下班前。

（2）半年报表：依指定日期当天下午下班前，没有指定日期者则为每年六月月底当天下午下班前。

（3）月报表：依指定日期当天下午下班前，没有指定日期者则为每月月底当天下午下班前。

（4）旬报表：每月的1日、11日、21日下午下班前。

（5）周报表：除另有规定的指定日期外，余均应于每周末下午下班前。

（6）日报表：除另有规定的指定时间外，余均应于每日下午下班前。

第九条　各直线单位每月应呈报的管制表报明细由总务部于月底前负责列表通知，并就其呈报情形列入评核。

第十条　各直线单位其应呈报的管制表报，凡依规定时间提报者（分公司以寄发的当地邮戳时间为凭）各项表报分别依下列的得分规定，按月由总务部根据其当月份的收文时间记录，分别核计月份单位表报提报的总得分，并依得分情形分别编列名次，呈报总经理核定后于每月10日前公布；凡连续两个月均列属最优的前三名者，则单位主管连同业务员均分别予以奖励，反之连续两个月均列属最差的后三名者，则单位主管连同业务员均应接受惩处。

（1）半年报、年报：每件5分，逾时一日不予给分，逾时两日扣1分、三日扣2分、四日扣3分、五日扣4分、六日扣5分。

（2）月报表：每件3分，逾时一日不予给分，逾时两日扣1分、三日扣2分、四日扣3分。

（3）旬报表：每件2分，逾时一日不予给分，逾时两日扣1分、三日扣2分。

（4）周报表：每件1分，逾时一日不予给分，逾时两日扣1分。

（5）日报表：每件0.5分，逾时一日不予给分，逾时两日扣0.5分。

第十一条　管制表报的设置或印制一律应事先会签经营会议经理后始得印制；如遇新增或内容有所修改时，应呈总经理核准后始得印制。

第十二条　凡遇表报新增或废除或内容修改时，各单位应自行参照公布或通知

事项更替手存的表报目录，务使表报目录中的各表样张正确。

第十三条　各单位使用的表报如有告缺时，应以"表报请领单"向总务部请领补足。

第十四条　本办法由总务部呈总经理核准公布后实施，修订时同。

第二十五节　呆账管理办法

第一条　本公司为处理呆账，确保公司在法律上的各项权益，特制定本办法。

第二条　各分公司应对所有客户建立"客户信用卡"，并由业务代表依照过去半年内的销售实绩及信用的判断，拟定其信用限额（若有设立抵押的客户，以其抵押标的担保值为信用限额），经主管核准后，应转交会计人员善加保管，并填记于该客户的应收账款明细账中。

第三条　信用限额系指公司可赊销某客户的最高限额，即指客户的未到期票据及应收账款总和的最高极限。任何客户的未到期票款，不得超过信用限额，否则应由业务代表及业务主管、会计人员负责，并负所发生倒账的赔偿责任。

第四条　为适应市场，并配合客户的营业消长，每年分两次，可由业务代表呈请调整客户的信用限额，第一次为 6 月 30 日，第二次为 12 月 21 日，均经主管核准后，转交会计人员善加保管，并填记于该客户的应收账款明细账中。

分公司主管视客户的临时变化，应要求业务代表随时调整各客户的信用限额。若因主管要求业务代表提高某客户信用限额招致倒账，其较原来核定为高的部分全数由主管负责赔偿。

第五条　业务代表所收受支票的发票人非客户本人时，应交客户以店章及签名背书，经分公司主管核阅后缴交出纳。若因疏忽招致损失，则应由业务代表及分公司主管各负 1/2 的赔偿责任。

第六条　各种票据应按记载日期提示，不得因客户的要求不予或迟延提示，但经分公司主管核准者不在此限。

催讨换延票时，原票尽可能留待新票兑现后始返还票主。

第七条　业务代表不得以其本人的支票或代换其他支票充缴货款，如经发现，除应负责该支票兑现的责任外，还要以侵占货款依法追究其责任。

第八条　分公司收到退票资料后，倘退票支票为客户本人属发票人时，则分公司主管应即督促业务代表于一周内收回票款。倘退票支票有背书人时，应即填写支票退票通知单，一联送背书人，一联存查，并进行催讨工作。若因违误造成损失，概由分公司主管及业务代表共同负责。

第九条　各分公司对催收票款的处理，在一个月内经催告仍无法达到催收目的，其金额在 20000 元以上者，应立即将该案移送法务室依法追诉。

第十条　催收或经诉讼案件，有部分或全部票款未能收回者，应在警察机关证明、邮局存证信函及债权凭证、法院和解笔录、申请调解的裁决凭证、破产宣告裁定等证件中，取具其中的任何一种，送财务部做冲账准备。

第十一条　没有核定信用限额或超过信用限额的销售而招致倒账，其无信用限额的交易金额，由业务代表负全数赔偿责任。而超过信用限额部分，若经会计或主管阻止者，全数由业务代表负责赔偿，若会计或主管未加阻止者，则业务代表赔偿80％，会计及主管各赔偿10％。

若超过信用限额达20％以上的倒账，除由业务代表负责赔偿外，分公司主管视情节轻重予以惩处。

第十二条　业务代表知情而未防止或有与其勾结行为者，以及开发没有合法营业场所或虚设行号的客户，不论信用限额多少，全数由业务代表负赔偿责任。

第十三条　设立未满半年的客户，其信用限额不得超过人民币20万元，如违反规定而发生呆账，由业务代表负责赔偿全额。

第十四条　各分公司业务主管、业务代表于其所负责的销售区域内，容许呆账率（即实际发生呆账金额除以全年销售净额的比率）设定为全年的5‰。

第十五条　各分公司业务主管、业务代表每年发生的呆账率超过容许呆账率的惩处如下：

（1）超过15‰以上，即行调职，不发年终奖金。

（2）超过12‰，未满15‰，记大过一次，减发年终奖金50％。

（3）超过10‰，未满12‰，记小过二次，减发年终奖金40％。

（4）超过8‰，未满10‰，记小过一次，减发年终奖金30％。

（5）超过6‰，未满8‰，申诫一次，减发年终奖金20％。

（6）超过5‰，未满6‰者，警告一次，减发年终奖金10％。

若中途离职，于其任期中的呆账率达到上列的各项程度时，减发奖金的比例，以离职金计算。

第十六条　各分公司业务主管、业务代表每年发生的呆账率低于5‰时的奖励如下：

（1）低于1‰，记大功一次，加发年终奖金50％。

（2）低于2‰，高于1‰，记小功二次，加发年终奖金40％。

（3）低于3‰，高于2‰，记小功一次，加发年终奖金30％。

（4）低于4‰，高于3‰，嘉奖二次，加发年终奖金20％。

（5）低于5‰（不包括5‰），高于4‰（包括4‰），嘉奖一次，加发年终奖金10％。

若中途离职，不予计算奖金。

第十七条　各分公司业务主管、业务代表以外人员的奖励，以该分公司每年所发生的呆账率，低于容许呆账率时实行。具体内容如下：

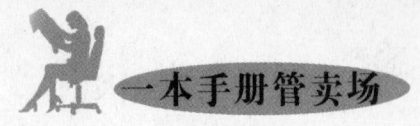

（1）低于 1‰，每人加发年终奖金 25％。

（2）低于 2‰，高于 1‰，每人加发年终奖金 20％。

（3）低于 3‰，高于 2‰，每人加发年终奖金 15％。

（4）低于 4‰，高于 3‰，每人加发年终奖金 10％。

（5）低于 5‰（不包括 5‰），高于 4‰（包括 4‰），每人加发年终奖金 5％。

第十八条　分公司因倒账催讨回收的票款，可作为其发生呆账金额的减项。

第十九条　法务室依第九条接受办理的呆账，依法催讨收回的票款减除诉讼过程的一切费用的余额，其承办人员可获得如下的奖金：

（1）在受理后 6 个月内催讨收回者，得 20％的奖金。

（2）在受理后 5 年内催讨收回者，得 10％的奖金。

第二十条　依第十一条已提列坏账损失或已从呆账准备冲转的呆账，业务人员及稽核人员仍应视其必要性继续催收，收回的票款，由催收回者获得 30％奖金。

第二十一条　本办法的呆账赔偿款项，均在该负责人员的薪资中，自确定月份开始，逐月扣赔，每月的扣赔金额由其主管签呈核准的金额为准。

第二十六节　账单的移交及对账制度

第一，账单移交时，应填写"账款移交清表"一式四份，移交人、接收人及核对人均应签名以示负责，其中二份寄交征信科及账款组。接收人接交时，除核对账单金额外，还应注意是否经过客户签认，千万不可私下移交。

第二，商场财务部随时对客户办理通讯或实地对账，以确定业务人员手中账单的真实性。

第三，商场财务部定期 3 个月一次核对业务人员手中的账单，或不定期，抽查业务人员手中账单。

第四，商场业务部主管及主任随时核对业务人员手中的账单，并负责督促收款及催收工作。

第二十七节　应收票据、应收账款处理准则

第一条　为确保商场权益，减少坏账损失，特制定本准则。

第二条　商场各营业部门应依国内营业处理办法第四条的规定办妥客户征信调查，并随时侦查客户信用的变化（可利用机会通过 A 客户调查 B 客户的信用情形），签注于征信调查表相关栏内。

第三条　商场营业部门至迟应于出货日起 30 日内收款，唯不锈钢及特殊钢限于

同业习惯，应于 55 天内收款。如超过上列期限者，总管理处即依查得资料，就其未收款项详细列表通告各营业部门主管核阅以督促加强催收。如超过 60 天尚未收回且其金额在 5 万元以上者，营业部门应即填列"应收账款未收报告表"送总管理处参考办理。但政府机关、国有企业事业及民营大企业等订有其内部付款程序者，不需依其规定。

第四条　赊售货品收受支票时，应注意：

（1）发票人有无权限签发支票。

（2）非该商号或本人签发的支票，应要求交付支票人背书。

（3）查明支票有效的、绝对必要的记载事项，如文字、金额、到期日、发票人盖章等是不是齐全。

（4）所收支票账号号码越少表示与该银行往来期间越长，信用越可靠（可直接向付款银行查明或请财务部协办）。

（5）所收支票账户与银行往来的时间、金额、退票记录情形（可直接向付款银行查明或请财务部协办）。

（6）支票上文字是否经过涂改、涂销或变造。

（7）支票记载何处是不能修改（如大写金额）的，可更改处的更改者是不是于更改处加盖原印鉴章，如有背书人时应同时盖章。

（8）支票上的文字记载（如禁止背书转让字样）。

（9）注意支票是否已逾到期日 1 年（逾期 1 年失效），如有背书人，应注意支票提示到期日有没有超过第六条的规定。

（10）尽量利用机会通过 A 客户注意 B 客户支票（或客票）的信用。

第五条　本商场收受的支票提示付款期限，最迟应于到期日后 6 日内办理。

第六条　本商场收受的支票"到期日"与"兑现日"的计算如下：

（1）本埠支票到期日当日兑现。

（2）近郊到期日两日内兑现。

第七条　所收支票已缴交者，如退票或因客户存款不足或其因为其他因素，要求退回兑现或换票时，营业单位应填具票据撤回申请书经部门主管签准后，送总管理处办理，营业部门取回原支票后，送总管理处办理。营业部门取回原支票后，必须先向客户取得相当于原支票金额的现金或担保品，或新开支票，始将原支票交付，但仍须依上列规定办理。

第八条　应收账款发生折让时，应填具"折让证明单"，并呈主管批准后始得办理（如急需时应先行以电话取得主管的同意，而后补办），或遇有销货退回时，应于出货日起 60 天内将交寄货运收据及原始统一发票取回，送交会计人办理（如不能取回时，应向客户取得销货退回证明），其折让或退回部分，应设销货折让及销货退回科目表示，不得直接由销货收入项下减除。

第九条　财务部门接到银行通知客户退票时，应即转告营业部门。营业部门对

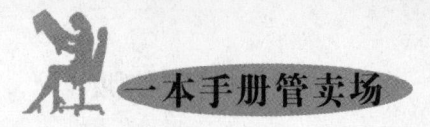

于退票，无法换回现金或新票时，应即寄发存证信函通知发票人及背书人，并迅速拟订善策处理，并由营业部门填送呆账（退票）处理报告表，随附支票正本（副本留营业部门供备忘催办）及退票理由单，呈送总管理处依法办理。

第十条　营业部门对退票申诉案件送请总管理处办理时应即提供下列资料：

（1）发票人及背书人户籍所在地（先以电话告知财务部）。

（2）发票人及背书人财产，如土地应注明所有权人、地段、地号、面积等，其他财产应注明名称、存放地点、现值等。

（3）其他投资事业。

第十一条　总管理处接到呆账（退票）处理报告表，经呈准后 2 日内应依法申诉，并随时将处理情形通知各有关单位。

第十二条　上列债权确认无法收回时，应专案列表送总管理处，并附原呆账（退票）处理报告表存根联及税捐稽征机关认可的合法凭证（如法院裁定书，或当地公安机关证明文件，或邮政信函等）呈总管理处总经理核准后，始得冲销应收账款。

第十三条　依法申诉而无法收回债权部分，应取得法院债权凭证，交商场财务部列册保管，倘事后发现债务人（利益偿还请求权时效为 15 年内）有偿还能力时，应依上列有关规定申请法院执行。

第十四条　本商场职员不依本准则的各项规定办理或有勾结行为，致使本商场权益蒙受损失者，依人事管理规则议处，情节重大者移送司法部门办理。

第十五条　本准则经呈准后公布实施，修订时亦同。

第二十八节　问题账款管理办法

第一条　为妥善处理问题账款，争取时效，维护本商场与营业人员的权益，特制定本办法。

第二条　本办法所称的问题账款，系指本商场营业人员于销货过程中所发生被骗、被倒账、收回票据无法如期兑现或部分货款未能如期收回等情况的案件。

第三条　因销货而发生的应收账款，自发票开立之日起，逾两个月尚未收回，亦未按公司规定办理销货退回者，视同问题账款。但情况特殊经呈报总经理特准者除外。

第四条　问题账款发生后，该单位应于两日内，据实填妥"问题账款报告书"，见表 11－33。并检附有关证据、资料等，依顺序呈请单位主管查证并签注意见后，转请法务室协助处理。

表 11－33　问题账款报告书

年　月　日

基本资料栏	客户名称			
	公司地址		电话	
	工厂地址		电话	
	负责人		洽办人	
	开始往来日期		交易项目	
	平均第三月交易额		授信额度	
	问题账金额			
	（1）发生原因：客户倒闭　拖延付款　质量不良　数量不符 客户要求延后付款 其他（　　　　　） （2）经过情况			

第五条　由单位会计员填写"问题账款报告书"上的基本资料栏，由营业人员填写经过情况、处理意见及附件明细等栏。

第六条　法务室应于收到报告书后两日内，与经办人及单位主管会商，了解情况后拟订处理办法，呈请总经理批示，并即协助经办人处理。

第七条　经指示后的报告书，法务室应即复印一份通知财务部备案，尚未开立发票的问题账款，则应另复印一份通知财务部备案。

第八条　经办人填写报告书，应注意：

（1）务必亲自据实填写，不得遗漏。

（2）发生原因栏如填"其他"时，应在括弧内简略注明原因。

（3）经过情况栏应从与客户接洽时，依时间的先后，逐一载明至填报日期止的所有经过情况。本栏空白若不敷填写，可另加粘白纸填写。

（4）处理意见栏供经办人自己拟具赔偿意见用，如有需公司协助者，也请在本栏内填明。

第九条　填写报告书没有依第八条要求者，法务室退回经办人，经办人应于收到原报告书两天内重新填写提出。

第十条　问题账款发生后，经办人没有按规定期限提出报告书，请求协助处理者，法务室不予受理。逾 15 天仍未提出者，该问题账款应由经办人负全额赔偿责任。

第十一条　商场会计员未主动填写报告书的基本资料，或单位主管疏于督促经办人于规定期限内填妥并提出报告书，致经办人应负全额赔偿责任时，本商场主管或会计员应连带受行政处分。

第十二条　问题账款处理期间，经办人及其部门主管应与法务室充分合作，必要时法务室得借阅有关部门的账册、资料，并得请求有关部门主管或人员配合查证，

该部门主管或人员不得拒绝或借故推脱。

第十三条　法务室协助营业部门处理的问题账款，自该问题账款发生之日起 40 天内，尚未能处理完毕，除情况特殊经报请总经理核准外，财务部应依第十四条的规定，签拟经办人应赔偿的金额及偿付方式，呈请总经理核定。

第十四条　营业员销售时，应负责收回全部货款，遇到倒账或收回票据未能如期兑现时，经办人应负责赔偿售价或损失的 50％（所售对象为私人时，经办人员应负责赔偿售价或损失的 100％）。但收回的票据。若非统一发票抬头客户正式背书，而不能如期兑现或交货尚未收回货款，或不按商场规定作业，手续不全者，其经办人应负责赔偿售价或损失的 80％。产品遗失时，经办人应负责赔偿底价 100％（以上所称的售价如高于底价时，以底价计算）。上述赔偿应于发生后即行签报，若经办人于事后追回产品或货款时，应悉数缴回公司，再由公司就其原先赔偿的金额按比例发还。

第十五条　本办法各条文中所称"问题账款发生之日"如为票据未能兑现，系指第一次收回票据的到期日，如为受骗则为受骗的当日，此外的原因，则为该笔交易发票开立之日起算第 60 天。

第十六条　经核定由经办人先行赔偿的问题账款，法务室仍应寻求一切可能的途径继续处理。若事后追回产品或货款时，应通知财务部于追回之日起 4 天内，按比率一次退还原经办人。

第十七条　法务室对问题账款的受理，以报告书的收受为依据，如情况紧急时，应由经办人先以口头提请法务室处理，但经办人应将报告书于次日补具。

第十八条　经办人没有据实填写报告书，以致妨碍问题账款的处理者，除应负全额赔偿责任外，法务室视情节轻重签请惩处。

第十九条　本办法经总经理核准后公布实施，修订时亦同。

第二十九节　商场账款管理办法

第一条　凡属商场销货或服务收入均应开立统一发票，并依序填入当天的"销货报告"或"服务收入报告"中，同时过入"人名别应收账款明细卡"中，不得漏开、短开或多开。

第二条　遇销货退回或重开发票时，均应将原开统一发票的收执联收回作废，并填制"销货退回通知单"，以红字填入当天的"销货报告"或"服务收入报告"中列为减项，同时在备注栏中注明原开发票日期，并过入"人名别应收账款明细卡"中。

第三条　遇销货退回应于销货发生的 60 天内按规定手续向当地税捐稽征机关办理抵缴，如超过 60 天者不得办理抵缴已缴的营业税及印花税。因此，遇有销货退回或发票重开而致其日期超过 60 天以上者，应由客户赔偿税捐损失；退货或发票遗失的原因如系外务员疏忽所致，则税捐损失应由外务员负责赔偿。

第四条　销货当天若未能收回账款时，交货人（送达统一发票者）应与客户约定收款日并将填妥的"统一发票签收单"交由商场会计员妥善保管，"统一发票签收单"应具备下列各要点：

（1）交货人（送达统一发票者）于"统一发票签收单"上签名。

（2）经办人（业绩归属者）于统一发票副联签名。

（3）填明约定收款日期及约定付款条件。

（4）客户正式盖章后由签收人签名。

第五条　每笔未收款均应附有"统一发票签收单"。若有销货当天未交出该签收单或缺少规定要件的记载等情况，商场会计员应于次日上班早会前报由单位主管纠正，务必按规定办理，否则应由单位主管签名负责。

第六条　商场会计员收回"统一发票签收单"后，应即将其"约定收款日"及"付款条件"逐项登载于"人名别应收账款明细卡"的有关各栏中备查。

第七条　会计员应将"统一发票签收单"按"约定收款日"的先后次序排列妥为保管，遇有携出收款时应设登记簿由取单者签名备查，若于当天未能收回账款时应立即向取单者收回注销凭证并登记。

第八条　凡账款约定收款日到达者，商场会计员应主动转告账款归属人或请单位主管派员前往收取。如有客户要求延期付款的情况发生时，前往收款人应将重新更改约定收款日填明于"统一发票签收单"中，并将该单交回会计员注销登记，及更改"人名别应收账款明细卡"上的记载。

第九条　凡应收账款其约定收款日不得超过 1 个月，若有超过此期限者，商场会计员应报单位主管在签单上签字同意。

第十条　账款收回时，商场会计员应即将其填入当天"出纳日报表"的"本回收款明细表"栏中，并写入"人名别应收账款明细卡"中，凭此销账及备查。

第十一条　收回现金者，应于当日或翌日上班时如数交会计员入账，若有延迟缴回或调换票据缴回者，均以挪用公款论处；收回票据的开票人若非与统一发票抬头相同者，应经同一抬头客户正式背书，否则应责由收款人亲自在票据上背书，并注明客户名称备查，若经查明该票据非客户所交付者，即视同挪用公款论处。

第十二条　票据到期日距统一发票开立日期不得超过 30 天，超过 30 天以上者应由经办人填具"交货通知（请示）单"并依权责划分办法处理。凡账款以分期付款方式收回时应由经办人提出与客户所立的合约书，经单位主管呈报执行副总经理核准。

第十三条　凡销货退回或前开发票作废，又未取回原开发票收执联作废者，不得重开统一发票，唯经书面呈报总经理特准者除外。

第十四条　每月 3 日应详填"各员未收款明细表"（净额），一式两份，由经办

人逐笔亲自签名承认未收，其约定收款日据统一发票开立日期，超过一个月以上者并应注明原因，填妥后一份寄总公司财务部查核，一份呈报单位主管加强催收。

第十五条　"营业员未收款明细表"总合计的金额应与月底当天的收款明细表的本日未收款余额的数字相符，逾期一个月及两个月以上，须将未收款明细表随同"营业员未收款明细表"一并呈报。

第十六条　凡遇客户恶性倒闭，或收回票据无法兑现，或未事先说明，而于收款时尾款不付等情况，无法取得客户正式签署的"销货折让证明单"时，均视同坏账处理。坏账的发生，除按外务人员待遇办法等规定的赔偿办法办理外，该笔交易的成交奖金不准发给，已发给者则应予追回。

第十七条　凡为维护市价事先与客户约定高开发票销货折让者，或事后同意客户尾款不付等情况发生，除应报请单位主管同意外，并应取得"销货折让证明单"，详填原因，由客户证明实收金额及证实签章后，交回各单位会计员处，该笔交易中原交易应办退回，同时另记一笔实收金额的销货记录，其销货折让后的金额若低于最低价者，仍须补办低价请示手续。成交奖金的计算则依实售金额计算。

第十八条　本办法由财务部呈总经理核准公布后实施，修订时亦同。

第三十节　商场收银作业管理规程

商场销售服务管理的一个关键点就是收银作业。收银台是商场商品、现金的"闸门"，商品流出，现金流入都要经过收银台；收银台在短暂的收银结账服务中，集中体现了整个商场的服务形象，是商场服务的一个重要组成部分。因此，要加强对商场收银作业管理。

1. 商场收银作业流程

收银作业可针对每天、每周、每月来安排流程。

（1）每日工作流程。每日工作流程可分为营业前、营业中和营业结束后三个阶段作出安排。

营业前收银员要做好营业准备工作。清洁、整理收银作业区；整理补充收银作业必备的物品；准备好零钱以备找零；检验收银机；了解当日促销品及促销活动事项；整理仪容、仪表，进行上岗仪式（或班前会）。

营业中收银员要招呼顾客；为顾客结账及进行商品装袋；配合促销活动的收银处理；顾客抱怨处理；对顾客适当引导；营业款缴纳；进行交接班。

营业结束后收银员还有工作要做。如整理各类发票及促销券；结算营业额；整理收银作业区卫生；关闭收银机并盖好防尘套；清洁、整理各类备用品；协助商场其他工作人员做好结束后的其他工作。

（2）每周工作流程。收银作业每周工作流程包括申领收银作业必备物品；清洗购物车、篮（指超市）；更换特价宣传单；确定本周收银员轮班班次；兑换零钱；整理传送收银报表。

（3）每月工作流程。收银作业每月工作要做好安排。包括准备发票；准备收银作业必备用品；协助会计申报营业税；整理汇总传送收银报表；定期维修收银机。

2. 商场收银员班次安排

收银人员班次要根据商场的营业时间、营业高峰、营业低峰、节假日，以及促销活动等作出安排，各种不同的业态商场营业时间不一样，班次安排也不一样。

（1）超市。超市一般营业时间为9:00—22:00，可安排早班8:30—16:30，晚班14:30—22:30。

（2）便利店。便利店一般24小时营业，分为早中晚三班，早班人7:00—15:00，中班15:00—23:00，晚班23:00—次日7:00。

（3）收银人员排班表。确定了基本班次以后，还要根据营业情况确定每一班次的人数、具体人员、上班及休假日期等具体内容，然后按月或按周编制收银人员排班表。

3. 收银作业规定

（1）收银员作业守则。收银员不可随身携带现金；收银员不许在收银台放置私人物品；收银员当班时不可擅自离岗；收银员不许给亲戚朋友结账；收银员注意周围动态，发生异常及时通知主管；收银员应熟识商场营业活动，以回答顾客咨询；收银员应使用规范的服务用语；收银员当班时不能做与工作无关的事等。

（2）结账程序。收银员结账要准确、迅速、礼貌。

结账步骤是：欢迎顾客，商品登录，结算商品总金额并告知顾客，收取顾客现金，找钱给顾客，或让顾客刷卡、签字，商品入袋，诚心感谢，与顾客道再见。

（3）装袋服务。根据有关规定，任何商场对手提塑料袋均须有偿提供，因此，收银员提供装袋服务需根据顾客意愿和塑料袋情况，尽量做到细心周到。

（4）购物折扣作业。收银员要明确优惠折扣商品的对象，供应优惠折扣商品的种类，要能识别优惠卡、证的种类。购物折扣作业要按照规定做好登记工作，以便核对。

（5）离开收银台作业。收银员需要离开收银台时，要先将"暂停结账"提示牌放置在明显位置，将现金锁进抽屉，关闭收银机，随身携带钥匙，不可将其留在收银台，并向邻近收银员、营业员言明去向及回来时间，如还有顾客等候结账，不可立即离开收银台。

（6）收银作业支援。营业高峰时，为了让顾客以最短时间完成结账付款程序，可以加开收银机、增加收银员，也可以请其他店员支援，协助收银员招呼顾客，帮助装袋等，以缩短顾客等候时间。

（7）营业后整理。营业结束后，应关闭、清洁收银机，将抽屉里现金、购物券、单据上交指定人员保管。

（8）顾客要求兑换金钱的原则。为了避免影响正常收银，对于顾客以纸钞兑换纸钞的要求，应予以婉言拒绝；若店旁设有公共电话、自动售货机、儿童游乐机之类的设施，可让顾客兑换小额的零钱；最好请顾客至服务台兑换零钱。

（9）退调商品的处理。退调商品的处理最好在服务台进行。顾客提出退调商品要求时，应先由特定人员依据商场的退调政策做合理的判断，并在特定地点进行，以免影响正常的结账服务。

（10）商场员工购物。商场员工不可在上班时间购物；员工购物时间须有统一的规定；在规定时间员工所购买的商品，其购物发票应加上收银员的签署，并请店内主管加签；员工退调商品必须按正常手续进行，不可私下自行调换。

（11）商品管理。凡是通过收银区的物品，都必须经过付款结账；收银员应有效控制商品的出入，防止厂商人员和店内人员擅自将商品带出店外；在卖场出入的厂商人员必须佩挂使用商场发给的证件。

（12）营业结束之后收银机管理。结束营业后，应将收银机内的所有现金、礼券、抵用券及各种单据交到金库及指定地点放置妥当，收银机的抽屉则不必关上。

（13）收银员每日收银作业评核。收银员结账服务的准确度，不仅关系到顾客的权益，还会影响商场的收入，所以每天要对收银误差进行评核，并定期对其工作表现作出考核。

4. 收银员待客作业要领

收银员待客作业应着重掌握仪容和态度两个方面。

（1）仪态要领。包括：整齐清洁的发型；女店员适度的化妆；清洁的指甲和干净的双手；统一的制服及服务证佩挂；保持鞋子整洁光亮。男店员及女店员的仪容要求范例如下。

①整洁的制服。每位收银员的制服包括衣服、鞋、领结等，必须保持一致且维持整洁。

②适宜的发型。收银员的头发应梳理整齐。头发过肩者，应以发带束起。

③得体的化妆。收银员可上点淡妆让自己显得有朝气，但切勿浓妆艳抹，因为这样反而造成与顾客之间的距离感。

④干净的双手。若收银员的指甲里藏污纳垢或在指甲上涂上过于鲜艳的指甲油，会使顾客感觉不适。

（2）避免引起纠纷的状态用语及应对之道。由于顾客需求的多样性和复杂性，难免会有难以满足的情况出现，使顾客产生抱怨，而这种抱怨顾客又常会在付账时向收银员发出，因此，收银员应熟练掌握一些礼貌用语和应对的策略。下面列举一些范例以供参考。

①当询问顾客时，应说："您是什么意思呢？"

②要希望顾客接纳自己的意见时，应说："实在是很抱歉，请问您……"

③暂时离开收银台时，应说："请您稍等一下。"

④重新回到收银台时，应说："真对不起，让您久等了。"

⑤提供意见让顾客决定时，应说："若是您喜欢的话，请您……"

⑥自己疏忽或没有解决办法时，应说："真抱歉。"

⑦不知如何回答顾客询问时，不可以说"不知道"，应回答"对不起，请您等一下，我请店长来为您解说。"

⑧有多位顾客等待结账，而最后一位表示只买一样东西且有急事待办时，可对第一位顾客有礼貌地说："对不起，能不能先让这位只买一件商品的先生（小姐）结账，他有急事需要处理。"

当顾客答应时，应再对他说声"对不起"。当顾客不答应时，应对提出要求的顾客说："很抱歉，大家好像都很急的样子。"

⑨遇到顾客抱怨时，仔细聆听顾客的意见并予以记录，不要立即下结论，而应请主管出面向顾客解释，可以礼貌地回答："是的，我明白您的意思，我会将您的建议呈报店长并尽快改善。"

⑩当顾客询问特价商品情况时，应先口述数种特价品，同时拿宣传单给顾客，并告诉顾客："这里有详细的内容，请您慢慢参考选购。"

⑪当顾客买不到商品时，应向顾客致歉，并给予建议，可以回答："对不起，现在刚好缺货，为了避免让您白跑一趟，您要不要先买别的牌子试一试?"或"您要不要留下电话和名字，等新货到时立刻通知您?"

⑫顾客询问商品是否新鲜时，应以肯定、确认的态度告诉顾客："一定新鲜，如果买回去不满意，欢迎您拿来退钱或换货。"

⑬顾客要求包装礼品时，应告诉顾客（微笑）："请您先在收银台结账，再麻烦您到前面的服务台（同时打手势，手心朝上），有专人为您包装。"

⑭在店门口遇到购买了本店商品的顾客时，应礼貌地说"谢谢您，欢迎再次光临"（面对顾客点头示意）。

⑮收银空闲而顾客又不知要到何处结账时，应该说："欢迎光临，请您到这里来结账。"（以手势指示结账台，并轻轻点头示意）。

（3）收银员怠慢顾客的表现，收银员要杜绝下列表现的发生。

①收银员互相聊天、嬉笑，当顾客走近时也不加理会。

②埋头操作收银机，不说一句话，脸上没有任何表情。

③为顾客提供装袋服务时，将属性不同的各类商品混放在同一购物袋内，或者将商品丢入袋中。

④未用双手将零钱及发票交给顾客，而且直接放在收银台上。

⑤当顾客询问时，只告诉对方"等一下"，即离开不知去向。

⑥当顾客在收银台等候结账时，收银员突然告诉顾客："这台机不结账了，请到别台机去"，然后关机离开，让顾客在其他收银台重新排队等候结账。

⑦在顾客面前批评或取笑其他顾客。

⑧当顾客有疑虑或提出询问时，讲不该讲的话，如"不知道"，"不知道，你去问别人"，"卖光了"，"没有了"，"货架上看不到就没有了嘛"，"你自己再去找找看"，"那你想怎么样"等。

5. 金钱管理作业及应注意事项

商场的金钱管理按区域来划分，包括前台的收银过程金钱管理以及后台的金库管理。收银过程金钱管理的目标是保持现金日报表上的短溢值为"零"，但在实际操作中很难做到短溢值为零，所以通常可以确定一个控制标准，收银差错率一般可控制在万分之四以内。其管理重点范围是：零用金管理、金钱收付管理、交接班管理、营业收入管理。

（1）零用金管理。为应付找零及小额现金兑换之需，每天开始营业前，各台收银机上的收银员必须在开机前将零用金准备妥当，并铺在收银机的现金盘内。应注意的问题是：

①零用金应包括各种面值的纸钞及硬币，其数额可根据营业状况来决定，每台收银机每日的零用金数额应相同。

②收银员应随时检查零用金是否足够，以便及时兑换。

③零用金不足时，切勿大声喊叫，也不要与其他的收银台互换，可利用铃钟或广播的方式请相关主管进行兑换。

④执行零用金兑换作业时，应填写"零用金兑换表"，并由指定人员进行。

（2）金钱收付管理。收银员既负责售货收款，也负责退货、换货的付款及差额结算，所以收银员负有金钱收付管理的职责。应注意的问题是：

①收受顾客现金时，须口述"收您××元，找您××元，请您点收，谢谢。"

②要注意辨识钞票的真伪。

③当顾客使用非现金的支付工具（如礼券、提货券、现金抵用券、中奖券等，可称为准现金）时，应确认是否有效及使用方式（如是否可找零、是否可分次使用、是否需开立发票等）。

④收受准现金之后，应立即使其作废，例如，签上收银员的姓名，或盖上标志作废的印章，并放入收银机收银柜台的指定位置。

⑤售出商品退回需退款时，必须先检查退回的商品，如实填写退款单之后放入收银机内，再将现金取出。

（3）交接班金钱管理。为了分清各班次收银员的金钱管理的责任，交接班时应注意：

①交班前应将零用钱备妥，并填妥有关报表。

②交接班时交班双方应相互清点金钱，清点完毕后由接班人员按收银机责任键。

③交班人员清点当班实收金钱，超过规定限额部分应填写投库记录表，并将金钱投库。

（4）营业收入管理。

①每天除了在收银员交接班、打烊时做时段营业收入结算外，还必须选择一个固定时间做单日营业总结算。总结算时间的选择应避开营业高峰，并配合金融机构的营业时间，例如，每日下午3点，从收银机结出单日营业总结算的账条，此账条代表昨日3点至今日3点的单日营业总金额。3点以后再重新累计营业收入。

②单日营业结算后，应填写"每日营业结算明细表"。

③所得营业收入应在固定时间存入金融机构。存款事务应由指定人员负责，并妥善安排好存款日期、时间及路线等，以免途中发生意外事故。

6. 收银作业发生错误时的处理方法

收银员在收银作业的过程中难免会发生收银作业错误，对此，一是要及时发现，二是要及时更正，三是要做好事后的检查工作。

（1）收银错误发生的原因。收银发生错误，既有收银员方面的原因，如多打或少打价钱，导致结账发生错误，以及金钱收付发生错误；也有顾客方面的原因，如顾客携带现金不足，顾客临时退货等。

（2）结账发生错误时的处理。结账发生错误时，不论顾客对错，都必须预先致歉，并立即更正。如商品价格多打，且账单尚未打出，可询问顾客是否还要购买其他商品，如顾客不需要添购其他商品，则应将账单作废重新打单；如账单已经打出，应该将错打的账单收回，并重新打单；礼貌地请顾客在作废账单上签字，填妥作废账单记录本，并及时通知相关主管签名作证；如顾客携带现金不足，可建议顾客办理部分商品退货，已打印出的账单应收回作废，并礼貌地请顾客办妥相关手续；如顾客决定不买要求退货时，仍须保持热情的工作态度。

（3）金钱收付发生错误时的处理。收银员下班之前必须先核对收银机内的现金、准现金和当日中间收款（营业过程解缴金库的款项）的数量与收银机结出的应收数额是否一致。若发生收付差错，应分析原因，并由收银员写出报告书。当收付差错超过规定限额时，无论亏损还是盈余，收银员都应承担相应的经济责任。

（4）作废账单处理。作废账单应及时登记在作废账单记录本上，其格式应为一式两联，其中一联随同作废账单转入会计部门或其他相关部门，另一联由收银部门自己留存。

若作废的账单遗失，即不能办理账单作废，应视同收银短缺，由收银员自行负责；所有作废账单应在营业总结账之前办理妥当，不可在结账后才补办；若同一笔交易有多张账单，只有其中一张发生错误时，也应将所有账单一并收回，再重新打单。

7. 检查收银作业

为了做好收银工作，一是要建立规范标准及制度，二是要提高收银员的素质，三是要加强检查工作。收银检查作业的内容主要有：

（1）收银台的抽查。为了检查收银员的工作表现，有关人员（专业检查人员、

店长或值班长等）每天应不固定时间随机抽查收银台，内容包括：

①实收金额与应收金额是否相符。

②折扣总金额与折扣记录单的记录金额是否相符。

③检查收银机内各项密码及程序的设定是否有更动。

④检查每个收银台的必备物品是否齐全。

⑤收银员的礼仪服务是否良好。

⑥是否遵守收银员作业规则。

（2）清点金库现金。清点金库内所有现金及准现金的总金额与金库现金收支登录的总金额是否相等。

（3）每日营业结算明细表的正确性。每日营业结算明细表是各项财务资料计算以及日后营业方向确定的重要依据，这份表单必须定时、连续、正确地登录。

（4）加强检查。检核前台"中间收款"与后台"金库收支"是不是相符，以及每次执行中间收款作业时是否如实填写表单，检查相关主管对现金收支的处理是否诚实。

第三十一节　收取票据须知

第一条　法定支票记载——金额、发票人图章、发票日期、付款地均应齐全，大写金额绝对不可更改，否则盖章仍属无效，其他有更改的地方，务必加盖负责人印章。

第二条　在支票的抬头请写上"××商场"全称。

第三条　跨年度时，日期易生笔误，应特别注意。

第四条　字迹模糊不清时，应予退回重新开立。

第五条　收取客票时，应请客户背书，并且写上"背书人××商场"，千万不可代客户签名背书。

第六条　"禁止背书转让"字样的客票，一律不予收取。

第七条　收取客户客票大于应收账款时，不以现金或其他客户的款项找钱，应依下列方式处理：

（1）支票到期后，由公司以现金找还。

（2）另行订购抵账或抵交未付的账款中的一部分。

第八条　如商场无销货折让的办法，如因发票金额误开或转交机关的商店佣金未扣时，需将原开统一发票收回，寄交公司更改或重新开立发票。

第三十二节　退票的处理制度

第一，"退票通知书"由信用科填发，业务人员收到后应先行核对并于3日内将回执联填妥后寄信用科。

第二，业务人员收到退票通知书后应于15日内（客票应即时）前往洽收，并将结果填写"退票洽收报告"寄回信用科，否则若发生问题，概由业务人员负责，如因故未能如期洽收，应先函告信用科并说明拟前往洽收的日期，以确保时效，维护公司的权益。

第三，退票洽收若系换票，新开的票期不得超过退票通知书填发日期45天，否则计算收款成绩时，扣减该票金额的80％，超过75天则扣减100％。

第三十三节　问题客户的处理制度

第一，业务人员在访问客户或退票洽收时，如发现客户有异常现象时，应填写"问题客户报告单"，并建议采取措施，或视情况填写"坏账申请书"呈请批准，由征信科追踪处理。

第二，业务人员因疏于访问，未能明了客户的情况变化，未填写"问题客户报告单"通知商场致商场蒙受损失时，业务人员应负责赔偿该项损失25％以上的金额。（注：疏于访问指未依商场规定的次数，按期访问客户者。）

第三，为掌握商场全体客户的信用状况及来往情况，业务人员对于所有的逾期应收账款，均应将未收款的理由，详细陈述于账龄分析表的备注栏上，以供商场参考，否则此类账款将来因故无法收回形成呆账时，业务人员应负责赔偿25％以上的金额。

第十章｜商场行政办公室管理制度

第一节　行政办公室规范管理制度

第一条　为使办公室管理及商场文化建设提升到一个新层次，制定如下制度。

第二条　办公仪表规范：

（1）每周一至周四：男士着深色套装（马甲）、衬衣、皮鞋，必佩戴领带。

（2）每周一至周四：女士着深色套裙（或裤）、马甲、衬衣、皮鞋。

（3）周五：随意着休闲上装及长裤，女士可着裙装（有外事活动除外）。

（4）头发梳理整齐，服饰熨烫挺括，领带正挺，皮鞋亮净。

第三条　办公室规范：

（1）卡座屏风：保持整齐。

（2）公用物品：如公用办公桌、饮水机等，按规定位置放置，不得随意移动。

（3）报刊：必须上报架，或阅完后放入办公桌内。

（4）外衣及手袋：置挂于衣帽间或柜子内，严禁随意放在办公桌椅及拖柜上。

第四条　卡座区规范：

（1）办公桌：桌面除电脑、口杯、电话、文具外，不允许放其他物品。

（2）辅桌：放文件盒、少量工具书。

（3）坐椅：靠背、坐椅一律不能放任何物品，人离开时要将椅子调正。

（4）电脑：主机上方有显示器，电脑置写字台左前角。

（5）卡座屏风：内外侧不允许张贴任何东西。

（6）垃圾篓：内罩塑料袋，置写字台下右前角。

第五条　语言规范：

（1）交往语言：您好，早晨好，请问，请您，劳驾您，请关照，谢谢，周末愉快，再见。

（2）电话语言：您好，请问，谢谢，再见。

（3）接待语言：您好，请稍候，我通报一下，请坐，对不起，请登记，我即去联系，打扰您一下，好的，行（切勿说"不"）。

第六条　行为规范：

（1）坚守工作岗位，不随意串岗。

（2）上班时间不准看报纸、玩游戏或做与工作无关的事情。

（3）保持办公桌上整洁，注意办公室内安静。

（4）上班时间，不准在办公室化妆。

（5）接待来访或业务洽谈，须到接待室或会议室进行，私客不得在卡座区停留。

（6）使用接待室或会议室，要事先到办公室登记，一般内部事务不得随意使用接待室。

（7）不要因私事打公司长途电话。凡因私事打电话者，发现一次，罚款××元。

（8）不要在公司电脑上发私人邮件或上网聊天。违反者，发现一次，罚款××元。

（9）不要随意使用其他部门的电脑；未经总经理批准，私客不准使用公司电脑。

（10）所有电子邮件的发出，须经部门经理批准，以公司名义发出的邮件须经总经理批准。

（11）未经总经理批准和部门经理授意，不要索取、打印、复印其他部门的资料。

（12）吸烟须到吸烟室，否则罚款××元。

（13）无工作需要，不要擅自进入计算机房、客房服务中心、档案室、打字室、财务部、会议室、接待室等。

（14）严格遵守考勤制度，迟到、早退每次扣工资××元。

（15）不论任何原因，不得代人刷卡上班。

（16）请病假须凭医生开具的病假条，否则一律视同为事假。

（17）凡出远勤达一天以上者，应先填报经领导批准的出差证明单。

（18）因故临时外出，必须请示部门经理，各部门全体外出，必须与总经理办公室打招呼。

（19）不要将公司的烟缸、茶杯、文具等一切公物，带回家私用。

第二节　行政办公纪律管理规定

第一条　员工上班时必须佩戴胸卡。

第二条　员工上班时穿西装或职业装，不能穿着休闲装，不能在办公室内化妆。女员工不能穿超短裙与无袖上衣。

第三条　坚守工作岗位，不要随意串岗。

第四条　上班时间不要看报纸、玩电脑游戏、打瞌睡或做与工作无关的事情。

第五条　保持办公桌上整洁，注意办公室内安静。

第六条　接待来访或业务洽谈应在会议室进行。

第七条　不要因私事长时间占用电话。

第八条　不要因私事拨打公司长途电话。

第九条　不要在公司电脑上发送私人邮件或上网聊天。

第十条　不经批准不得随意上网。

第十一条　未经允许，不要使用其他部门的电脑。

第十二条　所有电子邮件的发出，必须经部门经理批准，以公司名义发出的邮件须经总经理批准。

第十三条　未经总经理批准和部门经理授意，不要索取、打印、复印其他部门的资料。

第十四条　吸烟须到卫生间，否则将被罚款。

第十五条　在业务宴请中，勿饮酒过量。

第十六条　无工作需要不要进入经理办公室、计算机房、客户服务中心、档案室、打字室、财务部，以及会议室、接待室。

第十七条　不要迟到早退，否则每分钟扣发工资×元。

第十八条　请假须经部门经理、分管副总或经理书面批准，并到办公室备案；假条未在办公室即时备案，公司以旷工论处，扣减工资。

第十九条　不论任何原因，不得代他人刷卡，违规者将被公司开除。

第二十条　因工作原因未及时打卡者，须及时找部门经理签字后于次日报办公室补签，否则会按旷工处理。

第二十一条　加班必须预先由部门经理批准后再向办公室申报，凡加班后申报的，办公室将不予认可。

第二十二条　在月末统计考勤时，办公室不对任何空白考勤予以补签；如因故未打卡，须到办公室办理。

第二十三条　请病假须凭据医生开具的病假条，否则一律视同为事假。

第二十四条　因当日外勤不能回公司打卡的员工，其部门部门经理须在当日8时30分以前写出名单，由办公室经办人代为打卡。

第二十五条　凡出远勤达一天以上者，须先填报经领导批准的出差证明单。

第二十六条　因故临时外出，必须请示部门经理；各部门全体外出，必须与总经理办公室打招呼。

第二十七条　不得将公司烟缸、茶杯、文具和其他公物带回家私用。

第三节　办公室主任职责规定

一、职务规定

第一条　负责督促、检查行政部门对上级的指示、总经理办公室决议及总经理决定的贯彻执行。

第二条　定期组织收集、分析、综合公司有关生产、行政等方面的情况，主动做好典型经验的调查总结，及时向总经理汇报、请示工作，并定期向上级书面汇报。

第三条 根据总经理指示，负责组织由总经理主持的工作会议，安排并做好会务工作。

第四条 负责起草总经理授意的综合性工作计划、总结和工作报告。

第五条 组织起草总经理办公室文件（负责审核各职能部门以总经理办公室名义起草的文件），组织并做好公司文件的编号、打印、发放以及行政文件的立卷、归档、保管工作。

第六条 组织做好总经理办公室印鉴和介绍信的使用保管、函电收发和报刊收订分发工作，并及时编写公司的大事记。

第七条 协调、安排涉及多部门主管参加的各种会议。

第八条 组织并做好来客接待和公车的管理工作。

第九条 指导并做好电话话务与机线维修工作。

第十条 根据总经理提出的方针、目标、要求，及时编制本室的方针目标，并组织贯彻落实。

第十一条 负责公司办公用房的分配调整及办公用品、用具标准的制订和管理，并对办公用品、用具标准化及各部门文明办公进行检查督促。

第十二条 负责完成总经理临时交给的各项任务。

二、职权规定

第十三条 有权向公司各部门索取必要的资料和情况。

第十四条 有权检查督促对总经理指示的贯彻执行情况。

第十五条 有权催促各部门按要求完成公司下达的工作任务。

第十六条 有权催促各部门及时做好文件与资料的立卷、归档工作。

第十七条 有权按总经理的指示，协调各部门之间的工作关系。

第十八条 有权安排、调度公车的使用。

第十九条 有权对各部门以总经理办公室名义起草的文件审核和校正。

第二十条 有权对不符合规定或质量不高、效果不大的文件、资料，拒绝打印发放。

第二十一条 有权对要求各部门主管参加的会议进行综合平衡或精简压缩。

第二十二条 有权根据总经理的指示，对办公用房进行分配和调整，并对办公用品、用具标准化进行检查、督促。

三、职责规定

第二十三条 对得知生产行政工作出现异常情况后未及时向总经理反映，以致造成重大损失负责。

第二十四条 对总经理办公室行文的差错，收集与整理的资料失实而造成的严重后果负责。

第二十五条　对机密文件和文书档案管理不严，发生失密、泄密或丢失、损坏负责。

第二十六条　对公文、函件、报刊、电报传递不及时，或发生丢失、误传现象，影响工作负责。

第二十七条　对印鉴、介绍信管理不严或使用不当而造成的不良后果负责。

第二十八条　对下属工作质量差造成的不良影响负责。

第二十九条　对本室所属岗位发生的设备、人身、交通、火灾事故负责。

第三十条　对未及时根据公司方针目标的有关要求，编制好本室方针目标或未及时检查和落实负责。

第四节　经理秘书工作条例

一、秘书的任务

第一条　秘书的任务是代替公司经理处理那些可以由其他人完成的工作和为经理的工作做好准备。

第二条　本公司秘书的工作有很多项内容，简单地表示如下：

(1) 传达。

(2) 运转。

(3) 助手。

(4) 书籍、文件整理。

(5) 室内整理。

(6) 代行事务。

(7) 会计事务。

(8) 调查。

(9) 记录。

(10) 接待。

第三条　以上工作的内容及分量，根据经理意图和各项工作的具体内容决定。

二、秘书的工作内容

第四条　传达事务的具体工作内容：

(1) 接待来访。来访者各有不同，事有大小，秘书要区别对待。对应该会见的人，应直接向经理转达对方的意图，并引其进入会客室或经理办公室，不论对方要求见面还是仅仅预约。对不宜会见的人，在请示经理后以"不在"、"正在开会"或"工作很忙"等为由拒绝对方，或是将个人意见报经理后作出答复。

(2) 接听电话。接听电话时，一定要先声明"这里是××公司"等，然后记下对方的姓名、工作单位、有什么事情，根据对方情况，不妨碍时可明确回答，但一般不说经理是否在。

（3）转达。需要转达时，要了解对方的身份和正确听取要转达的内容，并准确、迅速地转达给经理。

（4）文件的收发及分送。收到的邮件或送来的文件，首先要区别是需直接送呈经理的，还是需秘书先进行处置和整理的，或者是私用文书（这些区分的范围需事先请示经理），需经理办理的要直接送交经理。经理不在时，如果有与经理直接有关的留言、电话、快递，可用电话告知。

第五条 日常工作内容涉及出席会议、陪同旅行、参加宴会、登行拜访、起草文件等。

（1）日程的设计及其安排。对所确定的经理应处理的事项，如出席会议等具体的日期和时间进行记录、整理，并随时进行核查，协助经理制定出日程表。日程计划应记入每月日程表，必要时在上面记下预定内容和变更情况。

（2）准备及安排。有些工作需要特别的准备和安排，而且这些工作通常都有一定的时间限制，因此必须提前做好适当的准备。

第六条 用品的整理。

秘书应将经理工作中所需的文件资料、各项用品及备用品事先准备齐全。

（1）在办公室内。平常经常使用的物品及备用品，应在合适的地方放置合适的数量。为此，可设计一张用品及备用品的明细表，在上面记下品种、一月或一周所需数量以及补充的数量和补充日期，此外还必须存有一定量的备用品，以便随时补充。

（2）经理外出时。经理外出时需使用的钢笔、铅笔等，每天都应事先准备好一定的数量，需要收入提包内的物品也要作同样考虑。这些需要准备的物品应在询问过经理后制作一张明细表，事先贴在明显的位置以防遗漏。如果是出差，还应考虑出差的地点和天数等，更要经常征询经理的意图，以准备好所需用品。

（3）文件、资料的准备。首先要清楚哪些文件是重要的，如不明白，要详细询问，以便将可能会用的文件材料一并准备齐全。可以制作一张文件明细表以方便使用。

第七条 文件整理业务。

（1）为使经理处理完毕或正在使用的文件不丢失、散乱，并且随时可以提用，需要对这些文件进行整理。要根据经理意见将文件分类，并放入固定的装具和容器内，使用中还要经常整理，以便很容易地查到文件。

（2）整理工作的关键是分类项目的确定，需要保管及整理的文件用品的选择和整理，以及借阅手续的完善。

（3）业务用的文件分为正在处理的文件、正在运行的现行文件和已处理完毕的文件，此外还有机密类文件。根据应用情况还可以分为每日必用、常用和不常用

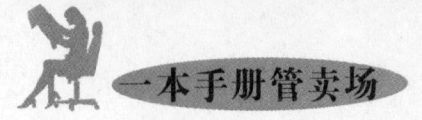
三种。

（4）经过整理后，有必要对文件进行装订，并给每一个文件集合体以一个恰当的名称。应在听取经理意见后再制一张文件分类的明细表，将表张贴在保管场所或保管人的桌子上，以便于参照。

第八条　整理、清扫工作。

整理、清扫工作时须注意如下几点：

（1）桌面上的台历和墙上挂的日历要每天调整日期。桌子要擦抹干净。常用品要准备好，并按要求备齐数量。将前一天取出的图书、文件放回原处，有破损和污染的物品要修补或更换。

（2）室内的物品都要放在固定的地方。

（3）根据当天的天气情况随时调整空调和窗帘。

第九条　代行事务。

秘书可以代行的事务主要有：转达经理意见或命令，表达经理意见要完整准确，注意简洁、迅速。有时根据情况，还要将对方的答复向经理汇报。

第十条　会计事务。

该项事务是指由经理直接使用的几种账目的管理，包括各项物品的购入及发放、资产的调配及运用、现金收入及支出等方面的账目记录及管理。

（1）关于资产状态及收支情况要制作明细表，至少一个月要制作一张月报表；在特殊情况下，要随时根据经理及副经理的要求拿出报表。

（2）处理资产状况还应注意以下几点：

①支出及收入可以根据原始凭证将其发生额记入现金出纳账中。现金出纳账与现金余额的多少应保持一致。票据上要有经手人和秘书的印章以明确责任，每个月应将这些收据汇总后让经理过目2～3次。

②日常的现金支出应限定在一定的数量内。若有特殊项目，应申请特别支出的资金或开出支票。

③开具支票需有收据或其他凭证，并在支票上写明用途，由经理盖章。

④资产分为土地、建筑物、有价证券、备用品及各种家具杂物的押金等。应设立各种资产的台账及有价证券簿，详细记录各种资产的内容、单价、数量、现有额及出入额等。

⑤银行存款及邮政储蓄要设存款底账。接受款项者应按名称分别立账并明示余额。

（3）各种物品的购入和发放应特别注意有无使用申请和手续是否齐备，并及时入账，以免遗忘和推迟记账。

第十一条　协助调查。

公司的调查通常分为特命调查和一般性调查两类。公司在开展各种调查工作时，办公室秘书须做好协助工作。

866

（1）进行调查工作时，秘书应选择并委托合适的专家、顾问进行或将他们列为调查委员，并与之保持日常联系，需要时提出调查课题请他们完成。

（2）有些专业事项的调查，秘书也可以亲自听取专家和当事人的意见，或在调查各方面情况后，将意见和调查情况汇总后向经理汇报。

第十二条 文书工作。

文书工作有三个方面：书写信函，起草文件，誊清或印刷文件。

（1）信函的完成。可将经理经常使用的信件种类事先汇集为"标准通信范例"，需要时选择一种略加增删便可使用，较为便捷。

（2）文件的誊清及印刷。主要包括将草案以笔记形式誊清、用打印机打印、直接印刷以及辑录图书杂志上的有关内容等四项工作。

第十三条 联系业务。

联系工作就是要向经理或副经理转达某项事情并向对方转告经理或副经理的意图，听取对方的答复，并将答复再次反馈给经理。

第十四条 招待事务。

招待是指在经理外出、返回或有客人来访时的礼仪性款待。款待包括充当向导、收存携带物品、奉送茶点、迎来送往等。

第五节　商场招商管理制度

1. 机构设置与管理权限

（1）在总经理领导下，由市场经营部主管，各职能部室、商店按管理权限分工负责商场招商工作。

（2）商场进货管理委员会负责审批被招商企业的进场资格，市场经营部负责定期或不定期组织有关部门对被招商企业商品质量、经营品种和销售情况进行考核，对物价、计量、商标、陈列、卫生进行检查。

（3）劳动人事部负责对商场信息员进行面试、审查体检表和岗前培训。经考试合格，方可发放上岗合格证。负责定期或不定期会同有关部门对信息员服务规范、劳动纪律、商容风纪等进行检查考核。

（4）安全保卫部负责对商场信息员验证（身份证、工作证、健康证、暂住证）工作，并将审核情况登记入册，与被招商企业签订安全责任书，会同有关部门定期或不定期对被招商企业进行安全检查，特别是防火、防盗、防汛检查。

（5）行政部负责商场信息员的工服发放，收取食堂、医疗、美发、淋浴等项服务的管理费和借用财产管理等工作。

（6）各商场商店明确一名经理负责被招商企业日常管理工作。并负责向市场经营部提供被招商企业的营业执照副本、招商审批表、联销协议、商品样品、价格目

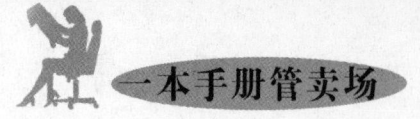

录及来场信息员的各种证件。

2. 招商标准（条件）

（1）被招商企业选派的信息员，必须是道德品质好，责任心强，热情大方，会讲普通话，身高、裸视都符合招商要求的本厂（公司）正式职工。信息员受双重企业管理，享受其所在企业（工厂、公司）待遇。

（2）商场招商工作实行动态管理。被招商企业要认真遵守商场各项管理制度，积极配合商场开展各种促销活动，努力完成销售计划。对三个月无故完不成销售计划或违反商场管理制度的，企业市场经营部有权提出终止协议。

（3）被招商企业必须是具有法人资格，并已在当地工商行政管理部门注册登记的国有、集体、三资、私营企业或有外贸进出口权的代理商。

（4）被招商企业所经营的商品必须是商场所属商店经营范围内的商品；国内商品必须是符合各级计量、质检、卫生标准，实行三包（包修、包退、包换）的本厂产品，坚决杜绝经营其他厂家的产品及滞销、假冒、伪劣商品。

（5）招商联营期限，一般为三个月至半年，有发展前途的可签订 1～2 年合同，到期后根据销售计划完成情况和市场供求情况决定是否续签合同。

3. 招商审批程序

（1）招商工作要贯彻商场的经营方针，择优招商。

（2）各商店要按照不重复招商和申报在先的原则进行严格筛选。

（3）凡符合招商标准的企业，须向商场提出书面申请，与商场签订协议书，由商场将被招商企业的营业执照副本、审批表（一式四份）、样品、价格目录、质量认证书、税务登记证、生产许可证、卫生许可证以及商场审批意见，一并报市场经营部由商场进货管理委员会审批后，再到商场劳动人事部办理其他手续。

（4）劳动人事部根据经营部的审批表（第二联）及信息员的彩色照片、体验表进行面试，并负责组织学习商场规章制度、服务规范，进行岗前培训，经考试合格上岗，未经培训考核不得上岗。被招商企业不得擅自更换信息员。

（5）安全保卫部根据市场经营部的审批表（第三联）来审查商场信息员的身份证、工作证、健康证，并登记入册与其签订安全责任书，进行安全教育并负责发放信息员胸卡。

（6）行政部根据市场经营部审批表（第四联），负责办理来场信息员的工服发放、就餐、借用财产等手续。

（7）各商场商店在市场经营部、劳动人事部、安全保卫部备案后，方可办理被招商企业进店经营事宜。

（8）对符合招商标准的私营企业，各商店要经两人实地考察，特别是食品加工企业，要考察其是否符合国家颁布的卫生标准，是否有生产许可证、卫生许可证，服装加工业要了解其生产规模，并向市场经营部出具实地照片。

（9）对不按照招商审批程序办理，擅自进店销售的企业，要追究商场商店主管经理的责任，并给予一定的经济处罚，责令其厂家立即撤出。

4. 物价、计量、统计、保险及财务管理

（1）被招商企业的商品销售价格，必须经商店商场专职物价员看样定价，并上报市场经营部审批，招商企业要向物价员提供成本单（发货单）、价格目录，遇特殊情况经主管经理批准，可用供货合同单，暂定临时价格，正式发票一到，立即走正常手续。

（2）被招商企业进销均纳入商场商店进销账目。商场统一建立"招商企业销售月报表"，内容包括：单位名称、品种、销售额等，由各商场商店统计员填写，每月向市场经营部报送。

（3）各商场要建立被招商企业进、销、存登记，单独设账，做到账面清楚、整洁，每月5日前将其经营情况上报市场经营部。

（4）被招商企业如需使用计量器具（尺、秤、验光仪）的，须事先向市场经营部申报，经（计量）技术检定，履行登记备案手续后，方可使用。

（5）被招商企业进场前应到当地保险公司办理人身财产保险，未办理保险的，在商场内发生人身伤亡、商品及财产损失的，由招商企业自行负担。

（6）被招商企业的销货款必须由商场统一收取，按时上交银行，货款结算一律通过银行，结算前要与记账员核对，销多少结多少，不能多结，同时要按"招商细则"规定扣除所聘售货员费用和营业税款后再做结算。

（7）被招商企业在商场周转仓库储存商品的，必须按财务部门制定的有关费用标准缴纳仓储保管费。

5. 招商监督与处罚

（1）商场各职能部门要按照本制度要求对被招商企业进行监督管理，凡无营业执照或不按规定的经营范围、经营方式经营，出现扰乱商场正常治安秩序等情况的坚决予以取缔，并追究有关商场责任，没收厂家非法所得，对厂家处以5万元以下的罚款，对个人处以500元以下的罚款。

（2）必须以物美价廉为宗旨，经商场物价审批定价，明码标价，才可出售被招商厂家商品。要坚持文明经商，如有违反供应政策，损害消费者利益的，视情节轻重分别给予批评、罚款、终止协议的处罚。

（3）厂家对借用商场的财产要注意爱护，妥善保管，如有损害须照价赔偿。

（4）厂家信息员（含商场选派售货员）如违反商场有关规定，分别由各职能部门向厂家提出批评、罚款，责令当事人下岗培训，或调换人员，厂家必须按各职能部门要求逐项落实，拒绝接受批评和罚款的给予终止协议处理。

（5）商场各职能部门要根据各自分工，认真检查、严格管理。如因管理不善或放弃对厂家监督管理，出现问题后不认真解决，而造成一定影响的，要追究有关部门、商场领导的责任。

（6）市场经营部对被招商企业经营范围、经营品种、商品质量、销售情况、服

务规范、物价计量进行检查，对符合本管理制度的，要维护其合法权益，保障其合法经营；对销售不佳，以次充好、坑骗顾客、损害消费者权益的，有权作出撤换或终止协议的决定。

（7）劳动人事部定期对信息员进行岗位考核，对不符合服务规范，不执行规章制度的信息员，给予经济处罚，并追究所在商场主管经理的责任。

（8）上岗信息员要统一着装，佩戴胸卡，严禁佩戴实习生或其他胸卡，一经查出要追究其所在商场经理的责任，并给予罚款处理，信息员立即下岗。

（9）一经查出被招商企业使用未经检验计量器具的，立即将器具没收，造成重大影响的清除出场。

（10）一经发现被招商企业出现私下交易、场外交易、代留货款的，立即终止协议。

第六节　总办文员管理制度

第一条　总台及各楼层值班人员，统称总办文员。

第二条　总办文员上班需着工作装、化淡妆。

第三条　总办文员要按以下程序工作：

8:15 到公司，穿好工作服，检查打卡机，挂领导值班牌，开空调机（夏天）。

8:20 站立迎候员工上班，主动递卡片。

8:30 收卡。

第四条　总办文员对待员工或其他客人要礼貌大方、热情周到。对来找高层管理者的客人，要问清事先有无预约，并主动通知被找者。

第五条　各楼层的文员，应视本楼层的具体情况，参照总台的工作程序做好工作。文员负责保持会议室的整洁，并主动给参加会议的人员倒茶水。会议结束后，立即清理会议室。

第六条　值班文员应推迟 30 分钟下班。各楼层文员下班前应先关好空调机并检查各办公室，发现里面没有人时，应锁门关灯，做到人离灯灭。如有员工确因工作需要须加班时应通知总台。当天值班的总台文员，亦应在员工下班后巡逻楼层，确保安全后方可离开。

第七条　总办文员如违反本制度，视情节给予批评，或处 50 元以上 100 元以下罚款；屡教不改的，扣除当月奖金或给予辞退。

第七节 办公室员工岗位职责规定

1. 办公室主任

(1) 全面领导办公室工作并具体主持行政事务工作。

(2) 召集公司办公室每周例会，制订每周工作计划。

(3) 审核批准公司 1000 元以下行政费用开支报告。

(4) 审核上报公司 1000 元以上行政费用开支计划。

(5) 负责公司防火、防盗及交通等安全管理工作。

(6) 管理公司员工及住房。

(7) 负责对外经济合同的审核签章及公司法律事务协调。

(8) 管理总经理办公室人员编制。

(9) 负责对外联系工作计划的制订与实施。

2. 办公室副主任

(1) 督办与上报全公司各部门每周的工作计划。

(2) 落实谈心制度。

(3) 反映员工的思想动态，研究、报批与实施引导激励员工的激励机制。

(4) 安排布置内部会议的资料。

(5) 组织与安排员工生日及公司集会。

(6) 负责公司发文管理及报批。

(7) 协助全公司各部门的资料整理。

(8) 管理档案。

(9) 审查文件、记录及内刊。

3. 行政主管

(1) 按合同实施物资采购和小型用品采购。

(2) 具体安排员工午餐。

(3) 缴纳电话费。

(4) 管理环境卫生。

(5) 安排外来宾客的住宿。

(6) 具体办理车辆的年检、年审、保险、维修并与管理部门联系。

(7) 办理经批准的公司员工的暂住证，负责与安全委员会的工作联系。

(8) 其他工作。

4. 前台文员

(1) 接转电话。

(2) 负责传真收发与登记。

（3）负责前台接待、登记。

（4）引见、招待、接送来宾。

（5）负责监督打卡和汇总考勤。

（6）负责请假及加班申报单的保管、汇总、制表。

（7）负责锁门，管理电梯，开关灯光、门窗。

（8）收发报刊函件及整理保管报纸。

5. 文员

（1）负责文件、资料的打印、登记、发放、复印、装订。

（2）管理饮水机。

（3）保管、登记和按规定发放公司办公文具与器材。

（4）制订办公用品计划并报主任审批。

（5）接待与通报总经理室客人。

6. 司机

（1）保证公司业务部门用车的及时出行与安全。

（2）保证公司领导上下班用车及来宾接送用车。

（3）负责使用车辆的保管及日常清洗、维护、保养。

（4）其他工作。

第八节　员工保密纪律规定

第一条　保密工作是指对可能发生的泄密和窃取活动采取的系列防范措施。

第二条　保密工作原则：积极防范，突出重点，严肃纪律。

第三条　全体员工应做到：不该看的不看，不该问的不问，不该说的不说。

第四条　文件和资料保密：

（1）拟稿：文稿的拟定者应准确定出文稿的密级。

（2）印制：文件统一由行政管理部印制。

（3）复印：复印秘密文件和资料，由主管批准。

（4）递送：携带秘密文件外出，由两人同行，并包装密封。

（5）保管：秘密文件由行政管理部统一保管，个人不得保存。如需借阅，由主管批准，并于当天收回。

（6）归档。没有解密的文件和资料存档时，要在扉页上注明原定密级，并按有关规定执行。

（7）销毁。按档案管理的有关规定执行。

第五条　对外披露信息，按公司规定执行，按下列程序办理：由部门经理、主管、法律事务处会签。

第六条　保密内容按以下三级划分：

（1）绝密级：

①公司领导的电传、传真、书信。

②非公开的规章制度、计划、报表及重要文件。

③公司领导个人情况。

④正在研究的经营计划与具体方案。

（2）机密级：

①公司电传、传真、合同。

②生产工艺及指导生产的技术性文件和资料。

③员工档案。

④组织状况，人员编制。

⑤人员任免（未审批）。

（3）秘密级：

公司的经营数据、策划方案及有损于公司利益的其他事项。

第九节　印章管理制度

第一条　本制度就公司内使用的印章的制度，改正与废止、管理及使用方法作出规定。

第二条　本制度中所指印章是在公司发行或管理的文件、凭证文书等与公司权利义务有关的文件上，因需以公司名称或有关部门名义证明其权威作用而使用的印章。

第三条　公司印章的制定、改刻与废止的方案由总经理办公室主任提出。

第四条　总经理办公室主任必须在提出的议案中对新旧公司印章的种类、名称、形式、使用范围及管理权限作出说明。

第五条　公司印章的刻制由总经理办公室主任负责，更换或废止的印章应由规定的各管理人迅速交还总经理办公室主任。

第六条　除特别需要，总经理办公室主任将废止印章保存三年。

第七条　公司印章散失、损毁、被盗时，各管理者应迅速向公司递交说明原因的报告书，总经理办公室主任则应根据情况依本章各条规定的手续处理。

第八条　总经理办公室主任应将每个印章登入印章登记台账内，并将此台账永久保存。

第九条　印章在公司以外登记或申报时，应由管理者将印章名称、申报年月日以及申报者姓名汇总后报总经理办公室主任。

第十条　公司印章的使用依照以下手续：

（1）使用公司或高级职员名章时应当填写"公司印章申请单"（以下简称申请单），写明申请事项，征得部门领导签字同意后，连同需盖章文件一并交印章管理人。

（2）使用部门印章和分公司印章时需在申请单上填写用印理由，然后送交所属部门经理，获认可后，连同需要用印的文件一并交印章管理人。

第十一条　公司印章的使用原则上由印章管理人掌握。印章管理人必须严格控制用印范围和仔细检查用印申请单上是否有批准人的印章。

第十二条　代理实施用印的人要在事后将用印依据和用印申请单交印章管理人审查，用印依据及用印申请单上应用代理人印章。

第十三条　公司印章原则上不准带出公司，如确因工作需要，须经总经理批准，并由申请用印人写出借据并标明借用时间及事由。

第十四条　常规用印或需要再次用印的文件，如事先与印章主管人取得联系或有文字证明者，可省去填写申请单的手续。印章主管人应将文件名称及制发文件人姓名记入一览表以备查阅。

第十五条　公司印章的用印依照以下原则进行：公司、部门名章及分公司名章，分别用于以各自名义行文时；职务名称印章在分别以职务名义行文时使用。

第十六条　用印方法：

（1）公司印章应盖在文件正面。

（2）盖印文件必要时应盖骑缝印。

（3）除特殊规定外，盖公司章时一律应用朱红印泥。

（4）股票、债券等张数很多，盖章麻烦时，在得到经理批准后，可采取印刷方式。

第十节　印章处理制度

第一条　本制度规定公司重要印章及一般交易印章的处理事项。

第二条　重要印章由总经理或总经理办公室主任负责保管，交易用章由总经理办公室主任保管。

第三条　需加盖重要印章或交易用章时依照以下手续进行：

（1）重要印章。

①需盖章时，持需盖章文件并填写"重要用印申请书"，经所属部门的负责人批准后报总务部秘书室。

②接到申请的秘书室主任，确认手续完备和申请单上填写无误后，将其与文件一起交总务部经理批复。

③总务部经理对文件的效用进行审查，对有关疑点进行质询后注明意见，呈报

总经理。

④总经理在对上述过程及文件审查后，直接在文件上盖印。

⑤盖过印的文件及"重要用印申请书"由总务部经理返还秘书室，文件发还申请人，"重要用印申请书"的"处理结果"一栏由总经理填写，由秘书室统一保存。

⑥总经理若认为文件有不完善之处，由总务部经理、秘书室主任依次向申请者反馈。

（2）一般交易印章。

①将文件及填写好的"交易印章施印登记表"交总务部秘书室。

②接收上述文件及表格的总务部秘书室主任要亲自处理用印事务。

③总务部经理作为秘书室主任的上级，负有管理用印的责任。

第四条　总经理因不得已的原因而不能自行用印时，要预先征得同意后委托常务董事代行用印。

第五条　办理用印事宜应在营业时间之内。

第六条　严禁将印章带出公司。如不得不带出公司时，需经总经理批准。

第七条　印章如发生丢失、损毁或被盗情况，应迅速向总经理或总务部经理汇报。

第八条　印章的新刻或改制由总务部经理获总经理批准后办理。

第九条　不论是重要印章，还是一般交易用章，用于文件和凭证时就代表着公司的权利和义务，因此，应将公司印章的印模制成印鉴簿，交由总务部经理保管。

第十条　本制度的制定下发和修改、废止，由董事会研究决定。

第十一节　凭证管理规定

凭证包括介绍信、工作证、发票等票证。凭证管理有两层意思：

一是未盖公章或专用章的空白凭证，虽然还不具备生效的条件，但仍应严格保管好，不得丢失外流。

二是加盖公章并已具有效力的凭证，更应严格保管和使用。

对于凭证的管理，要做到：

第一，严格履行验收手续。

第二，建立凭证文书登记。

第三，选择保密的地点和坚固的箱柜，有条不紊地入库保存。

第四，定期进行检查，若发现异常情况，要随时提出处理意见。

第五，严格出库登记。对于有价证券和其他主要凭证，应参照国家规定的金库管理办法进行管理。

凭证文书具有很高的查考价值，大多需要永久保存。因此，一切有关凭证的正

件、抄件、存根、复写件，以及文稿、草图、签发、资料，都应该及时整理，妥善保存，并按立卷归档的规定，随时分类入卷，定期整理归档，不得随意丢失，更不准自行销毁。

第十二节　公章使用办法

第一条　公司可以对外使用的公章。

公司章、公司业务专用章（办公室章、人事部章、计划财务部章、国际合作部章、合同专用章）。

第二条　公司章使用范围。

（1）以公司名义上报总公司的报告和其他文件。

（2）以公司名义向上级国家机关及各省市、自治区党政机关发出的重要公函和文件。

（3）以公司名义与有关同级单位的业务往来、公函文件和联合发文等。

第三条　公司业务专用章使用范围。

（1）办公室章：以办公室名义向公司外发出的公函和其他文件、联系工作介绍信、刻制印章证明。

（2）人事部章：就有关人事、劳资等方面业务代表公司用章。

（3）计划财务部章：就有关计划、财务等方面业务代表公司用章。

（4）国际合作部章：就有关国际间交往、业务联系、接待计划、组织国际性会议等方面业务代表公司用章。

（5）合同专用章：以公司名义签订的协议、合同和有关会议纪要等。

第四条　公章使用手续。

（1）公司章、计划财务章、合同专用章必须经总经理、副总经理或总经理助理批准方可使用。

（2）办公室章、国际合作部章，由办公室主任批准后使用。

（3）使用公章必须事先履行登记手续。

第十三节　介绍信管理规定

介绍信一般由总经理办公室机要秘书负责保管和开具。开具介绍信要严格履行审批手续，严禁发出空白介绍信。介绍信的存根要归档，保存期5年。因情况变化，介绍信领用人没有使用介绍信，应即退还，将它贴在原存根处，并写明情况。如发现介绍信丢失，应及时采取相应措施。介绍信一般分信笺介绍信、存根介绍信和证明信三种。因类型不同，其管理方式也不同。

1. 信笺介绍信

信笺介绍信多为联系某项工作。用信笺开介绍信，可以表达较为复杂的内容。

2. 存根介绍信

存根介绍信分成两联：一联是存根，即副联；另一联是外出用的介绍信，即正联。正副联中有一间缝；正副联都有连续号码。除要在正联下方盖公章外，在正副联间缝骑缝处也要盖公章。

3. 证明信

证明信是以商场的名义证明某人的身份、经历或者有关事件的真实情况的专用书信。一种是以组织名义发的证明信；另外一种是以个人名义发的证明信。除个人盖章外，组织也要盖章以证明此人的身份。

第十四节 会议规程

第一条 会议程序。

本公司各类会议的程序安排如下：

(1) 经营会议。

①会议主席作经营政策报告（10分钟）。

②上次议案回顾讨论（20分钟）。

③部门业务成果报告（30分钟）。

④各部门协调及讨论事项（30分钟）。

⑤未决议事项复议（10分钟）。

⑥上级指导、报告（10分钟）。

⑦主席结论（10分钟）。

(2) 营业会议。

①会议主席报告（10分钟）。

②上次议案回顾（20分钟）。

③各区域业务成果报告（30分钟）。

④市场、同业动向及经销商管理研讨事项（20分钟）。

⑤各区域协调及讨论事项（20分钟）。

⑥下月销售目标及推销重点、日程安排（20分钟）。

⑦未决议事项复议（10分钟）。

⑧上级指导、报告（10分钟）。

⑨主席结论（10分钟）。

（3）专案会议。

①发起人报告（10分钟）。

②专案内容报告或上次议案追踪（20分钟）。

③作业进度报告（20分钟）。

④讨论及协调事项（30分钟）。

⑤未决议事项复议（10分钟）。

⑥上级指导、报告（10分钟）。

⑦主席结论（10分钟）。

（4）周会。

①周会开始（1分钟）。

②点名及仪容检查（3分钟）。

③各部门主管报告（10分钟）。

④值班人值勤报告（3分钟）。

⑤协调事项报告（8分钟）。

⑥主管指示（5分钟）。

⑦在职训练（16分钟）。

⑧散会（1分钟）。

第二条 会议规范。

本公司各项会议的通知应在3天以前发出。定期的例会，如遇到节假日，应顺延一天．会议的时间、地点，如没有安排固定的负责者，则由主席事先决定通知，公司会议记录由主席指派，定期例会除非有重大事故，均须依照确实时间进行。会议记录限1天内呈报上一级主管，主管批示限3天内完成，再交由会议主持人办理。本公司各种会议的规范如下：

（1）经营会议。每周一利用下班时间（下午6：30—8：30）在总公司举行，由总经理担任主席，除各部级主管参加外，还应请董事长、常务董事、监事列席指导。经营会议的目的是让公司的最高层干部参与经营策略的制定，听取各部门工作报告，同时决定本公司一周的工作重点和工作方针，协调各部门一周内的业务活动。

（2）营业会议。营业会议必须每月举行一次，时间在每月24日下午6：30—8：30，由业务主管担任主席，主任级以上人员及区域经理参加。业务会议重点在于分析和讨论业绩成果、回收成果、市场动向及同行业营业情况，制订下月业务目标及促销方案。

（3）专案会议。为了不影响其他会议的正常进行，应举行专案会议，专案会议不受时间、次数的约束，只要有对公司有利的、重要的议题并经上级同意后均可召开，由发起人组织有关人员开会商讨。专案会议为不定期会议，若一个专案需要多次研讨才能定案时，应约定次数与日期，但以一案一会为原则。

（4）周会。一般在每周星期一的早上用30分钟以上的时间做员工教育及重点工作报告，同时还可以利用周会表扬优秀员工，以提高其工作热情。周会的主席最好由干部或员工轮流担当。周会一般分别在总公司、工厂或分支机构举行。

第十五节　会议管理制度

一、会议组织

第一条　公司级会议：公司员工大会以及各种代表大会，应报请总经理办公室批准后，由各部门分别负责组织召开。

第二条　系统和部门工作会：各部门召开的工作会，由各部门主管决定召开并负责组织。

第三条　班组（小组）会：由各班组长决定并主持召开。

第四条　上级公司或外单位在我公司召开的会议（如现场会、报告会、办公会等）或业务会（如联营洽谈会、用户座谈会等），一律由总经理办公室受理安排，有关业务对口部门协助做好会务工作。

二、会议安排

第五条　例会的安排。

为避免会议过多或重复，公司正常性的会议一律纳入例会制，原则上要按例行规定的时间、地点、内容组织召开。例行会议安排如下：

（1）行政会议。

①总经理办公会：研究、部署行政工作，讨论决定公司行政工作重大问题。

②行政事务会：总结评价当月行政工作情况，安排布置下月工作任务。

③班组长以上经营管理大会（或公司员工大会）：总结上期（半年、全年）工作情况、部署本期（半年、新年）工作任务。

④经营活动分析会：汇报、分析公司计划执行情况和经营活动成果，评价各方面的工作情况，肯定成绩，指出失误，提出改进措施，不断提高公司经济效益。

⑤部门事务会：检查、总结、布置工作。

⑥班组会：检查、总结、布置工作。

（2）各类代表大会。

①员工代表大会。

②部门员工大会（或员工代表小组会）。

③企协会员代表大会。

（3）民主管理会议。

①公司管理委员会议。

②总经理、工会主席联席会。

③生活福利委员会议。

（4）论文、成果发布会。

①企协年会。

②思想政治工作研究会年会。

③信息发布会。

④企管成果发布会。

第六条　其他会议的安排。

凡涉及多个部门主管参加的各种会议，均须于会议召开前10天经分管副总经理批准后，分别报两办汇总，并由总经理办公室统一安排，方可召开。

（1）总经理办公室每周六应将公司例会和各种临时会议统一平衡并编制会议计划，分发到公司主要管理人员及有关服务人员。

（2）凡总经理办公室已列入会议计划的会议，如需改期，或遇特殊情况需安排新的其他会议时，召集单位应提前2天报请总经理办公室调整会议计划。未经总经理办公室同意，任何人不得随便打乱正常会议计划。

（3）对于准备不充分、重复性或无多大作用的会议，总经理办公室有权拒绝安排。

（4）对于参加人员相同、内容接近、时间相近的几个会议，总经理办公室有权安排合并召开。

（5）各部门会议的会期必须服从公司统一安排，各部门小会不应与公司例会同期召开（与会人员不发生时间上的冲突除外），应坚持小会服从大会、局部服从整体的原则。

三、会议的准备

第七条　会议主持人和召集单位与会人员都应分别做好有关准备工作（包括拟好会议议程、提案、汇报总结提纲、发言要点、工作计划草案，决议决定草案、落实会场，安排好座位，备好茶具茶水、奖品、纪念品，通知与会者等）。

第八条　参加公司办公例会的人员无特殊原因不能请假，如请假需经主持人批准。

第九条　有以下原因，副总裁以上的高层管理人员可提议临时或提前召开公司办公例会：

（1）有重要事项需提交公司办公例会讨论决定。

（2）各部门重要业务管理人员的录用及辞退。

第十条　"会议纪要"属公司内部重要文件，具有一定范围的保密性，未经批准不得外传。

第十二条　与会人员应知无不言、集思广益，一经会议决定之事，应按期落实。

第十三条　与会人员必须严格遵守会议纪律，不得随意走动，不得使用手机。

第十六节　会议管理规定

第一条　公司会议主要由办公例会、日常工作会议组成。

第二条　例会中的最高级会议通常情况下每月至少召开一次，就一定时期工作事项做出研究和决策。会议由集团总裁主持、参加人为公司总裁、副总裁、各部门主任等领导班子成员。

第三条　公司办公例会是为贯彻落实做出的决议、决定召开的会议。会议由总裁主持，参加人员为各部门负责人及有关人员。

第四条　公司办公例会由公司行政管理部组织。行政管理部应于会前 3 天将会议的主要内容书面通知与会的全体人员，并在会后 14 小时之内整理、发布"会议纪要"。

（1）会议纪要的形成与签发：

①公司办公例会会议纪要、决议由行政管理部整理成文。

②行政管理部根据会议内容的需要在限定时间内完成纪要和决议的整理工作。

③会议纪要和决议形成后，由与会的公司领导班子成员签字确认。

④会议纪要发放前应填写"会议纪要发放审批单"，审批单内容包括纪要编号、发放范围、主管领导（或主持会议的领导）审批意见。

⑤会议纪要应有发文号，发放时应填写"文件签收记录表"，并由接收人签收。

⑥会议纪要应分类存档，并按重要程度确定保存期限。

（2）会议纪要作为公司的重要文件，备忘已研究决定的事项，发至参加会议的全体人员，以便对照核查落实。

第五条　日常工作会议由会议召集者填写"会议申请单"，经主管副总裁批准方可召开，会议通知由行政管理部根据申请部门的要求发出。如会议需要撰写会议纪要，由会议召集部门撰写完毕后报有关人员及行政管理部。

第十七节　会议管理要点

第一条　提高会议成效的要点：

（1）要严格遵守会议的开始时间。

（2）要在开头就议题的要旨做一番简洁的说明。

（3）要把会议事项的进行顺序与时间的分配预先告知与会者。

（4）在会议进行中要注意如下事项：

①发言内容是否偏离了议题？

②发言内容是否出于个人的利害？

③全体人员是否都专心聆听发言？

④发言者是否过于集中于某些人？

⑤是否有从头到尾都没有发言过的人？

⑥某个人的发言是否过于冗长？

⑦发言的内容是否朝着结论推进？

（5）应当引导在预定时间内做出结论。

（6）在必须延长会议时间时，应取得大家的同意，并决定延长的时间。

（7）应当把整理出来的结论交给全体人员表决确认。

（8）应当把决议付诸实行的程序理出，加以确认。

第二条　会议禁忌事项：

（1）发言时不可长篇大论，滔滔不绝（原则上以 3 分钟为限）。

（2）不可从头到尾沉默到底。

（3）不可取用不正确的资料。

（4）不要尽谈些期待性的预测。

（5）不可进行人身攻击。

（6）不可打断他人的发言。

（7）不可不懂装懂，胡言乱语。

（8）发言不要抽象或概念化。

（9）不可对发言者吹毛求疵。

（10）不要中途离席。

第十八节　会议布置管理规定

第一条　实施会议布置前必须考虑周详，根据布置任务来确定执行人员，并做好明确分工。

第二条　会议现场要做好清洁保护工作，地毯、大理石面应落实好保护措施。

第三条　根据宴会部及有关部门的宴会、会议通知单，按时、按规格做好绿化布置。

第四条　绿化布置力求整齐、美观，植物干净、无尘、无虫口、无黄叶，花盆机架的主体、台面插花要卫生清洁、色彩鲜艳、造型端庄。

第五条　布置完毕后，应清理好现场，再重新清理、喷水一次，以取得最佳布置效果。

第十九节 会议事务处理规定

第一条 会议计划检查要点，见表11—34。

表11—34 表格名称

项目	审核备注
会议名称	
开会地点	
开会日期	
开会时间	
会议宗旨及议题	
与会单位、人员	
人数	
主持人	
会议召集单位	
会议主要工作人员	
与会者应备资料	
会场标示资料	

第二条 会议筹备审核要点，见表11—35。

表11—35 表格名称

项目		审核备注
会议目的	本次的会议是否确实需要？（是否是一次偏重于形式的例行会议？有没有其他更好的解决方法?）	
	开会的目的是否明确？	
会议要领	开会的时机、时间是否妥当？	
	开会的地点场所是否合适？	
	邀请对象是否恰当？	
开会通知	与会人员是否已得到通知？	
	开会的主旨、议题是否已通知与会人员？	
	与会人员是否已就议题做好准备？	
	是否要求与会人员事先备妥有关资料？	

	项目	审核备注
会议 准备	是否已拟就议题的进行顺序及时间的分配？	
	是否应分发参考资料？	
	是否已安排好会议记录？	
	是否使用投影机或录像机等机器设备？	

第三条　会议活动细节审核要点：

（1）活动的主旨。

（2）活动的规范。

（3）活动的预算。

（4）招待对象的层次。

（5）总人数（查邀请回函）。

（6）活动日期及时间（注意是否与其他同业的活动冲突）。

（7）活动天数。

（8）筹备单位。

（9）活动负责人。

（10）活动作业明细分工表。

（11）会场的预订（主会场、分会场、洽谈室、展示室、来宾休息室、演艺人员休息室等）。

（12）制作来宾名册（姓名、职衔、公司名称、电话、地址等的核对）。

（13）邀请函（信封、邀请卡、回函明信片的订制张数、投递日期）。

（14）纪念品（纪念品的选定、包装、订制数量）。

（15）交通工具（飞机、火车、面包车、轿车）。

（16）酬谢费（给司机、演艺人员等）。

（17）会场布置（主席台、会标、灯光、音响效果、录音、座次、台下座位、应急疏散方案、茶水饮料供应）。

（18）宴会的形式（餐桌入座式、自助餐入座式、半入座式自助餐）。

（19）看板、标示板类（欢迎看板、大门看板、方向标示、发放座位牌）。

（20）拍照摄影（纪念照片、快照、纪录摄影）。

（21）选择桌子（圆桌或方桌）。

（22）座位顺序（桌面标示卡、桌面标示卡的书写）。

（23）胸章、名牌（颜色、大小、种类的选定）。

（24）新闻（新闻稿，文字记者、摄影记者、录像记者及电源准备）。

（25）资料的收发。

（26）住宿安排（安排来宾的住宿、领导人的住宿、工作人员的住宿，预订房间，妥善分配房间）。

（27）特设专用柜台。

（28）支付的负担范围（住宿费、餐费、取用冰箱内的食物费用、电话费……）

（29）安排用餐（住宿者的用餐事宜、来宾的用餐、服务人员的用餐、演艺人员的用餐）。

（30）活动行程方面（司仪开场白、主持人致辞、来宾致辞、宣读贺电、致谢辞、活动行程表、播放背景音乐）。

（31）服务柜台的工作（来宾出缺席之确认、发放胸章、发放活动行程表、引导来宾到休息室、发放纪念品、设置临时电话）。

（32）支付旅馆费用（支付的日期，汇款、前来收款、当天支付现金，出纳员）。

第二十节　每周例会制度

第一条　部门管理人员例会每周举行一次，由总经理主持，副总经理及各部门经理级人员参加。

第二条　会议主要内容为：

（1）总经理传达主管或上级公司有关文件，董事会、总经理办公会议精神。

（2）各部门经理汇报一周工作情况，以及需提请总经理或其他部门协调解决的问题。

（3）由总经理对本周各部门的工作进行讲评，提出下周工作的要点，进行布置和安排。

（4）其他需要解决的问题。

第三条　会议参加者在会上要畅所欲言，各抒己见，允许持有不同观点和保留意见。但会上一旦形成决议，无论个人同意与否，都应认真贯彻执行。

第四条　严守会议纪律，保守会议秘密，在会议决议未正式公布以前，不得私自泄露会议内容，影响决议实施。

第二十一节　会议室、接待室使用管理制度

会议室、接待室是公司举行会议、接待客户的场所，为加强管理，规范公司会议室、接待室的使用，给员工营造一个良好的工作环境，特制定如下管理制度：

第一，公司所有员工非接待客人和参加会议，不得随意进入接待室和会议室。

第二，各部门如需使用会议室，要提前到总经理办公室申请，在会议室使用登记簿上签字，由办公室统一安排。

第三，接待室有专人负责引见、招待、接送来宾。

第四，任何员工不得随便移动会议室、接待室的家具及物品。

第五，任何员工不得随意使用会议室、接待室的茶叶、咖啡、饮料等用品。

第六，任何员工不能随意拿走接待室的报纸、杂志等资料。

第七，爱护接待室、会议室的设施。

第八，会议结束，要整理会场，保持清洁，并去办公室办理交接手续。

以上规定希望全体员工自觉遵守，损坏公物或违反制度者将给予适当的经济处罚。

第十一章│商场总务后勤管理制度

第一节　政策法规管理事项

为保证商场各项业务活动顺利进行，商场在购、销等工作中应按章行事，加强政策法规管理。

第一条　商场在经营过程中，应注意各项手续齐备，特别是对方应提供的准运证、调运证、生产许可证、经营许可证、卫生许可证、代理批文、商标注册等各种证件，应在内容上、时间上与实际相符并要有专人负责存档、保管。商场经理要切实负起责任，避免造成损失。一旦出现问题要及时向商场经营部汇报。对造成不良影响和经济损失的要追究其主管经理及当事者的责任。

第二条　商场在经营过程中，要严格执行《中华人民共和国产品质量法》、《中华人民共和国反不正当竞争法》、《中华人民共和国消费者权益保护法》及有关政策法规。

第三条　为有效地保护消费者的合法权益，切实树立商场的良好信誉，各柜台对所售出商品的质量要实行"先行负责制"，避免出现因质量问题发生纠纷。

第四条　如商场经营的商品涉及专项管理的，要先向商场经营部申报，待手续完备后，方能经营，若违反制度，一经发现，追究其主管经理责任。

第五条　企业法人营业执照正本由商场总经理办公室负责悬挂在总经理办公室墙上；专项商品经营许可证、广告经营许可证、卫生许可证的正本、主件由总经理办公室负责存档。

第六条　由市场经营部归档、保存企业法人营业执照副本、专营证副本、许可证副本。

第七条　各柜组、各部室因公事需要借用执照副本时，要向市场经营部出具盖有本部门公章的借条，借条内容包括事由、前往单位借用人签字，用后要及时送还。

第二节　办公用品管理规定

一、办公物品的购买

第一条　为了统一用品限量，控制用品规格以及节约经费开支，所有办公用品

的购买，都应由办公用品管理员统一负责。

第二条　办公用品管理是根据办公用品库存量情况以及消耗水平，向办公用品管理室经理报告，确定订购数量。如果办公印刷制品需要调整格式，或者未来某种办公用品的需要量将发生变化，也一并向管理经理提出。

调整印刷制品格式，必须由使用部门以文书形式提出正式申请，经企划部门审核确定大致的规格、纸张质地与数量，然后到专门商店采购，选购价格合适、格式相近的印刷制品。

第三条　在办公用品库存不多或者有关部门提出特殊需求的情况下，按照成本最小原则，选择直接去商店购买或者订购的方式。

第四条　在各部门申请的办公用品中，如果包含有需要订购的办公用品，则申请部门还必须另填一份订购单，经办公用品管理部门确认后，直接向有关商店订购。

办公用品管理部门，必须依据订购单，填写"订购进度控制卡"，卡中应写明订购日期、订购数量、单价以及向哪个商店订购等。

第五条　按订购单以及订购进度控制卡检查所订购办公用品，以及在预定日期送到与否。

第六条　所订购办公用品送到后，按送货单进行验收，核对品种、规格、数量与质量，确保没有问题后，在送货单上加盖印章，表示收到。然后，在订购进度控制卡上做好登记，写明到货日期、数量等。

第七条　收到办公用品后，对照订货单与订购进度控制卡，开具支付传票，经主管签字盖章，作好登记，转交出纳室负责支付或结算。

第八条　办公用品原则上由总公司统一采购、分发给各个部门。如有特殊情况，允许各部门在提出"办公用品购买申请书"的前提下就近采购。在这种情况下，办公用品管理部门有权进行审核，并且把审核结果连同申请书一起交付监督检查部门保存，作为日后使用情况报告书的审核与检查依据。

二、办公物品的申请、分发领用及报废处理

第九条　各部门的申请书必须一式两份，一份用于分发办公用品，另一份用于分发领用用品台账登记。在申请书上要写明所要物品、数量与单价金额。

第十条　办公物品申领程序。

（1）接到各部门的申请书（2份）之后，有关人员要进行核对，并在申请受理册上做好登记，写上申请日期、申请部门、用品规格与名称，以及数量，然后再填写一份用品分发传票给发送室。

（2）发送室进行核对后，把申请的全部用品备齐，分发给各部门。

（3）用品分发后做好登记，写明分发日期、品名与数量等。一份申请书连同用品发出通知书，转交办公用品管理室记账存档；另一份作为用品分发通知，连同分发物品一起返回各部门。

第十一条　对决定报废的办公用品，要做好登记，在报废处理册上写清用品名称、价格、数量及报废处理的其他有关事项。

三、办公物品的保管

第十二条 所有入库办公用品，都必须——填写台账（卡片）。

第十三条 必须清楚地掌握办公用品库存情况，经常整理与清扫，必要时采取防虫等保全措施。

第十四条 办公用品仓库一年盘点 2 次（6 月与 12 月）。盘点工作由管理室主任负责。盘点要求做到账物一致，如果不一致，必须查找原因，然后调整台账，使两者一致。

第十五条 印刷制品与各种用纸的管理以照盘存的台账为基准，对领用的数量随时进行记录并进行加减，计算出余量。一旦一批消耗品用完，立即写报告递交办公用品管理室主任。

第十六条 必须对商场各部门所拥有的办公日用低值易耗品，主要指各种用纸与印刷制品作出调查。调查方式是，每月 5 日对前一月领用量、使用量以及余量（未用量）作出统计，向上报告。办公用品管理室对报告进行核对，检查各部门所统计的数据是否与仓库的各部门领用台账中的记录相一致。最后把报告分部门进行编辑保存。

四、对办公物品使用的监督与调查

第十七条 对商场各部门进行监督调查的内容包括：

（1）核对用品领用传票与用品台账。

（2）核对用品申请书与实际使用情况。

（3）核对用品领用台账与实际用品台账。

第十八条 对办公用品管理部门进行监督调查的内容包括：

（1）核对收支传票与用品实物台账。

（2）核对支付传票与送货单据。

第三节 办公消耗品管理规定

第一条 本商场为加强对办公消耗品的管理，特制定本规定。

第二条 办公消耗品是指文具、纸张、账本及其他印刷物品。

第三条 办公消耗品一年的消耗限额为×万元，各部门及有关人员必须节约使用，避免浪费。

第四条 办公消耗品的购买与管理，由总务部负责，下设保管员处理领用事务。

第五条 总务部必须把握消耗品在正常情况下每月的平均消耗量，以及各种消耗品的市场价格、消耗品的最佳采购日期。在此基础上，确定采购量与采购时间，

以最小的采购量满足日常事务运营对消耗品的基本需求。

第六条　对于特殊场合所用的特殊办公用品，使用部门必须先提出书面申请，总务部据此进行必要的调查后决定是否准予采购。如果一次采购价格总额超过×万元时，须经总务部门主管同意，必要时须请示总经理。

第七条　在订制各种账票时，如果需要改动原格式或者重新设计新格式，使用部门的主管必须起草正式文件或方案，若牵涉多个部门，则需要一式多份，然后将这些材料送至总务部，并附上委托订制或订购申请单。之后，总务部在其责权范围内，审核新格式、订购数量是否合适，以及新格式的适用性与时效性等。通过审核后，还必须就是否由本公司自行复制或复印，还是委托外部进行印刷等问题，与申请部门作进一步协商。

第八条　向总务部领取办公消耗品时，必须填写申请书，写明申请时间，使用场所（部门名称）以及物品名称与数量。同时，申请者以及其部门主管必须加盖印章或签字。另外，特殊办公消耗品的申请，必须填写用途。

第九条　局部使用或特殊用途的账簿传票，其订购与领用统一由总务部调控与管理。使用部门或申请者必须按程序提出申请。

第十条　总务部必须在填写办公消耗品购进登记簿的基础上，对照各申请采购传票，在每月末进行统计，并向总经理作出报告。

第四节　商场办公物品管理制度

第一条　行政管理部负责商场办公用品、办公设备、低值易耗品、通信设备的采购、保管与发放，电脑及附属设备的购置与管理，由信息管理部设专人负责。

第二条　商场各部门将所需办公用品清单提前半个月报至行政管理部，行政管理部根据实际用量和库存情况制订购置计划，经总经理批准后购置。

第三条　特需办公用品、低值易耗品和通信设备，须经主管总裁批准，由行政管理部负责购置，然后记入备品保管账目。

第四条　备品发放采取定期发放制度，每月的 1 日和 15 日办理，其他时间不予办理。

第五条　备品仓库设专人负责。备品入库需根据《入库单》严格检查品种、数量、质量、规格、单价是否与进货相符，按手续验收入库，登记上账。未办入库手续者，财务一律不予报销。

第六条　备品保管实行"三清、两齐、三一致"，即材料清、账目清、数量清，摆放整齐、库房整齐、账、卡、物一致，做到日清月结。

第七条　做好出库管理。在日清月结的条件下，月末必须对所有单据按部门统计，及时转到财务部结算。

第八条 各部门设立耐用办公用品档案卡，由行政管理部定期检查使用情况，如非正常损坏或丢失，由当事人赔偿。

第九条 行政管理部负责收回商场调离人员的办公用品和物品。

第十条 行政管理部建立商场固定资产总账，对每件物品要进行编号，每年进行一次普查。

第五节 商场办公用品发放规定

第一条 本商场为规范办公用品的发放工作，特制定本规定。

第二条 商场各部门应本着节约的原则领取、使用办公用品。

第三条 各部门应指定专人管理办公用品。

第四条 各部门应于每月28日前将下月所需办公用品计划报办公室。办公室于每月6日前一次性发放各部门所需办公用品。

第五条 采购人员须根据计划需要采购，保证供应良好。

第六条 办公用品入库和发放应及时记账，做到账物相符。

第七条 任何人未经允许不得进入办公用品库房，不得挪用办公用品及其他物资。库房要做到类别清楚、码放整齐。

第八条 应加强库房管理和消防工作，防止失盗、失火。

第六节 文具用品管理制度

第一条 为使办公文具用品管理规范化，特制定本制度。

第二条 本制度所称办公文具分为消耗品、管理消耗品及管理品三种。

(1) 消耗品：铅笔、刀片、胶水、胶带、大头针、图钉、笔记本、复写纸、卷宗、标签便条纸、信纸、橡皮擦、夹子等。

(2) 管理消耗品：签字笔、荧光笔、修正液、电池、直线纸等。

(3) 管理品：剪刀、美工刀、订书机、打孔机、钢笔、打码机、姓名章、日期章、日戳、计算器、印泥等。

第三条 文具用品分为个人领用与部门领用两种。个人领用指个人使用保管的用品，如圆珠笔、橡皮擦、直尺等。部门领用指本部门共同使用的用品，如打孔机、订书机、打码机等。

第四条 消耗品可依据历史记录（如过去半年耗用平均数）、经验法则（估计消耗时间）设定领用管理基准（如圆珠笔每月每人发放一支），并可随部门或人员的工作状况调整发放时间。

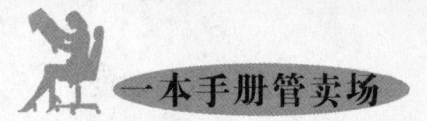

第五条 消耗品应限定人员使用，自第三次发放起，必须以旧品替换新品，但纯消耗品（如直线纸）不在此限。

第六条 管理品移交时如有故障或损坏，应以旧换新，如遗失应由个人或部门赔偿、自购。

第七条 文具的申请，应于每月25日由各部门提出"文具用品申请单"，交管理部统一采购，并于次月1日发放，但管理性文具的申请不受上述时间限制。

第八条 各部门设立"文具用品领用记录卡"，由管理部统一保管，在文具领用时作登记使用，并控制文具领用状况。

第九条 文具严禁带回家私用。

第十条 文具用品一般由管理部向文具批发商采购，其中必需品、采购不易或耗用量大的物品，应酌量库存，管理部无法采购的特殊文具，可以经管理部同意并授权各部门自行采购。

第十一条 新进人员到职时由各部门提出文具申请单向管理部领取文具，并列入领用卡，人员离职时，应将剩余文具一并还交管理部。

第七节 网络使用管理规定

第一条 为规范商场网络的管理，确保网络资源高效安全地用于工作，特制定本规定。

第二条 本规定涉及的网络范围包括商场各办公地点的局域网、办公地点之间的广域连接、商场各片区和办事处广域网、移动网络接入、互联网出口以及网络上提供的各类服务如互联网电子邮件、代理服务、自动化办公平台等。

第三条 管理工程部作为商场网络的规划、设计、建设和管理部门，有权对商场网络运行情况进行监管和控制。知识产权室有权对商场网络上的信息进行检查和备案，任何引入与发出的邮件，都有可能被备份审查。

第四条 网络日常使用注意事项。

（1）任何人不允许在网络上从事与工作无关的事项，违反者将受到处罚。同时也不允许任何与工作无关的信息出现在网络上，如出现要追查责任。

（2）公司网络结构由管理工程部统一规划建设并负责管理维护，任何部门和个人不得私自更改网络结构，办公室如需安装集线器等，必须事先与网络管理员取得联系。个人电脑及实验环境设备等所用IP地址，必须按所在地点网络管理员指定的方式设置，不可擅自改动，擅自改动者将受到处分。

（3）严禁任何人以任何手段，蓄意破坏商场网络上的正常运行，或窃取商场网上的保护信息。

（4）商场网上服务如：DNS（域名系统）、DHCP（动态主机配置）、WINS（数据库）等由管理工程部统一规划，任何部门和个人不得在网上擅自设置该类服务。

（5）为确保广域网的正常运行，禁止通过各种方式，包括利用邮件、FTP、Win2000 共享等在广域网中传送超大文件。

（6）严禁任何部门和个人在网上私自设立博客、论坛、个人主页、WWW 站点及各种文件服务器，严禁在商场网络上玩任何形式的网络游戏、浏览图片、欣赏音乐等各种与工作无关的内容。违反者将受到处分。

（7）任何部门和个人应高度重视商场的技术秘密和商业秘密的保护，对于需要上网的各类保密信息，必须保证有严密的授权控制。

（8）商场禁止任何个人私自订阅电子杂志，因工作需要的电子杂志，经审批后由图书馆集中订阅和管理。

第五条　相关的处罚规定。

（1）对于蓄意破坏网络正常运行、蓄意窃取网上秘密信息的个人，作辞退处理，并依法追究其法律责任。

（2）对于在商场网上散布淫秽的、破坏社会秩序的或政治性评论内容的个人，作辞退处理，情节严重者将移交司法机关处理。

（3）对于私自设立博客、论坛、个人主页、WWW 站点等各种形式网络服务的责任人，或玩网络游戏的个人，第一次发现降薪一级，第二次发现作降职处理，第三次作辞退处理。

（4）对各种工作用文件服务器的申请，需经系统主管审核，由管理工程部批准后方可设立，擅自申请者将处以降薪一级的处罚。

（5）对于在网上设立各种形式的网络游戏服务器的责任人，视情节严重处以降薪一级直至辞退的处罚。

（6）对于由管理不善引起商场秘密泄露的责任人，处以罚款、降薪、降职等处罚。

（7）对于私自更改网络结构，私自设置域名、数据库等服务的责任人，处以罚款、降薪等处罚。

（8）任何员工发送与工作无关的电子邮件，将处以降薪、降职及至辞退的处罚，有意接收与工作无关的邮件，每次罚款 100～500 元。

（9）任何员工在上、下班时间，通过商场网络查阅与工作无关的内容，一次降薪一级。因工作需要的应通过商场图书馆的网络查阅。

（10）对于其他任何利用网络资源从事与工作无关的行为，将对其处以罚款、降薪等处罚。

（11）任何部门未经许可不得在网上安装任何应用系统。

第六条　本规定自××年×月×日起生效。即日至××年×月×日为整改时间。

第八节　复印机使用规定

第一条　复印文件资料要办理登记审批手续，详细填写复印时间、保密等级、份数，经商场办公室主任批准签字后送打字室复印。

第二条　为确保商场复印机的安全运转，每天下午5时关机，过时送来的文件将延至次日复印；急件经办公室主任批准后，方可临时开机。

第三条　不得擅自使用商场复印机复印绝密文件和个人材料。复印机密文件须经商场领导批准。

第四条　复印机由专人保管使用，其他人员未经允许不得自行开机使用。

第五条　本规定适用于各部门所属复印机的管理。

第九节　长途电话管理办法

第一条　为使电话发挥最大效力并节省话费，特制定本办法。

第二条　电话由管理部统一负责管理，各部门主管负责监督与控制使用。

第三条　电话使用规范：

（1）每次通话时间以三分钟为限。通话时应简洁扼要，以免耗时占线、浪费资金。

（2）使用前应对通话内容稍加构思或拟出提纲。

（3）注重礼貌，体现公司员工良好的文化素养和精神风貌。

第四条　长途电话使用规范：

（1）各种外线电话须配置专用长途电话记录表（具体表格略），并逐次记录使用人、受话人、起止时间、联络事项及交涉结果。该表每月转管理部主管审阅。

（2）长途电话限各部门主管以上人员使用。

（3）其他人员使用长途电话须经本部门主管批准。

（4）禁止因私拨打长途电话。

第五条　违反长途电话使用管理办法、未登记及记载不实者，将视情节轻重给予批评或处分。

第十节　备品供应与保管规则

第一条　为使商场备品供应及保管工作富有成效，特制定本规则。

第二条 本规则所指备品，包括价值在×千元以上，耐用年限在一年以上的固定资产；以及价值在×百元以上，耐用年限一年以上的事务用品。

第三条 本规则所指备品分类如下。

（1）低值固定资产：

①事务用备品。

②作业用备品。

③事务用计量器具。

④作业用计量器具。

（2）易耗品：

①事务用备品。

②作业用备品。

③事务用计量器具。

④作业用计量器具。

第四条 在商场内，由总务部主管备品。具体管理原则作如下所定：

（1）总务部应该就备品管理上的必要事项作出指示，并提供备品管理的方法、实施方案以及相应的资料。

（2）总务部应该保证备品供应，对备品进行有效保管、供应、出借、整修与报废处理等等。

第五条 备品保管部经理有权任命专职人员，负责科内备品的出纳保管事务。在任命专职保管人员时，必须通知主管部。

第六条 保管部负责以下工作：

（1）申报采购预算。

（2）制订备品供应新方式。

（3）掌握现存备品的名称、数量、磨损或完好程度。

（4）申请备品的更新改造，以及改变备品的用途。

（5）备品供应或借出通知。

（6）申报备品的修理、破损与丢失情况。

（7）申报备品闲置与废弃情况。

（8）报告库存盘点结果。

第七条 总务部必须确立备品台账，并记录以下内容：

（1）备品名称。

（2）型号、寸尺与规格。

（3）购入价格。

（4）购入时间。

（5）用途（分类）。

（6）保管（使用）科名称。

（7）分类编号。

（8）登记编号。

（9）如果是计量器具，则予以注明，并表示其功能与作用。

（10）如果是固定资产，则注明是否进入固定资产管理账户。

（11）其他必要事项。

总务部按照上述台账内容，制作相应的"备品保管传票"。

第八条　对购进的备品，主管科要进行登记，并填写"备品保管传票"；然后，把保管传票转交保管科。

第九条　保管科对备品进行分类，贴上标签，写上分类编号与登记编号。

第十条　在向其他部门供应或转移备品时，"备品保管传票"必须交回主管科；主管科在台账及保管传票上填写使用部门名称、日期以及必要的事项后，把保管传票移交给使用部门。

第十一条　备品可以"出借"方式使用。借用者必须出具借用证，借用证由主管科负责填写，记录下列内容：

（1）借用者地址与姓名。

（2）备品名称，以及分类编号与登记编号。

（3）数量。

（4）借出日期。

（5）借出期限与出借条件。

第十二条　保管科回收闲置的物品时，须请示主管科，并在回收后将保管传票交主管科存档。

第十三条　如备品已无法使用，可向主管科申请报废处理，并在保管传票上注明理由与意见，上报主管科。

主管科经过调查，决定报废后，在台账上做好记录，销毁报废备品的保管传票。如果属于固定资产账目中的备品，其报废处理，必须按禀议程序办理。

第十四条　修理后的备品，必须由主管科在台账上做好记录，写明修理日期、修理项目内容等等。如果一次修理费预算超过×百元，必须按禀议程序办理，由上级主管裁决。

第十五条　保管科必须按期核对所保管备品的账物，出现异常情况，应立即向总务部报告。

第十六条　凡属于故意或者因重大过失造成物品损坏或丢失者，必须追究个人责任，并作出部分或全部赔偿。

第十一节　工作服管理制度

工作服是反映商场整体形象及员工精神面貌的重要标志，因此，有必要加强工作服管理。

第一条　行政部根据商场的要求负责联系工作服的选料制作、发放与保管。

第二条　为防止冒领和丢失，发放工作服时，要手续齐全，填制领存卡。

第三条　员工领用工作服后，由个人保管。员工要保持其整洁，完好，不得对工作服私自改制式样、装饰。

第四条　员工工作服统一由商场按规定时间清洗。办公室人员每季洗一次；一线员工每2月洗一次。

第五条　员工内部调动，经劳动人事部审批后，领用新岗位工作服。

第六条　因个人原因损坏工作服，在照价赔偿后，补领新工作服。

第七条　员工调出商场，按一定标准折价收款，不再收回工作服。

第十二节　商场设备管理制度

加强商场设备的规范化管理，以确保正常运行，对商场的机械、动力、通讯、电气等设备的使用和维修管理做统一规定。

一、管理机构

全场设备分场、部、组三级管理。

(1) 商场由一名场级领导主管设备工作。

(2) 工程部是管理全商场通用设备，以及指导、检查各部门专用设备使用和管理的职能部门。

(3) 有关部室、部（公司）、商店是使用和维护管理专用设备的职能部门。

二、主要管理范围

1. 场级领导

(1) 负责对全场设备使用、维修工作的监督、协调。

(2) 负责对设备购置、更新、改造报废等工作的审批。

(3) 负责对有关部门之间在设备运行中的配置及协调工作。

(4) 负责审查技术培训、人员配备的规划和计划。

2. 工程部

(1) 负责全场的机械、动力、通信、电气等通用设备的综合管理工作。

（2）负责分管通用设备的大、中修计划并组织实施。

（3）负责分管通用设备的购置、安装。

（4）负责分管通用设备的审核验收、转移、封存、启用、报废等手续。

（5）负责编制分管的机械、动力、通信、电气等通用设备的维护、保养制度以及有关岗位的操作规程并监督和检查实施。保证上述通用设备正常运转及人员安全。

（6）配合劳动人事部对专业技术人员进行培训、发放操作证。

（7）对全场设备的使用、保养、维修，进行技术指导、检查、监督和考核。

3. 基层各部门

（1）严格执行操作规定和工艺规程，执行上级下达的设备维修计划，禁止违章操作。

（2）操作者应负责管理好自己使用的工具、设备，未经商场领导批准不准其他人员动用设备，特殊岗位需持证上岗。

（3）操作人员要配合维修人员修理设备，及时排除故障，消除各类隐患。

（4）对设备运行状况，做好记录，保证完整准确，真实可靠。

（5）各工种要熟悉所负责区域设备的技术性能、使用方法、保养周期、维修要领。

（6）凡配备设备的单位对所管辖设备负有正确操作、日常保养和维修的责任。如设备发生损坏，由劳动人事部、工程部会同有关人员对该设备的损坏原因进行分析，查出原因及责任并写出书面报告，非正常损坏按有关规定追究当事人责任。各部门设备发生损坏时要保护好现场，共同查找设备损坏原因，通用设备通知工程部，专用设备通知主管部室并上报工程部。

三、设备设施管理

设备设施管理主要包括购置、验收、安装、使用、维护、技术管理、检查、事故处理、异常情况处置、档案管理等 10 项内容。

1. 购置

（1）根据商场经营管理和后勤保障工作的实际需要，年初由商场工程部提出设备购置计划，经财务部审核上报主管经理批准，年内执行。各部室购置、更换专用设备需做计划报工程部、财务审计部审核，经主管经理批准。

（2）工程部购置计划的请示包括：更新改造理由、资金数额、安装方式、地点、期限、使用可行性分析。据此，对欲购设备质量、性能、价格等进行择优选购，至少提供两个选择方案，以便比较确定。

2. 验收

（1）设备到站后，由商场储运部提货，并与工程部协商卸货地点。提货人如发现包装破损，于当日内通知工程部现场检查，确定责任，属运输部门责任，按规定申报索赔；属内部责任，上报商场主管领导处理或由部室之间协商解决。

（2）工程部与提货方开箱清点，当场验收。首先检查包装箱及设备外观，确认设备无损完好后，再按装箱单核对技术资料、说明书、合格证、检验记录、随机附件、专用工具、备件等，交接双方办理手续。

（3）安装设备过程中，根据厂方的技术参数、指标逐项验收，陆续进行试车运转，磨合期满后，加负荷运行并试操纵电气及传动等机械部分，如发生故障，于当日内找供货方交涉（外埠可适当延长）。

3. 安装

（1）根据设备的使用性质、技术难度以及购进合同约定，商场工程部组织力量自行安装，调试一般设备；专有设备由主管专业科室组织安装，工程部要提供条件予以协助。

（2）对于合同有约，精度高、难度大的设备，应由工程部与厂家牵头负责安装，直至试车正常。

（3）凡设备安装都须严格按技术标准实施，包括安装精度、能源配备、环境保护、施工地点等等，随机配件及仪表要一并安装。

4. 使用

（1）新设备在运行前，由工程部组织人员培训，学习有关结构、性能、操作规程，并建立岗位责任制，经考核合格后方可操作。

（2）工程部所主管的全场通用设备和有关单位（部室）管辖的专有设备，如计算机、安全报警及通讯装置、医疗器械都要严格实行定人、定机和定岗的规定。多人操作的设备，须由班组长或确定专人负责，所有操作者的名单都应经主管部室审核备案，并上报工程部。如人员变动要及时更改。

（3）各类设备操作者要做到：

①管好。自用设备及附件要保管好，不准非本机人员操作。不得擅离职守。操作人员有事暂离岗，须停车断电，确保安全。

②用好。严格执行设备操作规程，禁止超负荷使用。

③修好。注意日常维护，按期安排定检项目，配合维修工人检修。

（4）使用人员必须做到：

①掌握维修和安全规程，按使用程序操作。

②熟悉结构、性能、检查方法及程序，能熟练使用工具，按时点检。

③了解掌握一般修理方法，能承担简单项目的检修。

④能鉴别异常状况，采取相应措施，并及时通知维修人员处理。

⑤熟知所用设备的养护知识，定时定位进行清洁擦拭、润滑等常规保养。

（5）凡操作人员必须严格执行交接班制度，做到真实准确，做好运行记录。

5. 维护

（1）设备操作者要做好日常保养工作，具体标准是整洁、润滑、安全、高效、保持完好率。

（2）配置设备的各部室要根据不同需要，设专兼职设备管理员，明确负责周期

定检，及时排除故障。

（3）商场工程部要根据原始资料和设备实际状况提出各种预修计划，并组织实施。条件不具备时，与厂家联系维修。

6. 设备技术管理

工程部对全场的设备在技术上实行管理，对全场的通用设备和各专业部室的专用设备统筹安排，提出技术要求，督促各单位（部、室）制订操作规程，定期组织检查考核。

7. 设备检查

（1）商场工程部根据设备档案记录，每月对本部门自管的全场通用设备，进行安全检查，并做考核记录，发现问题及时督促整改。每季度检查各单位使用专业设备的管理状况。

（2）专业部室每周对下属班组的设备使用和完好状况进行检查，各使用设备的班组，每天进行维护检查。

（3）检查项目。

①检查在岗人员是否熟知和严格执行本工种的安全法规。

②检查在岗人员身体状况、文化程度、上岗专业资格、基本技能是否合格。

③检查设备运行的原始资料是否齐全，记录准确与否。

④检查作业环境是否光线合理、安全标志、信号是否标准。

⑤检查使用的工具、设施、安全装置、仪表、仪器是否性能完好，灵敏有效。

⑥检查所有操作人员是否了解本岗位、作业区的危险源及防范和抢险措施。

8. 设备事故处理

（1）因非正常原因造成损坏、停产或降低功能的设备事故，分为一般、重大和特大三类。

（2）发生事故后，操作者必须立即采取补救应急措施，保护现场，于1小时内上报主管部室。

（3）工程部接到操作者的事故报告后，要及时与事故发生单位领导及劳动人事部勘察现场，分析原因，明确责任，写出事故报告，报场领导。

（4）事故的直接责任者所在部门适时会同劳动人事部，根据商场《职工奖惩规定》共同处理。

（5）设备报废要经技术人员鉴定，并出具测定结果，报经商场总经理批准后，由财务部停止提取折旧，工程部注销账卡。

9. 异常情况处置

（1）设备操作人员在当班时，如发生全场性突发事件，如火灾、爆炸等其他意外情况，营业时间要听从本部门领导指挥；封店和公休时间要听从总值班室或保卫部指挥。

（2）设备在正常运行中，突然失去其规定功能，使用者应立即停机检查排除故障，若对故障问题确实不能予以解决，要及时报告领导安排人员维修。

（3）公用场所的大型设备、能源配置设施、输送管线出现故障要立即切断电源，报告部门领导，安排人力赶赴现场抢修，同时会同楼层总监及有关部门共同做好顾客的解释和疏散工作。

（4）维修人员在处理过程中，要认真做好故障原因、处理情况及部件更换的记录。

（5）在设备发生故障造成职工和顾客伤害时，现场在岗当事人要及时报劳动人事部、工程部察看现场，医务室要采取紧急处置办法，对伤势严重者，应立即送往医院抢救治疗。

10. 设备档案管理

工程部对全场的机械、动力、通信、电气等通用设备、专用设备及建筑设施要建立档案、台账。

建立一式三张实物卡片；一张随设备移交到使用单位，一张留底，一张送档案室。

（1）设备档案主要范围。

①设备的产地、规格、型号、购置及使用时间和主要技术性能。

②设备说明书、出厂检验单、装箱单、安装验收移交单、附件工具清单、安装地点，使用单位。

③设备使用记录、事故记录、处理结果、报废手续。

（2）所有档案资料必须有各级领导、当事人的签字。申报、审核、批准等手续要齐备。

（3）借阅各档案，须经商场主管领导同意，并办理手续。

第十三节　商场能源管理制度

为加强商场能源规范化管理，规定商场能源管理的机制、范围以及管理内容与要求，特制定本制度。

一、管理机构

商场能源管理实行三级管理

（1）商场能源由一名场领导主管，并负责商场各部门职责分工。

（2）工程部作为全场能源管理的职能部门。

（3）各商店、部室负责本部门能源管理。

二、主要管理范围

1. 场级领导

主要负责审查、督促全场能源使用及管理工作。

2. 工程部

（1）负责对全场能源的使用、负荷的增减进行监督和调控，对相关部门在能源使用、配置上进行协调、指导。

（2）负责全场水、电、热力、煤气的各对口专业公司的业务联系，按要求上报有关统计报表，办理增容、改造项目申报事宜。

（3）负责对全场能源系统的管线、电路、开关、截阀等装置，进行设计、安装和维修。

（4）负责绘制全场能源设备定置图。

3. 商场各部门

（1）应有一名领导负责能源管理，了解掌握各自管辖区域的能源配置情况，重点是电气线路、开关、闸箱、水箱等阀门（或龙头）管道接头等，并指定专人管理，对所属职工进行节能、安全、操作等教育，并按商场有关规定予以考核奖惩。

（2）商场各部门必须严格按照工作程序进行工作。如因陈列美化、广告制作或其他用电需求，需增加用电时，须于前一周写出申请，提出增加理由、所需电量、安装地点，经工程部审核后报商场主管经理批准。

（3）定期检查本部门的安全和节能情况，对于"长流水"、"长明灯"以及事故隐患，要及时报商场工程部修理，并书面记录报告时间。

三、节能管理

（1）商场对全场的水、电、气、热力等能源要计划配置，节约使用。凡有条件的部位都要安装水、电等计量仪表。各单位不得私自增容或改装水、气管道。

（2）商场工程部要定期检查维修全场的供水和供气管道、阀门、接头等零部件，防止跑、冒、滴、漏现象。

（3）商场工程部对公共场所的水、电、气、热等能源应重点管理。设专人包干负责。

（4）工程部对全场的自来水、照明电等采用分段划分，明确界线，每月进行检查，发现问题追究有关商店、部室能源管理人的责任。

第十四节　能源设备安全管理制度

工程部对商场各类能源设备及操作场所，应参照国家有关公共信息标志图形符号的要求，制作悬挂醒目的安全标志。

1. 电气设备安全管理

（1）对重要环节和场所须严格贯彻执行操作规程，如商场内的配电室、热力点、空调间等，要配齐专门维修人员，加强巡检密度。

（2）对商场内不设专人看护的公共场所的电气设备应责成专人定期巡视，并清扫养护。

（3）对易损部件要加强日常维护，定期更换，并注意检测，如设备开关、继电器、整流器等。

（4）根据设备使用状况加强绝缘监督，适时进行预防性试验，如设备新投入运行或大、中修后以及防雷电试验等。

（5）特殊装置如继电保护装置和接地装置等，应定期检测更换，以避免因失灵导致触电火灾事故。

2. 煤气管道及设备安全管理

（1）对各类管道、阀门要指定专人管理，定期巡视，公用阀门要加锁。

（2）定期维护、检修管道、阀门，确保管道无漏气、无断裂、无老化现象，达到设备完好标准。

第十五节　维修管理规程

第一条　本商场的财产维修计划及维修手续依照本规程执行。

第二条　本规程中的维修是指土地、建筑物、构筑物、车辆、搬运工具和备品的增设、改造和更新。

第三条　维修工作的责任人是制造部长、总务部长和技术部长。

第四条　责任人负责制订所属财产等的维修计划，依据维修计划和预算，组织实施维修业务。

第五条　总务部协助责任人，组织、协调维修工作。

第六条　财务部协助责任人，编制综合维修预算，检查执行预算与实际维修费用是否一致。

第七条　财产维修的一般流程。

（1）责任人在进行维修前，应向技术部长提交维修计划。

（2）技术部长确认有必要后，并请示商场主管后，作出具体的指示。

（3）技术部长从技术的角度对维修计划的内容进行审查，提出投资计划，交财务部长审查。

（4）财务部长依据该计划，编制资金计划。

（5）4000 元以内设备投资计划和资金计划的由商场副总经理审批，超过 4000

元由总经理裁定，超过1万元的维修项目，须交董事会审议。

第八条 对核准的维修项目，责任人和相关部门组织讨论具体的维修工程方案，并制订出详细的实施计划，提交给技术部长和财务部长后，组织实施。

紧急性的维修工程，不需要办理上列手续，直接由责任人与技术部长协商后，组织实施。

当责任人制订的详细实施计划的内容、期限和预算，与设备投资计划有显著差别时，应按第八条第1项所列程序，修订设备投资计划。

第九条 维修实施后，如维修内容、期限、预算等需要作重要变更，或需追加预算时，经责任人与技术部长协商后，提交工程变更或追加预算申请。

技术部长应从技术角度对上述申请作出审查，编制设备计划修正案，提交财务部长审查。

维修计划和资金计划的修正案超过4000元，由商场总经理裁决，超过1万元，由商场董事会审议。

第十条 责任人应及时向技术部长、财务部长和总务部长报告维修进展和预算执行情况。

第十一条 商场职工住宅和集体宿舍的维修规程，另行制订。

第十二条 本规程的实施细则由负责维修计划实施管理的公司主管和财务主管制定。

第十三条 本规程自××年×月×日起实施。

第十六节 修建工程管理制度

为加强商场修建工程规范化管理，从整体优化建设项目，使之适应经营业务的发展。对商场基建工程的立项、审批、施工验收、现场管理和质量监督做统一要求。本制度适用于商场新建、改造、维修、翻建、扩建所有修建工程。

一、管理机构

（1）商场由一名场级领导主管修建工程。

（2）工程部是修建工程的具体主管部门。

二、主要管理范围

1. 场级领导

（1）负责修建项目的审批。

（2）负责主持工程验收工作。

2. 工程部

工程部负责制订修建工程的计划、组织实施的各个环节，检查验收全部工程质量以及组织协议书的签订。

另外，安全保卫部、劳动人事部在施工前负责协议书中安全条款的检查、审批。

三、管理内容与要求

1. 立项

新扩建、改造、维修、参建等项目的立项工作，要本着技术上可行、经济上合理的原则，确定建设项目的规模、投资标准和使用范围。

立项程序为：由具体基层单位会同工程部编制计划，提供工程项目报告和可行性分析。内容有：投资规模、用途、面积、材料筹措、工程造价等，特别是对投资较大的工程，在施工前，要进行可行性论证，并委托有关设计部门进行规划设计。项目确定后报请商场总经理审批，由商场财务部门落实资金。实现立项、申报、预算、审批规范化管理。

2. 签约

及时掌握供货、施工单位的资质、履约能力，签订条约时条款齐备，责任分明。施工前，要根据有关规定签订施工合同或协议书以及保修期限，扣除 10% 的保修费，待保修期满返还。

3. 现场管理

（1）适时安排或组织施工现场前期准备工作，疏通主要建筑材料供应渠道，申请主要建材指标，组织生产或定购必需的工艺设备，确定施工进度。

（2）对施工项目实行科学管理，及时解决施工中存在的各种问题，会同有关部门对施工的质量、安全、整体布局实行综合管理，工程所需原材料中无质量合格鉴定证书者，不许投入使用。

（3）对工程质量按照国家标准和施工协议实行全面管理，要对每个环节、每道工序进行严格把关，做到结构坚固，装修美观实用。对违反施工建设规范和操作规程、质量未达到国标和设计要求的，要停止施工采取补救措施，直至返工合格。

（4）负责兴建、翻建扩建、修缮项目的技术质量管理工作，并组织制定施工方案，监督实施。

（5）各职能部门应按既有分工、又有配合的原则，针对工程建设中存在的问题提出改进意见，并采取妥善方法，抓紧检查落实。

4. 验收

（1）在工程全部竣工后，由商场一名副总经理牵头组织工程部、安全保卫部以及使用单位负责人，会同工程和施工人员进行验收。验收时，视情况需要，邀请地区消防、人防、质检、环卫等部门参加，主动征求他们的意见。

（2）必须根据国家技术标准和施工协议书严格执行验收标准，若出现临时追加项目和未尽事宜，双方须以协议或合同为依据，补充鉴定工程预决算，若施工单位随意增加施工项目及预算投资，我方不予认可。待全部验收完毕，方能在交接手续上签字，提请领导和有关部门审核后付款。

5. 质量监督

（1）对商场房屋改造、零散工程建设项目，从原材料购进到施工中的每道工序、各个环节都要严格实行质量控制。

（2）在签订施工协议时，应明确施工单位质量责任、验收标准及保修保用规定。并根据经济合同法在付款时间、方式上给予制约。

（3）根据计划和施工方案，定期检查施工进度和方案执行情况，检查本商场人员管理工作和制度的落实成效，对工程中出现的问题要及时摸清情况，提出改进性意见，并报批落实，抓效率。

（4）工程竣工后，在保用期内出现质量问题，应及时与施工部门联系返修。若出现争议，应提请有关部门仲裁，直至诉诸法律。

（5）验收合格后，待保修期满，如无质量问题，应付清保修费。

（6）全部竣工后，将工程图纸、相关资料归档保存。

第十七节　商场卫生管理制度

1. 卫生管理目的

为确保商场员工与顾客的身体健康，提高工作质量和服务质量，使卫生工作制度化，应加强卫生管理。在商场爱卫会领导下，卫生管理工作统一由行政部负责。

2. 卫生要求

（1）车场（包括门前三包地段）要保持清洁，各种车辆按规定地点停放整齐。

（2）保持商场内店堂、走廊、公厕的清洁，做到光亮、无异味。

（3）保持内部厕所、浴室、理发室及其他公共场所洁净、无蚊蝇。

（4）各部办公室内要保持整齐，窗明几净，不得将室内垃圾随意扫出门外。

（5）垃圾分类倒入指定地点，不得倒在垃圾道或垃圾桶外。倒完垃圾要及时盖好盖。

（6）爱护和正确使用厕所设备。用后要冲水。卫生巾、手纸要扔入篓内，严禁将茶根、杂物倒入洗手池。

3. 卫生工作实施

（1）各部室和商店的办公室、库房、食堂等场所，由在其间工作的员工负责打扫，做到日扫日清，定期大扫除。

（2）公共卫生区域由商场保洁员清扫，对商场实行卫生质量、费用承包。

4. 卫生工作检查

（1）商场行政部设卫生管理员，负责卫生检查工作。

（2）商场每半年组织一次卫生大检查，此外重大节日（春节、五一、国庆）前也要进行检查，并对卫生工作做出讲评。

（3）行政部每周检查一次，根据情况随时抽查，发现问题限时予以解决。

第十八节　商场卫生管理准则

第一条　本商场为维护员工健康及工作场所环境卫生，特制定本准则。

第二条　凡本商场卫生事宜，除另有规定外，皆依本准则实行。

第三条　本商场卫生事宜，全体人员须一律确实遵行。

第四条　凡新进员工，必须了解清洁卫生的重要性与必要的卫生知识。

第五条　各工作场所内，均须保持整洁，不得堆放垃圾、污垢或碎屑。

第六条　各工作场所内的走道及阶梯，至少每日清扫一次，并采用适当方法减少灰尘的飞扬。

第七条　各工作场所内，严禁随地吐痰。

第八条　饮水必须清洁。

第九条　洗手间、更衣室及其他卫生设施，必须保持清洁。

第十条　排水沟应经常清除污秽，保持清洁畅通。

第十一条　凡可能寄生传染病菌的原料，应于使用前适当消毒。

第十二条　凡可能产生有碍卫生的气体、灰尘、粉末，应作如下处理：

（1）采用适当方法减少有害物质的产生。

（2）使用密闭器具以防止有害物质的散发。

（3）在产生此项有害物的最近处，按其性质分别作凝结、沉淀、吸引或排除等处理。

第十三条　凡处理有毒物或高温物体的工作或从事有尘埃、粉末或有毒气体散布的工作，或暴露于有害光线中的工作等，需用防护服装或器具者，商场按其性质制备相应的防护服装或器具。

从事以上工作的员工，对于本公司配备的防护服装或器具，必须妥善保管。

第十四条　各工作场所的采光应满足下列要求：

（1）各工作部门须有充分的光线。

（2）光线须有适宜的分布。

（3）光线须防止眩目及闪动。

第十五条　各工作场所的窗户及照明器具的透光部分，均须保持清洁。

第十六条　凡阶梯、升降机上下处及机械危险部分，均须有适度的光线。

第十七条　各工作场所须保持适当的温度，并根据不同季节予以调节。

第十八条　各工作场所须保持空气流通。

第十九条　食堂及厨房的一切用具，均须保持清洁卫生。

第二十条　垃圾、废弃物、污物的清除，应符合卫生的要求，放置于指定范围内。

第二十一条　商场应设置常用药品并存放于小箱或小橱内，以便利员工取用。

第二十二条　本准则经总经理核准后施行，修改时亦同。

第十九节　卫生工作六不准

第一条　不准随地吐痰。

第二条　不准在办公室、货场吃饭。

第三条　不准将杂物、垃圾扫入他人卫生区。

第四条　不准在禁烟区吸烟。

第五条　不准乱扔废弃物、果皮核。

第六条　不准乱倒脏水、茶根、垃圾。

第二十节　洁净部经理岗位职责

第一条　在商场经理的领导下，负责商场公共场所的卫生清洁工作。

第二条　负责部署每周部门工作，并制订工作计划，合理安排人力、物力，确保计划顺利实施。

第三条　领导商场清洁工进行重点部位的清洁卫生工作和日常工作。

第四条　制订卫生工作计划，并组织实施，确保卫生清洁工作高标准、经常化。

第五条　合理安排卫生清洁班次及时间，公共区域的卫生清洁要避开营业高峰期，并回避顾客。

第六条　督促检查各班的清洁卫生工作，掌握工作进程，检查工作质量，提出改进意见。

第七条　负责申领和控制清洁用品和用具，减少费用开支。

第八条 月底前做好本部清洁消耗费用结算，报财务部经理。

第九条 负责商场清洁工的教育培训及每月考勤、考核和效益工资的发放。

第二十一节 公共区域清洁工作标准

商场公共区域的卫生状况可体现商场的管理面貌，因此，须制定公共区的清洁工作标准，以保证商场内清洁卫生质量的稳定性。

1. 清洁工作标准

（1）大堂清洁。

①电话机无污渍。

②盆景、花槽无烟头、纸屑，盆架无灰尘。

③地面无纸屑，无明显污渍及脚印。

④墙面无污渍、灰尘，无非营业性告示。

⑤天花及吊灯、筒灯无积尘、无蛛网，灯饰光洁，无锈蚀。

（2）擦铜清洁。

①在规定时间内（一周）铜器不返橘红色。

②铜器、不锈钢制品无明显污渍、锈渍及灰尘。

③扶手上无手印。

（3）吸尘清洁。

①地毯上无纸屑、痰迹，无局部明显污渍。

②吸尘后的地毯无明显沙粒。

③地脚线无污渍、无灰尘。

④装饰画无积尘、无破损。

（4）玻璃清洁。

①大门玻璃不得有手印。

②门架装饰板无灰尘、蛛网。

③玻璃窗无明显灰尘，窗框、滑槽无积物。

④门地弹簧无污渍、油渍。

（5）电梯清洁。

①电梯内无蛛网、灰尘。

②内壁无污迹、无手印、无灰尘。

③电梯门无手迹、污迹。

④电梯内地毯无废纸、烟头。

（6）洗手间清洁。

①镜面无水渍、斑点。

②镜灯箱无积尘。

③壁盆无锈迹、杂物。

④排风口、空调出风口无积尘。

⑤烘手器无污迹、水迹。

⑥洗手间标志牌无脏迹，灯箱无灰尘。

2. 制订清洁保养计划

商场公共区域的清洁工作繁杂琐碎，因此，要有一套适当的清洁计划，合理安排人力。同时要对一些大的清洁项目做出科学的保养计划，以延长商场设施的使用寿命。

3. 加强巡视检查，确保质量

有关保洁管理人员要加强巡视检查，检查是否达到规定的质量标准，发现问题及时纠正。商场内部的管理人员也要对公共区卫生进行不定期的检查或抽查，以保证商场公共卫生的质量。

第二十二节　盆景保管规定

第一条　本商场所有石山盆景逐一挂铁牌、编号，并拍照入册，做到盆景、名称、编号牌、照片对号存档，确保妥善管理。

第二条　新坛（新制作上盆）盆景及时编号拍照入册，出现损失后及时报告，存档备查（并应有管理者、领班、经理共同签名确认）。

第三条　室内换盆景，每次出入应登记编号，并注明摆放起止时间、地点及生长状态。

第四条　所有盆景每年应全面盘点，由商场主管、领班及保管者盘点后共同签名交部门存档备案。

第二十三节　卫生间清洁工作规定

第一条　所有清洁工作必须自上而下进行。

第二条　放水冲入一定量的清洁剂。

第三条　清除垃圾杂物，用清水洗净垃圾桶并用抹布擦干。

第四条　用除渍剂清除地胶垫和下水道口处的污渍，清洁缸圈上的污垢和渍垢。

第五条　用清洁桶装上低浓度的碱性清洁剂，彻底清洁地胶垫。

第六条　在镜面上喷上玻璃清洁剂，并用抹布擦干净。

第二十四节　　更衣室清洁工作规定

第一条　本商场更衣室清洁地面的工作职责，包括扫地、拖地、擦抹墙脚、清洁卫生死角等方面。

第二条　清洁浴室包括擦洗地面和墙身（特别是砖缝位置），清洁门、墙和洗手池。

第三条　清洁更衣室员工洗手间。

第四条　清洁更衣室衣柜的柜顶、柜身。

第五条　清洁更衣室内卫生。

第六条　如拾到员工物品，及时登记并上交商场保安部。

第二十五节　　自行车库管理规定

第一条　商场自行车库只存放本商场员工上下班用自行车，超过1周不取的车辆，行政部自行处理，长时间出差时，要向管理人员打招呼。

第二条　凭有标志车筐存放车辆。

第三条　按规定位置放置车辆。

第四条　爱护车库内公用设备，损坏赔偿。

第五条　保持车库内卫生，不扔废弃物。

第六条　要文明存车，服从管理员管理，按顺序存放，不得损坏他人车辆。

第二十六节　　废旧包装物品回收管理规定

第一条　凡属废旧包装物品，均由商场行政部统一回收，各部门不得自行对外处理。

第二条　商场各部门在拆箱或开包时，要尽量保持包装物完好，要指定专人负责。废旧包装物品应及时送到行政部指定存放地点。

第三条　行政部设专人管理，回收的包装物要按类型、规格码放整齐，必要时要进行加工处理，及时联系回收单位，做好防火、防雨工作。

第四条　对外处理废旧包装物品要坚持尽可能多收益的原则。收入根据商场有关规定除上交财审部外，其余部分奖励上交单位和行政部。

第五条　回收工作做得好的单位，由行政部报请商场对其进行表扬或奖励。

第六条　回收工作中行政部与各部门之间要做好登记工作。

第二十七节　上班清洁自查表

上班清洁自查表如表 11-36 所示。

表 11-36　上班清洁自查表

工作项目	周日	周一	周二	周三	周四	周五	周六
擦拭店内玻璃及镜面							
擦拭灯罩内、外侧							
擦拭画框及镜面							
整理废纸箱及前、后镜							
保养花木、浇水、擦叶及剪黄叶							
擦拭花盆及盆座							
擦拭铜条							
擦拭所有木制家具							
清洁大门口、楼梯、地毯及人行道							
清洁沙发、墙缝或窗缝的垃圾							
扫地、拖地及清理垃圾							
当班经理签名/日期							

第二十八节　清洁工作安排表

清洁工作安排表如表 11-37 所示。

表 11-37　清洁工作安排表

月　日至　月　日　　　　　　　页次

姓名	
日期	
清洁项目	
考核	

姓名	
日期	
清洁项目	
考核	

第二十九节　卫生区域责任表

卫生区域责任表如表11－38所示。

表11－38　卫生区域责任表

部门	区域				
	仓库	走道	空地	厂外环境	水沟